2005年9月5日，中欧第八次领导人会议召开。劳动保障部部长田成平代表中国政府与欧盟就业、社会事务及机会均等委员斯皮德拉先生共同签署《中华人民共和国劳动和社会保障部与欧盟委员会谅解备忘录》。

2005年3月18日，中共中央政治局常委、国务院副总理黄菊对中国就业促进会的成立致辞：劳动就业关系亿万群众的切身利益，关系国家改革发展稳定的大局。做好就业再就业工作，不仅需要政府强有力的领导和各部门的协调配合，还需要社会各方面的积极参与和群策群力。希望中国就业促进会成立后，适应新形势，建立新机制，充分发挥社团组织的桥梁纽带作用，团结社会各方面力量，为促进就业再就业做出贡献。3月31日，中国就业促进会成立大会在人民大会堂举行。全国人大常委会副委员长何鲁丽出席会议，全国政协副主席黄孟复出席会议并讲话。劳动保障部部长郑斯林，副部长华福周、张小建，中纪委驻劳动保障部纪检组组长崔会烈，王建伦、林用三、李伯勇同志以及国务院再就业部际联系会议成员单位的领导出席。来自全国各地、各部门、社会各方面的会员代表500多人参加成立大会。

2005年10月13日，全国人大常委会《劳动法》执法检查第一次会议在北京人民大会堂召开，王兆国、李铁映、何鲁丽、顾秀莲、盛华仁副委员长出席会议。受吴邦国委员长的委托，王兆国副委员长在会上作重要讲话。由此，全国范围的《劳动法》执法大检查正式拉开序幕。此次活动历时3个月，全国人大常委会副委员长李铁映、何鲁丽、顾秀莲带领全国人大常委会委员和有关部门人员组成的检查组分组进行执法检查。劳动保障部部长田成平，副部长王东进、步正发、华福周，中纪委驻劳动保障部纪检组组长崔会烈分别陪同检查。本次大检查是国家最高权力机关对《劳动法》颁布10年来实施情况的一次全面检查，不仅是对维护职工合法权益的一次检查、监督，更是贯彻依法治国、建设社会主义法治国家的重要举措。

2005年10月，全国人大常委会副委员长李铁映（中）率全国人大《劳动法》执法检查组在北京东方冠捷公司了解职工工资和社会保险情况。

2005年11月，全国人大常委会副委员长何鲁丽（右三）率全国人大《劳动法》执法检查组在厦门工程机械厂听取企业情况介绍。

2005 年 11 月，全国人大常委会副委员长顾秀莲（中）率全国人大《劳动法》执法检查组在湖南进行劳动法执法检查。

2005 年 6 月 6 日至 12 日，劳动保障部、中华全国总工会、中华全国工商业联合会在全国 100 个大中城市联合组织开展“民营企业招聘周”活动。6 月 6 日，“民营企业招聘周”活动启动仪式在北京市工人体育馆举行。全国政协副主席、中华全国工商业联合会主席黄孟复出席启动仪式，劳动保障部部长郑斯林和中华全国总工会副主席张俊九、中华全国工商业联合会副主席胡德平、北京市副市长孙安民分别讲话，劳动保障部副部长张小建主持启动仪式。

2005年6月16日，中宣部、中直机关工委、中央国家机关工委、教育部、解放军总政治部、北京市委在人民大会堂小礼堂联合举办形势报告会，劳动保障部部长郑斯林作了题为《我国劳动和社会保障的现状及发展前景》的报告。在京有关党、政、军机关司局级以上干部和中央企业负责人、高等学校负责人、思想政治理论课骨干教师约800人参加了本次报告会。

2005年6月21日，劳动保障部召开保持共产党员先进性教育活动总结大会。劳动保障部部长郑斯林全面总结先进性教育活动有关工作，强调巩固先进性教育活动成果，建立健全保持共产党员先进性的长效机制，推进劳动保障事业新发展。中央督导组组长王英凡出席会议并讲话。副部长华福周主持会议，副部长王东进、张小建和中纪委驻部纪检组组长崔会烈出席会议。

2005年6月16日，劳动保障部召开向志雄同志先进事迹视频报告会。劳动保障部部长郑斯林出席会议并讲话，副部长华福周主持会议，副部长刘永富宣读了《关于追授向志雄同志“全国劳动保障系统先进工作者”的决定》，中纪委驻部纪检组组长崔会烈宣读了《关于对向志雄同志追记一等功的决定》和《关于向向志雄同志学习的决定》。有关方面的同志分别作了报告。

2005年6月30日，劳动保障部召开党组会议，中共中央组织部副部长沈跃跃宣读中央关于劳动保障部主要负责同志调整的决定，任命田成平同志（左）为劳动保障部部长、党组书记。图为田成平部长与原劳动保障部部长郑斯林亲切握手。

2005年8月24日，劳动保障部部长田成平（中）在北京市市长王岐山（右一）、副市长孙安民等陪同下参观了首都技能人才培养成果展示。

2005年7月22日，全国劳动保障厅局长座谈会在北京召开。劳动保障部部长田成平，副部长王东进、步正发、华福周、张小建、刘永富出席。田成平在会上讲话。王东进代表部党组通报上半年劳动保障工作进展情况，部署下半年工作。

2005年12月20日至21日，全国劳动和社会保障工作会议暨优质服务窗口单位表彰会在北京召开，劳动保障部部长田成平，副部长王东进、步正发、华福周、张小建、刘永富，中纪委驻部纪检组组长崔会烈出席会议。

为了进一步提升窗口单位的管理水平和服务质量，劳动保障部在巩固前几年“三优”文明窗口建设的基础上，以“公正、便民、廉洁、高效”为要求，以依法行政、高效服务、办事公开、作风优良、监督完善为内容，以为群众提供满意服务为标准，在直接为用人单位和人民群众服务的行政审批、就业服务、社会保险经办、劳动保障监察、劳动争议仲裁、劳动保障信访等服务窗口以及乡镇（街道）、社区劳动保障服务站（所）开展创建优质服务窗口活动。2005年12月20日，全国优质服务窗口单位表彰会议召开，对北京市劳动监察大队等232个优质服务窗口单位进行表彰。图为劳动保障部领导和受表彰代表合影。

2005年12月15日，国务院新闻办公室召开新闻发布会，发布国务院关于完善企业职工基本养老保险制度的决定。劳动保障部副部长刘永富出席并回答记者提问。

2005年5月12日至13日，全国劳动保障规划统计财务工作座谈会在山东省济南市召开。劳动保障部副部长王东进出席会议并讲话。

2005年7月15日至16日，全国劳动保障依法行政工作座谈会在大连市召开。劳动保障部副部长步正发出席会议并讲话。

2005年6月24日至25日，全国劳动工资工作座谈会在黑龙江省哈尔滨市召开。劳动保障部副部长华福周出席会议并讲话。

2005年6月23日至24日，劳动保障部与国际劳工组织联合举办中国中小企业开发服务与创业促进国际研讨会，以“促你创业、帮你兴业、助你就业”为主题交流国内外经验，总结“创办和改善你的企业（SIYB）”中国项目实施成果。劳动保障部副部长张小建出席开幕式并致辞，国际劳工组织北京局局长康妮及300多名国内外专家、学者、地方代表出席会议。

2005年12月21日至22日，劳动保障部召开全国完善企业职工养老保险制度工作会议。劳动保障部副部长刘永富出席会议并讲话。

2005年1月18日，全国劳动保障系统纪检监察工作座谈会在广州市召开。中纪委驻部纪检组组长崔会烈出席会议并讲话。

2005年4月，劳动保障部副部长王东进考察安徽省合肥市医疗保险中心。

2005年10月，劳动保障部副部长步正发考察四川省雅安市就业指导中心。

2005年8月，劳动保障部副部长华福周赴福建进行协调劳动关系三方机制调研。

2005 年 12 月，劳动保障部副部长张小建考察湖北省宜昌市劳动力市场。

2005 年 7 月，劳动保障部副部长刘永富到企业年金基金管理机构资格认定材料受理现场检查工作。

2005年1月，中纪委驻劳动保障部纪检组组长崔会烈在广东省调研社会保险基金管理情况。

2005年9月29日，劳动保障部举行新办公楼揭牌仪式，劳动保障部部长田成平出席并为新办公楼揭牌。国务院副秘书长、国务院机关事务管理局局长焦焕成，副部长王东进、步正发、华福周，中纪委驻部纪检组组长崔会烈同志出席揭牌仪式。

中国劳动和社会保障年鉴

年　鉴

CHINA LABOUR AND SOCIAL SECURITY YEARBOOK

2006

中国劳动社会保障出版社

图书在版编目（CIP）数据

中国劳动和社会保障年鉴 . 2006/中华人民共和国劳动和社会保障部编. —北京：中国劳动社会保障出版社，2007

ISBN 978-7-5045-4300-4

Ⅰ. 中… Ⅱ. 中… Ⅲ. ①劳动经济-中国-2006-年鉴 ②社会保障-中国-2006-年鉴
Ⅳ. F249.2-54 ②D632.1-54

中国版本图书馆 CIP 数据核字（2006）第 163054 号

中国劳动社会保障出版社出版发行

（北京市惠新东街 1 号 邮政编码：100029）

出 版 人：张梦欣

*

北京外文印刷厂印刷装订 新华书店经销

880 毫米×1230 毫米 16 开本 40.75 印张 2 印张彩色插页 1038 千字

2007 年 2 月第 1 版 2007 年 2 月第 1 次印刷

定价：258.00 元

读者服务部电话：010-64929211

发行部电话：010-64927085

出版社网址：http://www.class.com.cn

《中国劳动和社会保障年鉴（2006）》
编辑委员会成员

《中国劳动和社会保障年鉴》编辑部成员

编 辑 说 明

一、《中国劳动和社会保障年鉴（2006）》是关于劳动和社会保障工作的专业性史料工具书。全书通过翔实的资料和系统的阐述，介绍了2005年我国劳动和社会保障事业的发展概况，反映了劳动和社会保障工作改革与发展的成就、经验和今后需要继续研究解决的问题。它是党政机关领导干部、各部门工作人员、劳动和社会保障系统干部、工会工作者、企业领导及劳资干部，以及劳动和社会保障科学理论工作者有价值的参考用书和工具书。

二、本年鉴的内容共分6个部分，即劳动和社会保障工作概览、劳动和社会保障重要文献、全国劳动和社会保障工作、地方劳动和社会保障工作、劳动和社会保障大事记、劳动和社会保障统计资料。

三、本年鉴中，全国劳动和社会保障工作分为：就业与再就业、职业培训、劳动关系、企业工资收入分配、养老保险、失业保险、医疗保险、工伤保险、生育保险、农村社会养老保险、社会保险经办管理与基金监督、法制建设、规划统计、信息化建设、科学研究、新闻宣传与出版、国际交流与合作、学会与协会。

《中国劳动和社会保障年鉴（2006）》的编辑出版是在全国劳动保障系统的共同努力下完成的，在此，向参加编辑出版工作的同志表示衷心的感谢。

《中国劳动和社会保障年鉴》编辑部

2006年10月

目　录

劳动和社会保障工作概览

劳动和社会保障重要文献

三、重要文件

全国劳动和社会保障工作

地方劳动和社会保障工作

劳动和社会保障大事记

劳动和社会保障统计资料

一、2005 年度劳动和社会保障事业发展统计公报

二、统计资料

劳动和社会保障工作概览

2005 年劳动和社会保障工作概览

2005 年是“十五”时期的最后一年。党中央、国务院进一步采取措施，继续加强和改善宏观调控，国民经济呈现增长较快、效益较好、价格平稳、活力增强的态势，“十五”计划经济社会发展的主要指标顺利实现，经济总量迈上新台阶，经济结构调整取得新进展，经济体制改革实现新突破，对外开放进入新阶段，城乡居民生活达到新水平，各项社会事业加快发展。各级劳动保障部门坚持以邓小平理论和“三个代表”重要思想为指导，全面贯彻落实科学发展观，围绕构建社会主义和谐社会，进一步加大就业再就业工作力度，积极推进社会保障体系建设，促进劳动关系的和谐稳定，切实维护劳动者合法权益，各项工作取得了新的进展。

——就业再就业 2005 年，党中央、国务院把就业再就业工作摆在经济社会发展更加突出的位置，进一步加强领导，各级党委、政府、各部门协调配合，各地共同努力，不断加大工作力度，就业再就业工作取得明显成效。全年全国城镇新增就业 970 万人，下岗失业人员实现再就业 510 万人，其中帮助“4050”人员再就业 130 万人，分别完成中央确定的目标任务的 108%、102% 和 130%。2005 年底，全国城镇登记失业人数为 839 万人，城镇登记失业率 4.2%，与上年底持平。2005 年底，全国就业人员 75 825 万人，比上年末增加 625 万人。其中，第一产业就业人员 33 970 万人，占全国就业人员的 44.8%；第二产业 18 084 万人，占 23.8%；第三产业 23 771 万人，占 31.4%。年末城镇就业人员 27 331 万人，比上年末净增加 855 万人。其中单位就业人员 11 404 万人，比上年末增加 305 万人。在城镇单位就业人员中，在岗职工 10 850 万人，比上年末增加 274 万人。同时，进一步推进劳动力市场制度化、专业化、社会化建设，全国共有 116 个城市按季度发布了职业供求分析报告。2005 年底，全国共有各类职业介绍机构 35 747所，比上年末增加 1 857 所，其中公共职业介绍机构 24 167 所。全年公共职业介绍机构介绍成功 1 538 万人次，比上年增长 15.1%。

——职业培训 2005 年，贯彻落实全国人才工作会议精神，大力加强高技能人才队伍建设，推动职业培训工作全面开展。继续组织实施“3 年 50 万新技师培养计划”和国家高技能人才培训工程；启动了国家高技能人才东部地区培训工程；全面开展技能人才抽样调查和专题调研，初步摸清了全国技能人才队伍状况，提出了进一步加强高技能人才工作的政策措施；继续实施“3 年 50 万新技师计划”，全年培养新技师 19 万人。坚持以就业为导向，推进各类职业培训机构发展，积极完善技能人才评价指标体系和民办培训机构等级评估制度，技工学校建设进一步加强，职业培训的社会资源进一步开发。2005 年底，全国共有技工学校 2 855 所，其中国家重点技校 507 所，高级技校 348 所，面向社会开展培训 273 万人次，比上年增长 3%。就业训练中心3 289 所，民办职业培训学校 20 341 所，全年共开展培训 1 625 万人次，比上年增长 9.2%。继续广泛开展再就业培训和创业培训，与有关部门配合，指导各地开展了农村劳动力转移培训工作。继续组织实施“创办和改善你的企业”（SIYB）培训项目，组织开展了2005年职业技能竞赛系列活动。全年全国组织了610万人参加再就业培训，培训后有400万人实现了再就业，培训后再就业率达到66%；51万人参加了创业培训，培训后有29万人成功创办了企业或实现了自谋职业。大力推行职业资格证书制度，职业技能鉴定工作有了新进展。年末全国职业技能鉴定机构7 567个，全年共有1 000万人参加了职业技能鉴定，比上年增长13.6%，其中831万人获得不同等级的职业资格证书，比上年增长12.9%。鉴定质量进一步提高。

——劳动关系 进一步完善劳动合同制度、集体协商制度和协调劳动关系三方机制，加强劳动争议处理工作，劳动关系总体上保持了和谐稳定的局面。一是完善劳动合同和集体合同制度。以非公有制企业和农民工为重点，促进劳动合同制度全面实施，劳动合同管理工作进一步加强，劳动合同签订率稳步提高。大力推进集体协商和集体合同制度，继续将工资集体协商作为推进集体合同工作的切入点，推动企业建立工资集体协商制度，努力扩大集体合同制度覆盖面。截至2005年底，全国经劳动保障部门审核通过当期有效的集体合同为60.45万份，覆盖职工9 000多万人。二是协调劳动关系三方机制建设成效明显，全国地市一级以上基本建立了劳动关系三方协调机制，多数省份已在县、区全面建立，并正向乡镇、街道一级延伸。截至目前，共建立各级三方协调组织6 600多个，初步形成了多层次的组织体系。三是做好国有企业改制改组中劳动关系处理工作。全年劳动保障部门共审核88户中央及中央下放企业关闭破产职工安置方案，涉及职工39万人；审核批复了71户中央企业主辅分离辅业改制方案，涉及辅业企业4 190户，分流安置职工66万人。进一步完善了有关劳动关系处理政策，基本实现了国有企业改制重组过程中劳动关系的和谐稳定。四是继续强化劳动争议的预防和调解工作，积极推进劳动争议处理体制改革。2005年全年各级劳动争议仲裁委员会立案受理劳动争议案件31.4万件，比上年增长20.5%，涉及劳动者74万人，结案率为92.3%。其中，集体劳动争议案件1.9万件，涉及劳动者41万人。此外，各级劳动争议仲裁委员会还以非立案方式调解处理劳动争议案件9.4万件。劳动仲裁机构实体化建设取得较大进展。2005年全国共建立了115个劳动争议仲裁院。同时，进一步完善劳动争议处理各项制度，探索通过立法途径深化劳动争议处理体制改革。

——企业工资分配 继续以解决拖欠农民工工资问题为重点，着力建立预防工资拖欠的长效机制，采取措施引导低收入职工工资水平逐步提高，继续加强对国有企业工资分配的监管，规范工资分配秩序。一是继续抓好解决拖欠农民工工资工作。建立了由劳动保障部牵头，其他部门共同组成的解决拖欠农民工工资工作协调机制，继续以建筑、加工和餐饮服务企业为重点开展工作，认真做好“两节”期间保障农民工工资支付工作，全年共清理拖欠农民工工资40.5亿元。二是积极探索建立预防解决拖欠工资的长效机制。截至2005年底，全国共有19个省、自治区和直辖市建立了工资支付保障制度，16个省、自治区和直辖市建立了工资支付监控制度。三是进一步加强和改进企业工资分配宏观调控。大力推动《最低工资规定》的贯彻实施，14个省市调整颁布了最低工资标准，23个省、自治区、直辖市颁布了小时最低工资标准。开展提高艰苦岗位津贴标准工作，会同有关部门研究提高煤炭企业艰苦岗位津贴有关工作。进一步完善以企业工资指导线、劳动力市场工资指导价位制度和行业人工成本信息指导制度为核心的企业工资宏观指导体系，全国30个省、自治区、直辖市（西藏除外）发布了2005年企业工资指导线。进一步加强国有企业分配监管工作力度，继续做好企业工效挂钩工作。在经济持续增长的同时，广大企业职工工资水平进一步提高。2005年全国城镇单位在岗职工平均工资

18 364 元，比上年增长 14.6%，扣除物价因素实际增长 12.8%。

——**养老保险** 继续推进养老保险制度改革，在确保养老金发放、加强扩面征缴、推进离退休人员社会化管理服务等方面取得了积极进展。一是参保企业离退休人员基本养老金发放连续两年实现全国当期无拖欠。各级劳动保障部门进一步加大工作力度，完善工作机制，确保参保企业离退休人员基本养老金按时足额发放。2005 年各地上报没有发生新的拖欠，部分省份还加大了补发力度，无历史拖欠的省份达到 16 个。二是继续加强扩面征缴工作。2005 年底，全国基本养老保险参保人数为 17 487万人，比上年末增加 1 134 万人。其中，参保职工人数为 13 120 万人，参保离退休人数为 4 367 万人，分别比上年末增加 870 万人和 264 万人。基金收入继续保持较高增幅，2005 年，全国基本养老保险基金总收入5 093 亿元，同比增长 19.6%，其中征缴收入4 312 亿元，同比增长 20.3%；基金总支出 4 040 亿元，同比增长 15.4%。三是社会化管理服务取得重大进展。大力推进企业离退休人员社会化管理服务，加快公共老年服务设施和服务网络建设，2005 年底，纳入社区管理的企业退休人数为 2 655 万人，占企业退休人员的 68.3%，比上年末提高了 9.4 个百分点。

——**失业保险** 紧密围绕实施积极就业政策和完善社会保障体系，从建立促进就业的长效机制和完善失业保险制度入手，在扩大覆盖范围、强化基金征缴、保障失业人员基本生活和促进再就业方面取得新的成效。2005 年年末全国参加失业保险人数为 10 648 万人，比上年末增加 64 万人。年末全国领取失业保险金人数为 362 万人，比上年末减少 57 万人。2005 年，失业保险基金收入 333 亿元，比上年增长 13.8%，全年基金支出 207 亿元，比上年减少 3%。

——**医疗保险** 2005 年，以完善制度为主线，以强化管理、优化服务为重点，积极推进医疗保险制度改革，医疗保险工作取得新进展。一是突出重点，分类指导，全面完成医疗保险扩面任务。以推进混合所有制和非公有制经济组织从业人员参保为重点，坚持重点扩面和解决历史遗留问题两手抓，医疗保险覆盖范围进一步扩大，基金收入稳步增长。2005 年底，全国参加基本医疗保险人数为 13 783 万人，比上年末增加 1 379 万人。其中参保职工 10 022 万人，参保退休人员 3 761 万人，分别比上年末增加 977 万人和 402 万人。全年基本医疗保险基金收入 1 405 亿元，支出 1 079 亿元，分别比上年增长 23.2% 和 25.2%。二是积极研究完善城镇医疗保障体系的政策措施。在广泛深入调研的基础上，探索建立服务城镇各类人员的基本医疗保障制度；研究关闭破产国有企业退休人员参加医疗保险资金来源问题，指导地方采取多种方式，通过多渠道筹集资金，逐步解决困难企业职工及关闭破产企业退休人员医疗保障问题。三是加强医疗保险管理，控制医疗费用不合理增长。根据医疗保险用药管理有关规定，完成了医疗保险药品目录调整工作；推动各地建立医疗保险信用等级、信息披露等制度，不断改进和完善医疗费用结算管理；在全国各地开展定点医疗服务机构信用等级建设和分类管理工作，在各统筹地区逐步建立定点医疗机构公示制度。

——**工伤保险** 2005 年，以煤矿、建筑等高风险行业企业为重点，以农民工为重点人群，大力推进扩面工作。按照工伤预防、补偿和康复有机结合起来的要求，继续推进工伤康复与工伤预防试点工作。规范事业单位和民间非营利组织有关工伤政策。开展劳动能力鉴定标准的修订工作。指导各地开展工伤认定、劳动能力鉴定和待遇支付等工作。2005 年年末，全国参加工伤保险人数为 8 478 万人，比上年末增加 1 633 万人。全年享受工伤保险待遇人数为 65 万人，比上年增加 13 万人。全年工伤保险基金收入 93 亿元，支出 48 亿元，分别比上年增长 58.7% 和 42.7%。

——**生育保险** 按照“完善政策、加强管理、分类指导、协同推进”的工作思路，积极推动生育保险制度建设，扩大覆盖面工作，强化生育医疗服务管理。指导各地加快生育保险制度建设的步伐，截至2005年底，20个省区市出台了生育保险办法。进一步加强生育保险医疗服务管理，规范管理办法。将4个直辖市纳入生育保险重点联系城市范围，使重点联系城市由原来的8个城市，扩大到12个城市，充分发挥重点联系城市作用，开展生育保险重点、难点问题研究。2005年年末，全国参加生育保险人数为5 408万人，比上年末增加1 024万人。全年共有62万人次享受了生育保险待遇，比上年增加16万人次。全年生育保险基金收入44亿元，支出27亿元，分别比上年增长37.5%和42.1%。年末生育保险基金累计结存72亿元。

——农村养老保险 2005年底，全国31个省区市的1 900个县（市、区、旗）开展了农村养老保险工作，5 442万农民参保，积累保险基金310亿元，约302万参保农民领取了养老金。有400多万被征地农民被纳入基本生活或养老保障制度，筹集基金400多亿元。

——社会保险基金监管 2005年，进一步强化基金监管工作，严防挤占、挪用基金，研究探索基金的投资运营和保值增值，有效维护了基金安全。一是进一步推动社会保障监督委员会建设。截至2005年底，全国共建立省级社会保障监督委员会27个，地市级监督委员会165个。二是深入开展基金监督检查工作。认真开展对各类基金的现场监督检查；以金保工程为依托，推进社会保险基金非现场监督工作；继续加强对全国社会保障基金的监管工作；组织16个省市清理回收挤占挪用基金4.5亿元。三是研究探索社会保险基金保值增值的办法。深入研究养老保险个人账户基金投资管理办法，进行社保基金投资国债专题调研。四是稳步推进企业年金管理。组织开展了企业年金基金管理机构资格认定工作，全年共批准了29家机构的37个企业年金基金管理资格。

——完善城镇社会保障体系试点工作 2005年，在总结辽宁试点经验的基础上，吉林、黑龙江两省按照国务院批复两省试点方案的要求，继续做好各项试点工作，完善了新的养老金计发办法，对做实基本养老保险个人账户进行了全面测算，探索个人账户基金投资运营管理办法。到2005年底，吉林、黑龙江两省分别实现国有企业下岗职工基本生活保障制度向失业保险并轨130万人和183万人，分别做实基本养老保险个人账户基金27.5亿元和32.4亿元，完成了试点任务，为在全国进一步完善社会保障体系积累了新的经验。

——劳动保障法制建设 2005年，不断推进劳动保障立法和监察执法等工作，劳动保障法制工作取得新的进展，有效地维护了劳动者的合法权益和社会稳定。一是立法工作取得新的进展。《劳动合同法》草案经国务院常务会议讨论通过，并提请全国人大常委会审议；《就业促进法》草案已报送国务院审批。地方劳动保障立法迈出新的步伐。据不完全统计，全年共出台劳动保障方面的地方性法规、规章15件。二是进一步落实依法行政的要求。积极推进劳动保障行政审批制度改革和行政执法责任制，制定了面向社会、面向劳动保障系统等政务公开办法，加强了行政复议工作。三是积极配合全国人大开展《劳动法》执法检查工作。部署各地劳动保障部门普遍开展了自查。根据全国人大常委会执法检查组提出的重点工作，逐条进行认真研究，并制定了整改方案和措施。通过执法检查，认真总结了《劳动法》实施10年来的基本经验，查找出存在的突出问题，提出了建立健全我国劳动保障法律体系的意见，有力推动了进一步贯彻落实《劳动法》和加强劳动保障法制建设。四是进一步加大监察执法力度。会同公安、工商、人事等部门开展了解决拖欠进城务工人员工资、清理整顿劳动力市场秩序、贯彻《禁止使用童工规定》情况检查等全国范围的专项行动。全年，各地劳动保障监察机构共主动检查用人单位119万户，年检用人单位96万户，查处群众举报投诉案件25万件，查处各类劳动保障违法案件38万件。责令用人单位为1 128万劳动者补签了劳动合同，为842万劳动者补发工资待遇等58亿元，督促16万户用人单位补缴社会保险费44亿元，督促11万户用人单位办理了社会保险登记、申报，取缔非法职业中介机构10 408户，责令用人单位退还收取劳动者的风险抵押金1亿多元。

2005年劳动保障工作有以下几个方面的特点：

1. 就业再就业工作取得重大进展，政策体系更加完善。2005年，劳动保障系统认真贯彻落实党中央、国务院的一系列重要指示，进一步加大工作力度，全面完成中央确定的“95146”的就业再就业目标任务。主要采取了5方面措施：一是层层落实目标责任。逐级建立目标责任体系，把任务层层分解落实到基层，坚持按月统计通报，按季调度，重点指导督促，保证落实到位。二是进一步加大专项资金支持力度。2005年，中央财政在保持国有企业下岗职工基本生活保障专项补助资金规模不变的基础上，增加再就业专项补助资金26亿元，使两项资金的总量达到209亿元。各地也相应增加了资金投入。三是落实政策，强化服务。组织了几次全国范围的专项活动：新年春节前，在全国开展了“再就业援助月”活动，通过送政策、送岗位、送技能、送服务和落实社会保险补贴，帮助一大批就业困难人员实现了再就业；春节后，组织开展了“春风行动”，加强对进城务工人员的就业服务；从二季度开始，开展了再就业“政策实效”行动，切实解决下岗失业人员反映集中的问题，发挥政策促进就业的效应；6月中旬，会同有关方面在全国100个大中城市开展“民营企业招聘周”活动，推动民营经济扩大就业；从二季度起，在全国各城市开展了以公共职业介绍机构为依托的“技能岗位对接”专项服务活动，促进各类院校毕业生和已参加技能培训的劳动者就业，满足企业对高素质技能劳动者的需求。认真贯彻落实国办发［2004］92号文件精神，取消了针对进城务工人员的流动就业证卡制度，进一步改善进城务工人员的就业环境。配合有关部门加强对大学毕业生的就业指导和服务。四是加强失业调控工作。半数以上省份出台了失业调控方案，其他地方也采取了相应措施；加强对关闭破产企业职工安置方案的审核和落实，规范企业操作；做好主辅分离、辅业改制安置富余人员工作，防止将下岗失业人员集中推向社会。

2005年11月，在对现行再就业扶持政策进行全面梳理，充分总结以往就业再就业工作实践经验的基础上，国务院下发了《国务院关于进一步加强就业再就业工作的通知》（国发［2005］36号），为解决转轨时期历史遗留的再就业问题，建立市场导向就业机制奠定了坚实基础。国发36号文件对积极的就业政策的丰富和发展，主要体现在“延续、扩展、调整、充实”四个方面：延续——主要是对12号文件确定的税费减免、小额担保贷款、社保补贴、职业介绍和职业培训补贴、主辅分离等政策，把政策审批截止期延续到2008年年底。扩展——主要是把再就业政策的扶持对象扩展到厂办大集体企业下岗职工，并明确各地可根据实际扩展的政策范围和人员对象，对小额担保贷款、免费职业介绍和职业培训补贴的扶持对象，以及有关社保补贴项目的扩展分别作出相应规定。调整——主要是对下岗失业人员从事个体经营的税收优惠政策，从原来的没有限额改为在限额内减免；对企业吸纳下岗失业人员的税收优惠方式由按比例减免，调整为按实际招用人数定额依次减免。充实——主要是增加了稳定灵活就业的社保补贴和促进培训的技能鉴定补贴，并对对象范围和享受条件作出明确规定。同时，根据国发36号文件精神，经国务院批准，国务院再就业工作部际联席会议制度调整为就业工作部际联席会议制度，进一步加强了对就业再就业工作的领导和协调。

2. 基本养老保险制度改革取得重大进展。

在全面总结东北试点经验、广泛进行调查研究的基础上，国务院下发了《国务院关于完善企业职工基本养老保险制度的决定》（国发［2005］38 号），确定了新时期完善企业职工基本养老保险制度的指导思想和主要任务，以建立长效机制为核心，提出了积极稳妥地开展扩大做实个人账户的试点，进一步扩大养老保险覆盖范围，逐步做实个人账户，改革基本养老金计发办法，建立参保缴费的激励约束机制，提高统筹层次，加强社会保险管理服务等政策措施。国发［2005］38 号文件下发后，我部召开全国完善企业职工养老保险制度工作会议，印发了《关于贯彻落实国务院完善企业职工基本养老保险制度的通知》（劳社部发［2005］31 号）《关于印发完善企业职工基本养老保险制度宣传提纲》（劳社部发［2005］32 号）和《关于扩大做实企业职工基本养老保险个人账户试点有关问题的通知》（劳社部发［2005］27 号）等一系列文件，对贯彻落实国务院《决定》工作进行全面安排部署。

3. “十五”时期的劳动保障事业发展计划目标顺利实现。2005 年是“十五”时期的最后一年，各级劳动保障部门抓住经济社会持续快速健康发展的良好机遇，鼓足干劲，不断加大工作力度，各项工作取得重大进展，制度建设迈出重大步伐，圆满完成了“十五”时期的劳动保障事业发展计划目标。一是全面完成巩固“两个确保”的历史性任务，在经济体制深化改革、经济结构调整的重大变革中，有效地保障了 2 800 万国有企业下岗职工和 4 000万企业离退休人员的基本生活与合法权益，对改革、发展、稳定做出了历史性贡献。二是积极的就业政策逐步走向成熟，既发挥了市场配置劳动力资源的基础性作用，又充分发挥了政府引导、规范市场和扶助弱势群体的社会管理、公共服务职能。城镇新增就业人员和控制失业率纳入宏观调控的重要指标，扩大就业和促进再就业作为各级党委政府的重要目标摆到更加突出的位置。“十五”期末，全国城乡就业人数达到 7.6 亿，比“九五”期末增加 3 740 万人；其中城镇就业人数 2.7 亿，比“九五”期末增加 4 200 万人。三是将“建立健全同经济发展水平相适应的社会保障制度”写入《宪法》，初步形成以养老、失业、医疗、工伤和生育保险为主要内容的社会保障体系框架；制度建设正在由为单位服务向社会服务迈进，覆盖范围正在由原来的国企职工向非公经济组织从业人员、灵活就业人员、进城务工人员拓展；资金规模不断增加，2005 年5 项保险基金总收入超过 7 000 亿元，比 2000 年的 2 600 多亿元翻了一番还要多，同时还建立了 2 000 多亿元战略储备性的全国社会保障基金。四是从维护劳动者合法权益和社会稳定入手，积极推动建立劳动合同和集体合同制度，普遍建立了协调劳动关系三方机制，探索了市场经济条件下协调劳动关系的途径和办法。五是基础建设取得重大进展。金保工程全面启动，社区平台普遍建立，社会保险经办进一步规范，监察机构和仲裁队伍建设不断加强，明显提升了劳动保障的管理服务能力。

劳动和社会保障
重要文献

一、党和国家领导人关于劳动和社会保障工作的重要讲话

大力发展中国特色的职业教育

——在全国职业教育工作会议上的讲话

温家宝

（2005年11月7日）

这次全国职业教育工作会议非常重要。会议的主要任务，就是统一思想，明确任务，狠抓落实，推动中国特色职业教育的发展。

一、深刻认识大力发展职业教育的重要性和紧迫性

当前，我国正处于全面建设小康社会、加快推进现代化的关键阶段，经济和社会发展面临许多重大而艰巨的任务。统观全局，必须坚持把教育事业放在优先发展的战略地位。加快教育发展，使我国经济建设切实转到依靠科技进步和提高劳动者素质的轨道上来，是提高经济增长质量和竞争力的可靠保证，也是把我国巨大的人口压力转化为人力资源优势的重要途径。职业教育是现代国民教育体系的重要组成部分，在实施科教兴国战略和人才强国战略中具有特殊的重要地位。党中央、国务院高度重视发展职业教育，改革开放以来特别是近几年来，积极推进职业教育发展，支持各级各类职业教育办出特点、办出水平，各地区和许多企业进行了积极探索，也积累了不少经验。但从总体上看，职业教育的发展仍然是薄弱环节，不适应经济社会发展的需要。大力发展职业教育，既是当务之急，又是长远大计。现在，我国就业和经济发展正面临着两个大的变化，社会劳动力就业需要加强技能培训，产业结构优化升级需要培养更多的高级技工。我们要从国家现代化建设的大局出发，深刻认识加强职业教育的重要性和紧迫性。

大力发展职业教育，是推进我国工业化、现代化的迫切需要。基本实现工业化，大力推进信息化，加快建设现代化，是21世纪头20年我国经济社会发展的战略任务。我们要坚持以信息化带动工业化，以工业化促进信息化，走出一条科技含量高、经济效益好、资源消耗低、环境污染少、人力资源优势得到充分发挥的新型工业化路子；要推进产业结构优化升级，转变经济增长方式，提高自主创新能力，不断提高现代化水平，都对我国人力资源的结构和素质提出了新的更高的要求。国民经济的各行各业不但需要一大批科学家、工程师和经营管理人才，而且需要数以千万计的高技能人才和数以亿计的高素质劳动者。没有这样一支高技能、专业化的劳动大军，再先进的科学技术和机器设备也很难转化为现实生产力。我国目前在生产一线的劳动者素质偏低和技能型人才紧缺问题十分突出。现有技术工人只占全部工人的1/3左右，而且多数是初级工，技师和高级技师仅占4%。从制造业比较发达的沿海地区看，技术工人短缺，已成为制约产业升级的突出因素。我国已是制造业大国，工业增加值居世界第四位，但还不是制造业强国，我国的制造业生产技术和管理水平与发达国家还有不小的差距。主要问题是产业结构不合理，技术创新能力不强，产品以低端为主、附加值低，资源消耗大，而且安全生产事故也多，这些都与从业人员技术素质偏低、高技能人才匮乏有很大关系。现在经济全球化深入发展，国际产业结构加快调整与重组，我们要抓住机遇，努力提高我国制造业水平，使“中国制造”在国际市场上真正有竞争力。这就必须从源头抓起，更加重视和加快发展职业教育，全面提升人力资源的整体素质。

大力发展职业教育，是促进社会就业和解决“三农”问题的重要途径。人口多、劳动力多，特别是农民多，是我们的基本国情。就业问题在我国是一个不可回避而且必须解决好的大问题。目前，全国城镇每年需要就业的劳动力约2 400万左右，还有大批农村富余劳动力需要转移出来。促进社会就业，必须发展职业教育，普遍提高城乡劳动力的就业、创业能力。要适应经济社会发展对劳动力需求的变化，把发展各种形式的职业教育作为促进城市就业的重要措施，特别要加强新增劳动力和下岗失业人员的技能培训，提高城市就业率。解决“三农”问题，必须实行城乡统筹，一方面要引导农村富余劳动力向非农产业和城镇转移就业，推进工业化和城镇化；另一方面要大力发展现代农业，推进社会主义新农村建设。这都需要加强职业教育，提高农村劳动力的整体素质。目前，我国农村劳动力整体文化水平较低，缺乏职业技能。必须在农村普及九年义务教育的同时，大力发展职业教育和技能培训，使广大农民适应工业化、城镇化和农业现代化的要求，这也是我国现代化建设的一项重大战略性任务。

大力发展职业教育，也是完善现代国民教育体系的必然要求。我们说的职业教育是个统称，它既包括技术教育也包括技术培训，既包括职业教育也包括职业培训，既包括中等职业教育也包括高等职业教育。发展职业教育是我国教育事业发展规律的内在要求。要把基础教育、职业教育和高等教育放在同等重要位置，统筹兼顾，协调推进。这三个方面相辅相成，共同构成我国的现代国民教育体系。过去，我们比较重视基础教育和高等教育，这是必要的，今后仍应这样做。近些年来，我们越来越清楚地认识到，必须同样重视发展职业教育。我国人力资源丰富，但劳动力整体素质不高，人才结构不尽合理，重要原因是教育结构不够完善，职业教育发展滞后。目前，全国城乡每年有1 000多万初中毕业生不能升入高中，数百万高中毕业生不能升入大学；同时，大学毕业生就业难的问题越来越突出，每年有上百万名大学毕业生不能及时找到工作。而社会对各类技能型人才需求量却很大，近些年来一直供不应求。从我国人口结构变化和发展的趋势看，高中教育和高等教育需求的高峰即将到来。如果只有高中和大学这一条“独木桥”，不仅教育需求与教育资源供给之间的矛盾很难缓解，还会造成教育资源和人力资源的浪费。因此，必须进一步完善国民教育体系，加快职业教育发展，合理配置教育资源，实行教育合理分流。这样，才能最大程度地满足社会成员多样化的求学愿望，才能适应经济社会发展对多层次人才和劳动力的需求，也才能有利于构建和谐社会。

当今世界，教育同产业的结合愈来愈密切。无论是发达国家还是新兴工业化国家，都把发展职业教育作为振兴经济、增强国力的战略选择。这是因为国家核心竞争力的增强，需要拥有大量素质高、适应性强的技能型人才。国际经济竞争的核心，是技术和人才的竞争。我国要更加有效地参与国际合作和竞争，切实提高产业和产品的竞争力，就必须不失时机地大力推进职业教育发展。

总之，我们要从国家现代化建设全局和战略的高度，从贯彻落实科学发展观和构建和谐社会的高度，进一步增强紧迫感和使命感，采取有力的措施，切实加强职业教育工作，加快职业教育事业发展。

二、坚持走中国特色的职业教育发展路子

职业教育具有鲜明的职业性、社会性、人民性。我国职业教育的先驱黄炎培先生曾把职业教育的目的概括为：“使无业者有业，使有业者乐业”。职业教育应该是面向人人的教育，使更多的人能够找到适合于自己学习和发展的空间，从而使教育事业关注人人成为可能。

世界各国经济发展水平不同，劳动就业制度不同，职业教育各具特色。凡是成功的模式，都有一个共同的特点，就是与本国实际紧密结合，有效促进经济社会发展。中国正在举办着世界上规模最大的职业教育。我们必须走自己的路，解放思想、与时俱进，在实践中探索有中国特色的职业教育发展路子。

中国特色的职业教育，必须服务于社会主义现代化建设，着力培养适应经济社会发展需要的高素质劳动者和技能型人才；必须满足城乡居民对职业教育的多样化需求，为他们就业、创业和成才创造条件；必须与社会主义市场经济体制相适应，实行政府主导、面向市场、多元办学的机制；必须与生产劳动和社会实践紧密结合，实行灵活多样的人才培养模式。通过坚持不懈的努力，逐步形成完备的现代职业教育体系。

我国职业教育的根本任务，就是培养适应现代化建设需要的高技能专门人才和高素质劳动者。当前和今后一个时期，我们要重点抓好三个方面：一是城乡需要就业人员的职业技能培训。包括农村富余劳动力转移就业培训和城市就业、再就业培训。二是高技能人才的培养，重点是高级技工和技师的培养。要提高我国的制造业水平，必须培养大批掌握新技术、能操作最新的机床、有创新精神的高技能人才。这类人才现在是最缺乏的。三是在岗人员的技术培训和继续学习。由于技术进步日新月异，在岗职工也需要不断更新知识和提高技能水平。对在岗职工的培训，也是职业教育的一项十分重要的任务。这三个方面涉及几亿人，是一项规模浩大的社会工程。国务院已经下发了《关于大力发展职业教育的决定》，明确提出今后一个时期发展职业教育的主要任务和措施，特别要着力抓好以下几项工作：

（一）合理调整教育结构，重点加强职业教育

教育结构调整总的方向是：普及和巩固义务教育，大力发展职业教育，提高高等教育质量。无论是中等教育还是高等教育，都要扩大职业教育的规模。在高中教育阶段，要坚持普通高中教育和中等职业教育并重、协调发展。“十一五”期间，要重点发展中等职业教育，使中等职业学校招生和普通高中招生规模大体相当。在高等教育阶段，要相对稳定普通大学招生规模，重点发展高等职业院校，扩大高等职业教育招生规模，到2010年，使高等职业教育招生规模占高等教育招生规模的一半以上。要扩大高级技工、技师培养规模。发展多形式、多渠道的职业教育和培训。今后五年，我们要实施“四大工程”，包括技能型人才培养工程、农村劳动力转移培训工程、农村实用人才培训工程、城市职工继续教育和再就业培训工程。这四大工程将惠及千家万户，要认真组织实施，务必取得成效。

（二）推进体制机制创新，形成多元化办学格局

发展职业教育，要面向市场，发挥政府主导作用，同时要充分发挥企业、行业和社会力量举办职业教育的积极性。要进一步整合职业教育资源，优化职业教育布局，加强规划和协调管理，办好一批起骨干示范作用的职业院校。要积极办好公办职业院校，大力发展民办职业教育，形成公办民办共同发展的新格局。要推动公办职业院校办学体制改革与创新，深化内部管理体制改革。要把民办职业教育纳入职业教育发展的总体规划，落实支持民办教育发展的政策，鼓励和引导社会资金投资兴办职业教育。在师资队伍建设、招生和学生待遇等

方面对民办职业院校与公办学校要一视同仁。企业是举办职业教育的重要力量。要鼓励有条件的企业、企业集团或行业组织发展职业教育。职业院校可由企业单独办、企业联办，也可校企联办。鼓励和扶持中外合作办学，积极引进优质职业教育资源。总之，思想要更解放一点，路子要更宽一点，机制要更活一点，促进我国职业教育更快更好地发展。

（三）以就业为导向，努力提高职业院校办学水平和质量

职业教育要认真贯彻党的教育方针，全面实施素质教育。一方面，要搞好以敬业和诚信为重点的职业道德教育，学习必要的基础理论知识；另一方面，要坚持手脑并用、做学合一的教学原则，突出学生的动手能力和职业技能训练。要深化职业教育的教学内容、教学方法改革，培养目标、专业设置、课程教材、学制安排等，都要适应企业和社会需求，着眼于提高学生的就业和创业能力。教学内容要注重学以致用。要改变传统的以学校课堂为中心的做法，职业教育的课堂有些要设在学校，有些可以设在工厂车间、服务场所和田间地头。要加快职业院校实训基地建设。有条件的地方和学校，学生可以一面在学校学习，一面在企业工作，工学结合、半工半读。这既可减轻学生和家长的经济负担，毕业后也容易找到工作。职业教育面向就业，重要的是面向企业，培养企业需要的人才。职业院校毕业生在取得学历毕业证书的同时，应能获得相应的职业资格证书。要从教育体制上搭建基础教育、职业教育、高等教育互联互通的桥梁，搞好中等职业教育、高等职业教育的合理分工和相互衔接，为各类学校毕业生就业成才和终身学习创造条件。要加强职业教育师资队伍建设，这是当前职业教育发展中最薄弱的一个环节。职业院校教师工作是重要的，而且是光荣的。要加强职业教育师资培养和培训，建立职业教育专业教师到企业生产一线实践的制度，制定和完善职业教育兼职教师聘用政策，鼓励工程技术人员、高技能人才到职业院校兼职。

（四）重视发展面向农村的职业教育，提高广大农民的职业技能和转移就业能力

今后，我国新增劳动力的主要来源在农村。农村初高中毕业生不仅是农业现代化建设的骨干力量，也是我国产业工人的后备军，搞好农村职业教育具有特殊重要的意义。要制定农村职业教育和培训计划。面向农村、面向农民的职业教育和技能培训，要注重多样化、灵活性和实用性。各级各类职业学校都要扩大面向农村初高中毕业生的招生规模。充分利用广播电大、自学考试、远程教育等方式，发展面向农村青年的职业教育。要加强县级职业教育中心建设，每个县（市）都要重点办好一所职业教育中心或中等职业技术学校。加强农民工转移就业培训，继续实施好“农村劳动力转移培训阳光工程”，提高进城务工农民的职业技能和就业能力。同时，做好在乡务农青年的农业实用技术培训工作。

三、切实加强对职业教育工作的领导

普及九年义务教育，加强职业教育，提高高等教育质量，是今后相当长一个时期我国教育发展和改革的三大任务。鉴于当前职业教育比较薄弱，亟待解决的困难和问题较多，要更加重视加强对这项工作的领导。

第一，切实把加强职业教育作为关系全局的大事。改变职业教育薄弱的状况，要解决体制问题、投入问题、社会环境问题，但首先是要解决对职业教育的思想认识和领导重视问题。认识要到位，领导要到位，工作要到位。现在，一些远见卓识的领导者都认识到，职业教育越来越重要，抓职业教育，就是抓就业、抓产业素质、抓投资环境、抓发展后劲和竞争力。目前，从中央到地方都在制定国民经济和社会发展“十一五”规划，一定要把加强职业教育纳入各级发展总体规划，统筹安排，加大扶持力度，促进职业教育与其他各类教育协调发展。发展职业教育的责任主要在地方。地方各级政府都要真正重视和加强职业教育，切实解决职业教育发展和改革中的困难和问题。

第二，进一步理顺职业教育管理体制。要在国务院领导下，充分发挥职业教育工作部际联系会议制度的作用，进一步形成齐抓共管的格局。国务院有关部门要按照各自职责分工做好工作，加强相互配合。地方政府也要建立相应的工作机制。要整合现有职业教育资源，改变职业院校条块分割、多头管理的状况。要进一步落实职业院校的办学自主权，增强其自主办学和自主发展的能力。要大力推进职业教育的城乡统筹、区域合作和对口支援，探索劳动力输出地和输入地职业培训沟通和合作机制。

第三，深化劳动人事制度改革。要改变劳动用工、人才选拔中片面追求学历而轻视技能的做法，制定和完善涉及技能型人才的政策，形成有利于职业教育发展的激励机制。要建立健全专利制度、标准体系和知识产权保护制度，从法律与政策上鼓励和保护技能型人才的发明创造。对生产一线工人改进工艺、优化流程和取得的各种技术革新成果，凡是能产生较大经济效益和社会效益的，都应予以重奖。

第四，加大公共财政对职业教育的投入。国务院已决定，“十一五”期间中央财政对职业教育投入100亿元，重点用于支持职业教育实训基地建设，充实教学设备，资助贫困家庭学生接受职业教育。地方政府也要增加对职业教育的投入，加强职业教育基础能力建设。要建立和完善职业教育学生助学制度，使贫困家庭学生通过国家帮助和本人勤工俭学得以顺利完成学业，进一步体现社会主义教育的公平与公正。

第五，形成有利于职业教育发展的社会舆论氛围。重视技能、重视技工，要成为全社会的一种文明风尚。我们不仅要尊重那些有理论素养的教授、专家，也要尊重那些自己动手、实际操作，有发明创造的技术专家。广播、电视、报纸、网络、出版和其他大众媒体，都要大张旗鼓地宣传职业教育的重要地位和作用，宣传优秀技能人才和高素质劳动者的劳动价值和社会贡献，扫除重学历轻技能、鄙薄职业教育的陈腐落后观念，使新的求学观、择业观和成才观在全社会蔚然成风。要认真总结和推广近年来各地发展职业教育的成功经验和办得好的职业院校的经验，推动各级各类职业教育的改革和发展。

加快职业教育发展，是全面建设小康社会、加快推进现代化事业的重大而紧迫的任务。我们要在以胡锦涛同志为总书记的党中央领导下，以邓小平理论和“三个代表”重要思想为指导，全面落实科学发展观，振奋精神，开拓创新，扎实工作，为我国职业教育的繁荣和发展而努力奋斗！

黄菊在全国职业教育工作会议上发表重要讲话

全国职业教育工作会议11月8日在北京闭幕。中共中央政治局常委、国务院副总理黄菊出席会议并作总结讲话，强调要从我国经济社会发展全局的高度，充分认识加快发展职业教育的重要意义，以高度的责任感和紧迫感，学习好、贯彻好全国职业教育工作会议精神和《国务院关于大力发展职业教育的决定》，努力实现我国职业教育发展和改革的新跨越，更好地为全面建设小康社会、加快推进社会主义现代化建设服务。

黄菊说，这次全国职业教育工作会议，深入学习贯彻党的十六大和十六届五中全会精神，贯彻落实科学发展观，对实施《国务院关于大力发展职业教育的决定》进行了动员和部署，是我国经济社会发展和职业教育发展进入新阶段召开的一次重要会议。

黄菊强调，当前我国正处在加速工业化、城镇化和现代化的关键时期，大力发展职业教育，对于促进经济发展，扩大就业规模，提高就业质量，具有特别重要的意义。要下大决心加快发展职业教育，大量培养技术技能型人才、知识技能型人才和复合技能型人才，推动产业结构优化调整和经济增长方式转变，走新型工业化道路，提高国民经济整体素质和国际竞争力。大力发展职业教育，提高劳动者的就业能力和创业能力，促进新成长劳动力就业和下岗失业人员再就业，推动农村富余劳动力转移就业，努力提高和改善人民生活，维护社会稳定，促进社会主义和谐社会建设。

黄菊对切实抓好这次会议精神和国务院《决定》的贯彻落实，大力推进职业教育发展和改革提出六项要求：一是要认真学习领会这次会议和国务院《决定》的精神，进一步提高对发展职业教育重要性和紧迫性的认识，切实把职业教育工作摆在更加突出的位置，加强对这项工作的组织领导。二是各地要按照中央明确的目标、任务、要求，从本地区实际出发，抓紧制定本地区职业教育发展规划、工作方案和政策措施，把职业教育发展规划和措施，纳入本地区“十一五”国民经济和社会发展规划，统筹作出安排。三是国务院各部门要进一步明确责任，制定实施细则，切实履行好职责。要树立全局观念，相互支持配合，共同推动职业教育的发展和改革。四是各种所有制企业都要强化职业培训，有条件的要办好职业学校，并通过与职业院校密切合作，大力培养职业技能人才，提高职工技能水平，同时积极为职业院校学生实习和教师的实践提供必要条件。各行业也要积极参与职业教育工作，切实发挥作用。五是要适应发展社会主义市场经济的需要，推进职业教育办学机制改革、职业学校运行机制改革、职业教育教学改革、职业教育培养方式改革，推动公办、民办职业教育共同发展，职业学校教育、职业培训共同提高，走出一条有中国特色的职业教育新路子。六是要加强舆论宣传，提高全社会对职业教育的认识，形成崇尚技能、尊重技能人才的新观念，动员全社会力量参与职业教育事业，努力营造全社会关心、支持职业教育发展的良好社会氛围。

（新华社2005年11月8日电）

黄菊在国务院就业工作部际联席会议上发表重要讲话

中共中央政治局常委、国务院副总理黄菊11月11日出席国务院就业工作部际联席会议，部署贯彻落实《国务院关于进一步加强就业再就业工作的通知》的有关工作。他强调，要按照十六届五中全会要求，落实“十一五”时期国民经济和社会发展规划，把扩大就业摆在经济社会发展更加突出位置，坚持实施积极的就业政策，重点解决好体制转轨遗留的下岗失业人员再就业问题，同时努力做好城镇新增劳动力就业和农村富余劳动力转移就业工作，有步骤地提高城乡统筹就业和劳动者素质，探索建立市场经济条件下促进就业的长效机制。

黄菊指出，就业是民生之本，也是构建社会主义和谐社会的重要内容。党中央、国务院一直非常重视就业再就业工作。2002年，党中央、国务院下发了《关于进一步做好下岗失业人员再就业工作的通知》，重点围绕解决国有企业下岗失业人员再就业问题，制定了一系列促进就业再就业的政策，确立了我国积极就业政策的基本框架。党中央、国务院连续三年召开全国性会议，部署安排，推动落实。各级党委、政府结合实际创造性地开展工作，层层建立目标责任制，形成了上下齐抓共管的新局面。三年来，就业再就业工作取得很大成绩，就业局势基本稳定，政策日趋完善，工作机制更加成熟。由于原定政策今年年底到期，广大人民群众对政策延续的呼声十分强烈。为保持政策的连续性，解决好转轨时期历史遗留问题，并为建立市场就业机制奠定基础，经过近一年的调查研究，在吉林、湖南分别召开了两次座谈会，广泛听取意见，提出了做好就业再就业政策和工作的意见和建议。国务院已于近日下发了《关于进一步加强就业再就业工作的通知》，根据新的情况对原有政策作了“延续、扩展、调整、充实”，对做好今后几年就业再就业工作进行了全面动员和部署。

黄菊强调，就业再就业工作实践证明，通过实施政策扶持和就业援助，大批下岗失业人员实现了再就业，为推进经济结构调整、国有企业改革和维护社会稳定发挥了重要作用。国务院近日出台的就业政策，在保持原有政策基本稳定的基础上，总结各地实践经验，进一步扩大了扶持范围，增加扶持内容，改进操作办法，延长执行期限；同时，提出了市场经济条件下政府促进就业的政策取向，强化了市场就业的政策内容，为建立市场化的长效就业机制奠定了基础。

黄菊指出，就业再就业工作是一项长期艰巨的任务。今后3～5年，是我国劳动年龄人口增长的高峰期，是下岗失业人员再就业攻坚期，是农村富余劳动力转移的加速期，就业再就业压力大、矛盾非常集中。国务院在下发《关于进一步加强就业再就业工作的通知》同时，还下发了《关于大力发展职业教育的决定》，并召开了全国职业教育工作会议，明确提出职业教育要以就业为导向。两个文件都以就业工作为中心，各有侧重，相辅相成。这是在“十一五”规划即将开始实施前，国务院对就业工作作出的一系列重大决策，充分体现了党中央、国务院对就业工作的高度重视。各地区、各有关部门要统一思想，提高认识，加强领导，确保各项政策措施落到实处，不辜负党中央、国务院的重托，不辜负广大下岗失业人员的殷切期望。

黄菊要求，各地区、各有关部门要广泛开展生动活泼、深入细致的宣传活动，用老百姓喜闻乐见的形式、通俗易懂的语言，把各项就业再就业政策，把党和政府对下岗失业人员的关心直接宣传到群众、企业和基层单位；要树立一批下岗失业人员再就业和企业吸纳下岗失业人员就业的先进典型，营造全社会支持就业再就业工作的良好氛围。同时，各部门要在总结前三年工作经验的基础上，抓紧制定配套文件；指导和鼓励地方围绕解决本地区的突出问题，制定更有针对性的政策措施，使中央的政策具体化。

黄菊强调，2006 年是“十一五”的开局之年，就业任务将十分繁重。要继续做好再就业政策的落实，巩固就业再就业工作成果，为 2006 年起好步、开好局做好准备。各地区、各有关部门要继续推进“政策实效”行动，把抓好政策落实、抓出实效作为主要任务，使更多下岗失业人员切实享受到政策扶持和帮助，确保 2005 年就业再就业目标任务的全面完成。

国务院就业工作部际联席会议各成员单位以及中央、国务院有关部门负责同志出席了会议。劳动保障部部长田成平代表联席会议介绍了贯彻落实国务院通知的有关工作安排。

（新华社 2005 年 11 月 11 日电）

二、劳动和社会保障部领导讲话和文章

在全国劳动保障厅局长座谈会上的讲话

劳动和社会保障部部长　田成平

（2005 年 7 月 22 日）

近年来，劳动保障工作取得了很大成绩。积极的就业政策体系初步形成，扩大就业、促进再就业工作取得明显成效，连续两年圆满完成中央国务院确定的目标任务；各项社会保险覆盖范围持续扩大，政策制度逐步完善，基础管理不断加强，企业离退休人员基本养老金连续 18 个月全部按时足额发放，90% 以上的企业退休人员实现了社会化管理。劳动者合法权益得到更有效的维护，劳动关系总体协调稳定。劳动保障法制建设、金保工程建设、社区平台建设、劳动保障系统能力建设不断取得新的进展。这些成绩和进展，实实在在地保障了人民群众的利益，得到社会各界的肯定。这是党中央、国务院正确决策的结果，是历届劳动保障部党组精心组织的结果，也是全系统 40 万干部职工奋斗拼搏的结果。

一、充分认识新形势下劳动保障工作的重要性，不断增强做好工作的责任感

劳动保障工作直接关系广大人民群众的切身利益，关系改革发展稳定的大局，是全面建设小康社会、构建社会主义和谐社会的重要内容。党中央、国务院高度重视，特别是近年来，将劳动保障工作摆在经济社会发展全局中更加突出的位置，在促进就业再就业、完善社会保障体系、协调劳动关系等方面，制定实施了一系列重大方针政策。劳动保障系统的干部职工，首先是各级领导干部，要坚决与党中央保持一致，把劳动保障工作与国家经济社会发展的战略目标紧密结合起来，与提高党的执政能力紧密结合起来，不断增强做好工作的责任感和自觉性。

实现劳动保障工作目标，是全面建设小康社会的重要内容。21 世纪头 20 年，全党全国的中心任务是全面建设小康社会，而“社会保障体系比较健全，社会就业比较充分”是全面建设小康社会的重要标志和基本目标之一。“就业是民生之本”，只有实现了更充分、更稳定的就业，作为社会主体的广大劳动者才能随着社会财富的不断创造而获得不断增长的收入，过上小康富足的生活。只有建立起比较健全的社会保障体系，才能解除劳动者遭遇劳动风险的后顾之忧，使他们更好地投身到建设事业，也才能切实保障那些弱势群体的基本生活，并使他们分享社会经济发展成果。从这些意义上讲，劳动保障工作承担着重大的时代责任，全系统的干部职工都要认清自己的历史使命，增强工作的自觉性，为实现全面建设小康社会的宏伟目标做出应有的贡献。

做好劳动保障工作，是构建社会主义和谐社会的必然要求。党中央明确提出了构建社会主义和谐社会的 6 大目标、6 条原则和 10 大任务，其中许多都与劳动保障工作密切相关。就业是民生之本，也是安国之策。很显然，如

果就业局势不稳、失业率过高，社会就难以稳定。社会保障历来被称为劳动者的“安全网”、社会运行的“稳定器”和收入分配的“调节器”。如果社会保障制度不健全，人民群众缺乏安全感，社会收入分配严重不公，就无法实现社会的公平与正义。劳动关系是最重要的经济和社会关系之一。如果劳动关系紧张、侵权事件不断、劳资矛盾激化，更谈不上社会和谐。因此，做好劳动保障工作，努力扩大就业，完善社会保障体系，协调劳动关系，是构建和谐社会的题中应有之义，是我们义不容辞的责任。

着力解决劳动保障方面影响群众生产生活的突出问题，是党的根本宗旨的具体体现。劳动保障工作的对象是广大劳动者，每一项政策都涉及亿万群众的切身利益。特别是在经济体制改革深化和经济结构重大调整过程中，不可避免地会有部分社会群体的利益受到暂时影响，或者比别的群体利益增进得慢一些，还会产生下岗失业人员等弱势群体，由此引发一些社会矛盾。劳动保障部门要始终坚持立党为公、执政为民，牢固树立以人为本的思想，树立群众利益无小事的观念，怀着对人民群众的深厚感情，不断完善政策，改进工作，千方百计地采取措施，多为群众办实事、解难事、做好事；特别要高度关注弱势群体的突出困难，帮助困难群众排忧解难，减轻体制转轨阶段的震荡，实现好、维护好、发展好人民群众的根本利益，切实做到权为民所用、情为民所系、利为民所谋。

二、抓好各项政策措施的落实，确保完成今年劳动保障各项工作任务

今年上半年，在党中央、国务院的正确领导下，各方面更加重视树立和落实科学发展观，对宏观调控的认识越来越一致，加快经济结构调整、转变增长方式的主动性进一步增强，经济运行继续朝着宏观调控的预期方向发展。国民经济平稳较快增长，GDP 增长 9.5%。劳动保障工作也取得积极进展：就业再就业工作实现了时间过半、完成任务过半；企业离退休人员基本养老金继续得到按时足额发放，各项社会保险覆盖范围继续扩大，基金收支平衡；劳动关系继续保持总体稳定，维护劳动者合法权益、改善进城务工农民就业环境工作取得新的进展。

下半年，从经济发展的周期看，我国经济发展总体上仍处于上升阶段，拉动经济增长的内在动力仍然较强；世界经济仍将适度增长，经济发展的外需动力不会有大的减弱。因此，宏观经济将继续保持平稳较快发展态势。这为做好劳动保障工作创造了良好的条件。同时也要清醒地看到，下半年的劳动保障工作还会面临一些新的情况和新的困难，要予以充分重视。比如就业压力依然巨大，再就业的难度越来越大；又比如，各项社会保险继续向非公经济和灵活就业人员扩大覆盖面的任务艰巨，城镇化过程中农民工、被征地农民等群体的基本保障问题愈加急迫；再比如，体制转轨中遗留的劳动关系问题仍很突出，维护劳动者权益的任务相当繁重。

在认真分析有利因素和困难矛盾的基础上，下半年，各级劳动保障部门要按照党中央、国务院的总体要求和部党组的部署，抓住经济继续平稳较快发展的有利时机，巩固上半年的工作成果，再接再厉，毫不松懈，全面实现全年工作目标。就业方面，要确保完成“95146”的任务，在大多数地区基本实现“并轨”；社会保障方面，要争取超额完成各项社会保险扩大覆盖面和基金征缴计划，保证基金支付，进一步完善制度、政策和相关标准；劳动关系方面，要努力保持劳动关系的总体和谐稳定，落实最低工资制度，维护劳动者合法权益；同时要全面推进劳动保障法制建设和各项基础工作，不断提高劳动保障部门的行政能力和公共服务水平。围绕下半年的工作任务，各级劳动保障部门要进一步落实中央国务院确定的各项政策措施，针对本地区的实际情况和薄弱环节，采取有效措施，扎实工作，使人民群众真正感受到中央政策的实惠；要进一步落实工作目标责任制，加强情况调度和督促检查，既保进度，更重质量。这些工作做到位了，就圆满完成了“十五”期间的各项任务，也为明年开始实施更加宏伟的“十一五”规划奠定了良好的基础。

三、深入分析新时期的新特点，加强对劳动保障重大问题的研究

以胡锦涛同志为总书记的新一届中央领导集体，要求全党同志必须根据客观形势的发展变化，努力从理论和实践的结合上不断研究新问题、开拓新思路、提出新办法，使我们的思想观念、政策措施、工作部署、工作方式更加适应新形势、新任务的要求。特别要围绕一些具有全局性、前瞻性、战略性的重大课题，开展调查研究，加强理论分析，取得有分析、有见解的研究成果，为构建社会主义和谐社会提供科学的理论指导。国务院也要求各个部门加强对国民经济发展重大问题的研究。比如当前总供给与总需求的协调问题，出口增长与进口增长的协调问题，城市发展与农村发展的协调问题。这些都是事关全局的重大矛盾和战略问题，必须深入研究，找出症结，探索规律，制定对策。我们劳动保障部门要按照这些要求，把解决当前突出问题与探索建立长效机制有机地结合起来，在做好日常工作的同时，加强对影响劳动保障事业发展的重大问题的研究，形成一批有深度、有广度、有分量、可操作的研究成果，一方面用来指导我们的工作，另一方面为中央决策提供参考。

比如，就业再就业问题，过去几年，我们形成了一整套扶持就业再就业的政策措施，取得了明显成效。面对就业总量长期供大于求和就业结构不平衡的矛盾，我们如何科学分析“十一五”期间就业的形势，谋划促进就业的对策，我们怎样把过去几年经过实践检验、行之有效的政策措施转化为长期稳定的、普遍适用的促进就业政策，进而上升为法律法规，现在正在做这项工作。实现了这一转化，具有我国特点的积极的就业政策体系就会上升到一个新台阶。最近，中央领导同志指示我们：就业是关系民生和社会和谐的大事，也是我们长期面临的突出问题，要坚持不懈地抓下去。要总结我们自己在实践中创造的好经验，借鉴国际上的有益做法，走出一条具有中国特色的解决就业问题的路子。国务院有关领导也要求我部认真落实中央批示，继续做好就业再就业政策调研、完善工作。

又比如，关于养老保险个人账户要不要做实、怎样做实的问题，已经研究多年，中央在总结东北试点经验的基础上作出了逐步做实的决策。但真正要在全国推开，还有许多问题要研究，关键是资金需求有多大，钱怎么出？最近我看到一份介绍美国社会保障制度和布什政府改革方案的资料。美国的社会保障制度建立了70年，目前社会保障基金结余1.6万亿美元，但也出现了抚养比越来越重、待遇水平越来越高的情况，正如布什所说：“随着每一年过去，将会由越来越少的就职人员为越来越多的退休人员支付日益高涨的福利。”他们通过精算，预计2018年养老金开始出现赤字，之后逐年增加，到2042年整个制度将消耗殆尽乃至崩溃。所以布什政府提出所谓“巩固社会保障”改革方案，也提出要对在职的年青人搞个人账户，他们测算今后10年的转型成本为7 540亿美元。我举这个例子是想强调，做实养老保险个人账户是社会保障制度的重大改革，必须有科学坚实的数据基础，对资金规模要有准确、权威的精算，这样，才能为中央决策提供参考，也为将来顺利实施创造有利条件。这个账，不仅全国要算，各省也要算一算。

再比如，经过多年努力，我们初步形成了社会保险体系的框架，覆盖面逐步扩大，对改革发展稳定发挥了积极作用。但目前又面临许多新的矛盾，有些问题还相当突出。如企业退休人员与机关事业单位同类人员的养老金相差一倍，很不平衡；如随着就业方式多样化和城镇化的发展趋势，灵活就业人员、农民工和被征地农民缺乏基本社会保障的问题也是一个新课题。这些都要求我们要从更广的视角、在更深的层次统筹研究规划完善社会保障体系的问题。这里我重点说一下农民工问题。农民工是我国工业化进程和农村小康建设阶段出现的新事物。现在进城务工的农民工有1.2亿人，他们为现代化建设发挥着重要作用。根据温总理的指示，对农民工问题要进行深层次研究。其中涉及劳动保障方面的问题很多，如何搞好农民工的就业培训，提高他们的综合素质和就业能力，如何有效保护农民工的各项合法权益，我们应当在深入调研的基础上提出建议和意见。

还比如，收入分配差距问题，各方面意见很多，地区之间、行业之间工资关系比较混乱，调控机制不健全。劳动保障部门有责任在深入研究的基础上，提出合理调整收入分配关系的思路。劳动关系总体稳定，但劳动争议和纠纷仍在增加，恶意侵害劳动者权益的事件时有发生，一些外资、私营企业无视劳动法规，随意延长工作时间，既加重了对劳动者的盘剥，又减少了就业机会。我们除了加强日常举报监察外，还要从法制、体制、机制上研究新时期改善劳动关系、维护企业和社会稳定的治本措施。

以上只是举几个例子，需要深入调查研究的问题远不止这些，所有关系到经济社会发展全局的重大劳动保障问题，都要抓紧进行深入研究。总结各地试验探索的成功经验，借鉴国际上好的做法，也吸取他们的教训，把握规律性，形成劳动保障各个领域深化改革、加快发展的长远战略，使我们追求的目标更清晰，工作的主动性更强。部里各单位和省（市、区）的劳动保障部门都要结合自己的工作，做好深入调研，把调研成果和总结的经验及时报给部里。

四、巩固先进性教育活动成果，大力加强干部队伍建设

今年上半年，按中央统一安排部署，各级劳动保障部门开展了保持共产党员先进性教育活动，通过认真学习邓小平理论、“三个代表”重要思想和科学发展观，制定共产党员先进性的具体要求，提出并落实整改措施，全系统党员干部的党性修养普遍提高，焕发出更加昂扬的革命精神，实现了业务工作和教育活动的双促进、两不误。要巩固先进性教育活动的成果，按十六届四中全会要求和全国劳动保障工作会议的部署，进一步加强干部队伍建设，努力打造一支政治强、素质高、纪律严、作风硬的劳动保障工作队伍。

加强学习，不断提高干部队伍思想政治素质。继续结合劳动保障工作实际，深入开展“三个代表”重要思想和科学发展观的学习，从“立党为公、执政为民”和促进经济社会全面协调可持续发展的高度来认识和把握劳动保障工作面临的新形势和新任务，增强做好劳动保障工作的主动性和自觉性。要继续深入开展党的基本理论、基本路线、基本纲领和基本经验教育，深入开展中国革命、建设和改革的历史教育和国情教育，引导广大干部树立正确的世界观、人生观和价值观。要坚持和发扬先进性教育活动期间形成的一些好的经验和做法，继续深入开展丰富多彩、卓有成效的思想教育，在全系统广泛开展学习向志雄同志和全国先进工作者先进事迹的活动，使新的先进典型在劳动保障事业的推进中不断涌现。

适应新时期、新形势的要求，努力提高业务水平。经济快速发展，社会急剧变化，新情况、新问题不断涌现。我们不能满足于仅仅胜任眼前的工作，还要按中央要求，不断提高本领，包括激发社会创造活力的本领、管理社会事务的本领、协调利益关系的本领、处理人民内部矛盾的本领、开展群众工作的本领、维护社会稳定的本领，把构建社会主义和谐社会的要求落实到劳动保障的具体工作中。劳动保障系统广大干部职工要立足本职岗位，加强新知识、新技能的学习，不仅要掌握劳动保障专业的理论、知识和技术，还要多学习一些宏观经济知识，了解国际政治经济的重大事件和趋势，提高把握全局的能力；要勤于向专家学习，善于在实践中学习，肯于到基层学习，提

高解决实际问题的能力。各级劳动保障部门要把干部的教育培训当做长期的战略性任务来抓，正确处理业务工作和学习培训的关系，做好规划，合理安排，使各级各类干部、特别是业务骨干都能得到专业培训，不断提升自身能力。

深入实际，深入群众，大兴求真务实的作风。劳动保障部门的主要工作对象是广大劳动者和离退休人员，更要发扬求真务实、谦虚谨慎、艰苦奋斗的工作作风，注意倾听群众呼声，了解群众愿望，关心群众疾苦，扎扎实实为群众解决实际困难，努力做到为民、务实、清廉。要加强督促检查，落实好各项劳动保障政策，使人民群众实实在在享受到党和国家的政策带来的好处。

加强教育、完善制度、强化监督，永葆清正廉洁。党员和干部队伍拒腐防变、保持廉洁自律，是党的执政能力建设的重要内容。目前全国劳动保障部门仅社会保险基金就掌管着1万多亿元的收支，再加上下岗职工基本生活保障和再就业资金、劳动力市场和金保工程建设费，资金数额都不小。这些都是老百姓的养命钱、看病钱，管理上绝对不能发生任何纰漏，更不允许违法乱纪，中饱私囊。此外，我们还有一部分行政审批权和行政许可权，也不允许以权谋私。加强廉政建设，一要靠经常教育。正面引导，培养高尚情操；警钟长鸣，防患于未然，使广大党员干部常修为政之德，常怀律己之心，常思贪欲之害。二要靠健全机制。按照公开、公正、公平的原则，建立和完善重大事项集体决策制度、政务公开制度、预防与惩治相结合的体系，从制度上避免腐败问题的发生。三要靠监督。失去监督的权力必然导致腐败。所以，在严格自律、加强内控的同时，还必须强化外部监督，包括专门机构监督、公众监督和舆论监督，使权力在监督下运用成为常态。

加强干部队伍建设，各级劳动保障部门领导班子，特别是“一把手”负有首要职责。要切实加强班子自身建设，在廉洁自律方面身体力行，率先垂范；并切实负起责任，坚持业务工作和廉政建设两手抓，两手都硬，努力打造一支能够承担新时期劳动保障事业发展重任、清正廉洁、高效务实的干部队伍。

坚持科学发展　促进社会和谐
努力开创劳动保障工作新局面

——在全国劳动和社会保障工作会议上的讲话

田成平

（2005年12月20日）

这次全国劳动和社会保障工作会议的主要任务是：以邓小平理论和“三个代表”重要思想为指导，深入学习贯彻党的十六届五中全会和中央经济工作会议精神，总结今年工作，分析当前和“十一五”时期劳动保障工作面临的形势和任务，研究部署明年工作。刚才，我们表彰了232个优质服务窗口单位，他们是劳动保障系统扎实工作、热心服务群众的先进代表，我代表部党组向获奖单位表示热烈的祝贺。全国劳动保障系统要以他们为榜样，努力学习，埋头苦干，开拓进取，进一步做好劳动保障工作。

一、2005年劳动保障工作取得了重要进展

2005年是“十五”时期的最后一年。党中央、国务院审时度势，继续加强和改善宏观调控，国民经济呈现增长较快、效益较好、价格平稳、活力增强的态势，特别是经济运行的稳定性有所提高、发展的协调性有所改善、关键领域的改革有所突破，“十五”计划经济社会发展的主要指标可以顺利实现。经济总量迈上新台阶，预计全年国内生产总值增长9.4%左右，国家财政收入达到3万亿元以上。经济结构调整取得新进展，城镇化进程加快，城镇人口占总人口的比重达到43%。经济体制改革实现新突破，对外开放进入新阶段，进出口总额可达1.4万亿美元，居世界第三位。城乡居民生活达到新水平，城镇居民人均可支配收入预计将超过1万元，农民人均纯收入将超过3 200元。各项社会事业加快发展。特别是党的十六届五中全会胜利召开，以科学发展观统领经济社会发展全局，规划了未来五年我国经济社会发展的宏伟蓝图，极大地鼓舞了全国人民推进改革开放和社会主义现代化建设的斗志。这一年，也是劳动保障工作取得较快发展的一年。劳动保障部门坚持以邓小平理论和“三个代表”重要思想为指导，全面贯彻落实科学发展观，围绕构建社会主义和谐社会，进一步加大就业再就业工作力度，积极推进社会保障体系建设，促进劳动关系的和谐稳定，切实维护劳动者合法权益，各项工作取得了新的进展。

（一）就业再就业目标任务预计将全面完成

在党中央、国务院的统一部署下，各级党委、政府继续把就业再就业工作摆在经济社会发展更加突出的位置，进一步加强领导，各部

门协调配合，各地共同努力，不断加大工作力度。1—11月，全国城镇新增就业人员935万人，达到全年目标任务（900万人）的104%，下岗失业人员再就业475万人，达到全年目标任务（500万人）的95%，其中帮助“4050”人员再就业110万人，达到全年目标任务（100万人）的110%。三季度末，全国共有城镇登记失业人员835万人，城镇登记失业率4.2%，与上年底持平。再经过12月的努力，全面完成中央确定的“95146”目标任务是有充分把握的。

为了保证目标任务的完成，主要采取了五方面措施：一是层层落实目标责任。年初部、省、市逐级印发就业再就业专项计划，把任务层层分解落实到基层，坚持按月统计通报，按季调度；逐级建立目标责任体系，重点指导督促，保证落实到位。二是进一步加大专项资金支持力度。今年中央财政在保持国有企业下岗职工基本生活保障专项补助资金规模不变的基础上，增加再就业专项补助资金26亿元，使两项资金的总量达到209亿元。各地也相应增加了资金投入。三是落实政策，强化服务。今年以来，组织了几次全国范围的专项活动：新年春节前，在全国开展了“再就业援助月”活动，通过送政策、送岗位、送技能、送服务和落实社会保险补贴，帮助一大批就业困难人员实现了再就业；春节后，组织开展了“春风行动”，加强对进城务工人员的就业服务；从二季度开始，开展了再就业“政策实效”行动，各地积极排查政策落实难点，及时进行整改，切实解决下岗失业人员反映集中的问题，发挥政策促进就业的效应；6月中旬，会同有关方面在全国100个大中城市开展“民营企业招聘周”活动，推动民营经济扩大就业；针对各类院校毕业生求职高峰期和企业开工旺期，从二季度起，在全国各城市开展了以公共职业介绍机构为依托的“技能岗位对接”专项服务活动，促进各类院校毕业生和已参加技能培训的劳动者就业，满足企业对高素质技能劳动者的需求。同时，各级劳动保障部门认真贯彻落实国办发［2004］92号文件精神，取消了针对进城务工人员的流动就业证卡制度，进一步改善进城务工人员的就业环境。配合有关部门加强对大学毕业生的就业指导和服务。四是加强失业调控工作。半数以上省份出台了失业调控方案，其他地方也采取了相应措施；加强对关闭破产企业职工安置方案的审核和落实，规范企业操作；做好主辅分离、辅业改制安置富余人员工作，防止将下岗失业人员集中推向社会。五是加强高技能人才培养和职业培训工作。贯彻落实全国人才工作会议精神，启动了国家高技能人才东部地区培训工程。全面开展技能人才抽样调查和专题调研，初步摸清了全国技能人才队伍状况，提出了进一步加强高技能人才工作的政策措施。坚持以就业为导向，推进各类职业培训机构发展，积极完善技能人才评价指标体系和民办培训机构等级评估制度。大力推行职业资格证书制度，全面加强职业技能鉴定，参加鉴定人数突破1 000万人，鉴定质量进一步提高；继续实施“3年50万新技师计划”，全国培养新技师18万人。继续广泛开展再就业培训和创业培训，全国组织了400万人参加再就业培训，30万人参加了创业培训；同时，与有关部门配合，指导各地开展了农村劳动力转移培训工作。

（二）完善社会保障体系工作稳步推进

社会保险工作在确保发放、扩面征缴、推进并轨和完善制度等方面都取得了新进展。一是参保离退休人员基本养老金发放连续两年实现全国当期无拖欠。各级劳动保障部门进一步加大工作力度，完善工作机制，确保参保离退休人员基本养老金按时足额发放。1—11月，共发放参保离退休人员基本养老金3 558亿元，各地上报没有发生新的拖欠，部分省份还加大了补发力度，无历史拖欠的省份达到16个。二是各项社会保险覆盖范围持续扩大，基金征缴收入继续保持大幅增长。到11月底，养老、医疗、工伤和生育保险参保人数分别达到17 300多万人、13 500多万人、8 100多万人和5 100多万人，比上年底分别增加700多万人、1 100 多万人、1 300 多万人和 800 多万人。失业保险参保近 10 600 万人，也比上年底略有增长。参加农村养老保险的有 5 400 多万人，积累基金 300 亿元。各地继续抓住当前经济快速发展的机遇，加强基金征缴，开展专项稽核，清理收回企业欠费，保持基金增收的良好势头。1—11 月，全国养老保险基金总收入 4 330 亿元，其中征缴收入 3 745 亿元，同比增收 634 亿元，增长 20%；支出 3 670 亿元，同比增加 524 亿元，保持了两年来增收大于增支的势头。前 11 个月，失业保险基金收入 280 多亿元，同比增长 16%，支出 174 亿元；医疗保险基金收入 1 212 亿元，同比增长 27%，支出 940 亿元，总体运行平稳；工伤保险基金收入 76 亿元，同比增长 63%，支出 39 亿元；生育保险基金收入 36 亿元，支出 24 亿元。1—11 月，5 项社会保险基金总收入 5 937 亿元，比去年同期增收 1 047 亿元，实现了年初确定的增收 1 000 亿元的目标。同时，基金监管工作进一步规范，有效维护了基金安全。三是国有企业下岗职工基本生活保障向失业保险并轨工作平稳推进。2005 年初，未并轨省份都制定了专项工作方案，积极稳妥地推进。截至 11 月底，国有企业实有下岗职工 76 万人，比上年底减少 77 万人，其中在再就业服务中心的 32 万人，全部足额领到基本生活费并代缴了社会保险费，有 17 个省份完成了并轨，其他省份也正在推进。四是完善城镇社会保障体系试点工作取得进展。目前，吉林黑龙江两省分别实现并轨 100 万人和 161 万人，分别做实基本养老保险个人账户基金 27 亿元和 37 亿元，为在全国进一步完善社会保障体系积累了新的经验。

（三）劳动关系总体稳定

各级劳动保障部门围绕构建和谐社会、维护社会稳定的目标，在妥善处理劳动关系、维护劳动者合法权益方面进一步加大了工作力度。一是继续认真解决进城务工人员工资拖欠问题，以建筑施工企业和中小型劳动密集型企业为重点，标本兼治，着力清偿已有拖欠，积极建立保障工资支付的长效机制。目前，全国有 16 个省区市建立了工资支付保障制度，14 个省区市建立了工资支付监控制度。二是加强对国有大中型企业主辅分离、辅业改制和关闭破产方案的审批工作。到 11 月底，部里会同有关部门审核批复了 71 户中央企业主辅分离、辅业改制的总体方案和实施方案，涉及3 800 多个单位，分流安置职工 60 万人；各地也在企业改制中严格审核职工分流安置和经济补偿方案，总体上保持了改制的顺利和社会的稳定。三是健全劳动关系三方协调机制。全国地市级以上城市普遍建立了三方协调机制，三方协调组织已有 6 600 多个，许多省份正向县、区和乡镇、街道延伸。四是继续做好劳动争议仲裁工作。前三季度，全国各级劳动争议仲裁委员会共立案受理劳动争议 23 万件，涉及劳动者 56 万人，其中集体劳动争议 1 万多件，涉及劳动者 33 万人。各级劳动争议仲裁机构加大仲裁力度，结案率达到 90% 以上。五是维稳工作得到进一步加强。各地认真落实中央关于维稳工作要求，全面贯彻《信访条例》，以拖欠工资、企业军转复退人员劳动保障问题等为重点，认真处理群体性上访事件，开展矛盾纠纷排查调处，研究制定了有针对性的具体办法和措施，维护了社会稳定。

（四）法制建设力度加大

一是立法工作取得进展。《劳动合同法》已经国务院常务会议讨论通过，提请全国人大常委会审议；完成了《就业促进法》草案起草工作，已报国务院法制工作部门论证；对《职业技能培训与鉴定条例》草案进行了修改；发布了《台湾香港澳门居民在内地就业管理规定》。二是继续加大监察执法力度。我部会同公安、人事等部门开展了解决拖欠进城务工人员工资、清理整顿劳动力市场秩序等全国范围的专项行动。各地劳动保障监察机构主动检查用人单位 75 万户，涉及劳动者 500 多万人。责令用人单位为 680 多万劳动者补签了劳动合同，补发 500 多万劳动者的工资待遇等 35 亿元，督促 10 多万户用人单位补缴社会保险费21亿元。三是进一步落实依法行政的要求，积极推进劳动保障行政审批制度改革和行政执法责任制，制定面向社会、面向劳动保障系统等政务公开办法，加强行政复议工作。四是积极配合全国人大做好《劳动法》执法检查工作，全国人大常委会对7个省市进行了直接检查，委托9个省区市人大常委会进行了检查，我们部署各地劳动保障部门普遍开展了自查。通过执法检查，认真总结了《劳动法》实施10年来的基本经验，查找出存在的突出问题，提出了建立健全我国劳动保障法律体系的意见，对进一步贯彻落实《劳动法》和加强劳动保障法制建设是一个有力的推动。

（五）制度建设迈出重要步伐

按照国务院的部署，围绕劳动保障工作“转型期”的特点，各级劳动保障部门深入调查研究，广泛听取意见，研究提出了一批进一步推进劳动保障工作的政策措施建议。在这个基础上，国务院作出决策，近期连续发了一个《通知》、两个《决定》：一是《国务院关于进一步加强就业再就业工作的通知》，对2002年以来的再就业政策进行了延伸、扩展、调整和充实，进一步完善了政策体系，为做好今后几年就业再就业工作并建立促进就业的长效机制奠定了基础。二是《国务院关于大力发展职业教育的决定》，明确了今后一个时期职业教育改革与发展的指导思想、目标任务和政策措施，要求坚持以就业为导向，进一步发展各种形式的职业教育，培养数以亿计的高素质劳动者和数以千万计的高技能专门人才。为促进高技能人才队伍建设，我部会同有关部门正在研究加强技能人才队伍建设的意见。三是《国务院关于完善企业职工基本养老保险制度的决定》，确定了以扩大覆盖面、做实个人账户和改革计发办法为重点的完善企业职工基本养老保险制度的任务。同时，按照五中全会精神，经过总结经验、深入论证、广泛听取意见，部里已经完成了劳动保障“十一五”规划纲要草案的编制工作。

（六）基础建设得到加强

金保工程建设取得进展。基本完成全国系统的总体设计和规划标准，31个省份和新疆生产建设兵团全部实现了与部里联网，10个省区市实现了与所辖全部地市的联网，66%的地市级以上城市实现了与省数据中心的联网。联网应用逐步展开，26个省份向部里上传养老保险监测数据，失业登记和失业保险监测数据上传进入实施阶段。80多个地级以上城市开通了“12333”劳动保障服务电话。劳动力市场建设得到加强。全国127个城市发布劳动力市场工资指导价位，多数大中城市的劳动力市场及时、免费向进城务工人员提供用工需求信息，引导农村转移劳动力有序流动。部分地区积极推行五项保险费由社会保险机构统一征收，积极推进人员培训，进一步规范业务流程，加强社会保险基金预决算制度建设，社会保险经办能力进一步提高。全国城市街道普遍设立了劳动保障管理服务机构，绝大部分社区聘用了专职工作人员，加强了下岗失业人员和企业退休人员的管理服务工作。

（七）科研和宣传工作取得新成绩

在今年7月的厅局长座谈会上，我们提出要加强对劳动保障重大问题的研究，部里确定了完善城镇医疗保障体系等15个重大调研课题，目前已有7个课题提出了研究报告，其他课题将在明年一季度完成。各地也结合本地实际，确定了50多项课题加强调研。各级科研院所紧紧围绕劳动保障中心任务，针对工作中亟须解决的问题，组织开展了农民工就业和社会保障问题、市场经济国家高技能人才开发和职业培训、企业收入分配变动趋势与宏观调控等一批重点课题研究，取得了积极成果，为科学决策、制定政策和完善制度提供了依据。各级劳动保障部门广泛开展普法宣传，推进“四五”普法工作，并突出重点，认真开展“春风行动”、《劳动法》执法检查、维护进城务工人员劳动保障权益等专项宣传活动，不断改进和加强日常宣传工作，在中央级新闻媒体刊播新闻稿件900多条（篇），一些地区广泛开展技能培训成果展示交流活动，中央电视台播出了反映下岗职工艰苦创业的现代评剧《月嫂》，在全社会营造了良好氛围。

（八）深入开展保持共产党员先进性教育活动，行风建设取得新成果

今年上半年，按照中央部署，全系统扎实开展了保持共产党员先进性教育活动。各级劳动保障部门深入学习邓小平理论和“三个代表”重要思想，开展主题实践活动，广泛征求意见，深刻剖析问题，研究提出新时期劳动保障部门保持共产党员先进性的具体标准，制定落实整改方案，并探索形成先进性建设的长效机制，达到了“提高党员素质、加强基层组织、服务人民群众、促进各项工作”的目的，做到了“两不误、两促进”。特别是我们结合党员先进性教育活动，在全系统组织开展向成都市金牛区社保局向志雄同志学习活动，进一步增强了广大干部职工的工作责任感和使命感。各级劳动保障部门以公正、便民、廉洁、高效为基本要求，以为群众提供满意服务为标准，加强行风建设，积极开展创建优质服务窗口活动，改善服务环境，增强服务意识，提高服务质量，在全社会树立了劳动保障部门的良好形象。刚才受表彰的232个优质服务窗口单位就是全系统文明窗口建设的典型代表。

二、劳动保障事业面临的新形势和主要任务

“十五”时期是我国经济社会发展不平凡的五年，也是劳动保障事业奋力开拓、快速发展的五年，各项工作都取得了重大进展。一是全面完成巩固“两个确保”的历史性任务，在经济体制深化改革、经济结构调整的重大变革中，有效地保障了下岗失业人员和企业离退休人员的基本生活和合法权益，对改革、发展、稳定做出了历史性贡献。二是研究制定了一套符合我国国情的积极的就业政策，既发挥了市场配置劳动力资源的基础性作用，又充分发挥了政府引导、规范市场和扶助弱势群体的社会管理、公共服务职能。城镇新增就业人员和控制失业率纳入宏观调控的重要指标，扩大就业和促进再就业作为各级党委政府的重要目标摆到更加突出的位置。“十五”期间，全国城镇就业人数预计增加4 200万人。三是“建立健全同经济发展水平相适应的社会保障制度”写入《宪法》，初步形成以养老、失业、医疗、工伤和生育保险为主要内容的社会保障体系框架；制度建设正在由为单位服务向社会服务迈进，覆盖范围正在由原来的国企职工向非公经济组织从业人员、灵活就业人员、进城务工人员拓展；资金规模不断增加，今年5项保险基金总收入预计6 000多亿元，比2000年的2 600多亿元翻了一番还要多，同时还建立了1 800多亿元战略储备性的全国社会保障基金。四是从维护劳动者合法权益和社会稳定入手，积极推动建立劳动合同和集体合同制度，普遍建立了协调劳动关系三方机制，探索了市场经济条件下协调劳动关系的途径和办法。五是金保工程全面启动，社区平台普遍建立，社会保险经办进一步规范，监察机构和仲裁队伍建设不断加强，明显提升了劳动保障的管理服务能力。在劳动保障事业的蓬勃发展中，在艰苦工作的磨炼中，培养和造就了一支能打硬仗的劳动保障干部队伍，爱岗敬业、勤政为民、作风扎实、廉洁从政，已经在全国劳动保障系统蔚为风气。这是我们应当倍加珍惜的宝贵财富，是新时期劳动保障事业继续全面发展的坚实基础和精神动力。

“十一五”时期是我国全面建设小康社会历史阶段中承前启后的关键时期，也是劳动保障事业向政策更加完善、制度更加健全、管理更加高效、运行更加稳健方向迈进的关键时期。稳定的社会政治环境，经济的持续健康发展，综合国力的不断增强，公共财政体系的加快建设，以及过去几年形成的工作基础，都将为劳动保障事业的进一步发展提供良好的基础。充分利用一切有利条件和因素，今后几年我们的工作是可以大有作为的。同时，必须清醒地看到，劳动保障事业的发展还面临着不少突出问题和严峻挑战。就业压力依然巨大，需

要作出长期坚持不懈的努力；一些群体还缺乏基本的社会保障，制度安排有待进一步创新；劳动关系呈现出更加多元化和复杂化的趋势，协调机制不健全，基础还很薄弱。我们必须进一步增强责任感和紧迫感，加倍努力做好工作。党的十六届五中全会通过的《中共中央关于制定国民经济和社会发展第十一个五年规划的建议》，以科学发展观为统领，描绘了新世纪第二个五年我国经济社会发展的宏伟蓝图，明确了经济社会发展的指导方针、奋斗目标、主要任务和重大举措，激励全党和全国各族人民在新的发展起点上向全面建设小康社会的目标迈进。学习贯彻五中全会精神，我们要认清时代特点，站在新的起点，准确把握着力点，抓住工作重点。在指导思想上，要牢固树立以科学发展观统领经济社会发展全局的思想，将科学发展观贯穿到劳动保障工作的全过程和各方面；在发展目标上，要紧紧围绕构建社会主义和谐社会，从和谐社会建设的高度，认识和把握劳动保障工作的地位和作用；在工作布局上，要充分认识《建议》将劳动保障三块业务作为构建和谐社会着力点的重大意义，认真解决人民群众最关心、最直接、最现实的利益问题。按照党的十六大和十六届三中、四中、五中全会的要求，从劳动保障工作所处历史阶段的特点和推动劳动保障事业可持续发展的需要出发，“十一五”时期劳动保障事业发展总体要求是：以邓小平理论和“三个代表”重要思想为指导，以科学发展观为统领，以促进社会和谐为目标，建立健全与国民经济和社会发展相适应的比较完善的劳动和社会保障制度及运行机制，逐步实现社会就业比较充分，分配格局比较合理，劳动关系比较和谐，社会保障比较健全，管理服务规范高效，为全面建设小康社会做出应有贡献。实现这一总体要求，要着重从以下6个方面全力做好工作。

（一）一定要把扩大就业摆在经济社会发展更加突出的位置

今后几年，我国就业矛盾的集中表现是：劳动力供求总量矛盾和结构性矛盾同时并存，城镇就业压力加大和农村富余劳动力向城镇转移速度加快形成叠加，新成长的劳动力就业和下岗失业人员再就业相互交织。千方百计扩大就业促进再就业，我们要努力推动增加就业岗位，完善中介服务，加强就业培训，鼓励自主创业。要坚持实施积极的就业政策，用3年时间重点解决体制转轨遗留的下岗失业人员再就业问题，努力做好城镇新增劳动力的就业工作。同时，正确把握扩大就业规模与提高劳动力素质的关系，努力提高素质就业水平；正确把握灵活就业与稳定就业的关系，积极促进稳定就业；正确把握促进城镇新增劳动力就业和农村富余劳动力转移就业的关系，有步骤地推进城乡统筹就业。不断改善就业服务，加强劳动力市场建设，基本建立起制度化、专业化、社会化的就业服务体系。

（二）一定要大力加强职业培训

职业培训有两个基本目标：一是为就业再就业服务，通过开展各种形式的培训，提高劳动者的就业能力，促进下岗失业人员再就业。二是培养高技能人才，提升企业乃至整个国民经济的创新能力和竞争力。“十五”时期，职业培训在加大培训力度、创新培训方式、推进技能人才队伍建设等方面取得了明显进步，但与尽快提高劳动者素质、促进经济发展、调整经济结构、转变增长方式的要求还有一定差距。“十一五”时期，要全面落实人才强国战略，大力推进职业培训，进一步加强再就业培训、创业培训和农村劳动力转移就业培训，有重点地建设一批公共实训基地，形成政府扶助、社会参与、紧贴市场、开放有序的职业培训新格局，从整体上提高劳动者素质；加快高技能人才队伍培养，初步建立一支规模宏大、技能优良、专业齐全、梯次合理的技能劳动者队伍。

（三）一定要加快完善社会保障体系

面对人口老龄化、城镇化和就业方式多样化的趋势，我国社会保障体系还存在着覆盖范围较窄、制度不够健全、管理基础薄弱等不适应的问题。"十一五"时期，要遵循统筹经济发展与社会建设、统筹劳动就业和社会保障、统筹城镇社会保障和农村社会保障、统筹公平和效率、统筹发挥政府作用和市场机制作用的原则，以确保发放、扩大覆盖和完善制度为重点，进一步建立健全社会保障体系。要继续确保企业离退休人员基本养老金按时足额发放，同时确保社会保险各项待遇的发放，保障参保人员的基本生活和合法权益。要从更多地注重公平、促进社会和谐的高度，认识加快扩大社会保障覆盖范围的意义，通过制度创新，对机关事业单位工作人员、灵活就业人员、进城务工人员、被征地农民等社会群体作出符合其就业和收入特点的制度安排，促进他们参保。要进一步深化制度改革，研究制定更加积极的社会保障政策，增强现行各项保险制度的保障功能，逐步完善多层次的社会保障体系，根据经济社会发展适当提高保障水平。同时，按照统筹城乡发展和建设社会主义新农村的要求，逐步探索建立与经济发展水平相适应，与其他保障措施相衔接的农村社会养老保险制度。

（四）一定要积极创新建立和谐稳定劳动关系的机制

劳动关系是最基本的社会关系，劳动关系的和谐是社会和谐最重要的基础之一。目前，我国劳动关系总体稳定，但劳动合同和集体合同制度落实不到位、工资增长和调控机制不健全、侵害劳动者合法权益等问题仍然比较突出。我们要针对当前的突出矛盾，以建立和谐稳定的劳动关系为主线，以维护劳动者合法权益为重点，积极探索创新市场经济下协调劳动关系和管理企业工资分配的体制和机制。《劳动合同法》在人大常委会审议、颁布后，要抓住契机全面贯彻落实，在全国范围内推行以签订劳动合同为基础的劳动用工登记制度，用三年时间实现各类企业与劳动者依法签订劳动合同。以落实最低、调节过高、规范协商、引导市场、监督支付为重点，改进政府对企业工资收入分配的宏观管理。研究制定企业工资条例，切实落实最低工资，对国有企业工资拖欠分类处理，建立综合治理机制，加大拖欠工资的法律责任和对恶意拖欠工资行为的处罚力度，2007年底基本解决工资历史拖欠问题。进一步完善以劳动标准和工资为主要内容的集体协商和集体合同制度，建立符合市场经济要求的工资正常增长机制。按照市场经济要求，适应经济组织多元化的趋势，建立政府主导、行业自律、企业落实、职工监督、举报必查的劳动标准管理工作新格局。进一步完善三方协调机制，明确职能和定位，积极发挥作用。推进劳动仲裁机构实体化，完善劳动争议处理制度，全面加强劳动争议处理能力建设。

（五）一定要在劳动保障法制建设上取得新突破

近年来，劳动保障改革实践进展迅速，但法制建设相对滞后，现有的一些法律法规有的操作性不强，有的对违法情况处罚力度不够，许多方面还存在立法空白，执法力量也比较薄弱，这在一定程度上影响了工作的全面推进。"十一五"时期，要下决心，全系统大力推动，务求初步形成以《劳动法》为基础，以《劳动合同法》《就业促进法》和《社会保险法》为骨干，其他单项法律和行政法规为重要组成部分的劳动保障法律体系。同时，要加大监察执法力度，完善监察执法程序，健全政府有关部门劳动保障监察维权协调机制和综合治理机制；科学配置执法力量，加强执法队伍建设；积极推广先进地区劳动保障监察"网格化"和"网络化"建设的经验，提高执法效率。

（六）一定要全面推进劳动保障系统的能力建设

与前几年相比，劳动保障系统的能力建设有所加强，但总体上还不适应业务快速发展和科学决策的需要。"十一五"时期，要以理顺机构职能、加强队伍建设、提高信息化和规范化水平、加强基层建设为重点，全面提升系统管理服务能力。积极协调解决劳动保障部门与其他部门之间存在的职能交叉问题，进一步理顺系统内部的机构设置，明确岗位职责，提高工作效率。制定实施劳动保障系统干部教育培训五年规划，加大投入力度，健全培训体系，加强与国内外有关机构的合作，分层分类全面培训各级干部和专业技术人员。继续积极推进劳动保障事业信息化建设，全面推进社会保险经办机构规范化、专业化，以基础数据、基础档案、基础资料为重点，建立全面系统、统一规范、方便实用、支持决策的统计调查制度。增加经费投入，健全机构队伍，进一步增强街道社区劳动保障服务功能。充实力量，增强素质，建立职业化监察员队伍和仲裁员队伍。

要实现“十一五”时期的目标，推动劳动保障工作迈上一个新的台阶，关键是做好前两年的工作。要在本届政府任期内，抓住关键，突出重点，有所作为，在重点方面和关键环节取得突破，为“十一五”后半期的发展奠定坚实基础。

三、2006 年的主要工作

2006 年，是实施“十一五”规划的开局之年。做好 2006 年的劳动保障工作，起好步，对全面完成“十一五”规划提出的目标任务具有十分重要的意义。按照党的十六大、十六届五中全会的要求和中央经济工作会议的部署，2006 年，劳动保障工作要以落实政策、完善制度、推进法制建设为主线，全面落实就业再就业政策，加快完善企业职工养老保险制度，积极推进失业保险、医疗保险和工伤保险工作，大力加强维权工作和劳动保障法制建设，统筹兼顾，协调推进其他各项工作。

（一）全面贯彻落实国务院 36 号文件，大力做好就业再就业工作

2006 年是落实国务院 36 号文件的第一年，各级劳动保障部门要全力以赴抓好落实。中央经济工作会议确定，明年就业再就业工作目标是：城镇新增就业人员 900 万，下岗失业人员再就业 500 万，其中“4050”等就业困难人员再就业 100 万，城镇登记失业率控制在 4.6% 以内。完成“95146”的目标任务，要重点做好以下工作：

1. 抓紧落实目标责任、财政投入，加快出台配套政策。按照中央确定的就业和再就业工作任务，科学制定本地区的具体目标任务，并层层分解，落实到各级政府和街道社区。根据政策的延伸、扩展和充实，及早做好资金需求测算，与财政等部门沟通，进一步增加财政投入。依据国务院 36 号文件和有关配套文件，抓紧制定地方实施办法，使贯彻中央政策与解决地方实际问题更好地结合起来。

2. 切实抓好延伸、扩展后的就业再就业政策的落实。各地要在已有工作基础上，以更大的力度推进延伸、扩展后的就业再就业政策的全面落实，改进工作方法，突破政策难点。继续把就业困难群体作为工作重点，积极开展“再就业援助月”活动，落实相关扶持政策，帮助他们实现再就业，逐步推进再就业援助制度化、长期化。继续加强失业调控，指导国有大中型企业通过主辅分离、辅业改制安置富余人员，严格审核落实国有企业重组改制和关闭破产职工安置方案，做好社会保险关系接续工作。建立规模裁员报告制度。妥善处理并轨遗留问题，做好东北地区厂办大集体试点工作，为在全国推广积累经验。

3. 推动高技能人才队伍建设上一个新台阶。全面落实加快高技能人才队伍建设的政策措施，细化高技能人才培养、使用、评价、激励、保障等操作办法，建立高技能人才校企合作培养制度，加大高技能人才培养工作力度。培养 25 万新技师，实施国家高技能人才培训工程和新技师培养带动计划。继续实施国家高技能人才东部地区培训工程。组织第八届中华技能大奖和全国技术能手表彰工作，大力培养社会急需的技术技能型、知识技能型、复合技能型人才。

4. 继续加强职业培训和职业技能鉴定工作。实施城镇技能培训计划、能力促创业计划和国家职业资格证书技能导航计划，使培训与促进就业、鼓励创业更好地结合，发挥技能鉴定和职业资格证书制度在培训就业中的积极推动作用。大力加强技能实训，推动重点城市建

立一批公共实训基地。总结推广创业示范城市创业培训成功经验，完善创业培训与小额贷款、创业服务相结合的有效方式，扩大创业培训实施范围。加强职业资格证书体系建设，普遍推动职业资格证书制度。进一步加强职业技能鉴定质量管理。完善新职业信息定期发布制度，推动职业培训和职业技能鉴定信息化建设。

5. 积极推进以人为本的就业服务。全面落实对城镇各类人员和进城务工人员的免费职业介绍。加强就业服务专业化和信息化建设，提高服务质量和效率。充分发挥街道社区劳动保障平台作用，开展创建“充分就业社区”活动。加强劳动力市场管理，规范引导劳务派遣行为。在春节前后继续组织开展“再就业援助月”活动，促进困难就业人员再就业；开展劳动力市场清理整顿专项活动，加强对职业中介行为的监管。在全国100个大中城市继续开展以“大力促进民营经济发展，积极为扩大就业做贡献”为主题的“民营企业招聘周”活动。继续开展技能岗位对接专项服务。

6. 积极做好农村劳动力转移就业和大学生就业工作。在春节后组织实施“2006春风行动”，为进城务工人员提供就业帮助。组织实施农村劳动力技能就业计划，启动技能扶贫项目，提高农村劳动力转移就业能力。大力推行“培训—就业—维权”三位一体的工作模式，做好输出输入双向对接工作。抓好劳务输出工作示范县建设，发挥职业培训补贴和职业介绍补贴的政策效应，扩大劳动力转移规模，推进有序转移。全国选择一批具备条件的城市进行统筹城乡就业试点，各地也可以选择部分地区进行试点。通过提供政策、资金、技术、信息等创业服务，鼓励青年学生、下岗失业人员、进城务工人员自主创业，带动更多的人实现就业。做好对登记失业的大学毕业生的组织管理，加强职业指导、就业服务和政策扶持。

（二）以确保支付、扩面征缴、完善制度、强化管理为重点，加快完善社会保障体系

2006年要以贯彻落实《国务院关于完善企业职工基本养老保险制度的决定》为重点，大力加强各项社会保险的制度建设和政策完善。

1. 确保各项社会保险待遇支付。巩固企业离退休人员基本养老金按时足额发放的成果，继续实现当期无拖欠，建立健全保障按时足额发放的制度、体制和工作机制。目前仍有历史拖欠的省份，要采取积极措施逐步补发历史拖欠养老金。其他各项社会保险都要把保发放、保支付摆在工作首位，深入研究基金征缴、资金平衡等问题，按规定及时支付待遇。

2. 全面贯彻落实完善企业职工基本养老保险制度的决定。国务院颁布的《关于完善企业职工基本养老保险制度的决定》，是继1997年统一企业职工基本养老保险制度之后，深化企业养老保险制度改革的又一重大决策，对于应对人口老龄化，实现养老保险制度可持续发展具有重大意义。各级劳动保障部门要认真学习、全面领会《决定》精神，把思想和行动统一到中央的决策上来。要按照要求，结合本地实际，抓紧研究制定具体的实施意见，精心组织实施。明年要选择6～8个省份扩大做实个人账户试点，基本条件是，既要确保当期发放，又要具备部分积累的筹资能力。批准试点地区要加强协调，强化管理，确保中央和地方补助资金落实到位，基金征缴持续增收，个人账户记录到人；还要周密制定个人账户基金投资管理办法，确保资金安全运营和实现保值增值；要精心实施“中人”过渡办法，保证平稳过渡。各地都要积极稳妥地做好基本养老金计发办法改革工作，建立待遇水平与履行义务更紧密联系的机制。要抓住扩大试点、完善制度的有利时机，解决统筹层次过低的问题。各地至少要统到市级，创造条件向省级统筹过渡。部里将制定省级统筹的规范标准，加强分类指导，逐步建立规范的省级统筹制度。要继续完善基本养老金正常调整机制，根据国务院的部署，适时做好调整企业退休人员养老金工作。同时，加大推动企业年金的工作力度，积极争取税收优惠政策，鼓励和引导有条

件的企业建立年金，扩大基金规模，规范市场运作，保证基金安全。

3. 继续做好扩面征缴工作。2006年，养老、失业、医疗、工伤和生育保险覆盖人数要分别达到1.85亿、1.08亿、1.5亿、9 000万和5 300万。养老保险要进一步规范个体工商户和灵活就业人员参保缴费政策，促进他们积极参保；失业保险要加大对非公有制经济组织的扩面征缴力度，切实保障失业人员基本生活；医疗保险要重点解决困难群体医疗保障资金来源问题，通过完善制度和政策，逐步将制度覆盖范围扩大到城镇居民，同步推进企业职工生育保险；工伤保险继续以大中城市为重点地区，以煤炭、建筑等高风险企业为重点行业，以进城务工人员等为重点人群扩大覆盖面。同时，抓住国民经济较快发展的良好机遇，进一步加大社会保险费征缴力度，保持社会保险基金持续增收和收支平衡。

4. 进一步完善各项社会保险制度。研究拟订事业单位养老保险制度改革方案，统筹考虑企业和机关事业单位退休人员基本养老金调整，逐步缓解待遇差距过大的矛盾。在保证支付失业保险金的前提下，在东部地区开展扩大失业保险基金用于促进就业的试点工作。研究探索完善城镇医疗保障体系的意见，以基本保障为重点，对城镇各类人员的基本医疗保障作出制度安排。逐步推进被征地农民的就业培训和社会保障工作，研究制定进城务工人员社会保障政策，继续指导有条件的地区开展农村社会养老保险工作。

5. 强化社会保险基金管理和监督。进一步完善基金监管法规、政策，规范管理监督行为。重点开展养老、医疗和失业保险费征缴、保险金发放和基金管理的专项监督检查，严厉打击骗取、冒领保险金和挪用基金行为。组织开展基金检查，根据个人账户做实、基金结构发生的变化，建立健全报告和监测制度，加强违法违纪案件查处和基金回收工作，更好地发挥审计监督、社会监督和舆论监督的作用，有效防范风险，确保基金安全。继续加强对全国社会保障基金的监管。完善社会保险基金财务管理制度，做好基金决算工作。

6. 加强社会保险管理服务工作。推进企业退休人员、失业人员和基本医疗保险的社区管理服务，探索实施老年护理的社会服务计划，提高社会化管理水平。修订和推行工伤保险劳动能力鉴定标准，制定诊疗项目、住院服务等规范。加强社会保险经办机构能力建设，举办养老金计发办法和做实个人账户培训班，规范业务流程，培训业务骨干，建立社会保险经办工作示范城市。理顺各级农村养老保险管理体制。

（三）以签订合同、创新体制为重点，促进建立和谐稳定的劳动关系

2006年，要继续以协调劳动关系为主线，以维护劳动者的合法权益为重点，更加注重各类社会群体利益关系的协调平衡，及时处理群体性劳动纠纷和争议，促进劳动关系的和谐稳定。

1. 健全劳动合同和集体合同制度。按照全国人大常委会《劳动法》执法检查的要求，研究制定以签订劳动合同为基础的劳动用工登记制度，建立劳动合同调查统计制度，会同有关部门开展劳动合同制度实施情况大检查，启动“劳动合同三年行动计划”，以非国有企业、重组改制国有企业以及建筑等行业企业为重点，督促企业依法签订劳动合同，切实提高签订率。扩大集体合同覆盖面，指导国有企业改制后集体合同的重签、续签工作，在中小型非国有企业集中的地区大力推进区域性集体协商。

2. 改进对企业工资分配的管理。严格落实《最低工资规定》，建立最低工资随经济发展正常调整机制，严厉处罚不落实最低工资的违法行为。继续推进企业工资决定机制的转变，逐步使工资集体协商成为决定企业工资分配的主要形式。会同有关部门，加大对恶意拖欠工资特别是拖欠进城务工人员工资行为的查处力度，制定分类解决国有企业工资历史拖欠问题的工作方案，加快建立预防拖欠和保障工

资支付的制度。开展对国有企业特别是金融、保险、电信等行业企业工资分配的检查，并形成规范的制度。

3. 研究建立符合市场经济要求的劳动标准管理体制。针对当前劳动标准管理缺失、执行不力等突出问题，要从建立管理体制入手，研究制定劳动保障部门管理劳动标准的办法，明确行业组织的劳动标准管理责任，监督和促进各类企业落实劳动标准，严肃查处违反标准、侵害职工合法权益的行为。

4. 推进劳动关系协调机制建设。继续加强劳动关系三方协调机制建设，明确职能定位，落实工作职责，切实发挥作用。进一步推进劳动仲裁机构实体化建设，加快组建区域性、行业性劳动争议调解组织，提高办案能力，探索劳动关系双方在企业内协调解决争议的措施。贯彻《信访条例》，落实维稳工作责任制，认真做好劳动保障信访工作，周密制定应急预案，妥善处理群体性突发事件。

（四）以完善法制、强化管理为重点，积极推进劳动保障法制建设和基础建设

《劳动法》执法检查表明，法制建设相对滞后，基础管理比较薄弱，是当前影响劳动保障工作的紧迫问题。明年，要全面落实全国人大常委会《劳动法》执法检查的要求，进一步加强法制建设和基础建设。

1. 进一步规范依法行政。全面落实依法行政五年计划，重点推进行政执法责任制、评议考核制和政务公开制，完善行政执法监督体系。按照信息公开的规定，切实做好对社会公开、对全系统公开和对本单位内部公开工作。劳动保障系统的各类公用事业单位都要按照有关规定，积极推进办事公开，提高服务效率，接受群众监督。加强对劳动保障行政许可和行政审批的监督管理。及时受理行政复议案件，提高办案质量。

2. 加大监察执法力度。切实贯彻《劳动保障监察条例》，普遍开展日常巡查、书面审查、举报投诉调查及专项检查，以签订劳动合同、执行最低工资制度和工资支付、缴纳社会保险费、整顿劳动力市场秩序等为重点，严肃查处各种违法行为。进一步加大进城务工人员工资清欠工作的力度，重点检查建筑、餐饮等行业企业与务工人员签订合同、工资支付等情况，监督指导用人单位依法用工。全面建立企业劳动保障守法诚信制度。加强劳动保障监察机构建设，在有条件的地区促进监察机构向街道、乡镇和社区延伸。建立健全劳动保障法律的社会监督机制。

3. 加快立法步伐。积极推动《劳动合同法》尽快出台，并做好贯彻实施的工作。抓紧起草和修改《就业促进法》《社会保险法》等法规，尽快形成法律议案。加大职业技能培训与鉴定、工资支付、劳动力市场管理等方面的立法研究和起草工作。各地也要积极推动劳动保障的地方立法。

4. 进一步推进劳动保障信息化。加快金保工程建设，建立规范、标准、统一的数据库，努力在示范城市建设、数据中心建设、统一软件应用、全国联网、公共服务系统建设等方面取得新进展。金保工程二期要以劳动就业信息为重点，规范业务流程，提高应用效果。

5. 加强劳动保障统计和规划工作。加强对规模以下企业和个体经济组织的劳动保障统计工作，搞好农民工劳动保障情况调查，探索建立全国社会保障调查制度。各地要根据部里制定的劳动保障“十一五”规划纲要的要求，将劳动保障工作目标和重大措施纳入本地经济社会发展的总体规划，积极协同有关部门，拟定本地区劳动保障事业发展规划。

在这里，我要特别强调一下宣传工作。这次《劳动法》执法检查情况表明，相当多的基层干部对劳动保障法律法规和政策措施了解不够，相当多的企业经营者和进城务工人员对劳动保障规章制度和劳动者的合法权益知之甚少，这种状况不利于我们工作的推进和事业的发展，亟须改变。特别是当前国务院制定下发了新的就业再就业政策和完善企业职工基本养老保险的决定，社会高度关注。我们要按照国务院领导同志的指示精神，全面、准确、深入

地做好宣传工作，把好政策宣传好，把调整的政策宣传准确，释疑解惑，引导舆论，为推进工作创造良好的社会氛围。一是要制定宣传工作规划，加大宣传工作投入，认真抓好落实。根据落实就业再就业政策和完善养老保险制度的需要，最近我们印发了两个宣传提纲，各级劳动保障部门要主动配合党委宣传部门，协调新闻媒体，广泛开展宣传工作，运用多种宣传手段，采取各种宣传方法，把有关政策原原本本地告诉广大群众。同时，部里要抓紧吉、黑两省试点工作的评估，用试点的成功经验教育和引导群众。二是要把培训和宣传有机地结合起来，以培训成果进一步推动宣传和普法工作。加强对基层干部的培训，各地要将干部培训的重心下移，重点培训县乡和街道社区劳动保障干部和从业人员，提高业务素质，增强依法行政意识。加强对企业经营者和劳动者特别是进城务工人员的法律法规培训，建立面对企业经营者的定期培训考核制度，积极开展进城务工人员行前劳动保障法律培训。三是要把业务宣传和执法检查有机地结合起来，提高宣传和检查的效果。在组织实施就业服务专项行动，以及维护进城务工人员权益、禁止使用童工、保障妇女就业权益等专项检查时，都要对业务宣传和检查工作统一部署，统一落实，统一检查，整合各种资源，形成合力，把宣传工作做实、做细。

四、大力加强劳动保障系统干部队伍建设

不论是明年还是“十一五”时期，劳动保障工作都面临着十分繁重的改革和发展任务。能不能全面完成2006年的工作，能不能全面实现“十一五”劳动保障事业发展目标，能不能承担起党和人民赋予我们的历史责任，关键在于我们这支队伍，在于我们的能力建设、精神状态和工作作风。因此，各级劳动保障部门一定要把加强队伍建设摆在重要位置。

（一）坚持抓好班子建设

劳动保障系统各级领导班子的政治素质、业务知识、工作作风总体状况是好的，是适应工作要求的。但也要看到，随着劳动保障工作全面发展和向纵深推进，新情况和新问题不断出现，改革和利益调整的难度越来越大，对劳动保障系统各级领导班子的全局意识、决策能力和管理水平提出了更高要求。近几年在干部人事调整中，一些部门负责同志从其他岗位来到劳动保障部门，为我们这支队伍增添了活力，同时也有一个加强学习、熟悉业务的过程。因此，要进一步加强各级劳动保障部门的班子建设。各级领导班子建设要紧紧围绕增强政治素质、加强业务研究、树立大局意识、提高决策水平等方面，有计划、有步骤地扎实推进。班子建设要从班长抓起。今天在座的都是地方厅局和部内各司局的“一把手”，抓班子建设首先要从我们自身做起。要带头全面贯彻党中央、国务院关于劳动保障工作的方针和政策，带头钻研业务，调查研究，全面推进各项工作，带头落实党的建设和作风建设的各项规定。各级班子建设好了，我们这支队伍就有更强的凝聚力和战斗力，就能带领全系统更好地完成新时期劳动保障工作的各项任务。

（二）坚持加强能力建设

经过近几年艰苦工作的实践锻炼和历届部党组持续不断地抓队伍建设，劳动保障系统的能力和水平不断提高。特别是党的十六届四中全会以来，能力建设进一步摆上议事日程，受到各级党委政府的高度重视，工作力度进一步加大。劳动保障事业的发展，工作的推进，都要求我们继续高度重视并进一步加强队伍的能力建设。一是要明确能力建设的重点。要全面贯彻十六届四中全会的要求，紧密结合劳动保障干部队伍的实际状况，不断提高把握大局谋划长远的能力、联系群众解决实际问题的能力、综合协调形成合力的能力、依法行政秉公执法的能力和廉洁自律抵御腐蚀的能力。各地要结合本地区情况，确定能力建设的重点，提出目标，抓好落实。二是要制定能力建设的规划。各级劳动保障部门在“十一五”规划中，不仅要做好业务发展的规划，还要明确今后五年能力建设的目标、实施步骤和落实措施。三

是抓好落实。积极推进干部教育培训工作，部里准备实施干部教育培训规划，争取在5年时间内将地方厅局长轮训一遍。要进一步加大国内培训的力度，也要组织一批骨干到国外去培训。地方也要分级分层有重点地培训干部。同时要加强在实际工作中培养干部，选派干部到基层锻炼，切实提高解决实际问题的能力。

（三）坚持推进作风建设

作风建设是一项长期任务，要巩固和发扬劳动保障系统的光荣传统，进一步加强行风建设。要贯彻落实十六届五中全会提出的要求，牢固树立群众利益无小事的观念，带着深厚感情去工作，认真解决人民群众最关心、最直接、最现实的利益问题。要继续深入开展重大课题研究，着力解决影响劳动保障事业发展的制度性、体制性、机制性矛盾。要巩固和扩大保持共产党员先进性教育的成果，继续开展创建优质服务窗口活动，推动劳动保障系统各类服务窗口在思想、作风、管理、服务上都再上一个新的台阶。要进一步加强党风廉政教育，继续抓好惩防体系建设，加强在重大决策、项目安排、干部任用等问题上的民主监督。特别是在资金分配中要严格遵守各项纪律，确保资金分配科学、公正、公开。要按照中纪委的部署和要求，继续抓好纠正拖欠农民工工资、国有企业重组改制和关闭破产中侵害职工利益、医药购销和医疗服务中的不正之风三项工作，推动作风建设取得实效。

在领导班子建设和队伍建设上，部党组和部机关要起表率和带头作用。积极开展创建学习型、服务型机关的活动，不断增强宗旨意识，提高为基层办事的效率，改进对基层工作的指导，及时总结地方的先进经验，帮助基层解决工作中的困难，努力为基层工作搞好服务。同时，也请基层同志们从劳动保障工作全局出发，结合工作实际，对部党组和部机关的工作提出建议，进行监督，促进我们进一步做好工作。

我国劳动和社会保障的现状及发展前景

——在中宣部等六部门举办的形势报告会上的报告

劳动和社会保障部部长　郑斯林

（2005年6月16日）

劳动保障工作包括3个主要方面：一是就业和再就业，二是社会保障，三是协调劳动关系和维护劳动者合法权益。这3个方面都直接关系到亿万劳动者的切身利益，是全面建设小康社会、构建社会主义和谐社会的重要内容，做好劳动保障工作，是贯彻“三个代表”重要思想、落实科学发展观、实现经济社会协调发展的要求。

第一部分：关于就业和再就业工作

在任何国家，就业都是经济社会发展的重大问题。特别是对于我们这样一个人口和劳动力大国来说，只有实现比较充分的就业，人民群众才有生活来源，国家才能长治久安。党中央、国务院高度重视就业工作，提出就业是民生之本，安国之策，把就业工作摆到了经济社会发展更加突出的位置，纳入国民经济和社会发展宏观调控目标，连续3年召开全国性会议，对就业再就业工作作出部署，制定出台了一系列积极的就业政策，在全社会营造了促进就业再就业的浓厚氛围。

一、近几年就业和再就业工作取得显著成效

主要体现在5个方面：

（一）就业规模扩大，就业结构改善

1990—2004年，我国从业人员从6.5亿人增加到7.5亿人，其中城镇就业从1.7亿人增加到2.65亿人。2004年，中央确定全国城镇新增就业900万人，实际完成980万人，加上弥补自然减员的200多万个岗位，去年城镇实际新就业1 200多万人，这在全世界都是十分惊人的数字，相当于一个中等国家的劳动人口总量。在城镇新增就业中，下岗失业人员再就业510万人，其中“4050”人员再就业140万人，也都超额完成了年初预定的500万人和100万人的目标。年末全国城镇登记失业率4.2%，低于计划目标0.5个百分点，而且比上年下降0.1个百分点，是多年来失业率首次下降。从就业结构看，第一产业从业人员比重下降到50%以下，第三产业成为新增就业的主渠道；多种所有制经济成为新的就业增长点；农村富余劳动力向城镇和非农产业转移速度加快。

（二）再就业工作取得较大进展

20世纪90年代以来，随着国有企业改革深化和经济结构调整，先后有2 800多万职工下岗失业。为了帮助他们尽快实现再就业，中央制定了一系列扶持政策，各地努力开发就业岗位，增加资金投入，开展再就业援助，加强

服务。1998—2004年，累计1 900多万国有企业下岗职工通过多种方式实现再就业，多数转向非公经济领域，国有企业职工从7 100万人减少到4 400多万人，富余人员问题得到缓解。

（三）市场导向就业机制初步形成

经过多年努力，市场机制在劳动力资源配置中的基础性作用日益明显。就业渠道趋于多元化，适应市场经济发展的新职业不断产生，职业群体不断增多，目前已达1 838个。就业形式日益灵活多样，非全日制就业、季节性就业、多用人单位就业、弹性工作等各种就业形式迅速兴起，已经吸纳了5 000万灵活就业人员，成为扩大就业的重要渠道。就业观念发生积极变化，初次就业者通过市场双向选择的比例越来越大，劳动者在不同所有制、行业、地区之间流动的频率增高，自主择业、自主创业、终身学习等新的就业观念逐步深入人心。

（四）公共就业服务体系基本形成

目前全国共有各类职业介绍机构3.1万个，其中公共职业介绍机构2.2万个，提供职业介绍、职业指导、就业训练、劳动力供求信息发布等公益性服务。劳动力市场建设正在向制度化、专业化、社会化的方向迈进，大中城市初步实现了职业供求、工资指导价位等信息联网发布。98%的城市街道建立了6 000多个劳动保障事务所，73%的乡镇也建立了2.7万个劳动保障事务所；有5.5万个社区聘用专门人员开展劳动保障工作；全国街道、乡镇和社区共有专兼职工作人员17万人，主要从事社区就业岗位开发、困难群体再就业援助、企业退休人员社会化管理和组织农村富余劳动力劳务输出等工作。

（五）职业培训工作有了新的发展

按照中央确定的人才强国战略，高技能人才培养和职业培训工作得到加强，初步形成了就业前培训、创业培训、在职培训、再就业培训的职业培训网络。我们组织实施了两期“三年千万”再就业培训计划，在100个城市全面推动创业培训，实施了“三年五十万新技师培养计划”，推动建立国家高技能人才培训工程。职业资格证书制度在20世纪90年代初开始建立并迅速发展，全国累计有5 000万人次通过参加职业技能鉴定取得了职业资格证书。1995年以来，先后有80人获得“中华技能大奖”、819人获得“全国技术能手”称号，技术工人也是人才的观念逐步深入人心。去年，启动了针对农村劳动力转移就业培训的“阳光工程”，已经培训农村劳动力250万人。

在总结实践经验的基础上，从我国基本国情出发，借鉴世界各国成功做法，形成了一套具有中国特色的积极就业政策体系。主要包括税费减免、财政投入、小额贷款、就业援助和服务、社会保险补贴、控制企业裁员等多个方面。这套政策体系既较好发挥了市场配置劳动力资源的基础性作用，又体现了政府在就业方面的社会管理和公共服务职能，被实践证明是行之有效的，也得到国际上的高度评价。

二、我国就业和再就业将长期面临巨大的压力和挑战

人口多、底子薄是基本国情，这决定了在相当长的时期内，就业压力巨大是我国经济社会发展的突出矛盾之一，我们任何时候都不能轻言就业问题已经得到解决。当前及今后依然严峻的就业形势主要表现在，劳动力供求总量矛盾与结构性矛盾并存，城镇就业压力大与农村富余劳动力转移速度加快同时出现，新成长劳动力就业与下岗、失业人员再就业问题相互交织。

（一）供求总量矛盾短期内难以改变

今后几年，城镇需要就业的人数仍将保持在2 400万人以上。而在现有经济结构下，每年只能供给1 200万个岗位，其中按经济增长保持8%的速度可新增900万个岗位，每年自然减员可腾出300万个岗位，年度就业岗位缺口1 200万个左右，劳动力供大于求的矛盾十分尖锐。

（二）供求结构性矛盾突出

一方面，传统行业出现大量下岗失业人

员，其中能力较强的大都在前两年实现了再就业，剩下的基本是就业困难群体，再就业难度更大；另一方面，新兴的产业、行业和技术性职业所需要的高素质劳动者供不应求，技工短缺现象尤为突出，各个技术等级的求人倍率都大于1，其中高技能人才的需求增长幅度最大。

（三）地区之间就业状况不平衡

就业形势总体基本稳定，但在中西部地区、老工业基地、资源枯竭城市、困难行业和关闭破产企业集中的地区，就业困难人员多，岗位供应不足，解决就业问题的难度很大。

（四）统筹城乡就业面临繁重任务

随着城镇化的进程，有1.5亿农村富余劳动力需要向城镇和非农产业转移就业，被征地农民的就业问题越来越突出，改善农民进城就业环境，维护他们的合法权益仍需做大量工作。另外，高校毕业生的就业压力也逐年增大，从2001—2004年，当年需要就业的高校毕业生分别为118万人、140万人、212万人、280万人，今年进一步上升到338万人。

三、今年及今后就业工作的主要目标和措施

中央确定的今年就业和再就业主要目标是“95146”：城镇新增就业900万人，下岗失业人员再就业500万人，其中“4050”人员再就业100万人，城镇登记失业率控制在4.6%。与去年相比，控制失业率的要求更高。我们将按照中央的要求，全面贯彻落实积极的就业政策，继续坚持做到“两个落实、两个强化”，努力做好就业和再就业工作。

（一）落实目标责任

“95146”的任务已经层层分解落实到各省市县，直到街道社区，我们要加强指导和督察，加大对再就业实效的考核力度。要加快发展就业容量大的第三产业、中小企业和劳动密集型产业，充分发挥非公有制经济在创造就业岗位方面的作用，千方百计增加就业岗位。在扩大就业总量的同时将更加注重提高就业质量，采取切实措施努力增强再就业的稳定性。

（二）落实各项政策

财政投入力度继续加大。今年中央财政对下岗职工基本生活保障资金总量不变，再就业补助资金增加了26亿元，两项合计209亿元，已经下拨到各省。各地也要加大政府再就业资金投入，纳入当地政府预算。目前政策落实难点是小额担保贷款政策和主辅分离政策。我们已经部署今年二季度在全国开展“政策实效”行动，排查政策落实的难点，对重点城市加强指导，进一步发挥政策扶持效应。积极推动信用社区建设，为下岗失业人员自主创业提供支持。同时，要研究把再就业扶持政策扩大到集体企业下岗职工，还要对失业保险基金更大范围地用于促进再就业的办法进行探索。

（三）强化就业服务

今年春节前后，在全国开展了对再就业困难群体“送政策、送岗位、送技能、送服务和落实社保补贴”的“再就业援助月”活动，针对改善农民工进城就业环境开展了“春风行动”，这两项活动都取得了好的效果，受到下岗失业人员和农民工的普遍欢迎。今年5—7月，在全国城市开展“技能岗位对接专项服务”活动，促进各类院校毕业生和已参加技能培训的劳动者就业；上周，我们还在全国100多个大中城市开展了民营企业招聘周活动，为民营企业和劳动者双向选择提供服务。今年将召开高技能人才工作会议，进一步完善有关政策，推动高技能人才队伍建设。继续实施“三年五十万新技师培养计划”，大力开展创业培训，并将培训对象扩展到高校学生和农村转移劳动力；继续做好大学毕业生就业服务工作，做好农村劳动力转移就业培训、有组织劳务输出和就业服务工作。

（四）强化失业调控

各地都要制定实施失业调控工作方案，把握改革的力度和节奏，特别是在企业改组改制中严格执行有关程序和规定，切实做好职工分流安置工作，采取各种措施减少失业人员数量，防止失业过于集中，把城镇登记失业率控

制在预期目标以内。

在做好当前就业再就业工作的同时，要研究建立促进就业的长效机制，我们正在对近几年就业政策进行梳理，把那些经过实践证明行之有效的专门性、过渡性政策上升为普惠性、长效性制度，并在此基础上制定《促进就业法》。

第二部分：关于社会保障体系建设

现代的社会保障制度是伴随工业化过程产生的。19 世纪 80 年代，德国陆续颁布了《疾病保险法》《伤残和养老保险法》等法规，标志着通过政府强制性社会保险来分散劳动风险的制度诞生。这不是一个偶然事件。联系 1848 年《共产党宣言》发表、1867 年《资本论》第一卷面世和 1871 年巴黎公社等重大历史事件，可以清楚地看出：随着西欧各国相继进入资本主义工业化，资产阶级残酷剥削，掠夺剩余价值，工人的工资只能维持劳动力简单再生产，如果遭遇疾病、工伤、年老等风险，便陷入绝境。因此，工人运动风起云涌，在先进政党领导下从自发走向自觉，阶级矛盾日益激化。资产阶级统治者一方面采取高压政策，严厉镇压工人反抗；另一方面也被迫采取社会保险等改良措施，以缓和阶级矛盾，维护自身统治。1935 年，美国在经历了全球性经济危机和大萧条后，作为罗斯福"新政"的重要内容，颁布了《社会保障法》，第一次提出了"社会保障"的概念。第二次世界大战结束后，新独立的发展中国家纷纷建立起各自的社会保障制度。1952 年国际劳工组织通过《社会保障（最低标准）公约》，首次在世界范围使用"社会保障"概念。目前全球有 172 个国家和地区至少实行了一种社会保障制度。

一、我国已经初步形成社会保障体系的框架

我国的社会保障体系包括社会保险、社会救济、社会福利、社会优抚等几方面。社会保险是我国社会保障制度的核心部分，它有三大功能：一是劳动者的"安全网"——国家通过立法，建立社会保险基金，对劳动者在年老、失业、疾病、工伤、生育而退出劳动领域或减少劳动收入时给予经济补偿，以降低劳动风险；二是收入分配的"调节器"——社会保险属于国民收入的二次分配，更强调公平原则，缩小社会收入分配差距；三是经济社会运行的"减震器"——特别是在经济增长出现起伏和结构调整过程中，它通过保障低收入群体的基本生活而减少可能引发的社会震荡。在我国社会保障体系中，劳动保障部主要负责社会保险，包括养老、失业、医疗、工伤和生育五项保险，以及农村社会养老保险。

党的十四届三中全会以来，作为社会主义市场经济体制的基本内容，社会保障制度改革全面推进，体系框架基本形成，在深化改革、促进发展和维护稳定中发挥了重要作用。

（一）养老保险制度

经过多年改革探索，在 5 个方面取得了重大突破和进展。一是确立了基本制度模式。1993 年党的十四届三中全会提出养老保险实行"社会统筹与个人账户相结合"的模式，这既不同于德国式的完全现收现付，又不同于新加坡式的完全积累，而是二者的结合。目前全国统一的基本养老保险的制度框架是：各类企业都按职工工资总额的 20% 左右缴费，个人缴纳本人工资的 8%；个人全部缴费和企业缴费的 3% 计入职工个人账户；职工到达法定退休年龄，按当地职工平均工资的 20% 从统筹基金中领取基础养老金，并按个人账户全部储存额的 1/120 领取个人账户养老金。二是覆盖范围不断扩大。计划经济时期，只有国有企业职工可以享受养老保险；1999 年国务院规定，基本养老保险覆盖城镇各类企业和个体工商户。到 2005 年 4 月底，全国有 1.66 亿人参加了养老保险（职工 1.25 亿人，离退休人员 4 170 万人），比 6 年前增加 5 000 多万人，成为世界上最大的老年保障计划；其中 1/10 的人是以个人身份缴费的个体工商户、自由职业

者和灵活就业人员，说明我国的养老保险制度在向适应社会主义市场经济体制的多种所有制结构和多种就业方式转变。三是确保企业离退休人员基本养老金按时足额发放。1998 年中央提出了“两个确保”的方针。7 年来，对全国企业离退休人员共发放基本养老金 15 585 亿元，当期拖欠额从 1998 年的每月 4 亿～5 亿元，逐年减少，到 2001 年，除了个别省的农垦企业外，基本实现了当期无拖欠。2003 年中央决定将农垦企业养老保险纳入属地管理，并增加了专项补助，去年首次实现全国企业离退休人员基本养老金全年无拖欠，今年继续保持了这一工作成果。四是初步形成了多渠道筹集资金的新格局。1998—2004 年，全国基本养老保险基金当年总收入从不足 1 500 亿元增加到 4 200 多亿元，年均递增近 20%。其中征缴收入连续两年增收 400 亿～500 亿元；7 年间中央财政共投入 2 282 亿元，用以弥补养老保险基金收支的当期缺口。国家、单位、个人三方分担的机制初步形成。此外，中央还建立了战略储备性的全国社会保障基金，目前已积累到 1 700 多亿元。五是社会化管理服务取得突破。2000 年以来，在全国范围内将原来由企业发放离退休人员基本养老金改为委托银行、邮局等社会机构发放，2003 年又积极推进企业退休人员社会化管理服务。到 2005 年 4 月底，3 500 万企业退休人员实现了社会化管理，占 93%。这既从体制上确保了养老金按时足额发放，又为企业减轻了社会事务负担。

（二）国有企业下岗职工基本生活保障和失业保险制度

在国有企业改革和经济结构调整中，富余职工的分流安置和生活保障问题十分突出。如果把数以千万计的职工一下推向社会，必然造成社会不稳定。因此中央在 1998 年决定在有下岗职工的国有企业普遍建立再就业服务中心，实行“三条保障线”，即下岗职工基本生活保障、失业保险、城市低保制度。下岗职工在再就业中心可以领取 3 年的基本生活费，期满未就业的纳入失业保险，可以领取 2 年的失业保险金，期满仍未就业的纳入城市低保。过去的 7 年间，全国国有企业累计下岗的 2 800 多万职工，绝大部分进入再就业服务中心，按时领到基本生活费，并由中心代缴社会保险费。下岗职工基本生活保障所需资金按“三三制”原则由企业、中央和地方财政、失业保险基金分担。7 年来中央财政共向地方补助了 730 亿元下岗职工基本生活和再就业补助资金。同时，积极推进失业保险制度建设。1999 年初，国务院发布《失业保险条例》，将原来只适用于国有企业的“待业保险制度”扩展到所有城镇企事业单位及其职工；建立失业保险基金，用人单位缴纳工资总额的 2%，职工个人缴纳 1%；职工失业后，根据缴费年限长短，可以领取 6～24 个月的失业保险金。到去年底，参加失业保险的有 10 584 万人，410 多万人领取了失业保险金。现在仍在再就业中心的国有企业下岗职工还有 80 多万人。今年，我们按照国务院的部署，以促进再就业为中心，积极稳妥地推进国有企业下岗职工基本生活保障向失业保险并轨工作，力争今年底基本完成并轨任务，用 2～3 年时间总体上解决历史遗留的国有企业下岗职工问题。

（三）医疗保险制度

1998 年，国务院在总结各地试点经验的基础上，决定在全国范围内改革城镇职工基本医疗保险制度。改革的总体原则是 6 句话：广泛覆盖——城镇各类单位的职工和退休人员都纳入制度范围，城镇灵活就业人员也可以个人身份参保。到 2005 年 4 月底已经覆盖了 1.28 亿人。基本保障——国家不是把所有医疗费用全包下来，而是保障最基本的医疗需求。为此设立了“起付线”（一般为工资的 10%）和“封顶线”（一般为当地平均工资的 4 倍）；起付线以下和封顶线以上由个人负担。双方负担——单位按工资总额的 6% 左右缴费，个人按本人工资的 2% 缴费。统账结合——为每个参保人员建立医疗保险个人账户，个人缴费全部计入账户，单位缴费的 30% 划入个人账户，其余70%建立统筹基金；参保人员患病就医，门诊费用一般从个人账户支付，住院费用按规定比例在统筹基金报销。多层保障——在基本医疗保险基础上，通过政策优惠引导企业建立补充医疗保险，鼓励各地建立大额医疗补助制度。三改并举——将医疗保险制度改革与医疗卫生体制改革及药品流通体制改革结合起来，同步推进，制定了医疗保险定点医院和定点药店管理办法，目前98%的定点医院与医疗保险经办机构签订了协议，还制定了《基本医疗保险药品名录》等3个技术标准。

（四）工伤保险制度

因工受伤、死亡或患职业病，是工业化社会中可能对劳动者造成最大伤害的风险。因此，工伤保险是目前世界各国实行最普遍的社会保险计划。我国自20世纪50年代初期建立了工伤和职业病保障制度，但一直采用企业负责制。2003年国务院发布《工伤保险条例》，从2004年1月1日起施行。对比以前的制度，该《条例》在5方面进行了改革：一是扩大覆盖范围，规定各类企业（包括乡镇企业）和有雇工的个体工商户都必须参加工伤保险，而不仅仅适用于国有企业。到2005年4月底全国7 080万职工参加了工伤保险，2004年有51万人享受了工伤保险待遇。二是建立基金，工伤保险费全部由用人单位缴纳，职工个人不缴费，通过社会统筹分散工伤风险。三是实行差别费率，根据不同行业风险程度的差别，可确定相当于工资总额0.5%～3%的费率，并依据企业发生工伤情况实行费率浮动。四是明确无责任补偿原则，在工伤事故中，无论职工有没有责任，工伤职工都应依法获得补偿。五是规定工伤补偿项目，即工伤停工津贴、工伤医疗、伤残补助、工亡遗属补助。2004年以来，接连发生了几起重特大矿难，其中凡是参加了工伤保险的，在职工及家属的赔偿、安抚方面都比较顺利。

（五）完善城镇社会保障体系试点

党的十五届五中全会提出，要建立独立于企业事业单位之外、资金来源多元化、保障制度规范化、管理服务社会化的社会保障体系。按照这一目标，国务院于2001年7月至2003年底在辽宁省进行了完善城镇社会保障体系的试点。2004年5月又把试点扩大到吉林、黑龙江两省。现在，我们根据国务院的部署，对完善企业职工基本养老保险制度问题进行了大量调研，正在研究制定在全国完善养老保险制度的方案。

二、我国社会保障制度面临着诸多困难和挑战

主要有三方面：

一是人口老龄化。我国60岁以上人口占总人口的比重已超过10%，按国际通行标准，已进入老龄化社会。同西方工业化国家相比，我国老龄化规模大、速度快、负担重。西方国家老龄化率从5%上升到10%一般经过40多年时间，而我国仅用了18年。西方国家是先实现工业化，后进入老龄化，是“先富后老”；我国工业化还没有完成，老龄化就已经到来，是“未富先老”。人口加速老龄化导致社会保障资金缺口巨大，我国在经济还不十分发达时期就要解决比发达国家面临的更为困难的问题。退休人员每年增加300多万人，缴费人员与退休人员之比，从20世纪90年代初的10:1上升到目前的3:1。预计到21世纪30年代，我国老龄化将达到高峰，城镇的养老负担系数将大幅增加，医疗费用也随之大大加重。而这二三十年正是实现全面建设小康社会目标的关键时期。如果对这个问题没有恰当的应对之策，不仅社会保障制度无法平稳运行，而且将影响社会经济的可持续发展。

二是城镇化。加快城镇化进程是全面建设小康社会的必然要求，也是逐步改变城乡二元经济结构、解决“三农”问题的重要举措。未来十几年，我国的城镇化率将以每年1个百分点的速度提高，由此带来两方面问题：一是转移劳动力的就业和社会保障问题。目前，进城务工的农民已达1亿人，被征地农民有4 000多万人，还有1.3亿农民在乡镇企业从

事二三产业，他们已成为产业大军中的重要力量。而我国的就业和社会保障制度主要是针对城镇人口设计实施的，如何适应城镇化过程中数亿农村转移劳动者的需求是一个重大的理论和实践课题。二是大量青壮年农民进入城市后，农村老弱人群的基本保障问题更加突出。必须按照统筹城乡发展的要求，抓紧建立健全城乡衔接的社会保障制度。

三是就业形式多样化。近几年，我国就业格局发生明显变化，非公有制经济已成为吸纳新生和存量劳动力的主渠道，大量劳动者以灵活方式就业。传统的以“单位”为本位的社会保障体系不能适应这种分散化、流动性强的就业格局，为数众多的非公有制经济从业人员、灵活就业人员尚未纳入覆盖范围。主要原因是由于这类人员就业不稳定、不连续，制定统一规范的参保政策有一定难度，同时也由于宣传不够，一些地方和企业忽视甚至逃避社会保险责任。如何贯彻落实以人为本的要求，适应就业形式变化的格局，把非公有制经济从业人员及灵活就业人员纳入社会保障体系，是社会保障体系建设必须研究解决的重要问题。

三、加快完善社会保障体系的主要任务

当前和今后一个时期，要在着力解决当前突出问题的同时，探索建立可持续发展的长效机制。主要任务有5项：

（一）逐步做实养老保险个人账户，为应对人口老龄化高峰做好制度和资金准备

我国已经确立了社会统筹与个人账户相结合的企业职工基本养老保险制度，几年来个人账户的记账额累计近7 000亿元，但实际上没有那么多资金，一直处于“空账”运转。这是因为在计划经济时期，没有为职工留有专门的养老积累，现在计入职工个人账户的资金也用来给退休人员发养老金了。要应对老龄化高峰的挑战，必须实现个人账户的实账积累，这项工作启动越早，“空账”规模就相对较小，反之，包袱会越背越重，影响制度的可持续发展。党的十六届三中全会要求逐步做实养老保险个人账户，实现由现收现付向部分积累的制度模式转型。今年，我们把总结东北试点经验、在全国逐步做实养老保险个人账户作为重点工作之一，按照水平适当、结构合理、基金平衡、平稳过渡的原则，指导地方依据实际情况逐步做实。同时，改革养老金计发办法，建立待遇水平与缴费年限更紧密挂钩的机制；规范个体工商户和灵活就业人员的参保缴费政策；规范养老保险省级调剂金制度，逐步提高统筹层次。

（二）进一步扩大社会保险覆盖范围

根据所有制结构调整和就业形式变化的需要，以混合所有制、非公有制经济组织从业人员和灵活就业人员为重点扩大社会保险覆盖面，使更多的人享有基本社会保障。这是实现小康社会“社会保障制度比较健全”的基本要求，也是社会进步的标志之一。2005年，养老、失业、医疗、工伤和生育保险覆盖人数将分别达到1.7亿、1.05亿、1.3亿、7 500万和4 300万。医疗保险将着力解决关闭破产企业退休人员参加基本医疗保障问题，工伤保险的重点是推进风险较大的矿山、建筑等企业参保，同时制定了机关和事业单位的工伤认定和处理办法。

（三）加强社会保障的物质基础

资金是社会保障制度可持续发展的物质基础。2004年，5项社会保险基金总收入达到5 700多亿元，总支出达到4 600多亿元，收支总规模超过1万亿元。要进一步加强社会保障资金的筹集和管理，依法强化社会保险费征缴，规范和核实缴费基数，建立社会保险参保缴费的诚信制度，加大清理欠费力度，做到应收尽收；积极调整各级政府财政支出结构，特别是加大地方财政对社会保障的资金投入，逐步提高社会保障支出占预算支出的比例。“做大做强”全国社会保障基金，进一步开辟投资渠道，实现基金保值增值。同时，鼓励用人单位投入资金，为职工建立企业年金和补充医疗保险，形成多层次的社会保障体系。

（四）加强社会保障的管理基础

良好的管理是社会保障制度有效运行的保证。目前，我国直接从事社会保障经办工作的人员有近20万人。要加强社会保障管理机构的能力建设，坚持以人为本，优化管理服务流程，全面提高工作效率和服务质量；进一步提高管理服务社会化的水平，今年使95%以上的退休人员从企业分离出来，实行社会化管理服务，其中70%纳入社区管理，切实减轻企业的社会事务负担；还要加快社会保障信息系统工程（金保工程）建设步伐，支持科学的宏观决策和人本化的微观管理。

（五）提高社会保障的法制化水平

当前，我国社会保障体系建设中遇到的许多矛盾和问题，都与法律保障能力弱、监察执法手段不足有关。全国人大已经把《社会保险法》列入立法规划，我们将积极配合，力争尽早出台，为完善社会保障体系提供有力的法律依据。同时要严格监察执法，加强社会保障宣传，提高各级政府依法行政水平，提高用人单位依法参保缴费的自觉性，提高劳动者依法维权的意识。

第三部分：关于协调劳动关系

劳动关系是最重要的社会关系之一。劳动关系的和谐稳定是社会和谐稳定的重要方面。劳动保障部门推动建立和维护和谐稳定劳动关系的主要职责，一是建立完善制度和相关协调机制，包括劳动合同制度、集体合同制度、最低工资制度、劳动关系三方协调机制等；二是提供公共服务，包括发布劳动力市场工资指导价位、提供劳动法律咨询等；三是开辟救济渠道，主要是开展劳动纠纷调解和劳动争议仲裁；四是监察执法，维护劳动力市场秩序和劳动者合法权益。

一、建立健全劳动合同制度和相关协调机制

在计划经济体制下，劳动关系比较单一，一般是一次确定，终生不变，劳动者与用人单位之间是一种行政隶属关系。在市场经济体制中，劳动关系发生了根本变化，劳动者与用人单位之间是平等的劳动关系双方，必须用法制化的手段确立和调整双方关系。1995年《劳动法》实施以来，主要进行了三方面制度和机制建设：一是全面建立劳动合同制度。各地普遍建立了劳动合同制度，针对劳动关系的不同状态，实行了有固定期限合同、无固定期限合同和以完成一定工作为期限的合同等形式；劳动保障部门重点督促检查各类用人单位与职工依法签订和履行劳动合同的情况，对违法行为实施行政处罚。二是推动建立集体合同制度。集体合同不同于单个的劳动合同，它是由职工代表（通常是工会）与企业订立的、适用于企业全体职工的、具有本企业基本劳动标准性质的契约，签订集体合同是市场经济国家通行的做法。近几年，劳动保障部门积极推动以工资集体协商为核心内容的集体合同制度。到2004年底，全国签订集体合同的企业已达63.5万户，涉及职工8 000多万人。三是积极探索建立劳动关系三方协调机制。政府、工会和用人单位三方在劳动关系处理上，处于不同角度，具有不同作用，加强三方的协调才能长期保持劳动关系的和谐与稳定。2001年，劳动保障部与全国总工会、中国企业联合会建立了国家协调劳动关系三方机制，定期研究劳动关系中的新情况、新问题，及时采取有针对性的措施。目前，全国省、地两级都建立了劳动关系三方协调机制，多数省份正逐步向县、区延伸。

当前这方面存在的突出问题，主要是劳动合同签订率还比较低，合同不规范，合同履行中违法现象严重。特别是非公有制经济组织，不签劳动合同的现象比较普遍，在私营企业和个体工商户中签订劳动合同的从业人员不足1/3。许多合同故意简化约定条款，侵害劳动者依法享有的休息权、劳动保护权、加班工资权和社会保险权利。在执行中，一些企业随意变更、解除劳动合同，少数企业利用试用期骗

用廉价劳动力，在合同终止、解除时不少劳动者也得不到应有的经济补偿。由此导致工资争议、社会保险缴费争议不断，有些甚至影响到社会稳定。

针对这些问题，我们近期工作的重点，一是加大执法检查力度，同时制定劳动合同范本，督促各类企业依法与职工签订劳动合同，切实提高合同签订率，对不签订、不履行劳动合同行为给予严厉处罚。二是积极推动劳动合同立法。《劳动合同法》已经列入十届全国人大立法规划，我们将积极配合，争取早日出台，为完善劳动合同制度提供更有力的法律武器。三是继续推行平等协商和集体合同制度。在企业内部建立劳动关系自主协调机制，巩固三方协商机制，特别是针对职工群众和企业最关心、劳动关系中最突出的那些普遍性矛盾开展协商。当前，要特别注意处理好企业改革中的劳动关系，我们已经研究制定了国有企业改革中劳动关系变更、解除、终止的相关政策措施，积极解决下岗职工经济补偿和债务清偿问题。

二、保障劳动者劳动收入权，推进企业工资收入分配制度改革

在计划经济时期，政府对企业收入分配管得细、管得死，从工资总额、工资标准到每次调资全管住了。在向市场经济体制转轨中，政府管理企业工资的职能发生了很大变化，企业内部分配基本由企业自主决定，政府主要通过法律手段保障劳动者的劳动收入权，提供公共信息服务，指导企业完善以按劳分配为主体的收入分配制度。

为保障劳动者的基本收入权，劳动保障部颁布了《最低工资规定》，现在全国各个省区市都建立了最低工资保障制度。由于地区之间发展不平衡，最低工资不可能是统一标准，各地一般规定了3～5个标准，最多的规定了9个标准，最高的600多元，最低的200多元；针对就业形式多样化的特点，有的地区还颁布了小时最低工资标准；参考物价上涨等因素，各地最低工资标准一般两年调整一次。严格检查最低工资制度执行情况，保障劳动者的基本劳动收入权，是劳动保障部门当前工资管理的最重要的职责。

一个时期以来，拖欠、克扣职工工资，特别是农民工工资的现象严重。我们一方面与有关部门配合，共同清理偿付欠薪，2004年以来，通过组织专项行动，累计清偿了建设领域拖欠农民工工资330多亿元；另一方面，积极探索建立工资支付保障制度，比如对建筑企业实行工资保障金，有的地区对经营风险较大的小型企业探索实行欠薪保障基金制度。

在工资的宏观管理方面，劳动保障部门履行公共服务职能，广泛收集信息，定期发布各个工种的劳动力市场工资指导价位，以此引导劳动者和用人单位的双向选择和工资谈判；同时，积极推动30万户企业建立了工资集体协商制度。

当前在企业工资管理方面存在的突出问题，一是有些地区和行业最低工资制度执行情况较差，实际支付的劳动报酬低于最低工资标准，最为突出的仍是拖欠、克扣农民工工资。二是行业、企业之间收入分配差距过大，特别是一些垄断性行业工资收入水平过高。三是企业内部分配的激励机制和约束机制不健全，有的企业平均主义“大锅饭”的现象依然存在，有的企业则不问经济效益，经营者自己给自己定工资，与普通职工工资收入相差悬殊。

按照十六届三中全会“推进收入分配制度改革”的要求，我们将继续完善最低工资保障制度，研究制定工资支付专项法规，普遍开展工资支付的监督检查，进一步解决建筑等领域拖欠农民工工资问题；加强工资指导线、劳动力市场工资指导价位、人工成本预测预警制度建设，研究对垄断性行业收入水平的调节和监管措施，规范收入分配秩序。

三、严格执法监察，依法处理劳动争议，维护劳动者合法权益

在劳动力市场上，政府的职责是维护劳动

关系双方的合法权益。但劳动关系有一个特点，劳动者通常处于弱势地位，因此，政府要更加注重维护劳动者的合法权益。

近10年来，劳动保障部门依据《劳动法》，积极开展劳动保障监察执法。2004年，国务院颁布了《劳动保障监察条例》，对劳动保障监察程序、强化执法手段做了进一步规范。当前监察执法的重点是用人单位签订劳动合同、参加社会保险、禁止使用童工和农民工工资支付等情况。2004年，我们开展了禁止使用童工的专项执法监察。2005年春天，按照国务院关于进一步做好改善农民进城市就业环境工作的要求，我们会同有关部门在全国开展了为期两个月的清理整顿劳动力市场秩序专项行动，共检查职业介绍机构和用人单位5.9万户，立案查处职业介绍违法案件1.9万多件，取缔非法中介7 200多户，发出责令改正通知近6 000件，责令退赔求职者求职费用1 300多万元，劳动力市场秩序明显好转。现在，各个大中城市的劳动保障部门普遍开通了“12333”专线咨询举报电话，劳动者对违反劳动保障法律法规的现象可以随时举报，我们发现一起，查处一起；同时，探索建立用人单位的劳动保障诚信等级制度，引导用人单位诚信守法。

近几年，劳动纠纷和劳动争议案件迅速增加。这一方面表明劳动者的维权意识在提高，另一方面也对劳动关系的和谐稳定提出了挑战。依据《劳动法》，我国建立了劳动争议处理制度，实行“一裁两审制”，劳动关系当事人双方产生争议可以申请劳动争议仲裁机构仲裁，对仲裁不服可以申请法院审理（最多可两审）。目前各地普遍建立了由政府、用人单位代表和工会代表三方组成的劳动争议仲裁机构，去年共立案受理劳动争议案件26万件，涉及劳动者76.5万人，此外还以非立案方式调解处理了7.1万件劳动争议。从2004年情况看，劳动者胜诉率大约高于用人单位一倍，说明劳动争议仲裁制度对保障处于弱势的劳动者的权益发挥了重要作用。为了维护和谐稳定的劳动关系，我们要重点加强劳动保障争议的调解，力争使多数劳动纠纷通过双方调解得到妥善处理。

在劳动保障部保持共产党员先进性教育活动总结大会上的讲话

郑斯林

（2005年6月21日）

一、教育活动的基本做法

按照中央保持共产党员先进性教育活动的部署和要求，根据《劳动和社会保障部保持共产党员先进性教育活动实施方案》的具体安排，劳动保障部从2005年1月7日至6月21日扎扎实实地开展了以实践“三个代表”重要思想为主要内容的保持共产党员先进性教育活动。半年来，在部党组的直接领导下，在中央督导组的具体指导下，我们认真学习、深刻领会、准确把握中央关于先进性教育活动的指导思想、目标要求和基本原则，切实加强组织领导，精心部署，周密安排，统筹兼顾，确保先进性教育活动积极稳妥地进行。劳动保障部保持共产党员先进性教育活动的具体组织实施，采取部机关、直属事业单位和离退休干部同步进行的方式，教育活动分为学习动员、分析评议和整改提高三个阶段进行。部党组及部属单位7个党委、1个党总支、72个党支部共1 156名共产党员参加了先进性教育活动，经过全部上下的共同努力，圆满完成了先进性教育活动三个阶段的各项任务。我们的主要做法是：

（一）充分做好先进性教育活动的准备工作，认真搞好调查摸底

劳动保障部开展先进性教育活动是在做好前期各项准备工作基础上进行的。部党组对做好先进性教育活动的各项准备工作高度重视，动手早，准备工作细致、充分。早在2004年6月，根据中央国家机关工委有关通知精神，劳动保障部成立了先进性教育活动准备工作办公室，并积极做好有关准备工作。一是召开了保持共产党员先进性教育活动准备工作会议，传达中央国家机关工委有关精神，进行初步的思想发动。二是开展了调查摸底工作。发放调查问卷1 061份，召开机关党建工作会议，查阅有关资料，摸清了党员在理想信念、宗旨观念、组织纪律、思想作风和工作作风等方面存在的突出问题，摸清了党员教育管理工作和基层党组织建设的状况，提高了党员干部对开展先进性教育活动的思想认识。三是认真贯彻中发［2004］20号文件精神，进一步做好先进性教育活动准备工作。部属各单位党组织集中学习领会中央文件精神，深刻认识开展先进性教育活动的重要性和必要性。部党组研究制定了劳动保障部保持共产党员先进性教育活动实施方案，成立了以部党组书记、部长为组长，部党组成员、副部长兼直属机关党委书记华福周同志为副组长，机关党委、办公厅、人教司、机关纪委、监察局、离退休干部局等单位主要负责同志为成员的劳动保障部先进性教育

活动领导小组，领导小组下设办公室，健全了领导责任制，制定了工作职责和工作制度。抓紧做好健全基层党组织工作，督促新成立单位尽快建立党支部，做好个别基层党组织换届和党支部委员补选工作。这些准备工作为劳动保障部先进性教育活动的扎实开展奠定了坚实的基础。

（二）坚持做好深入细致的思想发动工作，精心组织学习培训

在学习动员阶段，我们狠抓了三个环节。一是层层进行思想发动，统一思想认识。部党组和各单位党组织通过做好深入细致的思想发动工作，营造了良好的集中学习教育氛围。1月24日，召开先进性教育活动动员大会，要求大家从深入学习贯彻“三个代表”重要思想、加强党的执政能力建设、实现劳动保障事业全面协调可持续发展三个方面充分认识开展先进性教育活动的重要性和必要性，并对开展先进性教育活动提出了具体要求。之后，各单位党组织迅速行动，开展了多层次、多形式的思想发动工作，使广大党员的思想认识不断提高，参与教育活动的自觉性和主动性不断增强，为搞好先进性教育活动打下坚实的思想基础。二是采取灵活多样的学习方式，认真落实学习培训各项任务。在学习培训中，我们坚持“规定动作认真完成，自选动作求真务实”的思想，坚持集中学习与个人自学相结合，专题研讨与交流学习体会相结合，重点发言与共同研讨提高相结合，请进来与走出去相结合等多种形式开展学习培训工作，增添了先进性教育活动的活力。我们突出了“六个抓”：抓任务落实、抓骨干培训、抓党课教育、抓学习交流、抓学习督导、抓“回头看”，确保学习培训不走过场。我在全部党员大会上带头讲党课，其他党组成员也分别到联系单位讲党课。对年老体弱、身体有病不能出门的老同志，采取了逐个摸底，送学上门的办法，为有病的老同志和离退休干部党支部委员购买了规定的学习材料，逐个送到他们手中，并保持与他们的联系。三是广泛开展共产党员先进性标准大讨论。在深入学习理解党章、《中共中央关于在全党开展以实践“三个代表”重要思想为主要内容的保持共产党员先进性教育活动的意见》（中发［2004］20号）和胡锦涛同志在新时期保持共产党员先进性专题报告会上重要讲话精神的基础上，紧密联系本单位工作和党员的实际，广泛深入地开展了保持共产党员先进性标准的大讨论，形成了各单位保持共产党员先进性的具体要求，在此基础上，制定了劳动保障部保持党员先进性的6条具体要求，其中关于满腔热情、脚踏实地、全心全意为人民服务和爱岗敬业、开拓进取、创造劳动保障一流业绩等要求，集中反映了劳动保障部门直接面对广大人民群众的特点。保持共产党员先进性具体要求的明确，使每个党员在分析评议时有了具体标尺，在整改提高时有了明确方向，在日常工作生活中有了行为准则。

（三）认真搞好党性分析和民主评议工作，切实找准突出问题

分析评议阶段是先进性教育活动承上启下的关键阶段，我们紧紧围绕7个关键环节，突出征求意见、党性分析、民主评议三项重点，不回避矛盾，不纠缠细枝末节，不搞无原则纠纷，以批评求团结，达到提高认识、找准问题的目的，形成自我教育、自我改进、自我提高的生动局面，保证了教育活动的质量和效果。我部815名在职党员全部参加了民主评议。

一是广泛深入征求意见。部党组通过向省区市劳动保障部门及与劳动保障部工作联系密切的有关部委发函，向部属各单位发放征求意见表，召开部属有关单位党务干部、党员和群众代表座谈会及离退休党支部书记和离退休干部党员代表座谈会，共征集梳理出7个方面25条意见和建议。部属各单位采取召开座谈会、发放征求意见表和问卷调查表、设置意见箱、上门访谈等多种方式，征集并梳理出365条意见和建议。在面上征求意见的同时，在单位内部开展了广泛深入的谈心活动。部党组书记与党组成员谈，部党组成员之间谈，部党组成员与分管单位主要负责同志谈，各单位领导

班子成员之间谈，各单位领导班子成员与分管处室党员谈，党员之间互相谈，党员和群众谈。各单位“一把手”谈心达到512人/次，平均19次；班子其他成员谈心915人/次，通过广泛深入的谈心活动，既找出找准了自身存在的问题，又沟通了思想，融洽了气氛，增进了机关各部门之间、机关与事业单位之间、同志之间的团结，增强了凝聚力。

二是认真撰写党性分析材料。各单位组织党员认真学习《党章》规定的党员标准、新时期保持共产党员先进性的基本要求和劳动保障部党员先进性的具体要求，广大党员结合自己的思想工作实际和征求到的意见，结合岗位特点，一查理想信念，二查宗旨意识，三查组织纪律，四查模范作用，认真查找突出问题，深挖思想根源，明确整改方向。同时，我们加强了对党性分析材料审阅指导把关，对审查不合格的材料坚决退回修改，保证了党性分析材料的质量。

三是认真做好提出评议意见工作。通过开好专题组织生活会和领导干部民主生活会，对每个党员进行逐个评议，使广大党员普遍经受了一次严格的党内生活锻炼，思想上真正受到触动。部党组成员除参加党组民主生活会外，都以普通党员身份到所在支部参加专题民主生活会，并带头进行党性分析。我们努力抓好会前、会上、会后三个环节：会前认真准备，条件不成熟不开会；会上逐个评议，认真开展批评与自我批评；会后综合评议，坚持实事求是、客观公正。我们注意把握标准，参照党员个人撰写的分析材料，结合本人的一贯表现，实事求是地对每一名党员提出了评议意见，既充分肯定成绩，又明确指出不足，突出每个人的特点，避免了千人一面，使评议意见与每位党员的平时表现相吻合，与平时的民主测评相印证，与群众公认相一致，真正达到了评出团结、评出干劲、评出努力方向的目的。

（四）扎扎实实抓好整改提高工作，尽心竭力解决问题

整改提高阶段，是确保先进性教育活动取得实效的关键阶段。我们始终坚持有什么问题就解决什么问题，什么问题突出就着重解决什么问题，实事求是制定整改方案，尽心竭力解决问题，让人民群众看到实实在在的效果。

一是提高认识，增强整改的自觉性。我们要求广大党员深刻领会胡锦涛同志“关键是要取得实效”和“使先进性教育活动真正成为群众满意工程”的重要指示精神，坚持高标准、严要求，防止出现松懈情绪，以饱满的政治热情、良好的精神状态、求真务实的作风，针对查找出来的突出问题，扎实搞好整改，确保先进性教育活动取得实效，使这一活动真正成为群众满意工程。

二是长短结合，增强整改的针对性。部党组先后4次召开会议专题研究完善整改方案，将需要整改的问题逐一明确责任单位、责任人，对每一条意见都明确1~2名部领导负责组织提出整改措施，并尽可能地明确整改时限。各单位及每个党支部都将各自的整改任务进行分解，明确责任部门和完成时间，落实具体责任人，并对整改情况认真进行督察，着力解决关系群众切身利益的问题。我们针对存在的不同问题，在整改措施制定中充分考虑问题的轻重缓急和难易程度，既有近期目标，又有中长期安排；既考虑解决问题的必要性，又考虑解决问题的可行性，尽力而为，量力而行，不提过高的目标和不切实际的口号。在进入整改提高阶段之前，各单位对具备整改条件的108个问题马上进行了整改，整改提高阶段开始后又解决了32个问题；通过努力年底前能够解决的有118个问题；对应该解决但由于受客观条件限制一时解决不了的3个问题，我们都向群众说明情况，并积极采取措施逐步解决；对情况复杂、涉及面大，单靠一个部门和单位难以解决的104个问题，我们将加强协调，采取综合治理措施逐步加以解决。部党组和各单位及每个党支部的整改方案都通过一定的形式、在一定范围内向群众公布，接受群众监督，吸收群众的合理意见，认真进行了修订。

三是落实责任，增强整改的实效性。部党组加强对整改提高阶段工作的领导，落实领导责任和工作责任。部先进性教育活动领导小组和办公室加强工作指导，掌握整改提高阶段工作的进展情况，及时发现问题，认真研究解决，使整改提高阶段工作扎实开展，保证先进性教育活动取得实效。每个党支部认真组织指导党员扎扎实实地进行整改，党支部书记切实履行直接责任人的职责，在整改工作中为其他党员作出表率。党员领导干部带头落实整改措施，自觉接受群众监督。部党组和党员领导干部以身作则，用实际行动为广大党员树立了榜样，有力地推动了整改工作的深入开展。各党支部都按照要求，组织召开了专题组织生活会，交流党员个人整改情况，肯定成绩，找出差距，进一步搞好整改。

在整改中，我们坚持正面教育和自我教育的原则，对极个别不认真履行党员义务、不完全符合党员条件的党员，注意区别情况，做好教育转化工作。通过做好思想政治工作，引导和帮助他们提高思想认识，正视存在的问题，增强改正问题的信心和决心；注意从政治上、工作上、生活上关心他们，激发他们的内在动力，促使他们转化为合格党员，不让一个党员掉队。

这次先进性教育活动，以王英凡同志为组长的中央督导组按照中央的要求，认真履行职责，定期与部先进性教育活动领导小组沟通，及时传达中央指示和要求；深入实际，全面了解、具体指导我部先进性教育活动，掌握工作进度；参加各层次座谈会，了解情况，掌握实情；抽查党支部和党员的有关材料，总结经验，加强指导和检查。中央督导组的辛勤工作对劳动保障部开展先进性教育活动起到了重要的指导和保障作用。

二、取得的主要成效

开展先进性教育活动近半年来，我们始终坚持实事求是，从劳动保障工作实际出发，围绕中心，服务大局，统筹兼顾，狠抓落实，把先进性教育活动的成效体现到促进劳动保障各项工作、解决突出问题上，真正做到了先进性教育活动和推动当前工作两不误、两促进，先进性教育活动基本上达到了中央要求的“提高党员素质、加强基层组织、服务人民群众、促进各项工作”的目的，取得了实效。6月17日，我们进行了群众满意度测评工作，在参加测评的109名代表中，对劳动保障部开展先进性教育活动情况表示满意的占84.3%，表示基本满意的占15.3%，两者合计为99.6%，表示不满意的占0.4%。

（一）牢牢把握学习实践“三个代表”重要思想这条主线，进一步增强了广大党员学习实践“三个代表”重要思想的自觉性和坚定性

我们牢牢把握学习实践“三个代表”重要思想这条主线，积极引导广大党员进一步用“三个代表”重要思想武装头脑、指导实践、推动工作，真正把“三个代表”重要思想落实到劳动保障各项工作中去，体现到各级党组织和广大党员的行动中去，成为推动劳动保障事业，促进经济社会全面协调可持续发展的强大精神动力。在先进性教育活动中，我们组织广大党员认真学习党章、《保持共产党员先进性教育读本》和《江泽民论加强和改进执政党建设（专题摘编）》；认真学习胡锦涛同志在新时期保持共产党员先进性专题报告会上的讲话及其他有关讲话精神；认真学习中央先进性教育活动领导小组有关文件精神。这期间共举办骨干培训14期，有6位部党组成员和35位司局级党员领导干部讲了党课，各单位组织学习讨论90多次，观看辅导录像50多次，出简报24期。通过学习培训和宣传教育，广大党员深刻体会到，在新世纪新阶段保持共产党员先进性，关键是要深刻理解和掌握“三个代表”重要思想并自觉付诸实践，真正成为“三个代表”重要思想的坚定实践者，不断增强贯彻执行党的各项方针政策的自觉性和坚定性，用马克思主义的立场、观点、方法研究解决劳动保障实际问题，切实把立党为公、执政

为民落实到制定劳动保障有关法规、政策、规定中去，落实到劳动保障工作和干部的思想、行动中去。广大党员进一步树立了科学发展观，表示要按照科学发展观的要求推动劳动保障事业全面协调可持续发展，努力建立健全劳动保障各项工作的长效机制，在做好劳动保障各项工作中体现党的先进性。

（二）牢牢把握保持共产党员先进性这个主题，进一步增强了党员队伍和党组织的创造力、凝聚力和战斗力

党的基层组织和党员队伍建设是党的先进性建设的基础。先进性教育活动开始前的调查摸底表明，劳动保障部的基层党组织是有战斗力的，党员队伍的主流是好的。但同时我们也看到，在个别基层党组织和党员中还存在着同新形势、新任务不相适应，同“三个代表”重要思想和全面建设小康社会的要求不相符合的问题。有的同志对理论学习重视不够；个别同志的理想信念还不够坚定，宗旨意识还比较薄弱；少数同志的政治意识和党员意识还不够强；基层党组织活动形式比较单调，创新不够。我们广泛开展党员先进性具体要求大讨论，把党员先进性的标准树立起来，积极开展批评与自我批评，认真进行自我剖析和民主评议，切实解决存在的突出问题。通过教育活动，广大党员对新时期保持共产党员先进性的具体标准有了更为深刻的认识，大家自觉地用先进性具体要求对照检查，身体力行，努力在做好本职工作中发挥先锋模范作用，工作的积极性、主动性和创造性进一步增强。工作中党员挑重担、解难题的更多了，从一点一滴做起，办实事、务实效的风气更浓了，从大局出发，团结协作的精神更强了。同时，基层党组织建设也进一步得到加强。党支部作为责任主体在教育活动各个阶段都发挥了重要作用，党支部书记发挥了直接责任人的作用，党员领导干部发挥了表率作用；党员领导干部双重组织生活制度得到了较好的落实，真心诚意接受群众监督；领导干部民主生活会的针对性强，质量明显提高。通过教育活动，广大党员感到党组织离自己更近了，党组织的凝聚力和战斗力得到了增强。开展先进性教育活动以来，有40多人向党组织递交了入党申请书，有3名积极分子被吸收到党内，为党组织增添了新鲜血液。在建党84周年之际，部党组将对表现突出的34名优秀共产党员、10名优秀党务工作者和5个先进基层党组织进行表彰。

（三）牢牢把握立党为公、执政为民这个根本点，一些关系人民群众切身利益的突出问题得到解决

在先进性教育活动中，我们紧紧抓住立党为公、执政为民这个学习实践“三个代表”重要思想的本质要求，坚持“边学边改、边议边改、边整边改”，以开展“四送一落实”（送政策、送岗位、送技能、送服务，落实社会保险补贴政策）主题实践活动为有效载体，把劳动保障工作的对象是否得到实实在在的利益作为检验我部先进性教育活动成果的重要标准，切实解决群众反映的突出问题，让人民群众不断得到实实在在的利益，看到先进性教育活动取得的成效。

一是改进机关作风，加强劳动保障系统行风建设。为发扬求真务实的作风，部党组研究决定，今后除联合人事部进行劳动保障系统先进评选表彰活动和以部的名义进行的窗口评选表彰外，各司局不再进行单项业务的表彰活动。部党组专门召开党风廉政建设联席会议，部署惩防体系建设工作，落实今年劳动保障系统保证农民工工资支付、维护破产关闭企业职工权益、纠正医药行业不正之风三项任务。在全国劳动保障系统开展了向全国先进工作者学习活动，要求各级劳动保障部门不断提高执行党的方针政策和为人民服务的自觉性，开创劳动保障事业的新局面。针对劳动保障部门，特别是就业服务、社会保险经办、劳动保障监察、劳动争议处理和信访等窗口单位直接服务于人民群众的特点，部党组决定今年年底对优质服务窗口进行一次表彰，推动全国劳动保障系统创建优质服务窗口活动的深入开展。

二是组织一系列推进就业再就业的实际行

动，做好就业再就业工作。全面落实积极的就业政策，提供高质量的公共就业服务，让群众真切感受到党的方针政策和先进性教育活动的实效。在先进性教育第一、第二阶段，先后组织了以“四送一落实”为重点的再就业援助行动，组织了针对改善农民工进城就业环境的“春风行动”，开展了劳动力市场专项整治活动。最近，抓住6月份的求职和用人高峰期，又部署了岗位对接专项服务活动和再就业“政策实效”行动。6月6—12日，劳动保障部与全总、全国工商联联合在全国100多个大中城市开展了“民营企业招聘周”活动。这些活动进一步促进了中央积极就业政策的落实，使人民群众得到了实惠。

三是完善社会保障体系建设。认真研究社会保险制度建设中的突出问题，在总结东北三省完善社会保障体系试点经验的基础上制定了完善养老保险制度的方案，重点解决做实个人账户、提高统筹层次、改革计发办法、规范个体灵活就业人员参保缴费改革等问题；专题研究机关事业单位与企业退休人员待遇差距问题，特别是企业科技人员退休待遇偏低问题；指导各地切实加强失业调控工作，抓紧出台失业调控工作方案，搞好组织实施，加强失业保险制度建设，引导有条件的地区更大范围地发挥失业保险在促进再就业方面的作用，促进失业率预期控制目标的实现；加大工伤保险扩面力度，重点解决高风险行业和农民工参加工伤保险问题；针对关闭破产企业和困难国有企业退休人员参加医疗保险资金问题，正在商有关部门研究制定具体解决办法；研究农民工的社会保障问题；加强督促检查，确保养老金发放，保持社会稳定。

四是维护稳定和劳动者合法权益。针对信访量持续增大、维稳工作任务艰巨的状况，4月下旬党组成员分别带队到信访问题集中的重点地区进行调研，与地方党委、政府共同研究维护稳定、促进和谐社会构建的机制。通过调研，把当前群众信访反映集中的问题分为4大类，并分别提出解决措施。针对复员退伍军人上访诉求问题，部党组把落实和完善针对这一群体的劳动保障政策作为先进性教育活动整改提高的一项重要内容，多次召开专题会议研究，明确了解决这一问题的指导思想和基本原则，由相关司局负责同志具体负责，集中时间，集中精力，组织业务骨干，加快工作节奏，抓紧研究尽早拿出切实可行的意见。目前，已就复员退伍军人上访诉求涉及的劳动保障10个问题向国务院有关部门反馈了意见。针对加强劳动合同管理问题，国家协调劳动关系三方会议研究提出了劳动保障、工会、企业家协会三方共同推进签订劳动合同工作的意见，并明确了三方各自的责任。针对如何进一步抓好劳动关系三方协调机制作用问题，国家协调劳动关系三方会议明确提出要研究我国各级三方机制在协调劳动关系工作中的职能，并明确了各自在发挥作用上的方式，探索了新的办法。针对拖欠农民工工资问题，我部牵头并配合、协调有关部门研究提出了进一步清理拖欠农民工工资的措施。

（四）牢牢把握开展教育活动与推动工作这个结合点，劳动保障各项工作取得明显进展

在开展先进性教育活动中，我们始终坚持把开展好教育活动与实现劳动保障事业全面协调可持续发展紧密结合起来，一手抓教育活动，一手抓业务工作，努力在做好劳动保障各项工作中体现教育活动的成效，使就业和再就业，完善社会保障体系，维护劳动者合法权益等劳动保障各项工作都有了新进展，既增强了教育活动的活力，又推动了业务工作的进展。

一是就业和再就业开局良好。经过努力，1—5月，全国累计实现城镇新增就业人员491万，达到全年900万目标任务的54%。全国共有191万下岗失业人员实现了再就业，完成全年500万目标任务的40%，其中“4050”人员50万人，完成全年100万人目标任务的50%。到一季度末，全国城镇登记失业率为4.2%，与2004年底持平。职业培训工作与高技能人才工作又获得新的进展。

二是两个确保继续巩固。国有企业下岗职

工基本生活保障继续得到落实，全国企业离退休人员基本养老金实现按时足额发放。1—5月，全国共发放参保离退休人员基本养老金1 402亿元，没有发生当期拖欠。

三是社会保险覆盖面继续扩大。截止到5月底，全国养老保险参保人数16 757万人，比上年末增加406万人；参加失业保险人数10 456万人，领取失业保险金人数408万人；医疗保险参保人数12 915万人，比上年末增加512万人；工伤保险参保人数7 171万人，比上年末增加326万人，全国享受工伤保险待遇人数达到34万人；生育保险参保人数4 537万人，比上年末增加153万人。

四是社会保险基金收入增幅较大。到5月底，全国基本养老保险基金收入1 772亿元，同比增长23.5%；失业保险基金收入118亿元，同比增长14%；医疗保险基金收入516亿元，同比增长28.3%；工伤保险基金收入28亿元，同比增长69%。

五是立法工作稳步推进。目前正在配合国务院法制办对《中华人民共和国劳动合同法(草案)》进行修改论证，《促进就业法》《职业技能培训与鉴定条例》的起草工作正在进行中。《台湾香港澳门居民在内地工作管理规定》已于近日颁布。

六是劳动关系调整得到进一步改善。认真贯彻实施国务院制定的《劳动保障监察条例》，加大监察执法力度，及时查处和纠正违法行为，切实维护劳动者合法权益。农民工工资清欠工作取得阶段性成果，截止到一季度，全国已清还2003年以前建设领域拖欠农民工工资330多亿元，占统计拖欠总额的99%。清理劳动力市场秩序行动收效明显，共检查职业介绍机构和用人单位等5.9万户，立案查处职业介绍违法案件19 118件，发出责令改正通知5 962件，责令退赔求职者求职费用1 363万元，取缔非法职介7 259户，有效遏制了职业介绍领域的违法活动。劳动仲裁机构实体化建设稳步推进，劳动争议处理体制改革研究及试点工作有序进行。

三、主要体会

从开展先进性教育活动的整个过程看，中央关于在全党开展以实践“三个代表”重要思想为主要内容的保持共产党员先进性教育活动的重大决策是完全正确的，受到了各级党组织和广大党员的衷心拥护，达到了预期目的。回顾6个月三个阶段的教育活动，我们的体会是：

（一）以提高对基础工程重要性和必要性的认识为出发点，增强全体党员参加先进性教育活动的自觉性，是搞好教育活动的基本前提

开展先进性教育活动，是中央综合判断国际国内形势、深入分析我们党肩负的历史任务和党员队伍的现状、经过深思熟虑作出的重大决策，是我们党在落实科学发展观和构建社会主义和谐社会中加强党的执政能力建设的一项重大基础工程。我们把提高广大党员对先进性教育活动重要性的认识作为整个教育活动的出发点，把学习动员贯穿始终，通过集中学习、骨干培训、上党课等多种方式，进行层层发动、反复动员，组织广大党员认真学习中央有关精神，正确把握先进性教育活动的指导思想、基本原则、目标要求和方法步骤，深刻认识开展先进性教育活动的重要性和必要性，统一了思想认识，从而把先进性教育活动变成了广大党员的自觉行动，为搞好先进性教育活动打下坚实的思想基础，使先进性教育活动具备了深厚的群众基础。

（二）以激发广大党员保持先进性的内在动力为着眼点，探索新时期党员教育管理的方法和机制，是搞好教育活动的有效手段

开展正确的批评与自我批评，是我们党的优良传统，也是这次先进性教育活动一条重要原则。我们注重把握好批评与自我批评的关系，通过广泛地征求意见、交流谈心、民主评议等有效形式，开展真诚的相互批评与相互提醒，使广大党员能够全面认识到自己的不足与存在的问题，从而能够更好地找出问题产生的原因，剖析思想根源，并努力把批评转化为自

我批评，把教育转化为自我教育，形成自我教育、自我改进、自我提高的生动局面。这种坚持正面教育、自我教育，通过增强内动力解决自身存在问题的方式，是马克思主义唯物辩证法在新时期党建工作中的一次成功运用，必将在今后加强党的建设新的伟大工程中进一步发挥重大作用。

（三）以制定和落实先进性标准为切入点，增强党员查找、解决自身问题的针对性和有效性，是搞好教育活动的有效动力

这次先进性教育活动分三个阶段进行，是一个环环紧扣、层层递进的有机整体。在整个教育活动中，我们坚持把制定和落实党员先进性标准贯彻始终。在学习动员阶段，重点抓好先进性标准大讨论，组织广大党员明确了保持先进性应有的标准，制定了劳动保障部以及每个共产党员新时期保持先进性的基本要求，使广大党员明确了保持先进性的努力方向和目标要求；在分析评议阶段，对照党员先进性标准查找问题、剖析思想根源，使广大党员搞清楚了保持先进性还差什么，明确了自己在思想、工作、作风等方面离先进性要求的具体差距，也增强了在思想上、行动上进一步丰富提高自己的信心；在整改提高阶段，根据先进性标准制定和落实整改方案措施，使各单位和广大党员明确了保持先进性应该做什么。通过对人民群众最希望办、又具备条件的问题立即进行整改，使党的先进性真正在劳动保障各项工作中、在党员各自的工作岗位上得到体现。正是在教育活动的每个阶段都把树立和落实党员先进性标准作为抓手，才使党员意识、先进性意识得到了强化，使基层党组织的活力得到了增强，使教育活动取得实效。

（四）以推动各项工作为落脚点，实现党建工作与业务工作两不误、两促进，是搞好教育活动的活力所在

是否促进工作是检验先进性教育活动成效的主要依据，也是先进性教育活动的根本目的。这次先进性教育活动的成效证明，先进性教育活动与本职工作不能搞成“两张皮”，只有把二者紧密结合起来，把先进性教育活动体现在推动工作实践、促进事业发展上，教育活动才富有针对性，体现实效性，做好本职工作也就有更高的目标追求。我们按照中央提出的要“使先进性教育活动真正成为人民群众满意工程”的要求，把促进工作贯穿于先进性教育活动的全过程，注意防止和克服脱离中心工作搞教育活动或以工作忙为由忽视教育活动等偏向。在学习动员阶段，以开展鲜明的主题实践活动作为先进性教育活动的有效载体，把广大党员在教育活动中焕发出的政治热情和工作积极性引导到全面推进劳动保障事业发展，满腔热情、脚踏实地为人民群众服好务上来，让人民群众不断得到实实在在的利益，看到教育活动取得的成效。在分析评议阶段，通过部党组及各单位边议边改，将抓落实、求实效贯穿始终，抓住影响劳动保障转型期发展的战略问题、涉及职工群众切身利益的现实问题、影响改革发展稳定的突出问题，做到边查边改、边议边改，具备条件的立即整改，让群众看到教育活动带来的新变化。在集中整改阶段，将劳动保障工作对象是否得到实实在在的利益作为检验劳动保障部教育活动成果的重要标准，通过选取几个专题进行集中研究和对建立劳动保障工作长效机制的深入研究，促进各项工作取得新进展。

四、巩固和扩大先进性教育成果

从6月下旬开始，劳动保障部先进性教育活动将告一段落。总的来看，先进性教育活动取得了很大成绩，但不能估计太高。教育活动从开始到现在还不到半年，在这么短的时间里，不可能什么问题都解决了，不可能一劳永逸，也不能搞完了就过去了。保持共产党员先进性，学习实践“三个代表”重要思想是一个不断深入的过程。提高党员素质，加强能力建设，需要付出长期努力。落实整改措施，解决群众关注和反映强烈的问题，还需要做大量的艰苦细致的工作。我们要按照中央要求，不断巩固先进性教育活动成果，建立健全保持共

产党员先进性的长效机制，不断推进劳动保障事业新发展。

第一，继续深入学习实践“三个代表”重要思想，始终保持共产党员先进性。

要进一步深化对“三个代表”重要思想的精神实质和科学内涵的认识和把握，联系实际，学以致用，巩固和扩大先进性教育活动成果。努力把“三个代表”重要思想贯彻到转型期劳动保障事业发展的各项实践中，体现到切实加强劳动保障系统能力建设上来，把贯彻“三个代表”重要思想的实际效果作为检验各项工作的标准，进一步增强广大党员学习实践“三个代表”重要思想的自觉性和坚定性。要坚持立党为公、执政为民这个本质要求，使广大党员增强党性、增长本领、提高觉悟，把保持共产党员先进性作为推进转型期劳动保障事业发展的一项基础工程抓紧抓好，常抓不懈，经常回头看一看在教育活动中制定的党员先进性标准是否落实了，看一看教育活动中创造出来的一些好的做法和经验是否落实到党的建设和推动各项工作的实践中，党的基层组织建设和党员队伍建设是否有新的提高和新的进展，在思想上、行动上始终做到与时俱进，始终保持党的先进性。

第二，进一步抓好整改措施的落实，不断推进劳动保障事业再上新台阶。

按照中央要求，劳动保障部先进性教育活动的领导机构和工作机构暂时不撤，适当延长一段时间，抓好巩固和扩大整改成果的工作。在先进性教育活动中，部党组和各单位及广大党员针对查找出的突出问题，制定了整改方案和措施。对存在问题的整改，有些问题目前已具备条件，在集中整改提高阶段就能完成。有些问题，需要经过一段时间的努力才能完成。要按照中央要求和已研究确定的整改方案，继续加大整改力度，加强监督检查，巩固和扩展整改成果。在整改过程中，要借鉴集中整改的经验，并根据新情况、新变化，不断查找和发现问题，不断深化和完善整改措施。要用整改成果鼓舞教育党员群众，要把整改成果转化为做好本职工作的积极性，在实际工作中不断坚持先进性，不断体现先进性，通过扎扎实实的整改，不断推进劳动保障工作再上新台阶。

第三，总结运用好教育活动的做法和经验，继续探索建立做好党建工作的长效机制。

在先进性教育活动中，大家结合实际，积极探索，大胆创新，摸索出一些新时期加强党建工作的经验和做法。但还缺少全面深入的研究，还缺少科学的总结和提炼，要本着围绕中心，服务大局，突出重点，体现特色，拓宽领域，强化功能的思想，不断加强和改进机关党建工作的内容、方法、手段和载体，抓紧建立健全机关党建工作的长效机制，包括党员教育培训、监督管理、评价考核、组织处理和党员发展等方面。通过发挥长效机制的作用，进一步增强机关党建工作的能动性，进一步增强基层党组织的创造力、凝聚力和战斗力，进一步发挥共产党员的先锋模范作用，为实现劳动保障事业新发展提供坚强的组织保证。

完善医疗保险制度　为构建社会主义和谐社会服务

——在全国医疗保险工作座谈会上的讲话

劳动和社会保障部副部长　王东进

（2005年2月23日）

经部党组同意，我们在广西南宁市召开全国医疗保险工作座谈会。会议的主要任务是深入学习贯彻党的十六大和十六届三中、四中全会，以及中央经济工作会议和全国劳动保障工作会议精神，回顾总结去年的医疗、生育保险工作，分析当前形势，研究部署今年工作，统一思想，提高认识，明确任务，狠抓落实，着眼于建立完善的医疗保障体系，进一步做好医疗、生育保险工作，让更多人享有基本医疗保障，为构建社会主义和谐社会服务。

一、2004年工作取得的主要进展

根据中央统一部署，在部党组的领导下，各级劳动保障部门按照“完善政策、健全机制、积极扩面、强化管理、统筹兼顾、突出重点”的工作思路，一手抓扩面，一手抓管理，全面完成医疗、生育保险各项任务。截至2004年底，医疗保险参保人数达到12 386万人，较2003年底增加1 484万人，增长13.6%。医疗保险管理工作进一步加强，医疗保险基金运行平稳。全年医疗保险基金收入1 089亿元，支出847亿元，统筹基金累计滚存537亿元。生育保险参保人数达到4 370万人，较2003年底增加714万人，增长19.5%。

（一）全面总结十年改革经验，明确新阶段完善改革发展方向

2004年是“两江”试点十周年，部里在江苏省镇江市召开全国医疗保险制度改革经验交流会，举办医疗保险制度改革论坛，组织编发反映十年医疗保险制度改革历程的书籍和专题片，举办以弘扬医保精神为主题的征文和演讲活动，并向国务院作了专题报告，国务院领导同志作了重要批示，充分肯定医疗保险制度改革经过十年探索取得的阶段性成果。各地加大医疗保险改革宣传力度，积极向当地党委政府汇报工作，一些地方还争取政府出台了完善改革的文件。通过这些活动，一是全面总结十年改革的基本经验，按照以人为本、协调发展的科学发展观要求，着眼于制度可持续发展，着力于研究医疗保险发展内在规律，明确医疗保险制度改革在新阶段的基本方向。二是极大地激发了医疗保险干部队伍的自豪感，弘扬“忠诚、团结、敬业、奉献”的医保精神，增强干部队伍的凝聚力。三是医疗保险制度改革进一步得到各级党委政府的重视，得到社会各方面的理解和支持，为完善改革创造良好社会

氛围。

（二）积极扩大医疗保险覆盖面，超额完成全年任务

在连续几年医疗保险新增参保人数在1 000万人以上，扩面难度日益增大的情况下，经过各级劳动保障部门的不懈努力，2004年仍然超额完成任务。主要有三个特点：一是高度重视，态度积极。各地将扩面纳入劳动保障整体工作，提早规划部署，层层分解任务，落实目标责任，月月督促检查，考核工作进度，形成较为完善的工作机制。二是因地制宜，突出重点。各地根据当地经济社会发展状况，有的侧重抓国有困难企业和破产转制企业退休人员，有的侧重抓非公所有制企业和灵活就业人员。三是完善政策，拓展空间。各地根据城镇就业人群结构变化，通过完善政策，探索解决农村进城务工人员、失地农民，以及小城镇从业人员等其他城镇就业人群的参保办法，逐步拓展制度覆盖范围。

（三）正确把握指导思想和基本原则，顺利完成药品目录调整工作

药品目录调整工作涉及各方利益，是医疗保险管理服务标准化的一件大事，也是备受社会关注的一件敏感事。部党组高度重视这项工作，专门进行研究。郑斯林部长专门作出批示，提出了工作要求。为搞好这项工作，明确了坚持以人为本、与时俱进，以保障参保人员用药需求为出发点的基本指导思想。按照“三公”（公开、公平、公正）原则，采取“三严”（严肃的态度、严谨的程序、严格的纪律）措施，制定了科学严谨的工作方法、工作程序和工作纪律。坚持专家评审制度，组织了2 000多名专家，召开了20多次会议，对上万种药品进行了客观公正的评审。坚持统筹协调，形成合力，相关部门和部内相关司局积极参与工作，各省劳动保障部门大力支持和配合，特别是纪律监察部门同志全程跟踪监督。根据146.6万个评审记录，制定了2004年版《药品目录》。目录颁布5个月来，得到社会各界的普遍认同，总的评价是体现了经济社会发展，体现了临床医药科技进步，体现了以人为本的精神，体现了医疗保险制度的根本目的。

（四）围绕改革发展稳定大局，不断完善医疗保险政策

各级劳动保障部门针对医疗保险制度改革面临的新情况、新问题，突出重点问题、重点人群，不断完善政策。2004年5月，部里下发《关于推进混合所有制企业和非公有制经济组织从业人员参加医疗保险的意见》，进一步明确混合所有制和非公有制经济组织从业人员的参保政策和工作重点，提出了解决进城务工人员医疗保障问题的“低费率、保当期、保大病”的思路。黑龙江等省市还争取政府发文，明确完善医疗保险制度改革的一系列政策。多数省、区、市就非公经济组织和灵活就业人员参保制定了相应的办法。广东、北京等地陆续出台农民工参加医疗保险的办法。另外，部里与军队及有关部门共同出台了《关于军队机关事业单位职工参加城镇职工基本医疗保险有关问题的通知》《关于移交政府安置的军队离休退休干部及离休干部无经济收入家属、遗属医疗保障有关问题的通知》等文件，促进了军队医疗保障制度的改革。

（五）适应国有企业改革需要，探索解决关闭破产企业和困难企业参保问题

困难企业和破产企业退休人员参加医疗保险问题，是一直困扰医疗保险制度改革的难点，也是近年来医疗保险工作的重点，若解决得好会变成医疗保险制度的一个“亮点”。经过几年努力，这一问题取得突破性进展：一是中央领导高度重视。2004年5月，黄菊副总理作出重要批示，要求有关部门尽快研究解决方案。在中央经济工作会议上，温家宝总理在讲话中又明确要求解决破产企业退休人员的医疗保障问题。二是与有关部门协调，就解决这一问题的基本思路和办法初步达成共识。三是各地充分发挥主动性，不等不靠，积极协调，探索多渠道筹集资金的办法。黑龙江省、河南省郑州市、山西省太原市等省市政府出台文

件，明确财政对困难企业人员或关闭破产企业退休人员的参保资金给予帮助。据16个省不完全统计，到2004年9月，有132万名关闭破产国有企业退休人员参加医疗保险，基本医疗待遇得到保障，维护了社会稳定，取得了良好的社会效应。

（六）针对苗头问题强化基金管理，确保制度稳健运行

2004年上半年，有的统筹地区医疗保险统筹基金当期收不抵支，针对这一苗头性问题，及时采取措施，加大了基金收支管理的力度。一是从建立基本医疗保险基金运行情况分析报告制度入手，加强基金收支分析，针对关键问题采取措施。二是以参保人数和缴费基数为重点，开展医疗保险基金稽核工作。各地联合有关部门，对30%的用人单位进行稽核，成效非常显著。1—12月，全国25个省区市和新疆生产建设兵团通过稽核，补缴医疗保险费1.8亿元。同时，加强了支出管理，下半年支出增长与收入增长的比例差从上半年的13%下降到8%。

（七）进一步加强医疗服务管理，控制医疗费用过快上涨

以保障参保人员医疗需求为出发点，以控制医疗费用支出过快增长为关键点，以加强医药服务机构管理为着力点，进一步完善医疗服务的“三二一”管理，探索实践标准化管理。全国定点医药机构范围不断扩大，定点医疗机构已经达到5万多家，定点药店3万多家。定点医疗机构协议管理进一步加强，监督考核指标和违规处罚办法等内容进一步量化和细化，用药“三率”控制办法继续落实。在完善医疗机构分类管理的基础上，开始探索信用等级制度。及时汇总分析欺诈冒领医疗保险待遇案件，查找和堵塞漏洞，研究防范措施，医疗保险反欺诈工作逐步得到各地重视。医疗服务管理标准化工作从理论研究逐步转到探索实践，一些地方通过制定基本医疗保险诊疗常规对医疗服务进行全面规范。

（八）统筹兼顾，协同推进，生育保险工作迈出新步伐

各地普遍加大了生育保险推进力度，提前完成了扩面任务。2004年9月，部里出台了《关于进一步加强生育保险工作的指导意见》，两次召开推进生育保险工作的专题会议。北京、湖南、新疆出台了生育保险地方法规，天津等7个省市起草了生育保险办法草案。各地积极探索与医疗保险协同管理的经验，规范经办管理流程，生育保险经办管理水平提高。建立重点联系城市制度，部里确定了8个全国重点联系城市，14个省区还确定了25个本省区的重点联系城市，探索和研究生育保险医疗费用结算模式和生育津贴发放办法。

过去的一年，医疗保险、生育保险工作取得了令人鼓舞的成绩，这是部党组全面贯彻党的十六大和十六届三中、四中全会精神，把握全局，审时度势，正确部署的结果，是各级劳动保障部门开拓进取、顽强拼搏的结果。广大医疗保险战线的同志认真贯彻部党组的决策和部署，做了大量艰苦细致的工作，有关部门给予了大力支持和配合。

二、当前面临的形势和医疗保险制度改革的总体要求

中央经济工作会议要求全面落实科学发展观，努力实现经济社会全面协调可持续发展，全面建设小康社会，构建社会主义和谐社会。把积极扩大就业，努力完善社会保障体系，作为维护群众利益、促进社会公平、构建社会主义和谐社会的重要任务。当前，我国劳动保障事业已经进入一个新阶段，随着积极就业政策的出台和社会保障体系框架的初步建立，“急风暴雨式”地解决劳动保障紧迫问题的工作方式，将转变为更加深入细致的制度完善、机制建设和管理能力提升。新的形势对医疗保险制度改革提出更高要求。

（一）构建社会主义和谐社会对医疗保险提出更高要求

构建社会主义和谐社会，在要求经济发

展、物质生活水平提高的同时，更加注重经济社会协调发展，更加注重社会的正义与公平，更加注重对社会困难群体的援助。建立和完善包括医疗保险制度在内的社会保障体系，是衡量社会和谐程度的重要标志，也是构建和谐社会的必要手段。按照构建和谐社会的要求，医疗保险制度改革要按照“把握大局、服务中心、统筹兼顾、协调发展”的思路，稳步推进，不断发展。当前，要更加充分发挥调节收入分配、促进社会公平的作用，更加注重解决当前经济和社会中的突出问题；要更加注重各类人群的政策衔接和待遇公平，也要更加注重保障水平与经济发展水平的协调和同步。

（二）全面落实科学发展观对医疗保险提出更高要求

党的十六届四中全会提出全面落实科学发展观，这是推进各项改革和事业发展的基本指导思想。所谓全面落实，就不仅仅是要求在思想上树立科学发展观，而是要具体落实到改革和发展的各个方面，落实到每一项具体政策、每一项具体管理措施、每一项具体服务行为，落实到改革规划制定、组织实施、推动发展的每个过程，落实到系统上下每个人、每项工作和每个环节。具体到医疗保险制度改革，不仅仅是要在思想上树立以人为本的科学发展观，把努力满足广大群众的基本医疗需求作为改革的立足点和出发点，而且要通过不断完善政策，健全医疗保险政策体系，使更多的人享有医疗保障。要通过不断完善管理措施，健全医疗保险管理体系，使医疗保险管理更加科学化、标准化。要通过不断提高服务能力，弘扬医保精神，使医疗保险服务更加人文化、社会化。

（三）加强党的执政能力建设对医疗保险提出更高要求

党的十六届四中全会提出加强党的执政能力建设，坚持依法执政、民主执政、科学执政，实现执政为民。发展社会保险事业，建立健全包括医疗保险在内的社会保障体系，是体现党执政为民，维护好最广大人民群众根本利益的社会主义公共服务事业。各级劳动保障部门的同志是推进这项事业发展的实践者，是代表党和政府管理医疗保险事务的执行者，就必须树立管理医疗保险事业的正确理念，探索医疗保险制度的内在规律，用科学的思想、科学的制度和科学的方法引领医疗保险事业的发展，使领导方式制度化和法制化，使决策方式、管理方式民主化、科学化。只有这样，才能使医疗保险事业发展具有生命力，干部队伍具有凝聚力，整个系统具有战斗力，改革才能不断深入，事业才能不断发展。

（四）社会主义市场经济体制改革的不断深入对医疗保险提出更高要求

随着社会主义市场经济体制改革的不断深入，经济结构调整步伐将进一步加快。国家将越来越多地利用市场经济的手段，包括充分发挥劳动和社会保障工作的功能和作用，加大宏观调控力度，减少对经济运行的直接干预。在加快解决国有企业改革历史遗留问题的同时，积极促进和引导其他经济组织的快速发展。这就要求医疗保险制度改革必须根据解决国有企业改革历史遗留问题的需要，认真解决国有企业在转制和关闭破产中职工和退休人员的医疗保险问题。必须根据适应经济所有制形式变化的需要，制定更具包容性的政策和更具灵活性的管理服务方式，逐步将各类从业人员纳入医疗保险。必须根据建设城乡统一的劳动力市场的需要，研究解决进城务工人员和失地农民的医疗保障问题。这些问题不可回避，绕不过去，但情况十分复杂，解决起来十分棘手，需要我们付出更加艰苦的努力。

（五）医疗保险制度完善对医疗保险提出更高要求

经过10年努力，医疗保险参保人数超过1.2亿，医疗保险保障功能的初步实现，一方面使已经参保的人员对医疗保险待遇水平的期望值越来越高；另一方面使尚未参保的人员要求参加医疗保险的愿望越来越迫切。但医疗保险制度改革本身还有许多深层次的矛盾和问题有待进一步研究。比如，政策体系不完善，对部分人群缺乏制度安排；基本制度推行还缺乏法律支持；对医疗费用支出控制缺乏强有力的手段；医疗保险管理能力与事业发展需要不相适应等。要求我们积极探索，着眼于满足人们日益增长的医疗保障需求，着眼于制度的可持续发展，着眼于构建社会主义和谐社会，切实加以解决。

党的十六大，十六届三中、四中全会都对完善包括医疗保险在内的社会保障制度提出了明确的要求。前不久，黄菊副总理在劳动保障部《关于城镇职工医疗保险制度十年改革进展情况的报告》上批示，“城镇职工医疗保险制度改革经过十年不断探索，取得了阶段性成果。要在总结经验的基础上，按照十六届三中、四中全会精神，根据我国经济社会发展和三医改革的进程，研究提出下一步工作意见，逐步完善医疗保障体系。”根据中央的决策部署和黄菊副总理的批示精神，当前医疗保险制度改革总体要求是：认真贯彻落实党的十六大和十六届三中、四中全会精神，坚持用以人为本的科学发展观为统领，以完善制度为主线，以统筹协调为原则，以强化管理、优化服务为重点，立足于稳健运行，着眼于可持续发展，积极稳步扩面，完善政策措施，强化管理服务，确保基金平衡，加强能力建设，为全面建设小康社会和构建社会主义和谐社会服务。为此，在工作中要努力做到五个坚持：

一是坚持不断扩大覆盖范围，让更多的人享受基本医疗保障，是实现事业发展目标的长期任务。让更多的人享有基本医疗保障是医疗保险事业发展的根本目标，是全面建设小康社会和构建社会主义和谐社会的重要内容，是全面落实科学发展观的具体体现，也是社会保险制度生存发展的内在要求。各级劳动保障部门必须将不断扩大医疗保险制度的覆盖范围作为重要任务，坚持不懈地抓紧抓好。既要有坚持长期奋斗的思想准备，又要有“只争朝夕”的紧迫感。既要正视扩面的工作难度，又要深入分析当地的经济结构和从业人员的现状，主动拓展扩面空间。既要坚定扩面信心，又要与时俱进，不断创新工作方式。要善于综合运用法律、舆论、行政等手段，针对不同人群采取不同措施。特别是对非公经济组织和灵活就业人员参保，要制定具有吸引力的参保政策，采取灵活的参保方式，提供方便快捷的服务。既要重视扩面的数量，又要重视扩面的质量，使参保人员有一个合理的结构，在解决参保资金来源的前提下努力将困难企业职工和退休人员纳入医疗保险的同时，要下大力气将具有缴费能力的从业人员尽快纳入范围。

二是坚持基本制度框架，不断完善政策，是进一步完善改革的基本原则。实践证明，国务院44号文件确定的医疗保险的基本制度框架是符合社会主义初级阶段的基本国情的，是正确的。坚持基本保障原则，保障待遇与社会经济承受力相适应，重点解决参保人员的大病问题；坚持权利与义务对应原则，享受保障待遇必须尽缴费义务；坚持费用分担机制，职工与单位共同缴费，参保人员与统筹基金共同分担医疗费用；坚持合理确定医疗保险基金的支付责任，明确医疗保险费用支付的范围和标准；坚持提高医保基金使用效益，通过引入竞争机制和调整结算办法，重点加强对医疗服务供方行为控制等。这些医疗保险制度框架和基本原则必须毫不动摇地贯彻执行。目前，一些地方存在盲目加大个人账户划入比例，降低起付标准，随意扩大门诊大病纳入统筹基金支付范围的情况，必须引起我们的高度警惕。这里再强调两点：第一医疗保险要不断完善政策，是在坚持基本制度框架下的完善，既要强调政策的灵活性和广泛适应性，也要强调制度框架的统一性。第二要建立政策调整的责任制，应当明确哪些政策是统筹地区可以调整的，哪些政策的调整是必须由省级人民政府批准的，避免随意调整政策造成对基本制度的冲击和隐患。

三是坚持加强医疗服务管理，建立长效管理机制，是提高管理效力的重要措施。各地围绕“三二一”，医疗服务管理工作有所加强，但控制医疗费用支出不合理上涨的机制建设还没有从根本上得到解决。就总体而言，医疗服务管理的措施还主要是加强日常监督检查、签订协议、事后审查，管理效力非常有限，医疗费用上涨压力仍然很大。有的地方看到基金有结余，就不加分析，盲目乐观，放松管理。也有的看到医疗费用过快上涨，就感到束手无策，消极等待医药卫生体制改革。加强医疗服务管理必须注重长效管理机制的建立，提高医疗保险管理效率。所谓长效机制，就是反映客观规律性、规范性、普遍性和能动性的制度规章、操作流程和工作格局。当前，医疗保险服务管理建立长效机制的重点是三个方面：第一，要建立标准化管理的机制。要充分利用专业技术力量，尽快研究制定出入院标准、诊疗技术规范、用药管理规范，并把这些标准纳入协议管理的内容，加强监督检查。第二，要建立医疗机构共担费用风险的机制。要根据医疗保险费用支付的特殊规律，不断完善结算办法，重点是探索能够促使医疗机构主动降低服务成本的预算管理办法，把事后结算与事前控制有机地结合起来，重在事前控制。第三，要建立动态监控和处理机制。要利用医疗保险信息管理网络，重点对医疗机构住院人次、人均费用、病种费用、住院天数进行动态监控，并把监控结果与监督检查、信用等级评定和考核结算挂钩。

四是坚持加强基金管理，确保基金平衡，是实现制度稳健运行的基本前提。基金是参保人员的“保命钱”，是社会保险的“生命线”。加强基金管理的首要目的是确保基金收支平衡。没有基金的收支平衡，医疗保险制度就不能稳健运行，更不可能可持续发展。加强医疗保险基金管理，核心是在收、管、支三个环节上下工夫，关键是要做到应收尽收、管理规范、支出合理。现在医疗保险基金支付压力很大，根据部社保中心2004年第三季度对25个省市的统计，有20个省的142个统筹地区出现统筹基金当期超支现象。对此，各级劳动保障部门要有高度的警觉，无论是扩面，还是解决困难企业参保，无论是调整支付政策，调整管理措施，还是调整结算办法，都要对基金收支的影响进行分析，围绕基金平衡动脑筋，下工夫。要以扭转统筹基金支出快速增长的态势为目标，把确保基金特别是统筹基金收支平衡作为硬任务，作为实现制度可持续发展的中心环节，常抓不懈。

五是坚持不断加强能力建设，提高管理服务水平，是实现可持续发展的根本保证。医疗保险制度改革之所以能够取得令世人认可的阶段性成果，一个非常重要的经验，是不断抓能力建设。经过几年努力，已经构建了从中央到县的行政和事业经办机构网络，锻炼出了一支讲政治、懂业务、会管理、善服务、能吃苦、有劲头的队伍，并且逐步形成了忠诚、团结、敬业、奉献为主要特征的医保精神，为医疗保险事业的发展奠定了基础。但相对于事业发展的需要差距还很大。为了实现医疗保险制度的可持续发展，为了实现让更多的人享有基本医疗保障的目标，必须继续在四个方面加强能力建设：第一，加强医疗保险行政和经办机构建设，重点是要理顺行政和经办管理职能，提高系统效率。第二，要进一步理顺经办管理各业务环节的关系，科学整合业务功能，提高管理效率。第三，要随着事业的发展不断充实人员，发展队伍，提高干部的综合素质和管理能力，提高工作效率。第四，要加强基础管理建设，重点是加强信息系统建设，提高服务效率。

三、2005年的主要工作

2005年是“十五”计划的最后一年，是准备进入“十一五”规划的重要基础之年，做好今年工作意义重大。全国劳动保障工作会议已经明确，2005年医疗保险和生育保险的覆盖人数分别要达到12 900万和4 500万，郑斯林部长也在讲话中对进一步完善改革提出了要求。我们要深刻领会，全面贯彻落实。

（一）切实解决关闭破产企业退休人员的基本医疗保障问题

根据党中央、国务院的要求，部里与相关部门经过反复协调，就此问题初步形成了一致意见，并准备向国务院提出政策建议，争取国务院下发通知。主要政策是明确关闭破产国有企业退休人员参加医疗保险的资金筹集标准和渠道，明确各级政府的责任，争取年内基本解决这一问题。解决关闭破产企业退休人员基本医疗保障问题，是党中央、国务院关心群众生活，维护社会稳定，解决历史遗留问题的一项重要决策和部署。解决关闭破产退休人员参保资金，将他们纳入医疗保险制度，是对他们在过去为国家经济建设所做贡献的认可和回报，是各级政府义不容辞的责任。各级劳动保障部门要抓住机遇，高度重视，积极争取党委政府支持，与财政、国有资产管理等相关部门搞好协调，摸清底数，搞好测算，尽快拿出贯彻落实的具体办法和配套政策。要精心组织，确保这项工作顺利推进。对可能出现的问题，特别是影响社会稳定的问题，要做好预案，发现问题，及时报告。对中央及中央下放关闭破产国有企业退休人员纳入当地医疗保险问题，要服从大局，克服困难，按照有关文件规定尽快落实。接收确有困难的，各省劳动保障厅要负起责任，统筹协调有关部门予以妥善解决。

（二）进一步扩大医疗保险覆盖面

2005 年完成 12 900 万的扩面任务有难度，也有潜力，经过努力是可以完成的。总的要求是，坚持重点扩面和解决历史遗留问题两手抓，既扩大覆盖范围，又使参保人员的结构逐步趋于合理。各地要对本地未参保的用人单位、非公经济组织以及灵活就业人员进行全面摸底，按企业人数规模制定扩面规划。要重点抓困难企业、非公企业和灵活就业人员参保，有条件的地区要继续探索解决农民工医疗保障问题。解决部分中央和省属企业未参保的遗留问题，部里将就中央单位的问题与其主管部门继续协调，明确要求。省里要对省属企业参保负起责任。要继续采取被实践证明行之有效的措施，在政策、管理办法和服务措施上下工夫，争取工商、税务以及企业主管部门的支持，与劳动力市场管理部门、劳动保障监察部门密切合作，充分运用《劳动保障监察条例》，加大劳动保障监察力度，促使企业和就业人员参保，确保今年扩面任务完成。

（三）进一步强化基金收支管理

2005 年医疗保险基金征收预计将超过 1 100亿元，加上支出总量和累计结存，全国医疗保险基金总流量将超过 3 000 亿元。总的要求是，强化征收措施，实现应收尽收，健全管理制度，保证基金安全，严格支出管理，确保基金平衡。

一是认真贯彻《社会保险稽核办法》，重点加强对参保单位缴费基数和参保人数的稽核。今年各地要以大中型企业为重点，至少要完成对 1/3 已参保单位的稽核。各地无论由哪个部门负责征缴，医疗保险管理部门都有责任做好医疗保险稽核的组织、协调和落实工作。对稽核出来的问题，要督促有关单位认真整改，该补交的要确保补交到位。

二是完善缴费机制，切实解决财政供款单位的欠缴问题。今年各省要明确要求，凡是采取由财政直接划拨资金的，一律改为由机关事业单位直接缴费。同时，要加强对一些财政困难县工作的指导，对确实是因为费率较高，导致相当多单位不能全额缴费的地区，要督促这些地区按照重点保障大病和住院医疗费用的原则，调整单位缴费率。

三是严格基金管理制度，健全管理机制。医疗保险基金只能用一个账户进行征缴，绝不允许基金“体制外循环”。要建立系统内部控制机制，对各种挪用行为，下级部门有责任及时向上级部门反映，上级部门要及时出面纠正。积极配合审计部门的审计工作，及时整改发现的问题。要按规定公布医疗保险基金的使用情况，自觉接受社会各界的监督。同时，各地要积极探索医疗保险基金预算管理制度。

四是严格基金支出管理，积极探索研究反欺诈办法。近年来，各地陆续发现并处理了一些欺诈案件。随着时间的推移，医疗保险基金支出中的欺诈问题将日益突出，各地必须提高警惕。要从各地实际出发，认真借鉴国外先进经验，把医疗保险反欺诈系统建设作为重大课题摆上日程。要结合医疗保险基金支出的日常管理，认真梳理医疗保险支出各个环节可能出现的问题，分析甄别各种情况，着手建立举报制度，及时发现重大案件，积极与有关部门沟通协调，加大调查处理力度，并通过总结经验，研究反欺诈办法，积极探索建立反欺诈机制。今年，有条件的地区要先走一步，取得成效，作出示范。

（四）进一步加强医疗服务标准化和信息化管理

各地要继续以控制医疗费用不合理增长，扭转基金支出增长幅度高于基金收入增长幅度的势头为目标，进一步完善“三二一”管理办法。

一是要尽快完成乙类目录的调整。一季度各省区市的目录要全部发布，各统筹地区最晚在下半年开始执行。各省要加强对统筹地区的指导，做好新目录实施的衔接工作。一季度完不成乙类药品调整工作的省份要向部里作出书面说明。

二是要以新增诊疗项目、单价较高的一次性医用材料为重点，加强诊疗项目管理。对每个定点医院开展的诊疗项目，要制定纳入支付范围的项目和收费清单，纳入协议管理。对新增诊疗项目要制定相应的管理办法。同时，要充分利用相关部门制定的《临床技术操作规范》《抗菌药物临床应用指导原则》等标准，加强出入院管理，加强对定点医疗机构服务行为的监督检查。

三是在继续扩大定点范围的同时，进一步加强定点医疗机构分类管理，探索定点医疗机构信用等级评定试点，建立定点医疗机构信息公布制度，积极促进竞争。

四是根据不同医疗机构和疾病发生的特点，细化结算办法。总的要求是以住院医疗为重点，采取总量控制下的以预付制为主的多种方式并存的结算办法，特别是采取按项目付费的地区，要充分利用前几年医疗服务和医疗费用的基础数据，尽快调整。对纳入统筹基金支付范围的门诊重大疾病，要探索按病种付费。对每一种结算方式都要制定防止不良行为的监督检查办法，确保参保人员的治疗质量。

五是要充分利用“金保工程”实施的有利时机，以信息标准建设为重点，完善医疗保险信息系统，提高运行效率和管理水平。各地要配合部里在部分城市开展医疗保险监测的工作，利用信息网络实现监测数据的上传和使用。同时，各省、各统筹地区也要相应建立监测系统，逐步实现数字化管理。

（五）进一步完善医疗保险政策

各地在进一步总结《决定》实施以来的成效和经验，梳理医疗保险改革政策在新的经济和社会发展形势下存在的制度缺陷，有针对性地研究完善改革政策。2005 年要重点研究解决几项政策衔接问题。

一是研究失业人员医疗保险政策衔接问题。各地要研究具体办法，结合并轨，做好失业人员的医疗保险关系接续工作。

二是妥善做好 1～6 级革命伤残军人的医疗保险工作。劳动保障部与相关部门正在研究 1～6 级革命伤残军人医疗保险办法，各地要切实做好落实工作，保证新旧制度的平稳过渡。

三是有条件的地方要积极探索小城镇从业人员、农转居人员、被征地农民以及职工家属、大学生的医疗保障办法。

（六）进一步做好生育保险工作

各地要认真落实《关于进一步加强生育保险工作的指导意见》，继续加强制度建设，进一步做好生育保险工作，确保完成 4 500 万人的扩面任务。

一是没有制定生育保险办法的省区市今年要出台办法，已经有办法的，要督促没有实施生育保险的统筹地区制定办法，尽快实施。

二是要按照生育保险与医疗保险协同推进的思路，扩大生育保险参保范围，逐步实现统一征缴，统一管理。

三是继续做好重点联系城市工作，以生育医疗费用结算办法为重点，完善生育保险医疗服务标准管理和费用支付管理办法。

四是研究拟定生育保险经办业务管理的指导意见，指导各地规范生育保险基础管理工作。

（七）进一步做好研究工作

医疗保险研究是一项基础性的工作。针对当前医疗保险制度改革进入新阶段面临的新情况、新问题，医疗保险研究工作也要向更深的层面、更广的范围、更高的水平发展。要在总结改革实践经验的基础上，逐步形成中国医疗保险的基本理论，用基本理论指导研究解决当前改革面临的实际问题，指导改革的进一步发展和完善。

一是搞好规划，明确重点。医疗保险研究线长面广，内容复杂，既有指导改革发展方向的理论研究和战略研究，也要有解决当前突出问题的应用性研究；既要研究如何完善改革政策和标准，也要研究如何完善管理办法和规范。今年要以进一步完善基本医疗保险制度、医疗保险经办管理能力建设和医疗保险反欺诈系统建设等影响制度可持续发展等重大问题为研究重点，带动医疗保险的理论研究和政策研究。要在总结经验的基础上，对医疗保险的覆盖范围、筹资机制、统账结合模式、基金安全和保值增值、费用分担机制、人员跨地区流动的保险关系转移和管理、医疗服务管理标准和费用支付、经办机构建设以及医疗保险法制建设等方面的问题进行调研，为完善制度做好基础准备。

二是整合资源，合力攻坚。医疗保险司、社会保险研究所、社保中心、医疗保险分会以及各级劳动保障部门，要在统一规划的指导下，充分整合和利用现有的资源，形成攻关合力，对重大问题进行研究。同时，也要发挥各自的优势，各有侧重，避免同一问题重复研究。

三是改进研究的方式方法。第一，用好“外脑”，充分利用大学、研究机构、学术团体的科研优势和人才优势，产生高质量的研究成果，为科学决策服务。第二，用好外部资源。在充分利用政府研究资金的同时，加强同国际、国内相关组织的协作，充分利用各种外部资源。第三，加强研究成果交流和推广应用，及时将各种研究成果应用到改革实践中去。

四、坚持不懈地抓好干部队伍建设

做好医疗保险工作，关键在干部队伍。因此，要以正在开展的保持共产党员先进性教育为契机，坚持不懈地抓好干部队伍建设。

（一）坚持不懈地抓干部队伍能力建设

在2004年年底召开的劳动保障工作会议上，郑斯林部长明确提出，各级劳动保障部门要认真贯彻落实党的十六届四中全会关于加强党的执政能力建设的要求，要着重提高把握大局谋划长远的能力、联系群众解决实际问题的能力、综合协调形成合力的能力、廉洁自律抵御腐蚀的能力。医疗保险管理干部能力建设，要在前几年工作的基础上，围绕解决重点难点问题，提高综合分析能力；围绕基金收支平衡和基金管理，提高经办能力；围绕落实岗位责任制，提高组织能力；围绕完善医疗保险改革政策，提高协调能力。要以提高干部队伍能力为目标，开展多层次、多形式、全方位的培训工作。要充分利用中国—欧盟社会保障能力建设培训项目，加大培训力度。要与相关院校加强合作，重点对中高层管理人员进行在职学历教育。要制定短期、中长期培训计划，根据不同岗位的特点开展培训工作。

（二）坚持不懈地抓干部队伍文化建设

文化是促进一项事业发展的思想精髓，是一个系统得以正常运行的精神氛围，是提升干部队伍战斗力的号角与旗帜。经过10年改革实践的不断提炼，“忠诚、团结、敬业、奉献”的医保精神已经逐步成为系统文化，成为干部队伍建设的重要组成部分。医疗保险经办机构是政府行风文明建设的窗口，随着参保面的扩大，特别是灵活就业人员参保，我们的许多工作将越来越多地直接面对群众，需要更加耐心细致地工作，审慎处理各种矛盾和问题。这些都要求我们必须进一步加强干部队伍的文化建设，弘扬医保精神。只有对医疗保险事业无比忠诚，对平凡工作岗位无限热爱，对广大人民群众满腔热情，团结拼搏，无私奉献，我们的工作才能得到群众的认可。

（三）坚持不懈地抓干部队伍廉政建设

党风廉政建设和反腐败斗争关系到党的生死存亡，各级劳动保障部门的同志必须高度重视，常抓不懈，警钟长鸣。对医疗保险来讲，当前抓干部队伍廉政建设，重点要抓三个环节：一是基金管理环节。医疗保险基金收支总量和结余将越来越大，管理责任越来越大。这些是参保人员的保命钱，必须确保安全完整，决不能挤占挪用。二是审批支付环节。必须严格审核，按规定支付。不允许讲人情，更不能造假骗保。无论是系统内还是系统外，一经发现，必须严厉查处。三是药品目录制定环节。必须按照“三公”原则，采取“三严”措施，严格“五不准”工作纪律（不准私自接待药品生产经营企业人员来访，不准接受药品生产经营企业宴请，不准收受药品生产经营企业礼品、礼金和有价证券，不准参加药品生产经营企业组织安排的各种商业活动，不准向药品生产经营企业和人员泄露药品目录有关信息）。今年，各级劳动保障部门的领导班子，要结合开展保持党员先进性教育活动，从自身做起，率先垂范，严格要求，带好队伍，不断提高整个干部队伍的防腐抗变能力。

（四）坚持不懈地抓干部队伍作风建设

干部队伍的工作作风直接影响到干部队伍的能力。针对当前队伍中存在的不良风气，2005 年，在作风建设上，突出抓好四个“实”：重实际，说实话，干实事，求实效。“重实际”就是在医疗保险政策制定过程中，要求真务实，倾听人民群众的意见，使政策符合广大人民的根本利益。在改革推进过程中，要充分考虑广大人民群众的承受能力，正确处理改革、发展、稳定的关系，把握政策出台时机和改革措施推进时机，把好事做好。要改进调研方法，提高调研质量，了解真实情况，掌握第一手材料，为决策提供真实依据。“说实话”就是统计数字要真实，不作加工，不掺水分，给决策提供准确依据。汇报工作要实，实事求是地反映工作中的成绩和存在的问题，不能报喜不报忧。要做到“不唯上，不唯书，只唯实”，鼓励摆事实、讲道理。“干实事”就是要把医疗保险事业作为给老百姓办实事的“民心工程”，牢固树立群众利益无小事的观念，从最广大人民群众最普遍、最急需解决的问题出发，找准工作的着重点和着力点，从政策、管理、服务上为参保人员踏踏实实做实事。“求实效”就是要充分认识我国还处在社会主义初级阶段，经济发展水平有限的实际，医疗保险工作要爱惜有限的人力、财力、物力，着力解决国家和人民群众的当务之急，反对搞华而不实和脱离实际的“形象工程”“政绩工程”。要扎扎实实地搞好为民谋利的保障线，决不去搞那种劳民伤财的“风景线”。珍惜医疗保险基金的每一分钱，提高使用效率，为参保人员提供更多更好的医疗保障。

以构建社会主义和谐社会为统领　努力开创劳动保障规划统计财务工作新局面

——在全国劳动保障规划统计财务工作座谈会上的讲话

王东进

（2005 年 5 月 12 日）

这次全国劳动保障规划统计财务工作座谈会是经部党组批准召开的。会议的主要任务是：按照中央经济工作会议的部署和要求，贯彻落实全国劳动保障工作会议精神，总结交流经验，分析当前形势，谋划“十一五”时期劳动保障事业发展，部署 2005 年规划统计财务工作。

一、规划统计财务工作取得新进展

2004 年，在党中央、国务院的正确领导下，各级劳动保障部门以构建社会主义和谐社会为统领，以全面协调可持续发展为主线，坚持“抓住重点，突破难点，把握平衡点”的思路，劳动保障工作取得了新进展。就业再就业工作超额完成“95147”目标任务，两个确保继续得到巩固，养老保险金发放首次实现全年无拖欠，社会保险制度改革、劳动保障法制建设、维护劳动者合法权益等工作，也都取得了明显成效。劳动保障工作取得的这些成绩，与规划统计财务系统的同志们共同努力是分不开的，凝聚着大家的心血和汗水。

2004 年长沙会议以来，各级劳动保障部门按照“服务决策，综合协调，保障支撑”的要求，紧紧围绕劳动保障中心任务，把握全局，突出重点，开拓创新，千方百计做好规划统计财务工作，取得了新成效，上了一个新台阶。

（一）年度计划得到较好的落实，“十一五”规划编制工作进展顺利

各级劳动保障部门高度重视规划工作，不断推进规划理论、制度、方法和手段的创新，在改进规划指导上下工夫，加强规划与整个国民经济和社会发展、与劳动保障事业发展、与年度各项工作目标的有机衔接，科学编制规划，狠抓各项目标任务的落实。2004 年，在编制好年度计划的同时，首次编制了就业再就业专项计划，提出了“95147”的目标任务。各地重视抓好年度计划的落实，普遍实行目标管理，采取措施，加大计划执行力度，全年各项计划目标全面实现。山东、湖北、陕西等省市，将劳动保障主要计划指标纳入省政府年度考核目标，与地市签订责任状，层层分解任务，狠抓目标落实。同时进行考核评估，建立起奖惩机制，有力地推动了劳动保障事业发展计划的完成。

根据中央的统一部署和要求，2004 年我

们正式启动了“十一五”规划编制工作。一年来，各级劳动保障部门把“十一五”规划编制当做一件大事来抓，专门成立工作班子，制定工作方案，动员各方面力量，围绕劳动保障面临的重大问题，广泛开展调查研究，科学谋划劳动保障事业发展，研究提出规划指导思想、目标任务以及实现目标任务的各项举措，初步形成了“十一五”时期劳动保障事业发展规划的基本思路。部党组对“十一五”规划编制工作高度重视，专门成立领导小组，组织机关各司局和劳科院（所）联合攻关，选择就业发展战略、社会保障体系建设、劳动关系和收入分配调整等9个涉及劳动保障事业发展的战略问题开展深入研究，及时向中财办上报了就业和社会保障、收入分配以及高技能人才的专题研究报告。在此基础上，经过反复征求有关专家和部门的意见，形成了全国劳动保障事业发展“十一五”规划的基本思路。规划基本思路已经得到中央“十一五”规划起草小组的认可。各地在“十一五”规划编制工作中，不断创新工作思路，探索出一些有益的经验和做法。北京市劳动保障局成立了由相关委办局参加的“十一五”规划协调指导小组，建立起部门密切配合的工作机制，通过向社会公开招标，组织开展了21项重大课题前期研究并取得初步成效。广东省劳动保障厅一手抓规划编制工作，一手抓项目落实工作，研究提出了“五个一工程”，即一楼（每个县区以上的劳动保障部门要建成一幢劳动保障综合服务大楼）、一场（每个市县都要建立规范的劳动力市场）、一校（每个地级市至少要建设一所国家重点技工学校）、一所（在所有的街道乡镇都要建立一个劳动保障事务所）和一网（全省劳动保障信息网络），以确保“十一五”劳动保障事业发展规划落到实处。

（二）统计工作得到长足发展

2005年是劳动保障统计制度建立20周年。回顾20年来的工作历程，劳动保障统计工作从无到有，从小到大，在不断探索中求发展，实现了四个方面的历史性转变：一是统计体系的转变，即从适应计划经济体制的统计体系向适应社会主义市场经济体制的统计体系的转变。二是统计方法的转变，即从单纯依靠全面定期报表统计，向全面报表、抽样调查、典型调查等多种统计调查方法共同发展的转变。三是统计手段的转变，即由手工处理数据信息逐步向数据处理信息化方向的转变。四是统计内容的转变，即由单纯的劳动工资统计向劳动就业、社会保障、劳动关系等全面的劳动保障业务统计的转变。20年来，劳动保障统计工作取得了显著成绩，对于劳动保障事业的全面协调可持续发展发挥了重要作用。一是发挥了“观象台”的作用。在就业再就业、两个确保、完善社会保障社保体系建设和维护广大劳动者合法权益等方面，为领导的科学决策提供了有力的数据支持。二是发挥了“晴雨表”的作用。在劳动保障法律法规执行、政策落实、目标计划完成等方面，及时提供信息反馈，通过开展统计分析，发现问题，提出对策，使劳动保障工作不断得到改进和加强。三是发挥了“信息窗”的作用。在岗位需求、技能培训、工资指导价位等方面，为广大劳动者和用人单位提供大量的统计信息服务。

总结20年的劳动保障统计工作，有四点基本经验：一是必须始终坚持以提高统计数据质量为中心。统计数据的准确性是统计工作的生命线，只有不断提高统计数据的质量，做到真实可信，才能提高统计工作的地位，树立统计工作的权威。二是必须始终坚持以服务大局、服务决策为导向。统计工作要根据劳动保障事业发展的需要，以准确、及时、有效的统计信息为领导决策服务，为社会公众服务，这是统计工作的出发点和落脚点。三是必须始终坚持以改革作为推进统计事业发展的动力。当前劳动保障统计工作面临许多新情况、新矛盾、新问题，只有通过改革，创新统计理念，完善统计制度，改进统计方法，拓宽统计渠道，统计事业才会有新发展。四是必须始终坚持弘扬爱岗敬业、无私奉献的统计精神。统计工作非常烦琐，十分清苦，统计工作者是幕后英雄，只有忠诚统计、淡泊名利、乐于奉献，统计事业才会不断发展。

（三）财务管理工作得到进一步加强

各地劳动保障部门继续深化以部门预算为核心的财政制度改革，理顺财务关系，规范财务行为，积极筹集资金，不断提高保障支撑能力。去年财务工作有三个“亮点”：一是部门预算水平普遍增长。各地紧紧把握就业再就业和社会保障制度改革发展的大好时机，积极争取财政资金支持，预算水平比上一年度普遍有所提高。一些地区还结合公共财政制度改革，积极探索将财政补助社会保险和再就业资金纳入部门预算的方法和思路。湖北省劳动保障厅从拓展项目入手，争取扩大项目资金投入，实现预算安排资金的项目达103个，比上年增长了129%，并将财政补助社会保险和再就业资金纳入部门预算，年度部门预算资金总额达到3亿多元，比上年增长了1倍。二是依法理财意识普遍增强。各地在做好部门预算、筹集资金的同时，认真树立依法理财、依法办事的观念，严格资金管理、规范预算执行，财务管理工作逐步走向制度化和规范化。重庆市劳动保障局对专项资金制定财务管理办法，建立资金管理责任机制，形成以制度管人、用制度管事的管理机制，规范财务运作行为。三是资金使用效率进一步提高。多数地区根据实际工作的需要，及时调整资金使用结构，合理安排资金使用方向，更好地发挥资金的保障作用。吉林省劳动保障厅对本省再就业资金的使用情况进行认真分析，主动与财政部门进行协商，在不违反国家统一政策的前提下，进一步明确本省再就业资金的使用方向，拓展再就业资金的使用范围，既满足相关业务工作开展需要，又使再就业资金得到有效利用。

（四）“金保工程”建设稳步推进

国务院批准金保工程项目建议书，实现“金保工程”整体立项成功后，部本级一期建设资金在2004年得到落实。同时，经过积极协调，部里争取到西部地区“金保工程”建设补助资金1.2亿元。部分省市的立项工作也取得进展，吉林、上海、河南、江西、广东、重庆、陕西和青海8个省（市）完成了立项审批工作。与此同时，各地按照“完整、正确、统一、及时、安全”的指导原则，精心组织，科学管理，多方筹措资金，积极推动“金保工程”建设。目前，部里已与全国31个省区市和新疆生产建设兵团实现联网，一个覆盖全国的劳动保障信息网络基本框架已初步形成，在宏观决策、业务经办、服务社会等方面已开始发挥重要作用。

（五）劳动保障科学研究取得可喜成绩

部党组高度重视劳动保障科研工作，专门成立部科学技术委员会，制定相关规章制度，初步形成科学、规范的科技管理体系。科技投入稳步增加，在近6年的时间里，部里通过向国家申请立项以及自筹等方式，累计投入科技经费达2 114万元，有力地促进了劳动保障系统科研水平的提高，产生了一大批优秀的科技成果，并被广泛应用到劳动保障实际工作中，减少了工作的盲目性和随意性，增加了科学性和前瞻性。前不久，部里对2001年以来取得的优秀科技成果进行了表彰，目的就是要营造尊重科学、尊重知识、尊重人才、尊重创造的良好氛围，使整个劳动保障系统都来重视科研工作。

一年来，劳动保障规划统计财务工作取得了显著成绩，为劳动保障事业的全面协调可持续发展做出了重要贡献。

在看到成绩的同时，也要清醒地认识到，规划统计财务工作还存在着一些与劳动保障事业发展不相适应的问题。少数同志对规划统计财务工作的地位和作用认识还不够高，仅作为一般性后勤保障工作来抓，没有摆上重要的议事日程。在规划方面，存在着计划指标与实际工作目标相脱节的问题，计划的执行缺乏相应的监测，出现了计划流于形式的倾向。在统计方面，统计数据的准确性还需进一步提高，服务决策的水平有待加强，统计人员少、工作任务重、经费不足的矛盾仍比较突出。在财务管理方面，用于劳动保障事业发展的资金规模还不够大，管理工作水平不够高，有些地方的财务管理体制还没有理顺。在科研方面，部分地区对劳动保障科研工作重视不够，科研管理创新能力不强，缺乏科研成果的转化和延伸机制。虽然这些问题是一些局部性的问题，但如不及时解决好，会影响到全局，应该引起我们高度重视，在今后的工作中切实加以解决。

二、规划统计财务工作面临的形势和总体要求

21世纪头20年，是我国全面建设小康社会、完善社会主义市场经济体制、进一步扩大对外开放和加快推进社会主义现代化建设的关键时期，是我国必须紧紧抓住并且大有作为的重要战略机遇期。全面落实科学发展观，构建社会主义和谐社会，要求我们把积极扩大就业和努力完善社会保障体系作为维护群众切身利益、促进社会公平、构建社会主义和谐社会的重要任务。新的形势对劳动保障规划统计财务工作提出了新的更高的要求。

第一，构建社会主义和谐社会对规划统计财务工作提出新要求。从未来发展趋势看，经济结构调整和城镇化速度加快，推动城乡关系的变革，劳动力的流动性增强，数以亿计的农民向城镇和非农产业转移，解决他们的就业和社会保障问题更为紧迫。随着以吃穿用为主的基本生活消费阶段逐渐向小康生活阶段转变，人们对社会保障的期望值不断提高，没有社会保障的群体要求享有社会保障，已经有社会保障的群体要求提高待遇水平，这对养老、医疗等社会保险提出了新的挑战。随着利益关系更趋多元化，收入分配差距拉大，公众的民主法治意识增强，对社会公平与公正的要求更加强烈，维护劳动者合法权益和保持社会和谐稳定的任务更加艰巨。这些都要求我们必须处理好劳动就业、社会保障、劳动关系、收入分配等劳动保障领域的重大问题，全面把握劳动保障事业发展的水平和方向，把国民经济和社会发展的重大战略及时体现到劳动保障事业发展规划中，做好发展战略、发展目标、发展任务和政策措施的衔接与平衡，调整好各种利益关系，以维护社会的和谐与稳定。

第二，全面落实科学发展观对规划统计财务工作提出新要求。劳动保障是国民经济和社会发展的重要组成部分，是一个相互联系、相互制约的有机整体。就业是形成劳动关系的前提，劳动关系和工资分配又是建立社会保障的基础。理顺劳动关系，搞好收入分配可以促进劳动者稳定就业，也有利于加强社会保障管理。社会保障工作做好了，同样可以稳定和调节劳动关系，提高就业质量。因此，任何一方面的工作没做好，成为薄弱环节，必然会影响其他方面工作的开展，进而影响劳动保障事业的全面发展和整体推进。经济学里的“木桶原理”，讲的就是这个道理。按照党的十六届三中全会提出的“坚持以人为本，树立全面、协调、可持续的发展观”的要求，我们一方面要统筹好劳动保障工作与经济、社会发展相协调，使劳动保障工作与经济发展水平和社会发展需要相适应；另一方面，要统筹好就业、社会保险、收入分配、劳动关系等各项业务间的协调发展。要做好这两个方面的统筹协调，需要规划部门的综合考虑、统一谋划，提出新思路，确定新目标，明确新举措，实现劳动保障事业的全面协调可持续发展。

第三，加强党的执政能力建设对规划统计财务工作提出了新要求。当前劳动保障工作面临许多矛盾和困难，就业形势依然严峻，就业再就业的任务依然繁重。在社会保障方面，还没有实现广泛覆盖，制度有待进一步完善，基金风险仍然存在。这些矛盾和问题能不能解决好，直接关系到国家的长治久安，关系到全面建设小康社会的进程。我国人口众多，经济发展水平不高，受人口老龄化、经济全球化和城镇化的影响，做好劳动保障工作困难更多，难度更大。只有不断加强劳动保障系统能力建设，才能够克服困难，推动劳动保障事业不断向前发展。规划统计财务工作能力建设的好坏，直接关系到劳动保障系统的整体工作水平的提高。加强劳动保障法制建设、巩固“两个确保”、实施积极的就业政策、完善城镇社会保障体系试点等各项重点工作都离不开规划统计财务工作的支持。按照党的十六届四中全会提出的加强党的执政能力建设的要求，不断增长研究新情况、解决新问题、创建新机制的本领，是摆在我们面前的一项重大而紧迫的任务。

第四，转型时期的劳动保障事业对规划统计财务工作提出了新要求。随着积极就业政策的出台和社会保障体系框架的初步建立，我国劳动保障事业正进入一个新阶段，过去“急风暴雨式”地解决劳动保障紧迫问题的工作方式方法，将转变为更加深入细致的制度完善、机制建设和管理能力的提升上。要把握劳动保障工作转型阶段的特点，在总结前几年经验的基础上，将基层的成功做法转变为指导全国工作的政策，将临时应急的措施转化为长效的工作机制，将行之有效的非常之举转变为经常性的工作方法，将实践证明正确的政策措施上升为法律法规，推进劳动保障工作顺利实现转型。规划统计财务工作要适应新形势的需要，科学编制规划，正确引导劳动保障工作转型；提高统计工作的准确性，及时反映劳动保障工作的各种矛盾和问题；搞好理论研究，加大资金投入力度，为顺利实现劳动保障工作转型提供有力的理论支撑和物质保障。

当前和今后一个时期，劳动保障规划统计财务工作的总体要求是：以邓小平理论和“三个代表”重要思想为指导，以构建社会主义和谐社会为统领，以落实科学发展观为主线，以能力建设为支撑，紧紧围绕劳动保障中心工作，充分发挥规划导向、统计基础、经费保障、科技先导作用，为劳动保障事业的全面协调可持续发展做出积极贡献。

（一）充分发挥规划的导向作用

劳动保障规划是劳动保障工作的重要组成部分，不仅是实现劳动保障事业发展目标的重要保证，而且是促进劳动保障事业全面协调可持续发展的重要手段，也是在今后一个时期内劳动保障工作的行动纲领。劳动保障事业发展规划的编制，要贯彻落实党的路线方针政策，符合国民经济和社会发展的要求，紧密结合劳动保障工作的实际。编制规划，要主动与发展改革、财政、统计等部门密切联系，多方听取意见；要广泛征求专家学者的意见和建议，增强规划的科学性。要对规划执行情况全过程跟踪监测，开展计划执行情况的检查评估，针对存在问题及时提出整改意见，确保规划目标的实现。

（二）充分发挥统计的基础作用

按照“完整、正确、统一、及时”的要求，坚持以提高统计数据质量为主要目标，在统计理论研究上要有新突破，加强劳动保障统计指标体系和统计调查方法的研究，用以科学指导统计实践；在统计方法上要有新突破，实现全面报表和抽样调查、典型调查的有机结合；在统计能力建设上要有新突破，加强统计管理机构、统计人员队伍、统计经费等方面的能力建设。要努力实现统计方法科学化、统计手段现代化、数据来源多元化，不断提高统计工作的效率和质量。

（三）充分发挥财务的保障作用

适应财政管理体制改革要求，紧紧围绕劳动保障事业发展目标和任务，积极筹集事业发展需要的资金，特别是重点工作和重点项目资金，不仅要考虑当前，更要放眼长远，谋划好保证事业长远发展的资金，努力建立起资金投入长效机制。严格按照国家法律法规和规章制度管理好各项资金，做到依法理财、依法办事，同时加强财务监督和检查，形成有效的防范机制。建立追踪问效和绩效评价制度，努力提高资金使用效益。通过对资金使用事前、事中、事后的全过程实时管理，真正做到“筹得来、管得住、用得好”，充分发挥财务的保障作用。

（四）充分发挥科技的先导作用

科研在劳动保障事业的发展中起着重要的先导作用，无论是对实际工作的开展，还是对领导进行决策，都有着十分重要的意义，没有科研理论的支撑，劳动保障工作就难以顺利进行。要提高对劳动保障科研工作的认识，加大工作力度，加大经费投入，多出高水平的科研成果。要把推动自主创新摆在劳动保障科技工作的突出位置，大力增强科技创新能力，力争在劳动保障理论上、在管理手段上有所创新，有所突破；同时，深化科研体制改革，优化自主创新资源的配置，将科研成果转化成指导工作的原动力，逐步走出一条适应劳动保障事业发展的科技创新路子。加大对地方科研工作的指导，通过科研项目指南、重点项目联合攻关等方式，带动全系统科研工作的开展，发挥科技先导作用。

三、2005 年规划统计财务重点工作

今年是贯彻落实科学发展观、巩固宏观调控成果、保持经济社会良好发展态势的关键一年，也是全面实现“十五”计划目标，做好“十一五”规划编制工作的重要一年。因此，做好今年的规划统计财务工作意义尤为重大。

（一）切实做好“十一五”规划编制工作

编制好劳动保障事业发展“十一五”规划，这不仅是部里的责任，也是各级劳动保障部门的共同责任。我们一定要从新世纪新阶段我国经济社会发展的阶段性特征出发，理清发展思路，创新发展模式，增强发展后劲，努力把劳动保障事业发展“十一五”规划编制好，必须做到以下三点：

第一，务必把“十一五”规划编制工作抓紧抓好。中央领导对“十一五”规划编制工作非常重视，胡锦涛总书记专门作出重要指示，要求“十一五”规划充分体现党的十六大和十六届三中、四中全会精神，牢固树立科学发展观；对重大问题要抓紧研究，充分利用已有的研究成果；加强组织领导，明确责任分工，抓紧“十一五”规划编制工作。这为我们做好劳动保障事业发展“十一五”规划编制工作指明了方向。各级劳动保障部门一定要把编制“十一五”规划当做一件大事来抓，切实加强领导，明确责任分工，组织精干力量，全力以赴把“十一五”劳动保障事业发展规划编制好。各地要在开展“十一五”规划前期研究和完成规划基本思路的基础上，对“十五”计划执行情况进行评估，注意总结经验，查找薄弱环节，按照科学发展观的要求，立足建立健全稳定长效的制度、机制和体制，编制好劳动保障事业发展“十一五”规划。

第二，务必理清规划编制工作思路。理清工作思路是科学编制规划的前提。在“十一五”规划编制工作中，一定要找准立足点，把握结合点，选好着力点。“十一五”规划的立足点，就是要坚持以人为本，坚持统筹兼顾、全面协调和可持续发展，为劳动保障事业确定新思路，规划新目标，推动劳动保障事业再上新台阶。“十一五”规划的结合点，就是要坚持以人为本，各项劳动保障工作都要以人为出发点和落脚点。我们要从着力解决关系劳动者切身利益的问题出发，研究制定各项劳动保障政策，处理好不同劳动者群体的关系，特别注意保护弱势群体。“十一五”规划的着力点，就是要在事关发展全局和长远的重大问题、战略问题，如统筹城乡就业、实现养老保险制度的可持续发展、建立维护劳动者权益的长效机制等重大问题上，深入研究，提出对策和建议。要充分利用“外脑”，集中专家的智慧，主动听取社会各方面的意见，将最终研究成果运用到规划纲要编制工作中去。如果我们能结合各地实际在这些重大问题的研究上取得比较大的突破，“十一五”规划就是一个有前瞻性、针对性、导向性和可操作性的高质量的好规划。

第三，务必按时完成规划编制任务。按照“十一五”规划编制工作安排，2005 年上半年，要在前期研究的基础上，根据规划基本思路，修改完善劳动保障事业发展“十一五”规划框架，起草规划纲要草案，广泛征求各方面的意见，组织专家进行论证。下半年，要完成“十一五”规划纲要的起草和审定工作。根据国民经济和社会发展“十一五”规划纲要的总要求，修改完善劳动保障事业发展“十一五”规划，经过广泛论证后做好报批工作。各地要按照这一进度要求，实行目标管理，明确工作任务和时间要求，落实承办人和具体负责人，按倒计时进行工作调度，确保“十一五”规划编制工作如期完成。

各地在做好“十一五”规划编制工作的同时，要继续组织落实2005年劳动保障事业发展计划和就业再就业专项计划目标，加大对计划执行情况的督促检查力度，落实政策、资金和项目，确保今年确定的各项目标顺利实现。

（二）努力提高统计工作质量

我们把2005年确定为统计数据“质量年”，其目的就是要突出抓一下统计数据的准确性问题。要采取三个方面的措施，切实提高统计数据的质量。一是加强对统计工作的管理。通过贯彻《统计法》《统计法实施细则》等相关法律法规，开展统计数据质量检查，增强依法开展统计工作的意识。针对统计工作不够规范的问题，进一步完善统计会审、统计考评、统计报表等各项规章制度，实现统计工作的制度化。二是精简统计报表，减少不必要的重复劳动。完善劳动保障统计指标体系，进一步规范统计指标定义、内容和范围以及来源渠道，实现统计指标的规范化。三是探索统计工作新途径，提高统计工作的科学性。认真贯彻落实国务院办公厅《关于建立劳动力调查制度的通知》要求，密切配合统计部门做好相关工作，特别是设计统计调查问卷、开展相关调查时，积极想办法、出主意，使之更好地为劳动保障事业发展服务。在改进和完善定期统计报表制度的同时，劳动保障系统也要建立起经常性的专题调查制度，及时掌握中心工作所急需的数据。要全力以赴搞好农民工情况调查，同时抓紧做好全国技能人才调查总结分析工作。开展统计试点，研究建立劳动就业统计监测体系，逐步实现统计数据来源渠道的多元化。

（三）继续改革和完善财务管理

国务院颁布的《财政违法行为处分条例》已于2005年2月1日正式实施。《条例》对各种财政违法行为作出了明确的处分规定，对构成犯罪的，将依法追究刑事责任。我们要认真学习贯彻《条例》，依法开展财务工作，提高依法理财能力。各地区要进一步强化部门财务和社会保险基金财务两个方面的管理工作，改革和完善劳动保障财务管理制度和体系，抓住各级政府调整公共财政支出结构的有利时机，与业务部门紧密配合，做好资金需求的必要性和可行性研究、论证，积极主动做好宣传、协调工作，争取财政等部门的支持，不断增加对劳动保障投入的比重。要研究完善社会保险基金预、决算制度，加强与其他业务部门和经办机构的协调配合，提高社保基金预、决算工作的水平。要继续深化部门预算等财政制度改革，理顺财务关系，完善财务归口管理制度，提高统筹安排各项资金、保障事业发展的能力。

（四）加快推进金保工程建设

部里在2004年召开的信息化工作会上，对金保工程建设已经作出了具体的部署，提出了明确的要求。规划统计财务部门要切实履行职责，加大工作力度。一是以立项为突破口，加大建设资金投入。尚未完成立项工作的地区，要充分利用各级党委、政府高度重视劳动保障工作的有利形势，加快工作节奏，力争在今年完成立项工作。尤其是西部地区，部里已经下达了补助资金，要抓住机遇，趁热打铁，抓紧做好立项审批工作。各地在积极争取金保工程立项的同时，要多渠道筹措建设资金，切实加大对金保工程建设的资金保障能力。二是整合数据标准，加快数据中心建设。要以业务工作需求来推进信息化建设，通过数据标准的规范，业务流程的统一，实现劳动保障业务工作各种信息的整合。三是加强项目组织管理，切实提高金保工程建设资金使用效益。我们不仅要积极筹措建设资金，也要整合资源，管好建设资金，防止出现“高投入、低产出，大投入、大浪费”的现象，使有限的资金发挥最大效益。

（五）加强劳动保障科研管理工作

各级劳动保障部门要高度重视科研工作，

充分调动广大科研人员的积极性，切实做到组织落实、人员到位、经费有保障。一是加强科研项目的组织管理。要制定好劳动保障中长期研究规划和项目指南，对劳动保障领域的热点、难点、重点问题，比如如何促进各项社会保险综合协调，如何从制度、政策体系、工作流程和管理方式上完善社会保障制度，以及如何建立劳动保障工作的长效机制等问题上进行前瞻性的理论研究。二是要树立科学严谨的研究风气。搞科学研究要杜绝浮躁，潜心钻研，不能有一蹴而就的思想，要坚持理论联系实际，实事求是的态度。当前，有四种研究倾向是要不得的：第一种是“诠释性”。就是围绕领导的讲话去做注释，这样的研究会使领导昏昏然，真正的问题得不到研究，是十分有害的。第二种是“贩西性”。就是贩卖从西方学回来的东西，而不是消化吸收，洋为中用，对我国的实情全然不懂，言必称西方，开的药方根本要不得。第三种是“追风性”。这就是浮躁，什么热门就研究什么，迎合什么，有媚俗心态。第四种是“唯我性”。有些人不唯实，也不唯上，不唯书，就是唯我，把自己封闭起来，听不进别人的意见，凭着感觉走。这些都不是真正的科学研究，我们从事劳动保障科研工作者应该予以摒弃。三是要创新科技工作机制，建立劳动保障科技工作的大平台。当前劳动保障科学技术研究的基础还很薄弱，领导关心的重点问题、群众关注的热点问题、实际工作中的难点问题还很多，这就需要加强信息沟通，集思广益，形成合力，不仅要联合我们劳动保障全系统的力量，而且要吸引社会各方面的力量，通过建立一个“信息互通，内外联合，优势互补，成果共享”的科技工作大平台，共同推动劳动保障科技工作的大发展，推动劳动保障事业的大发展。

四、以能力建设为重点加强规划统计财务系统队伍建设

加强党的执政能力建设，提高党组织的凝聚力和战斗力，是保持共产党员先进性教育活动的根本要求。2005 年以来，胡锦涛总书记、温家宝总理多次强调，要加快转变政府职能，加强行政能力建设和作风建设，坚持以人为本、执政为民、依法行政，牢固树立科学发展观和正确的政绩观，大兴求真务实之风。各级劳动保障部门要以能力建设为重点，重视搞好规划统计财务系统干部队伍建设，努力造就一支政治坚定、业务精湛、作风顽强的高素质干部队伍，以适应劳动保障事业发展的需要。

（一）加强思想建设，积极开展争先创优活动

各级劳动保障部门要巩固共产党员先进性教育的成果，切实加强思想教育，不断提高党性修养，使规划统计财务系统的干部自觉地改造主观世界，进一步提高坚持“一个宗旨”、牢记“两个务必”和实践“三个代表”的自觉性。共产党员先进性就是要实现“四有三出来”，就是要有争先恐后的工作状态；有永当先锋的精神状态；有识见于先的思维能力；有先人后己的思想品格；在工作中要能看得出来，关键时候要能站得出来，危险时候要能豁得出来。从事规划统计财务的同志，要有坚定的理想信念，牢固树立立党为公、执政为民的执政理念，满腔热情，脚踏实地，积极主动地做好规划统计财务工作。要有坚韧不拔的意志，在工作中有一股顽强不屈的劲头，面对困难，敢于迎难而上，在平凡的岗位上建功立业。要有坚实的理论基础，通过持之以恒的刻苦学习，不断提高理论素养，不仅成为“实干家”，也要成为一名“理论家”。只有这样，规划统计财务工作才会充满生机和活力。结合共产党员的先进性教育，要广泛开展“争创一流单位、争创一流业绩”的活动，在全系统形成学先进、赶先进、创佳绩的良好氛围。各地要重视总结经验，树立典型，宣传先进，使规划统计财务干部学有榜样，赶有目标，人人争当先进、个个争创佳绩。对各地涌现出的先进单位和先进个人的事迹，要充分利用各种新闻媒体广泛进行宣传，扩大影响，通过典型引路，推动劳动保障规划统计财务工作的开展。

（二）提高把握大局谋划长远的能力，不断提升服务决策的水平

新的形势对规划统计财务工作的能力建设提出了新的更高的要求，就是要提高把握大局谋划长远的能力。劳动保障工作已经摆上了国民经济和社会发展全局的重要位置，新增就业人数和城镇登记失业率已纳入国民经济和社会发展四大宏观调控指标之一，国家正在编制的“十一五”规划，把就业、收入分配、社会保障和技能人才作为重大问题来研究和统筹规划。各级党委和政府对劳动保障工作越来越重视，作为“一把手”工程摆上了重要议事日程，研究劳动保障重大问题的次数多了，听取劳动保障部门汇报次数多了。这就需要各级劳动保障规划统计财务部门的同志，一定要学会把握大局、洞察大势、谋划大策、解决大事，尽量避免工作的盲目性，努力提升服务水平，真正发挥规划统计财务应有的作用。

把握大局，洞察大势，就是要站在国民经济和社会发展全局的高度，围绕劳动保障中心任务来思考、研究问题，谋划指导工作，既要从宏观上理清思路，紧紧抓住带方向性、根本性、长远性、基础性的工作不放，又要从微观认识规律、把握节奏、科学安排、抓好落实。学会运用规划预测、统计调查、财务分析等手段分析研究劳动保障工作形势和任务，善于将就业、社会保险、劳动关系等重大问题联系起来考虑，将劳动保障事业与国民经济和社会发展结合起来考虑，从整体上提高服务决策的能力和水平。

谋划大策，解决大事，就是要立足当前，着眼长远，谋划劳动保障工作的全局和长远发展，制定和完善大的政策和制度，解决事业发展中的重大问题。落实“以人为本”的科学发展观，要求劳动保障事业发展规划工作考虑得越来越长远，不仅要做好年度计划，还要搞好中长期规划，同时还要着眼于未来20年的远景目标，描绘出全面建设小康社会劳动保障事业发展的宏伟蓝图。规划统计财务部门的同志要克服任务重、难度大、琐事多等困难，集中精力，认真研究和思考事关劳动保障事业发展的前瞻性重大问题，提高对国内外形势和发展趋势的分析能力和判断能力，发挥规划的导向、统计的基础、财务的保障和科技的先导作用，为劳动保障制度的改革和发展提供决策参考和支撑，为解决劳动保障事业发展的重大问题做好服务。

把握大局，谋划长远，最直接的体现是给领导出主意，提建议，当好参谋助手。这就需要规划统计财务部门的同志还要锻炼提高归纳和表达能力，善于在实践中不断总结经验，不断创新工作思路、不断增长才干。我们有的同志陷在事务性工作中，整天忙忙碌碌，不善于总结归纳，工作干了不少，体会却不多，即使有一些心得和经验，也表达总结不出来，工作往往事倍功半，处于被动和应付状态，更谈不上给领导出主意，拿对策了。面对纷繁复杂的情况，面对各种各样的信息来源，我们要锻炼提高总结归纳和准确表达的能力，学会从复杂的事物中发现问题，把握规律，找准主要矛盾，抓住关键环节，进行深入透彻的分析，去粗取精，去伪存真，为劳动保障事业的发展提出有建设性的意见和建议，充分发挥参谋助手的作用。

（三）弘扬实事求是的精神，大兴求真务实之风

求真务实，是我们党一以贯之的优良传统和作风，是党的各项事业不断取得新胜利的根本保证。规划统计财务工作是实打实的工作，制定的规划，统计的数据，财务管理使用，以及研究出的理论成果能否做到求真务实，符合客观规律的要求，直接关系到劳动保障决策是否科学，关系到劳动保障事业能否朝着正确的方向发展。所以说，在我们规划统计财务系统弘扬实事求是的精神，大兴求真务实之风，更有着特殊的意义。

求真，就是要坚持一切从实际出发，制定政策、推动工作都要符合劳动保障客观实际。要讲真话，报真情，反对弄虚作假，反对虚报浮夸。计划工作的各项指标不能有水分，不能

打埋伏，下达计划不能压指标；统计数字要真实，一是一，二是二，来不得半点虚假；财务工作要清清楚楚，不能有任何的造假问题；科研要讲究严谨的学风，戒除浮躁现象，杜绝沽名钓誉、急功近利的行为。

务实，就是要察实情、办实事、求实效。要深入基层，深入广大职工当中，通过开展深入细致的调查研究，切实掌握真实情况，无论是计划检查评估，进行统计分析，还是开展财务检查，都要察实情、进真言、有喜报喜、有忧报忧，给领导出好主意。在项目安排和资金使用上，要提倡勤俭节约，反对铺张浪费，把钱用在刀刃上，不搞劳民伤财的“形象工程”，真正做到花小钱办大事，高投入高产出，取得有利于维护广大职工合法权益，有利于劳动保障事业发展，有利于国家建设的实实在在的成果。

求真务实，最重要的是付诸实践、见诸行动、取得实效。倘若仅仅写在纸上、讲在口头上，那就会与求实作风背道而驰。希望规划统计财务部门的同志，要把求真务实作为共产党员先进性的具体体现，自觉落实到具体的行动之中，真正形成讲真话、办实事、求实效的良好风气。

（四）紧密联系工作实际，进一步加大反腐倡廉的力度

规划统计财务部门管钱、管物、管数，手中握有一定的权利，认真抓好党风廉政建设，深入开展反腐败教育，做到警钟长鸣，十分必要。一是要牢固树立勤政廉政意识，增强拒腐防变能力。要认真学习党风廉政建设的各项规定，牢记权为民所用，情为民所系，利为民所谋，全心全意为人民服务的宗旨，自觉做到自重、自省、自警、自励。在廉政方面有两种人：智者，以别人惨痛的教训警示自己；愚者，用自己沉痛的代价唤醒别人。大家一定要切记：不该要的不要，要了一辈子不安心；不该得的得了，得了最终要犯错误；不该做的做了，做了一生都不安宁。要经得住诱惑，管得住身手，耐得住寂寞，正确行使权力，坚持做到勤政廉政。二是要从完善制度入手，加强廉政建设。在各种资金的分配使用和政府采购工作中，一定要用制度约束，除了严格执行国家的财政法规外，还要结合本地区、本部门的实际，制定具体的管理规定，切实加强管理，杜绝“权钱交易”“以权谋私”，防止出现“灯下黑”。三是要自觉接受监督。权利失去监督是祸害，私欲失去控制是灾难。我们一定要自觉接受各方面的监督，及时纠正错误，堵塞各种漏洞。现在，各级审计部门的工作力度越来越大，透明度越来越高，横向纵向都要审，审计结果还要向社会公布。我们一定要坚持依法理财，加强内部财务管理，积极配合审计工作，对被查出的问题，要高度重视，及时整改，同时要举一反三，防止类似问题再次发生。总之，就是要通过廉政建设，使规划统计财务部门真正做到能干事、干成事、不出事，经得住考验。

在劳动保障系统劳动法执法检查工作座谈会上的讲话

劳动和社会保障部副部长　步正发

（2005 年 10 月 16 日）

全国人大常委会于 10 月 13 日召开了执法检查组第一次全体会议，五位副委员长出席了会议，王兆国副委员长、李铁映副委员长在会上作了重要讲话。劳动保障部、国家发改委、国资委、最高人民法院、全总等 14 个单位进行了发言和书面发言。田成平同志在会上作了《关于劳动保障部门贯彻实施劳动法情况的汇报》。14 日，部里召开配合劳动法执法检查的电视电话会，田成平同志在会议上作了讲话，对劳动保障系统配合全国人大做好劳动法执法检查提出了明确要求。今天我们召开部分地区劳动法执法检查工作座谈会，主要任务就是贯彻这两次会议的精神，特别是落实全国人大领导和部领导在两次会议上所提的要求。大家在发言中交流了配合人大执法的准备工作和劳动法实施工作的情况，提出了进一步做好配合劳动法执法检查工作的措施和建议。总的感觉，各地非常重视全国人大的执法检查工作，也已经从组织上、思想上、工作上作了很多准备。

一、切实提高对劳动法执法检查重要意义的认识

王兆国同志在全国人大常委会劳动法执法检查组第一次全体会议上的讲话中，要求各地区各部门从政治和大局的高度充分认识这次执法检查的重要意义。田成平同志在配合劳动法执法检查电视电话会议上强调，这次执法检查充分体现了全国人大对维护广大劳动者合法权益的高度重视，是对劳动保障事业的巨大支持，对于推动劳动法的全面贯彻实施，促进依法行政，推动劳动保障事业的加快发展有着重要的意义。我们要紧密结合各地实际，进一步提高对劳动法执法检查重要意义的认识，通过切实提高认识，促进配合执法检查的各项工作。

首先，要将配合执法检查作为事关全局的一项重点工作来抓。劳动法是一部调整劳动关系，维护劳动者基本权益的法律，关系到劳动者的基本生存权和发展权，涉及劳动者的切身利益。劳动法的贯彻实施，是各级劳动保障部门的重要工作任务，因此，一定要把配合劳动法执法检查当成一件事关全局的工作。田成平同志在电视电话会议上明确指出，劳动保障部将配合执法检查作为今年后几个月和明年上半年事关全局的一项重点工作。我们不能将配合执法检查工作看作是某个或某几个业务单位的事，执法检查涉及就业、社会保障、收入分配、劳动争议仲裁、劳动保障监察等各个方面，几乎涉及劳动保障部门的每一个部门、每

一项业务。做好配合执法检查工作，需要集中劳动保障部门整体的合力，需要我们加强同政府有关部门的沟通，更需要我们主动向各级政府汇报，争取政府领导同志及有关部门的大力支持。要让全社会都来关心、了解、支持劳动保障工作，这样才能有利于执法检查工作的顺利进行。

其次，要把执法检查作为促进劳动保障事业发展的一次重要机遇。对劳动法实施情况进行检查，既是人大对政府及劳动保障部门工作的监督检查，也是对劳动保障事业的支持和促进，是劳动保障事业发展的一次重要机遇。在这次执法检查过程中，要运用典型事例、翔实数据向人大作全面的工作汇报。深入分析劳动保障工作中存在的问题、困难，争取各方面的支持，促使一些突出问题、难点问题的解决。要把这次执法检查作为全面检查、总结劳动保障工作的一个很好的机会，作为争取社会各界进一步关心劳动保障事业、支持劳动保障事业、推动劳动保障事业发展的一次难得的机遇。

最后，要把提高认识落实到加强领导，明确各项工作的责任上来。各级劳动保障部门一把手要亲自抓、分管领导直接抓，各业务机构要齐心协力、相互配合。做到责任明确、任务明确、组织落实。部里成立了田成平同志为组长，步正发同志为副组长，由部办公厅和各业务司、中心参加的领导小组，组建了办公室，下设四个工作组，充实了工作人员，保证了工作经费，制定了工作计划，对重要工作作出了具体安排。从各地的情况来看，基本都成立了领导小组，制定了工作方案，有的已经开始进行自查，各项准备工作进展是顺利的。会后，各地要在前期准备工作的基础上，进一步做好工作，保证圆满完成配合人大的执法检查工作。

二、全面总结劳动法实施的情况

劳动法实施十多年来，在深化劳动、就业和社会保障制度改革，加强劳动关系调整和劳动保障监察执法工作，维护劳动者合法权益等各个方面，取得了显著的成效。从总体上看，劳动法的贯彻实施是好的，劳动关系是稳定和谐的。但是，也要清醒地看到劳动法的实施还存在一些问题，有些问题还需要引起高度重视。

一是认真总结实施劳动法取得的成绩和主要经验。改革开放以来，我国经济社会发展取得了举世瞩目的成就，实施劳动法取得的成绩是我国经济社会长足发展的重要组成部分，是劳动保障制度改革和实践的客观反映。人大常委会领导同志在第一次劳动法执法检查组会议上指出，要认真总结劳动法贯彻实施以来的典型经验。应当看到，执法检查不仅仅是为了查找一些问题，总结成绩和成功经验也是执法检查很重要的内容。近几年来，劳动力结构的大规模调整，有力地保证了经济结构的战略性调整。从1995年劳动法实施到现在，国有企业从业人员减少了4 000多万，1998年以来，2 800万国有企业的职工下岗，其中，1 900万人实现了再就业。在如此大规模的劳动力结构调整的情况下，我国实现了经济发展、社会稳定，不能不说是认真贯彻实施劳动法所取得的一项了不起的成就。社会保障从计划经济时期单一的保障模式，发展到目前初步建立了适应社会主义市场经济的社会保障体系。在所有制结构、企业结构、利益格局发生大规模调整的情况下，劳动保障部门在维护劳动者合法权益方面做了大量卓有成效的工作。所有这一切应当认真地加以总结。在座谈会上，大家交流了在实施积极就业政策，推动社会保障体系完善，规范劳动关系，运用经济手段、法律手段和政策措施，解决劳动保障工作在新形势下出现的新问题等方面所创造的成功经验。上海等地狠抓执法环境、执法力量、执法质量方面和建立进城务工人员社会保险体系方面的经验；天津、湖北、广东等地解决拖欠工资方面的经验；浙江等地在建立最低工资标准调整机制方面的经验；湖南、四川、福建等地加强执法力量的经验；北京、江苏、山东、广西、重庆、甘肃、新疆等地保障职工权益方面的经验；云南等地在开展劳动保障法律宣传咨询方面的经验等。我们要抓住执法检查的机会，将各级劳动保障部门通过辛勤劳动积极探索创造出来的经验，实事求是地加以总结，这也是劳动保障事业的宝贵财富。各地要将具有本地区特点的经验认真加以总结，用典型经验引路，推动劳动保障工作的开展。

二是客观地分析存在问题及其原因。劳动法实施的10年，是我国经济体制改革不断深化，初步建立社会主义市场经济的10年，我国的所有制结构、劳动关系、就业方式、利益分配发生了深刻变化。从1995—2004年，内资企业占企业数的比例由90%下降到50%，国有企业占企业数的比例由85%下降到12%。1995年国有和集体单位就业人员占城镇就业人员的76%，2004年下降到29%。私营企业、港澳台商投资单位、外商投资单位和个体单位的就业人员从2 558万人增加到6 548万人，占城镇就业人员的比例从13%上升到25%。近年来，大批农民进城务工就业，流动就业、灵活就业人员的比例较大幅度上升，企业的用工方式从相对单一的长期固定用工变为合同制用工、劳务派遣用工、非全日制用工等多种方式并存。这些调整和变化带来了一系列新情况、新矛盾。我们既面临旧体制遗留的一些问题，又面临新形势下出现的新问题，如劳务派遣工的劳动权益保护、农村进城务工人员的权益保护等。要实事求是地查找出实施劳动法中存在的问题，认真梳理影响劳动法实施的突出的重点、难点问题。查找问题要紧紧围绕全国人大常委会确定的执法检查任务的重点，即在全面检查劳动法实施情况的基础上，重点检查劳动合同签订和执行的情况，落实和完善最低工资保障制度的情况，解决拖欠职工工资的情况，企业职工合法权益保障的情况。着重了解保障和改善企业职工劳动条件和劳动保护的情况，同时了解欠缴社保费、劳动争议仲裁、劳动争议处理等情况。在查找出突出问题的基础上，再认真研究、客观分析产生问题的原因。应该看到，劳动法实施中出现的问题，既有劳动保障工作存在的不足，也有需要不断适应新形势，创新、完善制度的问题。我们要通过深入实际、深入基层，切实掌握第一手资料，把情况摸透，切实将存在的问题找准，将产生问题的原因找准，为下一步整改打下坚实的基础。

三是认真研究切实可行的解决问题的措施建议。在查找突出问题，客观分析原因的基础上，要下大力气研究解决这些突出问题的措施和建议。要从劳动保障工作自身需要进一步改进、完善、加强的工作内容出发，有针对性地提出改进工作的措施和意见。对检查中出现的问题，凡是能够改正的要立即予以整改，不能等待，整改周期较长或者整改难度较大的，要提出整改的工作安排。对一些涉及制度性、机制性、体制性的问题，要组织力量认真研究，突出重点，提出切实可行的措施和意见。由于各地的实际情况不尽一致，解决实施劳动法存在的突出问题，一定要从各地的实际出发，什么问题突出就着力解决什么问题。要将存在的问题进行梳理，抓住最主要的问题，要防止偏离执法检查讲述一般性工作意见，防止面面俱到，重点不突出。

根据各地提出的意见，需要着力解决的主要有以下三方面的问题：

一是加快立法步伐。劳动保障立法滞后于劳动保障事业的发展，劳动法实施中出现的很多问题同劳动合同法、就业促进法、社会保险法等劳动保障法律法规缺位有着直接的关系。我们要加快立法步伐，起草和制定《劳动合同法》《就业促进法》《社会保险法》以及工资条例、职业技能鉴定考核条例和劳动力市场条例等法律法规，形成完善的劳动保障法律制度体系。

二是加强劳动保障执法能力建设。在全国人大常委会劳动法执法检查组第一次全体会议上，很多单位提出劳动保障行政执法力度不足、力量薄弱的问题。最高人民法院指出，劳动法的权威树立不起来，很大程度上是由于劳动保障监察工作不力，极有必要加强劳动保障监察力量，加大执法力度，进一步完善监督体系。从劳动保障工作的实际来看，劳动法实施得好不好，劳动保障各项法律制度能不能贯彻到位，都与劳动保障执法能力直接相关。因此，通过这次执法检查应切实解决劳动保障执法机构编制、人员队伍、工作经费、办案条件等方面的问题，加强劳动保障监察、劳动争议仲裁执法能力建设。

三是加大对劳动保障工作的投入。贯彻劳动法，落实维护劳动者合法权益的工作，在实际工作中，经常受到经费不足的制约。这既是当前迫切需要解决的突出问题，也是事关政府公信力和劳动保障事业发展的重点问题，应当下大力气予以解决。当前在继续加大就业和社会保障方面投入的同时，应当重点解决公共服务、困难群体参加医疗保险、劳动保障监察执法等方面的投入问题。

三、做好配合执法检查的几项重点工作

一是进一步做好各项准备工作。各地对已有的配合执法检查的工作方案应进一步完善，并将各项工作职责进行分解和细化，落实到机构，落实到人。

二是认真做好自查。各地劳动保障部门应认真贯彻劳社部明电［2005］7号文件精神，对自查工作作出详细的安排。在开展自查时，要深入实际，广泛听取各方面的意见，坚决防止自查只是少数人关门写材料。要通过多种方式，检查劳动法实施的情况，认真研究自查中发现的问题。自查结束后，要形成切合本地实际，对本地区劳动保障工作有指导意义的自查报告。自查报告要确保质量，要经得起人大执法检查组的检查，经得起群众和实践的检验。

三是积极做好配合工作。要落实好配合执法检查工作的机构、人员和经费，热情做好各方面配合的具体工作。向人大报送的文字材料要做到内容翔实、数据准确。配合开展执法检查活动，要做到认真负责，一丝不苟。对人大提出的意见和建议，要切实做好整改工作。

四、关于贯彻这次座谈会的几点要求

（一）及时汇报，争取支持

要及时将全国人大常委会劳动法执法检查组第一次全体会议的情况，特别是王兆国同志的讲话精神，以及田成平同志在劳动保障系统配合人大劳动法执法检查电视电话会议上讲话中所作的动员和工作部署，向当地党委、政府领导作专题汇报，争取他们的重视和支持。这也是我们做好配合执法检查工作的前提条件。

（二）认真抓好各项工作的落实

配合执法检查的工作各地已经作出了安排，也总结了典型的经验。随着执法检查的深入，还会遇到一些新问题、新情况，要及时完善修改工作方案，使各项工作措施落到实处。有关的数据、资料要进一步核实准确。

（三）主动加强与有关部门的沟通

劳动法执法检查不仅仅是劳动保障部门自己的事。要加强与其他政府有关部门的沟通。通过通报信息等方式多做协调工作，争取与政府有关部门就解决劳动法实施中的问题达成共识。同时，各地也要加强与部里的联系，按部里要求及时报送材料。遇到重大情况时，及时向部里报告。部里也要加强与地方的信息交流，及时通报有关执法检查的情况。

（四）把握正确的舆论导向，营造良好的社会氛围

要充分利用执法检查的机会，宣传劳动法，宣传劳动保障工作取得的成绩、工作经验和典型事例。宣传工作要从有利于经济社会发展和社会稳定出发，做到让全社会全面客观了解劳动法实施的情况，关心劳动保障事业的发展，促进维护劳动者合法权益工作的开展。

贯彻落实《劳动法》，配合人大开展劳动法执法检查，是劳动保障部门义不容辞的责任。我们一定要以强烈的责任感和对人民群众深厚的感情，扎扎实实地做好工作，虚心接受人大对我们工作的监督，以实际行动使劳动法执法检查取得较好成效，促进劳动保障法制建设和各项工作的开展。

在2005年度劳动保障科研工作座谈会上的讲话

步正发

（2005年10月26日）

在党的十六届五中全会胜利闭幕，神州六号飞船成功发射安全返回的喜庆日子里，我们在四川召开2005年度劳动保障科研工作座谈会，共商劳动保障科研事业发展大计，具有重要意义。这次会议的主题是学习贯彻落实十六届五中全会决定精神，总结过去一年来劳动保障科研系统工作情况，结合当前和今后一个时期我国经济社会发展形势和劳动保障中心工作，研究劳动保障科研工作中长期发展规划，部署和安排明年科研工作。

一、一年来劳动保障科研工作回顾

2005年以来，劳动保障系统全面贯彻落实科学发展观，围绕构建社会主义和谐社会，按照中央经济工作会议的部署，各级党委政府把就业再就业工作摆在经济社会发展更加突出的位置，进一步加大就业和再就业工作力度，通过层层落实目标责任、加大专项资金支持力度、强化服务、落实政策和加强高技能人才培养和职业培训工作，使就业再就业工作取得了新的进展。1—9月，全国新增城镇就业人员810万人（全年目标900万人），下岗失业人员再就业390万人（全年目标500万人）。截止到第三季度末，全国共有城镇登记失业人员835万人，城镇登记失业率4.2%，与上年持平。这些主要指标都超过预期目标任务。社会保障体系建设工作积极推进，企业离退休人员基本养老金按时足额发放，继续保持当期无拖欠，社会保险扩面工作进展较快，国有企业下岗职工基本生活保障向失业保险并轨工作平稳推进，社会保险基金征缴收入大幅增加，完善社会保障体系试点工作取得进展。劳动关系协调和劳动保障监察工作力度进一步加大，劳动关系总体和谐稳定，切实维护了劳动者合法权益。

劳动保障各项工作能够实现平稳推进，科研工作在其中发挥了重要支撑作用。

（一）重点课题研讨取得了新进展

2005年以来，我们的科研人员以邓小平理论和“三个代表”重要思想为指导，全面落实科学发展观，紧密结合国民经济和社会发展形势，围绕劳动保障中心工作，集中力量，重点攻关，针对就业、社会保障、劳动关系、分配、维护劳动者合法权益等各项工作面临的突出问题，组织开展了一批重点课题的研究工作，取得了积极成果。目前，已完成的成果中，有些已经进入决策领域，部分重大成果得到中央和国务院的肯定，充分体现了科研机构作为劳动保障事业智囊团和思想库的重要作用，为国民经济和社会发展做出了积极贡献。

随着劳动保障中心工作的不断深入开展，在今年的课题研究工作中，更侧重于战略性、全局性、综合性、预测性研究。其中，围绕中央关注的农民工问题，完成了农民工流动就业、社会保障、收入分配、维护权益和培训方面的调查和研究。围绕小城镇的发展建设，继续开展了小城镇就业政策和社会保障制度研究。配合当前高技能人才开发和培训工作，开展了高技能人才队伍建设、市场经济国家高技能人才开发和职业培训与技能开发方面的研究。围绕社会保障制度建设，开展了城乡社会保障体系建设、养老保险预警和监测评估、医疗保险基金收支预测方面的研究，另外，为配合金保工程，开展了劳动保障信息指标体系的研究。围绕收入分配问题，开展了我国福利部门支出监控系统研究、深化薪酬制度改革若干问题的研究、企业收入分配变动趋势与宏观调控机制的研究等项工作。配合劳动法实施10周年和进一步加大推动劳动保障法制建设工作力度的要求，会同有关部门开展了《劳动合同法》《社会保险法》《促进就业法》和《企业工资条例》《职业技能培训考核条例》等法律、法规草案的起草、修改。

此外，还针对当前出现的一些热点、难点问题开展了深入研究。根据宏观经济形势发展，开展了经济增长速度、贸易摩擦、人民币升值对就业的影响研究；开展了信息产业和现代服务业的发展对就业的影响研究；开展了针对新失业群体——青年就业问题的调查研究；针对转型时期劳动关系出现的问题，特别是灵活就业的劳动关系问题，开展了理论和实证分析研究。

科研院所还积极与国外研究机构开展了劳动保障方面的合作研究，对国际劳动和社会保障领域的新发展、新经验开展了借鉴分析研究工作，比如国外促进就业法和劳动合同法的研究、企业社会责任问题研究、反就业歧视问题研究等。几天前，中日韩三国劳动研究机构在北京成功举办了“第四次东北亚劳动论坛”，以建立和谐稳定的劳动关系为主题，进行了深入研讨，交流了最新研究成果。

（二）科研成果转化取得新成果

在保证为劳动保障部中心工作服务的同时，院所积极面向经济建设主战场，推动科研成果尽快转化为社会生产力。科研人员深入企业，开展了人力资源管理、薪酬制度改革与设计、企业年金方案策划等咨询服务，发挥了科研院所的研发优势，收到了良好的社会效益和经济效益。同时，还开展了为地方政府的咨询工作。比如，部劳科院应杭州市劳动保障局的邀请，根据杭州市劳动保障工作的发展状况和未来“十一五”期间杭州市经济社会发展要求，与杭州劳动保障局合作，共同组织完成了“杭州市‘十一五’劳动保障规划”研究编制工作，得到地方政府的认可和采纳。还有一些地方科研机构也作出了这方面的努力和探索，这些都是我们宝贵的经验和成绩，值得认真总结和继续发扬。

院所在开展科研工作的同时，还努力完成了一批学术论著、培训教材、期刊和杂志的编辑发行工作，在劳动保障政策宣传以及劳动保障法律知识普及、最新研究成果的交流推广、干部培训工作中发挥了积极作用。

（三）加强科研队伍建设有了新提高

以“把握大局，服务中心，突出重点，形成合力”为指导方针，各级科研机构逐步实施了科研体制改革，基本形成了以部劳科院的一院四所为核心、地方部门研究机构共同参与、国际国内相连接、专业门类较为齐全的科研网络，初步建立了主管部门、研究院所、高校、企业及中介机构密切合作、协调互动的新型科研体系，为形成合理的科研力量整体布局和科技资源优化配置，奠定了较好的基础。

在科研队伍建设方面，随着配套的人员管理和激励制度的建立和逐步完善，科研人员的主动性、积极性和创造性得到进一步发挥，在科研实践的历练中，优秀学术带头人队伍成长壮大。一大批高学历中青年科研人员被吸引到我们的队伍中来，成为科研骨干。随着国内外学术交流与合作研究的加强，科研人员素质逐步提高。

在肯定成绩的同时，还要清醒地看到科研工作还面临着一些亟待解决的问题。

劳动保障科研体制改革还不到位，科研机构运行管理机制还不健全，思想观念还不尽适应科研改革和发展的要求，在科研成果的推广应用方面，还大有潜力可挖。

科研队伍整体素质有待进一步加强。学术带头人，懂科技会经营的科研开发人才、懂外语善管理的国际合作人才、科研机构党政管理人才以及各类有专长的科研辅助和服务人才数量还比较少，人员素质还需进一步提高。

改善科研条件和创新研究方法的任务还很繁重。由于财力所限，我们的科研条件和技术手段与国外同类机构还有不小的差距。在研究方法上，尚未从根本上改变定性研究为主、定量分析以及系统集成研究相对较弱的状况。

在今后的工作中，进一步深化科研体制改革，健全科研运行机制，加强人才队伍建设，改善科研条件，创新研究方法，将是科研院所面临的紧迫任务。

二、劳动保障科研工作面临的形势

（一）就业方面

我国人口众多，劳动者充分就业的需求与劳动力总量过大、素质不相适应的矛盾长期存在，就业结构性矛盾十分突出。今后几年，就业任务依然繁重。一是就业供给总量不减，岗位缺口较大。城镇每年新增劳动力 1 000 万人，加上上年结转的 1 400 万下岗失业人员，需要安排就业的达 2 400 万人。按经济增长 8% ~9% 计算，每年可新增 800 多万个就业岗位，加上补充自然减员，共可实现就业 1 000 ~ 1 100 万人，年度就业岗位缺口在 1 300 ~ 1 400万人。二是历史遗留问题尚未全部消化。国有企业下岗职工在中心内和出中心仍未就业者仍有 200 多万人，集体企业下岗职工有 400 万人；今后 3 年国有企业实施政策性破产还需安置 360 万职工；辅业改制约有 300 万职工需要分流安置；部分困难地区、困难企业、困难群体的就业问题依然存在；已实现再就业的人员，有些还不稳定，存在再次失业的风险。这些历史遗留问题需继续努力加以解决。三是新的就业矛盾逐步凸显。主要是高校毕业生、退役军人的就业问题进一步突出，农村富余劳动力转移就业和被征地农民就业问题需要高度重视，国内国际经济变化对就业的影响需要认真进行研究。四是劳动力素质亟待提高。许多地区和部分行业出现的技能劳动者供不应求甚至严重短缺，直接影响到经济发展；下岗失业人员的技能水平低和就业能力弱，难以实现再就业。

（二）社会保障方面

今后一个时期，我国社会保障体系建设将长期面临人口老龄化、城镇化和就业形式多样化的挑战，加强社会保障体系建设，完善各项社会保险制度的任务十分艰巨。从近期看，面临的突出问题主要有：一是养老保险个人账户一直空账运行。2004 年底，养老保险个人账户已形成 7 400 亿元的空账额，2005 年底预计将超过 8 000 亿元，加大了未来老龄化高峰的支付压力。二是企业与机关事业单位退休人员养老金差距过大，矛盾突出。目前，两者差距已达一倍左右，而且有进一步扩大的趋势，企业退休人员特别是退休早的人员、退休高级技术人员和企业管理人员反映强烈，成为引发社会不稳定的一个因素。三是社会保障覆盖范围比较窄。以单位稳定就业为对象的现行社会保险制度不适应越来越多的灵活就业群体、进城务工人员、被征地农民的社会保障需求，亟须完善相关政策，作出新的制度安排；部分困难企业职工，特别是关闭破产企业退休人员医疗保险资金来源问题没有得到解决，难以得到基本医疗保障。四是社会保险经办能力还不适应工作需要。随着社会保险制度的改革，经办机构的任务越来越重，但社会保险经办机构经费普遍不足、人员编制紧张、信息化水平低，严重制约着经办机构工作的开展和水平的提高。

（三）收入分配方面

由于我国正处于转轨时期，受多种因素影

响，分配领域还存在许多值得研究和重视的问题，有的问题还较严重。

一是从总体上看，分配秩序还比较混乱，社会成员之间的收入差距过大，且呈进一步扩大趋势，个别垄断行业的收入水平过高，社会弱势困难群体继续扩大，基尼系数接近0.5，这表明收入分配的宏观调控力度仍然不足。

二是企业内部的收入分配仍存在关系不顺、分配不公的问题。企业的内部分配平均主义和差距过大的问题同时存在，有的企业负责人在拿高额年薪的同时，通过职务消费增加自己的隐性收入；有的企业职工，特别是农民工工资长期滞留在低水平；有的企业在改制、关闭破产过程中，职工的经济补偿金得不到落实。

三是解决工资拖欠的任务仍十分艰巨。目前，我国农民工总人数约为1.2亿，在加工制造业、建筑业的从业人员中，分别占60%、80%，已成为我国产业工人的重要组成部分。拖欠农民工工资现象仍大量存在。此外，拖欠其他职工工资的问题依然较为严重，探索和建立起解决拖欠工资长效机制的任务十分艰巨。

四是对工资制度本身内在的规律性认识还存有差距。工资的功能、决定因素和形成机制这三个方面的内容有待从科学发展观的高度，进行深入系统的研究。理清报酬与激励、按劳分配与按管理技术等要素分配、工资协商与市场机制等之间的关系，构建科学的工资制度体系任重道远。

五是人工成本与企业竞争力、就业等关系的研究有待深化。随着我国经济结构和经济增长方式的转变，随着我国日益重视统筹城乡发展、区域发展、经济社会发展、人与自然和谐发展，随着国际经济贸易的新变化，必然对企业的人工成本控制提出新的要求，对企业竞争力和社会就业格局产生影响，这就要求从理论和实践中予以认真研究，提出切实可行的建议和对策。

（四）劳动保障立法和执法工作方面

在劳动保障立法方面，《劳动合同法》《促进就业法》《社会保险法》还未制定，在实际工作中没有法律依据或可依据的法律层次不够；现有的一些法律法规，有的比较原则、笼统，操作性不强，有的已经落后于劳动保障事业的发展、改革的实践，不适应新情况。近年来，社会各界对制定和完善各项劳动保障法律的呼声越来越高。

国有企业关闭破产和重组改制过程中的劳动纠纷比较集中。部分地区的一些劳动密集型行业，私营企业、个体工商户及一些外商投资企业违反劳动保障法律法规，侵害劳动者合法权益，特别是侵害进城务工人员权益的问题还比较严重。从客观背景看，在经济体制转轨和经济结构调整过程中，劳动关系日趋复杂，各类社会矛盾凸显，维护劳动关系和谐稳定的任务越来越艰巨；从法制建设角度看，劳动保障立法不够完善，监察执法力量薄弱，劳动争议调解的机制不健全、争议仲裁的体制不顺畅，也是不能及时和全面地纠正违法、调解纠纷的重要原因。

三、加强劳动保障科研工作着力把握的几个问题

（一）提高为政府科学决策服务的水平

1. 科技是第一生产力，要充分发挥科技对劳动保障事业发展的推动作用。科研工作要更加深入领会“科技是第一生产力”这一科学论断的深刻内涵，围绕劳动保障中心工作，要继续坚持跟踪和捕捉改革中出现的热点、难点问题，开展深入细致的调查研究，充分发挥科技的推动作用，支持劳动和社会保障制度改革和各项事业的发展，为落实科学发展观，构建和谐社会，实现建设小康社会宏伟目标，做出应有的贡献。

2. 要坚定不移地坚持为政府决策服务的原则。劳动保障科研为政府决策服务是首要的、重要的任务。科研是政府决策来源的一个重要方面，科研工作要围绕部中心工作，提供更优质、更具有实效的科研成果，这是科研院所赖以生存和发展的根本点。

3. 紧紧围绕劳动保障工作的重点、难点工作，把科研放到大局中考虑。科研院所就是要坚持把握大局，围绕经济建设、社会发展为中心搞科研。对劳动保障的重点、难点问题，决策咨询研究要具有前瞻性、系统性，这样拿出的政策才切实可行。

4. 要深入基层调查研究，理论与实践相结合。理论源于实践，更好地指导实践。只有深入到基层，才能得到深入、翔实的资料，没有调查就没有发言权，这是搞科研工作的一条永恒不变的基本准则。

5. 科研成果要体现在决策中，经得起实践的考验。我们的研究主要侧重于应用性研究，判断研究成果的水平就是看它是否能进入到决策，并能通过实践的检验，取得比较好的效果。目前，我部科研院所的一批成果已经在决策中得到采纳，还有一些得到中央和国务院的认可，今后我们要继续加强这项工作，出更多精品。

（二）增强为经济社会发展提供科研支持的实力

1. 科技在为中心工作服务的同时，要积极面向经济建设主战场。前一阶段，田成平同志在视察部劳科院的时候，提出了科研单位要做好两个服务。我们既要围绕中心做好服务，也要面向经济建设主战场，为经济社会发展提供科研支持。把我们的科研成果转化为经济发展、社会发展的现实推动力，转化为我们自身科研发展的经济实力。

2. 要发挥自身优势，为社会服务。作为政府的科研部门，我们有这个条件，劳动保障许多科研成果都源于企业和社会实践，应该立足自身优势，加强产学研结合，积极为企业服务，为社会服务。

3. 推广成果，增强实力，创品牌，出精品。要了解企业，急企业之所急，想企业之所想，为他们提供更好的支持和帮助。把科研成果应用于企业，有利于检验和完善成果，积累更丰富的实践经验和管理知识，进一步增强科研实力，创建自己的品牌，创出更多的精品，为部中心工作服务打下更扎实的基础。

4. 协调配套，整合资源，形成合力。要充分利用外部力量，整合各种社会资源，继续坚持开门办院所的方针，借助外脑，积极与兄弟科研机构、高校、企业和中介机构建立良好的协作关系，形成合力，从而做大、做强自己。

（三）加强劳动保障科研人员队伍素质建设

1. 结合科研项目，在学习中增长才干，在实践中提高水平。科研工作既是创造的过程，也是学习的过程。科研人员要通过参与科研项目的实施，不断调整自身知识结构，补充知识的不足，增强自身的才干，培养求真务实的科研精神，提高科研水平，锻炼自身的科研能力。让更多的高级科研人才在科研实践中涌现出来。

2. 加强组织培训力度，加快知识更新。提高科研队伍素质必须加强对现有人员的培养。目前科研院所队伍老化的问题还比较严重。因人制宜，加快知识更新和必要的人员更新，亟待研究解决。

3. 形成激励机制。要坚持“少养人、能用人”原则，通过事业留人、感情留人、适当的待遇留人。要把人用好，没有“废人”，只有错误的安排，“废人”只是放错地方的财富，通过建立完善的激励机制，给每个人以活力和动力，做到人尽其才，各显所长。

4. 从入口抓起。以后新进人员要严格把关。现在研究生、博士生、大学毕业生等人力资源选择的余地很大，我们完全可以从众多的毕业生里面，选择适合我们院所科研工作所需要的各类人才。按照德才兼备的标准，选择符合将来事业发展的人才，形成合理的专业结构和年龄结构。这项工作要有紧迫感，超前考虑，从长计议，坚持不懈，抓出成效。

（四）夯实科研基础

1. 加强制度建设，提高管理水平。要建章立制，建立和完善激励机制，使大家的积极性得到进一步的调动和发挥，把大家的注意力更好地引导到搞科研、出成果、出精品上来。

2. 加强科研条件和科研设施建设。获取信息的技术和手段，是提高科研工作效率的重要途径，要把有限的财力投入到加强科研信息获取和共享的基础工作上，提高科研技术装备水平和系统功能，为科研工作提供有力保障。

3. 争取经费，增加投入。目前，在继续争取增加经常性事业经费的同时，还要通过国家级重点科研项目，争取国家专项经费，积极争取社会各界及国际上对科研工作的经费支持，通过不断扩大为社会、为企业有偿服务的方式，积累资金并转化为科研投入。这方面还是大有可为的。

（五）坚持两手抓，切实加强思想政治建设

在抓好科研工作的同时，一刻也不放松思想政治建设。要始终坚持邓小平理论、‘三个代表”重要思想和以科学发展观为指导，强化服务中心的意识、求真务实的科学态度和严谨细致的工作作风。要注重发挥党委的核心领导作用、党支部的战斗堡垒作用和党员的先锋模范作用，巩固和发展共产党员先进性教育的成果，为科研工作的发展提供强有力的思想政治保证。

以构建社会主义和谐社会为统领进一步推进劳动关系调整工作

——在全国劳动工资工作座谈会上的讲话

劳动和社会保障部副部长 华福周

（2005 年 6 月 24 日）

这次会议的主要任务是，深入贯彻落实党的十六届三中、四中全会和中央经济工作会议以及全国劳动和社会保障工作会议精神，总结回顾一年来的工作，分析面临的形势，研究部署当前和下一步的工作，努力开创劳动工资工作新局面。

一、一年来劳动工资工作取得的主要进展

2004 年全国劳动工资工作座谈会以来，在部党组和各级党委、政府的领导下，各级劳动保障部门紧紧围绕改革发展稳定大局和劳动保障工作中心任务，以“三个代表”重要思想为指导，以协调劳动关系为主线，扎实工作，开拓进取，劳动工资各项工作取得了新的进展。

（一）解决拖欠农民工工资工作取得了明显成效

各级劳动保障部门按照党中央、国务院的部署和要求，继续把解决拖欠农民工工资问题放在十分突出的位置，会同建设等有关部门，采取建立完善工作机制、全面开展专项检查、加大普法宣传力度等措施，按时完成了今年春节前基本解决建设领域拖欠农民工工资问题的目标任务。与此同时，预防和解决拖欠工资问题的长效机制建设取得积极进展。劳动保障部会同建设部制定下发了《建设领域农民工工资支付管理暂行办法》。各地劳动保障部门会同建设等部门认真贯彻《办法》，结合本地实际，研究制定实施意见，对建立预防建筑企业拖欠工资的长效机制进行了积极探索。截至目前，全国有 15 个省区市建立了工资支付保障制度，14 个省区市建立了工资支付监控制度。黑龙江省政府专门制定颁布了《黑龙江省农民工工资保障规定》，对建立农民工工资支付监控制度、完善用工单位支付工资信用档案以及建筑工程实行工资保障金制度等作出了具体规范。湖南省要求建筑企业必须在银行开设农民工工资保障金专用存款账户，并与开户银行和劳动保障部门签订三方协议书，明确各自职责，保证工资支付保障金落到实处。这些有益探索，为从源头上防止发生新的拖欠提供了制度保障。

（二）国有企业重组改制中的劳动关系处理工作稳步推进

为进一步规范国有企业重组改制中的劳动关系，部里印发了《关于做好国有大中型企业主辅分离辅业改制分流安置富余人员有关工作的通知》，完善了有关政策措施。各地劳动

保障部门积极参与当地的国有企业重组改制工作，按照改革力度与职工和社会的承受程度相适应的要求，认真研究完善处理劳动关系的政策，加强对企业重组改制方案的审核把关。坚持对职工安置方案不完善、资金不落实、没有经职工代表大会审议通过的，不准进入改制程序，保持了重组改制企业劳动关系的基本稳定。山东省在企业重组改制安置职工工作中还明确规定了公示程序，要求企业将职工安置方案公开张贴，并公布举报电话，较好地维护了职工的知情权和民主参与权。

（三）劳动合同管理工作继续得到加强

劳动合同法制建设取得重要进展。针对当前比较突出的部分用人单位不与劳动者签订劳动合同、劳动关系难以确认等问题，部里下发了《关于确立劳动关系有关事项的通知》，对认定劳动关系的基本要件和相关凭证等进行了规范。地方劳动合同立法工作继续向前推进，目前全国有17个省区市颁布了地方性法规、规章。

为推动企业签订劳动合同，加强劳动合同管理，部里会同建设部、全国总工会下发了《关于加强建设等行业农民工劳动合同管理的通知》，对农民工比较集中的建筑、餐饮、加工等行业劳动合同管理工作作出了具体部署。各地以非国有企业、国有重组改制企业和农民工为重点，采取措施加大了劳动合同管理力度。安徽省将劳动合同签订率纳入各级劳动保障部门目标管理，通过层层签订目标责任书，开展“签约参保”、专项执法监察等活动，使非国有企业劳动合同签订率明显提高。青岛市实行了劳动合同信息化管理，通过建立市、区、街三级劳动保障信息系统，加强就业登记备案、劳动合同管理、社会保险费征缴三大业务平台之间的横向联结，实现了对全市企业劳动合同签订、解除等情况的动态管理。

（四）集体合同制度和劳动关系三方协调机制建设步伐加快

集体协商和集体合同工作取得新突破。截至2004年底，全国有18个省区市制定颁布了集体合同条例或规定。全国签订企业集体合同64.7万份，签订区域性和行业性集体合同14.3万份，建立工资集体协商机制的企业33.9万个。集体协商机制和集体合同制度的逐步建立，促进了劳动关系主体双方依法自主协调机制的形成，为维护职工合法权益、稳定劳动关系发挥了重要作用。例如，浙江省温岭市通过行业工会和行业协会在全市羊毛衫行业开展集体协商，改善了行业内用工无序竞争的状态，实现了劳资双赢。

劳动关系三方协调机制建设继续加强。截至2004年底，全国地市一级基本建立了劳动关系三方协调机制，一些省份的所有县、区已全面建立，多数省份正向县、区和乡镇、街道一级延伸，共建立各级三方协调组织6677个，初步形成了多层次的组织体系。一些省区市三方协调组织完善工作制度，针对劳动关系领域的突出问题，创造性地开展工作。继辽宁省实施“建立和谐劳动关系三年行动计划”之后，福建省三方联合开展了创建和谐劳动关系工业园区活动，决定用三年时间促使全省园区内企业普遍建立“自我调节、平等协商、劳动保障制度落实、劳动关系双方互利共赢”的协调劳动关系机制。山西省三方也对在全省开展创建和谐劳动关系工业园区的试点作出了部署。北京市三方会议将解决农民工工资支付问题作为工作重点，制定了在京建筑施工企业设立农民工工资预留账户的指导意见。

（五）劳动争议处理工作取得新成效

2004年全国各级劳动争议仲裁委员会立案受理劳动争议案件26万件，比上年增长15.3%，涉及劳动者76.5万人，结案率为93.2%。同时，各级各类劳动争议调解组织调解处理了大量劳动争议。面对不断增大的劳动争议处理压力，各级劳动保障部门和劳动争议仲裁机构，认真贯彻全国劳动争议仲裁机构效能建设座谈会精神，全面加强劳动争议处理能力建设，取得了较大成效。

一是劳动争议调解工作逐步加强。各地在继续推进企业劳动争议调解委员会组织建设的同时，积极探索建立区域性、行业性劳动争议调解组织。江苏、河北、天津等地的区域性劳动争议调解组织发展较快，为从源头上预防和化解劳动争议发挥了重要作用。

二是劳动争议仲裁机构实体化建设进程加快。目前，黑龙江省、浙江省本级和两省50%的地市以及大连、青岛、厦门等城市已经建立劳动争议仲裁院，辽宁、安徽等省政府已经批准成立省本级仲裁院，江西、湖北、新疆等省区已在部分市、县进行实体化试点。有的地区在推进劳动争议仲裁机构实体化建设中，注重加强仲裁员队伍建设，研究制定了新的仲裁员职业标准，为推进仲裁员职业化、专业化奠定了良好的基础。

三是劳动争议仲裁制度进一步健全。各级劳动保障部门和劳动争议仲裁机构继续狠抓劳动争议仲裁制度建设，不断改进办案方式，积极推进劳动争议处理工作的规范化，有效提高了劳动争议仲裁效率和质量。

（六）企业工资收入宏观调控工作进一步改善和加强

进一步建立健全企业工资宏观指导制度。目前全国30个省区市普遍建立了工资指导线制度，有127个城市发布了当地劳动力市场工资指导价位，吉林、上海、江苏、江西、深圳、宁波等省市发布价位的数量进一步增加，质量进一步提高。为推动行业人工成本信息指导制度建设，部里下发了《关于建立行业人工成本信息指导制度的通知》，提出了总体目标和工作要求，明确了实施办法。各地按照部里的部署正在积极开展这项工作。

企业工资法制建设扎实推进。目前全国已经有15个省区市颁布了工资支付法规或规章，31个省区市全部建立了最低工资保障制度，一年来有23个省区市调整了最低工资标准。

此外，各地劳动保障部门继续加强对国有企业工资收入分配监管工作，在职责范围内做好企业工资总量的管理，会同财政、审计部门开展对国有企业工资内外收入的监督检查。中央金融企业绩效工资改革取得积极进展。

在全面推进劳动工资各项工作的同时，维护稳定工作也取得了明显成效。各级劳动保障部门将维稳工作摆在突出位置，加强领导，落实责任，认真开展矛盾纠纷排查调处工作，完善重大突发事件预警机制和处置工作预案，积极预防和妥善处理了一大批涉及劳动保障方面的信访突出问题及群体性事件，为促进劳动关系和谐、维护企业和社会稳定发挥了重要的作用。

二、正确认识和把握劳动关系调整工作面临的形势

党的十六大和十六届三中、四中全会明确提出了构建社会主义和谐社会的重大任务。构建和谐社会的内涵十分丰富，从其本质要求来说，就是要建立民主法制、公平正义、诚信友爱、充满活力、安定有序、人与自然和谐相处的社会。这就要求我们必须依法建立科学有效的社会管理体制、制度和机制，妥善协调各方面的利益关系，正确处理各种社会矛盾，保持良好的社会秩序，维护社会稳定。劳动关系是社会经济生活中最基本、最重要的社会关系。在劳动关系调整工作中，以契约和协商为基础的制度建设和机制建设，体现的正是民主与法制的精神；规范工资分配秩序、调节收入分配关系，制定和实施劳动标准以及完善劳动争议处理机制，体现的正是公平和正义的内在要求。加强劳动关系调整工作，建立和谐稳定的劳动关系，既是构建和谐社会的重要内容，也是构建和谐社会的基础和前提。劳动关系调整工作的地位和作用越来越突出，已经并将进一步引起各级党委政府的高度重视以及社会各界的广泛关注。可以说，党中央提出的构建和谐社会的战略任务，不仅给劳动关系调整工作提出了新的要求，而且提供了难得的和重要的发展机遇。

同时我们应该看到，随着经济体制改革和经济结构调整的深入推进，以及就业结构和就业形式的不断变化，我国的劳动关系将更趋多样化和复杂化，当前劳动关系在保持总体稳定

的同时，还存在一些不和谐、不稳定的因素，有些矛盾还比较突出，由此引发的劳动争议不断攀升，涉及劳动保障问题的大规模群体性事件继续增加，2005 年前两个月 100 人以上的群体性事件同比增长 31.1%。这种状况显然与构建和谐社会的要求是不相适应的。

从全国来看，当前劳动关系方面的突出矛盾主要表现在以下几个方面：

一是部分企业拖欠劳动者工资等问题仍十分突出。建设领域拖欠农民工工资问题尚未得到根本解决，仍然存在新拖欠；其他行业中的一些中小型非公有制企业拖欠工资问题时有发生，在东部沿海地区甚至出现少数企业主欠薪逃匿的现象；部分国有企业拖欠职工工资问题也还比较突出。一些企业以各种名义克扣劳动者工资，不依法支付加班工资。一些企业还没有建立起正常的工资增长机制，农民工等部分劳动者工资增长缓慢，工资水平偏低。此外，不同行业工资收入差距不断拉大、工资分配关系不合理的问题也越来越成为社会关注的焦点。

二是一些企业在劳动合同和工作时间、劳动条件等方面侵害劳动者合法权益的问题较为严重。许多企业特别是私营、个体企业不与职工签订劳动合同，一些企业劳动合同显失公平、随意解除和终止劳动合同等问题仍很突出。部分企业为了降低生产成本，擅自改变工时制度增加职工工作时间，致使职工严重超时加班。此外，一些企业劳动环境和工作条件恶劣，安全事故频繁发生。

三是国有企业重组改制中仍存在损害职工合法权益的问题。一些国有企业在改制过程中忽视对职工权益的保护，随意裁减人员，改制后签订劳动合同短期化的现象比较突出。一些企业不认真落实国家有关职工安置和劳动关系处理政策，对涉及职工切身利益的改革方案不经职代会审议通过，不依法支付解除劳动合同的经济补偿金和妥善处理拖欠职工的各种债务。

这些问题的产生，既有客观因素，更有工作制度和机制上的问题。从客观环境看，我国严峻的就业形势加剧了劳资双方地位、力量上的不平等，为少数用人单位侵害劳动者权益提供了可乘之机。从制度和机制上看，我国当前的劳动关系调整体制仍然不能适应社会主义市场经济发展的要求，劳动关系法律法规不健全，执法手段不足，执法力量薄弱；劳动关系调整机制不完善，劳动合同制度、集体协商和集体合同制度以及劳动争议处理制度不健全，劳动关系三方协调机制还难以充分发挥作用，不能适应当前劳动关系急剧变化的形势。

当前劳动关系方面存在的问题和矛盾，影响了企业和社会稳定。对此，从事劳动工资工作的同志一定要有清醒、深刻的认识。要进一步增强历史使命感和紧迫感，抓住难得的发展机遇，积极推进劳动关系调整工作，认真分析研究和解决当前工作中存在的突出矛盾和问题。在工作中要立足当前、着眼长远，处理好解决当前突出问题和建立长效机制的关系，注重将解决突出问题中行之有效的做法和经验，上升为理论和政策，促进长效机制的建立。同时，还要充分考虑到，我国劳动关系中资本的强势地位和劳动力的弱势地位在相当长一个时期内难以改变的实际情况，注重发挥政府职能部门在劳动关系调整中的主导作用，充分运用法律手段和必要的行政手段，切实维护劳动者的合法权益，实现劳动关系的和谐稳定，为构建社会主义和谐社会打下坚实的基础。

三、努力做好当前和下一步的劳动工资工作

2005 年是全面完成“十五”计划、制定“十一五”计划的关键一年，也是全面落实科学发展观、构建社会主义和谐社会的重要一年。面对新的形势，劳动工资工作的总体要求是：认真贯彻落实党的十六大和十六届三中、四中全会精神，按照中央、国务院关于今年工作的部署，坚持以人为本的科学发展观，以构建社会主义和谐社会为统领，以协调劳动关系为主线，以保持劳动关系和谐稳定为目标，在

解决当前突出问题的同时，更加注重长效机制建设，进一步推进劳动关系调整体制和机制创新，为促进劳动保障事业全面协调可持续发展，为构建社会主义和谐社会创造有利的条件和良好的环境。

按照这个总体要求，当前和下一步劳动工资工作的主要任务是：解决两个突出问题，完善两个机制，提高一个能力，夯实一个基础。具体做好以下几项工作：

（一）以建立预防和解决拖欠工资问题的长效机制为重点，继续做好农民工工资清欠工作

国务院继续将解决拖欠农民工工资问题作为重要工作列入了2005年的工作要点，中央纪委也将这项工作作为纠正损害群众利益的突出问题来抓。2005年初，国务院领导明确指示由我部牵头负责清欠工作，建设部等部门配合加强对农民工工资支付的监督管理。各级劳动保障部门要按照中央、国务院要求，继续把解决拖欠农民工工资问题作为今年劳动工资工作重中之重的任务，切实抓紧抓好。

第一，明确工作目标和要求。继续以建设领域为重点，把解决历史拖欠与建立长效机制紧密结合起来，坚持标本兼治，综合治理，在继续做好清欠工作的同时，重点防止新欠，力争在多数地区建立预防和解决拖欠农民工工资的长效机制。同时着手治理中小型劳动密集加工企业拖欠农民工工资问题，使中小型劳动密集加工企业清欠工作取得初步成效。为此，一是要做好数据统计等基础工作，及时准确掌握拖欠农民工工资情况；二是做到发现拖欠及时解决；三是切实抓好长效机制的建设。

第二，进一步完善工作机制。解决拖欠农民工工资问题涉及面广，工作难度大。各级劳动保障部门要多向党委政府请示、汇报，争取地方党委政府支持。要继续健全专门工作机构，完善相关部门工作协调机制，进一步加强同建设等部门的协调配合，发挥有关部门的优势，形成工作合力。同时，要继续搞好劳动保障部门内部劳动工资、仲裁及监察等部门之间的协调配合，共同把拖欠农民工工资问题解决好。

第三，进一步加强执法检查。进一步加强对企业工资支付的日常巡视检查，对举报投诉用人单位拖欠农民工工资的违法行为，做到查实一起，处理一起。会同建设等部门以建筑、劳动密集型加工等行业为重点，继续开展农民工工资支付情况专项检查活动。对情节严重、性质恶劣的拖欠工资的用人单位，要在新闻媒体上曝光。要进一步加强劳动工资法制宣传教育，在辖区内所有招用农民工较多的用人单位，尤其是建筑工地等农民工相对比较集中的场所，以醒目的方式设立劳动保障权益告示牌，用简洁的语言告知农民工应享有的劳动报酬等基本劳动保障权益及举报投诉渠道。这项工作要作为维护农民工合法权益的一项具体行动，切实抓出成效。

第四，继续推进预防和解决拖欠工资问题的长效机制建设。各地要继续贯彻落实《建设领域农民工工资支付管理暂行办法》，制定具体实施意见，指导推动建筑企业建立规范的农民工工资支付制度。大力推动建立农民工工资支付监控制度，尚未建立这一制度的地区，要采取措施在2005年底前建立起来。积极建立工资支付保障制度，已经建立的地区要抓好制度的落实和完善，其他地区要尽快取得突破。

近期，部里将会同有关部门联合下发《关于进一步解决拖欠农民工工资问题的通知》，各级劳动保障部门要按照通知要求，认真研究制定2005年的具体工作方案，包括工作重点、工作措施及拟达到的目标等，按要求及时上报部里。

（二）继续做好国有企业改革中劳动关系处理工作，进一步维护职工合法权益

2005年国务院和中央纪委仍将这项工作列为重要任务。继续做好这项工作，对于解决当前劳动关系方面的突出问题，维护职工合法权益和保持社会稳定具有重要意义。各级劳动保障部门要进一步引起高度重视，配合有关部

门抓好各项政策的贯彻落实。

积极参与国有企业重组改制中的劳动关系处理工作。继续研究完善分类处理劳动关系的政策，加强对国有企业改制工作的事前指导、事中审核和事后督查，充分保障职工的知情权和民主参与权，把有关政策切实落到实处。特别是要严格把好职工安置方案的审核关，在政策上要把握一个“准”字，不能随意变通；在程序上要把握一个“严”字，不能违规操作；在方案上要把握一个“细”字，不能出现遗漏；在过程上要把握一个“稳”字，不能急于求成。各地要继续协助做好驻当地中央企业主辅分离辅业改制劳动关系处理工作，及时出具审核意见书。

加强对企业重组改制后的劳动用工管理。指导、督促改制后企业及时与职工变更和签订劳动合同，建立健全劳动合同管理基础台账；完善与劳动合同制度相配套的内部工资分配、休息休假、劳动保护等各项规章制度，促进劳动合同制度的顺利实施和规范运行。

（三）注重发挥劳动关系三方协调机制的作用，推动劳动合同制度和集体合同制度的落实

要按照党的十六届四中全会提出的妥善协调各方面的利益关系，建立健全社会利益协调机制的要求，把劳动关系三方协调机制作为重要抓手，重点在推动劳动合同制度和集体合同制度的落实上下工夫。

第一，加强劳动合同立法工作，加大劳动合同管理力度。积极配合做好劳动合同法的调研论证，推动这部重要法律尽早颁布实施。同时，继续推进地方劳动合同立法工作，推动更多的地区颁布地方性法规或规章。要继续以非国有企业和国有重组改制企业为重点，进一步推进劳动合同签订工作，切实提高劳动合同签订率。贯彻落实《关于加强建设等行业农民工劳动合同管理的通知》，制定适合农民工的劳动合同范本，指导、推动用人单位依法与农民工签订劳动合同，力争2005年底实现建设领域农民工基本签订劳动合同。部里将在年底结合工资支付专项检查，组织开展对劳动合同签订情况的检查。各级劳动保障部门要积极探索市场经济条件下加强劳动合同管理的有效措施和手段，建立劳动合同管理数据库，逐步实现劳动合同信息化、动态化管理。

第二，进一步建立健全集体协商和集体合同制度。一是扩大集体合同的覆盖面。采取措施推动已建立工会的企业全面开展集体协商签订集体合同，指导国有改制企业做好重签、续签集体合同工作；在中小型非国有企业集中的地区大力推进区域性集体协商，力争取得比较大的进展。二是继续将工资集体协商作为推进集体合同工作的切入点，指导推动各类企业特别是非国有企业，以工资分配、工时和劳动定额等劳动标准为主要内容开展集体协商，签订专项集体协议。三是进一步加强对集体合同的管理，依法做好集体合同的审查备案工作，健全集体合同统计管理制度。各地要在2005年10月底前摸清本地区继续生效的集体合同底数，并报部里备案。

第三，大力开展创建和谐劳动关系工业园区活动。各地要认真学习借鉴部分地区的实践经验，以指导、督促企业完善劳动合同制度和集体协商机制为主要内容，积极开展创建和谐劳动关系工业园区活动。2005年，各省区市都要选择1～2个地市开展这项试点，有条件的地区可适当扩大试点范围。要订立工作规划，制定和谐劳动关系工业园区标准，尽早启动此项工作。

各地要进一步巩固和完善劳动关系三方协调机制，在继续加强三方协调机制组织建设，增强各方代表性的同时，把工作重心转到探索完善三方协调机制的运作模式、增强工作的针对性上来，在发挥实效上狠下工夫。各级三方协调机制可以从本地区的实际出发，成立法律政策研究、劳动法律监督、工资协商指导、劳资纠纷预警处理等专门机构，抓住重点难点问题开展经常性的工作，把三方协调机制工作逐步做实。

（四）进一步完善企业工资分配宏观调控机制

第一，继续以三项制度建设为主要内容，完善企业工资分配宏观指导制度。各地要继续推进工资指导线制度建设，加强宏观经济形势分析，完善工资指导线的确定方法，提高指导线的科学性。注重发挥指导线对工资集体协商的指导作用，指导企业建立正常的工资增长机制，促使职工工资合理增长，使广大职工分享经济发展成果。要继续推动尚未建立劳动力市场工资指导价位制度的城市加快建立这项制度，已经建立的要积极创造条件增加发布价位信息的工种数量，提高信息发布质量。各地要按照部里下发的《关于建立行业人工成本信息指导制度的通知》要求，率先在大中城市建立人工成本信息指导制度。

第二，加强对国有企业工资收入分配的监督管理。根据2005年国务院的工作要点，进一步加大对国有企业工资收入分配的监督检查力度，充分发挥各级企业工资内外收入监督检查机构的作用，重点对收入过高的垄断行业进行检查。积极会同财政等部门研究完善工效挂钩政策，探索新形势下调节工资收入分配、理顺分配关系的政策措施，按照职责做好国有企业工资总额的管理工作。对国有企业拖欠职工工资问题要积极开展调查研究，指导国有资产监督管理机构督促企业认真解决，维护职工合法权益。进一步推进金融企业工资分配制度改革，完善绩效工资总额办法，指导和推动金融企业深化内部工资分配制度改革，会同相关部门研究金融企业经营者收入分配制度改革问题。国有及国有控股的金融企业要高度重视绩效工资改革工作，及时制定、报送绩效工资方案，严格执行国家批复的方案，通过工资收入分配制度改革促进企业的改革发展。

第三，继续推进企业工资立法工作。部里将加快《企业工资条例》的立法进程，争取尽快纳入国务院立法计划。已制定颁布地方工资法规、规章的地区，要集中力量抓好贯彻实施，尚未颁布工资法规、规章的地区要加快工作节奏，抓紧开展工资立法工作。

（五）全面加强劳动争议处理能力建设

第一，全面提高劳动争议仲裁机构的办案能力。一是要将推进仲裁机构实体化建设作为首要任务，争取党委政府和编制管理等部门的支持，采取切实措施加大推进力度，力争用两年左右的时间在全国省会城市、中心城市全面建立实体性的劳动争议仲裁机构；市场经济发达、劳动争议案件多发的地区，要在市、县两级逐步建立实体性的劳动争议仲裁机构。目前还没有建立实体性的劳动争议仲裁机构，但实现了行政职能与办案职能相分离，人员基本充足，经费相对独立，具备办案场所的地区，要创造条件逐步向实体性的机构过渡。各地在推进仲裁机构实体化建设过程中，要重视优化内部机构设置，探索实行立审分离，完善办案工作流程，不断提高劳动争议仲裁的处理能力。二是继续扎实开展劳动争议仲裁员的专业培训，并将仲裁员参加培训的情况与工作业绩考核和奖惩挂钩，切实提高仲裁员的政策理论水平和业务素质。三是进一步完善劳动争议仲裁制度，规范仲裁程序，健全案件受理、立案、庭审、调解、裁决和送达等环节的操作流程。不断研究改革庭审方式，实行简易案件快速审结，复杂案件合议审理，进一步提高办案效率。要继续完善内部监督纠错和责任追究等制度，加强对仲裁办案的监督和管理，探索建立上级仲裁委员会对下级的监督机制和外部监督机制。

第二，继续大力构筑劳动争议调解工作体系，提高劳动争议调解能力。进一步发挥企业劳动争议调解委员会的作用，指导、督促用人单位建立健全劳动争议调解委员会，落实工作职责，完善工作制度。在县区、乡镇和街道，特别是非公有制中小型企业比较集中的区域，积极探索建立区域性、行业性劳动争议调解组织，加强规范化建设，逐步形成企业调解、区域性和行业性调解、仲裁调解相结合的，多层次、广覆盖的劳动争议调解网络，有效发挥劳动争议调解工作“第一道防线”的作用。

（六）加强劳动标准管理，夯实基础工作

各级劳动保障部门要高度重视劳动标准工作，继续以最低工资、工时和休息休假等基本劳动标准为重点，进一步研究完善劳动标准管理体系，加强对企业执行劳动标准的监督检查，切实维护劳动者合法权益。

第一，大力推动《最低工资规定》的贯彻实施。认真落实最低工资标准每两年至少调整一次的规定，根据城镇居民消费价格指数、职工平均工资等有关因素的变化及时调整最低工资标准，尚未颁布小时最低工资标准的地区今年都要制定颁布。加强对企业尤其是非国有中小型企业执行《最低工资规定》情况的监督检查，邀请有关新闻媒体进行专题报道，在全社会营造实施《最低工资规定》、维护劳动者合法权益的良好氛围。

第二，研究完善艰苦岗位津贴制度。制定和实施艰苦岗位津贴制度是劳动标准工作的重要内容，是保护劳动者身心健康的重要手段。部里将会同有关部门开展艰苦岗位津贴的修订工作。各地2005年也要对艰苦岗位津贴问题进行调查研究，结合实际情况选择一个重点行业，研究拟订调整艰苦岗位津贴的方案，报部里审核后实施。

第三，加强工时管理工作。各地劳动保障部门要严格履行工时管理职能，进一步做好特殊工时审批工作，严格把好审批关，不得放弃审批或将审批改为备案，不得超出《关于企业实行不定时工作制和综合计算工时工作制的审批办法》规定的行业、岗位范围进行审批。对实行综合计算工时工作制的工作周期要严格掌握，批复的计算周期不应太长。要督促企业将实行特殊工时制的岗位及办法告知劳动者。加强对企业实行国家工时制度情况的监督检查，依法纠正企业的违法行为。

第四，推动开展劳动定员定额工作。为指导、推动劳动定员定额工作，目前部里正组织有关专家开展《测时法》和《劳动定额术语》两项国家标准的制修订工作。各地也要积极指导行业协会或中介组织开展劳动定额标准的制修订工作。有条件的地区，特别是劳动密集型企业集中的地区，可选择一些行业制定地方或行业劳动定额标准及新产品和工序的计件单价，指导企业合理确定劳动定额和计件单价。

各地劳动保障部门在全面推进劳动关系调整工作的同时，要进一步重视做好劳动保障方面的维护稳定工作，认真贯彻落实中央维护稳定工作的一系列指示精神，增强维护稳定的政治责任感和使命感，采取有力措施，全面落实责任制，积极预防和妥善处理涉及劳动保障方面的信访突出问题及群体性事件。要以建立健全矛盾纠纷排查调处机制和群体性事件处置机制为重点，掌握维护稳定工作的主动权。

总结经验 把握形势 努力实现金保工程建设新跨越

——在全国劳动和社会保障信息化工作座谈会上的讲话

华福周

（2005年10月28日）

一、金保工程建设的回顾和总结

2002年劳动保障部正式启动了金保工程，标志着劳动保障信息化建设进入了一个新的发展时期。三年来，在各级党委、政府的重视、领导、支持下，各级劳动保障部门团结协作，奋力开拓，努力推进金保工程建设，取得了可喜的阶段性成果。

（一）立项工作取得了较大进展

2003年，经国务院批准，国家发改委正式批复了金保工程一期建设项目建议书，完成了金保工程国家整体立项任务。2004年，国家发改委又分别批复了中央本级建设的初步设计、投资概算和西部地区补助方案，并下达了中央本级建设资金和西部地区补助资金的投资计划，中央级立项工作已全面完成。各地的立项工作也取得了较好的进展，30个省级单位完成了可行性研究报告的编制工作，并得到了部里的批复。其中广东、重庆、吉林、青海等11个省市已通过当地发改委审批，落实了系统建设资金。其他一些省市也通过积极努力，多方筹措了一定的系统建设资金。据不完全统计，三年来各地陆续投入的系统建设资金已达20亿元左右。

（二）全国系统的总体设计和规划标准已基本完成

三年来，劳动保障部先后下发了一系列关于金保工程建设的指导性文件；制定或完善了社会保险、劳动力市场等业务系统指标体系以及社会保障卡、劳动保障业务专网IP地址等方面的一系列标准规范；针对全国联网工程、数据中心建设、劳动保障电话咨询服务中心建设、示范城市建设等具体建设任务，出台了相应的指导意见和实施方案；制定了金保工程调度制度、社会保障卡发行管理制度等一系列规章制度。通过这些文件、标准、方案和制度，明确了金保工程建设的总体目标、建设任务、建设原则以及各项建设任务的具体要求，许多地区根据部里的文件也制定了本地金保工程实施的具体方案，使金保工程建设逐步走上了规范化、标准化、制度化的轨道，为建立全国统一的信息系统打下了良好的基础。

（三）全国联网工作取得了初步成效

2004年，完成了部—省网络建设，部与32个省级单位（含新疆生产建设兵团）全部实现了联网；10个省区市实现了与所辖全部地市的联网，66%的地市级以上城市实现了与省数据中心的联网；城域网已经覆盖到62%的经办机构，有条件的地区网络已延伸到街道、社区，部—省—市三级网络结构已初步形成。联网应用逐步开展，部—省间视频会议系统已经投入使用；全国已有26个省区市通过网络向部里上传养老保险监测数据，数据量占全部参保人数的50%以上。失业登记和失业保险监测已进入全面实施阶段，部分地区已经实现了数据上传。以互联网为基础的网上社保、网上职介正在部分地区试点。

（四）统一软件的开发和推广应用取得了较好效果

劳动保障部先后组织开发了社会保险管理信息系统核心平台（一版和二版）和劳动力市场管理信息系统（劳动99三版）两个核心应用软件。其中社会保险核心平台软件已经推广到300个以上统筹地区，劳动99三版也已经在一些省市推广。特别是天津、河南、安徽、山东、广东、湖北等省市正在这两个软件的基础上，统一进行全省的本地化实施。核心应用软件的统一，加快了各地的信息化建设步伐，促进了全国数据标准的统一，推动了各地业务流程的规范，也加速了系统的进一步整合。目前，以社会保险五保合一、劳动力市场与社会保险信息系统一体化为主要特征的整合工作已经在一部分地区开展。

（五）重点建设任务稳步推进

金保工程得到了各级劳动保障部门的高度重视。三年来，各地按照部里的总体部署和统一建设的要求，全力推进金保工程建设，取得了较为显著的成果。据统计，截至2005年9月底，已有近180个地级以上城市建立了数据中心，其中大约20个实现了生产区的统一；120个左右的地级以上城市建立了政府网站；80余个地级以上城市开通了“12333”专用服务号码，其中近20个建立了电话咨询服务中心；社会保障卡的持有人数已达到1 800万人。在建设过程中，各地也积累了宝贵的经验。如山东省青岛市建立了统一的数据中心，整合了社会保险和劳动力市场两大业务系统，极大地提高了管理水平；广东省深圳市开辟了全方位的网上服务，极大地方便了社会公众；又如福建省通过对视同缴费年限和历年缴费基数的“两个确认”，深入开展数据整理工作，大大提高了数据质量。许多中西部地区也克服了各种困难，探索出适合自身实际情况的信息化道路。如新疆自治区克服资金等方面的困难，在统一软件实施、数据中心建设等方面取得了可喜的进展。随着金保工程统一建设的推进，提高了劳动保障信息化整体水平，也带动了劳动保障工作管理和服务水平的提高。

（六）机构、队伍建设得到较大加强

全国绝大部分省级劳动保障部门、1/3以上的地市级劳动保障部门建立了专门的信息化综合管理机构（信息中心）。尚未建立专门机构的地区，也基本明确了具体的信息化综合管理部门。技术人才的引进和培养也得到较大幅度的加强。2005年部里组织了多期培训班，培训人员达2 600人次以上，取得了很好的培训效果。特别是专门针对地方领导干部组织的培训班，受到许多省市的重视，地方劳动保障部门的400多名领导同志，包括许多地方的“一把手”领导亲自参加了培训，为提高金保工程建设的管理水平打下了基础。各地也根据实际情况进行了各类人员的金保工程建设培训。随着金保工程的建设实施，通过与有关专家、咨询机构、专业公司合作，使我们既学到了值得借鉴的项目管理经验和专业技术知识，也使我们的队伍得到了实践锻炼。目前一支熟悉业务，钻研技术，能够吃苦，甘于奉献，热爱劳动保障事业的信息化建设和管理队伍已经初步建立。

各地在开展金保工程建设工作中，积极探索，勇于实践，为进一步把金保工程建设推上一个新台阶积累了宝贵经验。

第一，统一认识是基础。经过几年的不断实践，建立“完整、正确、统一、及时、安全”的劳动保障信息系统，以此全面加强劳动保障系统整体行政能力，提升服务社会的水平，已经逐步成为各级劳动保障部门的普遍共识。一个集全系统之力，共建金保工程大业的局面已经形成，为推进金保工程建设，促进劳动保障事业的健康、持续发展奠定了基础。

第二，领导重视是关键。金保工程建设取得的成绩，与各级领导的高度重视和大力支持是密不可分的。党中央、国务院领导一直十分关心金保工程建设，并多次作出重要指示。2004年8月，黄菊副总理专门对金保工程建设作出重要批示，要求各级政府“高度重视、加强指导、加速推进”。劳动保障部党组将金保工程列为我部的“一号工程”，本次会议田成平部长专门做了书面讲话，充分体现了对金保工程建设的重视和关怀。很多地方劳动保障部门的领导，特别是“一把手”对金保工程建设给予了大力支持，他们亲自过问，亲自去争取资金，亲自协调解决各种难题。如果没有各级领导的重视和支持，就没有金保工程建设的今天。

第三，完善机构是前提。从各地的建设实践看，金保工程建设走在前列的地区，大多都建立了专门的、统一的信息化综合管理机构，将分散在各部门的技术力量整合在一起，统一对金保工程建设进行管理、协调和组织实施。统一的信息化管理机构，不仅能够集中各部门的技术力量，形成合力，更能保证金保工程的完整和统一。

第四，部门配合是保障。许多地区的经验表明，金保工程绝不仅仅是信息化部门一家的事情，需要各个部门分工明确，紧密协作，共同推进。信息部门要“搭台”，通过设备、数据的集中和系统的整合搭建统一的平台，让各个业务部门在上面“唱戏”。业务部门既是信息系统的使用者，也是优化流程、提出需求、抓好应用、管好数据质量的直接承担者，从而成为系统建设的重要参与者。实践证明，只有各个部门间形成良性互动的机制，金保工程建设才能健康地向前推进。

当然，我们在总结成绩和经验的同时，应该看到，当前金保工程建设中还存在一些亟待解决的问题。主要表现在：一是一些地方和部门对金保工程建设的重要性认识不足，重视不够，各地金保工程建设发展不平衡；二是数据中心的规模和统一的程度还有待提高：三是全国联网的进度还有待加快；四是统一软件的覆盖范围还需进一步扩大，一些联网应用亟待启动等。对这些问题，我们必须引起足够重视，并在工作中坚持不懈，采取有效措施，努力加以解决。

二、正确认识和把握金保工程建设面临的新形势

党的十六届五中全会，再次向全党提出了以科学发展观统领全局，实现经济社会全面协调可持续发展的战略任务，也对劳动保障工作提出了新的、更高的要求。金保工程建设要适应新的形势，不断开拓，不断创新，不断发展。

（一）适应建设和谐社会的新要求，牢固树立以人为本的理念

在党中央、国务院批准的12个电子政务重点工程当中，金保工程是与人民群众的生存发展联系最紧密的工程之一。“以人为本，为民服务”是落实科学发展观，建设社会主义和谐社会的重要内容，也是金保工程建设必须牢固树立和始终坚持的理念。要把让人民群众是否从中得到实惠，作为金保工程建设的出发点；把人民群众是否满意，作为衡量金保工程建设成功与否的重要标志。

第一要为民。劳动保障工作的根本目的是为了促进就业，保障劳动者就业和社会保险的各项权益，促进劳动关系的和谐，维护社会稳定和经济社会的发展。金保工程建设要紧紧把握为民服务这一根本宗旨，将为民服务作为系统建设的基本内容，贯穿金保工程建设的始终。

第二要亲民。要通过金保工程建设，架起我们和广大人民群众沟通的桥梁，拉近我们和广大人民群众的距离，让广大群众能够方便、及时地了解和咨询到劳动保障政策和办事程序，也让我们能够更清楚、更广泛、更及时地

倾听群众的心声，让老百姓咨询有道、投诉有门。

第三要便民。要通过金保工程建设，把网络延伸到街道社区，把信息和服务送到老百姓身边，让广大群众非常方便地查询账户情况，查询岗位空缺，获得他们关心的信息，将来还可通过网络，进行网上求职和网上各项社会保险事务办理，让老百姓无须走进劳动保障局大门，就能享受到劳动和社会保障服务。要搭建一个覆盖全国的信息网络，为劳动者跨地区流动，跨地区享受各项社会保险待遇提供支持，努力做到劳动者走到哪里，服务就跟到哪里，实现对劳动者“记录一生、管理一生和服务一生”。

（二）把握“转型期”劳动保障工作新特点，紧紧抓住长效机制这一主线

2004年底召开的劳动保障工作会议作出了劳动保障工作处于“转型期”新阶段的重要判断。新的阶段要求在过去工作的基础上，进一步推动制度完善、机制创新和管理能力的提升。“转型期”为信息化工作增添了新的内容，提出了新的要求，我们一定要主动去适应这一转变，去促进这一转变。

“转型期”劳动保障工作的新特点，要求我们立足于现实，立足于当前各项劳动保障工作的现实需要，为促进就业服务，为“两个确保”服务，为劳动关系的稳定和谐服务，为解决当前劳动保障工作中的热点、难点问题服务；要求我们放眼长远，不断研究劳动保障工作中出现的新问题，跟踪劳动保障业务发展的新趋势，研究如何利用信息化手段去帮助解决新问题，适应新趋势，做到未雨绸缪；要求我们紧紧抓住长效机制这一主线，从为建立劳动保障事业长效的、可持续发展的新机制提供技术保障的高度，去认识和推进信息化工作，特别是要把握金保工程建设在建立劳动保障长效机制中所发挥的重要作用。

“长效”意味着全面。长效机制要求信息系统要覆盖各项劳动力市场业务和社会保险业务；要涵盖职业介绍、职业培训等就业服务业务，将来还要扩充到劳动工资、劳动关系、劳动监察等其他劳动保障业务；要覆盖劳动保障业务中所有需要信息系统支持的方面，将来随着劳动保障事业发展的需要，还要把进城务工人员、城镇灵活就业人员等群体也纳入到系统当中。并且将关系到劳动者切身利益的各项数据记实、记全，为用人单位和劳动者提供方便、快捷的信息服务。

“长效”意味着统一。长效机制要求我们通过统一建设，将过去分散、独立的系统整合起来，将各业务部门、各地区通过网络互联起来，实现各项业务间信息的充分共享，将全国劳动保障信息系统建成一个统一的整体，发挥系统的整体效力。

“长效”意味着协同。长效机制必然是各项业务紧密衔接、协同作战的机制。“协同”是劳动保障工作的内在要求，信息化工作不仅要适应这一要求，服务于这一要求，更要努力去实现这一要求。要将金保工程的完整和统一的效果，通过协同体现出来。要通过搭建一个统一平台，实现各业务间的信息共享，逐步形成各项业务协同办理的工作模式。

（三）认清信息化工作面临的难点和问题，始终坚持体制创新这一方向

经过多年的不断实践，劳动保障信息化建设逐步从以代替手工操作为目标的初级阶段，步入以全面提升劳动保障行政能力和服务水平为目标的新阶段。从分散到统一，从独立到整合已经成为信息化建设的内在要求和主要特征，但在统一建设的过程中，来自现行体制和制度层面的矛盾逐渐显露出来。金保工程建设要求统一，但我们的业务却是分部门办理的；信息系统建设要求标准化，但我们的管理和服务流程在各个地区、各个业务之间却有待进一步规范。这些历史形成的矛盾和问题，已经成为影响金保工程进一步推进的主要难点。

要解决上述问题，突破上述难点，就必须在体制创新上下工夫。许多地区，特别是走在前列的发达地区，都将体制创新，作为金保工程建设的一项重要内容。如江苏南京、泰州等

城市，在金保工程建设过程中打破部门分割，重新规划成立了统一的征缴中心、支付中心、基金管理中心和信息中心，并在此基础上重构和优化了业务流程，全面提升了劳动保障工作的管理服务水平。还有些地区，从规范管理、提高效率、方便群众出发，按照统一征缴的要求，梳理了业务流程，优化了管理服务模式，为金保工程统一建设创造了良好的外部环境。各地的实践表明，凡是金保工程建设真正取得实效的地区，一定实现了机制、体制和管理服务的创新；金保工程建设暂时滞后的地区，不仅存在资金和技术问题，缺乏机制和体制上的突破也是重要原因。金保工程建设的过程，就是以先进的信息技术为支撑，不断创新体制和机制，实现劳动保障工作迈上新台阶的过程。

体制创新既涉及信息化本身工作机制的建立，也涉及业务管理模式的提升；既有部门间协作关系的调整，也有系统的整合、改造和升级。对此，要特别注意两个方面的问题：一是要注意平稳过渡。目前，全国大部分地区或多或少地已经建立了不同层次的信息系统，积累了大量的数据资料，非常珍贵。数据的集中和系统的整合需要一个过程，既要继续支持各项业务的正常开展，保证系统的平稳和平滑过渡，保证业务的前后衔接，又要按照统一要求升级系统，满足劳动保障业务的长远发展。二是要做好技术支持。体制和机制的创新，必然涉及技术人员的集中，但人员的集中并不是简单地将人从业务部门抽走，而是要将全部技术力量整合在一起，形成合力，全力为业务部门服务。要保证服务的接续、及时和质量的提高，做到平稳过渡。为此，信息部门要提高服务意识，加强对劳动保障业务的学习，加强对业务部门的支持，真正体现出集中管理的优势，成为业务部门可信任、可依靠的技术后盾。

三、努力抓好金保工程建设各项工作

今后一段时期是金保工程建设的关键时期，各地要按照劳动保障部的总体部署，继续努力，加速推进。具体任务可概括为抓好五项工作，巩固三个基础。五项工作即是：以示范城市为龙头，全面促进城市系统建设；以系统整合为重点，抓好数据中心建设；以统一软件为抓手，推进业务系统建设；以提高联网应用为目标，促进全国联网建设；以贴近服务为宗旨，加快公共服务系统建设。三个基础即是：标准规范、资金筹集和队伍建设。

（一）关于示范城市建设

2004年我们确定了抓示范城市建设，带动金保工程全面发展的实施策略，一年来的实践证明，这是推进金保工程建设的一个有力举措。“示范”出动力。对于示范城市自身来说，被列入“示范”，增强了其建设金保工程的使命感和责任感，推动了其自身的系统建设。“示范”出标准。示范城市建设中形成了具体的、可衡量、可操作的评估标准，让我们找到了前进的着力点。“示范”出经验。示范城市在金保工程建设中摸索出的经验，是我们宝贵的财富。“示范”出样板。通过示范城市典型引路，带动其他城市全面推进。希望各地一定要重视示范城市建设，按照部里的部署全面完成示范任务。

一是要找出差距。从已经完成的自评情况看，示范城市的系统建设有了一定的基础，但还存在着总体水平有待提高，地区间发展不平衡等问题，需要各地找出差距，找准方向，抓紧时间，继续推进。二是要抓好评估。评估工作是检验建设效果的重要手段，也是促进示范城市系统建设的有力措施。按照原定计划，2005年底要进行前期评估，2006年还要进行验收评估。各地要按照部里的既定安排，精心组织，严格标准，及时总结，认真评估。三是要树好典型。在评估的基础上，要将认真执行部里各项标准、规范和要求，取得一定建设成果和应用效果的城市，作为典型树立起来。要根据地域分布、经济状况、城市规模等情况，树立不同的典型，使典型更具代表性，更有借鉴价值。四是要整体推进。抓示范城市的同时，也要抓好其他城市的系统建设。要通过经验交

流等方式，把示范城市好的经验、好的做法传授给其他城市，形成示范带头，整体推进的局面。

（二）关于数据中心建设

各级各地劳动保障数据中心是金保工程全国网络的节点，是信息系统最基础、最重要的环节。按照各地数据中心分布方案，全国将建立大约380个数据中心。如果这380个节点都是合格的、过硬的、过关的，我们的劳动保障信息系统就能成为一个完整、统一的整体。

一是要物理集中。数据中心建设，关键在于设备、人员和数据的集中。设备集中，就要有符合国家标准的机房，将分散在不同地点、不同应用系统的主机、网络和安全设备等软硬件资源全部集中起来。人员集中，就要将分散在各个部门和经办机构的技术力量整合在一起，统一管理。数据集中，不仅要实现交换区和决策区的集中，也要实现生产区的集中，确保同一劳动保障管理服务对象在其活动区域内信息的一致性和准确性。二是要注重安全。设备、数据集中起来后，安全问题就变得更为突出。由于牵涉就业、养老、就医等劳动者的基本保障，牵涉对广大人民群众提供服务，系统的安全稳定运行十分重要，出不得半点问题。各地一定要通过各种技术措施和管理制度确保系统安全。

（三）关于数据整理和数据整合

数据是系统的生命，是我们进行管理和提供服务的基础，一定要真实、准确、一致。由于历史的原因，目前分散在原来各业务系统的数据准确性、一致性并不尽如人意，这就需要我们扎扎实实地做好数据整理和数据整合工作。从示范城市自评的情况看，目前各地数据整理和整合的得分较低，有1/3的示范城市尚未系统地开展整合工作。

数据的整理和整合，一是要充分认识这项工作的复杂性。从一些地区的实践经验看，由于原有的各业务系统分散建设，各自开发，各自维护，数据标准、规范、定义又有很大差别，在整理和整合过程中需要有大量手工劳动，要有一个较长的过程。各地要及早安排，创造条件，知难而上，努力做好这项工作。二是要形成部门间分工协作的工作机制。数据整理主要是业务数据的补齐、记实和正确性核实等，主要由业务部门来完成，信息化管理部门应予以技术支持。数据整合要在数据整理的基础上进行，但它绝不是对劳动保障系统中某个部门或某个险种数据的简单整理，而是跨越劳动保障各个业务，在整个系统内构建合理的数据存储模式，保证数据的一致性，满足各个业务部门或各个险种需要的过程，需要各部门共同参与，协调一致。要既有分工，又有协作，相互配合，抓出实效。三是要做好与系统建设其他工作的配套。数据补齐、记实的过程，也是规范业务管理的过程。数据整合工作中，需要考虑整合后数据的入口，考虑整合后数据的维护和更新，考虑如何在数据整合的基础上进行业务流程的再造和优化。要将数据整理和整合工作作为系统整合的突破口，与其他建设工作统筹谋划、共同推进。

（四）关于统一软件的应用

金保工程建设中，我们一直要求采用全国统一的应用软件。这不仅可以节省开发资金，而且还是实现整个系统完整统一的重要手段。软件搭载着标准，统一了软件，就意味着统一了标准；软件搭载着流程，统一了软件，也就会促成业务流程的统一和规范。在各地进行的系统整合过程中，大家已深感到未使用统一软件的弊端。从全国联网工程建设的大局来看，不使用统一软件，就不可能实现信息交换和共享，不可能实现跨地区业务办理。统一应用软件，要注意解决好三个方面的问题。

一是要保持软件的统一性。由于业务经办流程的差异，对于社保核心平台和劳动99两个核心业务软件，准许地方在统一软件的基础上，根据本地的实际情况进行本地化。但是本地化一定要以不影响软件的统一性为前提。在本地化过程中，要严格遵守部里的统一标准，既要考虑到当前业务需求，又要考虑到劳动保障业务逐步走向规范的大趋势，要按照“求大同存小异”的原则，将本地化的“量”限制在最小范围。二是要选择好合作伙伴。合作伙伴不仅要帮助我们完成本地化实施工作，而且要为系统的长期稳定运行提供支持。我们选择的合作伙伴，一定要在经济上有实力，管理上有水平，开发上有经验，信誉上有保证，要能够为我们提供长久、优质的服务。其中应用系统的建设要从部里认定的统一软件前台技术支持商中招标选择，社会保障卡建设要从获得部里检测合格证书的单位中招标选择。三是要努力促进社会保险和劳动力市场两大系统的整合。社会保险核心平台和劳动99软件在基础标准上是一致的。各地在实施本地化项目过程中，要充分利用两个核心软件的这一优势，优化和重组本地的业务流程，谋求信息在两个系统之间的一致性，争取实现“同人同城同库”。

（五）关于省市联动

金保工程建设要有全国“一盘棋”的思想。只有上下协调，步调一致，才能保证金保工程形成一个完整、统一的整体。各级劳动保障部门都要有大局意识，要将当地的劳动保障信息化建设纳入全国的总体部署，形成良性互动的工作机制。具体地讲，一是要示范先行，全面推进。条件好的地区要先行，要带好头，要做好示范城市建设工作；基础较差的地区更要下大力气创造条件，跟上步伐，不能掉队。二是要充分发挥省级的桥梁作用。省里在做好本级工作的同时，要加强对地市的工作指导，要坚决将部里的精神贯彻下去，有条件的省，还可以开展统一应用软件的全省本地化工作，以此促进全省的规范化建设。三是要做好情况反馈。要认真执行调度制度，要把当地的建设情况及时如实地反馈到部里。只有部里对各地的建设状况心中有数，才能进行客观分析，作出正确决策，才能运筹帷幄，指导各地，推进全国金保工程建设顺利发展。

（六）关于几项基础工作

第一，抓好标准规范。目前部里已经制定并发布了一系列标准和规范，各地要严格遵守。接下来部里还将陆续制定、修订、完善和发布一些标准和规范，大家也要认真执行。一是业务规范要超前，不仅要适应现行的业务模式，更要适应通过信息化建设优化后的流程；二是技术标准要实用，要兼顾各地区不同的承受能力，不同的发展水平，并留有一定的发展空间；三是要重视业务本身的规范化，业务的规范、流程的规范是金保工程统一标准的重要环节，要下大力气抓好。

第二，抓好资金筹集。尚未完成金保工程立项的省市，要积极主动地与当地审批部门进行沟通、协调，争取早日立项，早日落实资金，形成稳定的资金来源。与此同时，各地也要多动脑筋，多想办法，多渠道筹措资金。目前，一些尚未立项的地区，也已经通过各种渠道筹措到了资金，并按照部里的统一部署推进金保工程建设。这些地区的做法很好，希望大家广泛交流筹资经验。只要我们有信心，有决心，解放思想，创新思维，学习吸纳其他地区好的经验，广开门路，多方筹资，资金问题总是可以解决的。

第三，抓好队伍建设。能批下机构、要到编制的地区，要尽快落实；暂时批不下机构的，也要先将分散在各个业务部门的技术力量集中在一起，形成合力，发挥集体效力；已经成立专门机构的，要注意在工作中与业务部门配合，做好日常技术支持和服务工作，形成分工协作、齐抓共进的工作局面。要努力引进和培养金保工程建设所需的各方面人才，包括项目管理人才、信息技术人才、信息管理人才等；要加大培训力度，在对项目管理和技术人员进行培训的同时，也要对系统的使用操作人员进行长期的、制度化的、规范化的培训，确保系统能够按照设计规范和管理要求稳定运行。

认清形势　明确任务
开创劳务输出工作新局面

——在全国劳务输出工作座谈会上的讲话

劳动和社会保障部副部长　张小建

（2005年9月9日）

就业城乡统筹是个大题目。从长远来看，是要建立城乡统一、竞争、开放、有序的劳动力市场及相应的劳动力管理与服务体系，形成城乡劳动者自由流动、自主择业、平等就业的制度环境，实现城乡劳动力资源在全社会范围的合理配置。就当前来讲，工作重点有二，一是要大力推进劳务输出工作，二是要在有条件的地方进行统一城乡劳动力市场的试点。我们今天这个会专题研究劳务输出工作，实际应是劳务输出输入工作，为了简单明了，我们用习惯叫法即劳务输出，但所有的内容，都是对输出输入两个方面讲的。

这次座谈会的主要任务是：分析劳务输出工作面临的形势，交流各地好的经验做法，研究部署下一步工作。

一、认清形势，增强抓好劳务输出工作的信心和决心

（一）从需求和供给两个方面来看，发展劳务输出仍有巨大的空间和持续的动力

从需求看，在未来一段时间，中国经济仍将保持较快增长，增长潜力最大、对劳动力需求最大的产业主要是制造业和服务业。而其用工需求将主要由农村转移劳动力来满足。近年来，部分地区出现民工短缺，产业发展所需的技术工人更是供不应求，发达地区和城市对民工特别是技工有着强烈的需求，都进一步说明这一点。这种持续扩大的就业需求肯定会带动劳务输出规模的进一步扩大。

从供给看，随着农村经济结构的进一步调整和我国城镇化进程的加快，我国将有大量农村劳动力向城镇转移。据预测，“十一五”期间，我国农村人口向城镇转移的总规模将达到7 500多万，年均转移为1 500万以上。同时，农民外出打工就业的收入，越来越成为他们增收重要的、持续性的来源。农村富余劳动力转移的巨大压力和农民增收的动力，必然导致劳务输出规模的相应扩大。

总的来看，在需求所形成的拉力和供给所构成的推力作用下，劳务输出仍有很强的生命力和巨大的发展空间。

（二）从工作现状看，只要下决心去解决问题，劳务输出工作大有可为

这些年，由于政策缺乏，投入不足，开展劳务输出存在一些困难和问题，与劳动力供求双方的需要相比，我们的工作还有较大的差

距。比如公共信息渠道不畅，市场中介行为不规范，供求双方难以有效对接，导致农民工进城求职无门；适合农民工转移的培训不足，农民工的素质不能适应企业需求，导致农民工有岗难上；有组织劳务输出的比例还很低，农民工外出就业的成本和风险比较高，他们的权益不时受到侵害，导致农民工就业不稳。

针对这些问题，按照党中央、国务院的要求，近年来我们做了一些积极的尝试。比如我们在2005年初组织实施的“春风行动”，公共就业服务机构积极行动，努力改善对农民工的就业服务，为110多万农民工提供了免费服务，同时通过推荐放心民办机构，为农民工求职提供诚信服务。并联合有关部门开展劳动力市场清理整顿，有力打击了非法职业中介活动。又比如我们会同有关部门，在多个领域开展多次专项行动和联合检查，大力解决建筑业农民工工资拖欠工作。一些地方有针对性地加强对农村劳动力的技能培训，大力开展多层次、多形式的劳务对接和劳务协作。这些工作都是初步的，但已取得了较好效果，得到了广大农民工的欢迎。

这说明，劳务输出工作中的问题虽然较多，困难较大，但只要下决心去解决，下大力气开展工作，劳动保障部门搞好劳务输出工作就大有作为。

（三）从政策环境看，劳务输出工作将迎来更好的机遇和条件

近年来，党中央、国务院越来越重视农村劳动力转移就业工作。2004年底，国务院办公厅下发《关于进一步改善农民进城就业环境工作的通知》（国办发［2004］92号，以下简称《通知》），对改善农民进城就业环境进行了具体部署。2005年以来，温家宝总理几次对农民工问题作出重要批示，要求从深层次研究农民工问题，制定和完善涉及农民工的各项政策。黄菊副总理在带领我们研究完善就业再就业政策时，也强调要把农民工放在新的政策框架中，在目前确定的框架中已提出了含金量较高的政策建议。

各地党委政府近年来也越来越重视劳务输出工作，普遍加强对劳务输出工作的领导，有些已经走在前面了。如吉林、湖南、陕西、甘肃等党委、政府联合发文，在明确目标、资金投入、机构设置等方面提出明确要求；宁夏、江苏、安徽等专门召开劳务输出工作会议，对劳务输出工作进行专门部署；黑龙江省政府主要领导同志亲自抓，进行全方位多层次的劳务对接。很多劳务输出大县都把劳务输出工作作为一项支柱产业来培育和发展，成立专门的领导小组，书记、县长挂帅，千方百计搞好劳务输出工作。

总的看来，推进劳务输出已成为这些地方党政的自觉行动。劳务输出工作正面临一个新的更好的发展机遇。各地劳动保障部门一定要抓住这一良好机遇，在这方面工作全面启动开局时就牢牢把握住工作主动权。

二、明确任务，把握推进劳务输出工作的要求

今后三年，劳务输出工作的任务和总体要求是：确立城乡统筹、以人为本的工作理念，推行培训、就业、维权三位一体的工作模式，狠抓输出输入双向对接的落实，发挥相关政策的效应，以有组织输出带动多元化输出，推进劳务输出工作在规模、质量上有一个更大的发展。

具体要求是：

（一）培训、就业、维权一手抓，推行三位一体

培训、就业、维权，是劳务输出工作的三个关键环节。这三件事情既是农民最关心的问题，也是我们劳动保障部门工作的切入点和主要抓手。要想把劳务输出工作搞好，就必须围绕这三个环节下工夫。培训的工夫要下在“对路”上，就是要对企业岗位需求的路，对农民择业的路；同时，要充分发挥管理资金和培训机构的职能。就业的工夫要下在“可靠”上，就是就业信息要可靠，后续服务要可靠；同时，要充分发挥能够提供免费服务和管理劳

动力市场的职能。维权的工夫要下在“确保”上，就是出现问题要查处，并建立长效保障机制；同时，要发挥劳动监察和劳动管理职能。当然，这三个环节绝不是相互孤立的，而是相互联系的。我们劳动保障部门抓劳务输出的实力和优势是什么？我看靠的就是能把这三件事情一手抓！这是我们独有的职能优势。因此，要想使劳务输出工作再上一个新台阶，很关键的一条就是把部门职能优势充分发挥出来，把培训、就业、维权这三件事情扭到一起，形成三位一体的工作格局。

怎样才算三位一体？相信各地会创造出多种模式。这里我只想强调两点。第一，各级劳动保障部门的领导，要把劳务输出的培训、就业、维权三位一体作为工作的总抓手，综合考虑，统筹安排。要让党政领导和全社会都了解这是劳务输出工作命脉所在，也是劳动保障部门的职责所在。第二，要指导具体从事劳务输出工作的实体搞好三个环节的衔接，让三者有机结合起来。要注意总结和推广基层这方面的经验，并从政策层面加以鼓励和支持。无论是紧密结合还是松散结合，只要有利于三位一体，我们就大力提倡。

（二）输出输入两头抓，做实双向对接

搞好劳务输出工作，输出地责无旁贷，也具有巨大的原动力。但输入地也应当由被动等人上门转到主动接人入门，因为“善待农民工，就是善待自己”，输入地在这方面同样有动力。所以搞好输出地和输入地的双向对接，十分重要。当初建立的三大劳务协作区，就是由各地同志在对接方面的发明创造。这些年，各地在搞好对接上又创造了很多好形式，如签订政府间的劳务合作框架协议，建立信息沟通渠道和政策协调机制，派驻劳务工作机构，认定劳务基地，组织劳务洽谈会，组织企业定向招工，培训机构搞订单培训，输出输入地搞维权合作等，应予充分肯定。但从总的情况看，我们在双向对接上程度不高，实效不足，不仅存在大量劳动者盲目流动和企业招不到人的问题，并且在搞了对接情况下，又出现签了协议但落实不了，组织了培训但达不到企业要求，送来了工人但待遇不能落实，后续服务跟不上等问题。这些都说明没有对接不行，有了对接做不实也不行。这些问题不解决，劳务输出再上新台阶就成了空话。

如何才能把对接做好做实？还要靠大家在实践中研究、探索。有两条要特别注意。一是搞对接要明确最终目的和效果，并以此作为衡量对接好坏的标准。二是搞对接要有制度化的安排，要有落实的硬措施，要有诚信保证，还要有必要的激励约束督促机制。顺着这个思路，我们是不是可以确定一些核心指标和相应制度，来检验对接实不实，促进大家把对接去往实里做。希望大家一起来思考，去实践，共同找出答案。

（三）趁势而上主动抓，依靠政策发力

过去我们搞劳务输出工作，有工作号召行政要求而没有过硬政策，特别是缺乏资金的支持，可以说是没有枪没有炮只有一把冲锋号。这次就业政策框架中关于农民工的政策，除了总的方面有要求外，具体的有两条：一是对农村劳动力转移就业，给予一次性的培训补贴。中央财政要安排资金，地方财政也要安排，培训补贴基本上要跟着人走，补到人身上，再补到输出地或输入地的培训单位，也就是说必须使农民工得到有效的培训。二是对农村劳动力进城求职，给予职业介绍补贴，公共职介机构则必须免费服务。这是两条“含金量”很高的政策，既给农民带来了实惠，也解决了我们培训机构和职介机构改善为农民工服务和培训的成本问题。由劳动保障部门、财政部门进行安排、定规矩。因此，也是我们劳动保障部门推动劳务输出最权威、最得力的政策支柱。对农民工培训，我们原则是，第一是主要靠自己，不包办；第二是政府要出钱，要补贴。对贫困的农民可以多补一些；对急需工种的农民工培训，也可以多补一些。要根据不同的情况、不同的群体给予不同的补贴。

有了政策能否用好用足，对我们是一个考验。我们要很好地总结各地实践，拿出一套好的操作办法。要把政策用好、用足，发挥政策的最大效益，也要防范道德风险。一要防止培训对象来骗钱，包括培训机构和其他不法分子来钻空子；二要防止我们内部出现违法乱纪的事情。总之，要通过贯彻落实政策，建立劳动保障部门对劳务输出工作牵头抓总的新格局，开拓为农民工服务的新局面。

三、面对现实，集中力量抓好几件实事

（一）抓规划，出政策，强化组织领导

各级劳动保障部门要向党委政府多汇报、多请示，争取党委政府的重视和支持。省一级的再就业工作联席会议在改为就业工作联席会后，要加强对劳务输出工作的指导。劳动力输出数量较大的地区，要按照《通知》的要求，强化对劳务输出工作的组织领导，研究解决劳务输出工作中遇到的问题。劳动保障部门要切实发挥协调作用，统筹做好开拓劳务市场、收集发布劳务信息、培训劳务人员、组织劳务输出、协调劳务管理、提供劳务服务和法律咨询、维护农民工合法权益等方面的工作。

当前，各地正在研究制定“十一五”规划。各地劳动保障部门要从统筹城乡就业出发，把劳务输出工作摆上重要议事日程，制定劳务输出专项规划，并争取列入当地社会经济长远规划和年度发展计划，建立科学的劳务输出目标责任管理体系。同时，省级劳动保障部门要指导市、县劳动保障部门制定好本地区劳务输出工作规划。

各地劳动保障部门要进一步加强对农民工问题的研究，已经出台政策的，要根据新政策精神进一步完善；没有出台政策的，要做好政策准备。国家的新政策出台以后，各地要根据本地实际情况，迅速研究制定切实可行的贯彻实施政策措施。要充分借鉴一些地方创造的“政府购买培训、服务成果”“培训服务项目招投标”“职业培训券”等成功经验，建立完善相关制度，更多地运用市场机制来配置资源，运用目标考核、全过程监控等办法来提高培训质量和转移就业的质量，并加强资金管理。

（二）抓示范，创品牌，提升劳务输出规模和质量

先说抓示范县。各地在推动劳务输出工作中，涌现出了一批劳务输出工作突出、成效显著的县，为全国搞好这项工作创造出了许多很好的做法和经验。今天来参会的黑龙江林口县、山东省宁阳县、河南省滑县就是他们中间的代表。这些县的党委政府高度重视，把劳务输出工作作为强县富民的战略措施来抓，作为“一把手”工程抓在手上，近几年来劳务输出工作一年一个台阶，取得了良好的经济效益和社会效益，加快了整体发展步伐。

这就给我们一个启示，抓劳务输出工作，必须抓一批能够起到示范作用的重点县，以此更好地推动全国的劳务输出工作。情况的掌握、政策的落实、工作的推动，县一级非常关键。把劳务输出工作做细做实，推动其健康发展，必须充分发挥县一级的作用。在实际工作中，一些省份已经在这样开展工作，并在指导示范县强化组织领导，健全县乡就业服务体系，推行培训、就业、维权三位一体工作模式，搞好与输入地以及用人单位的双向对接，大力发展有组织劳务输出等方面有新的突破。各地要充分发挥这些示范县的典型引导作用，提炼和推广他们的经验做法，加强对其他劳务输出县的工作指导。

在各地推荐的基础上，在省里抓的基础上，部里将陆续确定一批国家劳务输出重点示范县。一是希望通过抓重点示范县，进一步将劳务输出政策的制定贯彻、工作的推进落实抓细抓实。二是希望通过重点示范县的典型引路，将组织劳务输出工作的经验在更多的县开花结果，使这项工作整体再上一个新台阶。

再说创品牌。我们考虑，劳务品牌是劳务输出中很有生命力的事物。打造一个品牌，对于打响本地劳务知名度，扩大劳务输出规模，提高劳务输出质量和效益，促进本地社会经济发展，都具有十分重要的作用。在实际工作中，一些地方十分重视品牌的培育和打造，已

经涌现出了一批经过市场的检验、能够在区域乃至全国都叫得响的劳务品牌。同时，在培训机构、劳务输出公司方面，也涌现出了一批品牌。我们抓品牌，已经有了一个很好的基础。

抓品牌，是我们搞好劳务输出工作的又一个重要抓手。各地劳动保障部门要鼓励创品牌，并加大对品牌的扶持，比如就业服务机构优先推荐品牌劳务，加大对品牌劳务培训的补贴力度。要通过多种形式，加大对品牌的宣传。比如在区域协作活动中加强对本地品牌的推介。部里也将通过各种平台和媒体，大力加强对这些品牌的宣传和推介。要引导品牌单位搞联合、连锁，用品牌的良好声誉、经营之道来带动一个地区、一个行业劳务输出质量的大提高，诚信的大加强。要通过我们共同的努力，使品牌在劳务输出输入的各个领域发挥提升水平的效应，并成为劳务经济在整个经济中的质量效益代表。

（三）抓协作，搞对接，提高组织化程度

劳务协作是劳动保障部门一直推动的一项重要工作。20 世纪 90 年代以来，建立了华东、华南、华北、西北等区域性劳务协作组织，输入地和输出地通过建立劳务基地，签订劳务协议，促进有组织的劳务输出，取得了比较好的效果。这几年，经过各地积极探索，在劳务协作方面又有不少新亮点，一个多层次、多形式的劳务协作格局正在形成。省际协作仍然发挥着重要作用。除了区域协作，已出现了省际双边协作，越来越多的省在考虑用具体的双边协议来协调政策，联手管理，相互作出工作承诺，为本地劳动力输出或输入提供指导。市县政府开展劳务协作日益活跃。同时，输出地的劳务输出组织和输入地的用人单位逐渐成为劳务协作的主角，他们之间基于市场合约的协作形式，成为劳务协作的重要形式。这些输出组织有劳动保障部门的服务机构，有劳务输出公司，有技校，有劳务派遣组织等。

下一步搞好这项工作，要在注重实效上下大工夫。一是输入和输出双方签订的劳务对接协议要符合实际，有切实内容，有落实措施，并且易于操作，切实保证取得实效，避免流于形式。二是从主要是政府部门的行为，转变为政府搭台，民间唱戏，指导民间机构加强对接，鼓励输出地和输入地劳务公司、培训机构等市场经济组织间的协作形式。三是从主要注重劳务输出输入数量转到数量质量兼顾，并将保障劳动者合法权益作为关注的重点。

（四）抓基础，建网络，把工作做到农户

做好劳务输出工作，总结这些年的经验，关键的一点是要加强乡村劳务输出服务网络建设，也就是要加强乡镇劳动保障平台建设。乡镇劳动保障机构最贴近农民，对本地农村劳动力资源情况最清楚，对广大农民工的需求最了解，是我们做好这项工作的重要基础。中央 12 号文件已经提出明确要求，在任务重的乡镇建设劳动保障机构，各地要切实抓好落实，关键是要做到机构、人员、经费“三落实”。

当前要充分发挥乡镇劳动保障平台的作用。对输出地劳动保障平台，要指导他们在摸清底数、传递信息、联系培训、组织输出等方面发挥基础作用。对重点输入地乡镇劳动保障平台，要指导他们在岗位信息收集传递、维护农民工合法权益、强化对农民工人文关怀等方面发挥重要作用。要通过劳动保障部门在基层的工作网络，把我们的岗位信息、培训信息、维权信息直接送到农户家中，送到农民手上。同时，各地还要进一步发挥农村劳务经纪人的作用，他们是我们做好有组织劳务输出工作的重要力量。要总结推广山东聊城等地方成功的经验，研究制定政策措施，进一步激发他们的积极性。此外，部里还准备和广播电影电视总局进行协调，开通新的公共频道，把就业信息和技能培训通过电视网络送到农民家中。各地也要和有关部门加强沟通和协调，进一步开拓信息渠道。

（五）抓培训，促就业，加快贫困地区劳动力脱贫步伐

加强技能培训，促进贫困地区农村劳动力转移就业是新阶段扶贫工作中带有战略意义的一项措施。过去，各地劳动保障部门已经做了

大量的工作，有的地方劳动保障部门还与扶贫部门开展合作，创造了很好的经验。为进一步推动这项工作，部里与国务院扶贫办共同下发了《关于加快推进贫困地区劳动力培训促进就业工作的通知》。9月初，部里又专门下发了一个贯彻通知，希望各地认真贯彻。要做好这项工作，一是各地劳动保障部门要把做好贫困地区劳动力培训促进就业工作作为一项重要任务，摆上重要议事日程。劳动保障部门内部培训、就业、监察等有关部门要相互协作，加大工作力度，切实把这个好事办实，实事办好。二是各地劳动保障部门要上门主动与扶贫部门沟通，建立定期协商制度。有条件和必要的地方，可以协调领导小组。要切实加强监管，指导培训机构切实提高培训质量，要采取有力措施，保证学员的转移就业稳定性，提高他们的收入水平，使这项工作真正见实效。总的来讲，发挥劳动保障部门管就业、管培训的优势，发挥扶贫部门管扶贫、管扶贫资金的优势。结合起来，把贫困地区的培训、就业搞好，同时也提出这些人就业以后的维权等问题。三是搞好试点，摸索新经验。各地要首先抓一批试点，提出工作方案，进行工作人员的培训。部里也将直接抓一些试点，在总结其经验做法后，及时推广。

最后讲讲统筹城乡就业的具体布局。第一，再就业仍然是我们当前的主要任务。再就业主要是要解决历史遗留问题，我们要求各地劳动保障部门全力以赴，依靠政策，强力推动。三年务求实效。第二，要兼顾城镇新增劳动力，关键是要在培训上下工夫，通过提高他们的素质来推动就业，在解决他们就业的同时建立一个新的机制。第三，做好农村的劳务输出输入工作，这是我们就业城乡统筹的一个新的要求，各地要在起步的时候，就从高位切入，工作与政策要配套，一步一个脚印，用三年的时间布好局，起好步。已经走在前面的，继续向前走。就全国来讲，这件事一定要扎扎实实去抓，特别是把三位一体抓好。当然，这项工作与抓城镇下岗失业人员再就业不一样。抓这项工作，第一是要把城门打开，建立一个平等就业的平台，改善农民工的就业环境。第二是注入政策，关键是加强对他们的培训，提升他们的就业能力。第三是搞好维权，并提高农民工自身的维权能力。总之，就是在这项工作启动的时候，就稳扎稳打，开好局，牢牢把握工作的主动权。

在全国就业政策座谈会上的讲话

张小建

（2005年11月1日）

这次就业政策座谈会，主要目的是通报完善就业政策的有关情况，研究制定就业再就业配套文件。同时，通报高技能人才和职业培训，介绍失业调控和失业保险以及农民工问题有关政策制定和工作情况，部署四季度工作。2005年6月以来，按照国务院要求，我们对再就业政策进行了总结评估，并在黄菊副总理的亲自带领下，召开了两次片会，在充分听取地方意见的基础上，根据下一阶段的就业形势和目标任务，进一步完善了现行政策。

一、再就业政策的实施取得了明显成效，为进一步完善政策奠定了坚实的基础

党中央、国务院高度重视就业再就业工作。2002年以来，制定实施了积极的就业政策，连续三年召开全国性会议，对就业再就业工作进行部署。地方党委、政府把就业再就业工作摆到更加突出的位置，加强领导，落实责任，结合实际，创造性地开展工作。经过各地区、各部门的共同努力，全国就业再就业工作取得明显成效。主要表现在三个方面：一是就业总量有较大增加。2003和2004两年年均新增城镇就业人员915万人，与2002年之前相比，每年多增加200万人。城镇登记失业率控制在4.3%之内。二是就业政策体系发挥效应。到9月底，通过政策扶持和就业援助，全国城镇1 500万下岗失业人员中，已有1 340万实现了再就业（预计到年底将达到1 400万人），其中，348万大龄困难人员实现了再就业。17个省份已经实现下岗职工基本生活保障向失业保险的并轨，中心内下岗职工减少到46万人。三是就业工作机制基本建立并较好运行。就业再就业工作受到各级党委政府的高度重视，列入了重要议事日程。各地普遍建立了再就业联席会议制度，层层实施了目标责任体系，就业管理服务体系普遍加强。就业再就业工作的进展，对促进经济发展、维护社会稳定和构建社会主义和谐社会发挥了重要作用，得到了中央领导同志的充分肯定，得到了广大人民群众的广泛认可。这些成绩的取得，是党中央、国务院英明决策和正确领导的结果，是各级党委政府、各有关部门、社会各方面共同努力的结果，更是全国就业再就业战线全体同志艰苦奋斗、奋力拼搏的结果。

回顾过去三年的中国就业，我们感到，这是领导最重视、社会最关注的三年，也是政策投入最大、工作进展最快的三年。三年来，就业工作实现了新的重大进展：一是工作地位不断提高。江泽民同志指出，“就业是民生之本”，胡锦涛同志指出，“就业是关系民生和社会和谐的大事”。就业成为了全面建设小康社会的目标之一，也列入了宏观经济的四大指标。与三年前相比，就业再就业工作确实摆上了更加突出的位置。百姓的关注度不断提高，满意度也有所增强。许多民意调查都显示，就业再就业工作是老百姓最关心的热点之一，就业再就业政策是下岗失业人员得到实惠最多的政策之一。二是政策措施不断完善。再就业政策在实践中不断丰富发展，形成了以税费减免、场地安排、小额担保贷款、社保补贴、岗位补贴和职业介绍、职业培训补贴为主要内容的就业政策体系。同志们都反映，国外有的就业政策我们都有，国外没有的政策我们也有。国有企业下岗失业人员再就业的政策不断充实，高校毕业生、农民工等不同群体的就业政策也得到了补充和完善。各地还结合实际创造了许多行之有效的措施办法，显示出中国积极就业政策生机勃勃的活力。三是职业培训、就业服务不断加强。公共就业服务专业化、制度化和社会化水平进一步提高，再就业培训的进一步开展特别是创业培训的长足发展，极大地提高了劳动者的就业能力和创业能力。与三年前相比，不仅就业服务和职业培训机构的硬件建设有了较大的改进，而且服务的质量有了极大地提高。从总书记、总理到各级党政领导，多次考察职业介绍机构和职业技术院校，给予了很大的关怀和支持。四是基础工作不断强化。全国城市的街道社区普遍建立了劳动保障工作平台，聘用了工作人员，承担起了下岗失业人员再就业和离退休人员的管理服务工作。这是三年来中国劳动保障事业中一项最为重要的基础建设，几万个工作平台，十万人的基层队伍，切切实实加强了劳动保障工作的工作实力，对劳动保障事业的发展具有重要的现实意义和长远的战略意义。

三年来的风风雨雨，同志们付出了大量的心血和汗水，牺牲了大量的节假日和与亲友团聚的宝贵时光，克服了各种各样的困难，加班加点，连续作战，已成了这三年我们就业战线的职业特征。但是，当我们看到，经过我们共同奋斗，亲手为中国就业开创出这片新天地的时候，就会感到无上光荣；当我们看到，经过我们艰苦努力，真正使亿万劳动者摆脱了下岗失业困境，实现就业再就业的时候，就会感到无比欣慰。我相信，同志们为共和国就业所做的贡献将会永远铭记在全国人民的心中。我们也为在这些年里能与全国就业战线的同志们同甘共苦，并肩战斗而感到骄傲和自豪。

二、就业形势依然严峻，完善政策是解决历史遗留问题并探索建立长效机制的必然要求

我国的就业问题具有长期性、艰巨性和复杂性。特别是当前及今后一个时期，就业形势仍然相当严峻。劳动者充分就业的需求与劳动力总量过大、素质不相适应的矛盾长期存在。特别是今后三年，矛盾尤为突出。

一是就业供给总量不减，就业压力大。据预测，2006年新增劳动年龄人口将达到峰值。今后几年，全国城镇每年新增劳动力1 000万人，加上上年结转的1 400万下岗失业人员，需要安排就业的达2 400万人。从劳动力需求情况看，如果按照经济增长保持8%～9%的速度，每年可新增800多万就业岗位，加上补充自然减员，可安排就业1 000万～1 100万人，每年劳动力供求缺口仍在1 300万～1 400万人。同时，农村富余劳动力转移就业规模加大，再加上经济增长势头趋缓和国际经济形势变数增多等原因，劳动力供大于求的压力将进一步加大。

二是体制转轨遗留的国有企业下岗失业人员再就业问题尚未完全消化。国有企业下岗职工在中心和出中心未就业者仍有200多万，集体企业下岗职工近400万；今后3年国有企业实施关闭破产还需安置360万职工；辅业改制约有300万职工需要分流安置；中西部一些困难地区、困难行业、困难群体的就业问题比较突出；部分已实现再就业的人员就业不稳定。

三是新的就业矛盾逐步凸显。主要是高校毕业生、退役军人的就业问题进一步突出，农村富余劳动力转移就业和失地农民等就业矛盾逐步凸显。

四是劳动力素质成为不容忽视的问题。劳动力素质不仅决定着就业状况，而且制约着产业结构的升级。长期以来，我国职业技能培训投入少、水平低，既不能满足发展制造业的需求，更不能满足发展现代服务业，承接国际产业转移的需求。许多地方和部分行业出现的技能劳动者供不应求甚至严重短缺，直接影响到经济发展，下岗失业人员的技能水平和就业能力也亟待提高，否则难以实现再就业。

根据上述情况，可以得出一个判断：当前和今后一个时期，就业形势依然严峻，就业任务依然繁重，特别是再就业工作，仍是今后三年的重中之重，不可有任何松懈。

积极的就业政策，经过实践的检验，对解决中国就业问题确实行之有效，也是得民心的政策。但是，由于政策执行时间比较短，需要进一步延伸；政策对象和覆盖面比较窄，需要进一步扩展；一些操作办法尚不完善，需要进一步调整；一些内容还不能满足企业和下岗失业人员的实际需求，需要进一步充实。我们要按照五中全会的要求，把扩大就业摆在经济社会发展更加突出的位置，坚持实施积极的就业政策。充分发挥市场的引导作用，积极发展就业容量大的劳动密集型产业、服务业和各类所有制的中小企业，规范劳动力市场秩序，鼓励劳动者自主创业和自谋职业，促进多种形式就业。完善企业裁员机制，避免把富余人员集中推向社会。国有企业要尽可能通过主辅分离、辅业改制等措施安置富余人员。适应劳动力供求结构的新变化，强化政府促进就业的公共服务职能，健全就业服务体系，加快建立政府扶助、社会参与的职业技能培训机制。继续实施和完善鼓励企业增加就业岗位、加强就业培训的财税、信贷等有关优惠政策，完善对困难群众的就业援助制度，建立促进就业的有效机制。

三、突出“一个重点”，把握“三个结合”，是完善就业政策的基本落脚点

9月初，黄菊副总理在长沙主持召开的部分省市就业政策座谈会上明确提出，今后几年，就业工作还处在新旧体制的转轨时期。这个时期的政策，要抓住“一个重点”，做到“三个结合”。

“一个重点”，就是要解决好经济体制转轨的历史遗留问题。这是做好工作的主攻方向，是今后三年就业再就业政策的核心。解决好经济体制转轨的历史遗留问题，是维护企业和社会稳定，构建社会主义和谐社会的需要。下岗失业人员如果长期不能实现再就业，收入差距拉大，矛盾积累太多，会严重影响到人民群众对改革的支持，影响到安定团结的局面。解决好经济体制转轨的历史遗留问题，也是政府对“一代人”负责到底的体现。下岗失业人员过去为国有经济发展做出了贡献，现在又为深化改革做出了牺牲，他们在转轨过程中面临困境，政府应该对这“一代人”负起责任。解决好经济体制转轨的历史遗留问题，更是建立市场就业新机制的需要。一方面，老问题不能带入新机制，另一方面，促进下岗失业人员再就业的过程，正是建立新机制的重要政策准备和工作准备过程。因此，要抓住机遇，抓住重点，承担起历史使命，完成好历史重任。

“三个结合”，就是直接扶持与建立机制相结合，促进就业与保障生活相结合，中央和地方两个积极性相结合。这三个结合，既是做好工作的重要指导思想，也是各级政府完善就业再就业政策的基本落脚点。

直接扶持与建立机制相结合，就是在采取扶持政策帮助下岗失业人员和其他困难群体再就业的同时，建立市场就业的长效机制，体现的是政府促进就业和市场调节机制的关系。今后一个时期，就全国多数地区来讲，解决历史遗留问题还是重点。面对国有、集体企业下岗失业人员和其他困难群体人员，年龄偏大、素质较低，难以实现竞争就业的现实，应继续通过税费减免、社保补贴、小额担保贷款、公益性岗位安置等政策，扶助他们实现再就业。另一方面，面对新成长劳动力和广大农村富余劳动力竞争力较强的现实，则要在完善市场就业机制、加强就业服务创造环境，加强培训提高素质等方面下工夫，通过小额担保贷款、职业培训和职业介绍补贴等政策，激发他们的潜能，铺平就业的道路，促进他们尽快实现自谋职业、自主创业和竞争就业。

促进就业与保障生活相结合，就是在帮助劳动者实现从救济到就业的过渡的同时，建立就业与社会保障的联动机制，体现的是就业与保障两种不同方式更高层次的贯通。一方面，就业需要社会保障来稳定。比如，对“4050”人员从事公益性岗位和灵活就业的，给予社会保险补贴的政策，对解除他们的后顾之忧，提高就业稳定性具有重要作用。另一方面，社会保障要靠就业来促进。这不仅体现在就业的增加、再就业的社保接续对社保扩面的作用上，而且也体现在对失业保险和城市低保人员从救济到就业的转换上，更多地用促进就业来替代救济。第三方面，在低保、失业保险的待遇与就业的收入之间，在发放有关待遇的条件、方式、时限与转换就业的要求之间，要找到一个很好的平衡点，使“被救济者”愿意就业，使就业者不吃亏。

中央和地方两个积极性相结合，就是在党中央、国务院下大决心、加大力度、增加投入的同时，充分发挥地方的积极性、主动性和创造性，体现对中央决策贯彻落实的坚决性与从实际出发解决问题的创造性的关系。坚定不移地贯彻执行中央的方针政策与结合实际创造性地开展工作是有效落实政策的重要保证。现在，中央已经明确坚持实施积极的就业政策，并将继续对中西部地区重点支持。在中央加大力度的同时，也请各地顺势而上，再接再厉做好工作。一方面，要坚决把中央政策一贯到底，不打折扣，用足用好。另一方面，考虑到各地情况不一，新的政策也为地方的实践和创新留下了更大的空间。比如，对于国家统一政策难以照顾到的地方，希望各地因地制宜，安排必要的财力，拿出自己的办法。再比如，中西部地区解决历史遗留问题还需付出巨大的努力，而东部地区素质就业和城乡统筹的任务已摆在面前，因此，对于就业工作的重点和主要对象范围，也可根据本地实际，统筹考虑。

四、通过延伸、扩展、调整、充实，使积极的就业政策产生更大效应

（一）关于政策延伸

主要是《中共中央国务院关于进一步做好下岗失业人员再就业工作的通知》（中发［2002］12号）确定的税费减免、小额贴息贷款、社保补贴、职业介绍和职业培训补贴、主辅分离等项政策执行期限继续延长。现政策规定，政策审批的截止期暂定到2008年底，这意味着政策有效期将延长到2011年。其中，政策还特别强调“4050”等就业困难对象在公益性岗位工作超过三年的，社会保险补贴期限可相应延长。这是在明确总体政策时间延长的基础上，对困难对象的公益性岗位就业政策进一步延伸，更有利于帮助困难对象再就业。

（二）关于政策扩展

主要是在原有政策适用范围及实施项目的基础上，根据形势和工作的需要，进一步扩展。

在对象范围上的扩展：一是《再就业优惠证》的发放范围增加了厂办大集体企业下岗职工，并明确各地可运用地方财政资金，根据本地实际，将上述政策的适用范围扩大到城镇其他集体企业的下岗职工。大家可以结合本地实际大胆实践。二是就业困难对象增加了厂办大集体企业的下岗职工和享受城市居民最低生活保障、就业确有困难的长期失业人员，这主要是按照市场经济的要求，在解决好历史遗留问题的基础上，统筹考虑市场中的其他困难群众。三是小额担保贷款政策扩大到了集体企业下岗职工、城镇登记失业人员以及复员转业军人，这是鼓励劳动者自主创业的重要手段，是建立长效就业机制的积极探索。四是免费职业介绍和职业培训补贴的对象范围增加了进城登记求职的农村劳动力。这样做既符合国务院提出的城乡统筹就业的总体要求，也适应了建立就业长效机制的客观需要。同时，政府通过补贴介绍和培训促进就业，也是市场经济国家的通行做法。

在有关项目上的扩展：一是社保补贴在过去养老保险和失业保险的基础上，增加了医疗保险，重点解决再就业者“病有所医”的问题；二是贷款贴息范围由过去的列举式改为地方上报备案制，更好地适应了地方工作和下岗失业人员再就业的实际情况。

（三）关于政策调整

主要是结合政策执行效果和存在的问题对政策办法进行适当调整。一是对下岗失业人员从事个体经营的税收优惠政策，从原来的没有限额改为在规定限额内按四个税种依次减免。二是对企业吸纳下岗失业人员的税收优惠方式由按比例减免调整为按实际招用人数定额依次减免。这两项对税收政策操作办法的调整，既体现了对下岗失业人员再就业的支持，也方便政策操作，减少税收征管漏洞。三是改免费培训为提供一次性培训补贴，并要求完善培训补贴与培训质量、促进就业效果挂钩的机制，这样调整主要是根据地方的要求，更符合地方的工作实际。

（四）关于政策充实

主要是根据形势发展和工作需要，弥补现行政策不足，增加扶持力度。一是增加了对持证的“4050”人员从事灵活就业的社保补贴政策。这是总结地方成功经验新增加的内容，是为了更好地帮助就业困难对象，也将稳定灵活就业，有效地帮助灵活就业者参保续保。同时，也有利于完善就业管理，使隐性就业显性化。二是为了帮助下岗失业人员更好地提高技能，稳定就业，明确持优惠证人员通过初次技能鉴定、生活确有困难的，可申领一次性职业技能鉴定补贴。三是为了充分发挥失业保险基金促进就业再就业工作的作用，允许东部地区开展适当扩大失业保险基金支出范围试点。四是建立形成促进就业与社会保障的联动机制。明确要求结合享受失业保险和城市低保人员求职及参加职业培训的情况完善申领条件。

对原有政策的延伸、扩展、充实和调整，是总结地方实践经验的成果，更是为了推动政策在更大范围、更长时间内取得更好成效。各地也要沿着这样的思路，结合实际，做好贯彻落实和地方化、具体化的工作，使积极的就业政策更趋完善，以使新政策在扩大就业和促进再就业上发挥更大效应。

五、各地积极行动，使中央政策尽快实现地方化，更具操作性

（一）学习领会，消化吸收

要很好地学习领会新政策，特别是要对今后三年就业形势的判断，就业任务的明确，政策调整的内容和完善政策的取向有更深一步的理解。在此基础上，与本地实际对照，确定贯彻落实的方略和实现地方化的框架。

（二）抓紧时间，做好安排

新一轮政策将于11月上旬正式出台，并于2006年1月1日起正式实施。为此，要在近两三个月里做好时间部署和进度安排。一是抓紧起草好各省的实施意见。二是推动地市工作。文件下发后，要立即组织召开地市专门会议，督促、指导好各地市启动政策的制定落实工作。三是提出各省明年就业再就业资金盘子。这是贯彻落实好政策的重要保证。要根据政策调整和目标任务，做好资金需求测算，并尽早与财政等部门沟通，争取理解和支持，确保在新一年的财政预算盘子中保持应有的规模并有所增加。四是在劳动保障部门自己理清思路，搞好框架的基础上（或同时），抓紧时间向省委、省政府做好汇报。现在距离政策启动还有不到两个月的时间，时间紧、任务重。希望大家把要做的事情列出来，搞个倒计时的时间安排。部里也要抓紧安排，上下及时通气，共同做好工作。

（三）把握要点，做细做实

下一步，我们还将会同联席会议有关成员单位，制定资金管理、税费减免、小额担保贷款、失业保险试点等具体操作办法。会后，各地要立即搭起班子、垒起灶，组织专门队伍，着手配套文件的起草工作。希望大家再认真研究搞透，在用好用足中央政策上下工夫，并尽力方便地方和基层的操作，为政策的落实创造更宽松的环境。在此过程中，各地要把握几个要点：一是看大的框架、核心内容是否符合中央精神；二是看延伸、扩展、调整、充实是否到位；三是看结合本地实际需要解决的问题是否明确；四是看在这三年中本地要实现的重大突破、重大建树是否体现；五是看各项政策和工作要求是否有切实的措施来保证。总而言之，尽求做细做实，努力达到高水平。

（四）确定目标，准备开局

按照党的十六届五中全会精神，结合劳动和社会保障事业发展“十一五”规划要求，综合考虑就业再就业工作的实际，我们将2006年的就业再就业工作目标安排为：城镇新增就业人员900万，下岗失业人员再就业500万，其中“4050”等就业困难人员再就业100万，城镇登记失业率控制在4.6%以内。这一目标任务已正式上报了国务院。各地要根据2006年就业再就业工作的目标任务，加强形势分析和预测，科学确定本地区就业再就业的任务目标，做到心中有数，把握主动权。同时，要将目标任务层层分解到各地市、各区县和各部门，强调“一把手”负总责，继续贯彻落实目标责任制。

从现在到年底还有不到两个月的时间，各地在起草好文件的同时，要继续采取有效措施，加大工作力度，全面完成今年就业再就业的各项目标任务。同时，还要做好并轨、职业培训、就业服务、农村劳动力转移就业以及加强失业调控和开展失业保险调整支出方向试点等项工作。

加强社会保险经办机构能力建设
完善社会保障体系　构建和谐社会

——在全国社会保险局长会议上的讲话

劳动和社会保障部副部长　刘永富

（2005年1月26日）

这次全国社会保险局长会议的主要任务是：以邓小平理论和“三个代表”重要思想为指导，贯彻党的十六大和十六届三中、四中全会以及中央经济工作会议精神，落实全国劳动和社会保障工作会议部署，总结2004年工作，安排2005年工作，研究加强社会保险经办机构能力建设。

一、2004年的工作情况和今年的工作任务

在过去的一年里，各地社会保险经办机构根据全国劳动保障工作会议的部署和安排，在党委政府及劳动保障部门领导下，团结协作，奋力开拓，全面完成了全年各项经办工作任务：农垦企业纳入地方养老保险统筹，解决了影响当期确保发放的一大难题；企业退休人员调整基本养老金水平，人均提高40元左右；发放养老金3 500多亿元，企业离退休人员基本养老金当期发放首次实现全年无拖欠，这个成果来之不易，是经过多年努力才取得的。各项社会保险覆盖范围继续扩大，工伤保险扩面工作取得重大进展，据快报统计，养老、医疗、工伤、生育保险参保人数分别达到16 342万人、12 386万人、6 823万人、4 370万人。全年5项社会保险基金收支总规模首次超过1万亿元，其中征缴收入4 998亿元，比上年增加714亿元，是近年来增加最多的；支出4 640亿元，比上年增加616亿元；中央财政补助522亿元，地方财政补助72亿元。管理服务工作进一步加强，调整了基本医疗保险药品目录，定点医疗机构和定点药店全部实现协议管理；企业退休人员社会化管理率达到93%，其中社区管理比例达到63%。金保工程建设、完善城镇社会保障体系试点等工作也都取得了新进展。

2005年是完善社会保障体系的重要一年，社会保险经办工作的任务很重，各地要在继续确保各项待遇按时足额支付的基础上，开拓进取，扎实工作，努力完成以下任务：

（一）在全国启动逐步做实养老保险个人账户的工作

这是2005年劳动保障工作的两项重点工作之一。黄菊副总理和郑斯林部长都提出了明确要求。各地要把思想统一到中央决策上来，多数地区要启动实施。现在就要着手做好准备工作，国务院正式部署后能很快实施，并且在实施中要把工作做细做扎实。做实前后的个人

账户管理有重大区别，要切实加强基础管理，制定和落实个人账户基金归集和管理办法，保证做实后的个人账户做到账钱相符、账人相符、账账相符，保证做实的资金能及时归集到省一级，管得住。

（二）完善企业养老保险制度

除做实个人账户外，还要调整个人账户规模，改革养老金计发办法，按照水平适当、结构合理、基金平衡、平稳过渡的原则，认真进行测算论证，稳步实施，合理确定待遇水平，建立与缴费年限更紧密挂钩的机制；统一个体工商户和灵活就业人员的参保缴费政策，规范缴费基数和缴费比例，引导他们更多地参保缴费；规范调剂金制度，加大调剂力度，逐步提高统筹层次，积极推进省级统筹；配合事业单位改革，研究机关事业单位养老保险制度改革方案；加快企业年金制度建设，规范年金运营管理，逐步建立多层次的社会保障体系。

（三）进一步扩大社会保险覆盖面

各项社会保险都要以私营个体和灵活就业人员为重点，继续加大扩面工作力度，使更多的人享有基本保障。医疗保险在扩面工作中要着力解决关闭破产企业退休人员的基本医疗保障问题，关键是明确资金来源。工伤保险的扩面重点是积极推进风险较大的矿山、建筑等行业和企业参保。

（四）继续加强基金征缴和管理

要在保持征缴体制稳定的基础上，抓住经济发展较快的有利时机，强化社会保险费的征缴，加大稽核力度，建立企业参保缴费的诚信制度，各项基金都要努力做到收支基本平衡。养老保险要继续保持增收大于增支的势头，医疗保险要继续控制统筹基金支出增长幅度，工伤、生育保险要努力做到应收尽收，合理安排支出项目和支出结构。要开展社会保险基金征缴、管理、支出等方面的专项监督检查。

（五）加强经办基础工作

进一步深化和推动医疗、工伤保险服务协议管理，规范医疗服务行为，积极探索和推动医疗、工伤保险监测体系建设。加快推进金保工程建设，提高养老保险联网数据质量，逐步开展网上数据汇总分析。加强统计工作，完善统计指标体系。进一步提高社会化管理服务工作的质量，企业退休人员社会化管理率达到95%，其中纳入社区管理比例达到70%左右。积极探索推进医疗、工伤保险管理服务社会化的方式、途径和具体办法。

（六）加强社会保险经办机构能力建设

明确这项工作的指导思想和目标任务，启动实施相关工作。

二、社会保险经办工作的基本经验

改革开放以来，经过20年的探索和实践，社会保险事业有了长足发展和进步，经办工作由养老、失业保险发展到五项社会保险全面推进，经办工作队伍从5.2万人发展到12万人，经办工作在社会保障体系中的地位不断提升，作用不断增强。20年来特别是1998年实行两个确保以来的工作实践，使我们不断加深了对社会保险经办工作的认识，积累了十分宝贵的经验。

（一）必须坚持服从服务于国家经济社会发展的大局

改革发展稳定是国家经济社会发展的大局，社会保险经办工作必须紧紧围绕这个大局，自觉服从服务于这个大局，这是我们多年来一直坚持的一条根本原则。首先，社会保险经办工作的开展和社会保障政策的落实，为数以亿计的劳动者和离退休人员提供了基本的社会保障，保障了他们的合法权益和基本生活，为社会稳定和国家的长治久安做出了贡献，为经济发展创造了稳定的社会环境。其次，社会保险经办工作的开展和社会保障政策的落实，是完善社会保障体系的重要工作，也是全面建设小康社会、构建和谐社会的重要内容。再次，社会保险经办工作的开展和社会保障政策的落实，为国有企业改革、促进结构调整和就业再就业提供了配套服务。近年来，我国经济结构和产业结构调整进入关键时期。无论是在111个城市进行优化资本结构试点、推行纺织压锭和实施资源枯竭矿山关闭破产，还是国有企业脱困、振兴军工企业和促进就业再就业等重大决策，社会保险经办机构都参与其中，按照党中央、国务院的决策和部署及地方党委政府的要求，做了大量工作。1998 年以来，国有企业累计下岗近 3 000 万人，其中多数人的养老、医疗等社会保险关系得到接续，有数百万职工提前退休领取基本养老金。近几年，又有 3 400 多万企业退休人员实行社会化管理服务，其中有 2 100 多万纳入社区管理。这些工作，解除了人民群众的后顾之忧，减轻了企业负担，维护了稳定，保证了党中央、国务院重大决策的贯彻实施。

（二）必须坚持确保待遇支付

社会保障的出发点和最终目的，就是在规定的时间、规定的地点、按照规定的标准，把社会保障待遇支付给规定的人。1998 年以来，正是由于我们坚定不移地落实中央两个确保的要求，将养老保险的差额缴拨改为全额征缴，将基本养老金由单位发放改为社会化发放，建立政府兜底的新机制，逐步实现了基本养老金的按时足额发放，并且补发了200 多亿元的历史拖欠，赢得了社会各界的广泛赞誉，大大提高了单位和个人参保缴费的积极性。医疗保险制度改革以来，正是由于我们采取各种措施及时结算参保人员的医疗费用，保障参保人员的医疗待遇，特别是解决了一些困难企业职工和退休人员长期报销不了医疗费用问题，医疗保险在人民群众中的关注度得到不断提高。2004 年 10 月，河南省郑煤集团大平煤矿发生特大瓦斯爆炸事故，造成 148 人死亡，32 人受伤。矿难发生后的第 5 天，社会保险经办机构就将工伤保险待遇支付到位，安慰了死亡职工家属，缓解了企业资金压力，为省委省政府分了忧。这些都充分说明，只有确保各项待遇的按时足额支付，才能充分发挥社会保障安全网和稳定器的功能，才能充分体现社会保险的优越性，赢得人民群众的信任和支持。

（三）必须坚持扩面征缴

让人人享有社会保障是我们的长期目标，让更多的人享有社会保障是我们的当前任务，社会保障基金是社会保障制度的物质基础。我们必须坚持不懈地抓好扩面征缴，这是社会保障事业不断发展的动力和源泉。1999 年，国务院发布《社会保险费征缴暂行条例》。针对当时参保缴费人数下降的情况，我们以贯彻征缴条例为契机，努力扩面征缴，当年各项社会保险的参保缴费人数都有较大增加。2000 年以后，根据就业方式多样化后出现的新情况，各地及时研究改进灵活就业人员参保缴费的办法，普遍开设个人缴费窗口，加大工作力度。经过努力，社会保险覆盖面不断扩大，养老、失业、医疗三项保险的覆盖人数均超过 1 亿人，工伤保险覆盖人数将近 7 000 万。各级经办机构依据征缴条例和《社会保险稽核办法》，不断加大工作力度，基金征缴连续几年保持大幅增收而且增收大于增支的良好局面，从而使社会保险有了稳定的、不断增加的资金来源，确保了各项待遇的按时足额支付。

（四）必须坚持搞好管理服务

良好的管理是有效实施社会保障计划的基础。社会保障工作在某种意义上说，是“三分政策，七分管理”。经过多年的探索和实践，在基金管理方面实行了收支两条线管理，养老保险还开始试行收支预决算制度，有效解决基金被挤占挪用问题。在基础管理方面，我们实施金保工程，进行数据整合，较好地推进了各地的信息系统建设。医疗保险推行“三二一”管理，既控制了医疗费用支出的过快增长，又较好地满足了参保人员的基本医疗需求。在加强管理的同时，还必须搞好服务，这是检验经办工作到位与否的尺子。近年来，不少地方注意在服务上下工夫、树品牌，实行首问负责制、设立咨询热线、给高龄老人上门服务等，都取得了较好效果，为经办工作赢得了良好的社会声誉。

（五）必须坚持加强队伍建设

经办工作很重要，任务很繁重，必须抓好队伍建设。一是加强思想作风建设。采取多种措施，使各级经办机构及全体同志对党和人民，对社会保障事业，满腔热情，脚踏实地，扎实工作，甘于奉献。二是加强业务建设。开展业务学习和岗位练兵，各级经办机构出现了钻业务、比学习的良好风尚。部里开展了业务素质考核工作，收到了较好成效。三是弘扬先进。1998年以来，社会保险经办系统受到各级政府及主管部门表彰的个人达2万人次，有59个集体、88名个人受到省部级表彰。2004年五一前夕，上海市社会保险基金管理结算中心和河北、吉林、山东、江西的5名工作人员荣获全国五一劳动奖状和奖章。部里组织的“全国社保系统先进集体先进个人报告团”在一些省市巡回演讲，收到了很好的社会反响，起到了鼓舞士气、树立标杆和典型引路的作用。

以上这些经验，是大家在长期工作实践中创造的，是社会保险经办工作的宝贵财富，在今后加强经办机构能力建设中要认真加以借鉴和坚持，使其在新的实践中得到进一步的发扬和升华。

三、加强经办机构能力建设的主要任务

在肯定成绩、总结经验的同时，我们也要保持清醒的头脑，看到经办工作还存在不少困难和问题，经办工作的效率和管理服务水平与实际工作需要，与党和政府的要求，与人民群众的期望相比还有不小差距。困难和问题不解决，社会保障制度就难以顺畅实施，工作基础就不扎实，政策的执行就会打折扣，制度和政策的效应难以充分发挥。同时，随着所有制结构多元化和就业方式多样化以及城镇化进程的不断发展，做好社会保险经办管理服务的工作要求会越来越高，工作难度会越来越大，工作任务会越来越重。党的十六届四中全会作出了关于加强党的执政能力建设的决定，并要求适应我国社会的深刻变化，把和谐社会建设摆在重要位置。做好社会保险经办工作是完善社会保障体系和构建和谐社会的重要方面。解决经办工作中存在的困难和问题，适应新形势、新任务的要求，都迫切要求我们加强经办机构能力建设。

加强经办机构能力建设，要以邓小平理论和“三个代表”重要思想为指导，深入贯彻党的十六大和十六届三中、四中全会精神，全面落实科学发展观，不断增强大局意识、服务意识，以完善制度和健全体制机制为核心，以规范流程和制定标准为重点，以改进管理和优化服务为抓手，加强基础，加强基层，加强培训，切实提高学习能力、执行能力、服务能力、创新能力和反腐倡廉能力，逐步形成统一领导、事权划分清晰、机构设置科学、人员配置合理的经办管理体制，形成运转流畅、服务高效、操作规范的经办运行机制，培养一支政治坚定、业务精通、作风过硬的经办工作队伍，进一步做好社会保险经办工作，推进社会保障体系建设，构建和谐社会。

（一）切实提高学习能力

我们正处在一个快速发展的时代，新的思想、新的知识、新的技术大量涌现，信息爆炸和知识倍增已构成当今社会的主要特征。面对这样一个时代，如果不及时学习，更新知识和技能，就可能走向落后的边缘，难以发展壮大，更谈不上抢占先机。因此我们要认真贯彻落实党的十六大关于创建学习型社会的要求，切实改进和提高全系统的学习能力。首先，要认真学习马克思列宁主义、毛泽东思想、邓小平理论和“三个代表”重要思想，牢固树立正确的世界观、人生观、价值观，树立科学发展观、正确政绩观和科学人才观，努力做到思想过硬、政治可靠。其次，要认真学习社会保障基础理论和基本知识，熟练掌握和运用社会保障的基本政策和基本技能，及时了解和掌握国外社会保障理论和实践发展的最新成果，开阔眼界，拓展思路，努力做到业务精通、本领过硬。第三，要适应经办业务跨学科、跨领域发展的需要，强化相关学科知识和管理技能的学习，大力培养既懂社会保障，又能熟练掌握相关领域知识和技能的复合型人才，更好地适应工作不断拓展的需要。在全系统内要形成领导干部带头学习、工作人员自觉学习的良好氛

围，努力做到学以致用，把学到的知识和本领运用到经办工作实践中去，转化为解决实际问题的能力，转化为管理和服务的能力。

（二）切实提高执行能力

经办机构是执行机构。社会保障政策能否得到贯彻落实，很大程度上取决于经办机构的执行能力。提高执行能力，要从以下几方面着手。一是在吃透、理解和落实政策上下工夫。经办机构的同志务必要深入学习党和国家关于社会保障的一系列方针政策，准确掌握各项政策的具体内容和相关要求，牢固树立依法办事的意识，在实际工作中不折不扣地加以贯彻落实。二是要在明确岗位职责、规范业务流程、健全管理标准上下工夫。落实政策既要靠人，更要靠制度、靠规范。要不断优化经办机构内部处室设置，健全完善岗位职责规范，明确岗位职责要求，努力做到分工明确，职责清晰，要求具体；要逐步统一规范业务经办流程，切实做到内部管理严格有序，对外服务高效便捷；要根据轻重缓急，加快制定各项管理服务标准，使经办工作逐步纳入标准化、科学化、规范化的轨道。三是要在及时反馈政策实施效果、不断完善制度上下工夫。经办机构不能只满足于被动地执行政策，要认真总结和汇总分析政策的执行情况，及时了解参保单位、参保个人及相关服务对象的反映，及时提出改进完善政策的意见和建议，使党和政府的政策能够不断完善，得到更好的落实。

（三）切实提高服务能力

经办机构是公共服务机构，是劳动保障部门的窗口单位。在建立公共服务型政府、推进社会管理体制创新的新时期，提高经办机构的服务能力尤为重要。要牢固树立以人为本的服务理念，把为参保单位和个人提供优质服务作为我们全部经办工作的出发点和落脚点，不断细化工作要求，明确工作标准，把服务渗透到每一个具体业务环节，落实到每一个参保对象，对服务对象要做到记录一生、跟踪一生、保障一生、服务一生。要认真听取参保单位和参保个人的意见和反映，以服务对象是否满意作为检验我们工作好差的主要评价标准。要不断拓展延伸服务领域，把管理服务从经办大厅向基层和街道社区延伸，打造服务平台，充分利用银行、邮局等社会服务机构的资源，发挥街道社区劳动保障事务机构的作用，形成覆盖全社会的服务网络，开展社会化管理服务。

（四）切实提高创新能力

创新能力是组织和个人活力的源泉。经办工作技术性、操作性强，既要强调执行，也要提倡创新，以创新求发展，以创新求突破。一是不断创新管理服务理念和工作思路。事业在发展，社会在进步。不同的时期、不同的形势、不同的任务对做好社会保险经办工作都会提出不同的要求，各级经办机构必须适应社会发展进步的要求，不断地进行管理服务理念和工作思路的创新，更好地回应社会和时代的要求，实现社会保险经办事业的更快、更好地发展。二是积极创新管理体制和工作机制。认真研究经办管理体制、征缴体制、统筹层次等方面存在的突出矛盾和问题，积极提出意见和建议，供党委和政府决策。认真总结各地实践经验，通过建立和完善重点工作奖励机制、定点服务机构考核竞争和退出机制等措施，调动各方面的积极性，推动业务工作的良性发展。三是积极进行管理手段和方式的创新。学会运用新的技术和管理方法，不断改进经办管理服务手段、提升管理服务效率。加快实现社会保险管理服务的信息化，通过打造数字社保，不断改善我们的服务质量，提高工作效率。通过培育各类中介服务组织，延伸我们的管理服务工作，拓展我们的服务领域和服务内容。在提高创新能力方面，要处理好坚持创新和保持稳定的关系。社会保障的制度和大的政策要保持稳定性和连续性，不宜频繁调整，经办机构的创新要在社会保障制度和政策的框架内进行。同时还要正确处理立足国情与借鉴国际经验的关系，借鉴经验不能生搬硬套，更不能人云亦云。要结合中国的具体实际，消化吸收国际经验，从而创造出适合国情的新经验。

（五）切实提高反腐倡廉能力

经办机构的反腐倡廉是能力建设的一项重要内容。经办机构直接面对企事业单位和人民群众，经办管理社会保险事务，参与社会保险政策制定，在参保登记、基金征缴、稽核审核和发放待遇等方面都有一定权力。经办机构又是社会保险基金管理主体，目前每年管理的基金收支规模超过1万亿元，结余基金4 000亿元，各级财政对养老保险的专项补助近600亿元，各地还有大量的调剂金，资金规模总量大，服务对象达到数亿人次，涉及财政、税务、银行及各类服务机构，工作环节多，管理难度大。今后随着事业发展，管理的基金量还会更大，任务会更重。因此，能否自觉抵御腐蚀和诱惑非常重要。一是完善制度。在经办工作的各个环节之间建立相互制约、相互监督的机制，堵塞各种管理漏洞。推行制度化管理，严格基金预决算管理制度，认真编制基金预决算。财政补助资金分配办法、调剂金管理使用和分配办法要公开透明，把分配依据、计算公式摆在明处，不搞暗箱操作和“猫腻”。二是自觉接受监督。要按规定向劳动保障行政部门和财政部门报送基金预决算执行情况，以适当形式向社会公布每年基金收支情况，认真听取社会各方面的批评和意见，自觉接受社会监督。三是严查违规行为。做到警钟长鸣。对各种违规行为，特别是挤占挪用社会保险基金的行为严肃查处。提高反腐倡廉能力还要与当前开展的保持共产党员先进性教育活动紧密结合起来，按照中央的部署和要求，密切联系经办工作的实际，把经办队伍的廉政建设提高到一个新的水平。

四、当前加强经办机构能力建设的主要工作

加强经办机构能力建设是完善社会保障体系的一项重要工作。这项工作是一项长期任务，涉及方方面面，需要解决的问题很多，需要做的事情也很多。部里将就此下发意见，各地劳动保障厅局及经办工作机构要认真贯彻执行，结合本地实际研究制定规划和实施方案，主要领导要亲自抓。实施中要坚持立足现实、着眼长远、先易后难、逐步提高；坚持突出重点、分步实施、积小成为大成。当前，要着重抓好以下工作。

（一）明确职责

实行政事分开，是党的十四届三中全会确定的社会保障管理的基本原则。社会保险经办机构的基本职责是：贯彻执行社会保障的方针政策，管理社会保险事务和社会保险基金，为参加社会保险的单位和个人提供服务，把党和国家的社会保障方针政策落到实处。经办机构要根据政策制定规范、标准和程序，认真组织落实，从而形成与社会保障行政各有侧重、分工合理、相互促进的格局。2005年，各地要在统一思想认识的基础上，明确并制定内部岗位职责，使每个岗位都有遵循。岗位职责制定后要认真履行。当前，征收体制不稳定，将来要走向统一。经办机构要切实履行办理参保登记、受理缴费申报和开展缴费稽核等职能。实行税务征收的地区，经办机构在履行职能的同时，要积极支持配合税务机关做好征收工作。经办机构要按职责要求及时向劳动保障厅局请示和报告工作，自觉接受领导，接受劳动保障行政部门的指导和监督。厅局和行政部门要认真听取经办机构的意见，关心支持他们工作。

（二）完善流程

业务流程是经办工作必须遵循的基本程序。这些年来，各地结合实际先后制定了一些工作流程，部里也制定下发了养老保险、医疗保险和工伤保险的业务经办规程，但还不能完全适应需要，应进一步修改完善。2005年，要把完善流程作为一项重要工作来抓。一是归并流程。现在参保登记、缴费申报、基金征收、缴费稽核等分散在不同险种的工作流程里，影响了经办工作的效率和形象。各地要按照科学、高效、便民的原则，在现有基础上，对这些环节适时进行合理归并。归并经办规程是全系统的大事，部社保中心要发挥牵头作用，各地要积极支持配合，实行上下结合、内

外结合，集思广益。二是统一征收。实行经办机构征收的地区，省级劳动保障部门可根据本地实际，指定由一个经办机构统一负责征收各项社会保险费；实行税务征收的地区，目前可维持现有征收体制不变，但非税务征收的险种也应统一交由一个经办机构负责征收并统一办理参保登记、缴费申报和缴费稽核等。三是严格按规程操作。规程制定下发后，各地要严格按规程执行，不能再各行其是。

（三）制定标准

没有标准，就没有规范，就无法保证经办工作质量。现在，经办工作已经到了精细化、规范化、系统化阶段，需要加快推进标准化管理。当前，经办工作涉及的标准主要有以下四类：一是业务标准。如医疗保险和工伤保险的诊疗标准、养老保险的省级统筹标准等。二是技术标准。如职工工伤与职业病致残程度鉴定标准、伤残人员辅助器具配置标准、业务指标体系和数据库建设标准等。三是管理标准。如参保登记、缴费申报、待遇审核、费用结算、退休人员生存认证工作标准等。四是服务标准。如工作人员服务规范、各项社会保险查询和费用结算时限标准等。制定以上标准，需要行政部门、经办机构和信息管理部门密切合作，共同努力。

（四）加强培训

提升经办能力，重点要提高人员素质，加强队伍建设。当前，加强经办机构队伍建设的重要任务是加强人员培训。一是实行分级负责。经中编委批准，部社会保障能力建设中心已经成立，主要开展对地市以上经办机构负责人和部分专业技术人员的培训工作，条件成熟后与高校合作开展社会保障专业硕士研究生教育。各地也要积极开展人员培训工作。二是继续开展业务素质考核工作。2004 年，业务素质考核工作进展较快，11 个省市已基本完成任务。2005 年，各地要把业务素质考核作为加强经办机构能力建设的一项重要内容，善始善终，继续做好这项工作。三是加强对街道、社区工作人员的培训。现在，街道社区普遍建立了劳动保障工作平台，工作人员达十多万人。这是社会保障事业的一支重要力量。各地要加强对他们的指导和培训，使他们掌握政策，提高素质，搞好服务。部里 2004 年编写了街道社区劳动保障事务手册，2005 年将继续组织培训各地的工作骨干。各地要积极开展这方面的培训，把这支队伍建设好。

（五）改善条件

目前，部分地区特别是基层经办机构的工作条件还比较差。劳动保障部门在指导经办机构做好工作的同时，要积极向党委政府和有关部门反映他们的实际困难，帮助他们呼吁，争取党委政府和相关部门的支持，努力解决他们工作中的实际困难和问题。一是切实改善工作条件。保证经办机构与工作任务相适应的工作经费，工作任务增加的要增加必要的编制，提供必要的交通工具和必需的办公条件。二是建立奖励机制。包括扩面征缴、稽核清欠、医疗工伤费用审核等方面的奖励机制，提高经办机构工作人员的积极性。三是加快金保工程建设。现在，金保工程在各地都已立项，建设资金已经到位。各地要建设好、使用好。总之，要结合本地情况，每年确定办几件改善经办机构工作条件的好事实事，争取经过几年，使经办机构的工作条件随着事业的发展逐步得到改善。当然，经办机构要努力把工作做得更好，做到有为有位，这是不断改善工作条件的根本所在。

积极培育企业年金市场
推动建立多层次养老保险体系

——在企业年金基金管理机构负责人会议上的讲话

刘永富

（2005年8月26日）

一、充分认识发展企业年金的重要意义

党和国家十分重视企业年金工作。党的十六届三中全会指出，鼓励有条件的企业建立补充保险。国务院关于企业养老保险制度的规定中，企业年金是一项重要内容。

企业年金是多层次养老保险制度的重要组成部分，必须有新的更大发展。当前，我国养老保险制度改革已进入完善阶段，随着社会保障体系的健全，政府要更好地保障退休人员的基本生活，在继续确保基本养老金按时足额发放的基础上，有条件的企业应当建立企业年金，有条件的个人还可以参加商业保险，通过政府、企业和个人的共同努力，进一步提高退休人员的生活水平。在下一步做实个人账户和完善养老保险制度的工作中，要加大企业年金的推进力度，进一步完善政策，规范管理，争取有新的更大发展，促进多层次制度体系的建立和完善。

建立现代企业制度，需要发展企业年金。现代化社会人才竞争越来越激烈，企业要增强凝聚力和自主创新能力，不仅要靠在职期间的丰厚报酬吸引人，还要通过建立长效机制留住人。企业年金的特点是国家政策支持、企业自主建立、市场运营管理、政府行政监督，既可以体现不同企业之间经济效益的差异，又可以体现不同劳动者之间贡献的大小，更好的发挥激励作用，调动职工为企业发展多做贡献的积极性，是一项长期有效的制度安排。

随着企业年金的发展，退休人员生活水平将得到进一步提高。目前，参加养老保险的离退休人员已达4 200万人，今后每年还将以300多万人的速度增加，他们的养老金近年来不断增加，但总体水平还不高。发展企业年金，使有条件的企业尽快开展这项工作，退休人员的生活水平就会得到提高，有利于更好地满足他们老年保障的需求，促进社会和谐发展。

发展企业年金，还可以积累资金支持国家经济建设。职工建立企业年金，要几十年以后才能领取待遇，资金将形成长期积累。随着企业年金的增加，基金规模会越来越大，可以促进资本市场发展，为国家经济建设服务。

二、稳步推进企业年金基金市场化运营管理

国务院确定了企业年金基金市场化运营管

理的原则和基本模式。劳动保障部先后颁布了《企业年金试行办法》《企业年金基金管理机构资格认定暂行办法》，并与银监会、证监会、保监会共同制定颁布了《企业年金基金管理试行办法》，企业年金市场化运营管理有了基本的制度框架和运行规则。现在，企业年金基金管理机构已经产生，大家要齐心协力，共同努力，稳步推进市场化运营管理。

（一）发挥企业和职工的积极性，促进企业年金市场发展

企业年金基金市场化运营管理首先要有市场，市场的发展首先要有企业和职工的参与，把企业年金建立起来。各级劳动保障和金融监管部门、管理企业年金基金机构，都要加强企业年金制度和市场化运营管理的宣传，帮助企业和职工提高认识，了解政策，明确管理运行的程序，懂得如何维护自己的权益，充分调动和发挥他们的积极性。

（二）探索行之有效的市场监管办法，搞好运营管理

这次认定的企业年金基金管理机构，涉及银行、信托、基金、证券、保险等各个金融行业。一方面，各行业有不同的特长和优势，可以各显其能，共同推动企业年金市场发展。另一方面，各行业的运行规则、经营理念、市场风格等也有所不同，需要取长补短，相互借鉴。要正确认识企业年金基金混业经营、资金长期积累的特点，制定行为规范和管理标准，不同金融行业做到有机衔接，相互配合。

（三）建立协同监管的风险防范机制，保证企业年金市场健康有序运行

加强企业年金市场监管，是劳动保障部门和各金融监管部门的共同责任，也是一个全新的课题。劳动保障部门过去主要从事行政监督，对金融市场了解还不够，要虚心向金融监管部门和金融机构学习，借鉴金融监管的经验，积极探索适合企业年金基金监管的具体办法。同时，加强部门之间的沟通与合作，及时进行信息交流和磋商，建立协同监管机制，使金融监管部门的专业优势得到充分发挥。要加强调查研究，对工作中出现的新情况、新问题，有关部门共同研究解决办法，努力维护市场秩序。

三、加强企业年金基金管理和监督

企业年金基金管理涉及广大职工的切身利益，保证基金安全，实现保值增值，是大家共同的责任。有关部门和企业年金基金管理机构一定要认真履行职责，兢兢业业地做好工作。

（一）政府必须加强管理

企业年金原来由社会保险经办机构管理，现在改为市场化运营管理，这是一种机制创新。实行市场化运营管理，政府的责任不是减轻了，而是更重了。企业年金是基本养老保险的必要补充，同样是老百姓的养命钱，政府部门要认真履行职责，对国家负责，对企业和职工负责，不断完善相关政策，加强管理和服务。一方面，要指导企业按国家规定建立企业年金，处理好国家、单位和个人三者的关系，防止国有资产流失。另一方面，要指导管理机构规范市场运作行为，加强监督检查，使企业年金市场健康发展。

（二）始终把企业年金基金安全放在第一位

企业年金事关职工的晚年生活和社会稳定，必须始终把基金安全放在第一位。金融机构取得企业年金基金管理资格，也就同时承担了相应的责任。在运营管理中，要认真贯彻执行国家关于企业年金的政策规定，做到令行禁止，切忌随意性、搞变通。在市场营销、资产管理、投资运营、收益分配、管理费用、信息披露等方面，要依规办事，严禁搞暗箱操作。要通过大家卓有成效的工作，使企业和职工有认同感和安全感，愿意把钱交给你管。要加强企业年金市场研发，探索适合其特点的投资策略，选择稳定性强、风险较低的投资品种，实现长期稳健运行，做到安全与收益并举。只有基金安全，能够实现保值增值，市场才能发展，事业才能兴旺。

（三）要广泛接受社会监督

及时准确的披露信息，是保证公众行使知情权的必要措施，也是接受社会监督的有效途径。因此，要建立健全信息披露制度，按照规定的内容和时间要求披露信息，使企业和职工了解真实情况，能够及时提出意见和建议并参与监督，以便管理机构更好地改进工作，防止发生问题。我们将研究制定信息披露的内容和办法，并适当选择一些全国性专业报纸作为指定信息披露报纸，为实现社会监督创造有利条件。随着工作的推进，要逐步建立管理机构的诚信记录和诚信评价机制，奖优罚劣，对市场表现好、公众评价高的机构，要给予肯定和扶持；对严重违规的机构，实行退出制度。

（四）实现市场化运营管理的平稳过渡

37个管理机构的产生，确立了企业年金基金运营管理的市场主体。随着工作的开展，社会保险经办机构要逐步退出企业年金经办，新的业务不再接收，原有的业务逐步过渡，具备条件时移交给取得资格的管理机构。其他方面原来开展的企业年金基金管理业务，也要按照这个原则进行规范。

贯彻落实中央纪委第五次全会精神 开创劳动保障系统纪检监察工作新局面

——在全国劳动保障系统纪检监察工作座谈会上的讲话

中纪委驻劳动和社会保障部纪检组组长　崔会烈

（2005 年 1 月 18 日）

这次全国劳动保障系统纪检监察工作座谈会的主要任务是：以“三个代表”重要思想和党的十六届三中、四中全会精神为指导，认真落实中央纪委第五次全会和全国劳动保障工作会议精神，总结过去一年劳动保障系统的纪检监察工作，研究提出当前和今后一个时期工作的总体要求和 2005 年的主要任务，推进系统党风廉政建设和行风建设深入开展，为完成劳动保障中心工作提供有力保障。部党组对这次会议十分重视，会前，郑斯林部长专门批示，要认真把会开好，系统的廉政建设是件大事，切不可掉以轻心，我们的工作多是面对弱势群体，如果在管理钱物上出现腐败问题，实属罪加一等。

一、2004 年开展工作的基本情况

2004 年，驻部纪检组、监察局按照中央纪委第三次全会的部署和部党组的要求，结合行业特点和实际，对系统党风廉政建设、行风建设和纠风专项治理工作进行部署，各级纪检监察机构在当地党委、纪委和部门党组的领导下，按照部署和要求，结合实际开展党风廉政建设和行风建设，在促进党员干部廉洁自律、依法行政、落实劳动保障政策和维护群众利益等方面发挥了积极作用。

（一）党风廉政建设进一步加强

2004 年，全国劳动保障系统在党风廉政建设方面做了大量工作，取得明显成效。一是“两手抓两手硬”的自觉性进一步提高。劳动保障系统各级党组对党风廉政建设工作十分重视，部党组书记、部长郑斯林同志无论召开机关干部大会，还是召开系统厅局长会，逢会必讲廉政建设工作。要求领导班子成员、部属各单位主要负责同志，以及地方劳动保障厅（局）领导不仅要模范遵守廉洁自律各项规定，还要按照党风廉政建设责任制的要求，抓班子、带队伍，搞好职责范围内的反腐倡廉工作。同时还结合行业特点和实际，多次对加强权力制约和监督、社保基金分配和管理、金保工程建设、行政审批审核等工作提出自律要求。地方劳动保障部门将反腐倡廉工作纳入党组重要议事日程，认真按照党风廉政建设责任制的要求，在抓业务工作的同时，重视加强反腐倡廉工作，形成了“两手抓两手硬”的工作局面。二是廉政教育的内容和形式更有针对性。各地劳动保障部门把廉政教育作为基础工

作来抓，积极组织党员干部学习十六届三中、四中全会和中央纪委全会精神，以两个《条例》、廉洁自律规定、违纪违法案件为内容，开展法制教育、党纪条规教育和正反典型教育。并通过组织收看反腐倡廉电教片、召开研讨会、举办专题辅导和知识竞赛等形式，教育引导党员干部筑牢思想道德和党纪国法防线，增强廉洁从政和依法行政意识。三是加大了廉洁自律情况的监督力度。各级纪检监察机构普遍对党员干部遵守四大纪律和八项要求，以及收送现金、有价证券和支付凭证，违反规定兼任企业领导职务，配偶、子女从业等问题进行了全面检查，有的还对领导干部违反规定超标准购置小轿车，以各种名义用公款大吃大喝和高消费娱乐，用公款为干部职工购买商业保险，拖欠公款，多占住房和参与赌博等问题开展了专项清理，促进了廉洁自律各项规定的落实。

（二）行风建设工作取得新的进展

各级劳动保障部门以增强服务意识，改进工作作风，严格依法办事为主要内容，在机关及系统全面开展行风建设，使行业风气明显好转，群众满意率不断提高。一是窗口单位的服务质量进一步提高。为了给群众提供方便快捷的服务，一些地方积极创造条件建立服务大厅，将具有行政审批和服务职能的部门集中到大厅，实行“一站式”办公和“一条龙”服务。办事大厅设置了咨询服务台，统一规范窗口设置和服务标志，有的还配备了现代化的电子显示屏、触摸屏和电子查询系统。各地还采取多种措施改进服务工作，如北京市局在全系统推广了怀柔区劳动保障局实行一个窗口对外，为申办人提供全程代理服务的做法和经验。广东省厅建立综合服务窗口，统一对外行政业务的文书表格、申请受理和结果送达，落实“一次受理，两次办结”“一次性告知”等制度。宁波、厦门等地劳动保障部门以信息化建设为契机，整合人力资源和经办业务流程，实现五险合一办理。海南省厅开展评选“文明岗”“文明示范岗”和树立劳动保障行业良好形象活动。山西等省厅每年对服务窗口进行考核，并对先进窗口和达标窗口进行复查，建立有效的奖惩机制。上海市局对全市窗口的服务质量和效率进行巡回督查，发现问题及时发出整改通知书。大连市局通过抽查、暗访、联合督查以及公布投诉电话、设立举报箱、开通网上监督信箱等形式加强对服务窗口的监督，对违反规定的人员实行责任追究。二是政务公开工作逐步规范和完善。各级劳动保障部门继续按照部里下发的《政务公开工作标准》，充实和更新公开的内容，完善公开的保障措施，公开的形式也由上墙挂牌逐步向触摸屏、互联网、新闻媒体、制度汇编、便民手册等形式发展。如北京市局针对群众咨询难问题，设立由60余人组成的“12333”电话咨询中心，利用电话、传真、互联网等信息手段，加大公开力度。广东省厅通过电子政务建设推动政务公开，大力建设劳动保障公众网、医保网和社保基金管理公共服务网，加大政策法规公开力度，发挥网上查询、申报和监督功能。辽宁省厅将行政复议、劳动保障监察、劳动争议仲裁、工伤与病退鉴定、职业技能培训和退休审批等13种与群众联系密切的审批审核事项通过局域网和电子屏幕向服务对象公开。吉林省厅将为民服务措施和行政执法过错责任追究办法在媒体上公布，并从服务观念、工作作风、为民办事、维护群众利益和提高队伍素质五个方面作出公开承诺。福建省厅制定了行政许可听证、告知、过错追究等暂行规定，促进行政审批审核工作公开、公正、透明。江苏、广西、宁夏、青海等地劳动保障部门也围绕事关全局的重要事项和群众关心的热点问题，规范公开形式，丰富公开内容，完善监督措施。三是行风评议工作普遍开展起来。2004年，各级劳动保障部门把接受社会监督，作为行风建设的重要内容，积极参加政府组织的民主评议行风活动。如重庆市局成立评议领导小组，召开会议、下发文件部署评议工作，并通过新闻媒体、工作简报扩大影响、推广经验。天津市局坚持以评促建，针对群众反映医疗保险报销时间过长、手续烦琐等问题认真进行整改。福建省厅组织检查组对县级以上医疗保险经办机构的行风评议情况进行明察暗访，省医保中心对群众反映的问题不掩盖、不护短，制定措施，要求全省限期整改。吉林省社保公司将行风评议结果同评选先进、干部任免挂钩。湖北等省劳动保障部门还组织行风评议“回头看”活动，巩固成果，防止反弹。山东、内蒙、黑龙江、江西、广东、新疆等地劳动保障部门也参加了政府组织的行风评议或自行组织评议活动。四是纠风专项治理工作取得阶段性成效。中央纪委下发《2004 年党风廉政建设和反腐败工作部署的分工意见》后，部党组高度重视，分别向机关及系统下发通知进行部署。驻部纪检组、监察局多次协助党组召开有关司局负责人会议，围绕纠正企业重组改制中侵害职工合法权益、拖欠农民工工资和医疗服务不正之风问题，研究方案，分解任务，明确责任，提出目标要求和落实措施。各地纪检监察机构积极协助有关部门以清理建设领域拖欠农民工工资，改善农民进城务工环境，完善破产企业职工安置政策，做好职工安置方案审核等工作为重点，开展调查、检查工作。如河北省厅对全省建筑、服装、加工、餐饮行业签订劳动合同、支付工资等情况开展百日专项监察，并配合建设部门调查拖欠工程款和农民工工资情况，指导企业制定清偿计划，明确清偿责任，限期完成清欠。浙江省厅在全省开展以清欠农民工工资为内容的“春雷行动”，严厉打击拖欠和克扣农民工工资的行为。一些劳动保障部门还从建立健全企业工资支付监控制度、欠薪保障制度、工资支付诚信制度入手，积极探索维护农民工合法权益的长效机制。

（三）社保基金监督检查工作逐步深入

为了保证社会保险基金和再就业资金安全完整、专款专用，驻部纪检组、监察局组织专人对中央财政补助养老保险基金和再就业资金的分配依据、方法和程序进行调研，分析资金分配中存在的问题和薄弱环节，积极提出改进建议。各级纪检监察机构也积极配合有关部门规范基金管理，纠正违规违章问题。一是建立健全基金监管制度。如河南省厅制定下发加强社保基金监管的若干措施，对基金管理部门“一把手”的责任、基金征缴、储存、支出和管理以及经办机构工作纪律等作出明确规定。湖北省厅会同财政部门制定下发社会保障专项转移支付资金分配、划拨管理办法，规定了中央和地方财政对社保基金和再就业资金的补助范围、分配办法和划拨程序，做到基金分配公开、公正、透明。山西省厅通过制定社保基金管理监督责任制实施办法，规定了行政管理、保险经办、基金监督和纪检监察机构的职责，以及违反规定的量纪标准，严格实行责任追究。安徽等省劳动保障部门还把社保基金和再就业资金监管纳入廉政建设的内容，研究制定了加强监管的目标和措施。二是加强基金监督检查工作。如甘肃省劳动保障部门积极探索基金监督方法，实现了“从监督单一环节到监督全过程，从事后监督到事前、事中监督”的转变。福建等省厅纪检组、监察室采取下查一级的方法，抽查社保基金和再就业资金管理使用情况，对存在问题的单位及时发出整改通知书。陕西省厅纪检组、监察室督促业务部门加强现场监督，开展养老保险金征缴和清欠工作。内蒙、西藏等地劳动保障部门加强与税务、财政、审计部门的协调配合，共同做好社保基金专项审计工作。三是查处了一批违反基金管理规定的案件。各地劳动保障部门注意从监督检查和群众举报的问题中发现线索，查处违纪违法案件。如吉林省厅查处了九台市、梨树县和图们市社会保险公司挤占挪用社会保险基金 226 万元案。四川省厅查处了大邑市财政局累计挪用社保基金 2 392 万元案和崇州市劳动保障局累计挪用社保基金 372 万元案。云南省厅查处了陇川、文山、祥云等 8 个县区 2002 年挤占挪用失业保险基金和下岗职工生活保障金 68 万元案。

（四）重点工程建设项目的监督初见成效

2005 年，各级纪检监察机构普遍加强了重点工程的招标投标、合同签订和履行、资金拨付和使用、原材料和设备采购各环节履行程序情况的监督。驻部纪检组、监察局把监督检查金保工程和机关办公楼建设纳入年度工作重点，督促业务部门成立项目管理领导小组，建立健全廉政责任制、议事制度、招标投标实施细则、工程信息发布等监督制度，并派专人对工程招标投标、物资采购进行现场监督。吉林省厅纪检组、监察室在监督检查金保工程建设中，把重点放在重大问题是否坚持集体决策上，积极协助业务部门完善制度、规范程序。安徽省厅制定了金保工程建设资金管理使用办法和廉洁自律若干规定，规范资金管理，确保专款专用。西藏劳动保障厅纪检组、监察室对金保工程和技能培训基地建设提出廉洁自律要求，进行全程监督。天津、湖南、贵州等地劳动保障部门纪检组、监察室也积极参与建设工程项目的跟踪监察，有效防止了违反工程建设程序和不廉洁问题的发生。

在完成上述工作的同时，各级纪检监察机构充分发挥行政监察职能，加强对领导干部选拔任用和《行政许可法》实施情况的监督检查。一些地方纪检监察机构还积极配合有关部门做好工伤认定、职业技能鉴定、离退休审批、医疗保险药品目录调整等工作，在参与中监督，在监督中服务，有效防止了不正之风问题的发生。

一年来，各级纪检监察机构在党风廉政建设和行风建设方面做了大量工作，取得了一定成效，但工作发展还不平衡，有的在为中心工作服务方面，监督保障作用没有得到充分发挥，有的对基层工作督促、检查、指导不及时，有的仅停留在工作部署上，扎扎实实抓落实不够。2004 年是驻部纪检组、监察局实行统一管理的第一年，我们把相当一部分精力放在了调整工作职责、理顺工作关系、探索工作思路和方法上，对系统工作调查、检查、指导也不够。这些问题有待今后认真改进。

二、2005 年纪检监察工作的主要任务

在刚刚闭幕的中央纪委第五次全会上，胡锦涛同志以邓小平理论和“三个代表”重要思想为指导，从提高党的执政能力和巩固党的执政地位的战略高度，深刻阐述了新形势下推进反腐倡廉工作的极端重要性，要求全党把反腐倡廉作为一项重大政治任务抓紧抓实，在严厉惩处腐败分子的同时，进一步探索有效预防腐败的思路和方法。吴官正同志从发挥反腐倡廉思想教育的基础作用，调动党员群众支持和参与反腐倡廉的积极性，推进改革和制度创新，加强对权力的制约和监督以及执行党风廉政建设责任制等五个方面，提出了构建惩治和预防腐败体系的总体要求和基本思路。同时对 2005 年的党风廉政建设工作做出全面部署。2004 年底召开的全国劳动保障工作会议，也特别强调反腐倡廉工作，郑斯林部长要求各级劳动保障部门特别是主要负责同志，把提高廉洁自律抵御腐蚀的能力作为劳动保障能力建设的重要内容，在各种资金分配、社保基金管理、行政管理和审批、重点工程建设等方面严格遵守纪律和规定。我们要深入学习领会中央纪委全会和全国劳动保障工作会议的精神，结合实际认真贯彻落实。

当前和今后一个时期，劳动保障系统纪检监察工作的总体要求是：按照中央纪委全会的部署和全国劳动保障工作会议的要求，坚持标本兼治、综合治理、惩防并举、注重预防的方针，推进反腐倡廉工作；围绕提高劳动保障服务质量、确保社保基金安全、维护群众利益开展行风建设和专项治理工作，为促进劳动保障事业健康发展提供有力保障。为了实现这一总体要求，2005 年重点要抓好以下工作：

（一）加强教育和监督，促进领导干部廉洁从政

党中央颁布的《建立健全教育、制度、监督并重的惩治和预防腐败体系实施纲要》明确了惩防体系建设的指导思想、基本原则和工作目标。中央纪委第五次全会对反腐倡廉工

作作出具体部署，各级劳动保障部门要结合实际贯彻落实。劳动保障部门的主要负责同志，对党风廉政建设和行风建设要切实负起责任，加强对党员干部的教育和监督，解决好部门及系统存在的突出问题，领导班子其他成员也要抓好职责范围内的反腐倡廉工作。纪检监察机构对部门党组作出的廉政建设工作部署，要积极组织协调有关部门抓落实。同时，要配合保持共产党员先进性教育活动，广泛开展法制教育、党纪条规教育、优良传统教育和从政道德教育，使党员干部学法、知法、懂法，自觉遵守廉洁自律各项规定。要加强对党员干部廉洁自律情况的监督检查，坚决纠正和查处收送现金、有价证券和支付凭证，“跑官要官”，放任、纵容配偶、子女及身边工作人员利用领导干部职权和职务影响经商办企业或从事中介活动谋取非法利益，利用婚丧嫁娶等事宜收钱敛财，参与赌博等行为。要针对劳动保障工作中容易发生腐败问题的重点部位和环节，研究制定带有行业特点的制约措施和自律规定。要协助有关部门建立健全领导班子民主议事制度、重要情况通报和报告制度，加强对行政审批审核、干部选拔任用、重大项目安排、大额资金使用的决策和执行情况，以及社保基金分配，定点药店、医疗机构资格认证和医疗保险药品目录调整情况的监督检查，保证权力的正确行使，制止和纠正行政不作为和滥用权力的行为，力争使劳动保障系统的党员干部，特别是厅（局）级干部不发生违纪违法问题。

（二）以创建优质服务窗口活动为重点，全面推进劳动保障系统行风建设

随着经济社会的发展，劳动保障工作与人民群众利益联系越来越紧密。劳动保障服务窗口能否依法履行职责，提供优质、高效、便捷的服务，已成为人民群众衡量我们工作的重要标准。近年来，各级劳动保障部门开展创建“三优”文明窗口活动，在改善服务环境、转变工作作风、提高办事效率方面取得了一定成效。但随着形势的发展，这项工作要继续巩固和深化。为进一步提升窗口单位的管理水平和服务质量，驻部纪检组、监察局经过深入调查研究，决定在全国劳动保障系统直接为企业和群众服务的行政审批、就业服务、社会保险经办、劳动保障监察、劳动争议仲裁、劳动保障信访等窗口单位，以及乡镇（街道）、社区服务站（所）全面开展创建优质服务窗口活动，并作为行风建设的重要内容长期不懈地抓下去。在反复征求地方劳动保障部门和部机关相关司局意见的基础上，起草了具体实施意见，在征得部党组和中央纪委分管部门同意后，已于2004年底由部办公厅印发各地实施。这项活动的基本要求是公正、便民、廉洁、高效，工作目标是在服务意识、工作作风、办事效率和依法行政水平上要有明显的改进和提高。创建活动的内容包括严格依法行政、优质高效服务、办事公开透明、工作作风优良、监督机制完善五个方面，每个方面又有具体的工作标准。与“三优”文明窗口建设相比，增加了内容，提高了标准，更加突出了依法办事和服务质量。为了推动这项工作的开展，各级劳动保障部门要坚持优中选优的原则，定期对创建活动进行考核表彰。省级劳动保障部门原则上每年或每两年要对辖区内的服务窗口进行一次考核评比，表彰一批优质服务窗口单位。劳动保障部在地方考核表彰的基础上，经省级劳动保障部门推荐，考核领导小组审核，每两年组织一次全国性的表彰活动，2006年底将表彰一批全国优质服务窗口。目前，部里已成立了由驻部纪检组、监察局牵头的指导小组，承担创建活动的组织协调和指导工作。各地劳动保障部门要把创建优质服务窗口活动摆上重要日程，切实加强领导，成立创建活动指导小组和具体办事机构，根据实施意见的要求和本地实际，细化工作内容，制定实施方案，提出目标要求和落实措施，抓紧部署和实施。要加强对工作的检查指导，及时总结推广好的做法和经验，研究解决遇到的矛盾和问题，推动工作深入开展，力争通过几年的努力，把窗口建设提升到一个新的水平。

（三）发挥纪检监察职能，促进基金管理监督部门认真履行职责

目前，劳动保障系统管理的养老、医疗、失业、工伤和生育五项社保基金年收支总额已突破1万亿元。确保基金安全完整、专款专用，不仅关系到人民群众的切身利益，而且影响经济运行和社会稳定。近年来，各级劳动保障部门认真落实“收支两条线”规定，截留、挤占、挪用基金的现象逐渐减少，但在基金征缴、支付、储存和管理中违规违纪问题以及贪污、挤占、挪用现象仍有发生。驻部纪检组、监察局连续几年把对社保基金管理使用情况的监督检查作为重要工作来部署，但从各地情况看，一些纪检监察机构工作不深入，效果不明显，有的还没有开展这项工作。我们要充分认识社保基金监督检查工作的重要性，把它作为一项长期工作抓紧抓实。2005年要从监督检查基金管理、监督、经办部门及其工作人员履行职责入手，促进基金监管工作进一步规范和完善。重点抓好三项工作：一是监督检查财政专项补助资金分配情况。督促基金管理部门认真落实部党组提出的“隐蔽的权力公开化，集中的权力分散化，管计划与管钱分开，资金年初一次分光”的资金分配原则，研究探索公开透明、相互制约的分配机制，确保财政专项补助养老保险基金和再就业补助资金分配科学、公正、廉洁。二是从制度上规范和完善基金监管工作。组织协调有关部门深入调查基金征缴、支付、储存和管理情况，根据基金监管各部门的职责及容易发生问题的重要部位和环节，研究制定基金管理监督责任制和违反责任制规定的追究办法，明确各部门领导和经办人员的具体职责及违规违纪处理标准。三是监督检查基金管理、监督、经办部门履行职责的情况。坚决纠正和处理违反基金监管政策和财务管理规定，玩忽职守、违规操作，有案不报、压案不查，甚至滥用职权、徇私舞弊等行为，督办和查办贪污、截留、挤占、挪用社保基金的案件。要建立逐级上报案件和案件备案制度，认真剖析发生案件的原因，查找机制制度和管理上存在的问题，有针对性地提出改进工作的意见和建议，使基金监管工作逐步科学化、制度化、规范化。

（四）继续开展纠风专项治理，切实解决损害群众利益的突出问题

中央纪委第五次全会对纠正企业重组改制和破产中损害群众利益，以及拖欠农民工工资问题再次进行部署，提出明确要求。各级纪检监察机构要充分发挥组织协调作用，督促有关部门在巩固2004年专项治理成果的基础上，继续按照部里提出的目标要求，各司其职、各负其责，抓紧落实。在解决拖欠农民工工资问题上，要督促和协助有关部门加强对劳动合同执行情况的督查，认真清理陈欠并防止新的拖欠，积极探索企业工资支付监控、工资支付保障和企业劳动保障诚信等制度。在纠正企业重组改制和破产中损害群众利益的问题上，要督促有关部门完善相关政策，严格实施改制方案的审核批复制度，妥善解决好企业改革中的职工安置、社会保险关系接续和劳动关系处理等方面的遗留问题。要了解工作进展情况，及时督促指导，对达不到目标要求的，督促责任单位查明原因，制定措施，抓紧落实；对已经解决或初步解决的问题，督促业务主管部门建立健全解决和预防问题的长效工作机制，巩固成果，防止反弹。要积极配合有关部门加强对已经出台的政策措施落实情况的监督检查，坚决纠正有令不行，有章不循的现象。一段时间以来，群众上访问题比较突出，要协助有关部门做好信访工作，凡是符合政策，通过努力可以解决的，要认真解决；有困难不能马上解决的，要积极创造条件解决；一时解决不了的，要向群众做好解释工作。对严重损害群众利益的突出问题，要及时组织力量调查处理，不仅要依纪依法追究直接责任人的责任，而且要按照有关规定追究领导人员的责任。各级纪检监察机构还要结合部门及系统实际，督促有关部门做好定点药店和医疗机构资格认证，以及医疗保险药品目录调整等工作；对违规办班和开会问题进行清理整顿，坚决纠正和查处擅自办

班、违规收费、开会接受企业和服务对象赞助，借办班和开会之机组织公费旅游或出国（境）旅游等问题。

（五）加强对重点工程建设项目的监督检查

近年来，工程建设已成为腐败问题的易发、高发领域，工程建起来、干部倒下去的案件不乏其例，我们要引以为鉴。2005年，地方金保工程相继启动，中央和地方财政对金保工程安排了相应的投资。各级劳动保障部门要加强管理，纪检监察机构要跟踪监督，督促有关部门成立项目管理领导小组，建立健全廉政责任制、议事制度、招标投标实施细则以及工程项目会审、资金管理使用和信息发布等制度，形成用制度规范行为、按制度办事、靠制度管人的机制。要加强对招标投标、资金拨付使用、原材料和设备采购、工程预决算等重点环节的监督检查，发现问题及时纠正。对虚假招投标，肢解发包、转包和违法分包以及滞留、挤占、截留、挪用建设资金等违纪违法行为要严肃查处，涉嫌犯罪的，要移送司法机关处理。对本部门本单位的其他工程项目以及设备采购也要实施全过程监督，并针对容易诱发腐败现象的部位和环节，制定防范措施，避免发生违纪违法问题，把各项工程建设成为优质工程和廉洁工程。

三、做好2005年工作需要强调的几个问题

2005年劳动保障系统党风廉政建设和行风建设任务十分繁重。各级纪检监察机构要以求真务实的精神和作风抓落实，确保各项任务顺利完成。

（一）加强对党风廉政建设和行风建设工作的领导

2005年部署的党风廉政建设和行风建设工作，都是从服务于劳动保障中心工作的角度提出来的，带有行业特点，符合工作实际，我们要认真抓好落实。各级劳动保障部门的领导，要坚持“两手抓两手硬”的方针，把党风廉政建设和行风建设与业务工作紧密结合起来，统一研究、部署、检查和落实。要加强对纪检监察工作的督促指导，重要问题亲自研究，工作情况经常过问，为纪检监察工作提供有力的保障。纪检监察机构要切实履行党章赋予的职责，积极协助部门党组组织协调党风廉政建设和行风建设工作。要围绕2005年的工作部署，深入调查研究，摸清机关及系统的情况，找准问题症结，提出目标要求和落实措施，认真部署实施。要加强工作的督促指导，驻部纪检组、监察局拟于上半年对地方工作进行抽查，下半年分片召开座谈会交流工作情况。各地也要加强工作指导，总结推广经验，协调解决问题，推动各项工作深入开展。要妥善处理好与业务部门的工作关系，对需要几个部门共同完成的工作，要调动相关部门的积极性，整合工作力量；对与业务部门密切相关的工作，要发挥其职能优势和牵头作用。力争抓一项、成一项、巩固一项，确保工作质量。

（二）适应管理体制的变化，不断探索和改进工作

2004年，中央纪委监察部对派驻机构实行统一管理，这是纪检监察体制的重大改革，是加强党内监督的重要举措，也是进一步加强反腐倡廉工作的必然要求。随着领导体制改革、职能调整和工作关系变化，原有的工作思路和方法要随之调整。为了尽快适应改革的需要，我们根据调整后的职责，做了大量细致的调查工作，研究探索实行统一管理条件下开展纪检监察工作的规律，创新工作思路和方法，调整与各方面的工作关系，建立健全沟通协调相关制度，目前，各项工作已取得初步成效。2005年，一些地方党委、纪委也在考虑派驻机构的统一管理工作，劳动保障系统一些纪检监察机构也将面临统一管理的问题。我们要从政治的高度、全局的高度来认识这项工作的重大意义，把思想真正统一到中央的决策精神上来，按照党委、纪委的要求，认真做好统一管理工作。各级劳动保障部门党组要一如既往地支持和关心纪检监察机构的工作，保证改革工

作健康有序进行。实行统一管理后，派驻纪检监察机构直接由地方纪检监察机关管理，更加突出了对领导干部监督的职能，我们要把工作调整到统一管理规定的职责上来，积极协助党组抓好机关及系统的党风廉政建设工作。要探索加强对领导干部监督的方式方法，协助党组规范完善党内监督制约机制，切实加强对权力的制约和监督。要建立健全向上级纪检监察机关请示、报告工作和向驻在部门通报工作情况等制度，处理好与各方面的工作关系。要健全和完善组织协调机制和制度，探索组织协调的方法和措施。在改革期间，要保持思想不乱、队伍不散，党风廉政建设和行风建设工作不削弱。

（三）加强队伍自身建设，提高纪检监察工作能力

劳动保障系统有 4 000 多名干部从事纪检监察工作。这是一支作风过硬、能战斗的队伍，但劳动保障事业的发展对纪检监察工作不断提出新的更高的要求，我们在思想观念、知识结构、业务能力等方面与新形势和新任务相比，还存在一些问题和不足，2005 年要在提高干部政策理论水平、业务工作能力和专业化水平上多下工夫。要认真组织纪检监察干部深入学习邓小平理论和“三个代表”重要思想，学习党的路线方针政策，进一步提高从政治上观察、分析和处理问题的能力。要学习纪检监察业务，劳动保障政策法规和相关的管理知识，不断拓宽视野，完善知识结构，提高对领导干部有效监督的能力，依法执纪、依法办案的能力，以及协助党组组织协调党风廉政建设和行风建设工作的能力。要发扬求真务实的精神和作风，讲原则、办实事、务实效，杜绝弄虚作假、形式主义，抓好各项任务的落实。要增强法制观念和纪律观念，模范遵守廉洁自律各项规定，自觉接受各方面的监督，坚决抵制权力和金钱的诱惑，维护纪检监察机构的良好声誉和形象。

在部分省（区）劳动保障厅纪检组长座谈会上的讲话

崔会烈

（2005年8月18日）

我们召开这次座谈会，主要是交流落实年初工作部署、开展行风建设和专项治理工作情况，特别是创建和评选优质服务窗口的做法，存在的问题及其建议；开展社保基金监督检查和其他工作情况，以及对2006年全国劳动保障系统纪检监察工作的安排意见和建议。通过交流，相互学习借鉴，更好地推动2005年各项工作的落实。

从各省交流的情况看，驻部纪检组、监察局下发2005年行风建设和专项治理工作的安排意见后，各地十分重视，厅党组结合实际研究实施方案，明确任务、落实责任，提出目标要求和落实措施，并召开系统纪检监察工作座谈会或下发文件进行部署。纪检监察机构在人员少、任务重的情况下，积极克服困难，开创性地工作，在加强党风廉政建设，提升服务窗口管理水平和服务质量，保证社保基金安全、维护群众切身利益等方面，积极探索工作经验，取得了阶段性成效，赢得了党组的重视和支持。现在已是8月份，后几个月的任务还很艰巨，各级纪检监察机构要把工作重点放在抓好督促、检查和指导上，保证行风建设和专项治理各项工作切实见到实效。

一、要采取切实有效的措施推进优质服务窗口创建活动

创建优质服务窗口是劳动保障系统行风建设的重要内容，也是今后一个时期常抓不懈的工作。2005年初部里下发的《实施意见》，明确了创建活动的目的、内容、目标要求和落实措施。5月，又通过召开视频会议、下发文件，对年底表彰优质服务窗口的范围、标准、名额，以及评选推荐、审批审核的方法、程序等进行了部署。各省创建活动指导小组和具体办事机构要切实重视和抓好这项工作。一方面要加强对创建活动的督促检查。指导各类服务窗口对照创建活动内容和评选表彰的标准，找问题、查不足，进一步抓紧思想道德建设和业务技能培训，促进窗口工作人员增强服务意识，改进工作作风，提高办事效率，严格依法办事；及时总结推广窗口建设好的做法和经验，针对存在的问题提出整改意见和建议，力争在年底前，使各类服务窗口在原有的基础上有明显的改进和提高。另一方面要组织好评选推荐工作。组织评选表彰的目的是更好地推动创建活动的深入开展。2005年是开展“创建优质服务窗口”活动的第一年，也是部里第一次组织对优质服务窗口进行表彰，各省表彰

的名额虽然不多，但要保证质量。省级劳动保障部门要切实负起责任，把评选推荐工作组织好。名额分配要兼顾省市县三级劳动保障部门和不同的窗口单位，在评选推荐中要充分发扬民主，对推荐表彰的服务窗口要严格审核、层层把关，保证推荐表彰的窗口在本省具有典型性，对推动本地区优质服务窗口创建活动真正起到标杆和示范作用。有些窗口单位虽然达到优质服务窗口的标准，但由于名额有限不能全部由部里进行表彰，省里可以根据情况自行组织表彰活动，以调动窗口单位的工作积极性。在窗口创建和评选推荐中，我们还要注意探索新思路、积累新经验，为深入持久地开展创建活动，全面提升窗口单位的管理水平和服务质量，总结出一条行之有效的做法和经验。对推荐到部里表彰的窗口单位，10月份要将书面材料和影像资料报送部优质服务窗口活动指导小组办公室。

二、继续加强对社保基金管理使用情况的监督检查

这几年，驻部纪检组、监察局在部署工作时，都强调社保基金的监督检查工作，应该说很多省市对这项工作比较重视，积极会同基金监督部门开展调查和专项检查，发现违规违纪问题及时组织力量调查处理，做了大量工作。但也有些省市工作力度不够，成效不明显。原因有几个方面，一是认为基金监督检查由基金监督处室负责，纪检监察机构插不上手；二是对基金监管政策、规定和相关知识不太熟悉，工作有畏难情绪；三是由于纪检监察机构人员少、任务重，没有精力开展基金监督检查工作等。总之监督意识不强，工作不主动，特别是有些厅局纪检组、监察室对本省系统是否发生基金违纪违法案件都不了解。加强基金监督检查是纪检监察机构义不容辞的责任，在年初部署工作时，我们强调要把监督的重点放在监督检查社保基金监管部门和经办机构是否依法履行职责上。各级纪检监察机构要提高认识，端正态度，理顺思路，克服畏难情绪，处理好与各方面的关系，积极主动开展工作。一是要建立健全纪律规范。经中央纪委有关部门同意，驻部纪检组、监察局正在着手研究制定《社会保险基金管理使用中违规违纪行为纪律处分暂行规定》，针对基金管理使用各环节中容易发生的问题，对违规违纪行为予以界定，并提出纪律处分的具体量纪标准，目的是为追究违规违纪人员的党政纪责任提供依据。各地也要积极研究探索加强基金监管的自律和纪律规定。二是要积极会同有关部门开展基金专项检查。重点是检查落实基金分配四项原则，执行基金监管政策规定和财务管理制度等情况，针对征缴、支付、储存和管理中存在的问题和薄弱环节提出改进建议，督促有关部门建立健全权责分明、行为规范、监督有效、保障有力的监管体系和工作机制，使基金监管工作进一步规范和完善。三是要严肃查处基金监管中的违纪违法案件。特别是纠正和查处玩忽职守、违规操作、有案不报、压案不查，甚至滥用职权、徇私舞弊等行为，督办和查办贪污、截留、挤占、挪用社保基金的案件。上半年，驻部纪检组印发了《社会保险资金违规违纪案件统计表》，要求省级纪检监察机构每半年填报一次。截至目前，只有24个省（区、市）报送了情况。从报送的情况看，有的只填数字不报基本案情；有的报空表，不是都没有发生案子，而是没有如实填报或不了解发案情况。我们要重视这项工作，严格按要求填报。四是要注意总结推广加强基金监管的成功做法和经验，运用典型的示范作用指导各地的监督检查工作。五是要提高纪检监察干部的业务素质。要加强调查研究，全面了解基金管理使用情况；加强基金监管知识的培训，提高监督检查工作的能力。我希望大家在思想上要高度重视，行动上要坚决落实。

三、切实解决好损害群众利益的突出问题

中央纪委2005年党风廉政建设和反腐败工作的分工意见，涉及劳动保障部门的有三项工作。其中，纠正拖欠和克扣农民工工资问题由劳动保障部牵头，纠正国有企业重组改制和破产中侵害职工利益以及纠正医药购销和医疗服务不正之风工作，分别协助有关部门实施。为了落实好三项工作，部里召开党风廉政建设联席会议，将任务逐项分解到业务司局，明确了牵头单位和协助单位。办公厅根据各司局的落实方案，起草下发了劳动保障部的实施意见。三项纠正工作主要依靠业务部门来做，纪检监察机构要发挥好组织协调和监督检查的作用，包括协助党组制定实施方案，把任务分解落实到相关处室，并按照责任分工、目标要求和完成时限，对工作进行督促、检查和指导；督促有关部门健全和完善解决问题的长效机制，总结推广工作中的有效做法和经验，认真调查处理群众反映劳动保障部门行政不作为或乱作为行为，切实解决好损害群众利益的突出问题。在抓好三项纠正工作的同时，我们还要结合机关和系统实际，继续加强对建设工程项目，特别是金保工程建设的监督检查；按照国务院廉政工作会议的要求，清理整顿乱办班、乱收费、乱发证等问题。

四、深入开展民主评议行风工作

开展行风评议是拓宽民主监督渠道的重要措施，是激励和鞭策干部职工清正廉洁、高效工作的有效手段。各级劳动保障部门党组对行风评议工作十分重视，纪检监察机构积极协助党组组织实施。按照国务院纠风办和省市政府的部署，结合实际做了大量工作。包括组织职工自查自纠、开展检查和抽查，同时通过邀请人大代表、政协委员明察暗访，向社会发放调查问卷等多种形式广泛征求社会各方面的意见，针对劳动保障工作人员在服务意识、工作作风、服务质量和效率等方面存在的问题，认真分析原因，研究制定措施，积极进行整改，使劳动保障部门的政风行风有了明显改观，群众的满意率逐年提高，一些部门在行风评议中排名到政府职能部门的前列。现在快到年底了，很多省市政府又将组织民主评议行风活动，我们要认真抓好这项工作。要把民主评议行风工作与优质服务窗口创建有机结合起来，进一步推动基层队伍的作风建设；要按照当地政府的要求做好民主评议各阶段的工作，对群众反映的问题认真研究，积极整改；纪检监察机构在协助党组组织协调行风评议工作的同时，要及时总结交流行风评议的做法和经验，推动这项工作的深入开展。从2006年开始，每年一季度末，省级纪检监察机构要把本省系统开展行风评议的情况，包括评议方法、评议等次、群众反映问题，整改措施和效果整理成专题报告，报送驻部纪检组、监察局。我们将行风评议中的好做法、好经验及时向各地推广，同时将评议情况向部党组报告。

五、积极推进派驻机构统一管理工作

纪检监察机构实行统一管理是中央作出的重大决定。现在各地已着手这项工作。我们要认识这项改革的重大意义，把思想真正统一到中央的精神上来，按照党委、政府的部署和要求，积极做好工作。实行统一管理后，派驻机构的设置形式由各省确定，但不管采用哪种形式，我们对职责范围内的工作不能放松，廉政建设和行风建设不能削弱。一是要加强对驻在部门领导班子的廉政教育和权力的监督制约，包括加强世界观、人生观、权力观、利益观教育，教育引导领导班子成员筑牢抵御腐蚀的思想和道德防线；监督检查在工程建设项目、药品目录调整、重要干部任免、大额资金使用等各种决策、安排中坚持民主决策的情况，以及落实党风廉政建设责任制和廉政勤政等情况，发现问题苗头及时提醒打招呼，保证厅局领导班子及其成员不发生违纪问题。二是协助党组组织协调党风廉政建设和反腐败工作。最近中央纪委下发了《关于纪委协助党委组织协调反腐败工作的规定》，要认真学习，抓好落实，积极协助党组组织协调党风廉政建设和反腐败工作。要根据党组的要求和部门职责，分解任务、明确责任、提出要求、组织落实；检查指导各项工作的落实情况，针对存在的问题，提出改进意见和建议；要加强与相关部门的沟通与联系，协调好各种工作关系，及时研究解决遇到的矛盾和问题，形成工作合力。三是加大对系统工作的指导力度。抓好系统行风建设是纪检组、监察室的重要职责，要克服重本级机关、轻系统的倾向，把系统行风建设放在党风廉政建设的大格局中通盘考虑，年初要有计划，平时要督促指导，要通过听取汇报、调阅资料、实地察看等方式，定期或不定期地检查落实情况，使机关党风廉政建设和系统行风建设紧密结合，齐头并进。四是探索新形势下的工作思路和方法。实行统一管理后，管理体制变了，工作职能变了，我们的工作思路和方法也要随之调整和改进。包括工作职责要明确、角度要调整、方式要创新、制度要完善等。同时要处理好与驻在部门的工作关系，特别是组织协调与监督检查的关系，健全和完善协调机制和监督制度，坚持重要情况及时向驻在部门党组报告，保证改革工作健康有序进行，确保监督职能得到充分发挥。

六、提前安排明年的党风廉政建设和行风建设

2005 年还有 4 个月的工作时间，要提前研究考虑 2006 年的工作。驻部纪检组、监察局将通过调查研究或召开座谈会等形式，广泛听取地方同志对 2006 年工作的建议，以便根据中央纪委全会和国务院廉政工作会议精神，结合实际，对 2006 年行风建设和专项治理工作做出部署。省级纪检监察机构也要围绕 2006 年的工作安排深入调查研究，找准本省系统在廉政建设和行风建设方面存在的不足，按照省、部及厅局党组的要求，提前考虑 2006 年党风廉政建设和行风建设工作任务，明确目标要求和落实措施，保证我们的工作符合中央精神和系统实际，有针对性和可操作性。

三、重 要 文 件

国务院关于大力发展职业教育的决定

国发［2005］35号

各省、自治区、直辖市人民政府，国务院各部委、各直属机构：

自2002年全国职业教育工作会议以来，各地区、各部门认真贯彻《国务院关于大力推进职业教育改革与发展的决定》（国发［2002］16号），加强了对职业教育工作的领导和支持，以就业为导向改革与发展职业教育逐步成为社会共识，职业教育规模进一步扩大，服务经济社会的能力明显增强。但从总体上看，职业教育仍然是我国教育事业的薄弱环节，发展不平衡，投入不足，办学条件比较差，办学机制以及人才培养的规模、结构、质量还不能适应经济社会发展的需要。为了进一步贯彻落实《中华人民共和国职业教育法》和《中华人民共和国劳动法》，适应全面建设小康社会对高素质劳动者和技能型人才的迫切要求，促进社会主义和谐社会建设，现就大力发展职业教育作出如下决定：

一、落实科学发展观，把发展职业教育作为经济社会发展的重要基础和教育工作的战略重点

（一）大力发展职业教育，加快人力资源开发，是落实科教兴国战略和人才强国战略，推进我国走新型工业化道路、解决“三农”问题、促进就业再就业的重大举措；是全面提高国民素质，把我国巨大人口压力转化为人力资源优势，提升我国综合国力、构建和谐社会的重要途径；是贯彻党的教育方针，遵循教育规律，实现教育事业全面协调可持续发展的必然要求。在新形势下，各级人民政府要以邓小平理论和“三个代表”重要思想为指导，落实科学发展观，把加快职业教育、特别是加快中等职业教育发展与繁荣经济、促进就业、消除贫困、维护稳定、建设先进文化紧密结合起来，增强紧迫感和使命感，采取强有力措施，大力推动职业教育快速健康发展。

（二）明确职业教育改革发展的目标。进一步建立和完善适应社会主义市场经济体制，满足人民群众终身学习需要，与市场需求和劳动就业紧密结合，校企合作、工学结合，结构合理、形式多样，灵活开放、自主发展，有中国特色的现代职业教育体系。

“十一五”期间，继续完善“政府主导、依靠企业、充分发挥行业作用、社会力量积极参与，公办与民办共同发展”的多元办学格局和“在国务院领导下，分级管理、地方为主、政府统筹、社会参与”的管理体制。

到2010年，中等职业教育招生规模达到800万人，与普通高中招生规模大体相当；高等职业教育招生规模占高等教育招生规模的一半以上。“十一五”期间，为社会输送2 500多万名中等职业学校毕业生，1 100多万名高等职业院校毕业生。各种形式的职业培训进一步发展，每年培训城乡劳动者上亿人次，使我国劳动者的素质得到明显提高。职业教育办学条件普遍改善，师资队伍建设进一步加强，质量效益明显提高。

二、以服务社会主义现代化建设为宗旨，培养数以亿计的高素质劳动者和数以千万计的高技能专门人才

（三）职业教育要为我国走新型工业化道路，调整经济结构和转变增长方式服务。实施国家技能型人才培养培训工程，加快生产、服务一线急需的技能型人才的培养，特别是现代制造业、现代服务业紧缺的高素质高技能专门人才的培养。各地区、各部门要根据区域经济和行业发展需要，制订地方和行业技能型人才培养规划。

（四）职业教育要为农村劳动力转移服务。实施国家农村劳动力转移培训工程，促进农村劳动力合理有序转移和农民脱贫致富，提高进城农民工的职业技能，帮助他们在城镇稳定就业。

（五）职业教育要为建设社会主义新农村服务。继续强化农村“三教”统筹，促进“农科教”结合。实施农村实用人才培训工程，充分发挥农村各类职业学校、成人文化技术学校以及各种农业技术推广培训机构的作用，大范围培养农村实用型人才和技能型人才，大面积普及农业先进实用技术，大力提高农民思想道德和科学文化素质。

（六）职业教育要为提高劳动者素质特别是职业能力服务。实施以提高职业技能为重点的成人继续教育和再就业培训工程，在企业中建立工学结合的职工教育和培训体系，面向在职职工开展普遍的、持续的文化教育和技术培训，加快培养高级工和技师，建设学习型企业。职业院校和培训机构要为就业再就业服务，面向初高中毕业生、城镇失业人员、农村转移劳动力，开展各种形式的职业技能培训和创业培训，提高他们的就业能力、工作能力、职业转换能力以及创业能力。大力发展社区教育、远程教育，通过自学考试和举办夜校、周末学校等多种形式满足人民群众多样化的学习需求。建立职业教育与其他教育相互沟通和衔接的“立交桥”，使职业教育成为终身教育体系的重要环节，促进学习型社会建立。

三、坚持以就业为导向，深化职业教育教学改革

（七）推进职业教育办学思想的转变。坚持“以服务为宗旨、以就业为导向”的职业教育办学方针，积极推动职业教育从计划培养向市场驱动转变，从政府直接管理向宏观引导转变，从传统的升学导向向就业导向转变。促进职业教育教学与生产实践、技术推广、社会服务紧密结合，积极开展订单培养，加强职业指导和创业教育，建立和完善职业院校毕业生就业和创业服务体系，推动职业院校更好地面向社会、面向市场办学。

（八）进一步深化教育教学改革。根据市场和社会需要，不断更新教学内容，改进教学方法。合理调整专业结构，大力发展面向新兴产业和现代服务业的专业，大力推进精品专业、精品课程和教材建设。加快建立弹性学习制度，逐步推行学分制和选修制。加强职业教育信息化建设，推进现代教育技术在教育教学中的应用。把学生的职业道德、职业能力和就业率作为考核职业院校教育教学工作的重要指标。逐步建立有别于普通教育的，具有职业教育特点的人才培养、选拔与评价的标准和制度。

（九）加强职业院校学生实践能力和职业技能的培养。高度重视实践和实训环节教学，继续实施职业教育实训基地建设计划，在重点专业领域建成2 000个专业门类齐全、装备水平较高、优质资源共享的职业教育实训基地。中央财政职业教育专项资金，以奖励等方式支持市场需求大、机制灵活、效益突出的实训基地建设。进一步推进学生获取职业资格证书工作。取得职业院校学历证书的毕业生，参加与所学专业相关的中级职业技能鉴定时，免除理论考核，操作技能考核合格者可获得相应的职业资格证书。到2010年，省级以上重点中等职业学校和有条件的高等职业院校都要建立职业技能鉴定机构，开展职业技能鉴定工作，其学生考核合格后，可同时获得学历证书和相应的职业资格证书。

（十）大力推行工学结合、校企合作的培养模式。与企业紧密联系，加强学生的生产实习和社会实践，改革以学校和课堂为中心的传统人才培养模式。中等职业学校在校学生最后一年要到企业等用人单位顶岗实习，高等职业院校学生实习实训时间不少于半年。建立企业接收职业院校学生实习的制度。实习期间，企业要与学校共同组织好学生的相关专业理论教学和技能实训工作，做好学生实习中的劳动保护、安全等工作，为顶岗实习的学生支付合理报酬。逐步建立和完善半工半读制度，在部分职业院校中开展学生通过半工半读实现免费接受职业教育的试点，取得经验后逐步推广。

（十一）积极开展城市对农村、东部对西部职业教育对口支援工作。要把发展职业教育作为城市与农村、东部与西部对口支援工作的重要内容。各地区要加强统筹协调，把职业教育对口支援工作与农村劳动力转移、教育扶贫、促进就业紧密结合起来。要充分利用东部地区和城市优质职业教育资源和就业市场，进一步推进东西部之间、城乡之间职业院校的联合招生、合作办学。实行更加灵活的学制，有条件地方的职业学校可以采取分阶段、分地区的办学模式，学生前1至2年在西部地区和农村学习，其余时间在东部地区和城市学习。鼓励东部和城市对西部和农村的学生跨地区学习减免学费，并提供就业帮助。

（十二）把德育工作放在首位，全面推进素质教育。坚持育人为本，突出以诚信、敬业为重点的职业道德教育。确定一批职业教育德育工作基地，选聘一批劳动模范、技术能手作为德育辅导员。加强职业院校党团组织建设，积极发展学生党团员。要发挥学校教育、家庭教育和社会教育的作用，为学生健康成长创造良好社会环境。

四、加强基础能力建设，努力提高职业院校的办学水平和质量

（十三）建立和完善遍布城乡、灵活开放的职业教育和培训网络。在合理规划布局、整合现有资源的基础上，每个市（地）都要重点建设一所高等职业技术学院和若干所中等职业学校。每个县（市、区）都要重点办好一所起骨干示范作用的职教中心（中等职业学校）。乡镇要依托中小学、农民文化技术学校及其他培训机构开展职业教育和培训。社区要大力开展职业教育和培训服务。企业要建立健全现代企业培训制度。

（十四）加强县级职教中心建设。继续实施县级职教中心专项建设计划，国家重点扶持建设1 000个县级职教中心，使其成为人力资源开发、农村劳动力转移培训、技术培训与推广、扶贫开发和普及高中阶段教育的重要基地。各地区要安排资金改善县级职教中心办学条件。

（十五）加强示范性职业院校建设。实施职业教育示范性院校建设计划，在整合资源、深化改革、创新机制的基础上，重点建设高水平的培养高素质技能型人才的1 000所示范性中等职业学校和100所示范性高等职业院校。大力提升这些学校培养高素质技能型人才的能力，促进他们在深化改革、创新体制和机制中起到示范作用，带动全国职业院校办出特色，提高水平。2010年以前，原则上中等职业学校不升格为高等职业院校或并入高等学校，专科层次的职业院校不升格为本科院校。

（十六）加强师资队伍建设。实施职业院校教师素质提高计划，地方各级财政要继续支持职业教育师资培养培训基地建设和师资培训工作。建立职业教育教师到企业实践制度，专业教师每两年必须有两个月到企业或生产服务一线实践。制定和完善职业教育兼职教师聘用政策，支持职业院校面向社会聘用工程技术人员、高技能人才担任专业课教师或实习指导教师。加强“双师型”教师队伍建设，职业院校中实践性较强的专业教师，可按照相应专业技术职务试行条例的规定，申请评定第二个专业技术资格，也可根据有关规定申请取得相应的职业资格证书。

五、积极推进体制改革与创新，增强职业教育发展活力

（十七）推动公办职业学校办学体制改革与创新。公办职业学校要积极吸纳民间资本和境外资金，探索以公有制为主导、产权明晰、多种所有制并存的办学体制。推动公办职业学校与企业合作办学，形成前校后厂（场）、校企合一的办学实体。推动公办职业学校资源整合和重组，走规模化、集团化、连锁化办学的路子。要发挥公办职业学校在职业教育中的主力军作用。

（十八）深化公办职业学校以人事分配制度改革为重点的内部管理体制改革。进一步落实职业院校的办学自主权。中等职业学校实行校长负责制和聘任制，高等职业院校实行党委领导下的校长负责制和任期制。全面推行教职工全员聘用制和岗位管理制度，建立能够吸引人才、稳定人才、合理流动的制度。深化内部收入分配改革，将教职工收入与学校发展、所聘岗位及个人贡献挂钩，调动教职工积极性。

（十九）大力发展民办职业教育。贯彻落实《中华人民共和国民办教育促进法》及其实施条例，把民办职业教育纳入职业教育发展的总体规划。加大对民办职业教育的支持力度，制定和完善民办学校建设用地、资金筹集的相关政策和措施。在师资队伍建设、招生和学生待遇等方面对民办职业院校与公办学校要一视同仁。依法加强对民办职业院校的管理，规范其办学行为。扩大职业教育对外开放，借鉴国外有益经验，积极引进优质资源，推进职业教育领域中外合作办学，努力开拓职业院校毕业生国（境）外就业市场。

六、依靠行业企业发展职业教育，推动职业院校与企业的密切结合

（二十）企业要强化职工培训，提高职工素质。要继续办好已有职业院校，企业可以联合举办职业院校，也可以与职业院校合作办学。企业有责任接受职业院校学生实习和教师实践。对支付实习学生报酬的企业，给予相应税收优惠。

（二十一）要认真落实“一般企业按照职工工资总额的1.5%足额提取教育培训经费，从业人员技术要求高、培训任务重、经济效益较好的企业，可按2.5%提取”的规定，足额提取教育培训经费，主要用于企业职工特别是一线职工的教育和培训。企业新上项目都要安排员工技术培训经费。

（二十二）行业主管部门和行业协会要在国家教育方针和政策指导下，开展本行业人才需求预测，制订教育培训规划，组织和指导行业职业教育与培训工作；参与制订本行业特有工种职业资格标准、职业技能鉴定和证书颁发工作；参与制订培训机构资质标准和从业人员资格标准；参与国家对职业院校的教育教学评估和相关管理工作。

七、严格实行就业准入制度，完善职业资格证书制度

（二十三）用人单位招录职工必须严格执行“先培训、后就业”“先培训、后上岗”的规定，从取得职业学校学历证书、职业资格证书和职业培训合格证书的人员中优先录用。要进一步完善涉及人民生命财产安全的相关职业的准入办法。劳动保障、人事和工商等部门要加大对就业准入制度执行情况的监察力度。对违反规定、随意招录未经职业教育或培训人员的用人单位给予处罚，并责令其限期对相关人员进行培训。有关部门要抓紧制定完善就业准入的法规和政策。

（二十四）全面推进和规范职业资格证书制度。加强对职业技能鉴定、专业技术人员职业资格评价、职业资格证书颁发工作的指导与管理。要尽快建立能够反映经济发展和劳动力市场需要的职业资格标准体系。

八、多渠道增加经费投入，建立职业教育学生资助制度

（二十五）各级人民政府要加大对职业教

育的支持力度，逐步增加公共财政对职业教育的投入。各级财政安排的职业教育专项经费，重点支持技能型紧缺人才专业建设，职业教育师资培养培训，农业和地矿等艰苦行业、中西部农村地区和少数民族地区的职业教育和成人教育发展。省级政府应当制定本地区职业院校学生人数平均经费标准。

（二十六）要进一步落实城市教育费附加用于职业教育的政策。从2006年起，城市教育费附加安排用于职业教育的比例，一般地区不低于20%，已经普及九年义务教育的地区不低于30%。农村科学技术开发、技术推广的经费可适当用于农村职业培训。职业院校和培训机构开展的下岗失业人员再就业培训可按规定享受再就业培训补贴。国家和地方安排的扶贫和移民安置资金要加大对贫困地区农村劳动力培训的投入力度。国家鼓励企事业单位、社会团体和公民个人捐资助学，对通过政府部门或非营利组织向职业教育的资助和捐赠，按规定享受税收优惠政策。要合理确定职业院校的学费标准，确保学费收入全额用于学校发展。要加强对职业教育经费的使用管理，提高资金的使用效益。

（二十七）建立职业教育贫困家庭学生助学制度。中央和地方财政要安排经费，资助接受中等职业教育的农村贫困家庭和城镇低收入家庭子女。中等职业学校要从学校收入中安排一定比例用于奖、助学金和学费减免，并把组织学生参加勤工俭学和半工半读作为助学的重要途径。金融机构要为贫困家庭学生接受职业教育提供助学贷款，各地区要把接受职业教育的贫困家庭学生纳入国家助学贷款资助范围。要通过助学金、奖学金、贷学金等多种形式，对贫困家庭学生和选学农业及地矿等艰苦行业职业教育的学生实行学费减、免和生活费补贴。对高等职业院校学生的资助，按国家有关高等学校学生资助政策执行。

九、切实加强领导，动员全社会关心支持职业教育发展

（二十八）各级人民政府要加强对职业教育发展规划、资源配置、条件保障、政策措施的统筹管理，为职业教育提供强有力的公共服务和良好的发展环境。要从严治教，规范管理，引导职业教育健康协调可持续发展。要充分发挥职业教育工作部际联席会议的作用，统筹协调全国职业教育工作，研究解决重大问题。国务院教育行政部门负责职业教育工作的统筹规划、综合协调、宏观管理，劳动保障部门和其他有关部门在各自职责范围内，负责职业教育的有关工作。县级以上地方政府也要建立职业教育工作部门联席会议制度。

（二十九）各级人民政府要切实加强对职业教育工作的领导，把职业教育工作纳入目标管理，作为对主要领导干部进行政绩考核的重要指标，并接受人大、政协的检查和指导。建立职业教育工作定期巡视检查制度，把职业教育督导作为教育督导的重要内容，加强对职业教育的评估检查。加强职业教育科学研究工作，充分发挥社会团体和中介服务机构的作用，为职业教育宏观管理和职业院校改革与发展服务。

（三十）逐步提高生产服务一线技能人才、特别是高技能人才的社会地位和经济收入，实行优秀技能人才特殊奖励政策和激励办法。定期开展全国性的职业技能竞赛活动，对优胜者给予表彰奖励。大力表彰职业教育工作先进单位与先进个人。广泛宣传职业教育的重要地位和作用，宣传优秀技能人才和高素质劳动者在社会主义现代化建设中的重要贡献，提高全社会对职业教育的认识，形成全社会关心、重视和支持职业教育的良好氛围。

2005年10月28日

国务院关于进一步加强就业再就业工作的通知

国发［2005］36号

各省、自治区、直辖市人民政府，国务院各部委、各直属机构：

就业是民生之本，也是构建社会主义和谐社会的重要内容。党中央、国务院高度重视就业再就业工作，2002年下发了《关于进一步做好下岗失业人员再就业工作的通知》（中发［2002］12号），重点围绕解决国有企业下岗失业人员再就业问题，制定了积极的就业政策，连续3年召开全国性会议，对就业再就业工作进行部署。各地区和有关部门认真贯彻，各社会团体积极发挥作用，使各项就业再就业扶持政策得到较好落实，市场导向就业机制进一步完善，就业总量有较大增加，一大批下岗失业人员实现了再就业，对促进经济发展、深化国有企业改革、维护社会稳定产生了积极影响。但是必须看到，我国劳动力供大于求的基本格局在相当长时期内不会改变。今后几年，就业再就业工作的重点仍是解决体制转轨遗留的下岗失业人员再就业问题和重组改制关闭破产企业职工安置问题。同时，也要继续做好高校毕业生、进城务工农村劳动者和被征地农民等的就业再就业工作。为进一步做好就业再就业工作，现就有关问题通知如下：

一、进一步明确目标任务，多渠道开发就业岗位

（一）就业再就业工作的指导思想是：按照科学发展观和构建社会主义和谐社会的要求，落实“十一五”时期国民经济和社会发展规划，将扩大就业摆在经济社会发展更加突出的位置，进一步贯彻落实“劳动者自主择业、市场调节就业和政府促进就业”的方针，在重点解决好体制转轨遗留的再就业问题的同时，努力做好城镇新增劳动力就业和农村富余劳动力转移就业工作，有步骤地统筹城乡就业和提高劳动者素质，探索建立市场经济条件下促进就业的长效机制。

（二）就业再就业工作的主要任务是：基本解决体制转轨遗留的下岗失业问题，重点做好国有企业下岗失业人员、集体企业下岗职工、国有企业关闭破产需要安置人员的再就业工作，巩固再就业工作成果，增强就业稳定性；努力做好城镇新增劳动力的就业工作，积极推动高校毕业生就业工作，在开发就业岗位的同时，大力提升劳动者职业技能和创业能力；改善农村劳动者进城就业环境，积极推进城乡统筹就业；加强失业调控，将城镇登记失业人数控制在合理范围内，减少长期失业人员数量；加快就业法制建设，逐步建立就业与社会保障工作的联动机制。

（三）围绕经济发展多渠道开发就业岗位，千方百计扩大就业。

1. 坚持在发展中解决就业问题，努力实现促进经济增长与扩大就业的良性互动。把深

化改革、促进发展、调整结构与扩大就业有机结合起来，在制定涉及全局的经济社会政策和确定重大建设项目时，要把扩大就业作为重要因素考虑，在注重提高竞争力的同时，确立有利于扩大就业的经济结构和增长模式，及时分析国内外经济形势变化对就业的影响，积极采取相应对策。

2. 全面落实鼓励、支持和引导个体、私营等非公有制经济发展的方针政策，认真贯彻执行国家关于发展第三产业和服务业的政策措施，在推动第三产业和多种所有制经济发展中广开就业门路。

3. 注重发展具有比较优势的劳动密集型行业和中小企业，增加就业容量。对就业容量大且有市场需求的行业，制定相应的鼓励增加就业的扶持政策。

4. 推进跨地区的劳务协作和对外劳务输出。鼓励资源开采型城市和独立工矿区按市场需求发展接续产业，引导劳动力转移就业。

5. 鼓励劳动者通过多种形式实现就业，加快完善和实施与灵活就业相适应的劳动关系、工资支付和社会保险等政策，为灵活就业人员提供帮助和服务。

6. 坚持城乡经济协调发展，调整农村经济结构，加快小城镇建设，引导和组织农村劳动力向非农产业转移和向城市有序流动。

二、进一步完善和落实再就业政策，促进下岗失业人员再就业

（四）对有劳动能力和就业愿望的国有企业下岗失业人员，国有企业关闭破产需要安置的人员，国有企业所办集体企业（以下简称厂办大集体企业）下岗职工，享受城市居民最低生活保障且失业1年以上的城镇其他登记失业人员，发放《再就业优惠证》，提供相应的政策扶持：

1. 鼓励自谋职业和自主创业。对持《再就业优惠证》人员从事个体经营的（国家限制的行业除外），在规定限额内依次减免营业税、城市维护建设税、教育费附加和个人所得税；并免收属于管理类、登记类和证照类的各项行政事业性收费，期限最长不超过3年。对2005年底前核准减免税费但未到期的人员，在剩余期限内按此政策执行。

地方各级人民政府和有关部门要进一步统筹解决好自谋职业和自主创业人员的经营场地问题。

对持《再就业优惠证》人员和城镇复员转业退役军人从事个体经营自筹资金不足的，可提供小额担保贷款，贷款额度一般掌握在2万元左右，贷款期限最长不超过2年，到期确需延长的，可展期1次。对合伙经营和组织起来就业的，可根据人数和经营项目扩大贷款规模。对利用上述两类贷款从事微利项目的，由中央财政据实全额贴息（展期不贴息），具体项目由各省、自治区、直辖市人民政府结合实际确定，并报财政部、劳动保障部、人民银行备案。对其他城镇登记失业人员申请小额担保贷款并从事微利项目的，由财政给予50%的贴息（中央财政和地方财政各承担25%）。

2. 鼓励企业吸纳就业。对商贸企业、服务型企业（国家限制的行业除外）、劳动就业服务企业中的加工型企业和街道社区具有加工性质的小型企业实体，在新增加的岗位中，当年新招用持《再就业优惠证》人员，与其签订1年以上期限劳动合同并缴纳社会保险费的，按实际招用人数，在相应期限内定额依次减免营业税、城市维护建设税、教育费附加和企业所得税，期限最长不超过3年。对2005年底前核准减免税但未到期的企业，在剩余期限内仍按原方式继续享受减免税政策。

同时，对上述企业中的商贸企业、服务型企业，在相应期限内给予社会保险补贴，期限最长不超过3年。社会保险补贴标准按企业应为所招人员缴纳的养老、医疗和失业保险费计算，个人应缴纳的养老、医疗和失业保险费仍由本人负担。对2005年底前核准社会保险补贴但未到期的企业，在剩余期限内按此政策执行。

对符合贷款条件的劳动密集型小企业，在新增加的岗位中，新招用持《再就业优惠证》人员达到企业现有在职职工总数 30% 以上，并与其签订 1 年以上期限劳动合同的，根据实际招用人数，合理确定贷款额度，最高不超过人民币 100 万元。财政贴息、经办银行的手续费补助、呆坏账损失补助等按照已经明确的有关规定执行。

3. 提高灵活就业人员的稳定性。对持《再就业优惠证》的“4050”人员（即女 40 周岁以上，男 50 周岁以上。计算年龄的截止时间由各地确定，最晚至 2007 年底）灵活就业后，申报就业并参加社会保险的，给予一定数额的社会保险补贴，期限最长不超过 3 年。

（五）对持《再就业优惠证》的就业困难对象（包括：国有企业下岗失业人员、厂办大集体企业下岗职工和国有企业关闭破产需要安置人员中的“4050”人员；享受城市居民最低生活保障、就业确有困难的长期失业人员），可作为就业援助的重点，提供相应的政策扶持：

1. 政府投资开发的公益性岗位要优先安排就业困难对象。在公益性岗位安排就业困难对象，并与其签订 1 年以上期限劳动合同的，按实际招用的人数，在相应期限内给予社会保险补贴。社会保险补贴标准按单位应为所招人员缴纳的养老、医疗和失业保险费计算。上述“4050”人员在公益性岗位工作超过 3 年的，社会保险补贴期限可相应延长（超过 3 年的社会保险补贴所需资金由地方财政解决）。对 2005 年底前核准社会保险补贴但未到期的，按此政策执行。

2. 各地可根据实际对就业困难对象在公益性岗位工作的提供适当的岗位补贴，补贴标准由当地政府确定，所需资金由地方财政解决。

（六）各地应按照属地管理原则，进一步做好辖区内中央管理企业下岗失业人员的再就业工作。将这些企业的下岗失业人员纳入当地的再就业工作规划，统筹安排落实。对中央管理企业的下岗失业人员，要及时核发《再就业优惠证》，落实再就业政策，所需资金由地方财政统筹解决。

（七）切实加强《再就业优惠证》发放和使用的管理。严格《再就业优惠证》审核发放程序，防止发生弄虚作假，欺骗冒领等行为。对出租、转让和伪造《再就业优惠证》的，要依法严肃处理。各有关部门要加强沟通协调，建立下岗失业人员再就业信息交换和协查制度，在提供政策扶持后，要及时在《再就业优惠证》上进行标注，对已办理退休手续的应及时收回《再就业优惠证》。《再就业优惠证》在核发证件的本省（区、市）范围内适用，具体办法由省级人民政府制定。

（八）各地可根据本地实际，将上述政策（不含税收政策）的适用范围扩大到城镇其他集体企业下岗职工，所需资金由地方财政解决。

三、促进城乡统筹就业，改进就业服务，强化职业培训

（九）建立覆盖城乡的就业管理服务组织体系，统筹管理城乡劳动力资源和就业工作。统筹做好下岗失业人员再就业与城镇新成长劳动者的就业工作，认真落实高校毕业生和复员转业退役军人就业的有关政策，加强相关的就业服务和职业培训。改善农民进城就业环境，取消农村劳动力进城和跨地区就业的限制，完善农村劳动者进城务工和跨地区就业合法权益保障的政策措施。在有条件的地区开展城乡一体化劳动力市场的试点工作。

（十）完善公共就业服务制度。按照制度化、专业化、社会化的要求，全面推进“以人为本”的就业服务，提高公共就业服务的质量和效率。对持《再就业优惠证》人员、城镇其他登记失业人员，以及进城登记求职的农村劳动者，公共就业服务机构要提供免费的职业介绍服务。发展和规范各种专业性职业中介机构和劳务派遣、职业咨询指导、就业信息服务等社会化服务组织，鼓励社会各类职业中介机构为城乡劳动者提供诚信、有效的就业服务。要完善职业介绍补贴政策，建立与服务成效挂钩的机制，对提供免费职业介绍服务的各类职业中介机构给予补贴。

（十一）加强劳动力市场信息系统建设。按照“金保二程”建设总体要求，对劳动力市场信息系统建设进行统一规划，整体推进。围绕就业工作的主要任务和服务对象的需求，优化业务流程，逐步实现就业服务和失业保险业务的全程信息化。实现各级公共就业服务机构的信息联网，定期分析和发布职业供求和工资水平信息，完善网上职业介绍功能，为求职者和用人单位提供方便快捷的信息服务，提高劳动力市场供求匹配效率。

（十二）加强街道（乡镇）社区劳动保障工作平台建设，充分发挥其在促进就业再就业和退休人员社会化管理服务方面的基础作用。依托街道（乡镇）社区劳动保障工作平台建立再就业援助制度，对就业困难对象实施重点帮助，提供有针对性的就业服务和公益性岗位援助。街道和乡镇负责劳动保障事务的机构，要进一步完善服务功能，健全工作手段，加强基础管理。继续加强社区劳动保障工作队伍建设，强化业务培训，提高工作质量，落实工作经费。

总结部分地区创建信用社区的经验，结合个人信用制度的建立，探索建立信用社区、创业培训与小额担保贷款联动机制，为下岗失业人员自谋职业和自主创业创造条件。

（十三）广泛发动全社会教育培训资源，为城乡劳动者开展多层次、多形式的职业培训，并积极推行创业培训，提高劳动者就业能力和创业能力。对持《再就业优惠证》人员、城镇其他登记失业人员，以及进城务工的农村劳动者，提供一次性职业培训补贴。要通过资质认定，确定一批培训质量高、就业效果好的教育培训机构作为定点机构。完善培训补贴与培训质量、促进就业效果挂钩机制，引导各类教育培训机构针对市场需求，积极开展定向培训。动员全社会力量，加快培养适应企业需要的高技能人才。

充分发挥创业带动就业的倍增效应。对有创业愿望和具备创业条件的城乡劳动者开展创业培训，并提供开业指导、项目开发、小额担保贷款、跟踪扶持等“一条龙”服务，为创业培训结业者提供小额担保贷款资金扶持，努力做好后续服务。

大力开展职业培训，提升进城务工农村劳动者的就业能力。根据他们的特点和就业需求，开展有较强针对性、实用性的培训并提供职业技能鉴定服务。充分利用电视远程培训等手段，将技能知识和就业信息送到农户。在吸纳进城务工农村劳动者较多的重点行业和组织劳务输出的贫困地区，组织实施国家培训项目。

有关被征地农民的培训和就业服务，由各地统筹考虑，所需资金与征地费用统筹安排。

（十四）加强职业技能实训和技能鉴定服务工作。在有条件的地区建设公共实训基地，面向社会开展职业技能操作训练和职业技能鉴定服务。逐步开展专项职业能力考核，为开发就业岗位，提高劳动者就业能力提供公共服务。为参加职业培训的下岗失业人员提供职业技能鉴定服务，对持《再就业优惠证》人员通过初次技能鉴定（限国家规定实行就业准入制度的指定工种）、生活确有困难的，可申领一次性职业技能鉴定补贴，所需资金由地方财政解决。

四、开展失业调控，加强就业管理

（十五）建立失业预警机制，制定预案和相应措施，综合运用法律的、经济的和必要的行政手段，对失业进行调控，缓解失业引发的各种矛盾。对因国内国际经济形势发生重大变化直接影响就业的行业和企业，以及失业问题突出的困难地区、困难行业，要及时采取专项政策措施，努力减少失业，保持就业局势稳定。

（十六）继续鼓励国有大中型企业进行主辅分离、辅业改制，充分利用原企业的非主业资产、闲置资产和关闭破产企业的有效资产，改制创办面向市场、独立核算、自负盈亏的法人经济实体（国家限制的行业除外），分流安置企业富余人员。对于产权明晰并逐步实现产权多元化、吸纳原企业富余人员达到30%以上，并与其变更或签订新的劳动合同的，经有关部门认定、税务部门审核，3年内免征企业所得税。

（十七）稳步推进国有企业重组改制和关闭破产工作，严格审核并监督落实职工安置方案，规范企业操作行为，维护职工合法权益。国有企业实施重组改制和关闭破产，职工安置方案须经企业职工代表大会或职工大会讨论通过，凡职工安置方案和社会保障办法不明确、资金不落实的企业，不得进入重组改制和破产程序。要指导企业在关闭破产准备阶段通过多种有效形式，深入宣传政策，使职工了解政策内容和操作程序。要切实加强对企业关闭破产过程中职工安置工作的监督指导。关闭破产终结后，要及时做好职工分流安置和社会保障工作，妥善处理遗留问题。

（十八）规范企业裁员行为。切实加强对企业裁员的指导。对于企业成规模裁减人员的，裁员方案要经企业职工代表大会讨论。企业一次性裁员超过一定数量和比例的，要事前向当地政府报告。凡不能依法支付解除劳动合同的经济补偿金并妥善解决拖欠职工债务的，不得裁减人员。

（十九）深化劳动力市场制度改革，打破劳动力市场城乡、地区的分割。规范劳动力市场秩序，切实维护城乡劳动者合法权益。定期开展劳动力市场清理整顿活动，加强对各类职业中介行为的监管，严厉打击劳动力市场中的违法乱纪行为，规范劳动者求职、用人单位招用和职业中介行为。建立劳务派遣行政许可制度，规范劳务派遣行为。充实劳动保障执法监察队伍，加大执法监察力度，严格禁止和坚决纠正超时工作、不签订劳动合同、故意压低和拖欠工资、不按规定缴纳社会保险费和随意裁员等行为。

（二十）完善就业和失业统计制度。加强失业登记统计工作，建立劳动力调查制度，定期开展全国城镇劳动力调查，准确掌握全国劳动力市场供求变化。

（二十一）加快推进就业工作法制建设。认真总结就业再就业的工作经验，抓紧研究制定促进就业的法律法规，明确和强化行之有效的政策措施，为形成市场经济条件下解决就业问题的长效机制奠定基础。

五、进一步完善社会保障制度，建立与促进就业的联动机制

（二十二）建立就业与失业保险、城市居民最低生活保障工作的联动机制。切实保障享受失业保险和城市居民最低生活保障人员的基本生活，进一步完善失业保险金和城市居民最低生活保障金的申领办法，结合其求职和参加职业培训的情况完善申领条件，健全促进就业的激励约束机制，促进和帮助享受失业保险和城市居民最低生活保障的人员尽快实现就业，并妥善处理好其就业后的生活保障和社会保险问题。要合理确定失业保险和城市居民最低生活保障水平，拉开最低工资标准、失业保险金标准、城市居民最低生活保障标准之间的距离，分清层次，相互衔接，形成合理配套的标准体系，既要切实保障困难群体的基本生活，更要有利于调动有劳动能力人员就业的积极性。

（二十三）进一步加强对失业人员和城市居民最低生活保障对象的基础管理。充分发挥街道（乡镇）社区劳动保障工作平台的职能作用，加强劳动保障、民政等部门的沟通合作，及时掌握失业人员和城市居民最低生活保障对象的就业及收入状况，实施有针对性的帮助和服务。

（二十四）妥善处理并轨遗留问题。从2006年起，企业新裁减人员通过劳动力市场实现再就业，没有实现再就业的，按规定享受失业保险及城市居民最低生活保障待遇。各地要继续采取有效措施，妥善解决并轨人员在再就业、社会保险关系接续、劳动关系处理等方面的遗留问题。

（二十五）进一步发挥失业保险制度促进再就业的功能。东部地区在认真分析失业保险基金收支、结余状况，统筹考虑地方财政就业再就业资金安排的前提下，可以结合本地实际进行适当扩大失业保险基金支出范围试点，具体办法由劳动保障部、财政部制定。

（二十六）进一步完善社会保险制度。继续加强社会保险扩面征缴工作，切实做好下岗失业人员再就业后的社会保险关系接续工作，将更多的劳动者纳入到社会保险制度的覆盖范围。要逐步统一城镇个体工商户、灵活就业人员参加养老保险的政策，改进基本养老金计发办法，强化缴费与待遇挂钩的激励约束机制，形成促进就业与完善社会保险制度的良性互动。积极创造条件为进城务工农村劳动者提供必要的社会保障。

六、继续加强组织领导，动员全社会力量广泛参与就业再就业工作

（二十七）各级人民政府和各有关部门要继续巩固和强化就业再就业工作目标责任制。继续把新增就业人员和控制失业率纳入国民经济和社会发展宏观调控指标。把解决体制转轨遗留的下岗失业问题、促进城镇新增劳动力就业、推进城乡统筹就业、加强失业调控和实现就业与社会保障制度的联动机制作为主要目标任务，层层分解，并纳入政绩考核的重要内容，定期进行督促检查。

（二十八）各级人民政府和各有关部门要进一步加强对就业再就业工作的领导和统筹协调。适应新的形势任务要求，国务院决定将再就业工作部际联席会议制度调整为就业工作部际联席会议制度，地方各级人民政府也要对联席会议制度作相应调整，形成统一领导、分工协作的工作机制。在各级人民政府的直接领导下，联席会议各成员单位要认真履行职责，加强协调配合，共同做好就业再就业工作。

（二十九）各级人民政府要根据就业形势变化和就业工作需要，积极调整财政支出结构，加大资金投入，将促进就业再就业资金列入财政预算。对中西部地区和老工业基地，中央财政继续通过专项转移支付的方式给予适当补助，主要用于职业介绍补贴、职业培训补贴、社会保险补贴、小额担保贷款贴息。此外，各级财政还要合理安排用于劳动力市场、街道（乡镇）社区劳动保障工作平台建设等经费。要切实加强对就业再就业资金拨付使用的监督检查，专款专用，提高资金使用效率。

（三十）充分发挥各民主党派、工商联，以及工会、共青团、妇联等人民团体在协助政府制定政策，团结各方积极参与，以及宣传动员、社会监督，帮助群众创业就业等方面的积极作用。对他们组织各类培训、开展多种形式服务和提高创业就业服务能力给予支持，形成全社会共同参与，齐心协力做好就业再就业工作的局面。

（三十一）各新闻单位要继续通过广播、电视、报刊、互联网等多种形式把就业再就业政策宣传到群众、企业和基层单位。继续树立和宣传劳动者自谋职业、自主创业和企业积极吸纳就业、基层单位切实落实政策的先进典型，引导广大劳动者转变就业观念，营造全社会支持和帮助就业再就业工作的良好气氛。要进一步加强基层组织建设，加大思想政治工作力度，依托企业、街道（乡镇）社区等基层组织和单位，通过耐心细致的思想政治工作和舆论宣传，引导广大下岗失业人员在国家政策扶持和社会帮助下，依靠自身努力实现再就业。

（三十二）上述有关扶持政策自2006年起开始执行，政策审批的截止时间暂定到2008年底。在政策执行过程中，如果国家对税收制度进行改革，有关税收政策按新的税收政策执行。

各地区、各有关部门要结合本地实际，抓紧研究制定贯彻本《通知》的具体办法和实施细则，确保本《通知》精神落到实处。在不涉及税收政策、不影响中央非税收入、不增加中央财政补助的前提下，还可制定有利于本地扩大城乡就业的其他政策。

2005 年 11 月 4 日

国务院关于完善企业职工基本养老保险制度的决定

国发［2005］38号

各省、自治区、直辖市人民政府，国务院各部委、各直属机构：

近年来，各地区和有关部门按照党中央、国务院关于完善企业职工基本养老保险制度的部署和要求，以确保企业离退休人员基本养老金按时足额发放为中心，努力扩大基本养老保险覆盖范围，切实加强基本养老保险基金征缴，积极推进企业退休人员社会化管理服务，各项工作取得明显成效，为促进改革、发展和维护社会稳定发挥了重要作用。但是，随着人口老龄化、就业方式多样化和城市化的发展，现行企业职工基本养老保险制度还存在个人账户没有做实、计发办法不尽合理、覆盖范围不够广泛等不适应的问题，需要加以改革和完善。为此，在充分调查研究和总结东北三省完善城镇社会保障体系试点经验的基础上，国务院对完善企业职工基本养老保险制度作出如下决定：

一、完善企业职工基本养老保险制度的指导思想和主要任务

以邓小平理论和"三个代表"重要思想为指导，认真贯彻党的十六大和十六届三中、四中、五中全会精神，按照落实科学发展观和构建社会主义和谐社会的要求，统筹考虑当前和长远的关系，坚持覆盖广泛、水平适当、结构合理、基金平衡的原则，完善政策，健全机制，加强管理，建立起适合我国国情，实现可持续发展的基本养老保险制度。主要任务是：确保基本养老金按时足额发放，保障离退休人员基本生活；逐步做实个人账户，完善社会统筹与个人账户相结合的基本制度；统一城镇个体工商户和灵活就业人员参保缴费政策，扩大覆盖范围；改革基本养老金计发办法，建立参保缴费的激励约束机制；根据经济发展水平和各方面承受能力，合理确定基本养老金水平；建立多层次养老保险体系，划清中央与地方、政府与企业及个人的责任；加强基本养老保险基金征缴和监管，完善多渠道筹资机制；进一步做好退休人员社会化管理工作，提高服务水平。

二、确保基本养老金按时足额发放

要继续把确保企业离退休人员基本养老金按时足额发放作为首要任务，进一步完善各项政策和工作机制，确保离退休人员基本养老金按时足额发放，不得发生新的基本养老金拖欠，切实保障离退休人员的合法权益。对过去拖欠的基本养老金，各地要根据《中共中央办公厅　国务院办公厅关于进一步做好补发拖欠基本养老金和企业调整工资工作的通知》要求，认真加以解决。

三、扩大基本养老保险覆盖范围

城镇各类企业职工、个体工商户和灵活就

业人员都要参加企业职工基本养老保险。当前及今后一个时期，要以非公有制企业、城镇个体工商户和灵活就业人员参保工作为重点，扩大基本养老保险覆盖范围。要进一步落实国家有关社会保险补贴政策，帮助就业困难人员参保缴费。城镇个体工商户和灵活就业人员参加基本养老保险的缴费基数为当地上年度在岗职工平均工资，缴费比例为20%，其中8%记入个人账户，退休后按企业职工基本养老金计发办法计发基本养老金。

四、逐步做实个人账户

做实个人账户，积累基本养老保险基金，是应对人口老龄化的重要举措，也是实现企业职工基本养老保险制度可持续发展的重要保证。要继续抓好东北三省做实个人账户试点工作，抓紧研究制订其他地区扩大做实个人账户试点的具体方案，报国务院批准后实施。国家制订个人账户基金管理和投资运营办法，实现保值增值。

五、加强基本养老保险基金征缴与监管

要全面落实《社会保险费征缴暂行条例》的各项规定，严格执行社会保险登记和缴费申报制度，强化社会保险稽核和劳动保障监察执法工作，努力提高征缴率。凡是参加企业职工基本养老保险的单位和个人，都必须按时足额缴纳基本养老保险费；对拒缴、瞒报少缴基本养老保险费的，要依法处理；对欠缴基本养老保险费的，要采取各种措施，加大追缴力度，确保基本养老保险基金应收尽收。各地要按照建立公共财政的要求，积极调整财政支出结构，加大对社会保障的资金投入。

基本养老保险基金要纳入财政专户，实行收支两条线管理，严禁挤占挪用。要制定和完善社会保险基金监督管理的法律法规，实现依法监督。各省、自治区、直辖市人民政府要完善工作机制，保证基金监管制度的顺利实施。要继续发挥审计监督、社会监督和舆论监督的作用，共同维护基金安全。

六、改革基本养老金计发办法

为与做实个人账户相衔接，从2006年1月1日起，个人账户的规模统一由本人缴费工资的11%调整为8%，全部由个人缴费形成，单位缴费不再划入个人账户。同时，进一步完善鼓励职工参保缴费的激励约束机制，相应调整基本养老金计发办法。

《国务院关于建立统一的企业职工基本养老保险制度的决定》（国发［1997］26号，以下简称《决定》）实施后参加工作、缴费年限（含视同缴费年限，下同）累计满15年的人员，退休后按月发给基本养老金。基本养老金由基础养老金和个人账户养老金组成。退休时的基础养老金月标准以当地上年度在岗职工月平均工资和本人指数化月平均缴费工资的平均值为基数，缴费每满1年发给1%。个人账户养老金月标准为个人账户储存额除以计发月数，计发月数根据职工退休时城镇人口平均预期寿命、本人退休年龄、利息等因素确定。

《决定》实施前参加工作，实施后退休且缴费年限累计满15年的人员，在发给基础养老金和个人账户养老金的基础上，再发给过渡性养老金。各省、自治区、直辖市人民政府要按照待遇水平合理衔接、新老政策平稳过渡的原则，在认真测算的基础上，制定具体的过渡办法，并报劳动保障部、财政部备案。

本决定实施后到达退休年龄但缴费年限累计不满15年的人员，不发给基础养老金；个人账户储存额一次性支付给本人，终止基本养老保险关系。

本决定实施前已经离退休的人员，仍按国家原来的规定发给基本养老金，同时执行基本养老金调整办法。

七、建立基本养老金正常调整机制

根据职工工资和物价变动等情况，国务院适时调整企业退休人员基本养老金水平，调整幅度为省、自治区、直辖市当地企业在岗职工平均工资年增长率的一定比例。各地根据本地

实际情况提出具体调整方案，报劳动保障部、财政部审批后实施。

八、加快提高统筹层次

进一步加强省级基金预算管理，明确省、市、县各级人民政府的责任，建立健全省级基金调剂制度，加大基金调剂力度。在完善市级统筹的基础上，尽快提高统筹层次，实现省级统筹，为构建全国统一的劳动力市场和促进人员合理流动创造条件。

九、发展企业年金

为建立多层次的养老保险体系，增强企业的人才竞争能力，更好地保障企业职工退休后的生活，具备条件的企业可为职工建立企业年金。企业年金基金实行完全积累，采取市场化的方式进行管理和运营。要切实做好企业年金基金监管工作，实现规范运作，切实维护企业和职工的利益。

十、做好退休人员社会化管理服务工作

要按照建立独立于企业事业单位之外社会保障体系的要求，继续做好企业退休人员社会化管理工作。要加强街道、社区劳动保障工作平台建设，加快公共老年服务设施和服务网络建设，条件具备的地方，可开展老年护理服务，兴建退休人员公寓，为退休人员提供更多更好的服务，不断提高退休人员的生活质量。

十一、不断提高社会保险管理服务水平

要高度重视社会保险经办能力建设，加快社会保障信息服务网络建设步伐，建立高效运转的经办管理服务体系，把社会保险的政策落到实处。各级社会保险经办机构要完善管理制度，制定技术标准，规范业务流程，实现规范化、信息化和专业化管理。同时，要加强人员培训，提高政治和业务素质，不断提高工作效率和服务质量。

完善企业职工基本养老保险制度是构建社会主义和谐社会的重要内容，事关改革发展稳定的大局。各地区和有关部门要高度重视，加强领导，精心组织实施，研究制定具体的实施意见和办法，并报劳动保障部备案。劳动保障部要会同有关部门加强指导和监督检查，及时研究解决工作中遇到的问题，确保本决定的贯彻实施。

本决定自发布之日起实施，已有规定与本决定不一致的，按本决定执行。

附件：个人账户养老金计发月数表（略）

2005年12月3日

中华人民共和国劳动和社会保障部令

第26号

《台湾香港澳门居民在内地就业管理规定》已于2005年6月2日经劳动和社会保障部第10次部务会议通过，现予公布，自2005年10月1日起施行。

部　长　郑斯林

2005年6月14日

台湾香港澳门居民在内地就业管理规定

第一条　为维护台湾居民、香港和澳门居民中的中国公民（以下简称台、港、澳人员）在内地就业的合法权益，加强内地用人单位聘雇台、港、澳人员的管理，根据《中华人民共和国劳动法》和有关法律、行政法规，制定本规定。

第二条　本规定适用于在内地就业的台、港、澳人员和聘雇或者接受被派遣台、港、澳人员的内地企业事业单位、个体工商户以及其他依法登记的组织（以下简称用人单位）。

台湾、香港、澳门地区专家在内地就业的管理，国家另有规定的，从其规定。

第三条　本规定所称在内地就业的台、港、澳人员，是指：

（一）与用人单位建立劳动关系的人员；

（二）在内地从事个体经营的香港、澳门人员；

（三）与境外或台、港、澳地区用人单位建立劳动关系并受其派遣到内地一年内（公历年1月1日起至12月31日止）在同一用人单位累计工作三个月以上的人员。

第四条　台、港、澳人员在内地就业实行就业许可制度。用人单位拟聘雇或者接受被派遣台、港、澳人员的，应当为其申请办理《台港澳人员就业证》（以下简称就业证）；香港、澳门人员在内地从事个体工商经营的，应当由本人申请办理就业证。经许可并取得就业证的台、港、澳人员在内地就业受法律保护。

用人单位聘雇或者接受被派遣台、港、澳人员，实行备案制度。

就业证由劳动保障部统一印制。

第五条　用人单位聘雇或者接受被派遣台、港、澳人员，应当遵守国家的法律、法规。

第六条　用人单位拟聘雇或者接受被派遣的台、港、澳人员，应当具备下列条件：

（一）年龄18至60周岁（直接参与经营

的投资者和内地急需的专业技术人员可超过60周岁）；

（二）身体健康；

（三）持有有效旅行证件（包括内地主管机关签发的台湾居民来往大陆通行证、港澳居民往来内地通行证等有效证件）；

（四）从事国家规定的职业（技术工种）的，应当按照国家有关规定，具有相应的资格证明；

（五）法律、法规规定的其他条件。

第七条 用人单位为台、港、澳人员在内地就业申请办理就业证，应当向所在地的地（市）级劳动保障行政部门提交《台湾香港澳门居民就业申请表》和下列有效文件：

（一）用人单位营业执照或登记证明；

（二）拟聘雇或者接受被派遣人员的个人有效旅行证件；

（三）拟聘雇或者接受被派遣人员的健康状况证明；

（四）聘雇意向书或者任职证明；

（五）拟聘雇人员从事国家规定的职业（技术工种）的，提供拟聘雇人员相应的职业资格证书；

（六）法律、法规规定的其他文件。

第八条 劳动保障行政部门应当自收到用人单位提交的《台湾香港澳门居民就业申请表》和有关文件之日起10个工作日内作出就业许可决定。对符合本规定第六条规定条件的，准予就业许可，颁发就业证；对不符合本规定第六条规定条件不予就业许可的，应当以书面形式告知用人单位并说明理由。

第九条 用人单位应当持就业证到颁发该证的劳动保障行政部门办理聘雇台、港、澳人员登记备案手续。

第十条 香港、澳门人员在内地从事个体工商经营的，由本人持个体经营执照、健康证明和个人有效旅行证件向所在地的地（市）级劳动保障行政部门申请办理就业证。劳动保障行政部门应当自收到香港、澳门人员提交的文件之日起5个工作日内办理。

第十一条 用人单位与聘雇的台、港、澳人员应当签订劳动合同，并按照《社会保险费征缴暂行条例》的规定缴纳社会保险费。

第十二条 用人单位与聘雇的台、港、澳人员终止或者解除劳动合同，或者被派遣台、港、澳人员任职期满的，用人单位应当自终止、解除劳动合同或者台、港、澳人员任职期满之日起10个工作日内，到原发证机关办理就业证注销手续。

在内地从事个体工商经营的香港、澳门人员歇业或者停止经营的，应当在歇业或者停止经营之日起30日内到颁发该证的劳动保障行政部门办理就业证注销手续。

第十三条 就业证遗失或损坏的，用人单位应当向颁发该证的劳动保障行政部门申请为台、港、澳人员补发就业证。

第十四条 台、港、澳人员的就业单位应当与就业证所注明的用人单位一致。用人单位变更的，应当由变更后的用人单位到所在地的地（市）级劳动保障行政部门为台、港、澳人员重新申请办理就业证。

第十五条 用人单位与聘雇的台、港、澳人员之间发生劳动争议，依照国家有关劳动争议处理的规定处理。

第十六条 用人单位聘雇或者接受被派遣台、港、澳人员，未为其办理就业证或未办理备案手续的，由劳动保障行政部门责令其限期改正，并可以处1 000元罚款。

第十七条 用人单位与聘雇台、港、澳人员终止、解除劳动合同或者台、港、澳人员任职期满，用人单位未办理就业证注销手续的，由劳动保障行政部门责令改正，并可以处1 000元罚款。

第十八条 用人单位伪造、涂改、冒用、转让就业证的，由劳动保障行政部门责令其改正，并处1 000元罚款，该用人单位一年内不得聘雇台、港、澳人员。

第十九条 本规定自2005年10月1日起施行。原劳动部1994年2月21日颁布的《台湾和香港、澳门居民在内地就业管理规定》同时废止。

劳动和社会保障部关于印发2005年就业再就业专项计划的通知

劳社部发［2005］2号

各省、自治区、直辖市劳动和社会保障厅(局)：

按照全国再就业工作表彰大会和中央经济工作会议对就业和再就业工作提出的要求，根据就业和再就业工作面临的新形势、新任务，现将《2005年就业再就业专项计划》印发给你们，请结合本地区实际，认真做好就业再就业专项计划的编制和实施工作。

一、总体要求和目标任务

2005年我国劳动力资源仍处于高增长时期，下岗失业人员和新增劳动力总量不减，并轨和企业关闭破产力度加大，就业和再就业工作压力仍然很大，形势不容乐观。但同时也要看到，明年国民经济继续保持平稳较快发展，促进就业和再就业的政策效应将进一步释放，做好就业和再就业工作有很多有利因素。

2005年就业再就业工作的总体要求和目标任务是：以“三个代表”重要思想为指导，按照全国再就业工作表彰大会和中央经济工作会议的部署，坚持以人为本，努力构建社会主义和谐社会，进一步落实就业再就业政策和工作目标责任，进一步加强就业服务和失业调控，全年确保实现城镇新增就业人员900万人、下岗失业人员再就业500万人、“4050”人员再就业100万人、城镇登记失业率控制在4.6%（简称“95146”）。

二、强化目标责任，科学制定和实施就业再就业专项计划

各地要按照中央提出的“95146”就业和再就业工作目标任务，结合本地区的实际情况，抓紧编制就业和再就业专项计划，并提请各级政府将城镇新增就业人员、下岗失业人员再就业、“4050”人员再就业、城镇登记失业率作为各地宏观调控的重要指标，作为就业再就业工作的主要任务，层层分解到基层，层层落实目标责任制，确保全年目标任务的顺利完成。

各地要按照中央经济工作会议的要求，加快建立劳动就业监测预警体系。要科学确定就业再就业统计指标，会同统计、工商行政部门建立健全统计制度，坚持开展抽样调查或重点调查，利用社区平台和企业直报等渠道及时收集有关信息，广泛听取社会各方面反映，积极开展就业再就业趋势预测分析，在掌握新增就业、下岗失业、劳动力市场供求以及劳动力流动情况、经济增长、结构调整等对就业增长影响的基础上，跟踪监测计划执行情况，进行科学的趋势预测，形成动态监控机制。

各地要加强对就业再就业专项计划执行情况的检查评估，定期检查、总结和通报就业再就业计划执行进展情况。在科学评估2004年再就业专项计划执行情况的基础上，制订

2005年计划数和任务。要按季度对专项计划指标完成进度、政策落实、资金投入到位等情况进行检查，及时查找问题，提出对策建议。各地要将计划目标任务完成情况、计划执行中出现的主要问题及原因分析、及有关预测分析等形成报告，在每季度末20日内报送劳动保障部。部里将对各地计划完成情况进行检查评估，并向全国通报。各地也要在开展检查评估的基础上，对计划执行情况定期进行通报，督促计划任务的完成。2004年专项计划评估结果请于2005年1月20日前报劳动保障部。

三、加强统筹协调，全面落实就业再就业工作目标任务

各地要切实加强对2005年就业再就业专项计划落实工作的领导，进一步落实扶持政策和目标责任，充分发挥再就业政策效应，进一步加强就业服务和失业调控，把握好国有企业关闭破产、改组改制、经济性裁员和并轨工作步骤，与促进再就业工作紧密结合，防止失业过于集中、失业率急剧攀升，实现失业人员求职有着落。加强再就业联席会议的组织协调作用，对工作中的新情况、新问题深入调查研究，及时提出对策，切实加大工作力度，务求取得实效。

各地要会同有关部门努力拓宽就业和再就业渠道，促进城乡统筹就业，改善就业和创业环境，结合旅游业、信息产业等吸纳就业多的行业的发展，制定和实施相关政策，在促进行业发展的同时扩大就业。加强就业服务和再就业培训，进一步加强再就业援助，继续推进就业服务“新三化”建设，建立健全公共就业服务体系，强化就业服务和再就业培训，进一步加强再就业援助，特别是对困难群体再就业开展援助，广泛开展创业培训和职业技能培训，做好促进青年就业和再就业工作，进一步发挥社区劳动保障工作平台在促进再就业和企业退休人员社会化管理中的基础性作用。加强就业的宏观调控，统筹做好改善农村劳动力和高校毕业生就业环境工作。抓紧对解决历史遗留问题做出安排，积极稳妥地推进并轨工作，并加快建立促进就业长效机制。

各地要根据就业再就业工作任务，主动协调同级财政部门进一步加大资金投入，加强再就业资金的管理使用工作，提高资金使用效益，保证就业再就业计划的顺利完成。

附件：2005年分地区就业再就业专项计划（略）

2005年1月4日

劳动和社会保障部关于进一步做好劳动保障监察工作的意见

劳社部发［2005］3号

各省、自治区、直辖市劳动和社会保障厅（局）：

《劳动保障监察条例》（以下简称《条例》）的发布实施，标志着劳动保障监察工作进入一个新的发展时期。2005年是《条例》发布施行的第一年，也是全面推进劳动保障监察工作关键的一年。劳动保障监察工作要以邓小平理论和“三个代表”重要思想为指导，坚持和落实科学发展观，按照《全面推进依法行政实施纲要》的要求，以深入贯彻实施《条例》为统领，加大监察执法力度，全面维护广大劳动者的合法权益，为构建社会主义和谐社会创造良好的劳动保障法治环境。经研究，现对进一步做好劳动保障监察工作提出如下意见：

一、以贯彻实施《条例》为契机，进一步加大劳动保障监察工作力度

各地要在广泛宣传《条例》的基础上，全面加强劳动保障监察执法工作，加大对广大劳动者合法权益的保护力度。2005年重点抓好四项工作：一是在第一季度以清理非法职业中介为重点，与公安、人事、工商等有关部门联合开展规范劳动力市场秩序专项检查，加强对各类职业中介机构的监管，严厉打击非法职业中介和各类欺诈行为，取缔一批非法职业中介机构。二是在第三季度以打击非法使用童工为重点，开展贯彻实施《禁止使用童工规定》情况专项检查，对非法使用童工的行为，给予严厉的行政处罚，涉嫌犯罪的，移送司法机关追究其刑事责任，使非法使用童工的违法行为基本得到遏制，维护未成年人合法权益。三是在第四季度以开展清理拖欠农民工工资的专项检查为重点，继续严肃查处拖欠农民工工资等违法行为，减少并逐步杜绝新的拖欠工资行为。四是切实保障举报投诉渠道畅通有效。通过多种形式向社会公布举报投诉电话，设立举报投诉信箱，为劳动者举报投诉提供便利。同时要加强接待举报投诉人员力量，认真负责地做好举报投诉调查处理工作，坚决杜绝行政不作为。还要尽快制定对举报重大违反劳动保障法律、法规或者规章行为提供主要线索和证据的举报人给予奖励的办法，向社会公布，并积极实施。

二、以推进企业劳动保障守法诚信制度为重点，抓好劳动保障监察常规检查

各地要重点推进企业劳动保障守法诚信制度建设，全面建立以诚信数据收集体系、动态监管体系、信息交流体系、失信惩戒机制为内容的企业劳动保障守法诚信制度，收集企业用工信息，建立诚信基础数据。要充分运用《条例》赋予的法律手段，扩大日常巡视检查覆盖面，认真做好对用人单位按照要求报送书

面材料的审查工作，重点检查用人单位签订劳动合同、支付职工工资、执行工时制度、参加社会保险等情况，依法加大对用人单位违法行为的处罚力度，对有重大违反劳动保障法律、法规或者规章行为的用人单位要依法向社会公布，以警示违法者。

三、完善劳动保障监察机构和队伍建设，努力提高监察执法人员的业务素质

各地要围绕贯彻实施《条例》，继续落实《中共中央国务院关于进一步做好下岗失业人员再就业工作的通知》（中发［2002］12号）和劳动保障部、财政部、中央编办等11个部门印发的《关于贯彻落实中共中央国务院关于进一步做好下岗失业人员再就业工作的通知若干问题的意见》（劳社部发［2002］20号）关于协调解决劳动保障监察工作机构编制问题和保证劳动保障监察执法队伍工作经费的要求，积极与编制部门加强沟通协调，解决省、市、县三级监察机构编制问题，并将事业编制监察机构名称逐步规范为总队（省级）、支队（市级）、大队（县级）。同时，积极争取地方财政部门的支持，切实解决监察机构的人员、办案、举报奖励等项经费问题。要加强劳动保障监察机构执法能力建设。通过举办学习《条例》培训班、专题研讨和典型案例分析等形式，提高劳动保障监察员的业务素质和办案能力。加强监察队伍勤政廉政建设，严守监察工作纪律，切实转变工作作风，努力为群众办实事，树立规范执法、文明执法的形象。

四、充分依靠各方面的力量，建立维护劳动者合法权益的工作协调机制

各地要进一步加强与公安、工商、建设、卫生、人事、安全生产监督管理、法院等单位的协调沟通力度，争取他们的支持和配合，严厉打击侵害劳动者权益的违法行为。要充分发挥工会、妇联、共青团等组织开展劳动保障法律监督的作用，定期召开由相关部门和组织参加的协调会，互通情况，分析研究维护劳动者合法权益工作的形势，提出相关对策措施。要充分发挥新闻媒体的社会监督作用，对严重侵害劳动者合法权益的行为和现象，给予公开曝光，通过依靠各有关方面的力量，形成合力，齐抓共管，切实维护广大劳动者合法权益。

2005年1月11日

劳动和社会保障部关于进一步加强社会保险稽核工作的通知

劳社部发［2005］4号

各省、自治区、直辖市劳动和社会保障厅（局）：

《社会保险稽核办法》（劳动和社会保障部令第16号，以下简称《稽核办法》）发布实施以来，各级劳动保障部门和社会保险经办机构狠抓落实，社会保险稽核工作取得了初步成效，有力地促进了社保基金增收节支。为了进一步做好社会保险稽核工作，现就有关问题通知如下：

一、充分认识稽核工作的地位作用，不断增强做好稽核工作的责任感和自觉性

加强社会保险稽核工作，是劳动保障行政部门及社会保险经办机构履行社会保险管理，特别是社会保险基金管理职能的具体体现，是确保社会保险费应收尽收、维护参保人员合法权益的有效措施，也是促进规范管理的重要内容。目前，一些参保单位少报缴费基数、人数的问题比较突出。加强稽核工作既能促进参保人数外延式扩大，又能确保基金内涵式增长，同时，还能有效防范社保基金流失。各级劳动保障部门要高度重视稽核工作。无论由哪个部门征缴社会保险费，社会保险经办机构都要严格履行稽核职能，认真筹划，精心组织。有关职能部门要密切配合，形成合力，采取有力措施，务求稽核实效。

二、加强稽核机构队伍建设，着力整合稽核资源

建立健全稽核机构队伍是开展稽核工作的重要保证。各地要依据《稽核办法》，按照《关于切实做好〈社会保险稽核办法〉实施工作的通知》（劳社部函［2003］32号）要求，建立健全稽核工作机构，并选配高素质人员充实稽核队伍。实行社会保险经办机构征收社会保险费的地区，要兼顾各个险种调整充实稽核人员。按险种单设机构的地区，要整合稽核力量，建立顺畅的工作机制。由税务部门负责征收的地区，社会保险经办机构更要充实稽核力量，切实履行稽核职能，切实加强稽核工作。要努力降低稽核成本，减少被稽核对象的事务性工作，增强工作的整体效应，维护劳动保障部门的良好形象。

三、突出抓好征缴稽核，确保社会保险费应收尽收

坚持社会保险稽核制度，每年养老、医疗、失业、工伤、生育等险种的实地稽核人数不少于参保人数的三分之一。要将优势企业、大型企业、外商投资企业和欠费企业作为实地稽核重点对象，主要稽核用人单位申报的缴费人数和缴费基数情况，参保单位和个人按时足额缴纳社会保险费情况，欠费单位按计划补缴欠缴的社会保险费情况等。要将稽核关口前移，有条件的地区可探索将缴费基数申报制改为核定制。对于稽核出来的问题要跟踪督办，确保应补缴的社会保险费及时足额到账。社保经办机构在稽核中发现被稽核单位存在违反社会保险法律、法规或者规章的行为，要及时报告劳动保障行政部门。被稽核对象少报、瞒报缴费基数和缴费人数，拒不按照社会保险经办机构要求改正的，社会保险经办机构要报请劳动保障行政部门依法处罚。劳动保障行政部门要按照《劳动保障监察条例》规定对社会保险经办机构提请处罚事项及时立案调查处理，并将结果告知社会保险经办机构。

四、全面落实清欠目标责任制，下大力气抓好清理企业欠费工作

各地要积极争取当地政府的重视和支持，根据欠缴社会保险费情况，制定具体的清欠计划，把责任落实到有关部门和人员，并将清欠实绩与考评奖励挂钩，确保目标的实现。实行税务部门征收社会保险费的地区要加强与税务部门的协调配合，明确各自职责和工作程序，共同做好清欠工作。各地要强化稽核在清欠中的基础作用，通过实地稽核，及时准确地掌握企业的缴费能力，有的放矢地做好清欠工作。对于破产欠费企业，要积极研究解决办法，该核销的要按有关规定予以核销。养老、医疗、失业、工伤、生育等险种均要建立健全欠费企业数据库和统计分析报告制度，定期汇总了解各地拖欠社会保险费情况，有针对性地采取措施加以解决。要继续把欠费大户作为监控重点，搞好跟踪调度，坚持欠费信息披露制度，充分发挥各种传媒的舆论监督作用。

五、加大反欺诈力度，防止社会保险基金跑、冒、滴、漏

各地要认真核查虚报、冒领基本养老金问题和其他社会保险待遇的欺诈行为。要以社区平台为依托，以信息技术为手段，建立享受社会保险待遇资格核查制度及异地协查制度，构建全方位、多层次、立体化的协查网络。坚持定期核查企业离退休人员领取养老金情况的制度，在上一年核查的基础上，做到全面核查，及时杜绝各种冒领行为。要努力探索医疗、工伤等险种支付稽核的特点和规律，结合本地实际，拿出实在管用的反欺诈措施。社会保险经办机构在核查中，发现骗取社会保险待遇或者骗取社会保险基金支出的，社会保险经办机构要立即停止待遇的支付并责令退还；拒不退还的，提请劳动保障行政部门依法查处；构成犯罪的，由劳动保障行政部门移送司法机关依法追究刑事责任。

六、建立内部控制机制，不断优化经办管理制度

各地要在系统内建立内部控制制约机制，切实加强社保基金管理，确保基金安全与完整。采取上对下、交叉检查等形式，重点检查社会保险收支的原始凭证是否真实可靠，有无弄虚作假现象，检查社会保险财务制度是否健全，各项费用结算办法是否科学、完善等。要通过稽核审计，督促本系统建立健全各项财务制度和费用结算制度，建立和完善相关岗位、相关人员的牵制监督机制。对稽核审计中发现的套取、挪用、贪污社会保险基金的问题，要一查到底，严肃处理，绝不手软。

七、建立健全企业缴费信用记录，努力营造“诚信申报，依法缴费”的良好氛围

各级劳动保障行政部门要按照《关于推行企业劳动保障诚信制度的指导性意见》（劳社厅发［2003］21号）的要求，指导社会保险经办机构围绕企业依法履行社会保险参保登记、缴费申报、基金缴纳和社会保险基金管理等内容，做好企业履行缴费义务的信用记录，对现有信用记录进行归集整理，建立健全企业诚信缴费信息库。开发诚信缴费评分模块，有条件的地区实现联网共享、信息互换，充分利用、整合各种信息资源，建立公正、公开、高效的稽核信息体系，为劳动保障行政部门依法建立用人单位劳动保障守法诚信档案提供可靠依据。社会保险经办机构要通过“自报—稽核—评定—公示”等程序，评出“社会保险诚信企业（单位）”，通过各种传媒定期向社会公布、褒扬。对于诚信企业（单位），采取积极的鼓励措施，对失信行为，采取“记录、提示、警告、处罚”等手段，营造依法缴费光荣的环境和氛围。

请各地在2005年2月底之前将社会保险稽核实施方案报我部社会保险事业管理中心，按照《关于印发〈2005年劳动和社会保障部统计报表制度〉的通知》（劳社部函［2004］261号）要求，按月上报《企业欠缴基本养老保险费月报表》和《缴纳社会保险费与欺诈冒领社会保险待遇稽核情况表》。期间，我部将对各地开展稽核工作情况进行检查督导。

2005年1月21日

劳动和社会保障部　中华全国总工会
中国企业联合会/中国企业家协会关于
进一步推进工资集体协商工作的通知

劳社部发［2005］5号

各省、自治区、直辖市劳动和社会保障厅（局）、总工会、企业联合会/企业家协会：

《工资集体协商试行办法》发布后，各地区积极推进工资集体协商工作，目前，全国已有近30万户企业经过工资集体协商，签订了工资专项集体合同，取得了积极成效。为进一步建立适应社会主义市场经济要求的企业工资决定机制，保障劳动关系双方的合法权益，促进企业改革发展稳定，现就进一步推进工资集体协商工作通知如下：

一、提高思想认识，把进一步推进工资集体协商作为当前一项重要任务

推行工资集体协商制度，建立适应社会主义市场经济要求的企业工资决定机制，是贯彻落实党的十六大和十六届三中、四中全会精神，实践“三个代表”重要思想，树立和落实科学发展观的具体体现；是建立稳定和谐的新型劳动关系，构建社会主义和谐社会的重要内容；是建立“市场机制调节、企业自主分配、职工民主参与、国家监控指导”的企业工资分配新机制的关键环节；是建立现代企业制度、理顺企业分配关系的内在要求；是完善平等协商集体合同制度，增强其针对性和实效性的重要途径。加强这项工作，对于维护企业和职工双方的合法权益，促进劳动关系和谐稳定，调动广大职工和企业经营管理者的积极性、创造性，促进企业生产发展和经济效益的提高，实现经济和社会协调发展，都具有十分重要的意义。随着社会主义市场经济的发展，企业分配制度改革步伐加快，企业分配自主权逐步落实，进一步推进工资集体协商工作更为重要和紧迫。各级劳动保障部门、工会和企业联合会/企业家协会，要充分认识新形势下进一步推进工资集体协商工作的重要性和必要性，增强工作的紧迫感和责任感，高度重视并采取切实有效措施，推动工资集体协商工作深入开展。

二、加强组织领导，制定切实可行的工作规划

各省、自治区、直辖市劳动保障部门、工会和企业联合会/企业家协会，要把推进工资集体协商工作摆上重要日程，加强组织领导，从各地实际出发，对本地区推进工资集体协商工作作出具体部署和安排，制定切实可行的工作规划和目标措施，有计划、有步骤地加以推进。

当前，推进工资集体协商工作的重点是在非公有制企业、改制的国有控股企业和集体企业。各地区要积极稳妥地推进工作的开展，市场经济比较完善的地区推进的速度可以快一些。尚未开展这项工作的地区，要本着先行试点、以点带面、先易后难的原则，尽快选择生产经营比较正常、管理基础比较扎实、工会工作开展比较好的企业先行试点，在总结试点经验的基础上逐步推开。已经开展这项工作的地区要在总结经验、扩大范围的基础上，不断健全机制，充实内容，完善制度，规范运作，提高工资集体协商的水平，在增强实效性上下工夫，推进这项工作向纵深发展。要重视培育工资集体协商机制，逐步建立企业正常的工资调整制度，并使之制度化、规范化。

各地区要在小型企业比较集中或同行业企业相对集中的区域，积极推行区域性行业性工资集体协商，签订区域性或行业性工资集体协议，并由所涵盖企业法定代表人或其委托代理人签字认可。依法签订的区域性行业性工资集体协议，对所辖企业和全体职工具有约束力。企业一级集体合同中工资报酬等标准不得低于区域性行业性工资集体协议的规定。

三、突出重点，妥善处理各方利益分配关系

开展工资集体协商，要突出重点。各地区要根据地区和企业的不同情况，把职工最关心、最现实、最直接的利益问题作为重点，切实解决企业工资分配中的突出问题。工资集体协商的内容可以是全面的，也可以有所侧重。生产经营正常和效益较好的企业，应重点就工资水平、奖金分配、补贴和福利等进行协商，建立正常的工资增长和调整机制，使广大职工共享企业改革发展的成果。生产经营比较困难的企业，可重点就工资支付办法、离岗职工生活费等进行协商，重在建立工资支付保障机制。在企业改制过程中，要重视从理顺内部分配关系入手，协商确定企业工资分配制度和办法。当前，要通过工资集体协商，着力解决部分企业存在的拖欠、克扣职工工资问题，确保职工工资按时足额发放。

推行工资集体协商，必须妥善处理好各方利益分配关系；依法保障职工的劳动报酬权益，努力实现互利共赢。要正确处理出资人、经营者与职工之间的关系，企业科技管理人员与一般职工之间的关系，不同层次、不同岗位工种职工之间的关系，持股职工与未持股职工之间的关系，按劳分配与按其他生产要素分配之间的关系，工资分配与企业经济性裁员、再就业安置、保险福利之间的关系等，努力做到统筹兼顾、科学合理、公平公正。实行岗位工资制度的企业，要把确定和调整岗位工资标准作为协商重点；实行计件工资制的企业，要通过协商合理确定工人的劳动定额和计件单价；实行股份制的企业，要正确处理工资分配、股息红利与劳动分红之间的比例关系，防止利润侵蚀工资或工资分配侵蚀利润；实行经营者年薪制的企业，要根据企业实际情况合理确定企业经营者与职工的工资分配关系，既要充分体现对经营管理者劳动的肯定和激励作用，又要切实保证职工工资收入随经济效益的提高逐步增加。

四、三方密切配合，加强指导和服务

推行工资集体协商工作涉及面广、政策性强。各级劳动保障部门、工会和企业联合会/企业家协会要密切配合，通力协作，积极稳妥地推进这项工作。要深入进行调查研究，总结典型经验，及时发现和解决存在的问题，制定和采取有效措施，推动工资集体协商工作深入健康发展。

当前，政府劳动保障部门要完善有关法律法规，加强对职工平均工资、企业人工成本、消费价格指数等指标的研究分析，定期发布劳动力市场工资指导价位、工资指导线等相关信息数据，适时调整最低工资标准，为企业开展工资集体协商提供依据。

各级工会要进一步加强基层工会组织建设，尤其要加强非国有企业工会的组建工作，提高工会组建率。充分发挥基层工会的作用，及时了解和掌握职工对工资分配方面的意见和建议，加强有关工资分配理论和政策研究，增强工会干部参与工资集体协商的能力，提高职

工群众的参与程度，加强对工资集体协议履行情况的监督，依法维护职工参与工资分配和获得劳动报酬的权益。各级工会要积极倡导职工诚实守信，增强职工的信用意识，提高职工的职业道德。

各级企业联合会/企业家协会要进一步推动基层企业联合会组织建设，提高基层组织组建率。要指导企业经营管理者加强对国家有关法律法规和政策的学习，依法履行企业的社会责任。要加强对企业履行工资集体协议情况的监督，促进企业诚信制度建设，促使企业依法经营，诚实守信。

各地区要充分发挥协调劳动关系三方机制的作用，加强对工资集体协商代表及相关人员的培训，使他们掌握相关的法规政策、经济管理、企业财务知识和工资协商技能等，提高他们自身的道德素质和业务水平。要积极探索建立工资集体协商专业指导队伍，可聘任掌握法律知识和政策，熟悉企业劳动工资和财务管理，有一定协商谈判能力和技巧的专业人士担任指导员，具体指导或参与企业工资集体协商。

要把推行工资集体协商作为依法治企的一项重要内容，加强指导、服务和监督。对无正当理由拒绝工资集体协商或违反工资集体协议的企业，要按照有关法律、法规的规定处理。要加强对职工协商代表的保护，在他们受到不公正待遇或打击报复时，要坚决依法予以纠正和处理。对因工资集体协商发生的争议，要及时引导双方通过法律途径协调处理。要加强对推行工资集体协商工作的宣传，提高企业经营管理者、广大职工和社会各界的认知度和认同感，为这项工作的开展创造良好的社会环境。

2005年2月6日

劳动和社会保障部　财政部关于切实做好国有企业下岗职工基本生活保障制度向失业保险制度并轨有关工作的通知

劳社部发［2005］6号

各省、自治区、直辖市劳动和社会保障厅（局）、财政厅（局）：

为贯彻落实中央经济工作会议有关并轨工作的要求，2005年底要基本实现国有企业下岗职工基本生活保障制度向失业保险制度并轨（以下简称并轨），现就有关问题通知如下：

一、统一思想，充分认识并轨工作的重要性和紧迫性

2005年底基本实现并轨是中央总结国有企业下岗职工基本生活保障和再就业工作实践，总揽全局，审时度势做出的重大决策，事关改革、发展、稳定大局。1998年以来实行的国有企业下岗职工基本生活保障制度，对于推动国有企业改革脱困，维护社会稳定起到了重要作用。目前，在再就业服务中心的国有企业下岗职工大都协议期已满，应按规定实现由国有企业下岗职工基本生活保障制度向失业保险制度的并轨，并妥善解决好并轨人员的再就业、社会保险关系接续、劳动关系处理和生活保障等问题。这对于进一步深化国有企业改革和完善城镇社会保障体系，建立市场导向就业机制具有重要意义。各地区和各有关部门都要充分认识做好这项工作的重要性，增强紧迫感和责任感，将思想和行动统一到中央的部署和要求上来，努力克服困难，确保并轨任务的顺利完成。

二、加强组织领导，确保社会稳定

尚未完成并轨工作的地区，劳动保障、财政部门要主动争取当地党委、政府对这项工作的重视和支持，牵头成立由各相关单位共同参与的并轨工作小组，明确责任，精心组织，周密安排，严格程序，积极稳妥地推进并轨工作。要加强政策宣传，把握正确的舆论导向，指导和帮助企业深入细致地做好并轨人员的思想工作。对工作中可能出现的矛盾和问题，要预先研究制定周密的应对预案和具体措施，确保企业和社会的稳定。

三、明确工作目标，实行分类指导

2005年底，原则上停止执行国有企业下岗职工基本生活保障制度，企业按规定关闭再就业服务中心。并轨人员和企业新裁减人员通过劳动力市场实现再就业，没有实现再就业的，按规定享受失业保险或城市居民最低生活保障待遇。尚未完成并轨工作的地区，要以目前在再就业服务中心的下岗职工为重点，采取切实有效的措施确保2005年底基本完成并轨工作。并轨人员的具体范围和政策措施，由各地结合本地实际自行确定。在推进并轨工作中，要紧密结合国有企业改革、改制等项工作，注意政策衔接配套，根据不同地区、不同企业和不同群体的具体情况，区别对待，分类指导。

四、多渠道筹集资金，严格按政策规定管好用好资金

要充分考虑企业、职工、政府和社会保障的承受能力，指导和督促企业多渠道筹集资金，妥善处理好国有企业下岗职工出再就业服务中心解除劳动关系的经济补偿和各种债务问题。各级财政原来安排用于国有企业下岗职工基本生活保障的资金规模不减，尚未完成并轨工作的地区，要将基本生活保障资金（含历年结余部分）主要调整用于对困难企业依法与国有企业下岗职工解除劳动关系所需经济补偿金的补助，以推进并轨工作。同时，要切实加强对国有企业下岗职工基本生活保障和再就业资金的管理，防止虚报冒领、挤占挪用，确保资金规范合理使用。

五、加大再就业工作力度，认真做好再就业与社会保障的衔接工作

各地要紧密围绕促进再就业开展并轨工作，把促进并轨人员的再就业作为工作重点，切实落实各项再就业扶持政策，加强就业服务，进一步规范劳动合同管理和用工秩序，帮助他们尽快实现再就业。同时，注意做好再就业与各项社会保障的衔接工作，切实帮助并轨人员解决实际困难，努力消除他们的后顾之忧。

六、抓紧制定和组织实施并轨工作计划，定期报告工作进展情况

尚未完成并轨工作的地区，要抓紧制定2005年底前基本实现并轨的工作计划，对目标任务、工作责任和措施、工作进度和步骤等做出详细安排。工作计划报省级政府审定后抓紧组织实施，并于3月底前报劳动保障部、财政部备案。实施过程中，要在每季度后两周内向劳动保障部、财政部报告并轨工作进展情况，重大问题要及时报告。

2005年2月24日

劳动和社会保障部　国家安全生产监督管理总局　国防科学技术工业委员会关于贯彻《安全生产许可证条例》做好企业参加工伤保险有关工作的通知

劳社部发［2005］8号

各省、自治区、直辖市劳动和社会保障厅（局）、安全生产监督管理局，民爆器材行政主管部门、各省级煤矿安全监察机构：

为了严格规范企业的安全生产条件，加强安全生产监督管理，防止和减少生产安全事故，切实保障矿山、危险化学品、烟花爆竹、民用爆破器材生产等企业职工的生命安全和健康，国务院颁布了《安全生产许可证条例》。该条例明确规定，企业应当依法参加工伤保险，为从业人员缴纳工伤保险费，并将参加工伤保险作为企业取得安全生产许可证的必备条件之一。为贯彻落实《安全生产许可证条例》的规定，做好企业参加工伤保险的有关工作，现通知如下：

一、按照《中华人民共和国安全生产法》《工伤保险条例》和《安全生产许可证条例》的规定，矿山、危险化学品、烟花爆竹、民用爆破器材生产等企业（以下简称企业）应高度重视安全生产工作，依法参加工伤保险，按时、足额为所有从业人员缴纳工伤保险费。企业应将参保情况及时在本单位内公示。企业和职工应当遵守有关安全生产和职业病防治的法律法规，执行安全卫生规程和标准，预防工伤事故发生，避免和减少职业病危害。

二、劳动保障部门要做好企业参加工伤保险的组织实施工作，加强对企业参保工作的指导。对尚未参加工伤保险的企业要切实采取有效措施，制定有针对性的扩大覆盖面方案，加大工作力度，加强劳动监察，督促企业尽快参加工伤保险。

三、企业参保登记后，社会保险经办机构要及时确定企业缴费费率，核定企业缴费基数、职工人数和应缴工伤保险费数额，如实地为企业出具《工伤保险参保证明》（样式附后）。安全生产许可证颁发管理机关在颁发安全生产许可证或办理许可证延期手续前，应认真审查申请单位提供的《工伤保险参保证明》，对不能提供社会保险经办机构出具的有效《工伤保险参保证明》的企业，不得颁发安全生产许可证。对冒用或者使用伪造的《工伤保险参保证明》的企业，不得颁发安全生产许可证，已经颁发的要予以吊销。

四、劳动保障部门应加强对取得安全生产许可证企业参加工伤保险情况的监督检查。发现企业中断缴费、瞒报工资总额或者职工人数的，责令其限期改正，并按规定进行相应处罚。不能在规定期限内改正的，劳动保障部门应通知安全生产许可证颁发管理机关，由安全生产许可证颁发管理机关暂扣或者吊销安全生产许可证。

五、安全生产许可证颁发管理机关和劳动保障部门要定期互相交流、通报企业取得安全生产许可证和参加工伤保险的情况，针对出现的问题，研究协商解决，促进企业安全生产工作，切实保障企业职工的权益。

六、本通知下发前企业参保证明中尚未解决的相关问题，由各地安全生产许可证颁发管理机关与劳动保障部门按照本通知的精神协商处理。

附件：工伤保险参保证明（略）

2005 年 4 月 4 日

劳动和社会保障部　建设部　全国总工会 关于加强建设等行业农民工 劳动合同管理的通知

劳社部发［2005］9号

各省、自治区、直辖市劳动和社会保障厅（局）、建设厅（建委）、总工会：

为贯彻落实《国务院办公厅关于进一步做好改善农民进城就业环境工作的通知》（国办发［2004］92号）精神，加强建设等行业农民工劳动合同管理，维护农民工的合法权益，现就有关问题通知如下：

一、高度重视农民工劳动合同管理工作

通过劳动合同确立用人单位与农民工的劳动关系，是维护农民工合法权益的重要措施。各级劳动保障部门要以使用农民工较集中的建筑、餐饮、加工等行业为重点，明确农民工劳动合同管理工作职责，切实把农民工劳动合同管理工作摆到重要日程。建设等行业行政主管部门和工会组织要协助劳动保障部门采取有力措施推进劳动合同制度的落实，不断完善劳动合同管理政策，推动各类用人单位依法与农民工签订劳动合同，提高劳动合同签订率。要指导和督促用人单位加强内部劳动合同管理，依据国家有关法律法规，建立健全劳动合同管理制度，实现劳动合同动态管理。

二、规范签订劳动合同行为

用人单位使用农民工，应当依法与农民工签订书面劳动合同，并向劳动保障行政部门进行用工备案。签订劳动合同应当遵循平等自愿、协商一致的原则，用人单位不得采取欺骗、威胁等手段与农民工签订劳动合同，不得在签订劳动合同时收取抵押金、风险金。

劳动合同必须由具备用工主体资格的用人单位与农民工本人直接签订，不得由他人代签。建筑领域工程项目部、项目经理、施工作业班组、包工头等不具备用工主体资格，不能作为用工主体与农民工签订劳动合同。

三、完善劳动合同内容

用人单位与农民工签订劳动合同，应当包括以下条款。

（一）劳动合同期限。经双方协商一致，可以采取有固定期限、无固定期限或以完成一定的工作任务为期限三种形式。无固定期限劳动合同要明确劳动合同的终止条件。有固定期限的劳动合同，应当明确起始和终止时间。双方在劳动合同中可以约定试用期。劳动合同期限半年以内的，一般不约定试用期；劳动合同期限半年以上1年以内的，试用期不得超过30日；劳动合同期限1～2年的，试用期不得

超过60日；劳动合同期限2年以上的，试用期最多不得超过6个月。

（二）工作内容和工作时间。劳动合同中要明确农民工的工种、岗位和所从事工作的内容。工作时间要按照国家规定执行，法定节日应安排农民工休息。如需安排农民工加班或延长工作时间的，必须按规定支付加班工资。建筑业企业根据生产特点，按规定报劳动保障行政部门批准后，可对部分工种岗位实行综合计算工时工作制。

（三）劳动保护和劳动条件。用人单位要按照安全生产有关规定，为农民工提供必要的劳动安全保护及劳动条件。在农民工上岗前要对其进行安全生产教育。施工现场必须按国家建筑施工安全生产的规定，采取必要的安全措施。用人单位为农民工提供的宿舍、食堂、饮用水、洗浴、公厕等基本生活条件应达到安全、卫生要求，其中建筑施工现场要符合《建筑施工现场环境与卫生标准》（JGJ146—2004）。

（四）劳动报酬。在劳动合同中要明确工资以货币形式按月支付，并约定支付的时间、标准和支付方式。用人单位根据行业特点，经过民主程序确定具体工资支付办法的，应在劳动合同中予以明确，但按月支付的工资不得低于当地政府规定的最低工资标准。已建立集体合同制度的单位，工资标准不得低于集体合同规定的工资标准。

（五）劳动纪律。在劳动合同中明确要求农民工遵守的用人单位有关规章制度，应当依法制定。用人单位应当在签订劳动合同前告知农民工。

（六）违反劳动合同的责任。劳动合同中应当约定违约责任，一方违反劳动合同给对方造成经济损失的，要按《劳动法》等有关法律规定承担赔偿责任。

根据不同岗位的特点，用人单位与农民工协商一致，还可以在劳动合同中约定其他条款。

四、指导用人单位建立健全劳动合同管理制度

各级劳动保障部门要会同建设等行业行政主管部门和工会组织，积极指导用人单位依法建立健全内部劳动合同管理制度。用人单位要对劳动合同签订、续订、变更、终止和解除等各个环节制定具体管理规定，经职代会或职工大会讨论通过后执行。要指定专职或兼职人员负责劳动合同管理工作，建立劳动合同管理台账，实行动态管理。对履行劳动合同情况，特别是工资支付、保险福利、加班加点等有关情况要有书面记录。对终止解除劳动合同的农民工，用人单位应当结清工资，并出具终止解除劳动合同证明。

五、加大劳动保障监察执法和劳动争议处理工作力度

各级劳动保障部门要加强劳动保障监察执法工作，充实劳动保障监察人员，加大对用人单位招用农民工签订劳动合同情况的监督检查力度。要公布举报投诉电话，及时处理举报投诉案件。对不按规定与农民工签订劳动合同的用人单位，要依法责令其纠正。

要加强劳动争议仲裁机构和仲裁员队伍建设，切实解决用人单位与农民工因履行劳动合同发生的争议。要加强劳动争议调解工作，及时化解纠纷。对申诉到劳动争议仲裁机构的劳动争议，要在条件允许的情况下依法采取简易程序，做到快立案、快审案、快结案。对涉及用人单位拖欠工资、工伤待遇的争议要优先受理、裁决。对生活困难的农民工，减免应由农民工本人负担的仲裁费用，切实解决农民工申诉难的问题。

六、加强对农民工劳动合同管理的组织领导

各级劳动保障部门、建设等行业行政主管部门和工会组织，要认真贯彻落实国办发［2004］92号文件精神，各司其职，各负其

责，加强配合，建立健全工作目标责任制，完善工作协调机制，共同做好农民工劳动合同签订和管理的组织领导工作。要加强劳动保障法律、法规的宣传，增强用人单位和农民工的劳动合同意识，促进劳动合同制度全面实施。省级劳动保障行政部门要会同建设等行业行政主管部门制订适合不同行业特点的农民工劳动合同范本，指导督促用人单位与农民工签订劳动合同，切实提高劳动合同签订率。各级工会组织要积极指导、帮助农民工与用人单位签订劳动合同，加强对劳动合同履行情况的监督；要推进使用农民工的企业开展平等协商签订集体合同，切实维护广大农民工的合法权益。

2005 年 4 月 18 日

劳动和社会保障部关于印发国家高技能人才东部地区培训工程方案的通知

劳社部发［2005］10号

各省、自治区、直辖市劳动和社会保障厅（局）：

为贯彻落实《中共中央国务院关于进一步加强人才工作的决定》（中发［2003］16号）精神，进一步强化高技能人才工作，探索职业培训现代化道路，推动实现数量就业与素质就业的并举，我部制定了《国家高技能人才东部地区培训工程方案》。现将实施该工程方案的有关文件一并印发给你们，请有关地区结合实际，认真组织实施。

附件：1. 国家高技能人才东部地区培训工程方案

2. 国家高技能人才东部地区培训工程2005年工作计划（略）

3. 国家高技能人才东部地区培训工程领导小组和联络员名单（略）

2005年5月12日

附件1

国家高技能人才东部地区培训工程方案

为贯彻落实《中共中央国务院关于进一步加强人才工作的决定》（中发［2003］16号）精神，结合地方实际，突出分类指导，切实加强高技能人才工作，我部决定在全面实施国家高技能人才培训工程的基础上，从2005年开始，组织实施“国家高技能人才东部地区培训工程”（以下简称东部培训工程）。

一、必要性

（一）实施东部培训工程是实现素质就业转型的需要。由于东部地区经济发展水平较快，对技能人才的需求相对其他地区更加明显，劳动者素质和技能结构不适应企业需求的矛盾比较突出，迫切需要突出素质就业，实现数量就业与素质就业的并举。

（二）实施东部培训工程是强化高技能人才开发工作的需要。根据高端带动的指导思想，我部制定了高技能人才队伍建设的政策措施，组织实施了“国家高技能人才培训工程”和“三年五十万新技师培养计划”。进一步推动这项工作，迫切需要抓落实，见成效。

为此，有必要依托具备相应政策环境和工作基础的东部地区，实施专门的培训工程，探索职业培训现代化的道路。

二、实施地区

实施地区：北京、上海、江苏、浙江、福建、山东、广东

重点城市：苏州、宁波、厦门、青岛、深圳

三、指导思想

认真贯彻落实国家高技能人才工作的方针政策，结合东部地区经济发展迅速、对技能人才需求迫切的实际情况，实施分类指导，推进东部地区技能人才工作先走一步，实现共同提高，并为全国职业培训现代化探索新路，提供支持。

四、工作目标

加强横向交流，采取共同行动，力争通过3年左右的时间，形成高水平的职业培训现代化示范工作区，构建技能人才工作的新机制和大环境，基本实现数量就业与素质就业的并举。

五、主要任务

（一）率先建立区域联合，加强沟通，共同推动高水平培训的工作机制。

（二）率先在重点城市建立一批面向社会、高效能的公共实训基地和鉴定平台。

（三）率先建立与企业生产紧密结合的高质量技能人才评价和鉴定新体系。

（四）率先构建包括开发新职业、运用新技术、建立新机制、创建新环境的职业能力建设新模式。

六、工作内容

（一）构建相互交流学习，共同提高的工作机制。

1. 建立信息交流管道，定期编发工作简报，实现信息交流与互通。

2. 形成经常性工作联系制度，定期召开联系会议。

3. 各地区定期轮值举办论坛、交流研讨、现场观摩等形式多样的活动，研究破解工作中存在的问题。

（二）推动实现共同探索，先行突破的工作格局。

1. 推广上海公共实训基地的经验，在重点城市引导推动政府加大投入力度并带动相关投资，建立公共实训基地和鉴定平台，为社会提供高效能服务。

2. 根据各自特点，探索技师和相应职业资格人员的培养、选拔、评价模式。

3. 开发新职业，制定新标准，编写新教材。

（三）选择相关领域组织联合行动，取得新的效果。

1. 联合组织以知识技能型职业为主的职业技能竞赛活动。

2. 开展跨地区性的高新技术职业培训。

3. 组织实施远程职业培训。

（四）充分利用各地已有优势资源，推动本区域职业技能鉴定工作率先达到较高水平。

1. 在大中型企业中，普遍建立与企业生产紧密结合的职业技能鉴定工作模式，树立鉴定质量工作新标杆，并在企业建立使用与培训考核相结合、待遇与业绩贡献相联系的机制。

2. 探索完善知识技能型、复合技能型、技术技能型人才评价模式和相关技术方法。

3. 形成完善的职业技能鉴定质量保障体系。

（五）在东部地区组织实施部级试点

工作。

1. 建设中国高技能人才公共实训中心。

2. 支持重点城市构建职业能力建设新模式，建设政策集成、资源配套、工作协调，为劳动者终身职业培训服务的工作体系。

3. 开展全国优秀高技能人才技能研修交流。

七、组织实施

（一）建立领导和组织实施工作体系。

1. 成立工程领导小组，主要负责制定项目年度工作计划，做好指导推动和监督检查工作。

2. 设立领导小组办公室，主要负责日常工作联络，督促落实领导小组制定的工作计划。办公地点设在中国就业培训技术指导中心上海分中心。

3. 确定工作联络员，负责与领导小组办公室保持经常性工作联系。

（二）制定年度共同工作计划。

每年召开一次领导小组会议，交流推动工作进展，讨论制定年度工作计划，对外公布并组织实施。

（三）做好经验总结、交流和推广工作。

编发工作简报，及时沟通进展，总结经验，交流情况，加强宣传，扩大影响。

（四）优势先发，持续推动。

东部培训工程先从上海开始启动，之后逐步结合各实施地区工作进展，组织开展相关活动，充分展示各地成果，实现共同发展。

劳动和社会保障部关于在劳动保障系统开展向李砚军等8名全国先进工作者学习活动的通知

劳社部发［2005］11号

各省、自治区、直辖市劳动和社会保障厅（局）：

近年来，劳动保障系统广大干部职工在党中央、国务院和各级党委、政府领导下，团结一心，艰苦奋斗，开拓进取，热忱为人民群众服务，努力推动劳动和社会保障事业发展，涌现出一批品德高尚、业绩卓著、贡献突出的先进模范人物。2005年4月26日，国务院发布《国务院关于表彰全国劳动模范和先进工作者的决定》，劳动保障系统有8名同志被授予全国先进工作者荣誉称号，他们是：

李砚军，天津市劳动和社会保障局劳动保障监察总队队长；

韩志华，河北省沧州市技工学校校长；

张发文，吉林省长春市社会保险公司经理；

潘洪涛，吉林省辽源市社会保险公司经理；

石岩，江苏省南京市医疗保险结算管理中心费用结算科副科长；

郭荣新，广东省东莞市社会保障局虎门分局局长兼虎门社会保险基金管理中心主任；

刘龙山，广东省清远市高级技工学校党总支书记、校长；

史亮，陕西省渭南技术学院院长。

为充分发挥先进典型的示范作用，进一步调动各级劳动保障部门干部职工的积极性和创造性，推进劳动保障制度改革、事业发展和干部队伍建设，更好地完成党中央、国务院交给的各项任务，劳动保障部决定，在全国劳动保障系统开展向李砚军等8名全国先进工作者学习的活动。现将8名同志的先进事迹材料印发给你们，并就有关问题通知如下：

一、充分认识开展学习先进活动的意义

劳动和社会保障工作是全面建设小康社会和构建社会主义和谐社会的重要组成部分，关系改革、发展、稳定的全局。当前，劳动保障工作正处于重要的转型期，既要进一步解决就业再就业、协调劳动关系、社会保障制度中的突出问题，又要下大力量建立制度更加完善、政策更加配套、管理更加高效、运行更加稳健的长效机制，劳动保障系统广大干部职工肩负着艰巨的任务，承担着重大的责任，必须有一支政治过硬、业务精良、作风扎实的高素质干部队伍作为保证。组织开展向李砚军等8名全国先进工作者学习的活动，全面提高劳动保障系统干部把握大局谋划长远的能力、联系群众解决实际问题的能力、综合协调形成合力的能力、廉洁自律抵御腐蚀的能力，提高管理水平和工作效率，是建设高素质干部队伍的重要措施和有效形式。各级劳动保障部门要充分认识

开展这项活动的意义，把这一活动列入重要议事日程，与业务工作紧密结合做出安排，抓紧抓好。

二、明确学习的重点

受国务院表彰的李砚军等8名同志，在劳动保障工作中做出了重要贡献，取得了突出业绩，是劳动保障系统几十万干部职工的优秀代表。各级劳动保障部门要认真贯彻党中央尊重劳动、尊重知识、尊重人才、尊重创造的方针，以8名全国先进工作者为榜样，学习他们胸怀全局、服务大局、爱岗敬业的高尚品格，学习他们牢记宗旨、满腔热情、服务人民的公仆风范，学习他们立足本职、勇于拼搏、甘于奉献的优良作风，学习他们与时俱进、开拓创新、争创一流的进取精神，学习他们脚踏实地、秉公办事、求真务实的科学态度。

各级劳动保障部门学习李砚军等同志的先进事迹，要同本地区、本部门、本单位的实际紧密结合起来，进一步提高践行“三个代表”重要思想的自觉性，牢固树立科学发展观和正确政绩观，坚定不移地贯彻执行党和国家的劳动保障方针政策，在思想上、行动上同党中央保持高度一致，确保今年确定的各项工作任务圆满完成，不断推进劳动保障事业向前发展。

三、采取多种学习宣传方式

8名全国先进工作者所在地区的劳动保障部门，要通过举办座谈会、报告会等形式，组织本地区广大劳动保障干部职工深入学习他们的先进事迹，并通过报纸、广播、电视等新闻媒体积极宣传先进典型的感人事迹。其他地区的劳动保障部门，可以把向李砚军等8名同志的学习活动与学习本地区劳动保障先进集体、先进个人结合起来，对照先进，查找不足，积极改进，形成比先进找差距，学先进改作风，赶先进创一流的热潮。各地的学习活动都要同正在进行的保持共产党员先进性教育活动紧密结合起来，同本地区、本部门、本单位开展的争先创优活动结合起来，同立足本职多做贡献结合起来，使学习活动扎扎实实地进行。

各地开展学习全国先进工作者活动的情况，请及时向我部报告。

附件：李砚军等8名同志的主要事迹（略）

2005年5月17日

劳动和社会保障部关于确立劳动关系有关事项的通知

劳社部发［2005］12号

各省、自治区、直辖市劳动和社会保障厅（局）：

近一个时期，一些地方反映部分用人单位招用劳动者不签订劳动合同，发生劳动争议时因双方劳动关系难以确定，致使劳动者合法权益难以维护，对劳动关系的和谐稳定带来不利影响。为规范用人单位用工行为，保护劳动者合法权益，促进社会稳定，现就用人单位与劳动者确立劳动关系的有关事项通知如下：

一、用人单位招用劳动者未订立书面劳动合同，但同时具备下列情形的，劳动关系成立。

（一）用人单位和劳动者符合法律、法规规定的主体资格；

（二）用人单位依法制定的各项劳动规章制度适用于劳动者，劳动者受用人单位的劳动管理，从事用人单位安排的有报酬的劳动；

（三）劳动者提供的劳动是用人单位业务的组成部分。

二、用人单位未与劳动者签订劳动合同，认定双方存在劳动关系时可参照下列凭证：

（一）工资支付凭证或记录（职工工资发放花名册）、缴纳各项社会保险费的记录；

（二）用人单位向劳动者发放的“工作证”“服务证”等能够证明身份的证件；

（三）劳动者填写的用人单位招工招聘“登记表”“报名表”等招用记录；

（四）考勤记录；

（五）其他劳动者的证言等。

其中，（一）、（三）、（四）项的有关凭证由用人单位负举证责任。

三、用人单位招用劳动者符合第一条规定的情形的，用人单位应当与劳动者补签劳动合同，劳动合同期限由双方协商确定。协商不一致的，任何一方均可提出终止劳动关系，但对符合签订无固定期限劳动合同条件的劳动者，如果劳动者提出订立无固定期限劳动合同，用人单位应当订立。

用人单位提出终止劳动关系的，应当按照劳动者在本单位工作年限每满一年支付一个月工资的经济补偿金。

四、建筑施工、矿山企业等用人单位将工程（业务）或经营权发包给不具备用工主体资格的组织或自然人，对该组织或自然人招用的劳动者，由具备用工主体资格的发包方承担用工主体责任。

五、劳动者与用人单位就是否存在劳动关系引发争议的，可以向有管辖权的劳动争议仲裁委员会申请仲裁。

2005年5月25日

劳动和社会保障部关于开展社会保险基金非现场监督工作的通知

劳社部发［2005］13号

各省、自治区、直辖市劳动和社会保障厅（局）：

社会保险基金非现场监督（以下简称非现场监督）是劳动保障行政部门社会保险基金监督机构（以下简称监督机构）对手工报送或网络传输的有关数据资料进行检查分析，掌握被监督单位社会保险基金管理和制度运行状况，及时发现问题，采取防范措施的一种远程监督。开展非现场监督，有利于提高监督工作质量和水平，促进事后监督向事前、事中监督转变，对完善社会保险基金监管体系具有重要意义。为开展好非现场监督工作，根据《社会保险基金行政监督办法》（劳社部令［2001］第12号）规定，现就有关问题通知如下：

一、开展非现场监督工作的指导思想

（一）总体规划，分步实施。部里确定非现场监督工作的总体目标、思路和要求，统一部署，组织实施非现场监督工作。2005年，研究确定社会保险基金监管指标体系和数据库结构，制定数据标准和工作流程，统一开发软件，建立基金监管应用系统。各地要从数据采集起步，结合金保工程建设情况，逐步建立基金监管应用系统。初步形成省、市两级非现场监督体系，实现对基金管理数据信息的收集整理、监控分析。2006年后，进一步完善规范数据指标，依托金保工程基金监管、业务管理和宏观决策等应用系统，建立县、市、省、中央四级非现场监督体系，实现对社会保险基金管理运行情况的网络监督，确保基金的安全完整。

（二）统筹安排，分类指导。各地要立足当前、着眼长远，统筹安排本地区非现场监督工作，制定非现场监督实施方案，并按全国统一部署做好建设基金监管应用系统的准备工作。金保工程建设较快的地区，应尽快通过网络传输、监控分析数据信息的方式，主动开展非现场监督工作。金保工程建设进展较慢的地区，暂可采用电子邮件、磁盘报送、手工报送等方式，以经办机构基金财务报告和与基金收支相关的重要业务数据为主要监督内容，开展非现场监督工作。及时收集财政、税务、银行等有关部门基金管理数据，进行检查分析和信息比对。

（三）积极探索，逐步完善。各地在实施非现场监督过程中，要结合当地实际，本着实施范围由点到面，数据信息由简到繁的原则，及时总结经验，不断补充完善。当前，各地要充分利用已经实现全国联网的养老保险监测、失业登记和失业保险监测数据，开展养老、失业保险基金的非现场监督。在全国统一制定下发社会保险基金监管指标体系标准后，各地要按照统一的指标体系开展非现场监督工作。根据当地实际情况需要增加监督内容的，可进一步扩展所需的监管数据指标，建立符合全国统一要求，适合当地情况的数据指标体系和监管应用系统，全面开展非现场监督工作。

二、实施非现场监督的技术要求

（一）建立规范统一的数据库。各地应根据金保工程建设的统一要求和标准，在数据中心生产区建立集中的社会保险业务、基金财务数据库，为基金监督提供准确、及时和完整的数据信息，并以此为依托，按照全国统一的基金监管指标体系的要求，从生产区采集基金征收、支付、管理等环节的业务、财务数据，在交换区建立规范统一的社会保险基金监管数据库。

（二）依托金保工程网络。通过金保工程业务专网进行基金监督数据的采集和传输。省级基金监管应用系统应具备向部里传输监督数据、接受地市监督数据的功能。地市基金监管应用系统应具备向省里传输监督数据、支持区县级基金监督机构开展本级基金监督工作的功能。各地要积极创造条件逐步实现与财政、税务、银行、邮局、公安、工商、民政、统计等相关部门和单位联网，并通过网络获取有关监督数据。

（三）建设满足需求的应用系统。各地要积极创造条件，逐步升级财务管理软件，尽快实现财务管理软件与业务管理软件的无缝对接。设计规范统一的非现场监督工作流程，确定指标需求，建立基金监管应用系统，并完善业务管理和宏观决策等应用系统，对各项社会保险基金管理和制度运行状况实施有效的监控、分析和评估。

三、开展非现场监督的工作要求

各地劳动保障部门要认真贯彻落实《社会保险基金行政监督办法》和劳动保障部、财政部等七部门《关于加强社会保障基金监督管理工作的通知》（劳社部发［2002］12号）精神，充分履行监督职责，积极开展非现场监督工作。

（一）加强领导，密切协作。各级劳动保障部门要切实加强对非现场监督工作的领导，充分发挥行政主管部门在基金监管方面的主导作用，加强与有关部门的协调，争取当地政府以及财政、税务、银行等部门的支持，共同做好非现场监督工作。

（二）明确分工，各司其职。非现场监督涉及面广，技术要求高，制约因素多，基金监督、业务经办及信息化管理等部门，要明确分工、各司其职、互相配合。各地监督机构要会同有关部门，提出本地区基金监管应用系统开发的业务需求，积极创造条件，推动非现场监督工作。信息化管理部门要加强系统建设，配合做好基础数据收集整理工作，及时传送数据信息。经办机构要按照社会保险基金管理的政策规定和全国统一的基金监管指标的要求，规范核算管理方式，细化核算内容，满足非现场监督的需求。

（三）提高质量，掌握实情。各地监督机构要监控从生产区数据库转入交换区基金监管数据库的数据信息，确保其准确、及时和完整。审核、分析各项数据指标及其变化，对波动异常、结构不合理以及相关数据不匹配等情况，应进一步访问业务管理和宏观决策等应用系统，并运用查询、传输等功能查明数据指标形成过程、影响因素，与财务、业务原始数据进行核对，及时发现疑点问题。必要时可通过询问、函件、咨询以及实施现场监督等方式进一步了解情况，查清问题。

（四）规范行为，及时报告。各地监督机构对非现场监督发现的问题，应及时与被监督单位沟通，反馈监督结果，提出整改要求。发现重大问题，要及时报告上级监督机构。各级监督机构按月、半年、年度编写非现场监督报告。各省市区每年7月20日、次年1月20日前，要向部基金监督司报送半年、年度非现场监督报告。非现场监督报告的主要内容应当包括：基金管理总体情况，征缴、待遇支付、结余基金管理以及运营等情况，基金管理水平和制度运行状况评价，存在的问题，潜在风险的分析预测，整改情况和下一步工作意见等。非现场监督报告应当以事实为依据，突出量化分析，做到问题清楚，依据翔实，观点明确，情况完整无误。

（五）配备硬件，加强培训。非现场监督需要现代化技术手段，各地要按照金保工程的统一规划和标准，配备必要设备，为非现场监督提供物质条件。要加大培训力度，不断丰富计算机、财务、审计、金融、法律等相关知识，提高监督人员业务素质，尽快具备非现场监督专业技能，胜任非现场监督工作。

2005年6月10日

劳动和社会保障部　财政部　中国残疾人联合会关于城镇贫困残疾人个体户参加基本养老保险给予适当补贴有关问题的通知

劳社部发［2005］14号

各省、自治区、直辖市劳动和社会保障厅（局）、财政厅（局）、残疾人联合会：

为切实做好困难残疾人个体户参加基本养老保险工作，根据《国务院办公厅转发民政部等部门关于进一步加强扶助贫困残疾人工作意见的通知》（国办发［2004］76号）关于"残疾人就业保障金有结余的地区，可用残疾人就业保障金对城镇贫困残疾人个体户缴纳基本养老保险费给予适当补贴，以促进和稳定个体就业"的精神，现就城镇贫困残疾人个体户参加基本养老保险给予适当补贴有关问题通知如下：

一、提高认识，认真组织实施

从事个体经营，是城镇残疾人在市场经济条件下实现就业和解决生计的一种有效形式。针对当前部分困难残疾人个体户参加基本养老保险能力不足等实际困难，采取补贴措施，扶持残疾人个体户参保，有利于稳定现有的残疾人个体就业，鼓励更多的残疾人从事个体经营，减轻就业压力，也是保障残疾人晚年生活的有效措施。各地要充分认识其重要意义，加强领导，结合实际认真组织实施。

二、规范补贴范围和审批程序，落实补贴资金

城镇残疾人个体工商户参加基本养老保险，按照当地政府出台的城镇个体工商户参加基本养老保险规定执行。残疾人就业保障金有结余的地方，可对具有当地城镇户口、持残疾人证从事个体经营并领取工商营业执照、经所在地有关部门确认的贫困残疾人个体户缴纳基本养老保险费给予适当补贴，补贴标准由省、自治区、直辖市劳动保障、财政部门会同残疾人联合会提出意见，报同级人民政府批准后执行。补贴资金从上年度残疾人就业保障金结余中列支。

符合条件的城镇贫困残疾人个体户，可向残疾人就业服务机构提出基本养老保险缴费补贴申请，并提供相关证明材料。残疾人就业服务机构初审汇总后报同级有关部门审核，审核结果在社会进行公示后，通知相关社会保险经办机构。具体审批和补贴办法及相关经办程序由省、自治区、直辖市劳动保障、财政部门会同残疾人联合会制定，并报劳动和社会保障部、财政部、中国残疾人联合会备案。

三、密切协作，加强管理和服务

实施城镇贫困残疾人个体户基本养老保险缴费补贴的地方，劳动保障、财政部门和残疾人联合会要密切合作，在调查研究基础上，合理确定补贴范围和标准，严格审批程序，细化各环节的衔接措施，加强管理和服务。劳动保障部门要加强对残疾人个体户参加基本养老保险工作的指导，社会保险经办机构要为残疾人缴费提供便利服务。财政部门要根据上年度残疾人就业保障金收支结余情况，及时安排补贴资金，加强对资金使用情况的监督和检查。残疾人联合会及残疾人就业服务机构要在政策的宣传、补贴申请的受理、参保的组织实施等方面提供及时周到的服务，指定专人负责残疾人参保工作，对行动不便的重度残疾人，要主动上门服务。

2005年6月10日

劳动和社会保障部关于对向志雄同志追记一等功的决定

劳社部发［2005］15号

各省、自治区、直辖市劳动和社会保障厅（局）：

2005年2月25日，成都市金牛区社会保险事业管理局局长向志雄同志在组织区社会保险事业管理局全体干部进行保持共产党员先进性教育集中学习和安排工作时，因劳累过度，突发心肌梗塞，因公殉职，年仅52岁。

向志雄同志自1981年从事劳动保障工作以来，爱岗敬业，勤奋工作，开拓进取，多次被评为优秀共产党员和优秀公务员，他所领导的金牛区社会保险事业管理局多次被省、市评为先进单位。他以身作则，率先垂范，清正廉洁，虽然家庭困难，母亲瘫痪，弟弟、弟媳下岗，儿子做临时工，但从未利用职权牟取私利。向志雄同志没有轰轰烈烈、惊天动地的壮举，但他始终坚持立党为公，执政为民，为参保对象做了大量好事、实事。这种干一行、爱一行、精一行，努力把平凡工作做到极致的可贵精神，在老百姓中树立了良好形象。向志雄同志的事迹引起了各级领导的高度重视和社会各界的强烈反响。他去世当天，当地媒体即发布了消息，短期内约50家媒体进行了大量的连续报道，群众自发组织了隆重的纪念活动，当地掀起了学习向志雄同志的高潮。

向志雄同志政治立场鲜明，理想信念坚定，胸怀共产主义远大目标，全身心投入劳动保障工作，具有鲜明的时代特征。他有深厚的群众基础，事迹客观真实、生动感人，充分体现了一名共产党员忠于职守、忘我工作的敬业精神，心系群众、为民服务的崇高思想，求真务实、艰苦奋斗、开拓创新的工作作风，一身正气、两袖清风的高尚品质。他是新时期劳动保障系统干部职工的杰出代表。劳动保障部党组研究决定，对向志雄同志追记一等功。

各级劳动保障部门广大干部职工要认真学习向志雄同志的先进事迹和优秀品德，树立正确的世界观、人生观、价值观，切实保持共产党员的先进性，进一步转变工作作风，脚踏实地，兢兢业业，求真务实，开拓创新，不断推进劳动保障事业健康协调发展。

2005年4月25日

劳动和社会保障部关于向向志雄同志学习的决定

劳社部发［2005］16号

各省、自治区、直辖市劳动和社会保障厅（局）：

向志雄同志，1953年生，1985年10月加入中国共产党。从1981年11月起，向志雄同志在成都市金牛区劳动保障局工作，先后担任成都市金牛区社会保险事业管理处主任、劳动保障局副局长、社会保险事业管理局局长。2005年2月25日下午，向志雄同志在组织成都市金牛区社会保险事业管理局全体党员干部进行保持共产党员先进性教育集中学习和安排部署工作时，因劳累过度、突发心肌梗塞，经抢救无效不幸去世。

向志雄同志从事劳动保障工作以来，一直兢兢业业、勤奋工作，在平凡的岗位上做出了不平凡的业绩。他忠于职守，勇挑重担，以百折不挠的精神做用人单位的工作，克服了社会保险扩面征缴的困难，使成都市金牛区社会保险基金积累到近2亿元，并在成都市率先实现了机关、企业、事业单位职工基本医疗保险全覆盖；他心系群众、服务人民，在推进城乡社会保险工作，尤其是探索农村养老保险和医疗保险工作方面做出了突出贡献，受到群众赞扬；他工作严谨，坚持原则，认真执行社会保险基金规范管理制度，严格管理巨额社会保险资金，无一例违规使用情况；他严于律己，清正廉洁，虽然家庭困难，母亲瘫痪在床，弟弟、弟媳失业，儿子在企业做临时工，但从不利用职权牟取私利。在向志雄同志的带领下，成都市金牛区社会保险事业不断取得新成绩，成都市金牛区社会保险事业管理局也多次受到上级表彰，2002年被省社会保险事业管理局评为先进集体。向志雄同志是全国劳动保障系统广大党员和干部职工努力实践“三个代表”重要思想的优秀代表，是共产党人坚持立党为公、执政为民的楷模。2005年4月，劳动保障部对其追记一等功；2005年6月，人事部、劳动保障部追授“全国劳动保障系统先进工作者”称号。

为充分发挥先进典型的示范作用，进一步调动各级劳动保障部门广大党员和干部职工的积极性和创造性，推进劳动保障制度改革、事业发展和干部队伍建设，更好地完成党中央、国务院交给的各项任务，劳动保障部党组决定，在全国劳动保障系统开展向向志雄同志学习活动。

全国劳动保障系统广大党员和干部职工要以向志雄同志为榜样，学习他心系群众、全心全意为人民服务的公仆情怀，始终保持共产党人的政治本色；学习他脚踏实地、忘我工作、无私奉献的敬业精神，把工作当事业去追求、当学问去研究；学习他求真务实、开拓进取、敢于面对困难和挑战的工作作风，不断开创工作新局面，创造新业绩；学习他坚持原则、清正廉洁、淡泊名利的高尚品格，在权力和金钱面前始终保持清醒的头脑，永葆共产党员的先进性；学习他干一行、爱一行、几十年如一日的良好品质，将自己有限的精力投入到推进劳动保障事业发展、建设社会主义和谐社会的伟大目标之中。

各级劳动保障部门要加强领导，认真安排部署，采取报告会、座谈会、学习专栏等多种有效形式宣传向志雄同志的先进事迹，将学习活动落到实处。要把这项活动同深入开展保持共产党员先进性教育活动结合起来，通过广泛深入地学习宣传向志雄同志的先进事迹，激励广大党员和干部职工努力实践“三个代表”重要思想，立足本职、扎实工作，求真务实、开拓创新，为实现劳动保障事业健康发展、全面建设小康社会做出新的更大的贡献。

2005年6月13日

劳动和社会保障部关于开展全国社会保险经办机构人员培训工作的通知

劳社部发［2005］18号

各省、自治区、直辖市劳动和社会保障厅（局）：

为认真贯彻党的十六届四中全会精神，切实加强社会保险经办能力建设，我部决定从2006年起对全国社会保险经办机构（以下统称经办机构）工作人员展开系统的培训，现将有关事项通知如下：

一、充分认识开展培训工作的重要性和必要性

随着我国社会保险事业的发展，经办机构及工作人员不断增加。到2004年底，全国各级经办机构7 293个，工作人员近12万人，加上街道社区社会保障工作人员，从事社会保障经办工作的人员已超过20万人。多年来，各地重视经办机构队伍建设，通过开展“三优一满意”活动和业务素质考核等工作，人员素质和管理服务水平在逐步提高，较好地完成了各项任务，为完善社会保障体系做出了重要贡献。

社会保险政策性、专业性、技术性比较强，对经办人员要求较高。从总体上看，全国经办机构工作人员的理论素质、专业技能和业务能力还不能适应新形势下实施规范化、信息化、社会化管理服务的要求。目前，大部分工作人员特别是领导干部中受过社会保险专业培训的人员比例较低，有近1/4的工作人员还未达到大专以上文化程度，拥有高级专业技术职称的仅占3%，专业技术人员不足。加强和改进经办机构工作人员的培训工作，增强培训工作的系统性、计划性和目标性，努力培养适应社会保险事业发展要求的干部队伍，已经成为当前面临的一项重大而紧迫的任务。

二、培训工作的总体思路

经办机构工作人员的培训工作，要根据党的十六大和十六届四中全会精神，以邓小平理论和“三个代表”重要思想为指导，以全面提高社会保险经办系统干部政治素质、业务素质和经办能力为目标，建立规范化、系统化、制度化的培训机制，培养造就一支全心全意为参保单位和人员服务，作风硬、业务精、效率高的干部队伍，圆满完成社会保险业务经办任务，推进社会保障事业健康发展，为构建社会主义和谐社会服务。

培训实行统一规划，分级负责。我部主要负责地市以上经办机构负责人、主要专业技术人员、后备人才和师资培训工作，地方负责经办机构其他人员和街道社区工作人员培训工作。突出重点，注重质量。经办机构负责人以提高贯彻执行社会保险政策能力和经办管理能力为主，专业技术人员以提高业务技术水平为主，后备人才以提高综合潜质为主。按需施教，学用一致。培训要长期、中期、短期相结合，政治理论、业务知识与社会实践相结合，社保基础理论与新观念、新知识、新技术相结合。

三、系统地开展培训工作

我部以社会保障能力建设中心为载体，将分期分批地开展地市以上经办机构主要负责人的培训、主要专业技术人员的培训和与高等院校合作的社会保障专业研究生学历教育。

（一）地市以上经办机构负责人培训。该培训计划每年安排两期，每期招收学员 200 人，培训时间三个半月。用 3 年左右的时间，对地市以上经办机构主要负责人培训一遍，而后每 5 年轮训一次。教学内容为基础理论、专业知识和讲座。学习期满，成绩合格，由部颁发证书。

（二）主要专业技术人员培训。根据经办工作需要每年制定计划，不定期举办，重点培养社会保险经办管理中急需的专业人员，教学内容包括公共课程、专业课程和讲座等。同时开展经办机构师资培训，主要对象为地市以上经办机构中的教育培训工作骨干，教学内容包括教育培训基础课程、专业课程和讲座等。学习期满，成绩合格，由部颁发证书。

（三）社会保障专业研究生教育。与中国人民大学合作，从 2006 年开始，每年招收一期，每期学员 100 名左右，对象主要为本科毕业、在经办机构工作 3 年以上、有培养潜质的青年干部，目标旨在培养后备人才。学制二年，一年在校集中学习，一年到经办机构实习和撰写论文。学员学位论文的指导采取双导师制，即由人民大学教师和劳动保障系统内专家共同指导完成。学员完成规定学业，考试成绩合格，由人民大学颁发研究生毕业证书和硕士学位证书，回原单位工作。

（四）社会保障专业 MPA 教育。与中国社会科学院研究生院合作，从 2006 年开始，每年招收 1 期，每期学员 100 名左右，对象主要为具有本科学历的各级经办机构负责人。学制 2～4 年，不脱产，每年在校集中授课 40 天左右。学员修满规定学分、成绩合格并通过论文答辩的，由社科院研究生院颁发公共管理硕士学位证书。

对经办机构工作人员展开系统的培训是一项涉及长远的新工作，各级劳动保障部门及经办机构要高度重视，成立或明确相应机构，统筹规划，精心组织，务求实效。

2005 年 6 月 29 日

劳动和社会保障部关于进一步做好在国有企业重组改制和关闭破产中维护职工合法权益工作有关问题的通知

劳社部发［2005］19号

各省、自治区、直辖市劳动和社会保障厅（局）：

根据中央纪委第五次全会和国务院第三次廉政工作会议精神，为认真贯彻落实国资委、全国总工会、劳动保障部、监察部和财政部《关于2005年在国有企业重组改制和关闭破产中进一步开展维护职工合法权益工作的通知》（国资发改组［2005］93号）的具体要求，切实做好国有企业重组改制和关闭破产职工安置工作，现就有关问题通知如下：

一、进一步提高认识，加强领导

国有企业重组改制和关闭破产职工安置，直接关系到广大职工的切身利益和社会稳定。各级劳动保障部门要按照党中央、国务院的部署和要求，在当地党委和政府的领导下，将维护企业重组改制和关闭破产中职工合法权益问题列入重要工作日程，切实抓紧抓好。主要领导同志要亲自抓、负总责，并指定有关工作机构和人员负责此项工作，将各项任务和责任落实到人。工作重点应放在现行有关政策落实不到位和企业操作不规范，侵害职工合法权益的突出问题上。纠正企业重组改制中的问题，以国有中小企业为主；纠正企业政策性关闭破产中的问题，以国有大中型企业为主。要加强与国资（经贸）、监察、财政部门和工会的协调配合，研究提出本地区进一步开展维护职工合法权益工作的措施，坚决纠正存在的问题。

二、严格把好关口，规范企业操作行为

各级劳动保障部门要按照国家有关政策规定，对重组改制和关闭破产职工安置方案，要求企业必须提交职工代表大会讨论通过。省级劳动保障部门要做好本地区国有大中型企业主辅分离辅业改制职工安置方案的审核备案工作，并协助做好所在地中央企业同类方案的审核备案工作，方案中未明确职工劳动关系处理、经济补偿办法、债务清偿、社会保险关系接续和职工再就业措施等内容的，不准进入改制程序。各级劳动保障部门对企业实施政策性关闭破产，要坚持成熟一户，操作一户的原则。事前，要依照国家有关法律法规和政策，认真审核职工安置方案。对方案中存在的问题，要及时提出意见和建议，督促企业修改完善，并责成企业落实职工安置有关资金。凡职工安置方案和社会保障办法不明确，资金不落实的，不得进入关闭破产程序。事中，要对企业职工安置方案落实情况进行监督检查，督促企业将政策规定及安置方案落实到位，并及时提供各项再就业服务，帮助企业和职工做好各项社会保险持续等工作。事后，要会同有关部门共同解决好遗留问题。

三、政策宣传落实到位，加大督导力度

对列入政策性关闭破产计划的企业，应要求企业领导班子带头学习国家有关政策，深入理解并准确把握政策。同时，要在关闭破产前期准备阶段举办政策培训班，使职工了解相关政策，明确自身权益，避免因职工不了解政策引发不稳定。要将举办政策培训班作为进入破产程序的一项必备条件。进入关闭破产程序后，地方有关部门要会同企业主管部门，组成督查小组，深入企业进行全过程监督指导，督促企业依法按程序办事，将政策规定及职工安置方案落实到位，切实保障职工合法权益。对职工的投诉，要及时处理，并做好政策解释和思想工作，化解矛盾，有效防止群体性事件的发生。进入破产程序后，劳动保障部门还要与企业及有关方面配合，共同举办再就业指导培训班，向职工宣传再就业政策，讲解如何办理社会保险关系接续，提供就业信息和提高转岗技能的渠道，使职工了解离开企业后相关问题的解决办法和求助途径，为其实现再就业创造条件。

四、加强失业调控，认真做好社会保障和再就业工作

各级劳动保障部门要针对本地区企业重组改制和关闭破产可能出现的失业人员过快增加的问题，及时向当地政府汇报，提出工作建议，协调有关部门，采取必要应对措施，努力加以解决。特别是企业重组改制和关闭破产任务较重的地区，要抓紧研究制定失业调控方案，做好相应工作。对重组改制和关闭破产企业，应要求企业分类处理好与职工的劳动关系，及时接续各项社会保险关系，妥善处理工伤职工有关工伤保险问题。对符合条件的，要及时提供失业保险待遇。要特别做好离退休人员社会保障工作，确保企业离退休人员基本养老金按时足额发放，采取措施解决好医疗保险问题，并将他们纳入居住地街道社区社会化管理服务。要按照国家有关规定，及时清理企业欠缴的社会保险费，保证职工利益不受损失。要把再就业扶持政策落实到位，重点做好关闭破产军工企业和煤炭、有色金属等资源枯竭矿山职工的再就业工作，并对就业困难群体给予特别关注，采取多方面的办法和措施，积极促进再就业。对依法破产企业的职工权益保障问题，也要在国家有关法律法规和政策规定的范围内，努力帮助解决。

五、继续对重点行业和地区进行监控，维护社会稳定

各级劳动保障部门对企业重组改制和关闭破产数量较多、职工安置任务较重的行业和地区，要继续进行监控，积极配合有关部门，加强指导和督察工作。要认真做好群众来信来访接待工作，对职工反映的问题，认真进行核查，情况属实的，积极协调有关部门妥善解决。对侵害职工合法权益的行为，要会同有关部门及时予以纠正。对违法违纪的，要追究有关单位和人员的责任。要高度重视突发性和群体性事件，坚持以预防为主，妥善处理工作中出现的矛盾和问题。对不稳定因素，要做好排查工作，制定防治预案，对存在的隐患，及时责成有关地区和企业加以排除。对存在的重大问题及发生的突发性群体事件，要及时报告，积极会同有关部门研究解决办法，采取有效措施把问题解决在当地。

六、统筹规划，精心组织，扎实细致做好各项基础工作

根据经国务院批准的全国关闭破产总体规划，国有企业政策性关闭破产工作将延续至2008年。今后几年还有一批国有企业将通过实施关闭破产退出市场，国有企业重组改制工作也要进一步推进，职工安置任务还相当繁重。各级劳动保障部门要继续积极配合有关部门，按照国家总体规划，积极参与，精心组织，全力做好应承担的工作。要经常深入企业调查研究，及时了解和掌握有关情况，帮助企业妥善解决好劳动关系、社会保障和再就业等

问题，把工作进一步做细做实。要做好各项基础工作，建立健全相关的统计报告制度。对目前职工安置工作中存在的问题要认真进行梳理，深入进行分类研究。对近期能够解决的，要尽快协调有关部门抓紧解决，对由于政策不完善或没有明确规定的，也要向有关部门反映，提出意见和建议。在继续做好国有企业政策性关闭破产工作的同时，要对依法破产企业职工分流安置和离退休人员社会保障情况进行了解，对存在的问题进行研究，为向建立依法破产机制逐步过渡奠定基础。

为及时了解和掌握工作情况，请各地按照国资委等五部门联合下发的通知（国资发改组［2005］93号）的要求，对维护职工合法权益工作情况进行认真总结，并于今年7月31日和12月15日前将工作情况书面材料报部办公厅。今后几年，也要在7月15日和12月15日前，分别报送上半年和全年工作情况。

2005年7月5日

劳动和社会保障部关于贯彻落实中共中央办公厅国务院办公厅引导鼓励高校毕业生面向基层就业意见的通知

劳社部发［2005］21 号

各省、自治区、直辖市劳动和社会保障厅（局）：

为贯彻落实《中共中央办公厅国务院办公厅印发〈关于引导和鼓励高校毕业生面向基层就业的意见〉的通知》（中办发［2005］18 号，以下简称《意见》）精神，进一步做好高校毕业生的就业工作，现就有关工作通知如下：

一、鼓励和支持高校毕业生到基层自主创业和灵活就业

各地劳动保障部门要依托有条件的高等院校或动员社会培训机构，加强对高校学生的创业意识教育和创业能力培训。要根据高校毕业生的特点和需求，为到基层创业的高校毕业生提供创业培训、开业指导、咨询服务、后续扶持等“一条龙”服务。对高校毕业生从事个体经营的，要积极配合有关部门执行免征登记类、管理类和证照类各项行政事业性收费的政策。对其中有贷款需求的，要配合有关部门研究落实小额贷款担保或贴息补贴。

二、切实保障到各类中小企业和非公有制单位就业的高校毕业生合法权益

各地劳动保障部门要规范高校毕业生和用人单位的“双向选择”行为，督促中小企业和非公有制单位依法与聘用的高校毕业生签订并全面履行劳动合同，根据企业工资制度和高校毕业生所在岗位合理确定其工资报酬。要加强劳动保障监察常规检查，重点检查中小企业和非公有制单位在招用高校毕业生过程中执行劳动合同制度、支付工资报酬和参加社会保险等情况，维护高校毕业生合法权益。

三、在开展青年职业见习工作的基础上，探索建立高校毕业生就业见习制度

各地劳动保障部门要在近几年开展青年职业见习工作的基础上，与有关部门相互配合，积极探索建立高校毕业生见习制度，帮助回到原籍、尚未就业的高校毕业生提高就业能力。有条件的城市，劳动保障部门要加强与企业的合作，确定一批见习基地，提供见习岗位。要优先组织已进行失业登记并有见习要求的高校毕业生参加见习，见习期一般不超过 1 年。要将见习与就业培训紧密结合起来，安排见习指导老师，组织开展就业培训，提高高校毕业生的就业能力。各级劳动保障部门要积极与有关部门协调，落实好见习期间高校毕业生的基本生活补助，适当给予见习补贴，并免费提供必要的劳动保障事务代理和就业指导等服务。

四、做好高校毕业生就业服务工作

各级公共就业服务机构要在继续做好高校毕业生就业服务窗口工作的基础上，重点强化对到基层就业的高校毕业生的服务。要加强与用人单位的沟通，努力收集适合高校毕业生的岗位信息，特别是基层单位的用人信息，及时向高校毕业生发布。要积极与各级人才交流服务机构、高校就业指导服务机构合作，建立高校毕业生求职信息库。要加强劳动力市场信息网络建设，探索开展适合高校毕业生特点的自助式网上就业服务，努力为高校毕业生提供及时有效的就业信息。对以从事自由职业、短期职业、个体经营等方式到基层灵活就业的高校毕业生，公共就业服务机构要提供必要的劳动保障事务代理，并在签订劳动合同、社会保险缴费和关系接续等方面提供相应的服务。

五、加强对高校毕业生到基层就业的社会保险服务

各级劳动保障部门要不断完善高校毕业生到基层就业的社会保险参保办法，切实搞好社会保险关系转移和接续服务，方便其在劳动力市场流动。高校毕业生到基层灵活就业和自主创业的，按当地有关参保政策参加基本养老保险，各级社会保险经办机构应在社会保险申报登记、缴费等方面提供方便，及时为参保人员建立个人账户，做好管理和服务工作。高校毕业生在企业工作、自主创业或灵活就业，并参加了当地企业职工基本养老保险，今后考录或招聘到国家机关、事业单位工作的，其缴费年限与进入机关事业单位后的工作年限合并计算，退休时按机关事业单位的办法计发养老金。高校毕业生曾在机关事业单位工作，后参加企业职工基本养老保险的，其原在机关事业单位符合国家规定的工作年限视同缴费年限，退休时按企业的办法计发基本养老金。

六、吸引高校毕业生充实基层劳动保障工作队伍

各地要将引导和鼓励高校毕业生面向基层就业同街道社区劳动保障工作平台建设结合起来，积极选聘优秀的高校毕业生充实到街道和社区，加强基层劳动保障工作队伍建设，并按照《意见》要求，落实好薪酬待遇和各项优惠政策。

各级劳动保障部门要将高校毕业生就业纳入当地就业工作整体规划，统筹安排。要积极主动地与有关部门配合，参与研究制定引导和鼓励高校毕业生面向基层就业的政策措施。对工作中遇到的新情况、新问题，要认真研究，切实解决。

2005 年 7 月 20 日

劳动和社会保障部关于统一劳动保障监察标志的通知

劳社部发［2005］22号

各省、自治区、直辖市劳动和社会保障厅（局）：

为规范劳动保障监察执法工作，有利于劳动保障监察员依法履行职责和自觉接受社会监督，根据《劳动保障监察条例》（以下简称《条例》）有关规定，决定统一全国劳动保障监察标志，现就做好有关工作通知如下：

一、提高对统一劳动保障监察标志工作的认识

《条例》规定，劳动保障监察员进行调查、检查，应当佩戴劳动保障监察标志。劳动保障监察标志是劳动保障行政部门劳动保障监察员代表国家行使劳动保障监察执法职权的身份象征。统一佩戴劳动保障监察标志，对于增强劳动保障监察员的责任感和纪律性，坚持执法为民，切实维护广大劳动者和用人单位的合法权益具有重要意义。各地劳动保障行政部门要高度重视统一劳动保障监察标志工作，加强对劳动保障监察标志的发放和管理，通过规范佩戴劳动保障监察标志，督促劳动保障监察员依法行使监察职权，树立和维护劳动保障行政部门的良好社会形象。

二、全国统一劳动保障监察标志

劳动保障监察标志分为胸牌和臂章两部分（见附件2）。

（一）胸牌的式样为：长方形图形（长：82 mm，宽：20 mm），银灰底色，金属质地，上半部分为藏蓝色的“国家劳动保障监察”字样。下半部分是统一编号，号码由两部分组成：第一部分共两位数，为省、自治区、直辖市代号；第二部分共六位数，由各省、自治区、直辖市统一编号，并用汉语拼音字母区分专职监察员（Z）和兼职监察员（J）。两部分号码之间用横线“－”连接。例如：北京市某专职劳动保障监察员为01－Z00001，某兼职劳动保障监察员为01－J00001等。各省、自治区、直辖市及新疆生产建设兵团的代号详见附件1。

（二）臂章的式样为：藏蓝底色加黄边，盾牌形状，象征威严和保护力度。中间的“执法带”表示代表国家行使劳动保障监察执法职权，担负维护劳动者合法权益和社会稳定的神圣使命；“LABOUR INSPECTION”为国际通用劳动保障监察工作的英文表述；下部的标志，天安门代表中国，其周围的齿轮和麦穗象征以工人和农民为主体的广大劳动者，具有广泛的代表性；底部的“橄榄枝”象征和平。整体表现出劳动保障监察维护广大劳动者合法权益的宗旨。

三、劳动保障监察标志的制作和佩戴

劳动保障监察标志由省级劳动保障行政部

门统一订制。各地要做好发放和管理工作。为体现劳动保障监察执法的严肃性，劳动保障监察标志应当佩戴在统一的劳动保障监察人员工作服上。劳动保障监察员执行劳动保障监察公务时，必须服装整洁，规范佩戴劳动保障监察标志。同时，劳动保障监察臂章图案可用于监察执法专用车、监察专用设备和有关监察对外公示的物体上。

四、各级劳动保障行政部门要进一步加强劳动保障监察机构和队伍建设

要按照国务院2005年工作要点关于“加强劳动保障监察机构和监察队伍建设”的要求，以贯彻《条例》为契机，加强与编制、财政等有关部门的协调，争取在今年内全国省级劳动保障监察总队（或监察局）全部建立，市（地）、县（区）级劳动保障监察机构全面建立，形成劳动保障监察组织网络，并充实劳动保障监察工作人员。要进一步提高劳动保障监察员依法行政意识，推进行政执法责任制建设，促进劳动保障监察执法规范化、制度化。

附件：1. 各省、自治区、直辖市及新疆生产建设兵团的代号（略）

2. 劳动保障监察胸牌、臂章式样（略）

2005年8月23日

劳动和社会保障部　建设部　公安部　监察部　司法部　工商行政管理总局　中国人民银行　全国总工会　中国银行业监督管理委员会关于进一步解决拖欠农民工工资问题的通知

劳社部发［2005］23号

各省、自治区、直辖市劳动和社会保障厅（局）、建设厅（建委）、公安厅（局）、监察厅（局）、司法厅（局）、工商行政管理局、中国人民银行各分行和营业管理部、总工会、各银监局：

2004年以来，在党中央、国务院的领导下，通过各级党委、政府和有关部门共同努力，解决拖欠农民工工资工作取得了比较明显的成效。今年，国务院将继续清理拖欠农民工工资作为重要任务，列入了工作要点，中央纪委第五次全会和全国纠风工作会议也都明确将进一步解决拖欠农民工工资工作作为纠正损害群众利益的突出问题进行了部署。为切实落实国务院和中央纪委的要求，继续做好预防和解决拖欠农民工工资工作，现就有关问题通知如下：

一、进一步高度重视解决拖欠农民工工资工作

各级政府有关部门和各级工会要从构建社会主义和谐社会的高度出发，充分认识继续解决拖欠农民工工资问题的重要意义，努力践行“三个代表”重要思想和以人为本的科学发展观，以维护农民工合法权益作为根本出发点，把继续解决拖欠农民工工资问题作为当前和今后一个时期的重要工作来抓，通过制定相关政策，采取有效措施，进一步解决拖欠农民工工资问题。坚持标本兼治、综合治理的方针，加快建立预防和解决拖欠工资问题的长效机制。2005年，要以规范建设领域农民工工资支付行为为重点，采取有效措施防止新欠，建立预防拖欠农民工工资的长效机制；同时着手治理中小劳动密集型加工企业拖欠农民工工资问题，使中小劳动密集型加工企业清欠工作取得初步成效。

二、认真调查掌握企业拖欠农民工工资情况

各级劳动保障部门要按照《关于印发〈2005年劳动和社会保障部统计报表制度〉的通知》（劳社部函［2004］261号）的要求，会同有关部门认真做好对企业拖欠农民工工资情况的调查摸底工作，建立相关统计制度，及时准确掌握企业拖欠农民工工资的基本数据，并按要求逐级上报。有关部门要配合同级劳动保障部门做好企业拖欠工资数据的相关统计工作，特别要及时掌握当地建筑企业、中小劳动密集型加工企业的拖欠工资及清欠情况。

三、加强对农民工工资支付情况的监督检查

（一）进一步加强日常巡视检查。扩大日常巡视检查覆盖面，加强对使用农民工较多的建筑、劳动密集型加工等企业与农民工签订劳动合同及工资支付情况的监督检查，督促用人单位依法经营，规范劳动用工管理。对不依法与农民工签订劳动合同、随意延长工作时间、拖欠农民工工资等侵害农民工合法权益的违法行为，要依法严厉查处。

（二）进一步畅通举报投诉渠道。向社会公布举报投诉电话，设置举报投诉信箱，加强举报投诉接待力量，做好对举报投诉案件的调查处理工作。对举报投诉企业拖欠农民工工资的违法行为，做到发现一起，及时查处一起。

（三）继续抓好专项检查。各级劳动保障部门要会同有关部门继续开展农民工工资支付情况专项检查活动。重点检查使用农民工较多的建筑、劳动密集型加工等行业，严肃查处拖欠农民工工资等违法行为，减少新的拖欠，切实维护农民工的合法权益。

四、推进建立预防和解决拖欠农民工工资问题的长效机制

（一）建立完善企业工资支付制度。指导和督促企业认真贯彻执行《工资支付暂行规定》《建设领域农民工工资支付管理暂行办法》，结合企业特点建立和完善企业内部工资支付制度，依法明确基本工资制度、岗位工资标准、加班工资计算基数等，在科学的劳动定额基础上，合理确定计件工资单价。要重点推动建筑企业依法建立规范的农民工工资支付制度，依法按时足额支付农民工工资。

（二）全面建立工资支付监控制度。目前尚未建立工资支付监控制度的地区，要在今年年底前全面建立起来，已经建立的要进一步完善。各地区可结合当地实际，采取全面监控和重点监控相结合，将建筑企业以及其他行业中曾有拖欠克扣工资行为的企业作为重点监控对象，要求其定期将工资支付情况报当地劳动保障部门。对存在拖欠克扣工资问题或欠薪苗头的企业，劳动保障部门要会同有关部门采取措施及时处理。

（三）积极建立工资支付保障制度。要充分认识建立工资支付保障制度的重大意义，创造条件加快建立这项制度的步伐。有条件的地区要积极探索建立工资支付保障制度；暂不具备条件的，可以先在农民工比较集中的行业开展试点。

（四）全面推行企业劳动保障守法诚信制度。各级劳动保障行政部门要进一步加大建立企业劳动保障守法诚信制度的工作力度，及时总结经验，督促企业自觉遵守劳动保障法律法规。要将企业工资支付情况作为评价企业劳动保障守法诚信等级的主要依据之一，对违法企业降低信用等级，并依法向社会公布。

（五）认真贯彻实施最低工资保障制度。各地区要继续加快企业工资分配立法进程，进一步规范企业工资支付行为。要根据《最低工资规定》，及时调整最低工资标准，认真开展对企业执行情况的监督检查，依法保障农民工的最低劳动报酬权益。

（六）大力推动企业建立工资集体协商制度。各地要充分发挥协调劳动关系三方机制的作用，指导、推动企业特别是招用农民工较多的企业积极开展工资集体协商，从机制上保证农民工工资增长的合法权益。要在小型企业和农民工比较集中的地区、行业，积极开展区域性、行业性工资集体协商，建立健全正常的工资增长和调整机制，使农民工共享企业改革发展的成果。

五、加强对企业招用农民工的管理

（一）指导、推动企业依法与农民工签订劳动合同。各地劳动保障部门要以招用农民工

比较集中的建筑、加工等行业为重点，会同有关部门采取有力措施推进劳动合同制度的落实，加强对企业与农民工签订劳动合同情况的监督检查，指导、督促企业特别是建筑企业建立劳动合同管理台账，完善相关规章制度，严格履行劳动合同。省级劳动保障部门要会同有关行业主管部门制定适合农民工的劳动合同范本，指导用人单位劳动合同签订工作，切实提高农民工的劳动合同签订率。争取到今年年底，建筑领域有资质劳务企业的农民工基本签订劳动合同，其他企业农民工劳动合同签订率明显提高。

（二）大力发展和规范劳务分包企业。建设部门会同有关部门研究制定扶持和促进劳务分包企业建立和发展的政策措施，规范建设工程分包行为和建筑企业招用农民工行为，逐步杜绝包工头现象。对违法分包建设工程、违法招用农民工的行为，依法进行处理。

六、及时处理涉及拖欠农民工工资的劳动争议案件

（一）及时受理、快速处理涉及拖欠农民工工资的劳动争议案件。各地劳动争议仲裁机构要严格在规定的时间内处理农民工因拖欠工资问题提起申诉的劳动争议案件。对适用简易程序的争议，要采用简易程序处理，确保拖欠农民工工资争议案件的处理不拖拉、不延时，并保证办案质量。要加强劳动争议调解工作，通过调解的方式及时解决纠纷。

（二）减免仲裁费用。对于提起劳动仲裁的农民工，生活困难的免交仲裁费预收款。农民工当事人败诉的，酌情减免仲裁费。有条件的地方，要免除农民工的劳动仲裁费用。各级劳动争议仲裁机构要积极争取地方财政加大对劳动仲裁经费的支持力度，确保劳动争议案件处理工作的正常开展，减轻当事人特别是农民工的经济负担。

七、继续做好维护农民工劳动保障权益的普法宣传、法律服务和法律援助工作

各地区要采取灵活多样的形式，继续加强普法宣传工作，提高用人单位的法律意识和农民工的依法维权能力。

（一）坚持输入地、输出地并重的原则，加强用人单位和农民工的法制宣传教育工作。各地要将对用人单位和农民工的法制宣传教育工作列入重要议事日程，采取各种形式，坚持经常性的法制宣传教育。今年第四季度在全国范围内组织开展以“改善农民进城就业环境，维护农民工合法权益”为主题的普法宣传活动。各地区要以维护农民工工资权益为宣传重点，通过新闻报道、政策咨询等多种方式，强化社会各方面维护农民工工资权益的意识。

（二）逐步推广农民外出务工岗前行前法制培训。选择农村劳动力输出大省进行农民外出务工行前法制培训试点，完善包括农民工工资权益在内的培训内容，探索经济实用的培训方式和有效扩大参培对象的途径，在总结经验的基础上逐步将农民外出务工行前法制培训向其他地区推广。

（三）建立劳动保障权益告示牌制度。各级劳动保障行政部门会同建设等部门，要求辖区内所有招用农民工较多的企业，尤其是建筑工地，以醒目的方式树立劳动保障权益告示牌，将企业应与农民工签订劳动合同、农民工资应按月发放、当地最低工资标准以及劳动保障监察举报电话和地址等内容进行公开告示。

（四）发挥新闻媒体的宣传和监督作用。不仅要加强对守法用人单位的宣传和鼓励，对拖欠农民工工资的用人单位，也要通过当地新闻媒体予以曝光，使违法者受到公众的谴责，并教育和警示其他可能违反劳动保障法律法规的用人单位。

（五）做好维护农民工劳动保障权益的法律服务和法律援助工作。引导和发动法律服务人员，积极参与建设领域纠纷当事人之间的协

商、调解、诉讼活动，保证符合条件的农民工就近快捷地申请和获得法律援助。

八、建立相关部门工作协调机制，明确工作职责

各级劳动保障、建设、公安、监察、司法、工商、工会、人民银行、银监会等部门和单位要进一步加大协调沟通力度，完善综合治理工作机制，严厉打击拖欠农民工工资等侵害劳动者合法权益的行为。各相关单位在职责范围内承担以下工作任务：

各级劳动保障行政部门负责牵头解决拖欠农民工工资工作，会同有关部门制定相关工作计划和政策措施，会同有关部门对农民工工资支付进行监督管理，建立预防和解决拖欠农民工工资的机制和制度，通过劳动保障监察执法，纠正和处理拖欠农民工工资的违法行为。

各级建设行政主管部门负责进一步规范建筑市场秩序，采取有效措施杜绝建设工程非法转包、分包现象，大力发展劳务分包企业，建立有序流动的劳务输入输出制度，严格执行建筑业企业市场准入和清出制度，继续完善企业资质管理办法，督促建筑企业严格执行《建设领域农民工工资支付管理暂行办法》的有关规定，继续做好建设领域清理拖欠工程款工作，建立预防拖欠农民工工资的长效机制。

各级监察机关按照《行政监察法》等法律法规的规定，对不认真执行国家有关清欠政策，不认真履行职责造成严重后果的有关行政机关及其工作人员，严肃追究责任。

各级司法行政部门支持、引导法律服务和法律援助机构，为解决拖欠农民工工资问题提供及时有效的法律服务和法律援助。负责推行法律援助制度，为符合法律援助条件的农民工提供法律援助，依法帮助农民工解决拖欠工资问题。配合劳动保障部门指导、督促拖欠农民工工资的用人单位与农民工签订还款协议，并由公证机关依法赋予强制执行效力，建立完善、便捷、高效的维权机制。

各级公安部门负责协助劳动保障部门严厉查处拖欠农民工工资以及欠薪逃匿的违法行为，及时处理因拖欠工资引发的危害社会治安的行为。

人民银行、银监会各分支机构负责督促商业银行积极配合政府有关部门探索建立工资预留账户等制度，不断改善金融服务。

各级工商行政管理部门负责配合劳动保障部门做好对私营企业主的宣传教育工作，加强用人单位诚信制度建设。

各级工会负责指导、帮助企业建立和完善工会组织，逐步提高工会组织为劳动者维权的能力。指导农民工与企业签订劳动合同，组织职工开展集体协商签订集体合同，加强对劳动合同、集体合同履行情况的监督。

各省、自治区、直辖市劳动保障部门要根据本通知精神，会同有关部门认真研究制订2005年本地区解决拖欠农民工工资问题的工作方案，包括工作目标、工作要求、工作措施等内容，并确定厅、处级领导各一名作为负责人和联络员，在本通知下发后两周内报劳动保障部劳动工资司。

2005年9月2日

劳动和社会保障部　中华全国总工会 中国企业联合会/中国企业家协会关于表彰全国劳动争议仲裁和调解工作先进集体优秀个人暨创建和谐劳动关系模范企业的决定

劳社部发［2005］24号

各省、自治区、直辖市劳动和社会保障厅（局）、总工会、企业联合会/企业家协会：

近年来，在党和政府的领导下，全国各级劳动争议仲裁和调解工作组织及其工作者认真贯彻落实党的十六大、十六届三中、四中全会精神，积极投身创建社会主义和谐劳动关系的实践，涌现出了一大批贡献突出的先进集体和优秀个人。越来越多的企业在搞好生产经营过程中，重视建立健全劳动关系协调机制，自觉维护劳动者的合法权益，涌现出了一批创建和谐劳动关系的模范企业。为树立典型，推广先进，进一步推动协调劳动关系工作，为建设社会主义和谐社会做出新的贡献，经各省协调劳动关系三方组织推荐，国家协调劳动关系三方会议评审，并经社会公示，现决定：

一、授予王洁等100人"全国优秀劳动争议仲裁员"荣誉称号（名单见附件1），颁发荣誉证书和奖金。

二、授予单小平等301人"全国优秀劳动争议调解工作者"荣誉称号（名单见附件2），颁发荣誉证书和奖金。

三、授予北京市劳动争议仲裁委员会等50个组织"全国先进劳动争议仲裁委员会"荣誉称号（名单见附件3），颁发奖牌。

四、授予唐山市劳动争议调解指导中心等151个组织"全国先进劳动争议调解组织"荣誉称号（名单见附件4），颁发奖牌。

五、授予中国海洋石油总公司等100家企业"全国创建和谐劳动关系模范企业"荣誉称号（名单见附件5），颁发奖牌。

希望受表彰的先进单位和优秀个人，发扬成绩，再接再厉，为创建社会主义和谐劳动关系，促进经济社会协调发展和全面进步，做出新的更大贡献。希望全国各级劳动争议仲裁和调解工作组织、个人及企业认真向他们学习，增强责任感和使命感，积极投身创建和谐劳动关系活动，为促进劳动关系的长期和谐稳定、建设社会主义和谐社会而努力奋斗。

附件：1. 全国优秀劳动争议仲裁员名单（略）

2. 全国优秀劳动争议调解工作者名单（略）

3．全国先进劳动争议仲裁委员会名单（略）

4．全国先进劳动争议调解组织名单（略）

5．全国创建和谐劳动关系模范企业名单（略）

2005年10月12日

劳动和社会保障部　财政部　司法部 关于监狱企业工人参加企业职工基本养老保险有关问题的通知

劳社部发［2005］25号

各省、自治区、直辖市人民政府：

为适应监狱系统改革和发展的需要，切实解决监狱企业工人的养老保障问题，经请示国务院同意，现就监狱企业工人参加企业职工基本养老保险有关问题通知如下：

一、从2006年1月1日起，监狱企业及其工人参加当地企业职工基本养老保险，执行当地统一的企业职工基本养老保险政策。本通知下发前已将监狱企业及其工人纳入当地企业职工基本养老保险范围的，要进一步规范和完善政策。

二、监狱系统所属企业原则上可作为一个单位参加当地企业职工基本养老保险，并实行省级管理。监狱企业已参加所在市、县企业职工基本养老保险的，原则上可不再改变。具体由各省（自治区、直辖市）研究确定。

三、监狱企业工人参加当地企业职工基本养老保险后，1998年1月1日以前的连续工龄视同缴费年限；是否从1998年1月1日起补建个人账户并补缴基本养老保险费，由各省（自治区、直辖市）决定。已经实行监狱系统养老保险内部统筹并实行个人缴费的地区，原则上不再补缴基本养老保险费；未实行个人缴费的，由各省（自治区、直辖市）决定是否补缴个人缴费部分。同时，各地要组织对监狱系统内部统筹期间的基金财务等情况进行清理。

四、已参加机关事业单位养老保险制度改革试点的监狱企业及其工人（不含纳入行政事业序列并由财政全额保障经费的工勤人员），要逐步纳入当地企业职工基本养老保险。各地要参照劳动和社会保障部、国家经济贸易委员会、科学技术部、财政部《关于国家经贸委管理的10个国家局所属科研机构转制后有关养老保险问题的通知》（劳社部发［2000］2号）关于待遇过渡和衔接的精神，结合本地实际制定具体过渡办法。

五、监狱企业及其工人执行当地统一的企业职工基本养老保险缴费比例。单位缴费基数原则上为本单位工资总额，如单位工资总额低于全部参保职工个人缴费工资之和的，以全部参保职工个人缴费工资之和作为缴费基数。各地要采取有效措施，确保监狱企业基本养老保险费应收尽收，以及退休人员基本养老金的按时足额发放。

六、监狱刑满留厂（场）就业老残人员继续按财政部、司法部《关于印发〈监狱基本支出经费标准〉的通知》（财行［2003］11号）的有关规定执行，不纳入当地企业职工基本养老保险范围。

七、对参保前已退休人员的基本养老金，由劳动保障部门按照企业基本养老金计发办法的有关规定和统筹项目核定，核定后的基本养老金水平低于原待遇的差额部分由原所在监狱企业负担。参保后退休的人员，执行当地统一的企业退休人员基本养老金计发办法。今后，监狱企业退休人员的基本养老金按国家规定的企业退休人员基本养老金调整办法进行调整。

八、对监狱企业参加当地企业职工基本养老保险后出现的基金收支缺口，由地方各级政府通过加大基金调剂力度、调整财政支出结构等措施加以解决。中央财政在安排对地方养老保险专项转移支付资金时统筹予以考虑。

九、各地要认真按照司法部、财政部、人事部《关于监狱单位工人岗位分类设置和管理的通知》（司发通［2004］29 号）和司法部《关于监狱单位工人分类管理的实施意见》（司发通［2004］40 号）的有关规定，进一步规范监狱单位工人分类管理工作，实行并加强劳动合同管理，以适应监狱企业工人参加企业职工基本养老保险的要求。

十、司法部劳教系统所属企业及其工人参加企业职工基本养老保险，由各省（自治区、直辖市）参照本通知组织实施。

十一、监狱企业工人参加企业职工基本养老保险工作政策性强，事关监狱系统的改革、发展和稳定。各省（自治区、直辖市）劳动保障、财政、司法厅（局），要在当地人民政府的领导下，认真贯彻落实国家有关政策规定，密切配合，结合当地实际制定具体实施办法，并于2005 年底前报劳动保障部、财政部、司法部备案。在执行中遇有重大问题，要及时报告。

2005 年 11 月 1 日

劳动和社会保障部　商务部　国家工商行政管理总局关于允许香港澳门服务提供者在内地设立独资职业介绍机构的通知

劳社部发［2005］26号

各省、自治区、直辖市劳动和社会保障厅(局)、商务主管部门、工商行政管理局：

2004年10月27日和10月29日，内地与香港、澳门分别签署了《〈内地与香港关于建立更紧密经贸关系的安排〉补充协议》和《〈内地与澳门关于建立更紧密经贸关系的安排〉补充协议》(以下简称CEPA)，并于2005年1月1日实施。为贯彻实施CEPA，现就有关问题通知如下：

一、香港服务提供者和澳门服务提供者可以在内地设立独资职业介绍机构，最低注册资本金为12.5万美元。

本决定中香港服务提供者和澳门服务提供者应符合CEPA中关于“服务提供者”定义及相关规定的要求。

二、香港服务提供者和澳门服务提供者在内地设立独资职业介绍机构的其他程序参照《中外合资中外合作职业介绍机构设立管理暂行规定》执行。

2005年10月28日

劳动和社会保障部　财政部关于扩大做实企业职工基本养老保险个人账户试点有关问题的通知

劳社部发［2005］27号

各省、自治区、直辖市人民政府：

当前和今后一段时期，我国养老保险制度面临着人口老龄化的严峻挑战。逐步做实养老保险个人账户，是党中央、国务院的一项重大决策，是完善企业职工基本养老保险制度和应对人口老龄化的重要措施。根据党的十六届三中、五中全会精神和国务院关于完善企业职工基本养老保险制度的工作部署，在总结东北三省做实企业职工基本养老保险个人账户（以下简称个人账户）试点经验基础上，国务院决定进一步扩大做实个人账户试点。经国务院同意，现就扩大试点的有关问题通知如下：

一、关于做实个人账户的原则

扩大做实个人账户试点工作应遵循以下原则：一是老中新分开。以实行个人账户做实政策为分界点，之前已经退休的人员，个人账户不再做实；已经参保尚未退休的人员，以前没有做实的个人账户不再做实，以后的缴费逐步做实；之后参保的人员，个人账户从参保缴费开始就逐步做实。二是东中西分开。东部沿海经济发达地区要依靠当地的力量做实，中央财政对中西部地区和老工业基地予以适当补助。三是积极稳妥，逐步推开。要在确保企业离退休人员基本养老金按时足额发放，以及充分考虑各级财政和企业职工基本养老保险基金（以下简称养老基金）承受能力的前提下，逐步推开做实个人账户工作，有条件的地区步子可以快一些，困难地区可适当慢一些。

二、关于扩大试点的范围

在东北三省试点的基础上，2006年选择6~8个有积极性且有一定实力的省、自治区、直辖市进行扩大做实个人账户试点。在省级政府申请的基础上，劳动保障部、财政部根据各省的财力状况和养老基金支撑能力，统筹研究，综合平衡，提出扩大试点的省份名单及实施意见报国务院批准后实施。

三、关于扩大试点起步比例和时间

做实个人账户的近期目标是5%，鼓励有条件的地方做实到8%。为保证试点取得效果，同时又给地方一定的选择空间，各地可以根据当地财政和养老保险基金承受能力，确定本地区做实个人账户的起步比例。起步比例最低不低于3%，鼓励有条件的地方从5%起步，以后视情况逐年提高。经批准作为扩大做实个人账户试点的省、自治区、直辖市，从2006年1月1日启动做实个人账户工作。

四、关于财政补助

对做实个人账户试点的中西部地区、老工

业基地和新疆生产建设兵团仍按照在东北三省试点时中央财政的补助标准给予补助，即做实到5%的部分，每做实1个百分点，中央财政补助0.75个百分点，最多不超过3.75个百分点；每做实1个百分点，地方财政补助0.25个百分点。做实个人账户采取动态做实、半动态补助的办法。动态做实即个人账户做实的数额随着缴费工资基数的增长而增长。半动态补助即中央财政对已做实的部分（存量）实行定额包干补助，不再随缴费工资总额的变化重新调整；对新增做实的部分（增量），中央财政以当年缴费工资总额为基数计算补助数额；中央财政对地方做实个人账户5%的部分实行包干补助后，新增资金缺口由地方自己解决。

五、关于基金的管理运营

各地要加强对做实个人账户基金的管理和监督，确保基金安全，实现保值增值。做实的个人账户基金由省级统一管理。中央财政补助部分可由省级政府委托全国社会保障基金理事会投资运营并承诺一定的收益率，具体办法由财政部商劳动保障部等有关方面制定；中央财政补助之外的个人账户基金由地方管理，投资运营的具体办法由劳动保障部、财政部商有关方面研究制定并报国务院批准后实施。

扩大做实个人账户试点，是完善养老保险制度的一项重要措施。各地要切实加强领导，认真测算，充分考虑当地财政和养老基金的承受能力，研究确定是否进行做实个人账户的试点，并据此制定本地做实个人账户试点的工作方案，包括做实个人账户的起步比例、时间、基金测算情况、地方配套资金安排等内容。请申请试点的省、自治区、直辖市人民政府于2005年12月10日之前将试点方案报劳动保障部、财政部。

2005年11月15日

劳动和社会保障部关于进一步做好职业培训工作的意见

劳社部发［2005］28号

各省、自治区、直辖市劳动和社会保障厅（局）：

近日，国务院颁发了《关于大力发展职业教育的决定》（国发［2005］35号，以下简称《决定》），明确了今后一个时期职业教育改革发展的目标任务和政策措施。为深入贯彻落实《决定》精神，进一步做好“十一五”期间职业培训工作，现提出如下意见：

一、认真学习和宣传《决定》精神，进一步明确职业培训为提高劳动者就业能力和培养技能人才服务的方向

各级劳动保障部门要认真组织学习《决定》内容，深刻领会《决定》精神，进一步认识新形势下做好职业培训工作的重要性和紧迫性，明确职业培训为提高劳动者就业能力服务、为培养技能人才服务的发展方向，围绕加快培养一大批专业化高技能人才和数以千万计高素质技能劳动者的任务目标，精心部署安排，抓好贯彻落实。要发挥劳动保障部门推动职业培训与就业结合的优势，使职业培训在促进劳动者就业和推动经济社会发展中发挥重要作用。要利用多种形式，大力宣传国家发展职业教育培训的政策措施以及在技能人才培养、再就业培训、创业培训、农村劳动力转移培训等方面做出显著成绩的企业和职业教育培训机构的经验做法，树立一批高技能人才楷模，营造崇尚技能、尊重技能人才的良好氛围。

二、规划“十一五”职业培训工作，加强部门协作，实现职业培训新发展

各地要结合地区经济社会发展需求和就业再就业工作需要，制定“十一五”职业培训发展规划，并纳入地区经济社会发展规划，采取有力措施予以推动。要以提高劳动者的就业创业能力、岗位工作能力和职业转换能力为目标，进一步明确工作重点，规划指导各类职业培训的发展。要在各级党委政府统一领导下，依托职业教育工作部门联席会议制度平台，进一步加大对职业培训工作的政策支持和经费投入，加强部门协作联动，动员社会积极参与，实现职业培训新发展。

三、实施“新技师培养带动计划”，加快高技能人才培养，带动技能劳动者队伍素质整体提高

力争用5年时间，在全国新培养190万名技师和高级技师，新培养700万名高级技工，并带动中级和初级技能劳动者队伍梯次发展。要重点依托行业企业，发挥院校基础作用，整合全国高技能培训机构资源优势，加快培养技术技能型、复合技能型、知识技能型人才。具备条件的城市，可建立公共实训基地，面向社会提供技能操作训练和鉴定服务。指导各类企业建立健全职工培训制度、名师带徒制度和技师研修制度，加强职工岗位提高培训，落实培训、考核与使用、待遇相结合的激励机制。指导高级技工学校和技师学院普遍开展校企合作，强化技能实训，创新后备高技能人才培养模式。技工学校和职业培训机构要进一步强化就业导向的办学方向，深化教学改革，突出能力训练，打造技能就业品牌。加强对各类民办职业培训机构的管理和服务，引导其依法规范办学，提高培训质量。

四、实施“下岗失业人员技能再就业计划”，深入推动再就业培训，以培训促就业

5年内对2 000万下岗失业人员开展职业技能培训，培训合格率达到90%以上，培训后再就业率达到60%以上。要以提高下岗失业人员再就业能力、促进其实现就业为目标，发动社会各类教育培训机构积极开展多层次、多形式的职业技能培训，结合市场需求和岗位开发，进一步强化订单培训和定向培训，切实落实职业培训和技能鉴定经费补贴政策，完善经费补贴与培训质量和促进就业效果挂钩的机制和办法，形成以培训促进就业，实现提高素质与开发岗位的并举。

五、实施“能力促创业计划”，广泛开展创业培训，发挥促进就业的倍增效应

5年内对200万城乡劳动者开展创业培训，培训合格率达到80%以上，提高开业成功率和稳定率，并努力实现创业带动更多就业的效果。要面向下岗失业人员、青年学生、农村转移劳动力以及其他群体，普遍开展创业意识教育，激发创业热情。对有创业愿望并具备一定创业条件的人员实施创业能力培训，使其掌握创业知识和技巧，增强抵御市场风险的能力。推广“创办和改善你的企业（SIYB）”等行之有效的培训模式，加快创业培训教师培养，提高培训质量。要加强创业服务体系建设，将创业培训与落实就业再就业优惠政策紧密结合，密切与有关部门和社会团体的合作，为创业者提供培训、政策、资金、技术、信息等“一条龙”服务，营造有利于劳动者创业的良好环境。

六、实施“农村劳动力技能就业计划”，积极开展农村劳动力转移培训，提高转移就业效果

5年内对4 000万进城务工的农村劳动者开展职业培训，使其提高职业技能后实现转移就业。要进一步增强培训的针对性、实用性和灵活性，加大培训政策和资金的支持力度，实行便于进城务工的农村劳动者参加培训和实现就业的经费补贴办法。在做好培训工作中，要充分发挥劳动保障部门职能优势，对进城登记求职的农村劳动者提供免费的职业指导、职业介绍和政策咨询等服务，实现农民工技能培训、就业服务和维护权益“三位一体”统筹安排、联合运作，不断提高转移就业的质量和效果。

七、实施“国家职业资格证书技能导航计划”，全面推进职业技能鉴定工作，促进劳动者技能就业和技能成才

围绕《决定》提出的四项培训工程，针对劳动者就业和职业生涯发展的需要，全面开展职业技能鉴定工作，发挥职业资格证书在劳动者技能就业和技能成才过程中的导向作用。5年内为5 000万人次参加鉴定提供服务，重点抓好200个左右从业人员多、技术要求高的职业（工种）的技师、高级技师鉴定工作；引导和推动企业面向生产服务岗位需要，结合工作过程和生产现场，对劳动者的能力和业绩进行评价；加强职业院校学生职业资格认证工作，结合技能操作考核，帮助学生获得相应的职业资格证书。结合开发就业岗位和农村劳动力转移就业、下岗失业人员再就业需要，开展专项职业能力考核试点工作。进一步加强职业技能鉴定质量管理，规范业务流程，提高鉴定工作质量。

八、继续实施“技能岗位对接行动”，完善就业服务，为技能劳动者培训后就业提供有效支持

各类职业介绍机构特别是公共职业介绍机构要进一步推进劳动力市场信息网与职业教育培训机构的连接，强化就业信息对职业教育培训的引导和服务。要定期组织用人单位和职业教育培训机构开展多种形式的技能岗位对接专项行动，做好信息沟通、职业指导、职业介绍、岗位见习、劳动保障事务代理、社会保险服务等工作。要进一步加大劳动力市场监管力度，严格执行技术职业（工种）就业准入制度，加强执法监察，规范用人单位招工和劳动者求职行为。

2005 年 11 月 24 日

劳动和社会保障部　国家安全生产监督管理总局　国家煤矿安全监察局关于做好煤矿企业参加工伤保险有关工作的通知

劳社部发［2005］29号

各省、自治区、直辖市劳动和社会保障厅（局）、安全生产监督管理局，各省级煤矿安全监察机构：

为了严格规范企业的安全生产条件，加强安全生产监督管理，防止和减少生产安全事故，切实保障矿山、危险化学品、烟花爆竹、民用爆破器材生产等企业职工的生命安全和健康，国务院颁布了《安全生产许可证条例》。今年4月，劳动保障部、国家安监总局和国防科工委联合下发了《关于贯彻〈安全生产许可证条例〉做好企业参加工伤保险有关工作的通知》（劳社部发［2005］8号），各地劳动和社会保障部门与安全监管部门、煤矿安全监察机构积极支持配合，多数煤矿企业顺利参加了工伤保险，依法取得了安全生产许可证或提出了领证申请。但个别地区推进煤矿企业参加工伤保险工作进度较慢，影响了有关工作的开展。

为进一步加快推进煤矿企业参加工伤保险工作，切实保障煤矿企业职工的合法权益，并确保安全生产许可制度的顺利实施，把煤矿安全生产尽快纳入法制轨道，要求如下：

一、各级劳动和社会保障部门、安全监管部门和煤矿安全监察机构要充分认识煤矿企业参加工伤保险与国家建立和实行安全生产许可制度的重要性，加强配合协作，加快推进煤矿企业参加工伤保险工作进度，提高办理安全生产许可证的工作效率。

二、要把安全生产行政许可工作和工伤保险工作结合起来，共同推进。以煤矿等行业实施安全生产许可制度为契机，加大《工伤保险条例》的宣传贯彻力度。

三、在为煤矿企业办理工伤保险的过程中，必须严格按照《工伤保险条例》的规定和《关于农民工参加工伤保险有关问题的通知》（劳社部发［2004］18号）精神办理，不得搭车、捆绑其他项目。

四、各地劳动和社会保障部门、安全监管部门和煤矿安全监察机构要加强监督检查，对不认真执行《工伤保险条例》的，要及时予以纠正。

2005年11月30日

劳动和社会保障部关于印发城镇技能再就业计划和能力促创业计划的通知

劳社部发［2005］30号

各省、自治区、直辖市劳动和社会保障厅（局）：

为贯彻落实《国务院关于大力发展职业教育的决定》（国发［2005］35号）和《国务院关于进一步加强就业再就业工作的通知》（国发［2005］36号）精神，我部提出实行五项计划和一项行动。现将其中两项计划即：《城镇技能再就业计划》和《能力促创业计划》印发给你们。请结合本地实际，落实目标任务，抓好组织实施。请各地于2006年1月10日前将实施方案和工作安排报我部培训就业司。

2005年12月9日

城镇技能再就业计划

为落实国务院关于大力发展职业教育和做好就业再就业工作的要求，强化下岗失业人员技能培训，以培训促进再就业，决定在“十一五”期间，面向城镇下岗失业人员实施城镇技能再就业计划。

一、指导思想

（一）围绕下岗失业人员就业再就业和稳定就业需要，通过开展针对性、实用性强的职业技能培训，提高下岗失业人员转业转岗所需技能水平，并提供相应的技能鉴定和技能岗位对接服务，以增强劳动者技能来促进他们更多更好地实现再就业。

二、目标任务

（二）2006年至2010年5年内，对2 000万（每年400万）下岗失业人员开展职业技能培训，培训合格率达到90%，培训后再就业率达到60%。同时，在全国300个城市普遍建立相应机制，实现再就业培训与技能鉴定的紧密衔接，提高技能岗位对接服务成效。

三、主要内容

（三）开展职业技能培训，提高职业技能水平。要结合劳动力市场需求，进一步密切与用人单位的沟通和联系，大力开展订单培训和定向培训，使培训与就业紧密结合。要根据国家职业标准和用人单位岗位规范要求，强化职业技能实训，突出操作训练，提高下岗失业人员的岗位适应能力和职业技能水平。要结合本地实际，开发和选定适合下岗失业人员自谋职业的技能培训项目。要根据下岗失业人员的特点和需求，采取日夜校、长短班、送教上门以及远程培训等多种灵活的方式和手段，方便其就地就近参加培训。

（四）实施职业技能鉴定，提供技能水平认证服务。对参加职业技能培训并有鉴定要求的下岗失业人员，各级职业技能鉴定机构要主动提供鉴定服务，对其职业能力进行客观评价；对鉴定合格的，按规定发放相应的职业资格证书。同时，要结合生产服务岗位需求和下岗失业人员特点，开展专项职业能力考核工作。对持《再就业优惠证》人员通过初次技能鉴定、生活确有困难的，要落实职业技能鉴定补贴政策。

（五）做好就业服务，促进技能岗位对接。公共职业介绍机构要积极帮助前来求职的下岗失业人员参加培训提高技能，通过多种方式，公告定点培训机构和培训项目信息。要广泛开展职业指导，帮助下岗失业人员根据市场需求和自身特点，选择合适的培训项目参加培训。继续实施“技能岗位对接行动”，面向下岗失业人员开展专项就业服务活动，加强就业信息、职业介绍、劳动保障事务代理、社会保险服务等工作，改进服务方式，切实帮助下岗失业人员尽快实现再就业。

四、保障措施

（六）加大工作力度，明确目标任务。各地要进一步提高对再就业培训工作的重视程度，制定专项工作计划，落实目标任务，逐步建立培训、鉴定和就业服务有机结合，促进下岗失业人员技能再就业的长效机制。要将再就业培训工作纳入目标管理，实行业绩考核，定期进行督促检查。要加强与政府有关部门的沟通与合作，共同推动工作。

（七）广泛发动社会，建立健全社会化的再就业培训网络。动员社会各方面，包括工会、共青团、妇联以及其他社会组织举办的教育培训机构积极承担再就业培训任务。按照“条件公开、平等竞争、合理布局、择优认定、社会公示和公布”原则，确定一批社会信誉佳、专业特色强、培训质量高、就业效果好的教育培训机构作为实施再就业培训的定点机构。引导定点机构根据市场需求调整专业设置和课程内容，实现技能培训与市场需求的有效衔接。有条件的地区可建设公共实训基地，面向社会开展技能操作训练和技能鉴定服务。

（八）完善补贴办法，健全培训效果评价机制。要按照国家有关规定，从各级财政促进再就业资金中落实培训和鉴定补贴经费，根据培训和鉴定的实际成本，合理确定补贴标准，对符合条件的人员给予相应的培训和鉴定补贴。进一步完善经费补贴与培训质量和促进就业效果挂钩的机制和办法。要根据培训合格率、职业资格证书取得率、就业率以及培训计划落实情况等对定点机构定期进行监督检查和业绩考核。

（九）加大宣传力度，营造良好氛围。要充分利用广播电视、报纸杂志、图书图画等多种新闻媒体和介质，广泛宣传各级政府制定的培训就业政策，宣传提高职业技能对促进就业的重要性，宣传培训工作成效显著的教育培训机构的经验做法，宣传下岗失业人员参加培训后成功实现再就业的典型事例，引导更多劳动者参加培训，提高技能，实现技能再就业。

能力促创业计划

为落实国务院关于大力发展职业教育和做好就业再就业工作的要求，推动创业培训，以创业促就业，决定在“十一五”期间实施能力促创业计划。

一、指导思想

（一）围绕国家发展中小企业促进就业和鼓励劳动者自主创业、自谋职业的需要，广泛发动社会，面向下岗失业人员、青年学生、进城务工的农村劳动者以及社会其他群体开展创业培训，增强其创业能力和经营能力。同时，通过提供政策、资金、技术、信息等创业服务，为劳动者成功开业和带动就业创造更好的环境。

二、目标任务

（二）2006年至2010年5年内，要对200万（每年40万）城乡劳动者开展创业培训，力争培训结束后3个月内开业成功率达到30%以上，半年内开业成功率达到50%，并实现1人创业平均带动至少3人就业的倍增效应。成功开业的企业中，稳定经营一年以上的比率达到80%。在全国300个城市普遍建立社会化、开放式创业服务体系，实现开业指导、项目开发、融资服务、创业孵化、跟踪扶持等“一条龙”服务。

三、主要内容

（三）实施创业培训，提升劳动者的创业意识和创业的基本能力。要组织具有资质的教育培训机构，针对劳动者自身特点和创业不同阶段的需要，开展多种形式的创业培训。推广“创办和改善你的企业（SIYB）”等行之有效的培训模式。对于有创业意愿但尚未创业的人员，重点开展创业意识教育和创业基本知识培训，帮助他们创新观念，明确创业目标，掌握创业必备的专业知识，提高创业的基本能力。对于已开办企业的人员，重点开展企业管理方面的专业培训，提升其经营管理能力。要广泛采用案例剖析、角色扮演、互动教学、创业者现身说法等方式，提高培训的针对性和灵活性。要积极利用现代培训技术，开发适用于远程教学的多媒体教学课件，丰富培训的内容和手段。

（四）提供开业指导，帮助创业者掌握基本的开业技巧。要聘请一批有创业经验的企业家、经营管理专家以及政府政策部门人员组建创业专家队伍，为创业者提供指导和服务，使其掌握基本的开业技巧，并能运用经营策略和国家有关政策。要通过多种渠道，收集和开发一批投资少、见效快、市场发展前景好的创业项目，建立项目资源库，及时向创业者推荐，指导其制定科学、适用的开业方案，帮助其成功开业。

（五）搞好创业孵化，提高创业者的实际操作能力。要争取政府有关部门支持，依托当地经济技术开发区、工业园区或利用部分关闭破产企业的闲置厂房，建设一批相对集中的创业市场或孵化基地，为缺乏创业经验和经营场地的创业者提供一段时期的孵化，帮助其在场（基地）内完成创业见习，丰富创业体验，提高实际操作能力，为参与市场竞争，做强做稳做大企业奠定基础。

（六）开展融资服务，提高创业者的诚信意识和资金运作能力。要抓紧落实国家有关小额担保贷款的政策，为符合条件的人员及时发放贷款。同时，多渠道筹集资金，为创业者提供多种形式的融资服务。要结合信用社区建设，加强对贷款申请人的诚信教育，跟踪了解资金使用状况。逐步建立创业者诚信档案，提高其诚实守信、按期还贷意识。

（七）加强跟踪扶持，提高创业者的经营能力。要跟踪了解其所办企业运营和发展状况，针对经营过程中出现的问题，提供有针对性的咨询和指导，帮助其不断提高经营能力，改善经营状况。要建立创业指导中心或创业者接待中心，为创业者提供全方位有效服务。要充分利用咨询热线或网站，为创业者答疑解惑。要支持创业学员自发成立创业者联谊会（或协会），加强创业交流，沟通创业信息，开展结对互助活动，实现共同发展。

四、保障措施

（八）加强组织领导，落实目标任务。各地要进一步加大创业培训和创业服务工作力度，切实将其作为促进就业再就业的重要内容，统筹规划，并从各级财政促进就业再就业资金中落实创业培训所需经费。要结合地区实际，分解落实目标任务，强化目标考核和质量监控，以培训合格率、企业开办率、稳定经营率以及带动就业率等为重点，建立健全科学的创业培训绩效考评体系。国家创业示范城市和SIYB培训重点联系城市要率先在提高培训质量、扩大培训规模、树立培训品牌、实现能力促创业、创业促就业上做出成绩。

（九）密切部门合作，落实扶持政策。要密切与财政、工商、税务、银行、经贸以及工会、共青团、妇联等部门的合作，加强与企业界和中小企业服务机构的沟通与联系，共同搭建面向创业者提供服务的公共平台，使符合条件的人员及时享受到国家和地方政府出台的培训补贴、小额担保贷款、税费减免等优惠政策，不断改善和优化创业环境。

（十）抓好队伍建设，确保培训质量。要加强创业培训教师队伍建设，逐步形成一支专业化的教师队伍。开展SIYB培训的地区，承担培训任务的教师必须取得劳动保障部和国际劳工组织共同颁发的教师资格证书。要加强创业培训管理人员队伍建设，选派业务能力强的人员负责这项工作，并通过举办专业培训、业务考察交流等活动，不断提高其组织管理能力。

（十一）树立创业典型，引导全民创业。要通过广播电视、报纸杂志、互联网络，以及举办创业大赛、创业论坛、创业成果展示活动、编辑创业明星事迹集锦等多种方式，大力宣传各级政府鼓励劳动者创业和就业的政策措施，宣传在创业培训和创业服务方面做出显著成绩的培训机构和社会中介组织的经验，宣传自强自立、奋发图强、成功创业的典型事迹，树立一批在社会上起导向作用的创业标兵，引导和带动更多劳动者走自主创业、能力创业道路，逐步在全社会形成鼓励创业、支持创业、全民创业的氛围。

劳动和社会保障部关于贯彻落实国务院完善企业职工基本养老保险制度决定的通知

劳社部发［2005］31号

各省、自治区、直辖市劳动和社会保障厅（局）：

完善企业职工基本养老保险制度是实现养老保险可持续发展的需要，是推进社会保障体系建设的重要内容，是全面落实科学发展观和构建社会主义和谐社会的重大举措。在总结东北试点经验和深入调研论证的基础上，国务院发布实施《国务院关于完善企业职工基本养老保险制度的决定》（国发［2005］38号，以下简称《决定》）。为做好《决定》的贯彻落实工作，现就有关问题通知如下：

一、认真学习领会《决定》精神

《决定》立足当前，着眼长远，明确了完善企业养老保险制度的指导思想、主要任务和政策措施。各级劳动保障部门要认真组织学习，深刻领会《决定》精神，把思想和行动统一到国务院的决策和部署上来，进一步提高对完善企业养老保险制度重要性、必要性和紧迫性的认识，增强贯彻《决定》的坚定性和自觉性，抓住机遇，乘势而上，努力推动企业养老保险工作取得新的发展。

二、抓紧研究制定实施意见

各地要按照《决定》提出的各项任务和要求，抓紧研究制定具体的实施意见，对组织领导、任务安排、量化指标、工作进度、配套措施、监督检查等作出具体安排。要加强对基层的工作指导和督促检查，及时解决贯彻实施中的具体问题。各地贯彻落实《决定》的实施意见，报经省级人民政府批准后，请于2006年1月底前报劳动保障部备案。

三、不断扩大养老保险覆盖范围

扩大养老保险覆盖范围，是维护广大职工社会保障权益的需要，也是养老保险制度健康运行的基础。各地要以非公有制企业、城镇个体工商户和灵活就业人员为重点，统一规范政策，加大工作力度，改进管理服务方式，使更多的人参加养老保险。“十一五”期间，参保人数每年要新增1 000万人以上，年增长率保持在6%以上，期末要超过2.2亿人，部里将按年度下达各地任务指标。

四、稳妥改革基本养老金计发办法

计发办法改革是完善企业养老保险制度的重要内容，涉及参保职工的切身利益，必须积极稳妥地进行。各地要按照新的计发办法规定，进行认真细致的测算，并结合本地实际研究制定“中人”的过渡办法，确保新老退休人员待遇水平的合理衔接和新老计发办法的平稳过渡。各地的过渡办法经省级人民政府批准后，于2006年6月底前报劳动保障部、财政部备案，在2006年底前全部实行新的基本养老金计发办法。

五、统一调整基本养老保险个人账户规模

各地要从2006年1月1日起，将个人账户规模统一由本人缴费工资的11%调整为8%。目前职工个人缴费比例尚未达到8%的地区，要统一提高到8%。各地社会保险经办机构要认真做好个人账户记录，认真清理审核个人账户数据，实现个人账户的规范化管理。

六、做好扩大做实个人账户试点工作

做实个人账户，积累基本养老保险基金，是应对人口老龄化的重要举措，也是实现企业职工基本养老保险制度可持续发展的重要保证。经国务院批准作为扩大做实个人账户试点的地区，要抓紧制定试点实施方案，落实好地方配套资金，经省级人民政府同意，报经国务院批准后认真组织实施。要做好个人账户基金的归集、管理、运营工作，做到账账相符、账实相符、记账到人。东北三省要继续做好做实个人账户工作，不断规范和完善个人账户管理办法，并注意总结试点经验。

七、深入开展宣传解释工作

各地要按照部里印发的完善企业职工基本养老保险制度宣传提纲，结合本地实际，坚持全面、及时、准确的原则，贴近实际，贴近群众，多种形式、多种渠道开展宣传工作。要宣传党中央、国务院对社会保障工作的重视和关心，宣传完善企业养老保险制度取得的成绩，宣传实施《决定》的意义和主要内容。要正确引导舆论，做好宣传解释工作，帮助职工群众全面准确地了解完善企业养老保险制度的各项政策，自觉地支持和参与改革，努力营造良好的社会氛围。

八、大力抓好业务培训工作

完善企业养老保险制度涉及内容多，情况复杂，政策性、专业性和技术性都很强，必须切实加强培训工作。部里将分别举办改革基本养老金计发办法和做实个人账户培训班，对地市级以上劳动保障部门及社会保险经办机构的业务骨干进行培训。各地也要结合实际，集中开展不同层次的业务培训工作，全面、准确掌握政策，提高贯彻《决定》的政策水平和业务能力。

九、切实加强基金管理和监督

加强养老保险基金管理和监督，是维护广大职工养老保险权益和实现养老保险制度稳定运行的重要保证。各地要切实加强养老保险基金管理和监督，建立健全制度，完善工作机制，严禁发生新的挤占挪用。要建立健全社会保障监督委员会，充分发挥决策、协调和议事作用。要加强社会保险基金监督机构建设，调整充实专业人员，完善协同监管机制，保证基金管理监督制度的顺利实施。劳动保障部将会同有关部门研究制定个人账户基金投资管理办法，报国务院批准后实施。

十、努力维护社会稳定

完善企业养老保险制度，关系亿万职工的切身利益，事关改革发展稳定的大局。各级劳动保障部门要高度重视，加强领导，精心组织实施，及时向党委政府报告《决定》贯彻实施情况，在党委政府的领导下，加强与有关部门的协调配合，组织各方面力量，全力以赴抓好落实。要继续将确保基本养老金按时足额发放作为首要任务，不得发生新的拖欠。要总结先进经验，推广好的典型，及时研究解决《决定》贯彻落实中出现的新情况、新问题，重要情况和重大问题请及时报告劳动保障部。

2005年12月15日

劳动和社会保障部关于印发完善企业职工基本养老保险制度宣传提纲的通知

劳社部发［2005］32号

各省、自治区、直辖市劳动和社会保障厅（局）：

国务院近日下发了《关于完善企业职工基本养老保险制度的决定》（国发［2005］38号，以下简称《决定》），进一步明确了完善企业职工基本养老保险制度的指导思想、目标任务、政策措施和工作要求。贯彻落实《决定》，是全面建设小康社会、构建社会主义和谐社会的重要内容，对于落实科学发展观，建立与我国经济发展水平相适应的社会保障体系具有重要意义。为做好《决定》的宣传工作，我们编写了《完善企业职工基本养老保险制度宣传提纲》，现印发给你们，请结合本地实际，认真做好宣传解释工作。

一、统一思想认识，切实加强领导

完善企业职工基本养老保险制度事关广大职工群众的切身利益，事关改革发展稳定的大局，社会方方面面广泛关注。各级劳动保障部门要充分认识做好宣传工作对于贯彻落实《决定》精神的重要意义，把宣传工作作为贯彻落实《决定》的一项重要工作抓紧抓好。首先要认真组织劳动保障系统认真学习《决定》，深刻领会《决定》的精神实质，把思想认识统一到《决定》精神上来。要成立专门工作班子，制定好宣传工作方案。要从本地实际出发，针对职工群众关心的热点问题，围绕贯彻落实《决定》精神广泛开展宣传工作，通俗易懂地做好政策阐释工作，把政策原原本本地介绍给广大群众，使国家关于完善企业职工基本养老保险制度的政策深入人心，形成良好的社会氛围。

二、坚持正面引导，突出宣传重点

坚持正面宣传为主的方针，广泛宣传党中央、国务院关于养老保险制度改革的重大决策和我国基本养老保险制度建设取得的主要成绩；宣传这次完善企业职工基本养老保险制度的主要政策措施和重要意义；宣传建立适合我国国情、实现可持续发展的基本养老保险制度的重要性和必要性；宣传东北三省完善城镇社会保障体系试点取得的经验和成效；宣传社会保险权利与义务相对应的原则和参保缴费的激励约束机制，鼓励用人单位和劳动者按时足额缴纳基本养老保险费。要针对社会广泛关注和职工群众关心的问题，有的放矢地做好宣传解释工作。重点围绕统一城镇个体工商户和灵活就业人员参保缴费政策、做实个人账户、改革基本养老金计发办法等问题，详尽地向职工群众说明政策出台的背景、具体内容和相关配套措施，及时消除部分职工群众的误解和疑虑，保证完善企业职工基本养老保险制度各项政策的顺利实施。

三、面向基层群众，注重宣传效果

宣传活动要坚持面向基层，面向企业，面向广大劳动者。把基层和职工群众作为宣传的重点对象，广泛运用各种宣传手段和方法，采取多种形式，努力取得良好的宣传效果。要与有关新闻单位密切合作，通过举行政策咨询活动、在主要媒体开辟专栏、答记者问、撰文进行政策解读、印发宣传资料等方式，介绍《决定》的主要内容，及时解答职工群众提出的各种问题。

各地在宣传《决定》活动中，要注意总结推广好的经验、做法，了解职工群众的意见、建议，及时发现和解决带有倾向性的思想问题。重要情况请及时向部里报告。

2005年12月15日

完善企业职工基本养老保险制度宣传提纲

一、近年来我国养老保险工作取得的主要成绩

党和政府历来十分重视我国养老保险制度建设。改革开放以来，按照建立社会主义市场经济体制的要求，借鉴国际社会保险制度发展与改革的经验，结合国内经济与社会发展实际，我国对企业职工退休养老制度进行了一系列改革，取得了重大进展。各地区和有关部门认真贯彻落实党中央、国务院的部署和要求，以确保企业离退休人员基本养老金按时足额发放为中心，努力扩大基本养老保险覆盖范围，切实加强基金征缴，强化养老保险基金管理和监督，积极推进企业退休人员社会化管理服务，各项工作取得明显成效，为促进改革发展和维护社会稳定发挥了重要作用。

一是经过20多年的探索和实践，确立了社会统筹与个人账户相结合的基本养老保险制度。1984年各地开始试行企业职工退休费用社会统筹，在总结各地经验的基础上，1991年国务院发布了《关于企业职工养老保险制度改革的决定》，各地养老保险社会统筹工作迅速发展，缓解了企业养老费用畸轻畸重的矛盾，开始实现企业保险向社会保险的转变。1993年，党的十四届三中全会通过的《中共中央关于建立社会主义市场经济体制若干问题的决定》确定，基本养老保险实行社会统筹与个人账户相结合的制度；1995年国务院发布《关于深化企业职工养老保险制度改革的通知》，提出深化企业职工养老保险制度改革的若干政策措施，提出了社会统筹与个人账户相结合的两个具体实施办法由各地进行试点；1997年发布《国务院关于建立统一的企业职工基本养老保险制度的决定》，在全国范围内统一了企业职工基本养老保险制度。2001年，党中央、国务院决定在辽宁省开展完善城镇社会保障体系试点工作，2004年又将试点范围扩大到吉林、黑龙江两省，试点的重要内容就是完善企业职工基本养老保险制度，包括做实基本养老保险个人账户和改革基本养老金计发办法等内容；2003年党的十六届三中全会做出逐步做实养老保险个人账户的决定，进一步明确了我国养老保险统账结合、部分积累的制度模式。在充分调查研究和总结过去20年来养老保险改革经验的基础上，2005年12月发布了《国务院关于完善企业职工基本养老保险制度的决定》。

二是确保了企业离退休人员基本养老金按

时足额发放，较好地保障了广大离退休人员的基本生活。1998 年，党中央、国务院决定实行“两个确保”，建立三条保障线，提出了确保企业离退休人员基本养老金按时足额发放的工作目标。经过不懈努力，基本养老金发放形势一年比一年好。基本养老金发放额逐年增加，从 1998 年的 1 512 亿元增加到 2005 年的近 4 000 亿元，年均增长 14.9%；基本养老金水平不断提高，1998 年全国月人均养老金为 413 元，2004 年提高到 705 元；基本养老金当期拖欠逐年减少，1998 年平均每月拖欠 6 亿多，1999 年每月拖欠 3 亿多，2000 年每月拖欠 1 亿多元，到 2003 年全年拖欠 1.32 亿元，2004 年和 2005 年全国已连续两年无当期拖欠。各地还积极采取措施，补发过去的历史拖欠，到 2005 年共补发 240 多亿元，16 个省份已全部补发了历史拖欠。与此同时，国家还注意解决养老保险中存在的一些突出问题，特别是困难企业、农垦企业和老工业基地退休人员的养老金发放问题，有效地维护了社会稳定。

三是覆盖范围从国有、集体企业职工向多种所有制从业人员扩展，参保人数逐年增长。1998 年基本养老保险参保人数为 1.12 亿人，2005 年已达 1.73 亿人，年均增长 6.5%。城镇个体工商户和灵活就业人员从 2001 年的 535 万人增加到目前的 1 930 万人。近几年离退休人员年均净增 300 万人，2005 年领取基本养老金的离退休人员已达 4 350 多万人，越来越多的退休人员享受到基本养老保险待遇。

四是多渠道筹资机制初步形成，为基本养老金的按时足额发放提供了资金保障。养老保险基金征缴不断加强，发挥了主渠道作用。基本养老保险基金征缴收入从 1998 年的 1 353 亿元增加到 2005 年的 4 250 多亿元，年均增长 17.8%，近 3 年年均增长超过 20%。各级财政积极调整支出结构，不断加大对基本养老保险的资金投入力度。中央财政对中西部地区和老工业基地养老保险的专项转移支付资金，从 1998 年的 24 亿元增加到今年的 500 多亿元，地方财政也增加了投入。2000 年国务院决定设立全国社会保障基金作为战略储备，目前已积累 1 900 多亿元。养老保险多元筹资格局初步形成。

五是养老保险社会化管理服务水平逐步提高，基本养老金实现社会化发放，退休人员逐步纳入街道社区实行社会化管理服务。针对一些企业挤占挪用基本养老金的问题，我国从 1999 年开始推行离退休人员基本养老金由银行、邮局等机构实行社会化发放，到 2001 年基本在全国实现了社会化发放，从机制上保障了广大离退休人员按时足额领取基本养老金。从 2002 年起，针对近 40% 的企业退休人员因企业关闭破产、改制等原因，已没有单位提供管理服务的状况，推动各地普遍建立街道社区劳动保障工作机构，把企业退休人员纳入社区管理，目前已有超过 60% 的企业退休人员进入社区。养老保险的信息化建设也逐步加强，通过实施“金保工程”，既为参保人员提供方便快捷服务，又为养老保险的规范化管理提供了技术支持。

六是基金管理逐步加强，维护了基本养老保险基金的安全和完整。基本养老保险基金是退休人员的养命钱。各级政府高度重视基金监管工作，把加强基金监管作为确保基金安全、防范和化解风险的根本措施，将养老保险基金纳入财政专户，实行收支两条线管理，专款专用。从 1999 年起，全国社会保险经办机构统一不再从社会保险基金中提取管理费，经费由同级财政安排。同时，采取有力措施，开展基金监督检查，查处违纪违规案件、少缴漏缴社会保险费和欺诈冒领社会保险金行为，积极清理回收以前被挤占挪用的基金。社会保险基金管理逐步规范，有效地维护了基金的安全和完整。

七是在东北三省进行完善城镇社会保障体系试点，为完善养老保险制度积累了经验。通过在东北三省进行完善城镇社会保障体系试点，在做实基本养老保险个人账户、改革基本养老金计发办法、提高统筹层次、加强养老保险的规范化和信息化建设等方面取得了明显成绩，为建立可持续发展的养老保障长效机制积累了经验。

二、为什么要完善企业职工基本养老保险制度

随着人口老龄化、就业方式多样化和城市化的发展，现行企业职工基本养老保险制度逐渐显现出一些与社会经济发展不相适应的问题。主要表现在：覆盖范围不够广泛，大量城镇个体工商户和灵活就业人员还没有参保；基本养老保险个人账户没有做实，未能真正实现部分积累的制度模式，难以应对人口老龄化对基金的需求；基本养老金计发办法不尽合理，缺乏参保缴费的激励约束机制；基本养老金调整机制还不健全，养老金总体水平还不高；统筹层次比较低，多数地区还没实行省级统筹，基金调剂能力比较弱；企业年金发展滞后，多层次的养老保障体系还没建立起来。这些都影响到制度的平稳运行和可持续发展，亟待进一步改革和完善。

当前我国已进入全面建设小康社会与构建社会主义和谐社会的重要时期，今后五至十年是完善社会保障体系的关键时期。完善企业职工基本养老保险制度对于维护改革发展稳定大局、构建和谐社会具有十分重要的意义。

一是全面建设小康社会的需要。全面建设小康社会的宏伟目标，既体现在综合国力和经济发展速度上，也体现在政治文明和社会全面进步上，更体现在广大人民群众的实际生活水平上。社会保障是小康社会的重要指标，我们要努力把城镇从业人员纳入制度覆盖范围，让更多的人享有社会保障，实现老有所养。目前，公有制单位职工已基本纳入基本养老保险覆盖范围，但是大量的非公经济组织和灵活就业人员还没有参保，他们对养老保险的需求非常迫切。这种状况不符合全面建设小康社会的要求，必须尽快完善制度，扩大覆盖范围，切实保障劳动者的合法权益。

二是构建社会主义和谐社会的需要。社会保障制度是现代社会的安全网和稳定器，是构建和谐社会的重要内容。当前一些社会成员的收入较低，缺乏生活保障，如一些退休早、养老金水平偏低的退休人员，过去曾为国家建设做出了重要贡献，应当通过建立正常的养老金调整机制来保障他们的基本生活。再比如一些下岗职工就业后，收入比较低，应当通过实行社会保险补贴等办法，帮助他们参保缴费。这些人的问题解决好了，才能解决一些突出问题和矛盾，促进社会的和谐稳定。

三是应对人口老龄化形势的需要。人口老龄化是世界范围内的普遍趋势。我国人口基数大，老龄化速度快、时间长，未富先老。目前全国离退休人员已达5 000万人，预计2010年和2020年将分别达到7 000万人和1亿人。在严峻的老龄化形势面前，我们必须要未雨绸缪，抓紧工作，统筹考虑当前和长远的关系，建立起适合我国国情、实现可持续发展的基本养老保险制度。

三、这次完善养老保险制度的政策是如何形成的

养老保险是社会保障中最重要的制度，涉及面广，资金规模大，收支平衡周期长，对经济社会发展影响深远。此次国务院决定的发布实施是经过充分论证，慎重决策的。

一是进行了广泛的调研。近年来，各级劳动保障部门会同有关部门进行了大量的调查研究。仅2003年，劳动保障部会同财政部等部门，就组织了近百人次，利用3个月时间，先后到26个省市进行养老保险综合调研。劳动保障部还成立了课题组，就完善基本养老保险制度作了充分论证和研究，形成了总报告和10个分报告，广泛征求了国内外专家的意见。

二是经过东北三省试点实践的检验。2001年以来，东北三省相继开展了以完善养老保险制度为重要内容的试点工作。通过做实基本养老保险个人账户、改革基本养老金计发办法等实践，就提高基本养老保险统筹层次，建立参保缴费激励约束机制等进行了有益的探索。改革试点得到了企业、职工和社会的理解与支

持，为全国范围内完善养老保险制度提供了宝贵的经验。

三是国务院广泛征求意见。党中央、国务院领导高度重视完善养老保险制度工作，国务院领导同志多次听取汇报，亲自参加调研。今年10月中旬，完善企业职工基本养老保险制度的决定稿经国务院常务会议讨论原则通过后，国务院再次征求了各省、自治区、直辖市政府的意见。

四、完善企业职工基本养老保险制度的指导思想和主要任务

完善企业职工基本养老保险制度，要以邓小平理论和“三个代表”重要思想为指导，认真贯彻党的十六大和十六届三中、四中、五中全会精神，按照落实科学发展观和构建社会主义和谐社会的要求，统筹考虑当前和长远的关系，坚持覆盖广泛、水平适当、结构合理、基金平衡的原则，完善政策，健全机制，加强管理，建立起适合我国国情，实现可持续发展的基本养老保险制度。这些指导思想和重要原则，是长期以来我国社会保障制度改革经验的科学总结，也是我们今后推进和完善企业职工基本养老保险制度所必须遵循的重要指针。

这次完善企业职工基本养老保险制度的主要内容包括：

一是继续确保基本养老金按时足额发放，保障离退休人员基本生活。各地不得发生新的拖欠，对过去拖欠的基本养老金，由各地逐步予以补发。二是统一城镇个体工商户和灵活就业人员参保缴费政策，以非公有制企业、城镇个体工商户和灵活就业人员参保为重点，扩大基本养老保险覆盖范围。三是逐步做实个人账户，完善社会统筹与个人账户相结合的基本养老保险制度，实现由现收现付制向部分积累制的转变。制定个人账户基金管理和投资运营办法，实现保值增值。四是改革基本养老金计发办法，将缴费时间长短和数额多少与待遇水平挂钩，建立参保缴费的激励约束机制。五是建立养老金的正常增长机制，适时调整基本养老金水平，让广大退休人员分享经济社会发展成果。六是加强基本养老保险费征缴，做到应收尽收，加大财政投入，完善多渠道筹资机制，进一步做大全国社保基金。同时强化社会保险基金监管，维护基金的安全和完整。七是提高统筹层次，增强基本养老保险基金的抗风险能力。八是积极发展企业年金，建立多层次的养老保障体系，提高退休人员的养老保障水平。九是进一步做好退休人员社会化管理服务工作，加强街道、社区劳动保障工作建设，加快公共老年服务设施和服务网络建设步伐，不断提高退休人员的生活质量，提高管理和服务水平。十是加强社会保险经办能力建设，推动社会保险经办工作的规范化、信息化、专业化建设，建立布局合理、管理规范、流程科学、服务到位的经办管理服务体系。

五、为什么要统一城镇个体工商户和灵活就业人员参加基本养老保险的政策

国务院《决定》明确要求，城镇个体工商户和灵活就业人员都要参加基本养老保险；缴费基数统一为当地上年度在岗职工平均工资，缴费比例为20%，其中8%记入个人账户；城镇个体工商户和灵活就业人员退休后按企业职工基本养老金计发办法计发待遇。这次对上述政策做出统一规定，主要是出于三方面的考虑：

一是扩大基本养老保险覆盖面，维护城镇个体工商户和灵活就业人员的社会保险权益。随着国有企业改革的推进和经济结构的调整，我国的所有制结构和就业形式都发生了重大变化，国有、集体企业从业人员大量减少，非公经济从业人员和灵活就业人员迅速增加，但是大量的城镇个体工商户和灵活就业人员还没有纳入养老保险体系。一些原已参保的企业下岗失业人员，从事个体劳动和灵活就业后，由于种种原因中断缴费，这就使他们的社会保险权益没有得到落实或者受到影响。对此，统一规定城镇个体工商户和灵活就业人员与企业职工一样都要参加基本养老保险，同时对他们的参保缴费政策以及待遇计发办法予以统一，可使他们退休以后的基本养老保险权益切实得以落实。

二是改变各地政策差异较大的现状，统一规范基本养老保险制度。国务院1999年发布的《社会保险费征缴暂行条例》规定，城镇个体工商户是否参保以及参保缴费办法，由省级政府根据当地实际情况确定。目前多数省份都出台了城镇个体工商户和灵活就业人员参加基本养老保险的政策，但具体办法不一致，缴费基数一般为职工平均工资的60%到300%，缴费比例也从16%到21%不等。在这种选择性过大的政策下，一些地方基本养老保险费率较高，很多个体工商户和灵活就业人员缴不起；也有一些地方费率较低，一方面形成了新的隐性债务，另一方面又造成这些人未来退休后的待遇水平过低，难以保障基本生活。实行统一的参保缴费和待遇享受政策，更能体现社会公平，为城镇个体工商户和灵活就业人员提供长远和稳定保障，同时，缴费基数和比例的统一，也有利于上述人员养老保险关系转移接续，为他们跨地区流动创造条件。

三是国家出台优惠政策，为统一城镇个体工商户和灵活就业人员参保缴费办法创造了条件。首先，按照《决定》，改革后城镇企业和职工基本养老保险的缴费比例仍为28%左右，其中单位缴纳20%，个人缴纳8%。个体工商户和灵活就业人员由于不承担历史债务，他们的缴费比例统一规定为20%，后者比前者的缴费水平总体上低8个百分点。其次，考虑到经济转轨时期的特殊情况，国家出台了对下岗失业人员的特殊照顾政策，对持《再就业优惠证》的“4050”人员（女40周岁以上，男50周岁以上）灵活就业后参加社会保险的，给予一定数额的社会保险补贴。另外，针对城镇贫困残疾人的具体困难，国家规定城镇残疾人个体工商户参加基本养老保险的，可从结余的残疾人就业保障金中给予适当补贴。上述政策在一定程度上缓解了收入较低人员的困难，增加了新的参保缴费办法的可操作性。

六、为什么要逐步做实基本养老保险个人账户

一是有利于应对人口老龄化的挑战。为应对人口老龄化高峰的到来，我们必须未雨绸缪，通过逐步做实个人账户，及早进行基金准备，以承接老龄化高峰时养老金支付的压力，实现养老保险制度的可持续发展。

二是有利于实现部分积累的制度模式。我国实行部分积累的资金筹措模式，也就是说，统筹基金现收现付，用于互助共济；个人账户基金实行积累，用于职工个人未来养老。但在实际运行中，由于养老保险没有资金积累，而退休人员越来越多，为了确保养老金当期发放，不得不动用本应留作积累的个人账户基金。这样既不利于养老保险制度的稳健运行，也会影响将来养老金的按时足额发放。要真正实现部分积累的制度模式，就必须做实个人账户。

三是有利于促进劳动力流动。做实基本养老保险个人账户后，个人账户基金具有可携带性。因此，参保人员工作变动时完全可以带着做实了的账户走，从而有利于参保人员的流动。

四是经过东北三省试点的检验。东北三省在试点过程中，在中央和地方财政对当期发放给予适当补助的情况下，已经做实了个人账户。作为老工业基地的东北三省能够做实，其他省份也应该能够做实。

当前，我国国民经济持续快速发展，养老保险基金征缴收入稳步增长，财政收入大幅增加，这些都为逐步做实个人账户创造了良好条件。

七、为什么个人账户规模由本人缴费工资的11%调整为8%

一是与做实个人账户相联系。实行社会统筹与个人账户相结合的基本养老保险制度，既要发挥社会统筹的当期共济作用，又要实现个人账户的未来积累。在当前的经济发展水平下，做实个人账户规模必须适度，小了难以发挥应有作用，不能满足将来所需，大了当前又承受不起，难以做实。因此，经过反复测算和认真研究并经过试点，决定将个人账户的规模统一由本人缴费工资的11%调整为8%。

二是与新的计发办法相适应。以职工缴费年限35年退休为例，改革前基本养老金的目标替代率是58.5%，其中20%为基础养老金，38.5%为个人账户养老金；改革后目标替代率将达到59.2%，其中基础养老金替代率增长为35%，个人账户养老金替代率调整为24.2%。新老办法对比，基本养老金的结构发生了变化，基础养老金增加，个人账户养老金有所降低，总体水平与改革前大体相当。

八、如何加强基本养老保险基金征缴和管理监督

征缴收入是基本养老保险基金的主要来源，必须依法做好征缴工作，做到应收尽收。要全面落实《社会保险费征缴暂行条例》的各项规定，严格执行社会保险登记和缴费申报制度，强化社会保险稽核和劳动保障监察执法工作，努力提高征缴率。凡是参加企业职工基本养老保险的单位和个人，都必须按时足额缴纳基本养老保险费。对拒缴、瞒报少缴基本养老保险费的，要依法处理。对欠缴基本养老保险费的，要采取各种措施，加大追缴力度，确保基本养老保险基金应收尽收。

近年来，各级财政对养老保险基金的补助力度逐年加大，对确保基本养老金按时足额发放发挥了重要作用。各地要按照建立公共财政的要求，积极调整财政支出结构，进一步加大对社会保障的资金投入。

基本养老保险基金是养老保险事业的物质基础，是退休人员的"养命钱"，必须加强管理和监督。基本养老保险基金要纳入财政专户，实行收支两条线管理，严禁挤占挪用。要制定和完善社会保险基金监督管理的法律法规，实现依法监督。各省、自治区、直辖市人民政府要完善工作机制，保证基金管理监督制度的顺利实施。要继续发挥审计监督、社会监督和舆论监督的作用，共同维护基金安全。

九、为什么要改革基本养老金计发办法

计发办法是基本养老保险制度的关键环节，涉及广大参保人员的切身利益。按照现行计发办法，缴费满15年以上的，基础养老金按当地职工上一年度平均工资的20%计发，个人账户养老金按账户储存额的1/120计发。这种办法存在两个问题：一是缺乏激励约束机制。缴费15年以上的参保人员不论缴费多少，也不论缴费时间比15年延长多少，基础养老金都一样，这不符合权利与义务相对应的原则。二是个人账户养老金计发年限与实际领取年限有较大差距。目前我国退休人员退休后一般要生活25年以上，按现行计发办法个人账户储存额领取10年后就没有钱了。因此，这种不够合理的办法应当改变。按照新的基本养老金计发办法，参保人员每多缴一年增发一个百分点，上不封顶，有利于形成"多工作、多缴费、多得养老金"的激励约束机制，这样更加符合退休人员领取养老金年限的实际情况。

十、计发办法改革后基本养老金如何计算

这次计发办法改革，是以参保缴费年限为基础，以计发基数、计发比例和计发月数调整为重点，以建立参保缴费的激励约束机制为出发点，以保障参保人员的养老保险权益为目标，采取"新人新制度、老人老办法、中人逐步过渡"的方式来设计的。

先看"新人"。《国务院关于建立统一的企业职工基本养老保险制度的决定》(国发［1997］26号）实施后参加工作的参保人员属于"新人"，缴费年限（含视同缴费年限，下同）累计满15年，退休后将按月发给基本养老金，基本养老金待遇水平与缴费年限的长短、缴费基数的高低、退休时间的早晚直接挂钩。他们的基本养老金由基础养老金和个人账

户养老金组成。退休时的基础养老金月标准以当地上年度在岗职工月平均工资和本人指数化月平均缴费工资的平均值为基数，缴费每满1年发给1%。个人账户养老金月标准为个人账户储存额除以计发月数，计发月数根据职工退休时城镇人口平均预期寿命、本人退休年龄、利息等因素确定。以60岁退休、缴费35年为例，基本养老金替代率为59.2%（其中基础养老金35%，个人账户养老金24.2%）。

再看“中人”。国发［1997］26号文件实施前参加工作、《决定》实施后退休的参保人员属于“中人”。由于他们以前个人账户的积累很少，缴费年限累计满15年的，退休后在发给基础养老金和个人账户养老金的基础上，再发给过渡性养老金。鉴于基本养老金计发办法改革的关键是解决好“中人”的过渡问题，为保证改革的顺利推进，《决定》要求各省、自治区、直辖市人民政府按照待遇水平合理衔接、新老政策平稳过渡等原则，在认真测算的基础上，制定具体的过渡办法。在过渡期实行特殊的过渡政策，按照新计发办法，养老金减少的不减发，增加的逐步增加。

最后看“老人”。本决定实施前已经离退休的参保人员属于“老人”，他们仍然按照国家原来的规定发给基本养老金，同时随基本养老金调整而增加养老保险待遇。

十一、为什么要建立基本养老金调整机制

退休人员基本养老金水平不仅取决于退休时计发的数额，还要随国家基本养老金水平的调整而增加。计发办法只是计算确定了参保人员退休时的养老金待遇水平，而参保人员退休后一般还要生活相当长一段时间，需要分享经济社会发展成果。因此，必须建立基本养老金的正常调整机制。《决定》明确规定，根据职工工资和物价变动等情况，国务院适时调整企业退休人员基本养老金水平，调整幅度为省、自治区、直辖市当地企业在岗职工平均工资年增长率的一定比例，各地根据本地实际情况提出具体调整方案，报劳动保障部、财政部审批后实施。

十二、为什么要提高统筹层次

我国基本养老保险制度改革是从县级统筹起步的，经过20多年的改革、发展，目前已有部分省份实现了省级统筹，但许多地区仍实行市级或县级统筹。

按照党的十六届三中、五中全会的要求，今后应规范市级统筹，并加大省级基金调剂力度，积极创造条件实现省级统筹。提高统筹层次，主要出于以下考虑：一是增强互济功能。养老保险制度以“大数法则”为基础，只有实现较大范围的统筹，才能提高抵御风险的能力，确保养老金发放。二是便于人员流动。提高统筹层次，能够在更大范围内实现各地区缴费基数、缴费比例和享受待遇标准的统一，加大基金调剂功能，消除参保职工跨地区流动的障碍。三是有利于提高管理水平。通过减少管理环节和管理层次，可以实现集中管理，降低基金分散管理的风险。在推行省级统筹的过程中，要注意调动和发挥市县的积极性，建立有效的省市县三级责任分担机制，做到责任明确，各尽其职。

十三、为什么要发展企业年金

企业年金是多层次养老保险体系的重要组成部分，是在国家政策指导下，企业和职工在依法参加基本养老保险的基础上，自愿建立的补充养老保险制度。发展企业年金对完善社会保障体系，促进经济发展，提高退休人员生活水平具有重要作用。

一是有利于完善多层次的养老保险制度。近几年来，基本养老保险制度逐步实施，对保证企业退休人员基本养老金发放，促进企业改革，维护社会稳定，发挥了重要作用。但从国际经验来看，除建立基本养老保险制度外，还应该大力发展企业年金作为基本养老保险制度的补充，形成多层次的养老保险制度。

二是可以更好地保障企业退休人员的生活。基本养老保险只能保障退休人员的基本生

活。建立企业年金和完善多层次保障体系，可进一步提高退休人员的生活水平。

三是增强企业的人才竞争能力。在现代企业制度下，企业之间的竞争，实质上就是人才的竞争。企业为增强自身的凝聚力，不仅要靠职工在职期间的优厚报酬吸引人才，还要着眼长远通过建立企业年金留住人才。

四是有利于促进经济发展和资本市场发育。企业年金基金实行完全积累模式，企业年金形成的基金积累，需要通过投资运营实现保值增值。在这一过程中，企业年金基金就可以用于国家经济建设。同时，通过市场化的方式进行管理和运营，也有利于我国资本市场的发展，实现企业年金基金与经济发展、资本市场的相互促进和良性互动。

十四、为什么要推进退休人员社会化管理服务

退休人员社会化管理服务是指退休人员办理退休手续后，其管理服务工作与原企业分离，养老金实行社会化发放，人员移交街道和社区实行属地管理，由社区服务组织提供相应的管理服务。

实行退休人员社会化管理服务是社会保险的应有之义。首先，适应建立现代企业制度的要求，企业要逐步分离办社会的职能，其中包括管理退休人员的职能；其次，由于企业改制、关闭破产等原因，目前约有40%的退休人员已经没有单位可依托，因此退休后也要靠社会为其提供管理服务；再次，随着我国所有制结构和就业形式的变化，个体工商户和灵活就业人员大量增加，他们本来就没有单位作依托，因此退休后也要靠社会为其提供管理服务。

做好退休人员社会化管理服务工作有以下六个重点：一是要继续以社会化发放为工作手段，做好确保基本养老金发放工作，保障企业退休人员的基本生活。二是要进一步完善街道社区劳动保障工作平台的企业退休人员社会化管理服务职能，提供与工作进展相匹配的工作条件。三是要不断规范管理、深化服务。要在对企业退休人员基本实现社会化管理服务的基础上，强化以人为本的服务理念，加强制度化、规范化、专业化建设，提高管理服务质量，拓展管理服务内容。如逐步在街道社区中为退休人员提供医疗保险管理服务，以满足企业退休人员的医疗、卫生、保健等需要。四是要提高退休人员的组织化程度，提倡退休人员自我管理与互助服务。五是条件具备的地方，可开展老年护理服务，发展退休人员公寓，为退休人员提供更多更好的服务，不断提高退休人员的生活质量。六是在一些实行社会化管理服务条件还不成熟的地方，企业在一段时期内还应继续为退休人员提供必要的管理和服务。

十五、为什么不对退休年龄进行调整

从国际情况看，多数已建立养老保险制度国家的男女从业人员的退休年龄一般为63～65岁左右，同时考虑人口老龄化和寿命延长等因素，有些国家已经或正在考虑进一步提高退休年龄。

我国的退休年龄比较低。20世纪50年代规定的退休年龄为，男职工年满60周岁，女干部年满55周岁，女工人年满50周岁，而当时的全国人口平均寿命只有50多岁。另外，国家在不同时期还陆续制定了一些关于职工提前退休的规定。

改革开放以来，随着经济和社会的发展，在退休年龄方面出现了一些矛盾和问题。一是退休年龄偏低与人口寿命延长的矛盾。目前我国人均寿命已经达到72岁左右，其中城镇人均寿命已经超过75岁。二是女职工按不同身份执行两种退休年龄，在企业早已打破干部、工人身份界限的情况下难以操作，实际工作中引发诸多纠纷。三是提前退休问题比较突出。据抽样调查分析，目前我国企业职工退休时的平均年龄为53岁左右。

考虑到我国人口寿命延长的实际情况和养老保险基金压力，有关方面曾提出统一女职工退休年龄、延迟退休年龄、取消提前退休等意

见。但是，我国是人口大国，劳动力多，设计退休年龄必须统筹考虑社会保险与就业。目前，企业改革和经济结构调整仍在进行中，就业的矛盾十分突出，考虑到改革退休年龄涉及每位职工的切身利益，大家的意见不够一致等情况，目前改革的时机还不够成熟。因此，本着慎重的态度，这次没有对退休年龄进行调整。目前的主要任务是执行现行退休年龄，控制提前退休。

十六、如何解决养老保险关系转移难的问题

我国养老保险实行属地管理原则，即劳动者在哪里就业，就在哪里参保，建立养老保险关系。近年来，国家陆续出台了一些政策，对参保人员养老保险关系的转移和接续等问题做出了规定：职工跨统筹地区流动，除转移基本养老保险关系和个人账户档案外，还要转移个人账户基金；参加城镇企业职工养老保险的人员，不论因何种原因变动工作单位，都应按规定继续参加养老保险并按时足额缴费，社会保险经办机构应为其妥善管理、接续养老保险关系，做好各项服务工作；参保人员跨统筹范围工作调动，社会保险经办机构要将转移前后的个人账户储存额合并计算。

随着改革的不断深入，就业形式和结构发生了重大变化，参保人员异地流动频繁，养老保险关系转移难的问题逐渐突出。流动人员达到退休年龄后，因各地自行出台的地方性政策的差异而无法退休领取养老金的现象也时有发生。下一步，应从以下几方面开展工作：

一是提高统筹层次，尽快实现省级统筹，解决参保人员在省内流动的障碍。

二是做实个人账户，实现个人账户基金的积累，为人员跨地区流动创造条件。

三是深入调研，在广泛征求地方和参保人员意见的基础上出台跨省流动人员养老关系转移办法。

十七、怎样解决退休人员养老金水平差距较大的问题

企业和机关事业单位退休人员养老金差距大是历史形成的，原因是多方面的：一是人员构成不同，在职时工资水平差别大，而养老金计发原则上是以在职时的工资水平为参照的。二是养老金的计发办法和调整机制不同。三是企业的经济效益和工资水平不同。

国家高度重视这个问题，正在统筹研究逐步缓解的办法。一是适时调整企业退休人员基本养老金，并注意向退休早、养老金水平偏低人员适当倾斜；二是推进企业年金制度建设，建立多层次养老保险体系，逐步提高企业退休人员的养老金水平；三是调整企业职工基本养老金计发办法，建立起激励机制，鼓励劳动者多缴费多受益；四是研究制定机关事业单位养老保险制度改革方案，使之在制度上相互衔接。

十八、如何解决农民工的养老保险问题

1999 年国务院颁布的《社会保险费征缴暂行条例》规定，所有城镇企业及其职工都应当参加基本养老保险，其中包括农民合同制工人。2001 年劳动保障部进一步明确了农民合同制职工参保缴费、待遇计发等方面的政策。因此，农民工在城镇用人单位参保从制度上讲是没有障碍的。

但从实际情况看，大量进城务工农民还没有纳入养老保险体系。分析原因，主要包括以下几个方面：一是农民工就业不稳定，流动性大；二是现行养老保险有关政策和管理手段、工作方式与农民工的特点不相适应；三是农民工收入较低且不稳定，缴费有困难；四是一些企业为降低成本不为农民工办理参保，部分农民工也不愿参保。

为此，国家正在研究完善农民工养老保险政策，将根据农民工的特点制定具体办法，同时鼓励地方积极探索，做到切实维护农民工的合法权益。

十九、为什么要加强社会保险经办能力建设

社会保险经办机构是社会保险政策的执行者，也是社会保险业务的承担者，更是广大参保人员社会保险待遇的落实者，是为广大参保人员提供各项社会保险服务的机构。要圆满完成各项社会保险经办业务，必须不断加强社会保险经办能力建设。《决定》把不断提高社会保险经办能力和管理服务水平作为完善养老保险制度的一项重要内容，要求将社会保险的政策落到实处，为广大参保人员提供优质高效的服务。

经过多年努力，全国各级经办机构的组织、思想、作风建设得到加强，管理服务水平明显提高，较好地完成了党和政府赋予的“两个确保”等重要任务，为维护劳动者权益、促进社会发展和稳定做出了积极贡献。但是，伴随经济成分、就业方式日益多样化以及社会保障体系的不断完善，经办机构的工作范围、内　容、对象和方式正在发生深刻变化，特别是随着社会保险的范围不断扩大，工作任务日益增多，加强经办能力建设显得尤为重要和迫切。因此，要按照《决定》要求，加快社会保障信息服务网络建设步伐，建立高效运转的经办管理服务体系，把社会保险的政策落到实处。各级社会保险经办机构要完善管理制度，制定技术标准，规范业务流程，实现规范化、信息化和专业化管理。同时，要加强人员培训，提高政治和业务素质，不断提高工作效率和服务质量。

二十、怎样加快养老保险立法进程

我国十分重视养老保险立法工作。新中国成立后不久，中央政府就制定了《劳动保险条例》。改革开放后，逐步制定和完善社会保险方面的一些法律、法规。1994 年，我国颁布《劳动法》，对包括养老保险在内的社会保险基本制度作出了原则规定。近年来，我国政府制定了《社会保险费征缴暂行条例》，发布了养老保险制度改革的决定。

建立比较完善的养老保险法律体系，是一项长期的事业。随着养老保险制度的改革和完善，在法律层次，还有《社会保险法》需要制定；在行政法规层次，有养老保险条例、社会保险基金管理条例、企业年金条例等需要制定。目前，全国人大已将《社会保险法》列入立法规划，相关部门正在抓紧《社会保险法》草案的起草和修改工作。在《社会保险法》出台后，将适时研究制定养老保险条例。

劳动和社会保障部关于表彰全国劳动保障系统 2004—2005 年度优质服务窗口单位的决定

（劳社部发［2005］33 号）

各省、自治区、直辖市劳动和社会保障厅（局）：

近年来，各级劳动保障部门和服务窗口单位坚持以人为本和科学发展观，认真做好各项劳动保障工作，为改革发展稳定和构建和谐社会做出了重要贡献。随着我国经济社会的发展，劳动保障工作与人民群众利益的联系越来越紧密，日益受到全社会的关注。劳动保障服务窗口能否依法履行职责，提供优质高效的服务，已成为人民群众衡量劳动保障工作的重要标志。为了进一步提升窗口单位的管理水平和服务质量，劳动保障部在巩固前几年“三优”文明窗口建设的基础上，以“公正、便民、廉洁、高效”为要求，以依法行政、高效服务、办事公开、作风优良、监督完善为内容，以为群众提供满意服务为标准，在直接为用人单位和人民群众服务的行政审批、就业服务、社会保险经办、劳动保障监察、劳动争议仲裁、劳动保障信访等服务窗口以及乡镇（街道）、社区劳动保障服务站（所）开展创建优质服务窗口活动。各类服务窗口单位对照工作内容和标准，查找差距，积极整改，使服务环境明显改善，服务意识逐步增强，工作作风、办事效率和依法行政水平进一步改进和提高，涌现出了一大批群众满意的服务窗口。为了树立典型，推广先进，按照优中选优的原则，经过市县劳动保障部门组织评选，省级劳动保障部门审核推荐，劳动保障部创建活动指导小组研究审核，并报部党组批准，现决定对北京市劳动监察大队等 232 个优质服务窗口单位进行表彰。

希望受表彰的优质服务窗口单位发扬成绩，再接再厉，在推进本地区创建优质服务窗口活动中积极发挥典型示范作用。劳动保障系统的各类服务窗口单位要向受表彰的窗口单位学习，按照创建优质服务窗口的内容和标准，进一步改进工作作风，提高服务质量，严格依法办事，为促进劳动保障事业的健康发展，维护人民群众的切身利益，构建社会主义和谐社会做出新的更大贡献。

附件：全国劳动保障系统 2004—2005 年度优质服务窗口单位名单（略）

2005 年 12 月 14 日

劳动和社会保障部关于印发2006年就业再就业专项计划的通知

劳社部发［2005］34号

各省、自治区、直辖市劳动和社会保障厅（局）：

按照党的十六届五中全会和中央经济工作会议对就业再就业工作提出的要求，为贯彻落实《国务院关于进一步加强就业再就业工作的通知》（国发［2005］36号）精神，现将《2006年就业再就业专项计划》印发给你们，请结合本地区实际，认真做好就业再就业专项计划的编制和实施工作。

一、就业再就业工作的指导思想和目标任务

就业再就业工作的指导思想是：按照科学发展观和构建社会主义和谐社会的要求，落实“十一五”时期国民经济和社会发展规划，将扩大就业摆在经济社会发展更加突出的位置，进一步贯彻落实“劳动者自主择业、市场调节就业和政府促进就业”的方针，在重点解决好体制转轨遗留的再就业问题的同时，努力做好城镇新增劳动力就业和农村富余劳动力转移就业工作，有步骤地统筹城乡就业和提高劳动者素质，探索建立市场经济条件下促进就业的长效机制。

2006年就业再就业工作的目标任务是：按照中央经济工作会议的部署和《国务院关于进一步加强就业再就业工作的通知》要求，以增加就业岗位为目标，落实就业再就业政策，把解决体制转轨遗留的下岗失业问题、促进城镇新增劳动力就业、推进城乡统筹就业、加强失业调控和建立就业与社会保障工作联动机制作为主要任务来完成，确保全年实现城镇新增就业人员900万人，下岗失业人员再就业500万人，其中“4050”人员再就业100万人，城镇登记失业率控制在4.6%以内（简称“95146”）的目标。

二、科学制定就业再就业专项计划，层层落实目标责任制

各地要在认真总结评估2005年就业再就业专项计划完成情况的基础上，按照中央提出的“95146”就业再就业工作总体目标要求，结合本地区的实际情况，抓紧编制2006年就业再就业专项计划。并提请各级政府将城镇新增就业人员、下岗失业人员再就业、“4050”人员再就业、城镇登记失业率作为宏观调控的重要指标，作为就业再就业工作的主要任务，层层分解到基层、层层落实目标责任制，确保全年目标任务的顺利完成。

要加快建立劳动就业监测预警体系。进一步完善就业和失业统计制度，加强失业登记统计工作，建立劳动力调查制度，准确掌握全国劳动力市场供求变化。继续会同统计、工商等部门共同开展就业再就业统计数据会审工作。充分利用社区平台和企业直报等渠道及时收集

有关信息，跟踪监测计划执行情况，积极开展就业再就业趋势预测分析，形成动态监控机制。建立失业预警机制，制定预案和相应措施，综合运用法律、经济和必要的行政手段，对失业进行调控，缓解失业引发的矛盾。

各地要加强对就业再就业专项计划执行情况的检查评估，定期检查、总结和通报就业再就业计划执行进展情况。要按季度对专项计划指标完成进度、政策落实、资金投入到位等情况进行检查，发现问题，及时采取措施加以解决。各地要继续将计划目标任务完成情况、计划执行中出现的主要问题及原因分析等形成报告，在每季度后 20 日内报送劳动保障部。2005 年就业再就业专项计划评估结果请于 2006 年 1 月 20 日前报劳动保障部。

三、进一步加强组织领导，全面落实就业再就业工作目标任务

2006 年是全面实施“十一五”规划的第一年，也是调整后就业政策实施的第一年，开好局、起好步，打牢基础，对于做好今后一个时期的就业再就业工作尤为重要。各地要以科学发展观统领就业再就业工作，加强对 2006 年就业再就业专项计划落实工作的领导，做到责任、政策、资金、措施四到位。要进一步发挥就业联席会议的作用，加强协作，密切配合，共同做好就业再就业工作。

各地要根据就业再就业工作的任务，认真测算落实政策需要的资金投入规模，提请各级政府进一步调整财政支出结构，加大对就业再就业工作的投入。要切实加强对就业再就业资金拨付使用的监督检查，专款专用，提高资金使用效益，确保“95146”就业再就业目标任务的顺利完成。

附件：2006 年分地区就业再就业专项计划（略）

2005 年 12 月 16 日

劳动和社会保障部关于企业年金方案和基金管理合同备案有关问题的通知

劳社部发［2005］35号

各省、自治区、直辖市劳动和社会保障厅（局）：

为贯彻落实《企业年金试行办法》《企业年金基金管理试行办法》，建立和规范企业年金制度，现对企业年金方案和基金管理合同备案有关问题通知如下：

一、企业年金方案和基金管理合同备案的报送

（一）企业建立企业年金，应根据《企业年金试行办法》《企业年金基金管理试行办法》及国家有关规定，结合自身的经济状况和发展战略拟订企业年金方案草案，并由集体协商双方首席代表签字后，形成拟报备案的企业年金方案。

（二）企业应将企业年金方案报送所在社会保险统筹地区县以上地方人民政府劳动保障行政部门备案。其中中央企业的企业年金方案，由集团公司统一建立的报送劳动保障部备案，并抄送子公司所在社会保险统筹地区劳动保障行政部门；由子公司单独建立的报送所在社会保险统筹地区县以上地方人民政府劳动保障行政部门备案。

（三）企业可以按企业年金方案的规定，代表集体协商双方作为委托人，或由企业及其职工作为委托人，与法人受托机构或企业年金理事会签订受托管理合同。

（四）受托管理合同签订后，受托人应将受托管理合同及与账户管理人、托管人和投资管理人签订的委托管理合同报送劳动保障行政部门备案。其中：委托人为中央企业集团公司的，报送劳动保障部备案，并抄送子公司所在省或计划单列市劳动保障行政部门；委托人为其他企业的（包括中央企业子公司），报送企业年金方案备案所在地省级或计划单列市劳动保障行政部门备案。

（五）集合企业年金计划应报送劳动保障行政部门备案，具体办法另行制定。

（六）法人受托机构兼任账户管理人或投资管理人的，有关委托管理合同的内容可包括在受托管理合同中，并按第（四）款规定的办法报送劳动保障行政部门备案。

二、企业年金方案和基金管理合同备案的材料

（一）企业年金方案备案所需材料。

1.《关于××公司企业年金方案备案的函》（见附件1）。

2. 企业年金方案。报送文本一式六份，其中一份为原件（文本格式见附件5）。

3. 集体协商双方通过企业年金方案草案的决议。

4. 企业年金方案重要条款的说明。

5. 企业本年度和上一年度依法参加基本养老保险并按时足额缴费的证明。

（二）企业年金基金管理合同备案所需材料。

1.《关于××公司企业年金基金管理合同备案的函》（见附件3）。

2.××公司企业年金计划受托管理合同和委托管理合同。

3.劳动保障行政部门出具的《关于××公司企业年金方案备案的复函》（见附件2）。

4.法人受托机构、账户管理人、托管人和投资管理人资格证书复印件；理事会章程，理事会组成人员名单及其简历等。

三、企业年金方案和基金管理合同备案的受理

企业年金方案是经企业与职工民主协商建立的专项集体合同，应当自双方首席代表签字之日起10日内，由企业代表集体协商双方将企业年金方案文本报送劳动保障行政部门备案。劳动保障行政部门主要审查企业年金方案是否符合《企业年金试行办法》《企业年金基金管理试行办法》及其他国家有关规定。劳动保障行政部门应在收到符合规定的企业年金方案文本15日内，向企业出具《关于××公司企业年金方案备案的复函》。企业年金方案经集体协商后作出调整的，企业应自变化发生之日起10日内重新履行备案程序。

企业年金基金管理合同签订之日起10日内，由受托人将企业年金基金管理合同文本报送劳动保障行政部门备案。劳动保障行政部门于收到符合规定的企业年金基金管理合同备案文本之日起15日内，向备案受托人出具《关于××公司企业年金计划确认函》（见附件4），给予企业年金计划登记号。企业年金计划登记号为12位数字代码，前6位为GB/T 2260—1999中华人民共和国行政区划代码规定的企业所在地行政区划代码，后6位为本省级劳动保障行政部门通过备案的顺序号。在执行过程中，企业年金基金管理合同主体条款有调整或基金管理合同发生变更，受托人应自变化发生之日起15日内重新履行备案程序。

四、企业年金方案和基金管理合同备案的监管

企业年金是我国多层次养老保险体系的重要组成部分。符合建立企业年金条件的企业，要本着积极稳妥、量力而行的原则，按照《企业年金试行办法》《企业年金基金管理试行办法》的规定，建立规范的企业年金制度，做好企业年金方案和基金管理合同的备案工作。原来已建立补充养老保险的企业，要对原有的方案和基金管理合同，按国家规定进行修订并补办备案手续。对违反有关规定的，劳动保障行政部门予以查处。

劳动保障行政部门要加强对企业年金方案和基金管理合同备案的监督管理。受理企业年金方案和基金管理合同备案的劳动保障行政部门，要认真填写《企业年金方案和基金管理合同备案情况登记表》（见附件6）；省级和计划单列市劳动保障行政部门，要认真做好数据汇总工作，根据企业年金方案和基金管理合同备案情况，填写《企业年金方案和基金管理合同备案情况统计表》（见附件7），于每季度结束10日内报送劳动保障部养老保险司和基金监督司。

本通知自发布之日起实施。与本通知不一致的以本通知为准。

附件（略）：1. 关于××公司企业年金方案备案的函

2. 关于××公司企业年金方案备案的复函

3. 关于××公司企业年金基金管理合同备案的函

4. 关于××公司企业年金计划确认函

5. 企业年金方案指引

6. 企业年金方案和基金管理合同备案情况登记表

7. 企业年金方案和基金管理合同备案情况统计表

8. 企业年金方案和基金管理合同备案工作流程

2005年12月19日

劳动和社会保障部　人事部　民政部财政部关于事业单位、民间非营利组织工作人员工伤有关问题的通知

劳社部发［2005］36号

各省、自治区、直辖市劳动保障、人事、民政、财政厅（局）：

为保障事业单位、民间非营利组织因工作遭受事故伤害或者患职业病的工作人员依法享受工伤保险待遇，根据《工伤保险条例》规定，经国务院批准，现就有关问题通知如下：

一、事业单位、民间非营利组织工作人员因工作遭受事故伤害或者患职业病的，其工伤范围、工伤认定、劳动能力鉴定、待遇标准等按照《工伤保险条例》的有关规定执行。

二、不属于财政拨款支持范围或没有经常性财政拨款的事业单位、民间非营利组织，参加统筹地区的工伤保险。缴纳工伤保险费所需费用在社会保障缴费中列支。

三、依照或者参照国家公务员制度管理的事业单位、社会团体的工作人员，执行国家机关工作人员的工伤政策。

四、第二条、第三条规定范围以外的事业单位、民间非营利组织，可参加统筹地区的工伤保险，也可按照国家机关工作人员的有关工伤政策执行。具体办法由省级人民政府根据当地经济社会发展和事业单位、民间非营利组织的具体情况确定。

五、本通知自下发之日起施行。参加工伤保险的事业单位、民间非营利组织，其工作人员在本通知下发前已发生工伤的，其原享受的工伤待遇不变。

六、本通知所称民间非营利组织是指社会团体、基金会和民办非企业单位。

事业单位、民间非营利组织的工伤保险，关系广大职工的切身利益，涉及面广。劳动保障、人事、民政、财政等有关部门要认真履行各自的职责。各地区、各部门要密切配合，加强对事业单位、民间非营利组织工伤保险运行情况的监督和管理，确保事业单位、民间非营利组织工伤保险工作的正常开展，维护职工的合法权益，促进社会稳定和发展。重大问题请及时报告。

2005年12月29日

中共中央宣传部　劳动和社会保障部关于印发《进一步加强就业再就业工作宣传提纲》的通知

中宣发［2005］42号

各省、自治区、直辖市党委宣传部、劳动和社会保障厅（局），中央宣传文化系统各单位：

2005年11月，国务院下发了《关于进一步加强就业再就业工作的通知》（国发［2005］36号，以下简称《通知》），对下岗失业人员再就业政策进行了延续、扩展、调整和充实，明确了今后几年就业再就业工作的指导思想、目标任务、政策措施和工作要求，为做好就业再就业工作指明了方向。贯彻落实好《通知》精神，对于促进就业再就业工作，妥善解决体制转轨遗留的下岗失业人员再就业问题和重组改制关闭破产企业职工安置问题，进一步完善市场就业机制，具有重要意义。为做好有关政策的宣传工作，我们编写了《进一步加强就业再就业工作宣传提纲》，现印发给你们，请认真把握。

一、要切实加强宣传教育工作，使全社会进一步认识就业再就业工作的重要性

扩大就业，促进再就业，关系改革发展稳定的大局，关系人民生活水平的提高，关系社会主义和谐社会的建设，不仅是重大的经济问题，也是重大的政治问题，要充分认识做好这项工作的重要意义。要围绕贯彻落实《通知》精神广泛开展宣传工作，运用多种宣传手段，采取各种宣传方法，把有关政策原原本本地告诉广大群众。要通俗易懂地做好政策阐释工作，使中央关于进一步加强就业再就业工作的精神深入人心，促进就业再就业工作顺利进行。

二、各级新闻单位要坚持团结稳定鼓劲、正面宣传为主的方针，积极主动地搞好就业再就业政策和工作的宣传

各级报刊、电台、电视台和新闻网站要精心组织安排，制定报道计划，开办专栏专题，认真搞好宣传报道。要集中宣传中央对就业再就业工作的总体要求和部署安排，把各级党委、政府的思想和行动统一到《通知》精神上来，动员社会各方面的力量投入到促进就业再就业工作中去；宣传中央关于做好就业再就业工作的主要政策措施，特别是对下岗失业人员再就业的扶持政策，引导社会各有关方面认真执行好各项政策；宣传各级党委和政府积极贯彻落实《通知》精神，热情为下岗失业人员排忧解难，在加强对就业再就业工作的领导、开发就业岗位、促进城乡统筹就业、改进就业服务、强化职业培训、开展失业调控、加强就业管理等方面的好做法和好经验；宣传企业积极吸纳就业、基层单位切实落实政策的先进典型；宣传下岗失业人员在实现再就业过程中转变观念、自强自立、艰苦创业的典型事例，引导下岗失业人员解放思想，增强信心，克服困难，努力实现再就业。同时，新闻媒体还要对就业再就业和社会保障政策的落实情况进行舆论监督，为就业再就业工作营造良好氛围。

三、充分发挥基层党组织的作用，认真做好下岗失业人员的思想政治工作

促进就业再就业工作政治性、政策性很强，直接涉及广大劳动者的切身利益。要进一步加强基层党组织建设，发挥企业、街道（乡镇）、社区等党组织的政治核心作用，加大思想政治工作力度。在实施企业改制重组、关闭破产、分流安置和再就业工作过程中，必须把保障群众基本生活、促进就业和维护社会稳定作为基层党组织的主要任务。要向下岗失业人员大力宣传中央的有关方针政策，引导他们了解政策出台的背景，支持企业改革；引导他们了解就业再就业政策的具体内容，更好地运用这些政策，更快地实现再就业。要密切与下岗失业人员的联系，关心他们的疾苦，倾听他们的呼声，了解他们的思想状况，帮助他们切实解决实际困难，做好理顺情绪、化解矛盾、维护稳定的工作。

2005 年 12 月 3 日

进一步加强就业再就业工作宣传提纲

就业是民生之本，是关系亿万人民群众切身利益的大事。扩大就业，促进再就业，是当前及今后一个时期解决广大人民群众最关心、最直接、最现实问题的重大举措，也是贯彻邓小平理论和“三个代表”重要思想、全面落实科学发展观、构建社会主义和谐社会的具体体现。在全面建设小康社会的关键时期，要把扩大就业摆在经济社会发展更加突出的位置，坚持实施积极的就业政策，重点做好国有企业下岗失业人员、集体企业下岗职工和国有企业关闭破产需要安置人员的再就业工作。同时，继续做好高校毕业生、进城务工农村劳动者和被征地农民等的就业再就业工作。

为便于各地做好就业再就业政策的宣传解释工作，现就有关问题分述如下：

一、2002 年以来，贯彻落实积极的就业政策，就业再就业工作取得很大成绩

《通知》对 2002 年以来的就业再就业工作给予了肯定。2002 年 9 月，党中央、国务院召开了全国再就业工作会议，制定并下发了《关于进一步做好下岗失业人员再就业工作的通知》，重点围绕解决国有企业下岗失业人员的再就业问题，提出了积极的就业政策框架，揭开了我国就业再就业工作崭新的一页。2003 年 8 月，党中央、国务院再次召开全国再就业工作座谈会，研究解决再就业政策落实中的难点问题，把工作推向新的阶段。围绕贯彻落实中央精神，各有关部门先后制定了一系列配套政策和操作办法，各地结合实际也出台了具体的实施细则，创造性地加以落实，开始形成有中国特色的积极的就业政策体系。2004 年 9 月，国务院召开全国再就业工作表彰大会，在总结经验、表彰先进的同时，对再就业工作进行了再动员、再部署、再推动。连续三年，党中央、国务院召开三次会议，充分体现了对就业再就业工作的高度重视。

三年来，就业再就业工作取得较大进展，市场导向的就业机制逐步形成，政策促进就业的效应明显发挥，就业规模不断扩大，一大批下岗失业人员实现了再就业。2003 年至 2005 年，全国年均新增城镇就业人员 900 多万人，与 2002 年之前相比，每年多增加 200 万人。通过政策扶持和就业援助，有 1 400 万下岗失业人员实现了再就业，其中包括 300 多万大龄就业困难人员，城镇登记失业率控制在 4.3% 之内。同时，高校毕业生就业取得新的进展，农村劳动者进城务工的就业环境也有较大改善。

二、今后几年就业形势依然严峻，任务相当繁重，要坚定信心做好就业再就业工作

在充分肯定成绩的同时，还要清醒地看到，我国人口众多，劳动者充分就业的需求与劳动力总量过大、素质不相适应的矛盾将长期存在，就业结构性矛盾十分突出。因此，《通知》指出，今后几年，我国就业形势依然严峻，就业任务依然繁重。

一是劳动力供给总量不减，就业压力大。今后几年，城镇每年新增劳动力 1 000 万人，加上上年结转的 1 400 万下岗失业人员，需要安排就业的达 2 400 万人。从劳动力需求情况看，由于经济结构调整、国际贸易摩擦等因素，会使就业受到一定影响。按经济增长 8% ~9% 计算，城镇每年可新增 800 多万就业岗位，加上补充自然减员，共可实现就业 1 000万至 1 100 万人，每年城镇劳动力供大于求缺口仍在 1 300 万至 1 400 万人左右。同时，农村还有大量富余劳动力需要转移。这种供大于求的基本格局将在相当长时间里不会发生根本性改变。

二是历史遗留问题还需消化解决。国有企业和城镇集体企业下岗职工中仍有部分未就业人员，今后三年国有企业重组改制和实施政策性关闭破产还需安置一定数量的职工，国有大中型企业实行主辅分离、辅业改制，有一些职工需要分流安置，部分困难地区、困难企业、困难群体的就业问题依然存在，已实现再就业的有些还不稳定。解决这些历史遗留问题需要付出艰苦的努力。

三是新的就业矛盾逐步凸显。城镇新成长劳动力特别是高校毕业生等群体的就业问题进一步突出，农村富余劳动力向非农产业和城镇转移速度加快，这些问题需要引起高度重视，继续做好工作。

四是劳动力素质与岗位不适应的状况需要改变。许多地区和部分行业出现技能劳动者供不应求甚至严重短缺，直接影响到经济发展。下岗失业人员的技能水平和就业能力亟待提高。

在看到形势严峻、任务繁重的同时，我们也要看到，进一步做好就业再就业工作，有很多有利条件。

第一，党和政府高度重视就业再就业工作。党中央、国务院把就业再就业摆在经济社会发展更加突出的位置，高度重视，科学决策。各级党委、政府积极落实各项政策措施和目标责任，创造性地开展工作。这是做好就业再就业工作最重要的政治保证。

第二，我国经济保持较快发展将拉动就业不断增长。“十一五”时期，我国经济将保持较快增长的良好势头，经济结构调整不断推进，有利于扩大就业的产业、行业布局及经济组织形式逐步形成，这是做好就业再就业工作的重要经济基础。

第三，积极的就业政策体系更加完善。在经济社会稳定发展的情况下，就业政策的引导和扶持对促进就业再就业具有重要推动作用。贯彻落实好新的就业政策，将会创造更好的就业和创业环境。

第四，在实践中形成的就业工作管理机制，创造的丰富经验，在全社会形成的关心支持就业再就业的社会氛围，为进一步做好就业再就业工作打下了良好基础。

做好就业再就业工作有诸多有利条件，我们要坚定信心，深入贯彻落实中央的精神，把就业再就业工作做实做好，在新的历史时期取得更大发展，不辜负中央的重托，不辜负广大群众的期望。

三、今后几年就业再就业工作的指导思想和目标任务

就业再就业工作是一项长期、艰巨和复杂的任务。《通知》对今后几年就业再就业工作的指导思想和目标任务进行了明确，即：要按照科学发展观和构建社会主义和谐社会的要求，落实“十一五”时期国民经济和社会发展规划，将扩大就业摆在经济社会发展更加突出的位置，进一步贯彻落实“劳动者自主择业、市场调节就业、政府促进就业”的方针，在重点解决好体制转轨遗留的再就业问题的同时，努力做好城镇新增劳动力就业和农村富余劳动力转移就业工作，有步骤地统筹城乡就业和提高劳动者素质，探索建立市场经济条件下促进就业的长效机制。要围绕经济发展多渠道开发就业岗位，千方百计扩大就业，努力实现促进经济增长与扩大就业的良性互动。根据这一指导思想，要着重做好以下几个方面的工作：

一是基本解决体制转轨遗留的下岗失业问题，重点做好国有企业下岗失业人员、集体企业下岗职工、国有企业关闭破产需要安置人员的再就业工作，巩固再就业工作成果，增强就业稳定性。

二是努力做好城镇新增劳动力的就业工作，积极推动高校毕业生就业工作，在开发就业岗位的同时，大力提升劳动者职业技能和创业能力。

三是改善农村劳动者进城就业环境，积极推进城乡统筹就业。

四是加强失业调控，将城镇登记失业人数控制在合理范围内，减少长期失业人员数量。

五是加快就业法制建设，逐步建立就业与社会保障二作的联动机制。

四、新政策承前启后，突出解决历史遗留问题的重点，提出探索完善市场就业机制的要求

这次新的就业政策出台，是国务院在“十一五”规划即将开始实施时作出的又一重大决策，具有承前启后的作用。2002 年以来，通过实施一系列扶持政策，大批下岗失业人员实现了再就业。但由于原有政策执行时间比较短，政策对象和覆盖面较窄，一些操作办法还不够完善。这次新出台的就业政策延长了税费减免、小额担保贷款贴息等项政策的执行时间，同时扩大了《再就业优惠证》发放范围，增加了扶持政策项目，调整了税收优惠等政策的操作办法。通过对原有政策的延续、扩展、调整和充实，对就业再就业的支持和扶助力度更大，实效更强。

第一，体现在努力实现促进经济增长与扩大就业的良性互动，把深化改革、促进发展、调整结构与扩大就业有机结合起来，确立有利于扩大就业的经济结构和增长模式。第二，体现在促进就业的五条主要途径上，包括鼓励支持劳动者自谋职业和自主创业，引导激励企业更多吸纳就业，开发公益性岗位帮助就业困难对象实现再就业，搞好主辅分离辅业改制平稳转移富余人员，提高就业困难对象从事灵活就业的稳定性。第三，体现在强化政府促进就业的公共服务职能，健全就业服务体系，同时加快建立政府扶助、社会参与的职业技能培训机制。第四，体现在加强就业的城乡统筹和宏观管理，进行失业调控，努力减少失业。第五，体现在进一步完善社会保障体系，建立与促进就业的联动机制。

新的就业政策特别强调要重点解决历史遗留问题。今后几年，就业工作仍处于新旧体制的转轨时期。目前改革正处在攻坚阶段，国有企业改革任务很重，下岗失业人员再就业仍是最紧迫、最突出的问题。一方面，受就业岗位有限的影响，有一部分国有企业和集体企业下岗职工还没有实现再就业，同时可能还有新的增加。他们由于年龄偏大，技能单一，参与市场竞争就业的能力弱，再就业面临许多困难。另一方面，已经就业的下岗失业人员有一部分就业不稳定。他们上有老、下有小，家庭负担重，如果不能再就业或再次失业，仅靠失业保险金或“低保”补差生活比较困难。这些下

岗失业人员过去曾为国有企业发展和国家建设做出过贡献，理应得到国家和社会的关心和帮助。因此，新的就业政策把基本解决体制转轨遗留的下岗失业问题作为今后几年就业再就业工作的重中之重，针对他们市场竞争就业能力弱的现实，要求继续通过税费减免、社保补贴、小额担保贴息贷款、公益性岗位安置等政策，支持和帮助他们实现再就业。

建立和完善市场就业机制，符合社会主义市场经济规律，是我国就业再就业工作的发展方向。新政策在明确工作重点的同时，也提出了市场经济条件下有步骤地统筹城乡就业和提高劳动者素质的要求，为建立市场就业机制奠定基础。考虑到新成长劳动力和广大农村富余劳动力在市场就业中具有一定竞争力，新政策在完善市场就业机制、改善就业创业环境、加强培训提高素质等方面，通过小额担保贷款、职业培训和职业介绍补贴等政策，激发他们的潜能，铺平就业的道路，促进他们实现自谋职业、自主创业和竞争就业。

五、加大力度，鼓励支持自谋职业和自主创业

自谋职业和自主创业是劳动者实现就业的重要途径。为了鼓励扶持更多劳动者自谋职业和自主创业，《通知》提出，要继续实行税费减免、小额担保贷款政策。

对持《再就业优惠证》人员从事个体经营的（国家限制的行业除外），在规定限额内依次减免营业税、城市维护建设税、教育费附加和个人所得税，并免收属于管理类、登记类和证照类的各项行政事业性收费，期限最长不超过3年。这一政策适用于国有企业下岗失业人员，国有企业关闭破产需要安置的人员，厂办大集体企业下岗职工，享受城市居民最低生活保障且失业1年以上的城镇其他登记失业人员，主要是考虑这部分人员再就业难度大，从事个体经营后需要一个增强竞争能力的过程，有必要通过减免税费，减轻经营负担，帮助他们解决开业时的困难，并逐步稳定下来。实行定额依次减免四种税收，即先规定一个免税额，在限额内先减免营业税，未达到限额的，再依次减免其他税种，这样既照顾到多数经营者的需求，给予相应扶持，也使税收操作办法更加完善，更方便执行。

对持《再就业优惠证》人员和城镇复员转业退役军人从事个体经营自筹资金不足的，可提供小额担保贷款，贷款额度一般掌握在2万元左右，贷款期限最长不超过2年，到期确需延长的，可展期1次。对合伙经营和组织起来就业的，可根据人数和经营项目扩大贷款规模。对利用上述两类贷款从事微利项目的，由中央财政据实全额贴息（展期不贴息），具体项目由各地结合实际确定。对其他城镇登记失业人员申请小额担保贷款并从事微利项目的，由财政给予50%的贴息。从事个体经营、合伙经营和组织起来就业，需要一定的开业和周转资金。实行这一政策，可以帮助他们解决资金筹措问题并减轻利息负担。与商业性贷款不同的是，这一贷款由政府出资进行担保，信用度高，手续简便。另外，贷款贴息项目由各地确定，也更好地适应不同地区的实际情况，增加了灵活性。

六、提供优惠，引导激励企业更多吸纳就业

实践证明，企业吸纳就业仍是解决就业再就业的重要途径之一。为了鼓励企业更多吸纳就业，《通知》要求，要继续实行税收减免、社会保险补贴和贷款政策。

对商贸企业、服务型企业（国家限制的行业除外）、劳动就业服务企业中的加工型企业和街道社区具有加工性质的小型企业实体，在新增加的岗位中，当年新招用持《再就业优惠证》人员，与其签订1年以上期限劳动合同并缴纳社会保险费的，按实际招用人数，在相应期限内定额依次减免营业税、城市维护建设税、教育费附加和企业所得税，期限最长不超过3年。商贸、服务型等企业吸纳就业的容量大，不需要复杂的职业技能，更适合下岗失业人员的特点。享受这一政策，必须具备以下条件：一是企业生产经营发展，增加了新的工作岗位。二是必须招用持《再就业优惠证》的人员。三是要与新招用人员签订1年以上的劳动合同并为其缴纳社会保险费。这样规定，是为了让这部分人员享受社会保险的权益，尽可能稳定就业。税收优惠方式实行按实际招用人数定额依次减免，既坚持了扶持和鼓励的原则，也加大了扶持力度，使企业每招用一个人，都能享受到减免税收政策，同时方便操作，防止税收征管出现漏洞。对商贸企业和服务型企业招用持《再就业优惠证》人员的，在相应期限内还给予社会保险补贴，期限最长不超过3年。社会保险补贴标准按企业应为所招人员缴纳的养老、医疗和失业保险费计算，个人应缴纳的养老、医疗和失业保险费仍由本人负担。实行社会保险补贴政策，可以减轻企业的用工成本，引导他们更多吸纳就业。下岗失业人员找到了新工作，接续了社会保险关系，可以解除后顾之忧。另外，在原来提供养老和失业保险补贴的基础上，增加了医疗保险项目，有利于解决这部分人“病有所医”的问题。

另外，对符合贷款条件的劳动密集型小企业，在新增加的岗位中，新招用持《再就业优惠证》人员达到企业现有在职职工总数30%以上，并与其签订1年以上期限劳动合同的，根据实际招用人数，可提供最高不超过人民币100万元的贷款。劳动密集型小企业数量大，就业人数多，通常又面临资金不足的问题，实行这一政策，为他们提供资金支持，对促进企业发展、更多吸纳就业具有积极作用。

七、提供援助，帮助就业困难对象实现再就业

政府投资开发公益性就业岗位，优先安排就业困难对象，是解决这一群体就业问题的有效途径。为了开发更多公益性岗位，帮助就业困难对象实现稳定就业，《通知》要求，要继续实行社会保险和岗位补贴政策。

在公益性岗位安排就业困难对象，并与其签订1年以上期限劳动合同的，按实际招用的人数，在相应期限内给予社会保险补贴。社会保险补贴标准按单位应为所招人员缴纳的养老、医疗和失业保险费计算。上述“4050”人员在公益性岗位工作超过3年的，社会保险补贴期限可相应延长。同时，各地可根据实际对就业困难对象在公益性岗位工作的，提供适当的岗位补贴，补贴标准由当地政府确定。

政府投资开发公益性就业岗位，比如社区劳动保障协管员、交通协管员、治安协管员等，一方面可以满足服务社会公众的需求，使群众享受到更安全、更清洁的环境，得到更方便的社会服务，另一方面也有效地解决了就业困难人员的再就业问题。这一政策适用于国有企业下岗失业人员、厂办大集体企业下岗职工和国有企业关闭破产需要安置人员中的“4050”人员，享受城市居民最低生活保障、就业确有困难的长期失业人员。为在公益性就业岗位工作的人员提供社会保险补贴，有利于帮助他们接续社会保险关系，解除后顾之忧。同时，也有必要提供适当的岗位补贴，以使他们收入达到一定水平。考虑到这部分人中的“4050”人员年龄偏大，再就业困难，为了帮助他们在公益性岗位上长期稳定下来，有必要对他们采取特殊政策，将社会保险补贴期限根据其工作期限相应延长。

同时，为帮助从事灵活就业的就业困难对象实现稳定就业，对持《再就业优惠证》的“4050”人员灵活就业后，申报就业并参加社会保险的，给予一定数额的社会保险补贴，期限最长不超过3年。

八、平稳转移，做好主辅分离辅业改制安置富余人员工作

通过政策扶持，引导国有大中型企业实行主辅分离、辅业改制分流安置富余人员，是解决企业富余人员再就业、减少社会失业的一条有效途径。为了鼓励企业利用这一方式分流安置富余人员，《通知》要求，要继续实行税收减免政策。

继续鼓励国有大中型企业实行主辅分离、辅业改制，充分利用原企业的非主业资产、闲置资产和关闭破产企业的有效资产，改制创办面向市场、独立核算、自负盈亏的法人经济实体（国家限制的行业除外），分流安置企业富余人员。对于产权明晰并逐步实现产权多元化、吸纳原企业富余人员达到30%以上，并与其变更或签订新的劳动合同的，3年内免征企业所得税。

实行这一政策，不仅有利于国有企业精干和加强主业，增强市场竞争力，也有利于辅业分流安置富余人员，实现从岗位到岗位的平稳转移，减少转入社会的失业人员数量。这是国家为稳定就业、减少失业采取的重大举措。这一政策既明确了对改制后的辅业企业在资产利用方面提供的支持，也明确了在税收方面的支持。同时，鼓励辅业企业实现产权多元化，符合改革的方向，有利于企业的长远发展。

九、推进城乡统筹就业

建立统一的劳动力市场，实现城乡统筹就业是我国就业的发展方向。《通知》要求，要促进城乡统筹就业的进一步发展。

要建立覆盖城乡的就业管理服务组织体系，统筹管理城乡劳动力资源和就业工作。要改善农民进城就业环境，取消农村劳动力进城务工和跨地区就业的限制，完善农村劳动者进城务工和跨地区就业合法权益保障的政策措施。在有条件的地区开展城乡一体化劳动力市场的试点工作。通过多方面努力，探索路子，积累经验。

十、以人为本，改进就业服务工作

实践证明，公共就业服务制度在促进就业中具有重大作用。《通知》要求，进一步完善公共就业服务制度。

要按照制度化、专业化、社会化的要求，全面推进“以人为本”的就业服务，提高公共就业服务质量和效率。要对持《再就业优惠证》人员、城镇其他登记失业人员，以及进城登记求职的农村劳动者提供免费的职业介绍服务。要发展和规范各种专业性职业中介机构和劳务派遣、职业咨询指导、就业信息服务等社会化服务组织，鼓励和指导社会各类职业中介机构为城乡劳动者提供诚信、有效的就业服务。要完善职业介绍补贴政策，建立与服务成效挂钩的机制，对提供免费职业介绍服务的各类职业中介机构给予补贴。

要加强劳动力市场信息系统建设。按照“金保工程”建设的总体要求，对劳动力市场信息系统建设进行统一规划，整体推进。要优化业务流程，逐步实现就业服务和失业保险业务的全程信息化。要实现各级公共就业服务机构的信息联网，完善网上职业介绍功能，为劳动力供求双方提供方便快捷的信息服务。

街道（乡镇）社区劳动保障工作平台为再就业政策落实发挥了基础作用。要依托街道（乡镇）社区劳动保障工作平台建立再就业援助制度，对就业困难对象实施重点帮助，提供有针对性的就业服务和公益性岗位援助。要进一步完善服务功能，健全工作手段，加强基础管理。要积极探索建立信用社区、创业培训与小额担保贷款的联动机制，支持下岗失业人员自谋职业和自主创业。

十一、强化职业培训，提高劳动者素质

针对部分劳动者素质不适应劳动力市场需要的问题，《通知》要求，要强化职业培训。

落实科教兴国战略和人才强国战略，大力发展职业教育，加快人力资源开发，全面提高劳动者素质，是促进就业再就业的重大举措。“十一五”期间，要推动各种形式的职业培训进一步发展，每年培训城乡劳动者上亿人次，使我国劳动者的素质得到明显提高。要广泛发动全社会教育培训资源，继续完善“政府主导、依靠企业、充分发挥行业作用、社会力量积极参与、公办和民办共同发展”的多元办学格局，坚持“以服务为宗旨、以就业为导向”的职业教育办学方针，提高城乡劳动者的就业能力、工作能力、职业转换能力以及创业能力，促进学习型社会建立。要实施国家技能型人才培养培训工程，加快生产、服务一线急需的技能型人才的培养，特别是现代制造业、现代服务业紧缺的高素质高技能专门人才的培养。要根据进城务工农村劳动者的特点和就业需求，开展有较强针对性、实用性的培训并提供职业技能鉴定服务，实施国家农村劳动力转移培训工程，促进农村劳动力合理有序转移和农民脱贫致富，提高进城务工农村劳动者的职业技能，帮助他们在城镇稳定就业。要充分发挥创业带动就业的倍增效应，对有创业愿望和具备创业条件的城乡劳动者开展创业培训，并提供开业指导、项目开发、小额担保贷款、跟踪服务等“一条龙”服务，为创业培训结业者提供小额担保贷款资金扶持，努力做好后续服务，提高创业的成功率。要加强职业技能实训和技能鉴定服务工作。在有条件的地区建设公共实训基地。要为参加职业培训的下岗失业人员提供职业技能鉴定服务，对持《再就业优惠证》人员通过初次技能鉴定、生活确有困难的，可申领一次性职业技能鉴定补贴。

十二、开展失业调控，保持就业局势稳定

解决好就业问题，既要通过发展经济、实施积极就业政策促进和扩大就业，也要采取有效措施，综合运用法律的、经济的和必要的行政手段，从源头上调控失业，预防失业人员总量增长过快、失业人员过于集中、长期失业人员比重偏大等问题，缓解失业引发的各种矛盾，把失业造成的危害减少到最低。《通知》要求，要开展失业调控工作。

要稳步推进国有企业重组改制和关闭破产工作，严格审核并监督落实职工安置工作方案，规范企业操作行为，维护职工合法权益。职工安置方案须经企业职工代表大会或职工大会讨论通过，凡职工安置方案和社会保障办法不明确、资金不落实的企业，不得进入重组改制和破产程序。要严格把好事前、事中、事后几个过程中的关键环节。在企业关闭破产准备阶段，要深入宣传政策，帮助职工了解政策内容和操作程序并加强对企业关闭破产过程中职工安置工作的监督指导。企业关闭破产终结后，要及时做好职工分流安置和社会保障工作，并妥善处理遗留问题。

要规范企业裁员行为。切实加强对企业裁员行为的指导，对于企业成规模裁员的，方案要经职工代表大会讨论。一次裁员超过一定数量和比例的，要事先向当地政府报告。凡不能依法支付解除劳动合同的经济补偿金并妥善解决拖欠职工债务的，不得裁减人员。要引导企业所有者和经营者树立社会责任意识，承担相应责任。要加强集体协商制度建设，通过政府、企业和职工三方协商机制，协调好企业和职工利益，增强职工就业的稳定性。

要妥善处理好并轨遗留问题。1998 年，中央决定在全国普遍建立国有企业下岗职工基本生活保障制度，保障下岗职工基本生活，帮助其再就业。7 年来，共有 2 700 多万下岗职工通过这一制度得到了有效帮助，不仅解决了基本生活问题，而且大多数通过各种形式实现了再就业。作为一项过渡性保障措施，下岗职工基本生活保障制度已经基本完成历史使命。从 2006 年起，企业新裁减人员要通过劳动力市场实现再就业，没有实现再就业的，通过按规定享受失业保险和城市居民最低生活保障待遇保障基本生活，通过落实就业政策帮助他们实现再就业。对一些地区并轨后的遗留问题，要继续采取有效措施，帮助并轨人员尽快实现再就业，妥善解决社会保险关系接续和劳动关系处理问题，确保社会和企业稳定。

要建立失业预警机制，制定预案和相应措施，应对可能出现的就业局势不稳定问题。对因国内国际经济形势发生重大变化直接影响就业的行业和企业，以及失业压力大的困难地区、困难行业，要及时采取专项政策措施，努

力减少失业，保持就业局势稳定。

十三、加强就业管理，促进劳动力市场健康发展

加强管理，特别是规范劳动力市场秩序，是做好就业工作的重要内容。为了促进劳动力市场健康发展，《通知》要求，要加强就业管理。

要深化劳动力市场制度改革，打破劳动力市场城乡、地区的分割。规范劳动力市场秩序，切实维护城乡劳动者合法权益。定期开展劳动力市场清理整顿活动，加强对各类职业中介行为的监管，严厉打击劳动力市场中的违法乱纪行为，规范劳动者求职、用人单位招工和职业中介行为。建立劳务派遣行政许可制度，规范劳务派遣行为。要加强劳动保障执法监察工作，充实队伍，加大力度，严格禁止和坚决纠正超时工作、不签订劳动合同、故意压低和拖欠工资、不按规定履行社会保险参保缴费义务以及随意裁员等突出问题。

要完善就业和失业统计制度。加强失业登记统计工作，通过街道（乡镇）社区劳动保障工作平台方便失业人员登记，及时了解失业人员动态变化情况。同时，建立劳动力抽样调查制度，定期开展全国城镇劳动力调查，准确掌握全国劳动力市场供求变化，为制定经济社会和就业政策提供可靠依据。

要加快推进就业工作法制化建设。认真总结就业再就业的工作经验，把实践证明行之有效的政策措施通过法律法规固定下来，增强执行力度，逐步形成市场经济条件下解决就业问题的长效机制。

十四、建立社会保障与促进就业的联动机制

国内外实践证明，社会保障政策对就业有着直接而重大的影响。通过政策引导和帮助更多的劳动者通过就业提高生活水平，是处理促进就业与社会保障关系的正确方向。为了有效衔接社会保障与促进就业的关系，《通知》提出，要进一步完善社会保障制度，建立与促进就业的联动机制。

要建立就业与失业保险、城市居民最低生活保障工作的联动机制。切实保障享受失业保险和城市居民最低生活保障人员的基本生活，进一步完善失业保险金和城市居民最低生活保障金的申领办法，结合其求职和参加职业培训的情况完善申领条件，健全促进就业的激励约束机制，促进和帮助享受失业保险和城市居民最低生活保障的人员尽快实现就业，并妥善处理好其就业后的生活保障和社会保险问题。同时，要合理确定失业保险和城市居民最低生活保障水平，拉开最低工资标准、失业保险金标准、城市居民最低生活保障标准之间的距离，分清层次，相互衔接，形成合理配套的标准体系。

要进一步加强对失业人员和城市居民最低生活保障对象的基础管理。充分发挥街道（乡镇）社区劳动保障工作平台的职能作用，加强劳动保障、民政等部门的沟通合作，及时掌握失业人员和城市居民最低生活保障对象的就业及收入状况，实施有针对性的帮助和服务。

要进一步发挥失业保险制度促进再就业的功能。失业保险具有保障基本生活、促进就业的双重功能，在保障基本生活的同时，充分发挥促进就业功能是就业再就业工作的需要，也是失业保险制度的发展方向。《通知》要求，东部地区在认真分析失业保险基金收支、结余状况，统筹考虑地方财政就业再就业资金安排的前提下，可以结合本地实际进行适当扩大失业保险基金支出范围试点。实行这一政策，可以为失业人员实现再就业提供更多的帮助，也有利于探索支持企业减少裁员、实现稳定和扩大就业的新路子。同时，可有效增加用于促进就业的资金，为更好地落实就业再就业政策提供支持。先在东部地区试点，是考虑到这一地区经济发展较快、失业保险基金承受能力较强、基础管理工作较扎实，有条件先行一步，积累经验后再逐步推广。

十五、加强领导，增加投入，努力实现就业再就业工作目标任务

今后几年，就业再就业工作任务依然繁重。为了全面完成就业再就业工作目标任务，《通知》提出，要继续加强组织领导，动员全社会力量广泛参与就业再就业工作。

各级政府和各有关部门要继续巩固和强化就业再就业工作目标责任制，继续把新增就业人员和控制失业率纳入国民经济和社会发展宏观调控指标。要把解决体制转轨遗留的下岗失业问题、促进城镇新增劳动力就业、推进城乡统筹就业、加强失业调控、实现就业与社会保障的联动作为主要目标任务，层层分解，并纳入政绩考核的重要内容，定期进行督促检查。

要进一步加强对就业再就业工作的领导和统筹协调。国务院决定，将再就业工作部际联席会议制度调整为就业工作部际联席会议制度，扩大其职责范围，以适应新形势下就业再就业工作发展的需要。同时，要求地方各级政府也要对联席会议制度作相应调整，形成统一领导、分工协作的工作机制。

要根据就业形势变化和就业工作需要，积极调整财政支出结构，加大资金投入，将促进就业再就业资金列入财政预算。考虑到中西部地区和老工业基地的实际情况，中央财政将继续通过专项转移支付的方式给予补助。

要充分发挥各民主党派、工商联和工会、共青团、妇联等人民团体在协助政府制定政策、团结各方积极参与，以及宣传动员、社会监督、帮助群众创业就业等方面的积极作用，形成全社会共同参与，齐心协力做好就业再就业工作的局面。

财政部　国家税务总局关于下岗失业人员再就业有关税收政策问题的通知

财税［2005］186号

各省、自治区、直辖市、计划单列市财政厅（局）、国家税务局、地方税务局，新疆生产建设兵团财务局：

为促进下岗失业人员再就业工作，根据《国务院关于进一步加强就业再就业工作的通知》（国发［2005］36号）精神，经国务院同意，现就下岗失业人员再就业有关税收政策问题通知如下：

一、对商贸企业、服务型企业（除广告业、房屋中介、典当、桑拿、按摩、氧吧外）、劳动就业服务企业中的加工型企业和街道社区具有加工性质的小型企业实体，在新增加的岗位中，当年新招用持《再就业优惠证》人员，与其签订1年以上期限劳动合同并依法缴纳社会保险费的，按实际招用人数予以定额依次扣减营业税、城市维护建设税、教育费附加和企业所得税优惠。定额标准为每人每年4 000元，可上下浮动20%，由各省、自治区、直辖市人民政府根据本地区实际情况在此幅度内确定具体定额标准，并报财政部和国家税务总局备案。

按上述标准计算的税收扣减额应在企业当年实际应缴纳的营业税、城市维护建设税、教育费附加和企业所得税税额中扣减，当年扣减不足的，不得结转下年使用。

对2005年底前核准享受再就业减免税政策的企业，在剩余期限内仍按原优惠方式继续享受减免税政策至期满。

二、对持《再就业优惠证》人员从事个体经营的（除建筑业、娱乐业以及销售不动产、转让土地使用权、广告业、房屋中介、桑拿、按摩、网吧、氧吧外），按每户每年8 000元为限额依次扣减其当年实际应缴纳的营业税、城市维护建设税、教育费附加和个人所得税。纳税人年度应缴纳税款小于上述扣减限额的以其实际缴纳的税款为限；大于上述扣减限额的应以上述扣减限额为限。

对2005年底前核准享受再就业减免税优惠的个体经营人员，从2006年1月1日起按上述政策规定执行，原政策优惠规定停止执行。

三、对国有大中型企业通过主辅分离和辅业改制分流安置本企业富余人员兴办的经济实体（从事金融保险业、邮电通讯业、娱乐业以及销售不动产、转让土地使用权，服务型企业中的广告业、桑拿、按摩、氧吧，建筑业中从事工程总承包的除外），凡符合以下条件的，经有关部门认定，税务机关审核，3年内免征企业所得税。

1. 利用原企业的非主业资产、闲置资产或关闭破产企业的有效资产；

2. 独立核算、产权清晰并逐步实行产权主体多元化；

3. 吸纳原企业富余人员达到本企业职工

总数30%以上（含30%），从事工程总承包以外的建筑企业吸纳原企业富余人员达到本企业职工总数70%以上（含70%）；

4. 与安置的职工变更或签订新的劳动合同。

四、本通知所称的下岗失业人员是指：(1) 国有企业下岗失业人员；(2) 国有企业关闭破产需要安置的人员；(3) 国有企业所办集体企业（即厂办大集体企业）下岗职工；(4) 享受最低生活保障且失业1年以上的城镇其他登记失业人员。

五、本通知所称的国有企业所办集体企业（即厂办大集本企业）是指20世纪七八十年代，由国有企业批准或资助兴办的，以安置回城知识青年和国有企业职工子女就业为目的，主要向主办国有企业提供配套产品或劳务服务，在工商行政机关登记注册为集体所有制的企业。

厂办大集体企业下岗职工包括在国有企业混岗工作的集体企业下岗职工。对特别困难的厂办大集体企业关闭或依法破产需要安置的人员，有条件的地区也可纳入《再就业优惠证》发放范围，具体办法由省级人民政府制定。

本通知所称的服务型企业是指从事现行营业税“服务业”税目规定经营活动的企业。

六、上述优惠政策审批期限为2006年1月1日至2008年12月31日。税收优惠政策在2008年底之前执行未到期的，可继续享受至3年期满为止。此前规定与本通知不一致的，以本通知为准。如果企业既适用本通知规定的优惠政策，又适用其他扶持就业的优惠政策，企业可选择适用最优惠的政策，但不能累加执行。

国家今后对税收制度进行改革，有关税收优惠政策按新的税收规定执行。

请遵照执行。

2006年1月23日

劳动和社会保障部关于贯彻实施台湾香港澳门居民在内地就业管理规定有关问题的通知

（劳社部函［2005］90号）

各省、自治区、直辖市劳动和社会保障厅（局）：

《台湾香港澳门居民在内地就业管理规定》（以下简称《规定》）已于2005年6月14日以劳动和社会保障部第26号令公布实施。为做好《规定》的贯彻实施工作，现就有关问题通知如下：

一、认真学习《规定》，制定贯彻落实措施

《规定》是《劳动法》的配套法规，是适应当前新形势对1994年发布的《台湾和香港、澳门居民在内地就业管理规定》的修订。《规定》的实施，对于保护台湾居民、香港和澳门居民中的中国公民（以下简称台、港、澳人员）在内地就业的合法权益，加强内地用人单位聘雇台、港、澳人员的工作，具有积极作用。各地要组织有关工作人员进行认真学习，全面理解和正确掌握《规定》的各项要求，并结合本地实际，制定贯彻落实《规定》的具体实施方案和时间表，提出明确的目标、任务和工作计划，确保《规定》的全面贯彻和实施。

二、切实将《规定》的各项要求落到实处

《规定》放宽了台、港、澳人员在内地就业应具备的条件和在内地就业的岗位条件；简化了台、港、澳人员在内地就业的手续，将办理就业证的权限下放到地（市）级劳动保障部门；增加了用人单位应为被聘雇的台、港、澳人员缴纳社会保险费的规定；强化了用人单位聘雇或者接受被派遣台、港、澳人员实行备案制度；取消了台、港、澳人员就业证延期和年检手续。各地要按《规定》的要求，尽快制定和完善相应工作措施和具体操作办法，指导地（市）级劳动保障部门做好相关的管理和服务工作。要按照《社会保险费征缴暂行条例》和《工伤保险条例》等法规要求，完善用人单位和台、港、澳人员缴纳社会保险费办法，社会保险经办机构根据统一编码要求，为已参保的台、港、澳人员建立终身不变的基本养老个人账户。

三、结合当地实际，开展多种形式的宣传活动

各地要结合本地实际情况开展宣传活动，进行咨询服务和宣传动员。要充分利用电视、广播、报刊、信息网络等媒介，大力宣传台、港、澳人员在内地就业政策，就业手续，合法权益的保护等内容，为《规定》的贯彻实施创造一个良好的社会环境。

四、加强用人单位和台、港、澳人员就业管理

各地要将贯彻落实《规定》与加强台、

港、澳人员在内地就业管理结合起来。要按《规定》的具体要求，规范用人单位的招聘行为和台、港、澳人员在内地就业行为，依法保障其合法权益。要在《规定》实施前，对用人单位聘雇台、港、澳人员情况进行一次全面检查，在检查中宣传政策、执行政策。凡符合条件，尚未办理相关就业手续的，要补办相关手续；对不符合条件的，要依法进行处理，保证《规定》的全面贯彻落实。请各地于10月20日前，将本地开展台、港、澳人员就业的检查情况报我部。

2005年7月4日

劳动和社会保障部　中华全国总工会 中国企业联合会/中国企业家协会关于进一步加强劳动争议调解工作的通知

劳社部函［2005］180号

各省、自治区、直辖市劳动和社会保障厅(局)，总工会，企业联合会/企业家协会：

多年来，在各级党委、政府的领导下，各地劳动争议调解工作在和谐劳动关系、促进企业发展等方面发挥了重要作用。但由于近年国有企业改制重组、关闭破产，以及大量非公有制企业工会组建滞后等因素的影响，一些地区的企业劳动争议调解组织出现萎缩，劳动争议调解工作有所弱化。为适应市场经济条件下协调劳动关系的迫切需要，最大限度地把劳动争议解决在基层，化解在萌芽状态，切实维护劳动争议当事人合法权益，保持社会稳定，现就进一步加强劳动争议调解工作提出如下意见：

一、高度重视新形势下的劳动争议调解工作

党的十六届四中全会强调，要建立健全社会利益协调机制，综合运用政策、法律、经济、行政等手段和教育、协商、调解等方法，依法及时合理地处理群众反映的问题，妥善协调各方利益关系，正确处理人民内部矛盾。劳动争议是社会利益矛盾的突出表现，调解是及时化解劳动争议的重要手段。当前我国企业改革和经济结构战略性调整步伐加快，劳动关系日趋复杂，劳动争议不断增多，切实加强劳动争议调解工作，对于有效维护劳动争议当事人双方合法权益，促进劳动关系的和谐稳定，推动经济和社会协调发展以及构建社会主义和谐社会具有十分重要的作用。各级劳动保障部门、工会组织、企业联合会、企业家协会要按照十六届四中全会决定的要求，认真贯彻邓小平理论和“三个代表”重要思想，坚持以人为本的科学发展观，从构建社会主义和谐社会的高度出发，充分认识新形势下进一步加强劳动争议调解工作的重要性与紧迫性，把这项工作摆到重要议事日程，增强使命感和责任感，忠实履行职责，努力构建多层次、广覆盖的劳动争议调解网络，推动劳动争议调解工作取得新进展。

二、进一步发挥企业劳动争议调解委员会的作用

企业劳动争议调解委员会是法律规定建立在企业内部的从事劳动争议调解工作的专门组织，在宣传劳动保障法律法规，预防化解劳动争议，督促劳动争议双方当事人履行调解协议，促进企业劳动关系和谐稳定方面发挥着重要作用。各地要针对目前存在的企业劳动争议调解委员会数量下滑、作用弱化等突出问题，研究采取有力措施，指导、督促企业和实行企业化管理的事业单位依法建立健全劳动争议调解委员会，配齐调解人员，落实工作职责，完善工作制度。规模较大、人数较多的企业，要配备专职调解人员。要督促企业依法落实调解委员会的办公经费和办公条件，支持调解人员依法开展调解活动，充分发挥调解委员会预防和化解劳动争议的作用。

三、积极推进区域性、行业性劳动争议调解组织建设

建立由协调劳动关系三方或多方组成的区域性、行业性劳动争议调解组织，是近年来部分地区在开展劳动争议处理工作中的制度创新。实践证明，开展区域性、行业性劳动争议调解顺应了劳动争议调解工作的发展需要，有利于扩大调解工作的覆盖面，增强调解工作的权威性和实效性；有利于强化劳动争议调解工作的指导，及时化解未建立劳动争议调解委员会企业的劳动争议以及跨区域、跨行业的劳动争议；各地要从实际出发，在当地党委政府的领导下，将劳动争议调解纳入“保一方平安，促一方稳定”的维稳大调解格局，积极推动在小型非公有制企业和外商投资企业比较集中的乡（镇）、街道、社区，建立区域性、行业性劳动争议调解组织，配备专门人员，开展调解工作。在非国有经济占比重较大的县（市），也可以探索建立区域性、行业性劳动争议调解组织。要研究完善区域性、行业性劳动争议调解组织的制度建设和机制建设，加强与劳动争议仲裁机构和人民调解组织的协调配合，逐步形成企业调解、区域性（行业性）调解、人民调解和仲裁调解相结合的劳动争议调解体系，有效发挥劳动争议调解工作“第一道防线”的作用。

四、大力加强劳动争议预防和预警工作

“调防结合，以防为主”是劳动争议调解的基本原则。建立劳动争议预警机制，加强劳动争议预防，是协调劳动关系、化解争议苗头，防止发生群体性突发事件的重要措施。预防劳动争议，首要任务是指导企业树立以人为本的管理理念，建立健全劳动合同制度和平等协商集体合同制度，建立和完善职工代表大会制度，形成理念科学、管理规范、民主参与、运转高效的劳动管理架构，保证广大职工对于涉及自身利益的重大问题的知情权、参与权和监督权得到切实落实。当前要把企业改制重组、关闭破产等影响劳动关系重大变化的问题作为预防工作的重点，指导企业劳动争议调解委员会参与重大改革方案的制定，协助做好人员安置等工作，依法维护职工的切身利益，确保改革的顺利进行。要把劳动保障法律法规的宣传教育作为劳动争议预防工作的重要内容，扎实开展对职工和企业经营管理人员的劳动保障法律法规培训工作，通过多头并举、源头入手，有效预防劳动争议的发生。

要高度重视劳动争议预警体系建设。充分整合资源，形成有效联动，切实发挥各级劳动争议调解组织的预防功能，通过建立企业劳动争议信息员制度、地方协调劳动关系三方成员信息通报协调制度等，推动建立三方共同负责的自下而上的劳动争议预警机制，通过预测、预报和预防等措施，有效排查劳动争议隐患，及时化解纠纷苗头。对可能引发群体性突发事件的重大问题，要在第一时间将情况上报有关部门，积极采取应对措施，最大限度减少社会震荡。

五、切实加强劳动争议调解工作规范化建设和机制创新

加强规范化建设，是提升劳动争议调解工作整体水平的必然要求。各级劳动保障部门、工会组织和企业联合会、企业家协会要紧密结合实际，加强调查研究，逐步建立、健全调解工作相关制度。要健全工作考核标准及办法，研究建立调解员持证上岗、专业培训考核、调解责任、统计分析、信息通报、文书和档案管理等制度，推动劳动争议调解工作规范、有序地进行。

坚持与时俱进，加强机制创新。要适应劳动争议处理体制改革的需要，积极研究劳动争议调解工作的改革思路，包括劳动争议调解工作组织体系、调解程序、基本制度、调解效力等。要研究解决区域性、行业性劳动争议调解组织的法律地位、工作程序和制度、劳动争议调解协议书的法律效力等实际问题，探索劳动争议调解和劳动争议仲裁的有效衔接；要研究建立劳动争议调解员社会考核录用制度，建设专业化调解队伍；要逐步整合区域和行业层面的劳动争议调解与集体协商机制功能，建立符合市场经济要求的劳动争议处理新机制。

六、加强领导，统筹协调，推进劳动争议调解工作深入发展

各级劳动保障部门、工会组织和企业联合会、企业家协会要密切配合，明确分工，建立责任制，把劳动争议调解工作列入劳动关系三方协调组织的重要议程，切实加强对劳动争议调解工作的领导。三方协调组织可设立劳动争议处理专门委员会，具体负责包括劳动争议调解在内的劳动争议处理工作重大事项。要在调查摸清现状和底数的基础上，制定本地区劳动争议调解工作阶段性发展规划，并认真组织落实，推动劳动争议调解工作深入发展。要加强对调解工作人员的培训工作，制定可行的培训计划，力争在两至三年内对在岗调解工作人员进行普遍轮训，切实提高调解人员的政治业务素质和实际工作能力。要与立法等机关加强协调，推动相关地方立法和政策制定，为劳动争议调解工作有效开展提供法律和政策支持。要及时总结、推广实践中的典型经验，扩大宣传，表彰先进，加强对劳动争议调解工作的指导。从强化组织建设、创新机制、加强制度建设、促进作用发挥等方面入手，整体推进劳动争议调解工作，切实维护劳动关系和谐稳定，为构建社会主义和谐社会做出贡献。

2005 年 8 月 4 日

劳动和社会保障部办公厅关于劳动保障监察案件撤销立案事项的通知

劳社厅发［2005］12号

各省、自治区、直辖市劳动和社会保障厅（局）：

根据《劳动保障监察条例》和《关于实施〈劳动保障监察条例〉若干规定》，为进一步规范劳动保障监察行为，提高劳动保障监察办案效率，现对劳动保障行政部门有关劳动保障监察案件撤销立案的事项通知如下：

劳动保障行政部门劳动保障监察案件立案后经调查，对有下列情形之一的，可以撤销立案。

（一）违法事实不能成立的；

（二）违法情节轻微，且已改正的；

（三）被调查用人单位依法宣告破产、解散、关闭，没有财产进行分配，又没有相关义务承受人的；

（四）不属于立案的劳动保障行政部门管辖的；

（五）不属于劳动保障部门监察职权范围的；

（六）根据《关于实施〈劳动保障监察条例〉若干规定》第十五条应当由劳动争议处理或诉讼程序办理的；

（七）违反劳动保障法律、法规或者规章的行为发生超过2年的；

（八）其他法律法规规章规定应当撤销立案的情形。

2005年12月19日

劳动和社会保障部办公厅关于进一步加强职业技能鉴定质量管理有关工作的通知

劳社厅函［2005］175号

各省、自治区、直辖市劳动和社会保障厅(局)，国务院有关部门（行业组织、集团公司）劳动保障工作机构：

为贯彻落实《关于健全技能人才评价体系推进职业技能鉴定工作和职业资格证书制度建设的意见》（劳社部发［2004］15号）精神，加强职业技能鉴定工作管理，进一步提高职业技能鉴定质量，全面推进国家职业资格证书制度建设，现就进一步加强职业技能鉴定质量管理有关工作通知如下：

一、按照《关于加强职业技能鉴定质量管理有关工作的通知》（劳社厅发［2003］18号）要求，各地区、各行业要严格执行职业技能鉴定质量指标通报制度，必须按时填报《职业技能鉴定质量通报指标》（附件1）。同时，要建立奖惩通报机制，对优秀的职业技能鉴定机构和个人进行表彰和奖励，对评估不合格或严重违规的职业技能鉴定机构或个人进行通报批评和惩处。

二、加强职业技能鉴定质量管理组织机构和人员队伍建设。各地区、各行业要根据实际情况，组建相应的职业技能鉴定质量管理工作机构，并配备或指定专职人员负责职业技能鉴定质量管理工作。同时，要设立并公布职业技能鉴定质量监督电话或网址，自觉接受社会各方面的监督。

三、认真开展职业技能鉴定质量检查工作。各地区、各行业要结合鉴定所（站）和考评人员年检工作，开展一次职业技能鉴定质量检查活动。要按照我部《2005年全国职业技能鉴定质量检查工作方案》（附件2）要求，制定职业技能鉴定质量检查工作计划，并做好本地区、本行业的自查工作。

四、对职业技能鉴定实行事前、事中和事后全过程的质量控制。考核前，职业技能鉴定机构要向社会公开鉴定的职业、等级、时间、地点、申报条件及办法、收费标准等；考核中，考评人员和考评组长以及监考人员要在考场记录表上签字确认，考评人员和考评组长要在考试成绩单上签字确认；考核后，各鉴定站（所）长在上报的考生成绩名册上签字确认、职业资格证书经办人和批准人在证书办理表上签名确认。

五、认真执行职业技能鉴定质量督导工作制度。各地区、各行业要按照《职业技能鉴定质量督导工作规程》要求，以现场督考为重点，采用行政部门负责进行经常性检查与鉴定技术支持部门负责实施现场督考相结合等方法，试行质量督导人员对现场过程质量签字生效的制度，提高职业技能鉴定质量督导工作的可操作性和有效性。

六、加强职业技能鉴定机构质量管理认证工作。各地区、各行业特别是省（地市）级和行业部门职业技能鉴定中心机构以及一些条件较好的鉴定所（站），要积极参加职业技能鉴定机构质量管理认证扩大试点工作。通过试点，加强职业技能鉴定机构管理和自身能力建设，规范职业技能鉴定行为，逐步建立职业技能鉴定机构内部制约和退出机制，进一步提高职业技能鉴定质量，扩大职业资格证书的影响力。

七、加大职业技能鉴定违规行为查处力度。各地区、各行业对职业技能鉴定机构和个人的违规行为，要发现一起，严厉查处一起，以维护国家职业资格证书的严肃性和权威性。要克服畏难情绪和本位思想，绝不允许隐瞒事实或不查处。对群众举报的问题要指定专人负责调查核实，认真作出处理意见，并及时将查处结果上报我部，我部将定期向全国通报。

八、加强对考评人员和质量督导人员队伍的管理和建设。各地区、各行业要建立考评人员和质量督导人员诚信档案，对考评人员年度考核不合格或出现考评问题的不能续聘。同时，要加快质量督导人员队伍建设，开展质量督导人员资格培训与认证工作，加强质量督导人员管理，把质量督导工作落到实处。

九、开展职业资格证书查询工作。各地区、各行业要充分利用网络和通讯等技术手段，逐步建立和开展职业资格证书查询业务，力争今年实现全国统一鉴定、技师等级和中英文等职业资格证书的查询功能，增强职业技能鉴定工作透明度，为用人单位、社会和广大劳动者提供高效快捷的服务。

各地区、各行业要高度重视，加强领导，按照本《通知》精神，制定本地区、本行业的职业技能鉴定质量管理工作计划，并于6月15日前报我部。如遇到问题，请及时通报我部。

附件：1. 职业技能鉴定质量通报指标（略）

2. 2005年全国职业技能鉴定质量检查工作方案（略）

2005年5月25日

全国劳动和
社会保障工作

就业和再就业

一、就业总量继续增长，就业结构逐步优化

2005年末，全国城乡从就业人员75 825万人，比上年末增加625万人。其中第一产业33 970万人，占44.8%；第二产业18 084万人，占23.8%；第三产业23 771万人，占31.4%。年末城镇就业人员27 331万人，其中单位就业人员855万人，城镇私营和个体就业人员11 404万人，分别比上年末增加305万人。在城镇单位就业人员中，在岗职工10 850万人，比上年末增加274万人。

二、落实就业再就业政策，就业再就业工作取得新进展

2005年初，党中央、国务院确定"95146"的就业再就业目标任务之后，结合各地的实际情况，劳动保障部印发了《2005年就业再就业专项计划》，将"95146"的目标任务分解到各地，并要求各地将目标任务逐级进行分解，层层落实，明确各级政府的目标责任。

2005年是落实促进下岗失业人员再就业政策的第三年。为充分发挥政策促进就业的效应，各地普遍加大工作力度，推动工作深入开展，各项工作取得新进展。4月起，劳动保障部组织开展再就业"政策实效"行动，以"多下一份工夫落实政策，多帮助一批人员实现再就业"为主题，通过排查整改、重点督导，切实解决下岗失业人员集中反映的问题，最大限度地发挥政策促进就业的效应。进一步巩固下岗职工基本生活保障成果，积极稳妥地推进国有企业下岗职工基本生活保障制度向失业保险制度并轨，到2005年底，全国已基本实现并轨。进一步加大专项资金支持力度，2005年中央财政在保持国有企业下岗职工基本生活保障专项补助资金规模不变的基础上，增加再就业专项补助资金26亿元，使两项资金的总量达到209亿元。

经过各地、各方面的共同努力，截至2005年底，全国城镇新增就业970万人，下岗失业人员实现再就业510万人，其中帮助"4050"人员再就业130万人，分别完成全年目标任务的108%、102%和130%，城镇登记失业率为4.2%。

三、完善就业再就业政策，推动就业再就业工作进一步开展

从第二季度起，按照国务院领导同志的要求和再就业工作部际联席会议工作计划，国务院再就业工作部际联席会议部署开展了再就业扶持政策总结评估工作。在对《中共中央国务院关于进一步做好下岗失业人员再就业工作的通知》（中发［2002］12号，以下简称12号文件）确定的再就业扶持政策进行全面梳理的基础上，研究提出了进一步完善就业再就业政策的建议框架。在中央政治局常委、国务院副总理黄菊的亲自带领下，国务院再就业工作部际联席会议分别在吉林省长春市、湖南省长沙市召开再就业政策座谈会，在总结地方实践经验和充分听取地方意见的基础上，根据新时期的就业形势和目标任务，对原有政策进行

延续、扩展、调整和充实，研究起草了新的就业再就业政策。11月，国务院发出《国务院关于进一步加强就业再就业工作的通知》（国发［2005］36号，以下简称36号文件），为解决转轨时期历史遗留的再就业问题，建立市场导向就业机制奠定了坚实基础。与以往政策相比，它的特点主要体现在“延续、扩展、调整、充实”四个方面：延续——主要是对12号文件确定的税费减免、小额担保贷款、社保补贴、职业介绍和职业培训补贴、主辅分离等政策，把政策审批截止期延续到2008年底。扩展——主要是把再就业政策的扶持对象扩展到厂办大集体企业下岗职工，并明确各地可根据实际扩展政策范围和人员对象，对小额担保贷款、免费职业介绍和职业培训补贴的扶持对象，以及有关社保补贴项目的扩展分别作出相应规定。调整——主要是对下岗失业人员从事个体经营的税收优惠政策，从原来的没有限额改为在限额内减免；对企业吸纳下岗失业人员的税收优惠方式由按比例减免调整为按实际招用人数定额依次减免。充实——主要是增加了稳定灵活就业的社保补贴和促进培训的技能鉴定补贴，并对对象范围和享受条件作出明确规定。与此同时，为贯彻落实国务院36号文件，劳动保障部与中宣部及时组织媒体进行报道和政策解读等宣传工作，积极协调有关部门共同研究起草综合配套、小额担保贷款等8个配套文件，指导各地抓紧制定出台地方实施意见，为政策实施做好准备。

根据国务院36号文件精神，经国务院批准，国务院再就业工作部际联席会议制度调整为就业工作部际联席会议制度。联席会议由劳动保障部、国家发展改革委员会、教育部、监察部、民政部、财政部、建设部、农业部、商务部、中国人民银行、国务院国有资产监督管理委员会、国家税务总局、国家工商行政管理总局、国家统计局、中央机构编制委员会办公室、全国总工会、共青团中央和全国妇联等18个部门和单位组成，国务院办公厅参加。联席会议以劳动保障部为牵头单位，劳动保障部部长任召集人，国务院一位副秘书长参加，各成员单位主管副部级领导为组成人员。联席会议下设办公室，负责联席会议的日常工作。办公室设在劳动保障部，设主任一名，副主任七名。劳动保障部主管副部长为办公室主任，各成员单位一位处级干部为联络员。

四、组织实施专项行动，不断提高就业服务水平

在元旦、春节“两节”期间，劳动保障部组织开展以“稳定您的就业，我们共同努力”为主题，以“送政策、送岗位、送技能、送服务和落实社会保险补贴政策”为内容，以大龄就业困难对象为重点的再就业援助月活动，帮助一大批就业困难人员实现再就业和稳定就业。据不完全统计，活动期间全国各级劳动保障部门共印制发放各类政策宣传资料850万份，走访下岗失业人员400多万人次，开发就业岗位130万个（其中公益性岗位12万个），安置下岗失业人员37万人（其中特困下岗失业人员14万人），提供减免费职业培训31万人，并为20多万从事公益性岗位和灵活就业的人员兑现了社保补贴及岗位补贴。

春节后，劳动保障部组织实施以“开放一批公共职介机构，推荐一批诚信民办职介机构，表彰一批优秀民办职介机构，打击一批非法职业中介组织”为主要内容的“春风行动”，通过开放公共职介机构，推荐和表彰诚信民办职介机构，以及清理整顿劳动力市场，帮助进城求职农民顺利实现转移就业。活动期间，共向农民工发放“春风卡”1 100多万张，使农民工获得准确的就业信息，引导他们到可靠的职介机构求职。大中城市开放公共职业介绍机构，开展免费服务；设立专门的服务场所，集中为农民工服务。据全国114个大中城市初步统计，共有110万农民工享受到免费服务，举办多种形式的招聘洽谈会4 500多场，提供适合农民工的岗位400多万个，推荐规范的民办中介机构1 500多家，在全国职业中介行业推行诚信服务。同时，联合公安、工商、人事部门立案查处职业介绍违法案件19 118件，发出责令改正通知书5 962件，责令退赔求职者求职费用1 363万元，依法处罚539件，取缔非法中介7 259户。

从5月起，组织开展“技能岗位对接活动”，以公共职业介绍机构为依托，通过信息沟通、岗位匹配、职业指导、组织见习、对口培训、配套服务等措施，满足企业急需，促进各类院校毕业生和已参加技能培训的劳动者就业。据不完全统计，在技能岗位对接活动期间，各级公共就业服务机构共发布技能岗位空缺240万个，技能劳动者登记求职205万人，企业成功招聘技能劳动者93万人，参加职业见习26万人。

6月6—12日，劳动保障部联合全国总工会、全国工商联在全国100个大中城市开展了以“大力促进民营经济发展，积极为扩大就业做贡献”为主题的民营企业招聘周活动，充分发挥民营企业吸纳就业的积极作用，取得了较好效果。据不完全统计，招聘周活动期间，各省、自治区、直辖市以及100个城市的劳动保障部门、总工会、工商联共提供空岗信息72万条，与用人单位达成求职意向的有27万人，成功率为37%。其中，大专院校毕业生超过7万人，下岗失业人员近10万人。招聘周期间共有3.6万家民营企业参加了招聘周活动。

全国劳动力市场信息网络的基础架构已经初步形成，2/3的省（市、自治区）与劳动保障部实现了业务信息联网；近200个城市建立了劳动力市场信息管理系统，实现了就业服务前台经办信息化和对各类劳动力供求信息的有效管理。劳动力市场职业供求分析与发布制度进一步完善，2005年覆盖面已经达到116个城市，监测城市进入劳动力市场求职的劳动力累计1 632万人次，用人单位通过劳动力市场招聘各类人员1 561万人次，劳动力总量供大于求，求人倍率约为0.96。劳动力市场网站建设取得重要成果，月点击量达到2 200人次，每天发布各类信息200条，重要信息48小时上网，每名上网访问者平均浏览时间12.8分钟。全国已有168个地方城市建立了劳动力市场网站，并均与中国劳动力市场网实现链接。就业服务人员队伍建设进一步加强。2005年，职业指导人员培训13 839人，有8 424人鉴定合格，目前全国共有31 360人获得职业指导人员资格证书。劳动保障协理员培训继续开展。职业信息分析师培训和鉴定试点工作顺利开展，2005年共计254人参加培训，有216人鉴定合格。

积极做好各类群体的就业工作，对高校毕业生就业工作及时部署，做好登记失业大学毕业生的组织管理、就业服务和政策扶持等工作。同时，积极做好残疾人、妇女及复员专业退役士兵等群体的就业工作。

五、改善农村劳动力进城就业环境，积极推进城乡统筹就业

3月，为贯彻落实《国务院办公厅关于进一步做好改善农民进城就业环境工作的通知》（国办发［2004］92号）文件精神，下发了《关于废止〈农村劳动力跨省流动就业管理暂行规定〉及有关配套文件的通知》（劳社部函［2005］18号），同时要求地方进一步清理取消专门针对进城就业农民的限制性规定和不合理收费，改善进城务工人员的就业环境。

大力开展农民工技能培训和就业服务工作。切实将对进城求职农民的服务纳入公共就业服务范围，继续与有关部门组织实施农村劳动力转移培训阳光工程，加强劳动力市场清理整顿，推行农村劳动力转移就业、培训、维权三位一体服务，维护农民工合法权益。

进一步做好劳务输出工作，积极推进城乡统筹就业。9月，组织召开全国劳务输出工作座谈会，对劳务输出工作进行部署和安排。会后，印发劳务输出工作要点和创建劳务输出工作示范县工作要点。协调农业部、国务院扶贫办、建设部、国家开发银行等部门加强农村劳动力转移培训和促进就业工作。加强对农民工流动就业、就业服务、职业培训和城乡统筹就业等问题的研究，积极筹备城乡一体化劳动力市场建设试点。

六、加强就业立法工作，建立促进就业再就业工作的长效机制

为建立促进就业的长效机制，按照国务院领导关于加快就业立法工作进程的要求和2005年国务院立法计划安排，劳动保障部组织开展了就业立法工作调研，完成了国内外就业立法专题研究报告，先后多次召开地方劳动保障部门、专家学者、国务院有关部门参加的座谈会，广泛听取各方面的意见。与国际劳工组织共同召开了中国就业促进立法国际研讨会。10月份，将《就业促进法（草案）》（送审稿）正式报送国务院。

为适应新形势的变化，依照行政许可法要求，修改完善劳动力市场管理法律法规，修订了《台湾香港澳门居民在内地就业管理规定》，并已于2005年10月1日正式实施。

职 业 培 训

一、大力加强高技能人才队伍建设，推动职业培训工作全面开展

继续组织实施“三年五十万新技师培养计划”和国家高技能人才培训工程，推动机电、电力和信息产业高技能人才培训项目深入持续开展，联合团中央、全国总工会、国资委等开展高技能人才培训工作。依托东部地区资源优势，在北京、上海等7个省、直辖市和苏州等5个重点城市组织实施“国家高技能人才东部地区培训工程”。

认真组织开展高技能人才工作专题调研和技能人才抽样调查，提出进一步加强高技能人才工作的政策建议，起草并协调有关部门修改完善《关于进一步加强高技能人才工作的意见》。研究提出“十一五”期间高技能人才发展的战略目标和整体思路，起草高技能人才培养体系建设规划纲要草案。

制定下发《关于进一步做好职业培训工作的意见》，提出了“5 + 1”行动计划，即“新技师培养带动计划”“城镇技能再就业计划”“能力促创业计划”“农村劳动力技能就业计划”“国家技能资格导航计划”和“技能岗位对接行动”。

在大力开展高技能人才工作的同时，带动职业培训的全面开展。研究完成技能人才培养机构就业导向评价指标体系，推动技工学校和各类技能人才培养机构改革发展。研究制定民办职业培训信用等级评价办法，并将启动6省（区）试点工作。继续做好国家重点技工学校贯标复评工作，推动技能扶贫工作。截至2005年底，全国共有技工学校2 855所，在校学生275万人，比上年末增加41万人。全年技工学校面向社会开展培训273万人次，比上年增长3%。年末全国共有就业训练中心3 289所，民办培训机构20 341所，全年共开展培训1 625万人次，比上年增长9.2%。

二、继续做好再就业培训和创业培训，积极促进就业再就业工作开展

继续实施《2004—2005年再就业培训工作计划》，深入推动再就业培训工作，完善培训经费补贴与再就业效果挂钩的工作机制，大力推广订单培训，发挥培训促进就业的效果。全年组织610万下岗失业人员参加再就业培训，培训合格人数为570万人，培训合格率为93%；培训后有400万人实现了再就业，培训后再就业率为66%。

在全国100个城市推广创业培训。引进国际先进培训技术，组织实施“创办和改善你的企业”（SIYB）二期中国项目，加强师资和管理人员队伍能力建设，开发系列教材和宣传品，并与落实再就业优惠政策有机结合，提高创业成功率。全国共组织51万人参加创业培训，培训合格人数为47万人，培训合格率为92%；培训后有29万人成功创办了企业或实现了自谋职业，创业成功率达61.7%。为进一步做好创业培训工作，6月，举办中国中小企业开发服务和创业促进国际研讨会，研讨、交流国内外中小企业开发服务与创业促进领域的工作经验。积极开展妇女和青年创业培训活动，为工会、共青团、妇联培养创业培训教师。

三、完善技能人才评价体系，推进职业资格证书制度建设

健全技能人才评价体系，在推进职业技能鉴定社会化考评工作的同时，积极推进企业技能人才评价方式改革和院校职业资格认证工作，加强技师和高级技师的考评工作，并组织开展农民工专项职业能力考核试点工作，推动建立技能人才多元评价机制。进一步指导和推动行业特有工种职业技能鉴定工作，新建消防、紧急救援行业职业技能鉴定指导中心。开展港澳地区国家职业资格证书制度试点。截至2005年底，全国共有职业技能鉴定所（站）7 567个，职业技能鉴定考评人员16.4万人。全年共有1 000万人参加职业技能鉴定，比上年增长13.6%，其中831万人取得不同等级的职业资格证书，比上年增长12.9%。全年产生新技师19万人。

组织开展2005年职业技能竞赛系列活动。指导国资委、团中央组织开展中央企业技能比赛、“振兴杯”全国青年职业技能大赛，逐步完善技能人才选拔激励机制。

为进一步加强职业技能鉴定质量工作，5月，印发了《关于进一步加强职业技能鉴定质量管理有关工作的通知》(劳社厅函［2005］175号)。坚持实行职业技能鉴定质量通报制度，部署开展全国职业技能鉴定质量检查，严肃查处职业技能鉴定违纪违规行为。组织开展职业技能鉴定机构质量管理体系认证扩大试点工作，加强对职业技能鉴定机构的管理。筹建国家级质量督导员队伍，指导各地、各行业加强考评人员和质量督导人员的管理和建设。

加强鉴定基础管理工作，制定印发《国家职业资格全国统一鉴定工作规程（试行)》。进一步规范全国统一鉴定工作，并组织推动新职业试验性鉴定工作。继续做好国家职业标准的开发工作，制定并颁布了100个国家职业标准，向社会发布了3批共31个新职业，出版了《中华人民共和国职业分类大典（2005增补本)》，启动了2005年版职业技能鉴定国家题库。组织开发职业资格管理信息库，加强职业技能鉴定信息专项服务，继续组织实施“三年三千种教材开发计划”。

劳动关系

一、做好国有大中型企业主辅分离、辅业改制工作

为贯彻落实中央关于做好国有企业下岗失业人员再就业工作的通知精神，支持和鼓励国有大中型企业主辅分离、辅业改制分流安置富余人员，截至2005年底，劳动保障部与国资委、财政部联合审核批复了71家中央企业的主辅分离、辅业改制方案，涉及辅业单位4 190户，职工66.1万人。为进一步完善国有大中型企业主辅分离、辅业改制中劳动关系处理政策，劳动保障部与国资委、国土资源部共同印发了《关于进一步规范国有大中型企业主辅分离辅业改制的通知》（国资发分配［2005］250号），并向各地劳动保障部门通报了中央企业主辅分离、辅业改制方案的批复情况，指导地方在做好中央企业辅业改制实施方案审核备案工作的基础上，加强对本地区国有企业改制事前指导、事中审核、事后督查工作的力度。

同时，各级劳动保障部门进一步完善政策措施，改进和规范审核程序，加强指导，强化监控，基本实现了国有企业改制重组过程中劳动关系的和谐稳定。吉林省下发了国企改制劳动关系处理的政策意见，对改制企业劳动关系处理工作程序做了规范；湖南省下发国有企业改革改制职工分流安置方案审核认定暂行办法，建立了“二级审核”“评审会”审议以及认证等工作程序；河北省采取了集中办公、集中审核办法，提高了审核工作效率和质量；北京市要求分流富余人员超过原企业在职职工总人数30%以上必须向劳动保障部门报告，加强了对改制企业裁员的监控。

二、加强劳动合同立法，完善劳动合同制度

积极开展《劳动合同法（草案）》的起草论证工作。2005年10月，《劳动合同法（草案）》经国务院第110次常务会议讨论并原则通过，12月经第十届全国人大常委会第十九次会议一审。地方劳动合同立法工作继续推进，继全国原有18个省区市颁布地方性法规或规章之后，宁夏颁布了地方性劳动合同法规，湖北省颁布了劳动合同政府规章，对劳动合同的相关内容进行了规定。为解决建筑领域农民工劳动合同签订率低的问题，劳动保障部会同建设部、全国总工会下发了《关于加强建设等行业农民工劳动合同管理的通知》（劳社部发［2005］9号）。为解决当前较为突出的用人单位招用劳动者不签订劳动合同问题，制定下发了《关于确立劳动关系有关事项的通知》（劳动部发［2005］12号），对劳动关系成立的要件和认定凭证、非法用工主体责任、确认劳动关系争议的机构等做了规定。

同时，各地以非公有制企业和农民工为重点，采取有力措施促进劳动合同制度全面实施，劳动合同管理工作进一步加强，劳动合同签订率稳步提高。湖南省根据不同行业的用工特点，先后制定了适合7个行业的劳动合同示范文本，并向社会公布，受到用人单位和劳动

者的欢迎；青岛市全面实行了劳动合同备案办法，规定用人单位与劳动者订立、变更、续签劳动合同，应按规定办理备案手续，由劳动保障部门免费审查劳动合同的真实性和合法性；江苏省在全省开展了建立劳动合同书面报告制度工作，苏州等地已基本建立了劳动合同管理数据库，初步实现了对企业劳动用工全程的动态管理。

三、大力推进集体协商、集体合同制度

在继续推动企业建立集体协商机制的同时，大力推进区域性、行业性集体协商，努力扩大集体合同制度覆盖面。继续将工资集体协商作为推进集体合同工作的切入点，推动企业建立工资集体协商制度。劳动保障部与全国总工会、中国企业联合会/企业家协会联合下发《关于进一步推进工资集体协商工作的通知》（劳社部发［2005］5号），要求各地区根据地区和企业的不同情况，把职工最关心、最现实、最直接的利益问题作为工资集体协商的重点，切实解决企业工资分配中的突出问题。要在小型企业比较集中或同行业企业相对集中的区域积极推行区域性、行业性工资集体协商，签订区域性或行业性工资集体协议。按照这一要求，各地积极开展工资集体协商工作。江苏省颁布实施了《江苏省集体合同条例》，明确规定当出现“本单位利润增长、劳动生产率提高、当地人民政府发布的工资指导线提高、本地区城镇居民消费价格指数增长”之一的情形，用人单位或职工方可以在协商中提出增长工资的要求，开展“要约行动”，有效维护了职工的合法报酬权益；福建省以工业园区为主阵地，加强了工资集体协商指导员队伍建设，大力推广工资集体协商，维护职工报酬权益。

地方集体合同立法工作也有了新进展，北京市颁布了《集体合同条例》，使全国颁布地方性集体合同法规或规章的省市增加到20个。

四、协调劳动关系三方机制建设成效明显

全国地市一级以上基本建立了劳动关系三方协调机制，多数省份已在县、区全面建立，正向乡镇、街道一级延伸。截至2005年底，共建立各级三方协调组织6 600多个，初步形成了多层次的组织体系。各级三方协调组织不断完善工作制度，针对劳动关系领域的热点、难点问题，创造性地开展工作，在完善劳动关系方面法律法规、促进法律法规的贯彻落实等方面发挥了积极作用，保持了劳动关系和谐稳定。2005年10月，国家三方召开了全国协调劳动关系三方机制工作会议暨表彰大会，对今后一个时期的三方机制工作进行了部署，表彰了创建和谐劳动关系先进集体和优秀个人，总结推广了福建省创建和谐劳动关系工业园区的经验。各地认真落实这次会议要求，陆续开展以工业园区为载体的和谐劳动关系创建活动，吉林、内蒙古、山西、河南等省区还开展了创建劳动关系和谐企业活动，一些地方三方也开展了和谐劳动关系先进单位表彰活动，三方机制工作进一步做实。

五、劳动争议处理工作成效显著

2005年，全国各级劳动争议仲裁委员会共立案受理劳动争议案件31.4万件，涉及劳动者74.4万人。其中，集体劳动争议案件1.9万件，共涉及劳动者41万人。劳动争议案件结案率为92.3%。此外，各级劳动争议仲裁委员会还以非立案方式调解处理劳动争议案件9.4万件，有效维护了当事人双方的合法权益，为深化企业改革，促进劳动关系和谐稳定，构建和谐社会发挥了积极作用。

2005年劳动争议案件主要呈现以下特点：一是劳动争议案件总量继续增长，增长率上升较快。2005年，劳动争议案件立案受理数与2004年相比增加5.3万件，增幅为20.5%。二是集体劳动争议案件数量与上年大体持平，涉及人数有所下降。三是经济较发达地区是劳动争议案件多发地区。广东、江苏、山东、上

海、北京、浙江、四川7省市共受理案件20.7万件，约占全国案件总数的66%。四是劳动争议案件处理裁决比例仍然偏高。五是绝大部分劳动争议案件由劳动者提起申诉，胜诉率较高。六是劳动报酬、保险福利、解除劳动合同是引发劳动争议案件的主要因素。

2005年，各地劳动仲裁机构实体化建设力度较大。截至2005年底全国共建立了115个劳动争议仲裁院。其中，省级劳动仲裁院3个，地市级劳动仲裁院41个，县级劳动仲裁院71个。实体化建设较快的省份有浙江、黑龙江、山东等。各地劳动仲裁院的纷纷成立，实现了劳动争议仲裁与行政职能的分离，进一步推动了仲裁人员的职业化和专业化，劳动仲裁效能明显提高。

各级劳动保障部门和劳动争议仲裁委员会积极开展劳动仲裁制度建设，不断改进办案方式，提高办案效率和质量。与此同时，针对当前劳动争议处理体制中存在的问题和工作中遇到的困难，劳动保障部组织有关部门和专家，积极开展劳动争议处理体制改革研究，并初步形成了改革的基本思路。基本目标是：深化劳动争议处理体制改革，建立高效、公正的劳动争议处理制度。培育和完善企业内部预防和自主协商解决劳动纠纷的机制；强化调解在处理劳动争议中的作用；完善劳动仲裁制度，体现仲裁高效、便捷、灵活的特点，提高仲裁在处理劳动争议中的效能；同时，做好裁审衔接，疏通救济渠道，减少劳动争议的诉讼刚性处理，实现劳动争议的柔性化处理。

企业工资收入分配

2005年以来，按照国务院要求，全国劳动保障系统、企业劳动工资管理部门继续以解决拖欠农民工工资问题为重点，加强日常监管，着力建立预防工资拖欠的长效机制，采取措施引导低收入职工工资水平逐步提高，继续加强对国有企业工资分配的监管，规范工资分配秩序。在经济持续增长的同时，广大企业职工工资水平进一步提高。2005年，全国城镇企业在岗职工年平均工资17 921元，比上年增长15.18%，扣除价格因素，实际增长13.14%。

一、清理拖欠农民工工资工作取得阶段性成果

（一）研究制定进一步解决拖欠农民工工资问题的工作方案，明确工作计划和目标，提出相关政策措施

一是为加大综合治理拖欠工资问题的工作力度，建立了由劳动保障部牵头，建设部、公安部、监察部、司法部、工商行政管理总局、中国人民银行、全国总工会、银行业监督管理委员会等部门共同组成的解决拖欠农民工工资工作协调机制，并组织召开相关部门解决拖欠农民工工资工作协调会议，沟通了情况，交流了信息，促进了工作。

二是会同建设部等九部门联合下发了《关于进一步解决拖欠农民工工资问题的通知》（劳社部发［2005］23号），明确了2005年解决拖欠农民工工资工作的目标，即以规范建设领域农民工工资支付行为为重点，采取有效措施防止新欠，建立预防拖欠农民工工资的长效机制；着手治理中小劳动密集型加工企业拖欠农民工工资问题，使中小劳动密集型加工企业清欠工作取得初步成效。同时，从调查掌握拖欠工资情况，加强监督检查，推进长效机制建设，加强用工管理，处理劳动争议案件，做好普法宣传、法律服务和法律援助工作，建立工作协调机制等方面提出了明确的工作要求，制定了相应的工作措施。各地按照要求对保障农民工工资支付工作进行了部署，制定了工作方案。

三是根据中纪委、监察部的要求，研究制定了《关于贯彻落实2005年党风廉政建设和反腐败工作纠正拖欠和克扣农民工工资问题的工作方案》，要求地方将开展清理拖欠农民工工资工作作为党风廉政建设和反腐败工作的重要任务来抓。

四是为保障“两节”期间农民工工资支付、维护广大农民工合法权益，成立了“两节”期间保障进城务工人员工资支付专项工作小组，下发《关于做好“两节”期间保障进城务工人员工资支付工作的通知》（劳社部明电［2005］12号），明确了目标任务，提出了工作要求。组织召开做好“两节”期间保障进城务工人员工资支付工作视频会议。各地按照要求，普遍成立了专项工作领导小组，制定工作方案，布置工作任务，建立信息报告制度，全年共清理拖欠农民工工资40.5亿元。与往年相比，2005年“两节”期间关于拖欠农民工工资的举报投诉案件大幅度下降，没有发生因工资拖欠引起的大规模上访事件。绝大多数农民工拿到了应得工资。

（二）加快建立预防和解决拖欠工资问题的长效机制

各地劳动保障部门积极探索建立预防解决拖欠工资的长效机制。截至2005年底，全国24个省、自治区、直辖市建立了工资保证金制度，多数地区建立了工资支付监控制度，收到了较好效果。

（三）加大执法力度，切实维护农民工工资报酬权益

按照劳动保障部与建设部、全国总工会《关于开展农民工工资支付情况专项检查活动的通知》（劳社厅明电［2005］39号）的要求，各级劳动保障部门于2005年10月8日至2006年1月25日在全国组织开展了农民工工资支付情况专项检查。各地劳动保障监察机构普遍将建筑、餐饮服务、服装等劳动密集型行业，以及过去曾发生过欠薪行为的企业列为重点检查对象，认真开展欠薪执法检查工作。深圳市劳动保障局会同公安等部门召开对恶意欠薪逃匿的企业负责人进行刑事拘留的公开处理大会，对欠薪企业起到了警示作用。

二、加强和改进企业工资分配宏观调控

（一）大力推动《最低工资规定》的贯彻实施

劳动保障部下发了《关于进一步贯彻实施最低工资规定的通知》（劳社厅函［2005］104号），要求各地区认真贯彻实施《最低工资规定》，将其作为维护劳动者合法权益的一项重要工作来抓，加强宣传和监督检查，对违反《最低工资规定》的行为依法进行查处，切实维护劳动者合法权益。各地区根据经济发展情况，及时调整了当地最低工资标准。北京、天津、上海、江苏、浙江等14个省市及时调整颁布了最低工资标准，23个省、自治区、直辖市颁布了小时最低工资标准。广东省专门委托研究机构开展本省最低工资课题专项研究，对广东省贯彻落实最低工资规定提出了意见和建议。宁夏回族自治区下发《关于开展企业执行最低工资标准情况专项检查的通知》，对企业执行最低工资情况开展专项检查。

（二）开展调整艰苦岗位津贴标准工作

为贯彻落实《国务院关于促进煤炭工业健康发展的若干意见》（国发［2005］18号）的精神，会同发改委、财政部、中国煤炭工业协会等有关部门召开专题会议，研究制定了《关于联合开展提高煤炭企业艰苦岗位津贴标准工作方案》。劳动保障部牵头，发改委、财政部、中国煤炭工业协会等有关部门组成联合调研组，对煤炭企业比较集中的黑龙江、河南、山西、重庆等省市开展了专题调研。选择河北、辽宁、安徽、山东、贵州、陕西、宁夏等省（区）及神华集团、宁煤集团，开展书面调研，收集到了详细的调研资料。在此基础上，研究起草了调整煤炭企业艰苦岗位津贴有关文件。陕西省发布了煤炭企业井下津贴标准的指导意见，山西省颁布了煤矿井下从业人员最低工资标准，湖南省制定了艰苦岗位津贴、夜班津贴、防暑津贴参考标准。

（三）推进以三项制度建设为核心的企业工资宏观指导体系建设

适应市场经济体制的要求，结合政府对企业工资分配管理职能的转变，指导地方根据当地经济发展等情况，制定发布工资指导线，引导企业工资合理增长。全国30个省、自治区、直辖市（除西藏外）发布了2005年企业工资指导线。继续推进劳动力市场工资指导价位制度建设，各中心城市发布了工资指导价位，发布价位的数量进一步增加，质量进一步提高。大力推进行业人工成本信息指导制度建设，有关城市向社会发布了部分行业的人工成本信息，引导企业合理确定人工成本水平。

（四）加快完善工资立法

为加快完善工资立法，收集整理了市场经济国家工资立法情况，对地方工资立法进行了比较研究。同时，指导地方开展立法工作。2005年，广东、江苏、江西、厦门4个地区又颁布了地方的工资法规或政策，使新颁布地方工资支付法规（规章）的地区达到16个。

（五）进一步加强国有企业工资总额管理工作

按照职责分工，根据国家有关宏观调控的精神，劳动保障部对17家小企业的工资宏观调控目标计划进行了审核，下发了《关于下达部分中央企业2005年工资总额调控目标的通知》（劳社部函［2005］186号）。按照劳动保障部确定的绩效工资办法，审核批复了金融企业的绩效工资方案。

为贯彻落实国务院关于加强对国有企业收入分配监管的精神，会同财政部、审计署研究下发了《关于将海洋石油总公司等企业列为2005年度工资内外收入重点检查单位的通知》（薪检办发［2005］1号），召开监督检查工作布置会，委托中介机构对5家企业开展重点检查活动。河北检查了2 870家国有企业，北京重点检查了40家国有企业，安徽省重点检查了10家收入水平较高的企业，对发现的问题进行处理，规范了分配秩序。

继续做好企业工效挂钩工作。下发《关于做好2005年企业工资总额同经济效益挂钩工作的通知》（劳社部函［2005］225号），对全国工效挂钩工作进行了布置安排。明确提出对工资增长过快、工资水平过高的企业，尤其是2004年企业在岗职工工资水平在当地城镇在岗职工平均工资2倍以上的企业，要从严审核其挂钩经济效益基数、工资总额基数，并视情况下调浮动比例，严格执行新增效益工资分档计提办法。劳动保障部审核批复了有关中央企业的工效挂钩方案。

养 老 保 险

2005年，养老保险工作以完善企业职工基本养老保险制度为重点，统筹兼顾，协调推进，在确保企业离退休人员养老金按时足额发放、完善基本养老保险制度、依法扩大养老保险覆盖面、推动提高统筹层次、指导完善社会保障体系试点、进一步提高离退休人员社会化管理服务水平等方面取得了较大进展。

一、确保养老金按时足额发放

2005年，各级劳动保障部门狠抓政策落实、资金落实和工作落实，进一步加强基金征缴，大力清理企业欠费，积极争取财政支持，加大基金调剂力度，实行养老金社会化发放，确保了企业离退休人员基本养老金按时足额发放，继续保持当期无拖欠。2005年全国基本养老保险基金总收入5 093亿元，比上年增加835亿元，增长率19.6%，其中，征缴收入4 312亿元，比上年增加728亿元，收缴率为96.5%；各级财政补助674亿元。在征缴收入中，由企业补缴的历年欠费为192亿元。在财政补助中，中央财政实行了年初预拨、年中一次核定指标、资金按季拨付到位的机制，全年共补助30个省区市544亿元。全年基本养老保险基金总支出4 040亿元，比上年增加538亿元，增长15.4%，其中养老金支出3 949亿元，比上年增加517亿元。基金历年累计结余4 041亿元。全国参保职工的月人均缴费工资为1 124元，参保的离退休人员月人均养老金758元。

二、完善企业职工基本养老保险制度

2005年，按照国务院的部署，劳动保障部会同有关部门对东北三省完善城镇职工社会保障体系试点情况进行调研，在总结试点经验的基础上，经广泛征求有关部门和各地政府的意见，12月3日国务院正式下发《关于完善企业职工基本养老保险制度的决定》（国发［2005］38号，以下简称《决定》）。《决定》明确了完善制度的指导思想和主要任务，对确保基本养老金按时足额发放、扩大基本养老保险覆盖范围、逐步做实个人账户、加强基本养老保险基金征缴与监管、改革基本养老金计发办法、建立基本养老金正常调整机制、加快提高统筹层次、发展企业年金、做好退休人员社会化管理服务工作、不断提高社会保险管理服务水平等工作提出了具体要求。

《决定》下发后，劳动保障部召开全国完善企业职工养老保险制度工作会议，下发了《关于贯彻落实国务院完善企业职工基本养老保险制度的通知》（劳社部发［2005］31号）、《关于印发完善企业职工基本养老保险制度宣传提纲的通知》（劳社部发［2005］32号）和《关于扩大做实企业职工基本养老保险个人账户试点有关问题的通知》（劳社部发［2005］27号）等一系列文件，对贯彻落实《决定》进行全面部署和宣传。

三、加强政策研究，不断扩大养老保险覆盖范围

2005年，劳动保障部加强了对监狱系统工人、林业系统工人、复员转业军人、城镇贫困残疾人个体户、转制单位人员以及农民工和失地农民等特殊群体参保政策的研究。会同有

关部门制定下发了城镇贫困残疾人个体户、监狱企业工人参加养老保险的有关办法和军人配偶随军未就业期间社会保险关系军地衔接办法。

各级劳动保障部门按照《社会保险费征缴暂行条例》的规定，以非公有制经济组织和灵活就业人员参保为重点，依法加大工作力度，落实各项参保政策，扩面工作取得新的进展。到2005年底，全国参加基本养老保险的人数达17 487万人，比上年增加1 134万人，增长6.9%。其中，参保职工13 120万人，比上年增加870万人，增长7.1%；参保离退休人员4 367万人，比上年增加264万人，增长6.5%。参保人员中，企业在职职工11 711万人，离退休人员4 005万人；机关事业单位在职职工1 409万人，离退休人员为362万人。参保职工人数中，实际缴费人数为11 956万人，占91.1%；其中企业实际缴费人数为10 583万人，占企业参保在职职工人数的90.4%；机关事业单位实际缴费人数为1 373万人，占机关事业单位参保职工人数的97.4%。

四、推动提高统筹层次

2005年，劳动保障部一手抓分类指导，一手抓规范标准，积极推动各地提高养老保险统筹层次。黑龙江省政府出台实施省级统筹的文件；广西、河南省级政府出台文件，全面推行市级统筹；江苏、浙江等地区加强了基金调剂。目前全国已有12个省区市基本实现省级统筹，112个地市实现市级统筹。

五、指导吉林、黑龙江完善社会保障体系试点

2005年，劳动保障部指导吉林、黑龙江两省进一步做好完善社会保障体系试点工作，总结改革基本养老金计发办法的经验，完善省级统筹政策。同时，指导两省将做实个人账户比例提高到6%，并会同财政部拨付做实个人账户的中央补助资金。到年底，两省已基本完成了国务院批复的试点方案中的主要任务。

六、推动企业年金制度发展

为加快建设多层次的养老保险体系，2005年劳动保障部进一步指导各地贯彻落实《企业年金试行办法》，推动和规范企业年金制度发展。8月，公布了经认定的第一批37家企业年金基金管理机构，12月，下发了《关于企业年金方案和基金管理合同备案有关问题的通知》（劳社部发［2005］35号），加强对年金管理机构和企业年金方案、基金管理合同的监管工作。

七、提高社会化管理服务水平

指导各地劳动保障部门积极推动企业退休人员社会化管理服务工作，将规范管理服务和实现社区管理作为重点，加强街道社区劳动保障工作平台建设，提高企业退休人员纳入社区管理的比例，社会化管理服务工作取得新的进展。到年底，全国共有3 677万名企业退休人员实行了社会化管理服务，比上年增加247万人，增长7.2%；社会化管理率达到94.7%，比上年提高了1.5个百分点。其中，纳入社区管理的企业退休人员达到2 655万人，占企业退休人员总数的68.3%；由社会保险经办机构直接管理的289万人，占7.5%；依托企业管理的687万人，占17.7%；由地方工会系统及政府设立临时托管机构等方式管理的46万人，占1.2%。纳入社区管理的企业退休人员数量比2004年底增加490万人，社区管理率提高5.2个百分点。

失业保险

2005年，失业保险工作按照实施积极就业政策和完善社会保障体系的总体要求，以完善职工退出安置机制为重点，推动失业保险、失业调控和关闭破产企业职工安置工作取得了新进展。

一、失业保险制度作用进一步发挥

2005年，劳动保障部指导各地进一步完善失业保险制度，着力发挥制度作用，在扩大覆盖范围、强化基金征缴、保障失业人员基本生活和促进再就业方面取得明显成效。

参保人数再创历史新高。2005年末，全国参加失业保险人数10 647.7万人，比上年末增加63.8万人，为历年最高。其中，国有企业和城镇集体企业参保人数分别减少261.6万和48.9万人，其他企业、事业单位和其他单位分别增加306.6万人、24.6万人和43.1万人。按同期城镇企事业单位应参保人数计算，全国平均覆盖率为76.5%，比上年末减少2.2个百分点。

基金收入连续7年增长。2005年，全国失业保险基金收入340.3亿元，比上年增加49.5亿元，增幅17.1%，连续7年保持两位数增长。其中，失业保险费征缴收入318.2亿元，财政补助收入12.1亿元，利息和其他收入10亿元。各地失业保险费征缴收入普遍增加，增收超过亿元的依次有广东、江苏、浙江、上海、北京、山东、湖北、四川、河南、安徽、天津、河北、黑龙江、陕西、山西、广西、云南、吉林、福建、重庆等20个省市。全国月人均缴费额达到25元，增幅15%。

基金支出略有减少。2005年，全国共支出失业保险基金206.9亿元，比上年减少4.4亿元，减幅2%。支出结构为：保障失业人员基本生活支出148亿元，向国有企业再就业服务中心调剂资金19.5亿元，农民合同制工人生活补助支出3.7亿元，职业培训、职业介绍补贴等促进就业支出25.1亿元。其他支出10.6亿元。当年，失业保险基金收支相抵后，结余133.5亿元。到年末，全国滚存结余519亿元。

并轨工作基本完成。2005年，全国共向677.8万失业人员提供了失业保险待遇，比上年减少75.7万人。从地区分布情况看，辽宁领取人数仍居首位，全年达106.2万人；其次是江苏，为63.1万人；超过30万人的依次还有山东、河南、安徽、广东和上海。与上年相比，有15个省份领取人数有所减少。当年12月，领取失业保险金人数为362.3万人，比上年末减少56.3万人。同期，国有企业再就业服务中心内的下岗职工还有20.2万人，比上年末减少71.5万人，失业保险在两种保障形式总量中所占份额达到95%，除少数省区，多数地方实现了并轨。另外，全年共为73万名劳动合同期满未续订或者提前解除劳动合同的农民合同制工人支付了一次性生活补助，比上年增加28.7万人，增幅达64.8%。

管理进一步优化。借助中英失业保险项目的支持，引入了绩效管理和借鉴最佳实践的管理方法，并在项目地区和其他地方进行了推广，指导地方优化业务流程和服务标准，强化服务意识，提高工作质量。结合“金保工程”

和劳动力市场建设，推进了失业保险信息化建设。

促进就业工作取得政策性突破。根据实施积极就业政策的需要，在总结地方有效做法的基础上，《国务院关于进一步加强就业再就业工作的通知》（国发［2005］36号，以下简称《通知》）明确提出要进一步发挥失业保险制度促进再就业的功能，并决定在东部地区进行适当扩大失业保险基金支出范围试点。根据《通知》要求，劳动保障部与财政部在广泛征求地方意见的基础上，制定了试点的具体政策，经国务院同意后已印发各地执行。试点政策的主要内容是：试点地区的失业保险基金可用于规定的职业培训补贴、职业介绍补贴、社会保险补贴、岗位补贴和小额担保贷款贴息支出。如在这些支出项目之外增设其他支出项目，北京、上海两市须经市人民政府批准并报国务院备案，江苏、浙江、福建、山东、广东等5省须由省人民政府报请国务院批准后实施。除东部地区外，其他有条件的地方也开展了有益探索，2005年，天津、新疆等地人民政府根据就业工作的需要和失业保险基金的承受能力，出台了失业保险促进就业的相关政策，并开始实施。

二、失业调控工作取得新进展

在总结地方做法的基础上，《通知》明确提出了失业调控的政策措施和工作要求。强调要建立失业预警机制，制定预案和相应措施，应对可能出现的就业局势不稳定问题。对因国内国际经济形势发生重大变化直接影响就业的行业和企业，以及失业压力大的困难地区、困难行业，要及时采取专项政策措施，努力减少失业，保持就业局势稳定。继续鼓励国有大中型企业进行主辅分离、辅业改制，分流安置企业富余人员，稳步推进国有企业重组改制和关闭破产工作，规范企业裁员行为，维护职工合法权益。为落实这些要求，各地在贯彻意见中普遍对失业调控工作进行了部署。

劳动保障部指导地方加快推进失业调控工作，取得了一定进展。

一是到年底，广西、四川、陕西等16个省份出台了失业调控方案。黑龙江、山东、广西、陕西等地工作进展较快，已积极推动地市一级开展相关工作。

二是在提出调控工作总体要求的同时，明确了相关政策，制定了比较具体的措施。广西建立了失业预警制度，要求各市每月上报有关情况，并对重点地区及时指导。陕西制定了由失业保险基金对关闭破产、兼并、改组改制企业安置职工，以及企业主辅分离安置富余人员给予培训补贴的政策。吉林、黑龙江在完善社会保障体系改革试点工作中，强化再就业工作，努力减少失业人员数量，促进社会稳定。

三是建立工作机制。陕西省劳动保障厅成立了失业调控领导小组，安徽将失业调控的任务纳入了省国企改革联席会议的职责范围，广西发挥再就业领导机构的作用，对失业调控工作进行部署安排。

三、关闭破产企业职工安置工作稳步推进

2005年，各级劳动保障部门紧紧围绕“维权、规范、促就业、保稳定”这一主线，加强与有关部门的协调配合，提前介入，严格把关，落实职工安置政策，通过加强再就业培训、开发公益性岗位、劳务输出、鼓励和引导关闭破产企业利用有效资产重组安置职工等多种方式，积极促进再就业，职工安置工作取得新进展。

一是把握工作重点，解决突出问题。2005年，劳动保障部继续将做好关闭破产军工企业和资源枯竭矿山职工安置作为工作重点，会同国防科工委、财政部等有关部门联合下发《关于军工企业改革脱困有关问题的意见》等政策性文件，组织召开部分中央企业集团关闭破产职工安置工作座谈会，研究问题，部署工作。

二是强化职工安置方案审核，规范企业操作行为。2005年，经国务院批准，全国企业兼并破产和职工再就业工作领导小组共下达国

有企业关闭破产计划项目174户，涉及职工51.6万人。劳动保障部会同有关部门对88户中央及中央下放企业关闭破产前期准备工作情况进行了审核，涉及职工39.3万人。审核中，坚持成熟一户，操作一户，凡职工安置方案和社会保障办法不明确、资金不落实的，一律不予审核通过。对其中部分前期准备工作不充分、存在问题较多的企业，明确提出暂缓进入破产程序，要求企业继续做好相关工作和加强整改，规范操作。

三是加强监督检查，切实维护职工合法权益。按照国务院和中央纪委的部署，劳动保障部会同国资委、全国总工会、监察部、财政部联合下发了《关于2005年在国有企业重组改制和关闭破产中进一步开展维护职工合法权益工作的通知》。随后，劳动保障部又作了专门部署，提出了相关要求，特别强调要抓好企业关闭破产过程中“事前、事中、事后”三个主要环节，切实维护职工的合法权益。同时，进一步加强对重点地区和重点行业关闭破产职工安置情况的监督检查，指导地方和企业开展工作。

四是加强调研和工作协调，积极提出政策建议。劳动保障部会同有关部门开展了广泛深入的调研工作，加大政策协调力度。同时，结合修订《企业破产法》，研究提出依法破产企业职工权益保障的政策建议。

五是建立完善统计报表制度，夯实工作基础。经国家统计局批准，劳动保障部正式将关闭破产企业职工安置统计报表列入劳动保障统计报表制度，为进一步做好职工安置工作提供了有力支持。

医 疗 保 险

2005年，医疗保险工作坚持以科学发展观为统领，以完善制度为主线，以统筹协调为原则，以强化管理、优化服务为重点，积极推进医疗保险制度改革，较好地完成了全年各项任务。

一、突出重点，分类指导，提前超额完成医疗保险扩面任务

一是提早部署，明确目标和要求，坚持重点扩面和解决历史遗留问题两手抓，既扩大覆盖范围，又使参保人员的结构逐步趋于合理。

二是突出重点，各地大力推进混合所有制和非公有制经济组织从业人员参保，通过完善政策和改进服务，吸引更多的灵活就业人员及农民工参保。

三是部分有条件的地区，积极探索了将城镇非从业居民纳入医疗保险范围的办法。17个市（县）出台了城镇（部分）居民参加医疗保险的政策，制度运行平稳，社会反响较好。

四是各地对未参保中央企业的情况进行调查，召开部分中央企业座谈会，督促中央、省属企业尽快属地参加医疗保险。

截至2005年底，全国基本医疗保险参保人数为13 783万人，比上年底增加1 379万人，增长11.12%，超额完成全年计划。参保人员中有在职职工10 022万人，比上年底增加977万人，增长10.80%；退休人员3 761万人，比上年底增加402万人，增长11.97%。灵活就业等其他人员参保人员807万人，比上年底增加269万人，增长50.04%。农民工参保人数为489万人（从2005年1月开始统计），比1月底增加408万人，主要集中在广东（387.1万人）、江苏（38.3万人）、四川（23.6万人）、福建（19.3万人）、浙江（13.9万人）等5个省份。

二、加强医疗保险管理，确保制度稳健运行

一是根据医疗保险用药管理的有关规定，各省市劳动保障厅对乙类目录进行了调整。目前，各省（市、区）基本医疗保险药品调整工作基本完成，新的药品目录已在全国各地陆续实施，新旧药品目录实现了平稳过渡。

二是强化基金风险防范意识，坚持医疗保险统筹基金赤字通报制度，及时掌握和分析统筹地区基金收支状况，对少数医疗保险统筹基金出现收不抵支的地区进行重点追踪，及时提出对策和预防措施。

三是加大基金征缴和稽核力度，各地加强医疗保险稽核，探索建立反欺诈工作机制。2005年1—6月，共查出企业少报缴费基数30.83亿元，少缴医疗保险费2.44亿元。

四是加强医疗服务管理，控制医疗费用不合理增长。各地积极研究探索建立医疗保险信用等级、信息披露等制度，不断改进和完善医疗费用结算管理。2005年，定点医疗服务机构信用等级建设和分类管理工作在全国各地铺开，各统筹地区逐步建立定点医疗机构公示制度，方便了参保病人就医选择，促进了医疗机构之间的竞争。

2005年，全国基本医疗保险基金收入

1 405.30亿元，支出1 079.24 亿元。其中，统筹基金收入820.22 亿元，支出614.71 亿元。全国基本医疗保险统筹基金累计结存750.51 亿元，个人账户累计结存527.61 亿元

三、集中开展完善医疗保障体系研究，进一步完善有关政策

一是根据国务院领导同志的批示精神，劳动保障部成立了“完善医疗保障体系”课题组，先后赴湖南等地调研，召开十多次各类座谈会，在广泛听取各地劳动保障部门、企业、医疗机构、职工、城镇居民及地方政府领导意见的基础上，研究提出了完善城镇医疗保障制度的基本思路。9月下旬，劳动保障部在湖北武汉召开了专题座谈会就基本思路听取各地意见。

二是研究关闭破产国有企业退休人员参加医疗保险资金来源问题。与财政部共同赴河南、安徽开展专题调研，召开了部分省市座谈会。2005 年以来，河南、江西、江苏、吉林、湖南等省市陆续出台了国有关闭破产企业退休人员和困难企业职工参保办法，通过单建统筹、降低缴费率的办法，促进困难企业参保。通过从关闭破产企业资产变现中优先预留退休人员医疗保险费，不足部分由主管部门解决。主管部门解决有问题的，采取由当地政府帮助解决的办法，逐步解决关闭破产企业退休人员医疗保障问题。

三是与民政部、财政部共同出台了《一至六级残疾军人医疗保障办法》(民发［2005］199 号)，明确了1 ~6 级残疾军人参保、补贴和待遇享受的具体办法。

工伤保险

2005年是继续深入贯彻实施《工伤保险条例》的重要一年。一年来，工伤保险工作按照全国劳动保障工作会议和全国工伤保险工作座谈会提出的目标任务，突出重点，狠抓落实，各项工作稳步推进，取得了明显进展，圆满完成了今年的工作任务。

一、以推进煤矿等高风险企业参保为重点，超额完成全年扩面任务

根据年初确定的全年扩面任务，及早对扩面计划进行了分解，并依据各省、自治区、直辖市的实际情况，逐个沟通落实，确定扩面任务。在推进扩面工作中，重点抓了矿山、建筑等高风险行业的企业和农民工等重点人群。经过上下共同努力，截至2005年底，全国工伤保险参保人数已达8 478万人，比上年末增加1 633万人，提前超额完成了全年7 500万人的扩面任务。全年工伤保险基金收入93亿元，支出48亿元，分别比上年增长58.7%和42.7%。

为促进煤矿等高风险企业参保，切实保证年底前国有大中型煤矿参加工伤保险目标任务的落实，劳动保障部会同国家安全生产监督管理总局、国家煤矿安全监察局、国防科工委等部门，先后两次与上述部门联合发文，就推进煤矿、烟花爆竹、民用爆破器材等高风险企业参保提出明确具体要求，有力促进了高风险企业参保工作。一是2005年4月劳动保障部会同国家安全生产监督管理总局、国防科工委共同印发了《关于贯彻〈安全生产许可证条例〉做好企业参加工伤保险有关工作的通知》（劳社部发［2005］8号），要求矿山、危险化学品、烟花爆竹、民用爆破器材生产等企业要高度重视安全生产工作，依法参加工伤保险。二是2005年11月劳动保障部与国家安全生产监督管理总局、国家煤矿安全监察局共同印发了《关于做好煤矿企业参加工伤保险有关工作的通知》（劳社部发［2005］29号），进一步加快推进了煤矿企业参加工伤保险工作，切实保障煤矿企业职工的合法权益。三是总结各地扩面经验，积极研究有关政策。各地在推进工伤保险扩面进程中，将推进高风险企业职工参保作为一项重要工作来抓，并着力研究了煤炭、建筑等高风险企业参保的有关政策问题。2005年7月在山西太原召开了全国煤矿企业参保工作座谈会，总结、交流、推广了部分地区在推进煤矿参保方面的做法和经验，进一步明确了相关政策，基本上解决了不同地区和不同类型煤矿企业参保中的政策问题，加快了煤矿企业参保进度。目前，主要产煤大省的国有大中型煤矿企业已基本全部参加工伤保险。一些地区还结合实际，在小煤矿企业参保方面进行了积极探索，取得了一定成效，从而较好地保障了工伤职工的合法权益，维护了社会和谐与稳定。

二、政策标准体系制定工作取得重大进展

一是劳动保障部会同财政部、民政部、人事部等部门共同研究制定了事业单位参加工伤保险的实施意见。经国务院批准同意，2005年12月29日，劳动保障部与人事部、民政部、财政部共同印发了《关于事业单位、民

间非营利组织工作人员工伤有关问题的通知》（劳社部发［2005］36号），进一步明确了事业单位参保的范围与政策，实现了工伤保险覆盖范围由企业到事业单位的重大突破，保障了事业单位、民间非营利组织工作人员因工作遭受事故伤害或者患职业病的工作人员依法享受工伤保险待遇，维护了职工的工伤权益，促进了社会稳定和发展。二是启动了劳动能力鉴定标准的修订工作。按照《工伤保险条例》的授权，劳动保障部会同卫生部有关部门，组织若干医疗卫生专家，对原《职工因工负伤致残和职业病等级程度鉴定》进行重新修订，在进行了大量调研论证、召开数次专家论证会和反复征求地方意见的基础上，修订后的劳动能力鉴定标准已通过专家评审，并已报国家标准化管理委员会审批。三是完成了《国家基本医疗保险和工伤保险药品目录》乙类药品的调整工作。

三、指导各地切实有效开展了工伤认定、劳动能力鉴定和待遇支付等工作

工伤认定和劳动能力鉴定方面，分别建立了工伤认定和劳动能力鉴定的统计分析制度，进一步加大了对各地工作的指导力度，工伤认定工作进一步加强。劳动能力鉴定工作更加规范，全年共完成工伤认定52万件，受理劳动能力鉴定申请38.8万件，工伤认定、劳动能力鉴定的质量明显提高。待遇支付方面，在指导各地认真做好现有待遇标准支付工作的同时，还积极开展了老工伤人员和关闭破产企业工伤职工工伤待遇的研究工作。截至2005年底，全国享受工伤保险待遇的人数65万人，比上年增加13万人，工伤职工的待遇得到了较好保障。

四、工伤预防和工伤康复工作稳步推进

按照在广州召开的全国工伤保险工作座谈会上提出的把工伤预防、补偿和康复有机结合起来的总体要求，全年继续推进工伤康复与工伤预防试点工作。工伤康复工作方面，指导劳动保障部试点单位——广州工伤康复中心积极做好相关工作。同时，稳步扩大工伤康复试点工作，年内已正式批复江西省南昌市工伤康复中心为劳动保障部工伤康复试点单位，并积极指导开展了有关试点工作。此外，河南郑州市、山东济南市等地也结合各自实际，积极探索开展了工伤康复试点工作。工伤预防工作方面，结合工伤保险实行的行业差别费率和企业浮动费率特点，指导有条件的地方开展工伤预防试点工作。一些地区也在落实工伤预防资金渠道方面取得了新进展，开展了工伤预防宣传、培训等项工作，在预防工伤事故、消除或降低职业危害方面取得了积极的成效。

五、积极有效开展了业务培训和政策宣传咨询工作，系统干部素质和社会各界对工伤保险的认识度有较大提高

2005年，结合《工伤保险条例》的贯彻实施，组织工伤保险系统工作人员专题业务培训，进行业务测试和问卷调查，了解基层劳动保障部门的工作意见，取得了较好效果。宣传工作方面，上半年利用《工伤保险条例》颁布两周年之机，开展了以“关注农民工、推进高风险企业参保”为主题的全国性宣传咨询活动，提高了农民工参加工伤保险的意识。下半年在全国范围内开展了工伤保险知识竞赛答题活动。各级劳动保障部门认真组织，全国共有包括农民工在内的260多万人参加了知识竞赛，产生了广泛的社会影响。全社会对工伤保险的认知度和认同度有了一定程度的提高。

六、工伤保险国际交流与合作日益活跃，扩大了我国工伤保险事业的影响，为进一步完善我国工伤保险制度提供了有益借鉴

为学习和借鉴世界上最早建立工伤保险制度的国家——德国的经验，2005年初，与德国负责工伤保险的工作机构——德国工商同业公会总会签署了合作交流意向书。4月，与国际劳工组织联合组织召开了工伤康复国际研讨会，来自国际劳工组织、国际社会保障协会工伤保险技术委员会、德国、意大利、马来西亚以及香港、澳门地区和内地的专家学者参加了会议，共同研讨了中国工伤康复的发展模式，为中国工伤康复事业的发展提供了有益的启示。此外，劳动保障部工伤保险司司长陈良还被正式推选为国际社会保障协会工伤保险技术委员会副主席。

生 育 保 险

2005年生育保险工作围绕落实党的十六届四中全会精神，以“三个代表”重要思想为指导，坚持科学发展观，以“完善政策、加强管理、分类指导、协同推进”的工作思路，积极推动生育保险制度建设，扩大覆盖面工作，强化生育医疗服务管理。

一、积极扩大生育保险覆盖面

各地认真贯彻落实全国医疗保险工作会议精神和劳动保障部下发的《关于进一步加强生育保险工作的指导意见》（劳社厅发［2004］14号），按照两项保险协同推进的工作思路，推进生育保险工作，将生育保险逐步扩展到各类企业。2005年是近5年来参保职工增加幅度最大，增长速度最快的一年。截至年底，全国参加生育保险人数为5 409万人，比上年增加1 025万人，增长23%。其中女职工2 273万人，占参保职工的42%。

二、加快推进生育保险制度建设

各地加快了生育保险制度建设的步伐，并取得了积极的进展。2005年北京、天津、重庆、吉林、浙江、贵州等省市，相继出台或修订生育保险办法，并组织实施。截至年底，北京、天津、内蒙、辽宁、吉林、黑龙江、上海、江苏、浙江、福建、湖北、湖南、海南、重庆、四川、贵州、云南、陕西、甘肃、新疆等20个省、区、市出台了生育保险办法。

三、生育保险基金运行平稳

全年生育保险基金收入43.8亿元，支出27.4亿元，当期结余16.4亿元，累计结余72.07亿元。有62.25万人次享受生育保险待遇，人均生育保险待遇支出为6 494元，比上年增加391元，增长9.8%。生育保险基金支出结构为：生育津贴占总支出的66.7%，医疗费用占31.1%，流产或计划生育手术占1.3%，其他支出占0.9%。全年生育保险费率为0.68%，比上年降低0.02个百分点，是近5年来费率最低的一年。生育保险基金征缴率为94%，比上年上升1.84个百分点，为5年来最好水平。

四、进一步加强生育保险医疗服务管理

在总结生育保险医疗服务管理工作的基础上，部分地区加大了对医疗服务机构的监督检查力度，在管理方式上推行社会保险经办机构与定点医疗机构签订协议，实行协议管理制度，并采取医疗费用按照病种与医疗机构进行结算。南京市对生育保险医疗费用按病种结算作了专项课题研究，提出了许多建设性的意见，为下一步在全国范围内实施提供了理论依据。

五、组织重点联系城市开展难点问题的研究

2005年劳动保障部下发《关于进一步完善生育保险重点联系城市制度的通知》（劳社医司函［2005］53号），将重点联系城市由原来的8个扩大到12个，将4个直辖市全面纳入重点联系城市范围。针对各地在生育保险工

作中存在的重点和难点问题，劳动保障部分别于4月、8月在河北廊坊、天津召开了“生育保险重点联系城市工作交流会”和“生育保险病种结算研讨会”，交流各地工作经验，研究重点和难点问题。12个重点联系城市开始对“生育保险医疗费用病种结算”“生育津贴支付办法”“生育保险经办业务流程”“定点医疗机构协议范本”4个专题进行研究。

农村社会养老保险

2005 年，农村社会养老保险工作继续深入贯彻党的十六大精神，以“三个代表”重要思想为指导，按照统筹城乡社会保障制度建设、完善社会保障体系、全面建设小康社会和社会主义新农村的要求，从农村生产力发展水平和农民非农化程度的实际出发，采取由经济发达地区向经济欠发达地区逐步推进、由富裕群体向广大农民逐步推进的策略，以农村城镇化进程较快的地方和有条件的群体为重点，在指导各地积极推进农村社会养老保险试点和研究解决被征地农民、进城务工农民社会保障问题等方面取得了新的进展。

截至 2005 年底，全国 31 个省、自治区、直辖市的 1 900 个县（市、区、旗）开展了农村养老保险工作，5 442 万农民参保，积累保险基金 310 亿元，约 302 万参保农民领取了养老金。有 400 多万被征地农民被纳入基本生活或养老保障制度，筹集基金 400 多亿元。

一、指导有条件的地区积极推进农村社会养老保险试点

2005 年 8 月和 11 月，劳动保障部先后在新疆、海南召开全国农村社会养老保险处长座谈会和全国农村社会养老保险工作研讨会，总结交流经验，发挥典型示范作用。劳动保障部批准北京、福建等地作为农村社会养老保险改革试点。2005 年 12 月，北京市印发了《北京市农村社会养老保险制度建设指导意见》，进一步明确了农村社会养老保险工作的指导思想和基本原则，完善了基金筹集办法，建立了待遇调整机制，加大了地方各级政府财政对农民参保的扶持力度。2005 年 4 月，江苏省劳动保障厅下发了《关于进一步做好农村社会养老保险工作的意见》，针对苏南、苏中、苏北不同经济发展区域提出不同要求，进一步完善了农保制度、提高了保障水平、规范了业务管理。山西省吕梁市，安徽省霍山县、霍邱县，新疆维吾尔自治区呼图壁县等地政府根据当地实际，出台了有关农村社会养老保险的政策文件，对农民参保给予不同程度的扶持，积极推进农村社会养老保险工作，取得了明显成效。

劳动保障部支持并指导安徽省霍邱县开展“粮食换保障”的试点探索取得了初步成效。按照“粮食换保障”的思路，安徽省霍邱县从务农农民收入增加困难和现金收入不足的实际出发，在农民自愿的前提下，鼓励和引导农户每年从售粮收入和其他收入中拿出适当资金缴纳保险费。国家用粮食直接补贴资金等支农资金，对缴纳保险费的务农农民进行直接补贴，同时县政府按农民积累基金的余额给予一定比例的贴息，取得了初步成效。

二、着力推进被征地农民社会保障工作

按照“土地换保障”的思路，指导和推动各地被征地农民社会保障工作。浙江、江苏、山东、河北、安徽、四川、辽宁、吉林、北京、上海、天津、重庆等省市以及西安、成都等省会城市和部分市县政府出台了政府令或专门文件，并以政府名义召开会议，结合本地实际，积极采取措施，探索建立适合被征地农民特点的社会保障制度，取得明显成效，积累了有益经验。截至 2005 年底，全国已有 12 个

省级政府或部门出台了被征地农民社会保障文件。

三、研究探索解决乡镇企业职工和农民工参加养老保险的办法

支持和指导地方开展乡镇企业职工和农民工参加养老保险试点。山西省出台了“一厂两制”的乡镇企业职工养老保险政策，即城镇户籍职工参加城保，农村户籍职工参加农保。山西省制定了乡镇企业职工养老保险参保办法和业务规程。福建省出台了《福建省劳务派遣形式就业的农民工参加农村养老保险试行办法》，对促进农民工转移就业、维护其社会保险权益，带动和促进农保事业的可持续发展具有重要意义。

为了深入解决农民工参加社会保险的突出问题，劳动保障部在全面深入调研的基础上起草了《我国农民工社会保险基本情况及其对策建议》，温家宝总理作出了“从深层次研究农民工问题，制定和完善涉及农民工的各项政策”的重要批示。根据温总理批示精神，劳动保障部起草了《关于农民工社会保障问题研究报告》，提出要探索适合农民工特点的养老保险制度。

四、省级农保管理体制基本得到理顺

2005 年，劳动保障部采取发函督促及派员协调等方式，推动有关地方理顺农保管理体制，使这项工作有所进展。截至 2005 年底，全国除河南、江西省政府明确民政厅主管农保工作，青海省还未明确农保主管部门外，省级管理体制已基本理顺。

五、加强管理，进一步防范农保基金风险

为进一步加强农保基金管理，劳动保障部发出《关于进一步防范农村社会养老保险基金风险的紧急通知》(劳社部函［2004］240 号) 要求，督促指导各地对农村社会养老保险基金的投资管理进行清查，要求各级社会保险基金监督机构将农村社会养老保险基金列入日常监督业务范围。在农村社会养老保险经办机构自查的基础上，对农村社会养老保险基金投资管理的情况进行了全面检查。

2005 年，劳动保障部与银监会联合对农保基金在被关闭金融机构中债权情况进行了核查，并多次与银监会、人民银行、中国证监会等部门进行协商解决这一问题。

六、开展国际合作，推进农保试点

2005 年，劳动保障部与日本国际协力机构中国事务所合作，开展“中国农村社会养老保险制度创新与管理规范”项目研究，组织中日专家赴 6 个项目试点县市和 2 个先进地市进行实地考察调研，研究制定了项目实施细则，签订了有关合作协议。该合作项目将研究制定符合试点地区实际情况和农民特点的农村社会养老保险制度创新方案，帮助开展试点地区的人才培养、宣传教育以及建立农村社会养老保险基金管理系统，对在全国推广农村社会养老保险制度和管理规范提出建议等。

社会保险经办管理与基金监督

一、社会保险经办管理

在各级党委、政府的关心指导和劳动保障行政部门的直接领导下，2005 年全国社会保险经办机构以“三个代表”重要思想为指导，认真贯彻落实党的十六届四中、五中全会精神，拼搏进取，不懈努力，圆满完成了 2005 年目标任务，各项工作都取得了新的进展。

（一）确保各项社会保险待遇按时足额支付，维护广大参保人员的社会保险权益

2005 年全年共发放企业离退休人员基本养老金 3 495 亿元，基本医疗保险、工伤保险和生育保险基金支出分别为 1 079 亿元、48 亿元和 27 亿元。

继 2004 年后，2005 年再次实现了企业离退休人员基本养老金当期发放无拖欠。各地加大补发历史拖欠基本养老金的力度，无拖欠的省份从 2004 年底的 10 个增加到了 16 个。与此同时，实行社会统筹的机关事业单位离退休人员离退休金也基本做到了按时足额发放。

经过各级经办机构的共同努力，基本医疗保险、工伤保险和生育保险待遇也实现了及时足额支付。在 2005 年安全生产形势比较严峻的情况下，工伤保险通过确保待遇的及时足额支付彰显了作用。北京、天津、广东和河南等省妥善解决老工伤人员待遇问题，实现了工伤保险制度平稳过渡。

（二）抓好重点人群参保，进一步扩大社会保险覆盖面

截至 2005 年底，全国参加基本养老保险人数达到 17 487 万人。其中，参保职工13 120 万人，比 2004 年底增加 870 万人，增长 7.1%。参保职工增长率近年来首次超过离退休人员增长率。全国基本医疗保险参保人数达 13 783 万人，比 2004 年底增加 1 379 万人，增长 11.1%。工伤保险参保人数达到8 478万人，比 2004 年底增加 1 633 万人，增幅 23.9%。生育保险参保人数继续保持较高增长势头，2005 年底达 5 408 万人，较 2004 年底增加 1 024 万人，增长 23.4%。

各地继续把非公有制经济组织、城镇个体工商户、灵活就业人员作为基本养老保险和基本医疗保险的扩面重点对象，以大中城市和高风险行业尤其是大中型煤矿为工伤保险的扩面重点，实现了各项社会保险参保人数的持续增长，超额完成全年扩面计划。

为使更多的从业人员享有社会保险，各地采取了多种措施。宁夏就做好非公有制企业参保工作专门发出通知，区社保局按月调度，及时编发扩面快讯，向全区通报扩面动态。天津、河南、河北、山西等地通过财政补助等多种途径，推进困难企业职工、关闭破产国有企业退休人员参加医疗保险工作。广东省深圳市建立了劳务工合作医疗制度，通过个人和单位共同缴纳较低的费用，为进城劳务工提供门诊和住院医疗保障，参保人数已突破100 万。北京市继 2004 年实施农民工参加基本医疗保险办法后，2005 年又专门出台了简化农民工参加工伤保险和基本医疗保险的措施，进一步加快了农民工参保工作进度。

（三）大力加强社会保险费征缴，增强了基金支撑能力

2005年企业基本养老保险基金总收入4 492亿元，同比增收764亿元，增幅20.5%，其中基金征缴收入3 747亿元，同比增收659亿元，增幅为21.3%，达到近3年来同比增幅最高水平；基本医疗保险基金收入1 405亿元，同比增收264亿元，增幅23.1%；工伤保险基金收入93亿元，同比增收35亿元，增幅60.3%；生育保险基金收入44亿元，同比增收12亿元，增幅37.5%。

各地紧紧抓住国民经济持续快速发展的有利时机，大力加强社会保险费征缴。上海、新疆、北京、天津等区市实行多项社会保险费统一征收；山东、湖南、河南2005年也启动了一票征缴工作；四川省社保局连续三年被省政府通报表彰，但他们不骄不躁，不断创新方法，采取有效措施，超额完成了养老、医疗、工伤和生育保险费的征收任务；安徽省根据农垦企业特点，将缴费额与耕地面积挂钩，采取灵活的缴费方式，将农垦企业按时足额缴费纳入年度考核内容，实行工作目标责任管理，保证了基金足额征缴；河北省机关事业单位养老保险经办机构与劳动监察、审计等部门密切配合，努力加大基金征缴力度，收到良好成效。

（四）积极拓展服务内容，推进社会化管理服务

各地以积极推动企业退休人员纳入社区管理为重点，通过推广典型经验、研究解决重点难点问题、开展检查评估等措施，进一步提高了管理服务质量，拓展了管理服务内容。截至2005年底，纳入社区管理服务的企业退休人员为2 655万人，比2004年底增加490万人，占企业退休人员总数的68.3%，社区管理率提高了9.5个百分点。

在工作推进中，各地结合实际，既注重完善政策和办法，又注重把工作向街道社区劳动保障工作平台延伸。重庆市制定了关闭破产企业退休人员移交社区管理的相关政策，明确了经费来源、活动场所的移交和档案移交办法。江苏省总结泰兴市在农村推动企业退休人员社会化管理服务工作的经验，并在全省全面推开。福建省及河北省石家庄市推出了一批达标社区。上海、江苏在异地居住企业退休人员领取养老金资格协助认证工作上勇于创新，开发了异地居住退休人员资格认证软件并已投入使用。一些省份和长春、南昌等省会城市专门成立了退休人员档案管理中心，按照国家标准建设了档案库，并已接收企业退休人员档案。江西、内蒙古、吉林、河北等地开展退休人员文艺调演，举办图片展览，提升了劳动保障部门的知名度和在群众心目中的地位。

各地还积极借助社区平台开展医疗保险管理服务工作。上海市进一步充实了街道（镇）医疗保险事务服务点，缩小服务半径，办理医保卡、申请医疗互助帮困计划、医保事务咨询、医疗费零星报销、门诊大病登记等服务项目全部在街道进行。北京市通过街道劳动保障工作平台为企业退休人员报销大额医疗费，截至2005年底，有60%的企业退休人员纳入报销范围。江苏省积极推进医疗保险社会化管理服务体系建设，着手建立以医保经办机构为龙头，以定点医疗机构为基础，以社区管理服务为依托的一体化管理服务网络。

（五）积极创新工作方法，强化社会保险稽核

2005年初劳动保障部下发了《关于进一步加强社会保险稽核工作的通知》（劳社部发［2005］4号），提出了社会保险稽核的“七项经常性工作”。各地依据文件精神，不断创新工作思路，改进工作方法，推动了稽核工作的整体提高。

一是以行业企业专项稽核行动为重点的征缴稽核取得新成果。通过对铁道、电力、石油、金融等11个行业近6.5万户企业实地稽核和企业自查，全国共查出少报缴费人数61万人，少缴社会保险费16.2亿元，已补缴13.8亿元。上海、天津、山东等地积极推行“五险”统一稽核，整合了稽核资源，提高了工作效率和质量。常规稽核也取得了新成绩。

截至2005年底，各地对征缴情况书面稽核191万户、1.1亿人（次），实地稽核131万户、9 400万人（次），共查出少报缴费人数1 005万人，少缴社会保险费共45亿元，已补缴到账35亿元。

二是清理企业欠费工作取得新进展。全国共清理收回基本养老保险企业欠费194亿元，比2004年多收回30亿元，完成全年清欠计划的162%。全国有16个省份和新疆生产建设兵团实现了当期清欠大于新欠。

三是反冒领和反欺诈工作成效显著。2005年各地对3 600万人（次）领取社会保险待遇情况进行核查，查出6.2万人有欺诈冒领行为，冒领社会保险待遇1.6亿元，已追回1.5亿元。北京、天津、上海、江苏、浙江、福建等地和新疆生产建设兵团积极探索医疗保险支付稽核，对重点部位、重点环节和重点内容进行重点稽核和监控，有效减少了基本医疗保险基金流失。天津、河北、内蒙古、吉林、山东、湖南等地制定了企业缴费诚信等级评价办法。通过对参保单位遵守社会保险法律法规的情况实施监督检查，将企业分别评定为不同的信用等级，实行分类监管，进一步拓展了稽核工作领域。

（六）着力做好数据整理和预算管理，提升基础管理水平

数据整理工作逐步深入，基本实现养老保险全国联网数据上传。各级经办机构着力推动数据整理工作，规范联网数据上报流程，提高联网数据的数量和质量。低级数据错误明显减少，关键字段数据的记实率提高较快，数据可用程度显著提高。截至2005年底，全国31个省份上报了1.1亿人的联网数据量，比上年底增加近5 000万人。北京、天津、河北、广东、重庆、陕西、宁夏等7个省市的数据达到了全覆盖。

基金预算管理步入正轨，管理手段得到加强。进一步加强了企业基本养老保险基金预算管理工作，初步建立了基本医疗保险基金预算管理工作方案和基金预算分析管理制度。针对工伤保险基金管理起步较晚的实际，各地积极建立健全基金管理制度，坚持收支两条线和专款专用原则，保证了工伤保险基金的安全完整和平稳运行。河南省重点加强了对委托管理单位的基金管理，确保所有工伤保险基金都处在有效监控之下。

基本医疗保险基础管理进一步加强。各地积极探索建立医疗服务管理的长效机制。一是强化定点医疗机构信用等级管理。二是基本医疗保险信息化建设进一步加强。福建省实现医疗保险省市联网，将原本独立的地市网络连接起来，同时启用新的药品及诊疗项目编码，建成了由新网络、新编码、新结构、新信息支撑的分析决策支持系统，有效地提高了医疗保险信息化管理能力。三是基本医疗保险费用结算办法不断完善。湖南等地对单病种医疗费用结算办法进行了积极探索。

社会保险精算成果服务于政策制定和制度完善。2005年以做实个人账户基金中长期收支测算为切入点，设计了精算模型，对未来35年基金收支情况进行了测算，首次直接利用基金长期收支测算成果服务于决策。为研究制定事业单位养老保险制度改革方案，组织黑龙江、山东、湖南、湖北4省，对事业单位养老保险改革基金中长期收支及缺口、计发办法、改革成本等进行了测算，既为研究制定改革方案提供了数据支持，也为其他地区研究事业单位养老保险改革积累了经验。

（七）不断加强能力建设，奠定了事业发展的基础

业务素质考核基本结束，系统培训开始启动。全国31个省、市已按要求组织完成了业务素质原理考核工作，并取得了较好的成效，这项持续5年的工作将在年底进行总结评估。

按照劳动保障部开展全国社会保险经办机构人员培训工作的要求，自2005年下半年起着手准备地市以上经办机构负责人的培训工作，制定了培训方案，组织系统内有关省市和人员编写了培训教材，同时还组织了社会保障专业硕士研究生和MPA招生报名考试工作。

发挥先进典型示范作用，行风建设成效显著。为切实加强干部队伍作风建设，各地结合保持共产党员先进性教育，充分发挥先进典型的示范作用，先后开展了向向志雄、张淑芬同志学习的活动，在全系统掀起了广泛宣传先进典型、学习先进人物、认真做好本职工作的热潮。

各级经办机构把学习先进典型与创建优质服务窗口活动结合起来，坚持以人为本，以“公正、便民、廉洁、高效”为要求，以依法行政、高效服务、办事公开、作风优良、监督完善为内容，以为群众提供满意服务为标准，不断创新服务理念，规范经办行为，增强服务意识，提高服务质量，切实推进系统行风建设，涌现出了一大批群众满意的服务窗口。2005年全国社保经办系统共有90个单位被评为劳动保障部“优质服务窗口”。

二、社会保险基金监督

（一）推进社会保障监督委员会建设

为了协调有关部门开展基金监督工作，继续推动社会保障监督委员会建设，经过努力，浙江、江西、贵州三省于2005年建立了社会保障监督委员会。目前，全国已建立27个省级监督委员会；云南、湖北、湖南、重庆实现了市县各级全部建立监督委员会的目标。已经建立监督委员会的省市，进一步探索如何发挥其决策、协调和议事作用，结合当地实际，组织开展了多种形式的监督检查工作。

（二）开展基金监督检查

贯彻《社会保险基金行政监督办法》和《社会保障基金现场监督规则》，深入开展对各类基金的现场监督检查，为维护基金安全，保证制度可持续发展提供保障。一是配合审计署开展的50个城市失业保险基金审计，下发了《关于进一步加强失业保险基金管理认真开展自查自纠活动的通知》（劳社厅函［2005］64号），部署各地对失业保险基金管理情况进行全面检查，对规范管理起到了促进作用。二是各省市采取多种形式普遍开展了缴费基数、缴费人数的核查工作，对基金支付环节进行检查，发现并纠正了一批少缴漏缴保险费、虚报冒领保险金等欺诈问题。三是加大举报案件的查处力度，基金监督电话举报网络在全国已初步形成，为及时发现查处违规问题发挥了重要作用。劳动保障部2005年共接到举报电话和信件587件，其中挪用基金14起，已结案8起。各省市普遍制定了举报案件处理的规定，对举报的问题进行及时查处，成为维护基金安全的重要手段。

（三）逐步开展非现场监督工作

为贯彻《社会保险基金行政监督办法》，促进现场监督和非现场监督有机结合、提高监督效率，推动各地开展非现场监督工作，下发了《关于开展社会保险基金非现场监督工作的通知》（劳社部发［2005］13号）。在此基础上，根据金保工程建设安排，开展了非现场监督指标体系的研究和论证工作，研究确定了指标体系设计思路。

（四）探索社会保险基金保值增值的办法

随着社会保险制度改革不断深化，基金规模逐步加大，特别是一些地区做实养老保险个人账户后，实现基金保值增值将是一项十分紧迫的任务。劳动保障部成立专题小组，对做实个人账户基金投资运营问题进行研究。针对个人账户基金特点，提出了投资模式、决策机制、投资品种和加强监督等方向的政策建议。

（五）推进企业年金基金市场化管理运营

按照行政许可规定和劳动保障部党组关于“制定工作流程，严格工作纪律，确保公正廉洁”的要求，通过组建专家委员会、受理金融机构申请、组织评审认定等程序，产生了第一批企业年金基金管理机构。共有99家机构申请134个企业年金基金管理机构资格，经专家评审并商金融监管部门同意，劳动保障部最后认定了29家机构37个企业年金基金管理资格。研究下发了《关于企业年金方案和基金管理合同备案有关问题的通知》（劳社部发［2005］35号），进一步完善配套办法，规范监管工作。举办企业年金培训班，有600多学员参加，进一步培训了业务骨干。

（六）加强全国社保基金监管

会同财政部，要求全国社保基金理事会增加月度快报、重大事件报告等内容；同意全国社保基金理事会以直接投资方式投资资产证券化产品；提高了企业债、金融债投资比例；批准社保基金投资国家重点、大型国企改制及国家重点改革试点项目；同意将上市公司境外首次发行和增发股票时减持国有股改由全国社保基金理事会持有。

法制建设

一、劳动保障立法取得新的进展

《劳动合同法》《就业促进法》等劳动保障重点法律进展明显。劳动保障部在深入调研、总结各地实践经验、借鉴国外有益做法的基础上，完成了《劳动合同法》草案起草工作。草案对劳动合同的订立、履行、变更、解除、终止以及监督检查等作出了详细的规定，在适用范围、事实劳动关系、劳务派遣、劳动合同期限、法律责任等方面有了较大突破。2005 年 10 月国务院常务会议讨论通过了《劳动合同法》草案，12 月全国人大常委会对草案进行了第一次审议。同时，劳动保障部抓紧《就业促进法》草案的起草工作，将积极的就业政策和就业、再就业工作实践经验上升为法律规定，对就业工作协调推动机制、城乡统筹就业、就业专项资金、失业保险基金对促进就业的作用、反就业歧视等促进就业的重大问题作出了规定。2005 年 10 月草案报送国务院审查。

一批涉及就业、劳动者权益保护、职业技能培训等法律法规的立法扎实推进。劳动保障部配合全国人大开展了《农民权益保护法》草案的起草和调研，完成了《残疾人就业条例》草案的送审。对《职业技能培训鉴定条例》草案进行了修改完善。《台湾香港澳门居民在内地就业管理规定》正式颁布。对《中外合作职业技能培训办学管理办法》等规章草案进行了修改和审核。

地方劳动保障立法迈出新的步伐。据不完全统计，全年共出台劳动保障方面的地方性法规、规章 15 项。继山东之后，辽宁出台了促进就业规定。河南、重庆率先针对进城务工就业人员权益保护制定了规章。广东、厦门先后颁布了企业工资支付条例。湖北、宁夏出台了劳动合同规定，浙江、湖南制定了劳动保障监察条例，北京修改颁布了基本医疗保险规定，浙江制定了社会保险费征缴办法，江苏制定了实施《工伤保险条例》的配套规章，北京、重庆颁布了企业职工生育保险办法，为结合本地实际做好各项劳动保障工作提供了法规依据。

二、配合全国人大开展《劳动法》执法检查工作取得较好成效

2005 年 9—12 月，全国人大常委会组织开展了《劳动法》执法检查。吴邦国委员长多次作出重要指示，王兆国等 5 位副委员长到会进行部署并提出要求，李铁映、何鲁丽、顾秀莲三位副委员长分别亲自带队赴 7 省（市）进行执法检查，9 省（区、市）人大受全国人大委托对本地实施《劳动法》情况进行了检查。劳动保障部把这次执法检查作为推动劳动保障事业发展的一次难得机遇，田成平部长向全国劳动保障系统进行了动员，5 位部领导分别陪同全国人大检查组进行实地检查。各省、自治区、直辖市劳动保障部门迅速组织开展了自查和配合检查工作。

《劳动法》执法检查在劳动保障系统和全社会产生了积极的反响，有力地促进了劳动保障各项工作。一是总结和客观评价《劳动法》实施 10 年来的情况和经验。《劳动法》实施

情况总体上是好的。就业形势基本平稳，劳动者合法权益基本得到保障，劳动关系基本和谐稳定，与社会主义市场经济体制相适应的劳动保障法律制度基本确立。全国人大检查组对各地在实施《劳动法》，维护劳动者合法权益方面好的做法和经验予以充分肯定。二是深入查找了《劳动法》实施中存在的问题。主要表现在：劳动合同签订率低、期限短、内容不规范；最低工资保障制度没有得到全面执行，拖欠工资现象仍时有发生，工资正常增长机制尚未形成；超时加班现象比较普遍，劳动条件差；社会保险覆盖面窄、统筹层次低，欠缴保险费现象严重；劳动保障监察力度不足，劳动争议处理时间长、效率低。三是有针对性地提出了解决问题的意见和措施。着重从千方百计促进就业，全面推行劳动用工登记制度，用三年时间实现各类企业与劳动者依法签订劳动合同，严格执行最低工资保障制度，建立工资正常增长机制，切实解决工资拖欠问题，强化劳动保障监察，完善劳动争议处理，加强监察、仲裁队伍建设，加快劳动保障法制建设等方面切实加大工作力度，制定和落实整改措施。四是广泛开展了《劳动法》的学习宣传。整个执法检查过程成为普及、学习、宣传《劳动法》的过程，各级政府及劳动保障部门、各用人单位和广大劳动者都受到了一次生动、深刻的法制教育。

三、贯彻实施《劳动保障监察条例》取得明显成绩

一是加大了监察执法力度。劳动保障部在全国范围组织开展了查处拖欠农民工工资、非法使用童工和整顿劳动力市场秩序等四次专项检查，有力地遏制了违法现象上升势头。一些地方还根据各自实际情况开展了专项检查，如山西、河南开展了煤炭、砖窑企业劳动用工专项治理整顿，海南对国有企业重组改制和关闭破产中职工权益情况进行检查，四川开展了机关事业单位遵守劳动保障法律情况专项检查，青海开展了残疾劳动者劳动保障权益保护专项检查。同时，各地积极开展日常巡视检查、书面审查，进一步畅通举报投诉渠道，按照“发现一起，查处一起”的要求，认真受理举报投诉案件。湖南开展“劳动保障监察执法年”活动，上海实行全年“监察无休日”，24小时接受举报投诉。2005年全国劳动保障监察机构主动检查用人单位118.5万户，涉及劳动者9 161.3万人；查处群众举报投诉案件24.9万件，结案率为98.3%。全年共计查处各类劳动保障违法案件37.9万件，责令用人单位为1 127.6万劳动者补签了劳动合同，责令用人单位补发841.8万劳动者的工资待遇等58.1亿元，督促16.1万户用人单位补缴社会保险费43.5亿元，督促10.5万户用人单位办理了社会保险登记、申报，取缔非法职业中介机构10 408户，纠正违反职业资格和职业培训规定的单位1.7万户，责令用人单位退还收取劳动者的风险抵押金1.3亿元。

二是完善了劳动保障监察制度。劳动保障部发布实施了《关于实施〈劳动保障监察条例〉若干规定》，完善了劳动保障监察执法程序，在全国统一了劳动保障监察执法标志、执法证件和执法文书。广东、重庆、大连出台了用人单位重大劳动保障违法行为向社会公布的规定，深圳探索了会同政法机关查处欠薪逃匿行为的新措施，上海建立了网格化、网络化两网联动监察模式。北京、江苏、广东、福建等地制定了劳动保障监察管辖的规定，浙江、厦门等地制定了违法行为举报奖励办法，山东出台了劳动保障一体执法实施办法。黑龙江、江西、安徽、广西、云南、贵州、新疆、陕西、西藏等地大力推进建筑行业农民工工资支付保障金等长效机制建设。

三是加强了监察队伍建设。全国省级劳动保障监察总队（监察局）达到26个。广东、浙江全省1/3以上的街道、乡镇建立了劳动保障监察中队；湖北在全省理顺了监察机构体制；黑龙江、甘肃成立了监察局；河南、辽宁、内蒙古成立了劳动保障监察总队；河北继续开展创建执法规范化活动，目前已有78%

的机构达到了规范化标准。北京市劳动监察大队等24个监察机构被评为全国劳动保障系统2004—2005年度优质服务窗口单位。

四、行政执法监督工作稳步推进

按照国务院《全面推进依法行政实施纲要》要求，劳动保障部制定下发了《劳动和社会保障部门贯彻国务院全面推进依法行政实施纲要五年规划（2006—2010年）》，对进一步转变政府职能、建立健全科学民主决策机制、提高制度建设质量、深化行政执法体制改革、完善行政监督制度和机制、加强劳动保障普法工作等提出了目标要求和具体措施。

各级劳动保障部门认真做好行政复议和行政应诉工作。据对劳动保障部及23个省（区、市）劳动保障部门的不完全统计，全年共处理行政复议申请4 377件，比上年增加10%；行政应诉案件3 275件，比上年增加36.5%。河北、山东、安徽等地通过加强内部协调、召开听证会、建立案件责任制等新的工作方式，不断提高办案水平。各级劳动保障法制机构加强对案件的研究，积极提出改进工作的建议，使行政复议和应诉工作为劳动保障业务服务，为完善劳动保障法制服务。

同时，各地进一步加强实施《行政许可法》的配套制度建设。一些地方建立了行政许可统一办理制度、对被许可人的监督检查制度、行政许可责任制度，完善了行政许可各个环节的工作规则。山东青岛、江苏无锡等地推行一个窗口集中办理行政许可的方法，取得了较好的社会效果。

五、法制宣传教育工作有了新的改进

一是结合实际情况，创造群众喜闻乐见、生动有效的普法新方式。如安徽、云南、广东、贵州、深圳等地采取为农民工编写发放“劳动保障咨询投诉日历卡”“劳动保障法律知识扑克牌”等方式，提高普法的趣味性和实效性。江苏常州深入到全市各农民工子弟学校、农民工公寓发放学习纪念品和普法材料。四川、陕西、宁波等地采取多种形式开展案例普法，有的在办理监察案件过程中向企业宣传劳动保障法律法规；有的在新闻媒体上报道典型案例，通过专家点评宣传法律知识；有的在多家新闻媒体上同时报道正反两方面典型，营造守法受表扬、违法必严惩的法制舆论，都取得了很好的社会效果。

二是针对重点对象，加大普法力度。深圳全年免费组织农民工培训1 000多期，培训人数超过30万。江苏对企业执行劳动保障法规政策严重不到位的企业负责人进行有针对性的补课培训。各地按照劳动保障部要求连续第三年在全国范围内开展以“改善农民进城就业环境，维护农民工合法权益”为主题的普法宣传活动。北京市和河南、湖北的一些地方邀请政府领导亲自上街开展宣传。

三是认真做好“四五”普法总结验收工作，为开展“五五”普法工作打好基础。

规划统计

一、规划工作

2005年，以编制《劳动保障事业发展第十一个五年规划纲要》为重点，劳动保障规划计划工作进一步得到加强。

（一）劳动保障事业发展第十一个五年规划编制工作取得阶段性成果

根据党的十六届五中全会通过的《中共中央关于制定国民经济和社会发展第十一个五年规划的建议》，按照贯彻落实科学发展观和构建社会主义和谐社会的要求，各级劳动保障部门从人民群众最关心、最直接、最现实的利益问题出发，遵循“立足当前、谋划长远，统筹兼顾、协调发展”的原则，注重决策的科学化和民主化，坚持理论研究先行，全力以赴抓好劳动保障事业发展第十一个五年规划的编制工作。通过各级劳动保障部门的共同努力，规划纲要编制工作基本完成。

（二）制定并落实年度劳动保障事业发展计划

各级劳动保障部门从实际出发，通过层层分解指标，强化保障措施，加强检查评估，确保年度各项计划指标的顺利完成。

为更好地发挥计划的导向作用，将计划目标的实施与规划目标的完成紧密挂钩，促进劳动保障事业全面、协调、可持续发展，在总结分析2005年劳动和社会保障事业发展计划的基础上，结合“十一五”规划的编制，制定了2006年劳动和社会保障事业发展计划。同时，为确保2006年就业再就业任务的完成，按照中央经济工作会议的部署，根据就业和再就业工作面临的新形势、新任务，继续组织编制了2006年就业再就业专项计划，促进就业再就业政策和工作目标责任的落实。

二、统计工作

2005年，各地劳动保障部门，狠抓统计质量，加强统计调查和统计分析，探索统计方法改革，为科学决策提供了有力的支撑。

（一）开展“劳动保障统计质量年”活动，提高数据质量

2005年，在全国劳动保障系统开展的“劳动保障统计质量年”活动，收到良好效果。各地通过深入学习统计法律法规，依法统计的意识明显增强；通过完善统计规章制度，统计工作进一步规范；通过开展统计检查，统计数据更加准确；通过坚持数据会审，统计口径更加统一。安徽省下发了《关于开展劳动保障统计工作质量年活动的通知》，并会同省统计局对各市开展统计质量年活动的情况进行了检查。重庆市在各市范围内广泛开展了统计数据质量检查活动，数据质量有了明显提高。山东省采取多种措施切实保证统计数据质量，对所有统计报表的原始信息采集都实行计算机管理，对重要报表实行网上远程直报。新疆自治区加强了统计档案管理和统计名录库的基础建设，在自治区统计局的协助下，建立了全区的基本单位名录库，并对名录库实现了动态维护。

（二）服务劳动保障中心工作，大力开展统计调查

按照中组部、人事部、劳动保障部、国家

统计局、农业部等五部委《关于做好全国人才资源统计调查工作的通知》要求，劳动保障部于2005年3月在全国46个城市开展了技能人才和单位劳动保障基本情况调查。这次技能人才调查填补了我国技能人才统计方面的空白。调查基本摸清了全国技能劳动者的总量、结构、分布、流动、激励和培训等情况，为制定“十一五”高技能人才专项规划和制定政策提供了依据。

为贯彻落实国务院领导对改善农民工就业环境的批示精神，劳动保障部在全国组织开展了农民工情况快速调查。在此基础上，完成了国务院研究室布置的关于农民工总量、结构和特点的研究报告。此外，还配合国家统计局完成了农民工信息系统的研究报告。

各地继续开展工资价位调查和企业人工成本调查，全国已有120多个城市开展了工资价位调查并发布了劳动力市场工资指导价位信息，半数以上的省份公开发布了企业人工成本信息。

（三）围绕劳动保障热点、难点问题，积极开展统计分析

2005年，劳动保障部结合技能人才调查完成了《全国技能劳动者情况统计报告》。在定期报表数据的基础上，每季度对劳动保障工作进展情况进行比较全面的分析。结合劳动和社会保障领域的热点问题，先后完成了《关于城镇基本养老保险参保率和扩面空间的统计分析报告》《我国经济增长率与失业率现象浅析》《调查失业率与登记失业率的国际比较》和《关于第一次全国经济普查有关劳动保障数据的分析》等质量较高的统计分析报告。

各地围绕着城乡劳动力统筹就业、收入分配和社会保障等热点问题，认真开展统计分析，上报100多篇既有数量分析又有政策建议的统计分析报告，为领导决策提供了重要参考，也有力提升了统计工作的地位。

（四）开展统计工作试点，探索劳动保障统计改革出路

2005年，劳动保障部在鞍山、南通、临沂、株洲、深圳、兰州等城市开展统计试点工作。统计试点主要侧重于解决三个方面的问题：一是探索完善统计综合管理体制，探索加强统计工作管理、提高统计工作质量和效率的有效途径，进一步提高统计工作水平；二是适应新形势、新变化，探索抽样调查、统计报表、信息系统自动生成等渠道有机结合的统计调查体系，有效提高数据质量；三是围绕劳动保障中心工作，为各级领导决策提供更好的服务。

（五）编印多种统计资料，丰富统计数据的产出形式

2005年5月，劳动保障部与国家统计局联合发布了《2004年劳动保障事业发展统计公报》，全面反映劳动保障工作的进展情况。在汇总年报数据的基础上，与国家统计局共同编辑出版了《中国劳动统计年鉴（2005）》及光盘。同时，将劳动保障主要统计数据及时上网，方便了社会各界和有关部门的查询，扩大了统计工作的影响。

信息化建设

2005年，按照劳动保障部党组“完整、正确、统一、及时、安全”的总要求，金保工程继续推进地方立项工作、数据中心建设和全国联网工程的实施；以抓示范城市和统一软件应用为基本手段，推动金保工程规范化建设；加强调研、分类指导和队伍建设，为完成金保工程建设任务扎实做好各项基础工作。通过一年的努力，全国金保工程建设进度逐步加快，统一程度显著提高，数据集中管理、系统整合、体制创新成为当前金保工程建设的新特点，系统的应用效果初步显现。

一、地方立项取得新的进展

督促和推动省市两级开展立项工作，对各地的立项情况进行跟踪，在政策和技术等方面给予具体指导。辽宁、湖南、安徽、四川和新疆生产建设兵团等五个省级单位的可行性研究报告在年内通过当地发改委审批，落实了建设资金。截至2005年底，完成立项工作的省级单位已经达到13个。

二、示范城市建设初见成效

为达到“典型引路、以点带面、全面推进”的效果，经各省、区、市申请，在全国确定了102个示范城市，并召开工作座谈会，对示范城市建设工作进行具体部署。制定了示范城市评估办法和评估验收标准，建立有效的评价和检查制度。指导各地制定具体的实施方案，开展现状自评工作，组织部分区域的经验交流活动。通过自评，对示范城市的总体建设状况及存在的差距有了较全面的了解，并有针对性地加强指导，取得了一定成效，示范效果正在显现。

三、数据中心建设日趋统一

对各地数据中心的规划、布局及建设情况进行了调查摸底，明确了全国数据中心总体布局。按照统一建设的要求，进一步指导和规范、推进省市两级数据中心建设，目前以设备集中、人员集中和数据整理、系统整合为主要特征的数据中心建设，正在各地展开。据统计，截至2005年底，全国已有近180个地级以上城市建立了数据中心，其中大约20个实现了生产区的统一。部本级数据中心已投入使用。

四、全国联网工程建设取得成效，联网应用稳步推进

在2004年全面实现部省联网的基础上，2005年加强了网络维护、安全管理及对部省网络联通状况的监测检查，确保了绝大部分省级单位与部里网络畅通。下发《关于加快金保工程省市联网工作的通知》，对省市联网进行督促和指导，2005年有11个省区市实现了与所辖全部地市的联网。在全部地市级以上城市中，67%实现了与省数据中心的联网，城域网覆盖到63%的经办机构，有条件的地区已延伸到街道、社区，部—省—市三级网络结构已初步形成。

进一步完善了养老保险监测软件，对监测指标调整进行研究，为监测软件的升级进行技术储备。指导各地进行养老保险数据整理、比

对和数据的上传工作，提高养老保险监测数据质量，促进了数据及时上传。截至2005年底，全国已有31个省区市通过网络向劳动保障部上传数据，数据量达到1.1亿，占全部参保人数的70%以上。下发《关于开展失业登记和失业保险监测工作有关事项的通知》，并通过视频会议对失业监测工作进行具体部署。开发了失业登记和失业保险监测软件，组织了相关的培训、试点和现场安装工作。2005年底，失业登记和失业保险监测工作进入全面实施阶段，14个省市完成了监测软件的安装实施工作，部分省市上传了约90万条数据。开展了医疗保险管理服务监测、工伤保险管理服务监测、社会保险基金监管、跨地区业务协作等联网应用的前期准备工作。

五、统一软件开发和推广应用取得较好效果

完成了“劳动99”三版软件的验收、测试性试点和本地化试点工作，及其前台技术服务商的入围和对技术人员的培训考核。指导各地进行统一软件的实施，对实施情况进行调查和跟踪。

截至2005年底，社会保险核心平台软件已经推广到300个以上统筹地区，“劳动99”三版已开始在60余个地区实施。天津、河南、安徽、山东、广东、湖北等省市在这两个软件基础上，统一进行全省本地化实施，以省为单位使用统一软件已蔚然成风。以社会保险五险合一、劳动力市场与社会保险信息系统一体化为主要特征的整合工作也已经在一部分地区开展。统计管理信息系统（SMIS5）的覆盖范围继续扩大，举办了全国性的统计管理信息系统应用培训班，对软件的使用情况进行了跟踪调研，为进一步升级进行了准备。

六、公共服务系统建设和应用取得进展，电子政务示范工程进展顺利

继续做好劳动保障部政府网站、劳动力市场网站的维护和信息更新。2005年，劳动保障部政府网站的月平均点击次数达到1 924万次，月平均访问人数达到58万，与2004年相比分别增加了15.3%和45%；中国劳动力市场网站的月平均点击次数达到1 661万次，月平均访问人数达到40万，与2004年相比分别增加了78.4%和135.3%。

指导各地进行政府网站和“12333”劳动保障电话咨询服务中心建设。截至2005年底，劳动保障部政府网站已与147个地方劳动保障厅局的网站实现链接，全国80余个地级以上城市开通了“12333”专用服务号码，其中近20个建立了劳动保障电话咨询服务中心。

劳动保障部电子政务示范工程（863项目）网上公共职业介绍系统已投入运行。承担了后续863项目《可信的劳动和社会保险网络与业务关键技术研究和重大应用》。进一步完善和升级了部安全应用支撑平台，完成了数字证书设计及数字证书载体的开发，实施了网上职介系统向升级后的安全支撑平台的迁移。完成了网上社会保险服务系统的开发，并组织天津、山东等试点地区进行本地化实施工作。

七、社会保障卡建设日益规范

完成了密钥管理系统、PSAM卡及应用国产算法的COS测试平台的开发，其中密钥系统及PSAM卡通过了国家商密办组织的安审。生成了社会保障卡国产算法根密钥。继续开展国产算法社会保障卡的试点工作，无锡、杭州进入发卡和应用阶段。加强了对地方的管理和指导力度，社会保障卡的持有人数已达到1 800万人。

八、对地方的工作指导力度加大，队伍素质进一步提高

组织召开全国劳动保障信息化工作座谈会，田成平部长为会议作书面讲话，华福周副部长作工作报告，进一步明确了金保工程统一建设的基本原则和下一步的工作方向、重点和任务，为金保工程的健康发展奠定了基础。

在充分调研的基础上，下发了《关于做好劳动保障数据中心建设有关问题的通知》《劳动力市场管理信息系统指标体系——业务部分》《部省视频会议管理暂行规定》《劳动保障信息系统统一应用软件本地化实施管理办法》等一系列指导性和规范性文件，进一步完善了相关的标准规范和管理制度，并出版了《劳动保障信息化建设文件资料集（2003—2005）》，对各地金保工程建设提供了有效的指导。

举办了部内领导干部、地方领导干部、劳动力市场信息系统、社会保险信息系统、公共服务系统、系统管理员及示范城市建设等多期培训班，培训人员达 2 600 人次以上，取得了很好的效果。

科 学 研 究

2005年，劳动保障科学研究紧紧围绕劳动保障工作中心任务和工作目标，开展了一系列重大课题研究。同时，根据新的形势和工作任务，特别是针对工作中的紧迫问题，开展了农民工就业和社会保障问题、市场经济国家高技能人才开发和职业培训、企业收入分配变动趋势与宏观调控等一批重点课题研究，对就业形势及再就业问题、完善养老保险制度、医疗保险改革的热点难点问题及薪酬、新时期的劳动关系状况、国外劳动保障的借鉴等项目进行了专题立项研究，完成了若干专题课题报告。

一、科研理论研究工作

（一）在劳动就业和劳动关系方面

一是完成了《促进就业立法问题研究》《中国灵活就业政策研究》《地区经济发展促进就业研究》《贸易摩擦及宏观经济调控对就业影响报告》《人民币升值对就业影响评估》等课题报告。积极参与《促进就业法（草案）》《劳动合同法》《残疾人就业条例》等立法研究和制定。

二是围绕当前中央所关注的农民工问题开展统筹城乡就业、农民工流动就业、小城镇就业政策、农村流动劳动力培训体系的研究，完成了国务院研究室的课题《农民工流动就业的数量、结构和特征》《农民工流动就业与劳动力市场建设问题的研究》，完成了《广东省统筹城乡就业战略研究》《2005年：中国就业报告——统筹城乡就业》。

三是开展转型时期劳动关系问题、完善劳动争议处理制度等研究。对市场反应灵敏的职业培训和技能开发模式、高技能人才建设理论研究，参与部高技能人才工作小组的文件起草研究工作，参加技能人才抽样调查工作，完成了《高技能人才队伍建设的理论与实践研究》课题。

四是根据宏观经济形势发展开展经济增长速度、贸易摩擦、人民币升值对就业影响的初步研究。针对新失业群体——青年就业问题开展调查研究，首次发布中国青年就业状况调查结果，填补了该研究领域的空白。开展信息化与就业、服务业与就业等现代产业发展对就业的影响研究。开展中国工作场所艾滋病防治的政策和模式研究，成为与国际劳工组织、联合国艾滋病防治署在该领域的主要合作伙伴。

五是与国际劳工组织合作研究中国灵活就业状况与政策、地区经济发展与促进就业；与世界银行、教育部合作研究培训与就业关系问题；参与中美劳动争议仲裁体制合作研究；与澳大利亚莫纳什大学合作研究全球化与中国劳动力市场关系。

（二）在工资分配方面

进行科技部重点课题《深化我国企业薪酬制度改革若干问题研究》，做好关于农民工工资和劳动保护专题的研究，继续做好收入分配体制改革专题研究。承担了全国人大常委财经委员会委托的关于我国人工成本现状和问题研究项目。参与做好劳动保障“十一五”规划中企业劳动工资分配部分内容起草和修订工作，并与有关部门共同完成劳动保障部“十一五工资收入水平测算”工作。

（三）在社会保障方面

一是完成国家“十五”重大科技攻关项

目《小城镇就业政策与社会保障制度研究》《中国医疗保障体系研究》《城市贫困群体社会保障政策与措施研究》《农民工社会保障问题研究》《西部地区农村社会保障问题研究》《城镇化过程中农民工和被征地农民社会保障问题研究》及《完善医疗保障体系研究》等政策研究课题报告。

二是完成《中国城镇职工基本医疗保险收支预测预警》《社会保障体系运行预警系统》《养老保险监测评估系统》《中国养老保险基金预测模型》等预测预警研究课题。《中国养老保险基金收支预测预警系统》获劳动和社会保障部首届优秀科技成果一等奖及北京市科技奖励项目二等奖。

三是按中组部要求编写干部教材《社会保障制度建设》，并已出版发行。

（四）国际劳动和社会保障方面

完成《国外养老保险替代率情况》《加入WTO后过渡时期劳动保障工作应对方案》《国外劳动合同立法研究》《国外促进就业立法背景情况研究》《国外公益性就业岗位开发研究》《工业化市场经济国家高级职业技能开发体系及其对我国的启示》《国外工伤预防机制研究》《国外失业保险制度的发展与改革经验及对我国的启示》《关于企业社会责任对我国企业和外贸出口的影响及对策研究》《体面劳动与中国城镇就业和减贫报告》等课题。

二、开发新的科研合作项目

按照劳动保障部领导关于“科研工作要融入经济建设主战场”的指示精神，院所积极整合内部资源，充分发挥科研优势，与有关单位联合开展了多个合作项目，同时利用自身优势开发了多个项目。承担了社会和企业有关薪酬方案设计、人力资源培训、政策法规咨询、软件运用开发等项目，将研究成果直接运用于实际工作和改革的实践，收到了较好的社会和经济效果。

三、进行学术交流

组织多方专家学者就有关重大理论和实践问题进行学术交流和研讨。全年共召开各种国际、国内会议20多次。通过组织召开科研工作座谈会、重大项目研讨会、论证会及学术交流会等，充分听取并吸收各方面的意见，有力地推动了科研工作的开展。

四、对外交流与合作

积极与国外研究机构开展劳动保障方面的合作研究。与亚太劳研网成员开展了体面工作问题的研究，与美国密执安大学和挪威奥斯陆大学开展了促进就业方面的研究。中、日、韩三国劳动研究机构在北京举行了“第四次东北亚劳动论坛”。开展了中英劳动仲裁院合作项目，举办了两期劳动仲裁员培训班。与英国文化委员会共同举办“反对就业歧视、促进就业平等”研讨会；与国际劳工组织共同举办《体面劳动与中国城镇就业和减贫状况》研讨会。参加国际标准化组织社会责任工作组工作。

新闻宣传与出版

一、新闻宣传工作

2005年是“十五”计划的最后一年，也是劳动保障事业取得较快发展的一年。在劳动保障部党组的高度重视下，劳动保障宣传工作紧紧围绕劳动保障中心工作，改进宣传方式，创新宣传手段，丰富宣传内容，坚持做到“六个并重”，即专题宣传与日常宣传并重，突出抓好专题宣传；部内宣传与地方宣传并重，突出抓好部内宣传；现代传媒与传统方式并重，突出抓好现代媒体宣传；中央媒体与地方媒体并重，突出抓好中央媒体宣传；对内宣传与对外宣传并重，突出抓好对内宣传；典型宣传与一般宣传并重，突出抓好典型宣传。劳动保障宣传工作呈现稳步发展、活力增强、作用明显的态势。

（一）日常宣传有新进步

全年共组织中央媒体对劳动保障部重要会议和活动采访报道27次，协调人民日报、新华社、中央人民广播电台、中央电视台等媒体刊播新闻稿件980多条（篇），组织中央媒体赴各地劳动保障工作一线采访报道5次，刊发稿件100余条（篇）。继续坚持季度新闻发布会制度，宣传劳动保障政策和工作情况。3月初，组织了中央电视台《焦点访谈》和《新闻会客厅》栏目对劳动保障部部长郑斯林的专访。6月份，组织了郑斯林部长在人民大会堂的形势报告会。

（二）专题宣传有声有势

围绕《国务院关于进一步加强就业再就业工作通知》和《国务院关于完善企业职工基本养老保险制度的决定》，协调人民日报、新华社、中央电视台等中央新闻媒体专访部领导，解读政策法规，加强舆论引导；围绕改善就业环境，积极开展“春风行动”“再就业援助月”“民营企业招聘周”和《劳动法》执法大检查等宣传活动；围绕劳动保障工作重点、难点和热点问题，大力宣传“企业年金基金管理”“新职业发布”“职业鉴定”“高技能人才”“解决养老金拖欠”“境外就业”“SIYB创业培训项目”“劳动保障权益维护”和“医疗保险”等方面的新政策、新进展，有力促进了劳动保障中心工作的顺利开展。

（三）宣传方式不断改进

在抓好中央级报刊、电视、广播等传统媒体进行广泛宣传的基础上，注重发挥现代网络和劳动保障文化建设的作用，协调运用央视国际网站开展劳动就业和社会保障形势政策教育系列谈节目，国内主要网站进行了现场直播；协调组织中央电视台、河北省劳动保障厅和河北电视台制作反映下岗职工艰苦创业的评剧《月嫂》，并制作光盘下发到县以上劳动保障部门组织收看，受到广泛好评。同时，还协调中央电视台拍摄《农民工进城打工指南》科教片，组织召开“劳动保障新文化研讨会”等，进一步活跃了宣传形式，增强了宣传实效。

（四）典型宣传有了新突破

2005年，遵照中央领导同志的指示，在劳动保障部领导的高度重视下，重点宣传了成都市金牛区社会保险事业管理局局长向志雄同志的先进事迹，中央主要媒体作了重点报道，各地党报、国内主要新闻网站进行了广泛宣传，宣传规模、宣传效果都创造了劳动保障典型宣传的新纪录。按照中组部的要求，组织高技能人才典型事迹宣传，人民日报、光明日报、中国人事报以专版进行了深入报道。参与全国优秀进城务工人员先进事迹的宣传报道，为劳动保障新闻宣传增添了新亮点。

（五）对外宣传注入新活力

以学习贯彻全国对外宣传工作会议精神为契机，着眼构建全方位、多层次、宽领域的外宣格局，进一步整合内宣外宣资源。劳动保障部党组批准了《关于国际合作司与宣传中心有关涉外宣传职能调整的方案》（劳社人司发[2005] 50号），形成了外宣内宣相统一的良好机制。积极配合中宣部工作，就美《中国人权和法治年度报告》中涉及劳动保障部的有关情况和个案、2004年劳动保障工作进展情况、《2005年中国人口与发展》白皮书涉及劳动保障相关内容修改等向外宣办做了报告。严格办理境外媒体采访报道劳动保障工作的相关事宜，为促进劳动保障事业全面协调持续发展营造良好的外部舆论环境。

（六）队伍建设进一步加强

截至2005年底，又有6个省市区劳动保障部门建立了专门的宣传机构，全国县以上劳动保障部门普遍配备了宣传人员，初步建立了上下联动的宣传工作机制。2005年9月，全国劳动保障宣传工作座谈会在云南省昆明市召开。会议传达学习了田成平部长视察部宣传中心时的讲话精神，张小建副部长作了题为《坚持和落实科学发展观，推进劳动保障宣传工作创新发展》的讲话，通报表扬了97个先进单位和69名先进个人，11个单位总结交流了工作经验。人民日报社、新华社、中央电视台有关负责同志到会并就如何搞好劳动保障新闻宣传作了辅导。通过学习座谈，与会同志进一步提高了认识，统一了思想，明确了任务，理清了思路，增强了做好劳动保障宣传工作的积极性和责任感。

（七）部属报刊继续发挥劳动保障宣传主阵地作用

2005年，《中国劳动保障报》紧紧围绕我国劳动保障制度改革与发展这一主题，坚持正确的舆论导向，弘扬主旋律，讴歌先进典型，反映社情民意，发挥舆论监督作用，维护职工合法权益，为构建和谐社会做出了贡献。加强新闻整体策划，突出深度报道，组织精干力量对“两会”、《劳动法》实施十周年等重要会议和活动进行了深入报道。开设“厅局长话和谐”等栏目，组织对贯彻十六届五中全会精神的宣传报道。紧密配合就业再就业、养老、医疗、工伤保险等劳动保障业务，积极组织对社会反映强烈的难点和热点问题进行宣传报道。重点组织策划了关于“民工荒”“关注医疗消费”等问题的新闻报道。开辟劳动法律咨询专栏，解答群众疑难问题，宣传我国劳动法律政策。全年共有17篇作品获奖，其中，有15篇作品分别获得产业报好新闻一、二、三等奖，有一篇作品获得产业报“头版头条新闻”三等奖，有一篇作品获得“残疾人事业好新闻”三等奖。有72篇文章被中央电视台“媒体广场”栏目摘播。全年共出版报纸244期，发行超过11万份，比上年度多发行1万多份。经营收入稳步增长，比上一年度增长12%。

2005年，经过国家新闻出版总署批准，《劳动保障通讯》更名为《中国劳动保障》，并对期刊进行改版。注意加强对人民群众关注的热点、难点、重点问题进行深度报道，进一步增强杂志的指导性和权威性。严把稿件质量关，全面提升刊物质量，实现社会效益和经济效益双增长。作为是全国性唯一大型综合社会保障月刊，《中国社会保障》杂志继续以“关注福利，贴近民生”为宗旨，充分发挥社会保障领域专业性互动平台的作用，业内权威地位进一步加强，社会知名度和影响力进一步提高。《中国劳动》《中国培训》《中国就业》《职业》《劳工世界》《劳动和社会保障法规政策专刊》等刊物和劳动保障部政府网站及中国劳动力市场网站等也在传播劳动保障理论和宣传劳动保障政策方面继续发挥着重要作用。

二、政务信息工作

2005 年，共编发《劳动保障部专报信息》135 期，同比增长 10.6%。中办采用 103 条，国办采用 110 条。中央、国务院领导在劳动保障部报送的信息上批示共 7 件（次）。编辑下发《劳动和社会保障工作信息》97 期，同比增长 86.5%。编辑《参阅资料》107 期，同比增长 84.5%。自 2005 年 7 月以来，为《每日动态》重要信息栏目编辑各类信息 238 条。采用各地报送信息 536 条。

2005 年，《劳动保障专报信息》基本做到了将劳动保障部和系统内的有关政策和工作进展情况及时上报，在确保信息时效性的同时，保持了较高的信息采用率，部分信息引起中央领导同志的高度关注。《劳动和社会保障工作信息》在提高数量的同时，进一步强化质量的提高，做到对地方工作有指导、有借鉴、有启发。值得一提的是，加强了与以往信息工作相对薄弱的地区的沟通和联络，首次就西藏、新疆的工作开展情况编发了工作信息。《参阅资料》进行了改版，在原先基础上新增了网络摘报、各地动态、一家之言等栏目，将侧重点转向集中反映社会各界特别是普通公民对涉及劳动保障事务及事件的反应和评价、地方落实各项政策、开展工作中存在的问题、政策建议及与劳动保障工作有重要关联的社会事件。

三、出版工作

2005 年，中国劳动社会保障出版社紧紧围绕劳动保障中心工作，特别是围绕培训和再就业工作，继续以“致力于出版领域产品和服务的创新与优化，使千百万劳动者的职业能力得到提高，劳动权益得到保障”为使命，出版各项工作稳步推进。

编辑出版业务快速发展。全年共印制图书 2 141 种（次），其中出版新书 644 种，新增选题 1 220 种。印制图书与 2004 年相比，增加了 699 种，增长了 48%，重印率近 70%。出版新书品种与 2004 年持平。经营效果明显提高，自身实力进一步增强。全年共发行图书 4 000 多种，2 300 多万册，实现销售码洋约 3.26 亿元，比 2004 年增长 19%，再创历史新高。以产品开发和市场营销为重点，推进内部流程优化。编辑、策划分离迈出实质性的一步，编发结合、全员营销的经营理念和协同工作机制不断完善。服务手段借助信息技术不断改进。网上订货业务日臻成熟，全年网上订货超过 4 000 万码洋。

配合劳动保障的重大活动、重点项目，及时推陈出新，组织出版业务急需的图书与教材。2005 年初，随着劳动保障部“春风行动”的启动，组织了《农民进城就业指南》的出版与宣传，发行量超过 50 万册。随后承接国际劳工组织与部合作的 SIYB 培训项目的配套教材开发任务，完成了其中“产生你的企业想法”（GYB）、“改善你的企业”（IYB）培训课程的教材开发与出版。11 月，根据产业结构调整和职业结构变化状况，组织有关专家对《中华人民共和国职业分类大典》进行了增补修订，出版了《中华人民共和国职业分类大典（2005 增补本）》。配合 2005 年 11 月开展的全国工伤保险知识竞赛活动，适时组织出版《工伤保险知识百题问答》，发行量超过 20 万册，对竞赛活动的展开、《工伤保险条例》的贯彻都起到积极的推进作用。

2005 年也是出版社实施上一个五年发展规划的最后一年。五年来，出版社始终坚持正确的出版方向，牢牢把握“抢抓机遇、加快发展”的主题，全面推进各方面工作，取得了显著成就。在销出版物是规划期初的 1.3 倍；销售码洋以年平均 30% 的速度增长，达到规划期初的 3 倍；净资产是规划期初的 2 倍。五年实现的销售码洋、积累的净资产超过建社前 20 年的总和，为今后的发展奠定了坚实的基础。

国际交流与合作

2005年，劳动保障部国际合作工作紧紧围绕劳动保障事业全面协调可持续发展和我国总体外交这两个大局，紧扣劳动保障中心工作，取得了新的进展。

一、高层互访

郑斯林部长于1月率团访问日本和韩国。田成平部长于11月底访问了法国和捷克。王东进副部长于6月出席国际劳工大会，并于10月访问了印度和智利。步正发副部长7月访问埃及和伊朗，并于10月出席国际移民组织亚洲劳工部长会议。华福周副部长7月底至8月初访问了美国和加拿大。张小建副部长7月访问澳大利亚和新西兰。刘永富副部长9月访问了瑞典和芬兰。中纪委驻劳动保障部纪检组组长崔会烈11月访问英国和土耳其。

田成平部长12月访法期间，应经济发展与合作组织（OECD）的邀请，访问了OECD总部，与约翰斯顿总干事进行了友好会谈。双方表示愿意加强在劳动保障领域的交流与合作。这是劳动保障部领导第一次访问OECD总部，并进行高层交流。

应劳动保障部邀请，伊朗、墨西哥、南非、捷克等国劳工部长和德国、智利、土耳其、莫桑比克、赞比亚等国劳动部副部长访华。挪威、加拿大、澳大利亚、丹麦等国负责劳动和社会保障事务的部长也拜会了劳动保障部领导。

劳动保障部与伊朗、墨西哥、比利时、印度、智利、美国、法国、捷克签订了双边合作协议，使与我国签署合作协议的国家增加到30个。

二、与港澳台地区交流

《台湾香港澳门居民在内地就业管理规定》于2005年6月14日颁布，并于2005年10月1日起实施。

2005年3月，王东进副部长率团访问香港。2005年12月，劳动保障部有关单位负责人会见了应教育部邀请的香港特区政府教育统筹局访京团。

2005年8月，张小建副部长会见了应中共中央统战部邀请的香港工业总会访京团。2005年7月初，台湾工会团体来京，与劳动保障部有关同志进行了交流。2005年12月下旬，台湾劳动党、台湾劳动人权协会大陆访京团来京。

2005年10月8—9日，劳动保障部所属中国社会保险学会医疗保险分会和台湾健康生活与运动协会及台湾健保局在河南郑州共同举办了海峡两岸三地医疗保险改革论坛。

三、多双边交往与技术合作项目执行情况

2005年9月5日中欧第八次领导人在北京会晤期间，田成平部长代表劳动保障部与欧盟就业和社会事务委员斯皮德拉先生共同签署了中欧就业与社会事务对话合作谅解备忘录。双方同意建立中国—欧盟劳动、就业和社会事务对话机制，合作领域涉及劳动、就业、人力资源开发、社会保护、劳动立法、劳动关系和社会对话。该谅解备忘录加强并巩固了双方合作关系，促进双方在劳动、就业和社会保障领域政策、立法等相关问题的交流和理解。

2005年9月6日，劳动保障部与欧盟就业委员会在京联合举办中欧就业促进与职业培训国际研讨会，田成平部长和欧盟就业和社会事务委员斯皮德拉先生共同出席了研讨会并致辞，刘永富副部长主持开幕式。

中国—欧盟社会保障改革合作项目前期准备工作已经启动。“创办和改善你的企业”（SIYB）二期项目由国际劳工组织（ILO）提供技术支持，英国国际发展部和日本厚生劳动省共同提供120万美元。该项目以四川、云南、广西、广东四省（区）为重点，在2005年7月开始实施。

亚洲银行社会保障机构经办能力建设项目实施结束。由亚行提供70万美元技术援助的“完善社保经办机构能力建设项目”顺利实施，并于2005年5月完成。

中美劳动法律项目顺利实施。召开了劳动合同法研讨会，邀请国内外专家对草案进行了细致、认真地研究，为进一步修改劳动合同法草案提供了有价值的意见和建议。对美国的劳动合同立法、劳动关系制度进行了全面的考察和比较研究，为我国在这些领域的政策制定和立法提供了有益的借鉴。

中加“公共选择”项目中的“社会保险基金反欺诈”第二期项目执行完毕，完成了项目任务。

中英失业保险项目在绩效管理、能力建设、咨询政策报告和信息系统采购四个子项目中都开展了一系列活动，取得了预期的效果。

为学习日本在农村养老保险制度建设方面的丰富经验，经科技部批准，劳动保障部与日本国际协力团（JICA）合作开展的“中国农村社会养老保险制度创新与管理规范研究”于9月正式签署了合作意向书。旨在通过此项目增进人员交流，引进日方的先进管理经验和技术设备为中国农村社会养老保险制度服务。

中德妇女再就业项目二期顺利开展，帮助一大批下岗、失业妇女，特别是特困妇女实现了就业和再就业。

2005年，劳动保障部举办的各类国际研讨会内容涉及劳动合同法、就业促进法、集体谈判、社会保障、劳动关系、境外就业人员权益保护等各个方面，国内参加人数1 000多人次。组织出境团组的考察培训内容涵盖劳动保障各个领域，出访国家50多个。另外，还接待外国各类来华业务考察团组30多个，来劳动保障部咨询了解相关业务的外国人员400多人次。

四、国际组织活动

2005年5月30日至6月16日，第93届国际劳工大会及第293次理事会在日内瓦举行，王东进副部长与会。大会审议并通过国际劳工组织2006—2007双年度计划和预算；对渔业部门的工作条件进行第二次讨论，通过了新的建议书；对职业安全与卫生进行讨论，以建立促进性的框架标准；对促进青年就业进行一般性讨论；还对会员国实施已批准公约的情况进行了审议。

2005年8月28日，第十届全国人民代表大会常务委员会第十七次会议决定批准1958年《消除就业和职业歧视公约》，同时声明：在我国政府另行通知国际劳工局之前，该公约暂不适用于香港特别行政区。之后启动向国际劳工组织登记批准程序。2005年10月，启动批准1981年《职业安全和卫生及工作环境公约》（第155号）的程序，并征询香港特别行政区关于适用该公约的意见，向国际劳工组织提交有关公约报告。

五、统一思想，明确职责

2005年11月底，劳动保障部在广东深圳召开全国劳动保障国际交流与合作工作座谈会。王东进副部长出席了会议并发表了《扩大交流、加强合作、注重实效，更好地为新时期劳动保障工作服务》的重要讲话。根据会议精神，全国各省级劳动保障行政部门明确了负责劳动保障国际交流与合作工作主管处室。

2005年6月28日，全国境外就业中介机构管理工作座谈会召开。王东进副部长出席会议并讲话。会上发布了境外就业中介服务协议书和劳动合同范本。

六、境外就业

境外就业工作不断推进，出境就业人员权益保护工作得到进一步加强。境外就业中介机构队伍进一步扩大，全年新批境外就业中介机构85家，境外就业中介机构总数达到406家。境外就业中介行业自律增强，辽宁、吉林两省先后成立了省级境外就业中介行业协会。截至2005年底，通过中介机构介绍，累计有75 719人出境就业。

学会与协会

一、中国劳动学会

2005年1月23日，中国劳动学会在北京召开在京常务理事会会议。会议增补张亚曼同志为副秘书长，并讨论通过了“中国劳动学会2004年工作总结和2005年工作安排”。

2005年3月14日，全国劳动学会秘书长工作会议在福建召开。会议通报了中国劳动学会2005年的主要工作，明确了学会要以构建和谐稳定的劳动关系为主题开展学术活动，进一步完善学会中长期发展规划，做好换届筹备、评选优秀成果、评选先进单位等各项工作。

2005年9月15日，中国劳动学会在上海市召开了“全国劳动学会会长工作会议”。来自全国的74名代表参加了会议。

2005年12月2日，中国劳动学会2005年年会暨常务理事会在海口市召开。劳动保障部副部长、中国劳动学会名誉会长王东进就“建设和谐稳定劳动关系”作专题学术报告。代表们针对当前劳动关系需要解决的热点和难点问题提出了意见和建议。

二、中国社会保险学会

（一）召开第三次会长工作会议

2005年4月25—26日，中国社会保险学会第三次会长工作会议在河南安阳召开，王建伦会长出席了会议。会议听取了学会秘书长张怀琚的工作汇报，并对2005年工作提出了具体要求和意见。

（二）积极开展各种学术活动

针对近期劳动保障部一系列关于企业年金的文件出台，2005年3月26—27日，中国社会保险学会在南昌市举办“全国企业年金实务报告会”；4月9日，在北京召开“企业年金理论与实践研讨会”；5月14日，在北京举办“新时期企业年金发展实务研讨会”。

为配合《工伤保险条例》的实施，于6月17—19日，在哈尔滨市召开了“工伤保险政策与实务研讨会”；9月9—11日，在成都召开了“工伤保险与劳动能力鉴定研讨会”。

2005年11月16日，中国社会保险学会、劳动保障部农村社会保险司等在海南省海口市联合召开了“全国农村社会养老保险工作研讨会”。会议通报了各地近期农村社会养老保险工作的进展情况及明年工作设想，交流了经验。

（三）加强国际合作与交流，不断扩大学会的国际影响力

2005年6月4—5日，召开“东亚城市贫困问题与社会保障网国际学术研讨会”，王建伦会长出席会议。

2005年9月7日，国际社会保障协会秘书长霍斯金先生代表国际社会保障协会授予全国政协社会和法制委员会副主任、中国社会保险学会会长王建伦女士荣誉勋章，表彰她为社会保障事业所做出的突出贡献。

2005年9月27—28日，中国社会保险学

会副秘书长张树新率团参加国际社会保障协会（ISSA）在墨西哥梅里达市召开的关于社会保障基金投资的国际会议。会议的主要内容有：社会保障基金投资指引的实施，战略性的资产配置，投资组合的风险管理，在社会经济发展中的投资等。

三、中国职工教育和职业培训协会

（一）中国职协第四届理事会召开

2005 年 10 月 29—30 日，中国职协在北京召开第四届理事会暨年会，来自省（区、市）、产业行业及大型企业（集团）的会员代表近 300 人参加了会议。会议全面总结了第三届理事会期间的工作，新聘成思危、顾秀莲、张怀西、黄孟复为名誉会长；选举产生了第四届理事会理事和常务理事、会长、副会长和秘书长。

2005 年，中国职协完成了企业专业委员会、技校专业委员会的换届交接工作，进一步推动了各专业委员会开展活动。同时，适应外企人力、培训主管的需求，建立了协会第一个个人专业委员会，即人力资源专业人士委员会，并在上海、杭州开展了两次活动。

（二）紧密围绕技能人才队伍建设这一核心，大力开发企业培训工作

启动了班组长和技能带头人培训，促进高技能人才队伍建设工作。2005 年初，组织专家从生产管理、工作实施、创新能力、培训能力四个方面入手，策划、编写具有现代培训特色的班组长培训教材，于 2005 年 10 月出版了《企业班组长岗位培训教程（基础篇、实训篇)》。

四、中国就业促进会

（一）召开中国就业促进会成立大会

2005 年 3 月 31 日，中国就业促进会在北京成立。中共中央政治局常委、国务院副总理黄菊作出重要批示：“劳动就业关系亿万群众的切身利益，关系改革发展稳定的大局。做好就业再就业工作，不仅需要政府强有力的领导和各部的协调配合，还需要社会各方面的积极参与和群策群力。希望中国就业促进会成立后，适应新形势，建立新机制，充分发挥社团组织的桥梁纽带作用，团结社会各方面力量，为促进就业再就业做出贡献。”

来自全国各地、各部门、社会各方面的会员代表 500 多人参加了成立大会。大会审议并通过了工作报告、《中国就业促进会章程》，选举产生了领导机构。全国人大常委会副委员长何鲁丽、成思危、蒋正华，全国政协副主席黄孟复以及宋健、陈锦华应邀担任中国就业促进会荣誉会长，劳动保障部历任部长应邀担任名誉会长，再就业部际联席会议成员单位的部级领导担任顾问。大会推选全国政协委员、原劳动保障部副部长林用三为中国就业促进会会长，王英才同志为常务副会长，王锡赞同志为秘书长。

（二）召开中国就业促进会与美铝基金会合作项目启动会

2005 年 3 月 31 日，中国就业促进会与美铝基金会“社区劳动保障协理员能力培训”合作项目启动仪式在人民大会堂举行。张小建副部长、林用三会长出席并会见美铝集团负责人。

（三）召开全国优秀民办职业介绍机构表彰暨劳动力市场管理座谈会

2005 年 8 月 3 日，全国优秀民办职业介绍机构表彰暨劳动力市场管理座谈会在内蒙古召开。会上，表彰了 94 家优秀民办职业介绍机构。

（四）协办中国（宁夏）首届劳务经济发展论坛大会

2005 年 9 月 7—9 日，中国（宁夏）首届劳务经济发展论坛在银川举办。张小建副部长、林用三会长以及宁夏自治区人民政府主席、副主席等有关领导分别出席开、闭幕式。来自全国劳动保障部门、专家学者代表共 200 余人参加了会议。

（五）召开中国就业促进论坛暨2005中国人力资源开发与就业促进峰会

2005年10月20—21日，中国就业促进会主办的中国就业促进论坛暨2005中国人力资源开发与就业促进峰会在苏州市举办，专家学者、地方劳动保障部门领导、培训机构、部分中国500强企业优秀人力资源机构代表400多人参加会议。

（六）召开性别平等与就业促进立法研讨会

2005年10月31日，在联合国妇女发展基金的资助下，性别平等与就业促进立法研讨会在北京召开。来自国内相关政府部门、科研院所、著名大学的30多位专家学者参加会议，会议围绕《就业促进法》的修改完善进行了研讨。

地方劳动和社会保障工作

北 京 市

2005年，北京市劳动保障系统按照科学发展观和构建和谐社会的要求，统筹城乡就业和社会保障，各项工作扎实推进，促进了首都经济社会的协调发展。

一、就业再就业工作成效明显

2005年，北京市继续拓展社区就业领域，全年累计开发社区就业岗位13.9万个，安置失业人员11.04万人；实施就业倍增计划，征集创业项目1 193个，实现创业1 321人，带动就业1万人；初步形成了市、区县、乡镇、村4级农村劳动力转移就业管理服务体系，实现转移就业6.8万人；进一步加大对就业困难群体的帮扶力度，帮助6.12万名“4050”失业人员实现就业。全年城镇新增就业31.5万人，失业人员再就业19.94万人，城镇登记失业率为2.11%，控制在2.3%的预定指标之内。全市就业局势基本稳定。

二、职业技能培训取得新进展

2005年，北京市继续实施“三年百万”职业技能培训计划，全年培训企业在职职工、失业人员和农村劳动力76.19万人；落实“三年两万”新技师培养计划，培训技师、高级技师6 654人；举办首届首都技能人才培养成果展示会，营造了尊重和培养技能人才的社会氛围。

三、社会保险制度改革稳步推进

2005年，北京市积极推进大兴区、通州区农村社会养老保险制度改革试点，在此基础上出台了农村社会养老保险制度建设的指导性意见；通过提高报销比例、增加报销药品品种、启动慢性病社区就医试点、完善定点医疗机构管理、加大社会救助等多种措施，进一步减轻参保人员的医疗费负担；实施企业职工生育保险规定；开展工伤待遇社会化发放试点；加强企业退休人员社会化管理服务，为80%以上的企业退休人员提供了社区服务，圆满完成全市退休职工休养任务。

四、社会保险扩面征缴取得新突破

2005年，北京市完善审计、稽核、监察部门整体联动机制，以来京务工人员、灵活就业人员和非公企业为重点，加大扩面征缴力度；完善社会保险经办模式，在“三险合一”的基础上顺利实现“四险合一”。进一步规范基金管理，严厉打击骗保等欺诈行为，堵塞基金流失漏洞。截至年底，养老、医疗、失业、工伤和生育保险参保人数分别达到520万人、574.77万人、394.6万人、328.9万人和226.1万人。各项社会保险基金收缴率均达到97%以上。

五、劳动关系基本稳定

2005年，北京市继续加强劳动合同基础管理，截至年底，城镇职工劳动合同续订率为90.9%；深入实施《北京市集体合同条例》，集体合同制度已覆盖6 586户企业、139万职工；在城市近郊区94%的街道乡镇、远郊区县36%的街道乡镇建立了三方协商会议制度，初步形成了全市协调劳动关系的组织体系；深入推进“劳动用工规范一条街”工程；受理劳动争议案件1.88万件，结案率达99%；查处劳动违法案件2.24万件，同比增长34.1%；受理群众举报1.76万件；受理信访44.9万件；“12333”提供政策咨询80.3万人次，有效化解了矛盾，维护了社会稳定。

六、一批涉及群众切身利益的突出问题得到解决

2005年，北京市劳动保障系统紧紧抓住开展保持共产党员先进性教育活动这一契机，努力践行“三个代表”重要思想，按照构建和谐社会的要求，从“雪中送炭”的事情做起，着力解决群众利益广泛和困难群众生产生活中的突出问题。一是针对企业退休人员门诊医药费报销难的问题，实行就近到社保所报销。这项工作得到市委、市政府的高度重视，并列入了市委先进性教育的一项重要整改措施。在各级党委、政府大力支持下，全系统克服困难、大力推进，实现了从7月1日起企业退休人员可以到社保所报销的目标，缩短了报销周期，减少了报销环节，方便了企业退休人员。截至年底，选择在社保所报销的已达83万人。二是为了维护进城务工人员的合法权益，以建筑行业为突破口，大力推进进城务工人员参加工伤和医疗保险。截至年底，参保人数分别达到91.8万人和71.5万人。三是针对有劳动能力的农转居人员、城镇低保人员和残疾失业人员就业难的问题，将他们纳入失业登记和就业服务范围。截至年底，已有9.96万人纳入就业服务体系，其中，3.6万人通过就业服务直接实现就业，在办理失业登记的6.36万人中，有2.52万人实现就业。四是解决了按照市政府1993年16号令征地转工自谋职业人员社会保险的历史遗留问题。已将5.8万人全部纳入了社会保险覆盖范围，其中已有3.6万人补缴了社会保险费，7 000多人已经享受社会保险待遇。五是为了解决“超龄人员”的养老和医疗保险问题，制定实施了补缴社会保险费的接续政策。六是为了缓解企业与机关事业单位退休人员待遇差的矛盾，加大了企业退休人员基本养老金的调整力度，2005年人均月增加120元，人均养老金水平已达到1 086元。七是为了解决“五七”人员的历史遗留问题，将其纳入社会医疗救助体系。对没有生活来源的，由原企业按月发放生活补助费，解决了多年来的看病和生活待遇问题。八是为了加强基础工作，实现数据资源共享、提高科学决策水平，启动了劳动保障宏观决策统计分析电子政务系统建设。截至年底，市劳动保障局已初步形成了比较健全的统计指标体系，养老、医疗、工伤保险子系统已经上线试运行。

（北京市劳动和社会保障局）

天 津 市

2005年，天津市劳动保障系统坚持以人为本，认真落实科学发展观，带着深厚感情做工作，推动劳动和社会保障工作与经济社会协调发展，确保职工群众在经济和社会的全面发展中得到更多实惠，为促进社会和谐发挥了重要作用。

一、就业和再就业

2005年，天津市坚持经济发展与扩大就业并举，用积极的态度、发展的办法解决就业问题。按照市政府《2003—2005年再就业规划纲要》提出的“增加岗位数量、消化下岗职工历史存量、分流企业减员增量、保持较低失业常量和新增就业61万人”的工作目标，坚持把经济增长点作为就业工作的着力点，紧紧围绕“三步走”战略和“五大战略举措”，千方百计开发就业岗位。全市就业总量不断扩大，就业结构进一步改善，就业工作取得显著成效。

（一）就业总量不断增加，就业质量稳步提高

2005年，天津市新增就业26.2万人，是2000年10.1万人的2.6倍，“十五”期间累计新增就业91.5万人，分流安置下岗失业人员57.2万人，历史形成的下岗失业人员再就业压力得到有效缓解，为统筹城乡就业创造了较为宽松的环境。特别是2003—2005年，累计实现新增就业65.8万人，超额完成了3年规划目标，年均增长20.2%，比同期GDP年均增幅高出5.1个百分点。2005年末，全市城乡、城镇及城镇单位从业人员分别达到542.1万、389.1万和194.1万人的历史最高点，比2002年末分别增加了49.5万人、93.4万人和8.6万人。城镇登记失业率由2002年的3.91%降为3.7%。

2005年，天津市的就业结构得到改善。至年末，全市第一、第二、第三产业从业人员比重分别为13.8%、42.6%和43.6%，与“九五”期末相比，第一、第二产业所占比重分别下降2.9和3个百分点，第三产业则提高5.9个百分点。第三产业从业人员所占比重首次跃升至第一位，第三产业对全市就业增长的贡献率达到95.9%，成为扩大就业的主导产业。其中城镇第三产业从业人员达到167.4万人，比“九五”期末增加29.1万人，所占比重由46.6%增长到54.9%，提高了8.3个百分点。同时，就业稳定性进一步提高。2005年底，全市城镇企业职工劳动合同签约率达到88%，比“九五”期末提高30个百分点，劳动合同续签率由“九五”期末的63%上升到78%。就业规模的扩大，就业质量的提高，增加了城镇居民收入，改善了群众生活。

（二）政策效应全面显现，职工群众得到更多实惠

“十五”期间，天津市按照市委、市政府的部署和要求，坚持“不取多予”的原则，出台了67个再就业政策配套文件，形成了具有天津特色、比较完备的政策体系，广大职工群众特别是下岗失业人员得到更多实惠。一是实施社会保险补贴政策。2003年以来，天津市共为14万下岗失业人员补贴社会保险4.9亿元，使他们从没有社会保险到年人均增加保

障性收入3 000元，解除了大龄下岗失业人员的后顾之忧。其中，2005年共为11.08万人补贴社会保险2.49亿元。二是在全国率先建立失业保险、城镇低保与促进再就业联动机制。享受城镇低保和失业保险的人数分别由2002年高峰期的31万人和12.4万人减少到15万人和3.77万人，走出了一条由生活保障转向就业保障的新路子。三是坚持以培训促创业，以创业带就业。2003年以来，天津市累计有1.3万人参加创业培训，8 000人创业成功，发放小额贷款1.45亿元，带动6万人实现再就业。其中，2005年创业培训5 156人，3 637人创业成功，发放小额贷款7 176万元。四是全面落实税费减免政策。2003年以来，天津市累计为1.16万户企业23.21万人减免税2.45亿元，免予行政事业性收费4 875.13万元。其中，2005年为2 822户企业7.92万人减免税1.16亿元，免予行政事业性收费1 804.82万元，实现了用人单位减负增效、下岗失业人员就业增收的双赢。

（三）开展就业援助，困难就业群体实现托底安置

2005年初，天津市在全市开展了"再就业援助月"活动，组织4 800余名劳动保障协管员深入1 800个居委会对4万余名下岗失业人员进行了家访，送政策，送岗位，送技能，送服务。积极发动行政事业单位开发后勤服务岗位，在原有对区县和行业考核的基础上，2005年新增对14个系统1 300家行政事业单位提供公益性岗位的考核，使8 947名下岗失业人员，在806家行政事业单位重新走上了工作岗位。截至年末，全市共建立了322家公益性再就业公司，陆续开发出治安协勤、劳动保障协管、交通协管、公共环境绿化、准物业管理、公共卫生保洁、机关后勤社会化管理等9大类公益性岗位，累计托底安置"4050"人员4.8万人，共发放工资性补贴和社会保险补贴2.2亿元。同时，全市实施了对"零就业"和"单亲母亲"等困难家庭的就业援助活动，使全市3 716户困难家庭的4 519人得到就业岗位援助。

（四）放大延伸再就业政策，支持工业东移、企业改组改制和困难企业退出市场

2005年，天津市将社保补贴、税费减免等再就业政策打捆，移植到纺织、冶金、化工3个系统的东移企业，并支持国有大中型企业主辅分离、辅业改制，通过兴办为主业加工配套的经济实体，安置富余职工，做到了人员随着资产走，转换身份再就业，2万名富余职工得到妥善安置。2005年全市新增下岗职工仅为7 800人。同时，全面实施困难企业整体分流安置职工政策，对"4050"人员给予社保补贴直到退休；对自谋职业和转移劳动关系的人员，给予企业经济补偿金补贴，147户企业的1.55万名在职职工和3.4万名退休人员，通过托管和分流两条渠道，全部得到妥善安置，6.23亿元历史欠债一次了清，为困难企业平稳退出市场奠定基础，促进了天津市国有经济的结构性调整和战略重组。

（五）就业服务体系建设得到加强，管理服务水平进一步提高

2005年，天津市按照完善服务功能、统一工作流程的要求，投入1 800万元对区县、街镇和社区劳动保障服务机构进行改造，全市11个区县就业服务机构、53个街道保障中心、900个社区工作站已经达标。劳动就业管理信息系统全面启动，将3.66万户企业和241万从业人员的基本信息、20万新就业人员就业登记信息、12.74万失业人员失业登记信息录入数据库，做到了信息互通、资源共享，实现了就失业登记、职业介绍、兑现优惠政策等工作的网上运作。

二、社会保险

（一）基本养老保险基金征缴收入首次实现当期收支平衡，养老保险制度日益规范，退休人员及时享受到经济发展成果

2005年，天津市企业基本养老保险扩面征缴工作取得新进展，养老保险基金实力不断增强。为加强社会保险费征缴管理工作，以市

政府名义下发了《关于加强社会保险登记和社会保险费征缴规定》，确立了社会保险“五险合一”的管理框架；强化了社会保险登记、申报缴费综合治理机制和监督检查办法；建立了奖惩分明的参保制度；确立了以各级政府为主体建立社会保险考核体系。2005 年末，基本养老保险参保缴费人数达到 198.6 万人，比上年净增 12.84 万人；基金征缴收入 102.17 亿元，当期基金支出 102.24 亿元，首次实现当期收支平衡。2005 年，养老保险基金征缴收入是“九五”期末 47.4 亿元的 2.15 倍，年均增幅达到 15.6%。

2005 年，天津市养老保险制度在运行中日趋规范，企业离退休人员及时享受到经济社会发展成果。对 20 世纪 60 年代精简还乡退职人员提高了生活困难补助费标准，城镇的由 30 元调整为 265 元，农村的由 25 元调整为 132 元，这项政策使 3.5 万人受益。养老待遇调整向退休早、缴费时间长的人员倾斜，从 10 月 1 日起对企业离休人员人均增加养老待遇 40 元，对建国前老工人和转制前退休人员人均增加 20 元，明确今后对两航起义企业退休人员参照建国前老工人标准调整养老待遇。“十五”期间，在退休职工增加 40 万人的情况下，退休人员月人均养老金从 516 元提高到 765 元，增长幅度与城镇居民生活水平提高基本相适应。

（二）不断完善医疗保险制度，制度覆盖范围进一步扩大，参保患者负担进一步减轻

2005 年，天津市的医疗保险工作在完善制度和政策体系，维护参保人员权益，建立规范的运行机制方面取得了新的进展，收到明显成效。制度覆盖范围进一步扩大。年初，出台实施了《破产企业退休人员和社会办理退休人员参保办法》和《军队退休干部与军队无军籍退休人员参保办法》，解决了 3 万人的看病就医问题，将全市各类退休人员全部纳入制度保障范围。年末，基本医疗保险参保 299.06 万人，比上年末增加 36.03 万人。其中职工 180.8 万人，比上年末增加 33.46 万人；退休 118.26 万人，比上年末增加 18.37 万人。基金收支状况有所改善。全年基金收入 38.84 亿元，同比增长 29.3%；基金支出 35.91 亿元，同比增长 16.0%，统筹基金收支平衡略有结余，门（急）诊大额医疗补助基金赤字有所减少。参保患者负担进一步减轻。进一步加强医疗服务行为的监督检查，杜绝和减少大检查、大处方，扭转了人均医疗费用较快增长的局面。调整了一次性医用材料支付标准，使参保患者次均材料费由去年同期的 1 473元下降到 1 292 元，人均减负 181 元，同比下降 12.3%。实施新的药品目录，医保患者用药范围扩大。10 月 15 日，新版药品目录正式公布执行，新目录比白本增加 745 种药品，参保人员临床用药范围明显扩大，临床医生用药有了更多的选择。加强了医保诚信体系建设。建立了定点医院、定点药店、医生、患者和经办机构“五位一体”的医疗保险诚信制度，开展诚信评价，实施结算联网，建立违规医生和患者“黑名单”制度。先后终止了 28 家违规定点医院的服务协议，取消了 9 家严重违规医院的定点资格，使医保环境净化，维护了参保患者的权益。

（三）工伤保险的保障作用开始显现

2005 年，天津市的工伤保险政策逐步完善，参保范围不断扩大，工伤认定、劳动能力鉴定工作有序进行，工伤待遇调整稳步运作，有效地维护了工伤职工和企业的权益。年末，参保缴费人数达到 143.5 万人，比上年增加 32.04 万人，基金征缴 2.34 亿元，比上年增加 0.79 亿元。一是调整工伤保险待遇，使工伤职工、供养亲属的生活水平与经济发展相适应。提高了 2003 年 12 月 31 日前工亡职工供养亲属抚恤金水平；对 1～4 级老工伤退休人员的养老保险金做了调整，凡计发基数低于 2003 年社平工资 1 309 元的 75%～90% 的，由工伤保险基金补足差额。二是扩大工伤保险覆盖面方面，以《工伤保险条例》颁布两周年为契机，加大宣传力度，组织了工伤保险知识竞赛，扩大了工伤保险的覆盖力。2005 年，

出台政策将有雇工的个体工商户纳入工伤保险实施范围；在全国率先将客运出租行业从业人员纳入参保范围；积极推动农民工参保工作，截至年末，全市农民工参加工伤保险共计22.58万人，其中先行参加工伤保险的6.43万人。三是依法做好工伤认定和劳动能力鉴定工作。对1.6万名老工伤人员进行了审核鉴定，完成新工伤认定7 800例，工伤鉴定11 500例，为9 666名工伤职工支付工伤保险待遇6 918万元，因工负伤职工的保险权益得到了切实维护。

（四）失业保险保生活促就业作用更加明显

2005年末，天津市失业保险参保人数197.5万人，比上年末增加2.4万人；基金征缴收入8.2亿元，同比增长27.8%，基金保障能力大大增强，全年为6.84万人次失业人员发放了失业保险金。一是提高了失业保险金发放标准。从2005年8月1日起调整失业保险金发放标准：全市执行统一标准，不再有地区差别。领取期限处于第1个月至第12个月的，发放标准由302元调整为333元，宁河县、蓟县、静海县由292元调整为333元；领取期限处于第13个月至第24个月的，由272元调整为300元，三县由262元调整为300元。农民合同制工人生活补助费发放标准由每人每月181.2元调整为200元。二是在全国率先提出失业保险基金促进就业的具体实施意见。在确保失业人员失业保险待遇的前提下，拓展失业保险使用渠道，利用失业保险基金支持参保单位开展转业转岗培训和在职培训，鼓励失业人员自主创业、自谋职业和灵活就业。三是进一步完善了失业保险与再就业的联动机制。全年共为8 500人兑现了自谋职业的鼓励政策，通过联动机制，全年享受失业保险金人员平均领取期限比实施联动机制前减少3.67月，实现再就业人员平均提前9.62个月停领失业金。由于就业再就业工作力度不断加大，期末领取失业保险金人数从上年末的5.13万人下降到3.77万人。四是根据市政府决定，自2005年10月1日起，失业保险由社会保险基金管理中心统一征缴。五是启动了失业保险信息管理系统，提升了失业保险服务水平，缩短了失业人员申领待遇等待期。

（五）生育保险制度正式启动，运行平稳

2005年8月17日，天津市人民政府发布《天津市城镇职工生育保险规定》。9月1日起，天津市全面实施生育保险制度。该规定广泛适用于各类用人单位。全市行政区域内的城镇各类企业及其职工都要参加生育保险，国家机关、事业单位、社会团体、民办非企业单位和其他城镇社会组织及其职工也将依照该规定执行。用人单位无论招用男女职工都应当按照全体职工个人上年度月平均工资之和的0.8%按月缴纳生育保险费，职工个人不缴纳生育保险费。由生育保险基金支付的费用即生育保险待遇主要包括产前检查费、生育医疗费、生育津贴、计划生育手术费4项。生育保险的用药范围、诊疗项目和医疗服务设施标准，按照本市城镇职工基本医疗保险有关规定执行，但有关增付的规定除外。为认真做好生育保险制度的组织和推动，专门拟订了宣传培训工作实施方案，编写了全市统一的《生育保险政策与经办培训教材》和《生育保险实用手册》，先后举办了8期培训班，参加培训的劳资、经办和医疗机构管理人员达到了1 500多人。同时，在新闻媒体上连续报道生育保险相关政策和经办知识问答。生育保险制度启动平稳，运行态势良好。截至年末，参保人数达到157.42万人，征收基金7 600万元。

三、职业技能培训和鉴定

2005年，天津市围绕经济结构调整和新一轮嫁改调对技能人才的需求，开展职业技能培训鉴定工作，加快技能人才培养，全面推进劳动力成本优势向素质优势转换。

（一）职业培训工作取得新进展

2005年，天津市在健全职业培训体系的基础上，推动分类实施培训，提高培训质量。围绕提高职工队伍整体素质，适应支柱产业发展需求，制定新的岗位技能标准，加强岗位培训；围绕经济结构调整，做好转业转岗培训。结合工业东移、国有企业改制重组，做好劳动力结构调整和职工转业转岗培训；围绕培养一支有较高职业技能的劳动后备军，搞好新生劳动力的就业前培训；围绕促进下岗失业人员再就业，做好再就业培训；围绕城乡统筹发展，做好农村劳动力的培训。全市共组织培训各类人员74.4万人次，其中，企业在岗职工培训36.8万人，新生劳动力和其他社会人员培训18.8万人，下岗失业人员培训10万人，农民工培训8.8万人。

（二）实施高技能人才队伍建设

2005年，天津市积极研究高技能人才培养奖励制度，对有突出贡献的技能人才给予奖励，对技能人才培养实行经费补贴。在大型企业开展高技能人才评价试点工作。推进职业院校实施职业资格证书制度，在部分职业院校毕业生中开展高级技能（国家职业资格三级）鉴定“直通车”试点工作。2005年，全市培养高级工1.7万人，技师6 082人，高级技师376人。全市城镇单位中高级工以上技术工人达到15.7万人，占技术工人队伍的22.4%，比“九五”期末的10.7%提高11.7个百分点。

（三）职业培训基地建设初见成效

2005年，天津市政府将电子信息与高新技术、传统服务业、机械加工制造业、现代服务业、汽车服务业、海洋与石油化工等6个市级职业技能培训鉴定基地建设纳入为民办的20件实事之一。目前，现代服务业培训基地已经建成并试运行。同时，着眼于天津市未来产业发展方向，确定了109个职业技能培训鉴定工种。在2005年7月召开的全国就业再就业座谈会上，黄菊副总理对天津市的做法给予了高度评价。

（四）推进技工学校的改革和发展

2005年，天津市通过调整合并改造，全市技工学校由“九五”末期的112所调整到50所，其中，国家级重点技校11所，市级重点技校8所。经劳动保障部及国家发改委批准，在国家级重点技工学校中改建了8所高级技工学校，并在6所具备条件的高级技工学校加挂了技师学院的牌子。通过资源整合，初步形成了覆盖全市各主要经济部门、专业门类较为齐全、布局基本合理的技工学校教育体系。2005年，全市技校招生人数1.7万人。技工学校平均在校生规模从“九五”初期的不足200人，提高到630人，毕业生全部取得“双证”，有70%以上的毕业生取得了中级职业资格证书。

（五）加强职业技能鉴定

2005年，天津市参加职业技能鉴定22.8万人，21.5万人取得职业资格证书，鉴定通过率达94.3%。一是积极参与国家职业技能鉴定题库建设工作。完成了《家用电器产品维修工》《高低压电器装配工》两个职业理论题库的建设工作，承接了《计算机程序设计员》《多媒体作品制作员》和《工具钳工（技师）》3个职业国家题库的建设工作。同时，组织制定并向劳动保障部鉴定中心申报了《保健正锥师》和《保健针灸师》两个职业标准。二是加强对考评员的培训和管理工作，考评员实行聘任制管理。2005年，举办了8期考评员培训班，共发展考评人员622人，其中普通考评员512人，涉及17个行业、104个工种，高级考评人员110人，涉及11个行业、40个工种。三是壮大职业技能鉴定质量督导员队伍，截至2005年底，全市发展到38人。通过派遣质量督导员监督检查职业技能鉴定过程，提升鉴定质量。

四、从业人员劳动报酬

2005年，天津市企业单位从业人员劳动报酬继续保持较快的增长态势。劳动报酬总额达到343亿元，同比增长11.6%，人均劳动报酬23 820元，比上年增加2 929元，增长14%。“十五”期末，全市企业单位从业人员人均劳动报酬是“九五”期末的1.92倍，年均递增13.9%，与天津市GDP的增长基本同步。

（一）进一步完善了企业工资总额宏观调控制度

到2005年末，天津市实行“自主决定工资”办法的企业职工10万人；实行“两低于”办法的企业职工48.7万人；实行“计税工资”办法的企业职工29.3万人；实行“百元产值工资含量”的企业职工3.5万人；实行其他管理办法的企业职工3.1万人。三资企业的工资总额由董事会确定并允许在成本中列支。宽松的工资总额调控政策，减轻了企业由于给职工长工资而增加的税负。

（二）继续推进工资集体协商制度建设

截至2005年末，天津市实行工资集体协商的企业2 750户，涉及职工50万人，分别比2004年增加439户、7万人。这些企业职工人均工资达到29 477元，比全市企业平均水平高5 770元。部分经济效益差的中、小企业，通过推行区域性、行业性工资集体协商，确保了职工工资的按时、足额发放。

（三）进一步加强企业工资指导线的执行力度

2005年，天津市继续把企业单位从业人员劳动报酬总额增幅纳入全市经济和社会发展工作目标体系，分解下达，按季考核。2005年，全市按工资指导线安排职工工资增长的企业6 320户，从业人员83.1万人，占全部从业人员的65%，比上年提高2个百分点。

（四）调整最低工资标准，低收入群体收入水平不断提高

2005年，经天津市政府同意，自7月1日起调整最低工资标准，由每月530元、每小时3.17元，调整为每月590元、每小时3.52元；宝坻区、武清区、静海县、蓟县、宁河县由每月510元、每小时3.05元，调整为每月570元、每小时3.4元。非全日制用工劳动者小时最低工资标准由每人每小时5元，调整为每人每小时5.6元。“十五”期间，天津市连续5次调整最低工资标准，由2000年的350元增至2005年的590元，增幅达到68.6%，年均增幅11%，与同期城镇居民可支配收入增速基本协调，保障了中低收入职工的合法权益。

（五）健全劳动力市场工资指导价位制度

2005年，天津市发布454个工种（岗位）劳动力市场工资指导价位和人工成本信息，为劳动力市场供需双方提供社会平均基准参考，比2004年增加106个。

五、劳动关系协调机制和劳动保障法制建设

（一）劳动争议处理与仲裁

2004年，天津市加大劳动争议处理工作力度，推进劳动合同制度和集体合同制度，加强劳动关系协调，维护了劳动关系的和谐稳定。

1. 加强劳动合同管理，规范用工行为。2005年，天津市按照“把住两端，规范中间、维护三权”的要求，加强了对劳动合同的鉴证备案工作。全市签订劳动合同职工199.2万人。办理劳动合同鉴证备案46.7万人，比上年增加16.2%，其中鉴证备案新签劳动合同24.6万人，续订劳动合同21.2万人，变更劳动合同0.9万人。在鉴证备案工作中，坚持严格审查，共纠正违法合同8 000人次，无效合同1 000人次，切实维护了职工的签约权。同时，积极采取措施调控劳动合同的解除和终止，特别是加强对改制企业职工劳动关系的指导与监控。2005年，全市共办理解除终止劳动合同备案8.5万人，其中，解除劳动合同2.5万人，终止劳动合同6万人。在推动企业与职工签订劳动合同的同时，积极引导生产经营正常的企业和改制企业与职工续延劳动关系，劳动合同到期续签率达到78%，比“九五”期末提高15个百分点。

2. 完善集体合同政策，规范办事程序。2005年，天津市配合实施《集体合同规定》，清理了天津市集体合同的相关政策，出台了《天津市实施〈集体合同规定〉办法》，加大力度推动集体协商集体合同制度的实施。2005

年，全市共对1 507户用人单位的32.4万名职工进行了集体合同的审查备案，其中新签企业1 102户，涉及职工11.9万人，续订企业405户，涉及职工20.5万人。全市实施集体合同企业达到3 972户，覆盖职工140.7万人，比“九五”期末分别增长45%、50%。

3. 加强劳动关系三方协商机制的协调作用。2005年，天津市召开了市级第八次和第九次三方协商机制例会，重点研究如何根据当前劳动关系的新形势、新变化，推动建立和谐的劳动关系。天津市三方协商机制工作得到国家三方会议的认可和表彰，天津市劳动争议仲裁委员会被评为“全国先进劳动争议仲裁委员会”，有9名调解员获得“全国优秀调解员”称号，3名仲裁员获得“全国优秀仲裁员”称号，两家企业被评为“全国创建和谐劳动关系模范企业”。

4. 提高劳动争议仲裁效能，公正、及时处理劳动争议案件。2005年，要求各级仲裁委员会在处理案件时以合议庭为主，通过完善组庭制度和仲裁程序，提高仲裁的公正性。通过旁听庭审、案件讨论等方式，加强对区县劳动争议仲裁部门的指导监督，提升仲裁效能。全年受理劳动争议案件13 000件，其中立案处理4 210件，比上年增加19.4%，涉及职工6 096人，时效内结案率达97%。立案处理争议中，劳动报酬争议占27.5%，社会保险争议占24.4%，劳动合同争议占10.6%，工伤争议占12.3%，其他争议占25.2%。处理集体劳动争议82件，涉及职工1 942人。

（二）劳动保障监察

2005年，天津市各级劳动保障监察机构以维护劳动者合法权益为重点，加大执法力度，开展劳动保障监察工作。通过书面审查、日常巡查、专项执法检查及举报投诉查处等各种形式，检查用人单位4.5万户（次），涉及劳动者303.4万人，分别比上年增长15.6%和2.3%。首次开展了劳动保障书面审查工作，审查用人单位3.19万户，成为全国率先开展此项工作的4个省市之一。2005年，市劳动保障局联合公安、人事、工商、工会、建委等部门或单独组织开展了清理整顿劳动力市场秩序、禁止使用童工、治理拖欠农民工工资等5次专项执法检查活动，检查用人单位6 387户。主动受理查处举报投诉案件，年内4次在主要媒体公布投诉电话，因举报投诉检查用人单位6 673户，立案处理1 962件，结案1 882件，结案率达96%。通过各种形式监督检查，纠正用人单位劳动保障违法违规行为9 655件，下达整改决定和行政处理决定3 324份，实施行政罚款489件；督促用人单位与10.8万名劳动者补签了劳动合同，补发拖欠职工工资1.45亿元，追缴社会保险费1.39亿元。

（三）劳动保障信访

2005年，天津市的信访工作坚持“分级负责、归口办理”的原则和局长接待日制度，重点做好突发事件和群体性上访事件的预测、预控工作。全年全市劳动保障系统接待职工群众来信来访来电4.35万件次，比上年下降58%。其中，接待集体来访150批、3 729人次。市劳动和社会保障局受理群众来信来访来电1.63万件次，同比下降32%。其中，93%为咨询政策，求决量只占7%。“十五”期间，全市劳动保障信访量平均每年以7 000件次大幅减少，年均降幅达到20.5%。

（四）劳动保障法制建设

2005年，天津市根据行政许可法规定，修订了《天津市劳动保护条例》。加大行政审批改革力度，进一步规范行政行为，将行政许可统一集中在市行政许可服务中心办理，非行政许可审批事项统一集中在局行政服务大厅实行“一站式”服务。搭建了“劳动保障政策进社区”和“政策进企业”的宣传平台。全年制定劳动保障规范性文件90余件。受理行政复议案件78件。加强调查研究，完成涉及劳动就业制度、社会保险制度、收入分配制度等方面的调研课题15篇。

六、启动“12333”劳动保障电话咨询服务系统

2005年，天津市为了给职工群众和用人单位提供方便、快捷的劳动保障服务，经市政府批准，成立了天津市劳动保障电话咨询服务中心，采用专用特服号码“12333”，为市民和用人单位提供劳动保障政策咨询、办事机构和办事程序查询以及职业技能鉴定结果和职业证书真伪查询等服务。2005年5月18日，咨询服务热线面向社会正式开通，市委副书记、市人大常委会主任房凤友同志启动咨询服务系统。开通后，中心实行“首问制”，以“方便快捷、及时准确、专业实用、优质高效”为服务宗旨，不断深化服务措施。先后开通16次专家咨询热线，搭建了市民直接与专家交流的桥梁。从2005年12月20日起开设了“农民工维权热线”，帮助农民工全面了解涉及自身权益的劳动保障政策和问题。截至年末，“12333”累计受理咨询电话21.5万人次，其中人工服务12.3万人次，占受话总量的57.2%；自动语音服务9.2万人次，占受话总量的42.8%。累计解答问题26.4万个。“12333”作为天津市劳动保障部门的诉求通道之一，以优质准确的服务水平赢得了广大市民和用人单位的认可，获得了良好的社会反响。

（天津市劳动和社会保障局）

河北省

2005年，在省委、省政府的领导和劳动保障部的指导下，河北省劳动保障系统广大干部职工坚持以科学发展观为统领，以开展保持共产党员先进性教育活动为动力，围绕构建社会主义和谐社会，进一步加大就业和再就业工作力度，积极推进社会保障体系建设，各项劳动保障工作实现新跨越，为维护全省改革、发展、稳定大局发挥了积极作用。

一、劳动管理

（一）就业再就业

2005年，河北省各级党委、政府把就业再就业工作摆在更加重要的位置，大力实施就业再就业“民心工程”，扎实开展政策落实年活动，圆满完成各项目标任务。到年底，全省城乡就业人员3 568.97万人，其中城镇就业人员876.6万人。全年城镇新增就业46万人，下岗失业人员再就业25.65万人，“4050”下岗失业人员再就业6.25万人，农村富余劳动力向非农产业转移185万人次，培训下岗失业人员27.06万人，分别完成全年目标任务的128%、143%、208%、142%、108%。劳务输出总量达到440.6万人，城镇登记失业率3.93%，控制在全年4.6%的目标内。

1. 切实落实就业扶持政策。2005年，河北省组织开展了以查看目标责任制落实情况、政策实施管理机制建设情况、配套政策制定情况、政策实施情况、政策效应发挥情况为主要内容的“再就业政策实效”活动，确保了各项就业政策的落实。全省共支出再就业资金4.6亿元，其中社保补贴7 029万元，公益性岗位补贴8 723万元，再就业培训补贴4 367万元，职业介绍补贴995万元。全省全年为从事个体经营的下岗失业人员发放小额贷款6 161.7万元，减免各种税费6 746万元；为吸纳下岗失业人员的334户服务型企业减免税额3 206万元。

2. 积极稳妥地推进并轨工作。2005年，河北省政府高度重视，制定了并轨方案，主要领导多次过问，分管领导亲自抓。各级劳动保障部门区别不同情况，加强分类指导，努力做到就业有出路、社保不断线、职工劳动关系得到妥善处理。到年底，国有企业下岗职工出中心工作全部结束，基本完成了下岗职工基本生活保障制度向失业保险制度的并轨。

3. 加快劳动力市场建设。2005年，河北省政府印发了《关于加快劳动力市场建设的指导意见》，省里从再就业资金结余中拿出6 000万元支持各市劳动力市场信息系统建设。秦皇岛、邢台两市劳动力市场投入使用，石家庄、承德、张家口、廊坊、沧州、邯郸市新改建的劳动力市场开工建设。全省各类职业介绍机构达到2 265所，其中劳动保障部门办1 809所。

4. 实施农村劳动力转移培训阳光工程。2005年，河北省各级劳动保障部门根据市场需求，主动适应农村生产生活方式，不断改进培训的方式方法，以输出人员多、就业和收入稳定的专业为重点，加强农村劳动力技能培训，提高了专业技能水平和就业能力。全年共组织718家培训机构，培训农村劳动力160万人，完成计划的160%。

5. 强化就业服务。2005年，河北省坚持培训与企业需求相结合，全省就业培训机构积极与企业“联姻”，与2 000多个企业建立了定向培训安置关系。普遍开展了创业培训，并在全国率先将创业培训拓展到大中专毕业生和农村劳动力，组织专家对创业者进行指导，提高了就业培训的效果。在就业服务上注重困难群体，积极开展“再就业援助活动”，大力开发社区就业岗位安置就业。以公共就业服务机构为依托，有效开展了技能岗位对接专项服务活动，全年各类职业介绍机构成功介绍职业110.57万人次，比上年增长19.49%。

6. 加强技能人才队伍建设。2005年，河北省政府制定下发了《关于大力加强高技能人才队伍建设的意见》，在人才培养、评价和评选表彰等方面，明确了相关政策。首次召开了“高技能人才表彰大会”，以省委、省政府的名义对20名“燕赵技能大奖”和100名“河北省技术能手”进行了表彰，进一步优化了高技能人才成长环境。加快实施“河北省三年二万五千新技师培养计划”。到年底，全省共培养新技师0.91万人；职业技能鉴定30.61万人。积极推动公共实训基地建设，秦皇岛高级技工学校完成基础建设。技工学校招生创历史新高，在校学生10.55万人，在校学生人数比上年增加2.24万人。此外，石家庄铁路运输学校由北京铁路局移交地方管理，增加了重要的技能人才培养、培训基地。

（二）*劳动关系调整*

1. 继续完善劳动关系三方协调机制。2005年，河北省县（市、区）以上均建立了劳动关系三方协调机制，并开始向乡镇、街道延伸，协商的内容逐步扩展到劳动保障工作的各个领域。同时，积极开展劳动关系和谐企业创建活动，取得明显成效。大力推行集体合同制度，全省国有、集体企业和改制后的各类企业劳动合同签订率保持在98%以上。

2. 妥善处理国有企业改组改制过程中的劳动关系。2005年，河北省严格审核国有企业改制中的职工安置方案，按照政策规定“有情”操作。全年省本级审核批复职工安置方案131户，涉及安置各类人员32 009人，其中，安置内退、离退休人员和遗属13 419人，安置在岗职工18 590人，在岗职工平稳转移率达94.7%。各级劳动保障部门深入改制后的企业，督促检查职工安置方案落实情况，特别是经济补偿金、安置费落实情况和工资收入水平增长情况，确保了职工的合法权益，有力地支持了国有企业改革。

3. 加强对企业工资收入分配的宏观调控。2005年，河北省严格检查最低工资规定执行情况。据调查，全省已有近90%的企业落实了这项制度。积极推行工资集体协商、劳动力市场指导价位和人工成本信息发布等制度，促进了职工工资的合理适度增长。

4. 加大劳动保障执法监察力度。2005年，河北省各级劳动保障监察部门加强日常监察和专项检查，主动检查用人单位5.98万户，年检用人单位6.37万户，查处群众举报投诉案件9 706件，督促补签劳动合同62.3万份，为34.57万劳动者补发被拖欠工资2.70亿元，督促4 324户用人单位补缴社会保险费0.81亿元。集中开展了清理整顿劳动力市场秩序、打击非法使用童工专项检查活动，取缔非法职业介绍组织496户，清退童工102人。劳动保障监察部门会同建设、监察、工会等部门，加强执法监察，集中力量开展专项查处。累计解决拖欠农民工工资14.49亿元，其中建设领域10.77亿元，2005年追讨清欠2.67亿元，完成了省政府确定的2005年春节前基本解决建设领域拖欠农民工工资的既定目标。

5. 加强劳动争议仲裁和信访工作。2005年，河北省各级劳动仲裁委员会共立案受理劳动争议仲裁案件9 782起，审理结案9 676件，结案率达到98.9%。认真落实《信访条例》，全年接待来访5.96万批次，涉及18.84万人次，其中妥善处理539起百人以上的群体访，答复、复查、复核信访人意见书590件，在促进社会和谐稳定中发挥了积极作用。

二、社会保障体系建设

（一）扩大社会保险覆盖面

2005年，河北省进一步调整完善了社会保险参保政策，以非公有制企业、灵活就业人员和进城务工人员为重点，加强政策宣传，努力扩大保险覆盖面。到年底，企业基本养老保险新增参保24万人，完成全年目标的160%；机关事业单位养老保险新增参保6.3万人，完成210%；基本医疗保险新增参保78万人，完成163%；失业保险新增参保12万人，完成120%；工伤保险新增参保100万人，完成100%；农村社会养老保险新增参保4.1万人，完成103%；生育保险新增参保101.7万人。均超额完成全年目标任务。

（二）落实社会保险待遇

2005年，河北省共发放企业离退休人员养老金130.73亿元，发放机关事业单位离退休人员养老金34.53亿元，全部实现按时足额发放。企业退休人员社会化管理服务的工作形式和内容进一步规范，全省企业退休人员社会化管理服务率达到93.4%，其中社区管理服务率达到67.5%。基本医疗保险统筹基金收入49.63亿元，支出37.58亿元，基本满足了参保职工的医疗需求。全省共为20.24万名失业人员及时足额发放失业保险金7.45亿元，确保了失业人员的基本生活。工伤认定做到了依法、及时和准确，为1.31万名伤残、职业病职工和因工死亡职工供养亲属支付各项工伤保险待遇1.47亿元。

（三）养老保险

2005年，河北省政府出台了《河北省企业年金实施意见》，并组织制定了企业年金实施方案指导样本和备案程序，加快推动企业年金工作。通过调查研究，摸清底数，反复测算，提出了河北省逐步做实个人账户方案。进一步完善了相关政策，及时把机关事业单位的聘用人员纳入社会保险范围。研究制定了《河北省关于建立被征地农民社会养老保险制度的意见》，有力地推动了试点工作，邯郸、石家庄、承德、唐山4市的12个县（市）试点取得了明显成效。

（四）医疗、生育保险

2005年，河北省11个设区市本级、164个县级统筹地区全部实施了基本医疗保险制度。各统筹地区认真贯彻落实省政府［2004］149号文件精神，针对效益好的企业不愿参保问题，以规模、影响力较大的企业为重点，主动上门，研究医疗保险参保中的具体情况，加强协调调度，突破难点户，带动一般户，力促企业参保。对关闭破产和困难企业参保问题，通过调研，召开座谈会，广泛听取有关部门、企业的意见，制定具体措施，重点解决资金来源问题，推动企业参加医疗保险。1 870家关闭、破产和改制企业的13.7万名退休人员、1 310家困难企业的18万名职工的医疗保险问题得到妥善解决。全省所有统筹地区均建立了企业离休医疗费统筹，较好地保障了离休人员的医疗费需求。总结推广了石家庄、廊坊市把生育保险与医疗保险统一缴费、统一管理、统一范围的做法，全省的生育保险有了新的突破。

（五）失业保险

2005年，河北省在确保失业人员基本生活的基础上，从失业保险基金中拨付2亿多元用于下岗职工基本生活保障和再就业。唐山、石家庄、秦皇岛等市经办机构提前介入，深入企业面对面宣传政策、登记接收失业人员，有力地推动了“并轨”工作。

（六）工伤保险

2005年是《河北省工伤保险实施办法》实施的第一年，全省工伤保险行政管理、业务经办、劳动能力鉴定实现了机构、职能、人员、工作“四到位”。制定了工伤职工停工留薪期管理办法、辅助器具配置办法和标准等一系列配套政策，规范了工伤认定程序，完善了劳动能力鉴定工作规则。同时，加强了业务培训和政策宣传，推动了工伤保险的快速发展。

（七）农民工参保

2005年，河北省修改完善了失业保险实

施办法，在全国率先将纳入失业保险范围的农民合同制工人逐步实行与城镇职工相同的失业保险政策。针对农民工发生工伤事故后认定难、鉴定难、赔付难的实际情况，经省政府批准，出台了《关于农民工参加工伤保险有关问题的意见》。特别是针对煤矿企业风险高、人员流动性大、农民工集中的特点，探索实行了省属企业省级统筹、地方煤矿市级统筹、乡镇煤矿封闭管理的模式，加强对农民工合法权益的保护。

（八）基金监督

2005年，河北省组织对唐山等部分市养老保险、医疗保险、失业保险、工伤保险、生育保险等5项基金的运行情况进行了现场监督检查，对劳动保障部转办和受理的5起挤占挪用社保基金案件进行了查处，对全省从事社会保险基金监督和稽核工作的人员进行了业务培训。各市社会保险基金监督部门开展了社会保险基金运行状况的自查自纠活动，全省社会保险基金管理更加规范。

三、基础工作

（一）劳动保障地方立法

2005年，河北省修订了《河北省失业保险实施办法》，合理调整了失业保险金标准的确定方法，扩大了制度覆盖范围。以省政府名义出台了劳动力市场建设、高技能人才培养、企业年金、农村养老保险、劳动保障监察等方面的规范性文件。

（二）依法行政

2005年，河北省经过研究论证，确定了全省劳动保障系统具有法律效力的14项行政许可项目和6项非行政许可类审批项目，对没有列入目录的项目进行了清理。很多市县实行了集中办理或统一到当地政府审批大厅办理，方便了企业和群众，规范了审批行为。印发了《关于全面推进劳动保障系统依法行政三年规划的实施意见》，全年新制定依法行政制度100余件。加强行政复议工作，全年处理行政复议案件200件，有效维护了劳动者的合法权益。

（三）金保工程

2005年，河北省完成了《河北省社会保障信息系统建设方案》的编制工作，并通过了省信息办组织的专家论证。实现了部、省、市三级视频会议系统联通。完成了全省金保工程交换网VPN密钥系统建设。企业养老保险交换数据整理统计入库率达到97%以上。河北省社会保险业务管理软件平台的开发完成，试点工作取得较大进展。启动了“12333”劳动保障电话咨询服务系统建设，初步建立了政策法规库和问题解答库。11个设区市全部建立了劳动保障门户网站，形成了以“河北劳动保障网”为枢纽、各市网站为节点的全省劳动保障网站集群系统。

四、保持共产党员先进性教育活动

2005年，河北省按照中央和省委的统一部署，扎实开展了保持共产党员先进性教育活动。各级劳动保障部门紧密结合劳动保障工作实际，积极开展主题实践活动，广泛征求意见，深刻剖析问题，研究提出新时期劳动保障部门保持共产党员先进性的具体标准，制定落实整改方案，并探索形成保持先进性的长效机制，实现了“提高党员素质，加强基层组织，服务人民群众，促进各项工作”的教育目标。结合教育活动，进一步完善了26条便民利民服务措施，制定和修订了《河北省劳动保障系统创建优质服务窗口活动考核办法（试行）》《河北省劳动和社会保障厅机关效能建设实施方案》《河北省劳动保障系统政风行风建设工作指导意见》，对22个扩权县（市）和29个行风建设重点县（市），建立了厅、处长分包责任制，明确了作风政风行风建设的岗位责任和目标要求，突出抓好公开承诺践诺机制的落实，推动了系统行风建设的进一步转变。

（河北省劳动和社会保障厅）

山 西 省

一、2005 年劳动保障工作任务圆满完成

2005 年，在省委、省政府的领导下，山西省劳动保障系统坚持以科学发展观为统领，以构建和谐社会为目标，以开展保持共产党员先进性教育活动为动力，围绕山西省经济社会发展的大局，开拓创新，扎实工作，圆满完成了年初省政府确定的各项目标任务。

在就业方面，山西省城镇新增就业岗位 40.7 万个，下岗失业人员再就业 16.1 万人，其中“4050”人员再就业 4.6 万人，分别完成全年任务的 116.3%、115% 和 115%。城镇登记失业率为 3.1%，低于 4.5% 的控制目标。已有 12.6 万人实现了并轨，完成全年任务的 125.7%。

在“两个确保”方面，山西省当年累计在中心保生活的 16 万国有企业下岗职工，基本生活费全部得到保障，共支出 3.7 亿元。97.8 万企业离退休人员按时足额领到基本养老金，共发放 77 亿元。

在职业培训方面，山西省 9.8 万人参加了再就业培训，3 178 人参加了创业培训，分别完成全年任务的 105%、106%。经过培训，70% 以上的人员实现了再就业。技工学校招生达 4.2 万人，再创历史新高，当年毕业生就业率达 90% 以上。职业技能鉴定人数达 9.6 万人，比上年增长 22%。同时，积极开展了农村劳动力转移培训工作。

在社会保险方面，山西省参加基本养老（企业）、失业、医疗、工伤保险的职工分别达到 285 万人、288 万人、325 万人、151.4 万人，分别完成全年任务的 101.8%、100%、101.6%、100.9%。基金收入增长均在 5% 以上。事业单位和农村养老保险也取得长足进展。其中事业单位基金收入 9.8 亿元，比上年增长 11.1%。205 万农民参加了养老保险，新增保险费 6 352 万元，完成全年任务的 220%。

在劳动关系方面，山西省国有及国有控股企业全部签订了劳动合同，集体企业、股份制企业、外资企业、私营企业、乡镇企业劳动合同签订率分别为 95%、88%、86%、90%、88%，全面完成了年初确定的目标任务。各级劳动保障部门督促用人单位与职工补签劳动合同 36.7 万份，为 12.8 万名劳动者追回工资 4 764万元，追缴社会保险费 2.1 亿元；接待处理职工群众来信来访 63 280 件次，结案率为 93%；劳动合同鉴证 15 万份，维护了劳动者的合法权益。

在自身建设方面，山西省 11 个市都与省数据中心实现了联网，开通了视频会议及 IP 电话，并上传了企业养老保险业务数据。政风行风建设取得新的成效。据目前掌握的情况，全省有 3 个市和 40 余个县劳动保障局在当地排名进入前三名。8 个窗口单位被劳动保障部授予优质服务窗口单位。

与此同时，从职工群众最关切、最紧迫的问题入手，突出抓了 8 件实事。

（一）狠抓煤炭企业用工大整顿

针对煤矿用工混乱，安全隐患严重的状况，2005 年，山西省狠抓煤炭企业用工大整顿，在全省开展了“千人百日”大会战，明确要求煤炭生产企业复产验收、安全评价必须

达到4个100%：劳动用工备案率达到100%，劳动合同签订率达到100%，技能安全培训率达到100%，工伤保险参保率达到100%，使煤炭生产企业规范用工及管理水平有了明显提高。

（二）解决乡镇企业职工的社会保险问题

针对乡镇企业职工游离于社会保险之外的状况，2005年，山西省政府下发了《关于做好乡镇企业职工社会养老保险的通知》，从政策上解决了300万农民工的入保问题。这一举措得到劳动保障部的充分肯定，认为“山西模式”开创了乡镇企业实行社会保险的先河，要在全国加以推广。

（三）出台增加职工收入的政策

根据全省经济发展和职工收入状况，2005年，山西省适时出台了8项增加职工收入的政策：一是调高企业工资指导线，二是提高工效挂钩浮动比例，三是建立工资增长联动机制，四是实行煤炭井下从业人员最低工资制度，五是积极推行企业年金制度，六是提高基本医疗保险待遇，七是提高工伤（亡）人员待遇，八是提高失业保险金标准，从而大大提高了全省职工的收入水平。

（四）将非公有制企业人员纳入医疗保险范围

2005年，山西省政府出台了《关于推进混合所有制和非公有制经济组织人员参加医疗保险工作的通知》，将更多的劳动者纳入医疗保险覆盖范围，截至年底，已有41万人参保，其中非公有制企业参保11.4万人，使不同所有制人员参保有了良好的开端。

（五）积极推进煤矿企业参加工伤保险

从山西省高工伤风险行业居多的实际出发，2005年，省劳动保障厅以矿山企业为重点，会同煤炭、安监等部门，采取强有力的措施积极推进煤矿企业参加工伤保险。截至年底，全省参保职工已达151.4万人，其中煤矿企业79万人。为此，劳动保障部在山西省召开现场会推广经验。

（六）大力实施农村劳动力输出战略

2005年，山西省在总结吕梁、运城、长治经验的基础上，大力实施农村劳动力输出战略，通过实地考察，确定以“珠三角”“长三角”为重点输入地区，以培训、组织、服务、维权和引导为手段，每年转移30万人的总体思路。

（七）开展最低工资制度专项大检查

2005年，山西省开展了最低工资制度专项大检查，重点纠正了建筑、制造、服务、餐饮、批发零售等行业存在的问题，使93.2%的在岗职工最低劳动报酬权得到保障。

（八）开展“联动大接访”活动

2005年，山西省按照省委、省政府的统一部署，全省劳动保障系统开展了为期4个月的“联动大接访”活动，厅、局领导亲自接待上访群众，坚持有访必接、有接必果的原则，创新了劳动保障信访调处机制。全省共接访18 356人，其中，省厅受理案件2 356起，息诉罢访的2 073起。

二、“十五”时期劳动保障工作成效显著

“十五”期间，山西省劳动保障部门坚持以人为本，统筹兼顾，突出重点，狠抓落实，各项工作都取得重大进展。可以说，过去的5年是山西省劳动保障制度改革力度最大、进展最快、成绩辉煌的5年，在劳动保障发展史上谱写了新的篇章，为全省的经济社会发展、构建和谐社会做出了积极贡献。

（一）初步建立了以市场为导向的就业机制

就业是民生之本。“十五”期间，山西省各级党委、政府把就业工作摆在突出位置，作为“一把手工程”和“民心工程”来抓，重点抓了下岗分流、减员增效、实施再就业工程的工作。全省建立起一套全新的就业再就业政策体系和目标责任制考核体系，进一步加大了就业服务工作力度。太原、长治、大同、运城、阳泉等市加大资金投入，建设了一批高标准的劳动力市场，为广大求职者提供了便捷高

效、环境优良的就业服务场所，并摸索总结了市场就业的成功经验。太原、大同等一些市积极开发或购买公益性岗位，集中安排“4050”人员从事保洁、保绿、保安和交通协管等工作。大同市注重社区平台建设，政府投入1 900万元，统一规划、统一设计、统一标志，受到群众广泛好评。吕梁市突出抓好劳务输出工作，建立了“培训—就业—维权”一条龙的服务体系，并与上海、深圳等地建立了相对稳定的劳务协作关系，5年转移农村劳动力45万人，占全市农村劳动力总数的39.5%，为该市的脱贫致富做出了贡献。运城市在劳务输出中突出抓统筹、促整合、创品牌，目前外出务工经商的农民已达70万人，每年创收60亿元，起到了“输出一人、脱贫一户、带动一片”的示范作用。

在全面推进就业工作的过程中，山西省各级各部门十分重视技能型人才的培养。全省累计培训城乡劳动力96万人，比“九五”期间增长了65%，实现了跨跃式发展。长治市把职业培训作为劳动力市场建设的重要支柱，培训科目设置与市场需求紧密结合，打造培训品牌，2005年全市职业技能培训21 520人，培训后就业率达71%。

到“十五”期末，山西省市场导向就业机制初步形成，非全日制、临时性、季节性、弹性工作等灵活用工形式以及派遣就业、自主就业、家庭就业、社区就业等多种就业形式相继出现，就业方式日趋多样化。就业结构进一步改善，全省第一、第二、第三产业就业人员比重为42∶25∶33，第一、第二产业就业人数继续下降，第三产业就业人数有了较大幅度增长。全省城乡从业人员达1 500万人（其中城镇就业500.5万人），比“九五”期末增加了107.6万人，是改革开放以来城乡就业增长最快的时期。

（二）初步建立了独立于企事业单位之外的社会保险制度

保障是稳定之基。为了解决职工生老病死伤残问题，“十五”期间，山西省先后出台了一系列政策措施，基本建立了符合省情的社会保障体系，社会保险覆盖范围由原来的国有、集体职工向非公经济组织从业人员、灵活就业人员、进城务工人员拓展。

山西地处中部地区，属经济欠发达省份，国有经济比重大，老企业、困难企业多，面对这种情况，各级各部门迎难而上，千方百计确保下岗职工基本生活和企业离退休人员基本养老金足额发放，基本完成了两个确保的历史任务。忻州市在工作开展初期，通过动员机关干部捐款和多方筹资，确保了下岗职工的基本生活。阳泉、晋城、朔州3个市采取有效措施，在全省率先实现了下岗职工基本生活保障向失业保险制度并轨。5年来，全省国有企业下岗职工累计110万人，其中98万人进中心签协议，在保障其基本生活的前提下，代缴了养老、医疗、失业3项保险费，这对于促进山西省国有企业改革和经济结构调整，起到了至关重要的作用。目前，在中心的下岗职工减少到7.4万人，为全面实现并轨创造了条件。全省基本养老保险基金收入总计323亿元，争取中央财政支持120亿元，百万企业离退休人员的基本养老金按时足额发放，并补发了历史拖欠的养老金15亿元。在基本养老金社会化发放的前提下，82万名退休人员实现了社会化管理。

5年来，山西省各项社会保险制度改革取得重大成果。城镇企业养老保险实现了缴费基数、缴费比例、个人账户规模、支付项目、计发办法、调整机制“六统一”，省级统筹的管理体系进一步完善。晋城、临汾等市从机制建设入手，强化征缴，完善制度，严格管理，确保发放，使养老保险纳入了优质服务、有序运行的轨道。失业保险不仅保证了失业人员保险金的按时足额发放，而且支持了下岗职工基本生活保障资金近5亿元。太原、大同两市的失业保险工作尤为突出，在基金征缴难、保障人数多的情况下，成功应对了下岗失业高峰期的复杂局面，为国有企业改革做出了积极贡献。医疗保险初步形成了以基本保险为主体，公务员补助、大额费用补助和企业补充保险等多层次的保障体系，解决医疗风险的制度和机制开始发挥作用。忻州市政府在财力十分紧张的情况下，每年拿出200万元，建立国有困难企业筹资帮助机制，使市属1.7万名困难企业职工和退休人员得到基本医疗保障。工伤保险全面启动，煤矿系统率先参保，全省呈现出良好的发展势头。农村社会养老保险在完成划转移交、机构重建和人员经费纳入财政预算的基础上，加快工作进程，乡镇企业职工养老保险实现了政策和体制的创新。

（三）初步建立了以执法责任制为主体的维权体系

执法是维权之剑。“十五”期间，山西省积极推动建立劳动合同和集体合同制度，普遍建立了协调劳动关系三方机制。重点抓了建筑、煤矿、制砖、玻璃器皿等行业的用工整顿，并积极探索建立职工工资正常增长和解决拖欠农民工工资的长效机制。根据不同时期劳动保障工作的重点难点问题，山西省先后出台了《关于加强劳动保障工作的决定》《山西省职工劳动权益保障条例》等一系列法规和规章，形成了预警预报、举报查处、维稳防控、劳动监察、争议仲裁等执法维权制度。5年来，全省各级劳动保障部门检查用人单位10.5万户（次），督促补签劳动合同188.7万人，并为其追补工资2.2亿元，追缴社会保险费7亿元。清偿拖欠农民工工资5.5亿元，基本上遏制了拖欠农民工工资的不良势头。大同、临汾等市通过加强劳动监察，设立工资保障金，初步建立起了解决欠薪问题的长效机制。5年来，全省各级劳动保障部门共接待处理群众来信来访27.8万件，立案裁决劳动争议案件1.6万件，案外调解4.8万多件。运城、晋城、长治、临汾、晋中等市坚持对不稳定因素定期排查，采取多种有效措施，把绝大部分问题解决在基层和萌芽状态，赴省进京上访率很低。全省劳动争议仲裁力度不断加大，年仲裁办案数平均增长10%左右。为了保证职工收入随经济效益不断增长，山西省不断完善工资指导线、工效挂钩以及劳动力市场指导价位等宏观调控政策，监督企业严格执行最低工资标准，有效地提高了企业职工的收入水平。2005年，全省在岗职工年均工资预计将达到1.5万元，是“九五”末期的2.2倍。“十五”期间，山西省职工工资年均增长16.7%，是建国以来全省职工收入增长最快的时期，广大人民群众最现实、最直接、最实惠的切身利益得到了有效保护。

在做好上述工作的同时，山西省劳动保障部门的自身建设也得到进一步加强。“十五”期间，各级党委、政府在办公场地、技术装备、服务设施、信息网络等方面，普遍加大了对劳动保障部门的投入；金保工程启动运行，为进一步提高劳动保障科学决策水平、管理能力和社会化服务水平提供了技术支持；全省共建立各类职业介绍服务机构941所，街道、乡镇劳动保障事务所896个。晋中市将劳动保障重点工作纳入人大执法责任制，将劳动保障工作内容纳入政府工作日程，将劳动保障服务机构经费纳入财政供养，有效地调动了广大干部职工的工作热情，得到了社会各方的关注和支持，确保了各项工作任务的圆满完成。朔州市劳动保障部门在机构人员少、工作任务重的情况下，通过加强自身建设、提高队伍素质出战斗力，使全市社保基金征缴这一难点工作一年上一个新台阶，基金积累从“十五”初期的970万元增加到期末的4个亿，增长40多倍。精神文明建设显著加强，山西省劳动保障系统累计175个单位被省劳动保障厅授予“三优”文明窗口先进单位，有280个窗口达到“三优”标准。

（山西省劳动和社会保障厅）

内蒙古自治区

2005年，在自治区党委、政府的领导下，内蒙古自治区劳动保障部门坚持以人为本、全面落实科学发展观，围绕构建和谐社会，求真务实，开拓进取，深化劳动保障制度改革，全年各项目标任务均提前完成或超额完成，全区劳动保障工作取得了新的进展。

一、就业再就业工作取得明显成效

2005年，内蒙古自治区累计实现新就业26.48万人，其中下岗失业人员再就业13.91万人，“4050”人员3.7万人，分别完成年度计划的120%、111%、123%；城镇登记失业率为4.26%，低于计划目标0.24个百分点。

（一）深入落实目标责任制

2005年初，内蒙古自治区将国家和自治区确定的目标任务细化分解，层层签订责任状。各地进一步完善目标考核、责任追究、督查通报等制度，定期召开联席会议研究解决工作中存在的问题，确保各项任务落到实处。

（二）进一步加大政策落实力度

2005年，内蒙古自治区各地加强部门协调，认真落实中央和自治区各项就业再就业优惠政策，充分发挥政策促进就业的效应。全年累计为下岗失业人员再就业减免各种税费1.3亿元，社保补贴、岗位补贴、培训和职介补贴3.1亿元。特别是加大小额贷款工作力度，年内累计发放小额贷款2.02亿元，完成计划的202%。国务院36号文件下发后，结合自治区实际，及时研究提出了实施意见，进一步拓展了再就业政策范围。

（三）进一步拓宽就业渠道

2005年，内蒙古自治区充分发挥劳动力市场和劳动保障平台的作用，主动与企业搞好用工对接，努力开发就业岗位，通过实施岗位补贴、税费减免和社保补贴等扶持政策，鼓励非公有制企业和中小企业吸纳下岗失业人员，积极鼓励引导下岗失业人员灵活就业、自谋职业和自主创业。

（四）加强失业调控

2005年，内蒙古自治区建立和完善失业预警机制，切实加强对重点地区重点行业的监控，积极做好国有企业主辅分离、辅业改制中富余人员的分流安置工作。积极稳妥地推进“并轨”扫尾工作，“并轨”目标已基本实现。

（五）进一步强化就业培训和服务

2005年，内蒙古自治区免费为下岗失业人员和进城务工人员提供各类职业介绍服务。积极开展再就业培训和创业培训，全区累计培训下岗失业人员25.06万人，完成计划的139%，培训后就业率达到66%，参加创业培训的人数达到1.64万人，带动了3.67万人实现了就业。广泛开展了“零就业家庭”就业援助行动，到年底，已帮助“零就业家庭”18 944户、25 725名成员实现了就业，基本实现了自治区党委七届十次全委会提出的“确保零就业家庭至少有1名成员就业”的目标。

（六）加快高技能人才队伍建设步伐

2005年，内蒙古自治区组织实施了高技能人才培养工程和“三年万名新技师”培养计划，技能人才的数量和比重有了较大幅度提高。全年累计培养新技师1.1万名，为8.1万名各类人员进行了职业技能鉴定，组织开展了多种形式的职业技能竞赛活动。

（七）大力推进城乡劳动力统筹就业

2005年，内蒙古自治区进一步取消了农牧民进城就业的各种限制性规定，加大了有组织劳务输出和培训的力度。开展了“春风行动”等一系列针对农牧民进城就业的援助活动。全区农村劳动力转移就业达到188.7万人，比上年增加了15.7万人，其中培训后输出47万人。

二、社会保险体系建设取得积极进展

2005年，内蒙古自治区坚持以完善制度和创新机制为主线，着力抓好确保发放、扩面征缴和基础管理工作，积极发挥了社会保险“安全网”和“减震器”的作用。

（一）两个确保得到巩固和加强

2005年，内蒙古自治区累计为81.33万名企业离退休人员发放养老金66.2亿元，为6 888名下岗职工发放基本生活保障金3 418万元，为10.27万名失业人员发放失业保险金2.57亿元。全部做到按时足额发放。

（二）社会保险覆盖面持续扩大

2005年，内蒙古自治区积极适应经济结构、所有制结构调整和就业形势变化的需要，把非公有制企业、困难企业和灵活就业人员参统，以及中断缴费人员接续社保关系作为主攻方向，各项社会保险覆盖面持续扩大，基本养老保险参统职工人数252.6万人（不含86.1万名参统的离退休人员），比上年增加15.8万人。医疗、工伤、生育保险参保人数分别达到292万、106.6万、105.8万人，比上年分别增加18.7万、21.8万、35.7万人。同时，与地税部门密切配合，强化社保基金稽核征缴工作，全年各项社会保险费征缴收入达到82.99亿元，完成计划的106%。

（三）社会保险制度进一步完善

2005年，内蒙古自治区进一步完善了养老保险自治区级基金调剂力度；盟市级统筹试点工作有了较大进展，实行盟市级统筹的地区由2004年的两个扩大到6个；积极开展了做实养老保险个人账户的政策准备及测算工作；调整了企业及职工费率，将全区企业缴费比例统一调整为20%、个人8%；积极配合事业单位机构改革试点工作，制定出台了区直事业单位新进人员及直属事业单位转制为企业后参加基本养老保险试行意见；制定了失地农民参加养老保险统筹政策；研究解决灵活就业人员、进城务工人员、困难企业职工、关闭破产企业退休人员的医疗保障问题，出台了高风险行业和进城务工人员参加工伤保险的政策，全区国有重点煤炭企业13万职工全部纳入工伤保险统筹。

（四）社会保险基础管理工作得到加强

2005年，内蒙古自治区企业退休人员社会管理服务率达96%（其中社区管理服务率为48%）。基本医疗保险管理服务水平不断提升，基金收支基本平衡。工伤认定和劳动能力鉴定工作规程逐步规范。

三、进一步加大劳动关系协调和维权工作力度

2005年，内蒙古自治区坚持以构建和谐社会为统领，以维护劳动者合法权益为重点，进一步强化劳动保障监察执法，加强劳动关系协调工作，劳动关系总体上和谐稳定。

（一）监察执法力度不断加大

2005年，内蒙古自治区继续认真解决进城务工人员工资拖欠问题，积极推行建筑领域农民工工资保障金制度，普遍建立了专人专案、速查严办的工作机制和清欠工作综合治理机制。全年，累计清理拖欠农民工工资5 212万元。组织开展了禁止使用童工和清理整顿劳动力市场秩序专项执法检查。开展了用人单位劳动保障诚信评价工作。自治区劳动保障部门加强与建设、工会、法院、工商等部门的协调配合，建立健全联动机制。通过检查，补签劳动合同13.7万人，补发劳动者工资待遇6 513.2万元，督促用人单位补缴社会保险费4 737.2万元，取缔非法职介机构84个。

（二）劳动关系协调机制逐步完善

2005年，内蒙古自治区积极开展劳动合

同签订和集体合同审查工作，从源头上进一步规范企业用工行为。自上而下建立起三方会议制度，劳动关系自主协调机制的作用明显增强。

（三）信访和维护稳定工作得到加强

2005年，内蒙古自治区各地认真贯彻落实中央和自治区维护稳定工作的要求，从解决群众反映的难点、热点问题入手，落实责任制，开展排查调处工作，进京和到自治区集体访事件和人数均比上年同期大幅度下降，维护了社会稳定。全区受理劳动争议仲裁案件2 874件，已结案2 863件，结案率为99.6%。

（四）进一步完善企业工资支付制度

2005年，内蒙古自治区劳动保障系统完成了《内蒙古自治区企业工资支付规定（草案）》的修改、报送工作。制定出台了2005年企业工资指导线，建立了劳动力市场工资指导价位和行业人工成本信息指导制度，进一步完善了综合计算工时和不定时工时制度管理办法。

四、精神文明建设再上新台阶

2005年，内蒙古自治区劳动保障系统在做好业务工作的同时，扎实开展了保持共产党员先进性教育活动，进一步提高了广大党员干部的思想认识，增强了党组织的凝聚力和战斗力。普遍开展了争当人民满意公务员活动，深入落实党风廉政建设责任制，落实领导干部一岗双责，突出责任考核和责任追究，完善监督检查机制。加大了政务公开力度，落实绩效考核制、首问责任制、限时办结制等。与报刊、电台、电视台等部门密切配合，开展政风、行风宣传，创建“三优”文明服务窗口。有7个劳动保障局及部门被劳动保障部授予“优质服务窗口单位”。进一步转变了工作作风，增强了服务理念和宗旨意识，在解决关系群众切身利益的问题上见到了实效。实现了业务工作和先进性教育“两不误、两促进”。

（内蒙古自治区劳动和社会保障厅）

辽　宁　省

2005年，辽宁省劳动保障系统坚持以服从和服务于全面振兴老工业基地为中心，以促进就业再就业、完善社会保障体系和维护劳动者合法权益为工作的着力点，努力推进劳动保障各项工作，取得了一定成效，得到了省委、省政府的高度评价和充分肯定。

一、大力促进就业再就业

（一）突出政府组织就业优势

2005年，辽宁省结合省情，注重发挥各级政府在组织就业、组织创业、组织培训方面的优势，把促进就业再就业的终极责任主体，由街道、乡镇、社区、村委会转移到省、市、县3级政府，提高了就业再就业的组织化程度。全年全省实现就业再就业119.8万人，完成年度计划的104.2%；安排就业困难群体28.3万人；通过扶持创业带头人1.2万人，拉动就业13.4万人；通过组织劳务输出，安排就业51.4万人；城镇登记失业率为5.7%，全省就业局势基本稳定。

（二）促进就业再就业政策体系不断创新完善

2005年，在国家积极就业政策的基础上，辽宁省在全国率先实施了对灵活就业的“4555”人员的社会保险补贴政策，对零就业家庭的特殊援助政策，普惠制就业培训政策，对创业带头人的挂牌保护政策，以及对有组织劳务输出的补贴政策等。这些政策在对全省就业工作发挥拉动效应的同时，也对完善全国就业扶持政策体系提供了良好的借鉴，在国务院《关于进一步加强就业再就业工作的通知》中出台的新一轮再就业扶持政策，就采取了辽宁省大部分的创新政策。出台了《辽宁省促进就业规定》，以政府规章的形式界定了省、市、县3级政府促进就业职责。在积极就业政策的引导下，全省累计筹集就业资金30.7亿元，帮助下岗失业人员实现就业再就业330万人次；减免税费7.1亿元，惠及下岗职工9.9万人；发放小额贷款10.5亿元，支持了3.8万人就业再就业和自主创业。

（三）以“零就业家庭”为重点的就业困难群体帮扶工作成效显著

2005年，辽宁省委、省政府紧紧抓住全省就业工作中的突出矛盾，把帮扶就业困难群体实现就业再就业作为工作重点，要求举全省之力解决好体制转轨、社会转型过程中特殊群体的生产生活问题，并把解决“零就业家庭”至少一人实现就业问题作为解决群众最关心、最直接、最现实问题的三大“民生工程”之一，制定了就业扶持政策，采取了一系列帮扶措施。全年全省消除“零就业家庭”14.3万户，累计安排大龄就业困难对象28.3万人，为近30万“4555”下岗失业人员实施了社会保险补贴。

（四）实行就业人员实名登记制度，进一步做实就业工作

2005年，辽宁省实行了就业登记实名管理制度，依托社区劳动保障工作平台，对全省离岗失业人员的家庭状况以及就业、失业、培训、参保等情况输入计算机，自上而下建立了数据库，实现了资源共享，使下岗失业人员不出社区就可以对接培训需求，找到就业岗位。

同时，加强了此项工作的监督检查，使就业工作更加扎实，工作成效更加显著。

（五）普惠制就业培训全面展开

2005年，辽宁省把城镇集体企业下岗失业人员、城镇新成长劳动力中的登记失业人员、进城务工农民和其他劳动者全部纳入就业培训范围，并加大了对装备制造业后备技术工人和高技能人才的培训。完善了普惠制就业培训政策，整合了全社会教育培训资源，组建了冶金、焊接、数控机床操作等10个培训集团，85个省级高等就业培训基地，249所省级中等就业培训基地。全省完成普惠制就业培训61.3万人，其中下岗失业人员34.8万人，进城务工农民26.5万人。

（六）就业服务功能全面提高

2005年，辽宁省职业介绍服务机构发展到1 377个，其中县区以上133个，街道607个，乡镇599个。各级公共职业介绍机构全部实现了求职登记、职业介绍、培训申请、鉴定申报、档案管理、社保接续"一站式"服务。劳动力市场场所面积达12.9万平方米，市级劳动力市场信息网络已全部实现与县区、街道联网。全省4 209个社区全部建立了劳动保障工作平台，基本形成了以市级劳动力市场为中心，县区职业介绍机构为骨干，街道（乡镇）、社区劳动保障事务所为补充的4级就业服务体系。

二、进一步完善社会保障体系

（一）基本养老保险个人账户基金进一步做实

2005年，辽宁省经过试点，全省基本养老保险个人缴费比例已由5%调整到8%，个人账户规模由11%调整为8%，企业缴费不再划入个人账户并全部做实。到2003年底试点结束时，全省累计做实个人账户基金88.8亿元。通过近两年的积累，截至2005年底，全省累计做实个人账户基金201.1亿元，记清率达到99.8%。

（二）社会保险覆盖面不断扩大

2005年，辽宁省坚持"政府统一安排，有关部门配合，企业依法参保，社会联动扩面"的指导方针，有针对性地加大了扩面工作力度。基本养老保险以非公有制经济和灵活就业人员作为扩面重点，失业保险以个体私营企业作为扩面重点，基本医疗保险以中省直大中型企业、困难企业和灵活就业人员作为扩面重点，工伤保险以矿山、建筑等高风险企业作为扩面重点。到年底，全省企业基本养老保险参保人数达到745.7万人，失业保险参保职工达到607.7万人，基本医疗保险参保人数达到846.2万人。

（三）社会保险基金征缴体制进一步完善

"十五"以来，辽宁省共筹集社保资金1 789.8亿元。其中，征缴各项社会保险费1 217.1亿元，年均增长22.7%，高于同期GDP和财政收入年均增幅11.3和4.8个百分点；全省养老保险平均缴费率从试点之初的84%提高到2005年的88.9%。从2001—2005年，各级财政对养老保险的补助资金由50.8亿元增加到86.2亿元，对失业保险的补助资金由3亿元增加到5.6亿元。

（四）参保人员的社会保险待遇实现了及时足额发放

截至2005年底，辽宁省参保企业离退休人员334.5万人，比2003年底增加38.8万人，两年累计发放企业离退休人员基本养老金465.4亿元，除征缴统筹基金294亿元外，通过财政补助、省级调剂等方法筹集资金179亿元，确保了参保企业离退休人员基本养老金的按时足额发放。两年全省享受失业保险待遇实际人数为195.2万人，累计发放失业保险金47.7亿元。两年全省支付基本医疗保险基金106.6亿元，保证了参保人员的基本医疗需求。

（五）一些社保难点工作得到推进

2005年，辽宁省推进了养老保险市级统筹，到年底，全省已有11个市实现市级统筹，其他3个市2006年上半年完成市级统筹；推进了困难企业职工及破产企业退休人员参加基本医疗保险，全省纳入医疗保险范围的这部分群体达到110万人；制定了《辽宁省被征地农民社会保障暂行办法》，从养老、就业、医疗保障等方面，完善了被征地农民的社会保障制度；降低了企业基本养老保险缴费费率，从2006年1月1日起，除大连、盘锦两市以及省本级仍执行19%外，全省平均执行19.85%，此举受到了企业的普遍欢迎，减轻了企业负担，优化了投资环境，为经济可持续发展创造了有利条件。

（六）稳步推进金保工程建设

2005年，辽宁省省、市两级均建立了数据中心，并联通了广域网。养老保险率先实现与部联网，每月向部里上传养老保险数据，其总量已达到80%。养老保险数据质量有较大提高，宏观分析指标体系得到进一步完善。养老保险实现了参保登记、缴费核定、变动处理、做实账户、退休审批、养老金发放、审计稽核等业务的网上处理；医疗保险实现了与经办机构、定点医院、药店时时联网，劳动力市场实现市、县、街道3级联网。信息网络在公共服务方面发挥了重要作用。多数市开通了“12333”咨询电话、互联网网站和触摸屏查询业务，全省劳动保障服务现代化、社会化程度大大提高。完成了全省金保工程立项工作，省本级在前期已投入4 000万元的基础上，省政府又批准1 100万元，用于现有网络的升级和改造。各市金保工程立项工作也已经全面展开。

三、依法维护劳动者的合法权益

（一）加强劳动保障法制建设

2005年，辽宁省先后以省政府令的形式颁布了《辽宁省劳动合同规定》《辽宁省最低工资规定》《辽宁省促进就业规定》《辽宁省工伤保险实施办法》。这些地方性法规规章的实施，对于建立和谐的劳动关系、维护劳动者的合法权益提供了法律保障。

（二）加强劳动关系调整工作

2005年，辽宁省一是完善三方协调机制，充分发挥了三方协商机制在协调重大劳动关系中的作用。在兼顾国家、企业和职工三方利益的前提下，提出了建立和谐稳定的劳动关系的“三年行动计划”。二是推进了人力资源管理诚信等级评价制度，从劳动合同、职工工资、社会保险、就业服务、劳动安全卫生、企业工会组织建设和企业民主化管理进程等7个方面，对企业作出评价，提高了用人单位人力资源管理人员的素质，促进省内企业与国际企业社会责任信用体系接轨，收到了良好的社会效果。三是加强劳动争议仲裁实体化建设。沈阳、大连、辽阳和朝阳市在全省率先开展了劳动争议仲裁院组建试点工作。同时，完成劳动争议仲裁员新职种的开发，为劳动争议处理工作走上职业化、专业化开辟了新路。

（三）不断强化劳动保障执法监察

2005年，辽宁省各级劳动保障监察机构采取日常巡视监察、专项执法检查、年度书面审查和举报专查等形式开展执法监察工作，2005年5月、6月，省政府组织劳动保障、建设、财政、人事、公安、工商、地税、总工会、妇联等部门，以贯彻《劳动保障监察条例》为契机，在全省开展了贯彻劳动保障法律法规情况执法大检查活动，收到了良好的效果，解决了一批热点、难点问题，特别是在推进社保扩面、签订劳动合同、补发工资、补缴社会保险费方面成效显著。全年全省共检查用人单位6.1万户，涉及劳动者378.5万人，督促缴纳社会保险费2.25亿元，责令用人单位补签劳动合同61.2万份，为劳动者追发工资2.81亿元。

四、劳动保障其他工作平稳推进

（一）职业培训工作进一步加强

2005年，辽宁省技工学校达到151所，在校学生8.96万人，比上年增加1.2万人；就业训练中心129所，社会培训机构806所。全省0.6万名未能继续升学的城镇初高中毕业生参加了劳动预备制培训。全省职业技能鉴定机构达到144所，职业技能考评人员3 300人，全年全省29万人参加了职业技能鉴定，其中23.7万人获得职业资格证书。

（二）工资分配制度改革不断深入

2005年，辽宁省继续推行企业经营者年薪制试点、企业工资集体协商谈判试点、按劳分配与按生产要素分配相结合试点工作。继续做好企业工资管理，坚持工效挂钩和工资总额包干办法，督促和指导各市制定并公布企业工资指导线和劳动力市场工资指导价位。落实最低工资标准，指导企业建立以岗位工资为主要形式的基本工资制度来推动企业深化工资制度改革。全省城镇单位职工平均工资14 068元，比上年增长18.1%；在岗职工平均工资17 331元，比上年增长16.1%。

（三）企业劳动合同管理进一步规范

2005年，辽宁省劳动合同签订率为80.8%，其中国有及国有控股企业签订率为97.5%，非国有企业签订率为74.1%。企业集体协商机制稳步推进，全年通过集体协商签订劳动合同2.4万份，涉及职工426.6万人；签订区域性集体合同4 703份，涉及企业2.01万户，涉及职工189.9万人。全省68户企业获得人力资源AAA级诚信单位称号。

（四）切实做好劳动保障信访和专项治理工作

2005年，辽宁省坚持贯彻“人要回去、事要解决”的要求，在做好人民来信来访和集体访工作的同时，重点解决了专项治理案件。全年全省劳动保障系统接待来信来访12.5万件次，完成省人大交办案件19件；完成省委、省政府交办的专项治理案件71件，完成省委、省政府领导批示交办46件；完成劳动保障部交办案件82件。绝大多数案件都得到及时办结和息访。

（辽宁省劳动和社会保障厅）

大 连 市

2005 年，是大连市劳动保障事业取得较快发展的一年。

一、就业再就业

（一）再就业政策进一步落实，援助困难群体就业工作取得新成效

2005 年，大连市实现城镇就业再就业 16.1 万人，其中下岗失业人员再就业 10.3 万人，困难群体就业 2.6 万人，稳定就业 6.1 万人，城镇登记失业率控制在 3.4%，比上年下降了一个百分点。再就业政策进一步落实。全市共筹集再就业资金 2.69 亿元，有 3.1 万名再就业人员享受减免税 4 524 万元，1 806 户商贸服务型企业享受减免税 3 543 万元，46.4 万人次享受减免费 5 081 万元。

（二）援助困难群体就业工作取得积极成效

2005 年，大连市在全市范围内组织开展以送政策、送岗位、送技能、送服务为主要内容的再就业援助月活动，近 2 万名大龄失业人员得到就业、培训及生活援助。开展爱心助推再就业活动，重点解决了大龄失业人员、无就业家庭、困难地区失业人员的就业问题。对困难地区大龄失业人员和无就业家庭人员给予社会保险补贴、无偿创业资金扶持，对大龄失业人员、无就业家庭人员给予医疗费补助，对就业困难地区大龄人员及无就业家庭子女给予免费就学扶持，对集体企业大龄失业人员给予社会保险补贴。7 万多人享受了社会保险补贴，认定的 2 361 户无就业家庭全部实现每户至少一人就业。

（三）就业服务体系更加完善

2005 年，大连市对 19.8 万户离岗失业人员家庭进行入户调查，全面掌握了这些家庭的生活和就业状况。就业服务网络系统延伸到部分社区。戚秀玉职业介绍所继续发挥促进就业的带头作用，全年介绍上岗就业人员 4.9 万人。

（四）就业安置基地在吸纳就业中作用突出

2005 年，大连市各区市县政府从各自实际出发，采取对再就业基地以奖代补、政府购买岗位、减免税费等措施，扶持创办微型企业、家庭小工厂和便民服务项目，解决下岗失业人员的就业问题。全市共建立就业安置基地 2 550个，吸纳就业人员 6.5 万人，占全市就业总量的 40%。

（五）创业就业扶持力度不断加大

2005 年，大连市市、县、街三级创业平台发挥一条龙创业指导作用，创业项目展示、创业培训、扶持“创业明星”和“创业品牌”、创业就业跟踪服务等工作全面展开。各区市县政府采取设立创业扶持资金、建立无税费市场、提供启动资金等措施，不断加大创业就业扶持力度。全市共发放小额贷款 1.8 亿元，扶持创业带头人 5 785 人，带动 18 685 人实现就业；创业就业人数占稳定就业人数的 35%。

（六）职业技能培训工作扎实推进

2005 年，大连市政府出台了《大连市民办培训机构管理办法》，职业培训市场进一步规范，培训资源进一步整合。认定了 67 个普惠制就业培训基地，建立了职业培训机构信用等级制度，职业培训的实用性和针对性进一步提高。全市培训各类人员 13.6 万人，其中实

名制培训下岗失业人员5.5万人，培训就业率达到70%。全市组织了20多个职种的职业技能大赛，参加人数达到10万人。职业技能鉴定9万人，鉴定质量明显提高。

（七）进城务工人员就业环境不断改善

2005年，大连市在全市范围内集中开展就业政策咨询周、进城务工人员专场招聘会、劳动力市场清理整顿等专项活动，取缔了157家非法职业介绍中介，向进城务工人员发放《就业和维权手册》40万册。全市公共职业介绍机构免费向进城务工人员开放，共接待进城务工人员40万人次，办理求职登记22.5万人次，帮助19万人次实现就业。各级公共职业介绍机构积极开展省内外劳务协作，戚秀玉职业介绍所与100多个城市签订了劳务协作协议，年内输出输入近3万人。

二、社会保险

（一）社会保险覆盖面不断扩大，各项社会保险制度不断完善

2005年，大连市政府成立了社会保险扩面工作领导小组，建立联动机制，各项社会保险覆盖面不断扩大。全市基本养老保险、基本医疗保险、失业保险、工伤保险、生育保险参保人数分别达到127万人、189万人、90万人、103万人和87万人，分别比上年底增加7万人、16万人、4万人、21万人和8.8万人。全市农转城人员累计参保2.9万人，参加基本养老保险的个体劳动者达到47.4万人。

（二）基本养老保险制度进一步完善

2005年，大连市基本养老保险基金征缴48亿元，达到历史最高水平。其中企业征缴41亿元，机关事业单位征缴7亿元。企业基本养老保险参保人员缴费率达到93%。共支付养老金52亿元，保证了50万名离退休人员养老金按时足额发放。企业基本养老保险个人账户全部记清作实，43.7万名企业退休人员纳入社区管理。全市企业离退休人员人均养老金达到772元，其中退休人员达到735元，列全省第一。

（三）基本医疗保险运行良好

2005年，大连市基本医疗保险制度覆盖城镇各类用人单位以及不同形式的就业人员，市本级、金州、旅顺、长海及开发区基本实现全覆盖，普兰店、瓦房店、庄河覆盖面达到95%以上。在保证基金平衡的前提下，实施了70岁以上老人住院门槛费减半、慢性病患者补助、提高基本医疗保险最高支付限额和高额补充医疗保险最高支付限额、对住院个人负担5 000元以上较重患者以及无就业家庭参保人员个人负担超2 000元的予以补助等特殊照顾政策。参保人员住院平均个人负担比例控制在26%，低于全省平均比例7个点。基金运行平稳，保障了参保人员的基本医疗。

（四）工伤保险新老政策顺利衔接，生育保险管理水平不断提升

2005年，大连市将乡镇村企业职工和进城务工人员纳入工伤保险范围，进城务工人员参保12万人。明确了有雇工的个体工商户参加工伤保险规定，调整了工伤保险待遇，增加了工伤职工配置辅助器具的项目，提高了配置辅助器具支付限额标准。工伤认定和劳动鉴定工作进一步规范。生育保险管理水平不断提升，生育医疗费、生育津贴、护理津贴全部通过银行实现社会化发放。

（五）失业保险基金支付压力有所缓解

2005年，大连市在加强扩面征缴、促进失业人员就业的基础上，市政府累计贷款5.7亿元，确保了失业保险待遇按时足额发放。2005年，企业失业保险参保人数同比增加4.1%，基金征缴同比增加12.9%；享受失业保险待遇人员同比减少41.5%，基金支付同比减少50%，扭转了连续两年收不抵支的局面。

三、劳动关系

（一）企业工资收入分配制度进一步完善，劳动关系调整工作不断加强

2005年，大连市发布了该市2005年企业工资指导线，开展劳动力市场工资价位指导的

岗位和工种由2004年的229个增加到369个，首次发布了13种非全日制用工的劳动报酬指导价位，发布企业人工成本情况覆盖行业由10个增加到13个。企业最低工资标准提高到450元、380元、500元，增长了13.6%；全市职工年平均工资预计可达到21 000元。在全市开展了贯彻劳动保障法律法规情况执法检查和劳动合同大检查工作，城镇企业劳动合同签订率达到95%，同比上升了13.8%。已建工会组织的企业集体合同签订率达到93%。各区市县全部建立了劳动关系三方协商机制，并向乡镇、街道延伸。劳动争议仲裁院工作走上正轨，案件受理率和按期结案率均达100%。劳动保障常规监察企业9 731户，资料审查用人单位13 196户。为36 065名劳动者追回工资4 322万元，其中为27 178名进城务工人员追回工资3 866万元。责令1 517户用人单位补签劳动合同72 717份，责令2 429户用人单位补缴社会保险费4 334万元。

（二）劳动保障各项基础建设取得新的进展

2005年，大连市建立了统计指标确定、数据分析和发布等制度，劳动保障统计分析工作不断加强。“金保工程”建设迈出新步伐。通过设备集中和网络整合，形成了以局信息中心机房为中心，贯通社保、就业、医保三大业务系统，连接13个区市县劳动保障部门和75个街道乡镇的三级网络系统。全市社会保险进行网上申报和银行托收企业达到9 000户。大连劳动保障网在政府网站评比中，获得综合考评和互动交流单项考评双第一。劳动保障社区服务平台增加了大龄人员就业、大龄人员两险补贴认定、无就业家庭管理服务、社区加工服务型企业认定、小额贷款服务、劳动监察、困难群体取暖费补贴认定等功能，服务水平不断提高。咨询中心服务功能进一步增强，服务内容更加丰富，全年为18万人次提供了咨询服务，解答各类问题20多万个。

（大连市劳动和社会保障局）

吉 林 省

2005年，吉林省各级劳动保障部门在省委、省政府的领导下，认真学习贯彻“三个代表”重要思想和党的十六届五中全会、省委八届八次全会精神，围绕全面建设小康社会奋斗目标，落实科学发展观，按照年初确定的“促发展服务年”的工作思路，下大力气促进就业再就业，加快完善社会保障体系，加大劳动关系调整工作力度，较好地完成了各项工作任务。就业再就业工作取得积极成效。2005年，全省共开发城镇就业岗位57.14万个，比上年末增加6.94万个，增长13.8%。城镇新增就业44.90万人，比上年末增加5.90万人，增长15.1%。城镇登记失业率为4.2%，比上年末下降0.03个百分点。完善城镇社会保障体系试点工作任务基本完成，共完成并轨130万人，做实养老保险个人账户和改革基本养老金计发办法工作顺利开展。各类社会保险覆盖面不断扩大，参保人数较2004年有较大增长，参保职工满意度不断提高。工资分配制度改革进一步深化，劳动关系处理工作进一步加强，劳动仲裁、劳动保障信访、劳动保障监察等在维护劳动者合法权益方面发挥了积极作用，促进了企业和社会稳定。

一、完善城镇社会保障体系试点工作任务基本完成

截至2005年底，吉林省共实现并轨130万人，超额完成国家核定该省并轨85万人的任务目标。为130万名并轨人员兑现经济补偿金达108.7亿元；同时，企业现金偿还拖欠并轨人员的债务12.1亿元。并轨人员社会保险关系得到接续，全省实现并轨人员中有80%以上续保缴费。在享受国家财政补助政策及地方财政和企业筹集资金并轨人员的96.6万人中，有94.6万人实现了再就业，再就业率达97.9%。并轨的顺利完成，不仅较好地解决了历史遗留问题，而且促进了国企改革和经济结构调整。

2005年，吉林省养老保险计发办法改革和做实个人账户工作进展顺利，调整和完善城镇企业职工基本养老保险制度各项政策开始实施。自2004年1月1日起，吉林省企业职工基本养老保险个人账户按5%起步做实，2005年自筹资金提高1个百分点，做实到6%。到2005年底，累计做实个人账户资金已达到27.3亿元，实现了保值增值。通过做实个人账户，促进了养老保险工作水平的进一步提升，在制度设计上减低了人口老龄化高峰带来的预期支付风险。改革基本养老金计发办法的工作顺利推进，初步建立了“多工作、多缴费、多得养老金”的激励和长效约束机制。新老退休人员养老金水平基本实现了平稳衔接，新退休人员月人均基本养老金增加12.58元，年增加支出1 363万元，以较低的改革成本，实现了新老办法的平稳过渡。2005年，新办法覆盖率为57.8%，预测未来3年将分别达到76.9%、85.6%和90%，到2009年新办法基本能够实现全覆盖。新办法的施行，得到了社会各界的广泛关注和普遍支持，广大职工群众踊跃参保缴费，断保人员争相办理续保手续，新办法的积极效应已经显现，参保职工群众比较满意。劳动保障信息化建设不断加强。经过积极筹建，省级金保工程主体——金业大厦已经建成并投入使用，为各级政府及劳动保障部门的社会保险、就业管理决策和咨询及参保对象、就业务工人员的人本化服务提供了信息支撑，连接部、省的信息网络已经开通运行。

二、就业再就业工作取得显著成效

2005年，吉林省围绕“振兴吉林、二次创业”，进一步加大就业和再就业工作力度，不断推动就业和再就业工作的深入开展。截至年末，全省城镇创造就业岗位57.14万个，城镇新增就业44.9万人，下岗失业人员再就业34.9万人，全省劳务输出328.48万人，城镇登记失业率为4.2%，较好地完成了列入省政府目标责任制中的各项目标任务。就业再就业工作领域发生了一系列积极变化。

（一）全民创业促就业活动不断向广度和深度发展

2005年，吉林省创业促就业活动的牵头部门由2004年的8个增加到18个，活动项目由11个增加到25个，活动规模不断扩大，项目逐年增多，惠及人数大幅增加。10月，按照省就业联席会议的要求，成功举办了创业促就业成果展示和项目推介大会、吉林创业就业论坛、全民创业促就业经验交流会，得到了省委、省政府和劳动保障部领导的肯定。通过开展系列活动，全省共带动35万人实现了就业，共完成创业促就业成功项目11 014个。

（二）再就业政策全面落实，效果逐渐显现

2005年，吉林省组织开展了“再就业实效行动”，集中突破小额担保贷款、就业服务补贴等政策落实中的难点问题，并对近3年来再就业政策执行情况进行了全面评估。由于组织得力、部署周密，吉林省的工作方案被劳动保障部培训就业司转发各省，并在全国民营企业招聘周活动筹备工作视频会议上做了典型发言。截至2005年底，全省累计发放《再就业优惠证》47.9万个，其中2005年发放13.37万个，使一大批下岗失业人员享受到了优惠政策，在促进创业就业方面发挥了积极作用。

（三）采取积极措施，确保了试点期间就业局势的基本稳定

2005年，吉林省发挥基层平台作用，全面掌握并轨人员的就业状况，做到基本情况清、就业去向清，有的放矢地开展再就业工作。开展失业登记就业登录活动，加强失业人员的动态管理。积极推动灵活就业，加强对并轨灵活就业人员的信息、培训、维权和社会保险等服务，提高了灵活就业人员的组织化程度和稳定性。

（四）困难群体再就业援助取得突破性进展

2005年，吉林省开展了“再就业援助月”活动，共帮助2万名下岗失业人员实现了再就业。失业保险、城市低保和再就业联动工作机制不断完善并发挥作用。由省劳动保障厅牵头，组织研究制定了开发公益性岗位3年规划，每年投资11 440万元，3年开发10万个公益性岗位。2005年，政府出资购买公益性岗位2.97万个，全部实现与困难就业人员对接，“4050”人员占60%。

（五）农村劳动力转移工作稳步推进

2005年，吉林省在长春市双阳区、临江市和长岭县开展了统筹城乡就业试点工作。继续推进“劳务输出双百工程”，集中力量组织实施“万名吉林保安进北京”项目，共向北京输出保安人员12 199人次。全省劳务输出服务不断完善，组织化程度不断提高，加快了农村劳动力转移就业速度。舒兰、长岭两市县被劳动保障部命名为劳务输出示范市县。

（六）就业服务体系“新三化”建设向纵深发展

2005年，吉林省在长春市宽城区9个街道和四平市50个乡镇开展了人力资源市场向街道和社区延伸试点工作，进一步扩大了市场覆盖面。全省人力资源市场场所面积已发展到4.5万平方米，比2004年增加0.78万平方米。初步建成省和地级以上人力资源市场信息

网络中心，部分地区与所属县市区实现了广域网连接。人力资源市场功能作用不断强化。

（七）境外就业和国际交流与合作工作取得新进展

2005年，吉林省劳动保障厅与有关部门联合下发了《关于进一步做好境外就业工作的通知》，制定了有关鼓励境外就业的政策。成立了境外就业行业协会，开展“境外就业市州行”宣传采访活动，在厅网站上开设“境外就业”网页，有力地推动了工作的开展。截至年末，全省境外就业人数达到15万人，创造了较好的经济和社会效应。国际交流与合作进一步加强。SYB、SIYB等项目继续发展壮大，德国、日本、韩国等项目考察团先后来吉林省考察访问，国际劳工组织先后两次在吉林举办有关公共就业服务和防范非法出境就业工作研讨会，提升了吉林省的国际知名度，促进了就业工作的深入开展。吉林省就业再就业工作取得的可喜成绩，得到了国家和省委、省政府的充分肯定，黄菊副总理在视察吉林省期间，对该省建立就业工作目标责任制，突破就业难点，加大就业补贴力度，促进灵活就业，降低小额担保贷款门槛，动员全社会力量抓创业等工作给予了充分肯定。

三、城镇就业持续增长

2005年，吉林省就业总量继续增长。全年城镇新增就业44.90万人，比上年增加6.94万人，增长13.8%。其中，女性新增就业人数20.01万人，占新就业人数的44.6%。在新增就业的人员中，到国有企业就业的0.43万人，占就业总数的0.95%；到集体企业就业的1.10万人，占就业总数的2.45%；到私营个体企业就业的9.92万人，占就业总数的22.09%；到其他经济单位就业的2.69万人，占就业总数的5.99%；到乡镇企业就业的1.70万人，占就业总数的3.79%；自谋职业的11.56万人，占就业总数的25.75%；劳务输出的9.80万人，占就业总数的21.83%；从事社区服务业的4.04万人，占就业总数的9.0%；到其他单位就业的3.66万人，占就业总数的8.15%。年末，全省城镇失业人员27.64万人，比上年减少0.60万人。在上述27.64万城镇失业人员中，女性失业人员13.83万人，占失业人员总数的50.04%。城镇登记失业率4.2%，比上年减少0.03个百分点。外国人及我国港、澳、台人员在吉就业有所增长。截至2005年底，在吉林省境内就业的外国人达1 239人。从国别上看，他们分别来自30多个国家和地区，其中，韩国人683人，朝鲜人103人，其他国家453人。

四、职业培训工作取得积极进展

2005年，吉林省坚持把职业培训作为促进再就业的重要手段，大力开展有针对性的职业培训工作。

（一）抓高技能人才队伍建设

2005年，吉林省组织开展了“新技师培训项目”“技工学校实训基地建设项目”“高技能人才评选表彰项目”等活动，为高技能人才成长创造了宽松条件。11月，省政府对全省50名高技能人才进行了表彰，一汽集团公司的李凯军和长春客车轨道有限公司的何建英两位技师进入了省管优秀专家行列，享受政府特殊津贴，极大地调动了广大技能人才的工作热情。

（二）抓职业技能培训

2005年，吉林省组织开展了“142培训工程”，即对全省14万名下岗失业人员开展职业技能培训，为2万名下岗失业人员提供创业培训。这两项培训全都超额完成了任务。下岗职工经过创业培训后，成功地创建了15 889个微小企业，实现了自谋职业和带动就业。

（三）抓技工学校改革

2005年，吉林省劳动保障厅经与省发改委、省财政厅积极磋商，出台了技工学校新的收费标准和与新标准相配套的《吉林省技工学校学生退费办法》《吉林省技工学校公寓化标准》等相关文件，使技工学校的管理得到进一步加强。截至年底，全省技工学校新招生

18 258 人，高级技工学校达 6 所，国家级重点技工学校达 12 所，年培训能力约 4 万人。

（四）抓民办职业技能培训

截至 2005 年底，吉林省民办职业技能培训机构初具规模的已有 200 多所，在校生超过 500 人的有 60 多所，办学逐步规范，教学质量明显提高。

（五）抓农村劳动力转移培训

2005 年，吉林省依托各地培训机构，对农村劳动力开展岗前培训，使上岗人员掌握相关劳动保障法律法规，提高自我保护意识，增强了市场竞争能力。截至年末，全省共完成职业技能培训 63 万人，培训后就业率达到 70.2%。

五、各项社会保险工作全面推进

（一）养老保险积极推进

2005 年，吉林省在全省范围内继续深入开展了以“关爱员工、保障权益”为主题的“万户民企进社保”活动，把扩大民营企业参保覆盖面、接续转制企业员工社会保险关系、建立民营企业参保激励机制作为主要任务，采取得力措施，扎实开展，取得了积极成效。截至年底，全省养老保险参保人数已达到 324.96 万人，同比增长 2.9%，其中，非公有制经济组织参保人数达到 136.89 万人，同比增长 98.1%。当期征缴基本养老保险费 76 亿元，同比增长 16.2%，确保了离退休人员养老金的按时足额发放。以完善养老保险制度体系为目标，研究和探索新形势下特殊群体的养老保险问题。针对被征地农民、事业单位新招聘工作人员和省属科研机构转制职工等特殊群体，先后出台了相应政策文件，为这部分群体参加养老保险提供了政策依据。积极推进企业年金制度建设，制定下发了《关于推进建立企业年金制度的通知》，在建立企业年金制度的基本原则、基金的筹集与计发、企业年金方案的制定与审核备案等方面作出了详细规定，为推进多层次养老保险体系建设奠定了基础。继续从严控制提前退休行为，特别是重点加强对政策性破产企业以及困难企业提前退休的控制和管理，做到公开、公正、透明。

（二）失业保险保障功能不断增强

截至 2005 年底，吉林省失业保险参保人数达到 199.44 万人，及时为失业人员提供了失业保险待遇。在推动事业单位参加失业保险方面有所突破，对省纺织工业设计院等 14 户省属科研院所参加失业保险问题形成了具体意见。认真抓好失业调控工作，组织制定了《全省失业调控工作“9 + 1”方案》，构建了吉林省失业调控工作的基本框架。积极研究新形势下的失业保险工作，广泛开展调查研究，在强化失业保险基础工作、加强失业保险基金统筹管理、研究失业人员进入失业保险程序的“错峰”措施及并轨灵活就业人员接续失业保险关系的具体办法等方面都形成了具有思路性的意见和安排。

（三）医疗保险制度改革平稳推进

截至 2005 年底，吉林省医疗保险参保人数达到 283.02 万人，同比增长 4.8%。主要体现为“出台一个办法、完善一套政策、建立一项制度、调整一个目录”。为解决涉及吉林省 210 万关闭、破产、改组改制企业退休人员、解除劳动关系人员和城镇低保户、困难职工的医疗保险问题，研究出台了关于进一步完善城镇职工基本医疗保险制度的意见及城镇居民住院医疗保险办法，使解决这部分群体的医保困难有了政策依据；对城镇职工基本医疗保险制度的相关政策做了进一步完善，明确了关闭破产和改制改组国有企业退休人员医疗保险的缴费标准和资金筹集渠道，明确了失业人员接续医疗保险关系的具体办法，并对吉林省各统筹地区调整医疗保险待遇提出了具体要求，及时弥补了国企改革中出现的医疗保险政策空白，同时通过对医疗保险待遇的调整，个人负担比例普遍降低了 3 ~ 5 个百分点；建立了基本医疗保险风险基金制度，强化了医疗保险基金支撑能力；对吉林省 2001 年版《药品目录》进行了调整，并在全省 50 个统筹地区开始执行，较好地满足了广大参保对象的用药需求。

（四）工伤保险覆盖面逐步扩大

截至2005年底，吉林省参加工伤保险人数达到136.7万人，同比增长19.6%。工伤认定程序进一步规范，服务手段和便民措施进一步加强。全省各级工伤保险工作队伍得到充实，有4个市成立了工伤保险科（处），有5个市州成立了劳动能力鉴定机构，全省22个统筹地区医保中心内部设置了工伤保险办事机构，共有专兼职工作人员124人，较2004年实现了较大突破。《吉林省城镇职工生育保险办法》从起草到签发，历时近两年时间，自2006年1月1日起已正式实施，参保人数也有大幅度增加。

六、劳动关系调整工作不断加强

（一）劳动保障监察进一步加强，劳动者合法权益得到切实维护

2005年，吉林省各级劳动保障监察机构主动监察用人单位3.9万户，责令用人单位为44.8万人补签劳动合同，督促3.3万户用人单位为73.3万名劳动者补缴社会保险费1.1亿元。特别是把查处克扣或拖欠农民工工资的违法行为，作为劳动保障监察的主要工作。加强对重点行业、企业的日常巡查和专项检查，对克扣或恶意拖欠农民工工资的举报及时立案调查，及时受理并依法查处。截至2005年底，全省共清回返还农民工工资4 305.9万元，涉及农民工26 713人。

（二）不断加大劳动保障信访和劳动争议案件处理工作力度

2005年，吉林省建立了劳动保障信访工作目标责任制，采取与各市州签订责任状的形式，加大了督察考核力度，确保了目标责任的落实。建立了劳动保障信访协调处理制度和情况通报制度。进一步完善了厅领导信访接待日和阅批职工群众上访信制度。组织开展不稳定因素的排查工作，对重点企业实施监控，制定处置预案，提前工作，化解不稳定因素。据统计，截至年底，全省共接待处理职工群众来信来访62 790批次，同比上升14.23%；接待职工来访138 630人次，同比上升22.69%。加强劳动争议仲裁工作，依法处理矛盾纠纷。坚持把法制引入劳动信访工作之中，通过劳动仲裁开庭办案，有效化解了矛盾。

（三）加快推进工资收入分配制度改革步伐，指导企业深化用人制度改革，依法做好劳动合同和集体合同的签订、变更和解除工作

2005年，吉林省适时调整发布了最低工资标准和企业工资指导线，劳动力市场工资指导价位制度不断完善。建立了欠薪报告制度，对解决恶意拖欠农民工工资问题起到了积极的作用。截至年底，全省集体协商确定工资的企业已达2 581户，涉及职工49万人。完善劳动关系三方协调机制，全省69个县（市、区）全部建立了三方协商机制并充分发挥了作用。在全省全面开展了“劳动关系和谐单位”创建活动，在兼顾政府、企业、职工三方利益的基础上维护了劳动关系双方的合法权益，使一些老大难问题得到了妥善处理。

七、保持共产党员先进性活动取得积极成效

2005年，按照中央和省委的部署，吉林省劳动保障系统深入开展了保持共产党员先进性教育活动，广泛征求意见，深刻剖析问题，认真进行整改，全系统党员干部受到了一次深刻的思想洗礼，达到了“提高党员素质、加强基层组织、服务人民群众、促进各项工作”的目的，做到了工作和教育“两不误”“两促进”。省劳动保障厅机关的先进性教育活动，受到了省委和中央督导组的充分肯定。与此同时，以创建优质服务窗口单位为重点，深入开展政行风建设，省劳动保障厅先后在2005年初、年中召开了全系统政行风和软环境建设工作会议、政行风和软环境建设座谈会，并于2005年10月对省级优质服务窗口单位进行了表彰，有力地促进了全系统政行风建设水平的提高。各市州、县（市、区）劳动保障部门在当地政行风评议中的名次普遍上升，省劳动

保障厅在省直29个综合部门中，由2004年的16名上升到2005年的第9名。同时，省劳动保障厅在2005年省政府开展的服务型机关建设活动中被评为先进集体，受到省政府通报表彰。省医疗保险管理中心服务大厅、长春市人力资源市场、辽源市社会保险公司申报缴费服务大厅等8个单位，被国家劳动保障部评为全国劳动保障系统优质服务窗口单位。

八、离退休人员保险福利进一步提高

2005年末，吉林省离休、退休人数为158.20万人，比上年增加20.39万人，增长14.8%。按单位性质统计，企业单位为123.32万人（离休人员为2.22万人，退休人员为121.09万人），比上年增加13.57万人，增长12.4%；事业单位为22.98万人（离休人员为1.38万人，退休人员为21.60万人），比上年增加0.96万人，增长4.4%；机关单位为7.02万人（离休人员为0.80万人，退休人员为6.22万人），比上年增加0.98万人，增长16.2%；其他单位为4.88万人（离休人员为0.08万人，退休人员为4.80万人）。按人员构成统计，离休人员为4.48万人，比上年减少0.15万人，下降3.2%；退休人员为153.72万人，比上年增加22.87万人，增长17.5%。

2005年末，吉林省保险福利费用支出137.72亿元，比上年增加18.32亿元，增长15.3%。按单位性质统计，企业单位支出96.98亿元（离休金支出4.50亿元，退休金支出84.58亿元，医疗卫生费支出5.61亿元，其他支出2.29亿元），比上年增加13.24亿元，增长15.8%；事业单位支出27.88亿元（离休金支出2.42亿元，退休金支出23.41亿元，医疗卫生费支出1.52亿元，其他支出0.53亿元），比上年增加0.26亿元，增长0.9%；机关单位支出8.32亿元（离休金支出1.27亿元，退休金支出6.32亿元，医疗卫生费支出0.53亿元，其他支出0.20亿元），比上年增加0.28亿元，增长3.5%；其他单位支出4.54亿元（离休金支出0.20亿元，退休金支出3.72亿元，医疗卫生费支出0.50亿元，其他支出0.12亿元）。按人员构成统计，离休金支出8.39亿元，比上年减少0.25亿元，下降2.9%；退休金支出118.03亿元，比上年增加15.61亿元，增长15.2%；医疗卫生费支出8.15亿元，比上年增加3.43亿元，增长72.7%；其他支出3.15亿元，比上年增加0.46亿元，增长17.1%。

（吉林省劳动和社会保障厅）

黑龙江省

2005年是实施老工业基地振兴战略的重要一年，是解决黑龙江省经济和社会发展进程中重点、难点问题的关键一年，也是劳动保障事业长足发展的一年。一年来，全省劳动保障部门按照国有企业改革和老工业基地振兴需要，结合保持共产党员先进性教育活动，以完善城镇社会保障体系试点为中心，改进作风，强化措施，攻坚克难，全面完成了各项任务，为促进经济发展和社会进步，做出了积极贡献。

一、国有企业下岗职工基本生活保障向失业保险并轨任务圆满完成，有效解决了历史遗留问题

2005年，黑龙江省各级劳动保障部门与财政等部门密切配合，坚持并轨与再就业并举的方针，严格按政策办事，依法规范操作，强化后续服务。全省共有172万人顺利实现了并轨，其中地方困难企业160.5万人，中央直属企业11.4万人。支付地方困难企业并轨职工经济补偿金总量为134.35亿元。并轨人员全部实现了再就业，其中被用人单位招用75.5万人，实现灵活就业96.4万人。并轨既解决了历史问题，又保持了社会稳定，为黑龙江省今后发展做出了历史性的贡献。

二、基本养老保险制度得以调整和完善，初步建立了可持续发展的长效机制

（一）调整了基本养老保险个人账户规模并部分做实

从2004年1月1日起，黑龙江省将基本养老保险个人账户规模从11%调整到8%，并从5%起步做实，所需资金由中央和地方同级财政分别承担75%和25%；从2005年1月1日起，全省将做实个人账户规模增加到6%，新增一个百分点所需资金主要通过养老保险扩面、征缴、清欠解决。到2005年底，全省应做实个人账户资金37.39亿元，实际做实29.8亿元（由于中央和地方财政均为定额补助，而参保人员的缴费基数是在逐年增长中发生变化，因而出现7.59亿元缺口）；地方财政补助及当期征缴解决的做实个人账户资金已在中国银行进行大额协议存款，综合利率为2.25%。

（二）改革了基本养老金计发办法

2005年，在国家的指导下，黑龙江省在辽宁办法的基础上对基本养老金计发办法进行了改革。改革后的基本养老金仍由基础养老金、个人账户养老金和过渡性养老金3部分组成，基础养老金月标准以职工退休时上一年度统筹区域在岗职工月平均工资与本人指数化月平均缴费工资的平均值为基数，缴费每满一年（含视同缴费年限）发给1%；个人账户养老金月标准为职工退休时个人账户储存额除以按城镇人口平均预期寿命、本人退休年龄、利息确定的计发月数；过渡性养老金的过渡系数由1.4%调整为1.2%。为确保新老办法的平稳过渡，设置5年过渡期，实行补齐限高。这一办法的设计初衷是，将公平与效率进一步结合起来，更加突出效率因素。缴费年限、缴费工资的高低与基础养老金计发比例、计发基数的大小直接相关。个人缴费工资高低与过渡养老

金水平直接相关，个人缴费工资越高，缴费的工资指数就越高，过渡性养老金水平也就越高。个人账户养老金的计发办法体现了个性化的特征，其计发标准与本人领取年龄直接挂钩。从实际运行情况看，2004 年 7 月 1 日以来，全省共为 18.06 万名企业退休人员按新办法计发了基本养老金，其中试点办法养老金高于原办法的为 13.92 万人，新办法覆盖率为 77.1%，月人均实际增加 36 元；试点办法低于原办法的为 4.14 万人，人均减少 44.8 元，已按新办法予以补齐。

（三）实行了基本养老保险省级统筹

试点之前，黑龙江省基本养老保险统筹层次较低，虽然实施了市地级统筹，但并没有真正落实到位，全省养老保险政策不统一，基金调剂能力弱，基本养老金水平差别较大，部分离退休人员的利益得不到很好的保障。为解决上述问题，黑龙江省劳动保障部门在充分调研、认真借鉴先进省市经验的基础上，结合本省实际，决定从 2005 年 5 月 1 日开始，以统一统筹项目、统一计发办法、统一基金管理、统一业务规程、统一信息系统、统一管理经办机构等“六个统一”为目标，实行基本养老保险省级统筹。重点是：调整企业缴费比例，将原缴费比例高于 22% 的调整到 22%，低于 20% 的调整到 20%。以省平均工资代替当地平均工资，作为计发基础性养老金、过渡性养老金及个体劳动者缴费的基数。对全省养老保险经办机构实行省级垂直管理，人、财、物“三权在上”。基金实行预算管理，省劳动保障部门按照确保基本养老金足额发放的原则，编制全省基本养老保险基金预算，经汇同财政部门审核后，报省政府批准执行；凡没有按预算指标完成收缴计划的，由当地财政补齐；凡超出收缴计划部分，留在当地作为下年度收缴计划未完成时的缺口补充；通过预算管理、定额补助、自求平衡、财政兜底的办法，分清各级政府的责任。

（四）加大了扩面和基金征缴力度

2005 年，黑龙江省将扩大养老保险覆盖范围、强化基金征缴作为增加基金收入、增强保障功能的重要手段，作为工作的重点予以推进。省政府每年都向各市县下达扩面和征缴计划，作为硬性的任务进行落实。各地充分采用劳动保障监察等行政和社会舆论监督手段，取得了积极成效。在试点期间，重点解决了城镇个体劳动者、灵活就业人员和集体企业参保缴费问题。加大了城镇个体劳动者和灵活就业人员参加基本养老保险强制力度，将其基数统一为全省职工平均工资，缴费比例统一为 20%。将在国有企业混岗的集体身份职工 20 万人全部纳入了基本养老保险范围，基本实现了国有企业职工基本养老保险全覆盖。对未参加过基本养老保险统筹，经当地政府认定，已经没有生产经营能力、无力缴纳基本养老保险费的城镇集体企业中的退休人员，由民政部门按企业所在地城市居民最低生活标准按月发放生活费。对没有达到退休年龄且有参保愿望的职工，按城镇个体劳动者有关规定将其纳入了基本养老保险。

三、就业再就业工作力度进一步加大，为下岗失业人员提供了根本的生活保障

2005 年，黑龙江省城镇新增就业 69.1 万人，同比增加 4.9 万人；下岗失业人员实现再就业 68.6 万人，同比增加 7.9 万人；“4050”人员再就业 15 万人，同比增加 0.5 万人；到年底，全省城镇登记失业率为 4.42%，比全年控制目标低 0.58 个百分点。全省已累计为下岗失业人员发放《再就业优惠证》120.8 万本，其中 2005 年新发放 18.47 万本。累计为 2.8 万名下岗失业人员发放小额担保贷款 4.6 亿元，其中 2005 年为 1.4 万人新发放 2.1 亿元。全省实现城镇劳务输出 58.6 万人，同比增加 5.1 万人；实现求职登记 147.8 万人次，职业介绍成功 80.52 万人；完成再就业培训 32.9 万人，创业培训 2.7 万人，劳动预备制培训 8 万人。特别是成功地举办了全省首届创业与创业培训成果展示会，有力地促进了全省就业再就业工作。

四、高技能人才队伍建设取得积极进展

2005年，黑龙江省完成高技能人才培训4.8万人，其中，技师、高级技师1.77万人。企业职工培训32.2万人。成立5所技师学院，命名11所示范性技工学校，评定20个技工学校名牌专业，技工学校调整改革成效明显。技工学校招生达到2.7万人。职业技能鉴定工作取得新进展。

五、社会保险扩面征缴取得新成果，保障功能进一步增强

2005年，黑龙江省基本养老保险参保人数达到488.3万人，比2004年底增加15.1万人；征缴基本养老保险费107亿元，同比增加10.5亿元；清理历史欠费17.1亿元，同比增加9.9亿元；共拨付基本养老金139.3亿元，继续实现了按时足额发放。失业保险在170多万人并轨的情况下，没有出现参保人数大幅下滑、领取失业保险金人数大规模增加的问题，征缴失业保险费9.6亿元，同比增加1.6亿元；共为18.2万人发放失业保险金2.4亿元。基本医疗保险、工伤保险、生育保险参保人数分别达到602万人、257.5万人 、152万人，比2004年底分别增加51万人、54.9万人、21万人，基金收入稳步增长，各项待遇实现了按时足额兑现。

六、劳动关系保持总体稳定，有效维护了广大劳动者特别是农民工的合法权益

2005年，黑龙江省通过加大劳动保障监察力度、充分发挥劳动仲裁手段、大力推行劳动合同制度等措施，有效维护了广大劳动者的合法权益。全省相继组织开展了清理整顿劳动力市场秩序、打击非法使用童工、非公有制企业参加社会保险情况及农民工工资支付情况等专项大检查活动，通过开展劳动保障执法检查，有效地维护了劳动关系双方的合法权益，推进了各项劳动保障政策的贯彻实施。截至年底，全省共依法取缔非法职业介绍机构173户，吊销营业执照和许可证61个，查处非法使用童工案件8起；共督促8 432户企业96.7万人缴纳养老、失业、医疗保险费1.04亿元，追发劳动者工资7 336.6万元，补签劳动合同43.91万人；建立了80个农民工工资保障金账户，共收取1.85亿余元工资保障金，全年共为3.26万名农民工追回工资及补偿金等2 879.3万元，使拖欠进城务工人员工资的势头得到了有效遏制。与此同时，黑龙江省推进劳动仲裁机构实体化步伐，妥善处理劳动争议案件。建立劳动仲裁院的地区已经扩大到省本级和9个市地、16个县区。劳动仲裁案件办理质量进一步提高，省及鸡西、双鸭山劳动仲裁委还被劳动保障部、全国总工会、企业家协会联合授予“全国先进劳动争议仲裁委员会”称号。黑龙江省还高度重视和积极参与国有企业改组改制、关闭破产和主辅分离中的劳动关系处理问题，制定相关政策，指导企业规范操作，及时处理和纠正侵害职工权益问题，确保了国有企业改革的顺利进行。积极发挥信访部门在促进劳动关系和谐稳定方面的作用。以《信访条例》颁布为契机，全面规范了涉劳信访工作，初步建立了以“三级终结”为主体的信访工作新机制。2005年第二季度之前，黑龙江省进京到部上访量一直徘徊在全国前3名，第三季度之后已退出前10名。

（黑龙江省劳动和社会保障厅）

上 海 市

2005年，上海市的劳动和社会保障工作在市委、市政府的领导下，以“三个代表”重要思想为指导，全面树立和落实科学发展观，认真贯彻党的十六届三中、四中、五中全会精神，与时俱进、开拓创新，在全面落实上海市委、市政府和劳动保障部各项工作部署和“十五”计划目标的基础上，各项工作都取得了新的进展。

一、新增就业岗位和城镇登记失业率两大指标顺利完成

2005年，上海市通过各级政府和社会各方面的共同努力，全年共实现新增就业岗位65.1万个（其中非农就业15.2万个），超额实现市政府年初下达的新增50万个就业岗位实事项目指标。2005年，城镇登记失业人数为27.5万人，城镇登记失业率为4.4%，出现了失业率连续第二年下降的良好局面。

（一）进一步完善微小型企业创业环境

2005年，上海市小额贷款担保新增1.9亿元，超过前5年的总和，累计已达3.3亿元。建成或在建开业园区55个，总面积10万平方米，预计可创造就业岗位2.2万个。建立了295个开业实训基地，累计完成开业培训7.8万人次，培训后开业率达60%。市区两级600多名专家志愿者累计提供开业指导服务6万人次，帮助5 000多人成功开业。非正规就业的劳动组织从业人数当年新增6.8万人，累计已达35.5万人。非正规就业的劳动组织达3.4万家，已有2 100多家转制为正规的微小型企业。

（二）继续完善对“双困”人员的就业援助和就业托底机制

2005年，上海市在继续推进“万人（千人、百人）就业项目”的同时，组织全市5 000名就业援助员，集中开展了对“双困”人员的调查摸底，并将判定权交给最贴近基层、最了解实情的就业援助员，调查摸底后经各区县政府确认的4.8万“双困”人员已全部得到有效安置。上海市通过政府购买岗位安置就业困难人员的总量达到16万。

（三）进一步改进公共就业服务

2005年，上海市开通了“上海公共招聘网”，建立起了更为高效的信息服务平台。公共就业服务机构全年共发布招聘岗位132.1万个，接受求职登记103万人，介绍成功率超过30%。其中，“公共招聘网”自5月份推出以来，已累计发布有效招聘岗位47万个，应聘总人数达36万。

二、“三年技能振兴计划”目标全面实现

为适应上海产业升级和结构调整的要求，2005年，上海市通过“灰领”职业人才引领职业培训方向，构建和完善新职业研发、公共实训、职业技能鉴定等平台，高技能人才占技术性从业人员的比重从2002年的6%提高到15%，“三年技能振兴计划”目标全面实现。

（一）多层次职业培训进一步完善

2005年，上海市通过政府购买培训成果的方式，使得享受政府服务的社会培训机构已达655家，由政府直接购买培训成果的机构有501家。2005年，完成职业培训29.7万人，

比上年增长24.8%，其中中高层次职业培训的比例上升到了61.4%，培训后就业率达到67.4%。新增青年职业见习1.4万人，累计达到6.2万人，见习后就业率达66.1%。

（二）职业培训的质量监控进一步强化

2005年，上海市通过培训机构的进入和淘汰机制，培训机构的质量有了新的提高。以高技能职业领域为重点，共完成180个新职业标准的开发和90个职业标准的提升。全年共组织了685个职业（工种）、43.9万人次的职业技能鉴定考核，其中中高层次鉴定比例超过50%。全年核发职业资格证书31万本。

（三）公共实训体系建设有序推进

集数字制造业、信息产业、创意产业为一体的天山路公共实训基地基本建成，全年共免费向340家各类社会培训机构的38.1万学员提供了实训服务。创业者公共实训基地建设稳步推进。汽车服务、现代休闲生活服务项目公共实训基地奠基动工。生物医药、会展、现代电子、港口物流等项目的公共实训基地也已经完成规划，并将陆续投入建设。

三、社会保障体系建设继续推进

2005年，上海市在2004年基本形成“五险合一”基本社会保险体系的基础上，以“城保”改革为重点，继续推进和完善社会保障制度。

（一）“城保”改革迈出坚实的一步

2005年，上海市按照国家完善企业职工养老保险制度、逐步做实个人账户的总体要求和市委、市政府的统一部署，稳妥实施了个人账户“虚账实记”的基础工作。采取条块结合、以块为主的方式，对本市大中型企业劳资干部、社区保障中心负责人、社保协管员、就业援助员等重点人群约1.5万人，组织了多次大规模政策培训和政策模拟测试，在形成一支宣传骨干队伍的同时，也对将要出台的实施办法做了微调和完善。同时，通过发放《“虚账实记”通俗解读》、“虚账实记”告知单，开展了有针对性的宣传工作，将相关政策直接送到市民家中和当事人手中，并通过咨询电话、区县社保咨询窗口、服务网站等通道解答市民的有关问题。

2005年，上海市按照市委、市政府的部署，在2004年改革“城保”养老金增长办法的基础上，又对上海市100万高龄低收入老人实施了养老金特殊增长办法，并在国庆前夕将增加的养老金发到了离退休人员手中。

（二）“镇保”取得新的突破

2005年，上海市“镇保”参保人数已达110万，其中被征地农民79.2万中有11万人开始按月领取养老金并享受相关待遇。开通了征地养老人员的参保渠道。郊区部分历史形成的特殊群体的社会保障问题通过“镇保”得到了缓解。

（三）“农保”继续得到完善

2005年，上海市“农保”参保人数达101万，其中领取养老金人数28.1万。“农保”平均养老金水平达到108元，比上年增长26%。

（四）外来从业人员综合保险受益范围进一步扩大

2005年，上海市增设了日常医药费补贴和体检等保障内容，并为每个参保人员免费发放了综合保险卡；综合保险参保人数为247.7万，全年月均参保人数为190万。

（五）失业保险促进就业效应得到更充分发挥

2005年，上海市工伤保险实施了浮动费率办法和老工伤人员纳保办法。生育保险待遇水平进一步提高。“城保”“镇保”的补充养老保险参保人数达到167.5万。

（六）社会保险基金征缴进一步加强

上海市连续5年委托社会机构开展缴费基数专项审计，2005年追缴社会保险费3亿元。全年各项社会保险费征缴总额达718.9亿元，比上年增长15%，其中基本社会保险基金征缴率达99.9%。

（七）社会保险经办服务方式进一步完善

2005年，上海市推出持卡办事举措，申

报方式数量减少了75%，柜面服务方式更加简洁、人性化，持卡办事单位已达正常缴费单位的58%。网络服务方式进一步拓展，网上办事已覆盖所有的缴费及变更类业务。

四、劳动者维权和协调劳动关系力度不断加大

2005年，上海市劳动保障地方性法规、规章体系得到完善。在《上海市劳动合同条例》《上海市劳动监察规定》等一批重要地方性法规、规章相继实施的基础上，2005年市人大又颁布了《上海市促进就业若干规定》。一批新起草或修订的法规、规章陆续列入立法计划或进入调研程序。

（一）劳动保障监察力度进一步加大

2005年，上海市以市、区县监察队伍为核心，协管队伍为配套的劳动保障监察体系得到完善，网络化、网格化监察格局初步形成。2005年，共受理群众举报2.3万件，检查用人单位近4万户，查处违法案件1.5万件。通过监察，追缴社会保险费、责令用人单位补发拖欠工资、清退各类押金共计4.9亿元，涉及劳动者近60万人。以查处“欠薪欠保”等严重侵害劳动者权益的行为为重点，上海市组织开展了“规范劳动力市场百日检查”等7次声势浩大的专项监察，形成了一定的社会震慑力。

（二）劳动关系三方协调机制取得实质性进展

2005年，上海市劳动关系三方联席会议就调整最低工资标准、实施工伤保险配套办法开展协商，达成了共识。在三方协调机制的推动下，企业集体协商实效性有所提高，全市现有有效集体合同1.2万份，覆盖职工158.4万人。

（三）劳动争议案件得到积极稳妥处理

2005年，上海市依法开展劳动争议仲裁，全市各仲裁机构共收到劳动争议申诉2.4万件，受理立案2万件，处理结案2万件，其中调解结案占70%，劳动者胜诉或部分胜诉比例达87%。延伸劳动争议仲裁工作，加大劳动争议预防和调解力度，全市各地区调解组织共受理纠纷2.5万件，经调解达成协议的占75%。

此外，为适应上海市经济、社会的发展状况，2005年，上海市将月最低工资标准从635元提高到了690元，将小时最低工资标准由5.5元提高到了6元。建立了欠薪保障快速反应机制，全年垫付金额近千万元，涉及劳动者近5 000人。劳动力市场价格信号的发布有了新的突破，全年发布工资指导价位数超过1 400个。

五、以人为本的劳动保障管理服务体制逐步健全

2005年，上海市历时7年建设，投资近6亿元的劳动保障管理信息系统基本建成并通过专家验收。该系统由庞大的中央数据库和市、区县、街镇3级管理服务网络，以及遍布全市的1 000多个服务网点构成。系统的中央数据库动态存储了全市1 100多万劳动者和离退休人员的就业和社会保障数据70多亿条，并按照“以人为本”的理念，将就业和社会保障管理服务落实于劳动者一生的每一个具体状态，初步实现了对每个劳动者“记录一生、管理一生、服务一生、受益一生”的管理服务目标。

（一）劳动保障“六个一”的市民服务方式进一步完善

2005年，上海市电话咨询中心全年来电总量达547万个，比上年增长84.8%，开通4年来来电总量累计已达1 153万个。劳动保障服务网站全年访问量达到7亿次。5 000人的就业援助员队伍全年提供各类就业援助服务118万人次，调查走访达到300万人次。《劳动保障报》全年发放量达到510万份。劳动保障政策宣传资料发放总量达到1 000万份。覆盖城乡的社会保障服务机构进一步健全。

（二）“信电网访”一体化的劳动保障信访格局进一步完善

2005年，上海市切实贯彻国务院《信访

条例》，全年接待信访总量达8.7万件次。按照市委、市政府的部署和要求，稳妥处理了一批本市历史遗留问题，维护了社会稳定。

（三）行风（政风）督查力度进一步加大

2005年，上海市市、区县两级督查机构全年共督查服务窗口1 383（个）次。共受理投诉158件，比上年下降24.1%，对查实的问题做了及时整改。

（上海市劳动和社会保障局）

江 苏 省

2005年是实现“十五”目标的最后一年。江苏省各级劳动保障部门在劳动保障部的指导和省委、省政府的领导下，面对繁重的工作任务和新的工作要求，站在坚持执政为民、践行“三个代表”、推进“两个率先”的高度，全面贯彻富民优先方针，奋力推进城乡就业工作，加快完善社会保障体系，着力构建和谐劳动关系，各项工作都取得了新的成绩。

一、就业再就业工作取得新成绩

2005年，江苏省认真组织实施“再就业援助月”活动，通过送政策、送岗位、送技能、送服务，帮助一大批就业困难人员实现了再就业。积极开展“再就业政策实效行动”，积极排查政策落实的难点和盲点，及时进行整改，切实解决下岗失业人员反映集中的问题，发挥了政策促进就业的效应。同时，大力开展“民营企业招聘周”和“技能岗位对接”等专项服务活动，促进了城乡劳动力的供需衔接。全年城镇新增就业100.1万人，净增就业80.1万人，下岗失业人员再就业41.55万人，其中“4050”人员再就业10.53万人，全面超额完成了全年任务。城镇登记失业率在连续两年小幅回落的基础上继续下降，2005年末为3.6%，比2004年末又下降了0.3个百分点。

针对2005年初少数地区尚有4 300名下岗职工未出中心这一遗留问题，江苏省进一步加大了并轨和促进再就业的工作力度，省劳动保障部门与省财政协调一致，专拨1 500万元并轨补助资金。通过省市县三级的共同努力，2005年9月底顺利完成了并轨扫尾工作，成为全国全面完成此项任务的17个省份之一。

二、社会保险工作取得新突破

2005年，江苏省坚持突出重点、狠抓关键，把扩面征缴作为工作的主要内容，努力将尽可能多的城乡民众纳入社保体系，让他们分享改革和发展的成果。实际工作中，坚持把社会保险覆盖人群作为最为重要的指标加以分解考核，着力抓好重点人群、重点对象、重点领域的扩面工作。紧紧抓住当前经济快速发展的机遇，加强基金征缴，开展专项稽核，清理回收欠费，实现了城镇5项社会保险的参保人数、当期收入、历年滚存结余全面上升，养老、医疗、工伤3项保险的净增参保人数均突破百万，再创历史新高。

（一）养老保险

2005年，江苏省认真贯彻《国务院关于完善企业职工基本养老保险制度的决定》，全面推进养老保险制度和体系建设；进一步完善政策，促进非公有制企业、乡镇企业、个体工商户和灵活就业人员参加基本养老保险，扩大基本养老保险覆盖范围；积极探索进城务工人员参加养老保险办法，正常调整企业退休人员养老金，使企业退休人员公平分享社会发展成果；加强养老保险基金省级调剂，完善对困难市、县专项补助制度，不断巩固确保退休人员养老金发放成果，积极发展企业年金，强化多层次养老保险体系；年末，全省参加基本养老保险的在职职工人数952万人，居全国第2位，参保人数比上年增长13.4%。参加机关事业单位养老保险的人员110万人。

2005年，江苏省历史性拖欠养老金的问题也得到了解决，对养老保险关系跨地区转移作出了制度性规定。2005年，省继续安排10.41亿元专项补助资金，对33个养老保险困难市县实行挂钩补助，巩固了连续5年未发生新拖欠的重要工作成果。同时，为尽快解决历史遗留的拖欠养老金问题，省劳动保障厅积极会同省财政研究解决措施，对8个县（市）尚存的8 527万元历史性拖欠，采取以奖代补的办法下拨补助资金4 250万元，终于使这个由来已久的难题得到了妥善解决，江苏省也因此成为全国无历史性拖欠的16个省份之一。促成省政府办公厅于2005年下半年转发了《江苏省企业基本养老保险关系转移接续办法》，对退休人员以及进城务工参保农民在省内跨统筹区域转接养老保险关系作出了具体规定。

（二）失业保险

2005年，江苏省以督促落实社保补贴政策为抓手，推动失业保险扩面工作。全年全省失业保险参保人数838.5万人。在强化扩面征缴的同时，充分发挥失业保险保障生活与促进就业的双重功能。逐步建立随收入水平提高而适当增长失业保险待遇的机制，让失业人员同时分享经济发展的成果。认真做好失业调控工作，努力实现4个具体目标：有效调控失业过量，力争缩短失业周期，防止失业过于集中，保证失业人员生活和求职有着落。

（三）医疗保险

2005年，江苏省狠抓医疗保险的扩面工作，重点解决困难企业职工和退休人员以及混合所有制、非公有制经济组织从业人员、农民工、灵活就业等人员的参保问题。出台了《关于解决困难和破产关闭的国有集体企业退休人员参加基本医疗保险问题的意见》，年底，约有20万破产关闭的国有、集体企业的退休人员参加基本医疗保险。《江苏省基本医疗保险和工伤保险药品目录》《江苏省基本医疗保险诊疗项目、医疗服务设施范围和支付标准》顺利颁布。全省医疗保险参保人数达1 124万人，比2004年底增加147万人，增幅为15.1%，参保总量和增幅居全国前列。

2005年，江苏省破产、困难企业退休人员的医疗保障基本得到落实。根据省政府第49次常委会议决定，采取省财政安排专项资金对经济薄弱地区给予适当补助的办法解决破产、困难企业退休人员参加医保的资金来源问题。省劳动保障厅主动会同省财政厅等有关方面制定了具体实施意见，并召开专题会议进行部署，对32个财政转移支付县以及黄茅老区核定下拨4个月省补助资金2 657万元，有效解决了破产和困难国有集体企业退休人员的医疗保障问题。

（四）工伤保险

2005年，江苏省围绕贯彻实施国务院《工伤保险条例》，全面推进工伤保险制度建设，逐步完善工伤保险政策体系，工伤保险覆盖范围不断扩大。至年末，全省工伤保险参保人数达680万人，比上年增加103万人。各项基础管理工作进一步加强，实现了江苏省工伤保险在新的制度框架内的平稳运行，切实保障了广大职工的工伤保险权益。

（五）生育保险

2005年，江苏省劳动保障部门加强调查研究，进一步完善生育保险制度。对全省13个市近几年开展生育保险工作情况作了较全面的调查摸底；同时，针对生育保险工作中存在的问题深入部分市县进行调研，总结经验，交流工作情况，对全省生育保险的覆盖范围、待遇水平和服务管理等方面提出指导性意见。全省生育保险参保人数达631万人，比2004年底增加78万人，总量和增量均位居全国前列。

（六）农村社会养老保险

2005年，江苏省坚持因地制宜，分类指导的原则，深化试点，以点带面，着力在有条件的地方积极探索建立农保制度，加大工作力度，各项工作都取得了新的进展。截至2005年底，全省已有13个省辖市、101个县（市、区）、1 310个乡镇建立了农保制度，参保人数已达850万人（含乡镇企业职工），领取养老金人数123万人。

三、农村劳动力外输内转迈上新台阶

2005年，江苏省紧紧围绕“500万农民大转移”的战略目标，认真贯彻落实劳动保障部和省委、省政府的决策部署，取消了各种限制进城务工人员流动就业的证卡制度，认真开展“春风行动”，进城务工人员的就业环境进一步改善。创新工作思路，狠抓措施落实，农村劳动力输出转移工作由重抓外输逐步向外输与内转并重转变，实现了“五增”的显著成效，即总量增加、素质增强、渠道增多、协作增进、收入增长。至2005年末，全省农村劳动力转移总量达1 546.2万人，其中就地转移791.7万人，异地输出754.5万人。年内新增农村劳动力转移67.9万人，其中新增劳务输出55.3万人，超额完成年初确定的输出50万人的目标任务。全年共培训农村劳动力118.15万人次，其中输出前进行职业技能培训31.6万人，全省农村劳动力接受培训率达37%，比2004年提高了3个百分点。劳务输出由早期原始自发阶段的亲友帮带为主向政府行政推动、中介组织衔接、企业发展吸纳、拓展境外劳务合作多方协同、规模运作转变，尤其是创业带动就业呈现出良好势头，全年2.76万人返乡创业，创办各类企业9 172个，投资金额88.47亿元。2005年，苏南新增吸纳苏北劳动力31.03万人，南北对口交流12.86万人，分别完成全年目标的103.43%和107.2%。

与此同时，江苏省被征地农民的基本生活保障制度开始施行。2005年7月，省政府出台了被征地农民基本生活保障办法，省劳动保障部门会同省国土、财政部门制定了资金管理、统计报表制度和经办工作管理规则等配套办法，各地也紧锣密鼓地开展具体工作。年内，已有10个市出台了贯彻的办法，并已全面实施，全省已覆盖123万人。

四、技能型人才队伍建设步伐加快

2005年，江苏省在省委、省政府出台加强高技能人才队伍建设专项意见的基础上，又在全国率先召开全省高技能人才工作会议，隆重表彰百名有突出贡献的高级技师、技师和百名技术能手，初步形成了有利于技能人才培养、选拔、使用的工作机制和社会环境。2005年，全省共培养技师和高级技师1.47万名，比上年翻了近一番；技校招生由2000年的3.1万人上升到近10万人，在校生规模也由2000年的9.1万人上升到25万人；民办培训机构数由1997年不足200家发展到1 600多家，年培训人数由10万人次增加到75万人次。同时，职业资格证书制度的推行也有了新的进展。2005年，全省职业技能鉴定人数达到43万人，取证人数达到39万人。

五、认真组织劳动保障事业发展“十一五”规划的编制

2005年，江苏省劳动保障厅切实把劳动保障事业发展“十一五”规划的编制工作摆在突出位置上，做到起步早，行动快，并特别注重“三个重点谋划”，即重点谋划主要任务指标、主要发展项目和主要创新举措，组织力量加强对重大问题的调查研究。在形成初稿的基础上，多次在厅内外和系统内外广泛征求意见，反复修改，在省级机关和全国劳动保障系统中较早形成了纲要草案，为相关工作的全面深入开展赢得了先机。同时，积极向省委、省人大、省政府汇报，就“十一五”期间本系统工作的总体部署安排提出主导意见，纲要草案中的主要内容，特别是若干关键提法均被省委“十一五”规划建议和省政府“十一五”规划纲要所采纳，这为推进今后5年劳动保障事业的新突破和快发展创造了重要条件。

六、严格劳动合同管理，维护城乡劳动者以工资为主的应得利益

2005年，江苏省立足构建和谐社会，在妥善处理劳动关系、落实国企改制破产职工安置政策、接续社保关系、维护劳动者合法权益等方面进一步加大工作力度。省劳动保障厅高度重视劳动关系三方协调机制的建设和完善，特别强调把劳动合同及合同集体协商制度的落实摆在突出位置上。认真履行企业工资分配指导职能，力求从制度和法律上保障劳动者工资收入的持续增长。强化劳动争议调解和仲裁工作，及时有效地化解劳动争议纠纷。2005年，全省各级劳动争议仲裁机构共受理案件5.07万件，涉及劳动者7.29万人，涉案标的达2.54亿元，结案率达95.1%。在加强劳动保障监察执法上，严厉查处违规违法行为，积极协同有关方面切实解决农民工工资拖欠等突出问题。2005年，通过劳动保障监察执法，为63万名劳动者补签了劳动合同，为36.6万名劳动者追发工资等待遇3.4亿元（其中为17.7万名农民工追讨工资2.2亿元），督促1.2户用人单位缴纳社会保险费2.3亿元，为2.5万名劳动者清退各种风险抵押金1392.5万元。

七、强化基层基础建设，提高公共服务能力

2005年，江苏省劳动保障部门重点加强了“网络、平台、窗口、基地”四大工程建设。在信息网络建设方面，实现了省市信息联网，开通了省市视频会议系统，各市市域网已覆盖街道、社区，部分地区已延伸到乡镇。省级劳动保障网站改版升级后水平明显提升，获省级机关综合评分并列第二名的好成绩。在基层平台建设方面，全省省辖市区259个街道及257个市区乡镇及县城城关镇已全部按照“六到位”的标准建立了劳动保障所，并在3 057个社区建立了劳动保障工作站。在劳动保障服务窗口建设方面，树立了一批典型，8个窗口单位受到了劳动保障部的表彰，省一级也确立了71家优质服务窗口，发挥了典型示范作用。在公共实训基地和培训基地建设方面，着力打造特色品牌，重在形成规模效应。2005年，全省首批确定了20家省级高技能人才培养示范基地和12家省级就业再就业培训基地。

（江苏省劳动和社会保障厅）

浙 江 省

一、就业再就业工作

2005年，浙江省围绕困难群体的再就业、大中专毕业生就业、被征地农民就业3个重点，建立完善促进就业的长效机制，着力推动城乡就业的协调发展，全省新增城镇就业岗位67万个，帮助35万名城镇失业人员实现了再就业，其中就业困难人员12万名，城镇登记失业率为3.72%；30个市县实现城乡就业统筹，全省就业局势继续保持稳定。

二、职业技能培训鉴定工作

2005年，浙江省大力实施“千万农村劳动力素质培训工程”，农村劳动力转移培训58万人，培训高技能人才6万人。选定省内条件较好的10所技师学院和高级技校建立“高技能人才师资培训基地”，在14所高等院校开展符合高校毕业生特点的职业技能鉴定试点工作。4所技工学校被新评为重点技校，2所升格为技师学院。开展模具、汽修等5个职业（工种）的全省职业技能大赛，21人被授予“浙江省技术能手”称号。新开发20余个职业（工种）的省级鉴定题（卷）库，全年职业技能鉴定人数达到52万人。新开发职业技能培训教材3个工种19本书。

三、劳动力市场

截至2005年底，浙江省已建立各级各类职业介绍机构2 394家，其中劳动保障部门办907家，社会团体及企事业单位办75家，公民个人办1 412家。公共职业介绍机构工作人员为6 164人，非劳动部门职介机构工作人员为3 932人。全省各级各类职业介绍机构接受用人单位招聘登记的有509.97万人，求职登记377.03万人次，介绍成功203.31万人次。

四、社会保险扩面

2005年，浙江省继续按照“抓两头、促中间”的工作思路，以非公企业和农民工、灵活就业人员为扩面重点，全省企业养老保险参保人数达到872万人，其中实际缴费人数达到647万人，分别比上年底增加67万人和46万人；26个经济发达县市实现基本全覆盖；全省企业养老保险基金结余比上年末增加85亿元，支付能力达到22个月。基本医疗保险参保人数达632万人，增加63万人；失业保险参保人数达到440万人，增加12万人；工伤保险参保人数达到455万人，增加95万人；生育保险参保人数达280万人，增加40万人。

五、被征地农民基本生活保障

到2005年底，浙江省有180万名被征地农民纳入社会保障范围，比上年底增加41万人，其中155万人参加了基本生活保障，68万符合条件者已按月领取基本生活保障金，基本实现“即征即保”。

六、诊疗项目实行“准入法”管理

为进一步提高基本医疗保险诊疗项目及医疗服务设施范围和支付标准政策的公平性、透明性和规范性，切实保障参保人员的基本医疗权益，2005 年，浙江省制定出台了《浙江省基本医疗保险医疗服务项目目录》（以下简称《目录》），将诊疗项目及医疗服务设施范围和支付标准政策由“排除法”转轨到“准入法”。经省政府同意，于2006 年1 月1 日起在全省实施。《目录》采用准入法，所有项目和材料均从《医疗服务价格》中选取。在3 966 个收费项目中，列入基本医疗保险基金支付的项目2 962 个，占收费项目的74.7%，其中甲类2 720 个，占支付项目的91.8%；乙类242 个，占支付项目的8.2%。另有子女统筹支付项目26 个，生育项目46 个，工伤项目6 个。《目录》的出台实施，既提高了参保人员的医疗服务水平，保障了他们的医疗保障权益，又规范了医疗服务行为和医、患、保3 方关系，为实现医疗服务管理标准化、规范化打下了基础。

七、企业退休人员社会化管理服务

2005 年，浙江省企业离退休人员养老金做到了按时足额发放，企业退休人员社会化管理服务率达到95%以上，社区管理服务率达到55%。7 月1 日起，企业退休人员月人均增加养老金 50 元，人均养老金达到 908 元，名列全国第三位。同时调整了企业精减退职人员、计划外长期临时工和职工死亡后其供养直系亲属的生活困难补助费标准。

八、积极推进劳动合同和集体合同制度

2005 年，浙江省采取有力措施，重点加强农民工劳动合同签订和规范管理工作，完善劳动合同内容，全省签订劳动合同的职工人数达750 万人，全省企业职工劳动合同签订率达到85%。以签订区域性、行业性集体合同为主要手段，推动非公企业特别是中小企业全面推进平等协商集体合同制度，全省经劳动保障部门审核备案的签订集体合同的企业达8.5 万余家，有4.5 万家企业开展了工资集体协商谈判。

九、最低工资标准调整

从2005 年12 月1 日起，浙江省最低月工资标准调整为490 元、560 元、610 元、670 元4 档；非全日制工作的最低小时工资标准调整为 4.2 元、4.8 元、5.2 元、5.7 元 4 档，提高了低收入劳动者的工资水平。

十、劳动保障监察

2005 年，浙江省开展清欠工资、劳动力市场整顿、规范境外就业中介市场、打击违法使用童工等专项行动，检查企业6.5 万家，立案查处劳动者举报投诉案件3.6 万件，劳动保障违法案件查处结案率达到96.5%，为29.8 万名劳动者追回被拖欠工资4.1 亿元，对全省5 067家诚信企业进行了通报表彰，并对全省5.5 万家企业的劳动保障信用情况向社会进行了网上公示。

十一、预防和清理欠薪长效机制初步建立

2005 年，浙江省为29.8 万名劳动者追回被拖欠工资4.1 亿元，85 个市、县（市、区）建立了建筑施工企业工资支付保证金制度，筹集工资保证金13.4 亿元；71 个市、县（市、区）建立了政府欠薪应急周转金制度，筹集资金4 776 万元，较好地完成了省政府提出的“确保农民工在春节前按时足额领取工资，确保不发生新的拖欠，确保不发生因欠薪而引发的重大群体性事件”的目标任务。

十二、劳动争议处理

2005 年，浙江省各级劳动争议仲裁委员会共立案受理各类劳动争议案件 1.86 万件，涉及劳动者人数3.59 万人，分别比上年同期增长23%、33%。其中，集体争议案件1 056 件，涉及劳动者人数 1.5 万人；审理结案1.84 万件，结案率为93%。全省各级乡镇劳动关系协调机构共处理了3.45 万件劳动争议案件，比上年增长了28%，充分发挥了“第一道防线”的作用。省劳动争议仲裁委员会

统一了全省劳动仲裁文书格式，出台了《浙江省劳动争议仲裁委员会关于劳动争议仲裁证据的若干规定》，规范了办案工作程序。

十三、劳动保障信访

2005年，浙江省制定出台了《浙江省劳动和社会保障厅信访工作暂行规定》，依法开展了对劳动保障信访事项的处理、复查、复核及终结工作，做好涉及劳动保障方面群体性事件的预防及处置工作。2005年，全省各级劳动保障信访工作部门共处理群众来信2.49万件次，接待来访2.51万批次，其中集体访3 862批次，涉及12.33万人次。

十四、劳动保障立法

《浙江省劳动保障监察条例》已经省人大颁布，于2005年7月1日起实施。《浙江省职业技能鉴定办法》已上报省政府审议。《浙江省工伤保险条例》已着手起草工作。认真贯彻实施《行政许可法》，对劳动保障非行政许可审批项目进行了进一步清理，简政放权，规范了行政行为。

十五、优质服务窗口评选

2005年，经浙江全省范围内层层推选和评议，评选出34个全省劳动保障系统优质服务窗口，其中10个得到了劳动保障部表彰。

十六、劳动保障机构实体化建设

截至2005年底，浙江省已成立劳动仲裁院32家，新增编制85名；劳动保障监察专职监察员从2003年《劳动法》执法检查时的545人增加到2005年底的794人，原有11个县、区的自收自支或差额拨款的监察机构已全部改为全额拨款的事业单位。全省绝大部分街道、乡镇、社区都建立了劳动保障所（站），基本做到了“机构、人员、经费、场地、制度、工作”6个到位，形成了比较完善的管理服务网络。

十七、劳动保障理论研究

2005年，浙江省劳动保障厅完成了省政府重点课题《浙江省养老保险制度可持续发展研究》，举办了“浙江省养老保险制度改革研究课题论证鉴定会”和“浙江养老保险改革与发展国际论坛”，开展了浙江省第七届劳动保障科研优秀成果评选，22篇论文获奖。

（浙江省劳动和社会保障厅）

宁 波 市

2005 年，宁波市认真贯彻国务院、劳动保障部、省委和省政府、市委和市政府的工作部署，扎实苦干，开拓进取，各项劳动保障工作都取得了新的突破，在改革、发展、稳定的大局中发挥了重要作用。

一、城乡统筹就业和再就业工作扎实推进

2005 年，宁波市按照统筹就业的工作思路，在积极推进城镇劳动者和失业人员实现就业再就业的同时，扎实开展农村劳动力及被征地人员就业工作。全市通过各种途径，共帮助 6.96 万名失业人员实现再就业，其中就业困难人员 1.8 万人。年末，城镇登记失业率为 3.5%。

（一）全面贯彻落实再就业优惠政策

2005 年，宁波市各级政府和有关部门大力发展经济创造岗位促进就业，开发公益性岗位有效安置困难人员就业，发展非正规就业劳动组织鼓励失业人员组织起来就业，依托劳动力市场主渠道实现市场化就业，发挥基层劳动保障机构作用就近就地帮助就业。同时，在全市范围组织开展再就业政策实效行动和“五送一落实”（送政策、送岗位、送技能、送服务、送慰问金，落实再就业援助政策）再就业援助月活动，进一步完善了宁波市促进就业和再就业工作的长效机制，促进失业人员再就业工作取得了明显成效。2005 年，全市新增就业岗位 13.3 万个，累计开发公益性岗位 5 764个；发放社保补贴和用工补助 2.27 亿元，享受人数 5.9 万人，单位 1.8 万家；发放再就业援助补贴 1 466 万元，享受人数 6 742 人。截至年底，全市累计为 1 270 户发放小额贷款 4 568 余万元，贷款到期回收率达 98%，发放小额贷款额连续几个月位列全国 100 个重点城市前 20 位；市区非正规就业劳动组织达 628 家，吸纳从业人员 1.5 万人，其中就业困难人员 1.4 万人。

（二）出台随军家属职业技能培训优惠政策

2005 年 7 月，宁波市劳动保障局专门发出《关于做好驻甬部队随军家属职业培训工作的通知》，规定经师（旅）以上政治部门批准且在海曙、江东、江北 3 区范围内落户的驻甬部队军官配偶（以下简称随军家属），在失业期间或领取生活困难补助金（再就业援助补贴）期间，享受 1 ~ 2 次免费职业技能培训。随军家属参加定点培训机构组织的职业技能培训，培训费全额补助（教材费、考核鉴定费等由学员个人承担）。培训期间，其生活费补助标准按失业人员参加再就业培训补助政策执行，即对参加全日制培训并经考核合格者，按其参加全日制培训天数，给予每人每天 5 元的生活费补贴。

（三）大力推进劳动保障服务机构建设

2005 年，宁波市进一步将基层劳动保障组织、劳动力市场及职介活动向乡镇、农村延伸，健全各项服务功能。截至年底，全市共有 148 个街道（乡镇）、322 个社区建立了基层劳动保障服务机构，3 249 个行政村全部配备了专（兼）职劳动保障协管员，街道（乡镇）建站率达 100%，社区建室率达 95.3%。147 个街道（乡镇）、295 个社区、293 个行政村

的基层机构实现了信息联网共享，依托统一的就业系统软件，基本实现了全市劳动力供求信息及时互递，使农村劳动力能享受到与城镇劳动力同样的就业服务。

（四）不断提高就业管理服务水平

2005年，宁波市按照“新三化”建设的要求，进一步规范各级就业服务机构的办事程序和工作流程，促进机构、人员、运作、管理专业化，切实提高就业服务的质量和效率；逐步建立完善就业服务长效机制，推动服务工作走上制度化轨道。同时，全市以“4050”人员就业、毕业生就业、女性求职等专场洽谈会为依托，为供需双方提供信息交流平台。继续开展专场招聘、专窗受理、专线服务的帮困就业“三专”服务活动。2005年，进入全市各级劳动力市场招聘的用人单位11.3万家（次），提供各类岗位124.4万个，求职登记人数111.5万人（次），其中举办供需洽谈会614场，参加单位3.5万家（次），进场求职的各类人员85.3万人（次）；举办各类帮困专场100场，参加单位4 002家（次），提供各类岗位7.4万个，进场求职人员10.8万人（次），其中举办被征地人员专场78场，参加单位2 604家（次），提供岗位4.9万个，进场求职7.2万人（次）。

（五）充分整合城乡劳动力培训资源

2005年，宁波市各级劳动保障部门以技工学校、就业训练中心（技能培训中心）、各类职业学校、乡镇成校为依托，结合当地产业结构特点，合理调整培训项目，强化办学特色，逐步形成布局合理、特色鲜明、效果显著的培训网络。特别是总投资1.6亿元、占地255亩、建筑面积6.2万平方米的市政府实事工程——新的宁波技工学校已建成并正式启用。同时，建立了一批行业协会、企业培训基地，注重发挥行业协会、企业在专业培训项目上的优势，开展职工技能竞赛、培训与鉴定一体化试点工作。

（六）进一步完善劳动力技能培训政策体系

2005年，宁波市在落实原有各项培训补助政策的基础上，先后制发了《关于对部分技术工种实行就业准入的通知》《选送企业优秀青工到技工（职业）院校进修培训实施方案》《关于组织开展宁波市百万职工技术大练兵活动的通知》《农村劳动力素质培训学历和职业资格鉴定考核办法》《关于完善再就业培训经费管理使用有关问题的通知》等文件，拓宽了高技能人才培养的新途径，促进了农村劳动力培训的规范化，保障了再就业经费使用的有效性。同时，宁波市劳动保障局会同有关部门制定了《宁波市紧缺职业高技能人才培训经费补助办法》《宁波市有突出贡献高技能人才评选奖励办法》《关于进一步做好农村未升学初高中毕业生劳动预备教育的通知》《市级农村劳动力素质定点培训机构设置条件、要求和考核标准》等文件，特别为高技能人才培养和农村劳动力培训提供更多政策保障。同时，全面实施被征地人员求职登记、农村劳动力就业与失业调查统计、劳动力资源调查统计等制度，动态掌握农村劳动力就业与失业总体情况，为统筹研究城乡劳动力就业政策提供了依据。2005年，全市共组织失业人员再就业培训2.8万人次，被征地人员及农村富余劳动力参加技能培训7.5万人次，经培训后有65.6%的学员实现了就业或再就业。全市开展职业技能培训7万人，其中有6.3万人通过鉴定取得各级职业资格证书；开展高技能人才培训9 016人，其中已有6 167人经鉴定合格取得了高级工及以上职业资格证书。

二、社会保障体系在探索中不断完善

2005年，宁波市各项社会保险制度逐步完善，社会保障水平进一步提高，社会保险扩面和征缴工作进一步加强。至年底，全市参加养老保险人数达151.3万人，医疗保险参保人数106万人，失业保险参保人数75.8万人，工伤保险参保人数90.5万人，生育保险参保人数43.8万人。全市养老保险实际缴费人数和医疗保险参保人数均突破100万人，创历史新高。同时，按照省规定，从2005年7月起，宁波市普遍提高了全市企业退休人员养老金水平，人均增加50元/月。企业退休人员社会化管理率达到98%。

（一）调整和规范市区社会保险关系

2005年，宁波市按照财税体制改革的要求，将市区基本养老、基本医疗和失业、工伤、生育5大社会保险的不同统筹范围统一改为市本级一个统筹范围，为此，重点抓好政策衔接、基金统筹、计算机系统建设和业务操作流程等关键环节，及时研究解决调整过程中出现的有关问题，确保了社会保险关系的顺利调整和按期实施。同时，市完成了社会保险“金保工程”，市统筹地区已在2006年1月1日起实行了社会保险5大险种统一登记申报，大大方便了企业和劳动者，提高了工作效率。

（二）研究制定有关社会保险政策

2005年，宁波市为解决好低收入人群、灵活就业人员和城市老年居民的社会保障问题，研究制定了职工低标准养老保险、城镇职工住院医疗保险、城镇老年居民养老保障和医疗保障等4个办法草案，已经市政府常务会议原则通过，并向市人大主任会议和政协主席会议上作了汇报，而后在市政府网站上征求了市民意见，正在进一步修改完善。与此同时，各统筹地区进一步加快了城镇职工门诊医疗统筹工作。余姚、奉化、宁海在调研的基础上，相继制定并出台了城镇职工门诊医疗统筹方案，鄞州区扩大了企业门诊统筹的试点范围。全市各级劳动保障部门正在着手做好新政策实施前的各项准备工作。

（三）继续推进被征地人员养老保障工作

2005年，宁波市进一步完善了被征地人员养老保障配套政策，明确了被征地人员待遇和非统筹待遇享受、出生年月变更、退保等政策，出台了相关政策文件。年底，全市已有1 672个行政村（社区）实质性启动了被征地人员养老保障工作，占被征地村总数的83.6%，全市累计参保人数达46.4万人，比上年同期净增9.9万人，其中男45周岁、女35周岁以上的重点参保对象达41.9万人，覆盖率达76.2%。累计有26.9万人已按月享受养老保障待遇。

（四）调高企业退休人员养老金和失业保险金标准

根据浙江省的规定，宁波市企业退休（职）人员从2005年7月1日起提高基本养老金，人均调高幅度为50元，并且被征地人员等相关群体的待遇水平也分别提高。同时，从2005年12月1日起，宁波市失业保险金标准调整为每人每月469元。医疗补助金标准调整为：未参加当地城镇职工基本医疗保险的，每人每月24元；参加当地城镇职工基本医疗保险或单独参加住院保险的，每人每月47元。同时，相应提高终止和解除劳动合同的农民合同制职工一次性生活补助标准。

三、劳动保障维权服务不断深入

2005年，宁波市以维护农民工权益为重点，积极推进劳动合同制度，加强对企业工资支付行为的监督管理，进一步加大执法监察、信访、仲裁力度，促进了劳动关系的和谐稳定。

（一）调整职工最低月工资标准

从2005年12月1日起，宁波市行政区域内的职工最低月工资标准调整为610元、670元两档；非全日制工作的最低小时工资标准调整为5.2元、5.7元两档。其中市辖10区内的职工最低月工资标准为670元，非全日制工作的最低小时工资标准为5.7元。其他县（市）职工月最低工资标准和非全日制工作的最低小时工资标准由当地人民政府根据当地经济发展、居民生活水平和用人单位承受能力等实际情况选择确定。

（二）健全欠薪保障长效机制

2005年，宁波市在全国率先推行人工工资支付担保统筹管理制度，进一步健全建筑企业欠薪保障金和农民工欠薪应急周转资金制度，深化企业工资支付信息网络和信用、通报制度的“一网络、两制度”建设，建立起24

小时110接处警制度和企业劳资纠纷突发事件应急处理机制。同时，宁波市劳动保障局还会同市建委、总工会下发了《关于加强建设等行业农民工劳动合同管理的通知》。截至年底，全市984家建筑企业人工工资担保额度已达7.17亿元，共落实欠薪应急周转资金1 150万元。2005年，宁波市还调整了最低工资标准，分别由原来的560元、620元调整到610元和670元。

（三）加大劳动保障监察执法力度

2005年，宁波市各级劳动保障部门通过开展春雨、春风和春雷等专项监察，执法大检查，群众举报案件专查及参与处理突发事件，劳动保障年度书面审查，查禁童工，劳动用工大检查，10区联合执法等工作，进一步加大了执法监察力度。特别是对拖欠和克扣工资案件，坚持依法从快查处，开通快速办案“绿色通道”；对群体性事件采取“农民工不离开不下班、案情不清楚不离场、员工情绪不稳定不断人、问题不解决不罢手”的“四不”措施，收到了明显成效。2005年，全市共监察用人单位9 952户，涉及职工105.2万人；受理群众举报5 707件，立案查处劳动违法案件2 337件（已结案），全年举报查处结案率达到98%以上。责令用人单位支付3.2万名农民工工资5 538余万元，补签劳动合同8.1万份，补办社会保险登记548户，督促3.1万人缴纳社会保险费，清退3 944人押金140万元，查处童工95名，取缔非法职业中介36户。市劳动保障局被劳动保障部、公安部、人事部、工商总局评为“2005年全国清理整顿劳动力市场秩序专项行动先进单位”，市劳动保障监察支队被劳动保障部评为“2005年开展贯彻实施《禁止使用童工规定》情况检查活动先进单位”。

（四）不断改进劳动争议仲裁手段

2005年，宁波市劳动争议仲裁机构实体化建设已初见成效。市本级和11个县（市）、区已经批准成立劳动仲裁院（中心），一定程度上缓解了案多人少的矛盾。在处理劳动争议案件过程中，认真总结工作经验，推出导诉服务制度、案件快立制度、风险告知制度、“速审庭”办案制度、减免仲裁费制度、弱势群体“绿色通道”制度、法律援助制度7项仲裁便民服务措施，极大提高了案件办理效率，更好地维护了劳动者和用人单位合法权益。为进一步提高办案效率，加强仲裁员的职业道德建设，规范仲裁员的办案行为，制定出台《宁波市劳动争议仲裁委员会仲裁员行为规范》。2005年，全市共受理劳动争议案件4 999件，较上年同期上升30.1%，涉及职工人数7 319人，已结案4 897件，结案率为93.1%。全市劳动争议仲裁机构为职工挽回损失9 958万元，乡镇劳动争议调解机构也为职工调解挽回损失9 276万元。市劳动争议仲裁委员会被劳动保障部、全国总工会、中国企业联合会等评为“全国先进劳动争议仲裁委员会”。

（五）认真做好信访工作

2005年，宁波市劳动保障局以贯彻实施《信访条例》为契机，进一步完善局信访处理流程和局领导（处长）接待日制度，坚持重大信访事件处理和重大节日信访案件预测制度。同时，为进一步健全宁波市预防和处置群体性突发事件的工作机制，制定下发了《宁波市涉及劳动保障方面群体性事件应急预案》，完善了群体性事件处理工作的各项制度，充分发挥各部门的积极作用，建立处置群体性事件的联动机制，加强对重点人员的监控，把矛盾解决在萌芽状态。2005年，市劳动保障局信访部门共受理“12333”政策咨询投诉举报电话2.6万个，受理人民群众来信来访总量达1.1万件（人）次，办结率为99%。

（六）进一步畅通为民服务渠道

2005年，宁波市为进一步开展解难创优活动，始终坚持从解决群众关心的热点难点问题入手，充分挖掘和构建为民办实事的“五大平台”，即“12333”热线电话维权平台、劳动保障网络优势平台、局（处）长接待日工作平台、综合窗口服务平台和市政府“阳光热线”栏目平台，延伸服务触角，注重特色服务，进一步畅通为民服务渠道。与此同时，宁波市还积极推出温馨提示告知服务、费用电话催缴服务、网上申报查询和费用支付服务、费用结算申扣款情况实时反馈制度、异地安置人员费月委托报销制度、市劳动力市场“天天开市”免费服务等便民服务举措。市劳动保障局综合服务窗口获得“全国劳动保障系统2004—2005年度优质服务窗口单位”的荣誉称号。

（七）组织市级退休职工参加免费健康体检

从2005年6月中旬开始，宁波市首次组织对市级医保统筹范围内，对2005年12月31日前已办理退休手续并且享受医保退休待遇的企业退休人员、参照企业的退休人员、建国前参加工作的老工人、事业单位转体前的退休人员等13.4万退休职工进行体检。截至年底，已有近半人员参加了本次的健康体检。

（宁波市劳动和社会保障局）

安 徽 省

2005年，安徽省认真贯彻党中央、国务院和劳动保障部的决策部署，积极组织开展保持共产党员先进性教育活动，进一步激发了全省劳动保障系统干部职工对工作的饱满热情和对人民群众的深厚感情，切实改进工作作风和部门行风，加大就业再就业工作力度，积极推进社会保障体系建设，努力构建和谐稳定的劳动关系，切实维护劳动者合法权益，劳动保障各项事业取得了新的成绩。

一、促进就业和再就业取得明显成效

2005年，安徽省各级党委、政府继续把就业再就业工作摆在经济社会发展更加突出的位置，各地、各有关部门不断加大工作力度，先后组织开展了“就业帮扶百日攻坚”“改善农民工进城就业环境春风行动”“再就业援助月”“再就业政策实效行动”“技能岗位对接”“再就业先进个人事迹巡回报告会”和“再就业百日帮扶”等专项活动，有力地推动了各项政策的落实，强化了就业再就业服务。各地把组织起来就业作为扩大就业的重要抓手，突出抓好创业基地建设，完善扶持政策，加大资金投入，两次下拨1.1亿元专项资金用于支持各地再就业（创业）基地建设，使这些基地成为吸纳下岗失业人员的就业平台，实施优惠政策“一条龙”支持的“服务网”和小企业的“孵化器”。全省通过组织起来就业已达20万人，占全年新增就业的47%，组织起来就业已经成为安徽省增加就业的一条重要途径和一大特色。全年就业再就业工作任务提前超额完成。2005年，全省城镇新增就业人数42.4万人，下岗失业人员再就业21万人，其中“4050”人员再就业4.2万人，分别完成全年任务的106%、105%和105%。城镇登记失业率为4.4%，低于全年控制目标0.1个百分点。加大有序转移工作力度，推进各类有组织的劳务输出，劳务输出规模稳步扩大，到年底全省新增劳务输出60万人，超额完成全年目标任务。

二、职业培训工作进一步加强

2005年，安徽省认真贯彻落实全国人才工作会议精神，省和部分市出台了《关于加强高技能人才队伍建设的意见》。大力实施“三年一万新技师培养计划”和机电高级技工培训项目，广泛动员社会力量积极参与，采取多种形式开展技师培养工作，全年全省共培养新技师3 500名，培养高级技工2.48万人。组织开展各类技能竞赛，带动了企业岗位练兵、技术比武活动的蓬勃开展。推进各类职业培训机构发展，技师学院建设步伐加快，高级技工学校规模扩大，民办职业培训快速发展，各类职业培训机构已达866家，年培训规模达40万人。大力开展再就业培训和创业培训，全年组织再就业培训14万人，创业培训1.18万人，创业成功率达50.6%。组织各类培训机构，积极开展农村富余劳动力转移就业培训，全年培训农村劳动力34万人。以推行就业准入制度为抓手，大力推行职业资格证书制度，全面加强职业技能鉴定工作，鉴定规模不断扩大，截至2005年底，全省参加技能鉴定的达26.3万人次，同比增长14%。

三、社会保障体系工作稳步推进

2005年，安徽省共发放基本养老金99亿元，发放失业保险金7.1亿元，确保了123万名企业离退休人员按时足额领取基本养老金和45.6万人次失业金的发放，没有发生新的拖欠。进一步完善各项社会保险制度，加快推进养老保险市级统筹，芜湖、阜阳、蚌埠、黄山、合肥5市2005年已正式启动实施，全省已有过半数的市实现了市级统筹；继续推进建立企业年金制度；社会化管理服务取得新进展，到年底全省企业退休人员社会化管理服务率达到95.5%，其中社区管理服务率达到76%。建立了省级失业保险储备周转金。进一步完善医疗保险政策体系，强化医疗服务管理，妥善处理医疗费用个人负担过重和解决特殊人群医疗保障问题。加大推进生育保险工作力度，全省已有合肥、芜湖等6个市出台了生育保险办法；全省所有统筹地区工伤保险全面启动，四大国有煤矿企业全部参保，煤矿企业农民工参保率达68%，位居全国前列。认真做好被征地农民就业和社会保障工作，深入开展农村社会保险制度改革试点。加强社会保险稽核。在4个市组织开展了社会保险费“一票多费”征收试点。社会保险覆盖范围进一步扩大，基金征缴收入继续保持大幅增长，到12月底，全省养老、失业、医疗、工伤和生育保险参保人数分别达到347万人、360万人、387万人、146万人和50万人，农村社会养老保险参保人数达171万人。社会保险费收入继2004年首次突破100亿元后，继续保持良好的增长态势，全年征收各项社会保险费126.7亿元，较上年增长20.8%。开展失业保险基金专项检查，建立基金收支情况定期报告制度，加强基金内部控制管理，基金监管工作进一步规范。

四、劳动关系总体保持稳定

2005年，安徽省各级劳动保障部门从构建和谐社会和维护社会稳定的高度，在加强劳动合同管理、妥善处理劳动关系、落实国企改制破产企业职工安置政策、规范企业工资收入分配等方面进一步加大了工作力度。以非公有制企业和进城务工农民为重点，进一步推动企业与职工签订劳动合同，到年底全省已有320万人签订了劳动合同。认真贯彻落实《集体合同规定》，坚持把工资集体协商作为推进平等协商集体合同制度的切入点，不断扩大集体合同覆盖面，全年共审核集体合同9 300份，涉及职工202万人。积极做好改制重组及国有大中型企业主辅分离、辅业改制中分流安置富余人员的劳动关系处理工作。全省基本建立了劳动关系三方协调机制，初步形成了上下对应的组织网络。加强企业工资分配宏观管理，发布了2005年企业工资增长指导线，全省有12个市建立了劳动力市场工资指导价位制度，积极推行和指导企业建立以岗位工资为主要内容的基本工资制度，1.41万户企业建立了以岗位技能工资为主的企业工资分配制度。建立了劳动争议处理季报分析制度、疑难案例定期研讨制度，制定了仲裁案件证据规则，规范办案程序，妥善处理劳动争议案件，全年共立案受理劳动争议案件2 982件，结案率达93.3%。

五、劳动保障法制建设力度进一步加大

2005年，安徽省调研起草了企业工资支付规定、最低工资规定和实施《劳动保障监察条例》办法。在全省范围内组织开展了《安徽省劳动合同条例》等4次大规模普法宣传活动。加强行政复议处理，全年共受理行政复议案件114起，较上年增长26%，办结率为100%。集中开展了清理整顿劳动力市场秩序、规范劳动用工、农民工工资支付情况3次大的专项执法检查，共检查各类职业中介机构2 482个，取缔非法职业介绍行为1 852次；检查用人单位2.52万户，查处案件7 875件，责令补签合同16.13万份，支付拖欠工资8 670万元，补缴社会保险费9 300万元。扎实开展农民工工资清欠工作，年底全省累计清欠10.77亿元，其中2005年

清欠8 600多万元，陈欠清理任务基本完成。加强劳动保障诚信制度建设，全年共对2.21万户企业进行了诚信等级评价，评出省级诚信示范企业151户。

六、劳动保障基础建设得到新加强

2005年，安徽省“金保工程”立项工作基本完成，省市联网工程顺利完成，应用领域进一步拓宽，实现省市远程视频会议功能，养老、失业保险监测数据实现网上实时传输，养老保险数据上传量达90%，记实率和准确度均达到95%以上。全省统一应用软件开发工作进展顺利。加强社会保险基金预决算工作，认真开展“统计质量年”活动，进一步规范各级基础统计台账。劳动力市场建设得到进一步加强，全省大多数市及时发布劳动力市场工资指导价位，免费向求职人员提供用工需求信息。强化社会保险基金预决算制度，社会保险经办管理和服务能力有了新的提高。在街道、乡镇普遍建立了劳动保障管理服务机构，绝大部分社区聘用了专职工作人员，加强了对下岗失业人员和企业退休人员的管理服务工作。基本完成了对社保经办机构的业务素质考核。对外交流合作进一步加强，中美劳动法、中日农村养老保险制度合作项目顺利实施。

七、政风建设工作成效明显

2005年，安徽省劳动保障厅制定了《关于加强作风建设提高行政效能工作的意见》，对全省劳动保障系统政风建设工作进行了全面部署和具体安排。紧密结合劳动保障工作实际，切实采取有效措施，认真组织开展《国务院全面推进依法行政实施纲要》的学习、宣传和培训工作，加强劳动保障立法和制度建设，加大行政监督和监察执法力度，依法行政水平进一步提高。全面推行政务公开制度，对新出台的政策及时上网公布，并通过新闻媒体、电子显示屏、触摸屏、电话查询等形式向社会和服务对象公开，强化信息网站的服务功能，逐步完善网上办事程序，推行网上审批、查询、交费、办证、咨询、投诉、求助等服务项目。积极推行机关办公公示制，在机关办公场所的醒目位置设立内部机构分布图，公示所属各处（科）室、单位的职责范围，职责涉及两个以上处（科）室、单位的，制定并公示办事流程图。继续坚持将政风建设工作纳入到全系统年度目标考核的范围，采取明察和暗访、全面检查和抽查相结合的方式，加强督促检查，确保政风建设工作有序运行。

八、重要事项督察督办全面落实

2005年，安徽省劳动保障厅将劳动保障部和省委、省政府领导的重要批示、省政府重要督办事项、人大代表议案（建议）和政协委员提案，全部纳入省厅督察督办工作范围，建立了事前登记交办、事中联系协调和事后反馈落实“一条龙”作业模式，确定专人负责，明确办理责任，规范工作程序，抓好工作落实。坚持定期督察、随机督察和专项督察相结合的办法，进一步加强和完善了督办工作机制。定期督察，就是在办理时间、进度分别达到1/2和3/4时，督促承办处室（单位）和具体承办人严格按要求完成工作；随机督察，就是采取抽查的方式，随机对各承办处室的具体办理情况进行督察；专项督察，就是对重要办件的办理情况实行经常性的督察。2005年，各级领导重要批示12件、省政府交办的31件重要督办事项及省劳动保障厅承办的64件人大代表、政协委员议案提案全部在规定时间内按时办结，提案议案的办复率、联系率均达到了100%。

九、精神文明创建取得重要成果

2005年，安徽省劳动保障厅制定了2005年度创建文明行业、优质服务窗口活动实施意见，坚持把“让人民满意”作为衡量工作成效的标准和准则，建立并严格执行服务承诺、效能考评、限时办结等制度规定，不断加大文明机关创建力度。狠抓优质服务窗口创建，先后出台了《安徽省社会保险经办机构优质服务窗口建设实施意见》和《安徽省失业保险经办和就业服务工作标准》，以服务规范化、工作标准化、业务流程科学化为目标，进一步健全完善各项工作制度，加强优质规范服务窗口建设，做到窗口设置便民化、经办行为规范化、业务流程科学化、业务经办信息化、监督检查制度化，提高窗口的工作效率和服务水平。各地劳动保障部门根据省厅的要求和本地实际，细化工作内容，制定实施方案，提出落实措施，狠抓优质服务窗口创建，取得了明显成效，全省涌现出一大批以公正、便民、廉洁、高效为宗旨的劳动保障优质规范服务窗口。全省有7个窗口单位被评为全国劳动保障系统优质服务窗口，68个窗口被授予全省劳动保障系统优质服务窗口。

十、行政审批工作日益规范

2005年，按照合法、便民原则，安徽省劳动保障厅对凡不符合行政许可法规定自行设定的行政许可规定，以及与行政许可法和其他法律、法规规定的行政许可范围、条件、程序、期限和收费不一致的规定，都及时予以修改或废止。规范审批程序，从办理、衔接、配合、督办、管理5个方面，进一步明确了窗口和承办处室的职责。积极推进“一窗式受理”和“一站式审批”，对行政审批涉及的有关表格、填写说明和办事程序在网上公布，本着为服务对象着想的原则，尽量减少办件的运转环节，复杂事项由窗口受理后直接提交承办处室办理，对窗口工作人员能够直接办理的事项授权窗口当场办理，缩短办理时间，提高办理效率，方便群众办事。2005年，安徽省劳动保障厅窗口共受理办件4 660件，其中行政审批项目为1 341件，在窗口当场办结的有4 452件，超过办结总数的90%。全年共收到办事人员评议卡800余张，满意率为100%，未发生一起投诉，多次受到办事人员的称赞。在中心的窗口连续多年被评为红旗窗口。

十一、劳动保障信访不断加强

2005年，安徽省认真贯彻《信访条例》，先后出台了《安徽省劳动保障信访工作规定》《安徽省劳动保障信访复查复核工作规则》和《安徽省劳动保障厅领导干部信访接待日规则》等一系列制度规定，进一步规范完善信访工作制度。加大督察督办力度，将来信来访工作列入对各市劳动保障部门目标管理考核的内容，按月通报各地来省厅上访情况。厅领导特别是主要领导同志对群众来信来访，做到亲自批阅、亲自接待、亲自督办，检查落实情况并及时反馈，有力地推动了信访工作的开展。认真组织开展了开门接访和带案下访。2005年5月20日至7月5日，在每个工作日均有一位厅领导牵头接访，共接待职工群众来厅走访165批，337人（次），反映问题184件，全部及时妥善地进行了处理。从9月份开始，在每周五下午由一位厅领导负责接待来访群众。厅领导赴市县检查工作，提前与厅信访室联系，重点带一些部、省转交案件及涉及人数较多、时间较长的案件，督察各地办理。积极开展矛盾纠纷排查调处，及时妥善处理突出矛盾，越级上访和群体上访明显减少，有力地维护了社会稳定。2005年，安徽省劳动保障厅共接待群众来访5 692人次，同比减少16.6%，其中集体访98批、995人次，同比分别减少32.4%和34.4%。同时，省劳动保障厅还向社会公布了劳动保障监察、再就业、社会保险、劳动争议仲裁、劳动保障行政复议等业务窗口单位和劳动保障举报投诉电话，做到举报一起，查处一起，快速妥善处理群众反映的问题。

十二、劳动保障工作创新取得明显成效

2005年，安徽省各级劳动保障部门结合工作实际，奋力攻坚克难，创造性地开展工作，在为民办实事、创新工作做法上取得明显成效。

（一）结合共产党员先进性教育活动，贯彻落实为民服务宗旨，切实采取措施帮助群众排忧解难

2005年，安徽省各级劳动保障部门在先进性教育活动中办了10件实事：一是组织开展“就业帮扶百日攻坚”活动，动员全系统6 000多人，入区入户排查就业特殊困难人员4万多人，实行分类结对帮扶，提供“一对一”援助服务，帮助2.9万人解决了就业和基本生活困难问题。出台了灵活就业的下岗失业人员养老保险补贴办法，受惠人数近8万人。二是开展了“改善农民进城就业环境春风行动”，共为61.3万人次的进城求职农民提供了就业信息、政策咨询、职业指导、职业介绍等方面的免费服务，对20.1万人次的农民进行了进城务工基本常识等引导性培训，依法取缔了261家非法职介机构。三是扩大了两个确保政策覆盖范围，出台了保障未参保集体企业退休人员生活的政策，使这个长期困扰我们的历史遗留问题有望逐步得到解决。四是制定了省直医疗保险管理服务和异地安置退休人员就医管理办法，有效地解决了省直参保人员和异地安置人员看病难的问题。五是建立了省级失业保险储备周转金，帮助解决了55个统筹地区收不抵支，失业保险金不能按时足额发放的突出矛盾。六是出台了进城务工人员工伤保险政策，切实保障了进城务工人员的合法权益。七是制定了被征地农民就业和社会保障工作的指导意见，全省已有7个市出台相关文件并组织实施，领金的被征地农民达4.4万人，累计发放养老金3 000多万元。八是建立了建设领域农民工工资支付保障制度，全省16个市设立了农民工工资支付保障金专户，督促建筑企业交纳工资保障金3 327万元。九是自行编撰设计宣传劳动保障法规政策的维权手册、扑克牌和招贴画，共印制8万套免费发放给外出务工人员，深受广大进城务工人员和社会各界的好评，新华社、法新社等国内外媒体分别作了宣传报道。十是加强劳动保障咨询服务中心建设，全省17个市全部开通“12333”公益性服务电话，方便群众咨询政策和举报投诉。

（二）联系实际，积极探索解决劳动保障工作热点难点问题，创造了不少好的经验和做法

这主要表现在以下3个方面：一是全省突出抓好就业创业基地建设，为下岗失业人员自主创业和再就业提供了广阔平台。2005年4月，黄菊副总理视察合肥市再就业园区时，对安徽省的做法给予了充分肯定。新华社等中央媒体对安徽省组织起来就业工作进行了广泛宣传。二是改革医疗保险费征缴方式，将全省机关、事业单位医保费，由财政拨付改为由参保单位直接申报缴费，此项工作得到了劳动保障部的充分肯定并向全国推介。三是出台了《安徽省人民政府关于做好被征地农民就业和社会保障工作的指导意见》，在统筹考虑实施前后、城市规划区内外的被征地农民的就业和社会保障以及建立最低养老金待遇标准等方面有了较大突破，劳动保障部专门致电予以肯定。从各地情况看，合肥市在所有街道成立了劳务型公司，对就业困难人员实行托底服务，已帮扶8 000多人实现再就业；安庆市用足用好社会保险补贴政策，争取市财政补贴604万元，仅市本级就有占断保人数85%，约1.6万人享受了养老保险补贴；池州市规定符合条件的下岗失业人员、失地农民和复退军人，凭培训券享受一次300元免费技能培训；马鞍山市实行社会保险一票多费征收的“六统一”，即统一核定缴费基数、机构、申报、代码、票据和软件；芜湖市采取多种形式分期筹措4.7亿元资金，解决了3.6万名困难企业退休人员参加医疗保险问题；淮北市大力推进农民工参加工伤保险，煤炭等高风险企业农民工参保率达89%；滁州市从国家发改委争取项目资金30万元，建立就业信息与民工维权网站；铜陵市采取有力措施，推进小额贷款工作；黄山市建立由职业指导师、税务师、会计师等各类专家组成的就业指导专家志愿服务团，帮助创业人员协调解决创业过程中的困难和问题；六

安市积极制定和落实优惠扶持政策，简化各种手续，突出抓好“送出去”“请回来”的双向创业工作；蚌埠、安庆、淮南等市积极争取地方政府和编制部门的支持，在增加编制和经费方面取得了明显进展；阜阳、亳州、宿州、巢湖、宣城等市也都结合本地实际，积极创新工作方式方法，做了大量卓有成效的工作。

（安徽省劳动和社会保障厅）

福 建 省

2005年，在省委、省政府的领导下，福建省劳动保障系统认真落实科学发展观，按照年初确定的工作思路，以开展保持共产党员先进性教育活动为动力，攻坚克难，乘势而上，圆满完成了全年目标任务，为全省经济发展、社会稳定做出了积极贡献，受到各级党委、政府和全社会的充分肯定。

一、狠抓政策落实，就业再就业任务全面完成

2005年，福建省城镇新增就业58万人，完成全年任务数55万人的105.5%；下岗失业人员实现再就业7.8万人，完成全年任务数7万人的111.4%；其中困难就业群体实现再就业2.7万人，完成全年任务数2万人的135%；城镇登记失业率为4%，控制在全年计划指标的4.5%以内。全省共成立劳务派遣公司94家，派遣16.2万人，完成全年派遣任务的108%。

（一）就业再就业政策效应进一步显现

2005年，福建省进一步强化就业再就业目标责任制，发挥厅际联席会议作用，开展充分就业社区活动，落实各项再就业扶持政策。全年全省共发放《再就业优惠证》5.5万本，有2.5万名下岗失业人员从事个体经营、自谋职业，享受税费减免830万元；各级财政安排小额贷款担保基金3 946万元；发放小额贷款637笔，1 177.3万元。

（二）就业服务体系进一步健全

2005年，福建省改善城镇就业环境，开展“春风行动”，全面清理涉及农民跨地区就业和进城务工的政策规定。积极推进就业服务“新三化”建设，开展城乡一体化劳动力市场试点。全省9个设区市和86个县（市、区）建成适应当地经济发展的劳动力市场，制定了统一的工作职责和规范的操作流程，提供政策宣传和各项免费服务。境外就业管理服务体制进一步完善，境外中介市场进一步规范，2005年，全省境外就业1.7万人。

（三）劳务派遣积极推进

2005年，福建省认真实施省政府27号文件，制定出台劳务派遣5项配套政策。加大对口派遣力度，发挥30家劳务派遣培训基地的作用，提高培训就业率。到年底，全省94个县（市、区）全部成立劳务派遣机构，派遣员工16.2万名，比2004年增加9.4万人，占全省城镇新增就业人数的27.9%，派遣员工中下岗职工和进城务工人员的比例为67.8%。劳务派遣成为推进下岗职工再就业和农村劳动力有序转移的有效方式。派遣员工的权益得到有效保护，劳动合同和派遣协议的签订率达100%。工资按时足额发放，各项社会保险的缴交率分别为：养老保险86.8%，医疗保险47.2%，失业保险90.2%，工伤保险93.6%，生育保险63.1%，大大超过同类人员的社保缴交率。

（四）农村富余劳动力有序转移就业

2005年，福建省把组织农村劳动力有序转移就业作为增加农民收入的一项重要措施，纳入各级政府的就业目标责任制。明确进城务工人员享有“四免一补”，即免费的职业指导、职业介绍、政策咨询和就业信息服务以及

政府提供一定补贴的职业培训服务的优惠政策。组织开展农村贫困家庭“一户一就业”和山海劳务协作、省际对口劳务帮扶等，做到网络与市场、沿海与内陆、省内与省外、培训与就业、企业与员工5个方面的对接。到2005年底，全省共组织农村劳动力转移培训32.3万人，转移就业35万人，就业率达80%。

二、适应就业形势，职业培训工作全面加强

到2005年底，福建省参加技能鉴定40.2万人，完成全年任务的115%；新增技师、高级技师4 462人，完成全年任务的111%，是2004年底的3倍。组织下岗失业人员技能培训8.4万人，组织创业培训0.8万人，培训后就业5.8万人，培训就业率达69%。

（一）技能人才队伍建设取得重要进展

2005年，福建省认真贯彻全国全省人才工作会议精神，改革技能人才评价办法，全省有46个县建立职业技能鉴定指导机构，有23家企业开展高技能人才认定试点，建立100个高技能人才培训考核基地，推行职业技能鉴定质量管理体系。

（二）技工学校办学层次进一步提高

2005年，福建省开展技工学校“质量年”系列活动，推进重点技校质量管理体系试点，扶持民办技校，提高办学层次。到年底，全省共有93所技工学校，在校学生突破8万人，校均学生突破800人，高级工培养人数超过7 000人，毕业生就业率达95%以上。

（三）职业技能竞赛活动取得丰硕成果

2005年，福建省劳动保障厅与省总工会、省经贸委、省科技厅联合组织开展“技能竞赛年”活动，有200多万职工参加岗位练兵，10多万职工参加竞赛。全年共有15位职工获得“五一劳动奖章”，140位职工获得全省技术能手称号，展示了现代技术工人的风采。

（四）职业培训市场化和两岸职业培训交流试点工作稳步推开

2005年，福建省按照“政府推动、多元投入、市场运作、两岸交流”的思路，组织和发动社会力量参与职业培训，与德国莱法州合作建立自动化控制实训基地，组织开展技能训练。推动闽台职业培训机构交流合作，批准成立“金桥就业训练机构”，加强福建劳动保障学会与台湾职业培训协会的联系和交流，促成福建省美容美发协会与台湾国际美容协会缔结“姐妹会”，组织3期台湾美容业人士来福建参加职业技能鉴定。

三、加强制度建设，社会保障体系进一步完善

截至2005年底，福建省企业职工养老保险参保318万人，医疗保险参保328万人，失业保险参保260万人，工伤保险参保230万人，生育保险参保160万人，均提前超额完成全年任务数。基本养老保险基金收入88.26亿元，同比增加3%；医疗保险基金收入36亿元，同比增加5%；失业保险基金收入8.4亿元，同比增加20%；工伤保险基金收入2.58亿元；生育保险基金收入1.14亿元。

（一）养老保险积极推进

2005年，福建省巩固、加强企业职工基本养老保险省级统筹，确保全省71万名企业离退休人员养老金100%按时足额社会化发放，65.6万名企业退休人员实行社会化管理服务，社会化管理服务率达95%，同比增加2.5%；有4 800多家企业建立企业年金制度，约20万名职工参加企业年金，2万人领取企业年金；积极做好做实城镇企业职工基本养老保险个人账户测算和贯彻实施国务院38号文件的前期准备工作。经办机构工作规范化水平进一步提高，到2005年底，全省完成企业参保职工“两个确认”，即：缴费工资和视同缴费年限确认的参保职工达175万人，占应确认职工总数的95%。机关事业单位养老保险按照“严进宽出”的原则，加强规范管理，实行“老人老制度、新人新办法”“一保两制”“两条通道”等政策，为福建省机关事业单位的改革改制、人员分流安置后养老保险关系的

接续提供支持和保障。农村养老保险积极探索新路子，在继续做好规范化管理的基础上，把进城灵活就业的农民纳入农保范围，同时在有条件的县（市）抓好农保新方案试点和以劳务派遣形式就业的农民工参加农村养老保险试点工作。

（二）医疗保险进一步完善

2005年，福建省适应所有制结构多元化的发展趋势和就业形势多样化的特点，医疗保险的覆盖范围已涉及各类所有制企业和用人单位。到年底，全省灵活就业参保人数达28.9万人，同比增加23%。全省9个设区市和部分县实行了公务员医疗补助办法，部分有条件的企业建立了企业补充医疗保险制度，同时实施了第二轮商业补充医疗保险。以基本医疗保险为主，公务员医疗补助、企业补充医疗保险和社会医疗救助为辅的多层次医疗保障体系初步形成。医疗保险政策不断完善，基本医疗保险药品目录、诊疗项目和服务设施标准3个目录的调整工作顺利完成，药品编码开始实行。医疗服务管理进一步加强，医保信息系统基本实现全省联网，为解决全省近10万异地安置、工作及转外就医参保人员医疗费用的异地结算提供了便利。

（三）失业保险工作有效开展

2005年，福建省按照“总量控制、自求平衡、促进就业、确保发放”的工作原则，在保生活的基础上，发挥失业保险金促进就业的功能，促进失业人员再就业。到年底，全省职业培训和职业介绍补贴支出3 900万元，先后帮助7.8万人实现再就业。对失业保险基金出现缺口的地区，省级调剂资金3 500万元，保证全省失业保险金按时足额发放。

（四）工伤、生育保险稳步推进

2005年，福建省围绕《工伤保险条例》的贯彻实施，省和9个设区市政府出台了《条例》实施办法和高风险企业、农民工参保办法等配套政策，工伤保险制度体系初步形成。工伤认定、劳动能力鉴定和工伤职工的待遇保障逐步进入法制化轨道。2005年，全省工伤认定完成13 157件，劳动能力鉴定完成8 233件。生育保险摆脱了近几年徘徊不前的局面，企业职工参保数有所增加。

（五）基金监督工作得到加强

2005年，福建省加强完善基金监管机制，规范基金监督管理，积极开展社会保障基金专项督察和社会保险反欺诈、稽核工作，收回少缴的各项社会保险费6 126.3万元，追回被冒领的各项社会保险基金43万元。

四、加大维权力度，促进劳动关系和谐稳定

（一）劳动合同签订工作有新进展

2005年，福建省针对建筑企业用工特点，下发了《关于进一步加强建筑企业与农民工签订劳动合同的通知》，对建筑企业不同用工实行分类指导，对短期劳动用工试行简易劳动合同文本，从制度上、源头上提高建筑企业进城务工人员劳动合同的签订率。到2005年底，全省企业签订劳动合同的职工达417.8万人。

（二）创建和谐劳动关系工业园区初见成效

2005年，福建省坚持机制创新，发挥三方机制作用，重点开展创建和谐劳动关系工业园区活动。到年底，全省有67个工业园区开展创建活动，占全省工业园区总数的52%；覆盖企业2 788家，涉及职工62万人。各园区按照创建标准努力逐项达标，创建形势良好。

（三）积极维护国企改革中职工的合法权益

2005年，福建省认真审核改组改制、关闭破产和经济性裁员企业职工的安置方案，省本级安排经济补偿金补助资金2 600万元、关闭破产补助资金8 000万元，促进了国企改革的平稳进行。

（四）健全企业工资分配宏观调控体系

2005年，福建省9个设区市均发布了工资指导线和劳动力市场工资指导价位，两个设区市还发布了企业人工成本参考水平。调整公

布最低工资标准，探索建立建筑业企业进城务工人员工资支付保障金制度。

（五）劳动争议仲裁实体化建设取得进展

2005年，福建省按照仲裁庭建设3年达标规划，到2005年底，全省有90%的劳动争议仲裁庭通过达标验收，处理劳动争议案件11 571件，其中立案受理劳动争议案件8 754件，涉及劳动者18 549人，结案率达92.2%。

（六）劳动保障监察执法力度进一步加大

2005年，福建省共检查用人单位3.5万户，责令用人单位补签劳动合同49.7万份，清退童工147人，取缔非法职介机构304户，为11.8万名进城务工人员追回被拖欠、克扣的工资1.2亿元。劳动保障监察机构建设有了新进展，全省新增监察编制31个，新增机构6个。推行劳动保障监察管辖制度和用人单位守法诚信档案制度取得成效。

五、加强基础工作，劳动保障管理水平进一步提高

（一）法制工作取得新进展

2005年，福建省劳动保障厅配合省人大、省政府认真做好《福建省企业职工失业保险条例》《福建省就业促进条例》《福建省职业培训条例》和《福建省企业职工生育保险规定》等有关法规的调研、起草、修改工作。全面清理劳动保障行政许可项目和非行政许可审批事项。

（二）“金保工程”有序开展

2005年，福建省“金保工程”省级系统建设资金筹措已进入协议签订阶段，目前正着手项目立项报批工作。劳动保障共享数据库管理平台已开始进行数据集中整合，同时参与省人口基础库、法人库、宏观库等基础数据库建设。全省养老保险信息系统网络改造和农保业务、财务网络管理系统推广工作初步完成。

六、保持共产党员先进性教育活动取得成效

2005年，福建省各级劳动保障部门深入开展保持共产党员先进性教育主题实践活动，广泛征求意见，深刻剖析问题，研究提出新时期劳动保障部门保持共产党员先进性的具体标准，制定落实整改方案，探索先进性建设的长效机制。全面贯彻落实中纪委五次全会、省纪委八次全会和全国劳动保障系统纪检监察工作座谈会精神，围绕建立健全教育、制度、监督并重的惩防体系，加强党风廉政建设，扎实开展民主评议政风行风、机关效能建设、政务公开和创建优质服务窗口活动，不断推进干部职工队伍建设，为促进劳动保障事业健康发展提供了有力保障。

七、“十五”劳动保障计划胜利实现，劳动保障事业迈上了一个新台阶

“十五”期间，福建省城镇新增就业245.5万人；41.2万名下岗失业人员实现再就业，12.5万名“4050”人员实现再就业；城镇登记失业率控制在4.5%以内；下岗失业人员再就业率连续5年保持在60%以上。以养老、医疗、失业、工伤和生育保险为主的社会保障体系框架初步形成，覆盖范围不断拓展，基金收入不断增加。

（一）巩固两个确保，维护改革发展稳定大局

5年来，在各级党委、政府的领导下，福建省劳动保障部门与有关部门密切配合，确保国有企业下岗职工基本生活费和企业离退休人员基本养老金100%按时足额发放，有效地保障了下岗职工和企业离退休人员的基本生活和合法权益，对改革、发展、稳定做出了积极贡献。

（二）坚持积极就业政策，初步建立市场导向就业机制

2002年底，福建省在全国率先实现下岗职工基本生活保障向失业保险并轨。省委、省政府出台了《关于贯彻〈中共中央、国务院关于进一步做好下岗失业人员再就业工作的通知〉的若干意见》（闽委［2002］80号），形成了小额贷款、社保补贴等十大积极就业政策

体系。建立和完善目标责任制，发挥厅际联席会议作用，积极落实再就业政策。2004年，在全国率先出台劳务派遣政府规章及配套政策。“劳动者自主择业、市场调节就业和政府促进就业”的机制初步确立。

（三）社会保障体系基本建立，运转机制初步规范

5年来，福建省企业职工养老保险省级统筹逐步完善，多层次养老保险体系逐步形成，实现了基金全额缴拨和社会化发放，养老、失业保险费实行税务征收，覆盖范围由原来的国企职工向非公经济组织从业人员、灵活就业人员、进城务工人员拓展。城镇职工基本医疗保险制度改革全面启动，以城镇职工基本医疗保险制度为核心的多层次医疗保障体系初步建立。工伤、生育保险全面展开。社会保险基金监督机制和制度建设不断加强。

（四）探索协调劳动关系有效途径，维护劳动者合法权益

5年来，福建省建立和完善协调劳动关系三方机制，劳动合同、集体合同、劳动争议处理工作不断推进。以工资指导线、劳动力市场工资指导价位、人工成本预测预警和最低工资标准为主要内容的企业工资收入分配宏观调控体系不断完善。劳动保障监察机构和劳动争议仲裁队伍建设不断加强。

（五）各项基础工作不断完善，为劳动保障工作注入了新的活力

“十五”期间，福建省地方劳动保障政策法规体系初步形成，金保工程开始启动，社区平台普遍建立，劳动保障经办业务流程进一步规范，管理服务能力明显提升。此外，劳动保障规划、统计、信访、信息、宣传、理论研究也取得显著成果。在劳动保障事业的蓬勃发展中，在艰苦工作的磨炼中，培养和造就了一支能打硬仗、爱岗敬业、勤政为民、作风扎实、廉洁从政的劳动保障干部队伍，这是我们要倍加珍惜的宝贵财富，也是新时期劳动保障事业可持续发展的坚实基础和精神动力。

（福建省劳动和社会保障厅）

厦　门　市

2005年，厦门市劳动保障工作以“三个代表”重要思想为指导，以科学发展观统领劳动保障工作全局，全面落实中央关于构建社会主义和谐社会的战略部署，在认真开展保持共产党员先进性教育活动的同时，从人民群众最关心、最直接、最现实的利益问题入手，认真解决就业再就业、社会保障、收入分配、劳动关系等方面的突出问题，更加注重社会公平和公正，实现好、维护好、发展好最广大人民的根本利益，形成劳动保障事业新一轮跨越式发展的良好态势。

一、围绕新一轮跨越式发展多渠道开发就业岗位，千方百计扩大就业

2005年，厦门市城镇新增就业人数15.5万人，完成全年目标任务（15万人）的103.33%；失业人员就业人数2.24万人，其中持《再就业优惠证》实现再就业的下岗、失业人员0.63万人，完成全年目标任务（0.6万人）的105%，其中“4050”人员0.37万人，完成全年任务数（0.25万人）的148%。12月末城镇单位本市城镇从业人员总数52.28万人，实有登记失业人数2.06万人，城镇登记失业率为3.79%，控制在年度目标4.2%之内，较2004年同期有明显下降。

（一）完善政府促进就业责任机制

1. 进一步完善和落实再就业政策。2005年，厦门市累计发放《再就业优惠证》4 401本，对464家用人单位招用持《再就业优惠证》的失业人员发放社保补贴235.45万元，为持《再就业优惠证》失业人员提供免费职业介绍1.21万人，免费寄挂档案7 154人；对15家符合条件的服务型、商贸企业进行享受再就业优惠政策的资格认定，提高了企业招收失业人员的积极性；各社区劳动保障工作站办理灵活就业人员认定3 386人，审核发放灵活就业人员的社保补贴1 050.6万元；对符合条件的37家用人单位招用的192名从事公益性岗位人员拨付工资性补贴33.32万元，成立21家社区劳动组织，安置失业人员95人（其中持《再就业优惠证》46人）。此外，审核发放803名未就业随军家属基本生活保障金191.09万元。

2. 再就业援助月活动取得预期成效。元旦、春节期间，厦门市充分利用街道劳动保障事务所和社区劳动保障工作站的平台作用，以再就业援助对象为重点，以“稳定您的就业，我们共同努力”为主题，开展“四送一落实”活动（送政策、送岗位、送技能、送服务，落实社会保险补贴），共落实社会保险补贴5 771人、216.72万元，组织专场招聘会3场，发布就业信息1.36万条，分发宣传材料9.9万份，开发公益性岗位97个，成功介绍就业883人，办理求职登记1 831人次，减免培训费788人，慰问困难职工390人，发放慰问金11.7万元。

3. 进一步拓展再就业新渠道。2005年6月5日，厦门市劳动保障局与总工会、工商联携手在全省率先拉开“民营企业活动周”活动序幕，受理民营企业招聘岗位登记1.66万人次，受理求职2.07万人次，达成求职意向人数达1.47万人次。8月14日，厦门市劳

动保障局与市双拥办、警备区政治处承办了第二届驻厦部队随军家属专场招聘会，组织44家企业2 000余个就业岗位现场招聘，有1 200余名随军家属到场应聘求职，180人当场达成求职意向。

4. 积极做好农村富余劳动力的转移就业。2005年，厦门市充分发挥农村就业协管员的作用，积极向农村富余劳动力宣传劳动就业政策法规，组织农村富余劳动力参加专场招聘会。全年实现农村富余劳动力转移2.84万人，大幅度超额完成市委、市政府下达的实现基本转移1.1万人、力争实现转移1.7万人的任务。

5. 研究解决了小额担保贷款政策操作中的难点。2005年，厦门市劳动保障局会同市财政局、人行厦门中心支行等部门联合出台了《关于进一步落实〈厦门市下岗失业人员小额担保贷款实施试行办法〉补充意见的通知》，将小额贷款的额度提高到3万元，降低反担保门槛，增加了信用担保措施，简化贷款流程，使每笔贷款从申请到发放不超过10个工作日。

6. 积极开展就业再就业调研工作，为进一步推进厦门市就业再就业工作的发展提供政策依据。2005年8月，厦门市劳动保障局深入各区开展为期一个多月的就业再就业工作情况调研，重点调查了解本市长期失业人员和“零就业家庭”的基本情况，初步掌握了全市劳动力就业方面的基本状况。同时，为科学制定新一轮就业服务工作目标计划，对全市城镇劳动适龄人员和农村富余劳动力开展入户调查，录入劳动力市场管理系统的城镇劳动适龄人员和农村富余劳动力达64万多人。

（二）加快劳动力市场机制建设

1. 加强公共就业服务体系建设。自2004年12月1日受理民办职业介绍所的申办以来，厦门市已有41家民办职业介绍所和2家公益职业介绍所经批准开张营业，与原有的25家公共、公益职业介绍机构共同为广大求职者提供合法、规范的职业中介服务，形成比较完善的以公共职业介绍机构为主干，公益、民办等职业介绍机构共同发展的职业介绍服务平台。2005年4月，厦门市职业介绍服务中心和湖里区职业介绍服务中心被省劳动保障厅授予“全省优秀公共职业介绍机构”。

2. 完善扩充劳动力市场网络功能。截至2005年底，厦门市的就业信息网络已覆盖至6个区、36个街道（镇）、169个社区及7个农场，并正在向各行政村延伸。春节过后，市级劳动力市场启动了网络查询服务区，受到求职者的欢迎。10月底，开通了“厦门人力资源网”，这是一个以厦门地区为依托，面向全国，专业提供人力资源相关服务的门户型网站，为用人单位和失业人员、待业大中专院校毕业生、外来务工人员等求职者提供快捷的网上对接服务。

3. 依法规范劳动力市场秩序。2005年，春节过后，厦门市劳动保障部门多次协同公安、工商、人事等部门联合开展打击黑职介的集中活动，共检查职业介绍机构49户次，检查用人单位178户次，查处取缔未取得营业执照或者许可证的组织或者个人130户次。通过整顿，严厉打击了一批以职业介绍为幌子的违法犯罪分子，依法取缔了一批非法职业介绍组织，清理整顿了一批违规经营的职业介绍机构，有力地净化了劳动力市场环境，被国家劳动保障部、公安部、工商总局授予“清理整顿市场经济秩序先进单位”。

（三）建立社会化的就业培训机制

1. 贯彻全国和全省人才工作会议精神，加紧实施高技能人才培养工作。2005年，厦门市制定了《厦门市关于加快高技能人才培养的实施办法》，提出了以实施“1904工程”为目标，采取“需求定向、企业自主、行业参与、条块结合、政府帮助、政策支持”的原则，全面建立高技能人才选拔、评价、激励、使用、交流、保障制度，形成培养快、使用好、待遇优的高技能人才培养工作新格局。成立“厦门市技师协会”，现已发展6个专业组（电焊、汽车、维修电工、机械、烹饪、美容美发）和218名个人会员，搭建起高技能人才交流活动平台。

2. 加快推进"1+1"技能培训、"1+1群"创业培训。2005年，厦门市劳动保障部门共举办4场"1+1群"创业项目推介会，推出了180个创业项目，现场有2 681人签订加盟意向。采取更加积极主动的措施，大力推行"培训、考核与使用、待遇相挂钩"的新型培训用工模式，与10家企业签订联合招聘培训失业人员协议书，为失业人员提供了1 020个就业岗位，解决了816个失业人员的就业问题。同时，进一步提高培训层次，推出了会展策划师、心理咨询师、物流师、汽车维修工技师、汽车驾驶员技师、评茶师、高级摄影师、营养师等社会需求较大的培训项目。全年开展再就业培训7 201人，实现再就业4 785人，培训就业率达到66.44%。

3. 职业技能鉴定工作稳步推进。2005年，厦门市积极推进区级职业技能鉴定指导中心的建设，面向农村富余劳动力、个体、私营企业从业人员开展职业技能培训鉴定工作。同时，按照"扩站、拓面、强体"的总体工作思路，至2005年底，完成职业技能鉴定4.6万人（其中，初级工3.05万人，中级工1.14万人，高级工3 469人，技师640人），鉴定人数比上年同期增长48%。

4. 广泛开展职业技能竞赛活动。2005年是福建省职业技能竞赛年，厦门市共有29人获得"福建省技术能手"称号，23人在省级大赛中获奖，省大赛组委会授予厦门市劳动保障局优秀组织奖。厦门市在开展的第十届、第十一届职工技术竞赛活动中，共有3.57万人参加了全市性A类和行业性B类比赛，在全市性A类比赛中，4 183人双项成绩合格并获得了相应的职业资格证书。其中中式烹调技师项目比赛是全市较高级别的比赛，是一次水平高、影响大的技术交流盛会，受到全市餐饮界、各大酒店的普遍关注；POS机操作员初、中级工项目的比赛，参加人数1 030人，平了全省同一工种比赛最多参赛人数的历史记录。

5. 推进新一轮农村富余劳动力培训工作。2005年，厦门市劳动保障局积极主动配合各区加强工业园区招商引资，进一步加强农培质量管理。将"1+1群"创业培训和技能培训延伸至工业园区周边农村，把实用技能融入创业培训中，在翔安、同安等开发区周边村镇推出快餐小炒、冷热饮、烧烤、面食制品、日杂用品等13个技能型的创业班，切实提高村民的就业能力和创业能力，帮助30多名学员实现成功创业。努力实现从注重就业数量的扩张向数量与质量并举，以质量为重的转变；从抓培训项目的申报向加强监督跟踪，抓好培训成果验收的转变；从注重上岗能力的单一技能培训向注重提高相应工种的知识面、培养复合能力、创业能力和达到能参加职业技能鉴定的技术层次转变。全市完成农村富余劳动力培训9 060人，提前4个月超额完成全年（培训5 000人）任务。

6. 围绕高级技校改革、发展和迁建，全面加强技校建设。2005年，厦门市高级技校迁建翔安工作加快，确定了新加坡雅思博设计事务所制定的翔安校址方案，正积极开展施工建设。同时，进一步加强师资队伍和工种带头人建设，在提高教研教学和实训水平的基础上，全年完成培养高级工900人，是2004年的1.8倍。2005年在校生（含招生数）创历史最高记录，达3 200人。2005年10月，市高级技校被评为"全国职业教育先进单位"。

7. 中国（厦门）高技能人才公共实训中心筹建工作开始。劳动保障部提出"实施国家高技能人才东部地区培训工程"以后，厦门市作为试点城市之一，决定贯彻落实这一工程，以便长期有效地推动厦门市新一轮跨越式发展所需的高技能人才队伍建设。市劳动保障部门筹建中国（厦门）高技能人才公共实训中心工作已经展开，"高训中心"将建在翔安区高级技工学校第二期的建设用地内。根据东部几个城市实施国家高技能人才东部地区培训工程的投资情况和厦门市的实际情况，厦门市高技能人才公共实训中心拟投入资金约2亿元，其中购置实训设备1亿元。"高训中心"

现已列入厦门市“十一五规划”，如正式立项后，计划于2008年底建成并投入使用。

（四）初步形成就业服务机制

1. 优化进城农民工就业环境。自2005年元月1日起，厦门市取消了办理《厦门市外来人员就业证》，进城务工人员来厦就业只需凭本人的暂住证或身份证求职并办理用工报备手续。并让进城农民工享受与市民同等的就业服务待遇，为进城农民工提供培训、就业、保障、维权为一体的就业服务，创新岗前免费培训形式，主动办班到企业，把企业用工说明融入培训课程，增强培训实效性。全市共免费为12.5万名进城务工人员提供劳动保障法律法规知识和文明道德教育培训。春节和中秋节前后，厦门市举办了全市进城务工人员代表、企业劳工代表迎新春和欢度中秋座谈会，传递节日问候，宣传新政策、新举措，征求意见及建议。

2. 主动为企业提供劳动力招聘服务。2005年，厦门市通过开展“企业缺工情况摸底调查”和“外出劳动力返乡及春节后外出情况调查”，及时把握厦门市用工需求变化，有针对性地开展就业服务。共组织5批缺工企业（共63家、1.2万多个岗位）赴江西上饶、福建三明、湖南常德、广西灌阳和桂林等劳动力富余地区招聘，并与省内外就业服务机构、职业技术院校建立长期劳务协作关系，在促进农村劳动力跨地区就业的同时也保障了厦门市企业的用工需求。

3. 大力开展劳务派遣工作。厦门市继2004年9月成立市劳务派遣公司之后，2005年5月各区也相继成立劳务派遣公司。市劳务派遣公司深入开展劳务派遣工作的宣传，向厦门市400家用工大户发出用工调查表，重点走访了50多家企业。至2005年底，全市7家劳务派遣公司共派遣劳务人员4 887人，其他部门派遣劳务人员6 804人，全市共派遣劳务人员1.17万人，超额完成省里下达的1万人的任务。

4. 组织开展“春风行动”，不断完善针对进城农民工的就业服务。2005年春节过后，厦门市在市区劳动力市场、火车站等进城农民工集中的地点设立“春风行动”服务台，共发放“春风卡”、《农民工进城就业指南》、进城务工人员培训与维权指南等各种宣传材料20多万份，有序引导进城农民工求职就业。市、区两级劳动力市场还相继举办“春风行动”等免费专场招聘会24场，提供就业岗位9.8万个，参加招聘会求职人数13.60万人，达成就业意向4.26万人次。心系“红土地”的农民工，借助厦门日报社“新闻大篷车”为“红支书”张仁和的家乡石碧村村民们送去1 500多个好岗位和20多个工种的免费培训项目，并与宁化县劳动保障局签订了山海协作就业协议，长期为红土地上的农民创造就业机会。并发动捐款，组织为来厦就业的张仁和乡亲提供生活援助、免费技能培训和就业指导，优先推荐他们就业。

5. 做好大中专毕业生就业服务工作。2005年，厦门市有效开展岗位见习和技能培训、创业培训，提高大中专毕业生的就业率。全年共发放了16家单位吸纳的123名大中专毕业生见习补贴62.6万元。有47名厦门生源未就业毕业生参加技能培训，发放培训补贴2.82万元。

二、适应构建和谐厦门的要求，完善与经济发展水平相适应的社会保障体系

（一）“五险合一”优势显现，社会保险覆盖面进一步扩大

厦门市基本养老保险参保人数由2004年末的65万人增长到2005年末的78.05万人，基本医疗保险由2004年末的70万人增长到2005年末的84.03万人，失业保险由2004年末的55万人增长到2005年末的68.07万人，工伤保险由2004年末的53万人增长到2005年末的63.05万人，生育保险由2004年末的18.92万人增长到2005年末的21.09万人。各类社会保险基金征收由2004年的26.25亿元增长到2005年的36.72亿元。

（二）以土地换社保为原则，转变征地补偿方式，稳步推进被征地人员的养老保险

《厦门市被征地人员基本养老保险暂行条例》开始在思明、湖里、集美、海沧等区推行，至2005年底已有1.78万名失地农民办理了养老保险，有7 187人办理退休手续。2005年6月以前办理退休手续的每月养老金为503.92元，7月以后办理退休手续的每月养老金为541.89元。同时，为鼓励被征地人员积极参加基本养老保险，湖里、集美、海沧3区政府也相继出台了补助政策。

（三）全力推进事业单位职工基本养老保险

2005年为配合厦门市事业单位改革，保障事业单位职工退休后的生活，《厦门市事业单位职工基本养老保险试行办法》正式实施，绝大多数事业单位纳入参保范围。在市人事局、编办的大力配合下，对市属事业单位的参保人员进行了一一认定，为今后事业单位职工的退休奠定了良好的基础。至2005年底，共有3 340人已经开始由社保基金支付退休待遇。

（四）社会保险社会化服务水平进一步提高

2005年，厦门市改革外来人员退保办法，实行社会化发放电子支付办法，使之可跨行、跨地区、不受时间空间限制随时就近支取。进一步改革失业保险金发放方式，在思明区试点就近社区签领，受到失业人员的欢迎。医疗保险社会化服务水平进一步提高，2005年版基本医疗保险药品目录顺利实施，新增医保药品目录近900个。全年评审定点医疗机构12家，定点零售药店53家。全市已有134家定点医疗机构及纳入医保定点医疗服务管理的医疗机构和76家定点零售药店，以满足参保人员就医购药需要。全市已累计接收7.3万名退休人员进入社会化管理，社会化管理率达到98.39%，并实现了100%社区管理，社区管理率居全省第一。进一步加强对退休人员活动场所的管理和建设，2005年新增21个加挂“厦门市离退休人员活动点”牌匾的活动场所，累计挂牌的活动场所已达到68个。

（五）进一步完善了基本医疗保险配套政策，自付医疗费困难补助办法正式实施

2005年，厦门市先后下发了部分疾病按单病种结算、定点医疗机构门诊医疗费总额控制指标，以及国家公务员定期体检等配套文件。2005年4月1日开始实施《厦门市基本医疗保险参保人员自付医疗费困难补助暂行办法》，重点面向厦门市低收入参保人员和重病患者个人自付医疗费用困难的群体。该《办法》的出台，完善了厦门市职工医疗保障体系，截至2005年底，申请医疗费困难补助获得审批的共有187人，补助总额66.29万元。

（六）进一步完善工伤保险政策标准和制度建设，建立补偿、预防、康复三位一体的新型工伤保险制度

2005年，厦门市劳动保障部门联合地税、安全生产监督管理部门对厦门市的矿山、危险化学品等高危企业参加工伤保险情况开展执法监督检查，拟定了《关于建筑、矿山等高危行业企业农民工参加工伤保险办法（试行）》，已经市政府转发，于2006年1月起实施。从工伤保险基金中补助全额支付一次性工伤医疗补助金和伤残就业补助金的参保企业，既减轻了企业负担，又保障了工伤职工的权益。积极开展事故预防教育培训，全年共举办47期培训班，取得较好的社会效益，得到企业的肯定和认同。强化工伤医疗管理服务，开展对二级以下医疗机构申请工伤协议医疗机构资格条件的评审认定，规范工伤职工、用人单位、医疗机构和社保经办机构四方的权利和义务，建立“工伤医疗费用结算支付信息系统”，与医院实现同步信息联网，保障工伤职工的医疗救治和医疗费的及时支付。创新机制，提速认定时效。委托各区人事劳动保障局行使工伤认定职权，同时增加鉴定专家鉴定确认的项目范围，将职工伤病性质、与工作或工伤的因果关系鉴定纳入鉴定项目，对于因椎间盘突出症等涉及医学知识内容的复杂疑难工伤案件，实行

"先委托鉴定确认、再进行工伤认定"，以增强工伤认定的权威性。全年共作出工伤认定4 130起，完成工伤鉴定及其他劳动能力确认1 746人，职工非因工、因病丧失劳动能力鉴定359人。

（七）加强社会保险基金监管

2005年，厦门市劳动保障部门积极推动厦门市统一基金决算工作，优化基金财务流程，与市财政一起开展基金的专项核查，力求为今后数据的衔接和使用打下基础。深入研究社保基金监管政策法规，与各省市社保基金监管机构交流经验，积极推动市社会保险基金监督委员会的成立。强化稽核工作力度，通过医疗保险信息系统的监控，加大对医疗及就医违规行为的查处力度，先后对4家医疗机构和28名参保人员的门诊违规和住院违规行为进行了严肃查处，并处罚金8.03万元，追回医保基金12.81万元。

（八）积极稳步地完善和发展农村社会保险

2005年，厦门市农村社会保险参保人员16.05万人，全年收取保险费809.71万元，其中湖里区收取452.1万元，创历史最高，年度保险费收入、基金积累排全省80多个单位第一。管理体制进一步理顺，集美区的农保人员全部实现财政拨款。社会化发放、计算机录入等管理工作扎实推进，大部分区的数据也已导入省数据库。社会化发放工作继续推进，集美区实行社会化发放，湖里区也和农村信用社联系将于2006年起全面实行。各个区对超过10年领取期人员的生存状况进行调查，确保基金减少流失。改革超利分配制度，实行根据当年度收入来分配超利的新方法，激励各区想方设法开展业务，积极收取保险费。同时也尽可能地将超利让利于农民，还利于农民，保证基金安全。

（九）稳妥推进同安区机关社保清理工作，纳入全市基本养老保险统筹

本着维护社会稳定和统一全市基本养老保险的原则，2005年，厦门市同安区机关社保纳入全市基本养老保险统筹工作稳步推进。同安区自收自支和财政差额拨款事业单位451位退休职工及参照事业单位工改的企业单位和机关事业单位已退休的117位劳动合同制工人的退休待遇已从2005年12月起由市社保中心统一发放。其余806位参照事业单位工改的企业单位和机关事业单位在职劳动合同制工人、临时工的基本养老保险历年缴费数据清理、录入和整理工作也在年底前按时完成。

三、稳定和谐劳动关系，加大调节收入分配的力度

（一）加强工资收入分配宏观调控

2005年，以《厦门市企业工资支付条例》实施为契机，厦门市进一步完善企业人工成本预测预警制度，进一步规范《企业工资总额使用手册》办理程序。截至2005年底，全市共办理《企业工资总额使用手册》8 473户，计划使用工资132.76亿元。在2004年发布200个工种（职位）工资指导价位的基础上，2005年进一步扩大范围，发布205个工种（职位）的工资价位，并对66个工种按不同专业（技术）等级发布了相应的工资指导价位，更好地发挥了指导、调节劳动力市场供需双方的作用。2005年7月，调整了全市企业最低工资标准，思明、湖里由480元调为600元，海沧、集美由430元调为550元，同安、翔安由360元调为480元，同时继续发布非全日制用工小时最低标准，保护低收入劳动者，吸引各类劳动者来厦工作，维护了劳动关系的和谐稳定。

（二）加强劳动关系协调机制建设

2005年，厦门市充分发挥协调劳动关系三方会议的作用，在厦门出口加工区、厦门航空工业区等7个工业园区开展创建和谐劳动关系工业园区试点工作。大力推进厦门市企业签订集体合同工作。3月下旬至5月中旬，市劳动保障局会同总工会对全市集体合同签订及执行情况进行检查。截至2005年底，共审核452户企业的集体合同，涉及职工5.77万人。

四、强化劳动保障监察执法和劳动争议仲裁处理工作，积极促进社会和谐

（一）加强监察执法

2005年，厦门市市级劳动监察机构升格，进一步强化了劳动监察组织建设。全市劳动监察机构共检查用人单位5 155户，受理群众举报4 659件，处理劳动突发事件及集体上访案件568件，督促用人单位补签、续签劳动合同8.20万人次，清理拖欠工资5 289万多元，清退押金101万多元。

（二）开展书面审查和企业劳动保障诚信评价

从2005年7月起，厦门市劳动保障部门对厦门市所有用人单位开展书面审查制度，对书面审查合格的用人单位，将审查情况记录进《厦门市用人单位书面审查情况登记手册》，以及企业劳动保障诚信档案。对存在违法违规的单位，则下达整改指令书，督促其限期改正。至2005年底，已有1 418户单位参加书面审查。同时，建立企业劳动保障诚信制度，根据企业遵守劳动保障法律规定情况对企业劳动保障诚信情况进行评价，已受理了厦门星际电器有限公司等4家企业的申请，审核通过了两家。

（三）积极预防和处理劳动争议案件

2005年，厦门市劳动争议仲裁实体建设取得重大进展，市劳动争议仲裁院正式成立。各级劳动争议仲裁机构全年共立案处理各类劳动争议案件2 113起，结案率达100%。立案和结案数均比2004年度有所上升，但集体案件却较2004年度有所下降。

（四）积极开展劳动保障信访工作

2005年，厦门市全面贯彻《信访条例》，以拖欠工资为重点，按月开展矛盾纠纷排查调处，为构建和谐社会尽职尽责。2005年，全市劳动保障系统共受理信访件1.04万件（其中信3 934件，访6 437件），比2004年的1.18万件减少12%，办结率达99.36%。2005年，局办公室受理的市长专线电话交办、转办件共1 327件，办结率达100%。局领导3次现场接听市长专线电话，就“拖欠工资”“保险待遇”等议题接受市民咨询；局劳动保障投诉中心受理5人以上的集体上访154批、3 255人次，集体访结案率达98%。

（五）积极配合全国人大《劳动法》检查，厦门市获较高评价

2005年10—11月，省人大常委会和全国人大常委会分别对厦门市进行了《劳动法》贯彻落实情况检查。检查中，《劳动法》执法检查组走访了企业、社区等单位，并听取了相关部门的汇报，全国人大常委会副委员长何鲁丽对厦门市贯彻实施《劳动法》工作给予较高的评价，认为厦门关于《劳动法》的宣传教育广泛深入，配套法律法规比较健全，注重保护劳动者的合法权益，劳动关系稳定和谐，一些工作已经走在全国前列。

五、劳动保障基础工作得到夯实，为实现新一轮跨越式发展提供坚强的保证

（一）启动了劳动保障“12333”咨询专线

厦门市“12333”劳动保障咨询电话2005年1月1日正式开通，随着广大市民对“12333”的逐步了解，“12333”受理的用户咨询量与日俱增。至年底，共受理市民563 813人次的咨询服务。市民只要通过统一的“12333”特服号，就可得到有关社会保险、劳动就业及培训、劳动关系和劳动工资、举报投诉、相关法规政策以及办事程序的24小时咨询服务，还可以查询参保人员的缴费、个人账户的划拨、外来人员退保资金到位等相关业务情况。2005年6月，还开通了社会保障卡电话挂失业务，极大地方便了市民群众，被称为随叫随应的劳动保障“顾问”。

（二）医保IC卡将替换为社会保障卡，功能扩展

2005年8月，厦门市实现社保卡银行与

定点医疗机构联网业务，11 月 1 日，在全省率先启用和换发社会保障卡工作，计划用两年半的时间完成现有医疗保险 IC 卡向社会保障卡的过渡，2009 年元月 1 日后，全市统一使用新的社会保障卡。同时，不断拓展社会保障卡功能，在原社会保险功能的基础上，将逐步应用到劳动就业、公安、公积金、卫生、计生等业务领域，实现“一卡通”。并开通了“厦门市社会保障卡信息网”，在全省率先提供社会保险个人缴费、待遇支付等个人详细信息，提供在线咨询等特色服务。开通不到 2 个月，登陆人数已超过 5 万人次，极大地方便参保人员。

（三）以科学发展观统领“十一五”发展规划编制工作

2005 年，厦门市劳动保障部门以科学发展观为指导，正确认识发展的环境和条件，找出存在的问题，通过收集与劳动保障事业相关的信息资料，在劳动保障部统一测算体系下进行数据测算和分析，确保编制工作的顺利进行。同时，还积极为有关部门提供数据支持，为全市“十一五”规划的编制做出积极贡献。

（四）做好“金保工程”灾难备份系统建设，确保社保、就业信息系统数据安全

2005 年，厦门市的灾难备份系统已通过专家组验收，投入正常运行，并能够快速实现本地与异地的数据复制，较好地实现系统切换，实现了系统和数据的多重安全保障，有力地保障了劳动保障信息系统的安全运行。

另外，2005 年，厦门市劳动保障部门的廉政效能、队伍建设、科研宣传、计生、安全生产、工青妇群团等工作也都取得了进展。创建首批全国文明城市工作取得了显著成绩，局机关荣获“厦门市创建全国文明城市工作先进单位”，市就业服务中心荣获“全国劳动保障系统优质服务窗口单位”，市社会保险管理中心荣获“全省劳动保障系统 2004—2005 年度优质服务窗口单位”“2004—2005 年度全省医保经办机构行风建设达标单位”，市劳动争议仲裁委员会荣获“全省劳动争议仲裁工作先进集体”。劳动保障基础工作进一步得到了夯实。

（厦门市劳动和社会保障局）

江 西 省

2005年是“十五”计划的最后一年。一年来，江西省各级劳动保障部门以邓小平理论和“三个代表”重要思想为指导，全面贯彻党的十六届五中全会和省委十一届十次全会精神，以科学发展观为统领，以开展保持共产党员先进性教育活动为动力，紧紧围绕“建设和谐平安江西，共创富民兴赣大业”这一主题，开拓进取，扎实工作，全省劳动保障工作保持了良好发展势头。

一、积极的就业政策效果更加明显，就业再就业工作继续保持良好的发展态势

2005年，江西省各级党委、政府坚持就业优先的战略，始终把就业工作放在经济社会发展优先位置，按照“工作责任到位、政策落实到位、资金投入到位、措施保证到位”的要求，实施积极的就业政策，不断进行体制机制创新，进一步完善了扩大就业目标考核制度、再就业工作联席会议制度、督促检查制度、定期通报制度、领导帮扶制度和部门挂点联系制度，就业和再就业工作继续保持较好发展态势。

（一）政府促进就业的责任体系和工作机制进一步完善，就业再就业工作目标全面完成

2005年初，江西省政府继续与各设区市政府、各设区市政府与县（市、区）政府签订了扩大就业和社会保险目标责任书，落实了各级政府促进就业的责任。建立了省政府办公厅与再就业工作联席会议联合通报制度，有效促进了目标任务的完成。各级再就业工作联席会议制度、督促检查制度、定期通报制度、领导帮扶制度和部门挂点联系制度进一步完善。劳动保障、财政、税务、工商、银行、宣传等部门从大局出发，相互配合、相互支持，推动了再就业优惠政策的落实。工会、共青团、妇联等社会团体为下岗失业人员送温暖、献爱心、办实事，各新闻媒体积极宣传就业再就业政策。5—6月，省再就业工作联席会议组织开展了再就业政策落实情况大检查，对2003年以来各项再就业政策落实效果进行总结和评估，显示各项政策取得了较好的社会效应。2005年，全省新增城镇就业人员43.16万人，下岗失业人员再就业20.8万人，其中困难群体就业4.2万人，跨省劳务输出541.4万人，城镇登记失业率3.48%，低于4.5%的计划目标。

（二）以小额贷款为重点，各项再就业政策得到有效落实

2005年，江西省劳动保障厅、人民银行南昌中心支行等部门建立了小额贷款联席会议制度，进一步完善创业培训、项目管理、开业指导、小额贷款、税费优惠相结合的工作机制，狠抓“贷、用、还”全程管理；及时调整小额贷款政策，适当放宽了小额贷款额度，扩大贷款扶持范围；完善了风险补偿机制，简化申请手续，明确了省级担保基金承担设区市担保基金代偿损失的20%，设区市和县市区也按30%的比例确定代偿比例；改进了贴息审批办法，微利项目财政贴息不再每个季度集中上报专员办审批，改为由同级财政部门按季审核拨付，年底集中统一清算的方法。到2005年底，全省累计发放小额贷款8.79亿

元，其中2005年发放小额担保贷款4.8亿元，直接扶持创业和带动就业人数12.98万人，已回收到期贷款2.89亿元，还款率达到97.18%；11个设区市均开展了创建信用社区试点工作，累计创建信用社区51个，发放免除反担保小额贷款322笔、668万元，并涌现了一批“创业明星”和“小老板”。税务、工商部门严格按照政策对符合条件的实行税费减免政策，全年全省税务部门减免税收2.3亿元，减收工本费100万元，工商部门减免收费5 000万元。

（三）以创业带动就业，推动技能培训工作的全面开展

2005年，江西省以12个省级创业示范基地为依托，在全省各设区市开展了“造就千个小老板、带动万人再就业”活动，积极推进“4050”项目的开发建设，积极引进连锁加盟项目，建立创业项目的推广制度，形成以培训促进创业、创业带动就业的良好格局。9月27—28日，省劳动保障厅和南昌市政府举办了“2005江西创业博览会”，共收集创业项目1 100多个，经筛选后选择了256个项目在本次博览会上展示，入场人数达到2.3万人次，签订项目意向书3 695个，现场开展创业政策咨询、创业指导5 153人次，现场受理再就业小额担保贷款56笔，金额136万元。继续实施青年见习计划，为青年人获得工作经历提供制度保障和政策支持。省本级和宜春市、新余市启动了青年职业见习计划，全省已招募见习单位413家，为未就业的高校毕业生提供职业见习岗位8 120个，参加青年职业见习5 670人。组织开展了“2005创业在江西”“创业金点子征集”“圆你一个创业梦想、寻找未来创业之星”等系列活动，营造了促进创业的社会氛围。10月25日，由省委宣传部、省广电局、省劳动保障厅联合创办的“中国江西创业网”正式开通，为创业者架起了一座新的桥梁。加强再就业培训基地规范运作，对全省216家再就业培训基地进行了检查评估，撤销了13家不合格单位，全省新认定再就业培训基地35家，再就业培训基地达到了239家。认真做好SIYB授权培训机构的认定工作，南昌市创业指导中心、新余市就业培训中心被劳动保障部和国际劳工组织确定为全国首批SIYB授权培训机构。

（四）困难人员再就业援助呈现多层次、全方位特点

2005年，江西省依托街道社区劳动保障工作站，积极开发社区公益性岗位和单位工勤岗位，对就业困难对象提供有针对性的再就业援助活动。在全省开展了“再就业援助月”活动，集中为一批就业困难人员“送岗位、送政策、送技能、送服务，落实社会保险补贴”。先后举办了“春季就业再就业招聘大会”“民营企业招聘周”“工业园区技能岗位对接”和大学生招聘等活动，共提供各类就业岗位约93万个，有110万求职人员进场应聘，约30万人被录用，其中为就业困难人员提供的公益性岗位达到1.8万个。2005年下半年，对全省“零就业家庭”进行了摸底调查，建立了“零就业家庭”情况工作台账。省劳动保障厅、省财政厅联合下发了《关于做好“零就业家庭”就业援助工作的通知》，提出了8项措施对“零就业家庭”成员给予援助。

（五）积极稳妥推进“并轨”工作

2005年，江西省实际并轨13.11万人。省煤炭集团、建工集团、冶金集团、国防工办的3.36万人的并轨工作进入扫尾阶段。由于各地、各部门态度积极、工作稳妥、方法得当，保持了“并轨”人员的基本稳定，为实施新的就业政策奠定了良好的基础。

（六）统筹城乡就业，进一步完善就业服务体系

2005年，江西省各地按照劳动力市场“新三化”的要求，积极完善失业人员登记和免费就业服务、就业困难群体再就业援助、政府出资购买服务和培训成果、公共就业服务统筹管理4项制度，劳动力市场体系更加完善，街道（乡镇）劳动保障服务平台的作用更加

明显。在坚持公开、公平、公正原则的基础上，开始建立了培训补贴和免费职业介绍招投标运作程序，规范再就业培训基地管理，全年全省免费职介人数达到39.7万人，免费再就业培训16.81万人，其中创业培训1.77万人。充分发挥泛珠三角洲“9+2”劳务合作机制的作用，在省内培育了一批劳务输出基地，在省外开辟了一批劳务输入基地。到2005年底，在省内共建立了130多个具有特色的劳务输出基地，在省外建立了50个劳务输入基地，涌现出“资溪面包”“高安物流”“安义铝合金加工”等一批叫得响的劳务输出品牌。

二、社会保障制度更趋完善，社会保险覆盖面不断扩大

2005年是江西省社会保险工作实现新突破和较大发展的一年。下半年，由省劳动保障厅党组成员带队，赴9省市学习考察社会保险工作，对全省社会保险工作进行了督察，开展了社会保险宣传活动，成立了由厅领导牵头的完善社会保险政策研究小组，对社会保险事业发展进行了研究，进一步理清了社会保险工作思路。各地按照中央和省里的要求，采取有力措施，狠抓扩面征缴，连续3年保持了养老保险基金收入增长幅度大于支出增长幅度的良好势头。

（一）社会保险扩面工作取得新成绩

到2005年底，江西省参加养老保险的职工为281.96万人，同比净增10.13万人，其中缴费人数247.96万人，同比净增12.61万人；非公有制企业和城镇个体工商户从业人员参加养老保险的达75.4万人，同比增加17.37万人，增幅29.93%。参加医疗、工伤、生育保险的人数分别为276.75万人、153.61万人、117.84万人，分别比同期净增26.33万人、18.96万人、10.21万人。

（二）社会保险基金征缴实现新突破

2005年，江西省继续实行社会保险基金征缴任务政府责任制，进一步落实《社会保险费征缴暂行条例》和《社会保险稽核办法》，完善基金征缴激励机制，社会保险基金征缴工作实现了新突破。2005年，全省共征缴养老保险基金60.24亿元，同比增加10.21亿元，增长20.08%，养老保险基金增收总量首次突破10亿元大关，养老保险基金年增幅首次超过20%，并且连续3年实现了基金增收大于增支。全省共征缴医疗保险基金16.74亿元，同比增加3.4亿元，增长26.21%；全省共征缴工伤保险基金9 547万元，同比增加2 838万元，增长42.3%；全省共征缴生育保险费4 098万元，同比增加1 023万元，增长33.27%。全年共清理企业欠缴的养老保险费4.32亿元，大于同期新欠2.43亿元，首次实现清欠大于新欠。

（三）社会保险稽核工作迈出新步伐

2005年，江西省结合缴费基数的申报调整，在全省范围开展了社会保险申报缴费专项稽核活动。在行业自查的基础上，对金融、保险等行业单位进行了实地稽核，查出2004年度行业漏报缴费基数2.68亿元，少缴养老保险费7 512万元。各设区市进一步加大了社会保险稽核力度，到2005年底，各设区市书面稽核企业13 638户，实地稽核13 624户，查出少报、漏报缴费基数2.91亿元，少缴养老保险费8 162万元；查出冒领、多领养老保险待遇484人，冒领、多领养老金86万元，追回84万元。

（四）确保社会保险待遇发放取得新成果

2005年，江西省继续把确保发放作为首要任务，各级财政进一步加大对养老保险的支持力度，全年地方财政补助养老保险基金达6 562万元；加大了省级统筹基金的调剂力度，加强对参保农垦企业退休人员养老金发放的协调力度，建立了农垦企业离退休人员养老金发放监控制度，妥善解决了农垦企业养老金发放中的问题。通过努力，实现了当期基本养老金按时足额发放率和社会化发放率两个100%。到2005年底，全省参加养老保险的离退休人员达到105.47万人，同比净增5.55万人，增长5.56%。全年发放基本养老金64.56亿元，同比增加8.87亿元，增幅19.7%。

（五）社会化管理服务工作上了新水平

2005年，江西省11个设区市全部出台了社会化管理服务工作方案；制定下发了企业退休人员社会化管理服务操作规程和检查评估办法，组织开展了企业退休人员社会化管理服务工作检查评估，社会化管理服务工作水平得到了新的提高；启动了省直行业单位社会化管理服务工作，特别是开展的行业退休人员养老金资格认证工作取得了较好的成绩，查出死亡冒领人员1 164人、生存状况不明的离退休人员1 027人，及时停发了他们的养老金，挽回基金损失近千万元；进一步拓展了社会化管理服务内容，丰富了退休人员的生活。到2005年底，全省实行社会化管理服务的企业离退休人数达99.92万人，社会化管理服务率为97.29%，其中纳入社区管理的人数为79.12万人，社区管理率为79.12%。

（六）医疗保险管理取得了新进展

2005年，江西省在认真总结服务协议管理经验的基础上，对定点医疗机构协议管理的考评办法进行了完善，做好了定点医疗机构的信息收集和发布工作；研究制定了《江西省定点医疗机构信用等级评定办法的指导意见》，进一步加大了对定点医疗机构服务管理的力度；研究制定了《关于江西省城镇职工基本医疗保险费用结算办法的指导性意见》，继续把医疗保险费用结算管理作为医疗保险管理的重点，在保障职工基本医疗的前提下，较好地控制了医疗保险费用支出；建立了基本医疗保险基金收不抵支情况通报制度，加强了对基本医疗保险基金运行情况的宏观分析。认真贯彻落实《工伤保险条例》，加强了对定点工伤医疗机构和辅助器具配置的协议管理，基本实现了工伤保险的高起点、高标准运行。

三、“四大工程”建设开始启动，职业培训稳步推进

2005年，江西省各级劳动保障部门认真贯彻《劳动法》《职业教育法》《民办教育促进法》和国家发展职业培训的大政方针，积极推进职业资格证书制度、劳动预备制度和就业准入制度，培养了一大批适应经济建设需要的技能型劳动者，为提高劳动者素质，促进就业和再就业，推动经济和社会发展做出了积极贡献。

（一）“四大工程”建设开始启动，高技能人才培养工作稳步推进

2005年，江西省“四大工程”，即工业园区技能岗位对接、高技能人才培养样板基地建设、技能人才岗位成才示范和小企业孵化工程正式启动实施，取得了可喜进展。2005年4月，省劳动保障厅会同省财政厅、省农业厅、省扶贫办联合下发了文件，落实了补助资金，经过各技工学校的努力，全省首批财政补贴招收5 000名贫困地区初、高中毕业生已经在38所技工学校学习。根据省委、省政府关于在全省培育30个职业技能培训样板基地的要求，经过评估确定，赣州技师学院等14所院校、职业培训机构和企业培训机构为首批“高技能人才培训样板基地”。建立了省级优秀高技能人才表彰制度，4月省政府办公厅下发了《关于建立优秀高技能人才评选奖励制度的意见》，在全省组织开展了“江西省优秀高技能人才”的推荐评选工作，10月以省政府名义表彰首届20名优秀高技能人才。同时，在全省开展了百名“名师带徒”活动，共组织了134名技师、高级技师等“名师”带徒，并全部制定了带徒计划。12个省级创业示范基地建设不断加强，小企业孵化工程建设有了进一步发展。

（二）深化改革，技工学校发展取得突破性进展

到2005年底，江西省共有技工学校80所，其中民办技工学校10所，并在14所高级技校增设技术学院。全省技校全年招收新生39 360人，比2004年增长6.2%，其中招收高级班学生6 006人，同比增长29%。2005年还进行了天津职业技术学院在江西技校单独招生的组织工作，共有59名学生报名参加了

考试，录取了32人。社会对技工学校毕业生的需求有增无减，连续多年出现供不应求的局面，技校毕业生除在本省就业外，遍布珠三角、长三角和闽东南等地区，并向北京、山东等地辐射。

（三）大力开展职业培训和技能鉴定，积极推行职业资格证书制度

2005年，江西省职业培训和鉴定的实施网络进一步健全，全省各类职业培训机构达到780多个，其中民办职业培训机构681家；建立职业技能鉴定所（站）274个，考评人员达4 228人，遍及全省实行分级管理的职业培训和鉴定网络已经形成。全年开展各级各类职业培训55.86万人次，完成职业技能鉴定22.4万人，比2004年增长17.7%，实际培训新技师并参加了技师评审或鉴定的4 543人。技师社会化考评迈出可喜步伐，2005年参加考评人数达到了760人。在全省组织开展了民办职业培训机构检查评估，其中，对省级110家职业培训机构全部进行了检查和评估，合格92家，不合格18家。全省参加企业人力资源管理、物业管理、电子商务师等10个职业全国统一鉴定的人员首次突破万人，达到1.12万人，计算机高新技术考试人数达到2.9万人，比2004年同期分别增长38%和74%。同时，还进行了ATA智能化考试的试点工作，全省有5 362人参加了考试。

（四）积极开展职业技能竞赛和技能人才表彰，大力营造技能成才的社会氛围

2005年，江西省各地、各部门继续组织开展了形式多样的技能竞赛活动，推动了岗位练兵、技术比武活动的蓬勃开展。赣州市投入20多万元，举办了全市首届技术能手大赛，29个代表队的2 000余名选手参加了预赛，510名选手参加了车工等10个工种的决赛。在全省组织开展了“江西省优秀高技能人才”的推荐评选工作，叶健敏等20名优秀高技能人才将与“江西省突出贡献人才”一并表彰。此外，江西省还加强了考务管理系统和网站建设，12月将“江西职业培训鉴定网”变更为“江西省职业资格工作网”，为培训鉴定机构和社会提供培训鉴定信息发布、内部通讯、证书查询、题库反馈和考务管理等服务，全省累计有150万人次登录网站。

四、劳动关系协调力度加大，劳动者合法权益得到维护

2005年，江西省各级劳动保障部门按照中央和省里的要求，针对存在的突出矛盾，以建立和谐稳定的劳动关系为主线，以维护劳动者合法权益为重点，积极探索创新市场经济下协调劳动关系和管理企业工资分配的体制和机制，切实维护好劳动者在就业、保障、分配权益方面的合法权益。

（一）建立工资支付保障金制度，切实维护农民工的合法权益

2005年，江西省劳动保障厅针对部分用人单位克扣、拖欠农民工工资的现象，研究出台了《江西省企业工资支付暂行规定》，并会同省建设厅联合下发了《江西省建设领域农民工工资支付管理暂行办法》《关于在全省建设领域建立工资保障金制度的实施意见》，建立了工资支付保障金制度，从源头上治理和预防建设领域拖欠和克扣农民工工资的行为。据统计，全省已经有6个设区市收缴了农民工工资保障金1 864万元。各级劳动保障、建设、工会等相关部门密切配合，采取有效措施，认真开展专项检查，依法严厉查处拖欠、克扣农民工工资等违法行为。2005年，全省共出动执法检查人员1 598人，发放宣传资料18.32万份，开展法律咨询服务295次，检查用人单位7 380户，涉及劳动者92.97万人，其中农民工52.13万人，发现存在拖欠工资情况的用人单位1 718户，涉及农民工6.48万人，涉及金额5 590.46万元。通过检查，执法部门依法责令用人单位补发了6.43万名农民工的工资及赔偿金5 537.23万元，实施行政处罚32件，处罚金额24.66万元。

（二）妥善处理国有企业改革中的劳动关系，推进国有企业改革

2005年，江西省制定出台了《江西省人民政府关于省属国有企业改革职工安置若干问题的补充意见》《省属军工企业职工安置实施办法》《关于进一步做好在国有企业重组改制和关闭破产中维护职工合法权益工作有关问题的通知》等政策性文件，各设区市政府也出台了相关文件，使企业改革中的职工权益保护有据可依，并积极抓好了政策的落实，大力推进主辅分离、辅业改制安置富余人员工作。到2005年底，江西对中国石化、煤炭、钨业、江铜等9大行业54户辅业企业进行了改制认定，共安置职工14 984人，其中安置富余人员10 605人。

（三）大力推行劳动合同制度和集体合同制度，提高合同签订率

2005年6月，江西省人大在全省范围内开展了《江西省集体合同条例》执法检查，对部分设区市贯彻实施《江西省集体合同条例》的情况进行抽查。到年底，全省签订集体合同的企业18 341家，涉及职工184.2万人，其中国有、集体以及国有控股企业2 848家，涉及职工119.0万人；外商投资企业825家，涉及职工7.8万人；私营企业11 930家，涉及职工45.3万人；街道乡镇企业2 738家，涉及职工12.1万人。全省签订工资集体协议3 945份，企业6 972家。

（四）建立和完善三方会议机制，发挥三方会议机制作用

到2005年底，江西省11个设区市和100个县（市、区）全部建立了协调劳动关系三方会议制度。省、市、县三级协调劳动关系三方会议积极开展工作，对涉及企业、职工重大利益关系的各项政策法规出台，都进行及时协商，在研究协调重大劳动关系、指导和督促企业建立平等协商机制和集体合同制度、完善劳动争议处理体制等方面发挥了重要作用。

（五）加强企业工资法制建设，完善企业工资收入宏观调控

2005年，江西省健全了以工资指导线、劳动力市场工资指导价位、人工成本预测预警和最低工资标准为主要内容的企业工资收入宏观调控体系，发布了《江西省2005年企业工资指导线》，扩大了工资指导价位的职业（工种）范围，11个设区市发布了劳动力市场工资指导价位。

（六）积极推进劳动争议仲裁工作

2005年，江西省选择南昌市、吉安市、抚州市开展了劳动争议仲裁机构实体化建设试点工作，出台了《江西省劳动争议处理办法》，制定了《江西省劳动争议仲裁委托代理人试行办法》《关于提出仲裁反请求的案件程序适用中若干问题的意见》和《江西省劳动争议仲裁证据审核办法》。2005年，全省共受理劳动争议案件2 620起，结案率为93.3%。

（七）劳动保障监察执法力度加大

2005年，江西省积极探索预防和解决拖欠工资问题的长效机制。在做好举报专查、劳动保障年度审查、日常巡视检查的同时，劳动保障监察机构组织开展了依法签订劳动合同、社会保险扩面征缴、农民工工资支付、禁止使用童工、妇女儿童权益保护、劳动力市场清理整顿、技术工种持证上岗等专项执法检查活动。2005年，全省检查用人单位3.92万户次，督促用人单位缴纳社会保险费1.18亿元，补签劳动合同18.89万份，取缔非法职介机构86户，清退童工381人，接受群众举报1.86万起，立案1.12万件，为5.52万名劳动者追回工资6 261.3万元。

（八）切实做好劳动保障领域维护稳定工作

2005年，江西省各级劳动保障部门都普遍建立了维护稳定工作责任制，制定出台了《江西省涉及劳动保障方面群体性事件应急预案》，采取每个季度定期排查和专项排查相结合的办法，加强对不稳定因素专项排查，积极预防和妥善处理了一批信访突出问题。2005

年，厅长接待日共接待来访者402人次。

五、保持共产党员先进性教育活动取得实效

2005年，江西省劳动保障系统按照中央的要求和省委的部署，自1月27日开始至6月24日结束，开展了保持共产党员先进性教育活动，历时148天。整个教育活动，在省委和省委先进性教育活动领导小组的领导下，在省委督导组的指导下，省劳动保障厅党组和全厅党员以高度的政治责任感、良好的精神状态，积极投身到先进性教育活动之中，按照提高党员素质、加强基层组织、服务人民群众、促进各项工作的要求，制定和落实整改措施，做到规定动作不走样、自选动作有创新、整改措施较实在、检查验收重实效，取得了明显成效，基本达到了中央提出的目标要求。6月9日、10日组织的群众满意度测评，对全厅和13个党支部的满意、基本满意率均达到了100%。通过先进性教育，劳动保障的政风、行风建设和思想作风建设取得明显效果，工作水平和服务质量进一步提高，广大人民群众对劳动保障工作的满意度继续上升，全厅上下比学习、比工作、比奉献的良好风气正在形成。

（江西省劳动和社会保障厅）

山　东　省

2005年，山东省各级劳动保障部门在省委、省政府和各级党委、政府的正确领导下，坚持用“三个代表”重要思想和科学发展观统领全局，进一步加大就业再就业工作力度，积极推进社会保障体系建设，努力保持劳动关系和谐稳定，切实维护劳动者合法权益，劳动保障各项工作取得了新的进展。

一、就业再就业

2005年，山东省继续把扩大就业摆在经济社会发展更加突出的位置，以增加就业岗位为目标，以帮助困难群体再就业为重点，进一步强化政府责任，认真抓好各项就业政策的落实。全年共发放《再就业优惠证》18.9万本，累计享受优惠政策132.2万人次，减免各项税费5亿元。全省各级财政共安排再就业资金7.5亿元，其中省财政安排再就业专项补助资金9 000万元。发放小额担保贷款突破1.55亿元，扶持下岗失业人员8 187人。加强人力资源市场建设，充分发挥市场调节就业的基础性作用。全年共办理登记招聘292.6万人次，求职登记280.5万人次，提供职业指导177万人次，介绍成功162.6万人次。广泛开展送政策、送岗位、送技能、送服务活动，帮助“4050”等就业困难群体实现再就业。继续实施“西输东接”工程和“南下北上”行动，努力改善进城务工人员的就业环境，加快推进农村富余劳动力转移就业。全省呈现出就业规模不断扩大、就业质量不断提高、城乡统筹就业格局加快形成、就业局势基本稳定的良好态势，省政府确定的“11354”的就业目标任务全面完成。全省城镇新增就业131.9万人，完成全年目标任务的106.5%；农村劳动力转移就业169.2万人，完成全年目标任务的169.2%；下岗失业人员再就业46万人，完成全年目标任务的153%，其中“4050”等困难人员再就业10.1万人，完成全年目标任务的202%；期末实有城镇登记失业人员42.9万人，城镇登记失业率为3.35%，比上年减少0.07个百分点。全省劳服企业及社区就业实体达4 466家，从业人员26.6万人，当年新安置2.98万人。

二、社会保障体系

（一）养老保险

2005年底，山东省参加基本养老保险人数为1 302.5万人，其中，参保职工人数为1 053.9万人，参保离退休人数为248.2万人，分别比上年底增加67.4万人、16万人。企业（含其他）参保人数为1 027.4万人，其中参保职工833.8万人，参保离退休人员193.6万人，分别比上年底增加77.9万人、11.4万人。2005年企业离退休人员养老金全部按时足额发放，全年各地上报无拖欠。全省企业退休人员实行社会化管理人数为180.5万人，比上年底增加12.9万人；社会化服务率为98%，比上年底增加1.4个百分点；纳入社区管理的企业退休人员有140.8万人，占社会化管理人数的78%。全省基本养老保险基金收入360.47亿元，与2004年决算数相比（下同）增长16.7%，其中，征缴收入332.4亿元，比2004年增收51.5亿元，增长18%；基金支出296.27亿元，比2004年增长16.9%。2005年企业基本养老保险基金收入261.48亿元，企业基本养老保险基金支出197.67亿元。

（二）医疗保险

2005年底，山东省医疗保险参保人数为861.5万人，比上年底增加89.6万人，其中，参保职工人数为684.8万人，参保退休人员为176.7万人，分别比上年底增加66.4万人、23.1万人。医疗保险基金收入74.81亿元，支出55.37亿元，分别比上年增长34.44%、30.96%，期末累计结余60.55亿元。

（三）工伤保险

2005年底，山东省工伤保险参保人数为578.7万人，比上年底增加102万人。享受伤残待遇人数为42 766人，比上年增加17 548人。全省工伤保险基金收入4.42亿元，支出2.81亿元，分别比上年增长51.05%、51.39%，期末累计结余6.27亿元。

（四）生育保险

2005年底，山东省生育保险参保人数为461.2万人，比上年底增加70.5万人。享受生育保险待遇55 102人次，比上年增加7 609人次。全省生育保险基金收入3.78亿元，支出2.27亿元，分别比上年增长30.69%、2.47%，期末累计结余5.69亿元。

（五）失业保险

2005年底，山东省参加失业保险人数为771.1万人，比上年底增加23.6万人。累计领取失业保险金人数为52.1万人，比上年底增加1.7万人。失业保险基金收入23.52亿元，比上年增长13.72%；支出14.01亿元，比上年下降5.67%，期末基金累计结余40.25亿元。

（六）农村社会养老保险

2005年底，山东省参加农村社会养老保险人数达到1 070万人，当年收取养老保险费9.93亿元，养老金支出3.36亿元，基金累计59.88亿元。

三、企业工资分配

2005年，山东省企业工资分配宏观调控力度不断加大，企业工资指导线、劳动力市场工资指导价位、人工成本预警预测、最低工资保障“四项制度”逐步完善。2005年，全省城镇单位在岗职工平均工资16 614元，比上年增长15.9%。国有单位19 823元，增长23.7%；城镇集体单位11 474元，增长16.3%；其他所有制单位14 018元，增长16.6%。全省企业在岗职工年均工资15 512元，比上年增长13.1%。解决企业拖欠职工工资和拖欠进城务工人员工资工作力度不断加大。2003—2005年，全省共补发企业拖欠职工工资22.47亿元，2003年以前形成的历史拖欠基本解决。

四、劳动关系

2005年，山东省劳动关系三方协调机制建设步伐加快，多层次的调解体系初步形成。全省17市全部建立三方协调机制，88%的县（市、区）建立了相应机构，区域性和行业性协调组织达到149个。劳动合同管理日趋规范，劳动合同签订率不断提高，全省公有制企业劳动合同签订率达到99%，非公有制企业达到63%。集体协商机制稳步推进，全省有5 000多户企业开展工资集体协商谈判。

2005年，山东省劳动争议仲裁工作得到加强，劳动争议处理制度更加规范。2005年各级劳动争议仲裁委员会立案受理劳动争议案件25 976件，涉及劳动者61 507人，分别比上年增长21.9%、-6.7%。劳动仲裁实体化建设初见成效，青岛、临沂两市和庆云、昌邑等17个县成立了劳动仲裁院。

2005年，山东省以拖欠工资、企业军转复退人员劳动保障等问题为重点，切实做好劳动保障信访工作，妥善处理群体性事件，超前开展矛盾纠纷排查调处，维护了社会稳定。

五、职业技能培训与鉴定

2005年，山东省围绕建立完善多层次、市场化、社会化的职业培训体系，抓住高技能人才培养和提高劳动者就业能力两个重点，进一步加大培训力度，创新培训方式。“首席技师”选拔管理工作进展顺利，首批100名“山东省首席技师”已经确定，绝大多数市和半数以上企业建立了首席技师制度。“金蓝领”培训试点成效明显，有5 060名高级工获得技师职业证书。开展“百万职工技能竞赛活动”，全省全年新增高级技工7.24万人，新增技师1.79万人，高级工以上人员占企业一线职工的比例达到10%左右。技工学校布局调整、教学改革取得新进展，全省技校招生突破13.8万人，毕业生就业率保持在95%以上。民办职业培训机构发展到1 800多家，年培训人数达到48万人。“技能扶贫计划”顺利实施。协调省财政拨款1 500万元，对5 500名贫困家庭子女就读技工学校给予补贴。全年组织再就业培训28.9万人，培训后合格的25.8万人，合格率达90%。年末全省共有168所就业训练中心，培训各类人员44.1万人，结业39.7万人，结业后就业27.6万人，就业率为69.5%。

2005年，山东省大力推行职业资格证书制度，职业鉴定范围不断扩大。全年鉴定人数达到74万人，其中65万人获得不同等级的职业资格证书。

六、劳动保障监察

2005年，山东省加大监察执法力度，推进“一体执法”。全省劳动保障监察机构主动检查用人单位4.8万户，年检用人单位6.3万户，查处群众举报投诉案件1.8万起，责令用人单位补签劳动合同57万份，为109万劳动者补发工资待遇等4.4亿元，督促1.1万户用人单位补缴社会保险费7.2亿元。劳动保障部门会同公安、人事、工商等部门开展解决拖欠进城务工人员工资、禁止使用童工、清理整顿劳动力市场秩序等专项行动。加强社保基金行政监管和社会监督，实施现场监督的覆盖面超过60%，清理回收挤占挪用的违规违纪基金1 919万元。

七、“金保工程”建设

2005年，山东省省市联网进度加快，全省有9个市实现市县联网，4个市实现与城市社区网络的互联。17个市全部建立统一的数据中心，6个市开展失业登记和失业保险监测试点，养老保险监测数据实现了部、省、市间的定时上传、定时统计。

（山东省劳动和社会保障厅）

青 岛 市

一、社会保障制度改革

2005年2月，青岛市实施了新的《青岛市城镇职工基本医疗保险规定》，推行了以“总量控制、弹性结算”为主，以单病种结算、危重病大额住院医疗费补贴为补充的复合型住院结算办法，并将崂山、黄岛、城阳3区纳入市级统筹，提高了基本医疗保障待遇，建立了财政补贴机制，职工个人负担比例由24%下降到20%。2005年4月，青岛市出台了《青岛市农民工参加基本养老保险暂行规定》和《青岛市农民工工伤保险暂行规定》，实现了企业养老保险政策的全覆盖，并将农民工纳入参保范围，工伤保险制度更加完善。2005年9月，青岛市启动了企业年金制度，首批75户企业开始了年金试点。2005年11月，青岛市建立了社会保险储备金制度，按不低于土地出让收入的10%提取社会保险储备金，拓宽了社会保障筹资渠道；在胶州、胶南、平度、莱西、即墨5市建立了被征地农民基本养老保险制度，已有7.38万失地农民被纳入，参保率达42%。

二、就业再就业

2005年，青岛市城乡就业人数再创历史新高。全市实现城乡就业30万人，其中城镇失业人员就业15.4万人，同比增长9.2%；农村劳动力转移就业14.6万人，同比增长19.2%。年末登记失业率为2.96%，同比下降0.14个百分点，连续5年保持下降趋势。认真落实促进就业政策，千方百计开发就业岗位，保持了城乡就业形势的基本稳定。加快高技能人才培养，较好地满足了青岛经济发展对技能人才的需求。坚持城乡统筹就业，在全国率先提出了以政策扶持、管理服务、信息网络、职业培训和社会保障5大平台为主体的城乡一体的大就业工作思路。创新服务模式、服务理念和服务手段，通过完善企业用工需求监测制度，推行劳务对接6种服务新模式，有效解决了企业缺工问题。针对部分业务工作环节多、衔接不够紧密等问题，以实施劳动保障“一卡通”工程为手段，重新梳理就业服务业务，组织制定了70多项就业服务工作流程和工作线路图，将失业管理、职业介绍、就业管理、资金拨付等业务全部纳入了网络系统，实行网上申报、网上核拨、网上管理。

三、职业技能培训

2005年，青岛市分别培训失业人员、企业技术工人和农村劳动力4.7万、3.6万和7万人，同比分别增长9.3%、8%和75%。职业技能鉴定人数首次突破10万人大关，达到13.7万人，同比增长80%，其中技师、高级技师2 269人，同比增长152%。技工学校完成招生1.5万人，毕业生安置5 821人，安置率保持在98%以上。高级技校新校区2005年8月19日正式奠基。在2004年建成全省首个机电实训基地的基础上，服务业实训基地和智能化考试平台顺利竣工。

四、社会保险

（一）完善社会保障体系

2005年，青岛市通过交通银行代收个体、自由职业者及灵活就业人员社会保险费，参保人员可到交通银行任意一家网点办理登记手续，通过开设活期储蓄账户存折或银行卡作为缴费账户缴纳社会保险费，推动了基金征缴、扩面工作的快速发展。开展了社会保险无障碍缴费模式的试点工作。参保企业可以在任一社保经办机构办理参保人员缴费基数申报、人员增减变化、企业缴费月度申报、参保人员转移等社保业务，此举整合了现有经办服务，弥补了原先征缴模式存在的不足，实现了参保企业跨区办理社保业务的目标，提升了社会保险工作效率和服务水平。2005 年，青岛市正式启动了企业社会保险诚信等级评定工作，将社会保险信用等级划分为 A、B、C 三级，重点对及时办理社会保险登记、变更和年检手续，如实申报参保人数和缴费基数，对缴费基数进行公示并经职工签字确认，及时、足额缴纳社会保险费，依法接受并配合社会保险稽核等内容，按照百分制评分标准进行评定，评定结果在媒体上予以公布，规范企业的参保行为。青岛市还积极倡导“诚信医保”“和谐医保”理念，开展了定点医院信用等级评价活动，将各定点医院的医保管理服务工作与信用等级评定充分结合起来，通过对各医院实行 A、B、C、D 等级评定，分别给予不同的奖励和处罚，督促医院认真贯彻落实各项医保政策。与此同时，建立了住院费监控公示机制，定期将各定点医疗机构住院费用通过新闻媒体向社会公示，增强了他们的诚信意识，推动了医保工作的良性发展。

（二）社会保障扩面征缴

2005 年，青岛市企业养老、医疗、失业、工伤、生育保险参保人数分别达到 112 万人、162 万人、104 万人、94 万人和 89 万人，分别比 2004 年末净增 11.6 万人、21.6 万人、8 万人、11 万人和 17 万人。特别是企业养老保险新增缴费人员 24.6 万人，同比增长 35%；净增 11.6 万人，同比增长 16%，新增和净增人数均列全省第一。全市征缴企业各项社会保险基金 57 亿元，同比增长 18%；征缴市直和市内四区机关事业单位各项社会保险基金 10.5 亿元，同比增长 46.8%；征缴农村养老保险基金 3.95 亿元。基金总量的增长，保证了各项社会保险待遇按时足额发放。特别是企业养老保险在调整提高待遇导致支出大幅增加的情况下，仍做到了当期结余 4 000 多万元。

五、劳动工资管理

2005 年，青岛市内四区发布的工资指导价位数 481 个，发布了 60 个非全日制等服务业岗位的价位和 106 个交易价位。同时，对 26 个技术工种按技术等级进行了划分，五市三区也各自发布了本区市的工资指导价位。同时，通过对涉及 32.2 万名职工的 2 215 户企业的调查整理，制定了 16 个行业分经济类型、分行业的人工成本参考资料。根据国民经济发展和政府宏观调控目标，提出了 2005 年企业工资指导线基准线 13%、上线 20%、下线 4%，由市政府于 2005 年 6 月 6 日发布实施。2005 年 6 月，市协调劳动关系三方机制成立了工资集体协商指导委员会，根据青岛市行业分布情况设立了 3 个综合性调研组，重点做好企业经营状况、企业劳动定额、企业工资调整、劳动力市场价位 4 项评估工作，帮助和指导企业开展工资集体协商，签订集体合同。截至 2005 年底，全市共有 2 906 户企业实行工资集体协商，涉及职工 59 万人。2005 年，清理各类企业欠薪 11 388 万元，其中追讨农民工工资 4 000 万元，继续做到了历史零拖欠。

六、劳动关系调整

2005 年，青岛市各类企业签订劳动合同 139 万份，签订率达 97%，同比提高 1 个百分点。建立集体合同制度的企业达 5 827 户，涉及职工 119 万人，同比分别提高 8% 和 11%。实施了劳动合同备案与工资税前列支挂钩政策，制定了建筑业、餐饮业等行业的农民工合同文本，促进了劳动合同签订率的提高。建立集体合同数据库，对集体合同实行动态管理。

集体合同数据库按照12个区（市）和市直单位划分，设13个子信息库，每半年进行一次调整，做到自上而下同步管理，随增随减，实现了动态化管理。截至年底，青岛市国有企业已全面建立了集体合同制度，非公有制企业和改制企业建立集体合同制度的达5 827家，签订区域性行业性集体合同219份，覆盖职工119万余人，建制率达82%。规范企业改制、破产程序，严格审核把关，保证了改制、破产企业职工分流安置方案都经过职工（代表）大会的同意，维护了职工的合法权益。

七、劳动保障执法

（一）劳动保障监察

2005年，青岛市建成了全国首个劳动监察网格化、网络化监管系统。全市划分412个监管网格，采集录入了3.6万户用人单位的信息，建立了监管指挥中心并对执法车辆安装了GPS定位装置。全市查处劳动保障违法违规案件7 923件，同比增长71.8%；通过劳动监察清欠社会保险费1.86亿元，同比增长12%；追讨劳动报酬7 051万元，同比增长31%。

（二）劳动保障争议处理

2005年，青岛市劳动争议处理全面实现实体化。全市建立了14个劳动争议仲裁院，增加编制81名，成为全省首个全面实现实体化的城市，市、区二级劳动争议仲裁院建设全国一流。审结劳动争议案件6 577件，同比增加36%；通过劳动仲裁为劳动者追回各类待遇1.17亿元，同比增长43%；为用人单位挽回经济损失1 590万元，同比增长46%。

（三）劳动信访工作

2005年，青岛市结合贯彻落实《信访条例》，建立完善了一门式办公、一条龙服务、一次性解决的“三个一”信访模式，被市委、市政府在全市机关事业单位推广。全市两级劳动保障信访部门共为职工群众提供劳动法规政策咨询服务2.188万人次。

八、劳动保障法制与基础建设

2005年，青岛市组织开展了以严格依法行政、优质高效服务、办事公开透明、工作作风优良、监督机制完善为主要内容的创建优质服务窗口活动，各窗口单位进一步修改完善了窗口建设的工作内容，提升工作标准，规范工作程序，使服务环境明显改善，服务意识逐步增强，工作作风、办事效率和依法行政水平进一步改进。市劳动保障局以全面提高劳动保障依法行政水平为主线，主动参与协调重要和敏感性政策的调研制定，出台了《规范性文件管理办法》，制定了《劳动保障综合执法规程》和《自由裁量标准》，较好地发挥了立法、执法环节的综合协调作用。全市建立街道（镇）劳动保障中心173个，工作人员792人，场所总面积达28 000多平方米；建立社区（村、居）劳动保障服务站1 022个，聘用劳动保障协理员1 375人。信息网络进一步扩展，覆盖市、区、街、居2 000多台计算机工作站，数据量达300G，光纤总长800多千米；社会保险容灾系统和“一卡通”系统顺利建成。

2005年，青岛市劳动保障系统获国家、省、市级以上表彰奖励40多次，在全国、全省及全市各种会议上介绍经验40多次，省级以上媒体报道80多次，收到职工群众表扬信50多封。

（青岛市劳动和社会保障局）

河　南　省

2005 年，河南省各级劳动保障部门在各级党委、政府的领导下，认真贯彻落实科学发展观，进一步加大就业再就业工作力度，着力推进社会保障体系建设，切实维护劳动者的合法权益，积极构建稳定和谐的劳动关系，劳动保障工作取得全面进展，各项目标任务超额完成，多项工作创历史最好水平。

一、就业再就业目标任务超额完成，两项工作实现全国第一

2005 年，为推进就业再就业工作，河南省进一步完善再就业工作领导机构和工作机制，形成了纵向贯通、横向联动、领导主抓、部门协作、齐抓共管的再就业工作新局面；省政府下发了《河南省就业再就业工作目标考核办法》，将就业再就业主要指标纳入省政府目标考核体系；在各级政府的重视和支持下，通过各级劳动保障部门的艰苦努力和各部门的共同参与，极大地促进了再就业政策的落实，使全省就业再就业人数创历史新高。全省全年城镇新增就业人员 136.54 万人，完成年度目标任务的 160.6%；下岗失业人员再就业 64.67 万人，完成年度目标任务的 215.6%，其中“4050”人员再就业 17.86 万人，完成年度目标任务的 223.3%。全省城镇登记失业率 3.45%，低于 4.5% 的控制目标。全省新增就业人数和下岗失业人员再就业人数分别占到全国的 1/8 以上。

（一）突破下岗失业人员小额担保贷款难点

2005 年，河南省省委、省政府确定了全年发放小额担保贷款 7 亿元的目标任务，省政府拿出 7 500 万元省本级预算再就业补助奖金。省委常委、常务副省长王明义带头为下岗失业人员提供反担保，全省全年共有 18 803 名党员干部和公务员为下岗失业人员提供反担保。各级劳动保障部门推行担保机构与银行“一站式”办公和小额贷款限时办结制的做法，建立小额贷款与创业培训、信用社区相结合的良性互动工作机制，对创业培训合格、项目论证可行及信用社区推荐的贷款人取消反担保。全省全年共到位小额担保贷款担保基金 36 612.3 万元，发放小额贷款 9.83 万元，超额完成全年 7 亿元的目标任务。累计发放小额贷款 12.04 万元，累计发放总量和进度位居全国第一。

（二）全面落实再就业优惠政策

2005 年，河南省下岗失业人员再就业共减免税收 1.87 亿元，惠及 13.65 万名下岗失业人员。工商管理部门为 3.26 万名申办个体经营的下岗失业人员减免收费 3 180.87 万元。全省各地实际使用再就业资金 89 493 万元，其中社会保险补贴 17 864 万元，公益性岗位补贴 17 437 万元，职业介绍补贴 2 126 万元，再就业培训补贴 10 243 万元，劳动力市场建设 11 352 万元，小额担保贷款贴息 1 827 万元。2005 年，全省为 8.59 万名国有企业下岗职工发放基本生活保障资金 2.61 亿元，按时足额发放率和社会化发放率均保持 100%。

（三）努力搞好就业再就业服务

2005 年，河南省各级劳动保障部门按照劳动保障部的统一安排，开展了再就业援助月活动、春风行动、劳动力市场清理整顿专项行

动、技能岗位对接专项服务活动、民营企业招聘周等一系列再就业服务活动。各级公共职业介绍机构普遍开展了集求职登记、职业指导、职业介绍、档案管理、社会保险关系接续于一体的“一站式”就业服务，全年为下岗失业人员开展免费职业介绍95.54万人次，其中介绍就业成功59.93万人。各级公共就业训练机构坚持以就业为导向，不断提高培训的针对性和实用性，全年免费培训下岗失业人员48万人，培训后实现就业34.29万人。

二、养老保险制度进一步完善，企业离退休人员养老金按时足额发放

截至2005年底，河南省企业养老保险参保职工达538.3万人，居全国第7位，行业单位居全国第4位。全省全年征缴企业养老保险费134.8亿元，完成年度目标的124.8%，实现了企业养老保险连续3年当年基金征缴收入大于养老金支出；为177.2万名企业离退休人员发放养老金130.5亿元，按时足额发放率和社会化发放率继续保持100%。

按照省政府的安排部署，2005年7月1日起，河南省实行了全省企业职工基本养老保险市级统筹。积极向劳动保障部申请，该省被列为全国基本养老保险个人账户做实工作试点。认真做好企业办社会移交地方管理工作，第一批中央企业中石化南阳油田、濮阳油田、中石油一建中小学移交完毕。加快农村信用社系统职工参加省直统筹接收工作，完成了三门峡、安阳两市离退休职工条件审核工作。

2005年，河南省积极处理企业改制、事业单位转制等涉及的养老保险问题，结合勘察设计单位改革、水管单位的转制、粮食购销企业改革、干线公路养护体制改革、社会公益及农业类科研机构改革、乡镇机构改革、文化体制改革等，督促有关单位及时为职工接续养老保险关系。严格执行养老保险审批工作，全省全年审批退休退职职工15.02万人，其中正常退休职工11.34万人，特殊工种退休职工2.81万人，因病退休职工0.51万人，因病退职职工0.16万人，破产企业提前退休职工0.2万人。审批享受特殊贡献待遇160人，审批离休干部享受护理费110人。

三、失业保险扩面征缴稳步推进，下岗职工基本生活保障制席向失业保险制度实现并轨

截至2005年底，河南省参加失业保险的职工总数达到679.79万人，居全国第3位。全省全年失业保险基金收入12.02亿元，完成年度目标任务的150.3%，同比增收2.15亿元，增幅21.8%；全省月人均缴费13.9元，同比增加2.1元，增幅18%，基金收入和人月缴费连续7年保持两位数增长。全年支出失业保险基金10亿元，领取失业保险金人员达到43万人，符合条件的失业人员月均领取失业保险金251元，其中支出职业介绍和职业培训补贴5 340万元，向中心调剂资金3 835万元，帮助8万余名失业人员实现了再就业。截至年底，全省失业保险基金滚存结余22.88亿元，可保障40万名失业人员1年失业保险待遇的给付。

2005年，河南省积极稳妥推进下岗职工基本生活保障制度向失业保险制度并轨。年初在中心的8.59万名下岗职工全部出中心，有7.5万人通过再就业、进入失业保险、内部退养、协议保留社会保险关系等形式理顺劳动关系实现了并轨，占87%，完成了2005年出中心人员70%以上理顺劳动关系实现并轨的目标任务。

2005年，河南省失业保险基础管理工作和基层建设进一步加强。在新乡市进行失业保险市级统筹试点，实现了该市失业保险统一费率、费基，统一基金收支，统一业务经办，统一待遇标准，统一经办管理，所属县市区经办机构人、财、物统一上划，垂直管理。

四、医疗生育制度进一步完善，省直离休干部医疗保障制度运转平稳

截至2005年底，河南省基本医疗保险参保人数达到640.7万人，比上年增加50.7万人，增长幅度为8.6%，居全国第7位。生育保险参保人数达到228.3万人，比上年增加27.6万人，增长了13.8%。全省全年征缴医疗保险费40.9亿元，比上年增长23%；基金支出30.2亿元，比上年增长22%，其中统筹基金支出17.5亿元；积累医疗保险基金45.57亿元。全省全年征缴生育保险基金7 228万元，基金支出4 024.9万元，基金积累1.19亿元，享受生育保险待遇人数达到1.5万人。

2005年，河南省以基本医疗保险为主、各种补充医疗保险为辅的多层次医疗保障制度体系进一步完善。18个市级以上统筹地区出台了公务员医疗补助办法，所有省辖市级以上统筹地区均出台了企业补充医疗保险、大额医疗费补充保险办法，实现了医疗保险由建章立制到规范运行的转变。各地把解决国有关闭破产和困难企业退休人员医疗保障问题作为中心工作认真谋划，探索出了解决国有关闭破产和困难企业退休人员医疗保障资金的多种模式。郑州、焦作、三门峡、济源、巩义和灵宝等市采取建立财政支持机制由财政借支参保的筹资方式；鹤壁市采取大病医疗保险和大病医疗救助由财政分级补助的方式；南阳市对部分破产企业采取破产企业、主管部门和退休人员“三家抬”的共同筹资方式，对多数困难企业则采取职工和退休人员定额交费、捆绑参保的筹资方式；信阳市采取不足资金由财政兜底保证的方式等。截至年底，全省关闭破产和困难企业退休人员参加医疗保险人数达到了8万多人。

截至2005年底，河南省省直离休干部医疗保障参保单位491个、4 600人，其中：财政全供行政事业单位283个，3 302人；差供事业单位21个，258人；自收自支事业单位和企业187个，1 040人。全年征收省直单位离休干部医疗保障资金5 856万元，征收率达100%，医疗费支出16 400万元，人均医疗费支出3.36万元。针对离休干部就医费用不断上升的情况，河南省制定了“定额管理为主修正系数为辅、超支共同负担”的结算办法，月平均医疗费支出下半年平均下降7%。

五、工伤保险政策体系逐步建立，工伤保险工作机构基本健全

截至2005年底，河南省工伤保险参保职工达到404.1万人，较上年增加79.4万人，居全国第七位。全省全年征缴工伤保险费30 408.2万元，综合征缴率为95.8%，较上年增收8 345.8万元；全省享受工伤保险待遇人数15 407人，其中享受伤残待遇10 673人，职业病790人，因工死亡381人，供养亲属抚恤金3 563人；全年支付工伤待遇17 709.6万元，按时足额发放率达100%；工伤保险基金累计结存4.8亿元。

（一）具有河南特色的工伤保险政策体系逐步建立

2005年，河南省进行了《河南省工伤保险条例》立法调研，下发了《河南省工伤职工转诊转院管理暂行办法》等配套性政策。工伤认定工作初步理顺，全省共受理工伤认定申请6 975件，作出认定结论6 761件，按期结案率达99.9%。劳动能力鉴定工作平稳进行，全省作出劳动能力鉴定结论17 660件。

（二）工伤保险机构基本健全

截至2005年底，郑州、开封、三门峡、信阳、周口、驻马店、鹤壁等7个省辖市成立了独立的工伤保险行政管理机构，洛阳、三门峡、信阳、南阳、周口、驻马店、鹤壁等7个省辖市设立了独立的工伤保险经办机构，郑州市、洛阳市设立了独立的劳动能力鉴定机构。

六、劳动保障法制建设取得新进展，行政执法监督体系进一步完善

2005年，河南省配合全国人大开展了对《劳动法》执法的检查活动，对各地的“四五”普法工作进行了检查验收，促进了劳动保障法律法规的进一步落实。在全国首家以政府令形式发布了《河南进城务工就业人员权益保护办法》，得到劳动保障部的充分肯定。全省共检查各类用人单位5.65万户，接受群众举报投诉2.33万件，是2000年的3.1倍；为39.91万名劳动者追发工资待遇1.75亿元，督促用人单位签订劳动合同52.5万份，促缴社会保险费1.95亿元，清退风险抵押金507.7万元。在建立维权长效机制方面取得了新的突破，18个省辖市农民工工资保障金制度得到较好落实，收取农民工工资专项保障金达2.598亿元，支付农民工工资881万元，退还企业保障金1 233.5万元；5个省辖市开展了企业劳动保障诚信等级评价制度，首批对1 701家企业进行了诚信等级评价；全面实施了建筑工地农民工维权须知公告牌制度，发布了《河南省建设领域农民工工资支付日常监管办法》，建立了工资支付监管制度，农民工工资清欠工作取得明显成效。

七、调整机制不断健全，劳动关系保持总体和谐稳定

2005年，河南省进一步完善劳动合同制度和集体合同制度，《河南省劳动合同规定》列入省政府规章立法计划，下发了《关于加强建设等行业农民工劳动合同管理的通知》，针对农民工流动性强等特点制定了《农民工劳动合同书》示范文本。截至年底，全省国有集体、城镇其他企业、乡镇企业、私营企业、个体工商户的劳动合同签订率分别达到97.1%、87.7%、80.7%、81.8%、55.7%，农民工劳动合同签订率为58.9%。全省有1.1万户企业开展了工资集体协商，覆盖职工144.28万人。全省全年审查通过集体合同达1.45万份，涉及职工336.2万人。全省省、市、县（市、区）3级共建劳动关系三方协调组织112个，其中县（市、区）建立三方协调组织94个。

为健全企业工资收入分配宏观调控体系，河南省将月最低工资标准调整为480元/月、400元/月、320元/月，小时最低工资标准调整为7元/小时、6元/小时、5元/小时；发布了全省2005年工资指导线，三门峡、开封、郑州、驻马店、焦作、新乡、洛阳、南阳、平顶山、许昌、安阳等11个省辖市发布了当地劳动力市场工资指导价位信息。2005年，全省在岗职工平均工资13 969元，比2000年的6 930元增加7 039元，增长一倍多，年均增长15%。

2005年，河南省加大劳动争议处理和调解工作力度，及时化解劳资纠纷。全省全年劳动争议仲裁案件立案10 214件，是2000年的2.6倍；接待职工来访22.8万人次，是2000年的1.8倍，较上年减少2.2万人次；处理来信4 042件。来信来访总量的明显回落表明全省劳动关系进一步和谐稳定。

八、人才强省战略得到落实，职业技能培训取得明显成效

2005年，河南省进一步落实《省委、省政府关于加强技能人才队伍建设的实施意见》和劳动保障部《三年五十万新技师培养计划》，实施3年2万新技师培养计划和2005年7 000名新技师的培养目标，全省全年新考评技师7 573名，比上年增长31.6%，评选“河南省技术能手”200余名。

（一）进一步加大技工学校建设力度

2005年，河南省新建技工学校12所，使全省技工学校总数达到173所，其中国家重点技工学校37所，省（部）级重点技工学校23所。全省技工学校在校生总数达到17.27万人，其中高级工班学生1.99万人；当年毕业生3.59万人，当年就业率达到96%；全年招收新生7.54万人，完成全年招生计划的142.3%，其中招收高级班新生9 171人，技师班新生786人，招生总量居全国前列。

（二）做好民办职业培训和企业在职职工培训工作

2005年，河南省民办职业培训机构达到1 274家，全年共培训各类技能人才45.6万多人。各用人单位全年培训职工35万人次。

（三）进一步加强职业技能鉴定工作

2005年，河南省共有28万多人参加了各级各类职业技能鉴定，比上年增长20%，其中24.7万人取得职业资格证书，比上年增长17.73%。

九、劳务输出总量继续保持全国首位，劳务输出工作体系和服务体系建设步伐加快

截至2005年底，河南省农村劳动力转移规模达到1 557万人，较上年增加146万人，占全省农村劳动力总数4 700万人的33%，占农村富余劳动力总数2 800万人的56%。输出到省外999.6万人，其中东部地区578万人，中部地区256.6万人，西部地区165万人；省内转移554万人，其中县内就地转移的267万人；境外就业（含外派劳务）3.4万人。全省全年实现劳务收入730亿元，较上年增加117亿元，劳务收入已占到全省农民人均纯收入的40%以上。

截至2005年底，河南省有15个省辖市和80%的县建立了劳务输出领导小组和劳务输出工作机构，68个县（市）建立了县、乡、村3级劳务输出服务网络，全省87%的乡镇建立了农村劳动力资源数据库或台账，在沿海等主要劳务输入地建立了338个驻外劳务办事机构。2005年，省劳动保障厅出台了《关于加快劳务输出基地县技工学校建设的意见》，提出利用3年的时间，在60个劳务输出基地县普遍建好一所技工学校的工作目标；先后与福建省联合举办了“河南、福建劳务协作洽谈会”，与新疆建设兵团举办了“2005年河南·新疆兵团摘棉劳务合作洽谈会”。

2005年，河南省各级劳动保障部门发挥自身优势，依托所属技工学校、就业训练中心、民办职业培训机构等，大力开展转移就业培训。全省全年累计培训农村劳动力717万人，较上年增加127万人，其中，职业技能培训266万人，较上年增加84万人；引导性培训451万人，较上年增加41万人。开封市政府拿出1 000万元，采取向农民发放培训券的形式，用于农村劳动力的免费职业技能培训。

十、劳动保障信息化建设有了突破，试点工作进展顺利

为保证“金保工程”核心应用软件统一本地化的需要，2005年，河南省进一步规范公共基本信息的录入和管理，整合社会保险公共业务，处理好劳动就业与社会保险两大业务领域之间数据的区别与关联，完成了河南省劳动保障业务规程的初稿。依据劳动保障部颁布的数据指标体系，制定了河南省181项基础数据标准和3 124项业务数据标准，提出了数据整合指导意见。许昌、漯河、鹤壁、洛阳、周口、濮阳开始对分散在各业务口的数据进行整合。

（河南省劳动和社会保障厅）

湖 北 省

2005年，是“十五”时期的最后一年，也是劳动保障工作取得较快发展的一年。这一年，湖北省劳动保障部门全面落实科学发展观，围绕构建和谐社会，进一步加大就业再就业工作力度，积极推进社会保障体系建设，建立和谐稳定的劳动关系，切实维护劳动者的合法权益，各项工作取得了新的进展。

一、就业再就业

2005年，湖北省城镇就业总量不断增长，就业调控水平得到提升。省政府继续把扩大就业作为宏观调控的重要指标，连续两年将城镇新增就业列为“为民办实事”之首，全省坚持实施积极的就业政策，认真落实各项扶持措施，城镇新增就业人数稳步增长，就业结构进一步改善，国有企业职工下岗失业高峰期平稳度过。2005年，全省城镇新增就业人员65万人，超额完成省政府确定的60万人的目标任务；47万名下岗失业人员实现再就业，其中，帮助困难人员再就业13.4万人；劳动保障部门组织劳力输出44.3万人；城镇登记失业率为4.3%，低于4.5%的控制目标。

“十五”期间，湖北省城镇新增就业248万人，完成目标任务180万的138%，帮助近200万名下岗失业人员实现了再就业。据省统计局调查，近几年全省呈现出从业人数小幅攀升、实际失业率逐年下降、二三产业从业比重稳步提高、就业形式日益多样的可喜局面。

二、社会保险

2005年，湖北省劳动保障厅在总结7个试点县乡镇事业单位养老保险改革的基础上，报请省政府出台了28号文件，在全省全面推行。同时，研究提出了建立被征地农民基本生活保障制度意见，启动了监狱系统、农村信用社系统的参保工作。全省养老、失业、医疗、工伤、生育保险分别扩面新增51万人、28万人、49万人、53万人、9万人；五险参保人数分别达到804万人、390万人、502万人、230万人、176万人。其中养老、医疗保险参保人数分别比2000年底增长40%、300%。全面推行五险“统一申报核定、一票征收”，养老保险个人缴费比例逐步调整到8%，社会保险基金规模大幅增长。全年征收社会保险费192亿元，比2000年的72亿元增加120亿元，翻了一番多。两个确保不断得到巩固，确保了195万离退休人员和186.6万失业人员的基本养老金和失业保险金按时足额发放。

三、职业培训和鉴定

2005年，湖北省坚持以就业为导向发展职业技能培训，大力实施技能型人才培养工程、农村劳动力技能培训工程、再就业培训工程，积极推进职业资格证书制度，不断拓展职业培训领域，扩大技能鉴定规模，技校招生规模逐年攀升，市场化、社会化的职业培训体系初步形成。2005年，共组织城乡各类技能培训105万人次，其中，组织再就业培训37万人，创业培训3.6万人，农村劳动力转移培训40万人，技工学校招生6.8万人；组织职业技能鉴定发证27万人次，其中，对农民工鉴定发证约24万人。技能劳动者总量从2000年底的210万人增加到350万人（含行业），其中高级工占19%，技师和高级技师占4.5%。

四、劳动关系协调和维护社会稳定

2005年，湖北省坚持劳动关系微观调整和宏观调处有机结合，城镇企业劳动合同签订率逐年提高，集体合同制度覆盖范围稳步扩大，劳动关系三方协商机制建设取得突破。依法加强劳动保障监察，全面建立建筑企业工资支付保障金制度，探索建立用人单位劳动保障诚信等级评价制度，重点加大对社会保险费的追缴和农民工工资的清欠力度。“十五”期间，湖北省督促用人单位补缴社会保险费2亿多元，累计清欠农民工工资5.5亿元，其中2005年全省农民工工资拖欠案件发生数、涉及人数和拖欠金额分别比上年同期下降67%、68%和73%。加强劳动争议仲裁机构能力建设，不断提高办案质量，2005年，全省累计立案6 852件，结案率达到95%以上。职工工资水平保持快速增长，2005年全省职工平均工资达到12 087元，比2000年的6 308元提高90%以上。各级劳动保障部门积极参与企业改组改制，加强政策指导，搞好职工安置方案审批和跟踪服务，在全省国有企业改组改制累计达1.7万多户、涉及职工280多万人的情况下，总体保持了企业和社会稳定。

五、劳动保障法制建设

2005年，湖北省人大对《湖北省劳动力市场管理规定》部分条款进行了法律性书面解释，为劳动保障监察执法提供了法律依据；省政府出台了《湖北省劳动合同规定》；省政府调整了全省最低工资标准，从240～400元提高到280～460元。按照全国人大和劳动保障部的统一部署和要求，省劳动保障厅配合省人大进行了《劳动法》执法大检查。同时，开展了对劳动保障监察条例执行情况的检查，从检查情况看，劳动保障监察条例在全省得到较好的贯彻执行，为维护广大劳动者的利益发挥了应有的作用。认真做好行政复议和行政应诉工作，全省共受理行政复议申请37件，审结29件。认真贯彻《行政许可法》，清理规范了行政审批和收费项目；实行政务公开，建立并落实执法监督责任制、执法评议考核制、过错追究责任制，行政复议、应诉案件得到及时办理，依法行政取得实效。

六、劳动保障基础建设

2005年，湖北省的“金保工程”建设全面启动实施，劳动保障信息网开通运行。乡镇、街道、社区劳动保障工作平台基本建成，并不断完善。全系统干部职工教育培训制度化，保持共产党员先进性教育活动成效明显，优质服务窗口创建活动取得实效，广大干部职工的为民服务意识、政策业务水平进一步提高。

（湖北省劳动和社会保障厅）

湖　南　省

2005年，湖南省劳动和社会保障工作在劳动保障部的指导和省委、省政府的领导下，按照构建社会主义和谐社会的总体要求，不断促进就业和再就业，努力扩大社会保险覆盖范围，加速推进政策法规建设，积极改善劳动关系，切实维护劳动者合法权益，圆满完成了“十五”计划任务，劳动保障工作得到了全面发展。

一、就业再就业

（一）就业规模继续扩大

2005年，湖南省从业人员3 801.8万人，比2004年增加54.7万人，增长1.5%。其中，农村从业人员2 789.88万人，基本稳定在2004年的水平；城镇从业人员1 011.92万人，增长6%。全年城镇新增就业57.56万人，下岗失业人员再就业34.22万人，其中，安排大龄就业困难对象（“4050”人员）再就业8.39万人，均超额完成了省政府下达的为民办“八件实事”的目标任务。城镇登记失业率为4.3%，比2004年略有下降，实现了控制目标。

（二）就业结构调整力度加大，农业劳动者向非农产业转移步伐加快

2005年，湖南省第一产业从业人员1 824.86万人，比2004年减少71.17万人，占从业人员总量的48%，下降了2.6个百分点；第二产业从业人员855.41万人，增加16.06万人，占22.5%，上升0.1个百分点；第三产业从业人员1 121.53万人，增加109.81万人，占29.5%，同比上升2.5个百分点。

（三）城镇社区就业稳步扩大

2005年，湖南省共兴办社区就业实体2 172个，创建了271个“最充分就业社区”，共开发社区就业岗位19.73万个，安置下岗失业人员15.85万人。

（四）劳动力市场建设进展加快

2005年，湖南省职业介绍机构健康发展。各类职业介绍机构达到852家，其中，劳动保障部门办557家。进入各级劳动力市场招聘的用人单位提供就业岗位91.25万个，进场求职登记人数137.93万人，职业介绍成功49.17万人（其中，下岗人员9.8万人，失业人员18.92万人），介绍成功率为35.6%。县以上公共职业介绍机构全年共组织了2 702场次劳动力招聘洽谈会，有4.3万家单位进行现场招聘，进场求职人数36.7万人，达成用工协议11.36万人。同时，劳动保障事务代理工作和劳务派遣工作取得进展。全省全年累计接受托管档案47.43万份，其中，2005年新增16.45万份；代办社会保险28.5万人，增长34.4%。14个市州职业介绍服务机构代理劳务派遣业务，派遣单位573家，累计派遣劳务人员3.9万人。境外来湘就业的外国人290人，增长25%；港澳台人员8人。

（五）农村劳务输出成效显著，劳务经济较快发展

2005年，湖南省农村外出务工人员达到912.23万人，新增外出务工人员83.13万人。其中，省外就业711.5万人，占78%；省内就业200.7万人，占22%。务工总收入590亿

元，增长18.6%；人均年务工收入6 468元，比2004年增加468元。

二、社会保险

（一）企业职工养老保险工作取得重大进展

2005年，湖南省企业职工养老保险扩面工作成效显著，基金征缴稳步增长。参保企业29 112户，参保职工369.15万人，比2004年增加15.36万人。征缴基本养老保险费90.08亿元（含清收企业欠费6.21亿元），比2004年增加5.98亿元，基金征缴率为97.59%。同时，企业退休人员社会化管理服务工作稳步推进。实行社会化管理人数达到146.40万人，比2004年增加9万人，其中直接纳入社区管理人数95.75万人，占65.4%。

（二）机关事业单位养老保险制度改革平稳发展

2005年，湖南省机关事业单位养老保险参保人数达到154.26万人，比2004年增加1.73万人。征缴养老保险费46.24亿元，发放养老保险金43.75亿元，保证了全省42.51万名机关事业单位参保离退休人员基本养老金的发放。

（三）失业保险稳步发展

2005年，湖南省失业保险参保人数382.68万人，比2004年增加2.18万人，增长0.57%；征缴失业保险费7.09亿元，增长7.8%。

（四）医疗、工伤、生育保险全面推进

2005年，湖南省医疗保险参保职工503.35万人（其中，在职职工356.8万人，退休职工146.55万人），比2004年增加26.39万人，增长5.5%；征缴基本医疗保险费（含统筹基金、个人账户）45.3亿元，支出33.9亿元。工伤保险参保人数228万人，征缴工伤保险费2.23亿元，支出0.82亿元。生育保险参保人数250万人，征缴生育保险费1.69亿元，支出0.82亿元。

（五）社会保险基金监管力度加大

2005年，湖南省受理举报案件567起，处理结案560起，举报案件涉及欺诈冒领金额223.68万元，通过各级开展稽核监督工作，发现欺诈冒领基金551.6万元，共追回冒领金额553.45万元。基金现场监督工作得到加强。组织现场监督2 586次，派出监督检查人员5 346人次，检查单位2 534家，共追回历年违规、违纪挪用基金6 570.15万元。

三、劳动保障法制与监察

（一）劳动保障法规体系不断完善

2005年，湖南省制定出台了《湖南省劳动保障监察条例》等地方法规，进一步健全和完善了劳动保障法律法规体系。2005年，省劳动保险厅受理行政复议案件26件，结案23件，按时办结率达100%。

（二）劳动保障监察执法工作进一步加强，监察案件处理成效显著

2005年，湖南省依法受理群众举报案件3 424件，结案3 253件，结案率达95%；检查用人单位17 771家，查处违法案件3 171件，补签劳动合同8 397份。特别是年底在全省范围内开展了追讨农民工工资的执法大检查，取得了显著成效，共追讨拖欠的农民工工资1.04亿元，切实维护了进城务工农民的合法权益。

四、劳动争议仲裁

2005年，湖南省劳动争议仲裁工作不断加强，办案质量和结案率明显提高。各级劳动争议仲裁机构共立案受理劳动争议案件7 026件，在法定办案时限内结案6 979件。省、市、县三级劳动争议仲裁委员会还通过庭外和解方式处理劳动争议5 062起。省本级劳动争议仲裁委员会全年共立案受理150起，结案150起，结案率达100%，通过庭外调解方式处理劳动争议320起。

五、劳动合同与工资分配

（一）各类单位劳动用工行为进一步规范

据抽样调查，2005年，湖南省劳动合同签订率为90.5%，其中，国有及国有控股企业劳动合同签订率为98%，机关事业单位工勤人员劳动合同签订率为85%；集体企业为92%；外商投资企业为73%；私营企业为17%；其他经济类型企业为40%。

（二）职工工资总额稳步增长

2005年，湖南省城镇职工工资总额为616.86亿元，比2004年增长13.4%。其中，国有经济单位426.50亿元，下降1.5%；城镇集体单位33.17亿元，增长6.3%；其他经济类型单位157.19亿元，增长97.5%。职工平均工资显著提高。全省全部职工平均工资达到13 718元，比2004年增长19.7%，其中，在岗职工平均工资15 659元，增长12.4%。国有经济单位职工年平均工资14 521元，增长19.3%；城镇集体单位为8 355元，增长34.2%；其他经济类型单位为13 522元，增长16.6%。

六、职业培训和技能鉴定

2005年，各类技工学校达到147所（含民办职业培训学校办的技工班），其中，高级技校22所。在职教职工8 955人，比2004年增加825人。其中，高级讲师1 065人（含高级实习指导教师136人），增长10.7%；讲师2 298人（含一级实习指导教师548人）；技师、高级技师353人，增长39%。在校生12.2万人（其中农村户口10.4万人），增长17.9%。招生6万人（其中农村户口5.1万人），增长14.3%。毕业生就业率为92.5%。

2005年，湖南省民办职业培训机构达到798个，比2004年增加82个，增长11.5%。在职教职工11 995人，增长35.4%，其中，教师9 055人，增长30.9%。培训人数30.8万人，增长45.5%。

2005年，湖南省实施职业技能培训的人数达134万人，其中，培训下岗失业人员28万人，劳动预备制人员18万人，农村劳动力转移就业人员34万人，企业在职职工54万人。“百万培训工程”计划顺利完成。

2005年，湖南省共有鉴定所（站）437家，取得考评员资格3 843人。全年共鉴定35万人，取得职业资格证书的27万人，增长11.9%。其中，取得高级职业资格证的2.2万人，取得技师资格证的6 080人，取得高级技师资格证的426人，增长50.5%。

七、劳动保障信息化建设

2005年，湖南省劳动保障信息化建设平稳发展。规范了社会保险统一征缴软件、工伤生育系统软件和社区劳动保障信息管理平台软件，开发和推广了湘西贫困地区劳动力技能培训管理信息系统软件。完成了失业登记和失业保险监测系统部省联网工作。顺利实现了省与市州失业保险联网数据传输。劳动保障视频会议系统和网站建设得到加强。全年召开电视电话会议14次，网上发布政务信息200多条，政策信息100多条，劳动保障公众信息网站累计点击量达到130多万人次。

（湖南省劳动和社会保障厅）

广　东　省

2005年，广东省劳动保障部门在各级党委、政府的领导下，全面落实科学发展观，按照国家和省的各项决策和工作部署，奋力拼搏，扎实推进，圆满完成全年工作任务，全面实现“十五”发展目标，为“十一五”发展打下了坚实基础。

2005年，广东省劳动保障部门认真开展保持共产党员先进性教育活动，党员素质得到提高，基层党组织建设得到加强。完成了对全省劳动保障局长的业务轮训工作。开展社保经办机构业务建设活动，出台了一系列便民措施，提高了管理服务水平。省劳动保障厅综合服务大厅、广州市医疗保险服务管理中心、深圳市劳动保障局市民服务中心服务窗口等10个窗口单位被评为全国劳动保障系统优质服务窗口单位。

一、劳动就业

（一）就业再就业工作目标任务顺利完成

2005年，广东省城镇新增就业岗位101.4万个，完成年度计划（80万个）的126.75%；国有企业下岗失业人员实现再就业11.3万人，“4050”人员实现再就业3.5万人。全面完成了2 400多家民办职业培训机构的检查工作。年末，全省从业人员总数5 023万人，比上年增长7.3%；国有企业下岗失业人员减至4.7万人，比上年减少65.45%。年末，城镇登记失业率为2.58%，下降了0.1%。全省共为17.5万多名再就业的下岗失业人员减免了税收和行政事业性收费，共帮助12 747户“零就业家庭”的12 766名下岗失业人员实现再就业，向1 715名下岗失业人员发放小额担保贷款3 322.5万元。全省共开发社区就业岗位21.26万个，公益性岗位8.79万个，安置下岗失业人员8.02万人，帮助3.5万名妇女实现就业再就业。全省共安排劳动力市场建设资金1.26亿元，42.7%的街镇劳动保障工作机构实现了与省、市、县（区）劳动力市场信息联网，珠三角地区的劳动力市场信息网络连接到了居（村）委。全省所有街道和98.7%的乡镇建立了劳动保障工作机构。全省建立农村劳动力培训基地170多个，就业基地120多个。全省共安排再就业专项资金14.3亿元（其中省财政安排7.63亿元），其中，小额担保贷款资金4 113万元，社会保险补贴2.83亿元，公益性岗位补贴9 015万元，再就业培训和职业介绍补贴1.98亿元，技工学校基本建设经费2.37亿元。全年共为51万人次的高校毕业生提供了各项就业服务。还举办专场招聘会60多场，提供就业岗位5万多个，进场应聘的高校毕业生超过10万人次，达成就业意向2万多人。

（二）劳务扶贫效果显著

2005年，广东省大力帮扶省内欠发达地区和省外的广西、贵州、重庆3省市，采取多层次结对挂钩帮扶；加快劳动力市场信息网联网和远程见工系统建设，畅通信息引导和求职招聘渠道；加大物资资金援助，夯实劳务输出工作基础；实行“订单式”培训、“基地化”运作等措施，效果显著。到年底，省内欠发达地区劳务输出600多万人，年创造劳务收入500多亿元，帮助3万多户贫困家庭通过劳务输出实现脱贫。广西、贵州、重庆3省市在粤务工人数超过360万人，年创造劳务收入接近400亿元；同时，帮助劳务输出地培养了大批技能型和管理型人才。

（三）泛珠三角劳务协作取得新进展

2005年，广东省成功参与组织举办第二届泛珠三角劳务合作联席会议暨广东、四川两省劳务合作对接交流活动。签订《泛珠三角区域劳务合作计划》《泛珠三角区域九省区劳动力市场信息联网合作意向书》和《泛珠三角区域维护跨省区务工人员合法权益联动协议》，进一步完善泛珠劳务合作的基本内容、组织体系和运行机制。组织随同广东省党政代表团赴琼、黔、滇3省开展劳务合作交流，围绕输出劳动力、建立信息联网制度、建设远程招聘系统等方面，达成172项协议，商定建立劳动力供应输出基地140个。

（四）百万农村青年技能培训工程全面实施

2005年，广东省全面组织实施由张德江书记亲自命名并倡导的“广东省百万农村青年技能培训工程”。工程规划到2010年全省培训农村劳动力270万人，转移农村劳动力480万人。自2005年8月31日省政府正式启动工程到年底，通过实行“订单式”培训、“基地化”运作、“一条龙”服务和“品牌化”带动等措施，全省共举办减免费技能培训班2 228个，培训工种近50个，参加免费培训的贫困户劳动力和农村青年达104 064人，已安置97 820人。工程的实施加快了广东省农村劳动力的转移就业步伐，全年转移81.6万人，为历年最高。

（五）技工教育蓬勃发展

2005年，广东省有技工学校191所，其中国家级重点技校35所，高级技校24所（16所加挂了技师学院的牌子）。全省技工学校招生数和在校生数分别达到12.9万人和33万人，两项指标继续在全国处于领先地位。2005年毕业生就业率达98.12%。第一批5 000名智力扶贫生已顺利毕业并实现100%就业的目标，月平均收入800～3 500元，其中半数都在1 000元以上；省委作出了从2006年起“省财政每年资助1万名困难家庭子女接受技工学校教育，建立‘智力扶贫’长效机制”的决策。支持社会力量兴办技工教育，民办技校发展迅速，目前全省民办技校21所，占全省技校总量的12.9%，在校生近3万人。民办技校用实际行动积极承担扶贫助学义务，省华立技工学校招收了188名内蒙古的扶贫生，学习费用全部由学校负责。与香港训练局合作，组织5批全省各技校优秀教师100多人次赴港学习、交流考察；与加拿大教育服务公司首次成功合作，24位教师赴加拿大南阿尔伯特职业学院为期4个月的专业学习；与德国汉斯·赛德尔职业培训合作有了实质进展，选派了3名技校教师，免费到湖北省参加赛德尔基金会举办的为期一年的机械专业工长（德国技师）培训班学习。积极引进“利用外国政府软贷款引进奥地利数控设备及培训课程项目”，获得奥方提供的1 800万欧元全额软贷款，实现了广东省技工教育吸引外国资金贷款零的突破。

（六）职业技能开发和鉴定有新突破

2005年，广东省鉴定工作实现了“三个突破”：鉴定人数突破100万，达108.1万人次，获证79.8万人次，同比增长12.8%和8.1%，两项指标连续8年居全国第一，其中各类院校学生参加鉴定的41.7万人次，占总人数的38.66%；高级工鉴定突破10万，达11.4万人次，同比增长34.9%；新技师鉴定突破2万，达2.1万人次，同比增长65.3%。在全省参加鉴定的总人数中，有8.64万人次获得高级工以上职业资格证书，其中1.02万人次获得技师以上职业资格。鉴定中心项目建设进一步加快，已经征地504亩，确定了总体规划设计方案。鉴定区域合作建立了新机制，成功召开了东南5省职业技能鉴定合作首次联席会议，与江苏、浙江、福建、湖南等省达成了优势互补、互利共赢的合作伙伴关系。成功组织了“2005东部地区职业技能竞赛广东选拔赛”，组织选送的广东选手获总决赛团体第二名（18名选手中有5名获得金奖，6名获得银奖，2名获得铜奖，其中还有4人被劳动和社会保障部授予“全国技术能手”称号）。与澳门生产力暨科技转移中心签署了国家职业资格证书考试合作协议，在港澳合作开展鉴定试点工作取得新成效。全省共批准设立高技能人才实训基地50家，培养高级工以上人才13.55万人；共建立创业培训示范基地15个，培养创业师资198人，培训学员24 369人，7 109人成功创业，创造就业岗位55 596个。劳动保障部门会同有关部门开展了广告设计、电工、邮政营业、邮政分拣、焊工等16个职业（工种）的职业技能竞赛活动，45名优秀选手被授予“广东省技术能手”称号。

（七）企业工资分配体制进一步健全

2005年，广东省企业工资支付行为进一步规范，1月19日省人大通过了《广东省工资支付条例》，5月1日正式实施。全省21个市最低工资标准全部调整到位，最低工资制度不断完善。开展了《广东省最低工资课题研究》，提出了新的最低工资标准测算办法和模型，课题研究成果顺利通过了评审，报告得到了劳动保障部和省有关专家、学者的高度评价和充分肯定。劳动力工资指导价位信息网络基本建立，18个市建立了劳动力市场工资指导价位制度，深圳、广州等市颁布的工种信息范围不断扩大，深圳市分16个行业11个类别公布了500个工种的价位信息。职工收入稳步增长，全年在岗职工工资总额1 991.07亿元，比上年增长12.4%。在岗职工年平均工资23 900元，增长13.1%。

（八）劳动关系调整工作稳步推进

2005年，广东省签订劳动合同职工人数1 624.8万人，签订率为85%；全省签订的当期有效集体合同2.76万份，涉及职工186万人。妥善做好粮食、文化、供电、有色金属、主辅分离辅业改制等行业、企业的职工分流安置工作，研究处理华侨农场等职工安置中的遗留问题，纠正企业重组改制和破产中损害群众利益的问题。在全省范围内大力推动基层劳动关系协调组织建设，并向县（区）一级推行协调劳动关系三方机制（由劳动保障行政部门、企业、职工三方组成的协调机制），至年底，86个县（区）建立了三方机制。根据国家三方的部署，做好全国先进仲裁委、调解机构，先进仲裁员、调解员及和谐劳动关系模范企业的推选工作，全省有21个先进单位和24名先进个人获得全国三方会议的表彰。

（九）劳动保障法制建设有成效

2005年，广东省出台《广东省工资支付条例》，完成了《广东省社会养老保险条例》修订送审稿上报省政府审议。加大执法监督，审结行政复议案件236宗，其中维持180宗，占76%；撤销43宗，占18%。对全省劳动保障法制宣传教育“四五”普法规划的实施情况进行了总结验收，完成了“四五”普法任务。

（十）维护劳动者合法权益工作力度加大

2005年，广东省全面贯彻实施《劳动保障监察条例》，统一了监察人员着装和配套监察标志执法，劳动保障监察业务软件开始在全省推广使用，制定了《广东省用人单位重大劳动保障违法行为社会公布暂行规定》，劳动保障执法和劳动者权益保护工作得到进一步加强。全年组织开展了清欠农民工工资、清理整顿劳动力市场秩序、社会保险稽核、禁止使用童工和劳动保障维权“雷霆行动”等5次专项检查，并于11月配合全国人大常委会开展了对《劳动法》的执法检查，维权工作成绩得到了全国人大常委会执法检查组的充分肯定。全年共主动检查用人单位16.9万户，涉及劳动者1 934万人，办理各类劳动保障违法案件61 086宗；作出责令限期改正28 591件，行政处理决定701件，行政处罚决定2 855件，罚款金额达5 859.5万元，向社会公开曝光了54家重大劳动保障违法用人单位；督促用人单位与249.81万名劳动者补签了劳动合同，为120.23万名劳动者追回欠薪11.85亿元，督促6 853户用人单位补办了社会保险登记手续，督促19 667户用人单位为45.61万名劳动者补缴社会保险费4.25亿元，依法取缔非法职业介绍机构215户，为11.79万名求职劳动者清退风险抵押金1 402.26万元，对19.8万户用人单位实施了劳动保障年审，涉及劳动者1 319万人，年审覆盖面比上年扩大了12.27%。

（十一）劳动争议仲裁工作扎实开展

2005年，广东省为推动劳动争议仲裁体制改革，省委、省政府颁布了《关于构建和谐广东的若干意见》，提出建立“立足调解、仲裁为主、诉讼为辅”的劳动争议调解处理机制，并将《广东省劳动争议仲裁条例》列入2006年全省立法计划。省劳动争议仲裁委员会颁布实施《关于加快劳动争议仲裁案件处理的若干意见》，确立快立、快调、快审、快结“四快”处理劳动争议，以及时效从宽、预约开庭、费用减免、弱势救济“四项”有利于劳动者的仲裁原则。全省各级劳动仲裁机构共处理劳动争议案件99 120宗，其中立案处理61 247宗，涉及劳动者169 084人，涉案标的14.2亿元，与上年同比立案数和涉及劳动者人数分别上升46.8%和13.5%，结案率达97%。各级劳动仲裁机构共为19 146名确有困难的劳动者减免仲裁费466.58万元，其中省本级为214名确有困难的劳动者减免仲裁费29.66万元。50%的地级以上市仲裁机构实现实体化；各级劳动仲裁机构共建成212个仲裁庭，总建筑面积12 247平方米，共投入资金约1 500万元，全省仲裁庭覆盖率达到89%，其中有一批是高标准星级仲裁庭，实现音像同步合成和庭审远程监控；劳动仲裁“十项制度”全面实施，人员素质不断提高，劳动仲裁形象进一步提升。

二、社会保障

（一）养老保险制度改革进一步深化

到2005年底，广东省参加企业基本养老保险人数1 423.6万人，比上年增长16.12%；全省征收基本养老保险基金398亿元，比上年增长23.99%；滚存结余667亿元，比上年底增加161亿元。参保人数、征收总额、滚存结余均居全国首位。全省企业离退休人员221.29万人，月人均基本养老金847元，比上年增加78元，增长10.14%。深圳、珠海、惠州、东莞、中山、佛山等地陆续实施了农村或被征地农民养老保险，参加人数达120多万人。《广东省企业年金实施意见》出台，开始在全省推行建立企业年金制度。

（二）失业保险制度进一步完善

2005年，广东省失业保险制度运行水平进一步提高，又有两个市启动了市级统筹工作，全省实施市级统筹的市增加到16个；到12月末，全省参加失业保险人数达到1 130.67万人，比上年末增加124.87万人，增长12.41%，参保人数继续位居全国首位；失业保险基金支付能力明显增强，全省全年征缴失业保险费32.34亿元，比上年增加5.27亿元，增长19.48%；失业保险的作用进一步发挥，全年共为37.74万名失业人员和43.45万农民工发放失业保险待遇13.77亿元，待遇支出比上年增加1.79亿元，增长14.94%，全省领取失业保险金人数比上年减少10.82%。

（三）医疗保险制度建设有新发展

2005年，广东省参加医疗保险人数达1 235.31万人，比上年底增加了201.15万人，增长19.45%。其中，深圳、广州等市参保人数突破200万人，分别为269.58万人和208.58万人。基本医疗保险基金总体收支平衡。据统计，2005年全省城镇职工基本医疗保险共征缴基金149.30亿元，费用支出96.71亿元，当期结余52.59亿元。医疗保险基金历年累计结余226.20亿元。14个地级以上市出台了灵活就业人员参保办法，有16.52万名灵活就业人员参加了医疗保险。深圳、东莞、佛山、珠海等市基本医疗保险的覆盖范围正从城镇职工逐步向城乡居民、失地农民扩展。

（四）工伤保险工作继续推进

2005年，广东省建立了省级劳动能力鉴

定医疗卫生专家库，制定实施了《广东省基本医疗保险和工伤保险药品目录》。在广州市社会工伤康复中心的基础上建立了广东省工伤康复中心。到年底，全省工伤保险参保人数1 605万人，比上年底增加了390万人，增长32.1%。其中，农民工参保人数达到889万人，比上年底增加了约300万人，增长约50.0%。全年全省累计征缴工伤保险基金18.29亿元，平均征缴率为98.1%，基金总体收支状况良好，保障能力不断增强。全年全省共完成工伤认定15.85万人（次），劳动能力鉴定7.56万人（次），共有12.23万人（次）工伤职工及工亡职工直系亲属享受了工伤保险待遇。

（五）生育保险工作得到加强

到2005年底，广东省有16个统筹地区开展了生育保险，参保人数419.36万人，比上年底增加了42.63万人，增长11.32%。生育保险基金收支平衡，略有结余。生育保险基金当期征缴4.65亿元，当期待遇支出3.01亿元，当期结余1.64亿元，历年累计结余8.16亿元。

（广东省劳动和社会保障厅）

深　圳　市

2005年，深圳市劳动保障部门落实科学发展观，以人为本，求真务实，顺利实现了劳动保障事业‘十五”规划的各项目标，为“十一五”时期劳动保障事业发展奠定了坚实基础。

一、劳动管理工作

（一）劳动就业和劳动力管理

2005年，深圳市就业和再就业工作目标责任制进一步落实。劳动保障部门全面推进就业再就业工程“关爱·自立”行动，突出抓好困难失业人员的再就业援助，全市共帮助失业人员实现就业再就业28 972名，其中困难失业人员9 865名，安置随军家属就业74人，全市登记失业率2.32%；在全市范围内开展了“零就业家庭”援助行动，使全市首批登记认定的2 944户“零就业家庭”全部实现每家1人以上就业；组织失业人员参加公共培训3.3万人次、技能培训10 918人次、创业培训832人次。

2005年，深圳市加强了劳动力市场建设和规范管理。全面开展职业介绍诚信活动，全市92家职业介绍机构在《开展深圳市职业介绍诚信服务倡议书》上签名，向全社会公开承诺开展职业介绍诚信服务。建立了深圳劳动力市场供求分析发布制度，建立和完善了职业介绍机构动态评估体系。市职业介绍服务中心成为华南地区首个被国家劳动保障部授予“中国深圳人力资源开发服务中心”名牌的机构，全年共举办各类专场招聘会113次，服务求职者73万人次。

2005年，深圳市建立了外来人员就业宏观调控机制，多形式开展外地劳动者就业服务。发布实施《深圳市暂住人员就业管理办法》，建立户籍居民与外地来深劳动者统一的就业登记管理体制。开发建立新的就业登记信息系统和远程见工系统，加强了区域劳务合作，落实泛珠三角9省（区）劳务协作协议，推动全省农村劳动力培训转移就业。

2005年，深圳市涉外就业管理进一步规范。全市纳入劳动管理的在深就业境外人员12 452人，比上年增长11.49%，纳入管理的外商驻深代表机构和人事档案托管企业1 805家，中方雇员12 205人。涉外就业工作通过了ISO9001质量体系认证，产生了较好的品牌效应。

（二）技能人才培训和引进

2005年，深圳市启动并全面实施“技能振兴行动计划”，进一步加快技能人才队伍建设，坚持以就业为导向，以技能促就业，推进各类职业培训机构发展，积极完善技能人才评价指标体系和民办培训机构等级评估制度。实施“技能振兴行动计划”，把建设两个“511工程”作为中心任务，即：新培养技师5 000人，新培养高级技师1 000人，新树立10名技能标兵；新建成50家大型企业培训基地，新创建10家品牌培训机构和10家品牌鉴定机构。同时，劳动保障部门着力组织行业协会对农民工培训方式改革问题、培训机构评估定级问题、技能人才“五小发明”成果展示及评选活动等，进行研究和管理。

2005年，深圳市为贯彻落实《国务院关

于大力发展职业教育的决定》，拟定了《深圳市进一步加快技能人才队伍建设的实施意见》及5个配套政策文件，制定落实了18项培养引进技能人才的措施，推进了紧缺技能人才培训补贴制度、高技能人才津贴制度、技师高级技师考评办法、技能竞赛评选表彰制度和技能人才引进办法等5项制度创新。

2005年，深圳市进一步加强了技能教育和技能就业，加强了深圳市高级技校的专业课程体系建设和校企合作，提倡“学两项技能，考多本证书”，开展了第三届技能节活动，办学质量明显提高。市高级技校全年共培训学员8 341人次，2005届毕业生一次性就业率达98%，专业对口率达87.7%，企业满意率达98.7%，家长满意率达91.9%，毕业生满意率达88.9%。

2005年，深圳市职业培训总量252万人次，比上年增长14.5%；新培养技师3 300人，超额完成了省下达的任务。

（三）职业技能鉴定

2005年，深圳市劳动保障部门完成职业技能鉴定151 172人次，比上年度增加50%，其中初级鉴定21 778人次，中级鉴定95 464人次，高级鉴定26 472人次，技师7 163人次，高级技师295人次。主要采取了4个方面的改革措施：一是建立了“一对一挂点指导服务”制度，一位工作人员指定对口服务一个区或一个重点扶持单位，实行一条龙全程跟踪服务，提高了工作效率。二是启动了“鉴定市区联网考务管理系统”，大大方便了群众。三是在全国率先探索建立考评员诚信守法体系，3月26日召开了深圳市首批职业技能鉴定考评员诚信签约誓师大会，1 000名考评员签订诚信守法责任书，向全社会郑重承诺恪守诚信，确保鉴定考评工作的客观、公开、公正、规范。四是致力于提高鉴定服务质量，同时积极开展企业自考工作。

（四）市外员工招调

2005年，深圳市根据本市客观实际变化和社会发展需要，进一步调整市外招调员工政策，尝试建立技能人才评价标准多元化、评价方式多样化、评价主体多极化的新的评价体系，取消了招调员工技能水平测试，把引进技术技能人才分为“职业技能鉴定类”“国家及广东省统考类”和“企业自行考试类”三类，将国家职业技能工种目录暂未覆盖到的，又属深圳市社会经济发展和产业结构调整需要的工种考试及评价权限下放给企业，更好地满足了深圳市经济发展与企业发展对技能人才的需要。2005年共完成市外招调员工19 017人。

（五）劳动工资

2005年，深圳市企业工资分配的宏观调控体系进一步完善。市劳动保障局在充分调研的基础上大幅度提高最低工资标准，2005年特区内最低工资标准提高到690元，特区外提高到580元，分别比上年度增长13.1%和20.8%，为历史上最大涨幅。制定了2005年度深圳市16个行业500个工种的工资指导价位，工种数量比上年度增加20%，为全国公布工资价位工种数量最多的城市之一；制定了2005年企业工资增长指导线，企业工资增长的基准线为6%，企业工资增长预警线为12%；加强欠薪保障工作，全年共征收欠薪保障费4 688万元，运用欠薪保障基金垫付企业欠薪49宗，垫付欠薪人数7 696人，基金支出1 962万元。

（六）劳动关系规范管理

2005年，深圳市根据实际需要修订制作了新的劳动合同标准文本，增加了新颁布的法律法规依据，进一步推进劳动合同制度的全面实行。大力推行集体协商和集体合同制度，完善了企业集体协商、区域性集体协商、行业性集体协商、专业市场工资集体协商和社区工资集体协商制度。全市订立劳动合同的员工达530多万人。有2万多家企业、380万员工通过协商签订了集体合同。

2005年，深圳市重视加强劳动关系协调处理工作。基层劳动关系协调网络建设步伐加快，全市51个街道办事处设立了劳动关系调解组织46个，组建率达90%。充分发挥协调劳动关系三方委员会的作用，开展了“深圳市百家和谐劳动关系先进企业评选表彰活动”，举办了第二届以“集体协商与和谐劳动关系”为主题的劳动关系论坛。

（七）劳动保障信访

2005 年，深圳市贯彻落实《信访条例》，规范信访工作程序，推进“依法治访”，运用咨询、教育、协商、调解、听证等方法，依法、及时、合理处理信访人的投诉请求，建立起政府主导、社会参与、有利于迅速解决纠纷的信访工作机制，提高了信访工作的效能。健全了重大突发案件处理机制和处理群体性突发事件的应急制度，进一步规范了重大事件的苗头排查、及时处理、案件移交、责任追究等工作环节。全年共受理来信来访 18 281 宗，涉及 59 318 人次。实行每周局长接访制度，局长共接待群众来访 78 批、181 人次，包案处理 42 宗，直接受理投诉来电 83 件。通过“12333”劳动保障电话咨询中心和 96888 咨询语音服务系统受理投诉和咨询 215 万人次。

（八）劳动保障监察

2005 年，深圳市劳动保障监察机构得到进一步完善，成立了市劳动保障监察支队，组建了社会保险稽核工作小组。在全市推行了劳动保障监察网格化管理，将企业按守法情况分为“红、黄、蓝、绿”4 类，实行分类管理、科学监控，建立了应对突发事件和重大劳资纠纷的市区联动应急机制，及时掌握和处理劳资纠纷。加强街道、社区劳动保障监察工作，完善了组织网络，强化事前监督和预防效能。在日常监察的基础上，组织开展了一系列专项执法检查行动：一是清理整顿劳动力市场秩序的“旋风”行动，检查职介机构及用人单位1 259 家，查处违法案件 527 件，依法取缔“黑职介”102 家，为求职者追回押金、中介费等 23.7 万元。二是清理整治劳动力市场无证无照非法经营行为专项行动，检查企业 782 家，其中职介和培训机构 130 家，取缔无照无证职介和培训机构 68 家，责令退还求职者所交费用 9.7 万元。清退培训费用 2.5 万元，为求职者追回欠薪 250 多万元。三是组织开展社会保险专项检查活动，检查用人单位 333 家，涉及劳动者 33.65 万人，促使企业补缴养老保险 6 949人次、失业保险 11 490 人次、医疗保险 8 428 人次、工伤保险 31 406 人次。四是开展禁止非法使用童工专项检查，检查用人单位 2 359家，涉及劳动者 8.11 万人，清退童工 4 名。五是开展以治理欠薪为主题的“飓风”行动，共检查用人单位 1 729 家，涉及劳动者 51.43 万人，查处出现欠薪问题的用人单位 117 家，责令支付劳动者工资等待遇 4 422 万元，涉及劳动者 6.2 万人。六是在全市范围内开展“零欠薪”行动，通过对劳动密集型企业展开“地毯式”排查等 10 项措施，确保春节前在全市范围实现“零欠薪”的目标。七是开展以“维护劳动者合法权益、严厉查处违反劳动保障法律法规行为”为主题的“雷霆”行动，重点查处建筑施工、加工制造、饮食服务业及其他劳动密集型企业、个体经济组织以及职业介绍机构的违法行为。八是全市开展工资发放情况大检查。九是查处深圳市天民液化天然气发展有限公司欠薪案。2005 年 9 月，市劳动保障局派出 20 多名监察员随市政府工作组分赴 8 个省区，查处深圳市天民液化天然气发展有限公司欠薪案，共为 1 583 名员工垫付欠薪 1 353.3 万元，清退押金 2 734.15万元，安全押运 171 辆气罐车返深，维护了社会稳定和公共安全。2005 年，全市劳动保障部门共检查用人单位 35 216 家，涉及劳动者 600 多万人次，查处违法案件 9 386 宗，为劳动者追回工资待遇 2.9 亿元，处理重大、突发劳资纠纷案件 1 194 宗，并对一批逃薪企业进行公开曝光，取得良好效果。

（九）劳动争议处理

2005 年，深圳市完善了劳动争议协调处理机制。一是进一步推进市、区两级劳动仲裁机构实体化改革，强化其独立、中立的准司法职能。二是加大调解工作力度，创新调解方法，将调解工作贯穿于劳动争议处理全过程，立案前调解成功率大幅增长，接近 40%，全部案件调解成功率达50%以上。三是加快案件处理进度，强化办案目标责任制，采取合理分案、科学排庭、限期结案等措施，提高办案速度，确保无积案发生。2005年，深圳市共受理劳动争议申诉3 459宗，结案1 827宗，法定时限内结案率达到100%，处理重大群体劳资纠纷案件68宗。2005年11月，李铁映副委员长率全国人大常委会检查组到市劳动争议仲裁院旁听庭审，给予了很高评价。

二、社会保险工作

（一）建立劳务工合作医疗制度

为解决外地劳动者看病难、看病贵的突出问题，深圳市以“低缴费、广覆盖、保基本”为原则，在全国率先探索建立了劳务工合作医疗制度。具体办法是：缴费标准为每人每月12元，其中用人单位交8元，个人交4元。资金分配为：6元用于支付门诊医疗费用，由医院包干使用；5元用于支付住院医疗费用，由社保机构统一管理；1元用于全市统一调剂。报销药品目录限于国家基本医疗保险用药目录中甲类药品和部分乙类药品共900种，甲、乙类药品门诊分别报销80%和60%，门诊诊疗项目单项价格在90元以下的全部报销，门诊血透报销30%。门诊费用包干给医院，结余部分全部结转下年使用，超支不补。住院起付线根据选择的医疗机构等级分为300～600元，甲、乙类药品分别报销80%和60%，年度最高住院报销封顶线为6万元。3月1日开始在4个街道进行试点，到年底，参加企业5 500个，实际缴费达124万人，定点合作医疗站132个；全年基金收入0.86亿元，支出0.33亿元，门诊38.57万人次，住院1 206人次。

（二）完善社会保险体系

2005年，深圳市社会保险体系进一步完善。一是制定了《深圳市公务员医疗补助暂行办法》，建立健全了相关的审核报销制度和程序。二是制定了事业单位改制转企业的社会保险过渡方案，为事业单位改革做好了准备。三是顺利完成了全市1996年7月以后离退休人员的增发退休待遇工作和深圳铁路中小学、医院社会保险移交等工作。四是对《深圳市少儿住院保险暂行办法》进行了多次论证和反复修改。五是调研完成了《台港澳人员在深就业参加社会保险有关问题通知》《关于城镇贫困残疾人个体户参加基本养老保险给予适当补贴有关问题的规定》《深圳市重点优抚对象、无经济收入军休干部随军家属和老年低保人员参加医疗保险办法》《关于给予自谋职业的城镇退役士兵社会保险费补助的规定》《残疾人就业保障金征收实施办法》等5项政策，进一步完善了各项社保制度。

（三）企业退休人员社会化服务平台建设

2005年，深圳市企业退休人员社会化服务平台建设全面铺开，市、区、街道和社区4级劳动保障服务网络基本搭建完成，建立了419个“劳动和社会保障服务窗口”，确定了382家定点社康中心，覆盖550个社区。企业退休人员在社区内即可领取养老金、进行生存验证、就诊保健、社保咨询等。养老金社会化发放率和劳动保障“联系卡”发放率均达到100%。

（四）城市化人员社会保险

2005年，深圳市继续推进宝安、龙岗两区城市化人员的养老保险工作，巩固城市化人员社保改革成果。城市化人员养老保险参保人数达10.15万人，按月享受养老待遇3.83万人，参保率和待遇发放率继续保持100%，农保个人账户结转工作和档案整理工作顺利进行。

（五）信息化建设

2005年，深圳市社会保险信息系统不断完善。新的劳动保障卡系统投入使用，实施了广东省新医疗保险药品目录，53个街道劳动保障事务所和400多个社区信息网络实现联网，社区服务已展开。开发了劳务工合作医疗系统、公务员医疗补助系统并正式运行，顺利完成了养老保险系统省市联网的相关工作。网上申报不断扩大，参加企业已达5.5万家，成为我国点击率最高的电子政务网站之一。

（六）养老保险

2005年，深圳市基本养老保险参保352.75万人，同比增长19.2%。企业年金参加企业869家，达到6.3万人。全市企业享受离退休待遇的人员11.18万人，其中城市化人员3.85万人，个人缴费人员1.89万人，企业退休人员5.44万人，支付死亡等一次性养老待遇2 853人。依法审核养老待遇，强化养老基金监管，指纹采集率达99.5%，生存验证率达97.5%，指纹验证已进入30个街道办，大大方便了离退休人员指纹验证。全年共查清骗领、冒领养老金案件30宗。给2005年6月以前退休的企业人员调整养老待遇，月人均增加44元。

（七）医疗保险

2005年，深圳市进一步完善医疗保险体系，加强医疗保险管理。全市基本医疗保险参保269.58万人，同比增长16.5%，其中参加综合医疗保险106.13万人，住院医疗保险163.45万人。审核报销医疗费用9 757人次，单据11.71万张，金额4 524万元。努力构建医保诚信体系，制定了定点医疗机构信用等级评定办法，促进医疗机构自我诚信建设。开展医保大检查，实行病例首页传输，加大监管力度，打击医保欺诈，共处罚定点医疗机构4家，对骗保人处罚45.9万元，挽回基金损失60.3万元，扣付违规款289万元。完成了社康进社保和新医保目录的启用工作，182家社康中心纳入了医保定点，方便了参保人就医；执行新的《广东省医疗保险和工伤保险药品目录》，用药范围比以前扩大，医疗保障水平进一步提高。

（八）工伤保险

2005年，深圳市重点加强工伤保险扩面征缴工作，全市工伤保险参保603.54万人，同比增长67.3%，达到了两个“最多”：参保人数全国最多的城市，深圳市参保人数最多的险种。继续做好工伤预防、工伤事故调查、工伤鉴定、工伤补偿和工伤康复工作。加大工伤预防力度，全年工伤补偿人数仅增长11.5%，远低于参保人数的增长。加大工伤医疗监管力度，对违规医院（松岗、石岩和阪田）进行通报批评，加强了对定点医院的政策培训。制定了劳动能力鉴定管理办法和专家工作制度，充实了医疗卫生专家库。施行两级审核制和鉴定点专家总检制，鉴定准确率和效率进一步提高。

（九）失业保险

2005年，深圳市失业保险参保143.18万人，同比增长11.7%。配合国企改制，深圳市妥善处理原外贸集团16家企业、金众等6家原基建工程兵企业和南山原工业区等多家大型国企的下岗员工社会保险问题，核准失业员工249名，审核发放失业保险金191万元。对失业员工实行人性化管理服务，修订业务操作办法，规范业务程序，对特困员工上门家访调查265人，为市属国企改制内退人员发放生活费834人次共589.35万元，充分发挥了失业保险的帮扶作用。

（十）基金征收

2005年，深圳市狠抓社保基金征收工作，取得了显著成效。在退转保65万人、退转保金额17.8亿元的巨大压力下，社保基金收入首次突破150亿元，全年共收入150.5亿元，同比增长21.2%，其中养老保险105.39亿元，失业保险1.95亿元，医疗保险32.6亿元，工伤保险6.63亿元，住房公积金3.96亿元。企业年金收入4.26亿元。首次顺利完成了残疾人保障金由社保代征工作，全年共代征2.16亿元。为深圳市社会稳定奠定了雄厚的物质基础。

（十一）基金偿付

2005年，深圳市各项社会保险待遇均按时、足额发放，做到一天不拖，一分不欠，一人不漏。全年共支付各项社保待遇60.49亿元，同比增长35.3%。其中，支付基本养老保险待遇40.99亿元，医疗保险费用14.99亿元，工伤保险补偿金3.76亿元，发放失业保险金0.75亿元；支付企业年金待遇0.43亿元。全市享受离退休待遇的12.22万人，同比增长8.4%，其中企业退休人员11.18万人，离退休人员养老金100%按时足额社会化发放，企业月人均养老金约1 941元。全年共核发失业保险金149 785人次，为失业员工缴交住院医疗保险费389.7万元。为参保人提供门诊医疗服务853万人次，住院服务12.62万人次，门诊特检4.37万人次，审核报销医疗费用9 757人次，近4 524万元。完成工伤认定68 325人，依法补偿工伤事故56 249人，完成各类劳动能力鉴定25 231例。提供统筹医疗服务22万人次。累计领取年金待遇4 537人。

（十二）基金管理

2005年，深圳市严格执行社保基金财政专户和收支两条线的管理制度，认真做好日常会计核算工作，定期进行财务分析，强化会计基础规范管理。国家审计署驻深办、深圳市社保基金监督委员会和市财政局分别对失业保险基金、各项社保基金和账户管理情况进行了专项审计并予以高度评价。创新基金财务管理模式，积极推动医疗保险现金报销网上支付、工伤保险网上托收试点，努力实现基金征收和待遇发放全部网络化运行。探索统一账户、统一计算机系统、统一支付“三统一”的社保基金结算模式，推动社保基金财务管理向“一级核算、三级管理”的飞跃。市人大常委会对1—8月社保基金预算执行情况进行了审议并顺利通过。

（十三）基金稽核和清欠清收

2005年，深圳市进一步加强社保基金稽核工作，全力清欠追缴。重点开展了劳务工合作医疗试点扩面稽核、出租车行业劳动保障大检查等专项执法检查活动，委托会计事务所对部分企业参保和缴费情况进行重点稽核，及时进行追缴。重点查处户籍可疑人员参保、挂靠用人单位参保进行血透检查、冒领退保金以及盗用他人医保卡等行为，共稽核检查用人单位4 661家，涉及员工108.84万人，追缴社会保险费4 600万元，处理重大案件192宗。做好历史投资遗留项目清理回收，全年共收回社保基金投资收益341万元，清理项目7个。

（十四）劳动保障法制建设和宣传

2005年，在立法方面，深圳市制定出台了《深圳市劳务工合作医疗试点办法》和《深圳市高温天气劳动保护暂行办法》，得到社会各界的广泛好评。完成了养老保险条例、职业技能鉴定条例、欠薪保障条例、事业单位转制养老保险、少儿住院医疗保险办法等法规的调研、修订和起草工作。

在依法行政工作方面，深圳市制定了7个行政许可项目和8个非行政许可审批项目的实施办法，完成3个行政处罚的听证，处理行政复议案件10宗，办理行政应诉案件586宗。

在普法宣传方面，深圳市共投入普法经费1 600多万元，举办法律法规培训班1 200多期，培训人数超过30万，组织现场咨询300多场次，在电视台、广播电台制作普法节目300多期，在报纸制作普法专版600多期，在工业区等地设置普法专栏420多个，制作普法专刊3 000多期，在交通要道制作大型宣传广告牌8个，发放普法资料300多万份。加强了劳动保障信息网站建设，日浏览量由过去的2 000人次上升到2005年的18 000人次。

（深圳市劳动和社会保障局）

广西壮族自治区

2005年，广西壮族自治区各级劳动保障部门坚持以“三个代表”重要思想为指导，全面贯彻落实科学发展观，围绕构建社会主义和谐社会，按照自治区党委、自治区人民政府的工作部署，采取一系列有力措施，进一步加大就业再就业工作力度，积极推进完善社会保障体系建设，努力建立和谐稳定的劳动关系，切实维护劳动者的合法权益，各项工作取得了新的进展。

一、就业再就业工作成效显著

（一）落实政策，加强服务，全力促进就业再就业工作

1. 全面完成就业再就业工作的年度任务。2005年，广西壮族自治区城镇新增就业23.51万人，完成部下达年度目标任务的117.55%；领取《再就业优惠证》的下岗失业人员实现再就业7.61万人，完成部下达年度任务的126.83%，其中帮助大龄就业困难人员实现再就业2.21万人，完成部下达年度任务的147.33%；城镇登记失业人数为18.51万人，城镇登记失业率为4.15%，低于年度控制数0.55个百分点，保持了就业局势的基本稳定。

2. 再就业扶持政策继续得到落实。2005年，广西壮族自治区突出重点，狠抓小额担保贷款和就业援助工作，使再就业扶持政策得到更全面的落实。据统计，全年共发放小额担保贷款419笔，贷款金额810万元，累计小额担保贷款余额1 631万元。在春节、元旦期间，在全区范围内组织开展了声势浩大的以“稳定你的就业，我们共同努力”为主题，以落实社会保险补贴政策为突破口，以“送政策、送岗位、送技能、送服务”为主要内容，以大龄就业困难人员为援助重点的再就业援助月活动，发动社会各界开展结对子、一帮一爱心帮扶工程，多渠道帮助大龄就业困难人员再就业，共帮助1 526名大龄就业困难人员实现再就业。同时，享受再就业扶持政策人数进一步增加，全区有2.36万人从事个体经营或自主创业享受免交行政事业性收费政策，1.99万人享受税收扶持政策；0.65万人被服务型企业（包括商贸企业）吸纳，企业享受税收扶持政策，0.48万人被服务型企业（包括商贸企业）吸纳，企业享受社会保险补贴政策；在公益性岗位工作的“4050”人员中，有1.07万人享受社会保险补贴政策，1.17万人享受岗位补贴政策；免费职业介绍和职业培训取得新进展，全区共为22.33万下岗失业人员提供免费职业介绍，为16.57万下岗失业人员提供了免费的职业培训。

3. 再就业资金使用的构成更为合理。2005年，广西壮族自治区各级财政支出再就业资金共35 554.9万元，其中：用于社会保险补贴7 260万元，占总支出的20.4%；岗位补贴14 238.4万元，占总支出的40.05%；再就业培训2 550.9万元，占总支出的7.17%；职业介绍补贴453.6万元，占总支出的1.28%；劳动力市场建设费6 491.3万元，占总支出的18.26%；其他再就业项目4 560.7万元，占总支出的12.83%。

4. 农村劳动力转移就业新增人数大幅度增加。2005年，广西壮族自治区人民政府将“农村劳动力转移就业工作”确定为“为民办10件实事”之一。作为实施农村劳动力转移就业工程的牵头单位，自治区劳动保障厅抓住这难得的有利契机，与农村劳动力转移就业工作领导小组各成员单位密切合作，充分发挥各级劳动保障部门的积极性、主动性，加大工作力度，使全区农村劳动力转移就业工作取得重大突破。全年全区农村劳动力转移就业新增人数达85.83万人，完成自治区政府下达年度计划的150.6%，比上一年增加17万人，增长24.7%。在新增的农村劳动力转移就业人员中，区内跨县转移就业新增18.4万人，完成自治区政府下达年度任务的108.24%；向广东劳务输出新增43.2万人，完成自治区政府下达年度任务的108%，向海南、福建和浙江等其他省区转移就业新增24.23万人。到年底，全区农村劳动力跨县转移就业总人数已突破400万人，达到403.8万人，工资性收入突破200亿元，达到202亿元。

5. 就业服务体系进一步完善。至2005年底，广西壮族自治区共有就业服务中心123个，基层劳动保障工作机构1 340个，全区就业服务体系框架基本形成。各级劳动力市场基础建设粗具规模，市场信息网络建设开始向区、市、县、乡4级实时联网发展，市场就业服务功能日益完善。一个制度化、专业化、社会化的就业服务体系，在促进就业、落实政策、推进社会保障体系建设过程中，将发挥越来越大的作用。

6. 港澳台居民和外国人在桂就业管理工作趋于规范。从2005年10月1日开始，港澳台居民在桂就业管理工作下放各市，自治区对港澳台居民及外国人在桂就业管理体制进行改革，使港澳台居民及外国人在桂就业管理更适合广西壮族自治区经济社会发展的需要。2005年，全区共为在桂就业的462名港澳台居民和外国人办理了就业证。港澳台居民和外国人在广西壮族自治区就业的管理和服务工作进一步规范。

（二）职业培训和职业教育工作取得新成果

1. 完成下岗失业人员的再就业培训任务。2005年，广西壮族自治区认真落实再就业培训优惠政策，充分发挥失业保险金促进再就业的作用，动员社会各方面力量，实行政府扶持、个人自学和社会赞助相结合的方式，大力开展多种形式的再就业培训，促使下岗、失业人员更新就业观念，掌握实用技能，增加自谋职业和重新就业的能力。全年培训下岗失业人员12.58万人，完成自治区政府下达年度任务的125.8%，培训后再就业率为68%。

2. 农村劳动力转移培训工程顺利实施。2005年，广西壮族自治区各地认真实施国家农村劳动力转移培训工程，社会各界积极参与培训，通过组织品牌培训、订单培训的方式，增强培训的针对性和实用性，提高了进城务工农村劳动者的职业技能，为他们在城镇稳定就业，实现脱贫致富的愿望奠定了基础。全年全区共对29.9万名农村劳动者进行了职业技能培训，完成自治区政府下达年度目标任务的151.4%，其中有4.8万人获得初级职业资格证，培训后当期就业率达到77.68%。品牌培训基地和示范县共对1.6万名青年农民开展了劳务品牌培训，培训后100%实现定向就业。

3. 技工学校改革发展取得重大进展。2005年，广西壮族自治区各技工学校坚持以就业为导向，优化结构、合理配置资源，突出办学特色的原则，在培养学生实际操作能力、岗位适应能力和创新能力上狠下工夫，以特色和品牌赢得企业和社会的认可。2005年，全区55所技工学校招生人数31 263人，比2004年增加7.43%，其中农村青年22 914人，占73.29%。校均招生人数达568人，学历教育校均规模达到1 500人，开创了自治区技工学校有史以来招生人数最多、校均规模最大的记录。同时，技校还对5.4万在职职工和社会青年开展了短期职业技能培训，使当年从技工学校输出的初、中、高级技能人才达7.84万人，为社会输送了大量紧缺的技能人才，毕（结）业生的当年就业率达到96.91%。

4. 民办职业学校健康发展。2005年，广西壮族自治区395所民办职业培训机构按规定参加换证评估，其中265所获得通过，并取得新的《民办学校办学许可证》，77所经整改后获得通过；53所由于办学质量或招生等原因被取消办学资格，占参加换证评估学校数的13.42%。通过换证评估，进一步规范了民办职业培训市场，依法行政效能得到提高，涌现出一批培训质量有保证、社会信誉好的优秀学校，并已成为广西壮族自治区职业技能培训和就业前培训的重要力量。2005年，共对20.82万人开展了技能培训，其中近9万人参加了职业技能鉴定，63 221人取得了相应的职业资格。

5. 就业训练中心在短期培训中发挥了主体作用。2005年，广西壮族自治区就业训练中心在积极开展下岗失业人员转业培训、再就业培训的同时，针对市场需求开展订单培训。2005年，79家就业培训中心共对5.2万名下岗失业人员和11.7万名以农村青年为主的新生劳动力开展多形式、多层次、多门类的职业培训，培训后实现有组织转移就业的人数达到77.66%。

6. 创业培训正逐步成为培训工作的品牌。2005年，广西壮族自治区继续加大创业培训工作力度，正式启动了“创办和改善你的企业”（SIYB）项目，并取得明显成效。2005年，全区共对11 284人实施了创业培训，其中参加SIYB培训6 708人，完成年度计划的188.3%。9 774人培训合格，培训合格率为86.6%；成功创办小企业1 270人，自谋职业的3 703人，创业成功率为50.9%。创造了6 169个就业岗位，基本实现了创业带动就业的倍增效应。2005年7月，广西壮族自治区被劳动保障部定为SIYB二期项目重点实施省（区），全社会了解、关注、参与创业培训的氛围日益浓厚，以SIYB培训为重点的创业培训在全区快速发展。

（三）职业技能鉴定工作成效明显

1. 新技师培养计划任务超额完成。2005年，广西壮族自治区共培训高级工2.2万人，其中12 562人获得高级工职业资格；培训技师、高级技师0.5万人，3 341人分别获得技师、高级技师职业资格，完成新技师年培养计划的111.4%，同比分别增长7.7%和59.5%。

2. 职业技能鉴定规模稳步扩大。2005年，广西壮族自治区共有22.79万人参加职业技能鉴定，18.08万人获得职业资格证书。获证人数中，初级7.28万人，中级9.21万人，高级1.26万人，技师、高级技师0.33万人。鉴定人数、获证人数同比分别增长26.13%和12.53%。

3. 国家职业资格全国统一鉴定的社会影响进一步扩大，鉴定人数快速上升。2005年，广西壮族自治区组织的国家职业资格全国统一鉴定的职业达到10个；报名参加鉴定的人数达到14 969人，同比增加20.8%，鉴定人数位居全国第10位。另外，计算机信息高新技术考试的人数再创新高。全区计算机信息高新技术考试模块达到16个，参加考试人数在2004年首次突破万人的基础上，2005年增加到14 678人，考试合格的达11 272人，考试人数和取证人数分别比2004年增长36.4%和27.8%。同时，全区参加电子商务师和秘书智能化考试的人数大幅增加，为自治区改进鉴定手段，增加鉴定方法提供了条件。

4. 职业技能鉴定机构发展壮大。2005年，广西壮族自治区通过开展鉴定质量评估，规范了鉴定行为，明确了鉴定质量要求，进一步调整了鉴定机构。2005年，自治区增加鉴定所10个，新增加鉴定职业（工种）26个。截至2005年底，全区共建职业技能鉴定机构286家，其中，职业技能鉴定中心及工考委

97家，职业技能鉴定所106家，计算机信息高新技术考试站37家，电子商务师培训考试站46家，职业技能鉴定机构的布局更趋合理。

5. 高技能人才培训基地建设进一步加强。2005年，广西壮族自治区11个国家和自治区高技能人才培训基地，利用自身优势对1.34万人开展了高技能培训，投入培训经费约670万元，其中2 592人取得高级职业资格，1 046人取得技师、高级技师资格，基地的辐射作用得到扩展。同时，全区12所高级技工学校和技师学院招收高级工学历教育学生922人，招生数比上年增加54%。

二、完善社会保障体系工作稳步推进

（一）企业职工基本养老保险覆盖面不断扩大，基金支撑能力逐步增强，企业职工基本养老保险制度进一步完善

1. 全面巩固企业离退休人员基本养老金按时足额发放成果。2005年，广西壮族自治区把确保企业离退休人员基本养老保险按时足额发放作为首要任务，全力抓好城镇企业离退休人员基本养老金按时足额发放工作，较好地巩固了确保发放的成果。全区共为73.32万名企业离退休人发放基本养老金55.79亿元，发放率达100%。

2. 企业职工基本养老保险覆盖范围进一步扩大，参加企业职工基本养老保险的人数持续增加。2005年，广西壮族自治区各地以城镇私营企业及其从业人员、城镇个体工商户和灵活就业人员为重点，全力抓好扩面工作，企业职工基本养老保险覆盖范围进一步扩大。到年底，全区企业职工基本养老保险参保职工人数达到215.29万人，完成部下达计划的103.50%。

3. 进一步加大基金征缴力度，基金收入不断增长。2005年，广西壮族自治区各级劳动保障部门始终坚持“应收尽收，严格支出，加大收入，控制缺口”的工作方针，充分发挥劳动执法监督和稽核检查作用，加大企业职工基本养老保险费征缴和清欠工作力度，规范企业缴纳基本养老保险费的行为，有力地促进了企业职工基本养老保险基金征缴收入的平稳增长。全区企业职工基本养老保险基金征缴收入56.3亿元，完成部下达计划的113.37%。其中，当期征缴收入53.77亿元，追收历年欠费2.53亿元。

4. 进一步完善了养老保险基金市级统筹制度。2005年，根据自治区人民政府的统一部署，广西壮族自治区各市努力推进完善企业职工基本养老保险基金市级统筹工作，取得了明显成效。到年底，各市均出台了完善城镇企业职工基本养老保险基金市级统筹文件和相关实施办法，并把各项措施逐步落实到位，基本实现了企业职工基本养老保险基金实行市级统筹的工作目标。

5. 企业退休人员社会化管理服务工作取得新进展。2005年，广西壮族自治区各地严格执行企业退休人员社会化管理服务工作月调度和季调度通报制度，加强督促检查，全面完成了社会化管理目标任务。2005年，全区实行社会管理服务的企业退休人员达67.68万人，社会化管理率为93.2%，比上年提高了3.1个百分点，其中纳入社区管理的人数54.34万人，占实行社会化管理服务人数的80.3%，比上年提高了9.4个百分点。

（二）失业保险的保障能力大幅提高，失业调控工作初见成效

1. 失业保险覆盖面进一步扩大，失业保险保障能力大幅提高。2005年，广西壮族自治区各级劳动保障部门以非公有制企业为重点，继续抓好失业保险扩面工作。至年末，全区参加失业保险人数219.89万人，完成部下达年度目标计划的102.27%。同时，切实做好失业保险费征缴工作，特别是加强对缴费基数的稽核，努力规范基金征缴，促使失业保险月人均缴费水平及基金收入双双跨上一个新的台阶。全年全区失业保险月人均缴费26.2元，比上年增长33.8%；失业保险费征缴收入6.52亿元，完成部下达计划的141.74%。

2. 失业调控机制初步建立。为确保失业调控目标的实现，2005年，广西壮族自治区积极参与国有企业关闭破产及改制改组工作，认真做好职工安置方案的审核，指导企业做好职工安置工作。同时，对各项调控目标实行按月检查、按月调控，对高风险地区进行重点指导，严格督察。年初，自治区人民政府还将当年失业调控的目标任务列入年度考核目标下达给各市，并以责任状的形式予以确定，各市人民政府分别与所辖县（市、区）、部门签订责任状，将失业调控的目标任务逐层分解，层层落实目标责任制。《广西壮族自治区人民政府办公厅关于做好失业调控工作的通知》下发后，各市也根据自治区的要求制定了具体的操作办法。

3. 建立失业预警制度。2005年，广西壮族自治区从建立长效工作机制入手，把失业调控作为一项重要的、经常性的工作常抓不懈，着手建立失业预警机制。对失业预警的任务，失业预警的主要指标，失业预警的安全区及风险区的界定，失业预警的操作，进入失业预警风险区的处置措施、责任追究等方面的内容，自治区都做了明确规定。各市也根据本地实际出台了失业调控工作方案和失业预警的具体措施。同时，充分发挥再就业工作联席会议和再就业工作领导协调机构的作用，将失业调控目标变成促进就业和再就业的动力，齐心协力抓好就业和再就业工作；各级劳动保障部门切实发挥主管部门的作用，主动向当地政府报告有关情况，提出工作建议，协调相关部门做好统筹规划和组织实施工作。全区均建立了失业预警制度和失业调控工作措施，在全国率先建立了失业预警制度，率先由各级政府推行了全区统一的失业调控工作措施，两个率先保证了自治区控制失业目标的实现。

（三）医疗、工伤、生育保险工作稳步推进，医疗保险制度运行平稳

1. 以覆盖城镇从业人员为目标，建立多平台的医疗保险政策，多层次医疗保障体系建设进一步发展。2005年，广西壮族自治区结合具体实际，逐步完善各项政策，以覆盖城镇从业人员为目标，重点在建立覆盖各类人群的医疗保障体系上下工夫。为了适应不同人群医疗的需求，着力建立起权利与义务相对应的多平台的政策，即基本医疗保险统账结合、统筹基金、住院医疗保险等多个不同参保平台，允许企业及各类劳动者根据自身的经济能力选择不同的参保平台，提高了企业及职工的参保积极性，全区国有企业参保率已达97.6%。此外，还开辟了大额医疗补充保险平台。到年底，大额医疗费用补助办法已基本覆盖所有统筹地区，参保人数达266.57万人；有53个统筹地区出台并实施公务员医疗补助政策，享受公务员医疗补助人员已达26.29万人；有65个统筹地区出台企业补充医疗保险政策，覆盖25.95万人。

2. 医疗保险覆盖面进一步扩大，医疗保险基金收支基本平衡。到2005年底，广西壮族自治区参加基本医疗保险人数达285.87万人，完成部下达计划的101.01%，比上年末净增13.67万人。全区基本医疗保险基金征缴收入25.01亿元，支出17.67亿元，基本医疗保险基金滚存29.27亿元，在总体上实现了医疗保险统筹基金和个人账户双结余，医疗保险统筹基金收支基本平衡，保障能力进一步增强。

3. 困难企业职工和破产企业退休人员的医疗保障问题得到初步解决。2005年，广西壮族自治区各级劳动保障部门把解决困难企业职工的医疗保障当作社会稳定的大事来抓，对进入破产程序或改制的企业，积极参与制定破产或改制方案，保证退休人员医疗费的落实，截至年底，已为破产企业4.5万名退休人员和困难企业7.3万人办理了医疗保险，促进了社会的稳定与发展。

4. 医疗保险管理体系逐步健全，管理能力明显增强。2005年，广西壮族自治区形成了较为完整的医疗工伤生育保险三级行政、经办管理体制。“两个定点”管理取得积极成

效，调整了医疗工伤生育保险、离休干部医疗用药目录和医疗诊疗服务项目支付范围，进一步规范了管理。

5. 工伤保险继续稳步推进。到2005年底，广西壮族自治区有100个统筹地区实施了工伤保险制度。工伤保险参保人数达到144.43万人，比上年增加10.9万人。工伤保险基金征缴收入1.32亿元，基金滚存结余4.45亿元。及时足额支付工伤保险待遇，有力地保障了参保人员的合法权益，对维护社会稳定、促进经济发展和构建社会主义和谐社会发挥了重要作用。

6. 生育保险工作进一步发展。2005年，广西壮族自治区按照统筹规划，落实目标责任制，加强管理的工作思路，重点抓桂林、南宁、柳州等联系城市的规范化管理，以规范业务流程和提高管理水平为目标，把生育保险扩面与医疗保险协同推进，使生育保险事业得到进一步发展。到年底，全区生育保险参保人数141.36万人。基金征缴收入0.97亿元，基金累计结余2.17亿元。

（四）“社会保险工作管理年”活动扎实有效开展，社会保险工作管理水平进一步提高

2005年，广西壮族自治区提出在全区开展“社会保险工作管理年”活动。这项活动以提高社会保险的管理服务水平为着眼点，以强化社会保险经办机构的履职能力为着力点，通过全面推进各级社会保险经办机构的组织建设、思想作风建设和业务能力建设，全面提升服务质量和提高管理水平，建立健全社会保险基金监管的长效工作机制。在实际工作中，各级劳动保障部门采取积极措施，通过扎实开展社会保险工作管理年活动，自治区和市两级形成了较为完善的社会保险行政、经办管理体系；建立健全了各种管理规章制度，普遍推行岗位责任制管理，内部管理及各种业务流程已基本走上制度化和规范化管理；通过建立严格的基金管理制度，设立了各级社会保险基金监督组织，强化了对各项社会保险基金的严格监管，确保基金安全。各地通过开展“社会保险工作管理年”活动，狠抓基础管理、业务管理、服务管理，管理效率、管理水平得到了提高。

三、劳动关系协调和劳动保障法制工作力度进一步加大，劳动关系总体和谐稳定

（一）立法工作稳步推进，具有广西地方特色的劳动保障政策法规体系进一步完善

2005年，广西壮族自治区积极推进《广西实施〈工伤保险条例〉办法》的立法工作，经过努力争取，顺利列入了2006年度自治区人民政府的立法计划。认真做好《广西职业技能鉴定条例》《广西实施〈劳动保障监察条例〉办法》等法规规章的调研起草工作；组织开展劳动保障规范性文件的清理工作，自治区劳动保障厅废止了6个涉及农民工进城就业有关就业证卡制度的规范性文件，改善了农村务工人员进城的就业环境。各地劳动保障部门也对政策文件进行了清理，维护了法制及政策的统一，确保了政令的畅通。同时，面对劳动保障领域出现的新情况、新问题，本着解决当前突出矛盾与着眼长远制度建设相结合的原则，各级劳动保障部门在促进就业、社会保险、规范农村劳动力转移就业、治理拖欠农民工工资等方面制订了一系列劳动保障规范性文件，有力地推动了各项工作的开展。

（二）劳动保障监察执法工作实现新突破，劳动者的合法权益得到有力维护

2005年，广西壮族自治区各级劳动保障监察机构共主动检查用人单位5.1万户，涉及劳动者216.38万人；对5.98万户用人单位实施劳动保障监察书面审查；为11.04万名劳动者追发工资待遇1.24亿元；责令补签劳动合同38.04万份；督促1.82万户用人单位缴纳社会保险费1.9亿元。劳动保障监察立案5 263件，结案5 088件。建筑行业农民工工资保障金制度得到进一步落实，工资支付预警制度及监控制度逐步建立健全，清理拖欠农民工工资工作成效显著。全区立案查处克

扣拖欠农民工工资案件3 024件，追发农民工工资等待遇1.05亿元。

（三）劳动争议处理力度加大，维护了劳动关系的和谐稳定

2005年，广西壮族自治区各级劳动保障部门和劳动争议仲裁机构进一步加强劳动争议处理能力建设，积极主动处理大量劳动争议案件，维护了劳动关系的和谐稳定。2005年，全区共处理劳动争议案件11 882起，同比减少15.5%，其中，立案处理5 822起，结案5 583起，结案率为95.9%。注意做好预防调解工作，案件调解成功率为60%。接待群众来信、来访、来电咨询32万人次，同比增长了120.69%。鉴证劳动合同43万份。劳动争议仲裁效能进一步提高，办案工作流程进一步规范，制定了《劳动争议仲裁文明用语》《仲裁办案十不准》。自治区劳动保障厅会同自治区司法厅、自治区劳动争议仲裁委员会联合下发了《广西劳动争议仲裁法律援助工作办法》，在全国率先实行劳动争议仲裁法律援助制度，有效维护了弱势困难群体的合法权益。

（四）劳动保障行政执法监督机制进一步完善，依法行政水平进一步提高

2005年，广西壮族自治区各级劳动保障部门认真开展《行政许可法》实施情况的检查，促进了《行政许可法》的贯彻实施和劳动保障部门依法许可。开展劳动保障行政处罚项目及实施主体的清理工作，推动了《行政处罚法》的贯彻实施，改善了政务环境。配合全国人大常委会开展《劳动法》的执法检查工作，进一步促进了《劳动法》的贯彻实施。建立健全了行政执法监督机制，积极推行法律审核、集体讨论、规范性文件合法性审查及备案、行政复议、行政应诉等工作制度，强化事前监督，有效地避免或减少了行政违法行为。行政复议和行政应诉工作不断加强。全年全区共处理行政复议案件159件，被复议案件181件，行政应诉案件87件。

（五）劳动关系协调工作有了加强，劳动合同制度取得新进展

2005年，广西壮族自治区各地进一步加大劳动合同管理力度，推进劳动合同制度的实施。2005年，全区签订劳动合同人数达132.9万人。集体协商和集体合同制度取得新进展。2005年，全区签订的各类集体合同8 201份，涉及职工104.05万人，其中：国有和国有控股企业签订集体合同1 822份，涉及职工63.8万人；非国有企业签订集体合同6 379份，涉及职工40.3万人。加强对国有大中型企业主辅分离、辅业改制和关闭破产中职工安置方案的审核，严格把关，妥善处理国有企业改制重组中的劳动关系。加强劳动关系三方机制建设，各市普遍建立了劳动关系三方协调机制，并向县一级延伸，三方协调机制作用逐步得到发挥。

（六）劳动保障普法宣传进一步深入，成效明显

2005年，广西壮族自治区各级劳动保障部门广泛开展普法宣传，积极推进“四五”普法教育活动，做好“四五”普法验收工作。围绕劳动保障工作的全局，开展了“春风行动”、《劳动法》执法检查、维护进城务工人员合法权益、《工伤保险条例》颁布两周年等全区性的专题宣传活动，发放各种宣传资料240多万份，接受群众咨询80多万人次，进一步扩大了普法宣传的覆盖面。各地还不断创新普法宣传的内容、形式和手段，提高了普法工作的实效，增强了用人单位依法用工和劳动者依法维权的意识，为劳动保障各项工作的开展创造了良好的舆论氛围和外部环境。

（七）法制工作机构队伍建设、工作管理体制和机制创新取得新进展

到2005年末，广西壮族自治区有6个市局设立了专门的法制工作机构，未设立专门法制工作机构的市县大多数指定了专门的机构和人员负责开展此项工作。全区有13个市成立了劳动保障监察支队，77个县（市、区）成立了劳动保障监察大队，有专职监察员677

名。监察机构建设逐步向基层延伸。全区共成立各级劳动争议仲裁委员会115个，有专职仲裁员189名，兼职仲裁员414名。基本建立起从自治区到县一级的劳动保障法制、监察、仲裁机构网络，锻炼出了一支讲政治、懂业务、能吃苦的干部队伍。与此同时，劳动争议仲裁和劳动保障监察执法管理体制和工作机制创新取得新进展。建立健全了纵横互动的维稳协调网络、预警机制、信息报告制度及快速处理机制，作用发挥明显。劳动保障监察网上书面审查工作进一步推进，有6万多家用人单位进入“市场与就业”网站进行登记。

四、深入开展保持共产党员先进性教育活动，服务水平迈上新台阶

2005年，按照自治区的部署，广西壮族自治区劳动保障系统扎实开展了保持共产党员先进性教育活动。各级劳动保障部门深入学习邓小平理论和“三个代表”重要思想，开展主题实践活动，广泛征求意见，深刻剖析问题，研究提出新时期劳动保障部门保持共产党员先进性的具体标准，制定落实整改方案，并探索形成先进性建设的长效机制，达到了“提高党员素质、加强基层组织、服务人民群众、促进各项工作”的目的，做到了“两不误、两促进”。各级劳动保障部门以公正、便民、廉洁、高效为基本要求，以为群众提供满意服务为标准，加强行风建设，积极开展创建优质服务窗口活动，改善服务环境，增强服务意识，提高服务质量。

（广西壮族自治区劳动和社会保障厅）

海 南 省

2005年，在劳动和社会保障部的指导下，在省委、省政府的领导下，海南省劳动保障系统以邓小平理论和“三个代表”重要思想为指导，以科学发展观统领劳动保障工作全局，认真贯彻落实党的十六届三中、四中、五中全会精神和全省经济工作会议精神，坚持以人为本，把解决人民群众最关心、最现实、最直接的就业、社会保障和维护职工权益等问题，作为劳动保障工作的着力点，扎扎实实地推进各项工作，有效地促进了全省劳动保障工作全面持续协调健康发展。

一、就业再就业工作成效显著

2005年，海南省人事劳动保障部门落实省委、省政府坚持把就业再就业作为关系改革发展稳定大局的大事来抓，把就业再就业作为经济社会发展的年度目标责任考核内容的要求，将指标任务层层分解，落实到基层抓紧抓好。全省城镇累计新增就业岗位8.3万个，下岗失业人员实现再就业3.3万人，其中“4050”人员再就业6 900人；城镇登记失业4.9万人，城镇登记失业率为3.5%，低于4%的控制线；下岗失业人员免费再就业培训2.1万人，完成年计划的106%。全年就业再就业主要目标任务全面完成。

（一）进一步落实各项再就业扶持政策

2005年，海南省大力推动下岗失业人员小额担保贷款工作，进一步抓好税费减免、社保补贴、再就业培训补贴和公益性岗位补贴等政策的落实。下发了《关于海南省下岗失业人员小额担保贷款实施问题的补充通知》，进一步完善了风险补偿机制，扩大了微利贴息项目的范围，降低了贷款“门槛”，简化了审批手续，并加强政策宣传，有力推动了下岗失业人员小额担保贷款工作，全省共发放小额贷款近322万元。

（二）建立完善就业再就业援助制度，促进就业再就业

2005年初，海南省组织开展了以就业困难对象为重点，以“稳定您的就业，全省共同努力”为主题的“再就业援助月活动”，大力开展“四送一落实”（送政策、送岗位、送技能、送服务，落实社会保险补贴）活动，为下岗失业人员提供就业岗位，取得了明显成效：近6 000名下岗失业人员与招聘单位达成意向，500多人被现场录用，“4050”人员再就业率大幅提高。2005年6月，海南省组织“海南省与海口市民营企业招聘周”活动，免费为民营企业和求职者服务，共有205家企业进场，提供了3 548个招聘岗位，进场人数超过8 000人次，达成聘用意向2 157人次。2005年7月，为切实解决驻琼部队广大官兵的实际困难，海南省与有关单位联合举办了“海南省暨海口市随军家属就业专场招聘会”，组织了金融、电信、医疗、教育、旅游等86家企事业单位进场招聘，提供就业岗位1 292个，412名军嫂进场应聘，现场录用32人，达成意向108人。

（三）积极开展农村富余劳动力培训和转移就业工作

2005年，海南省落实促进农村劳动力转移的各项政策，加强农村劳动力的技能培训，

切实组织好农民外出务工，促进农民向非农产业和城镇有序流动。2005年第一季度组织开展了“春风行动”，清理了针对农民进城务工的限制性政策，完善了就业服务机制，打击了非法中介组织，规范了劳动力市场秩序。进一步落实改善农民进城就业环境的各项政策，及时召开了“全省农村劳动力转移就业座谈会”，总结交流农村劳动力转移就业工作经验。下发了《关于大力推进农村劳动力转移就业的意见》，极大地推动了全省农村劳动力转移就业工作。依托“9+2劳务合作协议”，加强与珠三角地区的对接，及时掌握用工需求和培训信息，输送劳动力。2005年，全省培训农村劳动力2.8万人，转移就业8万人，其中向省外转移就业的农村劳动力为3万人，省内转移就业5万人，全省农村劳动力转移就业工作呈现了前所未有的好形势。

二、职业技能培训工作不断加强

（一）积极推进技能人才队伍建设

2005年，海南省广泛动员社会各方面的力量，开展高技能人才培养工作，全年全省共培养新技师800多人，比2004年增长60%。为了营造尊重技能人才、争当技能人才的社会氛围，省人事劳动保障部门11月底与教育、信息产业部门联合组织了全省计算机职业技能大赛，促进了技能人才队伍的发展。

（二）大力发展技工教育

2005年，海南省按照“调整结构、提高层次、突出特色、服务就业”的方针，继续推进技工学校结构调整工作。完成了省交通技工学校申报省重点技工学校的评估工作。海口市技工学校被劳动保障部确认为高级技工学校。省劳动保障部门加强与发展改革、教育、财政部门的协调，确保技工学校享受到国家对职业教育的扶持政策。海口市技校综合实验楼建设已列入省发展与改革厅、教育厅编制的2005年海南省职业教育中央预算内专项资金投资计划，并上报国家发改委；海南省高级技校机电、生物制药、电子实训基地建设也已列入省教育厅、财政厅编制的2005—2007年海南省职业教育实训基地建设规划，并上报教育部和财政部。这些技校建设项目被列入中央财政支持的建设项目，将大力推进海南省的职业教育。加强技工学校和民办职业培训机构的规范化管理。成立了海南省技工学校及民办职业培训机构评估委员会，制定海南省民办技工学校设置标准和民办职业培训机构量化评估标准，进一步规范了民办技工学校和职业培训机构的审批工作。同时，组织开展了民办职业培训机构的年检工作，并将年检结果向社会公布。以就业为导向，深化技工教育制度改革，进一步增强技工学校的市场竞争力。2005年，海南省技工学校毕业生就业率为93%，保持着较高的水平。招生人数为4 450人，比2004年增加了8%，技工学校的办学规模持续扩大。

（三）大力推行职业资格证书制度，扩大职业技能鉴定范围和规模

2005年，海南省新审批设立3家职业技能鉴定所；批准1家职业技能鉴定所扩大鉴定范围。截至年底，全省已有51家职业技能鉴定所，2个市级职业技能鉴定中心。以职业院校为重点，推行职业资格证书制度工作取得新的进展。2005年，海南省职业院校毕业生参加职业资格考核的人数比上年增加30%；全省各类人员参加职业资格考核人数达18 000人次，比2004年增加20%。

三、劳动关系更加稳定和谐

2005年，海南省人事劳动保障部门从构建和谐社会和维护社会稳定的高度出发，在妥善处理劳动关系、落实国企改制关闭破产职工安置政策、接续社会保险关系、维护劳动者合法权益、处理劳动争议与仲裁等方面进一步加大了工作力度，协调劳动关系和维权工作成效明显。

（一）切实解决拖欠农民工工资问题，在全省建设领域推行了工资保证金制度

2005年，海南省贯彻落实国务院和省委、

省政府有关解决建设领域拖欠工程款和农民工工资问题的文件精神，省人事劳动保障厅下发了《关于进一步做好清欠农民工工资工作的通知》等文件，要求各级劳动保障部门建立农民工工资支付监控制度，督促用人单位特别是建筑业企业规范工资支付行为。全省建设领域农民工工资保证金制度的推行，有效地从源头上预防了建设领域拖欠农民工工资问题的发生，保障了建设领域农民工正当的工资权益。

（二）加强对国有企业改制关闭破产方案审批工作，督促企业认真落实

2005年，海南省开展在国有企业重组改制和关闭破产中维护职工合法权益的检查活动，加强职工安置方案的审查工作，规范国有企业改革中的劳动关系处理；切实保障国有企业职工的合法权益，维护企业和社会稳定，做好国有企业改制、关闭、破产职工的安置工作。严格审查国有企业职工安置方案，规范审查程序，简化办事手续，在15个工作日内完成审查并作出书面审查意见。指导和督促企业按审查通过的职工安置方案规范操作，落实好职工安置的各项政策。据统计，2005年，关闭破产企业3家，涉及职工1 829人，解除劳动合同人数1 008人，预提经济补偿金1 381.4万元，补缴社保费等7 005.2万元，偿还职工债务483.7万元；重组改制9家，涉及职工1 057人，解除劳动合同人数607人，预提经济补偿金1 596.5万元，补缴社保费等363.9万元，偿还职工债务538.6万元。

（三）健全劳动关系三方协调机制，充分发挥三方机制作用，加强劳动合同和集体合同管理，从根本上规范劳动用工，遏制拖欠工资行为的发生

2005年，海南省各级劳动保障部门贯彻执行《海南省劳动合同管理规定》等有关规定，实行劳动合同鉴证制度。全省企业职工签订劳动合同人数约53万人，签订率为86%。其中全民、外商投资、集体企业劳动合同签订率分别达到98%、96%、95%；乡镇企业、私营企业、其他企业劳动合同签订率分别为68%、77%、79%。劳动合同签订比往年有明显提高。贯彻落实《集体合同规定》和《关于进一步推进平等协商和集体合同制度的通知》等有关规定，认真审核企业集体合同，2005年，海南省共签订集体合同1 436份，涉及职工35万人，国有企业、外商投资企业和私营企业、其他经济类型企业分别占签订集体合同用人单位数的70%、10%、20%。

（四）加强劳动保障监察业务培训

2005年1月，海南省举办了“贯彻实施《劳动保障监察条例》培训班”，对全省各市县劳动保障系统的分管领导和劳动保障监察员共63人进行了培训。7月，举办了“全省劳动保障监察业务培训班”，对全省各市县劳动保障系统的分管领导和劳动保障监察员共64人进行了培训。通过培训，提高了劳动保障监察业务能力和办案水平。

（五）开展了清理整顿劳动力市场专项行动、劳动用工和清欠农民工工资执法大检查

2005年，海南省认真清理整顿劳动力市场，责令用人单位与劳动者补签劳动合同；追发劳动者工资待遇和抵押金等；取缔未取得营业执照或许可证的非法职介机构；纠正有关违反职业资格和职业培训规定的单位；开展贯彻实施《禁止使用童工规定》情况检查活动。在检查中，共取缔未取得营业执照或许可证的职业介绍机构15家，责令整改的职业介绍机构14家，责令退还违规收取的求职费3.21万元。通过专项执法检查行动，有效遏制了海南省职业介绍领域的违法行为，改善了就业环境，规范了劳动力市场秩序，维护了劳动者的合法权益。

2005年，海南省各级劳动保障部门共检查用人单位5 800多家，涉及劳动者25万人；受理群众举报案件791件，结案率达90%；为2.3万名劳动者追发拖欠工资1 800多万元，其中为1.2万农民工清欠工资1 600多万元，偿付率达93%；责令用人单位与劳动者补签劳动合同2万多份；为5 600多名劳动者追回抵押金38万元；充入农民工工资保证金

1.1亿元。接受人事争议申请52件，受理39件，已裁决处理35件；接受劳动争议申诉1 500多件，受理1 400多件。其中裁决处理900多件，调解处理300多件，促使当事人和解而撤诉的90多件，在法定期限内结案率达98%。

四、社会保障工作稳步推进

（一）将农垦养老保险顺利纳入省级统筹

2005年，海南省制定了《农垦企业职工基本养老保险纳入省级统筹工作方案》，在中央的大力支持和省委、省政府的高度重视下，经过各方面的共同努力，农垦养老保险已顺利纳入省级统筹，农垦新办理的退休人员的养老待遇普遍得到提高。

（二）继续确保了企业离退休人员养老金按时足额发放

2005年，海南省参保离退休人员36.5万人，其中企业离退休人员31万人，应发基本养老金18.6亿元，实发养老金为18.6亿元，足额发放率为100%，企业离退休人员养老金当期无拖欠。

（三）社会保险管理进一步规范

2005年，海南省下发了《关于建立企业年金有关问题的通知》，明确了企业建立企业年金的条件、步骤。完成了海南省基本医疗保险和工伤保险药品目录的调整工作，扩大药品的使用范围，强化了广大参保职工的基本医疗保障。根据《工伤保险条例》有关精神和《海南经济特区工伤保险实施办法》，出台了《工伤认定操作规程》《工伤保险基金职业预防康复费用管理办法》《劳动能力鉴定操作规程》等，进一步规范了工伤认定程序和劳动能力鉴定程序，逐步实现由以工伤补偿为主向工伤预防、工伤补偿、工伤康复相结合的方向转变。

（四）社会化管理服务工作迈上新台阶

2005年，海南省顺利完成了省本级企业退休人员档案移交海口社区管理。全年全省建立社会化管理服务机构600多个，进入社会化管理服务人数达到28万人，社会化管理服务率达到90%。除农垦外，离退休人员基本养老金社会化发放率达到100%。

（五）社会保险覆盖面继续扩大，各项基金运行平稳

2005年，海南省城镇职工基本养老保险参保人数84万人，基本医疗保险参保人数88万人，失业保险参保人数57万人，工伤保险参保人数69万人，生育保险参保人数34万人，基本完成了国家劳动和社会保障部下达的年度扩面任务。全省18个市县已开展农村社会养老保险工作，28万人参保。建立和完善了社会保障监督委员会工作机制。海南省劳动保障部门联合财政、地税、审计等部门，对全省社会保险基金收支情况进行检查，并开展了失业保险基金专项检查，共查出2001年以后失业保险违规基金200多万元，并对违规使用基金的市县责令限期整改。企业基本养老保险基金当期征缴收入13亿元，比上年增长13%。清理收回企业欠费1.7亿元，完成部下达任务的175%。

（六）“金保工程”稳步推进

2005年，按照劳动保障部的总体部署和要求，海南省完成了“金保工程”的项目立项和评估，建立了省级劳动保障数据中心，实现了部省之间，省与省本级下属单位、地级市之间的专线联网，保证了社会养老保险数据整理、整合及上报工作的正常开展，部省网络视频会议系统正常运行。

五、企业工资管理制度不断完善

（一）完善企业工资政策，维护劳动者的合法权益

2005年，海南省对1994年公布的《海南省企业最低工资规定》作了重要修订，2月26日，省政府颁发了《海南省最低工资规定》，为建立正常的最低工资标准调整机制、保障各类低工资劳动者权益发挥了重要作用。

（二）进一步健全企业工资收入分配宏观调控体系

经劳动和社会保障部及省政府同意后，海

南省发布了2005年度工资增长指导线意见，即企业货币平均工资增长基准线为12%，上线为14%。指导海口市发布了307个工种（岗位）劳动力市场工资指导价位，充分发挥了劳动力市场的作用。指导和帮助国投洋浦港有限公司总结按岗付薪的薪酬制度改革经验，并在全省企事业单位进行推广。

六、信访接待工作更加及时有效

2005年，海南省劳动保障部门紧紧围绕劳动保障中心工作，认真贯彻落实《信访条例》，进一步完善信访工作处理机制，加大处理劳动保障信访突出问题及群体性事件工作力度，妥善处理信访案件，有效地促进了劳动保障体制改革和各项业务工作的开展，维护了社会的稳定。省人事劳动保障厅共接待群众来访550批，2 200多人次。其中群体性上访18批，共500多人次，厅长接待日接待来访群众64批，420多人次。处理群众来信782件。处理劳动保障突发事件3起，涉及劳动者300多人次。

（一）加强领导，不断完善信访工作机制

2005年，海南省人事劳动保障厅严格落实《海南省人事劳动保障厅信访工作制度》，先后建立了厅长接待日制度和劳动保障突发事件应急机制，制定了《处置劳动保障群体性突发事件应急预案》，形成了覆盖全省市、县（区）的举报网络，在预防和处理劳动保障信访问题和群体性事件的实践中发挥了重要作用。对一些涉及面广的重大、疑难、群体信访案件，厅长或分管副厅长亲自主持召开协调会，部署信访工作，协调多方关系，寻求解决问题的途径和办法。各部门密切配合，整体联动，形成了信访、劳动保障监察及相关部门合力处理信访问题的工作机制。

（二）针对工作重点，抓好预防工作

2005年，海南省以国有企业改革过程中显现出来的矛盾和部分企业拖欠职工工资、社会保险费或生活费，以及职工安置政策落实不到位等问题而引起的上访为重点，通过接访、定期约见、慰问及举报网络了解掌握可能发生群体性上访的情况，抓好预防工作，力争把问题解决在萌芽状态。

（三）强化服务意识，妥善处理各类信访案件

2005年，海南省劳动保障部门遵照“属地管理，分级负责，谁主管、谁负责，依法、及时、就地解决问题与疏导教育相结合”的原则处理信访事件。及时办理群众来信，热情接待群众来访，认真听取群众意见。做到一把椅子让座、一杯清茶暖心、一腔热情接待，仔细听取其反映的问题，耐心解答上访群众反映的问题和要求，有针对性地做好说服教育工作。

（海南省人事劳动保障厅）

重 庆 市

2005年，重庆市劳动保障系统在劳动保障部和重庆市委、市政府的领导下，全面贯彻落实科学发展观，努力实践“三个代表”重要思想，认真开展保持共产党员先进性教育活动，团结奋斗，扎实苦干，劳动保障各项工作取得新成绩，为维护社会稳定、促进社会和谐发挥了重要作用。

一、就业和再就业工作取得显著成绩，技能人才队伍建设全面加强

就业是民生之本，也是安国之策。2005年，重庆市委、市政府首次把就业和再就业工程作为“八大民心工程”的第一项目，进一步加强领导，落实责任。全市劳动保障系统按照劳动保障部“落实就业目标责任、落实就业政策，强化就业服务、强化失业调控”的总体要求，认真落实就业再就业目标和再就业扶持政策，强化对就业困难对象的再就业援助和对进城务工人员的就业服务，千方百计做好就业再就业工作。全年全市城镇新增就业人员20.95万人，完成年计划17万人的123.2%；指导和帮助下岗失业人员就业和再就业15.15万人，完成年计划12万人的126.3%；指导和帮助“4050”人员再就业4.17万人，完成年计划3万人的139%；全市城镇登记失业率控制在4.12%，比4.5%的控制目标低0.38个百分点。重庆市委、市政府“八大民心工程”之首的就业再就业工程各项目标任务顺利完成。

（一）大力开展再就业政策实效行动，抓好再就业政策的落实

2005年，重庆市按照劳动保障部的统一部署，在全市范围内开展了以“多下一分工夫落实政策，多帮一批人员实现就业”的再就业“政策实效”行动，充分发挥政策促进就业的效应，切实解决下岗失业人员的实际困难；抓好各项税费减免政策的落实，进一步促进下岗失业人员自谋职业和鼓励企业吸纳下岗失业人员。继续扩大再就业小额贷款发放规模。2005年，全市共存入担保基金1.3亿元，累计发放小额贷款4.23亿元，直接帮助2.82万名下岗失业人员再就业。同时，加强再就业小额贷款回收力度，回收率达97.6%。突出抓好社会保险补贴、岗位补贴政策的落实。共落实社会保险补贴6 600.5万元、岗位补贴1 964.9万元，分别是2004年同期的3.3倍和1.6倍，有力地促进了下岗失业人员就业再就业。部分区县还积极探索通过就业补贴、自主创业开办补贴、低保渐退等方式，促进有就业能力的低保人员就业，取得了一定成效，积累了好的经验。

（二）加快就业服务体系建设，不断强化就业再就业服务

2005年，重庆市继续推动社区社会保障工作机构建设。至12月底，全市已累计批复452个街道（镇）建立社区社会保障工作机构，其中已有396个街道（镇）开展了工作。社区社会保障工作机构在摸清情况、建立台账，加强对小额贷款的宣传和管理，开展职业培训、职业指导和职业介绍，开发社区就业岗位，加强对进城务工人员的管理和服务等方面的作用日益发挥。进一步加强劳动力市场建设。重点扶持了10个区县劳动力市场的建设和改建，突出抓好公共职业介绍机构建设。全

市劳动力市场信息联网单位共办理用工登记20.44万人次、求职登记18.57万人次，介绍成功12.76万人，分别比2004年同期增加2.35万人次、0.96万人次和1.41万人。大力抓好就业再就业培训，不断推进创业培训。全市有8.31万名下岗失业人员接受了再就业培训，完成年计划7万人的118.7%，培训结业后实现再就业4.76万人，再就业率为57.4%；有9.37万人接受就业训练，训练后就业5.68万人。全市22个区县举办了创业培训，结业学员892名，其中454名学员成功创业，充分发挥了创业对就业促进的倍增效应。

（三）深入开展就业援助和各类特色活动

2005年，重庆市以大龄就业困难对象为重点，开展了“2005再就业援助月”活动，开发公益性岗位安置“4050”人员3 000人，有1.35万名“4050”人员与用人单位达成了就业意向。在“春风行动”中，通过多种方式积极宣传农民工维权常识，在劳动力市场开设专门农村劳动力就业服务窗口，免费提供职业指导、职业介绍和引导性培训等，求职农民工达12万人次，其中2万人实现了就业。组织举办了民营企业招聘周活动，3 000家民营企业提供了6.3万个就业岗位，近9万人进行了求职登记，达成意向性协议2.6万人。

（四）统筹做好农村富余劳动力、高校毕业生等群体的就业工作

2005年，重庆市通过加强与劳务输入地的联系，采取送岗位下乡、举办专场招聘会等多种形式，有组织地输出农村富余劳动力。同时，积极配合有关部门抓好农民工有序流动工作，继续推动高校毕业生的就业工作，加强对残疾失业人员的就业服务，切实抓好境外就业工作，取得了新的成效。

（五）高技能人才培养和职业培训鉴定工作进一步加强

2005年，重庆市继续深入贯彻全国和重庆市人才工作会议精神，积极实施“人才强市”战略，努力改善技能人才工作的社会环境。面对全市中职学校统一招生的新形势，大力协调技工学校招生管理政策，加强学校实训基地建设和师资队伍建设，促进技工学校发展。认真拟定高技能人才培养建设规划，根据重庆市领导对技能人才工作的重要批示，先后上报了《关于我市技能人才培养和职业资格证书制度有关情况的报告》《重庆市服务及管理型人才队伍建设的对策建议》《重庆市高技能人才培养行动计划（2005—2010年）》《关于细化技能人才职业资格等级的意见》等重要材料。积极探索技能人才激励机制，首次组织重庆市高技能人才代表赴海南休假疗养。进一步推动高技能人才培训基地建设，广泛开展职业技能竞赛活动，大力推行国家职业资格证书制度。全年技工学校招生29 536人，比2004年增长13%。参加职业技能鉴定的人数超过26万人，鉴定合格颁证22.18万人，比2004年增长10.11%。

二、完善社会保障体系工作稳步推进

2005年，重庆市企业职工基本养老保险、失业保险、医疗保险和工伤保险在确保待遇落实、扩面征缴、完善制度等方面取得了新的进展。《重庆市职工生育保险暂行办法》正式实施，职工生育保险开始全面推行，标志着重庆市5项社会保险全部建立实施，在重庆市社会保险制度建设史上具有里程碑意义。劳动能力鉴定工作全面加强，社会保障监督机制进一步健全和完善。重庆市的社会保障体系更趋完整，社会保障覆盖范围更加广泛，社会保障能力进一步增强。

（一）抓住重点，突破难点，养老保险工作开创了新局面

2005年，重庆市继续确保企业离退休人员基本养老金按时足额发放，共发放基本养老金65.43亿元。企业职工基本养老保险工作目标考核发挥重要作用，扩大覆盖面、清理欠费成效显著。截至年底，参加企业职工基本养老保险人数188.08万人、离退休人员100.12万人。全市新增扩面10.48万人，完成了全年扩面任务8万人的130.98%；实际征收基本养老保险费44.43亿元，当期增收增长幅度在全

国名列前茅；共追缴欠费12.82亿元，比2004年同期增加3.43亿元，超额完成劳动保障部下达的5.5亿元追缴欠费任务。认真贯彻执行《重庆市参加企业职工基本养老保险人员办理退休暂行办法》，严格执行国家规定的特殊工种目录，全市特殊工种退休和政策性提前退休工作在政策和操作上实现了口径统一，基本走上正轨，有效遏制了养老保险基金的流失。全年共办理特殊工种退休和提前退休22 547人，比2004年同期减少2 005人，以增收基本养老保险费与减少基本养老金支出相加计算，全年可减少基本养老金支出4 394万元。企业退休人员社会化管理服务工作质量进一步提高。到12月底，全市实行社会化管理的企业退休人员有98.36万人，社会化管理率在全国名列前茅。进一步加大养老保险费征缴稽核工作力度，共稽核参保企业2 171户、参保人数63.08万人，查出少报缴费人数4 333人，少报缴费基数1.1亿元，补收养老保险费2 782.68万元。

（二）完善政策，加强管理，积极扩面，医疗保险工作再上新台阶

2005年，重庆市通过加强基础管理，不断完善医疗保险政策，稳步扩大基本医疗保险覆盖面，进一步完善多层次的医疗保障体系，医疗保险制度改革稳步推进，超额完成了劳动保障部下达的医疗保险各项目标任务。医疗保险参保人数达236万人，较2004年底增加30万人，增长14.6%，城镇用人单位及其职工参保覆盖率达82%。关闭破产企业退休人员和部分困难群众参加医疗保险的问题得到初步解决。至12月底，15.7万名破产企业退休人员参加了基本医疗保险，灵活就业人员和达到法定退休年龄的大龄下岗职工参加医疗保险人数分别为2.9万人和9 128人。离休干部医药费统筹工作在多数区县（自治县、市）已经启动，至12月底，全市参加统筹的离休干部有9 942人，医疗待遇得到了较好保障。

（三）积极扩面，确保发放，失业保险的保障能力和促进再就业能力进一步增强

2005年，重庆市继续加大失业保险参保扩面力度，深入企业宣传失业保险政策，积极配合地税部门抓好失业保险费的征收工作。至年底，全市新增参保职工7.57万人，完成年计划5万人的151.4%；参保职工人数为188.15万人，在国有企业深化改革、大规模减员的情况下，保持了参保人数的基本稳定。同期，失业保险费收入4.63亿元（其中征收失业保险费3.77亿元），失业保险基金支出2.47亿元；至12月底，失业保险基金滚存结余4.48亿元。继续做好失业人员的接收登记和管理服务工作，及时向符合条件的失业人员发放失业保险金，确保其基本生活。全市为12.44万名失业人员发放了失业保险金；至12月底，仍有6.38万人享受失业保险待遇。同时，加强国有企业大龄下岗职工管理，保证领取失业保险待遇期满未退休的大龄下岗职工的生活费按时足额发放。共接收大龄下岗职工3.53万人，发放生活费8.19万人次。

（四）狠抓扩面工作，积极完善政策，工伤保险顺利推进

2005年，重庆市以建筑、矿山等高风险行业职工特别是农民工参保为重点，积极推进工伤保险扩大覆盖面工作，提前超额完成了劳动保障部和重庆市政府下达的目标任务。至12月底，全市共有工伤保险参保单位21 873户，参保职工154.09万人（其中农民工20万人），比2004年底增加56.62万人。同时，加强基金管理，在全国率先试行未达等级工伤医疗费定额包干管理方式。切实做好工伤认定工作，严格把握工伤待遇享受条件和标准，充分发挥基金调剂功能。全市工伤保险基金收入1.54亿元，支出1.38亿元，结余0.79亿元，基金征收率持续保持在96%以上。全市受理工伤认定结案26 023件，享受工伤保险待遇人员6 876人。

（五）全市统一的生育保险制度基本建立

2005年7月7日，重庆市政府第56次常务会议通过了《重庆市职工生育保险暂行办法》，已于9月1日起施行。目前，各区县（自治县、市）劳动保障部门正开始逐步启动实施城镇职工生育保险。至12月底，已有40

个区县（自治县、市）和经开区、高新区按照《重庆市职工生育保险暂行办法》的规定启动实施了生育保险，参保人数72.44万人，生育保险基金收入661.75万元，支出327.73万元，累计结余2 386.57万元。

（六）机关事业单位养老保险制度改革稳妥推进，积极开展农村社会养老保险调研工作

2005年，重庆市遵循“积极稳妥、逐步推进”的指导思想和原则，市属自收自支事业单位养老保险工作取得新进展，至12月底，有参保单位457个，参保在职人数14 841人、离退休人员3 899人；养老金按时足额支付率达到100%。全市27个区县（自治县、市）启动了机关事业单位养老保险工作试点，管理体制逐步理顺。积极开展农村社会保险调研工作，先后开展了全市农村社会养老保险工作情况和被征地农民社会保障问题调研，形成了农村养老保险的相关工作意见。

（七）夯实基础，积极创新，劳动鉴定工作取得了突破性进展

2005年，重庆市加强劳动能力鉴定管理，完善规章制度，健全工作机制，拓宽工作领域，初步确立了以病退鉴定、工伤鉴定、委托鉴定和特殊工种检测为主要内容，具有重庆特色的劳动鉴定工作新体系。全市完成劳动能力鉴定18 216人次。市级鉴定管理机构完成各类鉴定9 872人次，其中病退鉴定1 676人次，达到完全丧失劳动能力标准的899人，申报和达标人数均为历年最少；完成工伤再次鉴定559人次，较好地保证了再次鉴定质量。市劳动保障局积极参与制定《重庆市企业特殊工种管理暂行办法》，在全国率先以特殊工种检测的方式为特殊工种从业人员办理提前退休提供科学依据。至2005年底，已完成了13家企业256个特殊工种的试点检测。

（八）社会保险基金监管力度进一步加大，有效地维护了社会保险基金的安全与完整

2005年，重庆市进一步完善了社会保险基金监管政策，监管法规、制度建设取得新进展。积极开展日常监管工作，对2 531个用人单位缴纳社会保险费的情况进行了专项检查，补收社会保险费5 793.75万元；检查了各级社会保险经办机构审核用人单位申报缴纳社会保险费的情况，制止和纠正了个人参保人员基本养老保险费代征工作中存在的划转基金不及时和侵占基金利息的行为，涉及基金利息106.8万元；同时，积极配合做好失业保险基金审计相关工作，及时办理社会保险举报案件，不断加强社会保险基金非现场监督。

三、劳动关系总体稳定，维护劳动者合法权益机制进一步健全

和谐稳定的劳动关系是和谐社会的基础。2005年，重庆市劳动保障部门认真做好劳动关系的协调处理工作，依法维护劳动者的合法权益，在构建社会主义和谐社会的进程中发挥了重要作用。

（一）劳动关系调整工作进一步加强

2005年，重庆市指导政策性破产企业妥善安置职工，认真审查国有大中型企业主辅分离辅业改制分流安置富余人员总体方案，积极参与指导企业在重组改制、环境污染搬迁以及股权转让过程中制定职工安置方案，妥善调整劳动关系。加强劳动合同、平等协商和集体合同制度建设，各类企业普遍建立了劳动合同制度。积极指导区县（自治县、市）和企业推进平等协商和签订集体合同，全市共有2.81万户企业建立了平等协商机制，现有集体合同生效的企业3 575户，覆盖职工129万人。积极推进协调劳动关系三方机制建设，基本构建了多层次、多方位的三方协调劳动关系框架。积极推进创建和谐劳动关系工业园区试点活动。

（二）劳动工资工作取得新成效

2005年，重庆市认真履行对企业工资收入分配的调控职能，指导企业坚持完善按劳分配为主体、多种分配方式并存的工资分配制度。积极开展劳动力市场工资指导价位制度建设，发布了316个工种（岗位）的劳动力市场工资指导价位。继续进行工资指导线测算工

作，指导企业把工资指导线运用到工资集体协商中去。制定了2005年国有及国有控股企业工资收入分配的宏观调控政策和实施办法，对市级273户国有及国有控股企业2004年工资总额进行了清理结算并审核了2005年工资总额宏观调控方案。宣传贯彻《最低工资规定》，在重庆市初步建立了最低工资标准调整机制。认真开展工资内外收入监督检查工作，加强劳动标准建设。制定和认真落实建设领域农民工工资支付保障金制度，规范农民工工资支付行为，大部分区县（自治县、市）已建立建筑领域农民工工资支付保障金制度，较早建立该制度的地区，已通过制度的实施在解决农民工工资拖欠问题上取得了明显成效。

（三）劳动争议调解处置能力进一步增强

2005年，重庆市各级劳动争议仲裁委员会共处理劳动争议案件20 831件，其中案外调解12 019件，立案受理8 812件，涉及劳动者26 265人，涉案经济标的2.69亿元，结案率为97.2%。共受理因企业改制、重组、破产或买卖、租赁等引发的集体劳动争议案件141件，涉及劳动者5 575人，参与处理涉及上访、群体性事件的劳动争议案件510件。积极推进劳动争议仲裁机构实体化建设，在全市选取3个地区试点，其中奉节县劳动仲裁院于2005年12月2日正式挂牌成立，成为重庆市首家劳动争议处理实体化机构。进一步健全劳动争议仲裁制度，制定实施了《重庆市劳动争议仲裁收费管理办法》，改变了多年来收费标准不具体、不规范的状况。

（四）劳动保障监察工作成绩突出

2005年，重庆市继续抓好清理拖欠农民工工资工作，先后两次组织开展了维护农民工合法权益专项执法检查活动，至12月底，已为16.09万名农民工补发工资2.27亿元。重庆市劳动保障局联合公安、人事、工商部门在全市范围内组织实施了清理整顿劳动力市场秩序专项行动，共检查各类职业中介机构、用人单位等704户，取缔非法职业介绍机构81家，对16家职业介绍机构和4户用人单位的违法行为处以罚款。重庆市被劳动保障部评为“2005年全国清理整顿劳动力市场秩序专项行动先进地区”。加大对用人单位参加社会保险的监督检查力度，共督促1 300户用人单位进行社会保险登记。据不完全统计，至12月底，全市各级劳动保障监察机构共主动检查用人单位1.46万余户，涉及劳动者114.1万人（次）；处理突发事件483起。受理群众举报投诉案件9 672件，立案查处群众举报投诉案件7 384件。

四、劳动保障基础建设进一步加强，劳动保障系统自身建设取得新成绩

（一）劳动保障法制建设取得新进展，劳动保障主要工作基本做到了有法可依

2005年，重庆市劳动保障地方立法工作快速推进。《重庆市职工生育保险暂行办法》已正式实施；《重庆市集体合同条例》《重庆市职业介绍管理条例（修订案）》经市人大常委会审议通过，将于2006年在全市施行；《重庆市工资支付规定（草案）》和《重庆市城镇职工基本医疗保险办法（草案）》已报送市政府法制办，待进一步论证修改，适时出台；《重庆市基本养老保险条例》《重庆市社会保险费征缴管理办法》《重庆市违反社会保险基金管理规定行政处理暂行办法》《重庆市人力资源市场管理条例》《重庆市劳动合同规定》已经完成了初稿的起草，正在抓紧进行论证、修改和完善。在全市组织开展《劳动法》实施10周年执法检查。在全面自查的基础上，积极配合和接受全国人大常委会、重庆市人大常委会组织开展的执法检查。检查组对重庆市贯彻实施《劳动法》10年来取得的主要成就给予了充分肯定。深入开展政策研究，解决突出问题。重庆市劳动保障局成立了调查研究工作领导小组，组织开展了25个项目的调研工作，大部分调研项目已经完成，并形成了政策性文件或立法、工作建议。其中《重庆市人民政府关于统一社会保险缴费基数和社会保险登记缴费申报程序的通知》《重庆市劳动和社

会保障局关于用人单位不按规定进行社会保险登记不如实申报参保人员和缴费工资的处理意见》《重庆市企业特殊工种管理暂行办法》已印发全市执行,《重庆市人民政府关于机关事业单位非在编人员参加企业职工基本养老保险有关问题的通知(代拟稿)》已上报重庆市政府。加强执法监督,推进依法行政。进一步完善和落实行政执法责任制度,做好行政复议和应诉工作。

(二)劳动保障信息系统建设加快推进

2005年,重庆市劳动保障局完成了数据中心机房主体工程的建设,数据中心已通过联调测试并投入使用。确认了统一社会保险基数、统一社会保险登记与缴费申报程序的社会保障业务需求基本模式,完成了社会保险和劳动就业信息系统的应用开发,社会保障相关数据清理整合工作有序开展。全市市、区两级通讯网络与安全平台已经建成,实现了养老保险业务全市联网和全国联网。渝中区、北碚区两个试点区的试点工作已全面开展。启动了社会保障卡建设工作。重庆劳动保障网站运行情况良好,栏目增多,内容适时更新,为社会各界提供了丰富的劳动保障工作信息。

(三)劳动保障规划财务工作进一步强化

2005年,重庆市劳动保障局全面推进重庆市劳动保障事业发展“十一五”规划编制工作。至年底,《重庆市劳动和社会保障事业发展第十一个五年规划》经过市级相关部门和有关专家评审,已基本定稿。在全市开展了统计数据质量大检查,进一步强化统计数据质量,全面完成统计年报和定期报表工作。2005年,重庆市被劳动保障部评为劳动保障综合统计工作考评先进地区。进一步加强财务管理,千方百计筹集资金,为劳动保障各项工作的开展提供了经费保障。

(四)劳动保障宣传和政务信息工作取得新进展

2005年,重庆市劳动保障系统围绕劳动保障中心工作任务,积极开展劳动保障宣传工作,在通过新闻媒体进行积极宣传的同时,集中深入开展维护进城务工人员劳动保障权益普法宣传活动、工伤保险政策宣传咨询活动,与地税部门联合开展社会保险参保及征缴宣传活动,继续开展大规模的“技能宣传月”活动,进一步扩大了劳动保障工作的社会影响,使劳动保障法律、法规、政策更加深入人心。全市劳动保障部门紧紧围绕劳动保障工作的重点、热点和上级领导关心、群众关注的重大问题,及时向上级机关报告工作动态、反映存在的问题,为领导决策提供参考,劳动保障政务信息工作整体水平进一步提高。

(五)认真开展保持共产党员先进性教育活动,劳动保障系统自身素质进一步增强

2005年,重庆市劳动保障系统按照中央和重庆市委的统一部署,分两批开展了以学习实践“三个代表”重要思想为主要内容的保持共产党员先进性教育活动。通过深入开展学习教育、分析评议和整改提高3个阶段的各项活动,坚持高标准、严要求完成各项规定动作,创新自选动作,较好地完成了15个环节的先进性教育任务,真正达到了“提高党员素质,加强基层组织,服务人民群众,促进各项工作”的预期目标,取得了显著效果。重庆市劳动保障系统全面加强党的思想、组织和作风建设,积极开展党风廉政建设和反腐败工作,认真落实党风廉政建设责任制,大力开展反腐倡廉宣传教育,认真做好领导干部廉洁自律以及从源头上预防和治理腐败工作,为重庆市劳动保障工作的顺利开展起到了保驾护航的作用。认真抓好政风行风建设,深入开展创建“优质服务窗口”活动,在全市申报的130个窗口单位中,7个被评为全国劳动保障系统优质服务窗口,42个被评为市级优质服务窗口,重庆市劳动保障系统的政风行风建设迈上了一个新台阶。

(重庆市劳动和社会保障局)

四　川　省

2005年是全面实现“十五”计划目标、顺利衔接“十一五”发展的重要一年。在省委、省政府的领导下，四川省经济平稳较快发展，人民生活不断改善，社会事业长足进展，这其中既有劳动保障工作做出的积极贡献，又为劳动保障事业的发展提供了良好的机遇和条件。一年来，四川省各级劳动保障部门认真落实科学发展观要求，进一步加大工作力度，创新工作机制，完善工作措施，狠抓政策落实，全面和超额完成了年初制定的各项目标任务，城镇登记失业率控制在4.6%，养老、医疗、失业、工伤、生育5项社会保险基金全年征收总额达到266.7亿元，使四川省就业规模有效扩大，社会保险在征缴、扩面、保发放方面持续取得新进展，劳动者合法权益得到较好维护，促进了劳动保障事业可持续发展。特别是认真落实惠民政策，切实解决困难群众生产生活中的劳动保障问题，使4.6万户“零就业家庭”5.3万人实现就业再就业，一次性解决了1998年两个确保实施前16个市州拖欠15.2万企业退休人员3.54亿元养老金的历史遗留问题，认真开展失地无业农民再就业和失业保险工作，并尽力使其“生活水平不下降，长远生计有保障”，较好地解决了全省所有天保工程项目单位职工的基本医疗保险问题，初步缓解了他们在生产生活方面的突出困难，体现了劳动保障的人文关怀，让他们真切感受到了党和政府的关心与帮助，得到了广大群众和社会各界的普遍赞誉。

一、公共就业服务

2005年，四川省制定了《四川省推进就业服务制度化、专业化、社会化工作计划(2005—2007年)》，对全省就业服务“新三化”建设作出了3年工作规划，并组织成都、攀枝花、宜宾、德阳、南充、泸州6个城市开展了试点工作。全省建立了公共就业服务制度，全面落实了对城镇登记失业人员、下岗职工、失地无业农民和农村进城务工人员提供免费职业介绍的政策，不断完善了对农民进城就业和劳务输出的就业服务，加大了就业服务信息化建设，狠抓了再就业救助工程的深入实施，形成了对困难群体的再就业援助制度化，各项就业服务工作得到了有效开展，公共就业服务的形象得到不断提升。

(一) 职业介绍

2005年，四川省的职业介绍机构共为108.5万名城乡各类求职人员办理了求职登记，并提供了职业介绍服务，介绍成功率为53.9%。其中，各级劳动保障部门所属公共职业介绍机构共为73.6万名下岗失业人员、失地无业农民和进城务工农民提供了免费职业指导以及职业介绍服务，占全省各类职业介绍机构提供职业介绍服务总人数的67.8%，在劳动力市场中继续发挥了职业中介主渠道的作用；介绍成功的有27.0万人，成功率为52.7%。

(二) 职业培训

2005年，四川省将职业培训作为落实工

业强省、人才强省战略、促进就业再就业的重要措施，以就业为导向，以提高劳动者就业能力和培养企业急需的技能人才为出发点，把职业培训和高技能人才队伍建设摆到十分突出的位置。全年共对86.1万人进行了技能培训，其中对28.9万名下岗失业人员和失地无业农民进行了再就业培训，培训后有19.8万人实现了再就业，再就业率为72.5%；同时，还组织4.3万名下岗失业人员、失地无业农民和高校毕业生参加创业培训，培训后创业成功率为64.9%。全年共培养新技师5 324人；培训机电、信息技术、汽车修理和服务类等紧缺技能人才20多万人，其中取得高级及以上职业资格证书的2.9万人。

2005年，四川省技工学校得到巩固和发展。全年全省共有技工学校121所，其中，国家级重点技工学校21所；省部级重点技工学校23所；高级技工学校11所。技工学校的培训层次进一步提高，培训实力增强。2005年，全省技工学校招收新生4.7万人，比上年增加0.4万人；毕业学生2.8万人，比上年增加0.4万人；在校技工学校学生10.1万人，比上年增加1.5万人。短期培训人数呈上升趋势，全年全省技工学校培训社会人员结业数为15.1万人，比上年增长27%。

截至2005年底，四川省民办职业培训机构达到1 235个，比上年增长1.9%；全年共培训各类人员47.5万人次，比上年增长26.0%。

2005年，四川省就业训练中心共164所，共培训下岗职工和各类求职人员23.5万人。

（三）职业技能鉴定

2005年，四川省对职业技能鉴定注意加强管理，提高鉴定质量，促进职业技能鉴定事业健康发展。全年全省共有48.5万人参加职业技能鉴定，同比增加9.1万人；获得职业资格证书人数为44.1万人，同比增加10.3万人。

（四）劳动力市场建设

到2005年底，四川省17个地级城市建成了劳动力市场综合性服务场所，其中13个地级城市建成了劳动力市场广域网或局域网，全省50%的县（市、区）建成了方便城乡劳动力求职和用人单位招聘的综合性服务场所，有13个地级城市开展了劳动力市场职业供求状况分析发布工作。成都、攀枝花、绵阳、德阳、宜宾、乐山、南充、泸州、雅安、广安、自贡、巴中、遂宁、阿坝等14市已按要求开展了失业登记和失业保险监测数据上报工作，对公共职业介绍工作的开展起到了明显的促进作用。

二、城镇劳动就业

2005年，四川省各地在党委、政府的高度重视和有关单位的大力支持下，将促进就业再就业与经济社会发展紧密衔接，进一步完善和落实工作责任体系，加强督察督办，增加资金投入，推动政策落实，搞好就业服务，强化失业调控，加强技能人才队伍建设，使下岗失业人员的再就业和创业能力不断提高，政策促进就业效应进一步发挥，就业规模有效扩大。

（一）城镇就业

2005年，四川省继续把解决就业问题作为头等大事和一把手工程，结合全省经济发展和经济结构调整实际，以增加就业岗位为目标，制定和实施了一系列扩大就业和促进再就业的政策措施，下岗失业人员及困难救助对象的就业再就业、高校毕业生就业、妇女就业、残疾人就业，以及外国人在中国就业、港澳台人员在内地就业、进城务工农民就业的管理服务工作得到统筹兼顾，全省就业规模持续扩大，就业结构进一步优化，就业渠道不断拓宽，就业形式更加灵活，就业局势基本稳定。

2005年，全省城乡劳动力资源6 058万人，同比增加31万人。年末，城乡就业4 702万人，同比增加11.0万人，其中，第一产业2 421.5万人，减少24.2万人；第二产业926.3万人，增加10.3万人；第三产业

1 354.2万人，增加24.9万人。就业产业分布变为0.515∶0.197∶0.288。城镇就业人员1 228.9万人，比上年末增加19.7万人，其中，城镇单位512.7万人，增加12.6万人；城镇私营企业和个体505.9万人，增加5.9万人；灵活就业210.3万人，增加1.2万人。城镇单位就业人员中，在岗职工492.8万人，比上年末增加12.1万人，其中，国有单位303.7万人，减少1.9万人；城镇集体单位40.9万人，减少2.8万人；其他各种经济类型单位148.2万人，增加16.8万人。

与此同时，劳务输出总量进一步增加。2005年，四川省各级就业服务管理机构加大有组织劳务输出力度，全年直接组织劳务输出17.7万人，同比增加0.5万人。

（二）下岗失业人员就业再就业

2005年，四川省共有下岗职工10.2万人，其中，国有企业下岗职工8.8万人；城镇登记失业人员92.2万人，较2004年增加了9万人。全省城镇新增就业人数达到57.4万人；下岗失业人员实现再就业30.9万人，其中，“4050”等救助对象再就业9.2万人。截至年末，全省实有城镇登记失业人员34.3万人，年末城镇登记失业率为4.6%，低于5%的计划控制目标。

（三）社区就业

截至2005年底，四川省社区就业实体达3.3万个，同比增加0.3万个；吸纳就业人员29.3万人，同比增加5.6万人。同时，通过在全省开展创建“充分就业社区”活动，大力推进了社区就业工作。

三、企业劳动工资

（一）职工工资水平

2005年，四川省职工工资总额为773.4亿元，比上年增加99.5亿元，增长14.8%；全省在岗职工平均工资为15 826元，比上年增加1 763元，增长12.5%，扣除物价上涨因素后，职工平均实际工资为15 562元，实际增长10.7%。国有单位在岗职工平均工资为17 898元，增长13.1%；城镇集体单位在岗职工平均工资11 067元，增长13.4%；其他单位在岗职工平均工资12 812元，增长12.8%。

2005年，四川省企业单位在岗职工平均工资15 170元，比上年增长14.3%；事业单位在岗职工平均工资16 217元，比上年增长9.6%；机关单位在岗职工平均工资18 159元，比上年增长12.4%。全省国有企业职工平均工资19 575元，比上年增长18.1%。

2005年，四川省进一步健全企业工资宏观调控体系，继续加强维护劳动者合法报酬权益工作。发布了全省企业工资指导线，基准线为14.5%，上线为20.5%，下线为零增长或负增长。经省政府同意，全省仅攀枝花市调整提高了最低工资标准，其余市、州均未作调整。全省建立实施了劳动力市场工资指导价位制度的市（州）已有11个，截至年底，成都、德阳、绵阳、乐山、泸州、遂宁、自贡、宜宾、攀枝花、资阳等10个市、州已发布劳动力市场工资指导价位，发布的岗位（工种）个数大多在121～276个，南充主动开展此项工作，发布当地38个职位（工种）的工资指导价位。成都、宜宾、德阳开展了行业人工成本信息指导制度。成都市作为试点市之一，在发布企业人工成本信息的同时，对人工成本提示、预警和预测进行了积极的探索，截至2005年底，已率先发布了7个主要行业人工成本预警线。继续开展国有企业工资内外收入监督检查和推进企业工资分配制度改革工作。同时，继续将解决拖欠农民工工资问题作为全年的一项重要工作，建立健全各项制度办法，落实清欠目标计划，实施月报制度，强化劳动保障监察执法和督察督办，全省解决建设领域拖欠农民工工资问题取得重大成效。

（二）劳动合同和集体合同管理

2005年，四川省继续稳步推进劳动合同制度和集体合同制度，企业劳动合同管理工作有所加强。依法处理企业关闭破产和改制中的劳动关系，继续做好包括军工企业在内的国有关闭破产企业、主辅分离辅业改制等国有企业改制中的职工安置工作。逐步研究规范非全日制用工中的劳动关系。继续开展劳动关系三方协调工作。

到2005年末，四川省劳动合同签订率达87.05%。城镇企业劳动合同签订率达96.2%，其中，国有企业劳动合同签订率达99.0%，集体企业达98.1%，私营企业为91.1%，个体工商户劳动合同签订率为71.6%。

2005年，四川省签订集体合同的企业数16 479户，涉及职工212.9万人。其中，国有企业3 041户，涉及职工99.6万人；集体企业1 926户，涉及职工19.3万人；私营企业7 344户，涉及职工48.1万人；纳入区域性集体合同范围的个体工商户1 253户，涉及职工1.0万人。

四、社会保障

2005年，四川省各级劳动保障部门积极扩大社会保险覆盖范围，着力推进非公有制经济组织和灵活就业人员参加社会保险，并紧紧抓住经济持续高速增长的机遇，强化社会保险基金征缴，取得了制度更加完善、覆盖面更加广泛、保障能力继续增强的好成绩。

（一）国有企业下岗职工基本生活保障

2005年，四川省国有企业下岗职工基本生活保障工作得到继续巩固。全年共为全省国有企业再就业服务中心签协议的5.9万名下岗职工发放基本生活费和代缴社会保险费2亿元，保障了签协议国有企业下岗职工按时足额领到基本生活费和代缴社会保险费。

（二）基本完成并轨工作

2005年，四川省在继续保障国有企业下岗职工基本生活的前提下，积极稳妥地推进并轨工作，全年共有5.9万人实现并轨。到年底，有12个地区完成并轨任务，比上年增加9个，全省基本完成并轨工作。

（三）离退休人员福利

截至2005年底，四川省离休、退休人员（不含由民政部门支付离退休费的人员）总数为273.8万人，其中，离休人员3.4万人，退休人员270.4万人。离休、退休人员全年保险福利费用总额为241.8亿元，其中，离休金6.7亿元，退休金215.7亿元。

（四）养老保险

截至2005年底，四川省参加养老保险的企业覆盖范围已遍及城镇所有经济类型单位；市级统筹试点工作积极展开；当期基金实现收大于支；1998年以前企业拖欠养老金的历史遗留问题全部解决；机关事业单位的养老保险试点工作按照国家的统一部署稳步推进。全省参加基本养老保险的职工有556.0万人，同比增加23.2万人，其中，实行企业养老保险办法的456.9万人，同比增加34.1万人。实行企业养老保险办法的年末参保职工有455.8万人建立了个人账户，建账率达到99.8%。年末养老保险缴费人数527.9万人，参保缴费率达93.8%。全年征收基本养老保险费189.9亿元，征缴率达96.8%。

截至2005年底，四川省参保离退休总人数已达到231.9万人，其中，实行企业养老保险办法的达到204.2万人，同比增加10.7万人。企业退休人员社会化管理服务率达到98.1%，同比提高1.7个百分点，其中社区管理覆盖率为70%。全年共发放养老金177.7亿元（发放当年养老金173亿元），其中，企业离退休人员养老金148.4亿元（发放当年养老金143.7亿元），企业年月人均养老金603元。企业离退休人员养老金全部实现了按时足额发放。

（五）农村社会保险

2005年，四川省农村社会养老保险改革规范工作继续进行。到年末，全省19个市州、105个县（市、区）开展了农村社会养老保险工作，参保291.4万人，领取养老保险金15.7万人。

（六）失业保险

2005年，四川省失业保险新增扩面30万人，到年末，参保人数达385.3万人。全年共征收失业保险费11.0亿元，创历史新高，实现征缴率达93.4%。全年共支付失业保险金4.1亿元，有24.7万人领取了失业保险金，领取失业保险金人数比上年增加2万人。全年共划拨下岗职工基本生活保障资金4.6亿元，为下岗职工按时足额领取基本生活费提供了资金保障。

（七）医疗保险

到2005年底，四川省基本医疗保险参保人数达649.6万人，同比增加62.0万人。其中，城镇灵活就业人员和农民工参保59.6万人。全年实际征收基本医疗保险费60.2亿元，同比增加收入13.7亿元，增长29.4%；基本医疗保险基金支出42.4亿元，同比增加支出8.9亿元，增长26.3%。省本级和以各市州为统筹层次的统筹基金未出现收不抵支情况，基金运行良好。2005年，全省在解决医疗保险制度推进中的突出问题取得了新的进展：企业军队转业干部和省部级以上困难劳动模范全部参加基本医疗保险；天保工程企业职工从当年1月1日起开始享受医疗保险待遇；当年出台的《四川省劳动保障厅关于进城务工人员参加基本医疗保险的意见》，为解决进城务工农民基本医疗保障打下了制度基础；成都市开展失地无业农民参加医疗保险试点，已解决该市29.41万名失地农民医疗保险问题，失地农民进社保被评为“建设成都杰出贡献奖”。

（八）工伤保险

2005年，四川省以煤矿等高风险企业和农民工参加工伤保险作为扩面工作的重点，工伤保险各项工作取得新的进展。到年末，全省参加工伤保险的人数达到285.3万人，比上年增加89.7万人；全年征收工伤保险基金4.1亿元，征缴率达93.1%，比上年提高5.6个百分点；全年支付工伤保险待遇1.87亿元，全年有2.0万人享受工伤保险待遇，其中，享受伤残待遇的1.09万人，享受职业病待遇的0.43万人，因工死亡待遇的0.05万人，供养亲属待遇的0.42万人。全年全省共受理工伤认定申请2.02万件，受理劳动能力鉴定申请1.9万人。

（九）生育保险

2005年，四川省生育保险协同推进，扩面工作取得好成绩。至年末，全省生育保险参保人数已达到215.7万人，同比增加28.3万人，多年来生育保险参保人数持续下滑的势头得到遏制。全年征收生育保险基金1.5亿元，征缴率达到94.2%；共为14 380名职工支付生育保险待遇0.7亿元。

五、维护劳动者合法权益

（一）劳动保障监察执法

2005年，四川省进一步加大劳动保障监察执法力度。省政府组织劳动、经委、监察、人事、法制和总工会6部门开展了为期3个月的贯彻落实劳动保障法律法规情况大检查。依法开展农民工工资支付、整顿劳动力市场秩序和禁止使用童工等执法检查活动，切实维护了劳动者的合法权益。按照劳动保障部的统一部署，各级劳动保障部门会同建设、工商、总工会等部门，在全省集中时间、集中力量，开展了农民工工资支付情况专项检查活动。

2005年，四川省在全省市（州）一级普遍建立劳动保障监察机构的基础上，185个县（市、区）级劳动保障部门中，已设行政业务监察机构165个，已设专门事业编制执法机构117个。劳动保障监察机构队伍建设工作得到继续加强。

2005年，四川省劳动保障监察机构主动监察用人单位51 868户，涉及劳动者307.8万人；年检用人单位31 465户，涉及劳动者235.5万人；督促用人单位与46.0万劳动者补签了劳动合同；为劳动者追发工资待遇3.3亿元；督促5 251户用人单位为27.8万名劳动者办理了社会保险登记；督促8 070户用人单位为劳动者补缴社会保险费1.6亿元；取缔非法职业中介机构423户；纠正违反职业资格和职业培训的单位308户；纠正用人单位违法规章数1.2万件；接受群众举报立案16 929件，结案16 680件，结案率达99.0%。

（二）劳动争议仲裁调解

2005年，四川省劳动争议仲裁调解组织和劳动争议仲裁员、调解员队伍建设继续加强，劳动争议处理工作力度继续完善，依法及时妥善处理了劳动争议案件和群众来访，主动开展矛盾纠纷排查调处，积极参与妥善处置群体性突发事件，为促进劳动关系和谐与社会稳定发挥了重要作用。2005年，广元市劳动争议仲裁院的成立，标志着四川省劳动争议仲裁机构实体化建设由试点探索阶段进入到了全面推进阶段，这是四川省劳动争议处理工作乃至劳动保障事业发展的一个重要里程碑。截至年底，全省已建立企业劳动争议调解委员会1.7万个，区域性调解委员会688个；各级劳动争议仲裁委员会专职仲裁员344人、兼职仲裁员623人，企业劳动争议调解委员会专（兼）职调解员3.4万人、区域性劳动争议调解委员会专（兼）职调解员785人。全年全省共受理劳动争议案件10 943件，比上年增加1 075件，结案率达98.0%，同比提高1.8个百分点。

六、劳动保障信息系统（“金保工程”）

2005年4月，四川省本级“金保工程”一期建设项目可行性研究报告通过了省发改委的评审，9月第72次省政府常务会研究并通过，10月省发改委批复了省本级“金保工程”一期建设项目可行性研究报告。到年末，全省17个市（州）启动了“金保工程”项目建设，其中13个市（州）的可行性研究报告获得地方政府审批，并启动了“金保工程”建设工作，19个市州开通了“12333”劳动保障咨询电话，21个市州向省数据中心上传570万人的养老保险基础数据，全省向劳动保障部上传了542万人的养老保险基础数据，覆盖率达95%。

七、劳动保障法制建设

2005年，四川省劳动保障法制工作取得新进展。全省各级劳动保障部门认真贯彻落实《行政许可法》和《全面推行依法行政实施纲要》，以实行行政执法责任制为载体，大力推进政务公示制度和评议考核制度，进一步完善了制度建设和行政许可事项清理规范等工作，促进了劳动保障抽象行政行为和具体行政行为的进一步规范。通过认真开展《劳动法》实施10周年执法检查活动及民主评议政风行风等活动，使各级劳动保障部门依法行政意识进一步增强，依法行政能力也有了进一步提高，促进了劳动保障各项中心工作的健康运行。

2005年，四川省各级劳动保障部门接到行政复议申请共289件，较上一年度的237件上升了21.9%。其中，省级、市级和区县级劳动保障行政部门分别为158件、126件和5件。在受理的259件行政复议案中，当期结案238件，其中决定维持的有171件，维持率为71.8%。

2005年，四川省劳动保障部门办理行政应诉案件共240件，较上一年度增加49.1%。其中，省级、市级和区县级劳动保障行政部门分别为2件、169件和69件。240件行政应诉案件中，当期结案213件，其中判决维持的有151件，维持率为70.9%。

八、劳动保障政务调研与科学研究

2005年，四川省劳动保障政务调研成果显著。全省共形成具有较高质量的劳动保障政务调研报告60余篇，对推动劳动保障理论与实践创新发挥了积极作用。

2005年，四川省劳动保障科学研究工作取得新成绩。先后完成了省劳动保障厅重大课题《四川省劳动保障系统能力建设现状分析与对策研究》、劳动和社会保障部重点课题《完善医疗保险体系》子课题——《关于医疗保险利用基层医疗服务的研究》、四川省劳动保障“十一五”规划编制工作等，承担完成了《城市低收入人群社会保障情况汇报》《关于目前我省劳动保障工作的调研报告》《基层劳动保障工作平台建设专项调研报告》《关于我省建立城乡统一劳动力市场调研报告》等政务调研报告。省劳动保障厅协助承办了2005年全国劳动保障科研工作座谈会。2004年完成的课题《四川省统筹城乡就业和社会保障发展战略于对策研究》获省政府第五届政务调研成果一等奖。

2005年，四川省劳动保障厅组织省劳动保障专家咨询委员会开展了专题调研和研讨活动，编辑发行《专家咨询与建议》3期，《劳动与社会保障工作研究》6期，对宣传劳动保障政策，加强劳动保障科研，推动劳动保障工作发挥了积极作用。

（四川省劳动和社会保障厅）

贵 州 省

2005年，在省委、省政府的领导下，贵州省各级劳动保障部门以开展保持共产党员先进性教育活动为契机，认真学习贯彻胡锦涛总书记视察贵州省的重要讲话精神，以邓小平理论和“三个代表”重要思想为指导，坚持科学发展观，求真务实，开拓创新，大力促进就业再就业，继续巩固两个确保，完善社会保障体系，大力开展劳动保障监察，促进劳动关系和谐稳定，推进金保工程建设，劳动保障各项工作取得新的成绩。

一、就业再就业工作成效显著

2005年，贵州省各级党委、政府始终把就业再就业工作摆在经济社会发展更加突出的位置，进一步加强领导，各部门协调配合，以不断完善目标责任体系、狠抓再就业政策的落实、强化就业服务和再就业培训、做好农村劳动力转移就业、加强高技能人才培养和职业培训为中心，采取各种积极有效措施，大力促进就业和再就业工作，全省就业形势基本稳定。2005年，贵州省城乡从业人员2 220万人，比上年增加34万人，增长1.6%。其中：第一产业1 670万人，占全省城乡就业人员的75.2%；第二产业144.6万人，占6.5%；第三产业405.4万人，占18.3%。城镇就业人员为434万人，比上年增加16万人，增长3.8%。

（一）各级党委、政府始终把就业再就业工作摆在经济社会发展更加突出的位置，各部门协调配合，有力地推动了就业再就业工作，就业再就业目标任务全面完成

2005年，贵州省城镇新增就业人员16.66万人，下岗失业人员再就业7.13万人，其中帮助“4050”人员再就业1.37万人；全年城镇新登记失业人数11.76万人，实现就业10.64万人；年末，城镇登记失业人数12.13万人，城镇登记失业率控制在4.2%。

1. 基层劳动保障工作机构建设基本完成，为促进下岗失业人员再就业工作打下坚实的基础。截至2005年底，贵州省已建立街道劳动保障机构94个，工作人员557人。聘用劳动保障工作人员社区1 091个，聘用工作人员3 554人（其中专职工作人员2 833名）；建立乡镇劳动保障机构1 138个，配备工作人员2 139人。全年共为31 356名下岗失业人员办理发放《再就业优惠证》，其中：4050人员5 662人。

2. 狠抓再就业优惠政策的落实，加大再就业资金投入，为促进下岗失业人员再就业提供资金保证。2005年，贵州省共为1 981名下岗失业人员发放小额担保贷款3 687万元，工商税务部门为3.82万人次从事个体经营的下岗失业人员免收行政事业性收费1 183万元，税务部门为再就业的2.02万人次下岗失业人员减免税收6 481万元，同时为15户主辅分离、辅业改制的省属及中央在黔企业实施再就业税收减免扶持政策。全年使用再就业资金10 831万元，其中社保补贴1 369万元，岗位补贴2 428万元，再就业培训补贴2 853万元，职业介绍补贴1 004万元，劳动力市场建设费2 874万元。

3. 进一步加大下岗失业人员再就业培训力度，提高下岗失业人员的素质和实现再就业

能力。2005 年，贵州省共培训下岗失业人员 8.6 万人次，培训合格 7.85 万人次，实现再就业 4.22 万人次；开展创业培训 755 人次，培训合格 669 人次，其中：成功创业 61 人次，自谋职业 374 人次，被雇用就业 82 人次。

4. 积极配合做好高等学校毕业生就业工作。2005 年，贵州省促进普通高等学校毕业生实现就业 3.07 万人，普通高等学校毕业生初次就业率为 78.3%；技工学校毕业生 5 651 人，已实现就业 5 276 人，就业率为 92%。

5. 城镇私营企业户数和从业人数大幅增加，个体工商业户数和人数减少。2005 年末，贵州省城镇私营企业 28 867 户，投资者人数 156 001 人，雇工人数218 144人，分别比上年增长 16.9%、135.8% 和 16.84%。城镇个体工商业252 363 户，从业人员 374 861 人，分别比上年下降 1.21% 和 1.4%。全省私营企业和个体工商业全年共安置下岗失业人员 7 510 人。

（二）继续确保国有企业下岗职工基本生活，积极推进下岗职工基本生活保障制度向失业保险制度并轨，并轨工作取得突破性进展

2005 年下半年以来，贵州省按照中央和省的统一部署，各地有计划、有步骤、稳妥地推进国有企业下岗职工基本生活保障制度向失业保险制度并轨，全省从中心转出下岗职工 5.03 万人，其中实现再就业 2.77 万人，再就业率为 50.4%，除贵阳市和部分中央在黔企业再就业服务中心尚有 4 568 名下岗职工外，全省已基本实现并轨工作。全省全年共筹集下岗职工基本生活保障资金 18 610 万元，使用资金 19 781 万元（其中发放基本生活费 10 146万元，代缴养老保险费 7 030 万元，医疗保险费 1 832 万元，失业保险费 773 万元）。

（三）加快劳动力市场建设步伐，积极开展以下岗职工、失业人员和农村劳动者为重点的职业介绍和职业指导工作，推动市场导向就业机制的完善

2005 年，贵州省各类职业中介机构 410 个，工作人员 1 514 人。全年到职业中介机构求职登记的有 19.45 万人次，其中下岗职工 3.64 万人次，失业人员 8.84 万人次，农村劳动者 3.65 万人次。在上述人员中，有 8.81 万人次是通过职业介绍机构实现就业的，介绍成功率为 45.3%，同时为 12.25 万人提供了职业指导。

2005 年，从贵州省贵阳市、遵义市、六盘水市、兴义市 4 市的劳动力市场职业供求情况看，4 市职业（岗位）需求 83 358 个，求职人数 73 301 人，求人倍率 1.14。4 市劳动力市场职业供求呈现以下特点：一是第三产业仍是劳动力需求最大的产业，比重虽比上年略降，但仍占需求总量的 77.34%；二是私营企业、个体经济组织和股份制企业仍是劳动力需求的主体，比重高达 73.27%，较上年增加 9.74 个百分点；三是劳动力需求最大的 3 个行业分别是社会服务业、批发和零售贸易餐饮业、制造业，占总需求人数的 69.73%，较上年增加 13.73 个百分点；四是高技能技术人才（高级工、技师和高级技师）求人倍率 1.06，仍旧呈现供不应求的局面；五是求职人员中新成长的失业青年、其他失业人员、就业转失业人员依然是求职的主体，占全部求职人数的比重高达 72.87%；六是求职人员依然以 35 岁以下的青壮年为主体，占求职总人数的 78.82%，高中及以下文化程度的求职者所占比重仍高达 74.98%，仅有 37.65% 的求职者具有某种技术等级，加强职业准入和职业培训依然任重而道远；七是求职者求职意向相对集中的职业依次为商业服务业、生产运输设备操作工、办事人员和有关人员、专业技术人员；八是男性求人倍率为 0.46，女性求人倍率 1.15，男性劳动力供大于求和女性劳动力供不应求的形势依然没有改变。

2005 年，上述 4 市劳动力市场供不应求（求人倍率）最大的前 3 个职业分别是：贵阳市：普工、推销员和餐厅服务员；遵义市：服务员、业务员和销售业务代表；六盘水市：保险业务员、旅游健身娱乐服务人员和销售人员；兴义市：其他经济业务人员、推销员和体力工人。供大于求缺口（求人倍率）最大的

前3个职业分别是：贵阳市：机动车驾驶员、保管人员、财会人员；遵义市：财会人员、机动车驾驶员、营业员和收银员；六盘水市：秘书和打字员、仓储人员、餐厅服务员；兴义市：机动车驾驶员、打字员、秘书。

（四）加强高技能人才培养和职业培训工作

2005年，贵州省加大就业统筹培训的力度，增强培训的针对性和实用性，努力提高劳动者素质。全省全年各类培训机构培训各类人员23.7万人次，比上年增长18.3%，结业人数19.2万人次（其中下岗失业人员5.01万人次、农村劳动者6.4万人次），增长15.5%，其中实现就业8.45万人（其中下岗失业人员1.55万人次），培训合格就业率为43.88%。全省各类劳动预备机构76个，培训劳动预备制学员0.74万人。认真贯彻落实省人才工作会议精神，积极开展职业技能竞赛活动，推动职业教育培训机构和企业开展各种形式的职业技能培训，加快技术技能人才特别是高技能人才的培养。2005年，全省组建了3所技师学院，全省152个国家职业技能鉴定机构的5 246名考评员共鉴定考核6.84万人，其中6.4万人获得职业资格证书（比上年增长18%），3.55万人获得中、高级工证书，1 504人获得技师和高级技师证书。

（五）积极开展劳务输出，做好农村劳动力转移就业工作

2005年，贵州省认真清理限制农村劳动力转移就业的歧视性规定和不合理收费，取消流动就业证（卡）制度，简化跨地区和进城就业手续，进一步改善了进城务工人员的就业环境；充分利用泛珠三角地区劳务合作机遇，加强与沿海地区劳务协作，广泛收集、及时传递用工信息，形成外有信息、内有资源、输出有序的格局。2005年，贵州省新增农村劳动力外出流动就业85.57万人，比上年增长5.6%。到省外就业的人数64.08万人（农村劳动力外出前进行培训9.65万人），增长2.5%，其中劳动保障部门有组织输出10.46万人，比上年增长23.6%。期末，长期在外流动就业的人数达到388.66万人（其中跨省就业人数310.94万人），增长9.8%，外出务工收入已成为贵州省农民增加收入的重要渠道。

二、社会保障体系建设进一步完善

2005年，贵州省社会保险工作以完善养老医疗失业保险制度、努力扩大社会保险覆盖范围、全面启动工伤生育保险、确保离退休人员基本养老金按时足额发放和提高企业离退休人员社会化管理服务率为重点，全面推进社会保险各项制度改革。

（一）养老保险

2005年，贵州省以调整统一企业与机关事业单位参保人员养老保险个人缴费比例、促进非公有制经济和灵活就业人员参保、确保离退休人员基本养老金按时足额发放和提高企业离退休人员社会化管理服务率为重点，全面完善基本养老保险制度。

1. 基本养老保险扩面征收工作取得突出成绩。2005年，贵州省基本养老保险参保人数183.68万人，参保职工人数132.02万人（其中农民工参保人数0.52万人，以灵活就业人员身份参保的人数13.83万人），净增参保职工7.21万人，增长5.78%；当期征缴基本养老保险费35.42亿元，征缴率达93.38%，同比增长20.34%，清理回收欠费1.63亿元；企业退休人员社会化管理服务的人数为45.3万人，企业退休人员社会化管理服务率达到90.98%，比上年增加6.65个百分点。

2. 继续100%确保企业离退休人员基本养老金按时足额发放。2005年，贵州省参加基本养老保险的离退休人员51.65万人，同比增长3.22%，其中企业离退休人员50.28万人，同比增长3.78%。全年累计新办退休2.73万人，其中提前退休人员0.22万人；全年累计发放基本养老金40.18亿元，同比增加4.67亿元，增长13.14%；基本养老保险负担系数为0.391，较上年减少0.01个百分点。随着

企业退休人员待遇调整工作的顺利完成，2005年，贵州省参保企业离退休人员月平均基本养老金达到642.5元，比上年底增加34.4元，增长5.66%。

3. 继续在部分效益好的企业开展建立企业年金制度。2005年末，贵州省已建立企业年金制度的企业45户，职工人数21 870人，领取企业年金的人数621人，企业年金缴费收入1 030万元，年金支出732万元。

（二）医疗保险和生育保险

2005年，贵州省以努力扩大基本医疗保险覆盖面和启动实施生育保险为重点，进一步加强基本医疗保险的扩面征缴和积极开展生育保险工作。召开全省工伤、医疗保险工作座谈会，部署安排加快推进全省的工伤、医疗保险工作；积极推动中央行业属地参保的工作和抓好灵活就业人员、进城务工人员参加医疗保险工作，积极探索困难企业参加医疗保险的办法，逐步解决困难企业职工的参保问题；调整基本医疗保险和工伤保险药品目录在全省范围实施；打破所有制和地域限制，扩大定点医疗机构和定点药店范围，2004年以来，新增定点医院和药店达600多家；制定下发《贵州省生育保险工作实施意见》，抓好生育保险的制度建立和规范工作。截至2005年底，全省医疗保险参保人数为180.47万人（其中在职职工129.01万人，退休人员51.46万人），比上年末增加27.87万人，增长18.26%。全省当期收缴基本医疗保险费100 112万元，收缴率达到94.7%，补缴欠费1 174万元；全年基本医疗保险费支出98 295万元，其中门（急）诊费28 658万元，住院费69 637万元。生育保险参保人数52.1万人，享受生育保险待遇人数492人，全年基金征缴收入550万元，收缴率为93.86%。

（三）失业保险

2005年，贵州省以抓好失业保险的扩面征缴工作为中心，加大对私营企业、外商投资企业的扩面工作，遏制参保人数下滑势头；加大失业保险费的征缴力度，增强基金支付能力；健全基金管理制度，努力堵塞漏洞；配合做好并轨工作，对并轨提供资金支持；继续做好16户中央和省市属国有政策性关闭破产企业的职工安置方案审核工作。截至2005年底，失业保险参保人数129.3万人，领取失业保险金人数为1.19万人；征缴失业保险费35 764万元，同比增长6.3%，收缴率达到84.2%；失业保险基金支出8 980万元，其中发放失业保险金3 747万元，调剂用于再就业资金2 667万元，拨付失业人员职业培训和职业介绍补贴分别为1 133万元和785万元。

（四）积极推进工伤保险工作

2005年，贵州省认真贯彻落实《工伤保险条例》，制定下发工伤保险各项配套政策和具体工作措施，落实机构设置和人员配备，开展工伤认定和鉴定工作，建立工伤保险进度通报制度，大力推进工伤保险扩面工作。全年受理工伤认定案件3 368件，认定或视同工伤3 080件，申请劳动能力鉴定5 367人，评定伤残等级4 908人。2005年末，工伤保险参保人数65.76万人，工伤保险基金征缴收入5 718万元，享受工伤待遇人数644人。

（五）抓好社会保障基金监督的各项基础建设，加强对社会保障基金的监管

2005年，贵州省拟定了《贵州省劳动保障厅2005年社会保险基金监管工作要点》，下发各地基金监督机构参照执行，指导各地开展社保基金监管工作。省劳动保障部门配合审计部门对国有企业下岗职工基本生活保障资金进行专项审计，对部分企业没有按规定使用下岗职工基本生活保障资金的问题，提出整改纠正决定，并深入有关企业督促整改落实。在2004年联系六盘水市试点的基础上，联系安顺市、黔西南州、毕节地区建立社会保障基金监管部门协同配合机制，推动建立部门协同配合监管机制，共同维护基金安全的目标。在六盘水市建立社会保障监督委员会的基础上，其余8个市、州、地均已建立社会保障监督委员会。积极配合做好失业保险基金运行的审计检查，清理回收被挤占挪用失业保险基金。成立

基本养老保险基金进行专项检查组，对全省9个市、州、地本级及所属21个县（市、区、特区）基本养老保险经办机构2004年度基本养老保险基金的筹集、支付、管理进行检查，确保基本养老保险基金运行的安全完整。切实加强对社会保险基金征缴环节的监管，指导各地基金监督机构开展深入企业漏报参保人数和瞒报社会保险缴费基数等欺诈行为的检查，从源头上堵塞缴费中的欺诈行为，确保基金应收尽收。

（六）城市居民最低生活保障

2005年，贵州省城市居民最低生活保障覆盖范围进一步扩大，纳入基本生活确保的人数增多。截至年底，全省纳入城市居民最低生活保障的人数达48.41万人，发放最低生活保障资金40 702万元，人均发放最低保障生活费70.1元，同比增长1.97%、6.04%和16.17%。

三、劳动关系协调和收入分配宏观调控工作力度进一步加大

（一）深入推进和完善企业工资收入分配的宏观调控

2005年，贵州省根据本省社会经济发展水平和职工收入等因素，测算发布了贵州省2005年企业工资指导线；进一步完善劳动力市场工资指导价位制度，指导9个市（州、地）调查发布2004年劳动力市场工资指导价位；建立企业人工成本调查信息发布制度，指导贵阳市发布2004年行业人工成本信息；继续加强企业工资内外收入监督检查。

（二）加强劳动关系协调，促进劳动关系的和谐稳定

2005年，贵州省认真指导企业做好集体合同签订工作，累计签订企业集体合同达到2 581件，签订企业集体合同的职工人数42.4万人。协调做好破产改制企业安置方案及有关职工劳动关系的处理工作。加强劳动保障法制建设，制定《贵州省劳动合同条例》（初稿），并开展对《贵州省劳动合同条例》（初稿）的调研工作。截至2005年底，全省企业劳动合同签订率为85.1%，其中：国有企业为91.5%。认真办理行政复议案件和行政应诉案件。开展全省劳动争议仲裁机构实体化建设工作，重点推动贵阳市、遵义市、六盘水市和遵义县、红花岗区建立劳动争议仲裁院试点，进一步加大劳动争议案件的处理力度。截至2005年底，贵州省各级劳动争议仲裁机构共受理劳动争议案件共3 037件（其中集体争议案件60件），涉及劳动者人数7 675人（其中集体争议案件涉及劳动者人数4 543人），结案2 898件，结案率达95.42%。

（三）在经济快速发展的基础上，城镇经济单位职工工资水平继续稳定增长

2005年，贵州省城镇经济单位职工年平均工资13 479元（在岗职工平均工资14 344元），同比增加1 876元（其中在岗职工平均工资增加1 913元），增长16.17%（在岗职工增长15.39%），扣除物价因素实际比2004年增长15.03%（在岗职工实际增长14.25%）。离岗人员人均生活费4 244元，同比增加512元，增长13.7%。

四、劳动保障监察工作成绩斐然

2005年，贵州省劳动保障部门认真学习贯彻《劳动保障监察条例》，开展“两节”期间农民工工资支付情况、清理整顿劳动力市场和贯彻实施《禁止使用童工规定》情况的专项检查；与工商、公安、人事4部门联动执法，重点打击职业介绍领域的违法犯罪活动，制定《贵州省推行企业劳动保障诚信评价制度实施办法》（试行）；与省建设厅共同研究草拟《贵州省建筑业企业劳务工资支付保障金暂行办法》。2005年，全省各级劳动保障监察部门主动监察各类用人单位18 222户，涉及劳动者68.27万人；参加劳动保障年检的单位16 068户，涉及劳动者119余万人；群众举报投诉案件7 882件，立案3 736件，结案3 566件，结案率为95.4%；取缔非法职业中介65户，清退非法使用童工76人；督促

补签劳动合同13.8万份，为农民工追回被拖欠、克扣的工资10 895万元；督促1 810户用人单位6万人进行社会保险登记；督促3 336户用人单位为11.71万名劳动者缴纳社会保险费7 353万元，维护了劳动者的合法权益。

随着企业经济效益继续好转和劳动保障监察力度加大，拖欠职工工资的企业户数、人数和工资总额大幅减少。2005年，贵州省拖欠职工工资的企业1 218户，涉及职工人数5.95万人，拖欠职工工资总额25 164万元，分别比上年减少2 838户、6.93万人和9 904万元，下降70%、53.2%和28.2%。

五、劳动保障宣传、信息化建设和行风建设取得可喜成绩

（一）深入开展保持共产党员先进性教育活动，行风建设取得新成果

2005年上半年，贵州省按照中央和省委的部署，全省劳动保障系统开展了保持共产党员先进性教育活动。各级劳动保障部门认真学习邓小平理论和“三个代表”重要思想，认真学习胡锦涛总书记视察贵州省时的重要讲话和在省部级主要领导干部提高构建社会主义和谐社会能力专题研讨班上的重要讲话，广泛征求意见，针对存在的突出问题，制定落实整改措施，积极探索先进性建设的长效机制。保持共产党员先进性教育活动的深入开展，增强了干部职工的责任感和使命感，工作作风进一步转变，服务质量进一步提高。

（二）稳步推进金保工程建设

2005年，贵州省金保工程建设可行性研究报告已通过了省发改委组织的专家评审，正在办理审批手续。省金保工程实施方案、省市联网方案、省级基本项目建设方案、全省网站群建设方案等，省劳动保障厅内部办公系统已通过初步验收，正在做推广培训准备工作。到年底，贵阳、遵义、黔西南、黔南实现了与所辖区县的专线联网，安顺和毕节与所辖区县已基本实现通过拨号交换数据，全省城域网覆盖率66.67%的目标已基本完成。

（三）进一步加大劳动保障工作宣传力度

2005年，贵州省劳动保障厅认真贯彻落实全国劳动保障宣传工作精神，建立和完善全省劳动保障宣传工作机制；定期召开劳动保障新闻发布会，及时通过新闻媒体向社会公布劳动保障工作动态和热难点问题；通过媒体建立劳动保障之窗，适时将群众关心和想了解的劳动保障政策法规、办事程序及相关劳动保障知识向社会公布。随着劳动保障宣传工作的深入进行，劳动保障工作的社会影响不断扩大，劳动保障政策更加深入人心。

（贵州省劳动和社会保障厅）

云 南 省

2005 年，云南省劳动保障事业在省委、省政府的领导下，在劳动和社会保障部的指导下，坚持以邓小平理论和“三个代表”重要思想为指导，认真贯彻党的十六届三中、四中、五中全会、省委七届六次全会精神，坚持以人为本，全面落实科学发展观，围绕构建社会主义和谐社会和促进云南经济社会发展，在增加就业总量的同时更加注重提高就业质量，在扩大社会保险覆盖面的同时更加注重完善制度体系，在全面维护劳动者合法权益的同时更加注重各社会群体利益关系的调整平衡，在调处当前突出矛盾的同时更加注重研究建立长效机制，在推进各项制度改革的同时更加注重协调推进各项基础工作，为实现全省劳动保障事业全面、协调、可持续发展做出了积极的贡献。

一、就业再就业核心指标全面完成，就业质量稳步提高

2005 年，云南省按照中央的部署，继续实施积极的就业政策，就业再就业的核心指标任务全面完成，公共就业服务、技能人才培训、劳务输出以及统筹城乡就业等工作全面推进，劳动者素质和就业质量不断提高。

（一）就业再就业工作取得新成效

2005 年，云南省政府隆重召开全省再就业表彰大会，60 个再就业先进单位、80 个再就业先进工作者、40 个再就业优秀个人受到表彰，充分发挥了榜样的带动和示范效应。同时，开展了以帮助下岗失业人员为主要内容的“再就业援助月”“春风行动”“再就业政策实效行动”“民营企业招聘周”等一系列活动。经过多方努力，中央通过转移支付给云南省再就业补助资金 2.96 亿元，全省地方各级财政也加大了对再就业资金的投入。通过以上措施，2005 年全省再就业工作顺利推进，全省新开发就业岗位 26.4 万个，完成年度目标的 110%；城镇新增就业 21.8 万人，完成年度目标的 128%，其中持《再就业优惠证》的下岗失业人员有 10.7 万人实现再就业，完成年度目标的 107%，特殊困难群体有 2.2 万人实现就业（其中，“4050” 人员实现再就业 1.2 万人），完成年度目标的 110%，城镇登记失业率为 4.3%，控制在预定的调控目标之内。

（二）公共就业服务体系建设取得新进步

2005 年，云南省下大力抓了省、市、县、街道（乡镇）就业服务体系建设和制度建设。至年底，全省 51 个街道已全部建立劳动保障所，1 463 个乡镇中已建立劳动保障所 1 413 个，992 个社区中有 898 个设立了劳动保障工作站，全省承担公共就业服务职能的就业服务机构已达 1 686 个，劳动保障部门开办的就业训练中心达 123 个。2005 年，通过劳动力市场求职的劳动者达 58.1 万人，用人单位通过劳动力市场面向社会招聘各类人员达 52.7 万余人。

（三）技能型人才培养实现新目标

2005 年，云南省进一步创建了技能人才成长的良好环境。全省继续推进《云南省3 年 10 万高技能人才培养计划》，在百万职工中组织开展技能“提升”活动，将高技能人才列入享受政府特殊津贴的范围，在高等职业技术

院校中推行职业资格证书制度，开展了众多行业的职工职业技能大赛，全省技能人才培养工作迈上了新台阶。全年全省参加职业技能鉴定人数达 18.9 万人，经鉴定合格取得国家职业资格证书的人数达 16.4 万人。全省技工学校招生 1.74 万人，超过年初预定的 9 000 人的指标，创近年来技工学校招生新纪录。参加国家职业资格统考与鉴定的人数首次突破万人大关。全新培养 2.8 万名高技能人才的任务超额完成，有 3.24 万人获得高级工以上职业资格证书。

（四）劳务输出和统筹城乡就业成效明显

2005 年，云南省劳动保障部门按照统筹城乡就业的原则，充分发挥职能部门优势，积极采取措施，探索和推行培训、就业、维权三位一体的工作模式，大力开展劳务输出工作。通过实施“兴边富民工程”劳务输出、试点劳务输出、落实泛珠三角“9+2”劳务合作协议等项目，开展了与输入地以及用人单位的双向对接。2005 年，全省组织了“云南—福建劳务合作交流洽谈会”和“云南—广东劳务合作交流洽谈会”，取得了明显成效。同时，通过大力开展定单式培训，提高了农村进城务工人员的素质，有力地促进了劳务输出工作的开展。2005 年，全省共输出农村劳动力 159 万人次，其中劳动保障部门有序组织输出 65 万人，超额完成了省政府提出的新增转移就业 50 万人的工作任务。同时，全省劳动保障部门进一步加强了高校毕业生、复退转军人、残疾人的就业工作以及涉外就业的管理服务工作，在就业服务的形式和内容、政策措施制定、与有关部门的协调配合上都加大了力度，工作取得了明显成效。有 10.9 万名高校毕业生实现就业，就业率为 66.1%；有 9 626 名技校毕业生实现就业，就业率达 96.9%；有 12 840 名复退转军人和 5 398 名残疾人实现就业。

二、社会保险覆盖面稳步扩大，社会保障制度体系进一步完善

2005 年，云南省以社会保险的扩面工作为支撑点，围绕构建社会主义和谐社会和促进云南社会经济发展，从维护劳动者切身利益入手，进一步完善了全省社会保障制度体系，两个确保继续巩固，社会保险覆盖面持续扩大，城镇职工基本养老保险、基本医疗保险、失业保险、工伤保险和生育保险等五大社会保险均超额完成计划指标。全省参加企业职工基本养老保险的人数达到 258.7 万人，完成年计划的 103%；参加城镇职工医疗保险的人数达 320.7 万人，完成年计划的 103.5%；参加失业保险的人数达 189.2 万人，完成年计划的 109.2%；参加工伤保险的人数达 166.9 万人，完成年计划的 109.8%；参加生育保险的人数达 156.1 万人，完成年计划的 107.7%。

（一）两个确保继续巩固，“并轨”工作顺利进行

2005 年，云南省参加基本养老保险的 81.97 万名离退休人员的基本养老金按时足额发放，确保发放率为 100%，社会化发放率上升至 98.95%。全省共筹集基本生活保障金 3 633.2万元，发放 3 552.9 万元，全省在再就业中心的国有企业下岗职工按时足额领到了基本生活费和医疗补助费，保障率为 100%。同时，经云南省政府同意，省劳动保障厅与财政厅、国资委联合下发了《云南省国有企业下岗职工基本生活保障制度向失业保险制度并轨的实施意见》，在再就业中心的 7 615 名国有企业下岗职工全部出中心，实现了下岗职工基本生活保障制度向失业保险制度并轨的目标。

（二）社会保障体系进一步完善，部分险种取得新突破

1. 养老保险制度取得新突破。2005 年，按照云南省政府的决定，及时将原地方统筹企业养老保险缴费比例由 24% 下调到 22%，仅此一项就为企业减轻负担近 2 亿元。参照辽吉黑方案，研究制定完善云南省城镇职工基本养老保险待遇计发办法。继续扩大企业年金试点，认真审批企业年金试点方案，使全省开展企业年金试点的单位达到 37 家，涉及职工 10.23 万人。认真做好了按照 5% 的比例做实

养老保险个人账户的前期准备工作。

2. 农村社会养老保险工作有了新的进展。2005年7月，云南省劳动保障厅制定下发了《关于农村社会养老保险有关问题的处理意见》《关于规范全省农村社会保险基金管理模式有关问题的通知》，重新启动了已经停滞多年的农村社会养老保险工作，既保持了政策的连续性，又提高了农村退休人员养老保险待遇，有效提高了农民参加社会保险的积极性。同时，注重研究制定云南省被征地农民社会养老保险政策，在经过多次调研并修改完善后，向省政府提交了《云南省劳动和社会保障厅关于以省人民政府名义印发开展我省被征地农民社会养老保险工作通知的请示》。全省新参加农村社会养老保险的人数就达1.3万人，参保总人数达到137.8万人，领取养老金的人数有5.3万人。

3. 医疗保险制度进一步完善。2005年，云南省加快了完善医疗保险制度建设步伐，对2005年版医疗保险药品目录进行了调整和维护，增加了1 450个药品，增加率达88%。在全国率先实施了对医疗保险药品目录、诊疗项目和服务设施标准三大“医保目录”的统一的维护工作。对在省医保中心参保和在州市的省属困难企业的183个企业的2 345名离休干部的医疗费进行了减免，减免金额达1 659.96万元。积极推行医保定点医疗机构诚信等级评定制度、医保稽核工作制度和医保统计分析制度，对5家医疗机构和7家药店存在的问题进行了整改，收到了良好效果。

4. 失业保险制度取得新突破。2005年，云南省失业保险扩面和基金调剂工作取得重大突破。失业保险在国企改革造成下岗人员增多、部分州市机关事业单位纷纷退保、连续两年没有完成计划指标、基金支撑能力快速下降的情况下，经过全系统的重点攻关，实现了新的突破，州市机关事业单位参加失业保险人数大幅增加，失业保险扩面首次完成扩面任务指标。同时，2005年共向州市调剂基金2 558万元，确保了参加失业保险的16.23万名失业人员按时足额领取了失业保险金，基金累积滚存达到10.5亿元，首次突破10亿元大关。

5. 工伤和生育保险制度进一步完善。2005年，云南省认真贯彻、宣传《工伤保险条例》，以农民工和高风险行业参保为突破口，努力扩大工伤、生育保险覆盖面。调整了对州、市的考评办法，增加了农民工及高风险企业参保情况的考核，截至年底，全省有高风险企业3 149户，职工183 310人，其中，参保企业达1 084户，涉及职工47 091人。同时，认真执行业务经办规程，提高工伤生育保险管理水平。建立了工伤三级审核支付程序。落实工伤服务协议管理工作，推动工伤服务费“后付制”结算。确定了二、三类行业单位的缴费费率。而且，劳动能力鉴定工作进一步规范。全省劳动能力鉴定委员会专家已达到600名，各州市鉴定工作严格按照《云南省劳动能力鉴定办法》规范运行。

（三）社会保险基金监督继续加强，稽核工作取得明显成效

为彻底解决过去社会保险多头管理、缴费基数不同的问题，2005年，云南省整合内部资源，成立了社会保险统一登记办公室和缴费基数核定和稽核办公室，实行社会保险统一登记、统一核定缴费基数、统一进行稽核的办法。同时，为加强社会保险稽核工作的制度建设，云南省劳动保障厅拟制了《云南省社会保险稽核实施办法》，下发了《关于进一步加强社会保险缴费基数核定和稽核工作的通知》，规范了社会保险缴费基数核定和稽核工作，使社会保险稽核工作紧紧围绕社会保险费征缴稽核、清欠稽核和基本养老保险领取资格认证的防冒领稽核开展工作。截至年底，全省共稽核养老保险参保企业、欠费企业2 975户，稽核参保人数51 0737人，查出少报漏报缴费工资基数10 157万元，应补缴社会保险费2 759.6万元，实际到账919.35万元。共实地稽查二级参保企业104户，核查参保人数40 246人，核查工资总额56 781万元。特别是对16个州市30万元以上欠费企业进行了专

项稽核审计工作。2005年，全省完成清欠3.5亿元，超额完成劳动保障部下达云南省3.2亿元的清欠任务。

（四）全省社会化管理服务工作取得较快发展

2005年，云南省委、省政府高度重视社会化管理服务工作，把社会化管理服务工作摆上重要议事日程，纳入政府工作目标管理责任制。加强了政策的研究制定，成立领导小组及其办公室，建立管理服务工作体系，加强了对社区建设的规划协调，并狠抓工作落实。社会化管理服务基础条件逐步改善，街道（乡镇）社区劳动保障平台建设取得了一定进展，社会化管理服务专职工作人员的配置标准、工资标准和工作经费得到逐步解决，严重制约社会化管理服务工作向前推进的社区办公场所、退休人员活动场所设施不足的问题得到关注。社会化管理服务工作逐步规范，对进入社区的退休人员的管理、服务逐步规范。截至2005年底，全省实行各种形式社会化管理服务的企业退休人员达75.12万人，社会化管理服务率为96%，其中直接纳入社区管理服务的人数为33.8万人，社区管理率达到45.5%，超额完成省政府制定的年度目标任务。

三、劳动关系长效机制逐步建立，劳动者合法权益得到有效维护

2005年，云南省在劳动合同管理、强化工资支付、劳动保障监察等方面初步建立了解决一些难点问题的长效机制，较好地维护了劳动者的合法权益。

（一）劳动合同制度得到新的巩固，国有企业改革稳步推进

2005年，云南省通过严格执行劳动合同鉴证制度，加强合同约定事项和集体合同审查等措施，督促、指导用人单位与职工依法签订劳动合同和完善劳动用工制度，从源头上保护了劳动者的合法权益。全省签订劳动合同的在岗职工总数为222万人，劳动合同签订率达91%。并以建设领域农民工签订劳动合同为重点，加强农民工劳动合同管理，规范用人单位使用农民工行为。拟制了适合农民工特点的《云南省农民工劳动合同书（样本）》，在全省范围内推广使用。严格执行国家和省职工安置政策，严格职工安置方案审查，依法维护了职工的合法权益。全年省级劳动保障部门共审核了云南金马柴油机总厂等20户关闭破产、改制重组企业的职工安置方案，涉及职工24 192人。同时，省劳动保障厅在对国企改革工作遇到的新情况新问题进行调研的基础上，拟制并向省政府办公厅报送了《云南省劳动和社会保障厅贯彻落实〈中共云南省委、云南省人民政府关于进一步深化国有企业改革的意见〉的实施办法（征求意见稿）》。

（二）工资宏观管理工作得到新的提升，初步建立了解决拖欠进城务工人员工资问题的长效机制

2005年，云南省完成了劳动保障部布置的建立行业人工成本信息指导制度的中长期规划工作，制定了建立行业人工成本信息指导制度工作意见，指导昆明、玉溪两个试点城市建立了行业人工成本信息指导制度，并成功发布了七大行业的人工成本信息，全面启动了云南省行业人工成本信息指导制度。按计划完成了2005年云南省企业工资指导线的测算、报批和发布工作，并指导16个州、市完成了工资指导线的发布工作。完成了云南省劳动力市场工资指导价位相关数据的汇总、分析工作，发布了云南省261个职位（工种）的工资指导价位，并指导昆明等10个州市完成了共562个职位（工种）的劳动力市场工资指导价位发布工作。积极维护建设领域进城务工人员合法权益，规范施工企业工资支付行为，改善进城务工人员进城务工环境。2005年，省劳动保障厅拟制了云南省2005年解决拖欠进城务工人员工资问题的工作方案，并经省政府同意，与有关部门印发了《云南省建设领域农民工工资支付管理试行办法》。这一新办法的出台，有力地促进了拖欠进城务工人员工资问题的解决。

（三）劳动关系三方协调机制得到新的健全，信访仲裁工作在维护社会稳定中发挥的作用日益显现

1. 全面做好维护社会稳定工作。2005年，云南省通过提前做好排查、预防工作，确保了春节、“五一”等节日及“两会”、GMS领导人会议期间没有发生涉及劳动保障工作的过激集体上访；在企业内倡导建立健全劳动关系预警机制，制定了《云南省劳动和社会保障厅处置突发事件应急预案》，成立了厅处置突发性群体事件领导小组；积极配合有关部门处理到省委和省政府的集体上访。一年来，配合处理了沾益毛纺厂、砚山县商业物资（集团）总公司、离退休干部、东川矿务局职工及家属等13起集体上访。

2. 积极做好日常信访的处理接待工作，劳动争议工作稳中求进。2005年，云南省劳动保障部门共收到来信4 581件次，集体来信229件，接待来访84 300人次，集体来访329次。来信来访均及时进行了办理，全年全省共受理劳动争议案件1 758件，涉及职工3 217人，其中集体争议案件105件。结案处理案件中，通过调解处理376件，调解率为24%，裁决处理596件，其他方式处理651件。全年当期结案率为90.67%。

3. 继续加强劳动关系三方协调机制建设。2005年，云南省召开了协调劳动关系三方联席会议第八次会议，至年底，全省州、市一级及部分县、区已基本建立了劳动关系三方协调机制，初步形成了多层次的组织体系。

（四）劳动监察执法得到新的加强，企业劳动保障诚信等级评价制度初步建立

1. 圆满完成了2004年度的劳动保障执法年审工作。2005年，云南省共审查用人单位99 217户，涉及劳动者146.55万人；补签劳动合同41 876人；清退抵押金53.64万元，涉及855人；追发劳动者工资等待遇478.88万元，涉及7 956人；追缴养老保险费1 643.34万元，涉及618户；追缴失业保险费360.83万元，涉及869户；追缴其他保险费385.33万元，涉及611户；审查用人单位规章5 969件，纠正1 424件；普法培训人数40.75万人。同时，认真开展日常巡视检查，规范单位用工行为。全年全省共检查用人单位37 056户，涉及劳动者98.59万人。

2. 积极开展农民工工资支付情况专项检查。2005年，云南省共检查用人单位9 556户，涉及劳动者27.5万人，处罚金额3.675万元；积极开展清理整顿劳动力市场专项检查。共出动722人次对全省249个职业介绍机构及2 639户用人单位进行了全面清查。对97户未取得营业执照或者职业介绍许可证的非法从事职业介绍活动的组织进行了取缔，吊销了3个职业介绍机构的职业介绍许可证，责令175个职业介绍机构纠正违规行为，责令退赔求职者求职费用6.67万元；积极开展贯彻实施《禁止使用童工规定》情况检查。全省共检查单位32 747户，涉及劳动者人数1 936 786人；查处非法使用童工120人，其中非法介绍童工就业人数8人；进行行政处理案件41件，行政处罚23件，罚款金额371 900元。

3. 推行企业劳动保障诚信等级评价制度。2005年，云南省按照《云南省企业劳动保障诚信等级评价办法（试行）》的要求，全面推行企业劳动保障诚信等级评价制度，全省已初步评出劳动保障诚信示范企业338家。

四、劳动保障各项建设得到加强，劳动保障基础建设协调推进

2005年，云南省劳动保障信息化工作、宣传工作、基础设施建设工作取得长足进步，各项基础建设工作协调推进。

（一）政治思想建设进一步加强

1. 注重实效，认真开展保持共产党员先进性教育活动。按照中央、省委的部署和要求，云南省劳动保障厅党组和厅机关党委认真组织开展了以实践“三个代表”重要思想为主要内容的新时期保持共产党员先进性教育活动，整个教育活动历时近5个月时间，全厅

15个党支部、1个党总支、两个基层党委，共391名党员参加了这次教育活动。通过全厅各级党组织、全体党员和广大干部职工的共同努力，云南省劳动保障厅的先进性教育活动取得了明显成效，实现了省委提出的“提高党员素质、加强基层组织、服务人民群众、促进各项工作”的目标要求，满意度测评为100%。

2. 深化反腐倡廉，不断加强机关作风建设。从2005年6月15日至7月15日，省劳动保障厅集中利用一个月时间，开展了以贯彻落实《实施纲要》为主题的党风廉政教育月活动。认真做好2005年社会评议机关作风工作。积极开展向向志雄同志学习的活动。继续贯彻落实党风廉政建设责任制，分别对党员干部参与赌博情况和领导干部拖欠公款等情况进行了清理。

3. 大力加强劳动保障能力建设。2005年，省劳动保障厅各级党组织和广大党员按照厅党组的要求，着力提高把握大局、谋划长远的能力；依法行政、做好工作的能力；联系群众、解决实际问题的能力；综合协调、统筹兼顾的能力；求真务实、开拓创新的能力；廉洁自律、拒腐防变的能力，在全厅掀起了一个加强能力建设的高潮。

（二）法制建设进一步加强

1. 地方立法有序进行。按时向省政府上报了劳动保障厅2005年立法计划，地方立法工作进展顺利，《云南省失业保险条例》经过反复论证，已于2005年6月由省政府法制办对社会公示，待省人大审议通过后即可实施。同时，全年共办理省人大建议14件，政协委员提案36件。坚持归类办理、责任明确、任务到人的原则，做到程序规范、层层把关，确保了办理质量。

2. 积极开展“四五”普法工作。2005年，省劳动保障厅利用劳动保障执法年审用人单位相对集中的条件，有针对性地开展普法教育活动，重点对用人单位负责人、劳资人员、工会干部进行《劳动保障监察条例》等普法知识宣讲，取得了较好效果，全省2.53万人参加了“四五”普法讲座。通过普法宣传，有效地提高了广大用人单位和劳动者知法、守法和自觉按照劳动保障法律法规处理劳动保障事务的意识。

3. 规范了规范性文件的制定程序。2005年，省劳动保障厅制定下发了《云南省劳动和社会保障厅规范性文件制定程序规定》，规范了劳动保障厅规范性文件的制定活动，促进了依法行政。同时，进一步认真清理了规范性文件和全厅行政许可事项，废止了《云南省劳动和社会保障厅关于印发〈云南省劳动保障事务代理服务暂行办法〉的通知》等规范性文件，取消了3项劳动保障行政许可项目，7项行政许可项目改变了管理方式；制定了《行政许可法受理通知书》《行政许可决定书》等10件行政许可法律文书；对省政府和省直相关厅局送劳动保障厅征求意见的21件法规、规章草案和规范性文件按法制统一原则提出了修改意见，保证了劳动保障法规、规章与其他法规、规章的协调一致。

4. 行政复议工作有序进行。2005年，省劳动保障厅共接到行政复议案件14件，已审结11件，经审查撤销原决定4件，维持原决定7件，还在审理中未结的3件。同时，积极开展劳动保障法律咨询服务项目。

（三）信息化建设进一步加强

2005年，云南省劳动保障厅落实省级“金保工程”建设项目配套资金1 000万元，省政府已经批准，并向省财政厅报送了省级补助资金1 000万元的使用计划。完成了省级数据中心建设，省市联网工作全面完成，联网州市已达16个，各州市已经与省数据中心顺利进行了数据传输，使省级数据中心具备了完善的交换平台和具备了支持业务经办的能力。公众服务平台服务能力大幅提升。就业服务大屏幕发布就业信息10万多字，自主开发了服务大厅触摸屏查询系统。厅网站访问次数已达到63万次，开通了医疗保险网上查询系统，实现了《工伤认定申请表》等业务的网上发布，进一步加强了电子政务工作。进一步开展了

“12333”劳动保障咨询电话的服务工作，以“热情、便民、高效”为基本要求，以“态度好、作风好、解答好，群众满意”为目标，提供咨询服务5.5万人次，取得了良好社会效益。

（四）办公条件得以改善，服务质量明显提高

2005年，由云南省劳动保障厅牵头，多方筹集资金，完成了政通大厦的装修改造工程，并于5月如期搬入政通大厦办公，实现了厅机关和各经办、服务机构同一地点办公，一个窗口对外、“一条龙”服务的目标。为实现机关职能由单纯管理型向管理服务型转变，开设了“劳动保障综合服务大厅”“劳动就业服务大厅”“社会保障服务大厅”，建立了服务与监督制度，统一了服务标识，安装了政务公开触摸屏，设置了政务公开栏，公开了劳动保障厅的职能、服务内容、服务程序和服务标准，从根本上改变了长期以来劳动保障厅机关和直属工作机构点多分散、不方便群众办事的状况，树立了集中统一、便民为民、周到服务的良好形象，得到了服务对象的认可。在省里组织的社会评议机关作风活动中，劳动保障厅在108个省直单位中名列第10名，受到省委办公厅的通报表彰；在全国劳动保障工作会议上，云南省劳动就业服务局等7个优质服务窗口单位受到通报表彰。

（五）宣传工作和政务信息工作得到加强

2005年，云南省劳动保障厅制定下发了《关于加强劳动保障宣传和政务信息工作的意见》，并按意见要求狠抓宣传工作的落实，形成了政府重视、社会关注、群众关心的良好氛围，受到劳动保障部的肯定，并在全国劳动保障宣传工作座谈会上进行了经验交流。主要做法是：注重策划，着力抓好重大政策的宣传落实；宣传典型，为重点工作营造良好氛围；加强联动，办好大型政策宣传和咨询活动；多方协调，在各种媒体开辟专题栏目、节目；整合资源，巩固和发展劳动保障宣传阵地。劳动保障厅的政务信息工作也受到省委办公厅表彰。

（六）交流与合作取得良好效益

2005年，云南省在对外交流合作方面，美中劳动保障法律援助项目已经全面展开，“红火把计划”和劳动保障法律咨询服务工作取得了明显成效；欧盟—中国大理下岗失业人员培训援助项目已经全面完成；向越南等周边国家的劳务输出工作开始取得效益；中日合作的“中国农村社会养老保险制度创新与规范管理”项目在楚雄州南华县的试点即将启动。在国内合作方面，充分利用泛珠三角区域9+2搭建的工作平台，建立了泛珠三角区域9+2劳动保障合作关系，签订了劳务合作框架协议和《泛珠三角区域九省区劳动力信息联网合作意向书》《泛珠三角区域维护跨省区务工人员合法权益联动协议》；与广东、福建等发达地区劳动保障部门达成并签订了劳务输出合作协议；在外省区云南省务工人员比较集中的地市设立了劳务输出服务处（站），形成了比较完善的辐射省内外的劳务输出工作服务网络。

（云南省劳动和社会保障厅）

西藏自治区

2005年，在自治区党委、政府的高度重视和坚强领导下，西藏自治区各级劳动保障部门以邓小平理论和“三个代表”重要思想为指导，按照中央和区党委的部署，扎实开展了保持共产党员先进性教育活动，认真贯彻落实区党委六届六次、七次全委会议、全区经济工作会议及全国劳动保障工作会议精神，紧紧围绕建设和谐、平安西藏，全面落实科学发展观，按照全区劳动保障工作会议的安排部署，继续加大就业再就业工作力度，督促检查就业再就业优惠政策的落实，积极拓宽就业渠道，努力增加就业岗位，进一步完善社会保障体系，继续推进社会保险扩面，加强社会保险基金征缴，加大劳动保障监察和劳动争议处理工作力度，努力维护劳动者的合法权益，促进劳动关系和谐稳定，为维护社会稳定，促进经济社会健康协调发展发挥了积极作用。

一、就业再就业目标任务超额完成

2005年，西藏自治区各级党委、政府把就业再就业工作摆在经济社会发展的重要位置，进一步加强领导，各有关部门共同努力，各级劳动保障部门积极与有关部门协商，大力落实各项就业再就业优惠政策，切实拓宽就业渠道，挖掘就业潜力，以劳动力市场需求为导向，积极筹措就业再就业资金，大力开展就业技能培训和职业技能鉴定，提高失业人员的技能水平，增强就业能力，并积极购买公益性就业岗位，帮助困难群众就业。同时，自治区劳动保障厅深入基层开展调查研究，协调解决就业优惠政策落实中存在的问题，并就涉及劳动就业深层次问题向区党委、政府提出建议，为下一步调整完善政策作好各项准备。通过落实积极促进就业的各项优惠政策，缓解了就业压力，就业形势基本稳定。

截至2005年底，全区城镇登记失业人员14 104人。实现城镇新增就业15 450人，完成年初确定目标任务13 000人的119%，开发就业岗位11 391个，开发公益性就业岗位2 290个，城镇登记失业率控制在4.3%以内。为了确保完成就业再就业目标任务，主要采取了4个方面的措施。

（一）与各地（市）劳动保障部门签订了就业再就业工作目标责任书

通过签订目标责任书，把任务层层分解落实到基层，落实责任，明确职责，并加强调研指导和督促检查，及时跟踪掌握工作进度，协调解决工作中存在的困难和问题，进一步完善就业再就业配套政策，切实落实各项优惠政策。为符合条件的下岗失业人员发放《就业再就业优惠证》254本，累计减免企业所得税、营业税205万元，并提供就业再就业培训补贴6 451人（次），计548万元；职业介绍补贴9 843人（次），计158万元。确保了就业再就业目标任务的顺利完成。

（二）加强就业技能培训和职业技能鉴定工作

2005年，西藏自治区以劳动力市场需求为导向，以“培训促就业”为目标，在认真做好用工单位劳动力需求调查分析的基础上，精心制订就业技能培训计划，认真组织实施，讲求培训质量，努力提高培训就业率。并首次启动了创业培训项目，有59名学员走上了自主创业之路；为解决西藏自治区职业技能培训资源短缺问题，启动了远程培训工作。据统计，全年共举办各类培训班380期，培训失业人员12 575人（次），培训后就业率达50%。同时，积极开展职业技能鉴定。全年对4 239人进行了职业技能鉴定，有3 876人取得了职业资格证书，鉴定合格率达91.4%。

（三）加大职业介绍、职业指导工作力度

2005年，西藏自治区加大了对职业介绍、职业指导的工作力度，充分发挥公共职业中介机构在职业介绍工作中的主导作用，积极发挥民营职业中介机构的补充作用。初步建立了自治区和各地（市）的简易劳动力市场，为用人单位和求职者搭建起了双向交流的平台。全年开展职业指导29 859人（次），职业介绍24 166人（次），职业介绍成功10 658人，均超额完成全年任务，职业介绍在促进就业再就业中发挥着越来越重要的作用。将举办劳务洽谈会作为职业介绍的一条有效途径，全年共举办劳务洽谈会11期，参加洽谈会的用人单位达497家，提供就业岗位6 100个，入场求职者达25 891人（次），共达成意向性用工协议10 774人。同时，开展了民营企业招聘周活动，达成意向性协议4 897人。

（四）积极开展“就业再就业援助月活动”和“春风行动”，多渠道开发就业岗位促进就业

2005年，西藏自治区劳动保障厅按照劳动保障部的统一部署，结合自治区实际，积极开展了以“送政策、送岗位、送技能、送鉴定、送服务和落实社保补贴”五送一落实的就业再就业援助月活动。全区政策宣传面达10万人（次），发放宣传资料16 850份。为改善农牧民工进城就业环境，及时报请自治区政府下发了《贯彻落实〈国务院办公厅关于进一步做好改善农民进城就业环境工作的通知〉的意见》，克服困难，积极创造条件把进城务工农牧民纳入就业服务的范围，加强组织领导，周密安排，深入开展政策宣传咨询活动，举办专题劳务洽谈会，积极帮助进城务工农牧民实现就业。发放各类宣传资料1万多份，接待农牧民工咨询500多人（次）。在各级党委、政府和有关部门的共同努力下，全区共实现农牧区劳务输出达62万人（次），实现劳务收入7.2亿元。

二、完善社会保障体系取得积极进展，社会保险覆盖面进一步扩大

2005年，西藏自治区各级劳动保障部门把完善社会保障体系作为中心工作任务，认真贯彻国家和自治区有关完善社会保障体系的决策部署，积极完善各项社会保险制度，加大推进扩大社会保险覆盖面的工作力度，切实加强社会保险基金征缴工作，确保了各项社会保险基金的应收尽收。

（一）继续确保了国有企业离退休人员养老金按时足额发放

2005年，西藏自治区社会保险经办机构把按时足额发放基本养老金作为重点工作任务，狠抓落实，在各级财政等有关部门的大力支持下，保证了企业离退休人员基本养老金的按时足额发放。截至年底，全区领取养老金的离退休人员31 564人，较2004年增加1 100人，增长3.6%；应发放养老金50 672万元，实际发放50 672万元，较2004年增加2 987万元，增长6.3%，发放率达100%；已实现社会化发放的离退休人员31 185人，社会化发放率达98.8%。

（二）养老保险制度运行平稳并进一步完善

截至2005年底，西藏自治区参加基本养老保险统筹的单位1 578家，参保人数达77 271人，其中，在职职工45 707人，离退休人员31 564人。同时，完成了企业退休人员基本养老金调整的相关工作，确保了企业退休人员按时领取补发的养老金。制定了城镇个体工商户主及其从业人员和机关事业单位编制外聘用人员参加基本养老保险办法，并广泛征求了各方面意见。制定下发了《关于对国有企

业临时工参加基本养老保险有关问题的复函》，保障了国有企业临时工参加基本养老保险的权利。开展了机关事业单位养老保险制度改革方案的基础性调研工作。

（三）医疗保险制度改革取得新进展

2005 年，拉萨地区城镇职工基本医疗保险制度改革试点运行平稳，参保登记、缴费核定、基金征缴和参保人员医疗费用支付、结算及定点医疗机构和零售药店管理等各项工作进一步完善。调整并发布了 2005 年版《城镇职工基本医疗保险及工伤保险药品目录》。2005 年 9 月正式启动了昌都、林芝、山南、日喀则 4 个地区城镇职工基本医疗保险制度改革试点工作。阿里、那曲两个地区的医改试点方案已呈报国家劳动保障部、财政部审核。截至 2005 年底，全区参加基本医疗保险的单位达 2 401家，参保人数达 135 855 人。其中：在职职工 91 561 人，离退休人员 44 294 人。

（四）失业保险工作进一步加强

截至 2005 年底，西藏自治区参加失业保险的人数达 6.5 万人。全年征收失业保险费 4 463万元，完成年初确定目标任务的 128%，全年清欠历年欠费 80 万元。向全区就业服务机构下达职业培训、职业介绍补贴经费 706 万元，有力地促进了就业再就业。同时，区直失业保险个人缴费记录试点工作顺利展开，并在日喀则、山南、拉萨启动了此项工作。

（五）工伤保险正式启动

2005 年，西藏自治区已有自治区本级和 4 个地（市）实施了工伤保险制度。截至年底，参加工伤保险的企业单位为 307 家，参保人数达 19 043 人。

（六）继续加强基金征缴，确保社会保险费应收尽收

截至 2005 年底，西藏自治区征缴基本养老保险费 33 110 万元，较 2004 年增收 5 308 万元，增长 19.1%，基金征缴率达 95%，征缴率提高 1.4 个百分点，全年实现增收大于增支 2 321 万元；征缴基本医疗保险费 11 518 万元，基金征缴率达 73.9%，支付基本医疗保险各项待遇 9 715 万元，其中：支付医疗费用 5 014 万元，划转记入个人账户 4 701 万元。对享受公务员医疗补助的住院人员进行公补结算，2005 年已实际发放补助总金额达 295 万元；征缴工伤保险费 255 万元，征缴率达 84.7%。同时，加大社会保险稽核力度，超额完成清欠任务。截至 2005 年底，全区共对 851 家参保单位进行了社会保险稽核，其中：书面稽核 258 家，稽核人数为 57 261 人（次）；实地稽核 593 家，稽核人数为 43 533 人（次）。清欠回收社会保险费 1 551 万元，完成年计划的 172.3%。

（七）认真做好社会保险待遇审核、退休人员跨省安置、管理服务工作

2005 年，西藏自治区审核认定退休人员养老金待遇 1 284 人，办理了 388 名退休工人跨省安置联系，转出跨省安置养老金转移证 309 人；审核结算住院 5 163 人（次），审核结算公务员医疗补助 1 763 人（次）。

三、劳动关系调整工作进一步加强，劳动关系总体上和谐稳定

2005 年，西藏自治区继续加大了推行劳动合同制的力度，扩大劳动合同签订覆盖面，加强劳动保障监察和劳动争议仲裁工作，大力查处劳动保障违法行为，努力维护劳动者和用人单位的合法权益。

（一）加大推行劳动合同制度力度

2005 年，西藏自治区继续推行劳动合同制度，加强劳动合同管理，规范用工行为，积极在私营、集体、外资等非国有经济单位推行劳动合同制度。全年新签订劳动合同 17 238 人，在集体协商的基础上，有 17 家企业签订集体合同，涉及职工 6 328 人。

（二）加强劳动保障监察和劳动争议仲裁工作

2005 年，西藏自治区检查用人单位 8 078 户，涉及劳动者 8.43 万人，下发整改指令书 189 份；受理劳动保障违法举报案 917 件，其中：拖欠工资案件 643 件，涉及 7 219 人，涉

及金额1 691万元，为农牧民工追讨工资1 594万元，结案率达96%。同时，自治区劳动保障厅配合自治区人大开展了《劳动法》执法检查活动，组织指导地（市）劳动保障部门对建筑、矿山开采、石材加工、饮食服务等行业使用农牧民工的情况进行了检查，共检查出用工单位未按工程进度和工程量及时支付农牧民工工资1 449万元，非法收取押金88万元，涉及劳动者5 492人。通过开展执法检查，及时纠正用工单位克扣农牧民工工资、收取押金和瞒报、少缴社会保险费等违法行为，并责成用工单位限期整改，规范用工行为，切实维护了劳动者的合法权益。同时，认真做好行政复议和行政应诉工作，推动劳动保障依法行政。

2005年，西藏自治区的劳动争议处理工作得到加强。全年立案1 152件，涉及劳动者14 834人，涉及金额4 863万元。全年结案1 021件，结案率为89%，全年为民工追讨回工资和挽回资金3 311万元。

通过劳动保障监察和劳动争议仲裁，2005年，西藏自治区为民工追讨工资4 905万元，切实有效地维护了劳动者的合法权益，维护了社会稳定。

（三）指导企业工资分配工作得到加强

2005年，西藏自治区劳动保障部门监督检查用人单位贯彻执行《西藏自治区企业最低工资暂行规定》。为了增强最低工资标准的可操作性，通过调查测算制定了小时最低工资标准。根据国家对企业工资收入分配的宏观调控政策，审核办理了部分生产经营正常、经济效益比较好的企业职工调资，鼓励企业建立内部工资分配的正常调整机制，激发了企业职工的工作积极性，保障了企业职工享受经济发展成果的权利。

（四）劳动关系三方协调机制初步建立

2005年，经自治区政府同意，西藏自治区建立了自治区劳动关系三方协调机制，组织召开了自治区劳动关系三方协调机制工作会议，下发了自治区劳动关系三方协调机制的有关工作制度，对各地（市）建立劳动关系三方协调机制起到了积极的指导作用。同时，组织开展了全国劳动争议仲裁和调解工作先进集体、优秀个人暨创建和谐劳动关系模范企业推荐评选活动。

另外，西藏自治区劳动保障厅在认真总结自治区劳动保障事业发展“十五”计划执行情况，在广泛开展调查研究分析的基础上，形成了西藏劳动保障事业发展“十五”计划评估报告，编制了西藏劳动保障事业发展“十一五”规划纲要，提出了“十一五”期间劳动保障事业发展的目标任务。

四、深入开展保持共产党员先进性教育活动，党的建设进一步加强

2005年，根据中央精神和区党委的安排部署，西藏自治区各级劳动保障部门扎实开展了保持共产党员先进性教育活动。各级党组织切实加强领导，全体党员深入学习邓小平理论和“三个代表”重要思想，深刻剖析问题，分析思想根源，研究提出新时期保持共产党员先进性的具体标准，广泛征求意见，制定落实整改方案，初步探索建立了保持共产党员先进性的长效机制，结合各自实际制定和完善了一系列规章制度，达到了“提高党员素质、加强基层组织、服务人民群众、促进各项工作”的目的，做到了“两不误、两促进”。在开展先进性教育活动期间，各级党组织结合各自实际，广泛开展主题实践活动，扶贫济困，努力为人民群众排忧解难，深入到基层和定点扶贫县开展调研，研究解决基层工作中存在的实际困难和问题，以实际行动服务基层，在见实效上下工夫，真正达到了党员受教育，群众得实惠的效果。同时，以先进性教育为契机，积极推动以公正、便民、廉洁、高效为基本要求，以为群众提供满意服务为标准的创建优质服务窗口活动，西藏自治区劳动保障系统涌现出了以林芝地区劳动就业管理局为代表的5个优质服务窗口单位，受到了劳动保障部的表彰。

五、劳动保障系统业务培训工作得到加强

2005年，在各级党政领导的重视和关怀下，在西藏自治区劳动保障厅党组的领导下，自治区劳动保障系统的干部业务培训工作切实得到了加强，劳动保障部门干部队伍的综合素质进一步提高。劳动保障部组织师资进藏开展了对自治区劳动保障系统干部的综合业务培训，协调内地有关省市劳动保障部门安排自治区劳动就业服务机构工作人员到内地进行实地学习培训，学到了内地劳动保障部门先进的工作方法，开阔了眼界。同时，厅里积极筹集资金，组织开展了劳动争议仲裁、医疗保险和工伤保险业务培训，对指导各地工作，提高各级劳动保障部门工作人员的业务水平和工作能力起到了积极作用，有力地推动了各地工作的开展。

（西藏自治区劳动和社会保障厅）

陕 西 省

2005年，是“十五”计划的最后一年，在省委、省政府的领导下，陕西省经济继续保持较快增长，经济运行质量进一步提升，经济结构不断优化，经济发展活力进一步增强，人民生活进一步改善。经济社会发展“十五”计划的主要指标顺利实现，极大地鼓舞了全省人民推进改革、扩大开放、加快发展的信心和决心。这一年，全省各级劳动保障部门坚持以科学发展观为统领，以开展保持共产党员先进性教育活动为动力，按照“一个重点、两项改革、三大任务”的总体思路，开拓创新，扎实推进，劳动保障事业快速发展，圆满完成了各项目标任务。

一、就业和再就业工作取得显著成效

2005年，陕西省城镇新增就业26.6万人，完成目标任务的102.3%；城镇下岗失业人员再就业11.3万人，完成目标任务的107.6%，其中“4050”人员再就业3.1万人，完成目标任务的114.8%；城镇登记失业率4.18%，低于控制指标。在就业形势十分严峻的情况下，这样的成绩来之不易。

（一）层层落实目标责任

2005年初，陕西省劳动保障厅将就业再就业目标任务以省政府名义分解下达到了各市，又督促各市将任务层层分解，形成了再就业工作责任明确、层层落实的机制。同时，省、市、县3级再就业联席会议的作用进一步发挥，形成了各方联动、齐抓共管的工作局面。

（二）全面落实再就业扶持政策

2005年，陕西省积极开展了“再就业政策实效”活动和“再就业援助月”活动，帮助一大批就业困难人员实现了再就业。在实际工作中，省劳动保障厅抓住宝鸡市开展的万名下岗职工进民企活动和咸阳市开发农业岗位安置下岗职工两个典型，督导各市积极开发就业岗位，扩大就业容量。各地依托基层劳动保障工作平台，开展创建“促进就业先进社区”活动，大力推动社区就业，共开发社区就业岗位9.7万个。通过建立创业指导专家志愿团等形式继续开展创业培训，全省参加创业培训的2.14万人，带动就业2.63万人。同时，针对小额担保贷款工作进展缓慢问题，2005年10月，在全省组织开展了“交友帮扶促就业”活动。这项活动得到了省委、省政府主要领导的支持。活动开展后，两个多月全省小额贷款新增5 550人，一举扭转了被动局面，也密切了干群关系，创出一条再就业的路子，成为再就业工作的一大亮点。2005年，全省共发放小额贷款7 182人，带动2万多人实现就业，发放小额贷款累计突破万人大关。

（三）加强了再就业资金的管理

2005年，陕西省共筹措并轨和再就业资金11.25亿元，其中，中央财政补助10.5亿元，省级财政自筹7 500万元。省劳动保障厅按照下拨资金与目标任务完成、地方财政资金投入、上年资金使用相挂钩的原则，及时将再就业资金下拨各市，并对再就业资金的使用情况进行督查，提高了资金的使用效率。

（四）加大了劳务输出工作力度

2005年，陕西省各级党委、政府高度重视，把劳务输出产业的发展作为有效解决

“三农”问题，发展县域经济的一项重要举措，全省形成了部门协作、各方参与、齐抓共管的农村劳动力转移就业工作格局。开展了声势浩大的“春风行动”和改善农民进城就业环境政策落实情况专项检查，取消了针对进城务工人员的流动就业证卡制度。商洛、安康等市积极加强劳务输出网络体系建设，强化输出前的技能培训，发挥典型示范作用，提高组织化输出程度，广泛宣传劳务品牌，劳务输出组织化程度显著提高。2005 年，全省农村富余劳动力转移就业突破 500 万人大关，达到 506.6 万人，创经济收入 210.86 亿元，为发展县域经济、促进农民增收起到了重要作用。

二、国有企业下岗职工基本生活保障向失业保险并轨工作稳妥推进

国有企业下岗职工基本生活保障向失业保险并轨工作涉及广大下岗职工的切身利益，事关国企改革，对促进陕西省经济社会协调发展具有重大意义。陕西省省委、省政府高度重视，2005 年，多次研究部署并轨工作。为了稳妥开展并轨工作，省上成立了由主管省长任组长的并轨工作领导小组和两个工作机构，明确分工，密切配合，形成了整体工作合力，有效加强了对并轨的组织领导。在充分调查摸底，多方听取意见的基础上，由省劳动保障厅牵头，制定出台了符合陕西省实际的《关于做好国有企业下岗职工基本生活保障办法向失业保险并轨工作的指导意见》和 3 个配套文件，构建了以“保老、扶中、促青”为特征的并轨政策体系。安排 10 名厅级领导包干负责指导全省各市的并轨工作，坚持以大中城市和省属企业为重点，深入一线，现场指导，抓好落实，推进工作。从总体上看，由于准备工作比较充分，政策比较完善，组织分工比较明确，资金筹措力度较大，陕西省的并轨工作稳妥推进，没有发生大的不稳定事件。至 2005 年底，全省除改制、破产等因素不参加并轨的企业外，共有 7.49 万人实现了并轨，基本完成了年初确定的并轨目标，实现了历史性突破，结束了长达 8 年之久的国有企业基本生活保障制度，为建立适应市场经济的就业长效机制打下了坚实基础。

三、职业培训工作全面加强

（一）采取积极的就业培训促进政策，推动技工院校发展进入快车道

2005 年，陕西省各市积极整合资源，推进技工教育改革，结合市场需求打造名牌专业，技工院校规模空前壮大，2005 年全省 143 所技工院校招生达到 7.8 万人，在校生突破 16 万人，毕业生就业率连续 5 年保持在 96% 以上。省上继续加大了对全省技工教育的公共财政投入，在 2003 年拿出 500 万元成功创建 12 所实训示范基地的基础上，于 2004 年和 2005 年又拿出 900 万元，通过综合量化评估，专家评审，民主测评等程序，公开公正分配资金，再建 24 所实训示范基地。

（二）职业技能鉴定工作快速发展

陕西省通过对全省鉴定机构进行清理整顿，职业技能鉴定质量不断提高，2005 年全省鉴定各类人员 24.6 万人，22.1 万人获得职业资格证书，比上年增长 31%，其中高级工以上职业资格鉴定比重明显增加。

（三）再就业培训和企业在职职工技能培训工作得到加强

2005 年，陕西省通过整合培训资源，结合市场需求设置专业，提高了培训的针对性、实用性，全省共完成下岗失业人员再就业培训 13.6 万人，培训后实现再就业 9.1 万人。同时，在职职工技术升级培训发展较快，全省参训职工达 60 多万人，98% 的参训职工技术水平得到明显提升。全省企业职工技能竞赛活动广泛开展，参赛职工达 140 多万人，涉及 40 多个行业，培养和选拔出一大批知识型、复合型高技能人才。“三年三万新技师培养计划”顺利推进，完成了全年培养新技师 1 万人的任务。

（四）民办职业培训机构作用显现

2005 年，陕西省 800 多家民办职业培训机构，积极开展对农民工、城镇各类失业人员

技术技能培训，参加培训的达100多万人次，提高了他们的就业能力。

四、完善社会保障体系工作稳步推进

（一）社会保险覆盖面继续扩大

2005年，陕西省进一步完善了社会保险参保政策，以非公有制企业、灵活就业人员和进城务工人员为重点，加强政策宣传，努力扩大社会保险覆盖面。到年底，企业养老保险新增参保人数9万人，达到376万人；失业保险新增参保人数1.07万人，完成全年目标的100.2%，达到326.6万人；医疗保险新增参保人数24.5万人，完成全年目标的105.6%，达到348.4万人；工伤保险新增参保人数35万人，完成全年目标的117%，达到145万人；生育保险新增参保人数5.3万人，达到41.6万人。

（二）社会保险待遇得到及时落实

2005年，陕西省共为107.8万企业离退休人员发放养老金83.3亿元，连续6年实现了按时足额社会化发放。企业退休人员社会化管理服务的工作形式和内容进一步规范，全省企业退休人员社会化管理服务率达到95.1%，其中社区管理服务率达到60%。全省共为13.7万名失业人员及时足额发放失业保险金2.67亿元，确保了失业人员的基本生活。基本医疗保险支出18.66亿元，基本满足了参保职工的医疗需求。工伤保险基金支出2 066万元，确保了工伤职工待遇的支付。

（三）养老保险制度和体制建设不断得到巩固和完善

2005年，陕西省养老保险省级统筹工作的深入开展，规范了政策和制度，提高了工作效率和服务质量，增强了基金积累和调剂使用能力，真正实现了基金收支两条线管理，确保了基金安全，维护了社会稳定。2005年，根据省委、省政府要求，陕西省给20世纪五六十年代参加革命工作的退休人员和省部级劳动模范增加了补助，缓解了社会矛盾；结合陕西省实际，以省政府名义出台了《陕西省企业年金试行办法》，截至年底，部分有条件的企业已经完成了方案审核备案，建立起了企业年金；解决了部分群体参加养老保险存在的突出问题，制定了退休审批专项检查制度。同时，养老保险体制进一步理顺。省直机关事业单位养老保险工作和农村社会养老保险工作平稳移交省厅，各市劳动保障部门正积极工作，在当地政府领导下，制定市县移交方案和办法，力争以此次移交为契机，建好机构，配齐人员，稳步推进机关事业单位和农村社会养老保险工作。

（四）失业保险作用日益加强

2005年，陕西省针对事业单位参保难的问题，出台了相应政策，将事业单位失业保险费列入了政府财政预算。同时，还建立了陕西省失业调控工作机制，启动了失业调控工作。

（五）医疗生育保险工作稳步推进

2005年，陕西省建立健全了下岗失业人员和军队转业干部参加医疗保险，企业离休干部医疗统筹，以及城市医疗救助的办法，制定实施了2005年版《陕西省基本医疗保险和工伤保险药品目录》，完善出台了《陕西省省级机关事业单位基本医疗保险暂行办法》《陕西省省直机关公务员医疗补助暂行办法》和6个配套办法，并于2005年元月1日正式启动运行。一些市积极探索了关闭解体企业退休人员参保的办法和完善了医疗保险费用结算的办法。全省各市和杨凌示范区已全面建立了生育保险制度。

（六）工伤保险政策不断完善

2005年，陕西省围绕贯彻实施《工伤保险条例》，规范了工伤认定工作程序，出台了矿山等高风险企业参加工伤保险工作的政策，着力推进高风险行业，特别是煤炭行业的参保，为解决煤炭高风险企业参加工伤保险奠定了基础。按照劳动保障部的要求，提出了陕西省农民工参加工伤保险及有关待遇支付的意见，并上报省政府审批。结合陕西省实际拟定的《陕西省劳动能力鉴定收费标准》已经省物价局批准，即将颁布实施。

（七）基金监督和稽核工作得到加强

为确保基金增长，有效地防止基金的流失，2005 年，陕西省加大了对社保基金的监督工作。全省地方企业共书面稽核参保单位 13 255 户，参保人员 145 万人；实地稽核企业 4 359 户，参保人员 55 万多人，收回基金 552 万元。同时，还重点对交通、电力、石油 3 个原行业统筹企业的 20 个参保单位社会保险缴费情况进行了稽核，促使企业补缴养老保险费 636.4 万元，失业保险费 75 万元，到账率为 99.7%。

五、劳动保障法制建设步伐加快，企业工资分配宏观调控工作逐步完善，劳动关系基本保持和谐稳定

（一）劳动保障立法工作得到加强

2005 年，陕西省对《陕西省企业工资指导线制度试行办法》《陕西省最低工资规定》进行了修改。同时，完成了《陕西省社会保障基金监督管理条例》（草案）的调研、起草工作，为正式颁布实施做好了前期准备工作。

（二）劳动保障监察力度加大

2005 年，陕西省在全省范围内开展了一系列清欠进城务工人员工资专项执法检查活动，为 5.98 万劳动者追缴拖欠工资等待遇 3 454.81万元，其中西安市完成清欠工资 2 000多万元。各级劳动保障监察机构加强日常监察和专项检查，主动检查用人单位 3 万多户，涉及劳动者 197 万人。

（三）企业工资分配调控运行良好

2005 年，陕西省积极推进以岗位工资为主的基本工资制度，下发了 2005 年度企业工资调控目标，实现企业职工工资随着经济效益提高而适度增长。通过大量的调研、测算，在全国率先出台了《煤炭企业职工井下津贴、夜班津贴和班中餐补贴标准的指导意见》，为全国建立规范的特殊岗位津贴补贴体系做出了积极探索，受到了劳动保障部的充分肯定。根据全省社会经济社会发展的实际，经省政府同意，对全省 4 个类别的最低工资标准进行了调整提高。

（四）劳动关系基本和谐

2005 年，陕西省 11 个市（区）继续推进劳动关系三方协调机制，集体合同制度和集体协商制度的覆盖面不断扩大，劳动合同管理制度不断健全和完善，全省国有企业基本上实行了劳动合同制。

（五）劳动争议处理工作力度进一步加大

2005 年，陕西省各级劳动争议仲裁委员会共立案受理劳动争议案件 3 548 件，较上年增长 5%，涉及劳动者 8 102 人，审理结案 3 122件，结案率为 88%。

（六）一些影响社会稳定的难点问题得到妥善解决

2005 年，陕西省根据实际，出台了该省 20 世纪 60 年代被精减人员待遇的调整方案，提高了这部分人员的生活待遇，化解了这一多年影响社会稳定的难题。按照中央要求，对全省3 747名经认定的困难企业军转干部的养老保险待遇进行了调整和补齐。

六、基础建设得到加强

2005 年，陕西省的金保工程建设取得新进展，完成了各市《金保工程一期项目建设可行性研究报告》的审查和“核心平台二版”软件的本地化开发，推进了养老、失业、医疗管理信息系统建设。街道社区劳动保障工作机构建设进一步加强，为下岗失业人员和企业离退休人员提供了良好的服务。宣传工作取得新成绩，各级劳动保障部门围绕就业、并轨等中心工作，开展了形式多样的宣传报道，为陕西省劳动保障事业的发展营造了良好的舆论氛围。全省劳动保障系统干部队伍能力建设得到加强，顺利完成了全省社会保险经办机构 3 500名工作人员的业务素质考核工作。

七、保持共产党员先进性教育活动取得实效，系统行风建设再上新台阶

2005 年，按照中央和省委的统一部署，陕西省扎实开展了保持共产党员先进性教育活

动。各级劳动保障部门紧密结合劳动保障工作实际，积极开展主题实践活动，广泛征求意见，深刻剖析存在的问题，研究提出新时期劳动保障部门保持共产党员先进性的具体标准，制定落实整改方案，并探索形成保持先进性的长效机制，达到了“提高党员素质、加强基层组织、服务人民群众、促进各项工作”的目的。各级劳动保障部门以公正、便民、廉洁、高效为基本要求，以为群众提供满意服务为标准，加强行风建设，积极开展创建优质服务窗口活动，改善服务环境，增强服务意识，提高服务质量。2005 年陕西省劳动保障工作所取得的显著成绩，就是保持共产党员先进性教育成果的最好体现。

（陕西省劳动和社会保障厅）

甘 肃 省

2005年，在省委、省政府的领导和劳动保障部的指导下，甘肃省各级劳动保障部门认真贯彻落实全国劳动保障工作会议精神，按照劳动保障部2005年工作要点的安排，及时制订了目标管理计划，层层签订目标管理责任书，进一步分解工作任务，明确工作职责，并实行了重点工作逐月通报制度，全力以赴抓好各项政策、措施和任务的落实，全省劳动保障工作进展顺利，全面完成了全年各项目标任务。

一、就业再就业全面超额完成任务

2005年，甘肃省各级劳动保障部门围绕省委确定的全年新增就业12万人，领取再就业优惠证下岗失业人员再就业4万人，其中“4050”人员再就业1.2万人，城镇登记失业率控制在4.6%以内，即“1241246”的目标任务，认真落实责任制度，积极开展再就业“政策实效”行动，以及“再就业援助月”“春风行动”“民营企业招聘周”“技能岗位对接”等专项服务活动，认真组织实施中加促进妇女就业项目，全面落实政策，完善就业服务，加强失业调控，全省就业再就业工作取得明显进展。截至12月底，全省城镇新增就业16.96万人，完成全年目标计划的141.33%；领取再就业优惠证的下岗失业人员再就业7.03万人，完成全年目标计划的175.75%，其中就业困难人员再就业2.25万人，完成全年目标计划的187.5%；城镇登记失业率3.26%，实现了控制在4.6%以内的目标计划。

二、劳务输转工作成效显著

2005年，甘肃省各级劳动保障部门认真贯彻落实省委、省政府把劳务输转作为致富农民的奠基工程，作为省委、省政府的重点工作，作为加快经济发展的重大举措，作为甘肃目前最大项目的决策部署，以扩大输转规模，增加劳务收入为目标，采取宣传推、培训促、市场引、典型带、维权帮的工作方法，切实加强农民工技能培训，广泛开展劳务协作，加大维权工作力度，全省劳务输转工作取得可喜成绩。2005年，全省累计输转农村富余劳动力409.83万人次，完成年计划的117%，其中有组织输转139.19万人次，创劳务收入100.82亿元，完成年计划的144%。劳务输转成为全省经济工作的一大亮点，在2005年全省十大新闻评选中，劳务输转位列其中。

三、两个确保完成历史性任务

2005年，甘肃省为在中心的下岗职工全部足额发放了基本生活费并代缴了社会保险费，全年累计为54.42万名企业离退休人员发放基本养老金50亿元，按时足额发放率达100%。积极稳妥地推进并轨工作，认真贯彻落实省政府《关于切实做好国有企业下岗职工基本生活保障向失业保险制度并轨工作的通知》，制定下发了《关于做好国有企业下岗职工出中心社会保险关系接续工作的通知》和《关于做好省属企业并轨工作中职工生活保障有关问题的通知》，到12月底，金昌、嘉峪关、定西、张掖、酒泉、临夏、甘南等市州国有企业下岗职工已全部出中心，全省国有企业下岗职工减少到 6.43 万人，其中在中心的 6.13 万人。

四、社会保障体系建设稳步推进

到 2005 年底，甘肃省基本养老保险参保人数 141 万人，完成全年参保计划的 100%。积极推进企业退休人员社会化管理服务工作，全省企业退休人员实行社会化管理的人数 51.86 万人，企业退休人员社会化管理服务率为 95%，其中纳入社区管理的占 55%。省劳动保障厅会同有关部门，研究制定了做实养老保险个人账户的方案，报经省政府同意上报劳动保障部、财政部，争取列入国家试点省。组织开展了启动农村社会养老保险试点的调研工作，制定了《甘肃省被征地农民就业和社会保障指导意见》。全省失业保险参保人数 160 万人，完成全年参保计划的 100%；全年共为 10.45 万名失业人员发放失业保险金 1.3 亿元，向再就业服务中心调剂 9 896 万元。全省城镇职工基本医疗保险参保人数 176 万人，完成全年参保计划的 100.6%，印发了 2005 年版甘肃省城镇职工基本医疗保险、生育保险诊疗项目目录，完成了甘肃省基本医疗保险和工伤保险药品目录（2005 版）乙类药品调整工作。启动了省直机关事业单位离休人员医疗费管理工作，制定和完善了管理制度，工作运行平稳。协同推进生育保险工作，全省参保人数 41 万人，占全年目标计划的 102.5%。以煤炭、建筑等高风险行业为重点，大力推进工伤保险工作，农民工参保取得了一定的进展，全省工伤保险参保人数达 71 万人，完成全年目标计划的 101.4%；提出了解决工伤遗留问题的意见，建立了劳动保障、安监、煤监、建设、国防工办等部门参加的工伤保险参保扩面联席会议和情况通报制度。加强基金监督，开展专项稽核，加大社会保险费清欠工作力度，2005 年，共清收企业欠缴的社会保险费 5.19 亿元，其中养老保险费 4.76 亿元，失业保险费 4 247.76 万元，分别完成了全年清欠计划的 132.25%、141.59%。

五、劳动关系基本稳定

2005 年，甘肃省全面实行劳动合同制度，到年底，全省各类企业劳动合同签订率达到 90%，其中国有企业达到 98%，非国有企业达到 70.3%。统一制定了《甘肃省建设等行业企业农民工劳动合同》文本，到年底，建设等行业农民工劳动合同签订率平均达到 87.2%，超额完成 85% 的目标计划。推进集体合同和工资集体协商工作，省劳动保障厅对 23 户企业集体合同进行了审核备案。积极做好国有关闭破产和改制改组企业职工安置工作，2005 年完成了 26 户改制企业、5 户政策性破产企业职工安置方案的审核，省劳动保障厅会同有关部门对 17 户下划企业破产职工安置方案进行审核论证。加大劳动争议处理力度，全省共立案受理劳动争议案件 1 240 件，结案 1 164 件，结案率 93.87%。积极做好群众来信来访工作，省劳动保障厅全年共接待来信来访 2 048 件（次），涉及职工 5.5 万人（次）。

六、劳动保障法制建设取得新的进展

2005 年，甘肃省劳动保障厅配合省人大认真开展贯彻实施《劳动法》执法检查工作，在各市州全面进行自查的基础上，重点对定西、天水、金昌、兰州进行了检查。继续加大劳动保障执法监察工作力度，集中开展清理整顿劳动力市场秩序和贯彻实施《禁止使用童工规定》专项检查活动，积极做好企业劳动保障资料年审工作。会同建设、工商、公安等部门集中开展农民工工资支付情况专项检查，认真做好“两节”期间进城务工人员工资支付工作，累计检查用人单位 4 661 户，涉及进城务工人员 22.4 万人，责令支付进城务工人员工资 1.06 亿元。探索建立解决拖欠农民工工资的长效机制，会同有关部门联合转发了劳动保障部等 9 部门《关于进一步解决拖欠农民工工资问题的通知》，天水、张掖、武威、嘉峪关等市建立了建筑企业农民工工资保证金制度。认真做好行政复议和行政应诉工作，省劳动保障厅共受理行政复议48件，参加行政应诉120起。

七、工资收入分配制度改革继续推进

2005年，甘肃省发布了《甘肃省2005年度企业在岗职工工资指导线调控目标》。全省12个市州共发布386个工种（职位）劳动力市场工资指导价位；兰州、天水2市和机械、石化、冶金3个行业进行了人工成本信息指导制度试点。完成了42户国有企业和88户集体企业工效挂钩方案的审核工作。

八、职业技能培训进一步加强

2005年，甘肃省共培训下岗失业人员14.68万人，创业培训1.22万人。加强高技能人才队伍建设，根据省委、省政府办公厅《2002—2010年甘肃省人才队伍建设规划》，省劳动保障厅起草了《关于加强高技能人才队伍建设的意见》《甘肃省有突出贡献高技能人才评选奖励办法》和《甘肃省高技能人才库建设方案》。省劳动保障厅与有关部门共同组织开展了全省职工职业技能比赛、全省第二届青年职工岗位技能大赛和全省第三届残疾人职业技能竞赛，举办了全省计算机和维修电工技能大赛决赛。全省有6.4万人参加了职业技能鉴定，组织3 103人参加了全国统一鉴定考试，其中，5.4万人取得了职业资格证书。

九、深入开展保持共产党员先进性教育活动

根据省委的统一部署，2005年，甘肃省各级劳动保障部门扎实开展保持共产党员先进性教育活动，系统学习邓小平理论和“三个代表”重要思想，广泛征求意见，深刻剖析问题。把“增进同人民群众的感情，努力为弱势群体办实事；改进工作作风，提高工作水平；加强行政能力建设，提高解决复杂问题的能力”贯穿始终。积极开展“假如我是下岗失业人员，假如我是企业离退休人员，假如我是进城务工人员”的换位思考活动和争创“优质服务窗口”主题实践活动。从劳动保障工作的实际出发提炼出了新时期劳动保障部门保持共产党员先进性的具体标准，制定落实整改方案，并探索形成先进性建设的长效机制。教育活动达到了“提高党员素质、加强基层组织、服务人民群众、促进各项工作”的目的，广大干部职工的精神面貌发生了深刻变化。

（甘肃省劳动和社会保障厅）

青海省

2005年，青海省劳动和社会保障工作以党的十六届五中全会精神为指导，以全面建设小康和构建和谐社会为目标，认真落实全国、全省劳动保障工作会议精神，紧紧围绕全省改革发展稳定的大局，服务于青海省经济结构调整，以就业再就业工作为重点，继续巩固两个确保，进一步完善社会保障体系，加强劳动保障法制和信息系统建设，规范劳动关系、收入分配制度，切实维护企业和劳动者的合法权益，使劳动和社会保障各项事业协调推进，健康发展。

一、就业再就业目标任务全面完成，就业形势基本稳定

2005年，按照省委、省政府确定的就业再就业工作目标，青海省实现城镇新增就业3.5万人，完成目标任务的116%，“4050”人员实现再就业4 000人，城镇登记失业率为3.9%，控制在4.5%以内，全省就业形势保持基本稳定。

（一）继续实行就业和再就业工作目标责任制

2005年，青海省各级劳动保障部门坚持把就业和再就业工作纳入经济和社会发展的总体目标，层层分解目标任务，做到工作责任、政策落实、资金投入、保障措施四到位，认真落实再就业联席会议制度、定期通报制度和监督检查制度，促进了就业和再就业工作的顺利推进。

（二）认真落实各项再就业扶持政策

2005年，青海省各级劳动保障部门立足实际，积极协调，制定措施，明确程序，认真落实税费减免、社保补贴、小额贷款、免费服务等各项促进下岗失业人员再就业扶持政策。同时，积极筹集再就业资金，加大资金投入，落实地方筹集再就业资金情况报告制度，开展再就业“政策实效”行动，有力地促进了再就业各项优惠政策的落实。

（三）积极拓展就业岗位，扩大就业容量

2005年，青海省劳动保障部门协调有关部门，大力发展服务业、中小企业和非公有制经济，积极发展劳动密集型产业，提倡灵活多样的就业方式，多渠道开发就业岗位。各地以社区建设为依托，大力开发社区公益性就业岗位，将岗位开发、创业培训、劳务派遣等工作结合起来，同步推进，帮助就业困难群体实现再就业。

（四）进一步健全公共就业服务体系

2005年，青海省加强劳动力市场“三化”建设，进一步完善劳动力市场信息监测工作，定期发布用工信息，搞好再就业服务。加强劳动力市场监管，开展清理整顿劳动力市场秩序专项行动，取缔非法职业中介机构，规范职业中介行为。以就业困难群体为重点，积极开展以“送政策、送岗位、送技能、送服务”为主要内容的再就业援助月活动。继续协调做好残疾人、妇女等各类困难群体的就业。积极引导大中专毕业生、复转军人通过劳动力市场实现就业。

（五）统筹兼顾各项就业工作

2005年，青海省坚持城乡统筹就业，按照“平等对待、合理引导、完善管理、搞好

服务”的原则，采取有效措施，全面做好进城务工农民就业管理和各项服务工作。按照国家统一部署，在全省开展“春风行动”，要求所有公共职介机构向进城求职农民免费开放，提供用工信息，免费发放“春风卡”、《农民工维权手册》等，方便农民工进城求职就业。清理整顿劳动力市场，取消了对进城务工农民的限制性规定，积极营造农民工进城务工的良好环境。2005 年，全省劳务输出 89 万人（次），劳务收入 20.18 亿元。

（六）实施高技能人才培养工程，加强职业培训和职业技能鉴定工作

2005 年，青海省按照省人才工作会议精神，以提高职业培训实效性、针对性和有效性为重点，以提高就业能力为目标，广泛开展对下岗失业人员再就业培训、农牧民进城务工前培训和创业培训工作，并根据城乡统筹就业的总体要求，加大对农村劳动力的职业技能培训工作力度。积极推行职业技能鉴定与职业资格证书制度，进一步强化职业技能鉴定的质量管理。

二、两个确保成果继续得到巩固

2005 年，青海省确保了企业离退休人员养老金按时足额发放，为参加统筹的 16.9 万名企业离退休人员按时足额发放基本养老金 16.9 亿元，发放冬季取暖补助费 1.8 亿元，社会化发放率继续保持在 100%。确保了国有企业下岗职工基本生活，进入企业再就业服务中心的下岗职工，均按时足额享受了基本生活保障，共支付基本生活保障费 5 179.7 万元。

为实现两个确保，青海省各地劳动保障部门按照中央确定的两个确保工作目标、政策措施和工作要求，加强领导，狠抓落实，进一步完善养老保险省级统筹，积极配合地税部门征缴养老保险、失业保险费，认真做好缴费基数核定、申报和扩面工作，保持了基金收入持续大幅增长，同时，积极争取中央财政补助，提高了基金调剂能力。各级劳动保障部门与有关部门积极配合，对下岗失业人员基本生活保障、基本养老保险金发放、社会保险基金征缴等重要工作定期与有关部门积极协调，继续实行确保发放目标管理制度，对重点地区和困难企业实行重点监控，两个确保的成果继续得到巩固。

三、社会保障体系建设不断完善

（一）养老保险工作全面推进

2005 年，青海省养老保险以广覆盖、促收缴、保发放、社会化管理和信息化建设为主线，进一步加强基础管理，各项工作全面推进。一是继续扩大养老保险覆盖面。重点做好期满出中心下岗职工、国有破产企业一次性安置人员养老保险的接续工作，同时，将机关事业单位和群众团体临时聘用人员、民营企业、私营企业从业人员纳入养老保险。各地普遍开设“一站式”服务缴费窗口，积极引导和鼓励个体工商户、自由职业者和灵活就业人员参加养老保险。全省参加城镇职工基本养老保险人数达到 60 万人，其中扩面新增参保职工 2 万人，接续养老保险关系 6 万人。二是不断完善养老保险各项政策措施。在全省范围统一了基本养老保险缴费比例，全省各类企业（单位）缴费比例统一调整为 20%，职工个人缴费比例调整为 8%。为切实解决部分无力缴纳养老保险费的困难群体的养老保障问题，制定出台了原国有企业一次性安置人员借支缴纳养老保险费的办法。提高了企业离退休人员冬季取暖费补助标准。社会化管理服务工作继续得到加强。全省社会化管理企业退休人员 13.8 万人，社会化管理服务率达到 81.8%。开展了被征地农民基本养老保障前期调研工作，组成调研组分赴浙江、江苏、陕西、辽宁等地，对被征地农民情况进行了考察调研，初步提出了青海省被征地农民社会保障的意见。

（二）失业保险以抓扩面、促征缴、保发放为重点，保障了失业人员的基本生活

2005 年，青海省参加失业保险人数达到 33.27 万人，征缴失业保险费 1.05 亿元，支出失业保险基金 4 100 万元；新增扩面 0.87

万人，1.95 万人享受了失业保险待遇。以扩面为重点，分解落实全年目标任务，强化工作措施，将具有一定经济规模、效益好、劳动关系稳定的私营经济纳入失业保险的覆盖范围。继续做好缴费工资基数、参保职工人数、缴费额的审核，做到失业保险费应收尽收。按照劳动保障部、财政部《关于切实做好国有企业下岗职工基本生活保障向失业保险制度并轨有关工作的通知》精神，积极稳妥推进国有企业下岗职工基本生活保障向失业保险并轨工作，对出中心下岗职工及时提供社会保险服务，妥善接续保险关系，在解决历史遗留问题的同时，实现平稳并轨，保持了社会稳定。

（三）医疗保险继续完善政策，加强基础管理，全面深化改革

2005 年，青海省参加基本医疗保险的职工达到 62 万人。收缴医疗保险费 7.7 亿元，基金支出 6.4 亿元，在保证参保人员基本医疗需求的同时，实现了基金收支平衡略有结余。继续完善医疗保险改革政策，多层次的医疗保障体系基本建立。加大灵活就业人员参加基本医疗保险工作力度。增加了青海省国家公务员门诊医疗补贴，解决了国有关闭破产企业退休人员参加基本医疗保险的问题，并已全面落实到位。确保了离休干部的医疗保障待遇，对符合 3 个目录的个人自付费用进行了调整，由原来个人负担改由离休干部医疗保障基金支付，全面落实了离休干部的医疗待遇。根据劳动保障部《关于印发国家基本医疗保险和工伤保险药品目录的通知》精神和《青海省基本医疗保险和工伤保险药品目录调整方案》的要求，严格工作程序，精心组织安排，编制完成了《青海省基本医疗保险和工伤保险药品目录（2005 年版）》。加强基础管理，建立了医疗、工伤保险按季报送相关情况制度。加强医疗保险扩面和医疗保险费征缴稽核，规范医疗服务程序、医疗服务设施标准工作。加大了财政欠缴医疗保险费的清欠力度，实现了各统筹地区当年医疗保险费不拖欠，同时，对历年欠费提出了清欠要求。支持和引导有条件的地区积极推行将财政拨付医疗保险费改为单位缴费制度。截至年底，海西、黄南两州已率先实行了改财政拨付医疗保险费为单位缴费的办法。

（四）工伤保险制度全面启动实施

2005 年，青海省结合《工伤保险条例》制定相关配套政策，加强完善政策体系和标准体系，初步理顺了工伤保险体制。各地建立健全工伤保险行政管理、业务经办和劳动能力鉴定机构，并实现了省、州、地、市统筹。工伤保险覆盖面不断扩大，全省 9 个统筹地区参保企业 1 780 家，参保人数达 20.5 万人。全省共认定工伤 961 人，劳动能力鉴定 1 271 人（次），已有 1 417 名工伤职工享受医疗救治和经济补偿，1 393 名工亡职工亲属享受到了供养亲属抚恤待遇，累计支出金额 2 187 万元。生育保险制度改革步伐不断加快，正在西宁市试点的基础上抓紧调研，为全面推行做好准备。

（五）社会保险基金监督工作不断加强

2005 年，青海省进一步加强社会保险基金管理，严格执行《关于进一步加强社会保障基金管理的通知》，落实基金管理责任制，加强基金预算管理和征缴管理。在确保省本级基金安全运行的同时，延伸对州、地、市基金，特别是就业资金的监督检查，对检查中发现的问题严格按规定处理，保证了各项社会保险基金的安全。

四、劳动保障法制建设得到加强，企业用工和工资分配制度逐步规范，依法开展劳动监察和劳动争议处理工作，劳动者的合法权益得到有效维护

（一）推进收入分配制度改革

2005 年，青海省按照党的十六大提出的收入分配的基本原则，坚持按劳分配为主，多种分配形式并存，兼顾公平，推进收入分配制度改革。全面建立和完善工资指导线制度。根据《青海省工资指导线制度试行办法》，综合分析青海省劳动生产率、职工平均工资水平、居民消费品价格水平等因素，测算发布了

2005年青海省工资指导线水平。并结合现行工资总额调控政策，加强对企业执行工资指导线的监督、指导和落实工作。积极建立健全劳动力市场工资指导价位制度。2005年，青海省发布了西宁地区257个岗位、海西州51个岗位、海南州108个岗位、海北州14个岗位、黄南州28个岗位、海东地区57个岗位的价位。通过劳动力市场工资指导价位制度的建立，为企业内部分配提供了客观依据，为求职者提供了薪酬参考标准，推进了劳动力市场的建设。建立企业人工成本预测预警制度。2005年抽样调查企业309户，单位从业人员10.5万人。通过调查、收集、整理企业人工成本信息，向社会发布了九大行业人工成本信息。为企业加强人工成本控制与管理，合理确定人工成本水平提供了依据。贯彻落实《工资集体协商试行办法》，积极推行企业工资集体协商试点工作。根据劳动保障部的要求，工资集体协商在非国有企业以及改制的国有企业和集体企业大力推行。截至年底，青海省已开展工资集体协商试点的企业达60多户。

（二）加强劳动合同管理，促进劳动关系和谐稳定

2005年，青海省已初步建立了劳动合同和集体合同制度。重点理顺和规范了国有企业改制、重组中的劳动关系工作。全省各地普遍建立了协调劳动关系三方机制。加大了劳动争议处理力度。同时，狠抓各类用人单位劳动合同签订、续订、变更、解除和终止工作，切实发挥劳动合同制度对保障职工权益和规范劳动关系的基础作用。

（三）认真贯彻实施《劳动法》，维护劳动者的合法权益

2005年，青海省劳动保障部门加大劳动保障行政执法检查工作力度，积极配合省人大检查全省各地贯彻执行《劳动法》的情况。会同相关部门在全省范围内组织专项清理拖欠农民工工资大检查，重点检查用人单位拖欠克扣农民工工资、用人单位不与劳动者签订劳动合同及不参加社会保险和收取劳动者各类风险抵押金等问题。据调查统计，2005年清欠2004年底以前拖欠的农民工工资1.26亿元，清欠率达99%；2005年当年查出拖欠农民工工资1.37亿元，已清偿1.08亿元。同时，完成了青海省2004年度劳动用工年检工作，共检查各类用人单位2 795户，涉及职工16.21万人，补签劳动合同1.21万人，补发拖欠劳动者工资等待遇689.62万元；征缴各项社会保险金272.06万元；检查职业资格证书2.75万人，要求补办职业资格证书1.1万人；纠正用人单位违法违规36件；劳动用工年检不合格单位73户。通过劳动用工年检工作，促进了劳资双方劳动关系的和谐稳定，强化了各单位依法缴纳社会保险费的意识，女职工、未成年工的特殊保护得到有效监督，劳动工资、休息休假、职工培训等用工管理行为更加规范。进一步规范用工管理，积极创建“青少年维权岗”活动，继续做好群众上访、举报、投诉案件的查证处理工作。各级劳动保障部门加大劳动保障监察执法力度，依法严肃查处侵害农民工劳动保障权益的违法、违规案件，认真开展劳动保障法制教育，广泛宣传国家相关法律法规、方针政策，努力提高用人单位和劳动者的法律意识和守法自觉性，逐步建立起与有关部门协调配合的执法机制，使农民工的合法权益得到了有效维护。

五、加快劳动保障信息系统建设

2005年，青海省按照劳动保障部和省政府的部署，按照两大系统（社会保险和劳动力市场）、三层结构（劳动保障部、省、州地市数据库）、四大功能（业务经办、公共服务、基金监管、决策支持）的要求，启动了青海省劳动保障工作信息管理系统，即“金保工程”建设。在省委、省政府的高度重视和有关部门的大力支持下，资金、场地已逐步落实，“金保工程”实施工作进展顺利。

六、做好“十一五”劳动保障事业发展规划

2005年，青海省劳动保障厅在认真总结“十五”期间劳动保障事业发展成就的基础上，认真调研和分析劳动保障工作所面临的新形势和新任务，结合青海省实际和当前党中央、国务院和省委、省政府对劳动保障工作的方针政策，研究编制了“十一五”劳动保障事业发展规划，为全面推进劳动保障事业的健康持续发展奠定了基础。

七、依法行政、法制监督、新闻宣传和信访工作取得新进展

2005年，青海省劳动保障部门按照省政府关于进一步推进依法行政的要求，完成了劳动保障行政许可行政审批主体资格及项目清理，经省政府第52号令公布行政许可项目17项，非许可审批项目6项，并在此基础上抓紧进行行政许可和行政审批办事程序的修订工作。劳动保障部门政务公开进一步推进。行政复议和行政应诉工作顺利开展，行政行为进一步规范，依法行政水平进一步提高。各级劳动保障部门更加重视劳动保障新闻宣传工作，围绕中心工作任务，改进宣传手段，丰富宣传内容，为全面完成各项劳动保障工作任务营造了良好的舆论氛围。信访工作得到进一步加强。各级劳动保障部门认真贯彻落实《信访条例》规定，规范信访程序，妥善处理各类信访问题，信访秩序明显好转，集中处理信访突出问题和预防群体性事件取得明显成效，维稳工作进一步加强。

八、深入扎实地开展先进性教育活动，干部队伍整体素质得到提高，党风廉政建设不断加强，行风建设取得实效

2005年，青海省劳动保障系统各级组织、广大党员和干部职工按照中央和省委的统一部署，深入扎实地开展保持共产党员先进性教育，提高了劳动保障干部队伍的整体素质，进一步增强了做好劳动保障工作的责任感、使命感和紧迫感，对做好劳动保障工作，加强党风、作风建设起到了强有力的促进作用。行风建设取得明显成效。“三型机关”建设和行政效能监察有了新的进展，窗口建设继续加强，省医管局服务大厅等5家窗口服务单位被评为全国优质服务窗口单位，受到了劳动保障部的表彰。

（青海省劳动和社会保障厅）

宁夏回族自治区

2005年，在宁夏区党委、区政府的领导下，在劳动和社会保障部的指导下，按照全国劳动保障工作会议精神和全区劳动保障工作暨就业再就业表彰会议确定的工作思路，宁夏回族自治区劳动保障系统广大干部、职工辛勤工作，扎实苦干，狠抓落实，劳动保障各项工作取得了长足发展，为促进全区经济发展，维护社会稳定做出了积极贡献。

一、就业再就业

（一）继续实行就业再就业目标责任管理

2005年，宁夏回族自治区年初分解下达任务，年中督促检查，年底考核验收，并对完成目标任务的给予奖励。在政策支持方面，出台了《关于推进统筹城乡就业工作的通知》《关于进一步推进下岗失业人员小额贷款工作的通知》《关于开展创业培训信用社区与小额担保贷款联动试点工作的通知》《进一步落实好再就业补贴政策的意见》等规范性文件。在资金支持方面，加大了再就业补贴和小额担保贷款等资金的支持额度。在工作指导方面，采取以会代培、分片指导的方式，重点对统筹城乡就业、发展劳务派遣、劳动力市场建设、再就业优惠政策落实及就业统计等方面情况进行了有针对性的指导和培训。在就业再就业服务方面，开展了几次全区范围的专项活动：春节前后，在全区开展了“再就业援助月”活动和“春风行动”，在社区召开下岗失业人员专场洽谈会，举办“送岗位到家”服务活动，通过“四送一落实”，即送政策、送岗位、送技能、送服务和落实社会保险补贴，将就业帮扶工作落实到个人，帮助一大批就业困难人员实现了再就业；从第二季度开始，开展了再就业“政策实效”行动，各地积极排查政策落实难点，及时进行整改，切实解决下岗失业人员反映集中的问题，发挥政策促进就业的效应；6月中旬，自治区劳动保障厅会同有关方面在银川市开展“民营企业招聘周”活动，推动民营经济组织扩大就业；针对各类院校毕业生求职高峰期和企业用工旺期，从第二季度起，开展了以公共职业介绍机构为依托的“技能岗位对接”专项服务活动，促进各类院校毕业生和已参加技能培训的劳动者就业，满足企业对高素质技能劳动者的迫切需求，配合有关部门加强对大学毕业生的就业指导和服务。

2005年，宁夏回族自治区实现城镇新就业5.5万人，完成年计划的110%，其中，下岗失业人员实现再就业0.7万人，完成年计划的116%；“4050”人员实现再就业0.3万人，完成年计划的151%；城镇登记失业率为4.5%，控制在目标范围内。

（二）发展劳务产业

2005年是宁夏劳务产业取得大发展的一年。年初，自治区人民政府与5市人民政府签订了输出或转移农村劳动力60万人，实现劳务总收入24亿元的目标任务。为了保证完成全年的目标任务，各地都采取了切合实际的有效措施。通过完善目标责任体系，加大资金投入，加大督查力度，对外出务工人员进行培训和职业技能鉴定，加大培育劳务中介组织和扶持劳务经纪人等措施，促进了劳务经济的产业化发展。9月份，中国（宁夏）劳务经济发展论坛和全国劳务输出工作座谈会在银川召开，来自区内外的180多名专家、学者和劳动保障系统的相关负责人参加了会议，28名专家、领导在会议上发言。宁夏发展劳务产业的做法和经验得到了有关部委和兄弟省区的肯定和关注。两个全国性会议的成功举办，不仅有力地促进了全国劳务经济和劳务输出工作的发展，而且对宣传宁夏、推介宁夏起到了积极的作用。

2005年，全区输出劳务或转移就业达到72.4万人，比上年增加14.4万人，增长了24.8%；劳务总收入突破30亿元大关，务工人员人均收入4 144元，创历史最好水平。农村劳动力转移就业基本技能培训10.2万人，职业技能鉴定24 389人，其中18 926人取得了国家《职业资格证书》，拿到了转移就业的通行证。一大批务工人员通过技能培训和鉴定，综合素质和就业竞争力有了明显提高，就业稳定性增强，为全区劳务产业持续发展增强了后劲。宁夏同心县还被劳动保障部确定为全国50个劳务输出示范县之一。

二、社会保险

（一）养老保险

2005年，宁夏回族自治区把扩大非公有制经济组织及其从业人员参加养老保险作为2005年完善社会保障体系工作的重中之重。自治区人民政府下发了《关于进一步加强非公有制企业社会保险扩面工作的通知》，到12月底，非公有制经济组织新增参保人数2.92万人。下发了《关于印发企业退休人员社会化管理服务工作检查评估办法的通知》，对企业退休人员社会化管理服务工作进行了全面检查评估。为做实企业职工基本养老保险个人账户，做了大量准备工作。下发了《关于我区农村养老保险工作有关问题的通知》，进一步明确了农保机构管理体制、职能、人员等方面的问题，为全面开展农保工作奠定了基础。

2005年，自治区基本养老保险参保人员达67.55万人，其中在职人员为51.5万人，新增扩面人数5.44万人，享受城镇职工基本养老保险的离退休人员16.05万人。全区企业离退休人员养老金基本做到了按时足额发放，社会化发放率达100%；已实行社会化管理服务的企业退休人员有14.94万人，社会化管理率为95.15%，其中纳入社区管理的企业退休人员为8.63万人，社区管理率为54.94%；全年基本养老保险基金总收入17.69亿元，征缴率为96.37%，其中当期征缴15.84亿元，清理历年欠费1.86亿元，超额完成全年清欠任务，基本养老金支出15.9亿元。

（二）医疗保险

2005年，宁夏回族自治区建立了《全区医疗保险运行质量分析报告制度》。针对区市县3级医疗保险费用和运行质量状况，按季度进行分析报告，达到了对全区医疗保险制度运行情况进行及时监控的目的。下发了《关于进一步加强基本医疗保险基金管理工作的通知》，加大了对医疗保险费征缴和稽核工作的力度，确保基金按时足额收缴到位。《基本医疗保险和工伤保险药品目录》调整和计算机管理系统升级工作全部完成。对尚未参加医疗保险的困难企业和关闭破产企业退休人员拟定了纳入医疗保险范围的有关意见，并上报政府。

2005年，全区参加基本医疗保险职工达到64.55万人，较上年净增8.98万人，增长16.15%；基金总收入5.33亿元，较上年净增长22%，支出4.23亿元；离休干部医疗保险费除部分困难企业外，都能按规定做到实报实销。

（三）失业保险

2005年，宁夏回族自治区劳动保障厅将事业单位人员参保作为扩面的重点，依法要求事业单位参保，有力地推动了事业单位失业保险参保工作。为了做好国有企业下岗职工基本生活保障向失业保险并轨工作，年初，自治区劳动保障厅先后对全区国有企业未进中心的下岗职工情况进行摸底调查，在此基础上制定了

《宁夏回族自治区国有企业下岗职工基本生活保障制度向失业保险制度并轨工作实施方案》，到年底，全区90户国有企业的16 803名下岗职工基本实现了并轨。解决了一些企业多年存在的历史遗留问题，全区共投入并轨资金4.3亿元。

2005年，全区参加失业保险的职工有37.17万人，征缴失业保险费7 941.19万元，清欠2 007.98万元，分别完成年计划任务的102%、116%、151%，为2.07万人发放失业保险金3 478.36万元。

（四）工伤、生育保险

2005年，宁夏回族自治区劳动保障厅按照全国劳动保障工作会议要求，将推进矿山、建筑等高风险企业参加工伤保险工作作为2005年工伤保险扩面工作的重点，狠抓落实。下发了《关于贯彻〈安全生产许可证条例〉做好企业参加工伤保险有关工作的通知》。积极做好农民工的参保工作。下发了《宁夏回族自治区农民工参加工伤保险试行办法》，并发布实施。拟定了《宁夏回族自治区生育保险办法》。

2005年，宁夏回族自治区5市工伤保险全部启动，参保职工23.5万人，较上年净增4.43万人，增长23.23%；基金收入2 206万元，较上年净增长49.26%，支出1 393万元，享受工伤待遇人员2 827人；生育保险在银川、石嘴山、吴忠3市开展，参保职工达到21.56万人，较上年净增3.12万人，增长16.92%，基金收入695万元，支出513万元，享受生育保险待遇的2 135人。

（五）社会保险基金监督

2005年，宁夏回族自治区及5市均建立了社会保障基金监督委员会及办事机构；制定了全区《社会保障基金监督暂行办法》；自治区劳动保障部门会同财政部门对全区养老保险基金运行情况进行了一次行政监督。

三、技能人才培养

2005年，宁夏回族自治区贯彻落实全国、全区人才工作会议精神，在人才培养、评价和评选表彰等方面，以加快培养选拔一批社会急需的技术技能型、复合技能型和知识技能型青年人才为目标，通过岗位技能竞赛选拔人才。自治区劳动保障厅会同有关部门在18个职业工种中组织开展了7次职业技能竞赛，全区共有6万多名职工参加了各种形式的技术比武、岗位练兵、技术培训。有350名选手的职业资格等级在原来的基础上得到了晋升，28人荣获“全区技术能手”称号，18名选手被授予“全区杰出青年岗位能手”、41名选手被授予“全区青年岗位能手”荣誉称号。通过举办全区性职业技能大赛，营造了尊重劳动、尊重知识、尊重技能、尊重创造的社会氛围，进一步优化了高技能人才的成长环境。2005年，共组织实施和指导完成了52 840人的鉴定。其中，通用工种社会化鉴定26 244人，行业特有工种鉴定20 898人，全国统一鉴定1 914人，全国计算机高新技术考试3 784人，有5 435人参加了高级工、技师、高级技师培训考核鉴定，有4 472人取得高级工以上《国家职业资格证书》，有24 389名农村外出务工人员参加了鉴定，18 926人取得了《国家职业资格证书》。

四、职业培训工作

2005年，宁夏回族自治区积极推动创业培训促就业。在指导并组织宁夏大学、石嘴山市等单位和市、县举办“产生你的企业想法（SYB）”培训班的基础上，开展了创办和改善你的企业（SIYB）培训，并在全国率先举办了残疾人SYB创业培训班；积极争取将银川、石嘴山和中卫市列为全国100个SIYB项目重点联系城市。积极开展为“下岗失业人员送技能”活动。积极组织11所社会信誉好、办学质量高的民办培训机构，提供了20多个专业工种，在劳动力市场和洽谈会现场进行咨询、报名，现场报名近200人，并组织他们参加了技能培训。严格管理各类培训、鉴定机构。对25所非技术等级民办培训机构和47

个国家职业技能鉴定所（站）进行了年检。对民办培训机构在规定要求范围内开展培训、教学计划、师资水平、培训场地设施、管理制度及开展培训和推荐就业等方面情况进行了全面检查。2005年，全区培训城镇各类人员3.26万人，完成年计划任务2.8万人的116%，培训合格率达92%；培训后实现就业2.11万人，培训就业率为65%，其中培训下岗失业人员1.15万人，培训后实现再就业0.71万人，再就业率达62%；全区组织创业培训1 612人。

五、劳动关系调整

2005年，《宁夏回族自治区劳动合同条例》经自治区人大常委会审议通过，并于5月1日颁布实施。为做好《劳动合同条例》的贯彻实施工作，自治区劳动保障厅下发了《关于学习宣传贯彻〈宁夏回族自治区劳动合同条例〉的通知》《关于建立劳动用工备案制度的通知》《关于规范劳动合同管理程序的通知》《关于规范机关事业单位编制计划外用工管理的通知》和《关于贯彻实施〈宁夏回族自治区集体合同规定〉的意见》，同时结合建筑施工企业进城务工人员的特点，制定下发了建筑施工企业《进城务工人员劳动合同书》文本，并下发《关于制发建筑施工企业进城务工人员劳动合同书的通知》予以贯彻实施。同时，提请自治区人大对《宁夏回族自治区劳动保障监察条例》进行了修订。进一步规范改制和关闭破产企业职工安置工作。制定了《关于自治区属国有企业改制中职工安置问题的通知》等政策性文件，明确规定了改制企业职工的各项权益，在改制程序上将劳动保障行政部门审核企业改制职工安置方案列为必经程序。这些配套文件的实施，进一步完善了劳动合同制度，规范了用人单位的用工行为，劳动合同签订率也有了较大幅度的提高。

据统计，截至2005年底，全区城镇企业应签订劳动合同职工为80万人（不含进城务工人员），已签订劳动合同人数为62.9万人，劳动合同签订率为78.6%。其中国有集体企业签订率为95%以上，私营个体经济组织签订率为60%以上。以40万进城务工人员为统计口径，进城务工人员劳动合同签订率目前已经达到了42.5%，完成年初确定签订率达到40%以上的目标任务。共有2 271户用人单位与工会组织签订了集体合同，涉及职工28.6万人。

六、劳动者合法权益维护

为了切实维护劳动者的合法权益，宁夏回族自治区把2005年确定为“劳动者合法权益维护年”，并通过一系列活动有效地维护了劳动者的合法权益。分阶段、有重点、有步骤地在全区安排部署了“整顿劳动力市场”“社会保险基金征缴”“执行劳动合同制度”“开展进城务工人员工资支付”和“禁止使用童工”5次专项行动，严厉打击了侵害劳动者合法权益的行为，进一步规范了用人单位的用工行为，取得了预期的执法效果。采取有效措施，认真做好解决拖欠进城务工人员工资的工作。建立和完善了解决拖欠进城务工人员工资的各项制度，制定下发了《关于进一步解决拖欠进城务工人员工资问题的通知》《关于建立农民工劳动争议仲裁“便捷通道”的通知》等6个文件，在全区部分行业建立了农民工工资保证金制度，建立了拖欠进城务工人员工资月报制度和重大突发事件报告制度，坚持行政和法律手段并用，在清欠方面除了劳动保障部门依法采取处理、处罚、告知、申请仲裁和申请法院先予执行外，建立了农民工劳动争议仲裁“便捷通道”，通过采取这些有效措施，较好地解决了拖欠进城务工人员的工资问题。

2005年，宁夏回族自治区各级劳动保障监察机构主动检查用人单位2 576户，涉及职工24.7万人；受理举报案件1 601件，立案1 072件，已调查处理和协商解决1 005件。在已处理的案件中，为3.7万名职工和进城务工人员补签了劳动合同，督促62户用人单位建立了集体合同制度；清欠拖欠各类职工的工资款6 953万元，涉及职工4.26万人，其中为进城务工人员清欠工资款5 200.7万元，涉及进城务工人员3.28万人；清退童工10人；取缔非法职业中介机构15户；清退劳动者各种风险押金158.45万元；督促673户单位补缴各项社会保险费5 890万元，涉及职工4.52万人。共受理劳动争议案件764起，涉及当事人1万余人，结案737起，结案率为96%，案件涉及经济标的3 000万元。

七、工资收入分配

2005年，宁夏回族自治区逐步建立以工资指导线、劳动力市场工资指导价位、人工成本预测预警制度和最低工资标准制度为主要内容的企业工资收入宏观调控体系。制定并发布了2005年度企业工资指导线，完善了工资总额同经济效益挂钩办法，成立了自治区企业工资内外收入监督检查领导小组，加大了监督检查力度，这对维护劳动者和企业合法权益，规范企业工资分配行为，加强工资总量宏观调控起到了积极作用。指导银川市、石嘴山市、吴忠市发布工资指导价位。按照自治区人民政府的安排，对各类企业执行最低工资标准规定、拖欠职工工资等情况进行了检查。

八、劳动保障基础建设

2005年，宁夏回族自治区就业服务和社会保险经办机构建设进一步加强，各市在街道建立了劳动保障事务所，社区建立了劳动保障工作站，乡镇建立了劳动保障工作机构，配备了专职人员，为劳动保障各项工作发挥重要的组织保障作用；“金保工程”建设积极推进，劳动力市场信息化建设取得新的进展，已完成劳动力市场信息网络系统自治区数据中心主机系统设备的安装和验收，年内实现省部联网，部省视屏会议系统和养老保险参保人员信息语音查询系统开通运行。

2005年，宁夏回族自治区劳动保障厅以落实劳动保障中心任务为目标，以解决工作中的紧迫性问题为重点，适时组织开展了对非公经济组织参保扩面、发展劳务产业、技能人才培养、国有企业下岗失业人员基本生活保障向失业保险并轨、做实个人账户、建立补充保险制度、失地农民就业和社会保障、农民工参加社会保险等问题的调研，取得了积极成果，为科学决策、制定政策和完善制度提供了依据。在调查研究、征求意见的基础上，完成了劳动保障“十一五”规划纲要草案初稿。认真开展“春风行动”、劳动者合法权益维护年、《劳动法》执法检查等专项宣传活动，不断改进和加强日常宣传，在全社会营造了良好氛围。

九、行风建设

2005年，宁夏回族自治区劳动保障厅按照中央和自治区党委的部署，全系统扎实开展了保持共产党员先进性教育活动，深入学习邓小平理论和“三个代表”重要思想，开展主题教育实践活动，广泛征求意见，深刻剖析问题，研究提出新时期劳动保障部门保持共产党员先进性的具体标准，制定落实整改方案，并探索形成先进性建设的长效机制，达到了“提高党员素质、加强基层组织、服务人民群众、促进各项工作”的目的，增强了广大干部、职工的工作责任感和使命感，服务质量和工作效率进一步提高，在全社会树立了劳动保障部门的良好形象。各级劳动保障部门以公正、便民、廉洁、高效为基本要求，以为群众提供满意服务为标准，加强行风建设，积极开展创建优质服务窗口活动，改善服务环境，增强服务意识，提高服务质量，涌现出了一批优质服务窗口的典型代表。

（宁夏回族自治区劳动和社会保障厅）

新疆维吾尔自治区

2005 年，在自治区党委、自治区人民政府的领导下，新疆维吾尔自治区各级劳动保障部门以“三个代表”重要思想为指导，坚持科学发展观，围绕构建社会主义和谐社会，进一步加大了就业再就业工作力度，积极推进社会保障体系建设，努力促进劳动关系和谐稳定发展，顺利完成了全年的各项目标任务，为促进自治区经济社会发展，维护社会稳定发挥了积极的作用。

一、就业再就业工作目标任务超额完成

2005 年，新疆维吾尔自治区各级劳动保障部门围绕全年实现 30 万人就业再就业的奋斗目标，狠抓税费减免、小额担保贷款、社保补贴和岗位补贴等积极的就业再就业扶持政策落实；开展以帮助就业困难人员、进城务工人员、下岗失业人员、大中专毕业生和已参加技能培训的劳动者实现就业的“再就业援助月”“春风行动”“政策实效”“民营企业招聘周”“技能岗位对接”5 个专项活动；积极推进就业服务新三化建设（制度化、专业化、社会化），不断加强街道（乡镇）社区劳动保障平台和再就业基地建设，大力发展劳务派遣组织，就业再就业工作取得显著成效。全区实现就业再就业 35 万人，完成全年任务的 116%，其中，下岗失业人员实现再就业 11.93 万人，“4050”人员实现再就业 1.72 万人，分别完成全年任务的 119.3% 和 107.5%。2005 年，全区共有 78 921 名下岗失业人员通过享受优惠政策自谋职业、自主创业。城镇登记失业率为 3.92%。2005 年，全区农村富余劳动力约 130 万人，外出就业 67.46 万人次。其中，转移城镇就业 50.12 万人次，完成计划目标的 167%，其中，有组织转移就业 29 万人，占转移城镇就业人数的 58%。新培育再就业基地 99 个，发展劳务派遣组织 74 个，为促进下岗失业人员再就业发挥了积极作用。

二、两个确保继续巩固

2005 年，新疆维吾尔自治区继续按照中央关于两个确保“三不变”的原则（工作目标不变、政策措施不变、工作要求不变），各级劳动保障部门与有关部门密切配合，积极筹措资金，进一步落实下岗职工基本生活保障政策。加强对各地下岗职工基本生活保障资金和基本养老保险基金调剂，确保了国有企业下岗职工基本生活保障费和企业离退休人员养老金按时足额发放。全区共支付国有企业下岗职工基本生活保障费并代缴社会保险费 7 802.3 万元；为企业离退休人员发放养老金 43.26 亿元。按照中央提出的“2005 年底基本实现下岗职工基本生活保障制度向失业保险制度并轨”的工作要求，加强了对各地开展并轨工作的指导，年底前关闭了所有的国有企业下岗职工再就业服务中心，与全国同步实现了下岗职工基本生活保障向失业保险并轨，有力地促进了自治区国有企业改革和经济结构调整，维护了社会稳定。

三、职业培训工作取得新成效

2005 年，新疆维吾尔自治区继续坚持“以培训促就业、以培训促发展”的工作方

针，以贯彻落实自治区职业技术教育和职业技能培训工作会议精神为重点，广泛动员全社会的教育培训资源，开展企业职工培训、下岗失业人员和未就业大中专毕业生技能培训、农村劳动力转移就业培训和创业培训；大力推进职业资格证书制度建设，不断扩大职业资格证书覆盖范围，积极开展企业在职职工职业资格一次性初次认定试点工作；继续实施3年3万新技师培养计划和职业培训机构师资培训3年规划，围绕自治区主导产业发展方向，建设职业技能培训实训基地，加强职业培训机构师资队伍建设；大力开展职业技能竞赛，全面完成了各项培训工作目标任务。全年共培训各类人员108.93万人，完成全年培训90万人目标任务的121%，培训合格率达90%以上。全年新增职业资格证书持证人数17.2万人，全社会持职业资格证书人数达65.3万人，占技能型人才队伍总数的41.33%；新培养高技能人才（国家职业资格三级以上）1.49万人，高技能人才总数已达10.69万人，占技术工种从业人员队伍总数的6.77%。2005年，组织了自治区一级、二级职业技能大赛，全区16余万人参加了30个职业（工种）的竞赛。通过竞赛，有12人获得自治区技术能手称号，1 200人获得高级工、技师、高级技师职业资格证书。

四、社会保险制度建设取得新成绩

（一）基本养老保险政策进一步完善

2005年，新疆维吾尔自治区对灵活就业人员、机关事业单位聘用人员参加养老保险办法和企业年金政策进行了进一步的规划和完善。将下岗职工享受的60%最低交费基数扩大至所有灵活人员都参照执行。自治区劳动保障厅会同国税局、地税局、审计部门出台了《关于做好企业年金规范管理工作的通知》，进一步明确和规范了企业年金管理办法，稳妥地指导企业开展年金工作。下发了《关于做实企业职工基本养老保险个人账户的意见》。截至2005年底，基本养老保险参保人数181.9万人，其中，在职参保人数137.6万人，完成年度扩面参保计划的119.3%。基本养老保险个人账户建账人数149.1万人。2005年，基本养老保险基金应缴50.38亿元，实际收入49.43亿元，基金征缴率为98.1%。全区参加基本养老保险的离退休人员达到44.32万人，基本养老保险社会化管理服务面进一步扩大，全区有39.6万名企业离退休人员实现了社会化管理，社会化管理服务率达到89.4%。开展了对农村社会养老保险现状的摸底调查，完善了各项基础工作。

（二）失业保险工作取得新进展

2005年，新疆维吾尔自治区下发了《新疆维吾尔自治区失业保险基金促进失业人员再就业试行方法》《关于失业保险基金提取用于再就业经费的通知》，落实了失业保险基金促进失业人员再就业的办法和失业调控工作方案。使失业保险基金用于更大范围的促进再就业、配合主辅分离、辅业改制、分流安置富余人员和下岗职工的社保援助。截至年底，失业保险参保的人数为140.79万人，比上年末增加22 003人，完成年度扩面计划的101%。2005年，失业保险基金收入6.57亿元，为8.1万名失业人员发放失业保险金和提供各项失业保险待遇1.61亿元。新增领取失业保险金2.53万人，停止享受失业保险待遇的人数为4.17万人。

（三）医疗保险政策不断完善

2005年，新疆维吾尔自治区劳动保障厅积极贯彻落实自治区党委、人民政府下发的《转发自治区劳动和社会保障厅、财政厅关于解决当前城镇职工基本医疗保险几个问题的意见》《转发自治区劳动和社会保障厅、财政厅关于妥善解决国有关闭破产企业和改制企业一次性领取医疗费退休人员基本医疗保险问题的意见的通知》，基本落实了对国有关闭破产企业和改制企业一次性领取医疗费的退休人员纳入基本医疗保险的范围问题。调整了自治区城镇职工基本医疗保险药品目录、诊疗项目目录、医疗服务设施项目目录，规范了特殊门诊慢性病的管理。完善了定点医疗机构和定点零售药店协议管理和考核办法，加强了对定点医疗机构和定点零售药店的监督检查。进一步降低了参保人员的不合理负担。截至年底，医疗保险参保人数 211.85 万人，比上年末净增 15.88 万人。应征基本医疗保险费 26.99 亿元，实际征缴基本医疗保险费 26.59 亿元，完成年度征缴计划的 98.5%。

（四）工伤、生育保险工作全面推进

2005 年，新疆维吾尔自治区及时公布了《新疆维吾尔自治区医疗保险和工伤保险药品目录》《自治区生育保险诊疗项目目录及医疗服务设施项目目录》。全区 14 个统筹地区全部开展了工伤、生育保险工作。制定了农民工参加工伤保险的政策和工伤职工停工留薪期管理办法。调整了工伤职工工伤保险待遇，建立了工伤案例分析、会商制度，加强了工伤保险机构和队伍建设，推进了农民工和高风险企业职工参保工作。截至年底，生育保险参保人数 102.82 万人，完成年度扩面计划参保任务 70 万人的 146.89%；应征生育保险费 1.4 亿元，实际征缴 1.38 亿元，完成年度征缴计划的 98.6%。工伤保险参保人数 80.95 万人，比上年末净增 19.6 万人；应征工伤保险费 1.05 亿元，实际征缴 1.03 亿元，完成年度征缴计划的 98.1%。

五、劳动关系进一步规范

2005 年，新疆维吾尔自治区劳动保障部门继续完善三方协调机制的组织体系和工作制度建设。指导各地实施《自治区建立和谐劳动关系三年行动计划》，积极推动三方协调劳动关系工作的开展。依法加强劳动合同和集体合同管理，不断提高劳动合同集体合同签订率及合同签订质量。以加强建设领域农民工劳动合同管理为重点，制定下发了农民工劳动合同范本，指导各地开展集体协商和集体合同协商签订工作，进一步推进了劳动合同和集体合同的法制化和规范化。全区劳动合同签订率为 80%，其中，国有及国有控股企业为 97%，集体企业为 91%，非公有制企业约为 70%。进一步加强了对劳动争议预防和调解体系的建设。继续实行“先调解、后立案”的劳动争议先行调解制度，完善相关的配套办法，促进了劳动争议调解工作的开展。认真做好劳动争议案件的处理工作，及时化解劳动保障争议，维护了企业和社会的稳定。2005 年，全区各级劳动争议仲裁委员会共受理劳动争议案件 3 717起，结案 3 609 起，结案率达 97.1%。根据国家和劳动保障部的要求，积极推进劳动仲裁实体化建设，启动了劳动仲裁院的试点工作。

六、进一步完善企业工资分配宏观调控机制

2005 年，新疆维吾尔自治区制定发布了 2005 年企业工资指导线，同时，指导全区 15 个地、州、市发布了当地企业工资指导线，为企业开展工资集体协商，依法合理确定本企业职工工资水平提供了协商依据。进一步完善了劳动力市场工资指导价位制度，指导 11 个地、州、市制定发布了本年度当地部分行业、工种的劳动力市场工资指导价位，为调节行业之间、企业之间、企业与职工之间和不同岗位之间的收入分配关系，保护职工的合法权益起到了积极作用。积极建立行业人工成本信息制度，在对全区 13 个行业进行企业人工成本抽样调查的基础上，发布了自治区 13 个行业的人工成本信息，并指导乌鲁木齐市、哈密地区、阿勒泰地区、克拉玛依市、伊犁州、石河子市、和田地区制定发布了地区行业人工成本信息。加大了对企业执行《工资支付暂行规定》《最低工资保障制度》的指导和监督检查力度，下发了《关于做好最低工资标准调整工作的通知》，启动了企业最低工资标准调整工作。

七、劳动保障法制建设得到加强

2005 年，新疆维吾尔自治区人民政府颁布了《新疆维吾尔自治区实施〈劳动保障监

察条例〉办法》。自治区劳动保障厅配合自治区人大常委会开展对《劳动法》的执法检查，对执法中存在的问题，积极制定整改措施，促进了劳动保障法律法规的贯彻实施。清理废止了《新疆维吾尔自治区关于农村劳动力流动就业管理暂行办法》《关于我区实行流动就业证制度有关问题的通知》《关于流动就业人员办证有关问题的复函》《关于贯彻〈新疆维吾尔自治区使用区外劳动力调节费的征收和使用办法〉几个具体问题的通知》《关于农村劳动力管理工作中有关问题的复函》《关于农村劳动力流动就业管理问题的复函》《新疆维吾尔自治区使用区外劳动力调节费的征收和使用试行办法》7个限制农民进城就业的规范性文件。全年结转、受理行政复议案件95起，已结案78起，结案率为82.1%。对关闭破产以及主辅分离、辅业改制的26家自治区区属和中央驻疆企业的职工安置方案进行了审核，涉及职工1.4万人，职工安置费用5.06亿元，依法维护了职工的合法权益。认真做好普法教育工作，成立了“四五”普法验收领导小组，对全区劳动保障系统“四五”普法工作进行了考核验收，“四五”普法工作取得阶段性成效。开展了以维护农民工劳动权益为重点的普法教育活动，在全区开展了以“改善农民进城就业环境，维护农民工合法权益”为主题的普法宣传活动。在“送法到工地”的活动中，发放《农民工维权手册》和《劳动保障普法教材》共计3 000余册。

八、劳动保障监察执法力度不断加大

2005年，新疆维吾尔自治区各级劳动保障部门认真开展劳动保障年审工作，对1.92万户各类用人单位的用工情况进行了年审，年审不合格的用工单位1 340家，涉及职工133万人，共向3 490家用工单位提出整改意见6 300余条，补缴养老、失业保险费3 709万元。自治区各级劳动保障监察机构通过监察登记制度、目标责任制、年审工作、专项检查、日常巡视监察、群众举报专查，加大了劳动保障监察力度，全年共巡视监察用人单位2.89万户次，追缴拖欠职工工资1.47亿元，追缴养老、失业保险金7 300余万元，补签劳动合同14.9万人次。对保证农民工工资发放的机制进行了探索，在全区继续实行农民工工资保障金制度，开展了对农民工劳动保障权益保护的专项检查，全区收缴农民工工资保障金1.27亿元，受理农民工欠薪举报案件2 390起，结案2 210起，结案率达92.3%，追缴拖欠农民工工资1.23亿元，维护了农民工的合法权益。继续强化对社会保险基金的监管，采取各地自查、自治区抽查的方式，在全区开展了社会保险基金检查工作，对挪用、冒领、骗取社会保障基金的行为进行了查处。

九、劳动保障基础工作稳步推进

2005年，新疆维吾尔自治区金保工程进展顺利，全区12个地、州、市的统一数据中心建设已取得实质性进展，贯彻了两级劳动保障部门建立一个统一数据中心的原则；13个地、州、市实现了与自治区联网；12个地、州、市的80个县（市、区）实现了与地州市联网；社会保险统一应用软件已开始试点运行；12333电话咨询服务系统建设已启动。街道（乡镇）社区劳动保障平台建设进一步完善，街道社区劳动保障平台建设率达到100%，镇达到91%，乡达到39%，基本形成了覆盖自治区城乡，为各类求职人员和离退休人员提供管理和服务的网络体系。劳动保障政策宣传力度加大，以自治区成立50周年为契机，紧紧围绕劳动保障中心工作，组织开展了形式多样、贴近群众的宣传活动，有力地支持了业务工作的开展。进一步健全信访工作体系，在解决信访中的热点难点上下工夫，变上访为下访，为信访人排忧解难，信访工作也取得了新的成绩。

十、干部队伍建设和党风廉政建设得到加强

2005年，新疆维吾尔自治区各级劳动保

障部门深入开展了保持共产党员先进性教育活动，达到了进一步提高党员干部队伍的政治素质、加强基层组织建设、服务基层各族群众、促进改革发展稳定的先进性教育活动目标的要求。进一步加大了劳动保障系统干部业务培训力度，自治区组织全系统业务培训班 20 期，培训干部 3 285 人。举办了全区劳动保障局长培训班，培训领导干部 74 名。对全系统社会保险经办机构的工作人员进行了业务素质考核，促进了干部业务能力的提高。党风廉政建设进一步加强，通过开展以“学习先模事迹、弘扬先模精神、永葆共产党人先进性”为主题的第七个党风廉政教育月活动和创建优质服务窗口活动，使干部职工的廉政意识、群众意识、服务意识明显增强，思想作风、工作作风有了新的转变，解决了一批社会关注、群众关心的热点难点问题，树立了劳动保障部门的良好形象，保证了全区劳动保障各项工作任务的顺利完成。

（新疆维吾尔自治区劳动和社会保障厅）

新疆生产建设兵团

2005年，新疆生产建设兵团劳动和社会保障工作在劳动和社会保障部的指导下，认真贯彻落实兵团党委和兵团的决策部署，取得了显著成绩。

一、就业再就业工作成效显著

2005年初，兵团领导在兵团再就业工作表彰会议上，与各师签订了就业再就业目标责任书，下达了就业再就业目标计划，实行按月统计，按季通报制度，强化责任考核制度，保证落实到位。广泛开展了“再就业援助月”“春风行动”“政策实效行动”“岗位技能对接”和“民营企业招聘周”等5个专项活动，各项再就业政策措施得到进一步贯彻落实。各师加大了在小额担保贷款、社保补贴、岗位补贴及“4050”人员安置等方面的工作力度，强化了就业服务工作，积极推进了就业服务“新三化”建设，将兵团就业服务体系延伸到了团场。开展了“再就业援助月活动”，组织了14场（次）招聘会，提供了6万多条就业岗位信息；集中开展了以改进农民工进城就业服务为主要内容的“春风（金秋）”行动，活动期间，发放农民工维权手册5万份、“春风卡”55万份；开展了岗位技能对接活动，为企业提供各类技能人才的专项信息和招聘服务；为充分发挥民营企业在推进就业再就业工作中的作用，组织开展了“民营企业招聘周”活动，活动期间，提供咨询服务6.5万人次，提供各类用工信息1.7万个，帮助5 215人实现了就业再就业。对再就业先进集体和先进个人典型经验和先进模范事迹进行大力宣传。兵团在2005年1月份及时召开了“兵团再就业工作表彰会议”，对14个再就业先进集体、10名再就业先进工作者、10家再就业先进企业和14名再就业优秀个人给予了表彰。按照市场运行规则，结合兵团秋季用工实际，积极开展了季节性劳动力引进管理工作。指导引进拾花劳动力51万人（其中疆内21万人），在拾花工的引进和管理、兑现拾花收入、组织安全返乡等方面采取了多种有效措施，受到了植棉团场、内地县市和拾花工的高度赞扬，工作的整体效果明显好于往年。

2005年，兵团经过努力，累计安置就业再就业7.05万人，其中下岗失业人员再就业3.83万人，“4050”人员再就业0.56万人，分别完成全年任务的111.86%、115.92%和139.12%。全年城镇登记失业率控制在2.84%以内，低于年计划0.66个百分点。

二、职工培训工作扎实进行

2005年，兵团职业培训工作按照兵团党委提出“发展壮大兵团、致富职工群众”的工作总目标，围绕“大培训，促进大就业”的工作思路，紧贴市场需要，注重对企业紧缺人才的培训。全年下达21万人次的职业培训和再就业培训任务，全年完成各类培训30.01万人次，完成年计划的142.9%。全年职业技能鉴定人数为3.8万人，超额完成了任务。积极推行职业资格证书制度，鉴定质量进一步提高，全年参加鉴定的各类人员达3.8万人。积极探索研究了进一步做好兵团职业技能培训工作的发展思路，制定了兵团技能人才队伍建设规划。兵团劳动保障部门会同财务部门制定了《兵团再就业培训补贴办法的补充通知》，在利用国家再就业培训资金促进职业培训工作方面作了有益的探索。改进了职业培训管理方式，充分调动了督导员、巡视员、考评员和监察员4支队伍的积极性，培训行政管理、培训业务管理、职业技能鉴定、劳动保障监察和培训实施载体5个机构团结协作、互相促进、互相监督、形成合力，有效地促进了培训工作的深入发展。加快了职业教育改革和职业教育资源整合步伐，技工学校工作取得了新的发展。继续实施了“兵团三年三千新技师培养计划”，共培养新技师1 540人，完成全年任务的154%。技工学校全年招收新生3 480人，毕业1 697人，就业率达100%。积极筹备组建“兵团技工教育培训集团”。兵团劳动保障局积极配合兵团人事局与上海市人事局双方签订协议，“十一五”期间由上海市为兵团举办30期高技能人才培训班，每期50人。

三、社会保险工作稳步发展

（一）养老保险

2005年，兵团积极开展了养老保险可持续发展的战略研究，连续6年实现基本养老金按时足额发放，不断规范和完善企业职工基本养老保险制度。先后制定并完善了事业单位改制为企业人员、事业单位新录用人员以及新职工的参保政策，规定了退休人员养老金最低保证数，调整了养老保险个人缴费比例，认真做好职工出生日期和视同缴费年限的认定工作，职工档案管理工作得到进一步规范。建立健全了退休审批台账制度，规范了特殊工种提前退休审批工作，严把提前退休入口关，减少了基金的流失。截至2005年底，兵团纳入社区离退休人员管理36.8万人，社区管理占社会化管理的96.6%。为实现基本养老保险兵团级统筹，按照兵团党委的部署，合理确定兵团团场的缴费水平，努力做实个人账户，使养老保险工作稳步推进。继续确保养老金按时足额发放，全年发放企业退休人员养老金33.51亿元，为兵团离退休干部、建国前老工人代发养老金3.55亿元。

（二）医疗保险

2005年，兵团医疗保险工作按照“巩固成果、解决难点、完善政策、规范服务”的工作思路，进一步完善了政策体系，管理服务进一步加强。制定下发了2005年版兵团基本医疗保险和工伤保险药品目录，规范了异地居住人员医疗待遇管理，制定了特殊门诊慢性病鉴定工作程序标准，部分统筹区调整了基本医疗保险缴费政策。完善了“两定”单位协议管理和考核办法，加强了对“两定”单位的监督检查，探索了兵地联动工作的路子。兵直统筹区连续两年与区市两家、5个部门联合对“两定”单位进行了考核检查，工作合力得到进一步提升。加强了医疗服务管理，强化了基金运行监管。2005年，参加基本医疗保险人数109.23万人，其中在职职工65.95万人，退休人员43.28万人，基金收缴率达99.55%，统筹基金当期结余率24.8%。

（三）失业保险

2005年，兵团建立了失业保险调剂金制度，规范了程序，强化了管理，实施了有效的监督检查，失业保险各项制度逐步趋于完善。及时为下岗失业人员支付了待遇，失业保险保证下岗职工基本生活和促进再就业的功能得以充分发挥。失业保险参保人数61.65万人，同比增加2 249人。全年享受失业金人员21 548人，年底领取失业金人员10 538人。

（四）工伤保险

2005年，兵团重点抓好《工伤保险条例》全面实施的各项工作，规范了工伤认定和劳动能力鉴定工作程序，调整了工伤保险待遇，理顺了工作关系，经办机构和队伍建设得到加强。推进了农民工和高风险企业职工参保工作。截至年底，兵团15个统筹区参加工伤保险人数59.57万人，享受伤残待遇、职业病待遇人数0.25万人。

（五）社会保险基金监督

2005年，兵团逐步建立社会保险基金风

险防范机制，全面建立兵团社会保险基金运行分析制度，全面推进稽核工作。全年共稽核1 004个参保单位，涉及缴费人数50.53万人，占兵团参保人数的68%，查出少报、漏报缴费基数2 992万元，少缴、漏缴各项社会保险费1 286.56万元。稽核122家定点医院，查处违规案件1 154件，涉及违规金额172.63万元，已追回104万元。建立健全了基金运行分析和基金预警报告制度，认真地开展了社会保险基金现场监督和非现场监督工作，规范了基金运作，有效地防范了欺诈违规行为，维护了基金安全。

四、信访工作进一步完善

2005年，兵团劳动和社会保障局共接待群众来信来访总数为13 377人（件）次。其中集体访189批、1 538人，代表访288批、908人，个人访9 976人次，信访955件，接听职工群众来电咨询16 566人次。局领导及其他接待上访1 617人次。兵团劳动保障局驻上海医保站接待上访4 096人次。2005年，兵师两级劳动保障部门加强了对信访工作的领导，落实了责任制，修订完善了《兵团劳动和社会保障局处置重大突发群体性信访事件应急预案》，建立健全了信访交办、督办、查办、通报制度，认真落实《信访条例》，做好群众来信来访的接待工作，及时化解矛盾。建立和完善了局副处级后备干部到信访岗位顶岗锻炼，坚持师劳动和社会保障局选派人员到兵团劳动和社会保障局信访岗位挂职锻炼的工作制度。同时，建立了符合劳动保障实际的信访工作机制，编制信访信息12期，信访专报17期，督办信访案件15件。召开了兵团劳动保障信访工作座谈会，举办了一期劳动保障系统信访培训班，各师也普遍加强了劳动保障方面的信访工作力度，取得了较好成效，全年没有发生重大恶性群体性信访事件，为确保稳定发挥了积极作用。

五、进一步规范劳动关系协调工作

2005年，兵团深入贯彻落实《兵团劳动合同管理办法（试行）》，强化了劳动合同的签订、续订及解除等各个环节的管理，杜绝用人单位的违法违规行为，维护了劳动者的合法权益。坚持并加强劳动合同鉴证制度，指导用人单位建立健全劳动合同管理台账和内部规章制度，加强了对事实劳动关系的规范管理，加强了对农民工劳动合同的管理。截至2005年底，全兵团应签劳动合同65.81万人，实签62.79万人，劳动合同签订率达到95.41%。重点抓劳动争议案件处理的规范化和标准化建设。举办了两期劳动争议仲裁员调解员培训班，培训省级专兼职仲裁员119名。全年处理劳动争议案件481起，结案482起（含上年未结案件27起），结案率达94.9%。加强企业工资指导线、劳动力市场工资指导价位和行业人工成本信息指导3项制度，对企业工资收入加强了监督管理，认真贯彻了最低工资标准制度，解决了拖欠进城务工人员的工资工作。

六、劳动保障监察执法力度和行政复议工作进一步加强

2005年，兵团狠抓了《劳动保障监察条例》的贯彻落实，围绕劳动保障中心工作深入开展了有效的日常监察、巡察和专项检查工作，按照国家及兵团的要求，配合有关部门开展了清理农民工工资拖欠工作。全年全兵团共收到劳动保障行政复议案件申请82件，受理73件，立案73件，查处结案68件，结案率达93.15%，是兵团劳动和社会保障局成立以来收到各类劳动保障行政复议案件申请最多的一年。仅兵团劳动保障局法规监察处就收到各类劳动保障行政复议案件申请51件，受理45件，立案45件，查处结案43件，撤销4件，确认违法行为1起，结案率达95.56%。通过复议案件的审理，有力地监督指导了师劳动和社会保障局的具体行政行为，维护了当事人的合法权益。全年全兵团共受理涉及劳动保障监

察案件866件，涉及单位482个，涉及劳动者1 272人，结案816件，结案率达94.20%；劳动保障年检1 113个单位，涉及劳动者28.7万人；追发劳动者工资待遇3 881.6万元，涉及人数12 756人。仅兵团劳动保障局劳动监察总队就受理劳动保障监察案件93件，涉及单位52个，涉及劳动者137人，结案49件，结案率达94.3%；追发企业拖欠外来务工人员工资案件17起，涉及人数65人，清欠资金33.5万元；纠正和清理非法用工4.56万人；清退风险抵押金28.53万元，涉及人数21万人；督促企业缴纳社会保险费4 364万元，涉及单位246个，涉及人数15.46万人。

七、劳动保障基础建设迈出新步伐

2005年，兵团加快了劳动保障信息化建设步伐。编制了金保工程可行性研究报告，完成了金保工程立项、资金落实、兵团劳动保障局视频会议室建设等工作，中心机房建设招标、商务谈判等工作进入实施阶段。完成了兵团劳动保障事业发展“十一五”规划的编制工作，为兵团劳动保障事业的长远发展奠定了基础。各师的劳动力市场建设得到了各级领导的高度关注和大力支持，劳动力市场建设步伐加快。统计、劳动保障普法宣传、《兵团劳动保障志》的编撰工作取得新的进展。

（新疆生产建设兵团劳动和社会保障局）

劳动和社会保障
大事记

2005年劳动和社会保障大事记

1月1日至4日　国务院副总理黄菊在广西壮族自治区考察工作。期间，黄菊同志到柳州、南宁、钦州、北海、防城港等市，就学习贯彻中央经济工作会议精神、推进改革开放和西部大开发、加快经济结构调整、搞好北部湾港口规划建设、促进就业再就业和社会保障等方面深入调研。在考察职业介绍中心、慰问困难职工时，黄菊同志要求各级领导时刻把群众冷暖安危挂在心上，下大力气认真解决人民群众生活中的实际问题。刘永富同志陪同考察。

1月3日　中共中央办公厅发出《关于印发〈中共中央党的建设工作领导小组2005年工作要点〉的通知》（中办发［2005］1号）。通知第7条做好人才工作中指出：继续抓好《中共中央、国务院关于进一步加强人才工作的决定》和全国人才工作会议精神的贯彻落实。采取多种形式，培养高技能人才，吸引留学和海外高层次人才，加强中青年理论人才的培养。坚持抓好东北地区等老工业基地人才队伍建设实施意见的落实，制定和完善西部地区人才工作的政策措施，为国家区域性发展战略提供人才。

1月4日　劳动和社会保障部发出《关于印发2005年劳动和社会保障工作要点的通知》（劳社部发［2005］1号）。通知明确继续实施积极的就业政策，进一步扩大就业和促进再就业；完善社会保障体系；进一步加强劳动关系调整和劳动保障监察工作，切实维护劳动者合法权益；加强基础工作，推进劳动保障事业全面发展等4方面33项重点工作。

同日　劳动和社会保障部发出《关于印发2005年就业再就业专项计划的通知》（劳社部发［2005］2号）。明确了2005年就业再就业工作总体要求和目标任务等。

1月5日至6日　中央保持共产党员先进性教育活动工作会议在北京召开。郑斯林、步正发、华福周同志出席会议。步正发同志担任中央保持共产党员先进性教育活动第36督导组组长工作。

1月6日　国务院在天津召开清理建设领域拖欠工程款座谈会，国务院副总理曾培炎出席会议并讲话。曾培炎同志指出，经过一年多的努力，建设领域清理拖欠农民工工资取得显著成效，要再接再厉，实现2005年春节前基本还清的目标。坚持标本兼治，建立健全农民工工资发放的正常机制。同时，要加大清理建设领域拖欠工程款的力度，努力实现国务院确定的三年清欠目标。期间，曾培炎同志还到天津奥林匹克体育场工地，代表党中央、国务院慰问了工作在一线的农民工。张小建同志出席会议并陪同慰问。

1月10日　郑斯林同志主持召开劳动和社会保障部党组第34次会议。研究中欧社会保障合作项目初步规划方案等。步正发、华福周、刘永富同志出席。

同日　劳动和社会保障事业发展“十一五”规划编制工作座谈会在广东省召开，王东进同志出席。会议讨论了“十一五”规划基本思路，提出修改完善建议。部分省（自治区、直辖市）劳动和社会保障厅（局）主要负责同志和规划财务处处长及部属有关单位负责同志参加会议。期间，王东进同志考察了佛山市南海区就业服务中心和平洲区劳动保障局，与广东省副省长谢强华交换了意见。

1月10日至11日　中央纪委在北京召开第五次全体会议，中共中央总书记胡锦涛出席会议并作重要讲话，中央纪委书记吴官正作工作报告。郑斯林同志出席五次全会第二次会议，崔会烈同志出席全会。

1月11日　劳动和社会保障部召开部属各单位司局级干部、部机关全体党员和离退休干部党支部书记大会。郑斯林同志主持会议并讲话，华福周同志传达了中央保持共产党员先进性教育活动工作会议精神。张小建、刘永富同志出席。

同日　劳动和社会保障部发出《关于进一步做好劳动保障监察工作的意见》(劳社部发［2005］3号)。提出以贯彻实施《劳动保障监察条例》为契机，进一步加大劳动保障监察工作力度；以推进企业劳动保障守法诚信制度为重点，抓好劳动保障监察常规检查；完善劳动保障监察机构和队伍建设，努力提高监察执法人员的业务素质；充分依靠各方面力量，建立维护劳动者合法权益的工作协调机制。

1月12日至22日　郑斯林同志率代表团对韩国和日本进行工作访问。在韩国期间，与韩国劳动部部长金大焕进行了工作会谈；访问了韩国产业人力公团；参观了仁川国际培训学院、仁川技能大学和仁川职业专门学校；访问了济州地方劳动事务所和雇佣安定中心。在日本访问期间，与日本厚生劳动省大臣尾十就中日劳动交流事业合作方案进行了会谈并达成一致；与户刈事务次官进行了工作会谈；礼节性拜会了日本经济团体联合会会长奥田硕和日本工会联合会会长世森清；访问了日中技能者交流中心；参观了日本高技能开发中心。应谷本正宪知事的邀请，对石川县进行了友好访问。

1月13日　华福周同志主持召开劳动和社会保障部先进性教育活动领导小组和先进性教育活动领导小组办公室第一次全体人员会议并讲话，对做好先进性教育活动工作提出明确要求，一是正确处理好先进性教育活动工作与本职岗位工作的关系；二是恪尽职守，分工协作；三是注意工作方法，提高工作效率和水平；四是加强自身学习，提高自身素质。会议宣布了劳动和社会保障部先进性教育活动领导小组和工作机构人员名单；讨论了《劳动和社会保障部先进性教育活动领导小组和工作机构职责》和《劳动和社会保障部先进性教育活动领导小组办公室工作制度》；通报了前阶段先进性教育活动开展情况，并研究部署下一步工作任务。

1月14日　中共中央在中南海怀仁堂举行新时期保持共产党员先进性专题报告会，作为中央政治局常委参加先进性教育活动的第一场重要活动。中共中央总书记胡锦涛在会上作重要报告。王东进、步正发、华福周、张小建、刘永富、崔会烈同志出席。

同日　劳动和社会保障部发出《关于印发2005年劳动保障宣传工作要点的通知》(劳社部函［2005］6号)。2005年劳动保障宣传工作6大要点：广泛宣传促进就业和再就业的政策措施，大力推广先进经验和做法；深入宣传推进社会保障体系建设的各项政策措施和取得的重要进展；大力宣传加强劳动关系调整、切实维护劳动者合法权益的政策措施和经验做法；积极宣传劳动保障基础工作，推进劳动保障事业全面发展；加强基础建设，上下联动，改进宣传方式，增强宣传实效；切实加强劳动保障系统自身宣传阵地建设。

1月17日　刘永富同志会见香港各界商会联合访京团，向客人介绍了全国劳动和社会保障发展的基本情况，并就代表团所关心的社会保险、工时、残疾人按比例就业等问题作了说明。

1月17日至18日　全国加强和改进大学生思想政治教育工作会议在北京召开，中共中央总书记胡锦涛出席会议并作重要讲话，中共中央政治局常委温家宝、曾庆红、吴官正、李长春、罗干及中共中央、国务院、全国人大、全国政协有关同志出席会议，李长春同志主持会议并讲话。各省（自治区、直辖市）、新疆建设兵团党委和政府分管负责同志及宣传、教育、共青团等单位负责同志和中央管理的31所高校党委书记参加会议。张小建同志出席会议。

1月17日至19日　王东进同志率劳动和社会保障部、中华全国总工会“送温暖”慰问团，在上海市开展送温暖活动并调研。期间，走访部分困难企业；慰问看望部分困难职工、劳动模范；听取上海市劳动保障工作汇报；考察了上海市外国人就业服务中心等单位；与上海市市委副书记王安顺、副市长周太彤交换意见。

1月18日　中央直属机关工委举办牛玉儒同志先进事迹报告会。胡锦涛、吴邦国、温家宝、贾庆林、曾庆红、黄菊、吴官正、李长春、罗干等中央领导同志和700多名在京党政军群高级干部出席报告会。这次报告会是胡锦涛同志提议、中央政治局常委会决定举办的，是中央政治局常委参加保持共产党员先进性教育活动的第二场重要活动。步正发、刘永富同志出席。

同日　国务院召开第二批中央企业分离办社会职能工作电视电话会议，国务院副总理黄菊出席会议并作重要讲话。刘永富同志出席会议。

同日　全国劳动保障系统纪检监察工作座谈会在广州市召开，崔会烈同志出席并作报告。会议传达学习了中央纪委第五次全会和全国劳动保障工作会议精神，总结了2004年劳动保障系统党风廉政建设、行风建设和纠风专项治理工作，研究提出了当前和今后一个时期系统纪检监察工作的总体要求，对2005年工作进行部署。各省（自治区、直辖市）劳动和社会保障厅（局）纪检组长参加会议。

1月19日　张小建同志与新闻出版总署副署长邬书林视察中国劳动社会保障出版社2005年北京图书订货会展区。

1月20日　劳动和社会保障部召开部属各单位司局级干部、离退休干部党支部书记、部机关处以上干部大会，传达中央纪委五次全会精神。王东进同志主持会议并讲话，华福周同志传达胡锦涛同志重要讲话，崔会烈同志传达吴官正同志讲话。刘永富同志出席会议。

1月21日　全国技能人才调查视频会议在北京召开，王东进同志出席并作报告，对技能人才调查工作进行全面部署。按照中组部等5部委《关于做好全国人才资源统计调查工作的通知》要求，劳动和社会保障部在全国首次组织开展全国技能人才调查。

同日　华福周同志向中央先进性教育活动督导组汇报劳动和社会保障部前阶段先进性教育活动的情况及下一步工作安排。

同日　刘永富同志与国资委副主任邵宁进行座谈，通报2004年养老保险和吉黑试点等工作情况，听取对做实养老保险个人账户和完善企业养老保险制度、改革机关事业单位养老保险制度的意见。

同日　劳动和社会保障部发出《关于进一步加强社会保险稽核工作的通知》（劳社部发［2005］4号）。通知要求充分认识稽核工作的地位作用，不断增强做好稽核工作的责任感和自觉性；加强稽核机构队伍建设，着力整合稽核资源；突出抓好征缴稽核，确保社会保险费应收尽收；全面落实清欠目标责任制，下大力气抓好清理企业欠费工作；加大反欺诈力度，防止社会保险基金跑、冒、滴、漏；建立内部控制机制，不断优化经办管理制度；建立健全企业缴费信用记录，努力营造“诚信申报，依法缴费”的良好氛围。

1月21日至22日　劳动和社会保障部在青岛市分别召开全国部分城市就业服务新三化座谈会和全国十佳职业指导员座谈会，张小建同志出席。会后，张小建同志在青岛进行调研，实地考察了青岛机电技术实训基地和街道社区劳动保障工作平台，出席了中国青岛人力资源市场启用仪式并参加青岛市再就业援助系列活动启动，还会见了国际劳工组织北京局局长康妮女士。

1月24日　劳动和社会保障部召开保持

共产党员先进性教育活动动员大会。郑斯林同志作动员讲话，中央保持共产党员先进性教育活动督导组组长王英凡出席会议并讲话，会议由王东进同志主持。华福周、张小建、刘永富、崔会烈同志出席。驻部中央保持共产党员先进性教育活动督导组成员，部属各单位司局级党员干部、部机关全体党员、离退休干部党支部书记参加会议。

同日　刘永富同志与黄河水利委员会主任李国英就养老保险有关问题进行座谈；与发展改革委副主任朱之鑫座谈，通报2004年养老保险和吉黑试点等工作情况，听取对做实养老保险个人账户、完善企业养老保险制度和改革机关事业单位养老保险制度等问题的意见。

同日　劳动和社会保障部党组发出《关于茹英杰、李荣京同志任职的通知》（劳社党发［2005］3号）。经部党组研究，任命茹英杰同志为办公厅助理巡视员；李荣京同志为规划财务司助理巡视员。免去茹英杰同志办公厅调研处处长职务。

同日　劳动和社会保障部党组发出《关于曹淑杰等同志职务任免的通知》（劳社党发［2005］4号）。经部党组研究决定：曹淑杰同志任办公厅副主任，免去其办公厅党总支专职副书记职务；芮立新同志试任法制司副司长，试用期为一年；免去党晓捷同志兼任的法制司副司长职务。

同日　劳动和社会保障部党组发出《关于王建华同志任职的通知》（劳社党发［2005］6号）。经部党组研究决定：王建华同志任办公厅党总支专职副书记（副司级）。

1月25日　郑斯林同志会见国际劳工组织北京局新任局长托马斯女士，就有关劳动和社会保障部与国际劳工组织合作事宜交换意见。

1月26日至27日　全国社会保险局长会议在湖南省长沙市召开，刘永富同志出席并讲话。期间，刘永富同志与湖南省省长周伯华、副省长郑茂清就劳动保障工作交换了意见。之后，赴长沙市、衡阳市和株洲市调研，听取了三市劳动保障工作汇报，考察了劳动力市场和街道社区。

同日　劳动和社会保障部发出《关于确定金保工程建设示范城市的通知》（劳社部函［2005］14号）。确定北京市等96个城市（省、自治区本级）为金保工程建设示范城市。

同日　劳动和社会保障部发出《关于印发2005年劳动和社会保障政务信息报送要点的通知》（劳社部函［2005］15号）。通知明确了2005年度信息报送要点为就业和再就业工作、完善社会保障体系工作、加强劳动关系调整和劳动保障监察工作。

1月31日　国务院总理温家宝主持召开座谈会，征求企业界人士对《政府工作报告（征求意见稿）》的意见。华福周同志出席。

同日　张小建同志主持召开清理整顿劳动力市场秩序专项行动部际协调指导小组会议，研究召开全国清理整顿劳动力市场秩序工作电视电话会议筹备工作及清理整顿劳动力市场秩序专项行动部署安排。公安部、人事部、工商总局有关同志参加会议。

2月1日　郑斯林同志会见伊朗劳动和社会事务部部长卡来齐先生一行，并向客人介绍中国劳动保障改革的经验。之后，郑斯林同志与卡来齐先生分别代表两部签署了《中华人民共和国劳动和社会保障部与伊朗伊斯兰共和国劳动和社会事务部关于执行合作谅解备忘录的行动计划》。

同日　王东进同志与伊朗劳动和社会事务部部长卡来齐先生一行进行了工作会谈，介绍了中国劳动保障工作有关情况，双方就具体落实两部间签署的《中华人民共和国劳动和社会保障部与伊朗伊斯兰共和国劳动和社会事务部关于执行合作谅解备忘录的行动计划》交换了意见。

2月3日　劳动和社会保障部召开2004年机关工作总结大会。郑斯林同志出席会议并讲话，他对2004年的工作进行了全面的回顾和总结，对如何完成2005年工作任务提出要求。会议由王东进同志主持，步正发、华福周、张小建、刘永富、崔会烈同志出席。部属各单位司局级干部、部机关全体干部参加。

同日 华福周同志与中央督导组组长王英凡就劳动和社会保障部保持共产党员先进性教育活动的工作安排进行座谈。华福周同志汇报了第一阶段的各项重要活动，同时介绍了下一阶段先进性教育活动的具体工作安排。

同日 国务院副秘书长尤权主持召开会议，研究做实个人账户和完善养老保险制度问题，刘永富同志出席。

2月4日 劳动和社会保障部举行2005年春节联欢会，郑斯林、王东进、步正发、华福周、张小建、刘永富、崔会烈和王建伦同志出席并观看演出。

同日 华福周同志主持召开劳动和社会保障部先进性教育活动领导小组第三次全体会议。会议总结了前一阶段先进性教育活动的开展情况，通报了中央督导组组长王英凡对工作的肯定和建议，研究部署下一步的工作。

2月5日 全国人大财经委召开会议，听取有关部门2004年工作情况和2005年工作计划安排的汇报。王东进同志出席会议并作汇报。

同日 张小建同志与国务院法制办副主任部风涛座谈，就外国人在中国工作管理立法等问题交换了意见。

2月6日 国务院副总理黄菊为“全国清理整顿劳动力市场秩序电视电话会议”致辞：劳动和社会保障部、公安部、人事部、工商总局，你们联合召开“全国清理整顿劳动力市场秩序电视电话会议”，在农民工进城求职的高峰期，集中清理整顿劳动力市场秩序，打击职业介绍领域的各种违法犯罪活动，非常必要。各级政府要把改善农民进城就业环境作为一项重要任务，有关部门要加强协作，统一行动，联合执法，采取切实有效措施，规范企业用人和市场中介，严厉打击违法犯罪活动，建立劳动力市场的良好秩序。同时，要开展免费服务、诚信服务和维权保障，重点加强农民工培训，发展有组织劳务输出，为农村劳动力转移就业创造良好的环境和条件，以维护广大进城求职农民合法权益，促进农村劳动力有序流动。

同日 王东进同志主持召开会议，对春节期间安全保卫、值班、维稳以及《中国劳动和社会保障五十年》一书的编审工作提出要求。部属各单位主要负责同志及综合处（室）处长（主任）参加。

同日 劳动和社会保障部、中华全国总工会、中国企业联合会/中国企业家协会联合发出《关于进一步推进工资集体协商工作的通知》（劳社部发［2005］5号）。通知要求：提高思想认识，把进一步推进工资集体协商作为当前一项重要任务；加强组织领导，制定切实可行的工作规划；突出重点，妥善处理各方利益分配关系；三方密切配合，加强指导和服务。

2月7日 中共中央办公厅发出《中共中央办公厅国务院办公厅印发〈关于加强新形势下侨务工作的意见〉的通知》（中办发［2005］7号）。通知要求：按照有关规定，切实解决好华侨农场纳入地方基本养老保险统筹后离退休人员基本养老金的发放问题。

同日 劳动和社会保障部发出《关于废止〈农村劳动力跨省流动就业管理暂行规定〉及有关配套文件的通知》（劳社部函［2005］18号）。废止原劳动部颁布的《农村劳动力跨省流动就业管理暂行规定》（劳部发［1994］458号）、原劳动部《关于严禁滥发流动就业证卡的紧急通知》（劳部发［1995］59号）、原劳动部办公厅《关于“外出人员就业登记卡”发放和管理有关问题的通知》（劳办发［1996］99号）。停止执行劳动和社会保障部办公厅《关于印发做好农村富余劳动力流动就业工作意见的通知》（劳社厅发［2000］3号）中“外出人员就业登记卡和外来人员就业证”的有关规定。

2月16日 国务院召开第三次廉政工作会议，郑斯林同志出席。

2月17日　郑斯林同志主持召开劳动和社会保障部党组第36次会议。研究会议计划、立法计划、培训计划、外事计划；传达中央有关文件精神和国务院第三次廉政工作会议精神。王东进、张小建、刘永富、崔会烈同志出席，办公厅、法制司、国际合作司、人事教育司、机关党委、机关纪委、驻部监察局负责同志列席。

2月18日　北京市“2005春风行动”启动，张小建同志出席仪式并讲话。

同日　国务院发出《关于印发〈国务院工作规则〉的通知》（国发［2005］2号）。

2月19日　国务院发出《国务院关于鼓励支持和引导个体私营等非公有制经济的若干意见》（国发［2005］3号）。涉及劳动保障工作的有，（十五）积极开展创业服务；（十六）支持开展企业经营者和员工培训；（二十一）维护企业合法权益；（二十二）保障职工合法权益；（二十三）推进社会保障制度建设。

2月19日至25日　中共中央举办省部级领导干部“提高构建社会主义和谐社会的能力”专题研讨班，郑斯林同志参加。

2月21日　2005年全国劳动模范和先进工作者推荐评选工作会议在北京召开，华福周同志出席。

同日　劳动和社会保障部、公安部、人事部、工商总局在京联合召开全国清理整顿劳动力市场秩序工作电视电话会议，对做好当前劳动力市场清理整顿工作做出部署。国务院副总理黄菊做出重要批示，要求各地加强合作，统一行动，联合执法，采取切实有效措施，规范劳动就业市场，同时要为农民进城就业创造良好的环境。会议由华福周同志主持，张小建同志和公安部副部长白景富、人事部副部长侯建良、工商总局副局长王东峰分别讲话。劳动和社会保障部、公安部、人事部、工商总局及北京市有关同志在主会场参加会议，各省（自治区、直辖市）及各计划单列市、新疆生产建设兵团四部门有关负责同志分别在各地分会场参加会议。

2月22日　国务院副总理回良玉主持召开全国老龄工作委员会第七次全体会议。刘永富同志出席并发言。

同日　中央纪委召开中央和国家机关贯彻落实2005年党风廉政建设和反腐败工作部署的分工会议，中央书记处书记、中央纪委副书记何勇出席会议并作重要讲话。华福周、崔会烈同志出席会议。

同日　国务院秘书长华建敏主持召开会议，研究“两会”前宣传报道工作，张小建同志出席。

同日　国务院秘书长华建敏主持召开国务院各部门负责人及办公厅（室）主任会议，部署“两会”涉及国务院的有关工作。刘永富同志出席，办公厅负责同志参加。

同日　华福周同志向驻部中央督导组组长王英凡介绍劳动和社会保障部开展先进性教育活动第一阶段学习、培训、交流和讨论情况及下一步的工作安排。机关党委负责同志和中央督导组成员参加。

同日　“企业年金账户管理规范研究”课题成果发布会在北京举行，华福周同志出席并致辞。她对课题给予高度评价，同时指出企业年金需要国家的政策引导和扶持，需要全社会的关心、支持和广泛参与。

同日　张小建同志与福建省副省长李川、省劳动保障厅党组书记王克益等，就福建省职业培训和劳务派遣等工作进行座谈。

2月23日　国务院总理温家宝主持召开国务院第81次常务会议，研究煤矿安全生产等问题。刘永富同志参加。

同日　华福周同志主持汇报会，劳动和社会保障部向全国人大常委会农委有关负责同志汇报起草《农民权益保护法》工作情况。

同日　张小建同志主持召开会议，传达国务院有关“两会”前新闻宣传报道工作的有关精神，研究部署落实措施。

2月23日至24日，全国医疗保险工作座谈会在广西南宁市召开，王东进同志出席并讲话。会议总结了2004年医疗、生育保险工作，研究分析当前面临的形势，部署2005年工作任务。期间，王东进同志分别听取广西壮族自治区、南宁市、百色市劳动保障工作汇报，考察了南宁市劳动保障局和百色市劳动力市场，与自治区副书记刘奇葆、副主席张文学和人大副主任袁凤兰交换意见。

2月24日　国务院完善城镇社会保障体系试点工作小组在吉林省长春市召开东北三省试点工作总结评估会，听取三省政府关于试点工作情况汇报，了解有关情况，研究完善企业养老保险制度等问题。国务院副秘书长尤权主持会议，刘永富同志出席。

同日　华福周同志主持召开劳动和社会保障部部属各单位主要负责同志会议。崔会烈同志传达国务院第三次廉政工作会议精神，华福周同志对“两会”期间的工作提出要求。

同日　劳动和社会保障部、财政部联合发出《关于切实做好国有企业下岗职工基本生活保障制度向失业保险制度并轨有关工作的通知》（劳社部发［2005］6号）。通知要求：统一思想，充分认识并轨工作的重要性和紧迫性；加强组织领导，确保社会稳定；明确工作目标，实行分类指导；多渠道筹集资金，严格按政策规定管好、用好资金；加大再就业工作力度，认真做好再就业与社会保障的衔接工作；抓紧制定和组织实施并轨工作计划，定期报告工作进展情况。

2月25日　劳动和社会保障部举办保持共产党员先进性教育主题实践活动报告会。邀请北京市劳动和社会保障局负责同志介绍再就业援助月工作情况，会上再就业先进个人代表作了下岗失业人员开展服务、艰苦创业的主题报告。华福周同志主持会议，并对保持共产党员先进性教育活动提出了具体要求。张小建、崔会烈同志出席。中央督导组同志、机关全体党员、事业单位司局级党员干部和离退休干部党支部书记参加。

2月27日至28日　国务院召开全国侨务工作会议。中共中央总书记胡锦涛接见与会代表并发表重要讲话，国务院总理温家宝、全国政协主席贾庆林、国家副主席曾庆红等领导同志参加了接见。会议期间，国务委员唐家璇代表国务院讲话。各省、自治区、直辖市和新疆生产建设兵团分管侨务工作的负责同志，中央和国家机关有关部门负责同志及部分驻外使领馆代表出席了会议，张小建同志出席。

2月28日　劳动和社会保障部召开保持共产党员先进性教育活动学习交流会。医疗保险司、基金监督司、人事教育司、离退休干部局、信息中心、报社、出版社等7个单位结合本单位工作实际，交流了第一阶段学习培训工作的进展情况。华福周同志出席会议并讲话，强调在保持共产党员先进性教育活动第一阶段的总结交流期间，各单位要进一步发挥党员领导干部的表率作用，抓紧制定党员先进性的具体要求，为下一阶段保持共产党员先进性教育活动做好准备。部属各单位党支部（总支、党委）书记、保持共产党员先进性教育活动办公室成员和中央督导组的同志参加会议。

同日　劳动和社会保障部与财政部联合召开部分省份并轨工作座谈会，研究部署并轨工作，张小建同志出席会议并讲话。办公厅、培训就业司、劳动工资司、失业保险司有关负责同志和财政部有关同志，以及河北等9个省的劳动保障和财政部门负责同志参加。

3月2日　劳动和社会保障部部党组召开保持共产党员先进性教育活动学习交流会，畅谈学习动员阶段的心得体会，讨论共产党员先进性具体要求。郑斯林同志主持会议，王东进、华福周、张小建、刘永富、崔会烈同志和中央督导组组长王英凡出席交流会。交流会上，王英凡同志传达了中央督导组组长会议的精神。办公厅、人事教育司、机关党委、机关纪委负责同志和中央督导组成员列席。

3月3日　全国政协十届三次会议在人民大会堂开幕。郑斯林同志出席，王东进同志列席。

3月5日　十届全国人大三次会议在人民大会堂开幕，国务院总理温家宝在会上作政府工作报告。郑斯林同志列席会议，华福周同志作为人大代表出席。

3月7日　张小建同志与江西省委副书记彭宏松和省长助理、省劳动保障厅厅长熊盛文等同志，就江西省就业再就业和社会保障有关工作进行座谈。

3月8日　劳动和社会保障部发出《关于印发2005年劳动和社会保障事业发展计划的通知》（劳社部发［2005］7号），对2005年劳动保障事业的发展进行总体部署。

3月9日　张小建同志会见新西兰新任驻华大使包逸之先生一行，并介绍了中国积极的就业政策。

3月9日至10日　刘永富同志主持召开座谈会，听取东北三省关于养老保险基金长期收支测算情况、做实后个人账户管理情况、计发办法改革运行和测算情况汇报，研究完善养老保险制度有关问题。东北三省劳动保障厅及社保局主要负责同志参加会议并作汇报。

3月10日　张小建同志主持召开2005年高技能人才工作司（局）际协调小组第一次会议，研究部署高技能人才联合调研工作。中组部、教育部、科技部、国防科工委、财政部、人事部、国资委、中华全国总工会、共青团中央、全国妇联等协调小组各成员单位和培训就业司、技术指导中心有关同志出席会议。

3月11日　张小建同志到北京市就清理整顿劳动力市场秩序和高技能人才队伍建设工作进行调研，听取北京市劳动保障局、公安局、工商行政管理局和城管综合行政执法局工作汇报，实地考察了海淀区职业介绍服务中心等单位，并召开了企业负责人、技工学校校长、高技能人才代表参加的座谈会，听取对高技能人才队伍建设工作的意见建议。

3月12日　国务院召开第6次全体会议，郑斯林同志出席。

3月13至19日　王东进同志率团对香港、澳门进行工作访问。在香港期间，代表团主要访问了特区政府劳工处、廉政公署、政制事务局、律政司、卫生福利及食物局、职业训练局、财经事务局及库务局、雇员再培训局。此外，代表团还参观了东港岛就业中心、乐富再培训中心、薄扶林训练中心等机构。在澳门期间，代表团访问了特区政府劳工事务局、社会保障基金、澳门中华总商会、澳门工会联合总会，参观了博彩业培训中心等机构。访问期间，与港澳劳动和社会保障部门就进一步加强内地和港澳在劳动保障领域交流与合作的有关事宜进行了深入探讨。

3月15日　国务院副总理回良玉主持召开国务院扶贫开发领导小组第三次全体会议，张小建同志出席。

同日　中央人才工作协调小组召开第8次会议，中组部部长贺国强出席会议并讲话。张小建同志出席会议。

3月16日　郑斯林同志主持召开劳动和社会保障部党组第37次会议。研究总结先进性教育活动学习动员阶段情况，并研究部署分析评议阶段工作安排，研究有关人事工作以及表彰活动安排。华福周、张小建、刘永富、崔会烈同志出席。

同日　郑斯林同志主持召开机关全体干部、事业单位司局级干部和离退休干部党支部书记大会。华福周、林用三同志分别传达十届人大三次会议和政协十届三次会议精神。会议就学习贯彻“两会”精神提出要求。张小建、刘永富、崔会烈同志出席。

同日　劳动和社会保障部党组发出《关于张亚力、吕小平同志任职的通知》（劳社党发［2005］10号）。经部党组研究，任命张亚力同志为国际合作司巡视员；吕小平同志为国际合作司助理巡视员，任常驻日内瓦代表团劳工参赞，免去其综合处（出境就业办）处长职务；免去张国庆同志常驻日内瓦代表团劳工参赞职务。

同日　劳动和社会保障部党组发出《关于陈李翔同志任职的通知》（劳社党发［2005］13号）。经部党组研究，任命陈李翔同志为中国就业培训技术指导中心党委书记（正局级），免去其中国就业培训技术指导中心副主任职务。

同日　劳动和社会保障部党组发出《关于翟燕立等同志任职的通知》（劳社党发［2005］14号）。经部党组研究，聘任翟燕立同志为信息中心副主任，金维刚同志为社会保险研究所副所长，魏丽君同志为中国劳动社会保障出版社副社长。

3月17日　国务院办公厅发出《国务院办公厅转发监察部国务院纠正行业不正之风办公室关于2005年纠风工作实施意见的通知》（国办发［2005］13号）。通知中涉及纠正拖欠农民工工资问题。要求：督促各地区、各有关部门加强对在建工程和2005年竣工工程的排查，对尚未偿付的拖欠农民工工资要逐项落实解决，确保拖欠的工资及时发放到农民工手中。以建筑企业和其他劳动密集型中小企业为重点，及时受理农民工对拖欠工资的举报、投诉，开展农民工工资支付情况的专项检查。要继续推进长效机制的建设，建立农民工工资支付监控制度。

3月18日　国务院副总理黄菊对成立中国就业促进会致辞：劳动就业关系亿万群众的切身利益，关系国家改革发展稳定的大局。做好就业再就业工作，不仅需要政府强有力的领导和各部门的协调配合，还需要社会各方面的积极参与和群策群力。希望中国就业促进会成立后，适应新形势，建立新机制，充分发挥社团组织的桥梁纽带作用，团结社会各方面力量，为促进就业再就业做出贡献。

同日　劳动和社会保障部召开保持共产党员先进性教育活动学习动员阶段总结暨分析评议阶段部署大会。郑斯林同志总结了先进性教育活动学习动员阶段的工作情况，部署了分析评议阶段工作。中央保持共产党员先进性教育活动督导组组长王英凡出席会议并讲话。会议由华福周同志主持，张小建、刘永富、崔会烈同志出席。驻部先进性教育活动督导组成员、部机关全体党员、部属事业单位司局级党员干部、离退休干部党支部书记参加会议。

3月21日　郑斯林同志会见墨西哥合众国劳动和社会保障部部长阿巴斯卡先生一行。他向客人介绍了中国劳动和社会保障改革情况，特别是在促进就业、完善社会保障制度方面的政策措施。双方就加强两国劳动和社会保障部门的交流与合作进行了探讨，达成许多共识。双方同意争取在中墨两国常设混合委员会下设劳动保障工作组，以促进加强双方业已存在的友好合作关系。郑斯林同志与阿巴斯卡先生分别代表两部签署《中华人民共和国劳动和社会保障部与墨西哥合众国劳动和社会保障部合作谅解备忘录》。根据备忘录规定，双方将通过官员互访、举办研讨会和联合开展合作研究等形式，加强两部在劳动保障立法、劳动力市场政策、劳动条件与劳动监察以及社会对话等方面的交流与合作。

3月21至24日　全国纠风工作会议在上海召开，崔会烈同志出席，并就上海市劳动保障系统窗口单位行风建设和社保基金监督检查工作情况进行调研。

3月22日　王东进同志主持召开中墨产业关系三方圆桌会议。墨西哥劳动和社会保障部部长阿巴斯卡先生介绍墨西哥社会对话相关政策。与会人员就墨西哥社会对话机制和中国协调劳动关系三方会议制度进行了讨论和交流。

同日　财政部、劳动和社会保障部发出《关于报送全国社会保障基金投资运作报告有关问题的通知》（财金［2005］23号），规定建立全国社会保障基金投资运作的报告制度。

3月23日　国务院召开第84次常务会，郑斯林同志参加。

同日　郑斯林同志主持召开在职党员干部、群众代表座谈会，征求在职司局级、处级、一般党员和群众代表对部党组及党组成员意见和建议。郑斯林同志在听取意见和建议后指出，座谈会达到了预期目的，希望大家把这种提意见的精神贯彻到具体工作中去，建立发扬民主作风的长效机制。王东进、华福周、刘永富同志及驻部中央督导组成员出席。

同日　华福周同志主持召开劳动和社会保

障部部属各单位党支部（总支、党委）书记会议，进一步研究部署先进性教育活动分析评议阶段工作。华福周同志强调，各单位党组织要巩固和运用好学习阶段的成果，严格按照中央提出的七个环节，认真组织好第二阶段的分析评议工作，并要求各单位按照《劳动和社会保障部保持共产党员先进性教育活动分析评议阶段具体安排》，结合各自实际，抓紧制定具体安排。

3月24日　劳动和社会保障部部党组召开离退休党员干部代表座谈会，听取部离退休党员干部代表对部党组及党组成员的意见和建议。郑斯林、华福周、张小建、刘永富同志及驻部中央督导组成员出席会议，办公厅、人事教育司、机关党委、机关纪委负责同志列席。

同日　全国整顿和规范市场经济秩序领导小组召开第4次全体会议，王东进同志出席。

3月25日　国务委员周永康、国务院秘书长华建敏主持召开会议，听取企业军转干部问题工作小组、复员退伍军人上访问题专项工作小组工作情况汇报。刘永富同志出席。

同日　劳动和社会保障部、中华全国工商业联合会、中华全国总工会联合召开推动就业与再就业工作第一次联席会议，会议审议通过了三方合作工作制度，成立了合作推动就业与再就业工作协调小组，研究部署了2005年三方合作工作任务。张小建同志出席会议并讲话。

同日　劳动和社会保障部召开第二季度培训就业工作情况通报视频会议，总结第一季度培训就业工作，对第二季度培训就业重点工作进行部署和安排。张小建同志出席会议并讲话。

3月28日　全国社保基金第二届理事大会第一次全体会议在北京召开，刘永富同志出席。

3月29日至30日　劳动和社会保障部与国际劳工组织联合在北京召开中国城市促进就业项目总结评估工作会议，张小建同志与国际劳工组织亚太局局长长谷川真一先生、日本劳动厚生省助理部长横川谦司先生出席会议开幕式并分别致辞。会议总结了项目试点城市在探索开展创业培训、小额担保贷款、扶持城市下岗失业人员自主创业、建立实现就业再就业工作机制等方面积累的经验，研讨项目下一步发展有关事宜。培训就业司、国际合作司、技术指导中心有关负责同志和国际劳工组织北京局局长康妮女士，项目试点城市和城市所在省劳动和社会保障部门有关同志参加会议。

3月30日　国务院召开第85次常务会议，郑斯林同志出席。

同日　郑斯林同志主持召开劳动和社会保障部党组第38次会议，传达中央有关文件精神。王东进、华福周、张小建、崔会烈同志出席。

同日　华福周同志向驻部中央督导组组长王英凡介绍开展先进性教育活动第二阶段情况。

同日　张小建同志与陕西省副省长洪峰、省劳动和社会保障厅厅长禹向前和西安市副市长信长星同志一行座谈，就陕西省并轨和再就业工作交换了意见。

同日　刘永富同志会见澳大利亚侨鑫集团有限公司董事长周泽荣先生。

同日　国务院办公厅发出《关于开展打击商业欺诈专项行动的通知》(国办发［2005］21号)。通知要求：商务部、发展改革委、劳动保障部、建设部、海关总署、工商总局、外汇管理局要按照职责分工，加强对外经济合作活动的监管，查处发布虚假信息，欺骗劳务人员、施工单位和投资者的行为和无资质、超范围经营行为；强化对境外就业中介服务机构的管理，查处建筑企业境外承包工程中的欺诈行为和违反外汇、海关管理规定的行为。

3月31日　中国就业促进会成立大会在人民大会堂举行。全国人大常委会副委员长何鲁丽出席会议，全国政协副主席黄孟复出席会议并讲话。郑斯林、华福周、张小建、崔会烈和王建伦、林用三、李伯勇同志以及国务院再就业部际联系会议成员单位的领导出席。来自全国各地、各部门、社会各方面的会员代表500多人参加成立大会。

同日　解决驻外外交人员面临的突出困难和问题工作协调会在北京召开。王东进同志出席。

同日　张小建同志会见墨西哥国家移民局局长卡拉尔女士和墨西哥驻华大使李子文先生一行，双方就劳动力流动管理工作进行了座谈。

3月31日至4月1日　刘永富同志赴上海市进行养老保险专题调研，听取上海市劳动和社会保障局关于养老保险改革方案和小城镇社会保险工作、外来从业人员综合保险情况、社保经办服务工作情况汇报，就完善养老保险制度的有关情况和问题进行座谈，考察市社保中心和数字制造业实训基地，分别与上海市市委副书记王安顺、副市长周太彤交换了意见。

3月中、下旬　按照高技能人才队伍建设工作司（局）级协调小组的统一部署，劳动和社会保障部、中组部等11个单位组成6个联合调研组，分别赴北京、广东等7省（市），对高技能人才工作进行调研。张小建同志率第一组到北京市、广东省进行调研。在北京调研期间，考察了首都钢铁集团公司，听取了北京市劳动和社会保障局工作汇报，并与部分技工学校校长、高技能人才进行了座谈。在广东省调研期间，与广东省副省长谢强华进行了座谈，听取了省劳动和社会保障厅、广州市政府、中山市政府工作汇报，实地考察了广东省高级技工学校等单位，并分别召开了企业负责人、技工学校校长、高技能人才座谈会，听取大家的意见。

4月1日　国务院副总理回良玉主持召开国务院残疾人工作协调委员第14次全体会议，张小建同志出席会议并发言。

同日　张小建同志主持召开清理整顿劳动力市场秩序专项行动部际协调指导小组第二次会议，听取各联合调研小组调研情况汇报，通报专项行动进展情况，并就如何建立清理整顿劳动力秩序长效机制进行了讨论。公安部、人事部、工商总局有关同志参加会议。

4月4日　国务院发出《国务院关于2005年深化经济体制改革的意见》（国发［2005］9号）。意见中涉及劳动保障工作的部分："加快建设城乡统一的劳动力市场。进一步改革劳动就业管理制度，清理对农民进城务工的不合理限制政策和乱收费，取消各种对农村劳动力就业的歧视性规定。""选择部分具备条件的城市开展城乡一体化劳动力市场的试点工作。""完善和严格执行最低工资制度。""进一步完善社会保障制度。继续抓好吉林、黑龙江城镇社会保障制度改革试点工作，研究制定推广方案。完善企业职工基本养老保险制度，坚持社会统筹与个人账户相结合，扩大做实个人账户试点。推进国有企业下岗职工基本生活保障向失业保险并轨，基本解决国有企业下岗职工历史遗留问题。依法扩大养老、失业、医疗、工伤等社会保险覆盖面，提高个体、私营和外资企业的参保率，完善灵活就业人员的参保办法。加大社会保险费的征缴力度，逐步提高统筹层次。研究制定机关事业单位养老保障制度方案。"

同日　劳动和社会保障部、国家安全生产监督管理总局、国防科工委联合发出《关于贯彻〈安全生产许可证条例〉做好企业参加工伤保险有关工作的通知》（劳社部发［2005］8号）。通知对地方劳动保障部门做好相关工作做出了明确的要求。

4月5日　郑斯林同志主持召开座谈会，与卫生部党组书记、常务副部长高强一行共同探讨劳动和社会保障部与卫生部工作沟通与协作有关事宜。郑斯林同志指出，劳动和社会保障部与卫生部在医疗保险、工伤保险以及医疗卫生体制改革、职工维权等多个领域进行过广泛的沟通与协作，共同推进了我国医疗、工伤保险和医药卫生事业的发展，较好地完成了国务院交给的各项工作任务。今后双方及与有关部门要继续通力合作，密切配合，努力建立沟通协调工作的长效机制，共同推动医疗卫生、医疗保险事业的发展。华福周同志出席座谈会。

4月5日至6日　劳动和社会保障部与国际劳工组织在广东省共同举办工伤康复国际研讨会，王东进同志出席并致辞。国际劳工组织北京局局长康斯坦丝·托马斯女士、国际社会保障协会工伤保险技术委员会主席伯劳尔先生以及来自德国、意大利、马来西亚和我国有关部门、研究机构的专家学者及部分省（自治区、直辖市）、港澳地区的代表参加会议，并就进一步推动中国的工伤康复事业发展进行研讨。期间，王东进同志考察了广州市工伤康复中心。

4月6日　华福周同志主持召开劳动和社会保障部部属各单位党支部（总支、党委）书记会议，传达学习中央组织部《印发〈关于先进性教育活动中若干具体问题的答复意见〉的通知》，听取各单位在分析评议阶段工作的进展情况及经验做法，并对各单位分析评议阶段工作提出具体要求。

同日　张小建同志与人事部副部长侯建良座谈。

4月7日　郑斯林同志主持召开劳动和社会保障部党组第38次会议。对先进性教育活动中征求到的对劳动和社会保障部党组的意见进行研究分析，并听取企业年金工作的汇报。华福周、张小建、刘永富、崔会烈同志出席。

4月7日至8日　全国工伤保险工作座谈会在广州市召开，王东进同志出席并讲话。会议总结了一年来的工作进展情况，分析当前形势，交流工作经验，并部署全年工作。各省（自治区、直辖市）及新疆建设兵团劳动和社会保障厅（局）主管工伤保险工作的厅（局）长及处长、劳动能力鉴定机构负责人、经办机构负责人、工伤保险重点联系城市劳动和社会保障主管局长、部内有关单位负责同志参加会议。期间，王东进同志与广东省副省长谢强华交换了意见。

4月8日　国务院副总理吴仪主持召开对美经贸工作领导小组第三次会议，研究对美经贸工作有关问题。张小建同志出席会议。

4月8日至9日　全国金保工程示范城市建设工作座谈会在杭州市召开，华福周同志出席会议。期间，听取了杭州市劳动和社会保障局关于金保工程建设进展情况的汇报，就劳动保障信息化工作进行座谈，考察了杭州市社会保险服务局等单位，并与浙江省省委书记习近平、副省长陈加元交换了意见。

4月11日　中组部、中宣部、中央党校、教育部、解放军总政治部联合举办高校哲学社会科学教学科研骨干研修班，郑斯林同志出席并作专题报告。

4月12日　全国人大召开代表建议交办会，王东进同志出席。

4月13日　国务院召开第86次常务会议，分析经济形势。郑斯林同志出席。

同日　劳动和社会保障部党组发出《关于王锡赞同志任职的通知》（劳社党发［2005］16号）。经部党组研究并经中国就业促进大会选举，任命王锡赞同志为中国就业促进会秘书长（副局级），其提任副局级时间从2004年12月14日部党组会议研究决定之日起计算。

4月14日　劳动保障优秀科技成果表彰会在北京召开。王东进同志出席并讲话。

同日　华福周同志与中华全国总工会党组成员、经费审查委员会主任董力一行会谈，就工资分配有关问题交换了意见和看法。

4月14日至15日　国务院召开全国流通工作会议，国务院副总理吴仪出席会议并讲话，张小建同志出席会议。

4月15日　郑斯林同志主持召开劳动和社会保障部党组扩大会议，落实在先进性教育活动中征求到意见的整改责任。华福周同志代表部党组分配了整改任务。王东进、刘永富、崔会烈等同志出席会议。

4月18日　郑斯林同志主持召开劳动和社会保障部党组会议，传达中央文件精神，华福周、张小建、刘永富、崔会烈等同志出席。

同日　王东进同志会见挪威儿童和家庭事务部部长道维女士一行，并向客人介绍了中国保护女职工权益、性别平等、促进妇女就业以及养老保险、生育保险方面的有关情况。

同日　劳动和社会保障部、建设部、中华全国总工会联合发出《关于加强建设等行业农民工劳动合同管理的通知》（劳社部发［2005］9号）。通知要求：高度重视农民工劳动合同管理工作，规范签订劳动合同行为，完善劳动合同内容，指导用人单位建立健全劳动合同管理制度，加大劳动保障监察执法和劳动争议处理工作力度，加强对农民工劳动合同管理的组织领导。

4月19日　郑斯林同志主持召开劳动和社会保障部党组会议，传达中央文件精神，研究近期部领导带队到有关省市调研事宜。王东进、张小建、刘永富、崔会烈同志出席。

同日　第十届职业性呼吸系统疾病国际会议在北京召开，王东进同志出席开幕式并致辞。

同日　全国劳模和先进工作者表彰大会筹委会办公室第四次主任会议在北京召开，华福周同志出席。

4月20日　郑斯林同志主持召开劳动和社会保障部党组先进性教育专题民主生活会。会上，党组成员按照实践“三个代表”重要思想的要求，对照保持共产党员先进性的基本要求和具体要求，从劳动保障工作的实际出发，紧密结合自身建设和领导班子建设的实际，着重检查了理想信念、坚持科学发展观和正确政绩观、求真务实、联系群众、廉洁自律等方面存在的突出问题，深刻剖析思想根源，明确了努力方向。王东进、华福周、张小建、刘永富、崔会烈同志出席，步正发同志提交了党性分析书面材料。中央督导组王英凡、孙柏瑜同志和中组部庄超英等同志及中央纪委有关同志参加，部机关党委、纪委负责同志列席。

同日　北京大学中国保险与社会保障研究中心举办“北大CCISSR论坛”，刘永富同志出席并发表演讲。

同日　刘永富同志会见美国博德实业股份有限公司董事长李云来女士，就在开展老年人服务方面进行合作等问题交换了意见。

4月21日　全国劳模和先进工作者表彰大会筹委会第二次全体会议在京召开。华福周同志出席。

同日　华福周、崔会烈同志主持召开党风廉政建设联席会议，研究贯彻落实中央纪委2005年党风廉政建设和反腐败工作分工意见及加强惩治和预防腐败工作体系建设。会议听取了纠正企业重组改制破产中损害群众利益问题、拖欠和克扣农民工工资问题以及医药和医疗服务不正之风问题的具体措施。研究讨论了当前和今后一个时期贯彻落实《建立健全教育、制定、监督并重的惩治和预防腐败体系实施纲要》的工作安排。

4月22日　国务院副总理吴仪主持召开全国爱国卫生工作电视电话会议。华福周同志出席。

同日　华福周同志主持召开劳动和社会保障部部属单位党支部（总支、党委）书记会议，传达中央保持共产党员先进性教育活动领导小组《关于认真做好分析评议阶段“提出评议意见”工作的通知》和中组部《关于对第一批先进性教育活动分析评议阶段工作进行“回头看”的通知》精神，听取了各单位分析评议阶段工作进展情况汇报，并对各单位分析评议阶段中“提出评议意见”和“回头看”工作提出具体要求。

同日　部分地区农民工和失地农民社会保障问题座谈会在京召开，刘永富同志出席。会上，8个地方的劳动和社会保障厅（局）负责同志分别发言。

4月23日至25日　国务院副总理黄菊到安徽省考察工作，听取省委、省政府工作汇报，先后到马鞍山、芜湖、合肥、淮南等地，考察了马鞍山钢铁公司、海螺集团白马山水泥厂、奇瑞汽车公司、江淮汽车公司、淮南矿业集团以及肥西县董岗农村信用社、合肥市商业银行科技支行、合肥市蜀山区百帮创业园，就中部地区经济社会发展和构建和谐社会进行深入调查研究。25日，黄菊同志在参加了全国煤矿瓦斯防治工作现场会后，来到淮南矿业集团潘集第三煤矿，下到几百米深的矿井检查安全生产工作，慰问在井下作业的煤矿职工，实地考察了瓦斯监测及综合治理、利用情况。张小建同志陪同考察。

4月25日　国务院秘书长华建敏主持召开会议，研究改革公务员工资制度和规范公务员收入分配秩序问题。刘永富同志出席。

4月25日至28日　全国煤矿瓦斯防治工作现场会在安徽省召开，王东进同志出席。期间，他听取了安徽省、合肥市、淮南市、六安市、寿县劳动保障工作汇报，考察了合肥市医保中心等单位，与安徽省人大副主任黄忠岳、副省长黄海嵩交换意见。

同日　劳动和社会保障部发出《关于对向志雄同志追记一等功的决定》（劳社部发［2005］15号）。

4月26日　张小建同志与中组部人才局局长潘立刚等座谈，就引导高校毕业生面向基层就业和高技能人才队伍建设工作交换了意见。

同日　劳动和社会保障部发出《关于公布48所国家重点技工学校35所高级技工学校名单的通知》（劳社部函［2005］52号）。通知公布确认北京市无线电动力技工学校等48所技工学校为国家重点技工学校，确认临汾电力技工学校等35所学校为高级技工学校。

4月26日至27日　刘永富同志赴辽宁省调研。期间，先后听取了辽宁省和沈阳市政府关于劳动保障信访稳定等工作情况介绍，考察了省社保局等单位，分别与辽宁省副省长胡晓华、沈阳市市长陈政高交换了意见。

4月27日　中央政法委书记罗干主持召开“规范执法行为，促进执法公正”专项整改电视电话会议。华福周同志出席。

4月27日至29日　张小建同志赴河北省石家庄市、保定市调研。期间，与河北省副省长付双建进行了座谈，听取了省劳动和社会保障厅工作汇报及唐山市、沧州市劳动和社会保障局关于信访维稳工作情况专题汇报，实地考察了石家庄市劳动力市场等单位，并分别召开了由政府有关部门负责同志、下岗失业人员、企业负责人、技工学校校长和高级技师代表参加的座谈会，听取大家对再就业政策和高级人才队伍建设工作的意见和建议。

4月28日　全国人大常委会安全生产执法检查组第一次全体会议在北京召开，崔会烈同志出席并汇报了劳动和社会保障部贯彻实施安全生产法的有关情况。

4月29日　王东进、华福周、刘永富同志接见劳动保障系统全国优秀工作者。

同日　国务院召开全国行政审批制度改革工作电视电话会议。崔会烈同志出席。

4月30日　2005年全国劳动模范和先进工作者表彰大会在人民大会堂隆重举行，2969名全国劳动模范和先进工作者接受表彰。胡锦涛、温家宝、贾庆林、曾庆红、黄菊、吴官正、李长春、罗干等党和国家领导同志出席会议。胡锦涛同志发表讲话。郑斯林、华福周同志出席表彰大会。

5月8日　国务院召开企业军转干部问题工作小组和复员退伍军人问题工作小组工作情况汇报会，王东进同志出席。

5月9日　欧盟驻华代表团举办庆祝“欧洲日”招待会，刘永富同志出席并向欧盟新任驻华大使安博先生介绍了中欧社会保障合作项目的进展情况，代表郑斯林同志对“欧洲日”表示祝贺。

5月11日　国务院总理温家宝主持召开国务院第89次常务会议，听取关于当前纺织品贸易摩擦应对工作的汇报，讨论《国务院关于推进兽医管理体制改革的若干意见（送审稿）》。郑斯林同志出席。

同日　王东进同志主持召开第93届国际劳工大会代表团领导小组会议。中华全国总工会副主席徐振寰、中国企业联合会副理事长陈兰通出席。

5月12日　劳动和社会保障部发出《关于印发国家高技能人才东部培训工程方案的通知》（劳社部发［2005］10号）。

5月12日至13日　全国劳动保障规划统

计财务工作座谈会在山东省济南市召开。王东进同志出席并讲话。

5月17日　劳动和社会保障部发出《关于在劳动保障系统开展向李砚军等8名全国先进工作者学习活动的通知》(劳社部发［2005］11号)。通知号召全国劳动保障系统广大干部职工向天津市劳动和社会保障部局劳动保障监察总队队长李砚军等8名同志学习，并要求充分认识开展学习先进活动的意义、明确学习的重点、采取多种学习宣传方式。同时发出了李砚军等8名同志的主要事迹。

5月17日至18日　劳动和社会保障部在上海市召开国家高技能人才东部地区培训工程启动会，张小建同志和上海市副市长周太彤出席启动会，并为我国第一个国家级高技能人才公共实训基地——“中国（上海）高技能人才实训中心”揭牌。会上交流了高技能人才培养工作经验，对工程进行部署安排，明确了任务目标。北京等7个东部省（直辖市）及厦门等5个城市劳动和社会保障部门主管培训工作负责同志和部属有关单位负责同志参加会议。期间，张小建同志与上海市劳动和社会保障局负责同志进行了座谈，并考察了数字制造技术中心、静安区职业介绍中心。

5月18日　国务院总理温家宝主持召开国务院第90次常务会议，讨论《关于人口发展战略的汇报（送审稿）》等。郑斯林同志参加。

同日　劳动和社会保障部、中华全国总工会召开联席会议，研究进一步推行劳动合同制度实施的有关事宜。王东进同志出席。

同日　华福周同志主持召开劳动和社会保障部先进性教育活动领导小组办公室会议，传达中央保持共产党员先进性教育活动领导小组办公室主任会议精神，研究先进性教育整改提高阶段的工作，并对下一步工作提出了具体要求。

5月19日　全国政协人口资源环境委员会、社会和法制委员会举办了“老龄人口问题情况报告会”。郑斯林同志出席并介绍有关情况。

同日　王东进同志会见国际劳工局副执行主任斯图尔特女士一行，并向客人介绍了中国劳动保障改革情况，双方就加强合作交换了意见。

同日　张小建同志到浙江省嘉兴市调研，听取市政府城乡就业一体化工作汇报，并实地考察了王店镇外来人员服务中心、嘉兴市人力资源中心市场。

5月20日　中央纪委副书记何勇主持召开治理教育乱收费、纠正医药购销和医疗服务中不正之风工作情况汇报会。崔会烈同志出席会议并汇报劳动和社会保障部有关工作情况。

同日　王东进同志召集办公厅、人事教育司、机关党委、社保中心、劳动保障报社、宣传中心有关负责同志，研究在全国劳动保障系统开展学习宣传向志雄同志活动。

5月21日　张小建同志到中央党校，为中组部、中宣部、中央党校、教育部、解放军总政治部联合举办的高校哲学社会科学教学科研骨干研修班作题为《我国劳动保障——形势、任务与对策》的报告。

5月23日　劳动和社会保障部党组发出《关于邱小平等5名同志正式任职的通知》(劳社党发［2005］19号)。邱小平、王亚栋、熊先军、李忠、江谟辉同志试用任职考核合格，经部领导批准，任命邱小平同志为劳动工资司司长，王亚栋同志为培训就业司副司长，熊先军同志为医疗保险司副司长，李忠同志为工伤保险司副司长，江谟辉同志为国际合作司副司长。以上同志任本职务时间均从试任之日算起。

5月24日　郑斯林同志会见应劳动和社会保障部邀请访华的南非劳工部长姆德拉德拉纳先生一行，向客人介绍了中国劳动领域有关情况，特别是促进就业的政策与措施，探讨了两部间合作事宜。

5月25日　国务院总理温家宝主持召开国务院第91次常务会议，郑斯林同志参加。

同日　王东进同志会见应劳动和社会保障

部邀请访华的南非劳工部长姆德拉德拉纳先生一行，就劳动保障领域有关情况进行了交流。

同日　劳动和社会保障部发出《关于确立劳动关系有关事项的通知》（劳社部发［2005］12号）。

同日　为落实国务院领导同志对飞行员流动问题的批示，民航总局会同劳动和社会保障部等部门下发了《关于规范飞行人员流动管理保证民航飞行队伍稳定的意见》（民航人发［2005］104号）。

5月26日　郑斯林同志主持召开劳动和社会保障部党组第40次会议，研究制定先进性教育活动第三阶段党组整改措施和方案，党组成员对个人整改情况进行交流，听取人事教育司有关人事工作汇报。王东进、华福周、张小建、刘永富、崔会烈同志和中央督导组组长王英凡同志出席。

同日　王东进同志与湖北省副省长蒋大国一行座谈，听取有关工作汇报。

同日　职业培训教材工作委员会在京委员及联络员座谈会在北京召开，张小建同志出席。

同日　劳动和社会保障部党组发出《关于聂明隽同志任职的通知》（劳社党发［2005］20号）。经部党组研究，聘任聂明隽同志为社会保险事业管理中心副主任。

同日　劳动和社会保障部党组发出《关于赵殿国等同志职务任免的通知》（劳社党发［2005］22号）。经部党组研究，以下同志试用任职：赵殿国同志为农村社会保险司司长，李丽虹同志为规划财务司副司长，唐霁松同志为养老保险司副司长。以上同志试用期为1年。免去王爱文同志规划财务司司长职务，王以才同志农村社会保险司司长职务。

5月27日　中央民族工作会议暨国务院第四次全国民族团结进步表彰大会开幕式在北京举行。胡锦涛同志出席会议并发表重要讲话。温家宝、曾庆红、黄菊、吴官正、李长春、罗干同志出席会议，会议由贾庆林同志主持。郑斯林、华福周同志出席。

同日　郑斯林、刘永富同志共同会见欧盟新任驻华大使安博先生，向客人介绍了中国劳动保障改革情况，并与欧盟方面就尽快启动中欧社会保障合作项目以及在就业与社会事务领域签署合作谅解备忘录交换了意见。

5月30日至6月17日　王东进同志率包括港澳特区在内的中国政府、工会和雇主三方代表团出席第93届国际劳工大会。期间，与国际劳工组织总干事索马维亚先生共同出席中国劳动和社会保障部与国际劳工组织第三次联合委员会会议，代表中国政府作大会发言，并多次会见索马维亚总干事，就有关问题深入交换意见。在出席亚太劳工部长会议时，会见了国际劳工局执行主任、亚太地区局代局长等高官。与俄罗斯、英国、德国、新加坡、马来西亚、埃及、南非、墨西哥、瑞士等30多个国家的劳工部长或代表团团长，就加强双边合作、签署合作备忘录、增进高层相互了解等进行磋商。与韩国劳工部长就雇佣许可制的实施达成框架性意见，与美国劳工部长就延长合作期限和扩大合作领域等问题进行商讨，与瑞典就积极劳动力市场三期合作项目、瑞士继产业关系项目之后的继续合作问题交换意见。

5月31日　中央政治局在中南海怀仁堂举办题为“经济全球化趋势与当前国际贸易的新特点”的集体学习讲座，郑斯林同志出席。

6月1日　国务院总理温家宝主持召开国务院第92次常务会议。讨论《国务院关于促进煤炭工业健康发展的若干意见（送审稿）》和《中华人民共和国妇女权益保障法修正案（草案）》。郑斯林同志出席。

6月2日　郑斯林同志主持召开劳动和社会保障部党组第41次会议，研究有关人事工作。华福周、张小建、刘永富、崔会烈同志出席。

同日　郑斯林同志主持召开劳动和社会保障部第10次部务会议，研究修订《台湾和香港、澳门居民在内地就业管理规定》。张小建、刘永富、崔会烈同志出席。

同日　张小建同志主持召开再就业工作部际联席会议办公室会议，传达国务院领导同志有关批示精神，部署安排近期再就业政策梳理工作。

6月3日　张小建同志会见集年投资（香港）有限公司主席黄鸿年先生一行，就在职业培训领域开展合作有关事宜进行了座谈。

同日　中宣部召开会议，研究慰问抗战老战士有关工作。刘永富同志出席。

6月3日至4日　劳动和社会保障部举办部属单位金保工程建设培训班，华福周同志出席并讲话，强调金保工程是关系建立劳动保障事业发展长效机制和实现可持续发展的一项重要基础性工作，金保工程建设形成各单位间相互配合、业务工作与信息化工作良性互动的机制。

6月6日至12日　劳动和社会保障部、中华全国总工会、中华全国工商业联合会在全国100个大中城市联合组织开展“民营企业招聘周”活动。6月6日上午，“民营企业招聘周”活动启动仪式在北京市工人体育馆举行。全国政协副主席、中华全国工商业联合会主席黄孟复出席启动仪式，郑斯林同志和中华全国总工会张俊九、中华全国工商业联合会胡德平、北京市政府孙安民同志分别讲话，张小建同志主持启动仪式。中华全国总工会孙宝树、董力同志，中华全国工商业联合会张龙之同志和北京市委阳安江同志出席启动仪式。

6月7日　郑斯林同志主持召开劳动和社会保障部党组第42次会议，听取完善企业养老保险制度汇报，社会保障能力建设中心基建工作汇报以及社会保险经办机构人员培训工作汇报。张小建、刘永富、崔会烈同志出席。

同日　中央财经领导小组召开就业与收入分配座谈会。郑斯林同志主持会议，中央调研组成员及北京市有关部门、专家学者和有关负责同志参加。

同日　国务院发出《国务院关于促进煤炭工业健康发展的若干意见》（国发［2005］18号）。意见中涉及劳动保障工作有：（十八）提高煤矿职工队伍素质；（二十六）提高矿工劳动保障水平；（二十七）提高矿工生活质量。

6月8日　国务院总理温家宝主持召开国务院第93次常务会，讨论《关于促进东北老工业基地进一步扩大对外开放的实施意见（稿）》，郑斯林同志出席。

同日　中央人才工作协调小组召开第九次会议，审议讨论《关于引导和鼓励高校毕业生面向基层就业的意见》，张小建同志出席会议。

6月9日　张小建、刘永富同志分别与教育部副部长吴启迪座谈，就职业教育和举办社会保障专业研究生班有关工作交换意见。

同日　国务院发出《国务院关于促进流通业发展的若干意见》（国发［2005］19号）。意见中涉及劳动保障工作的有：（三）妥善安置职工，降低国有流通企业改革成本。

6月10日　郑斯林同志主持召开会议，就当前就业和收入分配领域存在的主要问题、扩大就业和解决收入分配领域的指导思想和基本思路、“十一五”期间做好就业和收入分配工作需要采取的重大政策措施建议进行座谈。中央调研组成员，中央企业代表及国资委、劳动和社会保障部有关司局负责同志参加。

同日　劳动和社会保障部发布《关于公示企业年金基金管理机构资格认定评审专家的通告》（中华人民共和国劳动和社会保障部通告第3号），拟聘任何平等51人为企业年金基金管理机构资格评审专家。

同日　劳动和社会保障部发出《关于开展社会保险基金非现场监督工作的通知》（劳社部发［2005］13号）。通知提出：开展非现场监督工作的指导思想，实施非现场监督的技术要求，开展非现场监督工作的要求。

同日　劳动和社会保障部发出《关于城镇贫困残疾人个体户参加基本养老保险给予适当补贴有关问题的通知》（劳社部发［2005］14号）。通知要求：提高认识，认真组织实施；规范补贴范围和审批程序，落实补贴资金；密切协作，加强管理和服务。

6月13日　劳动和社会保障部发出《关于向向志雄同志学习的决定》（劳社部发［2005］16号）。

6月14日　郑斯林同志签发中华人民共和国劳动和社会保障部令第26号。公布《台湾香港澳门居民在内地就业管理规定》，自2005年10月1日起施行。原劳动部1994年2月21日颁布的《台湾和香港、澳门居民在内地就业管理规定》同时废止。

6月15日　国务院总理温家宝主持召开国务院第95次常务会议，郑斯林同志出席。

6月15日至17日　张小建同志到湖南调研，其间，出席了湖南省街道社区劳动保障平台建设规范运作现场会暨“最充分就业”社区表彰会并讲话，实地考察了株洲市劳动力市场、湘潭电机集团公司等单位，分别召开湖南省劳动和社会保障厅负责同志和部分市、县级劳动和社会保障部门负责同志座谈会，听取大家对就业再就业、高技能人才队伍建设和农村富余劳动力转移就业等工作的意见建议。

6月16日　中宣部、中直机关工委、中央国家机关工委、教育部、解放军总政治部、北京市委在人民大会堂小礼堂联合举办形势报告会，郑斯林同志作了题为《我国劳动和社会保障的现状及发展前景》的报告。在京有关党、政、军机关司局级以上干部和中央企业负责人、高等学校负责人、思想政治理论课骨干教师约800人参加了本次报告会。

同日　劳动和社会保障部召开向志雄同志先进事迹视频报告会。郑斯林同志出席会议并讲话，华福周同志主持会议，刘永富同志宣读了《关于追授向志雄同志“全国劳动保障系统先进工作者”的决定》，崔会烈同志宣读了《关于对向志雄同志追记一等功的决定》和《关于向向志雄同志学习的决定》。四川省劳动和社会保障厅副厅长刘家强简要介绍了向志雄同志有关情况，四川省成都市金牛区劳动和社会保障局副局长卢圣义、劳动保障服务对象代表、四川省成都市金牛区通力集团会计杨敏、向志雄同志的爱人周碧荪分别作了报告。

同日　劳动和社会保障部召开党组整改方案通报会，郑斯林同志通报了部党组的整改方案，华福周同志主持会议并对落实整改方案提出了要求。刘永富、崔会烈同志出席会议。

6月16日至17日　全国社会保险基金监督工作座谈会在北京召开，刘永富同志到会听取代表意见并讲话。会议总结2004年以来的工作，部署2005年下半年任务，交流工作经验，并对有关问题进行研讨。

6月17日　劳动和社会保障部组织对保持共产党员先进性教育活动进行群众满意度测评。郑斯林、华福周、刘永富同志和中央督导组组长王英凡出席会议，部属各单位司局级干部、离退休干部党支部书记、部分党员、群众、民主党派、无党派人员代表共计109人参加了无记名投票。

6月21日　国务院总理温家宝主持召开国务院第7次全体会议，审议任命曾荫权为香港特别行政区行政长官。郑斯林同志出席。

同日　国务院总理温家宝主持召开国务院第96次常务会，听取关于上海浦东新区进行综合配套改革试点等汇报。郑斯林同志出席。

同日　劳动和社会保障部召开保持共产党员先进性教育活动总结大会。郑斯林同志全面总结先进性教育活动有关工作，强调巩固先进性教育活动成果，建立健全保持共产党员先进性的长效机制，推进劳动保障事业新发展。中央督导组组长王英凡出席会议并讲话。华福周同志主持会议，王东进、张小建、崔会烈同志出席会议。

同日　郑斯林同志主持召开劳动和社会保障部党组第43次会议，研究有关人事工作。王东进、华福周、张小建、崔会烈同志出席。

同日　劳动和社会保障部党组发出《关于胡晓义和信长星同志职务任免的通知》（劳社党发［2005］25号）。经部党组研究，任命胡晓义同志为办公厅主任，信长星同志为规划财务司司长。免去信长星同志办公厅主任职务。

6月23日　第二批保持共产党员先进性教育活动工作会议在北京召开。中央先进性教育活动领导小组组长贺国强出席会议并讲话。他强调，要认真贯彻中央关于开展先进性教育活动的一系列重要指示，充分借鉴和运用第一批先进性教育活动的成功经验，进一步统一思想，坚定信心，加强领导，扎实工作，下最大的决心、尽最大的努力，确保第二批先进性教育活动取得实效，实现中央确定的目标要求。郑斯林同志出席会议。

6月23日至24日　劳动和社会保障部与国际劳工组织联合举办中国中小企业开发服务与创业促进国际研讨会，以“促你创业、帮你兴业、助你就业”为主题交流国内外经验，总结“创办和改善你的企业（SIYB）”中国项目实施成果。300多名国内外专家、学者、地方代表参加会议。张小建同志出席开幕式并致辞，国际劳工组织北京局局长康妮女士参加会议。

6月24日　张小建、刘永富同志分别与吉林省副省长李斌，就近期就业再就业工作安排和完善城镇社会保障体系试点有关问题进行座谈。

同日　劳动和社会保障部党组发出《关于赵国君和明瑞锋同志职务任免的通知》（劳社党发［2005］26号）。经部党组研究，任命赵国君同志为办公厅助理巡视员，明瑞锋同志为规划财务司助理巡视员。免去赵国君同志办公厅调研处处长职务，明瑞锋同志规划财务司科技处处长职务。

6月24日至25日　全国劳动工资工作座谈会在黑龙江省哈尔滨市召开。华福周同志出席会议并讲话。会议总结了一年来全国劳动工资工作情况，分析了当前劳动工资工作面临的形势，对下一步的工作进行了安排部署。

6月27日　劳动和社会保障部、民政部、财政部、国家税务总局、国家工商行政管理总局、国务院国有资产监督管理委员会、总政治部联合发出《关于认真做好军队复员干部就业再就业和社会保障工作有关问题的通知》（劳社部发［2005］17号）。

同日　劳动和社会保障部发出《关于印发劳动保障部门进一步做好2005年纠风专项治理工作方案的通知》（劳社部函［2005］85号）。通知要求认真贯彻落实《劳动保障部门进一步做好2005年纠风专项治理工作方案》。

6月28日至29日　全国境外就业中介机构管理工作座谈会在青岛市召开，王东进同志出席并讲话。会议回顾和总结了劳动和社会保障部门开展境外就业13年和《境外就业中介管理规定》正式实施3年以来的工作，分析当前形势，研究部署下一阶段工作任务。会议期间，王东进同志听取了青岛市劳动保障工作汇报，考察了青岛市劳动保障政务大厅、社保经办机构服务窗口等单位，与山东省副省长赵克志交换了意见。

6月29日　国务院副总理黄菊主持召开国务院再就业工作部际联席会议，听取了郑斯林同志关于进一步做好就业再就业工作的汇报并作重要讲话。张小建同志出席会议并发言，联席会议成员单位负责同志和部属有关单位负责同志参加会议。

同日　劳动和社会保障部发出《关于开展全国社会保险经办机构人员培训工作的通知》（劳社部发［2005］18号）。通知提出：充分认识开展培训工作的重要性和必要性，培训工作的总体思路，系统地开展培训工作。

6月30日　郑斯林同志主持召开劳动和社会保障部党组会议，中组部副部长沈跃跃宣读中央关于劳动和社会保障部主要负责同志调整的决定，任命田成平同志为劳动和社会保障部部长、党组书记，免去郑斯林同志劳动和社会保障部部长、党组书记职务。沈跃跃同志说，此次人事调整是中央根据干部任职年龄的有关规定和工作需要，经过通盘考虑、郑重研究后做出的决定，属正常调整。王东进、步正发、华福周、张小建、刘永富、崔会烈等同志出席会议。随后，劳动和社会保障部召开司局级干部大会，沈跃跃同志宣读中央决定，田成平同志讲话，郑斯林同志主持会议并讲话。

同日 国务院办公厅发出《关于促进东北老工业基地进一步扩大对外开放的实施意见》（国办发［2005］36号）。意见中涉及劳动保障工作有：（四）进一步完善促进外商投资企业发展的社会保障环境；（二十五）鼓励外国投资者合作建立职业教育培训机构。

7月1日 劳动和社会保障部召开庆祝中国共产党成立84周年暨“两优一先”表彰大会，表彰先进基层党组织、优秀共产党员和优秀党务工作者。步正发同志主持会议，华福周同志代表部党组讲话，刘永富同志宣读了表彰决定，部领导向受到表彰的先进集体和优秀个人颁发了奖牌和证书。崔会烈同志出席会议。

同日 王东进同志会见塞尔维亚和黑山的黑山社会主义者民主党执委会主席拉杜诺维奇先生一行。王东进同志向代表团介绍了中国的养老保险和失业保险制度，并就代表团感兴趣的问题回答了对方的提问。

7月2日 劳动和社会保障部召开保持共产党员先进性教育活动领导小组办公室工作总结会。华福周同志出席会议并讲话，指出先进性教育活动取得的成效是部党组正确领导，中央督导组及时指导，各级党组织组织实施，全体党员积极参与以及领导小组办公室工作人员辛勤劳动的成果。同时强调要认真总结，再接再厉，巩固落实各项整改措施，把领导小组办公室工作形成的好机制、好做法和好作风进一步体现在各项日常工作中，转化为机关党建工作的长效机制，为再创劳动保障工作的新业绩提供坚强的组织保证。

同日 中国劳动保障报创刊20周年纪念酒会在香格里拉饭店举行。刘永富同志代表劳动和社会保障部党组讲话，国家新闻出版署副署长于永湛讲话，报社负责同志介绍了报社发展情况。步正发、华福周、刘永富、崔会烈和郑斯林、王建伦、何光同志出席。

7月3日 国务院副总理黄菊在吉林省长春市主持召开七省区就业再就业工作座谈会，总结就业再就业政策实施情况，听取各地意见建议，研究新形势下就业再就业工作任务和政策措施。张小建同志出席。

7月4日 劳动和社会保障部发出《关于贯彻实施台湾香港澳门居民在内地就业管理规定有关问题的通知》（劳社部函［2005］90号）。通知要求：认真学习《台湾香港澳门居民在内地就业管理规定》，制定贯彻落实措施；切实将《台湾香港澳门居民在内地就业管理规定》的各项要求落到实处；结合当地实际，开展多种形式的宣传活动；加强用人单位和台、港、澳人员就业管理。

7月5日 中央组织部、人事部、教育部联合召开引导鼓励高校毕业生面向基层就业工作座谈会。贺国强、陈至立同志出席会议并讲话。步正发同志出席。

同日 劳动和社会保障部发出《关于进一步做好在国有企业重组改制和关闭破产中维护职工合法权益工作有关问题的通知》（劳社部发［2005］19号）。通知要求：进一步提高认识，加强领导；严格把好关口，规范企业操作行为；政策宣传落实到位，加大督导力度；加强失业调控，认真做好社会保障和再就业工作；继续对重点行业和地区进行监控，维护社会稳定；统筹规划，精心组织，扎实细致做好各项基础工作。

7月5日至6日 中国社会保险学会医疗保险分会2005年年会暨学术报告会在西安市召开，王东进同志出席并讲话。在西安期间，王东进同志听取陕西省和西安市劳动保障工作汇报，与陕西省副省长洪峰交换意见。

7月6日至17日 张小建同志率团访问澳大利亚和新西兰，对两国在失业保险、职业培训、职业资格鉴定、就业服务和劳动力市场建设等方面的政策措施进行了考察。访问期间，张小建同志分别会见了新西兰社会发展部副部长巴克先生、首席执行官休斯先生和澳大利亚家庭和社区服务部副部长亨特先生，以及维多利亚省教育培训部部长可斯基女士，访问了新西兰劳工部、教育部、澳大利亚劳动和产业关系部，还实地考察了惠灵顿技术学院、墨尔本博克斯希尔技术与继续教育学院、堪培拉中央连接服务中心和悉尼职业介绍服务中心等机构。在新西兰期间，代表团还就在新西兰华人华侨领取新西兰养老金有关事宜与华人华侨代表及我驻新使馆、领馆进行了座谈，同时向新方解释说明了中国社会保险的有关情况。

7月8日　国务院副总理黄菊听取田成平同志劳动保障工作汇报。

同日　国务院副总理曾培炎主持召开清理建设领域拖欠工程款工作会议。华福周同志出席。

7月11日　国务院发出《国务院关于进一步做好城镇退役士兵安置工作的通知》（国发［2005］23号）。通知要求：依法保障城镇退役士兵安置就业，大力推进城镇退役士兵自谋职业。

7月13日　国务院总理温家宝主持召开国务院第98次常务会议，听取发展改革委关于上半年经济形势和下半年工作建议的汇报。田成平同志参加。

同日　王东进同志会见来华访问的美国美中关系全国委员会主席欧伦斯先生。王东进同志介绍了中国劳动保障立法的有关情况，并就中美劳动立法项目进行了交流。

7月14日至15日　劳动和社会保障部举办金保工程建设工作领导干部培训班（第一期），华福周同志出席并讲话。

7月15日　全国人大财经委召开上半年经济形势分析会议。王东进同志出席。

7月15日至16日　全国劳动保障依法行政工作座谈会在大连市召开，步正发同志出席并讲话。会议总结交流了劳动保障依法行政工作经验，回顾了过去一年来工作情况，分析了当前形势，对下半年工作进行了部署。期间，步正发同志考察了大连市戚秀玉职业介绍所、劳动保障监察执法和社保经办等机构，与辽宁省副省长鲁昕、大连市市长夏德仁等同志交换了意见。

7月18日　胡锦涛同志在中南海勤政殿主持召开中央财经领导小组会议，听取国家发展和改革委员会关于2005年上半年经济形势和下半年经济工作建议的汇报。田成平同志出席。

同日　国务院副总理黄菊，国务委员华建敏同志召开煤矿安全生产专题会议。王东进同志出席。

7月19日　国家协调劳动关系三方会议第八次会议在北京召开。会议增补调整了国家协调劳动关系三方会议成员和办公室组成人员，研究制定了三方2005年下半年工作安排，审议了全国协调劳动关系三方机制工作会议暨表彰大会筹备方案，并对关于加强和完善国家协调劳动关系三方会议办公室机构建设提出修改意见。王东进、华福周同志出席。

7月20日　国务院总理温家宝主持召开国务院第99次常务会议，讨论《中华人民共和国个人所得税法修正案（草案）》。田成平同志参加。

同日　田成平同志主持召开第11次部务会议，审议《残疾人就业条例（草案）》。王东进、步正发、华福周、张小建、刘永富同志出席，部属各单位主要负责同志参加。

同日　王东进同志主持召开国家《劳动能力鉴定标准》制定工作领导小组第一次全体会议。规划财务司、工伤保险司、社保中心有关负责同志、卫生部有关司局负责同志和有关专家参加会议。

同日　步正发同志会见云南省政协副主席和占均同志，就被征地农民社会保障工作进行座谈。农村保险司负责同志参加。

同日　劳动和社会保障部发出《关于贯彻落实中共中央办公厅国务院办公厅引导鼓励高校毕业生面向基层就业意见的通知》（劳社部发［2005］21号）。通知要求：鼓励和支持高校毕业生到基层自主创业和灵活就业；切实保障到各类中小企业和非公有制单位就业的高校毕业生合法权益；在开展青年职业见习工作的基础上，探索建立高校毕业生就业见习制度；做好高校毕业生就业服务工作；加强对高校毕业生到基层就业的社会保险服务；引导高校毕业生充实基层劳动保障工作队伍。

7月21日　中共中央召开中央政治局常委会议，田成平同志列席。

同日　张小建同志与国家开发银行副行长刘克崮就运用政策性金融支持农村劳动力转移培训有关事宜进行座谈。

7月21日至22日　劳动和社会保障部举办金保工程建设工作领导干部培训班（第二期），王东进同志出席并讲话。

7月22日　全国劳动保障厅局长座谈会在北京召开，田成平、王东进、步正发、华福周、张小建、刘永富同志出席。田成平同志在会上讲话。王东进同志代表部党组通报上半年劳动保障工作进展情况、面临的矛盾与问题，部署了下半年的工作。

7月23日至8月4日　华福周同志应美国劳工部和加拿大人力资源与技能开发部邀请，率团对两国进行工作访问。访问期间，与美国劳工部长赵小兰女士、常务副部长劳先生、美国联邦仲裁调解局贝肯鲍尔先生和加拿大人力资源与技能开发部助理部长特齐先生等进行了工作会谈，并考察了美加负责劳动标准和劳动争议处理的有关机构。

7月25日　中央政治局召开会议，听取关于上半年经济形势和下半年经济工作建议的汇报，田成平同志列席。

7月25日至8月5日　步正发同志应伊朗劳动与社会事务部和埃及人力与移民部邀请，率团对两国进行工作访问。

7月26日　国务院总理温家宝主持召开国务院第100次常务会议，田成平同志参加。

8月1日　张小建、刘永富同志与财政部副部长肖捷就劳动保障有关工作进行座谈。

同日　劳动和社会保障部发布《关于公布第一批企业年金基金管理机构的通知》（中华人民共和国劳动和社会保障部通告第5号），认定华宝信托投资有限责任公司等5家公司为第一批企业年金基金法人受托机构；中国工商银行等11家银行或公司为第一批企业年金基金账户管理人；中国工商银行等6家银行或公司为第一批企业年金基金托管人；海富通基金管理有限公司等15家公司为第一批企业年金基金投资管理人。

8月3日至12日　刘永富同志率国务院完善城镇社会保障体系试点工作小组办公室有关同志对吉黑两省试点工作进行调研，劳动和社会保障部试点办和国家发展改革委员会、民政部、财政部、税务总局、国资委、国务院东北办、中华全国总工会的司处级干部参加。期间，刘永富同志分别在吉林省长春市、黑龙江省哈尔滨市出席全国社会保险局长座谈会和部分省会城市社会保险经办工作座谈会并讲话。

8月4日　劳动和社会保障部、中华全国总工会、中国企业联合会/中国企业家协会联合发出《关于进一步加强劳动争议调解工作的通知》（劳社部函［2005］180号）。通知要求：高度重视新形势下的劳动争议调解工作；进一步发挥企业劳动争议调解委员会的作用；积极推进区域性、行业性劳动争议调解组织建设；大力加强劳动争议预防和预警工作；切实加强劳动争议调解工作规范化建设和机制创新；加强领导，统筹协调，推进劳动争议调解工作深入发展。

8月5日　张小建同志与教育部副部长吴启迪就职业教育有关工作进行座谈。

8月9日　中共中央宣传部在北京召开为抗日战争老战士、老同志颁发纪念章座谈会。张小建同志出席。

8月10日　田成平同志主持召开劳动和社会保障部第45次党组会议。步正发、华福周、张小建、崔会烈同志出席。

8月10日至11日　劳动和社会保障事业发展“十一五”规划专家研讨会在北京召开。会议听取了国务院有关部门、科研机构和高校有关专家学者对劳动和社会保障“十一五”规划的意见。王东进同志主持会议并讲话。

8月11日　王东进同志会见美国礼来公司董事长、总裁陶瑞尔先生一行。

8月11日至12日　劳动和社会保障部在北京召开部分省份劳动保障厅养老保险处长和社保经办机构负责人会议，研究修改机关事业单位养老保险制度改革方案。刘永富同志出席。

8月11日至19日、23日至29日　崔会烈同志先后赴黑龙江和湖南省调研劳动保障系统窗口建设工作，并分别于18日和24日在哈尔滨和长沙市主持召开部分省市劳动保障厅纪检组长座谈会。

8月15日　王东进同志分别会见拜耳医药保健处方药部全球总裁普立斯科一行和智利劳动和社会保障部副部长克鲁西伯特一行。

8月16日　"对欧盟工作跨部门协调机制"和"中英关系协调小组"联席会议在北京召开，王东进同志出席。

同日　王东进同志分别会见上海市副市长周太彤一行和德国五金工会主席彼得斯先生一行。

8月22日　田成平同志会见捷克驻华大使格瑞普先生。

同日　刘永富同志与国家发展改革委副主任朱之鑫座谈。

8月23日　田成平同志会见内蒙古自治区副主席郭子明一行。

同日　张小建同志会见香港工业总会访京团。

同日　劳动和社会保障部发出《关于统一劳动保障监察标志的通知》(劳社部发［2005］22号)。通知要求：提高统一劳动保障监察标志工作的认识，全国统一劳动保障监察标志（分为胸牌和臂章），劳动保障监察标志的制作和佩戴，各级劳动保障行政部门要进一步加强劳动保障监察机构和队伍建设。同时发出了各省、自治区、直辖市及新疆生产建设兵团的代号和劳动保障监察胸牌、臂章式样。

8月24日　国务院总理温家宝主持召开国务院第103次常务会议，田成平同志参加。

同日　田成平同志出席首都技能人才培养成果展示会。

8月24日至27日　华福周同志带领劳动和社会保障部、中华全国总工会和中国企业联合会组成的"三方联合调研组"对福建省劳动关系协调工作情况进行调研。

8月25日　王东进同志分别会见丹麦社会事务兼性别平等大臣汉森女士一行和国际劳工组织总干事办公室亚太问题特别顾问黄玉武先生。

8月26日　中央政治局组织集体学习讲座，内容为"世界反法西斯战争的回顾与思考"。田成平同志参加。

同日　劳动和社会保障部召开企业年金基金管理机构负责人会议，刘永富同志出席并讲话。银监会、证监会、保监会负责同志出席并讲话。

8月27日至9月1日　刘永富同志作为中央代表团成员赴西藏出席自治区成立40周年庆祝活动。

8月29日　国务院召开会议，研究进一步做好就业再就业工作的政策建议，田成平、张小建同志出席。

同日　王东进同志会见日中技能者交流中心专务理事中川丰先生一行。

同日　全国人大常委会农业法执法检查组第一次全体会议在北京召开，步正发同志出席。

8月30日　田成平同志会见欧盟驻华大使赛日·安博先生一行。

同日　王东进同志会见德国经济和劳动部国务秘书安青格先生一行。

8月31日　国务院总理温家宝主持召开第104次常务会议。田成平同志参加。

同日　华福周同志会见出席提高社会性别平等战略研讨会的国际劳工组织性别平等局局长琳达女士、国际劳工组织北京局局长康妮女士。随后，出席提高社会性别平等战略研讨会开幕式并致辞。

9月2日　劳动和社会保障部、建设部、公安部、监察部、司法部、国家工商行政管理总局、中国人民银行、中华全国总工会、银监会联合发出《关于进一步解决拖欠农民工工资问题的通知》（劳社部发［2005］23号）。通知要求：进一步高度重视解决拖欠农民工工资工作；认真调查掌握企业拖欠农民工工资情况；加强对农民工工资支付情况的监督检查；推进建立预防和解决拖欠农民工工资问题的长效机制；加强对企业招用农民工的管理；及时处理涉及拖欠农民工工资的劳动争议案件；继续做好维护农民工劳动保障权益的普法宣传、法律服务和法律援助工作；建立相关部门工作协调机制，明确工作职责。

9月4日至5日　全国劳动保障宣传工作座谈会在云南昆明召开，张小建同志出席并讲话。

9月4日至9日　华福周同志率劳动和社会保障部、中华全国总工会和中国企业联合会组成的“三方联合调研组”，对湖北省劳动关系协调工作情况进行调研。

9月5日　田成平同志会见并宴请欧盟就业、社会事务及机会均等委员斯皮德拉先生一行。

同日　田成平同志出席中欧第八次领导人会议签字仪式，并代表中国政府在签字仪式上与欧盟就业、社会事务及机会均等委员斯皮德拉先生共同签署《中华人民共和国劳动和社会保障部与欧盟委员会谅解备忘录》。随后，田成平同志参加了中欧领导人新闻发布会及中欧领导人会议招待会。

9月6日　田成平同志与欧盟就业、社会事务及机会均等委员斯皮德拉先生共同出席中欧就业和职业培训国际研讨会开幕式并致辞。

同日　国务院召开会议，研究集中处理信访突出问题及群体性事件工作中需妥善处理的有关政策性问题，王东进同志出席。

同日　刘永富同志主持中欧就业和职业培训国际研讨会开幕式。晚上，会见并宴请了出席中欧就业和职业培训国际研讨会的欧盟就业、社会事务及机会均等总司的官员。

9月6日至7日　张小建同志率劳动和社会保障部及国务院7个部门有关同志组成的调研组在湖南进行调研，先后听取湖南省有关部门和长沙市、湘潭市政府工作汇报，分别召开下岗失业人员和企业负责人座谈会，听取对就业再就业政策的意见建议。

9月7日　王东进同志分别会见美国IBM亚太地区执行总裁克恩先生和国际社会保障协会秘书长霍斯金先生。

9月8日　国务院副总理黄菊主持召开部分省市就业再就业工作座谈会，会议总结了就业再就业政策实施情况，明确新形势下促进就业再就业工作任务，研究和改善相关政策措施。田成平、张小建同志出席。

9月9日至13日　田成平、张小建同志分别陪同国务院领导同志到云南省考察工作，听取了省委、省政府工作汇报，先后考察了云南白药集团公司、玉溪红塔集团等单位，广泛听取干部群众的意见，并就进一步推进西部大开发、促进经济社会全面协调可持续发展以及构建社会主义和谐社会等问题进行深入调研。

9月12日　田成平同志主持召开第46次部党组会议。研究向中央先进性教育活动检查组汇报提纲、关于被征地农民培训就业和社会保障等问题。王东进、步正发、华福周、崔会烈同志出席。

同日　田成平同志陪同中央领导同志接见优秀进城务工人员先进事迹报告团成员。

同日　田成平、步正发同志会见应邀访华的捷克共和国政府副总理兼劳动和社会事务部部长什克罗马赫先生一行。

同日　王东进同志会见加拿大人力资源与技能开发部劳动和住房部长约瑟夫·方塔纳先生一行。

同日　劳动和社会保障部召开全国劳务输出工作座谈会，分析劳务输出工作面临的形势，交流各地好的经验做法，部署进一步工作。张小建同志出席并作重要讲话。

9月12日至21日　刘永富同志应芬兰社会事务与卫生部和瑞典卫生与社会事务部的邀请，率团对芬兰和瑞典进行了工作访问。访问期间，与芬兰社会事务与卫生部国务秘书科斯特曼女士，瑞典卫生与社会事务部国务秘书本特森先生等进行了工作会谈。

9月13日　田成平同志主持召开汇报会，

华福周同志代表部党组向中央先进性教育活动第6检查组汇报了劳动和社会保障部先进性教育整改措施落实的情况及下一步的工作安排。

同日　王东进同志会见捷克副总理兼劳动和社会事务部部长兹德涅克·什克罗马赫先生一行。

9月14日　国务院领导同志在中南海紫光阁会见了应劳动和社会保障部邀请访华的捷克副总理兼劳动和社会事务部部长什克罗马赫先生一行。田成平同志陪同。

9月14日至16日　全国劳动保障系统办公室工作座谈会在四川召开，王东进同志出席并讲话。

9月17日　“我为金保工程献一策”征文活动颁奖仪式暨金保工程建设研讨会在天津市召开，华福周同志出席并讲话。

9月19日至23日　步正发同志率团出席国际移民组织和印尼人力与移民部共同举办的第二届亚洲劳工移民部长级磋商会。会议期间，与国际移民组织总干事、印尼人力与移民部长、阿富汗劳动与社会事务部长、印度海外印度人事务部部长等进行会谈。

9月19日至23日　崔会烈同志率队赴河北、天津调研，先后召开5个座谈会，听取省、地、市、县三级劳动和社会保障部门、社会保险经办机构以及财政、税务部门人员对《社会保险基金管理违规违纪行为党纪政纪处分暂行规定》的修改意见和建议。

9月20日　国有资产监督管理委员会、劳动和社会保障部、国土资源部联合发出《关于进一步规范国有大中型企业主辅分离辅业改制的通知》（国资发分配［2005］250号）。通知对经济补偿金和预提劳动保障费用等做了进一步规范。

9月21日　国务院总理温家宝主持召开第106次常务会议，讨论《国务院关于大力发展职业教育的决定（送审稿）》。田成平同志参加。

9月22日至23日　医疗保险座谈会在湖北省武汉市召开，会上研究了完善城镇医疗保障制度的有关政策，分析了当前及“十一五”期间的形势和任务，明确了下一步医疗保障制度改革与发展的目标、任务和工作思路。王东进同志出席会议。

9月25日　中央国家机关第二届职工运动会在国家奥林匹克体育中心体育场举行，田成平同志出席开幕式，并参加了领导同志场内健步走活动。

9月26日　共青团中央、劳动和社会保障部在人民大会堂联合举办中国青年创业行动推进会。会前，国务院领导同志接见了中国青年创业奖获得者，田成平同志陪同接见，并出席会议开幕式，为中国青年创业行动优秀组织单位和先进个人代表颁奖并讲话。

9月26日至28日　劳动和社会保障部机关各司局分别搬入新办公楼。

9月27日　刘永富同志与国家审计署副审计长余效明座谈。

9月28日　国务院办公厅发出《国务院办公厅转发商务部等部门关于加强境外中资企业机构与人员安全保护工作意见的通知》（国办发［2005］48号）。通知要求：劳动保障部要继续研究做好与有关国家签订双边社会保险协定的工作，更好地维护境外中资企业、机构与人员的社会保障权益。

9月29日　劳动和社会保障部举行新办公楼揭牌仪式，田成平同志出席并为新办公楼揭牌。国务院副秘书长、国务院机关事务管理局局长焦焕成，以及王东进、步正发、华福周、崔会烈同志出席了揭牌仪式。

同日　田成平同志与中华全国总工会书记处第一书记张俊九同志和经费审查委员会主任董力同志座谈，就更好地维护企业职工劳动和社会保障权益问题交换了意见。

同日　就业促进立法国际研讨会在北京开幕，步正发同志出席并致辞。

9月30日　国务院召开会议，部署落实《应急管理科普宣教工作总体实施方案》，刘永富同志出席。

10月10日　王东进同志会见中国常驻日

内瓦联合国代表团团长沙祖康大使。

同日　国务院召开会议，研究进一步做好就业再就业工作的政策建议。张小建同志出席。

同日　刘永富同志与国家发展改革委副主任杜鹰座谈。

10月12日　劳动和社会保障部、中华全国总工会、中国企业联合会/中国企业家协会联合发出《关于表彰全国劳动争议仲裁和调解工作先进集体优秀个人暨创建和谐劳动关系模范企业的决定》（劳社部发［2005］24号）。决定授予王洁等100人"全国优秀劳动争议仲裁员"荣誉称号，授予单小平等301人"全国优秀劳动争议调解工作者"荣誉称号，并颁发荣誉证书和奖金；授予北京市劳动争议仲裁委员会等50个组织"全国先进劳动争议仲裁委员会"荣誉称号，授予唐山市劳动争议调解指导中心等151个组织"全国先进劳动争议调解组织"荣誉称号，授予中国海洋石油总公司等100家企业"全国创建和谐劳动关系模范企业"荣誉称号，并颁发奖牌。

10月12日至15日　刘永富同志参加国家行政学院"小康社会领导者培训项目"当代经济与社会全面协调可持续发展专题研究班培训。

10月13日　田成平同志主持召开劳动和社会保障部党组会议，研究劳动和社会保障事业发展"十一五"规划纲要草案。

10月15日　吉林省召开公益性岗位对接启动大会和中国吉林创业就业论坛。张小建同志出席。

10月16日至17日　田成平同志参加全国人大常委会《劳动法》执法检查组的检查活动，检查组听取了北京市政府及有关部门贯彻实施《劳动法》的情况汇报，并到北京市顺义区检查了贯彻实施《劳动法》的情况。

10月18日　全国人大财经委员会在北京召开会议，分析前三季度经济形势。王东进同志出席。

同日　步正发同志出席维护农民工劳动保障权益普法宣传活动。

同日　劳动和社会保障部发出《关于印发劳务输出输入工作要点的通知》（劳社部函［2005］210号）。通知要求各地推行培训、就业、维权三位一体的工作模式，发挥职业培训补贴、职业介绍补贴政策效应，推进劳务输出在规模经营上有一个更大的发展。

10月18日至19日　全国协调劳动关系三方机制工作会议暨表彰大会在福建省福州市召开。王东进、华福周同志出席。

10月19日　国务院总理温家宝主持召开第109次常务会议，田成平同志参加。

同日　全国人大副委员长李铁映赴北京市进行《劳动法》执法检查，步正发同志陪同。

同日　国务院召开2005年全国1%人口抽样调查电视电话会议，刘永富同志出席。

10月21日　中华职教社温暖工程实施十周年总结表彰大会在北京召开，刘永富同志出席。

同日　中央纪委组织召开纠风工作情况汇报会，崔会烈同志出席并代表劳动和社会保障部汇报了纠风工作情况。

10月22日　国务院发展研究中心举办"中国企业年金制度建设与市场发展高层论坛"，刘永富同志出席并发言。他强调企业年金对国家、企业和职工、资本市场都是有利的好事，政府有关部门、企业和职工、企业年金基金管理机构要密切配合，共同推动企业年金的建立和发展。

10月24日至11月4日　王东进同志应印度劳动与就业部和智利劳动和社会保障部的邀请，率团对印度和智利进行了工作访问。

10月25日　全国人大常委会《劳动法》执法检查普法讲座在人民大会堂举行，步正发同志出席并作了关于我国《劳动法》的基本制度和执行情况的报告。

同日　中央社会治安综合治理委员会第二次全体会议在北京召开，张小建同志出席。

10月25日至27日　劳动和社会保障部

劳动科学院科研工作座谈会在四川成都召开，步正发同志出席并讲话。

10月26日　国务院副总理黄菊主持召开会议，研究做实养老保险个人账户有关问题，田成平、刘永富同志参加。

同日　田成平同志会见国际劳工局北京局局长托马斯女士。

同日　财政部、劳动和社会保障部发出《关于调整全国社会保障基金投资企业债和政策性金融债比例的函》（财金［2005］98号），调整全国社会保障基金投资企业债、金融债比例。

10月27日　张小建同志与国家开发银行副行长刘克崮就培训基地建设合作项目进行座谈。

10月28日　国务院总理温家宝主持召开第110次常务会议，会议讨论并原则通过了《中华人民共和国劳动合同法（草案）》。田成平同志出席。

同日　全国劳动保障信息化工作座谈会在江苏南京召开，田成平同志作了书面讲话，华福周同志出席并讲话。会议总结了近年来金保工程建设情况，部署了2006年的建设任务，并交流了工作经验。

同日　国务院发出《关于大力发展职业教育的决定》（国发［2005］35号）。决定主要内容有：落实科学发展观，把发展职业教育作为经济社会发展的重要基础和教育工作的战略重点；以服务社会主义现代化建设为宗旨，培养数以亿计的高素质劳动者和数以千万计的高技能专门人才；坚持以就业为导向，深化职业教育教学改革；加强基础能力建设，努力提高职业院校的办学水平和质量；积极推进体制改革与创新，增强职业教育发展活力；依靠行业企业发展职业教育，推动职业院校与企业的密切结合；严格实行就业准入制度，完善职业资格证书制度；多渠道增加经费投入，建立职业教育学生资助制度；切实加强领导，动员全社会关心支持职业教育发展。

同日　劳动和社会保障部、商务部、国家工商行政管理总局联合发出《关于允许香港澳门服务提供者在内地设立独资职业介绍机构的通知》（劳社部发［2005］26号）。

10月29日至11月6日　华福周同志参加全国人大常委会《劳动法》执法检查组赴湖南省、重庆市检查工作。

10月30日　中国职工教育和职业培训协会第四届理事会暨理事会年会在北京召开。全国人大常委会副委员长成思危和张小建同志出席会议并讲话。

10月30日至11月19日　刘永富同志赴英国参加中央组织部组织的“小康社会领导者培训项目”当代经济与社会全面协调可持续发展专题研究班。

11月1日　劳动和社会保障部、财政部、司法部联合发出《关于监狱企业工人参加企业职工基本养老保险有关问题的通知》（劳社部发［2005］25号）。

11月2日至14日　步正发同志参加全国人大常委会《劳动法》执法检查组赴浙江、福建省检查工作。

11月4日　国务院发出《国务院关于进一步加强就业再就业工作的通知》（国发［2005］36号）。通知对下岗失业人员再就业政策进行了延续、扩展、调整和充实，明确了今后几年就业再就业工作的指导思想、目标任务、政策措施和工作要求。

11月7日　崔会烈同志会见欧洲社会党主席拉斯姆森一行。

11月7日至8日　国务院在北京召开全国职业教育工作会议。田成平、张小建同志出席。

11月7日至8日　华福周同志在四川省调研。

11月8日至15日　王东进同志参加全国人大常委会《劳动法》执法检查组赴广东省检查工作。

11月9日　田成平同志与吉林省副省长李斌一行会谈。

同日　张小建同志会见世界银行战略业务

局局长杰弗里·格特曼一行。

11月9日至12日　国务院领导同志赴山西调研，并出席听取有关地方对《国务院关于加强地质工作的决定（稿）》意见的座谈会。华福周同志陪同。

11月10日　劳动和社会保障部召开学习贯彻十六届五中全会精神学习辅导报告会。田成平、崔会烈同志出席。

同日　张小建同志与西藏自治区副主席白玛才旺一行会谈。

11月11日　国务院再就业工作部际联席会议全体会议在北京召开。田成平、张小建同志出席。

同日　国务院召开研究城市卫生服务体系建设工作会议。崔会烈同志出席。

11月13日　河南省政府在北京举办第三届河南在京优秀务工创业人员代表座谈会。张小建同志出席。

11月15日　张小建同志主持召开会议，传达全国职业教育工作会议和国务院就业工作部际联席会议精神，学习《国务院关于大力发展职业教育的决定》（国发［2005］35号）和《国务院关于进一步加强就业再就业工作的通知》（国发［2005］36号），研讨贯彻落实措施，交流工作体会，并部署安排下一步工作。

同日　劳动和社会保障部、财政部联合发出《关于扩大做实企业职工基本养老保险个人账户试点有关问题的通知》（劳社部发［2005］27号）。通知就8个方面问题进一步说明并提出具体要求。

11月16日至18日　田成平同志赴陕西省调研。

11月17日至18日　“海峡两岸医疗保险改革研讨会”在河南省郑州市召开，王东进同志出席。

11月18日　国务院召开防治艾滋病工作委员会全体会议，张小建同志出席。

同日　全国城乡特殊困难群众社会救助工作经验交流会议在北京召开，张小建同志出席。

同日　劳动和社会保障部发出《关于公布11所国家重点技工学校、11所高级技工学校、48所复评合格国家重点技工学校和撤销16所国家重点技工学校名单的通知》（劳社部函［2005］217号）。通知公布确认北京市应用职业技术学校等11所技工学校为国家重点技工学校，确认天津市工程技术学校等11所技工学校为高级技工学校，确认北京市公共交通高级技工学校等48所技工学校复评合格，撤销北京市汽车驾驶技工学校等16所学校国家重点技工学校称号。

11月22日　张小建同志会见莫桑比克劳工部副部长苏亚雷斯·纳卡先生一行。

同日　刘永富同志会见湖北省副省长蒋大国，听取了湖北省劳动保障厅的工作汇报。

11月23日　华福周同志会见美国联邦仲裁与调解局代理局长斯科特·贝肯鲍尔先生一行。

11月24日　田成平同志主持召开部党组理论学习中心组学习。王东进、步正发、华福周、张小建、刘永富同志参加。

同日　劳动和社会保障部发出《关于进一步做好职业培训工作的意见》（劳社部发［2005］28号）。提出：认真学习和宣传《决定》精神，进一步明确职业培训为提高劳动者就业能力和培养技能人才服务的方向；规划“十一五”职业培训工作，加强部门协作，实现职业培训新发展；实施“新技师培养带动计划”，加快高技能人才培养，带动技能劳动者队伍素质整体提高；实施“下岗失业人员技能再就业计划”，深入推动再就业培训，以培训促就业；实施“能力促创业计划”，广泛开展创业培训，发挥促进就业的位增效应；实施“农村劳动力技能就业计划”，积极开发农村劳动力转移培训，提高转移就业效果；实施“国家职业资格证书技能导航计划”，全面推进职业技能鉴定工作，促进劳动者技能就业和技能成才；继续实施“技能岗位对接行动”，完善就业服务，为技能劳动者培训后就业提供有效支持。

11月25日　中共中央政治局举办集体讲座。田成平同志参加。

同日　刘永富同志会见澳大利亚中央联接局首席执行官威澜先生一行。

11月28日　国务院召开全国艾滋病防治工作电视电话会议，华福周同志出席。

同日　劳动和社会保障部召开做好“两节”期间保障进城务工人员工资支付工作视频会议，对“两节”期间保障进城务工人员工资支付工作进行再动员、再部署。步正发、华福周同志出席会议。

11月28日至30日　全国劳动保障国际交流与合作工作座谈会在深圳市召开，王东进同志出席。

11月28日至12月1日　中央经济工作会议在北京召开，田成平同志出席。

11月29日　刘永富同志与河南省副省长王明义同志一行座谈。

11月30日　刘永富同志与国务院法制办副主任郜风涛为组长的中央联席会议《信访条例》检查组一行座谈。

同日　劳动和社会保障部、国家安全生产监督管理总局、国家煤矿安全监察局联合发出《关于做好煤矿企业参加工伤保险有关工作的通知》（劳社部发［2005］29号）。

12月1日　国务院总理温家宝在人民大会堂会见莱索托首相莫西西利。田成平同志陪同。

同日　田成平同志会见国际劳工局执行主任塔比奥拉先生。

同日　张小建同志会见日本参议员荒井广幸一行。

12月2日　劳动和社会保障部发出《关于开展2006年再就业援助月活动和春风行动的通知》（劳社部函［2005］224号）。通知要求：加强领导，统筹协调组织；结合实际，制定工作计划；保证资金，落实各项措施；加强督查，保证工作实效；集中宣传，营造良好氛围。

12月2日至13日　田成平同志率团出访法国和捷克共和国，分别签署了中华人民共和国劳动和社会保障部与法兰西共和国就业、社会团结和住房部合作谅解备忘录以及中华人民共和国劳动和社会保障部与捷克共和国劳动和社会事务部合作谅解备忘录。

12月3日　国务院发出《国务院关于完善企业职工基本养老保险制度的决定》（国发［2005］38号）。决定的主要内容：完善企业职工基本养老保险制度的指导思想和主要任务；确保基本养老保险按时足额发放；扩大基本养老保险覆盖范围；逐步做实个人账户；加强基本养老保险基金征缴与监管；改革基本养老金计发办法；建立基本养老金正常调整机制；加快提高统筹层次；发展企业年金；做好退休人员社会化管理服务工作；不断提高社会保险管理服务水平。

12月7日　张小建同志会见瑞典劳动力市场管理署国际合作部主任古辛先生一行。

同日　刘永富同志会见美国波士顿科学公司全球总裁丹·莫先生，并出席劳动和社会保障部社会保险事业管理中心与波士顿科学公司“冠心病介入治疗费用结算标准研究”项目签字仪式。

12月8日　2006年全国高校毕业生就业工作会议在北京召开，张小建同志出席。

12月8日至9日　部分地区劳动保障厅局长“十一五”规划座谈会在北京召开，王东进同志主持并讲话。

12月9日　劳动和社会保障部发出《关于印发城镇技能再就业计划和能力促创业计划的通知》（劳社部发［2005］30号）。

12月11日至13日　中华全国总工会第十四届执行委员会第三次全体会议在北京召开，王东进同志出席。

12月12日　全国组织部长会议在北京召开，步正发同志出席。

12月13日　全国清理拖欠工程款电视电话会议在北京召开，华福周同志出席。

12月13日至16日　张小建同志率中国

残联、国家发展改革委员会、司法部、建设部和我部有关同志组成的检查组，赴湖北省宜昌市、武汉市对残疾人事业“十五”计划纲要完成情况进行实地检查，并分别与湖北省政府及两市政府领导座谈。检查期间，还分别与湖北省劳动保障厅、宜昌市劳动保障局有关同志进行座谈，听取就业再就业工作汇报，并实地考察了宜昌市劳动力市场和学院街道劳动保障工作平台。

12月14日　劳动和社会保障部发出《关于表彰全国劳动保障系统2004—2005年度优质服务窗口单位的决定》（劳社部发［2005］33号）。决定对北京市劳动监察大队等232个优质服务窗口单位进行表彰，并希望受表彰的优质服务窗口单位发扬成绩，再接再厉，在推进本地区创建优质服务窗口活动中积极发挥典型示范作用，同时号召劳动保障系统的各类服务窗口单位要向受表彰的窗口单位学习。

12月14日　全国公用事业单位推行办事公开制度电视电话会议在北京召开，崔会烈同志出席。

12月14日至15日　田成平同志主持召开劳动和社会保障部第49次党组会议，王东进、步正发、华福周、刘永富、崔会烈同志出席。

12月15日　国务院召开安全生产委员会第四次全体会议，王东进同志出席。

同日　国务院新闻办召开新闻发布会，发布国务院关于完善企业职工基本养老保险制度的决定，刘永富同志出席并回答记者提问。

同日　劳动和社会保障部发出《关于贯彻落实国务院完善企业职工基本养老保险制度决定的通知》（劳社部发［2005］31号）。通知要求：认真学习领会《决定》精神；抓紧研究制定实施意见；不断扩大养老保险覆盖范围；稳妥改革基本养老金计发办法；统一调整基本养老保险个人账户规模；做好扩大做实个人账户试点工作；深入开展宣传解释工作；大力抓好业务培训工作；切实加强基金管理和监督；努力维护社会稳定。

同日　劳动和社会保障部发出《关于印发完善企业职工基本养老保险制度宣传提纲的通知》（劳社部发［2005］32号）。通知要求：统一思想认识，切实加强领导；坚持正面引导，突出宣传重点；面向基层群众，注重宣传效果。

12月16日　劳动和社会保障部发出《关于印发2006年就业再就业专项计划的通知》（劳社部发［2005］34号）。

12月19日　张小建同志与教育部副部长赵沁平座谈。

同日　劳动和社会保障部发出《关于企业年金方案和基金管理合同备案有关问题的通知》（劳社部发［2005］35号）。通知对企业年金方案和基金管理合同备案的报送、企业年金方案和基金管理合同备案的材料、企业年金方案和基金管理合同备案的受理、企业年金方案和基金管理合同备案的监管等提出具体要求。

12月20日　劳动和社会保障部社会保险研究所完成《西部地区农村社会保障问题研究》课题，并将课题成果报告报送国务院西部开发办公室。

12月20日至21日　全国劳动和社会保障工作会议暨优质服务窗口单位表彰会在北京召开，田成平、王东进、步正发、华福周、张小建、刘永富、崔会烈同志出席。

12月21日　国务院召开第116次常务会议，步正发同志出席。

12月21日至22日　劳动和社会保障部召开全国完善企业职工养老保险制度工作会议，刘永富同志出席。

12月22日　国务院完善城镇社会保障体系试点工作小组专家组第一次会议在北京召开，田成平、刘永富、王建伦同志出席。

同日　劳动和社会保障部党组发出《中共劳动和社会保障部党组关于进一步加强和改进直属机关党的建设的意见的通知》（劳社党发［2005］30号）。通知对进一步加强和改进部直属机关党的建设，在指导思想和目标要求，加强党的思想、组织、作风建设，加强党建工作的领导等5个方面提出了明确要求。

同日　财政部、劳动和社会保障部发出《关于全国社保基金投资铁道部信托贷款项目的函》（财金函［2005］222号），同意全国社会保障基金投资铁道部信托贷款项目。

12月23日　国务院召开第117次常务会议，田成平同志出席。

同日　王东进同志与广西壮族自治区副主席张文学一行座谈。

12月26日　国务院召开《关于大力发展城市社区卫生服务的决定》征求意见座谈会，王东进同志出席。

同日　2005年国防科技工业技术能手表彰会在北京召开，张小建同志出席。

12月27日　十届全国人大常委会召开第十九次会议，分组审议《中华人民共和国劳动合同法（草案）》，田成平同志出席。

同日　加强境外非政府组织在华活动管理工作部际联席会议在北京召开，王东进同志出席。

同日　劳动和社会保障部召开2006年再就业援助月活动和春风行动工作部署视频会议，张小建同志出席。

同日　第一次全国经济普查总结表彰电视电话会议在北京召开，刘永富同志出席。

12月27日至29日　步正发同志赴西安考察劳动和社会保障部挂职干部工作。

12月28日　中央党的建设工作领导小组会议在北京召开，田成平同志列席。

同日　国务院召开第118次常务会议，王东进同志出席。

12月28日至29日　中央农村工作会议在北京召开，华福周同志出席。

12月29日　国务院办公厅召开会议，研究《关于解决农民工问题的若干意见（稿）》，张小建同志出席。

同日　劳动和社会保障部、人事部、民政部、财政部联合发出《关于事业单位、民间非营利组织工作人员工伤有关问题的通知》（劳社部发［2005］36号）。

12月30日　田成平同志主持召开部第12次部务会议，审议《劳动和社会保障部政务公开办法》《劳动和社会保障部对劳动和社会保障系统政务公开办法》和《劳动保障部机关内部信息和事务公开办法》和《劳动保障部工作规则》，王东进、步正发、华福周、张小建、刘永富、崔会烈同志出席。

同日　王东进同志与国家发展改革委员会副主任杜鹰座谈。

12月31日　国务院召开会议，研究贯彻落实胡锦涛总书记重要批示精神，维护元旦、春节期间社会稳定有关问题，华福周同志出席。

劳动和社会保障统计资料

一、2005 年度劳动和社会保障事业发展统计公报

2005 年度劳动和社会保障事业发展统计公报

劳动和社会保障部　国家统计局

2005 年，在党中央、国务院的正确领导下，劳动和社会保障事业发展取得明显成效：就业和再就业工作目标任务全面完成，完善城镇社会保障制度工作进展顺利，劳动关系总体和谐，劳动保障法制建设力度加大，劳动保障基础建设迈出新步伐。

一、劳动就业

2005 年末全国就业人员 75 825 万人，比上年末增加 625 万人。其中，第一产业就业人员 33 970 万人，占全国就业人员的 44.8%；第二产业 18 084 万人，占 23.8%；第三产业 23 771 万人，占 31.4%。年末城镇就业人员 27 331 万人，比上年末净增加 855 万人。其中单位就业人员 11 404 万人，比上年末增加 305 万人。在城镇单位就业人员中，在岗职工 10 850万人，比上年末增加 274 万人。

全年城镇新增就业 970 万人，有 510 万下岗失业人员实现了再就业，其中帮助“4050”人员等就业困难人员实现再就业 130 万人。年末城镇登记失业人数为 839 万人，城镇登记失业率为 4.2%。

年末国有企业（含国有联营企业、国有独资公司）下岗职工 61 万人，比上年末减少 92 万人，进入再就业服务中心的下岗职工全部按时足额领到了基本生活费并由中心代缴了社会保险费。

全国共有 116 个城市按季度发布了职业供求分析报告。年末全国共有各类职业介绍机构 35 747 所，比上年末增加 1 857 所，其中公共职业介绍机构 24 167 所。全年公共职业介绍机构介绍成功 1 538 万人次，比上年增长 15.1%。

年末全国共有技工学校 2 855 所，在校学生 275 万人，比上年末增加 41 万人。全年技工学校面向社会开展培训 273 万人次，比上年增长 3%。年末全国共有就业训练中心 3 289 所，民办培训机构 20 341 所，全年共开展培训 1 625 万人次，比上年增长 9.2%。全年共有 610 万失业人员和下岗职工参加了再就业培训，51 万人参加了创业培训。

年末全国共有职业技能鉴定机构 7 567 个，职业技能鉴定考评人员 16.4 万人。全年共有 1 000 万人参加了职业技能鉴定，比上年增长 13.6%，831 万人取得不同等级职业资格证书，比上年增长 12.9%。其中取得技师、高级技师职业资格的有 22.8 万人。

年末全国共有境外就业中介机构 413 家，通过这些机构介绍仍在国外和港澳台地区就业的人员共 7.6 万人，其中 2005 年赴境外的 4.2 万人。

二、社会保险

（一）养老保险

年末全国共有离退休人员 5 088 万人，比上年末增加 413 万人。其中，离休人员 126 万人，比上年末减少 6 万人；退休人员 4 962 万人，比上年末增加 419 万人。

年末全国参加城镇基本养老保险人数为17 487万人，比上年末增加1 134万人。其中，参保职工13 120万人，参保离退休人员4 367万人，分别比上年末增加870万人和264万人。年末企业参加基本养老保险人数为15 716万人，比上年末增加1 037万人。

全年企业退休人员基本养老金全部按时足额发放。年末纳入社区管理的企业退休人员共2 655万人，占企业退休人员总数的68.3%，比上年末提高9.4个百分点。

全年城镇基本养老保险基金总收入5 093亿元，比上年增长19.6%，其中征缴收入4 312亿元，增长20.3%。各级财政补贴基本养老保险基金651亿元，其中中央财政544亿元，地方财政107亿元。全年基金总支出4 040亿元，比上年增长15.4%。年末基本养老保险基金累计结存4 041亿元。

年末全国参加农村养老保险人数为5 442万人，比上年末增加64万人，全年共有302万农民领取了养老金，比上年增加97万人。全年共支付养老金21亿元。年末农村养老保险基金累计结存310亿元。

（二）失业保险

年末全国参加失业保险人数为10 648万人，比上年末增加64万人。年末全国领取失业保险金人数为362万人，比上年末减少57万人。

全年失业保险基金收入333亿元，比上年增长13.8%，全年基金支出207亿元，比上年减少3%。年末失业保险基金累计结存511亿元。

（三）医疗保险

年末全国参加基本医疗保险人数为13 783万人，比上年末增加1 379万人。其中参保职工10 022万人，参保退休人员3 761万人，分别比上年末增加977万人和402万人。

全年基本医疗保险基金收入1 405亿元，支出1 079亿元，分别比上年增长23.2%和25.2%。其中，统筹基金收入820亿元，支出615亿元，分别比上年增长24%和25%。年末基本医疗保险基金累计结存1 278亿元，其中统筹基金结存750亿元，个人账户积累528亿元。

（四）工伤保险

年末全国参加工伤保险人数为8 478万人，比上年末增加1 633万人。全年享受工伤保险待遇人数为65万人，比上年增加13万人。

全年工伤保险基金收入93亿元，支出48亿元，分别比上年增长58.7%和42.7%。年末工伤保险基金累计结存164亿元。

（五）生育保险

年末全国参加生育保险人数为5 408万人，比上年末增加1 024万人。全年共有62万人次享受了生育保险待遇，比上年增加16万人次。

全年生育保险基金收入44亿元，支出27亿元，分别比上年增长37.5%和42.1%。年末生育保险基金累计结存72亿元。

（六）社会保险基金监督

到年底，全国共有27个省成立了省级社会保障监督委员会，逐步加强基金监督工作，基金管理进一步规范。推进企业年金基金市场化管理，全年共批准了29家机构的37个企业年金基金管理资格。

（七）完善城镇社会保障体系试点

到年底，吉林和黑龙江两省分别有130万人和183万人实现了国有企业下岗职工基本生活保障向失业保险的并轨，已分别做实基本养老保险个人账户27.5亿元和32.4亿元。辽宁省做实基本养老保险个人账户206亿元。

三、劳动关系

全年劳动保障部门共审核88户中央及中央下放企业关闭破产职工安置方案，涉及职工39万人。全年共审核批复了71户中央企业主辅分离辅业改制方案，涉及辅业企业4 190户，分流安置职工66万人。

全国地级以上城市普遍建立了协调劳动关系三方机制，年末全国已建立三方协调组织

6 600多个。

全年各级劳动争议仲裁委员会立案受理劳动争议案件31.4万件，比上年增长20.5%，涉及劳动者74万人，结案率为92.3%。其中，集体劳动争议案件1.9万件，涉及劳动者41万人。

四、工资分配

全年城镇单位在岗职工平均工资18 364元，比上年增长14.6%，扣除物价因素实际增长12.8%。国有单位在岗职工年平均工资为19 313元，城镇集体单位为11 283元，其他单位为18 244元。

到年底，全国共有19个省、自治区和直辖市建立了工资支付保障制度，16个省、自治区和直辖市建立了工资支付监控制度，127个城市发布了劳动力市场工资指导价位，34万家企业建立了工资集体协商制度。

五、劳动保障法制与监察

年末全国共有劳动保障监察机构3 201个，劳动保障监察机构组建率为94.8%。各级劳动保障部门配备劳动保障专职监察员2万人。

在全国范围内重点组织开展了农民工工资支付、清理整顿劳动力市场秩序、贯彻《禁止使用童工规定》等专项检查活动，全年主动检查用人单位119万户，年检用人单位96万户，查处群众举报投诉案件25万件，查处各类劳动保障违法案件38万件。通过劳动保障监察执法，责令用人单位为1 128万劳动者补签了劳动合同，责令用人单位为842万劳动者补发工资待遇等58亿元，督促16万户用人单位补缴社会保险费44亿元，督促11万户用人单位办理了社会保险登记、申报，取缔非法职业中介机构10 408户，责令用人单位退还收取劳动者的风险抵押金1亿多元。

六、"金保工程"和社区平台建设

"金保工程"建设取得进展，基本完成全国系统的总体设计和规划标准，31个省、自治区、直辖市和新疆生产建设兵团全部实现了与劳动保障部联网，11个省、自治区、直辖市实现了与全部所辖地市的联网，67%的地级以上城市实现了与省数据中心的联网，城域网覆盖到63%的经办机构。31个省、自治区、直辖市向劳动保障部上传养老保险监测数据，失业登记和失业保险监测数据上传进入实施阶段。年末有80个地级以上城市开通了"12333"劳动保障服务电话。

年末全国已建立劳动保障工作机构的街道6 784个，占街道总数的99.3%，街道劳动保障工作人员2.6万人。全国已建立劳动保障工作社区平台共63 063个，占社区总数的94.8%，聘用社区劳动保障工作人员10.9万人。全国已建立劳动保障工作机构的乡镇27 001个，占乡镇总数的77.5%，乡镇劳动保障工作人员6.4万人。

注：1. 本公报中的各项统计数据均未包括香港特别行政区、澳门特别行政区和台湾省。

2. 本公报中的有关数据为正式年报数据，与《中华人民共和国2005年国民经济和社会发展统计公报》中的部分数据有所不同。

二、统 计 资 料

（一）综　　合

历年国内生产总值、增长及构成

年份	国内生产总值	第一产业	第二产业	第三产业
一、绝对数（亿元）				
1997	78 973.0	14 264.6	37 543.0	32 921.4
1998	84 402.3	14 618.0	39 004.2	34 018.4
1999	89 677.1	14 548.1	41 033.6	35 861.5
2000	99 214.6	14 716.2	45 555.9	40 033.6
2001	109 655.2	15 516.2	49 512.3	43 580.6
2002	120 332.7	16 238.6	53 896.8	47 431.3
2003	135 822.8	17 068.3	62 436.3	54 945.5
2004	159 878.3	20 955.8	73 904.3	65 210.0
2005	182 320.6	22 718.4	86 207.6	76 189.6
二、比上年增长（%）				
1998	6.9	2.5	3.9	3.3
1999	6.2	−0.5	5.2	5.4
2000	10.6	1.2	11.0	11.6
2001	10.5	5.4	8.7	8.9
2002	9.7	4.7	8.9	8.8
2003	12.9	5.1	15.8	15.8
2004	17.7	22.8	18.4	18.7
2005	14.0	8.4	16.6	16.8
三、构成（%）				
1997	100	18.1	47.5	41.7
1998	100	17.3	46.2	40.3
1999	100	16.2	45.8	40.0
2000	100	14.8	45.9	40.4
2001	100	14.1	45.2	39.7
2002	100	13.5	44.8	39.4
2003	100	12.6	46.0	40.5
2004	100	13.1	46.2	40.8
2005	100	12.5	47.3	41.8

历年分城乡就业人员年末人数及构成

单位：万人

年份	就业人数			构成（%）		
	合计	城镇	乡村	合计	城镇	乡村
1997	69 820	20 781	49 039	100	29.8	70.2
1998	70 637	21 616	49 021	100	30.6	69.4
1999	71 394	22 412	48 982	100	31.4	68.6
2000	72 085	23 151	48 934	100	32.1	67.9
2001	73 025	23 940	49 085	100	32.8	67.2
2002	73 740	24 780	48 960	100	33.6	66.4
2003	74 432	25 639	48 793	100	34.4	65.6
2004	75 200	26 476	48 724	100	35.2	64.8
2005	75 825	27 331	48 494	100	36.0	64.0

注：1990 年以后从业人员数字根据 2000 年人口普查数进行了调整。

历年分产业就业人员年末人数及构成

单位：万人

年份	就业人数				构成（%）			
	合计	第一产业	第二产业	第三产业	构成	第一产业	第二产业	第三产业
1997	69 820	34 840	16 547	18 432	100	49.9	23.7	26.4
1998	70 637	35 177	16 600	18 860	100	49.8	23.5	26.7
1999	71 394	35 768	16 421	19 205	100	50.1	23.0	26.9
2000	72 085	36 043	16 219	19 823	100	50.0	22.5	27.5
2001	73 025	36 513	16 284	20 228	100	50.0	22.3	27.7
2002	73 740	36 870	15 780	21 090	100	50.0	21.4	28.6
2003	73 740	36 546	16 077	21 809	100	49.6	21.8	29.6
2004	75 200	35 269	16 920	23 011	100	46.9	22.5	30.6
2005	75 825	33 918	18 092	23 815	100	44.7	23.9	31.4

历年城镇就业人员构成

单位：万人

年份	城镇就业人数		
		#单位就业人员	#私营个体就业人员
1995	19 040	15 301	2 045
1996	19 922	15 221	2 329
1997	20 781	15 036	2 669
1998	21 616	12 696	3 232
1999	22 412	12 130	3 467
2000	23 151	11 613	3 404
2001	23 940	11 166	3 658
2002	24 780	10 985	4 267
2003	25 639	10 970	4 922
2004	26 476	11 099	5 515
2005	27 331	11 404	6 236

注：1. 城镇就业人员数由国家统计局根据人口抽样调查和劳动力抽样调查推算得出。

2. 单位就业人员数是国家统计局统计数，私营个体就业人员数是国家工商行政管理总局统计数。

历年城镇分经济类型就业人员构成　　单位：万人

年份	合计	国有单位	集体单位	股份合作单位
1997	20 781	11 044	2 883	
1998	21 616	9 058	1 963	136
1999	22 412	8 572	1 712	144
2000	23 151	8 102	1 499	155
2001	23 940	7 640	1 291	153
2002	24 780	7 163	1 122	161
2003	25 639	6 876	1 000	173
2004	26 476	6 710	897	192
2005	27 331	6 488	810	188

年份	联营单位	有限责任公司	股份有限公司	私营企业
1997	43		468	750
1998	48	484	410	973
1999	46	603	420	1 053
2000	42	687	457	1 268
2001	45	841	483	1 527
2002	45	1 083	538	1 999
2003	44	1 261	592	2 545
2004	44	1 436	625	2 994
2005	45	1 750	399	3 458

年份	港澳台商投资单位	外商投资单位	个体	其他
1997	281	300	1 919	3 093
1998	294	293	2 259	5 698
1999	306	306	2 414	6 837
2000	310	332	2 136	8 162
2001	326	345	2 131	9 159
2002	367	391	2 269	9 643
2003	409	453	2 377	9 908
2004	470	563	2 521	10 024
2005	557	688	2 778	9 870

历年分经济类型单位职工人数

单位：万人

年份	合计	在岗	国有单位	在岗
1997	14 668		10 766	
1998	14 314	12 337	10 044	8 809
1999	13 928	11 773	9 675	8 336
2000	13 468	11 259	9 260	7 878
2001	12 892	10 792	8 710	7 409
2002	12 517	10 558	8 103	6 924
2003	10 969	10 492	6 875	6 621
2004	12 182	10 576	7 383	6 438
2005	12 285	10 942	6 488	6 995

年份	城镇集体单位	在岗	其他单位	在岗
1997	2 817		1 085	
1998	2 458	1 900	1 812	1 628
1999	2 233	1 652	2 020	1 785
2000	2 008	1 447	2 200	1 935
2001	1 753	1 241	2 429	2 142
2002	1 527	1 071	2 887	2 563
2003	1 356	950	3 244	2 920
2004	1 210	851	3 588	3 287
2005	1 066	769	4 223	3 941

注：1998 年以后的职工人数包括在岗职工和离岗职工的人数。

历年企业、事业、机关职工人数

单位：万人

年份	企业				事业	
	合计	国有	集体	其他	合计	国有
1997	10 887	7 131	2 673	1 084	2 732	2 592
1998	10 524	6 394	2 320	1 810	2 729	2 595
1999	10 112	5 998	2 095	2 019	2 745	2 611
2000	9 628	5 564	1 867	2 197	2 761	2 622
2001	9 054	5 017	1 612	2 425	2 758	2 617
2002	8 713	4 446	1 388	2 879	2 731	2 588
2003	7 172	3 067	820	2 910	2 724	2 582
2004	8 321	3 660	1 088	3 573	2 753	2 621
2005	8 367	3 209	953	4 113	2 806	2 678

年份	集体	其他	机关		
			合计	国有	集体
1997	137.8	1.8	1 049.4	1 042.8	6.6
1998	131.9	1.8	1 061.2	1 055.2	6.0
1999	132.5	1.7	1 070.8	1 065.7	5.1
2000	136.0	3.0	1 079.4	1 074.5	4.9
2001	137.1	4.2	1 079.6	1 075.4	4.2
2002	136.0	7.0	1 073.0	1 069.0	4.0
2003	131.9	9.8	1 072.0	1 067.7	3.8
2004	116.6	15.4	1 107.0	1 102.7	4.4
2005	110.1	18.5	1 111.4	1 108.2	2.9

注：1998 年以后的职工人数包括在岗职工和离岗职工。

历年分行业职工年末人数　　单位：万人

年份	合计	农、林、牧、渔业	采掘业	制造业	电力、燃气及水的生产和供应业	建筑业	地质勘察业、水利管理业	交通运输、仓储和邮电通信业
1978	9 499	830	652	3 595	107	623	178	669
1980	10 444	788	697	3 947	118	710	188	714
1985	12 358	777	795	4 620	142	900	197	823
1989	13 742	782	842	5 206	180	900	199	874
1990	14 059	780	882	5 304	192	896	197	895
1991	14 508	769	905	5 443	203	940	199	916
1992	14 792	758	898	5 508	215	995	202	921
1993	14 849	708	925	5 469	232	1 153	144	826
1994	14 849	680	904	5 434	244	1 072	137	835
1995	14 908	660	914	5 439	257	1 053	134	824
1996	14 845	617	886	5 293	272	1 035	128	830
1997	14 668	612	851	5 083	282	1 004	128	824
1998	12 337	546	702	3 769	281	846	115	701
1999	11 773	519	650	3 496	283	778	110	682
2000	11 259	494	581	3 240	282	744	109	659
2001	10 792	458	544	3 010	284	733	104	629
2002	10 558	430	537	2 907	285	756	96	613

年份	批发和零售贸易、餐饮业	金融、保险业	房地产业	社会服务业	卫生、体育和社会福利业	教育、文化艺术和广播电影电视业	科学研究和综合技术服务业	国家机关、政党机关和社会团体	其他
1978	1 079	65	31	166	247	736	92	430	
1980	1 239	89	37	218	287	817	105	490	
1985	1 518	126	36	271	342	962	131	718	
1989	1 675	184	43	327	382	1 117	147	885	
1990	1 715	195	44	344	392	1 143	152	929	
1991	1 786	208	48	369	410	1 181	156	974	
1992	1 844	223	54	386	421	1 212	159	996	
1993	1 796	239	66	422	416	1 205	166	1 030	55
1994	1 833	261	72	447	428	1 249	174	1 017	63
1995	1 828	273	77	449	438	1 291	178	1 027	66
1996	1 807	288	82	458	451	1 345	176	1 075	103
1997	1 774	298	84	480	464	1 403	179	1 080	125
1998	1 256	301	89	451	469	1 451	168	1 084	108
1999	1 110	300	90	453	473	1 480	165	1 088	96
2000	977	294	93	457	476	1 500	164	1 091	99
2001	840	292	97	463	481	1 512	154	1 088	104
2002	733	287	107	483	480	1 517	151	1 056	120

分地区分行业职工人数

（2005）

单位：万人

地区	合计	农、林、牧、渔业	采掘业	制造业	电力、燃气及水的生产和供应业	建筑业	交通运输、仓储和邮政业	信息传输、计算机服务和软件业	批发和零售业	住宿和餐饮业
2003 年	**10 492.0**	**459.7**	**481.0**	**2 898.9**	**292.3**	**773.5**	**609.7**	**104.0**	**592.0**	**159.4**
2004 年	**10 575.9**	**438.1**	**491.2**	**2 960.0**	**294.0**	**777.7**	**598.4**	**110.6**	**550.9**	**162.6**
2005 年	**10 850.3**	**414.2**	**497.6**	**3 096.5**	**293.7**	**854.3**	**579.2**	**116.8**	**508.3**	**166.5**
北　京	448.4	2.7	2.0	95.4	5.6	35.1	33.0	17.5	34.3	20.4
天　津	169.9	0.8	6.4	71.5	3.1	8.3	10.4	2.2	8.8	2.2
河　北	483.7	8.5	27.5	118.5	16.9	31.0	25.2	4.2	26.6	5.0
山　西	352.1	3.6	65.8	71.1	10.0	20.2	19.6	3.6	20.6	3.9
内蒙古	239.6	30.0	17.3	43.8	9.1	12.7	15.5	2.5	7.3	2.6
辽　宁	476.6	28.6	30.3	144.8	16.8	27.6	31.8	4.9	16.1	5.9
吉　林	257.9	20.2	13.4	59.4	8.0	13.1	17.6	3.0	9.3	3.1
黑龙江	455.4	68.3	45.0	98.2	15.1	34.1	27.3	3.9	20.6	3.5
上　海	264.8	0.8	0.0	95.6	5.3	9.9	26.0	3.5	15.7	4.6
江　苏	602.9	15.0	14.7	245.2	13.9	25.8	31.3	5.5	27.3	7.8
浙　江	511.8	1.8	1.8	200.7	9.9	78.9	18.4	4.4	18.3	9.3
安　徽	317.4	8.9	27.5	66.2	9.1	23.8	15.3	2.7	16.5	2.5
福　建	387.0	7.0	4.1	197.8	7.8	28.2	13.7	2.9	10.5	4.7
江　西	264.8	14.6	8.5	62.5	9.2	20.3	15.2	2.6	9.9	2.3
山　东	871.1	6.4	60.8	333.7	20.0	66.1	29.1	5.1	38.1	11.2
河　南	681.9	9.3	48.7	152.7	21.4	60.0	32.0	4.1	46.9	10.7
湖　北	452.1	28.0	11.4	119.8	12.0	35.4	27.1	4.1	23.6	5.4
湖　南	381.2	7.7	10.5	78.4	10.4	43.5	20.3	3.7	13.3	6.7
广　东	886.1	10.3	3.2	357.2	19.5	56.4	45.8	13.4	39.4	21.6
广　西	268.6	12.6	5.0	54.6	7.7	20.5	16.5	2.6	12.9	4.7
海　南	72.6	18.1	1.1	6.9	1.9	4.9	4.1	0.9	2.7	3.1
重　庆	209.7	2.1	8.5	53.0	5.7	33.8	13.4	2.3	9.1	3.0
四　川	492.8	9.1	19.6	115.9	15.0	72.5	22.0	4.4	18.6	5.0
贵　州	202.0	2.8	10.6	40.5	6.3	21.6	8.2	1.5	11.7	2.6
云　南	235.7	14.8	5.8	43.2	6.7	17.3	12.1	2.6	10.8	3.7
西　藏	16.3	0.3	0.1	0.8	0.7	0.5	0.6	0.3	0.6	0.4
陕　西	323.2	6.3	17.8	84.4	9.1	18.1	19.1	3.2	19.5	4.5
甘　肃	188.5	8.2	9.1	43.1	6.8	13.2	11.6	2.0	8.2	2.4
青　海	40.9	2.2	1.6	6.5	1.7	2.6	3.3	0.7	1.5	0.4
宁　夏	57.4	4.0	5.2	11.1	3.5	3.7	3.0	0.5	2.0	0.7
新　疆	237.8	61.0	14.3	24.3	5.6	15.2	10.7	2.0	7.5	2.6

续表

地区	金融业	房地产业	租赁和商务服务业	科学研究、技术服务和地质勘查业	水利、环境和公共设施管理业	居民服务和其他服务业	教育	卫生、社会保障和社会福利业	文化、体育和娱乐业	公共管理和社会组织
2003 年	**286.2**	**108.3**	**167.6**	**206.3**	**163.9**	**47.5**	**1 401.7**	**471.7**	**122.0**	**1 146.3**
2004 年	**286.9**	**120.2**	**176.3**	**207.6**	**164.6**	**47.5**	**1 424.5**	**476.8**	**117.7**	**1 170.2**
2005 年	**295.0**	**132.7**	**198.8**	**212.7**	**170.3**	**47.2**	**1 444.7**	**491.4**	**117.0**	**1 213.5**
北　京	10.8	19.6	42.3	26.0	6.6	8.9	32.8	15.2	12.6	27.2
天　津	3.5	1.7	4.5	4.7	3.1	2.2	16.2	6.8	1.5	11.9
河　北	15.0	2.8	4.6	7.4	8.5	2.1	83.2	22.6	4.8	69.4
山　西	9.6	1.3	4.7	5.6	5.0	1.2	45.2	13.7	4.2	43.1
内蒙古	7.1	1.4	2.6	4.0	5.8	0.8	32.7	10.4	3.1	30.8
辽　宁	13.8	5.8	6.9	8.8	10.4	2.0	50.2	21.2	5.1	45.8
吉　林	8.5	2.8	3.2	5.7	6.9	1.0	36.6	14.1	3.7	28.5
黑龙江	9.8	4.1	3.9	8.9	7.3	4.8	42.0	16.6	3.5	38.6
上　海	13.5	4.4	11.1	11.7	3.8	2.8	22.9	13.5	3.5	16.2
江　苏	16.8	5.4	8.6	8.6	9.3	1.0	80.2	28.5	4.8	53.3
浙　江	15.8	5.7	13.8	6.8	5.5	0.9	49.7	23.1	4.3	42.8
安　徽	8.7	2.9	3.8	5.1	5.3	0.4	56.3	16.9	4.0	41.4
福　建	8.3	4.8	4.7	3.7	3.5	1.2	41.4	11.5	3.0	28.0
江　西	7.2	2.3	2.2	5.4	4.0	0.6	44.8	13.6	3.2	36.5
山　东	18.5	8.3	10.6	7.8	10.9	2.9	103.3	34.6	5.6	97.9
河　南	17.6	5.4	9.9	10.8	10.4	1.4	106.3	32.6	5.8	96.1
湖　北	11.0	4.9	5.6	8.9	8.5	1.2	62.0	24.9	5.3	53.0
湖　南	10.6	5.3	4.3	5.6	6.2	0.6	64.7	22.8	3.8	62.8
广　东	27.2	20.5	23.1	11.9	11.8	4.1	95.5	37.3	8.0	80.1
广　西	7.3	3.0	5.1	5.1	4.8	0.7	51.9	16.5	3.2	33.8
海　南	1.7	1.4	1.3	1.4	2.0	0.1	8.7	2.9	1.2	8.2
重　庆	5.2	3.0	1.7	4.9	2.6	0.6	30.8	8.6	1.7	19.6
四　川	13.4	4.0	5.8	10.7	6.7	1.5	77.5	25.3	4.8	61.0
贵　州	4.5	3.6	2.4	3.5	2.2	0.8	36.8	8.6	2.0	31.8
云　南	6.7	1.9	2.3	5.0	3.7	0.5	45.7	12.1	3.3	37.6
西　藏	0.6	0.0	0.1	0.5	0.2	0.0	2.9	1.0	0.5	6.1
陕　西	8.8	2.2	2.8	12.2	5.1	2.0	49.5	13.6	3.7	41.3
甘　肃	5.6	1.0	2.0	4.6	3.8	0.3	29.7	7.5	2.6	26.9
青　海	1.2	0.2	0.5	1.8	0.6	0.2	6.1	2.4	0.6	6.7
宁　夏	1.8	0.7	0.5	1.1	1.8	0.0	7.2	2.6	0.8	7.2
新　疆	4.8	2.2	3.9	4.3	4.2	0.3	31.8	10.7	2.4	30.0

历年分经济类型单位在岗职工平均工资及增长情况

单位：元

年份	在岗职工平均工资	国有单位	城镇集体单位	其他单位	比上年增长（%）货币工资	比上年增长（%）实际工资
1998	7 479	7 668	5 331	8 972	6.6	7.2
1999	8 346	8 543	5 774	9 829	11.6	13.1
2000	9 371	9 552	6 262	10 984	12.3	11.4
2001	10 870	11 178	6 867	12 140	16.0	15.2
2002	12 422	12 869	7 667	13 212	14.3	15.2
2003	14 040	14 577	8 678	14 574	13.0	12.9
2004	16 024	16 445	9 723	16 519	14.1	13.6
2005	18 364	19 313	11 283	18 244	14.6	12.8

历年全国企业、事业、机关单位在岗职工平均工资

单位：元

年份	在岗职工平均工资	企业				事业
		合计	国有	集体	其他	合计
1998	7 479	7 405	7 644	5 264	8 970	7 620
1999	8 346	8 168	8 350	5 670	9 828	8 665
2000	9 371	9 189	9 324	6 144	10 985	9 634
2001	10 870	10 453	10 619	6 667	12 136	11 491
2002	12 422	11 873	12 109	7 426	13 206	13 246
2003	14 040	13 578	14 028	8 401	14 575	14 564
2004	16 024	15 559	16 336	9 513	16 255	16 489
2005	18 364	17 853	19 069	10 909	18 242	18 720

年份	事业			机关		
	国有	集体	其他	合计	国有	集体
1998	7 689	6 206	10 858	7 740	7 746	6 675
1999	8 748	6 970	10 913	8 925	8 930	7 827
2000	9 749	7 388	10 560	10 020	10 025	8 718
2001	11 640	8 518	14 628	12 125	12 136	8 960
2002	13 438	9 399	15 568	14 005	14 020	9 302
2003	14 770	10 448	15 147	15 736	15 757	9 742
2004	16 690	11 773	17 335	17 869	17 887	12 101
2005	18 926	13 602	18 621	20 828	20 840	15 365

历年分行业职工平均工资

单位：元

年份	合计	农、林、牧、渔业	采掘业	制造业	电力、煤气及水的生产和供应业	建筑业	地质勘察业、水利管理业	交通运输、仓储和邮电通信业
1978	615	470	676	597	850	714	708	694
1980	762	616	854	752	1 035	855	895	832
1985	1 148	878	1 324	1 112	1 239	1 362	1 406	1 275
1989	1 935	1 389	2 378	1 900	2 241	2 166	2 199	2 197
1990	2 140	1 541	2 718	2 073	2 656	2 384	2 465	2 426
1991	2 340	1 652	2 942	2 289	2 922	2 649	2 707	2 686
1992	2 711	1 828	3 209	2 635	3 392	3 066	3 222	3 114
1993	3 371	2 042	3 711	3 348	4 319	3 779	3 717	4 273
1994	4 538	2 819	4 679	4 283	6 155	4 894	5 450	5 690
1995	5 500	3 522	5 757	5 169	7 843	5 785	5 962	6 948
1996	6 210	4 050	6 482	5 642	8 816	6 249	6 581	7 870
1997	6 470	4 311	6 833	5 933	9 649	6 655	7 160	8 600
1998	7 479	4 528	7 242	7 064	10 478	7 456	7 951	9 808
1999	8 346	4 832	7 521	7 794	11 513	7 982	8 821	10 991
2000	9 371	5 184	8 340	8 750	12 830	8 735	9 622	12 319
2001	10 870	5 741	9 586	9 774	14 590	9 484	10 957	14 167
2002	12 422	6 398	11 017	11 001	16 440	10 279	12 303	16 044

年份	批发和零售贸易、餐饮业	金融、保险业	房地产业	社会服务业	卫生、体育和社会福利业	教育、文化艺术和广播电影电视业	科学研究和综合技术服务业	国家机关、政党机关和社会团体	其他
1978	551	610	548	392	573	545	669	655	
1980	692	720	694	475	718	700	851	800	
1985	1 007	1 154	1 028	777	1 124	1 166	1 272	1 127	
1989	1 660	1 867	1 925	1 926	1 959	1 883	2 118	1 874	
1990	1 818	2 097	2 243	2 170	2 209	2 117	2 403	2 113	
1991	1 981	2 255	2 507	2 431	2 370	2 243	2 573	2 275	
1992	2 204	2 829	3 106	2 844	2 812	2 715	3 115	2 768	
1993	2 679	3 740	4 320	3 588	3 413	3 278	3 904	3 505	3 371
1994	3 537	6 712	6 288	5 026	5 126	4 923	6 162	4 962	5 213
1995	4 248	7 376	7 330	5 982	5 860	5 435	6 846	5 526	6 295
1996	4 661	8 406	8 337	6 778	6 790	6 144	8 048	6 340	7 184
1997	4 845	9 734	9 190	7 553	7 599	6 759	9 049	6 981	6 838
1998	5 865	10 633	10 302	8 333	8 493	7 474	10 241	7 773	8 481
1999	6 417	12 046	11 505	9 263	9 664	8 510	11 601	8 978	10 068
2000	7 190	13 478	12 616	10 339	10 930	9 482	13 620	10 043	11 098
2001	8 192	16 277	14 096	11 869	12 933	11 452	16 437	12 142	12 590
2002	9 398	19 135	15 501	13 499	14 795	13 290	19 113	13 975	14 215

注：1998 年以后为在岗职工口径。

分地区分行业职工平均工资

（2005）

单位：元

地区	合计	农、林、牧、渔业	采掘业	制造业	电力、燃气及水的生产和供应业	建筑业	交通运输、仓储和邮政业	信息传输、计算机服务和软件业	批发和零售业	住宿和餐饮业
2003 年	**14 040**	**6 969**	**13 682**	**12 496**	**18 752**	**11 478**	**15 973**	**32 244**	**10 939**	**11 083**
2004 年	**16 024**	**7 611**	**16 874**	**14 033**	**21 805**	**12 770**	**18 381**	**34 988**	**12 923**	**12 535**
2005 年	**18 364**	**8 309**	**20 626**	**15 757**	**25 073**	**14 338**	**21 352**	**40 558**	**15 241**	**13 857**
北　京	34 191	16 125	23 774	24 958	49 776	23 300	27 655	71 544	32 109	19 926
天　津	25 271	16 034	29 571	21 183	48 417	26 777	31 836	40 569	20 603	15 861
河　北	14 707	5 987	21 913	13 087	22 974	11 815	16 183	27 176	8 523	9 324
山　西	15 645	10 457	22 403	12 820	18 677	12 420	18 935	20 705	8 319	9 396
内蒙古	15 985	8 588	16 184	14 497	30 661	11 574	19 124	24 579	11 596	14 215
辽　宁	17 331	6 165	19 655	16 241	24 025	12 743	19 521	38 283	14 213	12 360
吉　林	14 409	6 419	19 139	14 503	19 581	10 608	15 498	25 690	10 123	10 109
黑龙江	14 458	6 175	18 422	13 129	20 347	13 458	16 385	31 427	11 912	11 589
上　海	34 345	25 332	68 590	29 835	40 965	35 034	34 354	69 572	32 385	26 939
江　苏	20 957	9 155	21 637	16 937	34 679	16 118	22 280	41 445	16 557	15 181
浙　江	25 896	24 410	18 756	16 446	46 311	18 837	29 218	54 870	26 150	15 973
安　徽	15 334	7 827	24 473	13 651	18 269	11 425	12 999	23 751	9 889	10 159
福　建	17 146	10 017	16 664	14 229	26 695	16 161	22 623	40 326	16 491	12 570
江　西	13 688	7 193	13 618	11 921	17 274	11 152	17 885	21 025	10 560	9 713
山　东	16 614	12 877	24 157	13 019	22 090	13 069	21 488	34 609	11 768	12 023
河　南	14 282	7 922	21 958	12 666	19 089	12 450	17 290	22 227	9 742	10 274
湖　北	14 419	6 319	14 900	13 669	19 523	13 275	16 718	24 150	9 367	9 582
湖　南	15 659	7 152	13 698	14 474	18 302	12 078	17 452	29 834	14 627	12 477
广　东	23 959	10 163	23 841	18 019	34 042	17 375	32 589	48 972	23 954	17 423
广　西	15 461	8 725	15 936	14 626	22 510	14 032	17 961	28 600	11 383	9 931
海　南	14 417	6 338	15 337	12 833	18 829	12 082	21 504	44 996	11 199	10 869
重　庆	16 630	10 676	15 458	15 533	21 190	12 860	16 399	30 895	13 769	11 382
四　川	15 826	10 152	16 826	14 275	19 460	11 234	17 672	32 828	14 138	11 072
贵　州	14 344	10 989	17 175	13 471	26 326	11 152	17 812	23 228	10 209	9 982
云　南	16 140	11 231	15 763	17 166	26 741	13 316	19 096	26 434	15 761	10 309
西　藏	28 950	20 379	15 672	13 550	26 380	19 957	28 083	47 826	16 802	14 542
陕　西	14 796	10 323	19 912	13 422	20 906	11 418	18 595	33 726	9 452	9 366
甘　肃	14 939	9 930	17 656	14 930	21 398	9 735	17 467	16 103	8 731	8 398
青　海	19 084	11 802	18 476	14 638	25 145	15 803	21 144	29 595	13 142	14 906
宁　夏	17 211	9 758	25 827	13 555	25 876	11 754	18 817	33 315	13 172	10 404
新　疆	15 558	9 896	23 337	14 871	21 920	14 005	23 634	27 544	15 127	12 417

续表

地区	金融业	房地产业	租赁和商务服务业	科学研究、技术服务和地质勘查业	水利、环境和公共设施管理业	居民服务和其他服务业	教育	卫生、社会保障和社会福利业	文化、体育和娱乐业	公共管理和社会组织
2003 年	**22 457**	**17 182**	**16 501**	**20 636**	**12 095**	**12 900**	**14 399**	**16 352**	**17 268**	**15 533**
2004 年	**26 982**	**18 712**	**18 131**	**23 593**	**13 336**	**14 152**	**16 277**	**18 617**	**20 730**	**17 609**
2005 年	**32 228**	**20 581**	**20 992**	**27 434**	**14 753**	**16 642**	**18 470**	**21 048**	**22 885**	**20 505**
北　京	92 764	29 811	31 699	45 661	26 575	18 159	36 447	42 925	43 617	47 277
天　津	46 874	26 727	17 898	38 973	21 113	18 648	25 268	27 435	25 892	28 544
河　北	21 750	14 127	11 962	22 403	12 011	18 753	14 513	15 266	14 591	14 776
山　西	20 965	10 925	10 796	17 337	10 772	11 368	15 149	13 866	15 247	14 741
内蒙古	20 812	13 397	16 763	19 109	13 062	10 239	18 049	17 633	19 359	18 440
辽　宁	28 542	15 343	15 167	23 775	12 697	13 274	18 583	18 097	19 771	20 053
吉　林	20 381	13 212	16 679	18 252	9 900	11 396	15 684	14 109	14 300	15 456
黑龙江	24 066	14 113	12 661	20 862	10 651	13 062	17 304	16 568	16 599	17 880
上　海	54 390	42 309	30 589	43 200	31 124	20 338	32 489	35 511	40 574	36 765
江　苏	35 363	24 664	19 320	32 640	18 956	22 411	21 807	24 884	28 137	31 328
浙　江	50 972	29 200	22 939	37 031	24 368	23 834	36 644	39 757	37 564	44 413
安　徽	20 099	13 964	14 877	18 432	12 310	13 981	15 317	15 608	14 978	17 020
福　建	34 993	18 944	16 986	24 346	16 433	15 707	19 111	21 733	21 018	21 616
江　西	21 333	12 733	11 834	16 738	11 053	9 460	14 881	16 451	15 517	14 561
山　东	28 213	16 214	15 425	23 235	15 214	24 511	18 549	20 608	21 906	19 347
河　南	21 743	13 464	13 448	19 690	11 812	10 644	14 093	14 259	13 736	13 653
湖　北	19 817	16 296	13 145	19 890	11 718	15 239	15 477	16 026	15 943	16 950
湖　南	22 881	15 376	14 344	17 990	13 052	14 307	16 625	19 125	18 438	16 092
广　东	44 171	25 113	24 463	40 625	19 296	19 755	24 571	30 689	32 926	33 027
广　西	23 545	14 566	13 364	19 123	11 989	12 026	14 513	17 785	17 006	17 385
海　南	28 094	15 625	15 144	15 174	11 918	16 075	18 665	19 642	18 082	19 854
重　庆	32 578	14 854	15 645	22 583	14 659	13 530	16 753	19 193	21 265	19 940
四　川	27 519	14 613	19 399	25 303	11 961	18 309	15 149	18 868	18 865	18 006
贵　州	25 051	9 770	13 676	18 086	12 040	9 055	13 957	14 575	12 975	14 202
云　南	23 900	13 301	19 226	18 901	11 873	11 521	15 239	16 731	14 570	15 040
西　藏	49 889	21 699	18 226	33 560	14 233	26 571	29 824	28 268	31 000	31 561
陕　西	23 128	13 956	12 080	20 053	11 099	11 263	15 310	14 495	13 429	13 351
甘　肃	17 950	11 282	11 149	18 496	13 235	10 766	15 983	15 496	15 147	16 196
青　海	23 940	11 660	12 167	31 185	14 599	31 780	19 898	20 660	20 124	20 477
宁　夏	29 232	14 388	12 010	18 051	13 633	13 712	18 256	18 081	16 287	17 520
新　疆	25 149	14 517	14 176	19 077	13 419	12 159	17 183	17 297	16 972	17 661

分地区企业、事业、机关单位在岗职工平均工资和离岗职工平均生活费

（2005）

单位：元

地区	全部职工		企业单位	
	在岗职工平均工资	离岗职工平均生活费	在岗职工平均工资	离岗职工平均生活费
全　　国	**18 364**	**4 127**	**17 853**	**3 617**
北　　京	34 191	9 953	31 976	9 077
天　　津	25 271	3 477	24 934	3 157
河　　北	14 707	4 597	14 777	3 556
山　　西	15 645	3 358	16 212	3 145
内 蒙 古	15 985	5 075	15 087	4 419
辽　　宁	17 331	2 605	16 969	2 368
吉　　林	14 409	2 827	14 454	2 272
黑 龙 江	14 458	2 376	13 805	1 615
上　　海	34 345	5 428	33 932	4 875
江　　苏	20 957	5 758	18 984	5 338
浙　　江	25 896	9 146	21 117	7 394
安　　徽	15 334	3 484	15 052	3 334
福　　建	17 146	3 805	16 157	3 516
江　　西	13 688	2 294	13 250	2 083
山　　东	16 614	5 590	15 512	4 612
河　　南	14 282	2 605	14 613	2 543
湖　　北	14 419	4 087	13 646	3 636
湖　　南	15 659	3 527	15 058	3 076
广　　东	23 959	5 710	22 247	4 631
广　　西	15 461	3 737	15 169	3 505
海　　南	14 417	2 323	12 410	2 021
重　　庆	16 630	4 785	15 898	4 565
四　　川	15 826	5 735	15 170	5 272
贵　　州	14 344	4 244	14 519	4 091
云　　南	16 140	8 225	17 042	7 921
西　　藏	28 950	20 632	24 827	21 045
陕　　西	14 796	3 310	15 367	3 009
甘　　肃	14 939	5 900	14 467	5 635
青　　海	19 084	7 790	18 827	7 872
宁　　夏	17 211	7 799	17 304	7 594
新　　疆	15 558	8 109	14 814	7 808

续表

地区	事业单位		机关单位	
	在岗职工平均工资	离岗职工平均生活费	在岗职工平均工资	离岗职工平均生活费
全　国	**18 720**	**7 451**	**20 828**	**12 468**
北　京	39 822	16 270	48 480	21 856
天　津	25 383	10 596	28 662	8 497
河　北	14 436	9 276	15 022	14 873
山　西	14 454	5 645	14 984	10 692
内蒙古	16 819	7 021	18 531	13 864
辽　宁	17 325	5 116	20 387	12 919
吉　林	14 020	6 019	15 407	12 754
黑龙江	15 492	9 003	18 295	13 886
上　海	35 057	18 480	37 773	11 961
江　苏	22 769	9 500	32 633	16 716
浙　江	36 726	12 098	45 770	29 298
安　徽	15 158	5 046	17 225	9 161
福　建	19 520	5 381	21 357	10 610
江　西	14 064	3 506	14 617	7 217
山　东	18 940	10 795	19 611	11 523
河　南	13 868	2 840	13 609	4 362
湖　北	14 947	5 586	17 654	9 800
湖　南	16 426	4 842	16 306	7 969
广　东	26 166	7 587	33 457	22 203
广　西	15 252	5 298	17 702	7 558
海　南	17 440	5 633	20 087	16 664
重　庆	17 301	7 429	20 479	12 233
四　川	16 217	8 546	18 159	9 923
贵　州	14 002	6 207	14 373	9 855
云　南	15 283	8 287	15 066	15 008
西　藏	29 282	21 303	31 762	17 965
陕　西	14 025	6 553	13 685	9 514
甘　肃	15 273	8 556	16 131	11 059
青　海	18 898	6 783	20 361	9 212
宁　夏	16 897	8 573	17 492	12 032
新　疆	16 636	10 006	17 630	15 829

历年城镇居民消费价格指数和商品零售价格指数

（以上年为100）

年份	城镇居民消费价格指数	城镇商品零售价格指数
1998	99.4	97.4
1999	98.7	97.0
2000	100.8	98.5
2001	100.7	98.9
2002	99.0	98.5
2003	100.9	99.6
2004	103.3	102.1
2005	101.6	100.5

历年城乡居民收入及增长情况

单位：元

年份	城镇居民人均可支配收入	农村居民人均纯收入	扣除物价因素比上年实际增长（%）	
			城镇居民人均可支配收入	农村居民人均纯收入
1998	5 425	2 162	5.8	4.3
1999	5 854	2 210	9.3	3.9
2000	6 280	2 253	6.4	2.0
2001	6 860	2 366	8.2	4.2
2002	7 703	2 476	13.4	4.8
2003	8 472	2 622	9.0	4.3
2004	9 422	2 936	7.7	6.8
2005	10 493	3 255	9.6	6.2

（二）就业与失业

分地区城镇单位就业人员年末人数

（2005）

单位：万人

地区	合计	企业	事业	机关
全　国	**11 404**	**7 514**	**2 794**	**1 096**
北　京	505.6	394.3	87.1	24.2
天　津	194.1	147.9	33.6	12.6
河　北	495.6	290.4	144.4	60.7
山　西	360.5	232.9	88.0	39.6
内蒙古	243.0	144.0	70.2	28.8
辽　宁	497.1	343.6	113.4	40.1
吉　林	261.9	157.7	80.2	24.1
黑龙江	490.4	367.6	88.7	34.0
上　海	333.2	260.8	56.2	16.2
江　苏	628.8	430.6	150.4	47.8
浙　江	531.1	392.4	99.8	38.9
安　徽	335.3	193.5	104.0	37.8
福　建	400.1	301.3	69.7	29.0
江　西	275.6	154.0	86.4	35.2
山　东	891.0	621.5	193.0	76.5
河　南	700.6	429.0	182.9	88.6
湖　北	511.8	332.7	131.5	47.6
湖　南	406.3	230.7	126.6	49.0
广　东	904.3	653.9	175.5	74.9
广　西	283.6	156.4	98.7	28.5
海　南	74.7	49.1	17.6	8.0
重　庆	215.5	144.9	52.9	17.8
四　川	512.7	305.7	148.1	58.8
贵　州	210.6	120.7	61.9	28.0
云　南	247.0	127.1	82.9	37.0
西　藏	18.2	5.2	6.5	6.5
陕　西	334.2	202.6	91.9	39.7
甘　肃	194.3	108.4	60.0	25.9
青　海	42.6	22.5	13.7	6.5
宁　夏	59.7	36.8	16.6	6.2
新　疆	244.7	156.2	61.0	27.5

分地区企业、事业、机关单位在岗职工年末人数

（2005）

单位：万人

地区	合计	企业	事业	机关
全　　国	**10 850**	**7 064**	**2 713**	**1 073**
北　　京	448	346	80	23
天　　津	170	127	32	11
河　　北	484	280	143	60
山　　西	352	227	86	39
内 蒙 古	240	141	70	29
辽　　宁	477	326	111	39
吉　　林	258	155	80	24
黑 龙 江	455	335	87	34
上　　海	265	201	49	14
江　　苏	603	410	146	47
浙　　江	512	378	96	38
安　　徽	317	181	101	36
福　　建	387	291	67	29
江　　西	265	146	84	35
山　　东	871	605	190	76
河　　南	682	413	181	88
湖　　北	452	279	126	46
湖　　南	381	210	123	48
广　　东	886	641	171	74
广　　西	269	147	94	28
海　　南	73	48	17	8
重　　庆	210	140	52	18
四　　川	493	291	144	57
贵　　州	202	115	60	27
云　　南	236	119	80	36
西　　藏	16	4	6	6
陕　　西	323	195	89	39
甘　　肃	188	105	58	26
青　　海	41	21	13	6
宁　　夏	57	35	16	6
新　　疆	238	150	60	27

分地区城镇私营个体就业人员年末人数

（2005）

单位：万人

地区	合计	城镇私营企业			城镇个体就业人员
		小计	投资者	雇工	
全　国	**6 236**	**3 458**	**721**	**2 737**	**2 778**
北　京	230.7	173.5	42.3	131.2	57.2
天　津	54.3	44.5	10.4	34.1	9.8
河　北	165.8	72.3	12.8	59.6	93.4
山　西	80.1	39.0	9.1	30.0	41.1
内蒙古	107.3	47.1	10.1	37.0	60.2
辽　宁	367.9	189.5	34.5	155.0	178.4
吉　林	152.3	77.2	10.3	66.8	75.2
黑龙江	186.5	77.5	16.6	60.9	109.0
上　海	279.1	256.7	56.8	200.0	22.4
江　苏	586.4	397.2	64.6	332.6	189.2
浙　江	373.2	218.5	41.0	177.5	154.8
安　徽	210.1	86.5	16.0	70.5	123.6
福　建	155.4	100.8	21.7	79.0	54.7
江　西	193.2	89.1	13.6	75.5	104.1
山　东	437.6	262.9	62.5	200.4	174.7
河　南	209.5	72.9	20.3	52.6	136.6
湖　北	231.7	89.7	28.5	61.1	142.0
湖　南	276.6	150.8	17.9	132.9	125.8
广　东	708.4	402.0	96.6	305.4	306.3
广　西	144.1	54.3	9.6	44.7	89.8
海　南	47.0	31.8	6.8	25.0	15.1
重　庆	138.3	78.5	16.2	62.2	59.9
四　川	289.4	153.2	32.0	121.2	136.2
贵　州	71.1	37.4	15.6	21.8	33.7
云　南	163.4	76.1	14.4	61.7	87.3
西　藏	13.4	4.1	0.6	3.6	9.2
陕　西	111.7	49.2	12.3	36.9	62.4
甘　肃	69.1	34.3	7.9	26.4	34.7
青　海	38.9	19.2	2.5	16.7	19.7
宁　夏	28.0	14.0	3.5	10.6	13.9
新　疆	115.7	58.6	14.0	44.6	57.1

历年全国城镇登记失业人数及登记失业率

年份	城镇登记失业人数（万人）	登记失业率（%）
1997	577	3.1
1998	571	3.1
1999	575	3.1
2000	595	3.1
2001	681	3.6
2002	770	4.0
2003	800	4.3
2004	827	4.2
2005	839	4.2

分地区城镇登记失业人数及登记失业率
（2005）

地区	登记失业人数（万人）	登记失业率（%）
北京	10.6	2.1
天津	11.7	3.7
河北	27.8	3.9
山西	14.3	3.0
内蒙古	17.7	4.3
辽宁	60.4	5.6
吉林	27.6	4.2
黑龙江	31.3	4.4
上海	27.5	
江苏	41.6	3.6
浙江	29.0	3.7
安徽	27.8	4.4
福建	14.9	4.0
江西	22.8	3.5
山东	42.9	3.3
河南	33.0	3.5
湖北	52.6	4.3
湖南	41.9	4.3
广东	34.5	2.6
广西	18.5	4.2
海南	5.1	3.6
重庆	16.9	4.1
四川	34.3	4.6
贵州	12.1	4.2
云南	13.0	4.2
西藏	21.5	4.2
陕西	9.3	3.3
甘肃	3.6	3.9
青海	4.4	4.5
宁夏	11.1	3.9
新疆	2.7	2.8

部分大中城市城镇登记失业情况

（2005）

城市	城镇登记失业人数（万人）	城镇登记失业率（%）
石家庄	2.7	3.1
太原	3.8	3.2
呼和浩特	2.4	4.3
沈阳	13.5	6.0
长春	6.6	4.0
哈尔滨	8.1	3.5
南京	6.0	3.4
杭州	6.1	3.7
合肥	4.5	4.4
福州	3.3	3.4
南昌	3.4	3.4
济南	5.7	3.9
郑州	—	3.0
武汉	11.2	4.2
长沙	4.9	3.8
广州	5.4	2.1
南宁	2.9	3.9
海口	2.0	3.6
成都	5.9	3.1
贵阳	3.2	4.0
昆明	2.3	2.5
西安	8.5	4.3
兰州	1.9	2.8
西宁	2.2	4.2
银川	1.6	3.4
乌鲁木齐	2.3	3.3
大连	7.0	3.0
宁波	4.2	3.5
厦门	2.1	3.8
青岛	5.9	3.0
深圳	2.7	2.4

分地区城镇登记失业基本情况

（2005）

单位：人

地区	上年末结转登记失业人数	本年新登记的失业人数	女性	由就业转失业人数	本年失业人员就业人数
北　京	64 617	256 776	108 846	153 944	199 440
天　津	117 700	60 317	31 364	41 064	60 859
河　北	280 104	389 622	183 873	122 349	385 832
山　西	136 844	146 992	60 777	46 675	141 047
内蒙古	185 118	265 921	128 194	86 524	261 359
辽　宁	700 504	1 267 976	596 820	934 750	1 180 125
吉　林	282 432	236 872	106 772	115 170	242 872
黑龙江	328 907	361 610	161 837	96 592	377 506
上　海	274 283	390 341	163 303	236 469	209 808
江　苏	429 019	644 239	296 531	401 663	629 185
浙　江	301 359	384 046	188 996	192 333	342 337
安　徽	266 778	346 334	164 609	175 676	328 847
福　建	145 133	227 166	110 054	59 653	223 446
江　西	224 296	355 777	167 806	45 241	350 413
山　东	423 311	827 799	386 343	291 534	811 322
河　南	311 679	285 530	131 201	146 720	266 943
湖　北	502 029	554 826	304 370	189 138	514 771
湖　南	429 874	377 103	172 435	113 006	290 350
广　东	359 366	605 566	285 987	266 566	594 824
广　西	178 563	121 274	61 025	51 349	114 772
海　南	46 510	10 874	4 804	9 475	6 547
重　庆	167 620	160 538	75 339	102 985	138 428
四　川	333 328	588 802	259 279	287 362	554 330
贵　州	116 084	117 557	51 037	25 625	106 388
云　南	119 480	194 087	86 022	87 776	183 468
陕　西	184 617	131 520	70 787	58 422	100 723
甘　肃	95 256	124 315	51 055	38 136	126 865
青　海	34 861	48 302	27 543	18 001	46 840
宁　夏	40 670	57 526	25 097	19 813	54 623
新　疆	108 662	217 635	76 435	57 966	214 973
新疆兵团	24 581	15 130	6 309	5 233	12 427

续表

地区	本年末实有登记失业人数	女性	长期失业者
北　京	105 652	39 308	61 622
天　津	117 158	60 922	46 866
河　北	278 238	133 915	66 776
山　西	142 789	47 837	38 275
内蒙古	177 483	81 080	51 790
辽　宁	604 015	534 510	36 241
吉　林	276 432	138 346	73 048
黑龙江	313 011	121 322	40 109
上　海	275 021	132 265	139 266
江　苏	416 290	194 098	173 576
浙　江	289 749	139 223	161 481
安　徽	277 768	135 995	117 788
福　建	148 633	72 309	71 675
江　西	228 374	97 492	38 726
山　东	429 088	213 598	195 264
河　南	330 266	220 772	136 746
湖　北	526 478	268 503	115 647
湖　南	418 617	160 617	55 406
广　东	344 904	157 642	122 113
广　西	185 065	77 093	50 390
海　南	50 837	24 709	36 258
重　庆	168 865	82 734	96 673
四　川	343 033	156 841	93 424
贵　州	121 318	52 836	29 476
云　南	129 705	61 186	51 707
陕　西	215 414	106 887	6 223
甘　肃	92 554	49 640	35 960
青　海	36 323	23 217	10 529
宁　夏	43 573	19 209	10 806
新　疆	111 324	44 354	22 479
新疆兵团	27 284	10 267	7 301

历年国有企业下岗职工人数

单位：万人

年份	期末下岗职工人数	当年新增	当年减少	
				再就业人数
1998 年初结余	691.8			
1998	594.8	562.2	659.3	610
1999	652.5	618.6	557.7	491
2000	657.2	445.5	440.8	361
2001	515.4	234.3	376.2	227
2002	409.9	162.1	267.6	120
2003	260.2	103.0	249.0	85
2004	153.0	34.3	141.5	47
2005	60.6	14.8	107.2	34
合计	—	2 174.8	2 301.6	1 974

注：国有企业包括国有联营企业和国有独资公司。

历年分地区国有企业下岗职工人数

单位：万人

地区	2001 年	2002 年	2003 年	2004 年	2005 年
全　国	**515.4**	**409.9**	**260.2**	**153.0**	**60.6**
北　京	1.6				
天　津	7.1	8.0			
河　北	23.6	26.8	25.7	22.5	18.7
山　西	18.0	19.2	19.5	12.8	7
内蒙古	7.9	2.5	2.0	0.7	
辽　宁	37.0	7.4			
吉　林	27.4	19.3	6.7	5.0	
黑龙江	49.1	44.2	34.1	11.5	
上　海	0.5				
江　苏	8.4	1.9	0.5	0.3	
浙　江	1.3	0.3			
安　徽	16.4	7.1	3.1		
福　建	1.2				
江　西	34.4	30.1	23.7	15.4	10.5
山　东	4.9	1.7			
河　南	25.9	25.0	17.5	8.4	1.5
湖　北	48.1	46.7	32.2	11.7	5.5
湖　南	49.1	42.1	19.5	19.5	
广　东	4.3	0.5			
广　西	10.9	5.3	1.2	0.2	0.1
海　南	2.0	0.8	0.3		
重　庆	13.0	11.3	0.9	1.0	1.0
四　川	36.3	31.3	13.6	8.8	2.6
贵　州	9.1	9.6	8.8	7.9	2.7
云　南	5.4	3.6	2.5	0.8	
西　藏					
陕　西	29.8	29.2	24.9	9.1	
甘　肃	16.6	15.0	11.4	9.6	6.4
青　海	6.6	5.3	3.4	2.0	0.8
宁　夏	4.0	2.7	1.8	1.6	1.6
新　疆	15.1	13.0	7.0	4.2	2.2

注：国有企业包括国有联营企业和国有独资公司。

历年分地区国有企业下岗职工再就业人数

单位：万人

地区	1998 年	1999 年	2000 年	2001 年	2002 年	2003 年	2004 年	2005 年	8 年合计
全　国	**610**	**491**	**361**	**227**	**120**	**85**	**47**	**34**	**1 974**
北　京	7.0	4.9	4.5	4.0	1.3				21.7
天　津	2.9	4.6	5.4	5.1	2.6	2.1			22.7
河　北	18.8	12.4	21.0	18.2	9.8	4.7	4.2	18.7	89.1
山　西	23.5	12.9	9.1	8.0	6.3	5.2	2.6	7.0	67.7
内蒙古	26.0	20.0	15.8	8.2	4.7	0.5	1.3		76.5
辽　宁	49.0	48.5	34.3	17.4	3.2	0.7			153.1
吉　林	36.4	20.8	7.1	14.6	6.3	4.4	0.3		89.9
黑龙江	65.7	48.0	37.6	23.3	8.0	1.0	5.9		189.5
上　海	17.2	17.9	13.4	3.6	0.5				52.6
江　苏	29.2	18.8	9.0	7.1	4.1	0.8			69.0
浙　江	12.0	10.4	8.6	1.8	0.5				33.3
安　徽	22.8	13.0	6.2	7.2	5.9	2.1	1.6		58.8
福　建	12.2	5.8	5.3	2.1	0.6				26.0
江　西	17.4	11.2	7.2	2.4	4.8	2.9	2.9	10.5	48.7
山　东	30.2	17.3	10.6	5.1	1.6	0.4			65.2
河　南	34.8	27.5	28.1	23.4	20.1	10.4	6.5	1.5	150.8
湖　北	40.2	35.3	32.1	9.9	5.7	7.0	11.7	5.5	141.9
湖　南	43.7	48.7	15.9	9.5	5.5	9.7			133.1
广　东	16.2	22.6	5.5	1.8	0.4				46.6
广　西	14.6	12.7	7.3	3.8	3.5	3.1	0.9	0.1	45.9
海　南	1.5	4.0	2.3	0.3	0.7	0.2	0.3		9.3
重　庆	13.0	9.8	12.1	6.5	4.7	5.5	0.3	1.0	51.9
四　川	32.2	26.1	25.7	23.0	10.8	12.0	3.7	2.6	133.5
贵　州	6.3	5.1	4.4	1.8	1.0	0.9	0.4	2.7	19.9
云　南	2.9	1.9	1.2	0.9	0.7	0.5	0.4		8.5
西　藏									
陕　西	14.8	12.4	15.7	4.6	0.4				47.9
甘　肃	5.1	9.0	4.1	3.9	1.1	2.8	1.1	6.4	27.0
青　海	2.7	1.7	3.6	2.7	1.5	1.6	1.1	0.8	15.0
宁　夏	1.4	0.3	0.8	1.5	1.2	0.7	0.4	1.6	6.3
新　疆	9.8	7.0	6.7	4.7	2.7	3.9	1.7	2.2	36.5

注：国有企业包括国有联营企业和国有独资公司。

职业介绍工作情况

（2005）

单位：万人

	本年末职业介绍机构个数（个）	本年末职业介绍机构人数	本年登记招聘人数	本年登记求职人数	#女性
总计	**35 747**	**11.1**	**4 038.9**	**4 128.9**	**1 786.9**
劳动保障部门办	24 167	7.2	2 837.9	2 857.8	1 305.7
#县（区）及以上	3 860	2.7	2 238.3	2 243.5	1 030.6
街道	5 354	1.5	217.3	222.5	109.9
乡镇	14 953	3.0	382.3	391.9	165.2
其他组织办	2 955	1.0	225.9	229.7	108.9
公民个人办	8 625	2.9	975.1	1 041.4	372.3

	#下岗职工	#失业人员	#农村劳动者	#获得职业资格人员	本年职业指导人数	#农村劳动者
总计	**345.7**	**1 330.6**	**1 672.1**	**699.9**	**2 271.7**	**762.7**
劳动保障部门办	287.7	1 062.5	1 042.4	506.9	1 797.9	569.0
#县（区）及以上	239.0	881.7	747.8	417.8	1 397.9	380.1
街道	32.7	117.8	42.8	38.4	146.6	31.8
乡镇	16.0	63.0	251.8	50.7	253.5	157.0
其他组织办	21.5	89.7	64.4	44.7	97.7	22.2
公民个人办	36.5	178.4	565.4	148.3	376.1	171.6

	本年介绍成功人数	#女性	#下岗职工	#失业人员	#农村劳动者	#获得职业资格人员
总计	**2 165.3**	**964.9**	**185.9**	**681.3**	**816.1**	**384.7**
劳动保障部门办	1 537.7	700.4	156.1	554.8	583.2	273.7
#县（区）及以上	1 139.4	522.5	127.7	452.6	373.3	217.8
街道	118.2	57.1	19.6	58.6	22.4	21.5
乡镇	280.0	120.8	8.8	43.6	187.5	34.5
其他组织办	107.9	50.9	10.4	35.3	31.5	22.1
公民个人办	519.6	213.6	19.4	91.2	201.4	88.9

分地区职业介绍工作情况

（2005）

单位：万人

地区	本年末职业介绍机构个数（个）	本年末职业介绍机构人数	本年登记招聘人数	本年登记求职人数	#女性
全　国	**35 747**	**11.1**	**4 038.9**	**4 128.9**	**1 786.9**
北　京	626	0.4	55.0	52	20.6
天　津	206	0.1	55.0	76.5	42.1
河　北	2 265	0.6	189.3	194.3	92.7
山　西	653	0.3	33.3	35.2	13.5
内蒙古	1 443	0.3	64.2	60.8	26.8
辽　宁	1 807	0.5	139.4	171.2	85.3
吉　林	1 343	0.3	58.0	63.7	30
黑龙江	1 414	0.3	137.7	147.8	61.7
上　海	507	0.5	160.2	135.7	60.5
江　苏	2 945	1.0	258.9	264.4	129.5
浙　江	2 394	0.6	509.7	377	145.7
安　徽	1 929	0.5	117.3	132.4	57.7
福　建	976	0.3	280.7	215.7	104.5
江　西	1 239	0.3	160.4	182.3	71.9
山　东	1 969	0.7	292.6	280.5	133
河　南	1 443	0.5	113.3	136.8	61.3
湖　北	910	0.3	146.5	133.1	63
湖　南	852	0.3	91.3	137.9	70.3
广　东	1 938	0.9	583.6	722.4	260.5
广　西	407	0.2	94.0	95.5	46.5
海　南	73		18.3	17.5	9.7
重　庆	336	0.1	32.8	34.3	16.4
四　川	1 717	0.5	125.1	108.5	50.9
贵　州	410	0.2	25.9	19.5	8.2
云　南	1 865	0.3	70.2	83	34.4
西　藏	21		2.2	2.1	0.9
陕　西	2 251	0.6	89.1	105.3	39.1
甘　肃	640	0.2	31.3	28.7	12.6
青　海	312	0.1	42.8	45.2	9
宁　夏	228	0.1	23.9	32.7	9.9
新　疆	378	0.1	30.2	31	15.3

续表

地区	#下岗职工	#失业人员	#农村劳动者	#获得职业资格人员	本年职业指导人数	#农村劳动者
全　国	**345.7**	**1 330.6**	**1 672.1**	**699.9**	**2 271.7**	**762.7**
北　京		23.5		8.5	40.0	
天　津	3.2	73.3		15.2	43.0	
河　北	8.1	37.1	60.0	42.9	134.8	38.8
山　西	5.7	9.3	6.4	2.1	24.9	2.4
内蒙古	10.4	23.3	22.3	3.1	35.5	15.0
辽　宁	23.7	97.5	33.7	20.1	91.3	18.3
吉　林	14.6	27.5	21.7	8.3	43.3	14.6
黑龙江	48.0	59.0		8.4	81.6	
上　海	15.0	78.3	10.9	23.5	97.1	9.2
江　苏	0.4	118.8	139.6	65.9	234.0	58.8
浙　江	7.3	53.4	226.7	56.8	182.9	96.9
安　徽	10.2	48.0	61.4	18.5	54.9	22.1
福　建	12.8	30.7	152.1	9.5	88.7	51.8
江　西	21.5	48.5	68.3	13.6	67.2	31.6
山　东	14.3	124.6	105.6	49.4	177.1	69.5
河　南	37.3	25.2	41.4	19.7	68.5	25.6
湖　北	19.9	56.2	40.9	29.7	100.3	34.6
湖　南	28.7	61.7	40.8	118.7	98.2	33.6
广　东	15.7	124.3	450.5	113.1	154.3	81.4
广　西	6.1	27.7	32.5	8.0	49.4	24.5
海　南	1.0	6.4	10.0	1.6	14.2	3.8
重　庆	2.4	19.8		6.0	30.1	
四　川	10.5	48.5	32.1	19.5	94.8	28.9
贵　州	3.6	8.8	3.7	1.7	12.3	3.2
云　南	6.2	32.4	16.0	9.8	67.7	16.2
西　藏		0.1			1.8	
陕　西	10.3	14.9	48.8	12.2	62.4	37.4
甘　肃	3.5	9.3	9.3	5.4	25.4	9.5
青　海	1.1	6.2	37.9	1.7	43.3	35.2
宁　夏	0.8	6.0		1.2	23.0	
新　疆	2.9	28.1		5.0	25.2	

续表

地区	本年介绍成功人数	#女性	#下岗职工	#失业人员	#农村劳动者	#获得职业资格人员
全国	**2 165.3**	**964.9**	**185.9**	**681.3**	**816.1**	**384.7**
北京	29.2	11.7		13.9		6.7
天津	8.5	4.7	0.4	8.0		4.1
河北	110.6	48.1	5.2	27.8	38.1	32.2
山西	20.4	6.7	2.6	3.9	4.2	1.8
内蒙古	39.7	16.6	5.4	15.5	17	2.4
辽宁	95.4	48.0	10.1	61.1	19.6	14.2
吉林	40.1	18.0	8.5	14.7	15.1	5.9
黑龙江	80.5	34.1	27.8	33.8		6.2
上海	51.4	23.3	6.4	30.4	3.5	14.6
江苏	161.6	74.9	0.3	70.4	75.5	40.6
浙江	203.3	70.7	4.8	27.0	98	32.4
安徽	72.2	30.8	7.0	24.3	36.4	7.4
福建	112.7	58.6	8.1	16.8	66.2	6
江西	99.6	56.1	13.8	26.3	39.1	9.9
山东	162.6	76.0	9.1	57.0	66.3	28
河南	78.8	31.5	22.4	18.2	25.4	13.3
湖北	87.3	41.6	12.6	35.9	27	20.1
湖南	49.2	23.4	9.8	18.9	17.2	18.9
广东	312.4	151.2	7.2	69.2	130.6	67.4
广西	46.5	21.4	2.6	10.9	26.3	4.6
海南	9.5	4.4	0.6	2.0	6	1
重庆	22.7	10.6	1.4	14.2		3.8
四川	58.5	26.0	6.0	26.1	14.2	12.8
贵州	8.8	3.8	2.1	4.0	1.7	1.1
云南	53.0	20.8	2.5	19.2	12.1	8.9
西藏	1.0	0.5		0.8		
陕西	56.8	21.8	4.9	7.9	33.2	10.1
甘肃	18.6	7.5	1.7	4.8	8.4	4
青海	39.1	8.8	0.3	3.8	34.9	1.4
宁夏	15.6	5.1	0.7	3.6		0.9
新疆	16.7	7.2	1.5	9.8		3.5

（三）职业培训与技能鉴定

历年技工学校综合情况　　单位：万人，亿元

年份	技工学校个数（个）	招生人数	在校学生人数	毕业生人数	在职教职工人数			兼职教师人数
						文化技术理论课教师	生产实习指导教师	
一、绝对数								
1991	4 269	54.4	142.2	45.4	22.1	7.5	2.3	1.2
1992	4 392	60.2	155.6	45.7	33.6	11.1	3.8	1.5
1993	4 477	66.4	171.7	49.7	33.5	11.2	3.8	1.8
1994	4 430	71.4	187.1	55.7	34.0	11.4	3.8	1.7
1995	4 521	74.6	189.0	68.5	33.7	11.5	3.9	1.9
1996	4 467	72.7	191.8	68.1	33.5	11.5	3.9	2.0
1997	4 395	73.4	193.2	69.9	32.8	11.6	3.9	2.6
1998	4 362	59.5	181.3	69.5	30.6	11.0	3.8	2.7
1999	4 098	51.5	156.1	66.2	26.9	11.2	3.8	2.9
2000	3 792	50.4	140.1	64.6	24.0	10.5	3.5	2.7
2001	3 470	55.1	134.7	47.7	22.0	10.0	3.4	2.6
2002	3 075	73.3	153.0	45.4	20.3	9.5	3.2	2.6
2003	2 970	91.6	193.1	45.3	20.2	9.6	3.4	3.0
2004	2 884	109.7	234.4	53.5	20.4	9.6	3.8	2.9
2005	2 855	118.4	275.3	69.0	20.4	9.7	3.8	3.2
二、比上年增长（%）								
1992	2.9	10.5	9.4	0.6	52.4	48.4	64.2	25.1
1993	1.9	10.3	10.3	8.8	-0.4	1.1	0.7	22.0
1994	-1.0	7.7	9.0	11.9	1.5	2.1	0.4	-3.9
1995	2.1	4.5	1.0	23	-1.0	0.9	1.6	8.2
1996	-1.2	-2.6	1.5	-0.5	-0.5	-0.2	0.4	5.9
1997	-1.6	1.0	0.7	2.7	-2.0	0.5	0.5	33.5
1998	-0.8	-19.0	-6.1	-0.7	-6.9	-4.6	-4.0	0.8
1999	-6.1	-13.3	-13.9	-4.6	-11.9	1.9	-0.1	9.5
2000	-7.5	-2.3	-10.2	-2.5	-11.0	-6.9	-6.7	-6.3
2001	-8.5	9.4	-3.8	-26.1	-8.3	-4.9	-3.7	-4.1
2002	-11.4	33.0	13.6	-4.9	-7.4	-5.0	-6.8	-2.4
2003	-3.4	24.9	26.2	-0.2	-0.7	1.5	7.3	17.4
2004	-2.9	19.8	21.4	18.1	1.0	0.0	11.8	-3.3
2005	-1.0	7.9	17.4	29.0	0.0	1.0	0.0	10.3

续表

年份	经费来源总计	事业经费	公司经费	经费支出总计	人员经费	教学经费	培训社会人员人次数（万人次）	培训社会人员结业人数(万人)
一、绝对数								
1991	17.8	6.9	2.6	18.6	7.3	4.3	61.6	47.6
1992	28.0	7.9	2.7	22.3	8.7	5.3	61.5	49.5
1993	33.5	9.1	3.1	27.8	11.1	6.5	61.3	54.2
1994	45.3	11.9	3.9	36.7	16.6	8.6	84.2	68.7
1995	53.7	13.2	4.4	43.3	19.8	10.4	89.9	71.3
1996	59.6	15.9	5.4	48.7	23.3	10.8	113.4	93.0
1997	68.4	24.1	5.3	66.3	28.4	14.1	137.5	110.7
1998	64.9	24.1	4.7	66.4	29.9	14.7	165.1	129.0
1999	59.7	21.7	4.6	59.9	26.9	20.8	149.1	144.6
2000	56.9	21.9	3.2	59.4	27.5	19.5	158.5	156.7
2001	68.1	23.6	3.2	64.6	31.6	22.0	151.7	163.9
2002	67.4	28.2	2.8	67.1	33.5	24.1	208.6	196.9
2003	81.4	30.5	2.8	80.5	36.3	29.0	226.9	223.7
2004	112.5	37.4	5.2	102.8	43.8	27.8	265.6	257.5
2005	123.4	37.8	3.8	124.0	48.9	34.0	273.3	270.1
二、比上年增长（%）								
1992	57.5	15.2	4.8	20.2	18.8	22.9	-0.2	4.1
1993	19.7	15.0	11.8	24.5	28.3	23.3	-0.4	9.3
1994	35.1	29.7	26.6	32.0	49.7	31.4	37.4	26.8
1995	18.6	11.1	14.3	18.0	18.9	21.8	6.8	3.9
1996	11.1	20.6	20.9	12.4	17.7	3.1	26.1	30.3
1997	14.7	51.7	-2.3	36.3	21.9	30.9	21.2	19.1
1998	-5.0	0	-11.2	0.1	5.5	3.9	20.0	16.5
1999	-8.1	-9.9	-1.2	-9.7	-10.1	42.1	-9.7	16.5
2000	-4.6	0.8	-30.1	-0.9	2.3	-6.2	6.3	8.4
2001	19.7	7.7	0.6	8.7	15.0	12.6	-4.3	4.6
2002	-1.1	19.4	-13.6	3.8	5.8	9.4	37.6	20.2
2003	20.8	8.2	0.1	20.0	8.4	20.6	37.6	20.2
2004	38.2	22.6	85.7	27.7	20.7	-4.1	17.1	15.1
2005	9.7	1.1	-26.9	20.6	11.6	22.3	2.9	4.9

分地区技工学校综合情况
（2005）

地区	技工学校个数（个）	劳动预备制度定点培训机构数	在职教职工人数（人）	女性	文化技术理论课教师	高级讲师	讲师	助理讲师
全　国	**2 855**	**1 229**	**204 009**	**79 069**	**97 433**	**22 413**	**44 793**	**25 055**
北　京	38	18	3 365	1 595	1 456	308	632	436
天　津	57	8	5 420	2 046	1 718	589	699	454
河　北	164	27	10 863	4 469	4 863	1 293	2 090	1 161
山　西	116	37	8 849	3 841	4 209	1 056	1 787	1 232
内蒙古	46	27	3 543	1 551	1 776	362	930	403
辽　宁	151	89	9 999	4 229	4 682	1 496	2 249	946
吉　林	117	53	5 940	2 617	3 362	824	1 614	1 065
黑龙江	127	67	9 417	4 145	4 402	1 307	2 038	888
上　海	41							
江　苏	128	29	11 484	4 238	5 597	1 043	2 169	1 689
浙　江	79	36	5 441	2 304	3 227	520	1 360	1 025
安　徽	109	14	6 031	1 947	2 940	691	1 367	699
福　建	93	48	4 500	1 618	2 340	325	2 416	743
江　西	80	24	5 650	2 125	2 793	675	1 154	721
山　东	229	154	22 049	7 490	11 183	3 057	4 375	2 427
河　南	173	67	11 662	4 544	5 425	1 148	2 323	1 423
湖　北	137	63	9 934	3 515	4 943	1 134	2 609	1 170
湖　南	147	69	8 955	3 367	3 785	929	1 750	882
广　东	191	51	14 583	5 341	6 655	935	2 738	2 161
广　西	55	14	4 559	1 765	2 304	362	1 238	569
海　南	13	4	965	336	458	98	174	111
重　庆	72	72	3 816	1 523	1 721	464	772	411
四　川	121	45	8 992	3 638	4 364	750	1 996	1 125
贵　州	56	19	2 767	1 023	1 197	239	686	371
云　南	34	13	3 190	1 272	1 423	379	710	364
陕　西	135	73	9 721	3 582	4 372	1 095	1 841	1 069
甘　肃	57	35	3 698	1 415	1 873	278	875	452
青　海	16	7	1 308	566	724	161	372	216
宁　夏	15	11	1 284	550	627	203	293	117
新　疆	58	55	6 024	2 417	3 014	692	1 536	725

续表

地区	大学本科以上	生产实习指导教师					技师	一体化教师
			高级实习指导教师	一级实习指导教师	二级实习指导教师	三级实习指导教师		
全　国	**67 655**	**37 975**	**3 465**	**10 660**	**9 958**	**4 512**	**8 615**	**25 686**
北　京	1 234	614	39	173	150	81	189	638
天　津	1 179	943	130	225	293	88	308	617
河　北	3 472	1 987	163	488	405	264	369	1 261
山　西	2 830	1 291	145	452	352	125	144	789
内蒙古	984	558	73	160	97	25	214	499
辽　宁	3 328	1 481	256	404	356	137	301	614
吉　林	2 224	925	116	328	167	105	117	775
黑龙江	2 884	1 662	198	523	360	159	484	805
上　海								
江　苏	4 319	2 251	114	646	628	232	790	1 518
浙　江	2 683	1 162	34	308	274	103	369	911
安　徽	1 821	949	102	257	267	117	139	659
福　建	1 243	804	41	200	278	115	152	679
江　西	1 808	1 215	136	299	350	185	190	658
山　东	7 567	3 875	436	1 312	1 115	441	571	2 228
河　南	4 082	2 345	128	706	684	305	606	1 930
湖　北	2 988	2 121	201	699	846	187	419	1 281
湖　南	2 697	1 705	136	548	388	166	353	1 009
广　东	5 669	3 682	176	890	830	494	1 287	2 864
广　西	1 541	900	13	213	292	141	294	675
海　南	413	196	9	37	32	93	77	138
重　庆	1 106	932	167	152	142	126	172	372
四　川	2 578	1 492	141	356	393	198	266	851
贵　州	772	502	12	133	140	39	54	216
云　南	1 076	613	54	160	191	143	74	547
陕　西	2 897	1 810	218	430	413	239	362	1 388
甘　肃	1 044	552	19	121	171	72	55	431
青　海	460	200	29	71	59	13	28	174
宁　夏	510	138	21	32	59	16	6	167
新　疆	2 246	1 070	158	337	226	103	225	992

续表

地区	兼职教师人数（人）	文化技术理论课教师	生产实习指导教师	实习工厂和校办企业个数（个）	实习工厂和校办企业纳税额（万元）	实习工厂和校办企业利润额（万元）	经费来源小计（万元）	事业经费
全　国	**32 252**	**21 628**	**12 238**	**1 558**	**8 735**	**11 736**	**1 233 895**	**377 941**
北　京	1 011	783	273	19	313	290	60 920	35 069
天　津	675	462	187	24	1 445	9	19 002	8 098
河　北	1 593	1 090	520	101	289	497	39 218	10 728
山　西	966	534	398	46	1 225	403	31 471	9 214
内蒙古	409	275	114	16	20	－11	14 129	6 253
辽　宁	1 368	817	583	59	299	84	41 490	12 585
吉　林	599	469	229	42	110	60	18 744	5 920
黑龙江	1 027	774	562	138	112	133	32 524	13 123
上　海							19 140	
江　苏	3 209	2 212	958	49	364	197	137 558	23 287
浙　江	930	640	290	31	317	64	63 092	26 143
安　徽	1 641	921	744	76	59	165	27 853	5 639
福　建	973	711	231	41	18	57	29 468	10 024
江　西	1 367	854	599	60	98	46	29 075	6 663
山　东	1 883	1 166	707	160	620	1 840	136 798	44 284
河　南	1 847	1 270	650	92	343	523	54 197	19 432
湖　北	1 728	1 066	795	67	312	335	40 058	12 628
湖　南	1 450	1 422	656	44	132	271	40 389	10 683
广　东	2 664	1 599	1 065	185	1 140	－207	165 984	42 514
广　西	702	419	277	37	182	88	26 515	11 565
海　南	113	81	32	5	2		5 718	1 992
重　庆	683	457	219	17	174	2 149	33 762	3 246
四　川	1 229	851	442	64	628	571	37 219	14 700
贵　州	219	117	158	14	7	118	13 172	3 921
云　南	429	244	188	24	86	122	15 394	8 150
陕　西	1 825	1 331	627	99	151	3 621	44 983	9 472
甘　肃	615	359	256	8	145	98	15 861	3 413
青　海	164	98	66	8	1	1	6 833	3 652
宁　夏	166	113	53	8	20	－31	6 824	3 762
新　疆	767	493	359	24	124	244	26 504	11 781

续表

地区	公司经费	企业经费	学费	经费支出小计（万元）	教学支出	基建投资	人员经费
全　国	**38 086**	**90 708**	**646 682**	**1 239 703**	**339 508**	**224 878**	**489 330**
北　京	465	1 085	14 508	55 136	25 012	2 357	17 092
天　津	175	1 029	8 349	19 567	5 007	887	10 618
河　北	192	4 180	22 840	40 681	11 887	4 393	17 510
山　西	2 332	6 672	12 358	31 912	8 581	3 817	13 910
内蒙古	1 359	1 578	4 293	13 399	3 680	602	7 559
辽　宁	584	7 328	18 822	38 666	10 590	4 880	19 634
吉　林	158	3 445	7 082	20 224	3 626	5 021	9 036
黑龙江	723	6 577	9 251	39 971	8 086	5 079	15 582
上　海		10 751	8 390	16 024	4 898	2 815	6 586
江　苏	1 627	4 542	99 617	97 075	26 566	22 435	36 282
浙　江	54	1 942	28 545	62 307	15 624	11 486	27 763
安　徽	3 881	2 718	14 231	28 955	7 468	5 243	11 124
福　建	190	2 642	13 653	28 973	7 207	5 775	11 585
江　西	1 926	615	14 251	29 376	7 256	7 681	10 872
山　东	14 644	4 815	67 262	146 074	36 346	43 530	57 345
河　南	1 668	3 566	26 952	55 413	13 228	11 313	23 609
湖　北	2 100	3 669	25 602	75 875	14 016	6 809	18 041
湖　南	634	1 167	27 209	40 599	8 788	9 811	15 549
广　东	496	3 721	118 364	185 454	56 535	40 558	71 281
广　西	194	455	14 616	29 363	7 475	3 596	13 065
海　南		353	2 955	5 895	1 808	987	2 333
重　庆	324	934	9 573	17 891	6 205	4 301	5 040
四　川	588	2 281	22 096	34 252	11 805	3 927	13 651
贵　州	1 714	1 107	3 698	10 831	3 473	648	5 223
云　南	291	1 627	4 328	14 962	5 838	1 454	6 496
陕　西	451	4 272	29 985	47 057	13 113	8 123	17 515
甘　肃	834	6 070	4 660	15 282	5 565	1 895	6 751
青　海	62	91	2 739	6 313	1 208	970	3 384
宁　夏		264	2 338	6 679	1 321	568	3 101
新　疆	421	1 212	8 115	25 495	7 293	3 917	11 793

分地区技工学校培训情况

（2005）

单位：人

地区	招生学校数（所）	招生人数	高级班学生	女生	农业户口学生	在校学生人数	女生
全　国	**2 379**	**1 183 693**	**191 958**	**365 954**	**760 442**	**2 752 974**	**881 388**
北　京	38	21 809	1 830	7 565	14 717	65 829	23 080
天　津	52	17 228	3 118	5 157	6 920	47 104	16 491
河　北	147	44 548	6 687	12 081	23 195	105 508	29 334
山　西	98	41 926	4 118	13 863	30 194	93 947	31 468
内蒙古	37	8 770	756	2 474	3 534	20 393	5 728
辽　宁	121	41 822	7 501	7 967	18 978	89 565	16 812
吉　林	76	18 258	730	5 608	9 812	40 146	12 922
黑龙江	114	28 264	4 544	7 456	9 835	60 407	17 479
上　海	34	6 000				27 862	
江　苏	124	95 421	24 222	31 162	55 085	245 430	87 160
浙　江	75	39 406	6 108	9 049	23 021	97 783	24 487
安　徽	74	34 393	3 782	13 260	20 482	86 431	35 323
福　建	88	34 589	3 067	12 667	25 591	78 691	32 164
江　西	65	39 360	6 006	15 944	29 030	101 252	37 925
山　东	183	138 505	50 757	42 120	91 797	325 924	98 140
河　南	130	72 629	9 171	19 510	52 744	172 739	54 196
湖　北	130	73 126	4 870	28 334	46 423	135 545	53 441
湖　南	101	60 779	11 115	20 163	52 661	122 448	41 187
广　东	146	129 305	19 360	29 877	69 984	328 052	78 313
广　西	55	31 263	895	8 236	23 018	79 667	24 691
海　南	11	4 450	546	1 306	1 875	11 674	3 477
重　庆	72	29 536	3 298	10 579	24 751	60 516	28 457
四　川	118	47 042	3 823	19 580	36 628	101 037	46 517
贵　州	32	13 370	1 487	5 146	9 133	26 034	7 829
云　南	31	17 397	1 750	5 370	12 658	37 122	11 692
陕　西	118	61 348	9 679	18 982	48 429	127 458	39 231
甘　肃	46	11 424	500	4 693	8 979	23 971	10 382
青　海	8	2 297	153	748	1543	5 585	1 919
宁　夏	8	4 313	537	1 808	1 532	8 635	3 255
新　疆	47	15 115	1 548	5 249	7 893	26 219	8 288

续表

地区	高级班学生	毕业生人数	获得初级职业资格	获得中级职业资格	获得高级职业资格	培训社会人员人次数（人次）	女性
全　国	**383 001**	**689 976**	**64 251**	**546 926**	**34 399**	**2 732 935**	**718 165**
北　京	3 211	19 188	3 777	13 520	1 611	42 311	14 282
天　津	7 366	13 580	4 980	7 511	475	60 003	20 703
河　北	11 979	25 568	2 423	21 055	854	102 818	17 734
山　西	7 153	19 514	807	15 565	469	57 877	14 205
内蒙古	2 162	5 237	148	4 007	68	49 227	14 898
辽　宁	7 386	24 205	4 741	16 377	918	147 020	26 896
吉　林	1 766	9 835	1 404	6 537	887	59 791	12 281
黑龙江	5 197	16 429	833	12 637	264	209 149	47 565
上　海							
江　苏	51 479	49 549	2 244	44 009	3 114	167 416	45 164
浙　江	13 350	21 954	2 799	18 340	815	162 848	38 090
安　徽	5 845	27 287	3 358	22 005	782	134 295	34 412
福　建	6 837	25 625	5 761	18 486	251	68 087	13 189
江　西	10 834	26 155	2 091	17 769	1 876	56 871	16 877
山　东	108 965	78 091	3 620	62 203	9 173	253 850	62 751
河　南	19 919	35 933	2 595	31 473	261	215 065	57 038
湖　北	7 370	54 531	5 821	41 164	2 302	80 254	28 564
湖　南	22 194	37 958	874	28 897	2 716	67 424	21 849
广　东	43 972	70 626	4 221	59 549	4 503	104 758	28 266
广　西	2 523	18 033	2 401	14 653	113	54 275	10 028
海　南	1 254	1 966	359	1 550	50	23 579	6 173
重　庆	5 431	20 473	2 416	17 154	372	70 219	10 025
四　川	6 870	28 326	2 924	23 375	722	150 822	49 741
贵　州	3 427	5 651	208	4 708	185	24 750	8 764
云　南	3 237	8 313	363	7 313	391	41 961	10 411
陕　西	15 518	31 281	1 268	26 926	640	89 786	22 848
甘　肃	1 397	4 586	140	3 255	305	22 519	8 181
青　海	1 239	1 309	42	732	229	18 501	4 348
宁　夏	1 761	1 647	20	1 074	10	17 890	5 867
新　疆	3 359	7 126	1 613	5 082	43	179 569	67 015

续表

地区	上年末结转人数	培训社会人员结业人数	按培训对象分组				
			下岗失业人员	劳动预备制学员	在职职工	农村劳动者	其他
全　国	**115 233**	**2 701 429**	**459 513**	**202 540**	**1 276 225**	**481 611**	**281 540**
北　京	8 375	51 052	3 175	11 193	22 573	726	13 385
天　津	2 309	52 634	7 189	1 879	31 939	5 881	5 746
河　北	6 141	103 207	21 593	8 528	49 943	18 307	4 836
山　西	1 476	58 298	3 935	3 027	39 605	10 453	1 278
内蒙古	293	56 039	8 399	4 714	18 653	20 276	3 997
辽　宁	1 799	162 119	72 092	6 026	47 844	27 094	9 063
吉　林	2 966	56 201	11 162	1 995	20 911	19 560	2 573
黑龙江	5 465	194 110	67 037	28 322	76 830	20 563	1 358
上　海							
江　苏	5 996	169 786	34 174	9 639	85 466	27 575	12 932
浙　江	2 760	158 384	11 838	10 529	71 501	28 070	36 446
安　徽	1 193	132 137	28 650	4 226	59 351	26 518	13 392
福　建	1 138	62 836	5 770	2 325	30 871	14 707	9 163
江　西	1 874	55 217	16 445	4 893	27 106	3 724	3 049
山　东	6 061	233 387	23 929	17 394	118 750	38 495	34 819
河　南	4 164	205 947	49 911	5 614	107 469	31 397	11 556
湖　北	4 652	114 150	12 367	17 569	48 544	18 988	16 682
湖　南	7 668	77 998	13 335	9 007	28 897	19 171	7 588
广　东	8 327	111 755	12 991	14 094	36 571	9 780	38 319
广　西	578	49 817	1 917	3 321	28 494	10 655	5 430
海　南	2 700	13 619	2 291	1 240	7 539	515	2 034
重　庆	314	67 854	3 050	1 008	46 925	15 763	1 108
四　川	22 078	141 836	14 470	17 975	60 773	36 156	12 462
贵　州	920	24 562	3 102	121	10 010	7 703	3 626
云　南	2 049	38 396	6 894	6 000	19 314	3 159	3 029
陕　西	1 233	86 644	7 155	5 169	54 759	10 856	8 705
甘　肃	495	22 215	2 808	151	15 391	880	2 985
青　海	490	18 011	423	307	9 229	5 198	2 854
宁　夏	211	17 880	598	782	7 437	7 246	1 817
新　疆	11 508	165 338	12 813	5 492	93 530	42 195	11 308

续表

地区	按获取证书分组						
	初级职业资格	中级职业资格	高级职业资格	技师资格	高级技师资格	就业人数	技工学校学生
全　国	**542 798**	**508 292**	**150 761**	**46 147**	**4 164**	**1 028 053**	**637 116**
北　京	7 824	15 229	8 026	1 130	875	19 575	17 359
天　津	16 591	5 861	3 216	684		15 751	13 416
河　北	10 671	18 232	5 666	920	157	53 132	22 718
山　西	6 416	4 282	738	1 190	204	21 450	15 263
内蒙古	11 518	5 589	3 338	1 641	257	10 996	2 961
辽　宁	14 410	13 377	6 122	650	109	30 081	19 250
吉　林	6 320	5 180	2 406	364		17 331	8 685
黑龙江	17 137	22 375	9 381	7 984	856	22 683	13 948
上　海							
江　苏	47 486	45 045	11 483	4 494	430	105 886	47 689
浙　江	85 501	18 119	6 412	2 419	132	65 154	21 286
安　徽	26 059	24 913	5 622	1 579		67 927	26 047
福　建	13 852	11 706	3 558	286		45 191	24 823
江　西	2 321	14 188	3 269	482	37	25 584	24 689
山　东	94 846	57 278	10 372	4 787		78 091	78 091
河　南	5 916	27 842	5 234	1 664	100	53 670	34 623
湖　北	16 073	29 993	8 751	1 768	485	52 752	41 334
湖　南	17 256	12 451	1 284	250	102	43 060	35 117
广　东	28 604	30 623	9 843	3 529		73 926	69 298
广　西	5 647	6 315	3 759	768	134	24 197	17 329
海　南	1 777	2 288	984	387	42	6 869	1 797
重　庆	20 024	36 275	10 081	1 440	34	42 591	19 981
四　川	29 471	42 911	6 999	2 193	102	53 494	27 927
贵　州	3 919	2 199	1 421	29		6 752	5 276
云　南	8 360	11 803	6 765	1 550		7 996	7 956
陕　西	10 996	17 403	5 229	871	99	40 509	26 223
甘　肃	405	4 771	1 773	61		7 063	4 381
青　海	4 250	1 231	2 133	992	9	16 644	1 307
宁　夏	4 796	3 045	361	84		3 309	1 754
新　疆	24 352	17 768	6 535	1 951		16 389	6 588

分地区就业训练中心综合情况
（2005）

地区	就业训练中心个数（个）	拥有实习场地	劳动预备制度定点培训机构数	在职教职工总人数（人）	教师	兼职教师人数（人）	经费来源总计（万元）	财政补助费
全　国	**3 289**	**3 023**	**2 202**	**39 453**	**23 526**	**29 325**	**157 888**	**45 415**
北　京	19	19	10	813	426	786	7 342	1 475
天　津	19	19	11	327	107	217	2 322	61
河　北	231	211	165	2 545	1 360	1 022	3 631	1 401
山　西	70	50	40	865	481	309	1 697	337
内蒙古	118	112	33	827	498	566	1 154	354
辽　宁	119	119	66	1 498	924	1 282	10 353	5 253
吉　林	61	57	40	442	276	432	2 526	535
黑龙江	111	106	97	1 171	691	636	2 652	1 931
上　海								
江　苏	125	114	86	2 058	1 209	2 436	11 534	1 394
浙　江	146	146	146	696	337	1 061	6 455	2 299
安　徽	82	68	29	553	344	378	5 425	80
福　建	113	93	56	618	298	853	2 245	1 316
江　西	116	116	116	1 709	934	1 141	8 110	4 808
山　东	168	157	153	2 809	1 643	1 655	10 747	2 618
河　南	159	159	130	1 525	855	1 843	4 864	1 424
湖　北	181	169	115	2 674	1 614	1 492	8 441	3 137
湖　南	310	295	266	5 453	3 744	3 793	27 048	5 436
广　东	225	202	114	3 062	1 766	3 673	19 423	4 159
广　西	79	74	47	663	237	582	2 193	696
海　南	32	32	17	733	490	183	1 596	323
重　庆	40	36	18	450	321	400	1 839	577
四　川	164	151	96	1 777	1 027	1 606	5 890	2 598
贵　州	80	52	24	566	288	396	1 256	533
云　南	140	105	85	1 154	788	583	1 440	435
陕　西	134	132	103	2 056	1 503	876	1 959	489
甘　肃	101	101	83	896	587	311	1 394	599
青　海	30	13	16	292	117	172	273	51
宁　夏	23	22	3	136	74	143	420	271
新　疆	93	93	37	1 085	587	498	3 660	827

续表

地区	职业培训补贴	有偿培训收入	其他收入	经费支出总计（万元）	教学经费	人员经费
全　国	**55 251**	**49 104**	**8 117**	**147 430**	**92 734**	**49 094**
北　京	2 125	2 944	798	7 689	5 137	2 552
天　津	1 707	482	71	2 046	1 387	659
河　北	1 406	743	81	2 976	1 606	1 211
山　西	482	793	85	1 665	685	902
内蒙古	626	6	168	1 096	786	310
辽　宁	4 385	152	563	10 120	7 041	3 080
吉　林	589	1 377	25	2 599	1 624	974
黑龙江	543	110	68	2 657	1 779	863
上　海						
江　苏	5 685	3 715	741	10 855	6 549	4 284
浙　江	1 513	1 804	839	5 041	3 273	1 768
安　徽	4 046	1 181	118	5 517	4 680	803
福　建	555	295	79	2 136	1 350	714
江　西	2 697	472	134	7 789	5 243	2 546
山　东	5 370	2 477	283	10 631	6 677	3 338
河　南	2 037	968	435	4 638	3 322	1 316
湖　北	3 550	1 276	479	6 811	3 876	2 894
湖　南	5 319	15 854	440	25 230	15 126	8 085
广　东	4 102	10 324	837	17 252	12 116	4 495
广　西	875	511	111	2 083	1 408	629
海　南	234	719	320	1 331	725	598
重　庆	378	283	600	1 502	896	606
四　川	2 466	666	159	5 600	3 345	2 053
贵　州	249	125	350	1 176	481	503
云　南	557	313	135	1 738	619	475
陕　西	428	980	62	1 692	944	749
甘　肃	666	65	65	1 469	73	736
青　海	177	37	8	267	180	88
宁　夏	116	31	2	442	222	221
新　疆	2 369	403	61	3 381	1 586	1 645

续表

地区	就业训练人数（人）	女性	上年末结转人数	结业人数（人）	按训练对象分组			
					劳动预备制学员	下岗失业人员	农村劳动者	其他人员
全　国	**8 043 752**	**3 639 429**	**176 254**	**7 971 643**	**727 538**	**3 409 330**	**2 626 633**	**1 208 142**
北　京	148 073	50 193	5 034	147 702	3 733	65 496	42 592	35 881
天　津	73 342	34 746	1 590	67 189	1 533	40 915		24 741
河　北	558 427	26 688	3 708	701 723	49 616	222 378	346 506	83 223
山　西	144 831	40 849	3 118	145 166	5 323	39 654	85 725	14 464
内蒙古	488 877	251 814	67	488 877	67 445	167 970	222 321	31 141
辽　宁	304 663	157 705	12 058	288 200	9 764	143 229	135 000	207
吉　林	94 326	44 776	6 786	91 841	6 301	55 803	23 047	6 690
黑龙江	172 472	78 137	3 035	169 346	28 783	115 581	20 660	4 322
上　海								
江　苏	872 999	443 166	4 766	852 701	20 943	363 437	299 033	169 288
浙　江	339 762	161 051	2 137	325 373	5 788	126 557	121 749	71 279
安　徽	133 638	70 251	2 315	133 159	6 403	78 717	25 686	22 353
福　建	243 924	102 086	3 182	242 626	21 571	57 675	93 698	69 682
江　西	201 016	100 798	1 412	198 619	11 344	152 680		34 595
山　东	441 508	215 808	26 201	397 163	54 574	206 296	83 481	52 812
河　南	483 633	291 341	8 783	475 879	28 873	332 529	43 297	71 180
湖　北	674 216	337 877	17 236	686 431	79 707	255 457	234 524	116 743
湖　南	790 666	399 223	21 229	779 392	157 469	273 195	348 728	
广　东	543 099	237 283	15 392	504 226	42 437	150 524	197 896	113 369
广　西	206 534	92 618	4 597	202 431	13 129	52 697	97 054	39 551
海　南	47 890	18 363	1 235	43 427	5 860	12 064	18 189	7 314
重　庆	83 648	38 895	2 912	82 573	3 228	46 135	13 955	19 255
四　川	235 461	117 123	4 068	221 295	17 048	136 373		67 874
贵　州	66 399	30 279	215	61 968	3 313	25 975	15 184	17 496
云　南	171 574	72 069	4 837	169 626	20 963	68 009	44 568	36 086
陕　西	162 017	80 371	6 458	154 740	32 302	74 071	27 640	20 727
甘　肃	115 069	52 639	1 607	114 140	16 966	52 595	28 241	16 338
青　海	66 177	22 608	4 776	66 158	76	24 529	38 507	3 046
宁　夏	31 890	19 454	271	28 851	560	11 791	14 352	2 148
新　疆	147 621	51 218	7 229	130 821	12 486	56 998	5 000	56 337

续表

地区	按训练期限分组			按获取证书分组					就业人数
	六个月以下	六个月至一年	一年以上	初级职业资格	中级职业资格	高级职业资格	技师资格	高级技师资格	
全　国	**7 145 130**	**543 973**	**282 540**	**2 332 045**	**642 737**	**85 716**	**19 435**	**2 311**	**5 577 680**
北　京	143 683	107	3 912	57 047	39 888	7 400	819		82 914
天　津	65 084	1 655	450	36 256	2 587	1 073	17		33 577
河　北	680 912	16 010	4 801	149 033	9 754	1 072	166		296 545
山　西	131 204	11 761	2 201	27 739	3 466	123	50		98 697
内蒙古	485 927	2 197	753	43 234	1 585	440	12		358 148
辽　宁	288 200			51 425	13 964	4 497	900	171	226 920
吉　林	85 557	5 084	1 200	37 059	7 305	980	192	111	74 555
黑龙江	134 531	31 530	3 285	42 219	15 205	2 629	944	405	110 188
上　海									
江　苏	823 365	23 849	5 487	175 559	48 882	3 389	1 455		644 664
浙　江	320 952	3 996	425	170 311	30 967	5 028	622	74	222 223
安　徽	127 263	5 230	666	52 379	7 362	877	290		90 253
福　建	195 800	45 376	1 450	67 344	13 804	1 707	137		183 054
江　西	191 863	3 797	2 959	95 706	25 939	1 245			135 316
山　东	349 847	28 083	19 233	281 230	42 425	2 347	375	19	275 952
河　南	453 196	19 834	2 849	86 393	30 479	4 523	23	12	386 573
湖　北	558 070	96 831	31 530	201 698	86 435	13 910	4 404	885	493 657
湖　南	435 359	187 099	156 934	70 025	119 816	15 082	334		641 080
广　东	476 295	14 706	13 225	268 218	77 164	12 617	2 330	398	342 594
广　西	200 259	1 696	476	36 165	3 247	433	103		157 880
海　南	41 987	40	1 400	6 446	1 360	579	305	31	33 510
重　庆	75 301	6 298	974	33 850	6 620	178	2		47 685
四　川	215 704	3 550	2 041	146 884	19 227	694	288		165 396
贵　州	60 452	1 286	230	28 562	1 431	21	3 478		41 416
云　南	157 716	2 229	9 681	57 472	12 780	1 300	1 398		92 197
陕　西	135 752	13 016	5 972	40 562	7 111	928	580	205	109 559
甘　肃	91 157	14 523	8 460	7 360	2 869				77 765
青　海	65 808	350		12 231	650	652			50 060
宁　夏	27 192	1 659		11 960	2 124				20 343
新　疆	126 694	2 181	1 946	37 678	8 291	1 992	211		84 959

分地区民办职业培训机构综合情况

（2005）

地区	职业培训机构个数（个）	劳动预备制度定点培训机构数	在职教职工人数（人）	教师	兼职教师（人）	经费来源总计（万元）
全　国	**3 289**	**2 202**	**39 453**	**23 526**	**29 325**	**157 888**
北　京	19	10	813	426	786	7 342
天　津	19	11	327	107	217	2 322
河　北	231	165	2 545	1 360	1 022	3 631
山　西	70	40	865	481	309	1 697
内蒙古	118	33	827	498	566	1 154
辽　宁	119	66	1 498	924	1 282	10 353
吉　林	61	40	442	276	432	2 526
黑龙江	111	97	1 171	691	636	2 652
上　海						
江　苏	125	86	2 058	1 209	2 436	11 534
浙　江	146	146	696	337	1 061	6 455
安　徽	82	29	553	344	378	5 425
福　建	113	56	618	298	853	2 245
江　西	116	116	1 709	934	1 141	8 110
山　东	168	153	2 809	1 643	1 655	10 747
河　南	159	130	1 525	855	1 843	4 864
湖　北	181	115	2 674	1 614	1 492	8 441
湖　南	310	266	5 453	3 744	3 793	27 048
广　东	225	114	3 062	1 766	3 673	19 423
广　西	79	47	663	237	582	2 193
海　南	32	17	733	490	183	1 596
重　庆	40	18	450	321	400	1 839
四　川	164	96	1 777	1 027	1 606	5 890
贵　州	80	24	566	288	396	1 256
云　南	140	85	1 154	788	583	1 440
陕　西	134	103	2 056	1 503	876	1 959
甘　肃	101	83	896	587	311	1 394
青　海	30	16	292	117	172	273
宁　夏	23	3	136	74	143	420
新　疆	93	37	1 085	587	498	3 660.2

续表

地区	有偿培训收入	经费支出总计（万元）	教学经费	人员经费	培训人数（人）	女性	上年末结转人数
全　国	**49 104**	**147 430**	**92 734**	**49 094**	**8 043 752**	**3 639 429**	**176 254**
北　京	2 944.2	7 689	5 137	2 552	148 073	50 193	5 034
天　津	481.7	2 046	1 387	659	73 342	34 746	1 590
河　北	743.2	2 976	1 606	1 211	558 427	26 688	3 708
山　西	792.7	1 665	685	902	144 831	40 849	3 118
内蒙古	5.7	1 096	786	310	488 877	251 814	67
辽　宁	151.8	10 120	7 041	3 080	304 663	157 705	12 058
吉　林	1 376.6	2 599	1 624	974	94 326	44 776	6 786
黑龙江	110.4	2 657	1 779	863	172 472	78 137	3 035
上　海							
江　苏	3 714.6	10 855	6 549	4 284	872 999	443 166	4 766
浙　江	1 803.9	5 041	3 273	1 768	339 762	161 051	2 137
安　徽	1 181.0	5 517	4 680	803	133 638	70 251	2 315
福　建	295.0	2 136	1 350	714	243 924	102 086	3 182
江　西	471.7	7 789	5 243	2 546	201 016	100 798	1 412
山　东	2 476.7	10 631	6 677	3 338	441 508	215 808	26 201
河　南	968.3	4 638	3 322	1 316	483 633	291 341	8 783
湖　北	1 275.8	6 811	3 876	2 894	674 216	337 877	17 236
湖　南	15 853.9	25 230	15 126	8 085	790 666	399 223	21 229
广　东	10 324.4	17 252	12 116	4 495	543 099	237 283	15 392
广　西	510.9	2 083	1 408	629	206 534	92 618	4 597
海　南	718.6	1 331	725	598	47 890	18 363	1 235
重　庆	283.1	1 502	896	606	83 648	38 895	2 912
四　川	666.5	5 600	3 345	2 053	235 461	117 123	4 068
贵　州	124.7	1 176	481	503	66 399	30 279	215
云　南	312.8	1 738	619	475	171 574	72 069	4 837
陕　西	980.3	1 692	944	749	162 017	80 371	6 458
甘　肃	64.6	1 469	73	736	115 069	52 639	1 607
青　海	36.9	267	180	88	66 177	22 608	4 776
宁　夏	31.3	442	222	221	31 890	19 454	271
新　疆	403.2	3 381	1 586	1 645	147 621	51 218	7 229

续表

地区	结业人数（人）	按培训对象分组			按培训期限分组		
		劳动预备制学员	下岗失业人员	其他人员	六个月以下	六个月至一年	一年以上
全　国	**7 971 643**	**727 538**	**3 409 330**	**1 208 142**	**7 145 130**	**543 973**	**282 540**
北　京	147 702	3 733	65 496	35 881	143 683	107	3 912
天　津	67 189	1 533	40 915	24 741	65 084	1 655	450
河　北	701 723	49 616	222 378	83 223	680 912	16 010	4 801
山　西	145 166	5 323	39 654	14 464	131 204	11 761	2 201
内蒙古	488 877	67 445	167 970	31 141	485 927	2 197	753
辽　宁	288 200	9 764	143 229	207	288 200		
吉　林	91 841	6 301	55 803	6 690	85 557	5 084	1 200
黑龙江	169 346	28 783	115 581	4 322	134 531	31 530	3 285
上　海							
江　苏	852 701	20 943	363 437	169 288	823 365	23 849	5 487
浙　江	325 373	5 788	126 557	71 279	320 952	3 996	425
安　徽	133 159	6 403	78 717	22 353	127 263	5 230	666
福　建	242 626	21 571	57 675	69 682	195 800	45 376	1 450
江　西	198 619	11 344	152 680	34 595	191 863	3 797	2 959
山　东	397 163	54 574	206 296	52 812	349 847	28 083	19 233
河　南	475 879	28 873	332 529	71 180	453 196	19 834	2 849
湖　北	686 431	79 707	255 457	116 743	558 070	96 831	31 530
湖　南	779 392	157 469	273 195		435 359	187 099	156 934
广　东	504 226	42 437	150 524	113 369	476 295	14 706	13 225
广　西	202 431	13 129	52 697	39 551	200 259	1 696	476
海　南	43 427	5 860	12 064	7 314	41 987	40	1 400
重　庆	82 573	3 228	46 135	19 255	75 301	6 298	974
四　川	221 295	17 048	136 373	67 874	215 704	3 550	2 041
贵　州	61 968	3 313	25 975	17 496	60 452	1 286	230
云　南	169 626	20 963	68 009	36 086	157 716	2 229	9 681
陕　西	154 740	32 302	74 071	20 727	135 752	13 016	5 972
甘　肃	114 140	16 966	52 595	16 338	91 157	14 523	8 460
青　海	66 158	76	24 529	3 046	65 808	350	
宁　夏	28 851	560	11 791	2 148	27 192	1 659	
新　疆	130 821	12 486	56 998	56 337	126 694	2 181	1 946

续表

地区	按获取证书分组				就业人数（人）
	初级职业资格	中级职业资格	高级职业资格	结业证书	
全　国	**2 332 045**	**642 737**	**85 716**	**19 435**	**5 577 680**
北　京	57 047	39 888	7 400	819	82 914
天　津	36 256	2 587	1 073	17	33 577
河　北	149 033	9 754	1 072	166	296 545
山　西	27 739	3 466	123	50	98 697
内蒙古	43 234	1 585	440	12	358 148
辽　宁	51 425	13 964	4 497	900	226 920
吉　林	37 059	7 305	980	192	74 555
黑龙江	42 219	15 205	2 629	944	110 188
上　海					
江　苏	175 559	48 882	3 389	1 455	644 664
浙　江	170 311	30 967	5 028	622	222 223
安　徽	52 379	7 362	877	290	90 253
福　建	67 344	13 804	1 707	137	183 054
江　西	95 706	25 939	1 245		135 316
山　东	281 230	42 425	2 347	375	275 952
河　南	86 393	30 479	4 523	23	386 573
湖　北	201 698	86 435	13 910	4 404	493 657
湖　南	70 025	119 816	15 082	334	641 080
广　东	268 218	77 164	12 617	2 330	342 594
广　西	36 165	3 247	433	103	157 880
海　南	6 446	1 360	579	305	33 510
重　庆	33 850	6 620	178	2	47 685
四　川	146 884	19 227	694	288	165 396
贵　州	28 562	1 431	21	3 478	41 416
云　南	57 472	12 780	1 300	1 398	92 197
陕　西	40 562	7 111	928	580	109 559
甘　肃	7 360	2 869			77 765
青　海	12 231	650	652		50 060
宁　夏	11 960	2 124			20 343
新　疆	37 678	8 291	1 992	211	84 959

分地区职业技能鉴定综合情况

（2005）

单位：个，人

地区	年末职业技能鉴定机构数			
		鉴定所数	鉴定站数	工考委数
全　国	**7 654**	**4 144**	**3 347**	**163**
北　京	86		86	
天　津	81	53	19	9
河　北	173	170		3
山　西	169	120	47	2
内蒙古	138	19	119	
辽　宁	144	130	14	
吉　林	52	36	16	
黑龙江	43	35	8	
上　海	30	5	25	
江　苏	268	225	15	28
浙　江	157	51	106	
安　徽	373	373		
福　建	462	462		
江　西	274	207	67	
山　东	125	44	81	
河　南	472	285	144	43
湖　北	489	489		
湖　南	247	230	13	4
广　东	79	25	54	
广　西	178	97	41	40
海　南	98	49	49	
重　庆	150	150		
四　川	565	229	322	14
贵　州	149	149		
云　南	180	180		
西　藏	10		10	
陕　西	164	80	83	1
甘　肃	51	51		
青　海	45	26	19	
宁　夏	45	44	1	
新　疆	161	80	81	

续表

地区	年末考评人员人数	本年鉴定考核人数	初级	中级
全　国	**164 415**	**9 518 264**	**3 205 324**	**45 439 320**
北　京	2 636	419 884	146 729	156 021
天　津	2 301	194 703	122 853	52 904
河　北	3 013	306 110	69 325	183 512
山　西	569	111 909	31 274	65 789
内蒙古	3 888	81 316	34 057	23 159
辽　宁	890	273 580	104 756	130 234
吉　林	7 616	208 879	106 369	72 701
黑龙江	3 106	172 894	58 648	59 815
上　海	2 800	352 648	131 119	174 835
江　苏	5 337	430 938	137 885	231 375
浙　江	4 918	558 936	346 947	161 373
安　徽	5 950	263 093	79 065	154 678
福　建	5 904	402 608	137 763	218 148
江　西	4 321	201 788	38 903	138 103
山　东	3 994	335 358	179 925	87 018
河　南	8 741	268 075	54 129	175 014
湖　北	999	305 720	46 395	153 965
湖　南	3 843	345 315	88 257	217 783
广　东	2 534	984 070	351 484	513 757
广　西	182	227 888	88 771	115 532
海　南	366	18 149	6 437	7 857
重　庆	4 139	261 508	88 467	129 832
四　川	7 018	485 311	165 972	257 475
贵　州	1 682	58 466	23 932	27 206
云　南	3 668	189 433	51 265	96 585
西　藏	99	6 395	2 264	1 887
陕　西	2 173	211 262	48 303	138 076
甘　肃	1 902	65 107	13 052	40 049
青　海	1 146	23 438	14 140	5 768
宁　夏	866	26 244	12 111	11 884
新　疆	2 583	98 446	47 832	36 422

续表

地区				本年获取证书人数	
	高级	技师	高级技师		初级
全　国	**1 437 921**	**282 268**	**53 431**	**7 808 208**	**2 717 085**
北　京	91 299	24 705	1 130	362 151	138 754
天　津	16 253	2 683	10	183 813	117 602
河　北	41 490	8 558	3 225	272 453	63 965
山　西	13 252	1 489	105	108 444	30 724
内蒙古	12 617	9 557	1 926	75 943	33 706
辽　宁	33 201	4 971	418	226 740	89 203
吉　林	22 973	6 413	423	139 257	69 292
黑龙江	38 974	15 062	395	155 780	53 098
上　海	30 895	14 648	1 151	239 956	90 600
江　苏	46 775	14 443	460	391 322	128 116
浙　江	37 977	12 152	487	494 421	308 170
安　徽	24 159	5 097	94	223 178	67 177
福　建	41 599	4 755	343	314 665	107 673
江　西	20 504	4 074	204	150 628	32 804
山　东	53 966	13 680	769	258 975	140 428
河　南	30 736	7 761	435	239 624	47 098
湖　北	56 602	21 251	27 507	249 009	39 585
湖　南	31 257	7 399	619	267 319	70 544
广　东	97 338	20 123	1 368	716 444	284 597
广　西	17 137	5 355	1 093	180 807	72 794
海　南	2 355	1 338	162	14 070	5 684
重　庆	36 263	5 474	1 472	221 822	76 390
四　川	53 289	8 249	326	440 921	158 349
贵　州	5 312	1 692	324	54 609	22 865
云　南	35 295	5 926	362	164 222	45 848
西　藏	2 243	1		5 876	2 072
陕　西	22 278	2 428	177	202 169	47 240
甘　肃	11 591	402	13	51 822	11 271
青　海	2 996	510	24	21 091	12 995
宁　夏	1 928	320	1	19 774	8 692
新　疆	11 355	2 420	417	94 831	46 612

续表

地区	中级	高级	技师	高级技师
全　国	**3 745 754**	**1 117 632**	**189 419**	**38 318**
北　京	137 370	70 832	14 322	873
天　津	49 321	14 796	2 084	10
河　北	165 003	34 927	5 993	2 565
山　西	63 654	12 639	1 328	99
内蒙古	21 876	11 169	7 583	1 609
辽　宁	105 271	27 914	3 993	359
吉　林	49 775	16 683	3 234	273
黑龙江	54 900	34 368	13 146	268
上　海	120 800	21 200	6 800	556
江　苏	212 498	38 475	11 822	411
浙　江	143 489	32 237	10 153	372
安　徽	133 598	18 844	3 492	67
福　建	170 712	33 001	2 958	321
江　西	105 678	10 121	1 901	124
山　东	65 325	42 098	10 555	569
河　南	158 852	27 125	6 264	285
湖　北	125 035	45 412	17 162	21 815
湖　南	170 875	19 737	5 737	426
广　东	358 171	63 463	9 509	704
广　西	92 110	12 562	2 978	363
海　南	6 150	1 345	806	85
重　庆	111 337	29 069	3 849	1 177
四　川	233 469	43 779	5 124	200
贵　州	25 434	4 806	1 353	151
云　南	86 006	28 997	3 303	68
西　藏	1 682	2 121	1	
陕　西	131 907	20 572	2 280	170
甘　肃	32 395	7 998	147	11
青　海	4 892	2 777	407	20
宁　夏	9 170	1 673	238	1
新　疆	34 465	10 929	2 409	416

（四）劳动关系与监察

历年劳动争议处理情况　　单位：件

年份	上期未结案件数	案件受理情况		
		当期案件受理数	集体劳动争议案件数	劳动者申诉案件数
1996	2 634	47 951	3 150	41 697
1997	2 864	71 524	4 109	68 773
1998	3 475	93 649	6 767	84 829
1999	3 840	120 191	9 043	114 152
2000	6 374	135 206	8 247	120 043
2001	8 739	154 621	9 847	146 781
2002	12 472	184 116	11 024	172 253
2003	16 276	226 391	10 823	215 512
2004	17 117	260 471	19 241	249 335
2005	17 829	313 773	16 217	293 710

年份	劳动者当事人人数（人）	集体劳动争议劳动者当事人人数（人）
1996	189 120	92 203
1997	221 115	132 647
1998	358 531	251 268
1999	473 957	319 241
2000	422 617	259 445
2001	556 230	286 680
2002	608 396	374 956
2003	801 042	514 573
2004	764 981	477 992
2005	744 195	409 819

续表

年份					案件处理情况	
					结案数	处理方式
	变更劳动合同	解除劳动合同	终止劳动合同	其他		仲裁调解
1996					46 543	24 223
1997	2 992	10 337	5 344	8 917	70 792	32 793
1998	2 840	13 069	4 752	9 515	92 288	31 483
1999	3 469	18 108	8 031	8 626	121 289	39 550
2000	3 829	21 149	10 816	12 549	130 688	41 877
2001	4 254	29 038	10 298	15 276	150 279	42 933
2002	3 765	30 940	12 908	17 562	178 744	50 925
2003	5 494	40 017	12 043	13 131	223 503	67 765
2004	4 465	42 881	14 140	20 447	258 678	83 400
2005	7 567	54 858	14 015	28 257	306 027	104 308

年份			处理结果			本期未结案数
	仲裁裁决	其他方式	用人单位胜诉	劳动者胜诉	双方部分胜诉	
1996	12 789	9 531	9 452	23 696	13 395	3 024
1997	15 060	22 939	11 488	40 063	19 241	3 596
1998	25 389	35 155	11 937	48 650	27 365	4 836
1999	34 712	47 027	15 674	63 030	37 459	6 536
2000	54 142	34 669	13 699	70 544	37 247	10 892
2001	77 250	35 096	31 544	71 739	46 996	13 081
2002	77 340	50 479	27 017	84 432	67 295	17 844
2003	95 774	59 954	34 272	109 556	79 475	19 164
2004	110 708	64 550	35 679	123 268	94 041	18 817
2005	131 745	69 974	39 401	145 352	121 274	

分地区劳动争议处理情况

（2005）

单位：件

地区	上期未结案件数	案件受理情况			
		当期案件受理数	集体劳动争议案件数	劳动者申诉案件数	劳动者当事人人数（人）
全　国	**17 829**	**313 773**	**16 217**	**293 710**	**744 195**
北　京	9	18 794	850	18 439	18 794
天　津		4 210	82	4 119	6 096
河　北	140	7 146	469	6 859	18 608
山　西		3 666	277		4 882
内蒙古	23	2 874	161	2 762	5 146
辽　宁	760	9 602	210	6 812	58 157
吉　林	322	5 421	921	5 873	29 537
黑龙江	688	6 069	2 200	3 997	7 926
上　海	1 714	20 391	749	19 934	29 981
江　苏	2 419	50 762	1 335	46 937	72 877
浙　江	781	18 624	1 056	17 931	35 886
安　徽	126	3 105	276	2 959	11 657
福　建	2 079	7 626	401	6 725	21 194
江　西	109	1 999	116	1 907	30 612
山　东	1 351	25 976	1 147	24 266	61 507
河　南	434	7 960	352	7 415	16 733
湖　北	383	7 668	706	7 178	23 892
湖　南	320	7 206	481	6 807	22 904
广　东	4 461	61 247	2 115	60 500	169 084
广　西	199	5 623	87	5 592	7 918
海　南	45	875	47	819	2 849
重　庆	147	8 812	141	8 633	14 846
四　川	407	10 943	496	10 684	23 129
贵　州	178	3 037	60	2 989	7 675
云　南	47	2 095	127	1 951	3 859
西　藏	96	1 152	896	1 146	14 834
陕　西	393	4 369	131	4 194	7 427
甘　肃	35	1 213	92	1 194	3 847
青　海	5	465	33	425	2 260
宁　夏	12	764	59	726	3 595
新　疆	119	3 598	123	3 460	5 777

续表

地区	集体劳动争议劳动者当事人人数（人）	争议原因				
		履行劳动合同			变更劳动合同	解除劳动合同
		劳动报酬	保险福利	职业培训		
全　国	**409 819**	**103 183**	**97 519**	**1 412**	**7 567**	**54 858**
北　京	8 995	10 463	1 339		41	284
天　津	1 732	1 137	1 741	13	7	310
河　北	9 689	1 601	2 916	58	90	994
山　西	1 772	863	1126		312	627
内蒙古	2 100	760	1 456			336
辽　宁	38 163	3 523	1 977	53	279	2 209
吉　林	24 731	1 039	1 980	61	101	785
黑龙江	6 340	917	737	327	1 551	397
上　海	10 339	7 311	6 797	13	127	1 461
江　苏	14 386	15 738	13 963	104	1 915	10 203
浙　江	14 977	5 262	9 905	24	32	2 341
安　徽	8 502	580	1 261	8	39	821
福　建	9 206	2 000	2 186	17	115	1 862
江　西	28 392	436	824	31	11	434
山　东	32 076	6 958	11 463	187	372	4 100
河　南	8 115	1 319	3 393	33	222	1 529
湖　北	16 880	1 313	4 228	35	140	1 192
湖　南	15 620	2 595	887	195	212	1 200
广　东	106 468	28 768	9 493	153	1 493	16 827
广　西	2 290	1 162	2 219	9	180	1 065
海　南	1 723	223	272	2	16	283
重　庆	5 575	2 109	4 218	28	96	1 173
四　川	11 968	2 490	5 301	36	82	1 938
贵　州	4 543	251	2 081		3	246
云　南	1 993	489	568	2	13	542
西　藏	14 306	762	368	6		10
陕　西	2 228	1 311	1 748		87	786
甘　肃	2 601	325	557	3	6	152
青　海	1 264	179	172	2	3	32
宁　夏	714	203	320	8	17	119
新　疆	1 900	966	1 865	1	3	433

续表

地区				案件处理情况	
	终止劳动合同	下岗	其他	结案数	处理方式
					仲裁调解
全　国	**14 015**	**2 441**	**28 257**	**306 027**	**104 308**
北　京	47		6 620	18 598	4 730
天　津	128		874	3 858	757
河　北	383	145	362	7 040	3 273
山　西	126		510	3 482	1 523
内蒙古	144		178	2 863	1 002
辽　宁	444	8	613	9 297	2 209
吉　林	245	740	51	4 989	1 127
黑龙江	560	162	1 058	5 004	1 412
上　海	127		4 555	19 939	6 650
江　苏	3 768	146	4 925	50 553	22 654
浙　江	510		550	18 366	9 661
安　徽	54	20	256	3 104	1 025
福　建	530	7	630	7 296	2 675
江　西	46	19	79	1 971	876
山　东	1 502	432	962	25 600	7 185
河　南	796	262	406	7 803	2 097
湖　北	203		557	7 285	3 173
湖　南	581	78	395	6 979	2 233
广　东	2 569	346	1 598	59 398	15 451
广　西	183	3	377	5 583	1 308
海　南	79			897	166
重　庆	315	15	858	8 718	3 336
四　川	205	30	558	11 081	4 237
贵　州	147	7	217	2 898	748
云　南	58	10	302	2 008	519
西　藏			6	1 117	998
陕　西	87		306	3 845	1 154
甘　肃	39	5	126	1 170	435
青　海	12		65	457	82
宁　夏	38		59	737	303
新　疆	81	6	191	3 609	1 195

续表

地区	仲裁裁决	其他方式	处理结果			案外调解案件数
			用人单位胜诉	劳动者胜诉	双方部分胜诉	
全　国	**131 745**	**69 974**	**39 401**	**145 352**	**121 274**	**93 561**
北　京	8 213	5 655	3 982	5 070	9 546	
天　津	1 530	1 571	1 771	1 522	565	
河　北	3 059	708	617	4 170	2 253	2 636
山　西	1 211	748	782	2 011	689	
内蒙古	1 422	439	125	1 711	1 027	218
辽　宁	5 186	1 902	2 061	5 839	1 397	4 031
吉　林	3 600	262	627	3 430	932	
黑龙江	2 279	1 313	673	2 731	1 600	49
上　海	6 095	7 194	2 542	7 811	9 586	
江　苏	9 011	18 888	5 291	21 088	24 174	
浙　江	5 154	3 551	1 221	9 494	7 651	4 843
安　徽	1 433	646	426	1 487	1 191	492
福　建	3 121	1 500	1 028	4 053	2 215	5 779
江　西	763	332	254	1 218	499	446
山　东	12 930	5 485	2 032	10 481	13 087	8 069
河　南	4 803	903	1 275	3 040	3 488	1 320
湖　北	3 091	1 021	914	3 843	2 528	1 160
湖　南	4 048	698	558	4 397	2 024	5 062
广　东	34 339	9 608	7 416	28 740	23 242	37 873
广　西	3 425	850	668	2 447	2 468	6 060
海　南	658	73	29	580	288	230
重　庆	3 444	1 938	850	5 133	2 735	12 019
四　川	4 875	1 969	1 295	6 514	3 272	826
贵　州	1 425	725	418	1 384	1 096	379
云　南	715	774	381	919	708	633
西　藏	59	60	3	738	376	
陕　西	2 615	76	1 346	1 692	807	87
甘　肃	514	221	98	787	285	326
青　海	268	107	78	259	120	16
宁　夏	328	106	153	380	204	396
新　疆	1 851	563	433	2 116	1 060	453

劳动保障监察案件结案情况

（2005）　　单位：件

	结案数	案件分类			
		养老保险费征缴	失业保险费征缴	医疗保险费征缴	职业中介
总计	378 831	53 896	15 872	9 196	8 843

	案件分类			
	女职工特殊劳动保护	劳动合同的订立和解除	收取风险抵押金	克扣、无故拖欠工资
总计	2 590	68 260	22 958	133 721

	案件分类				案件处理情况
	最低工资支付	工作时间和休息、休假	职业资格与职业培训	其他	责令限期改正
总计	12 998	23 307	8 488	19 970	230 541

	案件处理情况				
	行政处理决定	行政处罚决定	行政处罚分类		
			警告	罚款	其他行政处罚
总计	15 216	28 032	9 584	21 347.2	594

劳动保障监察工作情况

（2005）

	主动监察		群众举报专查结案数（万件）
	检查单位数（万户）	涉及劳动者人数（万人）	
总计	118.5	9 161.3	24.9

	劳动保障年检单位数（万户）	补签劳动合同（万人）	追发劳动者工资等待遇	
			涉及劳动者人数（万人）	金额（亿元）
总计	96.3	1 127.6	841.8	58.1

	社会保险费征缴		
	督促缴费		督促登记单位数（万户）
	单位数（万户）	金额（亿元）	
总计	16.1	43.5	10.5

	取缔非法职业中介机构（户）	清退风险抵押金金额（万元）	审查用人单位规章数（万件）	纠正用人单位违法规章数（万件）
总计	10 408	12 709.3	86.4	14.8

（五）社会保障

历年全国离休、退休、退职人员年末人数

年份	合计	离休人员	退休人员	领取定期生活费的退职人员	离退休、退职人数与职工人数的比例（以离退休、退职人数为1）
一、绝对数（万人）					
1985	1 637.0	112.0	1 476.0	49.0	1:7.5
1990	2 301.0	182.0	2 037.0	82.0	1:6.1
1995	3 094.1	199.5	2 802.9	91.7	1:4.8
2000	3 875.8	169.7	3 621.0	85.1	1:3.5
2001	4 017.7	158.7	3 777.8	81.2	1:3.2
2002	4 222.8	152.9	3 990.4	79.5	1:3.0
2003	4 523.4	140.9	4 303.1	79.4	1:2.7
2004	4 675.1	131.9	4 465.7	77.4	1:2.3
2005	5 088.2	126.4	4 961.8		1:2.1
二、比上年增长（%）					
1985	10.8				
1990	4.5	5.2	4.9	-5.7	
1995	5.6	-0.7	6.5	-4.5	
2000	4.0	-3.5	4.4	3.4	
2001	3.7	-6.5	4.3	-4.4	
2002	5.1	-3.7	5.6	-2.1	
2003	7.1	-7.8	7.8	-0.1	
2004	3.4	-6.4	3.8	-2.5	
2005	8.8	-4.2	11.1		

注：1. 本表包括民政部门和总后勤部事业单位支付离休、退休、退职费的人数。
2. 2005 年退休人数含领取定期生活费的退职人数。

历年企业单位离休、退休、退职人员年末人数

年份	合计	离休人员	退休人员	领取定期生活费的退职人员
一、绝对数（万人）				
1995	2 366.1	100.7	2 195.2	70.2
2000	2 977.9	86.6	2 821.6	69.7
2001	3 072.4	79.7	2 925.5	67.2
2002	3 261.4	79.7	3 116.0	65.7
2003	3 486.4	73.7	3 345.9	66.8
2004	3 610.1	68.1	3 477.2	64.8
2005	3 842.4	64.5	3 777.9	
二、比上年增长（%）				
1995	5.7	0.1	6.2	-2.6
2000	3.8	-2.4	4.0	5.4
2001	3.2	-8.0	3.7	-3.6
2002	6.2	-8.1	6.5	-2.2
2003	6.9	-8.2	7.4	1.7
2004	3.5	-7.7	3.9	-3.0
2005	6.4	-5.2	8.6	
三、构成（以合计为100）				
1995	100.0	4.3	92.7	3.0
2000	100.0	2.9	94.8	2.3
2001	100.0	2.6	95.2	2.2
2002	100.0	2.5	95.5	2.0
2003	100.0	2.1	96.0	1.9
2004	100.0	1.9	96.3	1.8
2005	100.0	1.7	98.3	

注：本表不包括民政部门支付离休、退休、退职费的人数。

分地区离休、退休人员年末人数（一）

（2005）

单位：人

地区	合计	离休人员	退休人员
全　国	**50 882 140**	**1 263 667**	**49 618 473**
#民政部门	247 356		247 356
总后事业单位	43 297	1 461	41 836
北　京	1 921 984	56 334	1 865 650
天　津	1 362 148	20 608	1 341 540
河　北	2 138 107	80 174	2 057 933
山　西	1 281 229	62 224	1 219 005
内蒙古	916 612	24 514	892 098
辽　宁	3 822 258	105 212	3 717 046
吉　林	1 586 988	44 800	1 542 188
黑龙江	2 530 938	86 584	2 444 354
上　海	2 913 172	32 015	2 881 157
江　苏	3 274 607	63 021	3 211 586
浙　江	1 765 059	29 312	1 735 747
安　徽	1 548 552	46 315	1 502 237
福　建	923 669	15 956	907 713
江　西	1 447 771	24 099	1 423 672
山　东	2 503 573	114 650	2 388 923
河　南	2 364 096	85 969	2 278 127
湖　北	2 742 008	54 459	2 687 549
湖　南	1 879 871	29 367	1 850 504
广　东	2 579 402	49 430	2 529 972
广　西	1 201 922	18 843	1 183 079
海　南	350 925	4 609	346 316
重　庆	1 129 170	10 273	1 118 897
四　川	2 748 602	33 804	2 714 798
贵　州	797 451	15 434	782 017
云　南	1 261 340	30 234	1 231 106
西　藏	58 012	687	57 325
陕　西	1 412 340	42 395	1 369 945
甘　肃	753 775	20 596	733 179
青　海	254 463	7 559	246 904
宁　夏	218 584	6 548	212 036
新　疆	1 150 215	46 181	1 104 034

注：本表包括民政部门和总后勤部支付离休、退休费的人数。

分地区离休、退休人员年末人数（二）

（2005）

单位：人

地区	合计	女性	离休人员	退休人员
全　国	**50 591 487**	**22 493 071**	**1 262 206**	**49 329 281**
北　京	1 881 043	1 092 222	56 334	1 824 709
天　津	1 356 209	599 865	20 608	1 335 601
河　北	2 124 652	826 146	80 174	2 044 478
山　西	1 276 641	421 510	62 224	1 214 417
内蒙古	913 642	360 415	24 514	889 128
辽　宁	3 800 993	1 882 342	105 212	3 695 781
吉　林	1 582 016	590 619	44 800	1 537 216
黑龙江	2 527 256	915 989	86 584	2 440 672
上　海	2 907 335	1 773 473	32 015	2 875 320
江　苏	3 258 988	1 548 879	63 021	3 195 967
浙　江	1 757 812	778 816	29 312	1 728 500
安　徽	1 543 781	587 434	46 315	1 497 466
福　建	914 458	355 612	15 956	898 502
江　西	1 442 034	595 753	24 099	1 417 935
山　东	2 487 619	1 145 518	114 650	2 372 969
河　南	2 355 619	941 653	85 969	2 269 650
湖　北	2 730 422	1 361 321	54 459	2 675 963
湖　南	1 869 949	830 062	29 367	1 840 582
广　东	2 569 186	1 239 093	49 430	2 519 756
广　西	1 199 346	498 603	18 843	1 180 503
海　南	349 468	167 055	4 609	344 859
重　庆	1 125 554	466 167	10 273	1 115 281
四　川	2 737 864	1 182 388	33 804	2 704 060
贵　州	795 404	301 786	15 434	779 970
云　南	1 253 481	487 666	30 234	1 223 247
西　藏	57 126	22 020	687	56 439
陕　西	1 404 203	579 468	42 395	1 361 808
甘　肃	750 627	237 890	20 596	730 031
青　海	253 619	97 652	7 559	246 060
宁　夏	218 203	91 787	6 548	211 655
新　疆	1 146 937	513 867	46 181	1 100 756

注：本表不包括民政部门支付离休、退休费的人数。

分地区企业单位离休、退休人员年末人数

（2005）

单位：人

地区	总计			
	合计	女性	离休人员	退休人员
全　　国	**38 423 690**	**17 860 559**	**644 747**	**37 778 943**
北　　京	1 392 566	798 509	28 390	1 364 176
天　　津	1 091 205	546 244	11 104	1 080 101
河　　北	1 579 081	626 223	34 644	1 544 437
山　　西	984 229	323 186	29 158	955 071
内 蒙 古	614 952	257 507	9 149	605 803
辽　　宁	3 102 105	1 578 957	62 238	3 039 867
吉　　林	1 233 166	456 981	22 234	1 210 932
黑 龙 江	2 029 645	741 794	46 121	1 983 524
上　　海	2 541 909	1 550 563	17 469	2 524 440
江　　苏	2 605 313	1 297 078	30 799	2 574 514
浙　　江	1 309 373	604 863	12 306	1 297 067
安　　徽	1 104 030	443 905	21 858	1 082 172
福　　建	668 059	281 351	7 882	660 177
江　　西	1 138 784	486 853	13 770	1 125 014
山　　东	1 836 186	891 730	57 147	1 779 039
河　　南	1 677 949	702 456	37 381	1 640 568
湖　　北	2 117 751	1 129 438	32 804	2 084 947
湖　　南	1 398 162	657 972	14 979	1 383 183
广　　东	1 969 096	1 000 944	24 194	1 944 902
广　　西	755 568	348 418	8 319	747 249
海　　南	280 352	143 344	2 527	277 825
重　　庆	812 101	343 740	5 508	806 593
四　　川	1 908 745	853 185	18 560	1 890 185
贵　　州	534 619	211 038	5 914	528 705
云　　南	838 445	355 437	13 202	825 243
西　　藏	27 479	11 212	122	27 357
陕　　西	1 096 500	479 265	23 441	1 073 059
甘　　肃	540 937	187 805	11 104	529 833
青　　海	172 150	60 250	3 150	169 000
宁　　夏	155 107	72 317	2 793	152 314
新　　疆	908 126	417 994	36 480	871 646

续表

地区	1. 内资企业			
	合计	女性	离休人员	退休人员
全　国	**38 054 680**	**17 666 900**	**639 999**	**37 414 681**
北　京	1 382 855	794 280	28 148	1 354 707
天　津	1 055 301	524 782	10 948	1 044 353
河　北	1 566 221	619 091	34 461	1 531 760
山　西	983 019	322 628	29 102	953 917
内蒙古	614 748	257 447	9 149	605 599
辽　宁	3 075 052	1 564 484	61 845	3 013 207
吉　林	1 230 336	455 699	22 210	1 208 126
黑龙江	2 023 698	738 610	46 088	1 977 610
上　海	2 474 347	1 509 351	17 122	2 457 225
江　苏	2 550 470	1 269 443	30 580	2 519 890
浙　江	1 279 406	590 363	12 204	1 267 202
安　徽	1 099 378	442 140	21 836	1 077 542
福　建	642 548	267 136	7 729	634 819
江　西	1 138 227	486 621	13 769	1 124 458
山　东	1 811 757	884 232	54 732	1 757 025
河　南	1 673 606	700 401	37 311	1 636 295
湖　北	2 109 200	1 123 952	32 756	2 076 444
湖　南	1 394 211	655 986	14 955	1 379 256
广　东	1 939 593	985 485	24 122	1 915 471
广　西	752 135	346 983	8 274	743 861
海　南	280 245	143 308	2 527	277 718
重　庆	804 851	340 063	5 440	799 411
四　川	1 905 871	852 052	18 552	1 887 319
贵　州	534 244	210 852	5 911	528 333
云　南	836 154	354 422	13 152	823 002
西　藏	27 386	11 173	121	27 265
陕　西	1 094 834	478 553	23 434	1 071 400
甘　肃	540 664	187 677	11 103	529 561
青　海	172 150	60 250	3 150	169 000
宁　夏	154 996	72 266	2 793	152 203
新　疆	907 177	417 170	36 475	870 702

续表

地区	① 国有企业			
	合计	女性	离休人员	退休人员
全　国	**25 327 724**	**11 168 828**	**512 955**	**24 814 769**
北　京	862 191	455 997	21 433	840 758
天　津	731 012	422 704	8 971	722 041
河　北	1 017 000	374 872	23 802	993 198
山　西	829 761	247 783	26 134	803 627
内蒙古	333 150	140 663	6 685	326 465
辽　宁	1 898 904	859 717	47 395	1 851 509
吉　林	916 834	306 142	19 687	897 147
黑龙江	1 720 018	557 830	45 162	1 674 856
上　海	1 297 700	791 597	12 570	1 285 130
江　苏	1 119 807	531 942	18 659	1 101 148
浙　江	463 996	188 995	7 935	456 061
安　徽	742 091	273 177	18 322	723 769
福　建	376 200	139 796	6 366	369 834
江　西	910 241	373 627	12 841	897 400
山　东	1 078 278	535 697	40 083	1 038 195
河　南	991 568	399 058	25 768	965 800
湖　北	1 426 285	786 603	19 435	1 406 850
湖　南	1 061 135	491 452	13 338	1 047 797
广　东	1 217 356	607 598	19 372	1 197 984
广　西	585 777	264 111	7 103	578 674
海　南	254 277	130 582	2 301	251 976
重　庆	528 277	204 381	4 259	524 018
四　川	1 359 809	595 392	16 305	1 343 504
贵　州	471 382	183 729	5 579	465 803
云　南	671 699	283 842	11 652	660 047
西　藏	27 304	11 139	121	27 183
陕　西	892 759	373 352	20 664	872 095
甘　肃	477 993	162 518	10 438	467 555
青　海	118 300	47 850	2 300	116 000
宁　夏	127 033	59 252	2 723	124 310
新　疆	819 587	367 430	35 552	784 035

续表

地区	② 集体企业			
	合计	女性	离休人员	退休人员
全　国	**6 734 454**	**3 583 229**	**52 100**	**6 682 354**
北　京	135 676	105 886	824	134 852
天　津	208 848	87 398	1 041	207 807
河　北	234 312	109 736	4 144	230 168
山　西	132 431	63 828	2 424	130 007
内蒙古	71 853	33 145	257	71 596
辽　宁	773 579	472 597	8 450	765 129
吉　林	209 564	111 045	1 636	207 928
黑龙江	284 064	162 818	520	283 544
上　海	459 958	280 574	683	459 275
江　苏	646 891	344 198	4 615	642 276
浙　江	246 715	129 222	654	246 061
安　徽	251 989	125 543	2 081	249 908
福　建	164 277	81 342	849	163 428
江　西	172 411	90 936	652	171 759
山　东	455 681	227 990	8 948	446 733
河　南	251 709	117 592	3 385	248 324
湖　北	380 318	206 054	2 137	378 181
湖　南	273 091	138 856	1 058	272 033
广　东	453 561	238 904	3 240	450 321
广　西	105 402	56 946	499	104 903
海　南	25 039	12 303	220	24 819
重　庆	137 301	76 868	599	136 702
四　川	299 103	143 492	428	298 675
贵　州	47 256	21 776	188	47 068
云　南	74 778	31 354	382	74 396
西　藏	65	25		65
陕　西	134 537	73 758	1 412	133 125
甘　肃	43 478	16 522	427	43 051
青　海	25 550	2 500	50	25 500
宁　夏	14 193	6 699	50	14 143
新　疆	20 824	13 322	247	20 577

续表

地区	③ 其他企业			
	合计	女性	离休人员	退休人员
全　国	**5 992 502**	**2 914 843**	**74 944**	**5 917 558**
北　京	384 988	232 397	5 891	379 097
天　津	115 441	14 680	936	114 505
河　北	314 909	134 483	6 515	308 394
山　西	20 827	11 017	544	20 283
内蒙古	209 745	83 639	2 207	207 538
辽　宁	402 569	232 170	6 000	396 569
吉　林	103 938	38 512	887	103 051
黑龙江	19 616	17 962	406	19 210
上　海	716 689	437 180	3 869	712 820
江　苏	783 772	393 303	7 306	776 466
浙　江	568 695	272 146	3 615	565 080
安　徽	105 298	43 420	1 433	103 865
福　建	102 071	45 998	514	101 557
江　西	55 575	22 058	276	55 299
山　东	277 798	120 545	5 701	272 097
河　南	430 329	183 751	8 158	422 171
湖　北	302 597	131 295	11 184	291 413
湖　南	59 985	25 678	559	59 426
广　东	268 676	138 983	1 510	267 166
广　西	60 956	25 926	672	60 284
海　南	929	423	6	923
重　庆	139 273	58 814	582	138 691
四　川	246 959	113 168	1 819	245 140
贵　州	15 606	5 347	144	15 462
云　南	89 677	39 226	1 118	88 559
西　藏	17	9		17
陕　西	67 538	31 443	1 358	66 180
甘　肃	19 193	8 637	238	18 955
青　海	28 300	9 900	800	27 500
宁　夏	13 770	6 315	20	13 750
新　疆	66 766	36 418	676	66 090

续表

地区	2. 港、澳、台投资企业			
	合计	女性	离休人员	退休人员
全　国	**369 010**	**193 659**	**4 748**	**364 262**
北　京	9 711	4 229	242	9 469
天　津	35 904	21 462	156	35 748
河　北	12 860	7 132	183	12 677
山　西	1 210	558	56	1 154
内蒙古	204	60		204
辽　宁	27 053	14 473	393	26 660
吉　林	2 830	1 282	24	2 806
黑龙江	5 947	3 184	33	5 914
上　海	67 562	41 212	347	67 215
江　苏	54 843	27 635	219	54 624
浙　江	29 967	14 500	102	29 865
安　徽	4 652	1 765	22	4 630
福　建	25 511	14 215	153	25 358
江　西	557	232	1	556
山　东	24 429	7 498	2 415	22 014
河　南	4 343	2 055	70	4 273
湖　北	8 551	5 486	48	8 503
湖　南	3 951	1 986	24	3 927
广　东	29 503	15 459	72	29 431
广　西	3 433	1 435	45	3 388
海　南	107	36		107
重　庆	7 250	3 677	68	7 182
四　川	2 874	1 133	8	2 866
贵　州	375	186	3	372
云　南	2 291	1 015	50	2 241
西　藏	93	39	1	92
陕　西	1 666	712	7	1 659
甘　肃	273	128	1	272
青　海				
宁　夏	111	51		111
新　疆	949	824	5	944

分地区事业单位离休、退休人员年末人数

(2005)

单位：人

地区	合计	女性	离休人员	退休人员
全　国	**8 019 015**	**3 147 202**	**304 543**	**7 714 472**
北　京	275 242	165 940	14 874	260 368
天　津	174 032	11 456	5 432	168 600
河　北	356 960	158 224	19 684	337 276
山　西	186 171	68 424	13 075	173 096
内蒙古	187 870	65 795	5 787	182 083
辽　宁	346 482	139 888	23 949	322 533
吉　林	229 824	92 398	13 784	216 040
黑龙江	311 467	109 253	20 648	290 819
上　海	314 048	191 569	8 336	305 712
江　苏	462 967	191 289	15 818	447 149
浙　江	297 169	120 501	7 794	289 375
安　徽	309 600	106 368	11 270	298 330
福　建	173 326	53 713	3 282	170 044
江　西	222 539	79 929	5 155	217 384
山　东	424 348	162 706	32 200	392 148
河　南	460 922	169 461	25 550	435 372
湖　北	430 330	165 905	12 611	417 719
湖　南	323 530	125 576	7 544	315 986
广　东	404 386	167 857	11 057	393 329
广　西	315 286	111 776	4 635	310 651
海　南	49 031	17 723	497	48 534
重　庆	191 126	82 174	2 231	188 895
四　川	496 078	202 112	7 242	488 836
贵　州	166 886	63 743	3 258	163 628
云　南	263 280	94 661	7 246	256 034
西　藏	17 544	6 287	192	17 352
陕　西	227 705	78 708	10 126	217 579
甘　肃	141 922	35 511	4 087	137 835
青　海	48 151	24 075	1 453	46 698
宁　夏	43 745	14 163	1 621	42 124
新　疆	167 048	70 017	4 105	162 943

分地区机关单位离休、退休人员年末人数

（2005）

单位：人

地区	合计	女性	离休人员	退休人员
全　国	**3 119 150**	**951 986**	**310 084**	**2 809 066**
北　京	101 363	53 438	13 068	88 295
天　津	40 472	14 359	4 072	36 400
河　北	174 173	38 630	25 846	148 327
山　西	105 254	29 518	19 991	85 263
内蒙古	89 417	28 129	9 520	79 897
辽　宁	121 784	37 608	17 740	104 044
吉　林	70 257	19 135	8 023	62 234
黑龙江	137 763	39 111	19 815	117 948
上　海	51 378	31 341	6 210	45 168
江　苏	141 223	36 649	16 402	124 821
浙　江	90 867	22 967	9 142	81 725
安　徽	110 098	28 705	13 139	96 959
福　建	62 111	14 159	4 789	57 322
江　西	77 546	27 924	5 174	72 372
山　东	163 692	54 319	25 285	138 407
河　南	205 255	64 745	22 973	182 282
湖　北	164 709	58 463	9 044	155 665
湖　南	132 602	41 620	6 691	125 911
广　东	167 788	55 568	13 944	153 844
广　西	117 678	32 148	5 889	111 789
海　南	17 299	4 299	1 576	15 723
重　庆	71 350	14 756	2 534	68 816
四　川	208 789	66 907	7 959	200 830
贵　州	90 891	25 625	6 262	84 629
云　南	139 727	33 377	9 732	129 995
西　藏	12 103	4 521	373	11 730
陕　西	73 308	18 861	8 818	64 490
甘　肃	60 592	11 704	5 387	55 205
青　海	33 318	13 327	2 956	30 362
宁　夏	16 969	4 218	2 134	14 835
新　疆	69 374	25 855	5 596	63 778

历年全国离休、退休费

年份	离休、退休费用总额（亿元）						人均离休、退休费（元）	
	合计	民政部门支付	总后事业单位	企业	事业	机关		企业
一、绝对数								
1985	145.6	3.7					935	
1990	396.2	7.2		307.1	62.6	26.4	1 760	1 664
1995	1 305.6	19.4		915.6	275.6	114.1	4 335	3 976
2000	2 733.3	36.4	3.4	1 846.6	635.2	251.6	7 190	6 318
2001	3 072.0	44.3	3.4	1 988.5	768.9	313.8	7 784	6 573
2002	3 659.4	51.0	3.6	2 417.2	873.0	369.2	8 881	7 633
2003	4 148.9	56.7	3.6	2 684.6	1 032.4	431.9	9 485	7 957
2004	4 445.7	65.2	3.6	2 867.3	1 157.4	486.2	9 509	8 081
2005	5 253.2	71.1	4.5	3 280.3	1 341.9	561.4	10 761	8 803
二、比上年增长（%）								
1985	37.2	23.3					22.1	
1990	24.0	-4.0					19.1	
1995	25.1	10.9		25.8	24.4	20.6	18.6	20.7
2000	12.9	23.0	9.7	10.2	19.6	17.2	8.7	6.3
2001	12.4	21.7		7.7	21.0	24.7	8.3	4.0
2002	19.1	15.1	5.9	21.6	13.5	17.7	14.1	16.1
2003	13.4	11.2		11.1	18.3	17.0	6.8	4.2
2004	7.2	15.0		6.8	12.1	12.6	0.3	1.6
2005	16.5	9.0	25.0	14.4	15.9	15.5	9.7	8.9

历年全国企业、事业、机关单位离休、退休人数及人均离休、退休费

年份	总计			企业				
				合计			离休人员	
	年末人数（万人）	离休、退休费（亿元）	人均离休、退休费（元）	年末人数（万人）	离休、退休费（亿元）	人均离休、退休费（元）	年末人数（万人）	离休金（亿元）
一、绝对数								
1990	2 270.6	388.9	1 713	1 845.8	307.1	1 664	92.9	25.4
1995	3 065.5	1 285.9	4 311	2 366.0	915.6	3 976	100.7	66.2
2000	3 848.0	2 693.6	7 137	2 978.0	1 846.6	6 318	86.7	105.3
2001	3 989.9	3 024.3	7 717	3 072.4	1 988.5	6 573	79.7	113.7
2002	4 196.0	3 604.8	8 807	3 261.4	2 417.2	7 633	79.7	143.7
2003	4 496.7	4 088.6	9 407	3 486.4	2 866.2	7 957	73.7	135.2
2004	4 648.1	4 442.1	9 715	3 610.1	2 867.3	8 081	68.1	144.3
2005	5 059.1	5 177.7	10 668	3 842.4	3 280.3	8 803	64.5	145.4
二、比上年增长（%）								
1995	5.7	25.3	18.7	5.7	25.8	20.7		16.5
2000	4.0	12.8	8.5	3.8	10.2	6.3	−2.3	5.0
2001	3.7	3.9	8.1	3.2	7.7	4.0	−8.1	8.0
2002	5.2	19.2	14.1	6.2	21.6	16.1		26.4
2003	7.2	13.4	6.8	6.9	18.6	4.2	−7.5	−6.0
2004	3.4	8.6	3.3	3.5	6.8	1.6	−7.6	6.7
2005	8.8	16.6	9.8	6.4	14.4	8.9	−5.3	0.7

续表

年份		退休人员			事　业		
					合　计		
	人均离休金（元）	年末人数（万人）	退休金（亿元）	人均退休金（元）	年末人数（万人）	离休、退休费（亿元）	人均离休、退休费（元）
一、绝对数							
1990	2 734	1 752.9	281.7	1 607	293.2	55.4	1 889
1995	6 574	2 265.3	849.4	3 857	496.2	256.2	5 310
2000	12 007	2 891.3	1 741.3	6 142	619.3	595.4	9 923
2001	13 666	2 992.7	1 874.8	6 373	654.4	721.2	11 324
2002	180 32	3 181.6	2 273.4	7 364	661.1	818.4	12 442
2003	17 627	3 412.7	2 549.4	7 732	720.1	972.1	14 077
2004	20 360	3 542.0	2 723.0	7 831	740.0	1 088.6	14 911
2005	21 941	3 777.9	3 134.9	8 565	801.9	1 266.3	16 425
二、比上年增长（%）							
1995	19.0	5.9	26.6	21.1	5.9	25.6	12.3
2000	8.3	4.0	10.6	6.4	6.7	19.4	14.4
2001	13.8	3.5	7.7	3.8	5.7	21.1	14.1
2002	31.9	6.3	21.3	15.6	1.0	13.5	9.9
2003	-2.2	7.2	12.1	5.0	8.9	18.8	13.1
2004	15.5	3.8	6.8	1.3	2.8	12.0	5.9
2005	7.8	6.7	15.1	9.4	8.4	16.3	10.2

续表

年份	离休人员			退休人员			机关 合计	
	年末人数（万人）	离休金（亿元）	人均离休金（元）	年末人数（万人）	退休金（亿元）	人均退休金（元）	年末人数（万人）	离休、退休费（亿元）
一、绝对数								
1990	44.2	11.3	2 557	249.0	44.1	1 771	131.6	26.4
1995	48.3	36.4	7 490	447.9	219.8	5 066	203.3	114.1
2000	39.7	54.8	13 666	579.6	540.6	9 655	250.7	251.6
2001	37.8	60.4	15 589	616.6	660.9	11 049	263.1	313.8
2002	35.4	66.2	18 072	625.6	752.2	12 110	273.6	369.2
2003	33.3	65.9	19 200	686.8	906.2	13 809	290.2	431.9
2004	31.7	67.1	20 646	708.3	1 021.4	14 644	298.0	486.2
2005	30.5	71.6	23 038	771.4	1 194.7	16 147	311.9	561.4
二、比上年增长（%）								
1995	-1.0	19.0	21.2	6.7	26.8	11.6	6.3	20.6
2000	-2.0	10.3	14.7	7.3	20.5	14.6	-0.3	17.2
2001	-4.8	10.2	14.2	6.4	22.2	14.4	4.9	24.7
2002	-6.3	9.6	15.9	1.5	13.8	9.6	4.0	17.7
2003	-5.9	-0.5	6.2	9.8	20.5	14.0	6.1	17.0
2004	-4.8	1.8	7.5	3.1	12.7	6.0	2.7	12.6
2005	-3.8	6.7	11.6	8.9	17	10.3	4.7	15.5

续表

年份	人均离休、退休费（元）	离休人员			退休人员		
		年末人数（万人）	离休金（亿元）	人均离休金（元）	年末人数（万人）	退休金（亿元）	人均退休金（元）
一、绝对数							
1990	2 006	41. 8	11. 0	2 632	89. 8	15. 4	1 715
1995	5 783	46. 9	35. 8	7 553	156. 4	78. 3	5 223
2000	10 020	40. 0	53. 6	12 885	210. 7	198. 0	9 451
2001	12 215	37. 6	61. 5	15 866	225. 5	252. 3	11 570
2002	13 759	33. 9	66. 9	18 711	239. 7	302. 3	12 988
2003	15 319	33. 8	68. 4	20 197	256. 4	363. 5	14 654
2004	16 532	32. 0	70. 1	21 296	266. 0	416. 2	15 932
2005	18 410	31. 0	79. 3	25 158	280. 9	482. 2	17 633
二、比上年增长（%）							
1995	12. 7	-1. 9	12. 2	12. 7	9. 1	24. 9	13. 9
2000	11. 9	-7. 4	12. 1	15. 6	1. 2	18. 7	11. 5
2001	21. 9	-6. 0	14. 7	23. 0	7. 0	27. 4	22. 4
2002	12. 6	-9. 8	8. 8	17. 9	6. 3	19. 8	12. 3
2003	11. 3	-0. 3	2. 2	7. 9	7. 0	20. 2	12. 8
2004	7. 9	-5. 3	2. 4	5. 4	3. 7	14. 5	8. 7
2005	11. 4	-3. 1	13. 2	18. 1	5. 6	15. 9	10. 7

注：1. 本表不包括民政部门和总后事业单位支付的离退休费的数字。

2. 退休人员包括退职人员。

历年全国离休、退休人员保险福利费用构成情况

年份	合计	离休金	退休金	退职生活费	医疗卫生费	其他
一、绝对数（亿元）						
1990	465.2	34.6	239.4	5.0	76.2	110.0
1995	1 522.4	121.9	986.3	15.3	236.3	162.6
2000	3 040.5	201.1	2 305.7	30.3	346.9	156.5
2001	3 337.2	223.4	2 618.7	27.8	312.9	154.4
2002	3 870.7	263.7	3 143.0	33.4	266.0	164.6
2003	4 359.9	269.5	3 592.1	37.6	271.3	189.4
2004	4 814.9	281.5	3 929.4	38.8	372.8	192.4
2005	5 492.4	297.0	4 654.0		314.7	226.7
二、比上年增长（%）						
1995	24.9	18.1	28.7	23.4	22.6	12.9
2000	12.3	8.1	13.3	11.4	8.4	12.0
2001	9.8	11.1	13.6	-8.3	-9.8	-1.3
2002	16.0	18.0	20.0	20.1	-15.0	6.6
2003	12.6	2.2	14.3	12.6	2.0	15.1
2004	10.4	4.4	9.4	3.2	37.4	1.6
2005	14.1	5.5	18.4		-15.6	17.9
三、构成（以合计为100）						
1990	100	7.4	51.5	1.1	16.4	23.6
1995	100	8.0	64.8	1.0	15.5	10.7
2000	100	6.6	75.8	1.0	11.4	5.2
2001	100	6.7	78.5	0.8	9.4	4.6
2002	100	6.8	81.2	0.9	6.9	4.2
2003	100	6.2	82.4	0.8	6.2	4.3
2004	100	5.8	81.6	0.8	7.7	4.0
2005	100	5.4	84.7		5.7	4.1

注：本表不包括民政部门支付的离休、退休费。

历年全国企业单位离休、退休人员保险福利费用构成情况

年份	合计	离休金	退休金	退职生活费	医疗卫生费	其他
一、绝对数（亿元）						
1995	1 082.5	57.2	722.5	11.4	166.8	124.6
2000	2 071.1	99.4	1 618.8	24.0	224.5	104.4
2001	2 193.7	108.2	1 762.4	20.7	204.2	97.2
2002	2 596.6	137.7	2 152.2	25.5	179.5	101.7
2003	2 866.0	135.0	2 412.0	29.0	182.0	109.0
2004	3 129.0	144.3	2 594.9	30.1	261.7	98.0
2005	3 471.7	145.4	3 021.9		191.4	112.9
二、比上年增长（%）						
1995	24.4	18.4	28.6	25.3	17.1	15.3
2000	9.8	5.1	10.6	10.6	6.0	9.1
2001	5.9	8.9	8.9	-13.7	-9.0	-6.9
2002	18.4	27.3	22.1	23.2	-12.1	4.6
2003	10.4	-2.0	12.1	13.7	1.4	7.2
2004	9.2	6.9	7.6	3.8	43.8	-10.1
2005	11.0	0.8	16.5		26.9	15.2
三、构成（以合计为100）						
1995	100.0	5.3	66.7	1.1	15.4	11.5
2000	100.0	4.8	78.2	1.2	10.8	5.0
2001	100.0	5.0	80.4	0.9	9.3	4.4
2002	100.0	5.3	82.9	1.0	6.9	3.9
2003	100.0	4.7	84.2	1.0	6.4	3.8
2004	100.0	4.6	82.9	1.0	8.4	3.1
2005	100.0	4.2	87.0		5.5	3.3

分地区人均离休、退休费

(2005)

地区	合计		企业	
			小计	
	离休、退休费（亿元）	人均离休、退休费（元）	离休、退休费（亿元）	人均离休、退休费(元)
全　国	**5 177.7**	**10 668**	**3 280.3**	**8 803**
北　京	287.4	15 618	195.1	13 650
天　津	162.3	12 796	110.6	10 626
河　北	225.3	10 941	127.9	8 334
山　西	124.7	10 020	80.6	8 417
内蒙古	89.7	10 283	47.0	7 756
辽　宁	334.0	9 337	242.2	8 109
吉　林	129.6	8 755	91.4	7 841
黑龙江	213.7	8 653	150.9	7 535
上　海	361.6	13 005	289.1	11 935
江　苏	365.2	11 833	236.7	9 548
浙　江	215.1	12 608	126.3	9 776
安　徽	158.3	10 550	87.3	8 016
福　建	87.2	9 851	48.9	7 400
江　西	111.8	8 181	73.8	6 851
山　东	292.7	12 371	180.7	10 206
河　南	210.1	9 188	122.9	7 520
湖　北	238.7	9 141	151.9	7 451
湖　南	159.1	8 674	104.6	7 635
广　东	283.2	11 415	174.6	8 954
广　西	123.4	10 765	59.7	8 005
海　南	26.7	7 851	15.8	5 752
重　庆	93.2	8 282	53.8	6 409
四　川	236.2	9 192	136.2	7 525
贵　州	82.7	10 526	40.4	7 645
云　南	141.8	11 853	69.2	8 457
西　藏	13.7	24 534	4.0	14 838
陕　西	129.1	9 976	86.7	8 722
甘　肃	85.4	11 511	47.9	8 947
青　海	40.6	16 302	20.4	12 114
宁　夏	24.8	11 642	15.7	10 229
新　疆	130.5	11 812	88.3	10 228

续表

地区	企业			
	离休人员		退休人员	
	离休金（亿元）	人均离休金（元）	退休金（亿元）	人均退休金（元）
全　　国	**145.4**	**21 948**	**3 134.9**	**8 565**
北　京	7.4	24 400	187.7	13 418
天　津	2.9	21 053	107.6	10 484
河　北	8.1	22 090	119.8	7 996
山　西	5.7	19 265	74.9	8 069
内蒙古	1.8	19 261	45.2	7 572
辽　宁	14.6	22 866	227.6	7 786
吉　林	4.5	19 281	86.9	7 607
黑龙江	9.5	19 695	141.4	7 235
上　海	6.2	35 079	282.8	11 764
江　苏	8.6	27 291	228.1	9 320
浙　江	2.8	21 335	123.5	9 659
安　徽	5.4	22 710	81.9	7 687
福　建	1.8	20 245	47.1	7 229
江　西	2.3	17 105	71.4	6 719
山　东	14.0	24 165	166.6	9 733
河　南	6.3	16 409	116.6	7 307
湖　北	7.7	27 008	144.2	7 175
湖　南	2.8	17 642	101.8	7 518
广　东	5.1	19 465	169.5	8 812
广　西	1.5	17 430	58.2	7 896
海　南	0.6	23 656	15.2	5 580
重　庆	1.0	16 041	52.8	6 340
四　川	3.4	19 483	132.8	7 410
贵　州	1.2	17 092	39.2	7 521
云　南	3.4	24 117	65.8	8 186
西　藏	0.0	23 747	4.0	14 796
陕　西	4.2	18 437	82.4	8 492
甘　肃	2.5	21 447	45.5	8 670
青　海	0.7	22 624	19.7	11 909
宁　夏	0.6	20 776	15.1	10 035
新　疆	8.9	24 573	79.4	9 600

续表

地区	事业					
	小计		离休人员		退休人员	
	离休、退休费（亿元）	人均离休、退休费（元）	离休金（亿元）	人均离休金（元）	退休金（亿元）	人均退休金（元）
全　国	**1 266.3**	**16 425**	**71.6**	**23 022**	**1 194.7**	**16 148**
北　京	51.6	20 336	3.9	24 933	47.7	20 033
天　津	38.0	23 069	1.8	27 050	36.2	22 906
河　北	62.0	17 848	4.5	22 359	57.5	17 571
山　西	28.8	15 508	2.7	19 991	26.1	15 155
内蒙古	27.9	16 281	1.2	20 934	26.7	16 114
辽　宁	50.9	14 310	5.1	21 334	45.9	13 808
吉　林	26.4	11 715	2.4	17 380	23.9	11 342
黑龙江	43.9	14 318	3.5	17 341	40.4	14 105
上　海	60.3	19 577	3.0	35 321	57.3	19 127
江　苏	89.1	19 907	4.6	28 648	84.4	19 579
浙　江	61.5	20 809	2.2	26 228	59.3	20 654
安　徽	49.5	16 901	2.8	24 016	46.7	16 607
福　建	27.0	17 239	1.1	33 941	25.9	16 896
江　西	26.8	12 533	0.9	15 668	25.9	12 451
山　东	78.4	19 528	8.2	25 751	70.2	18 988
河　南	59.5	13 357	5.0	19 080	54.5	12 996
湖　北	61.2	14 887	3.1	25 088	58.1	14 571
湖　南	37.3	11 531	1.4	16 652	35.9	11 399
广　东	69.6	19 520	3.0	25 175	66.6	19 328
广　西	44.1	15 877	1.1	27 760	43.1	15 709
海　南	7.6	16 091	0.1	27 066	7.4	15 966
重　庆	24.1	12 963	0.5	19 040	23.6	12 875
四　川	61.4	12 642	1.6	21 997	59.8	12 500
贵　州	26.3	15 928	0.9	26 294	25.4	15 716
云　南	45.0	18 596	1.9	26 242	43.1	18 364
西　藏	5.4	31 677	0.1	29 005	5.4	31 707
陕　西	31.5	14 054	2.0	19 413	29.5	13 791
甘　肃	25.4	17 770	1.1	25 723	24.2	17 519
青　海	10.9	23 117	0.6	38 082	10.4	22 631
宁　夏	6.2	14 805	0.3	18 290	5.9	14 664
新　疆	28.6	16 900	1.1	24 479	27.5	16 686

续表

地区	机关					
	小计		离休人员		退休人员	
	离休、退休费（亿元）	人均离休、退休费（元）	离休金（亿元）	人均离休金（元）	退休金（亿元）	人均退休金（元）
全　国	**561.4**	**18 410**	**79.3**	**25 157**	**482.2**	**17 633**
北　京	30.0	29 579	5.2	39 479	24.9	28 117
天　津	9.7	25 584	1.3	32 948	8.4	24 718
河　北	34.5	20 295	8.3	31 971	26.2	18 186
山　西	15.3	15 138	3.7	18 055	11.6	14 399
内蒙古	13.7	16 283	2.0	21 479	11.7	15 626
辽　宁	26.3	22 081	4.7	26 224	21.6	21 348
吉　林	7.8	11 927	1.3	16 035	6.5	11 361
黑龙江	18.7	13 794	3.0	15 750	15.7	13 469
上　海	12.2	24 289	2.2	35 862	10.0	22 639
江　苏	36.5	26 875	5.5	31 946	31.0	26 142
浙　江	23.6	26 676	3.0	33 747	20.6	25 876
安　徽	20.2	18 714	3.5	25 458	16.8	17 740
福　建	11.1	17 713	1.3	28 395	9.8	16 873
江　西	11.1	14 919	1.1	20 619	10.1	14 495
山　东	27.1	16 661	6.2	23 397	20.9	15 353
河　南	26.9	13 397	4.0	16 596	23.0	12 967
湖　北	24.5	16 028	2.2	22 763	22.3	15 578
湖　南	16.5	12 445	1.1	15 940	15.4	12 251
广　东	36.0	22 339	4.4	30 199	31.6	21 558
广　西	18.9	16 111	1.2	21 100	17.8	15 862
海　南	3.2	18 271	0.4	26 560	2.8	17 472
重　庆	12.1	16 321	0.6	21 321	11.4	16 120
四　川	31.9	15 070	1.8	22 066	30.1	14 796
贵　州	15.8	17 490	1.5	23 778	14.3	17 016
云　南	26.6	20 340	2.8	28 817	23.8	19 659
西　藏	4.2	36 686	0.2	46 618	4.0	36 349
陕　西	10.4	14 371	2.6	28 513	7.9	12 356
甘　肃	11.4	19 050	1.4	24 573	10.1	18 488
青　海	9.3	27 828	1.0	34 705	8.2	27 148
宁　夏	2.7	16 424	0.4	18 816	2.3	16 067
新　疆	13.3	18 946	1.5	26 419	11.8	18 275

全国离休、退休人员人数及保险福利费用构成情况
（2005）

	离休、退休人员年末人数（万人）			
	合计	女性	离休人员	退休人员
总计	**5 059.1**	**2 249.3**	**126.2**	**4 932.9**
一、企业	3 842.4	1 786.1	64.5	3 777.9
1. 内资企业	3 805.5	1 766.7	64.0	3 741.5
①国有企业	2 532.8	1 116.9	51.3	2 481.5
②集体企业	673.4	358.3	5.2	668.2
③其他企业	599.3	291.5	7.5	591.8
2. 港、澳、台商投资企业	36.9	19.4	0.5	36.4
二、事业	801.9	314.7	30.5	771.4
三、机关	311.9	95.2	31.0	280.9

	保险福利费用构成（亿元）				
	合计	离休金	退休金	医疗卫生费	其他
总计	**5 492.4**	**297.0**	**4 654.0**	**314.7**	**226.7**
一、企业	3 471.7	145.4	3 021.9	191.4	112.9
1. 内资企业	3 432.0	144.3	2 987.0	189.5	111.2
①国有企业	2 357.9	115.2	2 024.8	139.3	78.5
②集体企业	519.0	11.6	472.7	21.7	13.0
③其他企业	555.1	17.4	489.5	28.5	19.7
2. 港、澳、台及外商投资企业	39.7	1.2	34.9	1.8	1.7
二、事业	1 343.4	71.6	1 122.2	77.1	72.5
三、机关	603.3	79.3	443.3	41.8	38.9

分地区全部离休、退休人员保险福利费用构成情况

（2005）

单位：万元

地区	合计	离休金	退休金	医疗卫生费	其他
全　国	**54 923 594**	**2 969 652**	**46 539 925**	**3 146 686**	**2 267 330**
北　京	3 440 651	164 302	2 477 424	566 302	232 623
天　津	1 713 498	60 036	1 479 639	90 747	83 077
河　北	2 365 470	209 016	1 953 053	112 481	90 921
山　西	1 313 152	121 147	1 069 855	66 194	55 956
内蒙古	921 352	51 221	827 168	23 867	19 096
辽　宁	3 462 794	247 248	2 967 225	122 882	125 439
吉　林	1 377 200	83 935	1 180 251	81 490	31 524
黑龙江	2 250 759	160 258	1 895 635	114 253	80 613
上　海	3 644 459	115 197	3 350 807	28 411	150 044
江　苏	3 876 874	186 775	3 313 132	224 632	152 335
浙　江	2 286 553	79 637	1 934 178	135 664	137 075
安　徽	1 658 129	116 840	1 436 134	75 317	29 838
福　建	936 925	41 292	791 142	64 431	40 061
江　西	1 186 595	42 455	1 050 502	68 815	24 823
山　东	3 133 928	284 543	2 570 617	206 903	71 865
河　南	2 208 534	152 927	1 900 223	107 711	47 673
湖　北	2 523 294	129 506	2 085 103	136 253	172 433
湖　南	1 680 687	52 697	1 495 009	89 829	43 153
广　东	3 122 057	124 718	2 546 911	289 800	160 628
广　西	1 272 196	37 444	1 126 632	37 774	70 347
海　南	287 304	11 676	248 164	20 501	6 964
重　庆	987 860	20 755	841 773	56 275	69 058
四　川	2 418 336	67 204	2 157 041	56 804	137 287
贵　州	896 545	35 508	750 483	69 971	40 583
云　南	1 509 868	80 351	1 283 425	91 686	54 405
西　藏	144 760	2 614	124 168	8 251	9 728
陕　西	1 395 443	88 571	1 168 482	104 755	33 634
甘　肃	855 042	49 797	803 830	571	844
青　海	407 655	23 367	365 573	1 500	17 215
宁　夏	280 154	12 813	209 110	31 925	26 306
新　疆	1 365 521	115 803	1 137 239	60 695	51 785

分地区企业单位离休、退休人员保险福利费用构成情况

（2005）

单位：万元

地区	合计	离休金	退休金	医疗卫生费	其他
全　国	**34 717 145**	**1 454 414**	**30 219 338**	**1 913 921**	**1 129 472**
北　京	2 314 172	73 587	1 789 253	363 143	88 190
天　津	1 164 591	29 406	1 023 109	59 058	53 019
河　北	1 345 889	81 103	1 155 755	66 984	42 046
山　西	853 842	57 227	719 430	47 981	29 203
内蒙古	484 401	18 388	438 592	14 053	13 368
辽　宁	2 505 180	146 419	2 179 600	83 163	95 998
吉　林	969 821	45 039	845 808	56 076	22 898
黑龙江	1 596 362	94 841	1 344 228	87 617	69 676
上　海	2 914 565	62 459	2 734 343	23 954	93 809
江　苏	2 488 842	85 673	2 214 359	122 219	66 593
浙　江	1 335 401	27 563	1 172 999	72 429	62 410
安　徽	907 422	54 107	801 291	34 373	17 651
福　建	518 627	17 553	440 138	29 618	31 317
江　西	784 829	23 264	704 557	47 329	9 679
山　东	1 902 492	140 103	1 616 574	95 963	49 853
河　南	1 309 010	62 814	1 137 689	80 163	28 344
湖　北	1 576 892	76 741	1 409 768	57 986	32 396
湖　南	1 100 813	27 939	1 000 080	54 565	18 229
广　东	1 916 795	50 855	1 607 479	170 900	87 561
广　西	615 790	14 918	559 821	18 829	22 222
海　南	170 959	6 163	146 408	13 285	5 105
重　庆	578 358	9 616	499 679	40 459	28 604
四　川	1 394 924	33 608	1 288 393	33 010	39 913
贵　州	451 709	11 767	379 395	47 606	12 941
云　南	742 036	33 531	634 994	50 441	23 071
西　藏	43 787	300	35 565	3 710	4 212
陕　西	936 823	42 360	811 606	70 173	12 684
甘　肃	479 460	24 902	454 558		
青　海	205 718	7 319	179 684	1 500	17 215
宁　夏	179 540	5 753	135 930	22 650	15 207
新　疆	928 098	89 098	758 257	44 685	36 059

分地区事业单位离休、退休人员保险福利费用构成情况

（2005）

单位：万元

地区	合计	离休金	退休金	医疗卫生费	其他
全　国	**13 433 626**	**715 962**	**11 222 290**	**770 590**	**724 783**
北　京	616 634	39 196	395 239	100 618	81 582
天　津	399 617	17 502	340 285	19 697	22 133
河　北	639 576	44 857	546 687	19 378	28 654
山　西	300 219	27 127	243 134	12 374	17 585
内蒙古	284 511	12 424	262 526	5 467	4 094
辽　宁	528 981	50 650	440 320	19 595	18 416
吉　林	278 758	24 182	234 100	15 181	5 295
黑龙江	456 888	34 952	396 986	17 561	7 388
上　海	606 847	30 249	530 257	3 465	42 876
江　苏	963 721	46 426	803 509	72 942	40 845
浙　江	654 108	21 541	537 331	39 394	55 841
安　徽	523 189	27 903	459 302	27 943	8 041
福　建	293 898	10 710	253 705	23 751	5 732
江　西	281 773	8 549	249 755	13 975	9 494
山　东	858 949	82 449	693 732	74 886	7 882
河　南	612 678	50 451	531 513	17 613	13 101
湖　北	669 967	31 008	482 519	57 586	98 855
湖　南	391 218	13 510	341 534	18 466	17 709
广　东	780 304	29 547	617 335	84 456	48 966
广　西	455 450	10 757	397 501	13 997	33 195
海　南	79 777	1 432	72 992	4 235	1 118
重　庆	251 830	5 036	213 318	10 551	22 925
四　川	631 564	15 924	541 430	17 813	56 398
贵　州	275 291	8 694	235 534	12 466	18 597
云　南	470 254	18 664	409 300	20 511	21 780
西　藏	56 967	563	50 668	2 544	3 193
陕　西	341 438	20 359	278 951	26 424	15 705
甘　肃	253 651	11 235	242 339	34	43
青　海	109 343	5 661	103 682		
宁　夏	68 561	2 987	51 491	6 413	7 671
新　疆	297 665	11 418	265 318	11 259	9 670

分地区机关单位离休、退休人员保险福利费用构成情况

（2005）

单位：万元

地区	合计	离休金	退休金	医疗卫生费	其他
全　国	**6 032 616**	**792 590**	**4 433 113**	**418 352**	**388 561**
北　京	374 339	51 514	191 459	74 319	57 047
天　津	108 319	13 128	77 157	11 497	6 537
河　北	370 710	83 056	241 315	26 119	20 220
山　西	158 535	36 793	106 737	5 839	9 167
内蒙古	141 394	20 299	115 364	4 201	1 530
辽　宁	279 983	46 932	205 733	17 032	10 285
吉　林	83 202	12 701	63 151	5 271	2 080
黑龙江	196 177	30 464	153 089	9 075	3 549
上　海	123 048	22 489	86 207	993	13 359
江　苏	392 925	54 672	265 340	28 414	44 499
浙　江	258 430	30 330	187 648	22 548	17 903
安　徽	215 223	34 747	163 461	12 895	4 120
福　建	122 065	12 982	95 024	11 060	2 998
江　西	118 612	10 642	94 915	7 420	5 634
山　东	307 260	61 936	206 017	36 050	3 258
河　南	279 394	39 526	223 712	9 931	6 226
湖　北	265 088	21 756	181 919	20 454	40 959
湖　南	181 399	11 117	146 671	16 530	7 081
广　东	391 693	43 931	293 504	32 089	22 169
广　西	194 206	11 769	162 706	4 904	14 828
海　南	34 570	4 060	27 038	2 828	644
重　庆	125 829	6 103	97 005	5 255	17 466
四　川	324 352	17 605	260 281	5 716	40 750
贵　州	167 515	15 047	133 710	9 738	9 020
云　南	286 516	28 025	228 534	20 426	9 531
西　藏	44 006	1 751	37 935	1 997	2 324
陕　西	112 301	25 836	73 323	7 899	5 243
甘　肃	115 036	13 633	100 065	537	801
青　海	92 594	10 387	82 207		
宁　夏	29 967	4 074	20 051	2 565	3 277
新　疆	137 931	15 287	111 837	4 751	6 056

历年全国社会保险基金收支及累计结余情况

单位：亿元

年份	合计	基本养老保险	失业保险	医疗保险	工伤保险	生育保险
一、基金收入						
1990	186.8	178.8	8.0			
1995	1 006.0	950.1	35.3	9.7	8.1	2.9
2000	2 644.5	2 278.1	160.4	170.0	24.8	11.2
2001	3 101.9	2 489.0	187.3	383.6	28.3	13.7
2002	4 048.7	3 171.5	215.6	607.8	32.0	21.8
2003	4 882.9	3 680.0	249.5	890.0	37.6	25.8
2004	5 780.3	4 258.4	291.0	1 140.5	58.3	32.1
2005	6 975.2	5 093.3	340.3	1 405.3	92.5	43.8
二、基金支出						
1990	151.9	149.3	2.5			
1995	877.1	847.6	18.9	7.3	1.8	1.6
2000	2 385.6	2 115.5	123.4	124.5	13.8	8.3
2001	2 748.0	2 321.3	156.6	244.1	16.5	9.6
2002	3 471.5	2 842.9	186.6	409.4	19.9	12.8
2003	4 016.4	3 122.1	199.8	653.9	27.1	13.5
2004	4 627.4	3 502.1	211.0	862.2	33.3	18.8
2005	5 400.8	4 040.3	206.9	1 078.7	47.5	27.4
三、累计结余						
1990	117.3	97.9	19.5			
1995	516.8	429.8	68.4	3.1	12.7	2.7
2000	1 327.5	947.1	195.9	109.8	57.9	16.8
2001	1 622.8	1 054.1	226.2	253.0	68.9	20.6
2002	2 423.4	1 608.0	253.8	450.7	81.1	29.7
2003	3 313.8	2 206.5	303.5	670.6	91.2	42.0
2004	4 493.4	2 975.0	386.0	957.9	118.6	55.9
2005	6 073.7	4 041.0	519.0	1 278.1	163.5	72.1

历年全国基本养老保险基金收支及累计结余情况 单位：亿元

年份	合计	企业	事业、机关
一、基金收入			
1990	178.8	178.8	
1995	950.1	950.1	
2000	2 278.1	2 088.3	189.8
2001	2 489.0	2 235.1	253.0
2002	3 171.5	2 783.6	387.8
2003	3 680.0	3 209.4	470.6
2004	4 258.4	3 728.5	529.9
2005	5 093.3	4 491.7	601.6
二、基金支出			
1990	149.3	149.3	
1995	847.6	847.6	
2000	2 115.5	1 970.0	145.4
2001	2 321.3	2 116.5	204.4
2002	2 842.9	2 502.8	340.1
2003	3 122.1	2 716.2	405.9
2004	3 502.1	3 031.2	470.9
2005	4 040.3	3 495.3	545.0
三、累计结余			
1990	97.9	97.9	
1995	429.8	429.8	
2000	947.1	761.0	186.1
2001	1 054.1	818.6	233.2
2002	1 608.0	1 243.5	364.5
2003	2 206.5	1 764.8	441.7
2004	2 975.0	2 499.3	475.7
2005	4 041.0	3 506.7	534.3

历年全国参加基本养老保险职工和离退休人数 单位：万人

年份	职　工		离退休人员	
	合计	#企业	合计	#企业
1990	5 200.7	5 200.7	1 086.6	1 086.6
1995	8 737.8	8 737.8	2 358.3	2 358.3
2000	10 447.5	9 469.9	3 380.6	3 169.9
2001	10 801.9	9 733.0	3 380.6	3 171.3
2002	11 128.8	9 929.4	3 607.8	3 349.2
2003	11 646.5	10 324.5	3 860.2	3 556.9
2004	12 250.3	10 903.9	4 102.6	3 775.0
2005	13 120.4	11 710.6	4 367.5	4 005.2

历年分地区基本养老保险参保人数

单位：万人

地区	1998年		1999年		2000年	
	合计	离休、退休人员	合计	离休、退休人员	合计	离休、退休人员
全　国	**11 203**	**2 727.3**	**12 485**	**2 983.6**	**13 617**	**3 170**
北　京	352	106.5	379	108.8	392	116
天　津	264	74.6	274	76.2	288	80
河　北	532	113.1	545	118.9	634	137
山　西	337	71.4	366	79.1	416	78
内蒙古	257	55.5	286	61.2	295	62
辽　宁	895	242.6	945	257.7	1 030	281
吉　林	366	87.1	400	89.5	388	94
黑龙江	600	145.6	617	150.9	625	159
上　海	584	189.6	663	225.3	675	234
江　苏	791	176.4	822	188.5	890	200
浙　江	378	96.6	517	106.8	562	114
安　徽	350	77.7	389	86.9	415	93
福　建	203	49.7	220	52.3	231	56
江　西	300	64.1	313	66.7	327	73
山　东	713	134.3	939	169.9	1 009	180
河　南	600	115.9	677	124.6	729	135
湖　北	521	107.4	578	122.4	597	132
湖　南	413	101.9	420	105.1	439	111
广　东	600	143.4	766	161.3	1 172	174
广　西	222	46.4	264	60.2	239	54
海　南	86	23.8	112	29.5	129	30
重　庆	247	67.0	265	74.6	271	78
四　川	495	138.0	527	148.5	572	159
贵　州	132	34.2	149	37.9	165	40
云　南	209	59.7	224	63.1	252	68
西　藏	7	1.8	7	2.1	7	2
陕　西	278	70.7	274	73.8	296	78
甘　肃	175	39.7	184	41.6	187	43
青　海	47.0	11.8	50	12.7	51	14
宁　夏	53	11.4	55	12.0	57	13
新　疆	225	66	242	73	252	76

续表

地区	2001年		2002年		2003年		2004年		2005年	
	合计	离休、退休人员	合计	离休、退休人员	合计	离休、退休人员	合计	离休、退休人员	合计	离休、退休人员
全　国	**14 183**	**3 381**	**14 737**	**3 608**	**15 507**	**3 860**	**16 353**	**4 103**	**17 488**	**4 368**
北　京	426	124	436	133	448	141	460	149	520	155
天　津	281	85	296	91	283	98	298	103	308	108
河　北	641	145	643	154	665	164	683	172	708	184
山　西	366	82	362	85	364	88	377	93	383	98
内蒙古	291	65	293	71	301	73	319	82	339	86
辽　宁	1 023	289	1 039	302	1 070	316	1 101	334	1 194	361
吉　林	389	100	398	105	427	115	439	123	456	131
黑龙江	692	178	690	187	714	196	738	207	769	223
上　海	684	240	700	247	716	255	771	265	830	291
江　苏	888	213	1 063	253	1 135	271	1 214	289	1 346	308
浙　江	610	125	701	133	801	144	888	152	962	161
安　徽	433	99	432	103	457	114	464	119	472	125
福　建	242	58	285	62	364	79	377	84	410	89
江　西	329	78	340	83	356	93	372	100	387	105
山　东	1 023	191	1 043	205	1 136	219	1 219	232	1 302	249
河　南	737	142	758	162	751	171	781	181	814	194
湖　北	612	138	629	147	732	178	781	195	804	206
湖　南	603	148	617	158	636	168	692	185	719	195
广　东	1 370	187	1 405	194	1 482	204	1 589	220	1 796	231
广　西	249	59	257	63	265	66	279	70	289	73
海　南	108	31	111	32	117	34	120	35	121	37
重　庆	270	82	280	88	280	92	284	97	290	101
四　川	579	169	589	178	606	188	668	203	793	231
贵　州	159	42	169	45	168	48	175	50	184	52
云　南	243	70	252	74	257	78	255	79	259	82
西　藏	7	3	7	3	7	3	8	3	8	3
陕　西	345	83	352	91	362	97	369	103	376	108
甘　肃	188	45	188	48	192	51	195	53	197	55
青　海	52	15	54	15	56	16	59	16	60	17
宁　夏	58	13	59	14	61	14	62	15	68	16
新　疆	258	78	262	80	269	83	295	87	302	89

分地区基本养老保险情况

（2005）

地区	参保职工人数（万人）		参保离休、退休人数（万人）	基金收支情况（万元）		
		企业		基金收入	基金支出	累计结余
全　国	**13 120.4**	**11 710.5**	**4 367.5**	**50 933 144**	**40 403 182**	**40 410 251**
北　京	364.7	364.7	155.2	2 410 284	1 955 722	1 005 233
天　津	200.6	193.4	107.7	1 298 614	1 020 689	599 685
河　北	523.7	423.3	184.2	2 098 343	1 658 652	1 699 380
山　西	285.2	285.2	98.2	1 328 998	896 569	1 469 883
内蒙古	252.9	224.6	86.1	890 990	792 843	466 731
辽　宁	832.8	760.5	360.8	3 539 353	2 871 897	2 774 913
吉　林	325.0	314.1	131.0	1 480 386	1 007 817	1 039 017
黑龙江	545.7	487.1	223.2	2 093 315	1 672 529	1 395 495
上　海	539.3	476.8	290.7	3 598 224	3 621 200	781 724
江　苏	1 037.6	952.3	307.9	3 875 751	3 099 149	2 410 226
浙　江	801.3	735.2	160.9	2 895 812	1 916 798	3 714 726
安　徽	347.0	338.3	124.8	1 200 284	1 005 319	590 319
福　建	320.8	266.4	88.9	1 052 179	848 001	797 036
江　西	282.0	265.0	105.5	824 765	686 325	539 539
山　东	1 053.9	833.8	248.6	3 601 747	2 958 846	2 937 075
河　南	619.8	538.6	194.2	1 924 808	1 511 691	1 756 380
湖　北	597.6	539.8	206.4	1 806 995	1 539 711	930 264
湖　南	523.4	369.2	195.2	1 734 508	1 519 918	1 246 938
广　东	1 564.9	1 423.6	231.2	4 576 734	2 799 381	7 754 623
广　西	215.3	215.3	73.3	693 388	584 104	571 039
海　南	84.4	65.5	36.5	313 119	283 228	167 331
重　庆	189.6	188.2	100.5	790 803	672 952	319 855
四　川	562.7	455.2	230.7	2 331 002	1 806 205	1 959 706
贵　州	132.0	117.2	51.7	532 469	433 645	494 217
云　南	176.8	167.8	81.9	862 728	713 312	714 496
西　藏	4.6	4.6	3.1	55 794	55 638	86
陕　西	268.4	268.4	107.8	1 052 042	832 228	530 677
甘　肃	142.2	137.5	55.1	608 803	504 034	378 727
青　海	43.0	43.0	16.9	257 911	188 014	107 950
宁　夏	51.5	51.5	16.1	214 295	159 268	276 589
新　疆	213.1	204.3	89.0	975 102	778 077	935 962
中国人民银行	13.4		3.7			
中国农业发展银行	5.26		0.5	13 598	9 420	44 429

分地区企业退休人员实行社会化管理情况

（2005）

地区	社会化发放人数（万人）	社区管理人数（万人）	社区管理人数占企业退休人数的比例（%）
全　国	**4 001**	**2 655.2**	**68.3**
北　京	155.2	119.2	78.3
天　津	104.6	84.1	81.3
河　北	158.2	103.9	67.5
山　西	97.6	56.5	59.6
内蒙古	81.2	44.4	55.5
辽　宁	334.5	271.8	90.7
吉　林	128.8	103.0	80.4
黑龙江	205.4	127.8	63.5
上　海	254.2	218.7	94.6
江　苏	281.9	236.8	84.9
浙　江	141.6	91.8	66.5
安　徽	122.9	86.5	72.8
福　建	72.1	61.0	87.0
江　西	103.0	77.9	76.4
山　东	193.5	140.8	76.5
河　南	176.2	124.9	72.7
湖　北	195.1	136.9	70.8
湖　南	152.7	95.8	63.5
广　东	220.2	96.7	44.5
广　西	73.1	54.3	74.8
海　南	30.3	14.2	45.7
重　庆	100.1	69.9	70.2
四　川	203.6	138.5	68.7
贵　州	50.5	17.6	35.4
云　南	77.9	33.8	43.7
西　藏	3.1		
陕　西	107.8	64.1	60.4
甘　肃	54.7	36.2	66.1
青　海	16.9	9.6	58.0
宁　夏	16.1	8.6	54.9
新　疆	87.7	25.9	61.8

说明：1. 本表包括企业化管理事业单位。

2. 社会化管理人数不包括离休人员。

历年失业保险、基本医疗保险、工伤保险、生育保险情况 单位：万人

年份	失业保险			基本医疗保险		工伤保险		生育保险
	参保人数	年末领取失业保险金人数	全年发放失业保险金（万元）	参保职工人数	参保退休人员人数	参保职工人数	享受工伤保险待遇人数	参保人数
一、绝对数								
1995	8 238.0		81 964	702.6	43.3	2 614.8	7.1	1 500.2
2000	10 408.4	190.0	561 984	2 862.8	924.2	4 350.3	18.8	3 001.6
2001	10 354.6	312.0	832 563	5 470.7	1 815.2	4 345.3	18.7	3 455.1
2002	10 181.6	440.0	1 167 736	6 925.8	2 475.4	4 405.6	26.5	3 488.2
2003	10 372.4	415.0	1 334 448	7 974.9	2 926.8	4 574.8	29.5	3 655.4
2004	10 583.9	419.0	1 374 983	9 045.0	3 359.2	6 845.2	51.9	4 383.8
2005	10 647.7	362.3	1 323 767	10 021.7	3 761.2	8 477.8	65.1	5 408.5
二、比上年增长（%）								
2000	4.8	74.3	76.3	89.7	66.2	9.8	25.0	2.5
2001	-0.6	64.2	48.1	91.1	96.4	-0.1	-0.6	15.1
2002	-1.7	41	40.2	26.6	36.4	1.4	41.7	1.0
2003	1.9	-5.7	14.3	15.1	18.2	3.8	11.3	4.8
2004	2.0	1.0	3.0	13.4	14.8	49.6	75.9	19.9
2005	0.6	-13.5	-3.7	10.8	12.0	23.9	25.5	23.4

历年分地区基本医疗保险参保人数

单位：万人

地区	1999年		2000年		2001年	
	合计	退休人员	合计	退休人员	合计	退休人员
全　国	**2 065.4**	**555.9**	**3 786.9**	**924.2**	**7 285.9**	**1 815.2**
北　京	235	75.5	232.6	81.9	240.7	89.4
天　津	20.2	3.1			139.6	46.8
河　北	32.3	7	159.9	35.4	282.5	61.5
山　西	78	11.5	72.1	11.4	157.3	34.4
内蒙古	13.4	2.4	103.7	22.1	196.9	45.5
辽　宁	63.9	21.7	109.5	36.6	313.6	90.4
吉　林	46.1	8.7	40.2	8.5	124.2	27.8
黑龙江	38.3	9.5	52.1	15.1	308.3	89.2
上　海	555.6	197.3	569.6	204.3	680.5	238.9
江　苏	56.5	15	307.3	71.9	456.0	113.5
浙　江	200.1	52.9	228.0	67.5	352.7	100.0
安　徽	5.7	1	61.5	13.3	232.8	53.6
福　建	4.2	1.4	77.8	18.9	171.0	38.3
江　西	51.6	7.3	61.4	9.5	71.6	12.2
山　东	216.2	44.2	253.3	48.7	490.2	86.0
河　南	36.6	10	296.2	58.4	460.3	94.8
湖　北	24.2	4.9	133.9	11.6	255.4	54.5
湖　南	8.6	3.4	127.3	30.4	351.6	83.7
广　东	124.1	16.3	350.3	41.6	544.8	84.4
广　西	8.6	1.6	10.2	2.1	150.1	33.4
海　南	17.8	3.6	33.9	5.1	40.9	8.5
重　庆	10.1	2.3	9.7	2.4	36.8	9.7
四　川	197.9	50.6	261.2	74.1	437.6	128.3
贵　州					31.1	6.9
云　南			69.5	15.9	185.7	45.6
西　藏						
陕　西	14.5	3.7	130.5	28.2	231.4	49.4
甘　肃	4	0.7	5.0	1.2	109.9	23.6
青　海	1.9	0.3	12.7	2.6	38.3	12.6
宁　夏			5.4	1.1	17.2	4.0
新　疆			11.9	4.6	177.0	48.1

续表

地区	2002年		2003年		2004年		2005年	
	合计	退休人员	合计	退休人员	合计	退休人员	合计	退休人员
全　国	**9 401.2**	**2 475.4**	**10 901.7**	**2 926.8**	**12 403.6**	**3 359.2**	**13 782.9**	**3 761.2**
北　京	321.1	113.2	436.1	134.7	483.9	141.7	574.8	155.1
天　津	250.2	103.8	254.7	108.5	263.0	104.8	299.1	118.3
河　北	330.4	73.0	383.2	84.7	472.5	108.9	562.1	139.6
山　西	216.7	49.5	245.5	51.3	295.5	63.9	324.9	73.0
内蒙古	221.7	54.2	252.3	66.1	274.2	78.1	292.0	86.0
辽　宁	619.0	188.7	697.7	217.2	783.7	247.3	864.2	280.0
吉　林	176.9	39.8	230.8	55.3	270.0	67.5	283.0	73.9
黑龙江	392.8	108.2	435.2	122.1	544.1	151.7	602.9	170.4
上　海	694.8	245.9	709.6	250.6	714.1	260.9	728.6	275.9
江　苏	690.9	183.2	815.0	227.6	976.7	261.6	1 124.1	303.0
浙　江	423.4	117.0	510.3	139.5	569.2	150.3	639.6	163.1
安　徽	273.4	65.6	318.2	79.8	362.2	97.7	387.1	112.7
福　建	230.0	54.7	247.8	61.8	285.9	69.5	333.0	77.2
江　西	106.6	22.7	188.2	45.7	250.4	65.8	276.7	75.0
山　东	625.6	119.5	691.1	138.0	771.9	153.5	861.5	176.7
河　南	537.4	115.2	567.9	126.9	590.0	136.8	641.5	154.1
湖　北	338.1	80.6	416.6	110.1	466.8	132.5	502.0	147.2
湖　南	398.1	108.3	423.5	116.1	477.0	133.9	503.4	146.6
广　东	717.7	118.8	877.0	146.4	1 034.2	168.9	1 235.3	180.3
广　西	201.8	54.1	235.0	66.1	272.2	77.8	285.9	82.3
海　南	52.6	11.5	63.1	15.4	78.6	22.3	87.2	24.5
重　庆	58.7	18.0	121.8	41.7	206.3	76.2	237.7	91.9
四　川	480.6	150.1	531.2	173.8	587.6	196.5	647.0	220.2
贵　州	94.6	26.6	134.1	38.2	152.6	44.0	180.5	51.5
云　南	238.4	65.0	281.5	81.4	302.3	89.6	320.7	95.5
西　藏			6.0	1.8			15.2	4.8
陕　西	261.8	65.1	301.0	77.4	325.6	86.8	348.8	101.3
甘　肃	124.1	26.0	146.0	32.8	165.8	40.6	176.6	46.2
青　海	51.1	16.3	56.4	17.8	60.2	19.5	62.0	20.4
宁　夏	36.8	10.1	48.1	12.7	55.6	14.6	64.5	17.2
新　疆	235.7	70.6	276.7	85.3	304.4	93.2	321.1	97.5

分地区基本医疗保险情况
（2005）

地区	参保人数（万人）			基金收支情况（万元）		
	合计	职工	退休人员	基金收入	基金支出	累计结余
全　国	**13 783**	**10 022**	**3 761**	**14 053 007**	**10 787 360**	**12 781 199**
北　京	574.8	419.7	155.1	1 020 106	777 404	560 083
天　津	299.1	180.8	118.3	322 544	311 564	48 169
河　北	562.1	422.6	139.6	495 703	375 205	440 793
山　西	324.9	251.9	73.0	256 014	157 503	265 953
内蒙古	292.0	206.0	86.0	215 838	157 638	188 131
辽　宁	864.2	584.2	280.0	685 606	551 872	601 820
吉　林	283.0	209.1	73.9	179 795	134 239	170 637
黑龙江	602.9	432.5	170.4	423 163	332 442	318 535
上　海	728.6	452.7	275.9	1 510 763	1 464 370	660 798
江　苏	1 124.1	821.1	303.0	1 179 901	905 982	1 044 373
浙　江	639.6	476.5	163.1	840 808	567 871	1 110 044
安　徽	387.1	274.4	112.7	303 672	238 710	256 601
福　建	333.0	255.8	77.2	404 369	259 821	557 482
江　西	276.7	201.7	75.0	145 167	112 788	117 566
山　东	861.5	684.8	176.7	820 726	631 723	641 006
河　南	641.5	487.4	154.1	414 793	305 254	455 730
湖　北	502.0	354.9	147.2	415 504	296 284	462 525
湖　南	503.4	356.8	146.6	453 295	338 844	392 955
广　东	1 235.3	1 055.0	180.3	1 417 976	933 241	2 153 549
广　西	285.9	203.6	82.3	259 445	176 180	292 685
海　南	87.2	62.8	24.5	59 385	52 291	38 817
重　庆	237.7	145.8	91.9	207 123	135 065	189 379
四　川	647.0	426.8	220.2	623 791	430 297	694 515
贵　州	180.5	129.0	51.5	117 655	85 554	106 568
云　南	320.7	225.2	95.5	387 659	335 928	296 534
西　藏	15.2	10.4	4.8	16 517	16 018	5 700
陕　西	348.8	247.4	101.3	240 267	177 114	223 500
甘　肃	176.6	130.4	46.2	123 129	111 720	78 989
青　海	62.0	41.6	20.4	78 302	62 816	82 512
宁　夏	64.5	47.3	17.2	58 171	42 951	56 174
新　疆	321.1	223.6	97.5	375 820	308 671	269 076

历年分地区失业保险参保人数

单位：万人

地区	1999年		2000年		2001年	
	年末参保职工人数	年末领取失业保险金人数	年末参保职工人数	年末领取失业保险金人数	年末参保职工人数	年末领取失业保险金人数
全　国	**9 852**	**109**	**10 408**	**190**	**10 355**	**312**
北　京	306.2	3.3	306.2	5.1	287.2	5.5
天　津	204.4	6.1	216.9	8.6	214.3	10.8
河　北	543.2	1.0	542.2	5.1	513.2	7.3
山　西	257.6	2.3	254.8	1.8	286.0	5.9
内蒙古	215.6	2.6	220.4	3.7	217.7	5.4
辽　宁	695.0	12.0	693.7	18.2	656.7	20.3
吉　林	291.9	3.3	279.3	7.2	283.8	13.2
黑龙江	528.0	3.3	526.3	4.6	532.6	12.5
上　海	431.6	7.9	434.9	9.0	430.7	13.1
江　苏	755.6	10.8	764.1	22.8	766.5	39.5
浙　江	365.5	11.3	388.6	22.8	391.1	33.0
安　徽	345.8	2.4	368.7	5.2	375.2	11.5
福　建	146.4	2.3	167.3	5.2	239.6	9.6
江　西	211.1	0.4	226.8	0.6	235.9	2.1
山　东	624.3	8.3	715.9	12.5	700.2	20.5
河　南	631.0	2.2	671.0	4.7	676.1	10.0
湖　北	517.6	4.6	497.9	11.5	420.8	26.1
湖　南	353.0	4.4	346.5	2.7	352.0	4.4
广　东	440.7	8.5	748.5	14.4	819.5	21.2
广　西	225.4	1.2	224.6	2.0	217.7	5.0
海　南	56.2	0.2	56.2	0.6	56.1	0.7
重　庆	204.5	2.4	210.0	3.3	210.0	7.7
四　川	461.9	2.7	470.2	10.6	412.2	11.9
贵　州	126.2	0.2	138.7	0.3	136.4	1.2
云　南	181.0	1.9	191.2	2.9	190.7	3.6
西　藏	5.7		5.7		6.3	
陕　西	314.0	0.4	309.8	1.2	304.9	3.5
甘　肃	159.3	1.4	172.0	1.0	162.7	1.1
青　海	49.3	0.2	43.8	0.5	35.7	1.4
宁　夏	37.2	0.2	34.1	0.2	34.7	0.7
新　疆	166.7	1.0	182.5	1.8	188.2	3.9

续表

地区	2002年		2003年		2004年		2005年	
	年末参保职工人数	年末领取失业保险金人数	年末参保职工人数	年末领取失业保险金人数	年末参保职工人数	年末领取失业保险金人数	年末参保职工人数	年末领取失业保险金人数
全　国	**10 182**	**440**	**10 372**	**415**	**10 584**	**419**	**10 647.7**	**362.3**
北　京	299.6	4.8	306.6	5.2	308.2	3.8	357.5	3.5
天　津	196.3	12.4	193.5	9.4	195.1	5.1	197.5	3.8
河　北	488.6	7.2	484.2	8.3	479.0	11.0	461.2	13.3
山　西	278.9	4.5	284.1	5.7	286.5	5.4	288.5	4.8
内蒙古	219.7	7.1	221.6	5.7	222.3	5.8	222.2	4.9
辽　宁	591.2	82.2	622.2	67.0	616.2	81.7	607.7	46.5
吉　林	284.0	15.6	292.9	16.2	282.2	12.2	199.4	7.5
黑龙江	466.0	19.6	479.0	12.6	475.8	9.7	459.6	10.3
上　海	436.0	14.4	441.1	14.0	487.8	15.9	466.1	17.8
江　苏	735.6	49.7	761.6	48.9	797.1	43.6	838.3	30.2
浙　江	390.0	27.5	396.8	17.4	428.4	11.3	444.7	7.2
安　徽	378.8	17.5	380.8	23.4	371.1	26.4	360.3	24.3
福　建	249.5	11.1	266.4	10.0	266.4	9.5	266.6	8.6
江　西	226.7	3.9	215.5	5.9	226.6	7.2	230.7	6.0
山　东	701.2	30.1	719.1	30.1	747.5	30.6	771.1	32.2
河　南	670.4	16.8	680.0	18.7	681.6	22.3	681.9	29.2
湖　北	416.1	25.1	390.1	18.7	391.3	17.0	391.5	14.8
湖　南	326.6	7.9	347.5	10.5	380.5	9.8	382.7	11.3
广　东	890.2	26.2	954.1	25.9	1 005.8	23.4	1 099.1	20.4
广　西	215.5	7.6	219.1	8.9	226.4	9.8	219.9	9.4
海　南	60.2	1.7	57.7	1.8	57.9	2.1	56.7	2.0
重　庆	205.3	9.1	199.5	8.1	193.4	9.2	188.2	6.4
四　川	402.9	14.0	400.0	12.6	398.6	12.6	380.5	15.6
贵　州	132.2	1.6	128.0	1.3	129.9	1.2	129.3	1.3
云　南	183.2	4.6	183.0	6.6	173.2	10.5	180.3	9.1
西　藏	7.1		7.1		6.7		6.7	
陕　西	315.7	7.3	323.3	8.2	325.5	7.2	326.7	8.6
甘　肃	161.0	2.7	162.1	3.8	161.0	4.3	160.0	5.4
青　海	32.2	1.0	33.2	1.3	33.1	1.2	33.2	1.1
宁　夏	35.7	0.8	36.3	1.0	36.4	1.2	37.2	1.2
新　疆	185.2	5.7	186.5	7.4	192.4	7.7	202.4	5.6

分地区失业保险基金收支及累计结余情况

（2005）

单位：万元

地区	基金收入	基金支出	累计结余
全　国	**3 403 448**	**2 068 505**	**5 189 557**
北　京	190 576	132 377	220 079
天　津	82 403	22 664	126 953
河　北	117 657	77 429	253 273
山　西	55 331	27 762	135 058
内蒙古	42 952	26 905	73 307
辽　宁	254 920	239 689	-81 035
吉　林	65 815	27 157	104 267
黑龙江	99 138	33 954	258 480
上　海	332 341	239 367	177 373
江　苏	309 209	190 073	391 001
浙　江	197 118	60 664	380 492
安　徽	99 068	89 336	37 649
福　建	79 793	45 827	163 155
江　西	40 631	31 119	85 204
山　东	234 345	139 935	402 470
河　南	119 975	99 781	229 041
湖　北	102 853	48 115	137 498
湖　南	74 102	63 948	133 914
广　东	334 341	145 017	746 469
广　西	67 785	42 374	165 023
海　南	18 349	7 809	48 927
重　庆	46 367	24 682	44 410
四　川	113 261	93 279	165 796
贵　州	42 630	10 677	168 992
云　南	64 457	45 076	114 821
西　藏	5 125	670	22 368
陕　西	77 908	31 629	142 939
甘　肃	33 910	24 625	73 342
青　海	11 997	4 034	29 385
宁　夏	10 078	6 533	27 194
新　疆	79 009	36 002	211 711

历年分地区工伤保险参保人数

单位：人

地区	1999年		2000年		2001年	
	参保职工人数	享受工伤待遇人数	参保职工人数	享受工伤待遇人数	参保职工人数	享受工伤待遇人数
全　国	**39 602 843**	**151 736**	**43 502 744**	**188 221**	**43 453 489**	**187 086**
北　京			2 126 718	6 493	2 046 539	1 334
天　津	78 193	8				
河　北	1 539 641	5 009	1 522 771	4 001	1 631 029	8 151
山　西	839 458	428	773 491	405	717 751	152
内蒙古	212 967	3 960	222 944	3 953	267 209	5 349
辽　宁	3 709 989	47 914	4 091 713	48 384	3 905 915	50 162
吉　林	674 313	21 150	669 483	20 294	307 164	11 206
黑龙江	1 037 972	132	1 302 014	478	1 043 613	854
上　海						
江　苏	4 542 827	5 607	4 502 482	7 045	4 739 356	6 558
浙　江	2 310 633	1 681	2 120 934	4 624	2 196 715	5 621
安　徽	606 369	72	747 247	759	734 204	2 046
福　建	1 289 519	1 316	1 329 657	1 875	1 590 411	2 295
江　西	1 453 112	1 553	1 370 570	1 654	1 377 713	1 891
山　东	2 496 937	6 405	2 794 293	4 689	2 854 635	6 125
河　南	1 698 551	2 825	1 881 505	3 138	1 960 065	5 059
湖　北	1 837 949	20 586	1 849 517	17 635	1 823 231	13 385
湖　南	479 862	1 146				
广　东	7 983 202	10 285	9 606 577	46 042	9 900 946	51 773
广　西	1 367 965	2 062	1 265 640	1 139	1 240 567	1 000
海　南	516 324	191	739 978	150	695 253	267
重　庆	329 118	1 257	273 511	780	250 126	940
四　川	2 252 743	8 521	2 011 111	6 218	1 793 195	4 553
贵　州	18 666	6	17 357	6	17 029	6
云　南	996 389	7 753	991 437	7 018	972 559	6 028
西　藏						
陕　西	269 815	416	263 581	263	245 033	618
甘　肃	116 003	108	83 741	68	95 355	176
青　海	92 811	285	94 292	160	70 731	435
宁　夏	138 658	338	123 826	241	113 911	290
新　疆	712 857	632	726 354	709	863 234	812

续表

地区	2002年		2003年		2004年		2005年	
	参保职工人数	享受工伤待遇人数	参保职工人数	享受工伤待遇人数	参保职工人数	享受工伤待遇人数	参保职工人数	享受工伤待遇人数
全　国	**44 056 394**	**265 069**	**45 748 335**	**328 508**	**68 451 673**	**518 808**	**84 777 999**	**650 536**
北　京	2 210 814	7 227	2 428 990	12 056	2 589 339	24 534	3 038 875	29 683
天　津					1 472 299	1 268	1 629 122	9 011
河　北	1 467 338	3 957	1 456 909	4 108	2 739 492	8 692	3 613 597	13 130
山　西	463 086	582	484 432	400	1 040 064	1 310	1 513 891	4 941
内蒙古	238 403	2 431	318 332	2 786	850 174	4 657	1 102 074	6 794
辽　宁	3 905 379	59 638	3 458 000	72 825	4 042 359	81 910	4 746 306	90 885
吉　林	365 921	15 438	371 226	12 100	1 142 880	30 741	1 366 998	21 695
黑龙江	1 189 600	9 014	1 309 403	10 952	2 026 736	42 634	2 575 129	37 862
上　海					4 883 160	658	5 237 140	4 568
江　苏	4 799 950	12 842	5 030 194	17 195	5 771 985	26 567	6 802 138	36 659
浙　江	2 260 040	9 787	2 877 043	14 183	3 604 423	27 006	4 530 706	47 872
安　徽	698 037	3 059	679 906	3 930	1 020 315	5 302	1 481 894	16 699
福　建	1 706 913	2 952	1 722 504	5 954	2 054 085	8 436	2 391 412	12 569
江　西	1 292 539	1 934	1 296 637	2 982	1 346 504	4 257	1 536 102	8 246
山　东	2 777 033	10 796	2 818 274	15 192	4 767 363	47 098	5 787 319	56 759
河　南	2 187 900	6 890	2 106 114	4 958	3 247 231	10 985	4 039 871	15 407
湖　北	1 831 567	17 124	1 891 875	14 276	1 871 792	17 723	2 303 456	11 443
湖　南			85 942	292	2 033 328	3 381	2 282 210	7 069
广　东	10 499 142	80 367	11 200 081	96 663	12 150 911	112 935	16 050 664	129 148
广　西	1 172 636	2 163	1 203 323	3 258	1 335 306	6 521	1 444 346	8 009
海　南	688 606	619	681 660	993	645 161	1 175	688 905	1 382
重　庆	296 539	733	264 538	1 627	1 225 525	3 825	1 540 905	11 743
四　川	1 673 945	6 065	1 614 084	12 069	1 956 096	16 416	2 704 993	19 890
贵　州	13 464	17	12 639	18	12 425	29	657 589	700
云　南	889 603	8 639	841 140	12 094	1 509 309	11 378	1 669 450	12 440
西　藏							19 166	
陕　西	255 671	421	350 523	766	1 151 182	7 244	1 491 826	17 782
甘　肃	87 342	149	79 902	207	420 022	750	700 737	3 949
青　海	65 518	302	66 063	440	156 940	1 356	205 172	2 845
宁　夏	159 667	471	152 179	903	190 726	3 032	234 998	2 827
新　疆	859 741	1 452	946 422	5 281	1 194 541	6 988	1 391 008	8 529

分地区工伤保险基金收支及累计结余情况

（2005）

单位：万元

地区	基金收入	基金支出	累计结余
全　国	**925 326**	**475 049**	**1 635 507**
北　京	43 340	37 098	44 029
天　津	23 431	7 368	28 936
河　北	41 833	14 836	42 209
山　西	37 369	7 659	39 789
内蒙古	6 983	3 537	6 902
辽　宁	42 259	31 071	54 923
吉　林	9 959	6 702	7 648
黑龙江	41 932	29 023	23 354
上　海	58 038	13 507	68 167
江　苏	66 583	40 148	116 606
浙　江	46 438	26 980	104 668
安　徽	14 252	7 215	17 232
福　建	24 323	10 351	87 215
江　西	8 754	4 871	34 218
山　东	49 588	33 088	63 061
河　南	39 198	18 912	50 735
湖　北	9 336	4 659	18 849
湖　南	25 544	10 452	49 735
广　东	196 590	101 418	533 110
广　西	14 782	6 032	44 530
海　南	4 980	3 125	18 682
重　庆	15 641	14 089	7 879
四　川	41 446	18 331	74 103
贵　州	5 898	684	5 590
云　南	18 215	8 152	39 190
西　藏	309		309
陕　西	7 256	1 853	9 239
甘　肃	5 237	1 847	6 326
青　海	4 930	2 185	4 441
宁　夏	4 010	1 347	4 414
新　疆	16 872	8 509	29 418

历年分地区生育保险参保人数

单位：人

地区	1999年 参保职工人数	2000年 参保职工人数	2001年 参保职工人数	2001年 享受待遇人次数（人次）
全　国	**29 453 554**	**30 016 395**	**34 550 557**	**244 869**
北　京				
天　津	75 497			
河　北	1 429 444	1 380 158	1 315 476	7 612
山　西	1 216 432	1 131 829	1 080 399	2 500
内蒙古	264 619	264 708	279 192	2 655
辽　宁	1 981 709	2 288 627	2 277 558	12 016
吉　林	565 177	551 065	239 563	659
黑龙江	503 179	702 903	681 812	1 915
上　海			4 436 661	653
江　苏	4 465 128	4 576 600	4 834 639	46 015
浙　江	2 138 565	2 000 168	1 876 402	16 786
安　徽	335 164	238 391	233 986	1 466
福　建	996 621	938 275	1 181 935	9 387
江　西	1 419 753	1 293 785	1 201 528	8 304
山　东	2 654 384	3 255 450	3 318 382	34 305
河　南	2 160 850	2 002 863	1 963 637	10 676
湖　北	1 890 646	1 912 960	1 821 375	10 929
湖　南	155 634		37 041	98
广　东	2 103 160	2 315 665	2 500 681	23 655
广　西	1 006 401	1 125 761	1 135 325	12 183
海　南			107 764	596
重　庆	247 782	255 546	235 863	2 217
四　川	1 918 669	1 881 954	1 781 030	15 614
贵　州	11 696	11 148	10 867	20
云　南	966 711	954 694	961 061	11 689
西　藏				
陕　西	57 147	52 622	45 862	783
甘　肃	75 305	60 014	50 312	309
青　海	85 381	85 145	66 366	540
宁　夏	105 738	93 696	86 603	1 466
新　疆	622 762	642 368	789 237	9 821

续表

地区	2002年		2003年		2004年		2005年	
	参保职工人数	享受待遇人次数（人次）	参保职工人数	享受待遇人次数（人次）	参保职工人数	享受待遇人次数（人次）	参保职工人数	享受待遇人次数（人次）
全　国	**34 882 321**	**283 105**	**36 554 162**	**363 816**	**43 838 222**	**460 866**	**54 084 519**	**622 535**
北　京							2 261 248	10 510
天　津							1 574 180	5 947
河　北	953 849	6 895	940 908	4 311	1 141 391	4 475	2 158 823	8 366
山　西	843 197	3 042	843 391	2 493	931 712	2 465	956 478	2 803
内蒙古	233 676	1 052	403 282	1 735	667 453	4 395	1 057 785	14 746
辽　宁	2 160 980	12 486	1 991 090	14 666	2 158 780	20 603	2 201 175	26 983
吉　林	326 821	1 383	340 173	1 180	350 994	1 615	352 743	8 412
黑龙江	1 532 309	12 084	1 675 292	27 488	1 872 635	34 520	1 566 415	28 870
上　海	4 528 525	36 516	4 610 582	40 737	5 055 557	49 435	5 392 743	58 075
江　苏	4 860 631	40 730	5 040 625	72 415	5 526 758	92 308	6 309 189	112 345
浙　江	1 936 864	18 562	2 150 367	21 155	2 398 456	30 024	2 849 497	37 459
安　徽	236 497	1 550	238 558	1 868	376 241	2 279	535 189	4 794
福　建	1 237 079	9 639	1 393 519	14 469	1 464 892	17 401	1 617 502	21 006
江　西	1 094 188	6 772	1 087 337	5 640	1 076 310	4 860	1 178 382	7 849
山　东	3 227 504	38 441	3 364 535	40 852	3 907 637	47 493	4 612 217	55 102
河　南	2 059 339	11 311	1 991 625	11 153	2 012 299	14 631	2 283 659	15 113
湖　北	1 827 436	7 778	1 821 199	6 190	1 798 685	5 643	1 758 810	5 827
湖　南	33 675	470	32 796	366	2 129 157	4 746	2 502 369	31 581
广　东	2 586 749	24 796	3 307 594	30 042	3 767 320	35 940	4 193 608	41 686
广　西	1 067 871	10 642	1 110 668	12 364	1 347 613	16 213	1 413 554	18 582
海　南	231 543	2 197	283 814	2 168	317 123	3 919	348 870	5 419
重　庆	198 767	1 415	164 980	688	128 938	305		
四　川	1 664 450	11 884	1 651 039	12 790	1 873 718	13 572	2 125 186	14 380
贵　州	8 869	55	8 876	58	22 654	127	521 051	492
云　南	868 783	10 222	827 883	14 210	1 423 347	22 621	1 561 436	24 928
西　藏								
陕　西	54 034	724	146 427	1 158	361 829	2 135	430 681	7 655
甘　肃	51 307	351	68 207	393	310 015	1 016	400 230	3 280
青　海	43 237	460	51 843	922	58 411	1 272	65 191	1 433
宁　夏	150 055	1 749	150 702	1 929	184 355	2 028	215 629	2 135
新　疆	864 086	9 899	856 850	20 376	1 173 942	24 825	1 640 679	46 757

分地区生育保险基金收支及累计结余情况

（2005）

单位：万元

地区	基金收入	基金支出	累计结余
全　国	**437 977**	**273 995**	**720 707**
北　京	30 781	4 785	25 996
天　津	6 714	60	6 654
河　北	3 372	2 105	7 555
山　西	2 544	1 460	5 560
内蒙古	3 944	2 164	4 392
辽　宁	12 444	8 936	24 265
吉　林	1 636	496	6 791
黑龙江	11 781	7 301	13 032
上　海	58 226	71 100	96 567
江　苏	73 204	43 437	128 915
浙　江	26 827	20 162	57 656
安　徽	3 407	1 425	4 538
福　建	13 532	8 618	20 405
江　西	3 789	2 177	12 835
山　东	37 713	22 652	56 926
河　南	8 011	3 668	12 968
湖　北	4 991	1 650	13 110
湖　南	16 943	8 326	15 544
广　东	47 533	30 104	81 548
广　西	10 554	5 176	21 743
海　南	2 658	979	5 496
重　庆	1 076	1 217	2 405
四　川	15 351	6 657	35 825
贵　州	675	84	680
云　南	17 025	8 440	30 924
西　藏			
陕　西	1 482	811	2 425
甘　肃	3 510	1 094	4 098
青　海	738	424	1 060
宁　夏	722	513	792
新　疆	16 794	7 974	20 002

分地区农村社会养老保险基本情况
（2005）

地区	开展工作的地区和单位个数（个）				
	地级	县级	乡镇	村	乡镇企业
全　国	**264**	**1 900**	**26 171**	**381 682**	**75 003**
北　京		13	186	3 559	2 470
天　津					
河　北	11	142	1 458	29 227	622
山　西	11	120	1 497	10 896	7 082
内蒙古	10	57	815	7 919	12
辽　宁	13	54	911	9 150	4 371
吉　林	9	41	256	1 197	35
黑龙江	13	114	864	10 917	397
上　海	10		128	1 886	14 024
江　苏	13	101	1 310	20 027	22 507
浙　江	11	79	950	23 037	4 824
安　徽	17	87	1 533	16 845	3 125
福　建	9	84	1 072	15 334	
江　西	11	101	1 544	18 639	6 792
山　东	17	149	1 834	81 847	3 234
河　南	14	65	920	17 311	397
湖　北	13	89	1 058	21 947	3 090
湖　南	13	85	1 784	23 556	424
广　西	14	88	1 095	10 639	259
海　南	2	20	214	4 116	87
重　庆		12	527	3 427	156
四　川	20	105	2 538	21 327	176
贵　州		1	26	377	1
云　南	14	105	1 528	10 306	508
西　藏		13	55	206	
陕　西	10	99	1 613	14 145	356
甘　肃	1	9	194	1 345	54
青　海	7	23	193	2 000	
宁　夏		5	49	281	
新　疆		37			
深　圳	1	2	19	219	

续表

地区	参保人数（万人）			本年领取养老金人数（万人）	本年退保转移死亡人数（万人）
	合计	本年参保人数	本年乡镇企业参保人数		
全　国	**5 441.9**	**234.1**	**28.5**	**301.7**	**103.7**
北　京	40.7	8.5	1.7	2.3	0.2
天　津					
河　北	227.4	2.4	0.2	5.0	0.4
山　西	210.0	6.0	5.6	0.8	0.0
内蒙古	80.9	2.7		0.6	0.2
辽　宁	216.8	2.1	0.1	3.1	1.3
吉　林	8.5			0.1	0.1
黑龙江	181.3	0.1		5.1	0.3
上　海	73.2	2.6	1.1	28.1	48.0
江　苏	850.3	62.5	15.5	122.9	12.2
浙　江	477.9	6.4	2.1	9.2	5.3
安　徽	147.5	1.6	0.1	2.1	12.4
福　建	152.3	1.7		1.7	0.4
江　西	221.7	0.1		8.2	0.4
山　东	1 041.0	105.7	1.5	54.7	7.7
河　南	140.0	11.6	0.1	4.4	3.8
湖　北	311.4			2.8	
湖　南	165.7			3.1	2.5
广　西	179.2			0.4	0.7
海　南	28.7	0.5		0.9	0.1
重　庆	35.0	0.1		1.2	0.1
四　川	291.4	2.9		15.7	7.6
贵　州	6.0	0.1			
云　南	137.8	2.3	0.5	5.3	0.3
西　藏	14.4	14.4			
陕　西	89.7				
甘　肃	9.8				
青　海	13.8				
宁　夏	1.1				
新　疆				0.1	
深　圳	11				

形 象 展 示 专 页

广东省劳动

全国人大常委会《劳动法》执法检查组在广东举行座谈会

"十五"广东就业成就新闻发布会

广东省百万农村青年技能培训工程启动仪式

2005年，广东省各项劳动保障工作稳步推进，"十五"发展目标全面实现，为"十一五"发展打下了坚实基础。广东省劳动保障厅综合服务大厅、广州市医疗保险服务管理中心等10个窗口单位被评为全国劳动保障系统优质服务窗口单位。

2005年全省城镇新增就业岗位101.4万个，年末城镇登记失业率为2.58%，同比下降了0.13%；共安排劳动力市场建设资金1.26亿元，全省所有街道和98.7%的乡镇建立了

和社会保障厅

《广东省工资支付条例》颁布实施新闻发布会

2005 年全省做好“两节”前保障劳动者工资支付工作视频会议

劳动保障工作机构，建立农村劳动力培训基地 170 多个，就业基地 120 多个；成功参与组织举办第二届泛珠三角劳务合作联席会议暨广东、四川两省劳务合作对接交流活动，与琼、黔、滇三省达成 172 项劳务合作协议；全面实施“广东省百万农村青年技能培训工程”，全年转移农村劳动力 81.6 万人；第一批 5 000 名智力扶贫生顺利毕业并实现 100% 就业；技能鉴定和获证人次连续 8 年居全国第一；广东选手在全国技能比赛中获总决赛团体第二名。

全省参加企业基本养老保险人数 1 423.6 万人，参保人数居全国首位；参加失业保险人数达 1 130.67 万人，增长 12.41%；参加基本医疗保险人数达 1 235.31 万人，增长 19.45%；参加工伤保险人数达 1 605 万人，增长 32.1%；16 个统筹地区开展了生育保险，参保人数 419.36 万人，增长 11.32%。

全省 18 个地级以上市建立了劳动力市场工资指导价位制度，在岗职工年平均工资 23 900 元，增长 13.1%；全省签订劳动合同职工人数 1 624.8 万人，签订率为 85%；全省签订的当期有效集体合同 2.76 万份，涉及职工 186 万人。

出台《广东省工资支付条例》，制定《广东省用人单位重大劳动保障违法行为社会公布暂行规定》，全年共为 120.23 万名劳动者追回欠薪 11.85 亿元，劳动保障年审覆盖面比 2004 年扩大了 12.27%。

深圳市劳动和社会保障局

2005年是深圳市劳动保障事业创新发展取得丰硕成果的重要一年。按照深圳市委、市政府的要求和年初工作部署，深圳市劳动保障局党组带领全体干部职工同心同德、奋力拼搏、求真务实、真抓实干，各项工作取得显著成绩。

就业再就业工作有新举措，管理服务水平不断提高。在市委、市政府的统一部署下，市、区劳动保障部门继续推进就业再就业工程“关爱·自立”行动，按照《国务院关于进一步加强就业再就业工作的通知》精神，提出了深圳市2006—2008年就业再就业工作政策框架。突出抓好困难失业人员的再就业援助，加大公益性岗位开发力度，开展“零就业家庭”援助行动和“再就业援助月”活动。全市共帮助失业人员实现就业再就业28 972名，其中困难失业人员9 865名，全市登记失业率2.32%，比上年降低了0.17个百分点；共帮助有就业愿望的2 900多户“零就业家庭”实现每家1人以上就业；全年共开发各类就业岗位15 400个，其中公益性岗位6 619个；组织失业人员参加公共培训3.3万人次、技能培训10 918人次、创业培训832人次。

技能人才培训和引进有新扩展，“技能就业工程”稳步推进。贯彻落实全国人才工作会议精神和《国务院关于大力发展职业教育的决定》，启动“技能振兴行动计划”，制定落实了18项培养引进技能人才的措施，重点建设两个“511工程”，拟定了《深圳市进一步加快技能人才队伍建设的实施意见》及5个配套政策文件。全市职业培训总量达252万人次，比上年增长14.5%，新培养技师3 300人，超额完成了省下达的任务。改革完善招调工政策，全年市外招调工19 017人。加强职业技能鉴定，全年参加鉴定人数15万人次。

社会保险工作有新突破，社会保障能力逐步增强。按照“低缴费、广覆盖、保基本”的思路，在全国率先探索建立了劳务工合作医疗制度。从3月份开始试点到年底，参加试点企业5 500家，参保劳务工124万人，基金收支平衡、有所积累，

2005年11月14日，全国人大常委会副委员长李铁映(前排左二)率全国人大常委会《劳动法》执法检查组视察深圳市劳动保障局，并旁听了一场劳动争议仲裁开庭情况。

先后开展“春风送温暖、关爱建和谐、旋风挥铁拳、诚信促畅销”为主题的“春风系列活动”，为外来建设者服务。

低缴费、广覆盖，既保住院又保门诊的劳务工医疗保险。

完善劳动仲裁体制，向专业化、司法化建设。

深受企业和劳务工欢迎。社会保险扩面征缴创历史新高。截至2005年底，全市养老保险、失业保险、医疗保险、工伤保险、生育医疗保险参保人数分别为352.75万人、143.18万人、393.58万人、603.54万人和80.4万人，分别比上年增长19.2%、11.7%、73.4%、67.3%和16.5%。全市工伤保险参保突破600万人，为全国参保人数最多的城市。全年社会保险基金收入150亿元，超过年度预算40亿元，比2004年增长21%。各项社会保险待遇实现了按时、足额、准确的社会化支付，保障水平不断提高。全年共支付各项社保待遇60.49亿元，比2004年增长35.3%。“两个确保”得到落实，全市共有11.1万名企业离退休人员享受养老待遇，月人均养老金约1 941元，为全国之最。进一步规范了社会保险基金管理和监督。成立深圳市社会保险基金监督委员会，制定了议事章程。

调处劳动关系机制有新拓展，劳动关系总体和谐稳定。大幅度提高最低工资标准。2005年特区内最低工资标准为690元，特区外为580元，分别比上年增长13.1%和20.8%；制定公布2005年度工资指导价位工种数量突破500个，为全国公布工资价位工种数量最多的城市之一。加强欠薪保障工作，全年共征收欠薪保障费3 532万元，基金垫付企业欠薪47宗，垫付金额1 885万元，涉及员工7 218人；截至2005年底，全市签订劳动合同的员工495万人，签订集体合同的企业新增3 984家，涉及员工22.86万人。有46个街道办事处建立调解组织，组建率达90%。

健全劳动保障信访机制，确保了信访件事事有处理、件件有回音。成立市劳动保障监察支队，组建社会保险稽核工作小组。开展了“春雷”“飓风”“旋风”“零欠薪”“雷霆”等一系列专项执法活动，全年共检查用人单位35 216家，涉及劳动者600多万人次，查处违法案件9 386宗，为劳动者追回工资待遇2.9亿元，处理重大、突发劳资纠纷案件1 194宗。完善劳动争议协调处理机制，加大调解工作力度，加强劳动仲裁国际交流与合作。全年受理劳动争议申诉15 764宗，立案13 190宗，共结案12 849宗，涉及劳动者65 893人，法定时限内结案率达到100%。

2005年，深圳市劳动保障局被广东省委省政府授予“广东省文明单位”荣誉称号，被评为全国劳动保障系统宣传工作先进单位。局市民中心劳动保障服务窗口被劳动保障部评为“优质服务窗口”，市三方协商会议办公室被评为国家三方协调委员会“全国先进劳动争议调解组织”，市劳动争议仲裁委员会被评为“全国先进劳动争议仲裁委员会”。涌现出广东省优质服务“窗口之星”张淑芬等先进典型。

加大工伤宣传力度，表彰先进单位。

启动技能振兴行动，发展高技能人才。

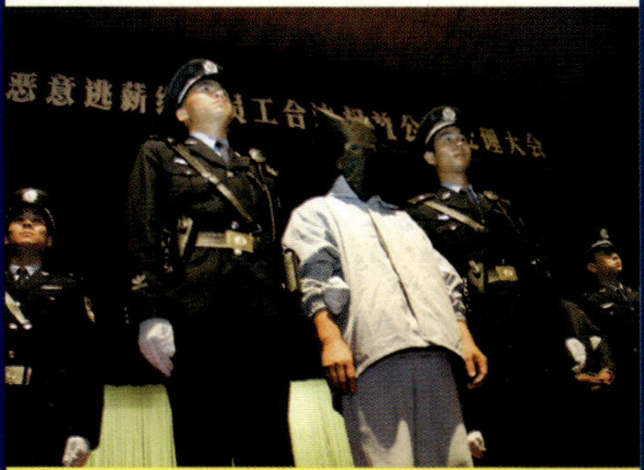

启动行政司法联动机制，打击恶意欠薪者。

多种宣传形式让劳动保障政策法规深入人心。

深圳市社会保

社保中心领导班子合影

工伤保险宣传日街头咨询活动

慰问下岗失业职工

启用新社保卡

慰问劳务工演出

险基金管理中心

在深圳市委市政府和市劳动保障局党组的正确领导下，深圳全体社保人团结拼搏、求真务实、真抓实干、开拓创新，2005年社会保险工作硕果累累，亮点纷呈。

扩面征缴创历史新高，社会保险覆盖面进一步扩大。社保基金收入首次突破150亿元，全年共收入150.5亿元，同比增长21.2%，完成全年基金预算的138.58%。其中养老保险105.39亿元，失业保险1.95亿元，医疗保险32.6亿元，工伤保险6.63亿元，住房公积金3.96亿元。企业年金收入4.26亿元。首次顺利完成了残疾人保障金由社保代征工作，全年共代征2.16亿元。

社会保险覆盖面进一步扩大。五大险种参保人数均创历史新高，特别是工伤保险参保增幅达2/3。其中，基本养老保险参保352.75万人，同比增长19.2%；失业保险参保143.18万人，同比增长11.7%；基本医疗保险参保269.58万人，同比增长16.5%；工伤保险参保603.54万人，同比增长67.3%；生育医疗保险参保80.4万人，同比增长16.5%；企业年金参加企业869家、6.3万人；参加职工家属统筹医疗35 450人。

各项待遇按时足额支付，切实为劳动者提供了社会保障。全年共支付各项社保待遇60.49亿元，同比增长35.3%。全市享受离退休待遇12.22万人，同比增长8.4%，其中企业退休人员11.18万人，离退休人员养老金100%按时足额社会化发放，企业月人均养老金约1 941元。全年共核发失业保险金149 785人次，为失业职工缴纳住院医疗保险费389.7万元。为参保人提供门诊医疗服务853万人次，住院服务12.62万人次，门诊特检4.37万人次，审核报销医疗费用9 757人次，近4 524万元。完成工伤认定68 325人，依法补偿工伤事故56 249人，完成各类劳动能力鉴定25 231例。提供统筹医疗服务22万人次。累计领取年金待遇4 537人。

探索建立劳务工合作医疗制度，解决劳务工就医难问题取得突破。在全国率先探索建立了劳务工合作医疗制度，大幅度降低缴费，既保门诊，又保住院。截至2005年底，参加企业5 500个，实际缴费达124万人，定点合作医疗站132个；全年基金收入0.86亿元，支出0.33亿元，门诊38.57万人次，次均费用57.24元；住院1 206人次，次均费用3 534元，实现了基金平衡、有所结余，深受企业和劳务工欢迎，社会各界反映良好。

继续推进城市化人员养老保险工作，养老保险制度孕育创新。城市化人员养老保险参保人数达10.15万人，按月享受养老待遇3.83万人，参保率和待遇发放率继续保持100%。对深圳市企业养老保险制度进行调研和数据测算，全面规划了建立养老保险体系综合方案，为深圳养老保险改革提供了科学决策的基础。

社会保险其他工作取得新发展。工伤预防成效显著，劳动能力鉴定办法有创新。开辟失业保险工作新领域，实现了失业登记、失业保险金申领、再就业培训、职业介绍和促进再就业一条龙服务。机关事业单位社会保险和家属统筹医疗改革有新进展，社会保险政策体系更为完善。以科学规范管理为核心，全方位构建社保基金安全网。企业退休人员社会化服务平台建设全面铺开，社会化管理服务体系基本形成。养老金社会化发放率和劳动保障“联系卡”发放率达到两个100%。社会保险稽核监督体系初步形成，清欠清收工作成效显著。法制建设进一步加强，依法行政能力进一步提高。基础建设得到加强，经办能力上了新台阶，为深圳社会稳定和经济发展做出了贡献。

1．田成平部长(左三)在陕西调研劳动保障工作。
2．步正发副部长(中)在陕西省劳动保障厅厅长鬲向前(右)的陪同下，参观咸阳市下岗职工创办的大棚菜基地。
3．张小建副部长(中)观看西北五省区技工教育成果展。

②

①

③

陕西省劳动和社会保障厅

2005年是“十五”计划的最后一年，在陕西省委、省政府的正确领导下，在劳动保障部的指导下，陕西省各级劳动保障部门本着“团结、拼搏、奉献”的秦川牛精神，坚持以科学发展观为统领，以开展保持共产党员先进性教育活动为动力，按照“一个重点，两项改革，三大任务”的总体思路，开拓创新，扎实推进，劳动保障事业快速发展，圆满完成了各项目标任务，为陕西的经济与社会发展营造了平稳和谐的发展环境。

就业和再就业工作取得显著成效。省政府将就业再就业目标任务分解下达到各市，进一步发挥省、市、县三级再就业联席会议的作用，形成了再就业工作责任明确、各方联动、齐抓共管的工作局面。2005年，全省城镇新增就业26.6万人，完成目标任务的102.3%；城镇下岗失业人员再就业11.3万人，完成目标任务的107.6%。其中“4050”人员再就业3.1万人，完成目标任务的114.8%；城镇登记失业率4.18%，低于控制指标。

国有企业下岗职工基本生活保障向失业保险并轨工作稳妥推进。成立了由主管副省长任组长的并轨工作领导小组和两个工作机构，明确分工，密切配合，形成了整体工作合力，有效加强了对并轨的组织领导。制定出台了符合陕西省实际的省政府5号文件和3个配套文件，构建了以“保老、扶中、促青”为特征的并轨政策体系。截至2005年年底，全省除改制、破产等因素不参加并轨的企业外，共7.49万实现了并轨，基本完成了年初确定的并轨目标，实现了历史性突破，结束了长达8年之久的国有企业基本生活保障制度，为建立适应市场经济的就业长效机制打下了坚实基础。

职业培训工作全面加强。2005年全省143所技工院校招生达到7.8万人，在校生突破16万人，毕业生就业率连续五年保持在96%以上；全省鉴定各类人员24.6万人，22.1万人获得职业资格证书，比上年增长31%，其中高级工以上职业资格鉴定比重明显增加。

完善社会保障体系工作稳步推进。进一步完善了社会保险参保政策，努力扩大社会保险覆盖面，巩固并完善养老保险制度和体制建设，全面建立了生育保险制度，出台了《陕西省企业年金试行办法》。完成了各市《金保工程一期项目建设可行性研究报告》的审查和“核心平台二版”软件的本地化开发，推进了养老、失业、医疗管理信息系统建设。截至2005年底，共为107.8万企业离退休人员发放养老金83.3亿元，连续6年实现了按时足额社会化发放。全省企业退休人员社会化管理服务率达到95.1%，其中社区管理服务率达到60%。全省共为13.7万名失业人员及时足额发放失业保险金2.67亿元，确保了失业人员的基本生活。基本医疗保险支出18.66亿元，基本满足了参保职工的医疗需求。工伤保险基金支出2 066万元，确保了工伤职工待遇的支付。

劳动保障法制建设步伐加快。对《陕西省企业工资指导线制度试行办法》和《陕西省最低工资规定》进行了修改。在全省范围内开展了一系列清欠进城务工人员工资专项执法检查活动，为5.98万劳动者追缴拖欠工资等待遇3 454.81万元。积极推进以岗位工资为主的基本工资制度，在全国率先出台了《煤炭企业职工井下津贴、夜班津贴和班中餐补贴标准的指导意见》，为全国建立规范的特殊岗位津贴补贴体系做出了积极探索。

陕西省劳动保障厅组织下岗职工进行技能培训。

河北省委书记白克明为职业技能展示活动题词

全省劳动和社会保障工作会议

河北省劳动和社会保障厅

2005年，河北省劳动保障系统广大干部职工坚持以科学发展观为统领，以开展保持共产党员先进性教育活动为动力，围绕构建社会主义和谐社会，进一步加大就业和再就业工作力度，积极推进社会保障体系建设，各项劳动保障工作实现新跨越，为维护全省改革、发展、稳定大局发挥了积极作用。

大力实施就业再就业“民心工程”，切实落实就业扶持政策，实施农村劳动力转移培训“阳光工程”，强化就业服务，加强技能人才队伍建设。2005年全省城镇新增就业46万人，下岗失业人员再就业25.65万人，“4050”下岗失业人员再就业6.25万人，农村富余劳动力向非农产业转移185万人次，培训下岗失业人员27.06万人。劳务输出总量达到440.6万人，城镇登记失业率3.93%，控制在全年4.6%的目标内。

进一步调整完善了社会保险参保政策，落实社会保险待遇，企业离退休人员养老金全部实现按时足额发放。截至2005年底，企业基本养老保险新增参保24万人，机关事业单位养老保险新增参保6.3万人，基本医疗保险新增参保78万人，失业保险新增参保12万人，工伤保险新增参保100万人，农村社会养老保险新增参保4.1万人，生育保险新增参保101.7万人。

继续完善劳动关系三方协调机制，妥善处理国有企业改组改制过程中的劳动关系，加强对企业工资收入分配的宏观调控。加大劳动保障执法监察力度，不断加强劳动争议仲裁和信访工作。

以省政府名义印发了《关于加快劳动力市场建设的指导意见》，加快劳动力市场建设，走在了全国前列；筹资1.3亿元推动实现了国有企业下岗职工基本生活保障制度向失业保险制度的并轨工作。基本医疗保险制度在区域上实现了全覆盖，是全国为数不多县级以上全部实行新医保制度的省份之一；在高技能人才队伍建设、企业年金、被征地农民养老保险、劳动保障守法诚信等方面出台了多项规章制度，长效机制建设取得明显成效。2005年，河北省劳动保障厅被省委、省政府评为“政风行风建设优秀单位”和“民主评议优秀单位”，并获2006年免评单位。

离退休人员拿到补发的养老金，送来了感谢的锦旗。

武汉市劳动和社会保障局

湖北省委常委、武汉市委书记苗圩，副省长蒋大国陪同劳动保障部部长田成平(左三)视察武汉劳动力市场。

团结、坚强、执政为民的武汉市劳动保障局领导班子

2000年3月，武汉市劳动局和社会保险管理局合并，组建武汉市劳动保障局。内设16个职能处室，下属18个局属单位。

自成立以来，武汉市劳动保障局恪守"敬业爱岗、勤政为民、服务社会、保障权益"的职业道德规范，积极服从和服务于全市经济和社会发展大局，坚持以人为本，树立科学发展观，实施积极的就业政策，积极推进就业体制改革；进一步健全制度，加强社会保障体系建设，逐步建立健全与市场经济相适应的社会保障体系；指导企业深化工资分配制度改革，努力构建和谐稳定的劳动关系，维护劳动者合法权益，全面推进了全市劳动和社会保障事业的发展。

多年来，武汉市劳动保障局为全市经济和社会的和谐、发展、稳定做出了积极贡献，受到了国家、省、市的多次表彰，武汉市劳动保障局先后被国家劳动保障部授予集体一等功、全国维权先进单位、全国劳动争议仲裁先进单位。还被评为湖北省劳动保障工作先进单位等，连续三年被评为武汉市目标管理工作先进单位。

成都市劳动和社会保障局

东进副部长(右二)在成都市副市长曾万陪同下视察成都市社保经办大厅。

都市劳动保障局长李小新向田成平部中)、成都市委书记李春城介绍2006中成都)就业与创业促进会有关情况。

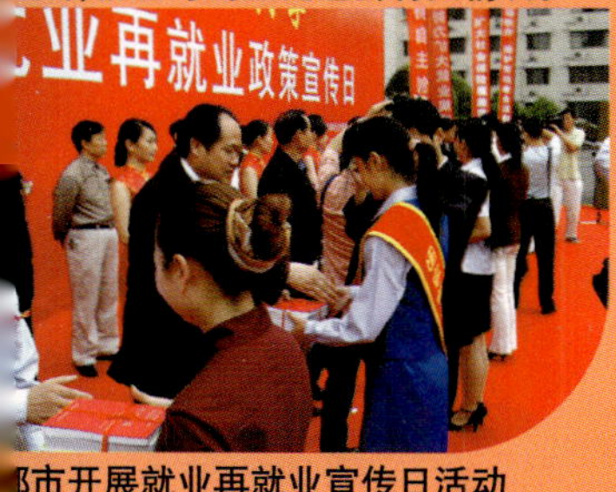

都市开展就业再就业宣传日活动

2005年，成都市劳动保障工作坚持"统筹城乡劳动保障工作要有新突破、贯彻劳动保障法律法规要有新举措、突出地方特色要有新成效、自身建设要有新发展"的"四新"工作要求，开拓创新，扎实推进，城乡一体的就业服务体系和城乡一体的社会保险体系基本形成，劳动用工管理进一步规范，劳动关系进一步和谐，各项劳动保障工作取得了新的成绩，为成都市改革、发展、稳定做出了新的贡献。截至2005年末，全市城镇新增就业12万人，其中，下岗失业人员实现再就业5.5万人，"4050"等就业困难人员实现再就业1.8万人，城镇登记失业率为3.0%，较2004年末下降0.1个百分点，创近五年最低水平。社会保险覆盖范围继续扩大，各项保险基金持续增收。全市基本养老保险参保人数达138.57万人，较2004年新增17.04万人。失地农民社会保险工作全面推进，已有26.75万名已征地农转非人员和2.66万名新征地农转非人员参加了社会保险，12.1万名已征地农转非人员和9 970名征地农转非人员按月领取养老金。失地农民进社保2004年被评为"建设成都杰出贡献奖"；全市签订劳动合同达200.33万人，比2004年末净增7.1万人。签订集体合同的企业达1 182户，覆盖职工38.9万人；深入贯彻实施《成都市劳动用工和社会保险管理暂行规定》(市政府93号令)，制定出台《成都市用人单位劳动用工和社会保险管理标准》；加强劳动保障监察，强化农民工维权，建立健全工资支付监控制度和工资支付保障制度，逐步建立预防和解决欠薪问题的长效机制，全市各区(市)县已全部建立了劳动关系三方协商机制组织机构，共处理各类劳动争议案件6 896件，涉及职工1.7万人，结案率达96%。市劳动争议仲裁委员会被评为"全国先进劳动争议仲裁委员会"。建立了群体性突发事件应急处理机制，妥善处理突发事件。扎实开展保持共产党员先进性教育活动，深入开展了"学习向志雄同志、争当模范劳动保障工作者"主题教育，加强了系统自身建设和队伍建设。

深圳技师学院

Shenzhen Institute of Technology

深圳高级技工学校

深圳高级技工学校属深圳市政府全额投资的全日制高等职业教育，是深圳市劳动保障局直属的一所培养高技能人才的公办高级技工学校，并加挂深圳技师学院牌子。学校定位于“高技能教育、高技能就业、高技能成才”，按资源共享、业务相连、高端带动、共同发展原则，经过几年的努力，院校高技能人才培养能力达全市1/3，占全省1/10。2003年被广东省政府评为广东省职业教育先进单位，2004年被广东省劳动和社会保障厅授予先进技校荣誉称号，2005年被批准为广东省高技能人才实训基地，荣获中国职工教育和职业培训“科研成果突出贡献奖”。

学校现有东校区、西校区、龙岗分校三个校区，占地300余亩，建筑面积约13万平方米，其中现代化的技能训练教学基地5万多平方米。经市政府批准，学校占地37万多平方米的新校区正在筹建中。现有教职工438人，开设了应用设计、信息技术国际商务、珠宝钟表技术、光机电技术、现代汽车技术、应用生物技术、现代印刷技术、电气工程技术、电子通信10个系30个专业，在校学生近4 000人。

学校设三种学制:一是初中五年制高技班，即初中毕业入读五年，学完规定课程，取得规定学分，参加高级职业资格考试合格者，可获学校毕业证书和高级职业资格证书；二是高中三年制高技班，即高中毕业入读三年，学完规定课程，取得规定学分，参加高级职业资格考试合格者，可获学校毕业证书和高级职业资格证书；三是高中四年半制预备技师班，即高中毕业入读四年半学完规定课程，取得规定学分，参加高级职业资格考试合格者，可获学校毕业证书和高级职业资格证书；进入企业实习，接受导师指导，完成技师论文(课题)及答辩，合格者获预备技师资格；在用人单位工作一定时间后，申报技师职业资格证。

近年来，学校建立了毕业生就业工作质量评价制度，通过广泛的问卷调查，以实习到位率、实习转就业率、一次性就业率专业对口率、工资水平、企业满意率、家长满意率、毕业生满意率等“八项指标”，考核各系就业推荐工作。2005年企业对我校毕业生满意率为98.7%，家长满意率为91.9%，毕业生满意率为88.9%，2005届毕业生一次性就业率达97%，试用期高级工平均工资达1 842元/月。

慈溪市劳动保障局

近年来，慈溪市劳动保障系统全体干部职工以“三个代表”重要思想和党的十六大精神为指针，牢固树立和落实科学发展观，按照统筹城乡发展要求，坚持以人为本，不断开拓创新，各项工作取得了新的突破。

统筹就业深入推进，就业局势总体稳定。就业服务体系不断完善，三级服务网络覆盖城乡；市场导向就业机制日趋成熟，城乡劳动力实现平等就业；再就业政策全面落实，就业帮扶工作有序开展，2005年，全市净增就业岗位3万余个，实现再就业6 585名，城镇登记失业率连续三年控制在2.1%以内，农村富余劳动力转移就业26 072名。

技能培训蓬勃开展，培训工作成效显著。城乡劳动力职业技能培训体系初步搭就，农村劳动力转移就业培训累计培训5万余名，培训就业率达到87%；技能人才队伍异军突起，三年来累计培养和引进各类人才2.5万余名；外来务工人员免费教育培训持续推进，基本实现人员全覆盖，累计培训达60余万人。

社会保险覆盖面不断扩大，社会保障体系进一步完善。基本养老保险参保人数突破20万，基金支付能力突破60个月；被征地人员养老保障实现村级、人员全覆盖，累计参保人员171 396人，基金规模超过11亿，参保总量、覆盖率、基金规模均处全省前列；城乡二元养老体系成功对接，已有2万余名农保、被征地人员养老保障参保人员转移到社会养老保障体系；工伤保险势头迅猛，累计参保人员突破17万名；医疗保险运行良好，连续几年实现良性动态平衡；失业、生育保险协同推进。

执法维权多管齐下，劳动关系稳定和谐。加大法律法规宣传培训力度，实施万名厂长经理培训工程，营造依法用工良好氛围；加大执法监察力度，积极开展各项监察活动，依法处理各类违法用工事件；加大依法调处力度，构建基层维权网络，切实维护劳动者合法权益。劳动监察大队连续8年、劳动争议仲裁中心连续8年获省级先进。

深圳市技工学校

深圳市技工学校(以下简称深技校)是一所以技能成才、素质就业为办学特色的全日制、综合性、多功能的公办中等职业技术学校。2005年，经广东省劳动保障厅及深圳市有关部门批复，在原深圳市职业技能训练中心的基础上设办深技校。原深圳市职业技能训练中心有10多年的技能培训经验，其创新、高效、务实的培训模式，在国内职业培训行业中独树一帜，曾荣获“全国职业教育先进单位”“国家技能人才培养突出贡献奖”等一系列荣誉。

深技校拥有良好的职业技能训练基地，配套设施完善。标准教室、实操训练教室100间以上，各种先进教学设备、仪器数千台(套)。有学生公寓、电子图书馆、实习工厂、职业介绍所等配套设施和服务机构，教学、生活设施功能齐全，可供1 000名以上全日制学生就读、住宿和5 000名学员培训学习。

深技校招生对象为初中毕业生，学制分为3年和2年两种，采取模块式教学、学分制管理和弹性学制等灵活的教学管理方式，注重培养学生的核心职业能力、岗位适应能力、实际操作能力和创业能力，建立为学生终身教育服务的体系。毕业生实行“双证制”，考核合格均可获得技工学校毕业证书(中等职业技术学校)及相关专业的国家中级职业资格证书。学校协助推荐毕业生就业。

深技校秉承先进的办学理念，教学严谨，师资雄厚，各专业学科带头人均由行业内知名专家、教师或高级专业人才担任，现有教职员工160人，70%以上的教师具有本科和研究生学历，60多人具备高级技师和副教授以上职称。

深技校坚持高起点办学。求真务实、创新进取，以“造就人才、共创未来”为己任，力争把学校办成一所现代化的中等职业技术学校。

贵州省社会保险事业局

局长　石孝军

贵州省社会保险事业局是根据省政府决定于1999年由省劳动厅、人事厅、卫生厅原承担的社会保险职能归并组建的，由省政府赋予管理社会公共事务职能的副厅级事业单位，于2004年列入参照试行国家公务员制度范围。

2005年，贵州省企业基本养老保险参保人数183.31万人，其中省本级63.16万人；实现基本养老保险基金收入53.33亿元，其中省本级25.88亿元；基本养老保险基金支出43.87亿元，其中省本级20.62亿元；基金累计结余48.79亿元，其中省本级21.10亿元。同年，贵州省基本医疗保险参保人数达到179.7万人，失业保险参保129.3万人，工伤保险参保63.6万人，生育保险参保51.8万人。

通过多年的努力，贵州省的社会保险经办工作得到了省委、省政府、省劳动保障厅及国家劳动保障部的充分肯定，曾获得过“先进集体”、劳动保障充“集体二等功”等荣誉；2005年包括该局在内的4个社会保险经办机构平为2004—2005年度“全国优质文明窗口”。

劳动保障部副部长步正发一行视察贵州省社会保险事业局

仙桃市社会保险事业局

局长　章友良

仙桃市社会保险事业局地处江汉平原腹地，主要负责全市1 348家企业的8.95万名参保职工和2.13万名离退休人员的养老保险工作。

多年来，局党总支一班人以“三个代表”重要思想为指导，带领全局干部职工团结拼搏、与时俱进、开拓创新，全面推进社会保险事业的健康发展。该局是湖北省内率先实行“三资”企业、民营企业和个体户养老保险的市县之一，也是率先尝试社保扩面实行责任社会化的市县之一。其成功经验曾在2003年进行全国巡回演讲。自1986年10月成立以来，该局连续20年养老金发放率和社会化发放率均达100%，10多次被湖北省劳动保障厅评为先进单位，并分别被授予湖北省“三优文明窗口”、“全省巾帼文明示范岗”、仙桃市“最佳文明单位”和“先进基层党组织”等称号。

团结务实的班子成员

2005年，仙桃市社会保险事业局从维护社会稳定、促进经济发展的大局出发，狠抓养老保险扩面、征缴、续保、申报、稽核、发放、社会化管理与服务以及其他日常工作，全面完成了上级下达的各项工作目标任务。全年征收基本养老保险费8 473万元，完成省计划的102.04%。全年实际扩面15 590人，占省计划的104%，与上年相比净增8 009人，增幅105.65%；接续养老保险关系5 938人，占上年人数的95%。实际缴费人数达到81 078人，占期末参保人数84 759的95.66%；缴费人数比上年增加15 397人，增长率23.44%；个人账户建账率100%，年账公布率100%。

参保人员在个人账户结算窗口对账

社保大楼